지은이 **수징난**(束景南)

강소성(江蘇省) 단양[illegible] 난징대학(南京大學) 역사학과를 졸업하고 양저우(揚州) 사범대학에서 강의를 했다. 1978년 푸단대학(復旦大學) 중문과에 들어가서 중국 고대문학을 연구했다. 이 시기에는 문학 창작에도 관심을 기울여서 많은 문학작품을 발표했다. 1981년에 석사학위를 취득한 뒤 쑤저우대학(蘇州大學) 중문과에서 강의를 했다. 1992년에 교수로 승진하여 고대문학 연구소 주임, 중화문화연구소 소장을 역임했다. 1995년부터 저장대학(浙江大學)으로 옮겨서 저장대학 고적연구소, 중외문화교류센터, 송학연구센터에서 교수, 박사지도교수를 역임했다. 2024년 5월 22일에 서거했다.

학문 연구의 범위가 매우 넓어서 대학원 연구 시절부터 문학, 역사, 철학 등의 여러 분야에 걸쳐 연구를 했다. 장자, 맹자, 양웅, 양천, 사마상여 등을 주제로 한 수많은 논문을 발표했고, 1982년 이후 송명의 이학, 경학, 역학(易學), 불교와 도교 문화 연구로 전향하여 주렴계의 태극도, 노자와 태극도와 보어(N. H. D. Bohr)의 역학(力學), 석도(石濤)의 회화미학, 방언학 등에 관한 100여 편의 논문을 발표했다. 특히 주자와 왕양명을 중심 연구 주제로 삼아서 주희와 양명의 평생 학문과 사상, 문학 창작, 정치 활동을 수많은 문헌 자료를 근거로 입체적으로 분석하고 다차원적 사유의 시각에서 해석하여 2000년에 『주자대전(朱子大傳)』(『주자평전』, 역사비평사, 2015), 2019년에 『양명대전(陽明大傳)』(『양명평전』, 역사비평사, 2024)으로 펴냈다.

옮긴이 **김태완**(金泰完)

영양인(英陽人). 경북 봉화에서 태어나서 유년기와 청소년기를 보냈다. 서울로 올라와 숭실대학교에서 철학을 공부했다. 퇴계와 율곡의 유학을 주로 공부했으며, 율곡 이이의 책문을 텍스트로 삼아 조선 지식인들의 이론과 실천의 조화를 주제로 연구해서 박사학위를 받았다. 박사학위 연구의 주제를 살려 『책문, 이 시대가 묻는다』, 『율곡문답』, 『경연, 왕의 공부』를 출간했다.

숭실대학교 철학과와 경원대학교 한의학과 등 여러 대학에서 강의를 했고, 국사편찬위원회 사료연구원, 광주광역시 소재 대안학교인 지혜학교의 철학교육연구소 소장을 역임했다. 현재 전남대학교 호남학연구원의 특별연구원으로 있다.

저서 및 역서로는 『도교』, 『상수역학』, 『중국의 고대 축제와 가요』, 『고전이 된 삶』, 『살기 좋은 세상을 향한 꿈 맹자』, 『주자평전』, 『성학집요』, 『시냇가로 물러나 사는 즐거움』, 『어울림을 배우다』 등이 있다.

양명
평전

下

성인이 된 보통사람

양명평전, 下 — 성인이 된 보통사람

초판 1쇄 인쇄 2024년 7월 16일
초판 1쇄 발행 2024년 8월 12일

지은이 수징난
옮긴이 김태완
펴낸이 정순구
책임편집 박민애 조수정
기획편집 조원식 정윤경
마케팅 황주영

출력 블루엔
용지 한서지업사
인쇄 한영문화사
제본 대원바인더리

펴낸곳 (주) 역사비평사
등록 제300-2007-139호 (2007.9.20)
주소 10497 경기도 고양시 덕양구 화중로 100 (비젼타워21), 506호
전화 02-741-6123~5
팩스 02-741-6126
홈페이지 www.yukbi.com
전자우편 yukbi88@naver.com

ISBN 978-89-7696-593-6 04990 // 978-89-7696-590-5 04990 (set)

陽明評傳

양명평전

下 성인이 된 보통사람

수징난 지음
김태완 옮김

역사비평사

양명평전, 下 — 성인이 된 보통사람

차례

양명평전, 上 — 성인을 꿈꾼 소년

차례

양명평전, 中 — 문무를 겸비한 심학의 종사

차례

12장. 문무文武의 길: 강서의 문치文治와 무공武功

13장. 신호宸濠 반란 평정의 희비극

일러두기

1. 이 책은 중국 항저우杭州 저장대학浙江大學 수징난束景南 교수의 『陽明大傳』(上海 復旦大學出版社, 2020)을 완역한 것이다.

2. 왕양명 문집의 권수는 上海古籍出版社 刊, 『王陽明全集』(2012)을 저본으로 하였다.

3. 본문에서 괄호 안의 별표(*)는 원서의 괄호 주이다.

4. 운문으로 이루어진 부賦, 사辭는 원문을 병기했으나 전문奠文이나 제문은 원문을 병기하지 않은 경우가 있다.

5. 인물의 생몰 연대를 가능한 한 찾아서 밝혔으며, 제왕의 경우에는 생몰년이 아닌 재위 기간으로 명기했다. 중국 측 정보의 출처에 따라 생몰 연대에 1~2년 차이가 있기도 한데, 이는 음력을 양력으로 환산하면서 일어난 일로 보인다.

6. 인명은 편지나 상소 등의 원문에서 관례상 이름만 쓰는데 경우에 따라 성과 이름을 함께 밝혀주었고, 고유명사의 약어도 필요한 경우에 원래의 용어를 살렸다.
   예 헌부獻夫(방헌부), 신호宸濠(주신호) 등 / 주학 → 주자학 등

7. 시문의 경우에 본문에서는 제목을 번역했지만 각주에서 출전으로 밝혔을 때는 한자 독음으로 표기하였다.
   예 본문: 「장동소에게 앞의 운을 따서 지어 부치다(寄張東所次前韻)」
   각주: 「기장동소차전운寄張東所次前韻」

8. 인명과 자가 함께 나올 때에는 성명을 함께 쓰고 뒤에 자를 붙였다.
   예 黃免之省曾→ 황성증 면지

9. 외자로 된 지명은 인용 원문에서는 외자 그대로, 본문에서는 정확한 명칭으로 옮기거나 괄호 안에 이름을 기입하였다.
   예 감贛 → 감주贛州 / 건虔 → 건주虔州 / 남南(남안), 정汀(정주) 등

10. 『전습록』을 인용한 부분에서 제자의 말은 합쇼체로, 양명의 말은 해라체로 옮겨 썼다. 또한 편지에서는 서로 합쇼체로 하되 가족 간 아랫사람에게는 해라체로 옮겼다.

11. 각주는 원주와 역자가 보완한 주가 섞여 있는데 특별한 내용이 아니면 일일이 구분하여 표시하지 않았다. 그러나 주석의 내용이 길거나 오해의 여지가 있을 때는 [역주]라고 밝혔다.

12. 번역어를 선택할 때 고심한 사안 중 하나는 두음법칙 문제였다. 지금은 한자 원음에 관한 감각이 무뎌져서 단어 중간이나 끝의 'ㄹ' 음가가 소실되는 경향을 보이고 있다. 그러나 이 책에서는 'ㄹ' 음가를 갖는 글자가 중간이나 뒤에 나올 경우에는 가능한 한 원음을 살려주기로 한다. 그 대신 성분별로 구별하여서 썼다.

예 周濂溪—주렴계 / 致良知—치량지 / 朱陸同異—주륙동이 / 答陸原靜—답육원정 / 吏部郞中—이부낭중 / 員外郞—원외랑 등

13. 저자의 글은 화려체의 특징이 강하며 전아한 문언문의 기풍이 느껴진다. 이러한 원문의 맥락과 감성을 살리기 위해 한 글자라도 놓치지 않고 가능한 한 적확하게 옮기려고 노력하였다. 그리하여 어색한 어휘나 난삽한 문장이 적지 않을 듯하다. 원서는 워낙 만연체가 주를 이루는 데다 사고의 흐름과 서술의 맥락이 끝도 없을 듯이 이어지는 문장이 계속된다. 부득이 문장을 잘라서 좀 더 단순한 여러 문장으로 나누기도 하였고, 한 문단이 서너 쪽으로 이어지는 경우에는 여러 단락으로 나누기도 하였다. 번역을 하는 과정에서 역자 나름의 기준과 일관성을 지키려고 하였는데, 아래에서 그 사례를 몇 가지 예시한다.

(1) 한문이나 중국어는 한 문장이나 한 단락에서 같은 어휘를 피하려고 하는 경향이 있다. 또한 지시체는 같을지라도 용어에 따라 미묘한 의미의 차이가 있을 수도 있고 뉘앙스가 달라질 수도 있다. 士子學子, 士子學者 등 거의 동일한 의미를 갖는 중복된 지칭도 뉘앙스에 따라 그 미묘한 어감을 구별하여 옮겼다.

예 京師—경사 / 京—서울 / 京都—경도

士子는 선비로, 學子와 學者는 맥락에 따라 학자, 학생, 배우는 사람 등으로 옮겼다.

(2) 저자는 본문과 각주에서 곳곳에 '생각건대', '살피건대'로 옮길 수 있는 '按'을 많이 쓰는데 처음에는 그대로 옮기고, 꼭 필요한 경우가 아니면 생략하였다.

(3) 상황에 따라 개념어와 번역어를 혼용하였다. 또한 술어+목적어 구조의 한문 구문을 개념으로 쓸 때는 동사+목적어 순으로, 우리말 맥락으로 쓸 때는 목적어+술어의 순으로 바꾸기도 하였다.

예 隨處體認天理 → '처한 상황에 따라 천리를 체인함' 또는 '수처체인천리'

體認天理 → 천리체인天理體認

(4) 핵심적인 어휘 가운데 하나인 意는 의식, 의지, 의념, 뜻 등으로 다양한 해석이 가능한데, 『대학』 텍스트에서는 '뜻'으로 일괄 번역하고, 평전의 본문에서는 맥락에 따라 의념, 의식, 의지 등으로 번역하기도 하였다. '發'도 '나타나다', '드러나다', '표현되다' 등으로 상황에 따라 번역어를 선택하였다.

(5) '앎을 끝까지 이루다', '앎을 지극히 하다', '양지를 끝까지 이루다', '양지를 지극히 하다' 등으로 번역할 수 있는 '致知', '致良知'는 대부분 '앎을 그대로 이루다', '양지를 그대로 이루다'로 번역하였다.

(6) 『논어』 「술이」의 '五十以學易'은 대체로 주자의 집주를 따라 '마침내 역을 배우면…'으로 번역하는데, 평전의 본문에는 글자 그대로 '쉰에 역을 배우면…'으로 읽을 수 있는 맥락이 있다. 양명이 공부를 하는 과정에서는 '마침내…'로, 자기 삶을 술회하여서 감정을 이입한 부분에서는 '쉰에…'로 번역하였다.

14장

양지 심학良知心學: 왕학王學의 진정한 탄생

'양지의 신비를 오묘하게 깨닫다(妙悟良知之秘)':
정덕正德 14년의 '양지의 깨달음(良知之悟)'

양명이 언제 '양지'를 깨닫고 '양지의 가르침(良知之教)'을 펴기 시작했는지에 관해서 그 스스로가 명확하게 논술하였다. 그는 양지 심학사상이 형성된 역정을 다음과 같이 총결하였다.

> 내가 옛날 저주滁州에 있을 때 학자들이 한갓 입과 귀로 같으니 다르니 변론만 일삼을 뿐 터득함에는 무익함을 보고서 또한 정좌를 가르쳤다. 한때 배우는 사람들이 깨달음이 있었으나 다만 오래되자 점점 고요함을 기뻐하고 움직임을 싫어하며 바싹 마른 나무같이 정좌만 하는 병에 빠져들었다. 그러므로 그 이래邇來 다만 치량지致良知를 지적하여서 밝혀주었는데, 배우는 사람들이 참으로 양지의 본체가 소명통철昭明洞徹함을 알게 되면 시시비비是是非非가 천칙天則 아님이 없으니, 일이 있건 없건 논하지 말고 정밀하게 관찰하고 잘 다스려서 함께 한길로 돌아가야 비로소 격치格致의 실제 공부가 한쪽으로 떨어지지 않는다.[1]

---

1 전덕홍錢德洪, 「각문록서설刻文錄敍說」, 『왕양명전집』 권41 「서설서발序說序跋」에 보인다.

양명이 여기서 말한 '이래邇來'는 바로 정덕 12년(1517) 강서에 부임한 이래를 가리킨다. 나중에 그는 가정嘉靖 3년(1524) 중추절에 문인 제자들에게 더욱 명확하게 자기 평생 사상의 발전을 다음과 같이 언급하였다.

> 내가 홍려鴻臚에 있기 이전부터 배우는 사람들이 공부를 하면서 아직도 많이 속박을 받았다(拘局). 내가 양지의 두뇌를 내걸어 보이고서부터 점차 이 의미를 보아 터득하는 자가 많아져서 더불어 마름질할(裁) 만하다고 느끼게 되었다.[2]

양명이 남경 홍려시경鴻臚寺卿에 재직한 시기는 정덕 9년(1514) 5월에서 정덕 11년(1516) 12월이니, 양명 스스로 말한 내용은 역시 '양지의 깨달음'과 비로소 '양지의 가르침'을 내건 시기가 정덕 12년 이후(*홍려 이후)임을 충분히 증명하며, 전덕홍의 정덕 4년 설과 정덕 16년 설을 뒤집는다. 양명이 말하는 '내가 양지의 두뇌를 들어서 보였다'는 일은 정덕 14년에 있었다.

신호의 반란을 평정하는 놀랄 만한 정벌 전쟁 중에서 만약 양명이 거둔

살피건대, 「각문록서설」에 이르기를 "선생의 도는 모두 세 차례 변하였다. …… 귀양貴陽에 거할 때 맨 먼저 배우는 사람들과 '지행합일知行合一'의 설을 말하였다. 저양滁陽에 온 뒤 배우는 사람들에게 정좌를 많이 가르쳤다. 강우江右에 온 이래 비로소 단독으로 '치량지致良知' 세 글자를 들어서 곧바로 본체를 가리켰다."라고 하였다. 여기서 전덕홍은 스스로도 정덕 4년(1509) 설과 정덕 16년(1521) 설을 부정하였다. 또 생각건대, 지금도 여전히 어떤 사람들은 「각문록서설」에서 양명이 "나의 '양지良知' 두 글자는 용장龍場(의 시기) 이후에는 곧 이미 이런 생각에서 벗어나지 않았다. 다만 이 두 글자를 지적해내지는 않았다." 한 말을 인용하여서 양명은 '용장에서 양지에 대해 이미 근본적인 깨달음을 얻었다'고 인정하였다. 여기서 양명은 분명히 말하기를 '용장 이후'라고 했지 용장에 있을 때라고 말하지 않았으므로 이 구절에 대해 분명히 잘못 이해하였다고 생각한다.

2 『왕양명전집』 권41 「각문록서설」.

신속한 반란 평정의 성공이 그가 정치적으로 겪을 비극적 운명을 초래했다고 한다면 역경의 어려움은 그의 심학사상 상에서 새로운 비약을 이끌었으며, 그의 심학의 '양지의 깨달음'과 '공문孔門의 정법안장正法眼藏'이라는 마음의 문(心扉)을 열어젖혔고, 백사와 육구연의 심학을 초월하게 하였다. 이로부터 그는 더욱 드넓고 광대한 치량지 본체공부론의 왕학 사상체계를 완정하게 구축하였다.

양명은 정덕 12년(1517) 9월에 횡수橫水를 건널 때 이미 '산중의 도적을 깨뜨리기는 쉬워도 마음속의 도적을 깨뜨리기는 어렵다(破山中賊易, 破心中賊難).'라는 문제를 사색하기 시작하였다. '마음속의 도적'이란 바로 사람의 마음이 사욕에 해침을 받고 좀먹고 타락하고 잃어버려서 선을 알고 악을 알며(知善知惡) 선을 행하고 악을 제거할(行善去惡) 수 없음을 가리킨다. 이는 선을 알고 악을 아는 마음으로 어떻게 인욕에 해침을 당하지 않게 하며, 또 인욕에 해침을 당한 마음으로 어떻게 선을 알고 악을 아는 것으로 돌아가게 할 수 있는가 하는 문제이다. 이러한 '마음속의 도적'을 깨뜨리는 문제에 대한 사고는 양명을 선을 알고 악을 아는 마음의 인식으로 통하도록 인도하였고, 관심의 시선을 맹자가 말한 '양지 양능良知良能'과 『대학』에서 말한 '치지致知'로 집중하게 하였다.

정덕 13년에 이르러서 양명이 이미 심체의 체인을 양지 양능과 결합하여 한 걸음 더 나아가 사고함으로써 제자들에게 "자기 마음속의 양지 양능에서 체인하고 확충할"[3] 것을 요구한 것은 '양지의 깨달음'이 이미 그의 마음속에 싹트고 있었음을 나타낸다. 정덕 14년(1519) 봄에 양명과 왕순汪循이 『주자만년정론』을 둘러싸고 한바탕 주륙朱陸 학문의 동이同異 논변을 전개한 일은 양

3 『왕양명전집』 권1 「전습록」 상.

명의 '양지의 깨달음'을 격발한 '전주곡'이라고 할 수 있다.

이에 앞서 정월에 왕순은 「한벽변閑辟辯」을 썼는데, 이는 정동程曈의 『한벽록閑辟錄』을 위한 길잡이가 되었다. 그는 양명에게 이 책과 함께 보낸 편지에서 다음과 같이 주륙 학문의 동이를 논변하였다.

> 지난번 인봉정사仁峰精舍의 기문 한 말씀을 청한 까닭은 문사文辭를 현란하게 하기 위함이나 아첨하여서 총애를 받기를 바라고 명예를 구하기 위함이 아닙니다. 진실로 이 학문은 송유 정자와 주자 등 여러 선생이 밝혀내고 풀이하여서 해석한(訓釋) 이후부터 배우는 사람이 대체로 이를 말할 수 있었습니다만 그들로 하여금 옛 설을 버리고 그들 스스로 말을 하게 한다면 바람을 붙잡고 그림자를 잡는 것(捉風捕影)을 면하지 못하고 이른바 우뚝한(卓爾) 것이 있는 바를 알 수 없습니다. 문사에 공을 들이고 높은 관직(青紫)을 얻고 훈고를 익히고 입으로 외고 귀로 듣는 자료(資)를 배움으로 삼는 것은 모든 세상이 다 이러하니 구제할 수 없습니다. 정자와 주자 등 여러 선생의 말씀을 근거로 공자를 좇을 수 있고, 공자의 말씀에 따라 요·순·우·탕·문왕·무왕·주공을 추구하려고 한다면 경전의 가르침을 외고 본받으며(誦法經訓) 글의 뜻을 변론하여서 해석하는 것을 버리고 어디에서 힘을 다하겠습니까? 육경은 공자가 지은 것인데 삼대 이전에는 외울 만한 경전이 없었고 해석할 만한 뜻이 없었는지 알 수 없거니와 군신과 부자 사이의 엄숙하고 공경하며(穆穆夔夔) 점차 물들이고 끌어당겨서(薰漸援引) 인하고 성스러운 영역으로 오르려면 또한 무엇을 배워야 하겠습니까? 옛날 정자께서 이락伊洛 사이에서 강학을 하였는데 역시 독서를 일삼았다는 말을 듣지 못하였습니다. 사현도謝顯道(사량좌謝良佐, 1050~1103)가 역사를 거론하여서 외는 데 한 글자도 빠뜨림이 없었더니 이를 완물상지玩物喪志로 여

졌고, 양구산楊龜山(양시楊時, 1053~1135)을 보내면서는 '도가 남으로 간다(道南)!'는 탄식을 하였으니 그 배움의 실마리는 소재가 있었던 것입니다. 예장豫章(나종언羅從彦), 연평延平(이통李侗)은 대체로 구산에게서 (도를) 얻은 이들인데 우리 선생 주자(子朱子)께 전수하였다는 말은 진실로 속일 수 없습니다. 그러나 나(나종언)·이(이통) 두 선생은 저서가 풍부하지 않고 글귀를 다듬는(辭藻) 공을 들이지 않았으니, 그 배운 바 학문은 어떤 학문이며 일 삼은 바는 어떤 일입니까? 또한 우리 주자가 깊이 사고하고 힘써 행하며(潛思力行) 임무가 중하고 조예가 지극히 깊었던 것은 무엇을 가리켜 말한 것입니까? 말하는 자가 이르기를, 독서를 함에 비록 고찰하고 탐색함이 충분하지만 (본성을) 확충하고 (기질을) 변화시킴에 기술이 없으며, 비록 변별하고 해석함에 정밀하지만 굳게 지키고 견고하게 안정시키는 데 능하지 못하다면 은미한 사이에 사욕이 싹터서 잠복하여 불어나고 암암리에 자라나되(潛滋暗長) 스스로 알지 못하게 되며 끝내 파도가 지나고 바람에 쏠리는 듯하여서 내가 하늘에서 얻은 바가 이로 말미암아 더럽혀진다고 합니다. 그렇다면 독서에서 귀한 것은 무엇입니까? ……

저 배움은 실행을 귀하게 여기며 공담空談을 일삼지 않는다고 함은 참으로 도를 아는 자의 말입니다. 그러나 집사의 뜻은 참으로 저(某)를 책하여서 힘써 행하게 하려는 것입니까? 아니면 가르치는 것이 달갑지 않아서(不屑教) 잠시 구실을 대고 물러나시려는 것입니까? 저를 책하여 힘써 행하게 하려는 것이라면 본래 감히 힘쓰지 않을 수 없습니다. 가르치는 것을 달가워하지 않음을 가르침으로 삼는다면 그것이 곧 깊은 가르침이니 더욱 힘쓰지 않을 수 없습니다. ……

이로써 다시 구구하게 펼치고 아울러 근래 배우는 사람과 논변한 주륙동이 논변 한 편(*「한벽변」을 가리킨다)을 올려서 인증(印正)을 구하니 우레같이 엄격하고 바람같이 신속한(雷厲風行) 정령政令의 여가에 두루 가르침의 말씀을 아끼지 마시어 목마른 생각을 위로해주십시오.[4]

왕순이 양명과 함께 주로 독서와 강학을 논하면서 대체로 그는 글을 읽고 힘써 행함의 중요성을 긍정하고 육경은 공자가 지은 것이므로 육경을 읽는 가운데 요·순·우·탕·문왕·무왕·주공의 도를 탐구할 수 있다고 인식한다. 송유 정자와 주자 등 여러 선생이 육경을 밝히고 가르치고 해석하였으므로 정자와 주자의 글을 읽어서 요·순·우·탕·문왕·무왕·주공·공자의 도를 탐구할 수 있다. 두 정 선생이 이락에서 강학한 것은 두 정 선생에서부터 사현도·양구산·나예장·이연평·주자로 마음에서 마음으로 전수한(心心相傳) 학통을 형성하였으며, 이 정주 학통으로부터 유가의 도통을 탐구할 수 있다. 이런 논지는 역시 당년에 양명과 정주파의 주륙 학문 동이 논전의 화두를 이어받아서 논변을 전개한 것이다. 그가 쓴 「한벽변」은 한 걸음 더 나아가 이 시주비륙是朱非陸의 입장을 표현한다.

양명은 즉시 다음과 같이 회신하였다.

멀리서 가르쳐 보내신 편지와 겸하여 「한벽변」을 보여주셨는데 집사께서 도를 믿음이 독실하고 도로 나아감이 바름을 알게 되니 기쁘고 다행함을 어찌 말로 다 할 수 있겠습니까! 주자周子·정자 이후 학문이 뒤섞이고 도가 어두워진 지(學厖道晦) 400여 년에 공적空寂(불교)으로 달아난 자가 있었으나, 듣건대 그런 사람들의 발걸음 소리가 줄어든다고 하니 기쁩니다. 하물며 친척의 평생 기쁨이겠습니까! 주륙동이의 변론은 본래 제(守仁)가 평

---

4 『왕인봉선생문집汪仁峰先生文集』 권5 「복왕도헌復王都憲」 서1.

소 불러일으켜서 비방을 더욱 초래한 것인데 역시 일찍이 글 한 편을 써서 육학은 선禪이 아님을 밝히고 주설朱說도 확정된 이론이 아님을 보이고자 하였습니다. 또 아마도 세상의 배우는 사람들이 먼저 동당벌이同黨伐異의 마음을 품고서 장차 그 말을 접하여 받아들이지 않고 도리어 그것에 격노할까 우려하였습니다. 이에 주자 만년의 뉘우쳐 깨달은 설을 취하여서 소책자로 편집하고 이름을 『주자만년정론』이라고 지어서 눈을 가진 자가 스스로 택하게 하였습니다. 두 학자의 학문은 변설하기를 기다리지 않아도 저절로 증명될 것입니다. 근래 문인들이 판각하여 우도雩都로 가져가서 사대부에게 보이니 왕왕 계발된 자가 있었습니다. 지금 집사의 박학하고 웅혼한 말씀을 들으니 분석하고 천양闡揚하여서 오획烏獲이 먼저 오르자 나약한 사내도 물고기가 줄지어 헤엄치듯이 차례로 앞으로 더욱 나아갈 수 있게 되었으니 기쁘고 다행함을 어찌 말로 다 하겠습니까! 저에게 정사의 기문을 맡겨주셨는데 아직 오랫동안 명을 받들지 못하였으니 이는 진실로 저(守仁)의 죄입니다. 송구하고 송구합니다(悚仄)! 그러나 접때 비록 이미 집사의 고명을 익히 듣고서 경앙景仰할 바를 알았으나 학문이 앞으로 나아가는 사이에 아직 (경앙을) 다하지 못한 점이 있습니다. 지금 이미 학문의 도가 합치하니 같은 마음으로 하는 말(同心之言)을 그만둘 수 있겠습니까? 전란으로 뒤숭숭한 가운데 필찰筆札도 도무지 겨를이 없었지만 휴직을 청하는 소를 이미 네 차례나 올렸으니 기필코 허락을 얻을 것입니다. 머지않아 산림으로 돌아가 투신함을 마땅히 서서히 해야 하겠습니다.[5]

양명은 정면으로 상세한 변론을 하지 않고 『주자만년정론』으로 회답을

5 왕수인, 「우답왕진지서又答汪進之書」, 『왕인봉선생외집汪仁峰先生外集』 권3.

대신하였으며, 여전히 육씨의 심학은 선이 아니고 주자 만년의 정론은 이미 육학과 같다는 인식을 견지하였다.

왕순은 곧 2월에 또 양명에게 긴 편지 한 통을 써서 비평의 칼끝을 「주자만년정론서朱子晩年定論序」를 겨냥하여서 더욱 명확하게 다음과 같이 비평하여 반박하였다.

> 지난번 참람함을 헤아리지 않고 주륙의 설로 고명께 질정하여서 인정(許可)을 받았는데 어리석은 깨달음 하나를 얻어(一得之愚) 자신을 하였고, 위로는 대현군자께서 같다고 여기셨으니 흔쾌하고 위로됨을 어찌 견디겠습니까! 또 깨우치시기를 "역시 일찍이 글 한 편을 써서 육학은 선이 아님을 밝히고 주설도 확정된 이론이 아님을 보이고자 하였습니다. 또 아마도 세상의 배우는 사람들이 먼저 동당벌이의 마음을 품고서 장차 그 말을 접하여 받아들이지 않고 도리어 그것에 격노할까 우려하였습니다. 이에 주자 만년의 뉘우쳐 깨달은 설을 취하여서 소책자로 편집하고 이름을 『주자만년정론』이라고 하였습니다. 그 가운데 대략 육학의 설을 언급하지 않은 것은 배우는 사람으로 하여금 선입견으로 가슴속에 횡행하게 하지 않고 스스로 택하게 한 것입니다."라고 하셨습니다. 또 대현군자께서 용의用意가 섬세하고 완곡하며 마음가짐(宅心)이 충후하여서 차근차근(孜孜焉) 사람을 잘 이끌어주심을 보았습니다. 다만 서문에서 조예를 말씀하시되 앞에서는 어려운 까닭과 뒤에서는 터득한 유래를 서술하셨는데, 은미한 말씀과 깊은 뜻은 늙어서 어둡고 천박하고 고루한 사람이 알 수 있는 바가 아니니 의심하지 않을 수 없습니다. …… 삼가 의심나는 바를 써서 다시 고명께 질의하여 동의를 얻은 뒤에야 그만둘까 합니다. 대체로 도는 하나라서 둘을 용납하지 않으니 오직 고명께서 재단하십시오.

서문의 말씀에 "수사洙泗(공자)의 전승은 맹씨(맹자)에 이르러서 그쳤고 1500여 년 뒤에 염계(주돈이)와 명도(정호)가 비로소 그 실마리를 회복하였다."라고 하셨습니다. 생각건대 정숙자程叔子(정이)가 「명도선생묘표明道先生墓表」를 지어서 말하기를 "선생이 1400년 뒤에 태어나셔서"라고 했는데, 대체로 큰 수를 들어 말한 것입니다. 지금 집사께서 '1500여 년'이라 하셨는데 비록 자세히 고찰하고 근거를 들었겠지만 의리의 관건이 되는 바가 아니니 그대로 따르느니만 못합니다. 스스로 선유先儒와 다름을 보지 않는 것은 무엇 때문입니까? 이것이 의심하지 않을 수 없는 점의 하나입니다.

서문에 이르시기를 "그 뒤로 변론과 분석이 날로 상세해졌으나 또한 날로 지리멸렬함으로 나아가서 갈수록 다시 사라져 어두워졌다. 내가 일찍이 그 까닭을 깊이 탐구했더니 대체로 세상의 선비들이 모두 많은 말로 어지럽게 하였다."라고 하였습니다. 편지에 이르기를 "주자周子·정자 이후 학문이 뒤섞이고 도가 어두워진 지 또 400여 년"이라고 하였습니다. 제가 생각하기에, 변별하고 분석해서 지리멸렬해지는 폐단은 나중소羅仲素(나종언), 이연평李延平(이통) 이전에는 아마도 없었던 것 같으며, 많은 말을 하여서 도를 어지럽히는 것은 바로 주학朱學을 배우는 사람들의 폐단입니다. 집사의 뜻을 가만히 탐색하건대, 주자가 저술한 공을 일체 덮어버리니 이것이 의심하지 않을 수 없는 점의 둘입니다.

서문에 말씀하시기를 "이에 정학正學에 종사할 줄 알고서는 뭇 학설의 어지럽고 시끄러워서 피로하고 힘들며 아득하게 들어갈 수가 없음을 괴로워하고, 이로 인해 노자·석가에게 구하여서 마음에 흔연히 들어맞는 것이 있으면 성인의 학문이 여기에 있다고 여겼다."라고 하였고, 또 "황홀하게 깨달음이 있어서 오경과 사자四子에서 입증해보니 패연히 마치 장강과 황하가 터져서 사해에 흘러드는 것 같았다."라고 하였습니다. 저의 어리석은 생각으로는 옛 선비로서 먼저 성명性命과 근본의 학문에 종사하는 자는 대부분 불교·노자에 출입하다가 나중에 마음에서 터득하니 대체로 기미幾微의 묘함에서 도를 체득하는데, 실제로 힘쓰는 자가 아니면 이를 말할 수 없습니다. 그러나 이치에 더욱 가까우나 진리를 크게 어지럽히는 것은 털끝만 한 차이일 뿐이니 삼가지 않을 수 없습니다. 집사께서 이미 육씨의 학문을 시류에 꺼리는 바라고 하여 피하여서 떠났으면서 다시 이것에 어둡지 않으니 사람의 이목을 놀라게 하는 것이 아닙니까? 이것이 의심하지 않을 수 없는 점의 셋입니다.

서문에 말씀하시기를 "비록 매양 통렬하게 반대하고 깊이 억눌러서 얼룩을 찾고 흠을 잡는 데 힘쓰며 더욱 정확하고 밝고 적확하게 하여서 통연히 다시 의심할 만한 것이 없었으나 유독 주자의 설에는 서로 어긋남이 있었다."라고 운운하시고, "세상에 전해지는 『집주』, 『혹문或問』의 종류는 바로 중년의 확정되지 않은 이론으로서 스스로 허물하기를 정본의 오류라고 여기고 개정할 생각을 하였으나 미치지 못하였다."라고까지 하였습니다. 저의 어리석은 생각으로는 주자의 설에 어긋남이 있다는 것은 바로 육자陸子와 공박하고 변론할 때 학자들과 함께 모여서 의론하고 훈석하는 습관 때문이었을 뿐 애초에 전주傳注에는 있지 않았습니다. …… 저는 일찍이 참람하게 주자가 오경과 사서(經子)를 훈석한 것을 공자가 육경을 산술刪述한 것과 공적이 같다고 여겼습니다. 그러나 공자가 비록 육경을 산술하지 않았다고 하더라도 위로 요·순·우·탕·문왕·무왕으로 이어지는 전승은 그대로 존재합니다. 주자는 주렴계·정자 이하 여러 유학자의 설을 모아서 일가一家의 말을 이루었으니 경서를 아주 상세히 분석하여(毫分縷析) 해와 별처럼 비추어서 우리 후세 사람들에게 열어주고 도를 밝힌 공이 어찌 작다고 하겠습니까! 그러나 주렴계·정자 등 여러 학자의 전승을 접하는 까닭은 역시 여기에 있지 않습니다. 『집주』, 『혹문』 등과 같은 부류는 반복해서 고정考訂하여 지극히 정확하고 지극히 치밀하며, 「성의장誠意章」과 같은 것은 바로 절세의 필치이니(絶筆) 비록 그 뜻에 차지 않음이 있지만 역시 은미합니다. 집사께서 이를 중년의 정해지지 않은 이론이라 하시니 이는 의심하지 않을 수 없는 점의 넷입니다.[6]

왕순의 이 긴 편지는 양명의 「주자만년정론서」에 대한 전면적인 비평이라 할 수 있다. 실제로 그는 양명의 '주자만년정론'설 그 자체에 대해서는 그다지 정면으로 비판하지 않았으나 양명의 이 글에 대한 근본적인 문제에 대해서는 첨예하게 다루었는데 그 요지는 바로 다음과 같다. 당신은 주희의 사상이 만년에 육학으로 전향하였다고 주장하였는데 당신은 오히려 육학이 선학이 아니라는 사실을 아직 증명하지 못하였다. 그리하여 이른바 '주자만년정론'설은 아무 의미 없는 명제이며, 이로 인해 '두 학자의 학문은 변설하기를 기다리지 않아도 저절로 증명된다.'라고 한 말 역시 성립할 수 없다. 양명 스스로도 인정하기를 이 책은 "그 가운데 대략 육학의 설은 언급하지 않아서"[7]라고 하였으니 왕순은 바로 『주자만년정론』의 이 허점을 파악하고서 질의하였던 것인데 이는 양명에게도 계발의 계기가 되었다. 그는 이 허점을 보완해야 했고 정면으로 '주자만년정론'설을 충실하게 보완하고 입증해야 하였

6 『왕인봉선생문집』 권5 「복왕도헌」 서2.

7 왕순의 편지에서 인용한 양명의 편지에서 한 말은 대부분 "그 가운데 대략 육학의 설을 언급하지 않은 것은 배우는 사람으로 하여금 선입견으로 가슴속에 횡행하게 하지 않고 스스로 택하게 한 것이다.(其中略不及陸學之說, 使學者不以先入之見横於胸中而自擇焉)"라는 두 구절을 인용한 것인데, 현재 양명의 「우답왕진지서又答汪進之書」에는 이 두 구절이 없으니 당연히 나중에 의도적으로 산삭한 것이다.

다. 이는 '자기 마음속의 양지 양능에서 체인하고 확충해야' 한다는 양명의 이전 사고와 자연스럽게 이어져서 육학의 '인심지령人心至靈'설을 맹학孟學의 '양지 양능'설로 거슬러 올라가게 할 수 있었다. 육학은 곧 공맹의 학문에 귀결되며 선학이 아니라고 할 수 있다.

왕순이 2월에 세상을 떠났기 때문에 양명은 회답을 할 수 없었다. 그러나 그가 나중에 휴녕으로 찾아가 왕순의 옛집을 방문하고 지은 「왕진지 태극암에 쓰다, 두 수(書汪進之太極巖二首)」와 「인봉정사에 제하다(題仁峰精舍)」 시는 실제로 왕순이 보낸 편지에 대한 회답이며, 왕순이 마지막으로 보낸 편지를 받은 뒤 '양지'에 대한 양명의 새로운 사고를 반영하고 있다. 시에서 "모름지기 태극은 원래 무극임을 알아야 하나니, 비로소 마음이 명경대 아님을 믿겠네(須知太極元無極, 始信心非明鏡臺)" 하고, "사람마다 원만한 본성이 있으니, 깔개 깔고 식은 재처럼 앉아 있지 말라(人人有個圓圈在, 莫向蒲團坐死灰)"라고 하였는데, 사람마다 지닌 이 '태극의 동그라미(太極圓圈)'는 바로 양지를 가리킨다. 이는 바로 양명이 왕순의 "육학은 선학인가 아닌가(陸學是否禪學)?" 하는 물음에 대한 회답이었다.

진정한 '양지의 깨달음'은 4월에 있었다. 안복安福 추수익이 감주로 와서 수학하였는데, 양명에게 '격물치지'설을 물어서 갑자기 양명이 『대학』 '치지'의 사색 노선을 따라 추수익에게 '치량지'의 배움을 크게 드러내 보이도록 격발하였다. 나중에 경정향耿定向이 「동곽추선생전東廓鄒先生傳」에서 이와 같은 양명과 추수익 두 사람의 '양지의 깨달음'을 다음과 같이 기록하였다.

> (*수익이) 하루는 『대학』, 『중용』을 읽다가 의혹이 생겨서 말하기를 "자사子思가 증자曾子에게 수학하였는데 『대학』에서는 격물치지(格知)를 앞세우고 『중용』에서는 신독愼獨을 맨 앞에 내세운 까닭은 무엇 때문인가?"라며 쌍

인 의문이 풀리지 않았다. 기묘년(1519), 선생 나이 29세 때 건대虔臺(감주)에서 왕(양명) 공에게 나아가 질의를 하였다. 왕 공이 말씀하시기를 "앎을 이룬다는 것(致知)은 사사물물事事物物에서 내 마음의 양지를 끝까지 이루는(致) 것이다. 사사물물에서 내 마음의 양지를 끝까지 이루면 사사물물에서 모두 그 이치를 터득할 것이다. 독獨이란 이른바 양지이다. 신독이란 양지를 끝까지 이루는 방법이다. 경계하고 삼가고 무서워하고 두려워하는(戒愼恐懼) 것은 홀로 있을 때 삼가는 방법이다. 『대학』, 『중용』의 취지는 하나이다."라고 하셨다. 선생은 활연히 깨닫고서 마침내 엄숙하게 폐백을 바치고 스승으로 섬겼다. 한 달이 지나서 다시 건대로 갔다. 얼마 뒤 신호가 반역을 하였다.[8]

추덕함鄒德涵(1571, 진사)이 「문장부군전文莊府君傳」에서 서술한 바는 조금 다르다.

해를 넘기고서 부군(추수익)이 역재 옹易齋翁(추현鄒賢, 1454~1516)에 대한 염려 때문에 돌아가기를 청하였다. 각지의 선비가 산방山房으로 와서 수학하였는데 부군이 말하기를 "전에 너희들은 자사의 학문이 증자에게서 전수한 것이라고 알고 있었느냐? 지금 주씨朱氏는 격물을 풀이하여서 신독과 다르다고 하였으니 무엇인가?"라고 하였다. 제생이 아무도 이해하지 못하였다. 기묘년(1519)에 양명 선생을 건虔(감주)에서 뵙고 그 의문을 질정하였다. 왕 공이 크게 기뻐하며 말씀하시기를 "내가 천하에 벗을 구한 지 여러 해 동안 아무도 이런 의심을 하지 않았는데 그대는 어찌 의심을 하는

8 『경천대선생문집耿天臺先生文集』 권14 「동곽추선생전東廓鄒先生傳」.

가!" 하셨다. 이어서 알려주시기를 "치지는 내(吾) 양지를 그대로 이루는 것이다. 격물이란 사물의 당당한 이치(倫物)에서 벗어나지 않으며 감응하여서 앎을 지극히 하는 것으로서 신독과 하나이다."라고 하셨다. 부군이 번연히 깨닫고서 "도가 여기에 있다!"라고 말하며 마침내 제자의 예를 지켰다. 돌아가서 제생과 말하기를 "내가 29년을 꿈속에 있었는데 이제 비로소 깨어났다. 너희들은 다시 가리우지(蒙) 말라!" 하였다.[9]

섭표聶豹는 명확하게 이때 두 사람의 '격물치지' 강론을 일컬어서 '양지의 신비를 오묘하게 깨달은' 것이라고 하였다.

양명 선생이 건남虔南에서 강학한다는 소문을 듣고 배를 끌고 찾아가서 좇았다. 한번 보자 서로 마음이 합해서 양지의 신비를 신묘하게 깨달아(妙悟良知之秘) 환히 스스로 믿고서 말씀하시기를 "도가 여기에 있다!"라고 하였다. 돌이켜서 가슴속에 쌓인 수만 권의 서적을 돌아보니 찌꺼기와 같았다.

---

9 『추취소선생문집鄒聚所先生文集』 권3 「문장부군전文莊府君傳」. 생각건대, 이 일에 관하여 제가諸家가 서술한 것이 저마다 상세함과 간략함이 있지만 의사는 모두 같다. 예컨대 서계徐階(1503~1583)의 「추공신도비명鄒公神道碑銘」에 이르기를 "공은 스스로 족하다고 여기지 않고 물러나서 산중에서 독서를 하였다. 자주 격치格致, 계구戒懼, 신독愼獨의 설에 의문을 갖고서 양명 선생에게 질의하였다. 선생이 말씀하시기를 '앎을 이룬다는 것(致知)은 사사물물事事物物에서 내 마음의 양지를 그대로 이루는(致) 것이다. 사사물물에서 내 마음의 양지를 그대로 이루면 사사물물에서 모두 그 이치를 터득할 것이다. 내 마음의 양지를 그대로 이루는 것은 치지이다. 사사물물에서 모두 그 이치를 터득한 것은 격물이다. 독獨이란 이른바 양지이다. 신독이란 양지를 그대로 이루는 방법이다. 경계하고 삼가고 무서워하고 두려워하는(戒愼恐懼) 것은 홀로 있을 때 삼가는 방법이다. 그러므로 『대학』, 『중용』의 취지는 하나이다.'라고 하셨다. 공이 크게 깨닫고 북면하여서 스승으로 섬기고, 돌이켜서 문인과 제자에게 그 설을 알려주었다."라고 하였다.(*『세경당집世經堂集』 권19)

이에 북쪽을 향해 네 번 절하고 종신토록 받들기를 마치 시구蓍龜와 같이 하였다. 선생이 시를 증정하여 말하기를 "그대는 오늘 하루 참으로 천릿길을 왔네, 나도 당년에 옛날의 미혹을 괴로워했네(君今一日眞千里, 我亦當年苦舊迷)"라고 하셨다. 대체로 서로 만남이 늦었음을 한탄하였던 것이다.[10]

섭표가 말한 '양지의 신비를 오묘하게 깨달은' 사람은 추수익을 말하며, 또한 양명을 말하기도 한다. 이 '양지의 깨달음'은 두 사람의 강학론도의 심령이 공동으로 교감하고 관통하는 가운데 격발된 '오묘한 깨달음', 곧 미혹에서 깨달음에 이른 것이다(由迷到悟). 양명의 시에서 말한 "그대는 오늘 하루 참으로 천릿길을 왔네"라는 구절은 추수익의 '양지의 깨달음'을 말하고, "나도 당년에 옛날의 미혹을 괴로워했네"라고 한 구절은 양명 스스로의 '양지의 깨달음'을 말한다.

정덕 14년(1519) 4월에 이루어진 두 사람의 이 강학론도는 바로 그들이 '옛날의 미혹'에서 '새로운 깨달음(新覺)'에 이른 공동의 '양지의 깨달음'이다. 양명의 '을축년의 깨달음'과 '용장의 깨달음'을 초월한 양명의 '양지의 깨달음'은 '양지'와 '치량지'의 마음의 깨달음에 대하여 세 가지 방면의 새로운 각성을 포함하고 있다. 하나는 '치지'의 깨달음이다. 치지란 바로 사사물물에서 내 마음의 양지를 끝까지 이루는 것으로서 치지는 곧 치량지라고 인식한 것이다. 둘째는 이른바 '양지'의 깨달음이다. 양지란 바로 내 마음의 '독獨'(* 독지獨知)을 가리키니, 그리하여 신독은 곧 치량지이며 계신공구戒愼恐懼는 곧 신독이자 또한 치량지임을 인식한 것이다. 셋째는 이른바 '격물'의 깨달음이다. 격물이란 곧 사사물물에서 내 마음의 양지를 끝까지 이루며 사사물물에

10 『섭표집聶豹集』 권13 「대사성동곽공칠십수서大司成東廓公七十壽序」.

서 모두 그 이치를 터득하는 것으로서 마음 바깥에 이치가 없고, 이치는 사물에 있지 않기 때문에 이 마음은 치량지를 통해 마음속의 이치를 미루어 사사물물에 미치고, 따라서 사사물물에서 모두 그 이치를 터득하는데 이것이 바로 '격물'임을 인식하는 것이다.

분명히 양명은 추수익이 주장한 '격물치지'와 '신독계구'의 사색 노선에서 계발을 받고 깨달아서 『대학』의 '지'를 해석하여서 '양지'라 하고, '치지'를 해석하여서 '치량지'라 하고, 『중용』의 '독'을 해석하여서 '지'라 하고, '신독'을 해석하여서 '치량지'라고 하였다. 따라서 『대학』의 '격물치지'와 『중용』의 '신독계구'를 통일하여서 양지를 본체로, 치량지를 공부로 하는 것에 종극적으로 관심을 둔 심학사상 체계를 구축하였다. 이는 양명 스스로 '양지'와 '치량지'의 심학사상에 대한 최초의 경전적인 설명(詮說)이다.

또한 추수익도 이 두 사람의 '양지'와 '치량지'를 크게 깨달은 '양지의 깨달음'을 제기하여서 다음과 같이 말하였다.

> 물었다. "계신戒愼 공부와 성의·치지·격물의 취지는 동이同異를 어떻게 변별합니까?" 답하였다. "계신공구는 바로 삼가는 것(愼)이며, 보이지 않고 들리지 않음(不睹不聞), 드러나지 않고 뚜렷하지 않음(莫見莫顯)은 바로 홀로 있음(獨)이다. 경계하고 두려워하여서 영명함이 장애가 없는 것이 바로 치지이다. 경계하고 두려워하여서 두루 흘러 관통하여 이지러지지 않는 것이 바로 격물이다. 그러므로 선사께서 이르시기를 '자사자子思子께서 『대학』 한 부를 취하여 『중용』의 첫 장(首章)을 지어서 성학의 맥락을 둘이 아니라 하나로 통하게(通一無二) 하여 후세의 지리支離한 동이의 소굴을 깨끗이 씻어냈다. 정심正心은 미발未發의 중中이며, 수신修身은 발하여서 중절中節하는 화和이다. 천지가 자리를 잡고 만물이 자라는(天地位, 萬物育) 것은 제가·

> 치국·평천하이다. ……'라고 하였다."[11]

> 지난번에 일찍이 『대학』, 『중용』이 한 갈래로 주고받은 것이 앎과 행함을 가르고(判) 동動과 정靜을 나누었기에(析) 거의 문호를 분류하여서 세운 것과 같다고 의심하였다. 스승의 따뜻하고 엄격한 가르침(接溫聽厲)을 반복하여 따져보고서(詰難) 비로소 선을 좋아하고 악을 미워함의 진실, 계신공구의 엄격함이 신독의 한 맥락에서 벗어나지 않음을 믿게 되었다. 독이란 홀로 앎(獨知)이다. 홀로 알 수 있는 양良은 소리도 냄새도 없는 것이며, 하늘과 땅 사이의 온갖 만물(乾坤萬有)이 그것에 기초를 둔다. 은미함이 뚜렷한 것임을 아는 것(知微之顯)이니 신비하도다![12]

양명과 추수익이 '양지의 신비를 오묘히 깨달은' 것은 이러한 '스승의 따뜻하고 엄격한 가르침을 반복하여서 검토하는' 가운데 '신령한 빛이 문득 뚜렷해지는(靈光乍顯)' 돌연한 깨달음(開悟)인 것이다.

'양지의 깨달음'은 양명 심학사상의 새로운 발전의 길을 열어젖혔는데, 이는 심학의 종극적인 관심의 경계를 제고하는 방향으로 향하였다. 양지는 곧 심체心體(*진체眞體)이니 이로부터 '양지'는 양명 심학사상 체계의 무상의 '대두뇌', 유가 성문의 '정법안장', 사람마다 마음속에 갖춘 '태극', 세상 사람을 밝히는, 사람의 마음을 구속하는 길의 '밝은 등불(明燈)'이 되었다. 그리하여 '양지의 깨달음'에 이어서 양명은 바로 '양지'의 가르침을 크게 제창하기 시작하였다. 비록 신호의 반란이 갑자기 일어나서 한때 '양지'의 설을 전개하

---

11 『추수익집鄒守益集』 권16 「절유취강문답浙游聚講問答」.

12 『추수익집』 권7 「용강서원제전기龍岡書院祭田記」.

여 전면적으로 깊은 사고를 할 겨를이 없었지만, 그는 신호의 반란을 평정하는 정벌 전쟁 중에도 변함없이 선비들(士子)과 '양지'의 학문을 강론하였고, '양지'의 설로 세상 사람들을 일깨우고 세도의 전란戰亂을 통렬하게 펌척하고 인심을 개도하고 교화하였다.

6월에 신호가 반란을 일으켰을 때 추수익은 또 길안吉安으로 와서 양지의 학을 물었는데, 양명이 길안에서 창의하여 군사를 일으킨 상황과 맞닥뜨렸다. 사람들은 모두 양명을 매우 어리석다고 비웃고 심지어 양명이 속임수를 쓴다고 의심하기까지 하였다. 추수익은 흉흉한 인심을 보고 군영으로 가서 양명에게 물었다. 양명은 다음과 같이 회답을 하였다. "이 (군신의) 의리(義)는 천지 사이에서 도피할 곳이 없으니 가령 천하가 모두 영왕寧王을 따르더라도 나한 사람만은 결단코 이와 같이 하겠다. 사람마다 양지를 가지고 있으니(人人有個良知) 어찌 호응하여서 일어나는 사람이 한 사람도 없겠는가? 성패와 이해는 헤아릴 바가 아니다."[13]

여기서 '사람마다 양지를 가지고 있으니'라는 말은 바로 그가 「서왕진지태극암」에서 "사람마다 원만한 본성(圓圈, *태극)이 있으니"라고 한 것으로서 양명은 사람마다 마음속에 양지를 갖고 있어서 선을 알고 악을 알기에 틀림없이 양명이 신호의 반란을 평정하는 일에 반응하여 모여들어서 양지를 가지고 행하여서 악을 징계하고 선을 떨칠 수 있다고 믿었다. 마음속의 양지가 맑고 밝으니 일에 임하여서 마음을 움직이지 않고 앞에서 태산이 무너져도 동요하지 않을 수 있으니 군사를 일으켜서 병사를 운용하여 적을 무찌르고 승리를 얻을 수 있었다. 이는 일종의 실천적인 '양지'(*지행합일)이며, 양명이 '양지의 깨달음' 뒤에 크게 내건 '양지' 학문의 근본적인 가르침이다.

---

13 『왕기집王畿集』 권13 「독선사재보해일옹길안기병서서讀先師再報海日翁吉安起兵書序」.

설간薛侃은 양명이 '양지는 일에 임하여서 마음을 움직이지 않는 것(良知臨事不動心)'이라는 가르침을 논한 한 막을 다음과 같이 기록하였다.

상겸尙謙(설간)이 말하였다. 예전에 보니 선생에게 기대하는 자가 있어서 스스로 일컫기를 더불어 군사를 행할 수 있다고 하였다. 선생이 그 까닭을 물으니 대답하기를 "나는 마음을 움직이지 않을 수 있습니다(不動心)."라고 하였다. 묻기를 "부동심을 쉽게 말할 수 있는가?" 하였다. 대답하기를 "나는 움직임을 제어하는 방법을 터득하였습니다."라고 하였다. 선생이 웃으며 말하기를 "이 마음이 대적對敵을 할 때에 또한 움직임을 제어하려 한다면 또 누구와 더불어서 모의를 하고 사려하겠는가?" 하였다. 또 묻기를 "지금 학문을 알지 못하는 자가 있어서 험한 상황에 처해서도 두려워하지 않을 수 있다면 이 또한 더불어 군사를 행할 수 있습니까?" 하였다. 선생이 말하기를 "사람의 본성과 기질이 굳센 자는 역시 험한 상황에 처해서도 두려워하지 않을 수 있으나 다만 그 마음을 억지로 지닌 뒤에야 가능하다. 억지로 지녀야 한다면 곧 본체가 가려진 것이니 바로 모든 일(庶事)을 지배할(宰割) 수는 없다. 맹시사孟施舍처럼 이른바 기를 지키는(守氣) 자이다. 만약 사람이 참으로 기꺼이 양지에서 공부를 하여 때때로 정밀하고 밝으며 욕망에 가려지지 않으면(在良知上用功, 時時精明, 不蔽於欲) 저절로 일에 임하여서 움직이지 않을 수 있다(臨事不動). 진정한 본체(眞體)를 움직이지 않으면 저절로 변화에 응하되 말을 하지 않고 조용히 할 수 있다. 이는 증자曾子의 이른바 간약함을 지키는(守約) 것이며, 스스로 돌이켜서 곧으면 비록 천만 사람 앞이라도 나는 간다(自反而縮, 雖千萬人吾往) 하는 것이다."라고 하였다.[14]

14 『왕양명전집』 권38 「정신호반간유사征宸濠反間遺事」.

"양지에서 공부를 하여 때때로 정밀하고 밝으며 욕망에 가려지지 않음"은 바로 치량지의 공부(*사욕의 엄폐를 제거한다[去私欲之蔽])를 가리킨다. 가림을 제거하는 치량지의 공부를 통해 양지가 맑고 밝게 되니 일에 임하여서 저절로 움직이지 않는다. 진실한 본체가 움직이지 않으면 저절로 온갖 변화에 응할 수 있으며 전쟁에서도 승리할 수 있다. 이는 또한 일종의 용병의 도이다.

나중에 전덕홍도 양명의 이러한 '양지로 일에 임하여서 마음을 움직이지 않는' 용병의 도를 다음과 같기 기록하였다.

> 내(德洪)가 예전에 사문에 있을 때 어떤 사람이 "용병에 기술이 있습니까?"라고 물었다. 선생님께서 말씀하셨다. "용병에 무슨 기술이 있겠는가! 다만 학문이 순수하고 독실하며 이 마음이 움직이지 않음을 기르는 것이 바로 기술일 뿐이다. 보통사람은 지혜와 능력(智能)에서 다른 사람들과 차이가 그리 나지 않는다. 승부의 결판은 진陣에 임하여서 점쳐보기를 기다리지 않아도 다만 이 마음이 움직이는가 움직이지 않는가 하는 사이에 있다. 예전에 영왕과 호상湖上에서 마주 싸울 때 남풍이 급히 방향이 바뀌었기 때문에 몇몇 사람에게 화공의 대비를 갖추게 하였다. 이때 전군前軍이 한창 꺾이고 있었는데 몇 사람들은 마주 서서 불안하여 눈을 두리번거리며 서너 차례 거듭 명해도 마치 귀에 들리지 않는 듯하였다. 이들은 모두 당시 유명한 사람들이었는데 평시 지혜와 기술(智術)이 어찌 부족했겠는가마는 일에 임하여서는 당황하고 실수하기가 이와 같았다. 지혜와 기술을 어디에 쓰겠는가?" 하였다.[15]

15 『왕양명전집』 권38 「정신호반간유사」.

전덕홍은 또 추수익이 직접 목격한 것과 같이 양명이 신호의 반란을 평정하는 가운데 '양지로 일에 임하여서 마음을 움직이지 않았던' 큰 지혜와 큰 용기를 다음과 같이 기록하였다.

선생이 길안에 계셨는데 추수익이 나아가 뵙고 말하기를 "듣자 하니 신호가 섭방葉芳(1490~1535)의 병사를 유혹하여서 길안을 협공하였다고 합니다."라고 하였다. 선생이 말씀하셨다. "섭방은 반드시 반역하지 않을 것이다. 여러 도적이 이전에 풀을 엮어서 집을 지었는데 반역을 일으킬 때는 집을 태워버렸다. 내가 그 소굴을 지나면서 거목을 잘라 집 1만여 채를 짓도록 허락하였다. 지금 그 적당이 각각 1천여 명인데 집을 태우고 (반역을 하기를) 기꺼워하지 않는다." 추수익이 말하였다. "저들이 신호를 좇아 봉작을 바라는데 당당한 계책(常計)을 찾을 수 있겠습니까?" 선생이 한참 동안 묵묵히 있다가 말씀하셨다. "천하가 모두 반대해도 우리는 마땅히 이와 같이 할 것이다." 추수익이 두려워하다가(惕然) 일시에 가슴속의 이해관계에 대한 생각이 씻은 듯 사라졌다.[16]

또 일찍이 추겸지(추수익)에게 들었다. 말하기를 "옛날 선생과 영왕이 교전할 때 두세 동지와 중군에 앉아서 강학을 하셨다(坐中軍講學). 첩자가 달려와 전군이 지고 있다고 보고하자 좌중이 모두 공포의 기색을 띠었다. 선생이 나가서 첩자를 만나본 뒤 물러나와 자리에 앉아서 다시 말을 이어서 하시는데 정신과 기색이 태연자약하셨다. 이윽고 첩자가 달려와서 보고하기를 적병이 크게 무너졌다고 하니 좌중이 모두 기쁜 기색을 드러내었다. 선

16 『왕양명전집』 권34 「연보」 2.

> 생이 나가서 첩자를 만나 보고 물러나와 자리에 앉아서 다시 말을 이어서 하시는데 정신과 기색이 역시 태연자약하셨다."라고 하였다.[17]

여기서 말하는 "중군에 앉아서 강학을 하셨다"라고 함은 양명이 군중에 있을 때 '양지'의 학문을 강론한 사실을 가리킨다. 사람마다 마음속에 양지의 진실한 본체를 지니고 있으니 양명은 바로 이러한 '양지로써 일에 임하여 마음을 움직이지 않는' 용병의 도로써 신호와 싸워 승리하였던 것이다.

7월 하순에 양명이 신호의 반란을 평정하고 성성省城 남창에 진입하자 남창은 각지의 선비들이 찾아와서 배움을 묻고 경배하는 '성지'가 되었다. 남창에서 양명은 광범위하게 사방에서 배움을 구하기 위해 찾아온 선비들에게 '양지'의 가르침을 크게 제창하기 시작하였다. 이 광경을 직접 목도한 추수익은 다음과 같이 말하였다.

> 선생이 남창에서 개강을 하셨다. 문인 서분舒芬·위량필·왕신·요득온饒得溫·위량정·위량기 등 예로부터 교유하던 사람들이 모두 함께 모였다. …… 일찍이 배우는 사람들에게 말씀하시기를 "우리 무리에서 학문의 두뇌를 알면 착수할 곳이 없음을 염려할 필요 없다. 다만 객기客氣가 근심이 되어서 기꺼이 실제로 양지를 이루려 하지 않는 것이 두려울 뿐이다."라고 하셨다.[18]

각지의 학자가 모두 남창으로 몰려와서 양지의 학문을 물었다. 제일 먼저 무종의 남순을 간하다가 삭적되고 임천으로 돌아와 있던 진구천陳九川이

---

17 『왕양명전집』 권38 「정신호반간유사」.

18 추수익, 『왕양명선생도보王陽明先生圖譜』.

남창으로 와서 양지의 가르침을 받았고, 양명은 그에게 새로운 '양지'의 설을 상세히 논하였다.

진구천은 다음과 같이 처음부터 끝까지 모두 하나하나 『전습록』에 그대로 기록하였다.

> 기묘년(1519)에 북경에서 돌아와 홍도洪都(남창)에서 선생을 다시 뵈었다. 선생께서는 병무로 바쁘신 중에도 틈을 내어 강의를 하셨다. 맨 먼저 물으시기를 "근년에 공부를 어떻게 하였는가?" 하셨다. 내(九川)가 대답하기를 "근년에 '밝은 덕을 밝히는(明明德)' 공부는 다만 '뜻을 성실하게 하는(誠意)' 것임을 체험하였습니다. '천하에 밝은 덕을 밝히는(明明德於天下)' 것에서부터 한 걸음 한 걸음 근원으로 파고들어서 '뜻을 성실하게 하는' 데까지 이르러서는 더 이상 나아갈 수 없었습니다. 어찌하여 그 앞에 또 격물과 치지(格致)의 공부가 있습니까? 나중에 또 체험하여서 뜻이 성실한지 거짓된지(誠僞)를 반드시 먼저 지각해야만 한다는 것을 깨닫게 되었습니다. 안자顔子의 '선하지 않음이 있으면 알아차리지 못한 적이 없었고, 알고서는 다시 행한 적이 없었다(不善未嘗不知, 知之未嘗復行).'고 한 것으로 증거를 삼았더니 활연히 아무 의심도 없는 듯했으나 도리어 또 '격물' 공부가 더 있었습니다. 그래서 또 생각하기를, 내 마음의 영명함이 어찌 뜻의 선악을 알지 못할 수 있겠는가, 다만 물욕物欲이 가렸기 때문이니 모름지기 물욕을 바로잡아 제거해야(格去) 비로소 안자가 (선하지 않음이 있으면) 알아차리지 못한 적이 없었던 것처럼 할 수 있을 뿐이라 하였습니다. 또 스스로 공부가 전도되어서 뜻을 성실히 함과 한 덩어리(片段)가 되지 못하는 것이 아닌가 하고 의심하였습니다. 나중에 희안希顔(채종연)에게 물었더니 희안이 말하기를 '선생께서 격물치지는 뜻을 성실하게 하는 공부라고 말씀하셨는데

매우 좋다.'고 하였습니다. 저는 '어떻게 하는 것이 뜻을 성실하게 하는 공부인가?'라고 물었습니다. 희안은 다시 생각하여 체득해보라고(體看) 하였습니다. 저는 끝내 깨닫지 못하였습니다. 여쭙겠습니다(淸問)."라고 하였다. 선생께서 말씀하셨다. "안타깝다! 이는 한 마디 말로 깨우칠 수 있다. 유준惟濬(진구천)이 거론한 바 안자의 일이 바로 그것이다. 다만 몸(身)과 마음(心)과 뜻(意)과 앎(知)과 사물(物)이 하나(一件)라는 것을 알아야 한다." 구천이 의문이 들어서 물었다. "사물은 바깥에 있는데, 어떻게 몸과 마음과 뜻과 앎과 하나가 됩니까?" 선생께서 말씀하셨다. "귀와 눈과 입과 코와 사지四肢는 몸이지만 마음이 아니면 어떻게 보고 듣고 말하고 움직일 수 있겠는가? 마음이 보고 듣고 말하고 움직이고자 하더라도 귀와 눈과 입과 코와 사지가 없으면 역시 불가능하다. 그러므로 마음이 없으면 몸이 없고, 몸이 없으면 마음이 없다. 다만 그 가득 채운 곳(充實)을 가리켜서 말하면 몸이라 하고, 주재하는 곳을 가리켜서 말하면 마음이라 하고, 마음이 발하여서 움직인 곳을 가리켜서 말하면 뜻이라 하고, 뜻이 영명한 곳을 가리켜서 말하면 앎이라 하고, 뜻이 가서 들러붙은(涉着) 곳을 가리켜서 말하면 사물이라 하니, 다만 하나일 뿐이다. 뜻은 허공에 매달려 있었던 적이 없으며 반드시 사물에 붙어 있다. 그러므로 뜻을 성실하게 하고자 한다면 뜻이 가 있는 어떤 일에 따라서 그것을 바로잡고(格) 그 인욕을 제거하여서 천리로 돌아간다면 이 일에 가 있는 양지가 가려지지 않고 지극해질 수(致) 있다. 이것이 바로 뜻을 성실하게 하는 공부이다." 나는 이에 석연해져서 여러 해 동안의 의심을 해소할 수 있었다.

또 물었다. "감천甘泉(담약수)이 근래에 역시 『대학』 고본을 신뢰하여서 이르기를 '격물格物은 도에 나아간다는(造道) 말과 같다.'고 하였습니다. 또 이르기를 '궁리窮理는 새의 둥지나 짐승의 소굴(巢穴)을 샅샅이 뒤진다(窮)

하는 궁窮과 같이 몸소 거기에 이르는 것이니 그러므로 격물도 다만 처한 상황에 따라(隨處) 천리를 체인하는 것일 뿐이라.' 하였습니다. 선생의 학설과 점점 같아지는 듯합니다." 선생께서 말씀하셨다. "감천은 공부를 했기 때문에 바뀔 수 있었다. 당시 그에게 '친민親民'이라는 글자는 고칠 필요가 없다고 하였는데 그는 역시 믿지 않았다. 지금 '격물'을 논한 것이 역시 (나의 설과) 가깝기는 하지만 물物 자를 이理 자로 바꿀 필요는 없고 다만 그대로 그 물物 한 글자이면 옳다." 나중에 어떤 사람이 나에게 물었다. "지금 어찌하여 '물物' 자를 의심하지 않는가?" 답하였다. "『중용』에서는 '성실하지 않으면 사물이 없다(不誠無物).'고 하였고, 정자는 '사물이 다가오면 순순히 응한다(物來順應).'고 하였으며, 또 '사물을 저마다 그 사물에 맡긴다(物各付物).', '가슴속에 사물이 없다(胸中無物).'고 하였는데 이것들은 모두 옛사람이 항상 사용하던 글자이다." 다른 날 선생께서도 그렇다고 말씀하셨다.

내가 물었다. "근년에 범람하는(泛濫) 학문에 싫증이 났기 때문에 매양 고요히 앉아서 의념과 사려(念慮)를 막아 그치게 하려고 하였는데, 그렇게 할 수 없었을 뿐만 아니라 더욱 복잡하고 혼란함(擾擾)을 느낍니다. 무엇 때문입니까?" 선생께서 말씀하셨다. "의념을 어떻게 그칠 수 있겠는가? 다만 생각을 바르게 해야 한다." 말하였다. "당연히 저절로 의념이 없는 때가 있지 않습니까?" 선생께서 말씀하셨다. "실로 의념이 없는 때는 없다." 말하였다. "이와 같다면 어찌 고요함을 말합니까?" 말씀하셨다. "고요함은 움직이지 않은 적이 없고 움직임은 고요하지 않은 적이 없다. 경계하고 삼가고 무서워하고 두려워하는(戒謹恐懼) 것이 곧 의념인데 어찌 움직임과 고요함을 나누겠는가?" 말하였다. "주자周子(주돈이)는 왜 '중정인의로써 안정시킨다(定之以中正仁義).' 하고 '고요함을 주로 한다(主靜).' 하였습니까?" 말씀하셨다. "욕망이 없으므로 고요하다고 한 것은 '움직여도 안정되고 고요해도 안정된다(靜亦定, 動亦定).'고 한 '안정(定)'으로서 그 본체를 주로 한 것이다. 경계하고 두려워하는(戒懼) 의념은 파들파들 살아 움직이는(活潑潑) 것이니 이것은 하늘의 기틀(天機)이 쉬지 않는 곳으로서 이른바 '하늘의 명은 그윽하여 그치지 않는다(維天之命, 於穆不已).' 하는 것이다. 이것이 한번이라도 쉬기만 하면 곧바로 죽음이다. 본체의 의념이 아닌 것이 바로 사사로운 의념(私念)이다." 또 물었다. "공부를 하여 마음을 거둬들였을 때 어떤 소리와 어떤 색깔이 앞에 나타나면 평소와 마찬가지로 보고 듣게 되는데 혹시 마음이 전일專一하지 않은 것이 아닙니까?" 말씀하셨다. "어떻게 보고 듣지 않기를 바라는가? 마른 나무나 꺼진 재가 아니라면 귀먹고 눈이 멀어야만 (보고 듣지 않기를) 할 수 있다. 다만 비록 보거나 듣더라도 그것으로 흘러가버리지 않으면 된다." 말하였다. "옛날 어떤 사람이 정좌하고 있었는데 그의 아들이 벽을 사이에 두고 글을 읽었습니다. 그 (사람은 정좌를 하는 동안) 아들이 부지런한지 나태한지 알지 못하였는데 정자(정이)가 그를 매우 경건하다고 칭찬하였습니다. 어떻게 생각하십니까?" 말씀하셨다. "이천(정이)이 아마도 그를 비꼬았던 것이다." 또 물었다. "정좌 공부를 하여서 자못 이 마음이 수렴되었음을 느끼다가도 일을 만나면 또 끊어집니다. 그러면 곧바로 염두念頭를 일으켜서 일에 나아가 성찰을 합니다. 일이 지나간 뒤 또 이전의 공부를 찾으면 다시 안과 밖이 있어서 한 덩어리로 만들 수 없음을 느낍니다." 선생이 말씀하셨다. "이는 격물설에 아직 투철하지 않은 것이다. 마음이 어찌 안과 밖이 있는가? 예컨대 유준이 지금 여기서 강론하고 있는데 또 어찌 한마음이 안에서 지켜보고(照管) 있겠는가? 이 강론을 들을 때 오로지 경건하면 그것은 곧 저 정좌할 때의 마음이므로 공부가 하나로 관통되어 있는데 어찌 모름지기 다시 생각을 일으키겠는가? 사람은 모름지기 일에 나아가 갈고닦아서(事上磨煉) 공부해야만 이에 유익하다. 만약 고요함을 좋아하기만 하면 일에 부딪쳤을 때 곧 어지러워져서 끝내 성장과 진보(長進)를 할 수 없다. 저 고요한 때의 공부도 역시 마음을 거둬들인 듯하지만 실은 놓치고 빠져버린다."[19]

진구천도 추수익과 마찬가지로 '격물치지'에서 의문을 일으켜서 깨달아 들어갔다. 양명은 곧 '양지'의 본체를 체인하는 데서부터 이론을 세워서 완정한 치량지의 본체공부론 심학체계를 제출하였다. 그는 세 가지 측면에서 치량지의 본체공부론 심학체계를 정확하고 요령 있게 밝혀서 서술하였다.

첫째, 양지를 본체로, 치량지를 공부로 삼아서 격물, 치지와 정심, 성의의 공부를 관통하였다. 진구천은 양명에게 말하기를, 자기가 하는 '명명덕' 공부는 한 걸음씩 나아가 '성의'에 미루어 나아가는 것이지 다시 위로 '치지', '격물'로 미루어 나아가는 방법이 없다고 하였다. 양명이 인정하기를, 이는 그가 '치지'는 곧 '치량지'이며, '지'는 곧 '양지'의 본체임을 인식하지 못한 것이라고 하였다. '양지'의 본체와 '치량지'의 공부에 밝으면 저절로 '성의'로 말미암아 다시 위로 '치지', '격물'에까지 미루어가서 '양지'의 본원에 곧바로 이를 수 있다. '성의' 전에 다시 '격물', '치지'의 공부가 있기 때문에 바로 여기서 말하는 '물'은 '이理'를 가리키며, '지'는 '양지'를 가리키니, 그러므로 격물은 바로 정심이며, 바르지 않은 것(不正)을 바로잡아서(格) 바른 것으로 돌아가는 것이다. 치지는 곧 치량지이니 사사물물에 양지를 미루어서 사사물물로 하여금 모두 그 이치를 얻게 하는 것이다. 이와 같이 양명은 '성의'의 공부를 '격물', '치지'의 공부와 통틀어서 통일하였다. 그리하여 양명은 명확하게 말하기를 "성의를 하려면 의념이 가 있는 어떤 사물에 따라 바로잡아서 그 인욕을

19 『왕양명전집』 권3 「전습록」 하.

제거하고 천리로 돌아가면 이 상황에 있는 양지는 가림이 없고 끝까지 이룰(致) 수 있다. 이것이 바로 성의의 공부이다."라고 하였다.

둘째, 몸(身)·마음(心)·뜻(意)·앎(知)·사물(物)을 한 덩어리(一體)로 삼아서 심-의-지-물의 다중 논리적 구조의 층차層次로 심학사상 체계를 세웠다. 양명은 신·심·의·지·물을 한 가지 일로 강조하였고, 더욱 특별히 물과 신·심·의·지의 일체를 강조하였다. 왜냐하면 그가 보기에 마음 바깥에는 사물이 없고, 마음 바깥에는 이치가 없으므로 비유하자면 뜻은 허공에 매달린 존재가 아니며 그것은 반드시 사물 가운데 현현하고 사물이라는 장소(物處)에 떨어져야 하는 것이기 때문에 사물은 뜻이 붙어 있고(着在) (뜻이) 가서 들러붙는(涉着) 곳이다. 마음은 모든 이치(萬理)를 포함하고 있고, 마음은 만물을 포함하고 있으며, 내 마음이 곧 우주이기 때문에 마음은 안팎이 없고, 몸·마음·뜻·앎·사물은 하나이며 일체이니 안팎을 나눌 수 없다. 그는 말하기를 "(*마음은) 다만 가득 채운 곳에서 가리켜서 말하면 몸이라 하고, 주재하는 곳에서 가리켜서 말하면 마음이라 하고, 마음이 발동하는 곳을 가리켜서 말하면 뜻이라 하고, 뜻이 영명한 곳을 가리켜서 말하면 앎이라 하고, 뜻이 가서 들러붙은 곳을 가리켜 말하면 사물이라고 하니 다만 하나이다."라고 하였다. 분명히 이는 마음을 '체體'(*본체)로 삼고 몸·뜻·앎·사물을 '용用'(*현상)으로 삼아 체와 용이 하나 같으며(體用一如), 현상과 본질에 사이가 없는(顯微無間) 것이다. 여기에는 이미 양명이 나중에 (제출한) '왕문사구교王門四句教' 심학체계의 모형을 포함하고 있다.

셋째, 『대학』의 격물치지와 『중용』의 계신공구를 결합하여서 묵좌징심默坐澄心과 사상마련事上磨煉이 통일된 치량지 공부론 체계를 세웠다. 양명은 인식하기를 동動과 정靜은 통일된 것이며, 정 가운데 동이 있고, 동 가운데 정이 있으며, 묵좌징심(*정좌)의 심이 '정靜'한 것은 동과 정이 합일한 '정定'

으로서 일종의 활발발한 '본체를 주로(主其本體)' 하며, 그러므로 그것은 역시 반드시 '사상마련'과 결합하여야 비로소 일종의 동정이 일관한 치량지의 공부를 형성할 수 있다고 하였다.

'치량지'의 공부는 두 방면의 치지 공부를 포함한다. 첫째는 '거폐去蔽'이다. 양지를 덮어서 가리는 사욕, 먼지와 오물(塵汚)을 깨끗이 제거하는 데 끊임없이 힘을 다하여서 양지로 하여금 맑고 밝고 신령한 깨달음을 발휘하여서 선을 알고 악을 알게 한다(*默坐澄心, 正念頭). 둘째는 '확충'이다. 끊임없이 양지를 넓히고 채워서 사사물물에 양지를 미루어 다하여서 사사물물로 하여금 저마다 그 이치를 갖추게 하는 것이다(*事上磨煉). 그리하여 양명의 '치량지' 공부는 한편으로는 묵좌징심의 공부를 하여서 '이 정좌 때의 마음에 나아가 공부를 일관한다면 어찌 모름지기 다시 염두를 일으키겠는가?' 하는 것이니, 이로써 양지의 가림을 제거할 것을 강조한다. 다른 한편으로는 '사람은 모름지기 사상마련하여야 유익하다.'고 하는 것이니 이로써 양지의 마음을 확충할 것을 강조한다.

의심의 여지 없이 양명이 이때 진구천에게 크게 내건 '양지'의 설교에서 그가 이미 거의 완정한 치량지의 심학사상 체계를 형성하였음을 명확하게 간파할 수 있다. 남창에서 그는 곧 각지로부터 온 학자들에게 이러한 치량지의 심학사상을 강론하였다. 진구천보다 조금 뒤 진현進賢의 서분·만조萬潮, 남성南城의 하량승 등 학생들(學子)이 남창으로 와서 배움을 물었고, 양명은 그들 모두에게 양지의 가르침을 펼쳤다.

진구천은 그들이 강론한 양지의 담화 한 부분을 다음과 같이 기록하였다.

> (*진구천이) 그 뒤에 홍도에서 다시 우중于中(*하량승)·국상國裳(*서분)과 더불어 마음의 안과 밖의 설에 대해 토론하였다. 그들은 모두 말하기를 "사

물에는 자체 안과 밖이 있으나 다만 안과 밖에서 아울러 공부해야 하며, 틈이 있어서는 안 된다."라고 하였다. 이것을 선생께 여쭈었더니, 말씀하셨다. "공부는 본체를 떠나지 않으며, 본체는 원래 안과 밖이 없다(功夫不離本體, 本體原無內外). 다만 후세의 공부하는 사람들이 안과 밖을 나누었기 때문에 그 본체를 잃어버리게 되었다. 지금처럼 바로 공부에 안과 밖을 두어서는 안 된다는 것을 강론해서 밝혀야만 비로소 이것이 본체 공부이다." 이날 모두 깨달음이 있었다.

또 물었다. "육자陸子(육구연)의 학문은 어떠합니까?" 선생께서 대답하셨다. "염계와 명도 이후로는 역시 상산象山(육구연)인데 다만 조금 거칠 뿐이다." 내(九川)가 말하였다. "그가 학문을 논한 것을 보면 각 편마다 골수骨髓를 말하고 있으며, 구절마다 고황膏肓에 침을 놓는 듯하였으니 도리어 그의 거친 곳을 보지 못하였습니다." 선생께서 말씀하셨다. "그렇다. 그는 마음에서 공부를 하였으니 글의 뜻(文義)만 가지고서 추측하고 의거하여 탐구하는 것과는 자연히 다르다. 그러나 자세히 살펴보면 거친 곳이 있으니 공부를 오래하면 당연히 그것을 알게 된다."[20]

여기서 말하는 "공부는 본체를 떠나지 않으며, 본체는 원래 안과 밖이 없다."라고 한 말은 바로 양명이 강조한 치량지의 심학 본체공부론 사상체계를 가리킨다. 그리하여 하량승이 가르침을 받고 이별하며 돌아갈 때 이별시에서 양명 심학을 진정으로 숭앙하는 감정을 토로하였다.[21]

---

20 『왕양명전집』 권3 「전습록」 하.

21 『동주초고東洲初稿』 권12 「봉화양명별영일수奉和陽明別詠一首」. 양명의 원래 시는 잃어버렸는데 아마도 당연히 양지의 가르침을 읊은 시일 터이다.

양명의 이별시에 받들어 화답하다, 한 수 奉和陽明別詠一首

공맹의 학문은 이미 일어나지 않고	孔孟已不作
가로막은 기둥이 소용돌이 물결을 일으키네	障柱迴波翻
남은 죽간에는 겨우 남은 가르침을 간직하고	遺簡秘魯殿
붓을 잡아 학문의 동산을 엿보았네	搦筆窺文園
노자는 공허하고 불교는 적막하며	老虛天竺寂
훈고는 어지러이 문호만 많아졌네	訓詁紛多門
한유와 구양수의 기량을 바탕 삼고	韓毆伎倆資
주렴계와 정자를 높여서 공연히 소리로만 읊조리네	佔畢濂洛尊
아래에서 배움에 가릴 것이 없고	下學莫有擇
세속에 스며드니 무엇으로 돈독하게 할까!	漓俗何由敦
크다, 누가 적전을 이었는가?	大哉孰嫡傳
소자는 전에 들은 바 없었네	小子無前聞
어리석고 완고함도 타고난 성품이며	愚頑亦稟性
천지는 이 문화를 버리지 않았네	天地匪喪文
띠를 잡고 화산의 꼭대기에 오르고	緣縋攀華巔
끊어진 뱃길에 황하의 근원이 막혔네	斷港窮河源
가라앉은 지 이천 년	汩沒二千載
아욱을 자르다 뿌리를 다치네	刈葵傷乃根
어지러이 마음 쓰다 황홀하게 깨달음이 있으니	潰忞恍有覺
쉽고 간단함으로 번잡함을 피할 생각을 하네	易簡思避繁
양명이 도의 가르침을 열어서	陽明闡道教
마음으로 사모하고 발걸음은 이미 달려가네	心慕足已奔

말은 누런 흙덩이 그림자를 지나고	馬黃歷塊影
조각배는 밤낮 떠갔네	舟葉兼朝昏
배알함에 스승의 자리가 따뜻하니	展拜皐比溫
바로 수사에 근원을 두었네	直是洙泗原
남과 더불어 함에 흠이 있는 사람도 버리지 않고	與人無棄瑕
도를 지킴에 울타리를 지키듯 하였네	衛道若守藩
격물은 뭇 오묘한 이치를 열고	格物開衆妙
양지는 홀로 존속하네	良知翕獨存
같으니 다르니 하는 다툼 저절로 그치고	大同異自息
물고기 뛰니 솔개도 이에 나네	魚躍鳶斯騫
우주 안이 역시 드넓으나	度內亦廖廓
눈앞에서 경중을 잊어버렸네	眼底忘輕軒
더디 와도 스스로 허물하지 않고	來遲莫自咎
급히 가도 스스로 말하지 않네	去亟莫自云
스승을 얻고 또 벗을 얻으니	得師更得友
덕을 세우고 이에 말을 세우셨네	立德斯立言
큰길을 따르리라 맹세하고	矢心循周行
망아지 살금살금 걸어서 수레 뒤집히지 않네	蹐駒無僨轅
배를 타고 이리저리 바람을 따라	登舟順逆風
거주하고 거닐며 함께 토론하였네	居行如共論

"격물은 뭇 오묘한 이치를 열고, 양지는 홀로 존속하네"라고 함은 섭표가 말한 '양지의 신비를 오묘하게 깨달음'이다. 하량승은 양명의 양지심학이 위로 수사 공맹의 도통을 잇고 있다면서 공맹의 도의 '적전嫡傳'으로 높였으며,

공맹의 도통이 2천 년 동안 사라졌었는데 마침내 양명이 때를 만나 일어나서 쉽고 간단하고 광대한 양지심학의 '법등法燈'을 높이 들어서 새로운 일대 도통의 성인이 되었다고 하였다.

하량승은 9월에 남성南城으로 돌아간 뒤 또다시 한 차례 편지를 써서 양명에게 양지의 가르침에 대한 경앙을 표하며 다음과 같이 말하였다.

> 근래 스스로 분수를 헤아리지 못하여서 진술한 바에 잘못이 있었으며, 느긋하게(休休) 더불어 선을 할 수 있다고 장담하였는데 크게 옳지 않다고 여기지는 않으셔서 저희 지역(吾邦)에서 대면하여 가르침을 받았습니다. 이윽고 여신汝信(*만조萬潮)이 의부사儀部使로서 이르고, 유준(*진구천陳九川)이 태상사太常使로서 이르렀는데, 그들의 가르침도 역시 그러하였습니다. 졸렬함(蹇劣)을 돌아보건대 가르침을 따르지 못하니 어찌 수양해야 이에 이르겠습니까? 산곡山谷(*황정견黃庭堅)이 이르기를 "마음으로 친밀하면 천 리나 떨어져 있어도 (마음으로) 만나서 말한다(心親而千里晤語)."라고 하였습니다. 크게 다행하고 다행한 일입니다(大幸)![22]

그러고서 양명은 9월 11일 무주撫州 지부 진괴陳槐와 함께 포로를 바치러 남창을 출발하였는데 가는 길 내내 여전히 잊지 않고 양지심학을 강하였다. 배로 안인安仁을 지날 때 계악桂萼(?~1531)·계화桂華(1522, 거인) 형제가 방문하여서 배움을 논하였다. 양명은 그들과 함께 오로지 격물치지의 학을 논하였는데, 서로 합치하지 못하였다.

『강희요주부지康熙饒州府志』의 「계화전桂華傳」에 이 사건을 다음과 같이

---

22 『동주초고』 권13 「재봉양명선생서再奉陽明先生書」.

기록하였다.

> 계화는 자가 자박子樸이며, 안인 사람이다. 정덕 계유년(1513)에 향천을 받았다. 어려서부터 빼어나고 민첩하였으며 아우 계악과 함께 호경재胡敬齋(호거인胡居仁, 1434~1484)의 문인 장정張正을 사사하였고, 옛 도를 돈독하게 실천하였다. 송의 유학자 채서산蔡西山(채원정蔡元定, 1135~1198)이 도를 호위함에 공이 있음에 감개하여서 그를 높이고 제사하기를 미치지 못할 듯이 하였으며, 소疏를 모방하여서 독학督學 소보邵寶 공께 청하였는데 소보는 천하의 선비로 기이하게 여겼다. …… 도어사 왕수인이 역적 신호를 토벌하고 안인을 지나갈 때 소보少保 계악과 함께 격치格致의 설을 논하였는데 합치하지 못하였다. 왕수인이 계화를 보고자 하니 계화가 말하기를 "제가 비록 도를 논함에 선생의 뜻을 따르나 끝내 동의할 수 없는 것이 있습니다."라고 하였다. 마침내 대의를 분석하니 왕수인이 논란하지 못하였다.[23]

계악과 계화는 모두 정통 정주 이학을 신봉하는 자들로서 "격치의 설을 논하였는데"라고 한 말은 바로 '치량지'설을 논한 것이다. 계악·계화는 정주의 격물치지설을 견지하였고, 자연 양명의 치량지설과 끝내 합치하지 못하였다. 여기에는 나중에 양명과 계악이 정치적, 사상적으로 모순과 갈등을 일으킬 재앙의 씨앗이 잉태되어 있었다.

양명은 10월에 전당에 도착한 뒤 죄수와 포로를 장영張永에게 인계한 뒤 스스로는 항주에 머물며 병을 요양하면서 명을 기다리고 있었다. 또한 그는 서호西湖의 정자사淨慈寺에서 평상시처럼 제생과 학생들에게 양지의 가르침

---

23 『강희요주부지康熙饒州府志』 권22 「계화전桂華傳」.

을 크게 펼쳤다.

왕기는 「독선사재보해일옹길안기병서서讀先師再報海日翁吉安起兵書序」에서 배움을 묻는 제생들에게 양명이 한 차례 양지심학을 크게 주장한 일을 다음과 같이 상세히 기술하였다.

> 스승께서는 포로를 바친 뒤 문을 닫아걸고 명을 기다리고 계셨다. 하루는 제생을 불러서 강의를 하며 말씀하시기를 "내가 용병한 이래 치지격물의 공부가 더욱 정밀하고 투철해졌다고 느낀다(我自用兵以來, 致知格物之功愈覺精透)."라고 하셨다. 뭇사람이 이르기를 군사 업무가 번다하고 일과에 겨를이 없을 터라 하고서 어쩌면 물정에 어두운 말이라고 여겼다. 스승께서 말씀하시기를 "치지가 격물에 있다고 함은 바로 대처하는 상황에 감응하여서 실제로 적용하고 힘을 쓰는 곳을 말한다(致知在於格物, 正是對境應感實用力處). 평소에는 의식을 씀(執持)이 게으르고 느슨하여서 아무것도 조사하고 고찰하지 않았다. 그러다 군사행동에 돌입하여서 대처함에(軍旅酬酌) 존망이 호흡하는 사이에 있고, 종묘사직의 안위가 걸려 있어서 전체 정신을 다만 일념으로 은미한 데까지 투입하여서 스스로 비춰보고 스스로 관찰하였더니 조금이라도 가로막히는 것이 없었고 털끝만큼도 방종함을 허용하지 않았다. 조장하지도 않고 잊어버리지도 않으며, 기미에 감촉하면 정신이 반응하니 이는 바로 양지의 오묘한 작용이다. 이로써 만물의 저절로 그러함을 따르고 나는 거기에 간여함이 없었다. 저 사람의 마음은 본래 신령하니 저절로 변하고 움직여서 두루 흐르며 개물성무開物成務를 할 수 있다. 그러므로 가리고 얽매는 것은 다만 이익과 손해, 헐뜯음과 명예 양단일 뿐이다. 세상 사람의 이익과 손해는 한 집안의 얻고 잃음에 지나지 않을 뿐이며, 헐뜯음과 명예는 한 몸의 영광과 욕됨에 지나지 않을 뿐이다. 지금

이익과 손해, 헐뜯음과 명예 양단은 바로 삼족이 멸망을 당하고, 역적을 도와서 반역을 도모하고, 천하의 안전과 위태함이 걸려 있는 곳이다. 다만 예컨대 사람들이 의심하듯이 내가 영왕과 공모하였을 경우 기미가 조금 치밀하지 못해서 만약 털끝만큼이라도 격발하는 마음이 있었다면 이 몸은 이미 가루가 되었을 터인데 어찌 오늘을 맞이하겠는가? 행동이 조금 신중하지 못해서 만약 털끝만큼이라도 (바깥에서 이치를) 빌리는 마음이 있었다면 만사가 이미 부서진 기왓장처럼 되었을 터인데 어찌 오늘이 있겠는가? 이러한 고심苦心은 저절로 알 수밖에 없다. 비유하자면 순금(眞金)이 뜨거운 불꽃을 만나면 단련할수록 더욱 광채를 발한다. 이런 곳에서 이루어내는 것이 비로소 참된 앎이다. 이런 곳에서 바로잡는 것이 비로소 참된 사물이다(此處致得, 方是眞知, 此處格得, 方是眞物). 견해와 의식으로 미칠 수 있는 것이 아니다. 이런 커다란 이익과 손해, 커다란 헐뜯음과 명예가 지나간다면 일체 얻고 잃음, 영광과 욕됨이 참으로 회오리바람이 지나가는 것과 같을 뿐이니 어찌 스스로 충분히 내 한마음을 움직이겠는가? 오늘 비록 이 일의 공적을 이룬다고 하더라도 역시 한때 양지가 반응하는 자취(一時良知之應迹)에 지나지 않으며, 눈앞을 지나가는 것은 바로 뜬구름이니 이미 잊어버렸다! 저 천하의 일에 죽는 것은 쉬우나 천하의 일을 이루는 것은 어렵고, 천하의 일을 이루는 것은 쉬우나 그 공적을 소유하지 않는 것은 어렵고, 공적을 소유하지 않는 것은 쉬우나 그 공적을 잊을 수 있는 것은 어렵다(夫死天下事易, 成天下事難. 成天下之事易, 能不有其功難. 不有其功易, 能忘其功難). 이것이 천고 성학의 피와 맥이 흐르는 참된 길이다(此千古聖學眞血脈路)."라고 하셨다. (이것이) 우리 스승께서 일생 고심하여 도를 책임진 것이다.[24]

---

24 『왕기집』 권13 「독선사재보해일옹길안기병서서讀先師再報海日翁吉安起兵書序」.

신호의 반란을 평정하는 과정에서 생사의 검증을 거친 뒤 양명의 양지학良知學은 새로운 사상으로 거듭 승화하였다. 그리하여 양명이 '내가 용병한 이래 치지격물의 공부가 더욱 정밀하고 투철해졌다고 느낀다.'라고 하였던 것이다. 여기에서 양명은 치지와 격물을 관통시켜서 인식하기를, 치지의 공부도 격물의 공부이며 모두 양지의 체로 말미암아 '양지의 신묘한 작용(良知妙用)'을 드러내 보인다고 하였다. 그러므로 그는 말하기를 '치지가 격물에 있다고 함은 바로 대처하는 상황에 감응하여서 실제로 적용하고 힘을 쓰는 곳'이라고 하였던 것이다.

격물과 치지는 모두 양지의 신묘한 작용의 공부로서 이것은 모두 '정념두正念頭'와 '사상마련事上磨煉'이라는 이중의 치지 공부를 포함한다. 이러한 치지라야 비로소 참된 앎이며, 이러한 격물이라야 비로소 참된 사물이다. 예컨대 일반 사람이 집착하는 '사공事功'의 종류는 모두 "한때 양지가 반응하는 자취"에 지나지 않으며, 헛된 환영과 같이 실하지 않아서 마치 눈앞을 지나가는 구름과 안개와 같다. 그리하여 "천하의 일을 이루는 것은 쉬우나 그 공적을 소유하지 않는 것은 어렵고, 공적을 소유하지 않는 것은 쉬우나 그 공적을 잊을 수 있는 것은 어려운" 것이다. 오직 참된 앎에 이르고 참된 사물을 바로잡음(格)에서 착수하여야 비로소 진정한 양지의 참된 '신묘한 작용'이 현현하며, 양지의 헛된 '감응의 자취'에 집착하지 않을 수 있다. 그러므로 양명은 말하기를 '이런 곳에 끝까지 이르면 비로소 참된 앎이며, 이런 곳에서 바로잡으면 비로소 참된 사물이라'고 하였다. 그의 양지심학은 진정한 "천고 성학의 피와 맥이 흐르는 참된 길"이다.

실제로 9월에 양명이 포로를 바치러 출발하기 전에 양명은 이미 이러한 치지와 격물의 통일, 참된 앎을 지극히 함(致眞知)과 참된 사물을 바로잡음(格眞物)을 통일한 양지심학을 이용하여서 선비 학자들과 강학론도를 전개하였다. 손수孫燧의 세 아들 손감孫堪(1482~1553)·손지孫墀·손승孫陞(1501~1560)이 8월에 남창으로 왔는데 양명은 곧 그들과 함께 양지심학을 강론하고 또한 『주자만년정론』을 그들에게 보내주었다. 손씨의 세 아들은 양지심학을 전수한 뒤 9월에야 여요로 돌아갔다.

양명이 11월에 포로를 바치고 남창으로 돌아간 뒤 손감은 곧 긴 편지 한 통을 써서 양명과 함께 상세히 양지심학과 『주자만년정론』의 관계를 다음과 같이 논술하였다.

> 『주자만년정론』을 감사히 받았습니다. 선생께서 발본색원拔本塞源하셔서 대체로 사람이 주자가 주자 된 까닭을 알게 하려고 하시는데 속된 유학자들은 옛날 익숙하게 들었던 내용에 길들여져서 오히려 망연히 근거할 바가 없고 역시 이상한 의론에 몰두하여서 내세워 말하기를 우리 주자의 말씀은 무어라 무어라 하셨다 하는데 장차 창연悵然히 쟁점을 스스로 잃어버림을 알지 못합니다. 초학자로서 이것(『주자만년정론』)을 얻으면 혹시 의심을 하여서 물을 생각을 하는 자가 있을 것입니다. …… 저(堪)는 익숙히 읽고 상세히 음미한 뒤 다만 자질이 뛰어나고 아름다우며 학문이 장차 지극해져야 아마도 급문及門의 여러 벗과 이것을 말할 수 있으리라 생각하였습니다. 만약 기질이 어둡고 사물에 가려지며 거칠고 얕으며 망령된 무리라면 아마 보여주기에 마땅하지 않을 것입니다. …… 선생께서는 저속한 유학자가 샛길로 빠지고 쉴 새 없이(支離役役) 헛되이 정신만 피폐한 것을 번민하시고 실제 힘을 씀에 귀숙하는 곳을 고찰하셨는데 이런 문제에 병으로 여기지 않음이 없었습니다. 그러므로 심학을 펼치고 밝혀서 가리켜 보이되 근원에 근거하여 흐름으로 통하게 하고 뿌리를 북돋워 가지에 이르게 하며, 거의 잡음에 힘을 들이기 쉽고 넓힘에 공을 세우기 쉬우며, 번거

롭게 치달리며 외부에서 구하지 않고 한번 발걸음을 옮겨서 절요한 문으로 들어가게 하셨습니다(故闡明心學, 指而示之, 欲其因源以通於派, 培根以達其枝, 庶操之易爲力, 擴之易爲功, 不煩馳騖外求, 一擧足而入切要之門). ○로 말미암아 ○○함을 그만두지 않으며, 확충함에 끝이 없어서 차차 자기에게 돌이켜서 성실하면(擴充之無窮, 以馴至乎反身而誠) ○○하기가 어렵지 않습니다. 이는 공문의 극히 근본이 되는 이론(孔門極本之論)으로서 자사, 맹자의 불에 타는 데서 구하고 물에 빠지는 데서 건져내는(救焚拯溺) 마음이며, 본래 오늘날 선생의 사사로운 가르침이 아닌데 어찌 깊이 어둡고 적잖이 어긋나리라 의심하겠습니까! 또한 선생이 차례를 매긴 『정론』의 글은 이미 아름답고 악하고 이롭고 해로운 실정을 염려하여 낱낱이 들어서 알리지 않을 수 없었던 것입니다. …… 저의 어리석은 견해(謬見)로는 오히려 아직 다하지 못한 바가 있는 것으로 여겨지니 저는 아마도 이 가운데 달콤하고 좋은 맛은 바로 저속한 유학자들이 맛보지 못했던 것이 아닐까 합니다. 맛보지 못하였다면 달콤하고 좋은 맛이 있어도 알 수가 없습니다. 억지로 알려주어도 믿지 못합니다. 반걸음 사이에 있는 옛 물건이라도 붙잡으려고 흔연히 달려 나아가려 하면 또한 어렵지 않겠습니까? 그런데 하물며 선뜻 믿고서 서로 나아감에 대면하여서 가르치지 않는다면 오히려 그 맛이 있는 것을 취하여서 맛을 볼 수 있겠습니까? 저 마음을 보존하고 앎을 끝까지 이루는 것은 군자가 덕을 닦고 도를 응결시키는 바의 두 가지 일로서(彼存心致知, 君子所以修德凝道之兩事) 세속에서 (이와 같이) 듣고 알고 있는 것입니다. 그러나 선생이 가르치시는 바는 본래 일찍이 이를 도외시하고 별도로 새로운 가지를 세운 적이 없으며 또한 일찍이 사람으로 하여금 마음을 보존하여(存心) 앎을 끝까지 이루는(致知) 한 가지 의리에 오로지하게 한 적이 없었습니다. 다만 성분의 고유함을 근거로 유추하여서 그 나머지를 다 구하며 구구한 것을 보아 바깥에서 찾는 것은 조금 차이가 있습니다. 그러나 두 가지 (서로 다른 길을) 끝까지 이르려는 자는 선후와 경중 사이에 손을 써서 다투는 바가 털끝만 함에 있으나 털끝만 한 차이가 천 리로 정해집니다. 선생께서는 어찌 앎이 미치는 바에 수그려서 나아가지 않고 오직 털끝만 한 차이를 ○ 당겨서 말을 하여 아울러 보여주려 하시니 한갓 연나라와 월나라만큼이나 동떨어진 것을 공격하는 오류일 뿐만이 아닙니다. 그런즉 도는 (전혀 다른 갈래로) 다시 열리지 않고 기구는 (전혀 다른 제도로) 고쳐서 제작되지 않습니다. 수레를 출발하는(發軔) 곳에서 끌채를 남쪽으로 돌리고서 북쪽으로 가려는 사람은 모두 가깝고 쉬운 기틀을 본다고 생각할 것입니다. 기틀은 가깝고 쉬우며 도는 평탄하고 곧아서 세속이 볼 생각을 하는 것인데, 그런 뒤에야 남방의 뜻있는 선비가 말을 듣고서 놀라지 않으며 용감하게 따르고 꺼리지 않으며 평탄하게 따라갈 수 있으며, 과연 가시밭길을 밟고 구덩이에 빠지는(荊棘坑塹) 어려움이 없어서 저절로 그만두고자 하나 그럴 수 없고 그 극도에 나아가기(造乎其極)를 추구하게 될 것입니다. 중인中人 이하라도 역시 문에 들어가지 않더라도 선생의 마음이 청천백일 같음을 환히 볼 수 있습니다.[25]

손감의 생각은 양명이 사실 우회적으로 설을 세워서 『주자만년정론』을 지어서 옆구리를 찌르고 측면으로 주학을 공격할 필요는 없고 당연히 정면으로 양지심학을 직접 펼쳐서 "심학을 펼치고 밝혀서 가리켜 보이되 근원에 근거하여 흐름으로 통하게 하고 뿌리를 북돋워 가지에 이르게 하며, 거의 잡음에 힘을 들이기 쉽고 넓힘에 공을 세우기 쉬우며, 번거롭게 치달리며 외부

25 『손효자문집孫孝子文集』 권10 「답왕양명선생서答王陽明先生書」.

에서 구하지 않고 한번 발걸음을 옮겨서 절요한 문으로 들어가야" 한다고 인식하였다. 그가 말하는 "확충함에 끝이 없어서 차차 자기에게 돌이켜서 성실하면", "저 마음을 보존하고 앎을 끝까지 이루는 것은 군자가 덕을 닦고 도를 응결시키는 바의 두 가지 일"이라 한 것은 바로 양명의 이러한 치량지 심학을 가리킨다. 이는 그의 '주자만년정론'설(*육학)을 초월한 '그 극도에 이른' '공문의 극히 근본이 되는 이론'이었다.

손감의 설법은 양명의 『주자만년정론』을 겨냥하여서 말한 것이며 또한 양명의 '양지의 깨달음'을 겨냥하여 말한 것으로서 여기에서 그는 양명에게 때에 맞게 사람으로 하여금 깊이 생각하게 하는 문제를 제시하였다. 양명이 치량지 심학사상을 깨닫고 구조를 세운 뒤 앞서 원래의 '주자만년정론' 구설은 이미 의미가 없어졌으며, 뜻을 얻고서 말을 잊었으니(得意忘言) 그것은 응당 '말의 통발(言筌)'로 삼아 내던져야 할 것이었다. 양명도 다시 이것을 이용하여서 자기 반주자학의 견해를 감출 필요가 없어졌다.

사실상 양명은 남창에서도 역시 선비와 배우는 사람들에게 '양지'의 가르침을 크게 펼쳤는데, '주자만년정론'설은 종래 그의 강학론도의 구심점(重心)을 이루지 못하였으며 또한 그의 양지 심학사상 체계의 핵심 관점을 이루지도 못하였다. 양명의 정덕 14년 '양지의 깨달음'에 대해서는 비위도費緯裪가 『성종집요聖宗集要』에서 이미 다음과 같이 가장 좋은 총결을 내렸다.

> (*양명이) 신호를 주벌한 뒤 남창에 거하면서 비로소 '치량지'의 학을 내걸어서 말하기를 "성인의 학문은 심학이다. 송의 유학자는 지식을 앎으로 여겼으므로 모름지기 널리 듣고 잘 기억하는 것(博聞强記)을 알았는데, 이미 알았어도 행함은 또한 끝내 종신토록 행해지지 않았고 또한 끝내 종신토록 알지 못하였다. 성현이 사람을 가르친 내용은 바로 본심의 밝음이 곧

앎이고 본심의 밝음을 속이지 않는 것이 곧 행함이라는 것이다. 이에 『맹자』의 이른바 '양지'를 들어서 『대학』의 '치지'와 합하여서 '치량지'라 하고 이로써 참된 앎을 곧 행함으로 삼고, 마음의 깨달음을 격물로 삼고, 천리를 양지로 삼았던 것이다."라고 하였다.[26]

비위도가 인용한 글은 그 자체로 양명이 '양지의 깨달음' 뒤에 쓴 한 편의 양지심학을 논한 문장이라 할 수 있으며, 양명 스스로 깨달은 양지심학에 대해 가장 간결하고 명쾌한 개괄과 총결을 내린 것이니, 양명의 양지심학 탄생의 '선언서'일 뿐만이 아니었다.

양명은 정덕 16년(1521) 정월에 추수익에게 보낸 편지에서 정덕 14년 '양지의 깨달음'을 총결하여서 다음과 같이 말한다.

근래 '치량지' 석 자를 믿게 되었는데 바로 성문聖門의 정법안장입니다. 왕년에는 아직 의심이 다 없어지지 않았는데 지금 많은 일을 겪은 이래 다만 이 양지는 구족具足하지 않음이 없습니다. 비유하자면, 배를 젓되 키로써 하여 잔잔한 물결이나 얕은 여울이나 뜻대로 저을 수 있지 않음이 없으니(無不如意) 비록 거센 바람과 격랑을 만나더라도 키를 손에 잡고 있으면 침몰할 근심을 면할 수 있을 것입니다.[27]

---

26 『성종집요聖宗集要』 권6 「왕수인王守仁」.

27 『왕양명전집』 권34 「연보」 2 '정덕 16년 정월' 조 아래. 전덕홍이 이르기를 "선생이 듣기에, 전달 10일에 무종이 수레를 타고 궁으로 들어갔다고 하여 …… 이에 추수익에게 편지를 보내서 말하였다."라고 하였는데, 무종이 서울의 궁으로 돌아간 때는 정덕 15년 12월이므로 양명의 이 편지는 정덕 16년 정월에 쓴 것임을 알 수 있다. 이 편지는 양명의 문집에는 실려 있지 않다.

이른바 '근래'란 바로 정덕 14년 이래 양지심학을 깨달은 일을 가리킨다. 정덕 15년 8월 그가 감주에 있을 때 진구천에게 똑같은 생각을 말한 적이 있었다.

> 네 양지 한 점은 네 스스로의 준칙이다. …… 나도 근년에 이와 같이 분명하게 체득하였는데(體帖) 애초에는 양지에 의지하면 오히려 부족할까 하였지만 정밀하고 자세하게 보니 조금도 흠결이 없었다.[28]

여기서 '근년'은 정덕 14년 이래를 가리킨다. 나중에 양명은 진구천에게 더욱 명확하게 다음과 같이 말한다. "나의 이 양지 두 자는 실로 천고 성인들이 서로 전승한(聖聖相傳) 한 방울 적골혈滴骨血이다. …… 나(某)는 이 양지의 설을 백 번 천 번 죽음의 위기(百死千難)를 겪고서 터득한 것이니 한번 사람들과 입으로 다 말하지 않을 수 없다."[29] 이른바 '백 번 천 번 죽음의 위기'란 정덕 14년 이래 신호의 반란을 평정할 때 겪은 위기를 가리킨다. 이뿐만 아니라 정덕 14년 '양지의 깨달음'이 궁극적으로 무엇을 '깨달았는가?'에 대해 양명 스스로도 다음과 같이 구체적으로 해설하였다.

> 나는 신호를 평정한 뒤 치지격물의 배움이 더욱 명철해짐을 느꼈다. 양지는 배우지 않고 사려하지 않아도 (아는 본능이라) 하늘이 심어놓은 영명한 뿌리(靈根)이니, 성인과 범인의 사이가 없고 사람마다 함께 갖추고 있다. 다만 실제로 그 앎에 끝까지 이르지 못하고 뒤죽박죽 섞여서(牽泥攙和) 스스

---

28 『왕양명전집』 권3 「전습록」 하.

29 『왕양명전집』 권34 「연보」 2 '정덕 16년 정월' 조 아래.

로 그 영명함을 어지럽히기 때문에 잃어버리게 된다. 세상의 모든 헐뜯음과 기림, 이익과 손해는 한 몸의 영광과 욕됨, 한 사람의 얻고 잃음에 지나지 않는다. 내가 받은 비방은 역적의 당이 되어서 반역하는(無將) 마음을 품었다는 오명으로 얽어매고 무고한 겨레를 섬멸하는 숨겨진 재앙을 입은 것이다. 눈 깜짝할 만큼(倏儵)의 기미에는 털끝 하나 용납할 수 없으니 만약 스스로 마음을 믿지 못했다면 대략 형적에 얽매이고, 기밀이 조금만 치밀하지 못했어도 자신을 잃어버리고, 근본이 조금만 참되지 못했어도 일을 망가뜨릴 터였다. 어두우나 밝고 완곡하고도 결이 있어서 갖가지 고심을 하되 다만 스스로 알고 스스로 믿을 뿐이었다. 의념의 미묘함은 입으로 말할 수 없는데 하물며 남들에게랴?[30]

이는 바로 양명이 말한 '양지로 일에 임하여서 마음을 움직이지 않는다'는 뜻이다. 정덕 14년의 '양지의 깨달음'과 신호 반란의 평정은 문과 무의 도가 서로 도와서 더욱 드러난 것이며, 양명 평생의 문치와 무공을 절정에 올려놓은 일이었다.

양명의 심학사상의 발전 역정에서 볼 때 홍치 18년(1505)의 '을축년의 깨달음'은 그가 백사 심학의 길을 걸은 기점으로서 그로 하여금 주자학을 초월하여 백사 심학(*진학陳學)으로 향하게 하였고, 정덕 3년(1508) '용장의 깨달음'은 그로 하여금 백사 심학을 초월하여서 육씨 심학(*육학)을 향해 달려 나가게 하였다면 정덕 14년의 '양지의 깨달음'은 곧 그로 하여금 육씨의 심학을 초월하여서 진정으로 양지심학의 '왕학'을 정립하게 하였다. 정덕 14년의 '양지의 깨달음'은 양명의 치량지 본체공부론 왕학 체계의 탄생을 선포하였

---

30 『왕기집』 권15 「선사화상기후어先師畫像記後語」.

다. 이로부터 그는 백사학과 육학을 초월한 의미에서 자기의 양지 왕학을 크게 밝히고 내걸었다고 할 수 있다.

'곧바로 마음 바탕에서 근원을 추구하다(直從心底求宗元)': '의심과 비방(疑謗)' 가운데 크게 내건 양지의 배움

정덕 14년(1519)에 양명은 감주와 남창에서 양지의 가르침을 크게 내걸었는데, 아주 빨리 보수적인 정주파 인사들의 공격을 받았고 또한 관방의 정주이학을 존신하는 당정자當政者들의 반감을 불러일으켜서 '공격하는 사람들이 사방을 에워싼(攻之者環四面)' '의심과 비방(疑謗)'의 상황에 처하였다. 강서의 순안어사 당룡, 독학첨사 소예邵銳가 바로 대표적인 이들이다. 그들은 모두 정주 이학을 숭앙하는 자들로서 학생들이 모두 방건方巾을 쓰고 중의中衣를 입고서 양지의 배움을 묻는 것을 보고 세상에 어울리지 않는 '괴물'로 보았다. 정덕 15년 2월 당룡唐龍은 양명에게 편지 한 통을 보내 권하기를, 남창에서 "강의를 거두고 (처신을) 신중히 가려서 하라(撤講愼擇)."고 하였는데, 실제로는 양명에게 양지의 가르침을 강하지 않음으로써 의심과 비방을 피하라는 말이었다. 양명은 회신에서 다음과 같이 말하였다.

> '강의를 거두고 신중히 가려서 하라.'는 깨우침은 저를 참으로 많이 아끼시는 말씀이라서 깊이 감사하고 부끄러움을 느낍니다. 다만 제(區區) 마음에 스스로 그만둘 수 없는 바가 있습니다. 성현의 도는 큰길과 같이 평탄하여

서 어리석은 부부라도 더불어 알 수 있습니다. 그러나 뒤에 논하는 자들이 가까운 것을 소홀히 하고 먼 것을 추구하며 쉬운 것을 버리고 어려운 것을 도모함으로써 마침내 노사숙유老師宿儒로 하여금 모두 감히 경솔하게 의론하지 못하게 합니다. 그러므로 지금 시대에서 다만 용렬한 보통사람이 자기 분수로는 할 수 없다고 여길 뿐만 아니라 비록 높은 자로서 특별히 통달한 사람도 모두 이 배움을 쓸모없는(여분의) 물건(長物)으로 여기고 공허한 담론과 군더더기 설(虛談贅說)로 보니 역시 시대의 탓입니다. 이때 만일 어떤 사람이 한마음으로 여기에서 찾는다면 참으로 텅 빈 골짜기에서 발소리만 들려도 사람을 만난 듯이 기뻐하는(空谷足音) 격일 것입니다. 하물며 유자의 복장(章縫, 章甫縫掖)을 하고 오는 자라면 어찌 흔연히 받아들이지 않겠습니까? 그러나 요컨대 그 사이에 어찌 헛된 명성으로 자리나 차지하고 도학이라는 이름으로 가장하는(濫竽假道) 폐단이 없겠습니까? 다만 저로서는 이런 생각으로 (찾아오는 사람을) 미리 거절할 수는 없고 장차 이들에서 참된 것을 구할 뿐입니다. 바로 모래에서 사금을 가려내는 것과 같아서 모래를 일어 흘러나가는 것이 열에 아홉임을 모르지 않지만 모래를 버리고서 별도로 금을 가려낼 수는 없습니다. 공자가 이르기를 "진보하는 것을 인정할 뿐 퇴보하는 것은 허여하지 않으니 무엇이 심한가?(與其進也, 不與其退也. 唯何甚)" 하였습니다. 맹자가 이르기를 "군자가 가르치는 과목을 세움에 오는 사람은 막지 않고 가는 사람은 붙잡지 않는다.(君子之設科也, 來者不拒, 往者不追)"라고 하였습니다. 진실로 이 마음으로 오면 이는 받아들일 뿐입니다. 대체로 '분을 내지 않으면 열어주지 않음(不憤不啓)'은 군자가 가르침을 베푸는 방법이며, '가르침을 두되 무리를 두지 않음(有教無類)'은 본심으로 할 뿐입니다. 병이 많은 몸으로 거듭 지기知己에게 근심을 끼쳤는데 정성껏 은혜로 이를 깨우쳐주시니 감사와 애정이 어찌 끝이 있겠습니

까! 그러나 구구한 마음에 또한 감히 지기를 위해 한번 (마음을) 기울이지 않을 수 없습니다.[31]

양명은 편지에서 비교적 함축적으로 말하였는데, 전덕홍은 『양명선생연보』에서 문제의 핵심을 다음과 같이 지적하였다.

> 그런데 순안어사 당룡, 독학첨사 소예가 모두 옛 학문을 지키며 (양명의 학문을) 의심하였다. 당룡은 다시 "강의를 거두고 신중하게 교제를 택하라(撤講擇交)."고 권유하였다. 이에 선생이 답하기를 "나는 참으로 양지가 사람마다 같다는 것을 알고 있습니다만 배우는 사람들이 아직 깨달아 얻지 못하였으므로 달갑게 세속을 따르고 잘못을 익히고 있는 것입니다. 지금 진실로 이 마음으로 오면 나 또한 한 몸의 의심과 비방 때문에 그들을 막아서 더불어 말하지 않는 것을 마음에 차마 하겠습니까? 참된 재능을 찾는 일은, 비유하자면 모래를 일어서 금을 얻는 것과 같으니 모래를 일어 열에 여덟아홉이 흘러나가는 것을 모르지 않습니다만 모래를 버리고서는 금을 구할 수는 없습니다."라고 하였다. 당룡과 소예가 의심을 하자 사람들은 대부분 두려워하고 피하였으며, 동문으로서 방건과 중의 차림으로 오는 사람을 보면 모두 가리켜서 이상한 것들(異物)이라고 하였다.[32]

모순의 초점은 '양지'의 학문을 강하는 데 있었음을 알 수 있다. 그들은

31 『왕양명전집』 권4 「복당우좌復唐虞佐」.

32 전덕홍이 인용한 양명의 말은 원래 양명의 편지인 「복당우좌」에 실려 있는 것인데, 전덕홍에 의해 의도적으로 생략되었다.

‘구학舊學’(*주학朱學)의 입장에서 양명의 양지심학을 비평하였다. 이와 동시에 계화도 양명에게 「여왕양명론지방사서與王陽明論地方事書」 한 통을 보냈는데, 표면적으로는 그와 지방 도비都鄙의 지도 제작(畫歸)에 관한 일을 토론하려고 한 것이지만 실제로는 양명의 양지심학을 비평하려는 것이었다. 편지에서 다음과 같이 말한다.

> 옛날 선왕이 예악을 짓고 형벌을 만든 까닭이 어찌 천하 후세의 백성을 우롱하려는 것이겠습니까? 백성의 욕망이 참으로 끝이 없음을 알았기 때문에 예악을 지어서 군자를 막고, 형벌을 만들어서 소인을 막은 것입니다. 지금의 위정자는 외람되게 인정人情을 말할 뿐입니다. 선왕은 반드시 사람이 바라지 않는 것을 강요하지는 않습니다. 이에 혹 그 마음을 스승으로 삼고(或師其心) 선왕의 법을 폐기하는 것입니다.[33]

“그 마음을 스승으로 삼고”라는 말은 양명의 양지심학을 비평한 것으로서 두 사람이 이에 앞서 ‘격물치지’를 토론하여 합치하지 못했던 문제를 이어서 거듭 토론을 전개한 것이다. 또한 이를 위해 양명은 동시에 『대학고본방석』과 『주자만년정론』을 나흠순에게 보내어서 그의 의견을 듣고자 하였다. 실제로 이 두 책은 ‘양지’의 설을 제기하고 있지 않았지만 나흠순의 날카로운 비평을 받았다.

6월에 그는 양명에게 긴 편지 한 통을 썼는데 『전습록』과 함께 다음과 같이 『대학고본방석』을 비평하였다.

---

33 『동치안인현지同治安仁縣志』 권30의 3 「여왕양명논지방사서與王陽明論地方事書」.

어제 편지를 보내고 하루 뒤 비로소 보내주신 『대학고본』과 『주자만년정론』 두 편을 받았습니다. 매우 감사하고 감사합니다(珍感)! 불초한(無似) 제(某)가 왕년에 남도南都에 있을 때 많은 가르침을 받았습니다. 다만 많은 병으로 고생하여 말씀드리기에 겁이 나서 소회를 다 말씀드리고 일치된 견해(一是)에 귀결하기를 구하지 못하였기에 늘 죄송하였습니다. 작년 여름, 사우士友 중에 『전습록』을 보여준 사람이 있었습니다. 급히 한 차례 읽어보았더니 지난날 들었던 내용이 곳곳에 갖추어져 있었고, 들어보지 못했던 다른 내용들도 많았습니다. 그런데 이제 또 두 책을 받아서 읽으니 얼마나 다행한지요! …… 『대학고본』을 복원한 것을 잘 생각해보면 대체로 사람의 배움은 마땅히 안에서 구해야 하는데 정주 격물의 설은 바깥에서 구합니다. 성인의 뜻은 거의 그러하지 않습니다. 이에 마침내 주자의 분장分章을 제거하고 보충한 전傳을 깎아내고서 곧바로 지리함으로 지목한 이유는 일찍이 (분장과 보충이) 쓸모없기 때문입니다. 저 인을 해야 할 상황에서 양보하지 않음(當仁不讓)은 용기라 할 수 있습니다. 가만히 생각건대, 성문에서 교육을 설치함은 글과 행함을 겸하여서 바탕으로 삼게 하였으니 '글에 널리 배움(博學於文)'이라는 밝은 가르침이 있는 것입니다. 안자顔子는 부자夫子께서 잘 이끌어주심을 칭송하고 또 말하기를 "글로 나를 넓혀주신다(博我以文)."고 하였습니다. 글은 과연 안입니까, 밖입니까? 이는 본래 변별하기 어렵지 않습니다. 무릇 정주의 설이 여기에 어긋남이 있는 것입니까? 만일 반드시 학문이 바깥에서 구함을 바탕으로 삼지 않고 다만 마땅히 돌이켜 관찰하여서 안을 살핌(內省)에 힘쓴다면 정심성의正心誠意 넉 자는 또한 어찌 다하지 않음이 있겠습니까? 하필 입문할 즈음에 곧 격물 한 단락의 공부에 애써야(困) 하겠습니까? 경전을 돌아봄에 이미 이 문장이 있으니 이치는 마땅히 존신해야 하며 또한 이에 대처하지 않을 수 없으니 이를 좇아서 풀이하기를 "물物이란 의념의 작용이다. 격格이란 바름이니 바르지 않은 것을 바로잡아서 바른 것으로 돌아가는 것이다."라고 하였습니다. 그 풀이가 이와 같으니, 요컨대 그로 하여금 안으로 하고 밖으로 하지 않아서 한 곳으로 회귀하게 하려는 것입니다. 또한 일찍이 이 풀이에서 더 나아가 유추하였는데, 예컨대 말하기를 "뜻이 부모를 섬김에 작용하면 부모를 섬기는 일에 나아가 바로잡는다. 부모를 섬기는 일의 바르지 않은 것을 바로잡아서 바름에 귀결하여 반드시 저 천리를 다하는 것이다."라고 하였습니다. 그런데 대체로 오히려 '지知' 자를 언급하지 않았으니 이미 온갖 잡다하고 자질구레한 일에 뒤얽혀서 밝히기 어려움을 알 수 있습니다. 생각건대, 풀이한 바와 같이 이에 『대학』의 시초에 진실로 일과 사물에 나아가 바르지 않은 것을 바로잡아서 바름으로 귀결하여 모두 저 천리를 다하면 마음(心)이 또한 이미 바르게 되며, 뜻(意) 또한 바르게 될 것입니다. 여기에 성의와 정심의 조목을 잇는다면 중복되어 첩첩이 쌓여서 쓸모없는 것이 아니겠습니까? "크다, 하늘의 으뜸이여! 만물이 이것에서 시작한다(大哉乾元, 萬物資始).", "지극하다, 땅의 으뜸이여! 만물이 이것에서 생겨난다(至哉坤元, 萬物資生)." 하였습니다. 무릇 내가 이 몸을 갖고 있고 만물이 만물 됨과 더불어서 어느 것인들 건곤乾坤에서 나오지 않겠습니까? 그 이치는 본래 모두 건곤의 이치입니다. 나에게서 보면 사물은 그 자체 사물입니다. 이치에서 보면 나 또한 사물입니다. 혼연히 일치할 뿐이므로 어찌 안팎이 구분되겠습니까! 격물에서 귀한 것은 바로 그 나뉜 것의 다름에 나아가 이치가 하나임을 보려는 것이니 (그리하면) 피차가 없고 부족하거나 남음이 없으며 실제로 모두 합하여서 모이는 바가 있습니다. 대저 그런 뒤에야 그것을 일러서 앎이 지극하다(知至) 하니 역시 이른바 앎이 그치는(知止) 것입니다. 큰 근본이 이에서 설 수 있고 도에 도달함이 이에서 행해질 수 있으며, 성의·

정심에서부터 치국·평천하에 이르기까지 거의 일이관지하여 남김이 없을 것입니다. …… 오직 이 성문의 『대학』의 가르침은 그 도를 바꿀 까닭이 없습니다. 이는 학자가 마땅히 따라서 (학문으로) 들어가는 길임은 속일 수 없습니다. 이를 도외시하고 혹 사치가 많아 화려함을 다투면 외부에 빠져서 안을 남겨두게 되며, 혹 번거로움을 싫증내어서 지름길을 기뻐하면 안에 국한되어서 바깥을 남겨두게 됩니다. 바깥에 빠져서 안을 남겨둠은 속된 학문이 이것입니다. 안에 국한되어서 바깥을 남겨둠은 선학禪學이 이것입니다.[34]

정덕 13년(1518) 양명은 치량지의 새 학설을 『대학고본방석』에 아직 수록하지 않았기 때문에 두 사람 간 『대학』에 관한 모순의 초점은 '격물'에 있었고 '치지'에는 있지 않았다. 나흠순은 주희의 '이일분수' 사상으로 『대학』의 '격물'을 인식하여서 격물은 사사물물에 깊이 들어가서 그 이치를 탐구하는 것이며, 분수 가운데에서 이일을 체인하는 것으로 여겼다. "격물에서 귀한 것은 바로 그 나뉜 것의 다름에 나아가 이치가 하나임을 보려는 것"이라고 하였다. 그러나 나흠순도 양명의 『대학고본방석』이 다만 '격물'을 말하고 '치지'를 말하지 않은 부족함이 있음을 예리하게 간파하고서 오히려 격물과 치지의 통일, 격물치지와 정심성의의 통일을 중시하여 분수격물을 논하는 동시에 또 "이치가 하나임을 보려는 것이니 …… 대저 그런 뒤에야 그것을 일러서 앎이 지극하다 하니 역시 이른바 앎이 그치는 것"이라고 강조하였다. 여기서 이미 '치지'(*치량지)의 문제를 언급하였던 것이다.

양명은 즉시 6월 22일에 회신 한 통을 써서 다음과 같이 해명하였다.

---

34 『곤지기困知記』 부록 「논학서신論學書信·여왕양명서與王陽明書(경신하庚申夏)」.

저 정심·성의·치지·격물은 모두 수신하고 격물하는 방법으로서 힘을 쓰는 바를 날마다 볼 수 있는 곳입니다. 그러므로 격물格物이란 그 마음의 사물을 바로잡는(格) 것이며 그 뜻의 사물을 바로잡는 것이고 그 앎의 사물을 바로잡는 것입니다. 정심正心이란 그 사물의 마음을 바르게 하는 것이며, 성의誠意란 그 사물의 뜻을 성실하게 하는 것이며, 치지致知란 그 사물의 앎을 끝까지 이루는 것이니 이 어찌 안팎과 피차의 나뉨이 있겠습니까! 이치는 하나일 뿐이니 그 이치가 응결하여서 모인 것을 성性이라 하고, 응결하여서 모여 주재하는 것을 마음이라 하고, 주재가 발동하는 것을 뜻이라 하고, 발동하여서 밝게 깨닫는 것을 앎이라 하고, 밝게 깨달아서 감응하는 것을 사물이라 합니다. 그러므로 사물에 나아가 말하면 바로잡는다 하고, 앎에 나아가 말하면 끝까지 추구한다 하고, 뜻에 나아가 말하면 성실하게 한다 하고, 마음에 나아가 말하면 바르게 한다고 합니다. 바름이란 이것을 바르게 함이며, 성실함이란 이것을 성실하게 하는 것이며, 끝까지 추구함이란 이것을 끝까지 추구하는 것이며, 바로잡음이란 이것을 바로잡는 것입니다. 이른바 모두 이치를 궁구하여서 본성을 다하는 것입니다.[35]

양명의 회답에서는 직접적으로 '양지'와 '치량지'를 제기하지 않았다. 그리하여 양명과 나흠순의 이 『대학고본방석』에 대한 토론은 실제로는 그들이 나중에 전개할 양지심학 논변의 전주곡이라고 할 수 있다. 양명은 정덕 16년에 「대학고본방석서大學古本傍釋序」를 수정할 때 치량지의 내용을 더 추가하였고, 나흠순도 글을 지어서 사정의 진상을 다음과 같이 설명하였다.

35 『왕양명전집』 권2 「전습록」 중 「답나정암소재서答羅整庵少宰書」.

경진년(1520) 봄, 왕백안(왕수인)이 『대학고본』을 보내주었는데, 그 서문은 바로 무인년(1518) 7월에 지은 것이다. 서문에서 이르기를 "『대학』의 요체는 성의誠意일 뿐이다. 성의의 공부는 격물格物일 뿐이며 성의의 극치는 지선至善에 그치는 것일 뿐이다. 정심正心은 그 본체(體)를 회복하는 것이며 수신修身은 그 작용(用)을 드러내는 것이다. 나에게서 말하면 명덕明德이라 하고 남에게서 말하면 친민親民이라 하며 하늘과 땅 사이에서 말하면 갖추어졌다(備) 하는 것이다. 이런 까닭에 지선이라 하는 것은 마음의 본체이며, 행동을 한 뒤에 선하지 않음이 있다. 의념(意)이란 움직임이고, 사물(物)이란 일(事)이다. 성의로써 격물을 하여 그 선하지 않은 행동을 회복하게 하는 것일 뿐이다. 선하지 않음을 (선으로) 회복하여서 본체가 바르게 되고, 본체가 바르게 되어서 행동이 선하지 않음이 없는 것을 일러 지선에 그치는 것(止至善)이라 한다. 성인은 사람이 바깥에서 추구하는 것을 두려워하여서 그 말씀을 반복하였는데 구본舊本은 쪼개버려서 성인의 뜻이 없어졌다. 이런 까닭으로 성의에 근본을 두지 않고 한갓 격물만 하는 것을 일러서 지리함(支)이라 하고, 격물을 일삼지 않고 한갓 성의만 하는 것을 일러서 공허함(虛)이라고 한다. 지리함과 공허함은 지극한 선에서 멀다. '경敬'으로써 합하였으나 더욱 누더기가 되었고 '전傳'으로써 보충하였으나 더욱 벗어났다. 내가 배움이 날로 지극한 선에서 멀어짐을 두려워하여 분장分章을 버리고 구본을 복구하고 곁에 편집하여서 그 뜻을 이끌어냈으니 거의 성인의 마음을 다시 볼 것이다. 그것을 추구하는 자는 요체를 얻을 것이다. 아! 나를 죄주는 자는 역시 이 때문이리라!" 하였다. 대저 이것이 전문인데 처음부터 끝까지 수백 글자 가운데에서 치지는 한 마디도 언급하지 않았다(無一言及於致知). 근래 『양명문록陽明文錄』을 보니 「대학고본서」가 수록되어 있는데 비로소 치지로 다시 설을 세웠고 격물은 다시 제기하지 않았다. 그 결어에 이르기를 "이에 치지를 하는 것은 마음의 깨달음에 있다. 치지를 하면 다한 것이다."라고 하였다. 양명의 학술은 양지를 대두뇌로 삼았는데, 그 처음인 『대학고본』의 서문에서는 주자의 전주傳注를 지리하다고 분명히 배척하였으니 무슨 까닭에 도리어 대두뇌를 내버렸는가? 어쩌면 의의擬議가 정해지지 않았기 때문인가?[36]

정덕 13년에는 양명이 아직 '치량지' 사상을 형성하지 못했기 때문에 그가 쓴 「대학고본방석서」에서는 '치지'라는 이 고리 하나를 빠뜨려서 '한 마디도 치지를 언급하지 않았던' 것이다. 정덕 14년 '양지의 깨달음' 이후 그는 '치지'를 '치량지'라 해석하여 '치지'를 두드러지게 드러냄으로써 양명의 『대학』 사상체계에서 가장 중요한 고리가 되게 하였고, 이로써 '치량지' 심학 본체공부론 체계를 구축하기 시작하였다.

양명이 '치량지'의 사상을 「대학고본방석서」에서 보완한 것은 오히려 정주파로부터 뭇 비판을 받는 표적이 되어서 '의심과 비방'이 난무하였다. 정주이학을 고수하는 남경 공부우시랑 양렴楊廉(1452~1525)은 정덕 15년 4월에 양명에게 백사학과 육학을 비평하는 편지 한 통을 써서 우회적으로 측면공격을 가하였다.

삼가 성명聖明의 조서와 특별한 부르심(特徵)을 들으니 황제의 마음이 있는 것이라(簡在) 이는 천하의 복입니다. 그러나 강서의 상처 입은(瘡痍) 어린아이 같은 백성을 자애롭고 인자한 부모가 버리고 떠나니 묘당에 있으면서 역시 염려하지 않겠습니까? 한 성의 사람들이 깊고 큰 은혜를 바라고 마음

36 『곤지기困知記』 「삼속三續」.

에 연연함이 어느 때 그치겠습니까! 세량(稅糧)을 너그러이 구휼해주는 조항은 순무 선생 및 제사諸司와 익히 강구하여서 시행하기를 바라고 있는데 이미 부름을 받아 관직에 있는 자들이 어떻게 다음 해의 숫자를 마련하겠으며, 어떻게 십분十分을 오분五分으로 감면할 수 있겠는지 하는 이와 같은 모든 일들은 이미 강구한 설이 정해졌으니 하나를 획정하여(畫一) 게시한다면 작은 백성이 조정으로부터 실제 많은 혜택을 받을 것입니다. 강학하는 한 가지 일은 집사께서 깨우쳐주신 것이 매우 지극하여(承執事開諭甚至) 가르침을 받았습니다(領教)! 그러나 저(某)는 일찍이 이천伊川의 가림(蔽固)이 이미 심하다고 한 육청전陸青田(육구연)의 말을 괴이하게 여겼으며, 근년에는 진백사(진헌장)의 문인이 스승을 존경하여서 이락伊洛 이후의 유학자는 대체로 말하기 부족하다고 한 말이 모두 너무 지나치다고 하였습니다. 이와 같은 일을 살펴보면 이 학문은 공맹 이후 끊어져서 비록 정주程朱라도 참여하지 못하였으며, 정주가 참여하지 못하였는데 청전과 백사가 참여할 수 있었겠습니까? 청전은 타고난 자질이 매우 훌륭하나 그 흐름의 폐단이 간략함에 있으므로 맹자를 배웠으나 잃어버린 것입니다. 백사 같은 사람은 이른바 하사下士가 늦게 도를 듣고서 애오라지 고졸함으로써 스스로 수양한 자이니 그 학문은 유학과 선의 사이입니다. 모르겠습니다만 집사께서는 어떻게 생각하십니까?[37]

"집사께서 깨우쳐주신 것이 매우 지극하니"라는 구절로 볼 때 이에 앞서 양명이 양렴에게 편지를 보내서 배움을 논하여 근래에 자기가 강학을 하여 새로 터득한 내용을 알려주었고 육학·백사학을 언급하였으며, 또한 자연 자

37 『양문각공문집楊文恪公文集』 권46 「여왕백안與王伯安」 서2.

기의 양지심학을 언급했음을 알 수 있다. 양렴은 양명의 양지심학을 직접적으로 비평하는 것이 불편하였다. 그리하여 그는 간접적으로 육학·백사학을 공격하여서 '유학과 선의 사이'라고 함으로써 양명 심학에 대한 자기의 관점을 표명하였다.

양렴은 9월에 또 양명에게 편지 한 통을 써서 재차 명확하게 자기의 입장을 다음과 같이 표명하였다.

> 근세 이 학문을 강론하는 자가 없는 까닭은 다만 과거 공부와 문장(詞章)에 힘을 쏟고 뜻을 두기 때문일 뿐입니다. 집사께서 우리 도의 붉은 깃발을 세우기 시작하셨으니(至執事始立吾道之赤幟) 심히 성대하고 성대합니다(甚盛)! 다만 정밀하고 은미한 측면에서 말하기 가장 어려운 것은 정자의 이른바 "술 취한 사람을 부축하는 것과 같다(如扶醉人者)."라고 한 것입니다. 강론하신 바에 이르러서는 더욱 마땅히 마음을 평정하게 하고 기운을 편안히 하여야 하며, 만약 굽은 것을 바로잡으려다 바른 정도를 지나쳐버리면(矯枉過正) 아마 한쪽으로 치우쳐서(墮於一偏) 장차 일가一家의 학문만을 이룰 뿐일 것입니다. 모름지기 백세百世의 성인을 기다리고 성인이 나중에 일어나더라도 내 말을 바꿀 수 없다고 할 수 있어야 옳습니다. 저는 미혹함을 안고 어리석음을 지키고서 평생 오직 정주를 믿었습니다. 부끄러운 바는 공부를 하다가 말다가 하였고(作輟), 있다가 없다가 하여서(若存若亡) 나이가 때와 함께 치달리고 뜻이 세월과 더불어서 사라지는 것이니(年與時馳, 意與歲去) 이를 이루 탄식할 수 있겠습니까! 그러나 역시 뵙고 말씀드리기를 바라며 낱낱이 말씀드리지 않습니다.[38]

---

38 『양문각공문집』 권46 「여왕백안」 서3.

"집사께서 우리 도의 붉은 깃발을 세우기 시작하셨으니"라고 한 말은 은연중에 양명이 정립한 양지심학을 가리킨다. 다만 양렴은 견고하게 정주 이학을 도학의 정통으로 삼고서 양명이 새로 세운 심학의 '붉은 깃발'은 굽은 것을 바로잡으려다 바른 정도를 지나치고 한쪽으로 치우친 실수를 면하지 못한다고 인식하였다. 양렴의 논법은 당시 '의심과 비방'의 태도를 지닌 정주파의 보편적인 관점을 대표하였다. 영남의 올애兀厓 곽도霍韜는 가을 7월에 일이 생겨서 배를 타고 남창을 지나가다가 감주를 방문하여 양명을 만났다. 두 사람은 깐깐하게 '양지'의 학문을 이틀 동안 논변하였는데 서로 합치하지 못하였다. 곽도는 영남으로 돌아간 뒤 결국 『상산학변象山學辨』과 『정주훈석程朱訓釋』을 지어서 엄격하게 주륙의 학문을 변별하고 양명의 양지심학을 부정하였다. 그는 『석두록石頭錄』에서 이 일을 다음과 같이 논하였다.

> 이때 양명 선생 왕수인이 강서를 순무하였는데, 공(곽도)이 배를 타고 강서를 지나다가 양지의 학문을 이틀 동안 논변하였으나 끝내 합치하지 못하였다. 공이 나중에 산으로 돌아가서 마침내 『상산학변』과 『정주훈석』을 지었다. 그러나 공은 평소 양명을 존중하여서 일찍이 시를 증정하며 이르기를 "염락(주돈이와 정호)을 법도로 삼아 빛내고, 이윤과 여상의 걸음을 걸어서 나아가며, 도마뱀처럼 때에 맞추었네(濂洛憲章, 步趨伊呂, 守宮詹時)."라고 하였다.[39]

전덕홍은 『양명선생연보』에서 이 사건을 다음과 같이 말하였다.

---

39 『석두록石頭錄』.

경진년(1520) 봄에 감천甘泉 담 선생(담약수)이 발리총髮履冢 아래로 피하여 올애 곽도, 방숙현方叔賢(방헌부)과 함께 같은 집에 거주하면서 모였다. 선생이 듣고서 말하기를 "뛰어난 인물(英賢之生)이 같은 때 같은 지역에 있으니 얼마나 다행한 일인데 헛되이 세월을 보내면서 이 기회를 잃어버릴 수 있겠는가?"라고 하였다. 이해 가을에 올애가 홍도洪都를 지나다가 『대학』을 논하면서 번번이 옛 견해를 견지하였다(論大學, 輒持舊見). 선생이 말하기를 "만약 경서와 역사(書史)를 전수하여서 익히며(傳習) 옛날과 오늘날을 고증하여서 내 견문을 넓히는 것은 옳다. 만약 이것으로 성문의 길로 들어가기를 구하려고 하는 것은 비유하자면 가지와 잎을 따버리고서 뿌리를 튼튼하게(綴) 하려는 것과 같아서 그 혈맥을 통하려고 해도 역시 어려울 것이다."라고 하였다.[40]

곽도는 '양지' 학문을 놓고 양명과 이틀 동안 논변했다고 말하였다. 이로 인해 "『대학』을 논하면서 번번이 옛 견해를 견지하였다."라고 한 말은 두 사람의 심학 변론이 『대학』의 '치지'(*치량지)를 둘러싸고 전개된 것임을 분명히 밝히고 있다. 이는 양명이 정덕 15년에 크게 제창한 '양지'의 가르침의 '주선율'이었다. 양명은 바로 이러한 정주파의 '의심과 비방'의 공격을 비평하는 가운데 치량지의 심학체계를 발전시켰던 것이다.

양명은 6월에 남창에서 감주로 부임하면서 한편으로는 꿋꿋이 강서를 순

---

40 『왕양명전집』 권34 「연보」 2. 양명과 곽도가 벌인 논변의 초점은 '양지'의 학문에 있었는데 전덕홍은 뒤섞어서 두루뭉술하게 말하기를 "『대학』을 논하면서 번번이 옛 견해를 견지하였다."라고 하였는데 옳지 않다. 또 전덕홍이 말하는, 곽도가 홍도를 지나갈 때 양명과 양지의 학문을 논변했다고 한 내용도 잘못이니, 두 사람이 양지의 학문을 논변한 일은 당연히 감주에서 있었다.

무하기 위해 남도의 강빈·장충·허태가 발목을 잡아당겨서 어지럽히는 것을 피하였고, 또 한편으로는 역시 감주의 남쪽에 이르러서 강서 선비들과 광범위하게 양지심학을 강론하려는 마음을 먹었다. 그리하여 그는 남하하여 감주로 가는 길 내내 선비와 배움을 구하는 사람들과 함께 양지심학을 토론하였다.

양명은 배를 타고 태화泰和를 지나갈 때 나흠순과 함께 『대학고본방석』과 『주자만년정론』을 토론하는 일 외에 태화의 농아聾啞 선비 양무楊茂와 함께 양지심학을 강론하고 그를 위해 「유태화양무諭泰和楊茂」를 지었다.

(*그 사람은 청각과 언어 장애가 있었는데 스스로 문에 찾아와서 인사하고 만나 뵙기를 청하였다. 선생은 글자로 묻고 양무는 글자로 답하였다.)

너는 입으로 시비를 말할 수 없고 귀로 시비를 들을 수 없는데 마음은 여전히 시비를 알고 있지 않은가? (*답하기를 "시비를 압니다."라고 하였다.) 이와 같이 너는 입이 비록 남과 같지 않고 귀가 비록 남과 같지 않지만 네 마음은 여전히 남들과 똑같다.(*양무는 이때 머리를 끄덕이고 손을 껴서 사례하였다.) 무릇 사람은 모두 이 마음이다. 이 마음이 만약 천리를 보존한다면 이는 성현의 마음이다. 입이 비록 말을 하지 못하고 귀가 비록 듣지 못해도 이는 말을 하지 못하고 듣지 못하는 성현이다. 마음이 만약 이 천리를 보존하지 않으면 이는 금수의 마음이다. 입이 비록 말을 하고 귀가 비록 들을 수 있다 하더라도 역시 말을 하고 들을 수 있는 금수이다. (*양무는 이때 가슴을 두드리고 하늘을 가리켰다.) 너는 예를 들어 지금 부모에게 네 마음의 효도를 다하고, 형장兄長에게 네 마음의 공경을 다하고, 향당과 이웃, 종족과 친척에게 네 마음의 겸손과 온화함과 공경과 순종(謙和恭順)을 다하라. 사람이 태만함을 보면 성내고 괴이하게 여기지 말고, 사람의 재물과 이익을 보거든 탐하여 도모하지 말고, 다만 속으로 네 그 옳은 마음을 행하고 네 그 그른 마음을 행하지 말라. 가령 바깥 사람이 너를 옳다고 하여도 모름지기 듣지 말고, 네가 옳지 않다고 말을 해도 역시 모름지기 듣지 말라. (*양무는 이때 머리를 숙여 절을 하며 사례하였다.) 너는 입으로 옳고 그름을 말하지 못하니 얼마간 쓸데없이 옳고 그름을 따지는 일을 하지 않는다. 너는 귀로 옳고 그름을 듣지 못하니 얼마간 쓸데없이 옳고 그름을 따지는 일을 하지 않는다. 옳고 그름을 말하면 곧 옳고 그름이 생기고 번뇌가 생긴다. 옳고 그름을 들으면 곧 옳고 그름이 더해져서 번뇌가 더해진다. 너는 입으로 말하지 못하며 귀로 듣지 못하니, 얼마간 쓸데없이 옳고 그름을 따지지 않고 얼마간 쓸데없이 번뇌를 하지 않는다. 너는 다른 사람에 비해 더 많이 쾌활하고 자재할 수 있다. (*양무는 이때 가슴을 두드리고 하늘을 가리키며 땅에 뒹굴었다.) 예컨대 내가 지금 너로 하여금 하루 종일 네 마음을 행하게 하여도 입으로 말하는 것을 필요로 하지 않으며, 하루 종일 네 마음을 들어도 귀의 들음을 필요로 하지 않는다. (*양무는 이때 머리를 조아리고 두 번 절하였다.)[41]

이는 한 편의 기이하고 특별한 시각에서 즉흥적으로 논한 양지심학의 오묘한 문장이다. 양명은 입으로 말을 하지 못하고 귀로 듣지 못하는 농인을 선택하여서 몸으로 설교하고 '양지'의 심설을 베풀었다. 더욱이 막힌 귀를 자극하여 선천성 청각장애를 타파하는 역량을 갖추었던 것이다. 양명이 이용한 '양무'의 특별한 사례는 사람마다 마음속에 양지를 갖고 있고, 사람마다 이 똑같은 마음을 갖고 있으니 곧 농인이 말을 하지 못하고 듣지 못해도 양지의 마음은 도리어 남들과 일반이며 다르지 않음을(一般無二) 증명한다. 마음에

41 『왕양명전집』 권24 「유태화양무諭泰和楊茂」.

뭇 이치를 갖추고 있으니 마음은 성현의 마음이며, 앎은 성현의 앎이다. 양지로 선과 악을 알며, 옳고 그름을 안다면 곧 농인이 옳고 그름에 대해 말로 할 수 없고 들을 수는 없어도 마음속의 양지는 옳고 그름을 알아서 명료하게 깨닫는 것은 도리어 남들과 일반이며 다르지 않다. 양지는 곧 마음이니 이로 인해 다만 네 착한 마음을 다하고 네 마음속의 그 옳은 앎을 행하면 이는 곧 '치량지'라고 한 것이다. 이 「유태화양무」에서 양명이 통속적이고 생동감 있는 필치로 세상 사람들에게 사람마다 착한 마음을 다하고, 저마다 양지를 행하고, 금수의 마음을 멸하고, 성현의 마음을 보존하는, 사람의 마음을 구속하는 한길을 가리켜서 밝힌 것은 그가 거듭 감주로 돌아와서 선비와 학생들에게 양지심학을 크게 강론하는 길을 인도하는 마음의 곡조(心曲)가 되었다.

감주에서 양명이 양지의 가르침을 크게 밝힌 것이 절정에 이르러 강서의 선비들이 또 어지러이 감주로 찾아와서 양지심학을 물었다. 가장 주목을 끈 것은 역시 진구천이 임천에서 다시 감주로 와서 정덕 14년의 처음 양지의 가르침을 이어서 1년 뒤 다시 '양지'에 관한 새로운 물음을 제기하였고, 양명이 그와 함께 양지의 학문을 한 단계 더 높여서 강론하였던 일이다. 진구천은 두 사람이 양지심학을 다채롭게 강론한 광경을 다음과 같이 기록하였다.

> 경진년(1520)에 건주虔州로 가서 다시 선생을 뵈었다. (진구천이) 물었다. "근래 공부가 비록 핵심(頭腦)을 조금 깨달은 듯하지만 온당하며 유쾌하고 즐거운 점을 찾기가 어렵습니다." 선생께서 대답하셨다. "너는 마음에서 천리를 찾는데, 그것이 바로 이치가 장애가 된다는 것이다. 여기에 어떤 비결(訣竅)이 있다." 말하였다. "어떤 것인지 여쭙니다." 말씀하셨다. "다만 앎을 그대로 이루는(致知) 것일 뿐이다." 말하였다. "어떻게 그대로 이루는 것입니까?" 말씀하셨다. "너의 한 점(一點) 양지가 너 스스로의 준칙이다(是爾自

家底準則). 네 의념이 있는 곳에서 그것은 옳은 것을 옳다고 알고 그른 것을 그르다고 아니(爾意念着處, 他是便知是, 非便知非), 다시 조금이라도 그것을 속일 수 없다. 네가 다만 그것을 속이려 하지 않고 아주 착실하게 그것에 의거하여 해나간다면 선은 곧 보존되고 악은 곧 제거된다(實實落落依著他做去, 善便存, 惡便去). 이렇게 되면 그 경지가 얼마나 온당하며 유쾌하고 즐거운가! 이것이 바로 격물의 참된 비결(格物的眞訣)이며, 치지의 실제 공부(致知的實功)이다. 만약 이러한 참된 기틀(眞機)에 의거하지 않는다면 어떻게 사물을 바로잡을(格物) 수 있겠는가? 나도 근년에 와서야 이와 같이 분명하게 체득(體帖)하게 되었다. 처음에는 오히려 그것에만 의거하면 부족하지 않을까 의심했지만 정밀하고 자세하게 살펴보니 조금도 흠궐이 없었다."

건에서 우중于中·겸지(추수익)와 함께 선생을 모시고 있었다. 선생께서 말씀하셨다. "사람은 가슴속(胸中)에 저마다 성인을 간직하고 있는데 다만 스스로 믿음이 부족하기 때문에 모두 스스로 (성인을) 묻어버리고 만다." 이어서 우중을 돌아보며 말씀하셨다. "네 가슴속도 원래 성인이다." 우중이 일어나서 감당하지 못한다고 하였다. 선생께서 말씀하셨다. "이는 네 스스로 지니고 있는 것인데, 어째서 사양하려고 하는가?" 우중이 또 말하였다. "감당하지 못하겠습니다." 선생께서 말씀하셨다. "뭇사람이 모두 그것을 지니고 있는데 하물며 우중에게 있어서랴! 그런데도 무슨 까닭으로 겸손해하는가? 겸손해서도 안 된다." 이에 우중이 웃으면서 받아들였다. (선생께서) 또 논하셨다. "양지는 사람에게 있으니 네가 어떻게 하든 깡그리 없앨 수 없다. 비록 도적이라 하더라도 스스로 도둑질해서는 안 된다는 사실을 알고 있기에 그를 도적이라고 부르면 그는 역시 부끄러워한다." 우중이 말하였다. "다만 물욕이 가로막고 있을 뿐 양심은 안에 있으므로 그 자체로 잃어버릴 수 없는 것입니다(只是物欲遮蔽, 良心在內, 自不會失). 예컨대 구름이 저절로 해를 가렸으나 해는 어찌 잃어버린 적이 있겠습니까!" ...... 선생께서 말씀하셨다. "이런 것을 철저히 안다면 아무리 그가 천만 마디의 말을 하더라도 옳고 그름과 참되고 거짓됨이 그 앞에 이르면 곧 분명해질 것이다. (양지에) 부합하면 곧 옳고, 부합하지 않으면 곧 그르다(是非誠僞, 到前便明. 合得的便是, 合不得的便非). 예컨대 불가에서 말하는 심인心印과 비슷하니 참으로 시금석이며 지남침이다(眞是個試金石, 指南針)." 선생께서 말씀하셨다. "사람이 만약 이 양지의 비결을 안다면 그에게 얼마간 사악한 생각과 잘못된 의념이 있다고 하더라도 여기에서 한 번 깨달으면 모두 저절로 녹아 없어진다. 이것은 참으로 영단靈丹 한 알을 쇠에 떨어뜨려서 금으로 만드는 격이다(靈丹一粒, 點鐵成金)." 숭일崇一(구양덕)이 말하였다. "선생님의 치지의 취지는 정밀함과 심오함을 모두 드러냈으니(先生致知之旨, 發盡精蘊) 제가 보기에 여기서 더 이상 나아갈 수 없을 듯합니다." 선생께서 말씀하셨다. "어찌 그렇게 쉽게 말하는가? 다시 반년 동안 공부를 하여서 어떤지 보고, 또 1년 동안 공부를 한 뒤 어떤지 보라. 공부를 오래 할수록 깨달음이 달라진다. 이것은 말로 설명하기 어렵다." 선생께서 구천에게 물으셨다. "'치지'의 설에 대해 어떤 체험을 했느냐?" 구천이 말하였다. "(이전과) 같지 않음을 스스로 느낍니다. 예전에는 굳게 지키는 것(操持)이 늘 알맞은 곳을 얻지 못했는데 이것이(치지) 바로 알맞은 곳입니다." 선생께서 말씀하셨다. "체득하는(體來) 것과 강의를 듣는 것이 같지 않다는 것을 알 수 있다. 내가 처음 강의할 때 네가 그저 건성으로 대하고 깊이 맛을 보지 못한다는 사실을 알고 있었다. 다만 이 중요하고 오묘한 것을 다시 깊은 곳까지 체득하면 날마다 달라짐을 알 것이니 이것이 무궁무진한 것이다." 또 말씀하셨다. "이 '치지'라는 두 글자는 참으로 천고의 성인이 전한 비결이다(是個千古聖傳之秘). 여기(치지)에 명료해지면(見到這裏) 백세百世에 성인을 기다려도 미혹함이 없을 것이다!" 구천이 물었다. "이천이 '본체와 작용은 근원이 하나이며 현상과 본질 사이에는 간격이 없다(體用一原, 顯微無間).'고 하였는데, 문인들은 천기를 누설했다고 말하였습니다. 선생의 '치지'의 설 역시 천기를 매우 심하게 누설한 것이 아닙니까?" 선생께서 말씀하셨다. "성인이 이미 사람들에게 가리켜 보였으나 다만 뒷사람에 의해 가려지고 숨겨졌기 때문에 내가 밝혔을 뿐이니 무슨 근거로 누설했다고 말하는가? 이것은 사람마다 저절로 가지고 있는 것이어서 깨닫고 보면 그리 대단하지 않은 평범한(一般) 것이다. 그러나 실제로 공부하지 않는 사람에게 말하면 매우 경시하고 소홀히 여겨서 애석하게도 서로에 아무 보탬이 없고 결실이 없다. 공부를 하되 그 요령을 얻지 못한 사람은 가르쳐서 이끌어주면 아주 시원스레 큰 힘을 얻을 것이다(提撕之甚沛然得力)." 또 말씀하셨다. "알고 나면 본래 안 것이 없으며 깨닫고 나면 본래 깨달은 것이 없으나, 알지 못하면 마침내 빠져서 묻혀버린다."[42]

양명은 나중에 시를 써서 진구천에게 증정하였는데, 이때 두 사람이 건대虔臺에서 강학한 것을 일러 "하물며 이미 묘령에 먼저 우뚝 서서 곧바로 마음 바탕에서 근원을 추구한(況已妙齡先卓立, 直從心底求宗元)" 것을 크게 내건 "천고의 성인이 전한 비결"의 담화라고 하였다.[43] 양명은 확실히 여기에서 한 걸음 더 나아가 자기의 치량지 본체공부론 심학사상 체계에 대해 다음과 같이 전면적인 총결을 내렸다.

한편으로 그는 인식하기를 '양지'는 본체의 대두뇌, 대비결(大訣竅), 대종

42 『왕양명전집』 권3 「전습록」 하.

43 『섭표집聶豹集』 권6 「진명수묘비陳明水墓碑」.

원大宗元으로서 사람마다 마음속에 양지를 가지고 있어서 사람마다 모두 성현이며, 양지는 사람에게 있고 천고에 없어지지 않는다, 양지는 바로 마음의 영각명지靈覺明智로서 선을 알고 악을 알며, 옳음을 알고 그름을 알며, 참다움과 거짓을 알며, 이는 "너 자신의 준칙이며", "옳고 그름과 참되고 거짓됨이 그 앞에 이르면 곧 분명해질 것이다. (양지에) 부합하면 곧 옳고, 부합하지 않으면 곧 그르다." 그리하여 영단靈丹 한 알을 쇠에 떨어뜨려서 금으로 만드는 것과 같아서 "참으로 (양지는) 시금석이며 지남침"이라고 하였다.

또 한편으로 인식하기를 '치량지'(*치지)는 공부의 대비결로서 "이는 천고의 성인이 전한 비결"이며 '격물의 진결眞訣, 치지의 실공實功'으로서 치량지의 공부에 의거하여 공부를 하여서 "아주 착실하게 그것에 의거하여 해나간다면 선은 곧 보존되고 악은 곧 제거되는" 것이라 하였다. 선을 보존하고 악을 제거하는 치량지 공부는 다음과 같이 두 가지 측면에서 해나간다. 하나는, 양지의 가림을 제거하고 물욕의 덮어 가린 더러움을 제거해야 한다. "다만 물욕이 가로막고 있을 뿐 양심은 안에 있으므로 그 자체로 잃어버릴 수 없는 것"이기 때문이다. 둘은, 양지를 확충하여 마음의 이치(心理)를 사사물물에 미루어서 '가르쳐 이끌어주어서 아주 시원스레 큰 힘을 얻게' 하고 물욕을 바로잡고 정념을 바르게 하여서(格物正念) 앎을 지극히 하고 실제 공부를 행하여 "네 의념이 있는 곳에서 그것이 옳으면 곧 옳다고 알고 그르면 곧 그르다고 알게" 한다.

양지의 본체와 치량지의 공부는 바로 체와 용의 관계이다. 그리하여 양명의 치량지의 본체공부론 심학체계는 체용일원, 현미무간의 원융한 경계에 도달하였다. 진구천은 칭송하기를 그의 양지심학은 진정으로 천기天機의 오묘한 운행을 누설하였고, 진정으로 "천고의 성인이 전한 비결"을 내걸어서 밝혔다고 하였다.

양명이 정덕 15년 6월에 태화를 지나갈 때 나흠순이 양명에게 편지를 보내서 그의 『대학고본방석』과 『주자만년정론』을 비평하고 그가 정덕 13년에 지은 「대학고본방석서」에서 '치지'(*치량지)를 강론하지 않은 까닭을 질의하였다고 한다면, 7월에 양명이 감주에 있을 때 '치지'(*치량지)는 도리어 이미 그가 감주에서 선비들에게 크게 내건 양지 학문의 핵심적인 가르침(教旨)이 되었고, 진정으로 '치량지'의 공부론이 되어서 그의 심학 공부론 체계에 진입하였다. 진구천과 동시에 감으로 와서 직접 가르침을 받은 구양덕이 한마디로 천기를 갈파하여서 말하기를 "선생님의 치지의 취지는 정밀함과 심오함을 다 드러냈다."고 한 것은 이상하지 않다.

서계徐階는 양명이 건에서 구양덕에게 '치량지'의 정밀함과 심오함을 다 밝힌 한 장면을 「구양공신도비명歐陽公神道碑銘」에 다음과 같이 기록하였다.

> 처음 공이 향천鄕薦을 받았다. 양명 선생이 건의 행대行臺에서 창도하였는데, 그 설은 다음과 같았다. 사람의 마음은 텅 비고 영명하며 모든 이치(萬理)를 다 갖추고 있으니 오직 욕망에 가려지지 않고 항상 넓게 탁 트여서 공변되고(廓然以公) 맑아서 고요하게(湛然以寂) 하면 순응順應하고 감통感通하는 오묘함이 그 가운데에서 저절로 나온다고 하였다. 그런데 세상의 선비는 왕왕 입과 귀에서 찾기에 힘을 쓰면 쓸수록 쓰임에 더욱 막히니 『대학』에서 말하는 '치지'의 본래 뜻이 아니다. 이에 『맹자』의 '양지'를 『대학』과 결합하여서 '치량지'라고 하였으니 대체로 '명명덕明明德'의 별명일 뿐이다. 그러나 선비는 옛 견문에 빠져서 선禪이라고 잘못 인식하였다. 공은 홀로 말하기를 "이는 바른 학문이다."라고 하며 달려가서 선생에게 수업하였다.[44]

---

44 『세경당집世經堂集』 권19 「구양공신도비명歐陽公神道碑銘」.

양명이 모두 밝힌 '치지'의 정밀하고 오묘한 본지는 원래 '치량지'의 본체 공부론임을 알 수 있다. 분명히 양명의 '양지의 깨달음'은 두 가지 측면의 '깨달음'을 포함하고 있다. 바로 '양지'의 본체의 깨달음과 '치량지'의 공부의 깨달음이다. 그는 이 두 가지 측면의 자아에서 자기가 깨달은 양지심학의 '정밀하고 오묘한' 연원을 내걸어서 밝혔다. '양지'의 정밀하고 오묘함은 본래 맹자의 '양지 양능'설에서 나온 것이며, '치량지'의 정밀하고 오묘함은 본래『대학』의 '치지'설에서 나온 것이다. 아마도 정덕 14년 4월 감주에서 '양지'의 정밀하고 오묘함을 모두 밝힌 것에서부터 15년 7월에 이르러 감주에서 '치량지'의 정밀하고 오묘함을 모두 밝힌 것은 양명이 '양지'의 본체의 깨달음에서 '치량지'의 공부의 깨달음까지 심로의 역정을 완정하게 전개한 것이라고 할 수 있다.

그는 스스로 미몽의 잠에서 깨어나 각성한 시 두 수를 지어서 '양지의 깨달음'에 대한 심로의 역정을 다음과 같이 총결하였다.[45]

자고 일어나서 우연히 짓다	睡起偶成
사십여 년 꿈속에서 헤매다	四十餘年睡夢中
지금에야 깨어나니 몽롱하네	而今醒眼始朦朧
해는 이미 정오가 지났는지?	不知日已過亭午
일어나 높은 누각에서 새벽종을 치네	起向高樓撞曉鐘
일어나 높은 누각에서 새벽종을 치는데	起向高樓撞曉鐘

45『왕양명전집』권20「수기우성睡起偶成」.

오히려 몽롱하게 잠에 취해 있네　　尙多昏睡正懵懵
오늘 저녁 오히려 깨어나 듣는다면　　縱今日暮醒猶得
인간이 다 귀가 먹었으리라고는 믿지 않네　　不信人間耳盡聾

이 시의 첫째 수는 자신의 양지의 깨달음에 대해 쓴 것이고 둘째 수는 세상 사람의 양지의 깨달음에 대해 쓴 것이다. 양명은 꿈에 비유하여 자기가 40여 년 반생 동안 양지의 길을 잃고 헤매었던 일을 개탄하였고, 지금 마침내 '양지'와 '치량지' 중에서 각성하여 깊은 꿈에서 깨어나 양지의 본심으로 복귀하고, 어두운 잠에 몽롱하게 취해 있는 세상 사람들에게 세상을 일깨우는 경종을 울렸던 것이다. 사람마다 마음속에 양지가 있으니 그는 세상의 수많은 중생의 귀가 모두 어두워서 뻣뻣하게 마비되어 통하지 않음(麻木不仁)을 믿지 않았고, 그들에게 스스로 각자의 마음속 양지의 심종心鐘을 울려서 양지로 돌아오는 길을 걸을 수 있도록 환기시켰던 것이다.

감주에서 양명이 선비들에게 양지의 가르침을 크게 내건 것은 바로 세상 사람들에게 '새벽종을 울렸던' 것이다. 앞다투어 찾아와서 배우는 선비 추수익·구양덕·진구천·하량승·황직黃直·이정상李呈祥·왕앙王仰·왕조王釗·왕시가王時柯·동구董歐·장순張純·유경兪慶 등이 모두 이와 같이 그의 '새벽종'으로 깨어 일어나서 깨달았다. 바로 추수익이 다음과 같이 말한 바와 같다.

> 경진년(1520) 가을, 다시 선사先師를 건주에서 뵈었는데 두세 벗과 함께 빈 방에 앉아서 달을 보다가 내 본성을 깨달았다. 탄식하며 말하였다. "내 본성의 정결하고 밝음(精明)은 해와 달 같구나! 달이 하늘에서 운행하며 누대樓臺와 정사亭榭를 비추면 누대와 정사가 되니 누구나 이를 선망하지 않음이 없다. 썩은 흙과 더러운 도랑(糞壤汚渠)에 비추면 썩은 흙과 더러운 도랑

이 되니 누구나 이를 혐오하지 않음이 없다. 이것을 일러 부르지 않고 맞이하지 않아도 (탁 트여서) 크게 공변되고 (사물이 다가오면) 순응하는 것이라(無將無迎, 大公而順應)고 한다. 우리 무리는 좋은 일을 하거나 나쁜 일을 하는 사사로운 욕망이 끊임없이 일어났다 가라앉았다 하며(憧憧起伏) 끝없이 서로 이어지니, 이는 구름을 일으키고 안개를 퍼뜨려서 스스로 그 밝음을 어둡게 하는 것임을 알아야 한다." 두세 벗이 기뻐하며(懽然) 깨달음을 얻었다.[46]

하량승은 건으로 와서 가르침을 받고 깨달음을 얻어 마음속에 '천만 가지에 뻗은 생기'처럼 양지가 다시 소생하였다. 그는 깨달음의 시를 한 수 지었다.[47]

건에 이르러 양명 선생을 뵙고 至虔見陽明先生

도의 가르침은 먼저 깨달은 자에게서 찾고 道教推先覺
벗이 모여듦에 반은 옛날 알던 이들 朋簪半舊知
경영하는 마음은 임금께 있고 經營心在帝
제기를 늘어놓음은 아이 때부터 俎豆化行兒
거울을 걸어놓고 진나라 흙을 나누었고 懸鏡分秦土
좋은 술 걸러 습지에서 취하네 醇醪醉習池
얽힌 뿌리는 사방 한 치인데 根蟠只方寸
생기는 천만 가지에 뻗네 生意萬千枝

46 『추수익집』 권2 「증왕공교贈王孔橋」.

47 『동주초고』 권13 「지건견양명선생至虔見陽明先生」.

하량승과 마찬가지로 고원古源 이정상李呈祥도 건주에서 가르침을 받고 터득하였다. 가상柯相(1517, 진사)이 말하기를 "(그는) 양명, 감천 두 선생이 도로써 자인함을 듣고서 곧 문으로 가거나 글을 보내 변난辯難하기를 왕복하였는데, 의혹이든 동의이든 꺼리지 않았다. 이윽고 배움이 더욱 진보하자 제자와 따르는 자들이 날로 더욱 많아졌다."[48]라고 하였다. 왕시가는 배움을 받고 크게 깨달았다. 양명은 친히 이별의 시를 한 수 지어서 그가 만안으로 돌아갈 때 전송하였다. 장순은 감으로 와서 독실한 뜻을 품고 힘써 배웠는데, "양명 왕 공의 양지의 가르침을 받은 뒤 초연히 문득 깨달았다. 학문은 요령을 지극히 탐구하는 데 뿌리를 두어서 이름이 고을에 자자하였다."[49] 유경은 감으로 와서 배움을 받고 '더욱 오묘한 깨달음이 있었는데' 양명은 나중에 제문을 지어서 다음과 같이 애통해하였다. "아! 경사스럽도다! 허물을 적게 하고자 하나 그럴 수 없었으니! 대체로 아주 빨리 뜻을 두었으되 성취함을 보지 못하였다."[50]

감으로 와서 배움을 물은 선비들 가운데 사실 양지의 가르침을 받고 가장 크게 터득한 사람은 역시 황직黃直(*이방以方)이다. 오제吳悌(1502~1568)는 「추관황공직행장推官黃公直行狀」에서 황직이 감에서 양지심학을 물은 과정을 다음과 같이 상세히 서술하였다.

> 경진년, 북태학北太學에서 학업을 마쳤다. 마침 무묘武廟(무종武宗 정덕제正德帝)의 수레가 유도에 행행하자 선생이 마침내 분연히 소를 갖추어서 머물

---

48 가상柯相, 「서고원산인일록敍古源山人日錄」, 『고원산인일록古源山人日錄』 권6 하.

49 『강희신풍현지康熙信豊縣志』 권10 「문학文學」.

50 『강희신풍현지』 권10 「문학」.

기를 청하였으나 형세가 미치지 못함을 알고서 이에 글을 써서 당국當國의 제로諸老에게 두루 아뢰었다. 예컨대 양정화 공, 모징毛澄 공, 육완陸完 공 등이 그 글의 내용이 격렬함을 보고서 감탄하고 칭찬하지 않는 이가 없었다. 돌아간 뒤에 양명 선생이 건주에서 양지의 학문을 창도한 소식을 듣고 선생이 걸어가서 수학하였다. 계미년(1523) 회시에서 과거장의 책문策問으로 강학의 잘못을 극력 비판하였다. 선생은 남야南野 구歐(구양덕) 공과 함께 홀로 성인의 학문을 밝혀서 힘써 뭇 의론의 문제점(失)을 배척하였다. 편수編修 마馬 공이 시권을 보고서 기이한 선비로 여겼다. 정대廷對(정시廷試)를 거쳐서 동진사 출신을 하사받았다.[51]

황직은 상소하여서 무종에게 간하고 양명이 포로를 바치러 남도에 간 때와 거의 동시에 5월에 북옹北雍을 졸업하고 금계金溪로 돌아갔다가 곧 감주로 가서 양명에게 배움을 물었고, 12월에 이르러서야 비로소 금계로 돌아왔다. 감주와 남창에서 반년 동안 가르침을 받은 뒤 그는 양명과 양지심학을 강론한 중요한 어록을 대량으로 기록하였는데 나중에 모두 『전습록』에 수록되었다.[52] 이러한 기록에 근거하여 또렷하게 양명의 정덕 14년 '양지의 깨달음' 이후 양지 심학체계가 한 걸음씩 전진하는 발자취를 볼 수 있는데, 더욱이 그가 정덕 15년에 정주파의 '의심과 비방'의 책난責難에 직면하여서 양지

51 『국조헌징록國朝獻徵錄』 권91 「추관황공직행장推官黃公直行狀」.

52 『전습록』 권하 중에 "황이방이 물었다(黃以方問)."에서부터 "어찌 일찍이 부자·군신·부부의 형상에 집착한 적이 있는가(何曾著父子君臣夫婦的相)?"라고 한 데까지(*곧 '황면숙이 물었다[黃勉叔問]'의 앞)는 황직이 정덕 15년에 감주에서 양지심학의 가르침을 받은 기록이다. 이들 기록은 양명의 정덕 14년 '양지의 깨달음' 이후 양지심학 사상의 발전을 이해하는 가장 중요한 자료이다.

의 가르침을 크게 내걸고 양지의 학문을 발전시켜가는 사상적 궤적을 볼 수 있다. 그는 다섯 가지 측면에서 진일보하여 자신의 양지 심학체계를 완벽하게 만들었다.

첫째, 마음은 지극한 선의 본체이나 다만 마음에는 선과 악이 있으며 선과 악은 일체라고 인식한 것이다. 황직은 다음과 같이 기록하였다.

> 물었다. "선생께서는 일찍이 '선과 악은 다만 한 물건이다.' 하셨습니다. 선과 악 두 가지(兩端)는 마치 얼음과 숯불처럼 서로 대립하는데(冰炭相反), 어떻게 다만 한 물건이라고 하십니까?" 선생께서 말씀하셨다. "지극히 선한 것은 마음의 본체이다. 본체에서 겨우 조금이라도 마땅함을 지나치면 곧 악이다. 선이 하나 있는데 다시 또 악이 하나 와서 서로 대립하는 것은 아니다. 그러므로 선과 악은 다만 한 물건이다." 나(直)는 선생의 설명을 듣고서 정자(정호)가 이른바 "선은 본래 본성이지만 악도 본성이라고 하지 않을 수 없다(善固性也, 惡亦不可不謂之性)."라고 한 말과 또 "선과 악은 모두 천리이다. 악이라고 하는 것이 본래 악한 것이 아니며 다만 본성에서 지나침과 미치지 못함의 사이일 뿐이다(善惡皆天理. 謂之惡者本非惡, 但於本性上過與不及之間耳)."라고 한 설이 모두 의심할 수 없는 것임을 알았다.[53]

양명은 마음 바깥에 사물이 없다는 것과 사물과 나는 혼연일체라고 하는 본체론으로부터 몸과 마음과 뜻과 앎과 사물이 한 가지이며, 선과 악은 다만 한 물건이라는 설을 제시하였다가 정주파로부터 '선학'이라고 공격을 받았다. 양명은 다음과 같이 해명하였다. 마음은 형이상학적 진선미眞善美의 본

53 『왕양명전집』 권3 「전습록」 하.

체이며, 본체는 절대적인 것이다(無對). 마음의 본체는 곧 지극히 선하여 악이 없다. 지극히 선한 것은 곧 중中이며, 지나치지도 않고 미치지 못하지도 않으니 그러므로 중도가 곧 선이다. 중을 잡음이 선이며, 중을 잃은 것이 악이다. 악이란 지극히 선한 본체가 발용하여서 타당함을 지나치고 중도를 지나친 것이며, 일에 대처하는 것이 타당하지 않고 마땅하지 않은 것이지 결코 선 바깥에 또 별도로 악이 있는 것은 아니므로 선과 악은 다만 한 물건이다. 선은 용의 체이며 악은 체의 용이다. 체에서 말하면 마음은 선과 악이 없고, 용에서 말하면 마음은 선과 악이 있다. 여기에서 양명의 '선악일물일체善惡一物一體' 설은 이미 만년의 사무교四無敎(*심무선악心無善惡)와 사유교四有敎(*심유선악心有善惡) 사상의 맹아를 포함하고 있다.[54]

둘째, 이른바 '양지'란 본체(*心)를 밝히고 천리를 아는 것을 가리키는데, 본체체인이 분명해지면 모든 이치(萬理)가 밝아지며 만물을 모두 알게 되고 만사가 모두 능해지니 이것을 가리켜서 '양지 양능'이라고 인식한 것이다.

황직은 다음과 같이 기록하였다.

> 성인은 알지 못하는 것이 없다(無所不知)는 말은 천리를 아는 것이며, 능하지 못한 것이 없다(無所不能)는 말은 천리에 능하다는 것이다. 성인은 본체가 명백하다. 그러므로 일마다 천리가 있는 곳을 알아서(事事知個天理所在) 곧 천리를 모두 실현한다(去盡個天理). 본체가 밝아진 뒤에 오히려 천하의 사물에서 모두 알 수 있고 해내갈 수 있는 것이 아니다. 천하의 사물, 예컨대 사물의 명칭과 도수(名物度數), 초목과 금수 같은 종류는 그 번다함을 감

54 양명의 이 한 마음에 선과 악이 있다는 설의 상세한 사상은 그가 나중에 쓴 「답윤언식答倫彦式」(『왕양명전집』 권5)을 참조하라.

당할 수 없다(不勝其煩). 성인이 본체가 밝다고 해서 무엇에 연유하여 모두 알 수 있겠는가? 다만 반드시 알아야 하는 것이 아니라면 성인은 자연 꼭 알려고 추구하지 않으며, 마땅히 알아야 하는 것이라면 성인은 자연 다른 사람에게 물을 수 있다. …… 성인이 예악과 명물에 대해 반드시 모두 알아야 하는 것은 아니다. 그러나 그가 천리 하나를 알면 곧 저절로 수많은 절문節文과 도수度數가 (여기에서) 나온다.[55]

양명은 여기에서 분명히 자기의 '심체체인心體體認'으로 주희의 '분수체인分殊體認'(*격물궁리)을 비평하였다. 주희는 풀과 나무와 새와 짐승과 벌레와 물고기가 모두 그 이치를 지니고 있으며 그리하여 모름지기 하나하나 격물궁리를 하여서 분수체인을 해야 한다고 인식하였다. 양명은 인식하기를, 양지는 선천적으로 천리를 알며, 양능은 선천적으로 천리를 실현할 수 있다고 하였다. 마음은 모든 이치와 만물을 담고 있다고 한 말은 곧 마음의 본체는 갖추지 않은 것이 없어서(無所不該) 오직 마음의 본체가 맑고 깨끗해지면 저절로 알지 못하는 바가 없고 할 수 없는 것이 없다는 말이다. 이로 인하여 치량지의 공부는 그 관건이 심체를 체인함에 있고 분수를 체인하는 것이 아니니, 심체가 명징하고 투철해야 "일마다 천리가 있는 곳을 알고", "천리를 모두 실현"할 수 있는 것이다. 심체가 밝지 않은데 분수를 체인해나가는 것은 근본을 버리고 말단을 좇는 것으로서 다만 "그 번다함을 다 감당할 수 없다."

셋째, 심학의 수양 공부론 상에서 '치량지'를 전석詮釋한 것이다. 양명은 『대학』의 '치지'를 '치량지'로 해석하였다. 이는 정주파로부터 가장 많은 비평과 책난을 받았고, 또 그의 제자들이 가장 이해하고 받아들이기 어려워하였다.

---

55 『왕양명전집』 권3 「전습록」 하.

양명은 『대학』의 전통적인 해설 구조를 초월하여서 심학의 수양 공부론 상에서 '치지'에 대해 한 걸음 더 나아간 전석을 하여 지적하기를, 이른바 '치량지'는 바로 '양지에서 공부를 해나가는' 것이며, '치량지'의 '치'는 바로 두 가지 측면에서 양지를 극도에까지 미루어 나가고 양지로 하여금 밝음을 회복하게 하는 공부라고 하였다. 그 하나는, 양지를 덮어 가리는 사욕의 오염을 깨끗하게 제거하고 양지의 폐색한 장애를 '일제히 다 제거하기(一齊去盡)'(*去蔽)를 요구한다. 둘은, 양지를 확충하고, 정밀하고 한결같이 하여서 마음을 다하며, 이치를 사사물물에 미루어 미치게 하여서 '밑바닥까지 넓혀서 채우는(擴充到底)'(*擴充) 것이다. 양지의 가린 것을 제거함에 있어서 양명은 욕망의 장애와 가림을 모두 제거하여 본체로 하여금 밝음을 회복하고 양지를 철저하게 맑고 밝게 하기를 요구하였다.

황직은 다음과 같이 기록하였다.

> 황이방(황직)이 물었다. "선생의 격치格致에 관한 설은 때에 따라 격물을 하여서 그 앎을 실현하는 것인데, 그렇다면 그 앎은 전체의 앎이 아닌 한 마디(一節)의 앎이니 어떻게 하늘처럼 두루 드넓고 연못과 같이 근원이 깊은(溥博如天, 淵泉如淵) 경지에 이를 수 있습니까?" 선생께서 말씀하셨다. "사람의 마음은 하늘이요, 연못이다(天淵). 마음의 본체는 갖추지 않은 것이 없으니(無所不該) 원래 한 하늘인데 다만 사욕의 방해를 받아서 하늘의 본체를 잃어버렸다. 마음의 이치는 무궁무진하니 원래 한 연못인데 다만 사욕에 콱 막혀서 연못의 본체를 잃어버렸다. 이제 생각마다(念念) 양지를 그대로 이루어서(致良知) 이 장애가 되고 콱 막힌 것을 하나같이 모두 제거한다면(將此障礙窒塞一齊去盡) 본체가 회복된 것이니 그것이 바로 하늘이요 연못이다." 이어서 하늘을 가리켜 보이면서 말씀하셨다. "비유하자면 눈앞에

보이는 하늘이 밝고 밝은 하늘이며, 사방 밖에서 보이는 하늘도 밝고 밝은 하늘이다. 다만 수많은 집(房子)의 담과 벽에 막혀서 곧 하늘의 온전한 모습(全體)을 보지 못한다. 만약 집의 담과 벽을 헐어버린다면 (드러나는 것이 모두) 결국 한 하늘이다. …… 여기에서 곧 한 마디의 앎이 곧 전체의 앎이며, 전체의 앎이 곧 한 마디의 앎으로서 결국은 한 본체임을 알 수 있다."[56]

양지의 확충에 있어서 양명은 정밀하고 한결같은 공부로 양지를 끝까지 확충하여 마음의 본체가 탁 트여서 크게 공변된(廓然大公) 본체의 바름을 얻고 이치를 사사물물에 미루어 나아가서 사물이 다가오면 그대로 받아들이고(物來順應) 한 점의 의념도 생기지 않게 할 것을 요구하였다.

황직은 다음과 같이 기록하였다.

선생이 말하였다. "우리 무리가 양지를 실현하는 것은 다만 각자 (자질의) 분깃(分限)이 미치는 정도에 따를 뿐이다. 오늘 양지가 이만큼 나타나 있으면 다만 오늘 아는 것에 따라서 밑바닥까지 확충하며(擴充到底), 내일 또 양지를 깨달은 것이 있으면 내일 아는 것을 좇아서 끝까지 확충한다. 이와 같이 해야 비로소 정밀하고 한결같이 하는 공부이다."[57]

무릇 사람이 분노하고 성낼(忿懥) 때 조금이라도 생각(意思)을 보탠다면 노여움이 합당함을 지나칠 것이니, 탁 트여서 크게 공변된 본체가 아니다. 그러므로 분노하고 성내는 바가 있으면 곧 그 바름을 얻지 못한다. 만일

---

56 『왕양명전집』 권3 「전습록」 하.

57 『왕양명전집』 권3 「전습록」 하.

이제 무릇 분노하고 성내는 등의 일에서 다만 사물이 다가오면 그대로 받아들여서 조금이라도 생각을 덧붙이지 않는다면 곧 심체가 탁 트여서 크게 공변되어 그 본체의 바름을 얻을 것이다.[58]

넷째, '치량지'와 '지행합일'을 통일하여 '치량지'의 공부를 '지행합일'의 전체 과정에 관철하였다.

황직은 다음과 같이 기록하였다.

물었다. "지행합일에 대해 여쭙니다." 선생께서 말씀하셨다. "이는 모름지기 내 입언立言의 종지를 알아야 한다. 요즘 사람의 학문은 앎과 행위를 두 가지(兩件)로 나누기 때문이다. 그러므로 한 생각(一念)의 발동이 비록 선하지 않더라도 행하지 않았다면 곧 금지하지 않는다. 내가 지금 말하는 지행합일은 바로 한 생각이 발동한 곳이 바로 곧 행한 것임을 사람들에게 알게 하려는 것이다. 발동한 곳에 선하지 않은 것이 있으면 곧 이 선하지 않은 생각을 극복해야 하니, 모름지기 그 뿌리와 밑바닥까지 철저하게(就將這不善的念克倒了, 須要徹根徹底) 한 생각의 불선도 가슴 속에 잠복하지 못하게 해야 한다. 이것이 내 입언의 종지이다."[59]

"이 선하지 않은 생각을 극복해야 하니, 모름지기 그 뿌리와 밑바닥까지 철저하게" 한다는 것은 바로 양지의 가림을 제거함에 있어서 "이 장애가 되고 꽉 막힌 것을 하나같이 모두 제거"하려 하고, 양지의 확충에 있어서 "밑바

58 『왕양명전집』 권3 「전습록」 하.

59 『왕양명전집』 권3 「전습록」 하.

닥까지 확충”하려고 하는 것을 가리킨다. 이것이 바로 양명의 ‘지행합일’ 사상의 근본 종지이다.

다섯째, ‘염두를 바르게 함(正念頭)’이 바로 ‘치량지’라고 인식하여서 성실하고 바른 착한 생각을 일으켜서 악한 생각을 극복하고, 치량지를 행하여서 선을 보존하고 악을 제거하기를 주장하였다.

황직은 다음과 같이 기록하였다.

> 선생이 일찍이 말하기를 “사람이 다만 선을 좋아하기를 미인을 좋아하듯이 하고, 악을 싫어하기를 악취를 싫어하듯이 할 수 있다면 바로 성인이다.”라고 하셨다. 나(直)는 처음 그것을 들었을 때 매우 쉽다고 생각하였으나 나중에 체험해보니 착실하게 공부를 하는 것은 어려웠다. 예를 들어 한 생각(一念)이 비록 선을 좋아하고 악을 싫어할 줄 안다고 하더라도 자기도 모르는 사이에 또 (사욕이) 끼어들어서 뒤섞이게 된다. (사욕이) 끼어들어서 뒤섞이자마자 (이 마음은) 곧 선을 좋아하기를 미인을 좋아하듯이 하고, 악을 싫어하기를 악취를 싫어하듯이 하는 마음이 아니다. 선을 진실로 좋아할 수 있다면 선하지 않은 생각이 없으며, 악을 진실로 싫어할 수 있다면 악에 미치는 생각이 없을 것이니 어찌 이것이 성인이 아닌가? 그러므로 성인의 학문은 다만 한결같은 성실함(一誠)일 따름이다.[60]

성실하고 바른(誠正) 염두를 세워서 선을 보존하고 악을 제거하며 마음을 성실하게 하고 속이지 않으며 치량지로써 ‘이 착하지 않은 생각을 극복하는’ 것은 바로 양명이 동시에 진구천을 향해 더욱 분명하게 말한 “너의 한 점 양

---

60 『왕양명전집』 권3 「전습록」 하.

지가 너 자신의 준칙이다. 네 의념이 있는 곳에서 그것이 옳으면 곧 옳다고 알고 그르면 곧 그르다고 아니 …… 네가 다만 그것을 속이려 하지 않고 아주 착실하게(實實落落) 그것에 의거하여 해나간다면 선은 곧 보존되고 악은 곧 제거된다"[61]라고 한 것이다. 양명은 '정념두', '사상마련'과 '치량지', '지행합일'을 통일하였다.

의심의 여지 없이 감주에서 추수익·구양덕·하량승·진구천·황직과 함께 양지심학의 토론을 행한 뒤 양명 자신의 치량지 본체공부론 왕학 체계가 완정하게 구축되기 시작하였던 것이다. 『전습록』에서 진구천과 황직이 기록한 감주의 어록(贛州語錄)은 이미 완정한 치량지 왕학 사상체계를 포함하고 있다.

8월에 양명이 각지의 학생 동지와 함께 통천암通天巖에서 양지심학을 강론하는 성대한 집회(勝會)를 개최한 것은 더욱 양지 왕학 체계 탄생의 표지로 간주할 수 있다. 이 성대한 강학의 집회에 관해서는 추수익이 「동암제각東巖題刻」에서 다음과 같이 기술하였다.

> 안성安成 추수익, 임여臨汝 진구천이 양명 선생께 수학하면서 통천암에 한가히 앉았는데, 날씨가 흐렸다 맑았다 변화무상하고 숲속은 운무가 끼어서 기이한 경관을 보였다. 서로 함께 지나간 옛날의 자취를 둘러보고 까마득한 절벽의 승경을 모두 구경하였다. 비경을 파헤치고 이름을 새기며, 높이 올라 멀리 보니 호방한 감흥이 끝이 없었다(相與歷覽往古之蹤, 盡窮巖之勝, 發秘扁名, 升高望遠, 逸興不窮). 객이 이르자 바위에 앉아 시를 읊고 술을 마시며 동구洞口에 글을 새기고 즐겁게(陶然) 자연스레 즐기며 천지가 얼마나 큰지, 바위골짜기가 집인지 아닌지 아랑곳하지 않았다. 무릇 열흘을 보내

61 『왕양명전집』 권3 「전습록」 하.

고 돌아갔다.

먼저 유람하여 탐방한 사람은 헌부憲副 왕도王度, 군수승郡守丞 성무盛茂·하극의夏克義, 읍령邑令 송용宋瑢 등이고, 함께 유람한 사람은 우강盱江 하랑승이며, 유람하고 묵은 사람은 유인劉寅·주중周仲·유괴劉魁·황홍강黃弘綱·왕가단王可旦·왕학익王學益·구양덕·유경치劉瓊治·왕일봉王一峰 등이다.

정덕 경진(1520) 8월 8일.[62]

양명도 「망귀암제벽忘歸巖題壁」 한 편을 다음과 같이 남겼다.[63]

청산은 곳곳이 아름다우니	青山隨地佳
어찌 반드시 고향이라야 좋으랴!	豈必故園好
다만 이 몸 한가하다면	但得此身閑
더러운 세상도 봉래섬이라네	塵寰亦蓬島
서쪽 숲에 해가 져서 어두워지는데	西林日初暮
밝은 달은 어찌 빨리 오르나?	明月來何早
취하여 싸늘한 석상에 누우니	醉臥石床涼
가을 골짜기 구름은 흩어지지 않았네	洞雲秋未掃

정덕 경진 8월 8일, 추·진 두 선생과 옥암을 방문하고 절벽에 제하다. 양명산인 왕수인이 쓰다.

正德庚辰八月八日, 訪鄒陳二子於玉巖, 題壁. 陽明山人王守仁書.

---

62 『감석록贛石錄』 권2 「동암제각東巖題刻」.

63 『감석록』 권2 「왕양명선생유묵王陽明先生遺墨」.

통천암 강학회는 추수익과 진구천이 중심이 되어서 발기하였는데, 매우 많은 선비가 참여하여서 강학하였다(*예컨대 황직·채세신蔡世新·만조·왕시가·이정상·고응상 등). 추수익은 이 집회를 (가리켜서) 양지심학을 절차탁마한 강학회라고 일컬었다. "양명 선사께서 건에 오셔서 제(益)가 다시 달려가 수학하였고, 사방 동지와 함께 울고鬱孤와 통천 사이에서 절차탁마하였습니다."[64] 진구천도 통천암 집회가 양지의 가르침을 강론하는 모임이라고 일컬었다. "정덕 경진년(1520)에 나는 동곽東廓 추자鄒子(추수익)와 건에서 양명 선생을 다시 뵙고 나아가 양지의 가르침을 강론하였는데, 통천암 속에 숨어 거처하면서 이윽고 모두 터득함이 있었다."[65]라고 하였다.

추수익은 「왕양명선생도보王陽明先生圖譜」에서 이 심상치 않은 통천암 강학회를 다음과 같이 언급하였다.

> 통천암은 염계(주돈이) 공이 노닐던 곳이다. 이에 이르러서 하량승·추수익·진구천이 바위 속에서 묵으며 들은 바를 익혔다. 유인劉寅도 이르렀다. 선생은 날이 개자 들어와서 망귀암, 망언암忘言巖 등 여러 바위를 차례로 돌며 화답시를 쓰고 옥허궁玉虛宮 벽에 제하였다. 채세신에게 명하여서 그림으로 그리게 하였다.[66]

그는 「다시 통천암에 묵고 선사를 모시고 노는 모습을 그려서 소학산인에게 사례하다(重宿通天巖寫侍遊先師像謝少壑山人)」 시에서 이 통천암의 성대한

64 『추수익집』 권23 「중대추애주공자건지절증언中臺秋崖朱公自虔之浙贈言」.

65 『명수진선생문집明水陳先生文集』 권7 「수대사성동곽추공칠십서壽大司成東廓鄒公七十序」.

66 추수익, 「왕양명선생도보王陽明先生圖譜」.

집회를 다음과 같이 묘사하였다.[67]

통천암 꼭대기 구름을 헤치고 노닒에	通天巖頭披雲游
부지런히 영재와 함께 깊은 곳을 찾네	亹亹英俊同冥搜
양명 선옹은 심인을 들어올려	陽明仙翁提心印
팔극에 재빨리 펼쳐서 신령한 모책을 제시하였네	揮霍八極與神謀
웃으며 채 선생 불러서 초상을 그리게 하니	笑呼蔡子寫生綃
정기가 젖어들고 연무가 이네	元精淋漓煙霧浮
……	
예로부터 수많은 성인 그림자로 지나가고	古來千聖皆過影
모이고 흩어지며 삶과 죽음이 바다의 물보라처럼 아득하네	聚散生死溟海漚
신령한 빛 한 줄기 우주에 뻗으니	靈光一脈亘宇宙
하느님이 오르내림을 그대는 믿는가?	陟降上帝君信否
모습을 그린 것을 어찌 진짜로 아는지	寫眞何如識眞眞
속세의 더러움 헌 짚신처럼 벗어 던지고 단구를 즐기네	脫屣緇塵娛丹邱

통천암은 염계옹 주돈이가 영향을 미친(過化) 지역이다. 양명은 통천암의 성대한 집회에서 당대의 '염계옹'이며 '심인을 들어올린(提心印)' 성인으로서 각지에서 찾아와 배우는 선비들에게 자기의 양지 왕학을 선포하였다.

하량승이 시를 지어서 찬송하였다.[68]

67 『추수익집』 권26 「중숙통천암사시유선사상사소학산인重宿通天巖寫侍遊先師像謝少壑山人」.

68 『동주초고東洲初稿』 권13 「등통천암登通天巖」, 「좌망귀암坐忘歸巖」.

통천암에 올라 登通天巖

누가 하늘 도끼를 휘둘러 誰持天斧使
이 아득한 바위를 쪼갰나! 破此杳冥間
어찌 여섯 장사를 얻어 安得六丁士
만 리 관문을 옮기랴! 移當萬里關
노을로 끼니 때우고 발걸음 재게 놀리며 霞餐頻到足
구름에 누워서 돌아갈 생각 게으르네 雲臥懶知還
내게 포단의 자리를 빌린다면 借我蒲團地
마음을 재계하여 공자와 안자를 보리라 心齋見孔顏

망귀암에 앉아서 坐忘歸巖

인간 세상의 문을 닫아걸고 人寰亦可闔
쾌적한 마음에 돌아갈 생각 잊었네 適意每忘歸
가슴을 크게 툭 터놓고 許大開胸次
어렵사리 취미암에 들어서네 艱關入翠微
숲은 비바람에 어둡고 林霏風雨瞑
돌길에 마소는 드무네 石磧馬牛稀
묻노니, 도원의 바둑은 爲問桃源
누가 포위를 풀었는가? 何人是解圍

진구천도 시를 지어서 찬송하였다.[69]

추동곽과 통천암을 노닐며 자소궁 벽에 제하다

同鄒東廓遊通天巖題紫霄宮壁

(양명 선생에게 차운한 시가 있다) (陽明先生有次韻)

웅장한 호랑이 울부짖음에 바람소리 일고	昂藏嘯虎出風聲
나는 기러기 울음 짝하여 밝은 달을 밟네	閒伴飛鴻踏月明
경을 쳐서 세상의 몰락을 걱정하는 이 몇인가?	擊磬幾人憂世溺
구름 쓸고 침상에 누우니 가을은 맑네	掃雲一榻臥秋淸

"양명 선옹이 심인을 들어올린" 통천암의 이 성대한 집회는 실제로 양명이 학생과 동도同道를 이끌고 이 산 저 산과 이 강 저 강(山山水水)을 찾아다니며 마음을 인증하고 도를 깨달으며(證心悟道), 가는 곳마다 학문을 강론하고 즉흥으로 시를 읊고 노래한 일에 지나지 않았다. 곧 추수익이 말한 것과 같이 "서로 함께 지나간 옛날의 자취를 둘러보고 까마득한 절벽의 승경을 모두 구경하였으며, 비경을 파헤치고 이름을 새기며, 높이 올라 멀리 보며 호방한 감흥이 끝이 없었던" 것이다. 양명은 산수가 뛰어난 승경에서 설법하고 도를 담론하며 심체를 체인하고 양지를 맑고 밝게 하여서 도처에 자기가 강학하고 시를 읊은 족적을 남겼다.[70]

---

69 『명수진선생문집』 권14 「동추동곽유통천암제자소궁벽同鄒東廓遊通天巖題紫霄宮壁」.

70 『왕양명전집』 권20에 「통천암시추진이자通天巖示鄒陳二子」, 「통천암通天巖」, 「유통천암차추겸지운遊通天巖次鄒謙之韻」, 「우차진유준운又次陳惟濬韻」, 「망언암차겸지운忘言巖次謙之

통천암의 성대한 집회를 마치고 고별하기 전날 밤에 추수익은 시 세 수를 지어서 이 통천암 강학회에 대해 가장 뛰어난 총결을 내렸다.[71]

진유준과 함께 통천암을 두루 유람하고 장차 돌아감에 글을 지어서 이별을 읊다 與陳惟濬歷覽通天巖將歸賦別

향로봉 우뚝하니 창룡이 달리는 듯	香爐硉矹奔蒼龍
머리 들어보니 창공을 날아오를 듯	昂首勢欲飛長空
물결치는 봉우리 흐릿하여 눈을 찌푸려 보니	群巒如浪蹙溟濛
큰 봉우리는 곤어와 악어 작은 봉우리는 방어와 전어라네	大者鯤鰐小魴鱅
비늘과 등딱지가 그윽한 골짜기를 지탱하고	旁掛鱗甲敞幽洞
구멍 하나가 하늘과 통한다고 전하네	相傳一竅與天通
염계와 취미암은 자취 아득히 사라지고	濂溪翠微杳無踪
기인은 처음으로 옥암옹을 뵙네	畸人初見玉巖翁
중간에 망귀암 있어 바위가 우뚝 솟았고	中有忘歸石巃嵸
시인 문장가는 굴레를 벗어났네	騷工文匠恣牢籠
나와 그대 기이한 자취를 더듬고	我行與君探奇踪

韻」, 「원명동차겸지운圓明洞次謙之韻」, 「조두암차겸지운潮頭巖次謙之韻」, 「좌망언암문이삼자坐忘言巖問二三子」, 「유진유준留陳惟濬」 등의 시가 있는데, 이는 바로 양명이 통천암의 성대한 집회에서 지은 작품이다. 그러나 전덕홍은 이들 시를 전부 잘못하여 정덕 12년(1517) 아래에 수록해서 정덕 15년 통천암의 성대한 집회가 숨겨져서 전혀 알려지지 않게(湮沒無聞) 하였으니, 『양명선생연보』에서 통천암의 집회를 언급하지 않은 것도 이상하지 않다.

71 『추수익집』 권26 「여진유준역람통천암장귀부별與陳惟濬歷覽通天巖將歸賦別」, 「통천암사양명선생通天巖謝陽明先生」.

높이 올라 멀리 보니 흥은 끝이 없네　登高望遠興未窮
망언암과 관심암은 동서를 가르고　忘言觀心劇西東
우러러 분노를 눌러 가라앉히니 훈풍이 불어오네　仰撥解慍來薰風
조수 물결 눈보라 같아 봄추위 없고　潮頭雪湧無春冬
원명암 작은 바위는 흐릿하여라　圓明小巖相朣朧
평생 언덕과 골짜기에서 가슴을 툭 트이게 하고　平生淸曠丘壑胸
태산과 화산 굽어보며 운몽 못을 삼키네　俯躡泰華呑雲夢
원컨대 짧은 날개로 높이 나는 기러기를 따르려니　願將短翮附冥鴻
양명의 노을에 구슬이 쟁그렁거리네　陽明霞佩鏘瑽瑢
공을 이룸 명광궁이 함께 증명하네　功成共證明光官

통천암에서 양명 선생을 하직하다　通天巖謝陽明先生

시험 삼아 깊은 바위에서 조화의 기틀을 즐기며　小試深巖玩化機
가을바람에 외와 토란으로 저절로 살찌네　秋風瓜芋自堪肥
신선은 저녁에 날아오르고　仙翁猶訝飛升晩
푸른 정기 치달려서 취미암에 드네　更騁靑精入翠微
고요함을 익혀 다툼의 기미 텅 비니　習靜已空交戰機
도야하여 살찌고 여윈 것 저절로 정해지네　自將陶冶定癯肥
염계에 맑은 바람 아직 남았으니　濂溪留得光風在
곧바로 삼생의 인연 취미암에 얽히기를 기다리네　直待三生勒翠微

추수익은 양명을 일대 심학의 "높이 나는 기러기(冥鴻)", 아득히 높은 하늘을 나는 기러기(鴻飛天外)로 비유하였다. 이른바 "공을 이룸(功成)"은 바로 양명이 양지 왕학을 정립한 공이 이루어졌음을 가리킨다. "함께 증명하네(共證)"는 양명이 통천암에서 선비, 동도와 함께 양지의 왕학을 공동으로 인증한 사실을 가리킨다. 추수익은 '통천암', '명광궁'에 비유하여서 양명의 심학(*왕학)을 곧바로 '양지의 하늘(良知之天)'로 통하는 도통의 심인心印으로서 "신령한 빛 한 줄기 우주에 뻗으니"라고 하였다. 양명 역시 당년의 주돈이와 마찬가지로 '염계에 맑은 바람을 남겼다.' 그가 통천암의 성대한 집회에서 남긴 양지심학을 강론한 '광풍제월光風霽月'이 진구천에 의해 기록되었는데, 그는 통천암의 강론회에서 양지심학에 대한 새로운 사고를 전개하였다.

진구천은 다음과 같이 기록하였다.

> 내(九川)가 물었다. "스스로 살펴보건대 사려(念慮)가 혹은 사특하고 망령된 것에 관련되기도 하고 혹은 천하의 일을 미리 헤아려서 처리하기도 하는데, 생각(思)이 궁극에까지 이르면 조리가 정연하고 맛이 있어서(井井有味) 곧 끝내 벗어나지 못하여(繾綣) 물리치기 어렵습니다. (그러한 상황을) 일찍 깨달으면 물리치기 쉽지만 늦게 깨달으면 어려워져서 힘써 극복하여 다스릴수록 더욱 서로 용납하지 않음(扞格)을 느낍니다. 오직 다른 일로 생각을 조금 바꾸면 곧 두 가지를 모두 잊게 됩니다. 이와 같은 (방법으로) 사려를 깨끗하게 텅 비우는 것(廓淸)도 역시 해롭지 않은 듯합니다." 선생께서 대답하셨다. "어찌 모름지기 이와 같이 하려는가! 다만 양지에서 공부해야 한다(只要在良知上着功夫)." 내가 말하였다. "(양지에서 공부를 해야 하는) 바로 그때를 알지 못하겠다는 것입니다." 선생께서 말씀하셨다. "내가 여기서 스스로 공부하고 있다면 무슨 연유로 그런 일이 생기겠는가? 다만 네 공부가 단절되었기 때문에 곧 그 (양지의) 앎을 가리게 된다. 이미 단절되었다면 이전의 (양지의) 공부(舊功)를 계속하기만 하면 되니 어찌 반드시 그

와 같이 (사려를 깨끗이 하려) 하겠는가?" 내가 말하였다. "바로 이것이 물리치기 어려우니, 비록 알면서도 그것을 버리지 못합니다." 선생께서 말씀하셨다. "모름지기 용기이다. 공부가 오래되면 자연히 용기가 생긴다. 그러므로 (맹자가) 이(호연지기)는 의로움을 쌓아서 생기는(集義所生) 것이라고 하였다. (잡념을) 쉽게 이겨낼 수 있다면 바로 위대한 현인이다."

내가 물었다. "이 공부는 마음에서는 명백하게 체험할 수 있지만 다만 글을 이해하는 데는 통하지 않습니다." 선생께서 대답하셨다. "마음을 이해해야 한다. 마음이 명백하면 글도 저절로 풀려서 이해하게 된다(融會). 만약 마음이 통하지 않고 단지 글 속의 문장의 뜻만 통한다고 한다면 자기 자신의 의견이 생기게 될 것이다."

"내가 언제 네게 공문서와 소송 처리(簿書訟獄)를 떠나 허공에 떠서 강학하라고 가르친 적이 있었느냐? 너는 이미 맡은 소송 판결(官司)의 일이 있으니 곧 소송 판결의 일에서 배움을 삼아야 비로소 진정 격물을 하는 것이다. …… 모름지기 정확하고 세심하게 성찰하고 극복하여서 오직 이 마음에 털끝만큼의 치우침과 기울어짐이라도 있을까 두려워하고 남의 시비를 막아버리면 이것이 바로 격물치지이다. 공문서와 소송을 처리하는 일도 실학實學이 아닌 것이 없으니 만약 사물을 떠나 배움을 삼는다면 공허한 데 집착하는 것이다."

선생께서 말씀하셨다. "성인도 역시 배워서 알고(學知) 일반인도 역시 태어나면서부터 안다(生知)." 내가 물었다. "어찌 그러합니까?" 선생께서 대답하셨다. "이 양지는 사람마다 모두 가지고 있는데 성인은 다만 (양지를) 온전히 보존하여서 조금이라도 덮여 가려진 부분이 없으며, 두려워하고 삼가며(兢兢業業) 부지런히 힘쓰고 공경하여(亹亹翼翼) 자연히 쉬지 않으니 바로 이것도 배우는 일이다. 다만 타고난(生的) 분수分數가 많기 때문에 태어나면서부터 알고 편안히 행한다고(生知安行) 하는 것이다. 뭇사람도 방글방글 웃고 손을 잡고 걸을 수 있는 아기(孩提之童) 때부터 이 (양지의) 앎을 완전히 갖추지 않은 이가 없으나 다만 덮여 가려진 부분이 많을 뿐이다. 그러나 본체의 앎은 그 자체를 없애기 어렵다. 비록 묻고 배우고 극복하여서 다스리는 공부라 하더라도 역시 다만 그것(양지)에 맡긴다. 다만 배워야 할(學的) 분수가 많기 때문에 그를 배워서 알고 이롭게 여겨서 행한다(學知利行)고 하는 것이다.[72]

양명은 양지 왕학을 완전히 일종의 실천적 심학, 지행합일의 천리踐履 공부의 실학으로 간주하였다. 그리하여 그는 통천암에서 결코 팔짱을 끼고 양지심학을 청아하게 담론하거나 앉아서 도를 논하거나 종이 위에서 병법을 논하고(紙上談兵) 공허한 설을 담론한 것이 아니라 선비와 학생들에게 실주實做(실제로 일을 해나감), 실행實行, 실치實致(실제로 일을 이룸)를 하여서 '다만 양지에서 공부를 하도록' 요구하였다. 양지심학을 강학하고 이해하는 것은 더욱 실생활에서 실천하고 행하는(踐履實做) 치량지의 '용감하게 힘쓰며(勇力)' 힘써 극복하고 다스리며 양지를 실천하는 행동(踐行)이 있어야 하였다. 그는 '마음을 이해함(解心)'과 '글을 이해함(解書)'을 결합하고, 마음에서 체인하는 것을 사상마련과 결합하여서 실제 일(實事)과 실제 행위(實行)에서 공부하기를 요구하였다. 이렇게 해야 비로소 진정한 '격물치지'인 것이다.

---

72 『왕양명전집』 권3 「전습록」 하.

성인과 평범한 사람(凡夫)의 다름은 양지에 있는 것이 아니라 자기 양지의 실행, 실주, 실치에 있는 것이다. 성인의 양지는 욕망의 장애가 덮어 가리는 것이 없으나 다만 두려워하고 삼가며 부지런히 힘쓰고 그치지 않아야 비로소 양지를 온전히 보존할 수 있다. 평범한 사람의 양지는 욕망의 장애가 덮어 가리는 것이 많으나 양지의 본체는 결코 사라져 없어지지 않는다. 그리하여 모름지기 양지를 실제로 행하고 실제로 일을 해나가는, 가린 것을 제거하고 (양지를) 넓혀서 채우는(去蔽擴充) 공부를 하여서 양지를 다시 밝게 해야 한다. 양명이 자신의 심체를 체인하는 양지심학을 일종의 실행, 실주, 실치의 공부를 하는 실학으로 끌어올렸는데, 이것이 바로 양명이 육학과 백사학을 초월한 왕학의 선명한 실천의 품격이었다.

양명이 감주에서 보낸 석 달은 바로 그가 이러한 양지심학을 강론하고 실천한 기간이었다. 그는 각지에서 찾아와 배우는 학생들을 이끌어 양지심학의 길을 걷게 하였다. 양명이 9월 초에 감주를 떠나 남창으로 돌아갈 때 진구천이 시를 지어서 마음으로 기뻐하고 성심으로 복종하며 그의 양지심학을 칭송하였다.[73]

건주에서 양명 선생을 보내드리다, 두 수 虔州奉別陽明先生二首
(선생에게 차운한 시가 있다) (先生有次韻)

끊어진 학문 홀로 전함에 귀신이 듣고 獨傳絶學鬼神聞
한 점 양지는 모든 성인의 뿌리 一點良知萬聖根

---

73 『명수진선생문집』 권14 「건주봉별양명선생이수虔州奉別陽明先生二首」. 둘째 수 뒤의 네 구는 잃어버려서 전하지 않는다.

강물로 다만 배를 채우고　河水祇應充口腹
검은 머리 지금 다시 원기가 장하네　烏頭今復壯眞元
봄바람에 오래 앉아 친히 가르침 받고　春風久坐歡親炙
태묘에서 말을 잊고서 들렘을 엄숙하게 하네　清廟忘言肅駿奔
다만 신령한 마음 가로막힘을 없애고　但使靈心無障隔
이 몸 죽을 때까지 스승의 문에 서겠네　此身終生立師門
양지는 어인 일로 많은 견문을 바꾸는지　良知何事易多聞
오묘하게 때에 맞춰 뿌리를 심었네　妙合當時已種根
선을 좋아하고 악을 미워하여 성인의 학문 일삼으니　好惡從之爲聖學
나아가 맞이할 곳 없는 것은 건원이라네　將迎無處是乾元

또 몽강蒙岡 왕학익王學益(?~1561)에게 준 시에서 속마음을 모두 털어놓았다.[74]

감에서 돌아가는 배에서 왕몽간 동년께　贛回舟中簡王蒙岡年兄

건주에서 양명을 다시 만난 뒤　虔州再見陽明後
참으로 음풍농월에서 돌아올 줄을 깨달았네　眞覺吟風弄月回
달은 구천에 밝고 오동잎 지는데　月白九天梧葉飛
맑은 바람 밤새 불어 계수나무 꽃이 폈네　風淸一夜桂花開
상산의 어디에서 서원을 찾는가?　象山何處尋書院
맑은 물가 편안히 거하며 술잔을 묻네　明水安居問酒杯

74 『명수진선생문집』 권14 「감회주중간왕몽강년형贛回舟中簡王蒙岡年兄」.

도는 사라지고 경전은 없어짐이 지금 더욱 심한데　　道喪經亡今轉甚
우리 무리 진나라 잿더미를 탄식하지 말게나　　吾徒休自嘆秦灰

진구천의 시는 강서 선비들의 공통된 마음의 소리를 부르짖었다. 진구천은 양명의 양지심학에 대해 시로 칭송하여서 "한 점 양지는 모든 성인의 뿌리"라 하였고, 양명은 차운시를 지어서 회답하기를 "곧바로 마음 바탕에서 근원을 추구한다."라고 하였다. 이 두 구절은 양명이 후반생의 양지심학을 실천하는(踐履) 좌우명이 되었다. 자기의 양지심학을 정립하고 곧 '끊어진 학문을 홀로 전한' 뒤 그는 남창으로 돌아가서 더욱 큰 '용력勇力'으로 양지심학을 탐구하고 실행하기(踐行) 시작하였다.

심학의 포위 돌파: 왕간王艮의 입문(拜師)에서부터 백록동白鹿洞 강학까지

양명은 9월 초 감주에서 남창으로 돌아왔다. 남창의 국면은 여전히 험악하고 심상치 않았다. 양명은 그대로 남도에서 닥쳐오는 혼군과 권간의 위협과 박해에 처해 있었으며, 또한 자기의 양지심학에 대한 '의심과 비방', 그리고 공격이 흉흉하게 이르렀다. 그는 추수익에게 편지를 보내 남창에서 직면한 강학의 곤경을 다음과 같이 전하였다. "성성省城에 도착한 뒤 정무가 어지럽고 복잡하여서 다시 건중에서와 같이 서로 강습할 수는 없습니다. 비록 스스로 키를 잡고서 감히 손을 놓을 수는 없지만 여울의 급류가 세차니 모름지기 우리 겸지(추수익)와 같은 유력한 사람을 의지하여 상앗대를 잡고 나아간다면 거의 서로 도와서 여울을 거슬러 올라갈 수 있을 뿐입니다."[75]

당룡과 소예는 감주에서 돌아온 양명이 한결같은 마음으로 양지심학을 철저하게 실행하는 것을 극력 저지하고, 학생과 제생에게 경계하여서 양명을 찾아뵙지 못하게 하였다. 사람들이 대부분 두려워서 피하고 감히 찾아보지 못하였다. 양명이 복건 시박부제거市舶副提擧이며 옛날 제자였던 서분舒芬을

---

75 『왕양명전집』 권34 「연보」 2.

청하여 강서 군문참모로 임명하려고 하였을 때 서분은 감히 부름에 응하여서 직임을 맡지 못하였다. 이는 한편으로는 서분이 본래 정주학을 존신하는 사람이었기 때문이기도 하지만, 다른 한편으로는 역시 소예와 당룡의 무리가 왕학을 의심하고 비방하는 것을 두려워하고 피하려는 데서 나왔다.

신건新建의 위량필·위량정·위량기·위량귀魏良貴 네 형제가 찾아와서 배움을 물었다. 그들도 소예, 당룡의 저지를 받았으나 권유와 제지를 돌아보지 않고 꿋꿋하게 양지의 학문을 배워서 양명의 상찬을 받았다. 나중에 양명이 말하기를 "남창南昌의 위씨 형제가 옛날 나에게서 배웠는데 모두 양지의 학설을 터득하였다."[76]라고 하였다. 사실 의심과 비방, 공격과 비난이 만연한 남창에서 양명의 양지심학은 오히려 더욱 널리 강우의 선비들이 어지러이 찾아와서 배울 수 있게 이끌었다. 그들 가운데 저명한 사람으로는 왕신王臣·구연裘衍·오자금吳子金·이수李遂·종문규鍾文奎·서백舒柏·당요신唐堯臣·만사겸萬思謙·왕정찬王庭贊·사도행謝道行·유란劉瀾·방양方洋·왕귀王貴 등이 있었다. 이들은 모두 정주파의 공격과 비난, 관방 당권자의 저지에도 아랑곳하지 않고 남창으로 와서 배움을 물었고, 양명의 양지심학은 광범위하게 전파될 수 있었다.

10월에 주학을 고수하는 제학첨사提學僉事 소예는 양명의 양지심학이 강서에 전파되는 것에 불만을 품고 마침내 휴직을 청하여서 떠났다. 11월에는 양명의 문인 장오산張鰲山이 무함을 받아 신호와 내통하여서 뇌물을 받았다는 죄로 금의옥에 갇힌 뒤 관직을 삭탈당하고 벼슬에서 물러났다. 양명과 추수익·왕사王思가 모두 상소하여서 작위와 포상을 사양하고 장오산을 대속하여 구하려고 하였으나 끝내 실패하였다. 실제로 장오산의 이 송사(官司)는 양

76 『왕양명전집』 권8 「서위사맹권書魏師孟卷」.

명이 양지심학을 선양하고 강론한 일과 관련이 있었다. 조정에서는 양명이 주학을 비판하고 심학을 강하는 데에 이미 충분히 반감을 갖고 있었다. 그리하여 이때 그의 제자 장오산을 징치함으로써 양명에게 치명적인 타격을 입혔으며, 양명도 조정의 권신과 엄수의 속마음을 간파하였다.

추수익은 「제회계사훈題會稽師訓」에서 다음과 같이 밝혔다.

> 바야흐로 장자張子(장오산)가 무함을 받았을 때 나는 선사께 글을 올려서 신구伸救하였다. 곁에서 모시면서 간절하게 말씀을 드렸다. 공이 빙그레 웃으며 말씀하셨다. "네게 이미 말을 했었다. 좋은 관리가 되지 말고 좋은 사람이 되라고." 나(某)는 깜짝 놀랐는데 승강과 침몰, 헐뜯고 기림의 곁에서 스스로를 잃어버린 것 같았다. (*양명의) 편지에서 또 말씀하시기를 "겸지는 반드시 여러 차례 만나봤을 터이니 이 학문에 반드시 갈고닦는(切磋) 유익함이 있을 터이다. 다행히 때맞춰서 서로 함께하여 이 도에 크게 나아간다면 지나간 성인의 뒤를 잇고 미래의 학문을 열 것이다."라고 하였다. 읽고서 머리카락이 쭈뼛 솟을 듯이 두려웠다(悚然).[77]

양명은 한 걸음 더 나아가 양지심학을 강론하여 조정의 권신과 엄수들을 반격하였다. 그의 양지심학은 이와 같이 먼 곳에까지 전파되어서 태주泰州에 있는 왕간王艮(1483~1541)마저도 천 리 멀리에서 남창으로 와서 스승으로 모시고 절하며 가르침을 받았다.

왕간의 원래 이름은 왕은王銀이다. 태주 안순장安順場에서 소금을 구워 생계를 잇는 조정竈丁(*조호竈戶)이었다. 집안이 가난하여 11세에 배움을 그만둔

---

77 『추수익집』 권18 「제회계사훈題會稽師訓」.

뒤 산동 일대를 오가면서 소금을 팔았는데, 경영을 잘하고 이재에 밝아서 부호가 되었다. 그 스스로의 말에 따르면 그는 정덕 6년(1511)에 한 차례 꿈에 육학陸學을 크게 깨닫고서 말하기를 "깨어나서 땀이 비 오 듯하였으며, 마음의 본체가 통철洞徹하고 만물이 한 몸이며 우주가 내 생각(念) 속에 있는 것임을 문득 깨달았는데 더욱 진실하고 절실하여서 그만둘 수 없었다. 이로부터 가고 머물고 말하고 침묵하는 것이 모두 깨달음 가운데 있었다."[78]라고 하였다.

사실 그는 요순의 옛 도와 공맹의 옛 학문에 더욱 심복하여서 실천하는 데 심취하였다. 특히 효도를 중시하여 날마다 『효경』·『논어』·『대학』 세 책을 읽고 외었으며, 소매 속에 넣어두고서 가는 곳마다 사람을 만나면 뜻을 질문하였고 행동(行事)이 괴이하였다. 정덕 14년(1519)에 그는 감탄하고 말하기를 "맹가孟軻(맹자)가 말하기를 '요임금의 말을 하고 행동을 하되 요임금의 옷을 입지 않으면 되겠는가?' 하였다."라고 한 뒤 『예경禮經』에 따라 오상관五常冠·심의深衣·조질絛絰·홀판笏板을 제정하고 이로부터 옷을 입고 관을 쓰고 향을 사르고 묵묵히 앉아서 행동과 걸음을 법도에 맞게 하였으며(繩行規步), 대문 위에 크게 쓰기를 "이 도는 복희·신농·황제·요·순·우·탕·문왕·무왕·주공·공자를 관철하니 노인이나 어린이, 귀한 사람이나 천한 사람, 현명한 사람이나 어리석은 사람 할 것 없이 뜻을 두고 배우기를 원하는 사람에게 전한다."라고 하였다. 효도를 중시함으로써 그는 자기의 독특한 '격물'설을 주장하였고, 또한 전문적으로 「격물론」 한 편을 저술하여서 '격물'을 새롭고 신기한 독창적인 설로 삼았으니, 바로 '회남격물淮南格物'이다.

한번은 그가 자기의 숙사塾師 황문강黃文剛에게 『논어』의 첫 장을 강하였는데 황문강이 듣고서 말하기를 "우리 절도사(節鎭) 양명 공이 논한 바가 대

---

78 동수董燧, 『왕심재선생연보王心齋先生年譜』.

략 이와 같다."라고 하였다. 황문강이 말한 양명의 이론은 바로 양명의 '양지'설을 가리킨다. 왕간은 깜짝 놀라며 말하기를 "이런 것이 있는가(有是哉)? 현재 대부와 선비는 과거 공부(擧業)에 몰두하고 명성과 이익에 빠져서 달게 여김이 모두 그러하다. 진실로 이 사람은 배움을 논함이 나와 같은가? 가서 보지 않을 수 없다. 내가 숙여서 그에게서 옳고 그름(可否)을 바로잡아야지(就) 학술로 천하를 그르치게 할 수 없다."라고 하였다. 그는 남창으로 양명을 찾아가서 만나기로 결정하고 황문강에게 말하기를 "비록 그러하나 왕 공은 '양지'를 논하고, 나(某)는 '격물'을 말합니다. 같다고 한다면 하늘이 왕 공을 천하 후세에 허락한 것입니다. 만일 다르다고 한다면 하늘이 나를 왕 공에게 허락한 것입니다."[79]

여기에서 이미 분명히 표명한 점은 왕간이 남창에 가서 양명을 만나려고 한 것이 원래 양명에게 절하고 스승으로 모시려고 한 것이 결코 아니라는 사실이다. 왕간은 양명과 함께 양명의 '양지'설과 자기 '격물'설의 동이와 득실을 논변하여서 '양지'설이 옳다면 이는 하늘이 왕양명을 천하 후세에 내려서

---

79 조정길趙貞吉(1508~1576), 「왕심재묘지명王心齋墓志銘」, 『왕심재선생유집王心齋先生遺集』 권 3. 또한 장봉張峰의 『왕심재선생연보』에 보인다. 왕원한王元翰(1565~1633)의 「심재선생전心齋先生傳」에 또 이르기를 "황 숙사黃塾師가 있었는데, 강서 사람이다. 선생의 이론을 듣고 알려서 말하기를 '이는 왕 순무 공이 학문을 담론한 것과 아주 유사하다.'고 하였다. 선생이 기뻐하며 말하기를 '이런 것이 있는가? 비록 그러하나 왕 공은 〈양지〉를 논하고 나는 〈격물〉을 논한다. 만약 같다면 하늘이 왕 공을 천하 후세에 허락한 것이다. 만약 다르다면 하늘이 나를 왕 공에게 허락한 것이다.' 하였다."라고 하였다. 경정향耿定向의 「심재선생전」도 마찬가지이다. 이로 말미암아 분명하게 알 수 있는 사실은 '회남격물'은 바로 왕간이 초년에 전개한 미정의 설이며, 양명을 만난 뒤 왕간은 곧 그의 '격물'설을 버리고 양명의 '양지'설(*'치지'설)로 전향하였다. 오늘날 사람들은 여전히 초년에 버린 '회남격물'의 해설을 왕간의 근본 사상으로 여기고서 아울러 태주학파泰州學派를 나타내는 핵심 사상으로 정하였으니 잘못이 심하다고 할 수 있다.

일대 심학의 성인으로 만든 것이고, 만약 '격물'설이 틀렸다면 이는 하늘이 그를 양명에게 보내서 양명의 경건하고 성실한 제자로 삼으려는 것이라고 생각하였다.

정덕 15년(1520) 10월, 그는 배를 사서 남하하여 남창성으로 들어간 뒤 곧 오상관을 쓰고 심의를 입고 조질을 드리우고서 손에는 홀판을 들고 거들먹거리며 요란하게 큰 거리를 걸어갔는데, 남창 시내 사람들의 이목을 집중시켜서 모두 어지러이 몰려나와 구경하였다. 그는 양명에게 이르자 '해빈생海濱生'이라고 쓴 명함을 올리고 알현하는 시 두 수를 올렸다.[80]

처음 문성공을 뵙다, 시 두 수 初謁文成公詩二首

고루하고 몽매하게 바닷가에 살면서 孤陋愚蒙住海濱
글을 읽고 실천하여 스스로 새로워졌네 依書踐履自家新
날마다 새 힘을 얻을 줄 누가 알았으랴! 誰知日日加新力
나도 몰래 가슴속이 온통 봄이었네 不覺腔中渾是春

곤방에 이 봄을 펼침을 듣고서 聞得坤方布此春
간의 땅을 떠나 이 진리를 구했네 告違艮地乞斯眞
인으로 돌아감에 삼천 리를 꺼리지 않았고 歸仁不憚三千里
뜻을 세움에 일등 사람 되기를 바랐네 立志惟希一等人
취하고 버림에 오롯한 마음으로 하느님을 따르고 去取專心循上帝
따르고 어김에 명이 있어 그대에게 맡기네 從違有命任諸君

---

80 『왕심재전집王心齋全集』 권4 「초알문성공시이수初謁文成公詩二首」.

갈고닦음에 다만 통나무 같음이 부끄러우니 磋磨第愧無朊樸
비루한 백성 차근차근 가르쳐주시기를 바라나이다 請敎空空一鄙民

왕간의 알현시는 그가 양명과 논변하려는 '격물'설과 '양지'설의 동이의 깊은 뜻을 이미 포함하고 있다. 『주역』의 후천도後天圖에서 볼 때 곤괘坤卦의 방위는 서남방을 대표하고 (계절로는) 여름과 가을 사이에 해당하며 (작용으로는) 만물을 양육하는데, 은연중에 양명이 강서 남창에서 도를 전하고 (학문의) 봄을 펼치는 것을 가리킨다. 그리하여 "곤방에 이 봄을 펼침을 듣고서"라고 하였던 것이다. 간괘艮卦의 방위는 동북방을 대표하니 겨울과 봄 사이에 해당하며 은연중에 자기가 동북방 태주에서 와서 도를 묻고 진리를 구한 일을 가리킨다. 그리하여 "간의 땅을 떠나 이 진리를 구했네"라고 하였던 것이다.

왕간은 이때 와서 양명과 함께 '양지', '격물'의 설을 절차탁마함으로써 심학사상에서 취하고 버림, 따르고 어김을 결정하였다. 그리하여 말하기를 "취하고 버림에 오롯한 마음으로 하느님을 따르고, 따르고 어김에 명이 있어 그대에게 맡기네. 갈고닦음에 다만 통나무 같음이 부끄러우니 비루한 백성 차근차근 가르쳐주시기를 바라나이다."라고 하였던 것이다. 양명은 왕간이 찾아온 뜻을 알아차리고 그를 예빈정禮賓亭에서 맞이하여 절을 하고 만나 보았다.

동수董燧는 이들 두 사람이 상견하여 논변한 과정을 다음과 같이 묘사하였다.

왕간이 말하였다. "어제 왔을 때 꿈에 선생님을 이 정자에서 뵙고 절하였습니다."

양명이 말하였다. "진인은 꿈을 꾸지 않습니다."

왕간이 말하였다. "공자는 어째서 꿈에 주공을 만났습니까?"

양명이 말하였다. "이는 그의 진실한 곳입니다."

(*선생은 마음에 감동을 느끼고 서로 궁극의[究竟] 의문을 토론하였는데 응답이 마치 메아리 같아서 소리가 문밖에까지 들렸다. 마침내 자유로이 말하여서 천하의 일에 미쳤다.)

왕간이 말하였다. "군자는 사유가 그 지위에서 벗어나지 않습니다."

양명이 말하였다. "나(某)는 거칠고 어리석은 필부이지만 요순과 같은 임금, 요순시대의 백성을 바라는 마음(堯舜君民之心)을 하루도 잊은 적이 없습니다."

양명이 말하였다. "순임금은 깊은 산속에서 사슴과 돼지와 나무와 돌과 노닐며 살면서 죽을 때까지 기뻐하였으니 즐거워서 천하를 잊었습니다."

왕간이 말하였다. "당시에는 요임금이 위에 있었습니다."

(*공은 그의 말을 옳게 여겼고, 선생도 마음으로 공에게 복종하였다.)

이어서 모퉁이로 조금 옮겨 앉아 강론이 '치량지'에 미쳤다.

왕간이 감탄하며 말하였다. "간이직절簡易直截하니 제가 미칠 바가 아닙니다."

(*이에 내려가 절하고 스승으로 섬겼다. 하직하고 물러나 관사에 나아가 들은 바를 연역하여 사색하였는데, 그 사이에 합치하지 않음이 있었다[間有不合]. 마침내 스스로 뉘우쳐서 말하기를 "내가 경솔하였다[吾輕易矣]."라고 하며 다음 날 다시 들어가서 공을 뵈었다.)

왕간이 말하였다. "어제는 제가 경솔하게 절을 하였습니다. 청컨대 다시 토론하겠습니다(請與再論)."

양명이 기뻐하며 말하였다. "좋습니다! 의심스러우면 곧 의심하고, 믿을 만하면 곧 믿어서 구차하게 따르기를 일삼지 않으니 내가 매우 즐거워하는 바입니다."

(*이에 또 반복하여 토론하고 비판하며[反復論難] 처음부터 끝까지 곡진하게 하였다. 선생이 마음으로 크게 복종하고 마침내 내려가서 절하고 제자의 예를 갖췄다.)[81]

동수는 매우 상세하게 서술하였으나 다만 의도적으로 양명과 왕간이 '양지'설과 '격물'설의 동이를 논변하고 왕간의 '회남격물'을 부정한, 이 가장 중요한 사실을 은밀히 삭제하였으니, "그 사이에 합치하지 않음이 있었다", "내가 경솔하였다", "청컨대 다시 토론하겠습니다", "반복하여서 토론하고"라는 말은 실제로는 '격물'설의 잘못을 논변한 것이다. 동수는 모두 두루뭉술하게 넘기고 의도적으로 왕간의 '회남격물'설을 비호하고 미화하였다.

오히려 장봉張峰의 『왕심재연보』는 두 사람이 '양지'와 '격물'을 반복하여 논변한 주요 정황을 다음과 같이 중점적으로 서술하였다.

이때 문성文成(왕양명)이 예장豫章에서 '양지'의 학을 강하였다. 숙사 황(황문강)은 길안 사람인데 선생의 이론을 듣고서 말하기를 "이는 우리 절도사

81 동수, 『왕심재선생연보』. 동수가 서술한 것은 많이 빠뜨리고 감추고 숨기고 속인 것이 있다. 예컨대 이때 남창에서 양명과 왕간이 상견하여 논변한 사건을 직접 본 황직은 다음과 같이 말한다. "우리 선사께서 남방에서 도를 강하심을 듣고 천 리 먼 곳에서 찾아왔는데 노래자의 옷을 입었습니다. 선사께서 말씀하시기를 '아! 그 복장이 좋기는 하나 옷과 음식, 남녀 관계는 우리 도의 떳떳함인데 하필 그런 복장으로 특이함을 세우니 상서롭지 않다.'고 하셨습니다. 형이 말하기를 '그렇지 않으니, 예부터 지금까지 이 같은 복장으로 날마다 부모 곁에서 모셨거늘 어찌 내가 미쳤겠는가!'라고 하였습니다. 선사께서 비유하여 반복해서 바로잡으셨습니다. 형은 스스로 초탈하여 뭇 의심이 이에 없어졌습니다. 이때 어리석은 나(不肖)도 강당에서 시중들며 남야(구양덕), 입재(황직)와 함께 변론하고 논변하기를 잊지 않았습니다. 허물이 있으면 면전에서 꾸짖었으니 우의가 빛났습니다."(「왕심재묘문王心齋墓文」) 양명과 왕간은 '특이한 복장(異服)'을 논변하였고, 황직, 구양덕과 왕간은 '격물'을 논변하였는데 모두 동수가 말하지 않은 내용이다.

왕 공의 담론과 유사하다."라고 하였다. 선생이 기뻐하며 말하기를 "이런 것이 있습니까? 비록 그러하나 왕 공은 '양지'를 논하고, 나(某)는 '격물'을 말합니다. 만일 같다면 이는 하늘이 왕 공을 천하 후세에 허락한 것입니다. 만일 다르다면 이는 하늘이 나를 왕 공에게 허락한 것입니다."라고 하였다. 그날로 배를 사서 갔다. …… 강론이 '양지'에 미치자 말하기를 "간이직절하니 제가 미칠 바가 아닙니다."라고 하며 내려가서 절을 하고 모퉁이에 앉았다. 다음 날 다시 들어가서 뵙고 말하기를 "들은 바를 곰곰 사색해보니 경솔하게 절을 한 것 같습니다. 청컨대 다시 논하고자 합니다."라고 하였다. 공이 말하기를 "좋습니다! 의심이 있으면 곧 의심하고, 믿을 만하면 믿어서 구차히 따르지 않으니 내가 매우 즐거워하는 바입니다."라고 하였다. 다시 자리에 올라앉아서 반복하여 변론을 하였는데 처음부터 끝까지 곡진하게 하여서(曲盡端委) 마음으로 크게 복종하고 물러나 제자의 예를 갖추고 스승으로 섬겼다.[82]

더욱 주의할 만한 점은, 왕원한이 「심재선생전」에서 왕간의 '회남격물'설의 종지와 양명이 비평하고 부정한 그의 '회남격물'설(*「격물론」)의 태도를 다음과 같이 분명하게 밝혀냈다는 사실이다.

선생의 효성은 천성에 의한 것이며 행동과 몸가짐에 더욱 힘을 썼는데, 오래되자 마음 바탕이 활연히 밝고 맑게 되었다. 홀로 『대학』 '격물'의 종지를 터득하고서 이르기를 "격물이란 사물에 본말本末이 있음을 격格하는 것을 말한다. 사물에는 본말이 있으니 몸을 근본으로 삼아 마땅히 천지만물

82 장봉張峰, 『왕심재연보』.

로 나에게 의지하게 하고 나를 천지만물에 의지하게 하지 않음이 바로 앎이 이루어지는 것이다(格物者, 格物有本末之謂也, 物有本末, 而身爲之本, 則當以天地萬物依乎己, 而不以己依乎天地萬物, 所謂知之至也)."라고 하였다. …… 이때 왕 선생이 강서를 순무하였는데, '양지'가 자체 본성(自性)이며 본체가 안으로 충족하다는 것과 아울러 앎과 행함이 합일하는 취지를 극론하였다. 선생은 바야흐로 부모를 봉양하며 집에 거처하여서 (가르침을) 모두 듣지 못하고 있었다. 황 숙사라는 사람이 선생의 이론을 듣고 놀라서 말하기를 "이는 양명 선생이 배움을 말한 것과 극히 유사하다."라고 하였다. 선생이 기뻐하면서 말하기를 "이런 것이 있습니까? 비록 그러하나 왕 공은 '양지'를 논하고, 나는 '격물'을 말합니다. 만일 같다면 이는 하늘이 왕 공을 천하 후세에 허락한 것입니다. 만일 다르다면 하늘이 나를 왕 공에게 허락한 것입니다."라고 하였다. 그날로 배를 사서 이틀 동안의 거리를 하루 만에 달려서 강서로 갔다. 그곳에 이르자 옛 관복을 입고 문에 이르러 머물렀는데, 왕 선생이 친히 마중하기를 바랐다. 이에 기꺼이 왼발을 앞으로 떼었다. 왕 선생이 그의 의관을 보고 놀라니 대답하기를 "이는 요임금의 옷을 입은 것입니다."라고 하였다. 드디어 터득한 바를 여러 날 변론하고 논란하다가 마침내 왕 공을 선각자라고 일컬었다. 물러나 제자의 반열에 올라 '치량지'설을 모두 터득하였다. 그 사이에 「격물론」을 꺼내서 질정하였는데, 왕 선생이 말하기를 "그대가 뒷날 저절로 깨닫기를 기다릴 뿐입니다(待君他日自明之耳)."라고 하였다.[83]

---

83 『왕심재선생유집王心齋先生遺集』 권3 「심재선생전心齋先生傳」.

사실 양명과 왕간의 '양지'설과 '격물'설 논변은 서월徐樾(?~1551)이 「심재선생별전心齋先生別傳」에서 더욱 간단명료하게 말하였다. "다음 날 들어가서 뵙고 '격치'를 논하였는데, 자기 이론을 오래도록 고집하다가 이에 기뻐하면서 말하기를 '선생의 이론은 일관된 것이다.' 하고 즉시 일어나 제자의 예를 갖추어서 절하였다."[84]라고 하였다. 서옥란徐玉鑾도 「왕심재전王心齋傳」에서 역시 더욱 분명하게 말하기를 "앉아서 '양지'와 요순의 군주와 백성을 이루는 사업에 대해 말하고서 크게 기뻐하며 순복하고서 제자가 되기를 원하였다. 이윽고 조금 차이가 생기자 또 자리에 올라가서 반복하여 여러 날 논란한 뒤 마침내 제자의 예를 갖추었다."[85]라고 하였다.

왕원한이 인용한 "격물이란 사물에 본말이 있음을 격하는 것을 말한다. 사물에는 본말이 있으니 몸을 근본으로 삼아 마땅히 천지만물로 나에게 의지하게 하고 나를 천지만물에 의지하게 하지 않음이 바로 앎이 이루어지는 것이다."라고 한 말은 바로 왕간의 「격물론」에서 나온 것으로서 왕간이 초년에 전개한 '회남격물'설의 진면목을 드러낸다. 원래 '회남격물'은 사물에 근본이 있고 말단이 있음을 격하여서 몸(*心)을 근본으로 삼으면 곧 정심과 수신이 근본이 되며, 사물을 말단으로 삼으면 격물과 궁리가 말단이 된다고 인식하였다. 그러므로 격물은 곧 천지만물을 나(己 *心)에게 따르게 하려는 것이지 나(*心)를 천지만물에 따르게 하려는 것이 아니다. 이는 곧 수신과 격물의

---

84 『왕심재선생유집』 권4 「심재선생별전心齋先生別傳」.

85 『왕심재선생유집』 권4. 능유凌儒(1553, 진사)의 「왕심재선생사당기王心齋先生祠堂記」를 참조하라. "이에 남감南贛에서 노닐며 양명 왕 공을 배알하고 이른바 '양지'의 학문을 변론하고 논란하였다. 처음에는 절을 하지 않았으나 나중에 제자의 예를 갖췄다. 인하여 만물일체와 인仁한 사람의 마음, 한 사람(一夫)이라도 선을 향하지 않으면 허물이 나에게 있다."고 하는 설을 깨달았다.

과정은 '나를 바르게 해서(正己)' '사물이 바르게 되는(物正)' 과정이니 이는 나(*心)를 바로잡아서(格) 마음의 근본을 바로잡고(正), 그런 뒤 격물하여서 사사물물로 하여금 마음(心 *己)에 귀의하게 하는 것이다.

왕간의 이러한 '회남격물'은 그의 또 다른 중요한 사상인 '백성의 일상생활이 곧 도(百姓日用卽道)', '이 일이 바로 도(卽事是道)'라는 설과 일맥상통한다. 이른바 '백성의 일상생활이 곧 도', '이 일이 바로 도'라는 설은 바로 주희의 사상이다. 주희는 명확하게 인식하기를, 이치는 사물 가운데 있고 이일理一(*道)은 분수 가운데 있으며, 백성의 일상생활 속에 도를 포함하고 있다고 하였다. 그러므로 모름지기 바로 사물(物 *事)에 나아가 도를 추구하며, 격물궁리하고, 일상생활에서 도를 추구하며, 사물 가운데의 이치를 많이 격물하면 곧 마음속의 이치와 융회, 관통할 수 있다.

이로써 왕간의 '회남격물'이 실제로 육학과 주학의 혼합체이며, 양명의 '양지'설과 털끝만큼도 공통점이 없음을 알 수 있다. 양명이 논변을 통해 왕간의 「격물론」을 부정한 것은 바로 '격물'설을 부정한 것이다. 그러나 왕간은 최종적으로 양명의 '양지'설을 받아들였으며, 양명에게 절하고 스승으로 삼은 것은 스스로 '격물'설을 버리고 '양지'설을 받아들인다는 태도를 표명한 것이다. 이에 양명은 왕간이 말한 "곤방에 이 봄을 펼침을 듣고서, 간의 땅을 떠나 이 진리를 구했네"라고 한 구절과 그가 '격물'설을 버리고 '양지'설을 받아들인 전환에 근거하여서 그의 이름을 고쳐 왕간王艮이라 하고, 자를 여지汝止라 하였다. 새 이름은 은연중에 '치량지'의 의미를 포함하고 있는데, 왕간이 정식으로 '양지' 심학의 왕문에 들어갔음을 표명한다.

『주역』 간괘艮卦의 「단彖」에서 말하기를 "간은 그침이다. 그쳐야 할 때면 그치고 가야 할 때면 가며, 움직임과 고요함에 때와 기틀을 잃지 않으니 그 도가 빛나고 밝다. 그쳐야 하는 곳에서 그침(艮)은 그 (마땅히 그쳐야 할) 장소에 그치는 것이다(艮, 止也. 時止則止, 時行則行, 動靜不失時機, 其道光明. 艮其止, 止其所也)."라고 하였다. 여기서 말하는 '그침'은 바로 『대학』에서 말한 "대학의 도는 지극한 선에 그침에 있다. 그침을 안 뒤에 정해짐이 있으니 정해진 뒤에 고요할 수 있으며 고요한 뒤에 편안해질 수 있고, 편안해진 뒤에 사려함이 있으며 사려한 뒤에 터득할 수 있다(大學之道 …… 在止於至善. 知止而后有定, 定而后能靜, 靜而后能安, 安而后能慮, 慮而后能得)." 하고 "그침에 그칠 곳을 아니 …… 남의 임금이 되어서는 인에 그치고, 남의 신하가 되어서는 공경에 그치고, 남의 자식이 되어서는 효에 그치고, 남의 아비가 되어서는 자애에 그치고, 국인과 교제할 때는 신의에 그친다(於止, 知其所止 …… 爲人君止於仁, 爲人臣止於敬, 爲人子止於孝, 爲人父止於慈, 與國人交止於信)."라고 한 것이다.

'그침을 아는(知止)' 것이 바로 양명이 말하는 '치량지'의 문제이다. 양명이 왕간에게 자를 '여지汝止'로 지어준 데에는 은연중에 '치량지'의 깊은 뜻을 담고 있음을 알 수 있다. 왕간은 양명의 양지심학을 찬탄하여서 "선생의 학문은 정밀하게 깊으며 극히 미묘하여서 핵심을 터득하였다!"[86]라고 하였다. 왕간은 자기가 왕문에 들어간 것을 상징하는 새 이름과 자를 지니고서 태주로 돌아갔다.

그러나 왕간은 돌아간 지 이레 뒤 또 홀연 남하하여 다시 남창으로 가서 양명과 논변을 전개하고 배움을 물었다. 이는 분명히 그가 돌아간 뒤 자기의 인식을 재차 반성하고(反思) 자성自省하여 사상이 다시 되돌아가서(回潮) 양명이 그의 '기이한 복장' 및 괴이한 행동과 '회남격물'을 비평한 것에 대해 여전히 의문을 품고서 또 한번 남창에서 양명과 한 걸음 더 논변을 하기로 결정한 것이다. 이에 그는 또 오상관을 쓰고 심의를 걸치고 띠를 드리우고 홀을

---

86 『왕양명전집』 권34 「연보」 2.

듣고서 자기의 「격물론」을 가슴에 품고 다시 배를 사서 남하하였다. 그는 남경을 지나갈 때 특별히 태학으로 가서 제생의 선비들과 강학하고 도를 논하며 말하기를 "내가 제군을 위해 육경의 대지를 발휘하겠다. 육경이란 내 마음의 주석(注脚)이다. 마음은 곧 도이고, 도가 밝으면 경전(經)이 반드시 쓸모 있지는 않다. 경전이 밝으면 주석(傳)이 무슨 유익이 있겠는가? 경전과 주석은 내 마음을 인증하는 것일 뿐이다."라고 하였다. 이는 육학의 사상을 극단으로 발휘해나간 것인데 양명의 '양지'설에 대해서는 한마디도 하지 않았던(不置一詞) 것이다.

남경 대사성 왕함재汪咸齋(왕준汪俊, 1493, 진사)는 그가 기이한 복장을 한 것을 보고 "옛말에 괴려한 바가 없다(無所乖戾)고 하였다. 그 뜻은 무엇인가?" 하고 물었다. 왕간이 의외의 답을 하기를 "공은 어째서 나에게 치우친(偏倚) 바가 없음을 묻지 않고 도리어 괴려한 바가 없음을 묻는가? 치우친 바가 없어야 바야흐로 괴려한 바가 없을 수 있다."[87]라고 하였다. 왕간은 의구히 스스로 기이한 복장을 한 것을 '치우친 바가 없음'으로 여겼으니 마음속에서는 여전히 기이한 복장을 했다고 한 양명의 비평을 받아들이지 않았음을 알 수 있다. 이 때문에 남창에 이르러서 왕간은 앞서 양명을 만나 논변했던 주제에 이어서 '기이한 복장'과 '격물' 문제에 대해 양명과 좀 더 깊이 있게 반복하여서 논변을 전개하였다.

조정길趙貞吉(1508~1576)은 「왕심재묘지명」에서 이때 두 사람이 계속해서 '격물'설을 논변한 정황을 다음과 같이 밝혔다.

> 대략 두 달을 넘겨서(*생각건대 20일을 가리키는 듯하다) 선생이 다시 예장성

---

87 동수, 『왕심재선생연보』.

으로 가서 마침내 왕 공을 선각자라 일컫고 물러나서 제자로 나아갔다. 그 사이에 「격물론」을 내놓았더니 왕 선생이 말하기를 "그대가 뒷날 저절로 깨닫기를 기다립니다(待君他日自明之)."라고 하였다.[88]

한차례 다시 반복하여 '격물'설을 논변함으로써 왕간은 마침내 양명을 심학의 '선각' 스승으로 신실하게 복종하여 존중하고 받들었다. 주목할 만한 사실은, 처음 만나서 논변할 때 이미 「격물론」을 양명에게 보였었는데 이때 양명이 "그대가 뒷날 저절로 깨닫기를 기다릴 뿐"이라고 한 말은 실제로는 그의 「격물론」을 부정한 것이라는 점이다. 그러나 왕간은 태주로 돌아가서 반성과 자성을 한 뒤에도 여전히 「격물론」이 틀렸다고 여기지 않고 두 번째 만나서 논변할 때 또다시 양명에게 보였고, 양명은 여전히 "그대가 뒷날 저절로 깨닫기를 기다립니다." 하면서 재차 그의 「격물론」을 부정하였다. 이를 위해 양명은 추수익·구양덕·만조·황직 등의 제자들을 나오도록 청하여서 왕간과 함께 '양지'설과 '격물'설을 논변하였다.

나중에 구양덕은 「왕심재선생전문王心齋先生奠文」에서 다음과 같이 말하였다. "예전에 예장의 객관에서 침상을 맞대고 휘장을 나란히 했던 일이 떠오릅니다. 도성 문에서 이별함에 손을 잡고 옷자락을 끌어당겼습니다. 서로 기약할 때 무슨 말을 했던 간에 형의 마음 내가 알았습니다."[89] 황직도 「왕심재선생전문」에서 다음과 같이 말하였다. "그때 나(不肖)도 함께 강당에서 토론을 하였습니다. 남야와 입재(*구양덕과 만조)는 변론하고 논란하기를 잊지 않았습니다. 과오가 있으면 면전에서 비평하여 우의가 더욱 빛났습니다. 석 달

88 조정길, 「왕심재묘지명」.

89 구양덕歐陽德, 「왕심재선생전문」.

만에 돌아감에 형도 남쪽으로 향하였습니다(南翔)."[90] 이춘방李春芳(1510~1585)은 「숭덕사기崇德祠記」에서 더욱이 다음과 같이 말하였다. "이때 공의 문하에 각지의 저명한 선비가 있었으니 예컨대 문장공文莊公 구양덕, 대사성 추수익 공의 무리가 함께 모여서 더불어 강구하고 절차탁마하여 바로잡은(切劘) 사람들이다. 연말(歲餘)에 비로소 돌아갔다."[91]

이 논변의 시간은 매우 길었다. 황직은 '석 달'이라 하였고, 이춘방은 '연말에 비로소 돌아갔다'고 하였으니 왕간이 정덕 16년(1521) 정월에야 비로소 태주로 돌아갔음을 알 수 있다. 양명은 석 달 동안 반복하여서 대면하여 지적하고(面折) 변론과 논란을 하고, 논리적으로 변석하고 절차탁마한 뒤 마침내 왕간을 자기의 양지심학으로 이끌어서 귀의하게 하였다.

사실 왕간은 이때 양명의 양지심학에 귀의한 뒤에도 여전히 자기의 '회남격물'과 '기이한 복장'의 기벽을 완벽하게 버리지 못하였다. 이 기벽은 양명이 말한 대로 '의혹과 믿음이 반반이고 돌아보아 우러러봄이 일정치 않은' 제자의 사상에서 불시에 나타남을 반복하였기에 끊임없이 양명의 비평을 받았다. 가정 연간(1522~1566)에 그는 또 기이한 복장으로 매우 황당하게(張狂) 도성에 들어와서 한바탕 '학금學禁'의 재앙을 불러일으켰다. 그는 만년에 이르러서 다시 초년의 '회남격물'설을 모습을 바꾸어서(改頭換面) 다시 주장하고 자기 '태주학파'의 지표 사상으로 삼았으며, 스스로 받아들인 양명의 양지설과 눈에 띄게(觸目) 모순을 이루었다.

양명은 왕간이 찾아와서 배우고 스승으로 삼은 일을 통해 '의심과 비방'의 분위기에서 남창의 선비들이 대부분 양지 왕학을 이해하지 못하고 있음을

---

90 황직, 「왕심재선생전문」.

91 『왕심재선생유집』 권4 「숭덕사기崇德祠記」.

느끼고 석서席書에게 보낸 편지에서 감개하여 말하였다.

> 벗들 중에 서너 사람이 점점 독실히 믿고 돌이키지 않았습니다. 의심하는 자와 믿는 자가 반반이며, 좌고우면하면서 결정하지 못한(瞻顧不定) 자는 대부분 구설에 집착하고 고질이 되어서 또한 득과 실, 헐뜯음과 기림의 근심이 있으니 오롯한 마음과 뜻을 다하여서 듣지 못하며 역시 서로 함께 오래 앉아 있지 못하고, 혹 서로 얽혀 있다가 곧 헤어졌기에 더불어 자세히 설명할 길이 없을 뿐입니다.[92]

이 말은 주로 왕간을 가리킨다. 양명은 반드시 모름지기 큰 힘을 써서 육학을 미루어 넓히고 크게 떨침에 있어서 넓은 길을 열어젖혀야만 비로소 양지심학을 전파하는 데 도움이 될 것이라고 깨달았다.

정덕 16년 정월, 왕간이 돌아간 뒤 양명은 곧 무주撫州 금계현金溪縣에 행문行文을 보내서 금계현의 관리에게 명하여 널리 힘을 써서 육상산陸象山(육구연)의 자손을 크게 포상하여 높이고(褒崇) 육학을 바로잡아 돕게 하였다. 「포숭육씨자손褒崇陸氏子孫」에서 다음과 같이 말한다.

> 무주부 금계현 36도都의 유적儒籍 육시경陸時慶의 정문呈文에 근거하여 알린다. 송유 육상산 선생 형제를 보니 공맹의 정통 전승을 얻어서 우리 도의 종파가 되었으나(得孔孟之正傳, 爲吾道之宗派) 학술이 오랫동안 어두워져서 잠기고 드러나지 않게 되었으며, 묘당廟堂은 아직도 배향하는 전례가 결여되었고 자손은 포상하여서 높이는 혜택을 얻지 못하였다. 바라건대 해

92 『왕양명전집』 권5 「여석원산與席元山」.

> 당 현의 관리는 육씨 적파 자손의 차역差役을 각처 성현 자손의 사례와 함께 조사하여서 모두 우대하여 면제하게 하라. 그중에 총명하고 준수하여 입학할 수 있는 자가 있다면 이름을 갖추어 제학관提學官에게 보내서 선발하여 학교에서 학업을 익히게 하여 높이고 존중하는 의를 더하여서 쇠퇴한 정학을 부지하는(以扶正學之衰) 데 힘쓰라![93]

당시 육학은 정주파와 정주 관학程朱官學의 공격을 받아 '선'으로 여겨졌으나, 양명은 오히려 당당하게 육씨 형제를 "공맹의 정통 전승을 얻어서 우리 도의 종파가 되었다"라고 선포하였고, 육학을 '정학'이라고 하여 육씨의 자손을 포상하여서 높이고 "쇠퇴한 정학을 부지하라"고 하였다. 이는 바로 정주파와 정주 관학의 '의심과 비방'에 대한 양명의 회답이었다. 그가 육학이 공맹의 정전을 얻었다고 긍정한 것은 실제로는 자기의 양지심학이 공맹의 정전을 얻었음을 긍정한 것이다.

이와 동시에 양명은 또 숭인현崇仁縣의 관리에게 공문(檄)을 전하여 명하기를 강재康齋 오여필吳與弼(1391~1469)의 향사鄕祠에 경건하게 제사를 올리게 하였다. 「격사강재향사檄祀康齋鄕祠」에서 다음과 같이 말한다.

> 오 공은 바야흐로 고귀한 측근(貴近)의 천거를 받았으니 본래 덕을 좋아함이 그(지위)에 부합함(同)을 알 수 있다. 관작을 사양함에 이르러서는 더욱 충분히 징후에 미리 대처하는(先機) 명철함을 징험할 수 있다. 그러하니 선화宣和 연간(1119~1125)에 (시사를 아뢰어) 상소를 올린 것은 구산龜山(양시)에게는 혐의할 것이 없으며, 궁궐(明堂)에 머문 것은 한유漢儒도 부끄러워

93 『왕양명전집』 권17 「포숭육씨자손褒崇陸氏子孫」.

한 일이다.[94] 출처는 자기를 잃어버림에 이르지 않았으니 학술을 어찌 입언立言하기를 기다리겠는가?[95]

강재사康齋祠는 강재서원康齋書院으로서 숭인현 서북 25리 작은 언덕에 있는데, 당년에 강재가 강학하던 곳이며 진헌장陳獻章·호거인胡居仁(1434~1484)·호구소胡九韶가 모두 이곳에서 종유하며 강학하였다. 오여필은 명대 심학의 선구자라고 할 수 있는데, 그의 사상체계는 이미 풍부한 심학적 관점의 요소를 포함하고 있었으며, 백사 진헌장에게 직접 영향을 미쳤다. 양명이 오여필을 표창하는 데에는 분명히 육씨 심학을 높이 포상하려는 깊은 뜻이 담겨 있었다.

양명이 남창에서 육학을 포상하여 높이고 양지심학을 전파하는 데 널리 힘을 쓴 일은 멀리 복건에서 포정사의 직임에 있던 석서에게도 전해졌다. 석서도 『명원록鳴寃錄』 한 권을 써서 양명의 『주자만년정론』과 함께 북과 북채처럼 호응하였는데(桴鼓相應), 그는 즉시 그것을 양명에게 보내서 양명이 육학을 높이 포상하고 양지심학을 널리 전파하는 데 힘을 보탰다. 『명원록』은 육상산의 학문이 '선학'으로 무함을 받는 것에 대한 원통함을 호소하고 변론한 저작이다. 석서는 서문에서 다음과 같이 말한다.

---

94 [역주] 구산 양시가 선화宣和 7년(1125)에 열 가지 시사를 논하여 「여집정논시사차자與執政論時事箚子」를 올린 것처럼 강재 오여필은 천순天順 2년(1458)에 시급한 현안을 진언하는 「진언십사陳言十事」를 올렸다. 오여필의 우국우민의 정신과 자세는 양시에 견주어도 손색이 없었다. 오여필은 평생 과거를 보지 않았고 여러 차례 천거를 받았으나 출사하지 않았다. 천순 원년에 다시 천거를 받아서 궁궐에 들어갔다가 이듬해 5월에 시사를 아뢰고 귀향하였다. 이는 지조를 지킨 후한의 유학자들이 혼탁한 세상에 나아가 출세하여 궁궐에 들어가 벼슬하는 것을 부끄럽게 여겼던 것에 비견된다.

95 『명유언행록明儒言行錄』 권3 「오여필吳與弼」.

『명원록』은 육씨의 원통함(寃)을 기록하여 공개한(鳴) 것이다. 송 황실(宋室)이 남쪽으로 이주한 뒤 주·육 두 선생이 한 분은 건양建陽에서 창도하고, 한 분은 강우江右에서 창도하여서 당시 명사들이 다투어 문호로 달려갔다. 이때 주씨는 바야흐로 육경을 주석하고 백세百世를 가르쳐서 사물에는 반드시 이치가 있고, 이치는 반드시 모두 탐구할 수 있으니 그런 뒤에야 도에 나아갈 수 있다고 하였다. 육씨는 이르기를, 그렇게 하는 것은 글의 뜻에 얽매여서 (나무를) 거꾸로 심고 끝을 내세우는(倒植標末) 격이므로 한낱 죽을 때까지 애써도 의지할 바가 없다. 하늘이 부여한 만물이 모두 (나에게) 갖추어 있으니 어느 겨를에 바깥에서 추구하겠는가? 주씨는 이로 인해 지목하여서 말하기를 이는 선학이라고 하였다. 한때 고정考亭(주희)에 노는 자들이 바야흐로 상산의 문인과 승부를 서로 다투었는데 (선이라 한) 이 말을 한번 듣고서 기쁘게 담론하고 즐겨 읊조리며 달로 기억하고 날마다 기록하여서 오늘에 이르렀다. 주씨의 글은 세상에 성행하여서 과거 공부와 경학에 주자의 주석(朱傳)이 아니면 취하지 않았고, 이로 말미암아 경생經生과 학생(學子)이 어려서 익히고 자라나 외우면서 모두들 말하기를 '육陸(의 학문)은 선학이라' 하였으며, 산림의 숙사宿士와 관각館閣의 유명한 학자(名儒)들도 '육(의 학문)은 선학이라'고 하였다. 무릇 육씨의 설을 들은 사람은 마치 양주楊朱와 묵적墨翟을 배척하듯이 하고 불교와 노자를 물리치듯이 하여서 심하면 마치 (자기가) 더럽혀질 듯이 하였다. 그사이 깨닫지 못한 자는 죽을 때까지 헷갈려서 깨닫지 못하고 돌이킬 줄 몰랐다. 내가 사방에 벼슬하면서 육씨의 어록과 문집을 얻어서 그 말을 여러 차례 읽고서(三讀其言) 가슴을 어루만지며 감탄하기를 "아, 원통하다! 누가 육 공(의 학문)을 선학이라고 하는가!" 하고 다시 가져다 읽어보니 한낱 선이 아닐 뿐만 아니라 덮어 가린 것을 열어젖히고 귀먹은 이를 끌어당기는(啓蔽提聾)

것 같았다. 그 가운데 또 가슴이 뭉클한 것(戚戚)에 대해서 감탄하며 말하기를 "내가 늦게나마 길을 잘못 가는 무리에서 벗어나서 다행이라." 하고 육씨의 글을 지니고서 여러 선비들에게 두루 따져보았다. 글과 말(文言)을 돌아봄에 자못 번잡하여서 보는 사람은 열람하기에 게으르고 열람하는 자는 끝을 내지 못하여서 끝내 시원하게 깨닫기 어려웠다. 이에 나는 글에서 어록의 요점을 취하여서 각각 두 편으로 분류하고(撮其書間語錄之要, 各類二篇) 『명원록』이라고 이름하였다. 사람들에게 읽게 하면 하루도 안 되어서 (그의 글에) 삼승공적三乘空寂에 관한 말이 없고, 육도윤회六道輪回에 관한 설이 없음을 반드시 알아서 장차 말하기를 "원통하다! 사람의 말을 모두 믿을 수 있겠는가? 이에 비로소 귀가 천하고 눈이 귀함을 알겠다. 아, 이는 우리 도의 원통함이다! 형옥刑獄의 원통함은 한 사람을 빠뜨리는 것이지만 도술道術의 원통함은 천하의 인심으로 하여금 독한 술을 마시고서 죄를 알지 못하는 것과 같게 하니 비록 울부짖지(鳴) 않으려고 하나 그만둘 수 있겠는가? 맹씨孟氏의 도가 멀어지고, 이락伊洛의 말씀이 막힌 뒤로 심학이 먼저 전해졌는데 한 사람이라도 깨달은 자가 있으면 같은 방에 있는 사람이 함께 떠들썩하여서 마치 손빈孫臏과 방연龐涓이 같이 귀곡鬼谷을 스승으로 섬겼으나 서로 창과 방패를 들이대고 두 나라의 영웅을 다툰 것과 같았으니 역시 괴이하다! 주씨가 만년에 뉘우쳐서 깨닫고(朱氏晩年悔悟) 스스로 까막눈으로 망가진 것을 일찍 깨닫지 못한 점을 한탄하였으나 안타깝게도 죽음에 이르렀기에(易簀) 그 글이 이미 퍼져서 만회할 수 없었다. 뒷날의 군자가 (주자) 만년의 지론을 탐구하지 않고 중년의 글을 스승으로 존중하기를(後之君子, 不究晩年至論, 師尊中年之書) 『육경』·『논어』·『맹자』보다 더 하며, 주씨의 (본래) 마음을 의지하여서 후세에 밝히 드러내지 못하였으니 원통함을 진 자가 육씨뿐만 아니라 우리 고정 선생님도 저승(九地)에서 원통함을 품은 것이 역시 얕지 않다. 다행히 우리 문화(斯文)가 사라지지 않아서 이 마음이 없어지지 않았기에 근래 두세 호걸이 이 의리를 펼쳤는데 말단의 흐름을 추구하니 믿는 자는 적고 의심스러운 것을 전하는 자가 태반이라 이 기록이 부르짖는 까닭이다. 군자가 그 부르짖음에 공감하여서 한번 원통함을 씻는다면 장차 대산岱山(태산)에 올라 동해를 바라보는 듯하여서 도가 여기에 있고 저기에 있지 않음을 알 것이다. 기록을 원통함을 부르짖음(鳴寃)이라고 한 것은 대체로 격발하는 것이니 이로써 의문을 일으키는 자는 옳고 그름을 알 것이다."라고 하였다.[96]

그는 동시에 양명에게 보낸 편지에서 특별히 자기가 육씨를 위해 원통함을 부르짖은 것은 실제로는 당금의 양명 심학을 위해 원통함을 부르짖은 것이라며 다음과 같이 지적하여서 밝혔다.

멀리에서 심부름꾼을 보내 융숭한 예물(腆儀)을 보내주시고 또 가르침을 주시니 놀라고 두려움을 감당할 수 없습니다. 제(書)가 어리석고 어두움을 헤아리지 못하고 망령되이 육씨를 위해 부르짖는 것은 오늘날 여러분을 위해 부르짖는 것입니다. 집사께서 옛날 용장에 계실 때 제가 이런 의혹을 품고서 일찍이 문하에 질정하였더니 '그렇다.' 하셔서 이에 더욱 믿었습니다. 그러나 꿈같이 듣고서 이제 10여 년, 길고 긴 어두운 밤 달콤한 잠에 빠진 것이 마치 어제 일과 같으니 어찌하면 날마다 군자를 모시고 나를 한번 깨우치게 할 수 있겠습니까? 하물며 저는 노쇠한 나이가 되어서 늙은 줄기와 마른 가지가 비록 따뜻한 봄볕이 비춰주고, 비와 이슬이 윤택하게

---

96 석서, 「명원록서鳴寃錄序」, 『황명문징皇明文徵』 권46; 『원산문선元山文選』 권1 「명원록서」.

해주어도 이미 회춘할 기약이 없듯이 집사와 같은 큰 은덕이라도 저에게 어떻게 할 수 있겠습니까? 저는 이 학문에 감히 건너갈 나루터(津)를 바랄 수 없습니다. …… 집사께서 저를 가르쳐주실 수 있겠습니까?[97]

석서의 『명원록』도 육구연을 높이고 주희를 반대하는(尊陸反朱) 기이한 서적이라 할 수 있다. 서문에서 "주씨가 만년에 뉘우쳐서 깨닫고", "뒷날의 군자가 만년의 지론을 탐구하지 않고 중년의 글을 스승으로 존중"하였다는 말은 양명의 '주자만년정론'의 설을 완전히 존신한 것으로서 "근래 두세 호걸"은 바로 양명과 정민정程敏政을 가리킨다. 서문에서 또 말하기를 『명원록』은 "글 사이 어록의 요점을 취하여서 각각 두 편으로 분류"했다고 하였으니 역시 완전히 양명이 지은 『주자만년정론』의 방법을 채택한 것이다. 이는 육씨 어록의 조목을 일부 선별하여서 배열한 뒤 편집하여 책을 만들어서 육학은 선학이 아님을 증명한 것이니, 양명이 서신 일부를 선별하여서 취한 뒤 배열하고 편집하여 책을 만들어서 주자 만년의 정론을 증명한 것과 같음을 알 수 있다.

왕순汪循은 일찍이 양명의 『주자만년정론』의 허점을 지적하였는데, 그것은 다만 주희가 만년에 육학으로 전향했음을 증명하였지만 오히려 육학은 선학이 아님을 증명하지는 못한다고 하였다. 이제 석서의 『명원록』은 완전하고 훌륭하게 육학은 선학이 아님을 증명하였고, 양명의 『주자만년정론』은 주희가 만년에 육학으로 전향함으로써 비로소 진정으로 의의를 갖게 되었음을 증명하였으니, 두 책은 구슬이 꿰이듯이 합쳐지고(珠聯璧合) 상호 보완하여서 심학의 '선본善本'을 이루었다. 사실 석서가 육학을 위해 원통함을 부르짖은 참된 의도는 현실에서 양명의 양지심학을 위해 원통함을 부르짖은 것으로서 이

97 『원산문선』 권5 「여왕양명서與王陽明書」 4.

는 양명에게는 눈 속에 있는 사람에게 땔감을 보내준(雪中送炭) 격이나 다름없었다.

양명은 마음으로 깨닫고 정신으로 이해하였다. 그리하여 그는 흥분하여서 7월에 회신 한 통을 썼다.

> 접때 가르침을 주시는 편지와 『명원록』을 보내주셔서 읽어보니 이별한 뒤 배움의 힘이 이른 바가 우뚝하여서 이 도를 책임졌으니 천하가 대부분 비난해도 아랑곳하지 않고(天下非之而不顧), 다만 세상에 부화뇌동하고 사람을 따라 비웃는 자와 거리가 매우 멀 뿐만이 아님을 알 수 있었습니다. 기쁘고 다행하기가 어찌 끝이 있겠습니까! 중간에 만나서 꼭 논해야 할(面論) 것이 있었으나 다만 한번 만날 기회가 없었음을 한탄합니다. 근래 듣기로 내대內臺에 발탁되었다고 하는데 반드시 연산鉛山을 따라 길을 가실 터임을 알았고, 저(僕)도 마침 귀성하는 편에 도중에 배를 멈추고 하루 이틀 밤 담소를 나눌 수 있을 것이기에 사람을 시켜서 분수分水에서 기다리게 했는데, 미리 떠나셨다는 기별을 받지 못하였습니다. 신성信城에 닷새 머무르다가 슬프고 안타까운 마음으로 떠났습니다. 하늘이 인연을 허락하지 않음이 어찌 이와 같다는 말입니까! 대체로 이 학문이 밝혀지지 않음은 모두 우리가 귀로 듣고서 입으로 말만 할 뿐 성실하게 몸으로 실천한 적이 없었기 때문입니다. 비유하자면 마시는 것과 먹는 것을 (말로) 이야기하더라도 취하고 배부르는 실상을 어디서 얻겠습니까? 저는 근년 이래로 비로소 이 학문이 참으로 백세에 성인을 기다려도 의혹함이 없는 것임을 실제로 알게 되었습니다(僕自近年來始實見得此學, 正有百世以俟聖人而不惑者). 벗들 가운데에서 서너 사람이 점점 독실히 믿고 돌이키지 않았습니다. 의심하는 자와 믿는 자가 반반이며, 좌고우면하면서 결정하지 못한(瞻顧不定) 자는 대

부분 구설에 집착하고 고질이 되어서 또한 득과 실, 헐뜯음과 기림의 근심이 있으니 오롯한 마음과 뜻을 다하여서 듣지 못하며 역시 서로 함께 오래 앉아 있지 못하고, 혹 서로 얽혀 있다가 곧 헤어졌기에 더불어 자세히 설명할 길이 없을 뿐입니다. 상산의 학문은 간이직절簡易直截하여서 맹자 이후로 일인자입니다. 그의 학문사변, 치지격물의 설은 비록 남의 설을 답습한 것이라는 문제에서 벗어날 수 없지만 그 대본과 대원은 결코 다른 선생들이 미치지 못합니다. 집사께서는 평소 그 학문을 깊이 믿고 있지만 이 또한 살피지 않으면 안 됩니다(其學問思辨, 致知格物之說, 雖亦未免沿襲之累, 然其大本大原斷非所及也, 執事素能深信其學, 此亦不可不察也). 바로 순금을 구하는 자는 반드시 충분히 단련하는 데 힘쓰고 털끝만큼이라도 불순물이 생기게 하지 말아야 이지러지고 손상되고 변하지 않을 수 있습니다. 대체로 시비가 현격하나 다투는 바는 털끝일 뿐입니다.[98]

양명은 석서가 용감하게 육학의 도를 자기 임무로 삼아서 '의심과 비방'을 두려워하지 않고 "천하가 대부분 비난해도 아랑곳하지 않는다"며 매우 높이 평가하였다. 또 한편으로 강조하기를 스스로 "저는 근년 이래로 비로소 이 학문이 참으로 백세에 성인을 기다려도 의혹함이 없는 것임을 실제로 알게 되었다"라고 하였고, 그와 "만나서 꼭 논해야 할" 문제가 있다고 하였다. "저는 근년 이래로 비로소 이 학문이 …… 것임을 실제로 알게 되었다"라는 말은 바로 그가 정덕 14년 이래 깨달은 양지의 심학이다.

석서의 『명원록』은 양명의 '주자만년정론'에 있는 옛 학설의 문장을 근거로 지은 것으로서 근래 양지심학에 대한 새로운 학설은 전혀 주의하지 않고

98 『왕양명전집』 권5 「여석원산與席元山」.

있었기에 매우 부족한 것이었다. 그리하여 양명은 "(*상산의) 학문사변, 치지격물의 설은 비록 남의 설을 답습한 것이라는 문제에서 벗어날 수 없지만 그 대본과 대원은 결코 다른 선생들이 미치지 못합니다. 집사께서는 평소 그 학문을 깊이 믿고 있지만 이 또한 살피지 않으면 안 됩니다."라고 하여 그가 주의하기를 강조하였다. '치지격물의 설'이란 바로 '치량지'의 설을 가리키는데, 이는 육학의 '대본과 대원'이며 또한 자기 왕학의 '대본과 대원'이었다. 이는 실제로는 석서로 하여금 '주자만년정론'설의 한계를 초월하고 '양지', '치량지'의 대본과 대원에서부터 육학 및 왕학의 진제眞諦와 정의精義를 밝히 드러내고 내걸기를 바란 것이다. 이는 양명이 이미 '주자만년정론'설의 한계와 부족한 점을 어느 정도 간파하였고, 다시 주학에 대해 뒤에서 소극적인 공격과 비판을 할 것이 아니라 당연히 정면에서 적극적으로 육학과 자기 양지심학을 크게 드러내야 비로소 양지심학에 대한 세상 사람들의 의심과 비방과 오해를 사라지게 할 수 있다고 간파하였음을 밝히 드러낸다.

정덕 16년(1521)은 또한 양명이 양지의 가르침을 크게 내세운 해이다. 그는 저명한 백록동서원을 육학과 왕학을 크게 드러내는 '진지陣地'로 삼았다. 백록동서원은 본래 당년에 주희와 육구연이 강학하고 도를 논하던 곳으로서 육학의 제자들은 모두 백록동의 회합에서 육학이 주학에게 승전했다고 선포하였다. 그리하여 양명으로 말하자면 백록동서원도 양지심학을 강론하는 복지였다.

2월에 순안어사 당룡의 천거로 채종연은 남강부 교수가 되었고 백록동주白鹿洞主를 겸하였다. 「백록서원차부白鹿書院箚付」에서 다음과 같이 말한다. "강서 순안감찰어사 당룡의 제題를 읽어보니 다음과 같이 일컬었다. 송유 주희가 백록동서원을 세워서 강론의 장소로 삼았는데 지금은 황량하게 영락하였으니 주관하여 다스리는(綜理) 기관이 없었기 때문이다. 교수 채종연을 방문하였는데 학문이 깊고 해박하며 의지와 행위가 맑고 고졸하였다. 본관에게 청하여 남강부 유학 교수로 고쳐서 조용하고(改調) 겸하여 서원 관리의 일체를 맡아보게 하였다."[99]

당룡이 주학을 꿋꿋하게 숭앙하고 육학을 반대했지만 채종연을 천거하여서 백록동주를 맡게 한 까닭은 분명히 채종연이 당룡(*주학)과 양명(*육학) 모두로부터 인정을 받은 노사숙유였기 때문이다. 채종연은 비록 양명의 제자이나 주학과 육학을 모두 좋아하여서 양명의 심학에 대해서도 반신반의하고 있었다. 그는 정주파의 저명한 인물 장거莊渠 위교魏校, 경야涇野 여남呂柟 등과 함께 교유하면서 주학과 육학을 절충하고 조정하였다. 그는 『대학사초大學私抄』, 『사서시경절약四書詩經節約』, 『도서천견圖書淺見』, 『율동律同』, 『주례주周禮注』 등을 지었다. 그가 주로 주학을 연구하는 길로 달려가서 스승의 학설을 지키지 않고 마지막에는 스스로 일가를 이루었음을 알 수 있다.

계본季本은 채종연과 양명 사상의 동이를 다음과 같이 말하였다.

> 선사께서 처음 양지의 학문을 강론하였을 때 나는 바야흐로 회옹(주희)의 낡은 견해를 고집하고 있었으므로 (양지의 학문을) 믿지 못하였다. 그러나 공(채종연)은 이때 이미 마음에 거스름이 없었다. 내가 고심하여 궁구하고 비로소 깨닫고 믿어서 따를 줄 알게 되었으나, 공은 도리어 스승의 학설을 의심하였다. 그러므로 그 저서가 대부분 (옛 학설과) 균형을 이루고 (둘을) 조절하여 지켜서(持衡調護) 스스로 일가를 이루었다. 그 까닭은 무엇인가? 어쩌면 새로운 견해가 옛 견문을 초월하였으나 (옛 학설을) 믿는 마음이

---

99 「백록동서원차부석비白鹿洞書院劄付石碑」. 현재 백록동서원에 있는데 『백록동서원비각마애선집白鹿洞書院碑刻摩崖選集』에 보인다.

흔들리지 않았기 때문인가? 공은 본래 '만물이 모두 나에게 갖춰져 있다(萬物皆備於我)'는 사상을 주로 삼았기에 스스로 호를 '아재我齋'라 하였다. 무릇 자기가 홀로 터득한 바로써 경솔하게 남에게 드러내지 않았고, 온 세상이 비난해도 아랑곳하지 않았다. 그러므로 선사께서 일찍이 말씀하시기를 "희연希淵(채종연)은 참으로 나를 위할 수 있다(爲我)!" 하였다. 매양 서로 만나면 또한 홀로 군자의 도를 함을 부끄러워하여서 반복하여 열어서 밝혔는데, 오직 공이 아집(有我)을 둠을 두려워하였다. 용렬하고 비루한 나로서는 백 가지 가운데 하나도 미치지 못하니 스승의 전승을 늘 지키고 있지만 (그와) 같고 다름이 더욱 많아서 서로 합치하지 않는 것도 당연할 것이다.[100]

당룡이 채종연을 천거하여서 백록동주를 맡긴 까닭은 그가 백록동서원에서 주학을 강론하여 크게 떨치기를 바랐기 때문이다. 그러나 양명은 오히려 그를 양지심학의 길로 돌아오게 하려고 하였다. 양명은 채종연이 백록동주로 부임하는 사실을 알게 되었을 때 그에게 즉시 백금 50을 주어서 공서公署를 세우는 데 사용하게 하였다. 채종연이 모친의 질병으로 사직을 하고(掛冠) 돌아가 거처할 생각을 하였을 때 양명은 곧바로 남강부에 공문을 내려보내 채종연에게 권유하여서 머무르게 하였다.

양명은 「앙남강부권류교수채종연仰南康府勸留敎授蔡宗兗」에서 다음과 같이 말한다.

남강부 유학의 상신에 근거하면 교수 채종연이 덕은 노사숙유의 임무를

---

100 『계팽산선생문집季彭山先生文集』 권3 「봉의대부사천안찰사제학첨사채공묘지명奉議大夫四川按察司提學僉事菜公墓志銘」.

> 지고 마음에는 효와 의리를 보존하였다고 한다. 지금 바야흐로 자모慈母를 모시고 돌아가려고 하는데, 바로 영재를 교화하는 즐거움을 누릴 수 있는 사람이다. 하물며 백록동서원을 주관하는 직책을 맡아 송유가 도를 창도한 구역을 담당하였으며, 광려匡廬에 아름답게 거하니 또한 옛날 현자가 은거하던 곳이다. 우연히 부모의 질환을 만나 몸소 조섭을 돌보다 문득 관을 벗어 걸어두고(掛冠) 돌아가려는 청을 하였으니, 명을 어기는 마음이 있는 듯하다. 포정사에게 바라노니, 남강부 관인官印을 관장하는 관원이 예를 갖추어서 머물도록 권유하고 인하여 학궁을 수리하고 생필품(薪水)을 공급하여서 조금이라도 현자를 봉양하는 예를 두터이 하여 유학을 숭상하는 뜻을 보이라.[101]

양명 스스로는 일찍이 백록동서원에서 강학론도를 하며 양지심학을 크게 드러내 밝힌 적이 있었다. 그는 추수익에게 보낸 편지에서 "근래 '치량지' 석 자를 믿게 되었는데 바로 성문聖門의 정법안장입니다. 왕년에는 아직 의심이 다 없어지지 않았는데 지금 많은 일을 겪은 이래 다만 이 양지는 구족具足하지 않음이 없었습니다. 비유하자면, 배를 젓되 키로써 하여 잔잔한 물결이나 얕은 여울이나 뜻대로 저을 수 있지 않음이 없으니(無不如意) 비록 거센 바람과 격랑을 만나더라도 키를 손에 잡고 있으면 침몰할 근심을 면할 수 있을 것입니다."[102]라고 하였다. 양명은 양지심학의 '정법안장'을 이용하여서 백록동서원에서 강학론도를 하였는데, 양지심학은 망망한 진해塵海에서 배를 몰아 깊이 빠져들어서 가라앉아 없어지는 사람의 마음을 구속하는 '방향타'가

---

101 『왕양명전집』 권17 「앙남강부권류교수채종연仰南康府勸留教授蔡宗兗」.

102 『왕양명전집』 권34 「연보」 2. '정덕 16년 정월' 조 아래.

되었으며, 그는 바로 물결과 바람을 타고 '뜻대로 하지 않음이 없는' '키잡이(掌舵人)'였던 것이다.

전덕홍은 『양명선생연보』에서 양명이 백록동서원에서 행한 한차례 중요한 양지심학의 강론을 다음과 같이 기록하였다.

> 하루는 선생이 한숨을 쉬며(喟然) 탄식하였다. 구천九川이 여쭈었다. "선생님은 왜 탄식하십니까?" 답하셨다. "이 이치는 이처럼 간이명백簡易明白한데 이미 묻혀버린 지 수백 년이다." 구천이 말하였다. "역시 송유는 앎과 이해(知解)에서 파고들어 정신(神)을 성체性體라고 인식하였습니다. 그러므로 견문이 날로 늘어나되 도를 가로막는 것은 날마다 심해지는 것입니다. 지금 선생께서 '양지' 두 자를 끄집어냈는데 이는 옛날과 오늘날 모든 사람의 진면목이니 다시 무엇을 의심하겠습니까?" 선생께서 말씀하셨다. "그러나 사람에게 비유하자면, 다른 성씨의 분묘가 조상의 묘에 섞여 있다면 무엇으로 변별하겠는가? 다만 광중을 열고 자손의 피를 떨어뜨려보면 참과 거짓의 판별을 벗어날 수 없을 것이다. 나의 이 양지 두 자는 실로 천고 성인들이 서로 전승한(聖聖相傳) 한 방울 적골혈滴骨血이다." 또 말씀하셨다. "나는 이 양지의 설을 백 번 천 번 죽음의 위기(百死千難)를 겪고서 터득한 것이니 한번 사람들과 입으로 다 말하지 않을 수 없다. 다만 배우는 사람이 용이하게 터득하여서 일종의 구경거리(光景)로 삼아 가지고 놀 뿐 실제로 시작하여서 공부를 하지 않고 이 앎을 저버릴까 두려울 뿐이다."[103]

5월에 이르러서 당룡은 남창 지부知府 오가총吳嘉聰에게 격문을 보내 『남

---

103 『왕양명전집』 권34 「연보」 2.

창부지南昌府志』를 찬수纂修하고 백록동에 학관을 열게 하였다. 이는 양명에게는 문인과 학자를 백록동서원으로 불러모아 양지심학을 강의할 수 있는 절호의 기회를 제공하였다. 그는 즉시 가장 득의한 제자 추수익·진구천·하량승·만조·서분 등을 백록동서원으로 초청하여서 『남창부지』를 편찬하는 일에 참여하게 하였다.

그는 추수익을 청하는 편지에서 '취옹의 뜻(醉翁之意)'을 다음과 같이 털어놓았다.

> 이별한 뒤 덕의 소문이 날로 이르렀는데 비록 서로 만나지는 못했지만 위안이 됨이 매우 깊습니다. 근래 이런 뜻이 더욱 친절하게 받아들여졌고(近來此意見得益親切), 국상國裳(서분)도 이미 독실하게 믿으니 겸지(추수익)가 다시 한번 온다면 더욱 당연히 패연하게 될 것입니다. 마침 오吳 수령(오가총)이 부지府志를 편찬하려고 하여서 우중于中(하량승)·국상·여신汝信(만조)·유준惟濬(진구천) 등 함께 일할 사람들에게 마침내 백록에 학관을 열게 하였습니다. 취옹의 뜻이 대체로 있기는 하나 오로지 이로써 노고를 겪게 하려는 것은 아닙니다(遂令開館於白鹿. 醉翁之意蓋有在, 不專以此煩勞也). 내(區區)가 언젠가는 돌아가 숨을 터인데 성천자께서 새로 정사를 펴서 영명하시고 또한 겸지가 마땅히 행장을 꾸려서 북상할 것이니 이 모임은 마땅히 빨리 도모해야 하며 서서히 해서는 안 될 것입니다. 근래 채희연蔡希淵(채종연)이 이미 백록을 주관하여서 여러 동지가 나(僕)를 따라 산에 이르렀으니 서로 강론한다면 더욱 아름다울 것입니다. 지금은 바빠서 뜻을 다 쓰지 못하고 다행히 몇 마디 할 뿐입니다.[104]

104 『왕양명전집』 권5 「여추겸지與鄒謙之」 서1.

"근래 이런 뜻이 더욱 친절하게 받아들여졌고"라고 한 말은 양명이 '양지의 깨달음' 이래 양지심학에 더욱 정진한 사실을 가리킨다. 이는 그가 추수익과 진구천 등 제자들을 백록동서원에 모이게 한 주요한 목적이 결코 『남창부지』를 편찬하려는 것이 아니라 그들과 함께 양지심학을 강론하려는 것임을 밝히 드러낸다. 그러므로 "마침내 백록에 학관을 열게 하였습니다. 취옹의 뜻이 대체로 있기는 하나 오로지 이로써 노고를 겪게 하려는 것은 아닙니다."라고 하였던 것이다. 이때 백록동의 성대한 모임은 사실 양명과 문인, 학생들이 모여서 한차례 양지심학을 강론하는 성대한 모임이었으며, 학관을 열어서 『남창부지』를 수찬하는 명목을 빌려 백록동서원에서 대대적으로 양지의 가르침을 펼친 행사였다. 감주 통천암의 성대한 집회와 마찬가지로 그는 문인, 학생들을 이끌고 이 산 저 산, 이 강 저 강(山山水水)을 찾아다니며 도를 강하고 배움을 논하는 방법을 택하여서 가는 곳마다 강학하고 양지의 학문을 논변하며, 고요한 가운데 심체를 체인하면서 참된 경지를 오묘하게 깨달았다.

양명은 시 한 수를 지어서 읊었다.[105]

백록동 독대정 白鹿洞獨對亭

오로봉이 푸른 하늘 건너 있어서 五老隔青冥
늘 쉽게 보이지 않는데 尋常不易見
내 흰 사슴 타고 와서 我來騎白鹿
허공을 밟고 봉우리를 날아오르네 凌空陟飛巘
멀리서 불어오는 바람 뜬구름 휘감고 長風捲浮雲

105 『왕양명전집』 권20 「백록동독대정白鹿洞獨對亭」.

휘장을 걷어올려 비로소 얼굴을 엿보네　　褰帷始窺面
한 번 웃음에 옛 모습 그대로니　　一笑仍舊顔
내 살쩍 먼저 변함을 부끄러워하네　　愧我鬢先變
내가 옴에 그대가 주인이라　　我來爾爲主
하늘과 땅 사이에 우편으로 전하네　　乾坤亦郵傳
바닷가 등불은 외로운 달을 비추고　　海燈照孤月
고요히 마주하여 여유롭게 돌아보네　　靜對有餘眷
팽려호에 술잔을 띄우고　　彭蠡浮一觴
손님과 주인이 애오라지 술을 권하네　　賓主聊酬勸
유유한 만고의 마음　　悠悠萬古心
묵묵히 합하니 따질 나위 없네　　默契可無辨

제자들은 모두 마음과 정신으로 깨달아 이해하였다. 추수익은 시 한 수를 차운하였다.[106]

백록동을 지나며 양명의 '독대정에서 오로봉을 바라보다' 시의 운을 따서

過白鹿洞次陽明獨對亭望五老峰

명산을 짚신 신고 오름에　　名山屐屨躡
광려산은 오래도록 보지 못했네　　匡廬久未見
옷을 걷고 층층한 호수를 건너고　　褰衣泛層湖
채찍질하여 까마득한 봉우리를 오르네　　振策凌絶巘

106 오종자吳宗慈(1879~1951), 『여산지廬山志』 「예문藝文·역대시존歷代詩存」.

한번 육합정에서 웃고	一笑六合亭
비로소 오로봉 모습을 알아보네	始識五老面
연기와 구름은 새벽어둠과 다르나	煙雲異晨昏
신선의 표식은 엄연히 변하지 않았네	仙標儼不變
먼지 이는 속세를 가련하게 돌아보고	顧憐塵寰中
흰 망아지 달려서 우편으로 전하네	白駒走郵傳
무극옹께 머리를 조아리니	叩首無極翁
끊어진 학문을 하늘이 돌아보네	絶學天所眷
위대한 백록동 규약	皇皇白鹿規
편안히 따르도록 서로 권하네	逸駕競相勸
그대들과 맹세하나니	矢言二三子
의와 이익 변별함을 저버리지 말라	無負義利辨

서분도 시 한 수를 차운하였다.[107]

백록동을 지나며 양명의 운을 따다	過白鹿洞次陽明韻
바람에 날리듯 오성을 나오니	孤蓬出吳城
오로봉이 보일 듯하네	五老彷佛見
가마 타고 남강으로 가서	兜輿上南康
푸른 봉우리를 오르네	乃獲陟青巘
아득한 옛날에 열렸다 하는데	有開云古初

107 오종자, 『여산지』 「예문·역대시존」.

이제야 비로소 모습이 보이네 今始始顔面
우뚝한 동남의 진 屹然東南鎭
상전벽해로 바뀌지 않네 不逐滄桑變
광생은 어디에 있는가? 匡生端何在
백록은 전해져오는데 白鹿却流傳
큰 선비는 숨어서 수양을 하고 藏修便巨儒
이내는 애틋하게 마음에 들어오네 煙霞入情眷
학교를 떨쳐 일으켜서 黌宇旣振作
가르침을 베풀고 거듭 깨우쳐 권하네 誨言重箴勸
염계 물은 바로 가까이 있는데 咫尺濂溪水
근원의 흐름을 누가 변별할까! 源流許誰辨

주절朱節도 시 한 수를 차운하였다.[108]

백록서원을 참배하고 양명 선생의 운을 따다 謁白鹿書院次陽明先生韻

만고의 광려봉 萬古匡廬峰
우뚝한 모습 꿈에 보았네 崔嵬夢中見
이 새벽에 바람은 싸늘하고 玆晨天風凉
나를 꼭대기로 오르게 하네 吹我上層巘
엷은 구름에 산은 맑게 드러나고 輕雲山晴罔

108 『백록동서원비각마애선집白鹿洞書院碑刻摩崖選集』「알백록서원차양명선생운謁白鹿書院次陽明先生韻」.

이슬에 부용 같은 모습 드러나네 露出芙蓉面
망망한 대지에 묻노니 茫茫大塊問
언덕과 골짜기 얼마나 변했던가? 陵谷幾遷變
하루살이 같은 인생 慨玆蜉蝣生
백 년이 나그네 같네 百年如旅傳
우뚝하여라! 여러 명현들 卓矣諸名賢
어찌 간절히 우러러 그리워하나! 仰止何眷眷
세심천 물을 길어 酌此洗心泉
청산과 함께 나누네 青山共酬勸
오묘한 경지에 참된 깨달음 있으니 妙境有眞悟
쓸데없이 변별함을 잊어버릴 수 있네 可以忘餘辨

당룡마저도 잇달아 화답시 두 수를 지었다.[109]

다시 백록동에 이르러서 양명 공의 '오로봉을 바라보다' 시의 운을 따다

再至白鹿洞次陽明公望五老峰韻

오로봉은 구름 사이에 숨고 五老隱雲間
한 해 만에 다시 만나네 經年再相見
달빛을 받으며 맑은 시내를 건너고 乘月歷清溪
넝쿨을 잡고 높은 봉우리를 오르네 攀蘿度岑巘

109 『당어석집唐漁石集』 권4 「재지백록동차양명공망오로봉운再至白鹿洞次陽明公望五老峰韻」; 오종자, 『여산지』 「예문·역대시존」.

은거할 마음 다독이고	頃諧丘壑心
속세에 찌든 얼굴 말갛게 씻어내네	淨洗風塵面
산신령은 죽지 않으며	山神靈不死
사물의 이치는 홀연히 변하네	物理溘中變
비바람은 제기 술잔을 벗겨내고	風雨剝樽彝
벌레와 쥐는 경전을 갉아먹네	蟲鼠逸經傳
지나간 자취 아득히 사라지고	往迹空冥冥
긴 정회 가슴에 꼭꼭 들어차네	永懷中眷眷
사슴은 가버리고 주인은 돌아오지 않으니	鹿去主不歸
술 익어 손님이 스스로 권하네	酒熟客自勸
어찌 사슴과 노닐면서	焉得抱鹿游
망령된 변별을 그칠까!	居吁息妄辨

또 운을 따다 又次韻

옛사람 흰 사슴 길러서	昔人飼白鹿
홀연히 사라지고 보이지 않네	形幻忽不見
오로봉은 그대로 푸르고 푸른데	五老故蒼蒼
푸른 하늘에 우뚝 봉우리 치솟았네	青冥拔飛巘
팽려 물이 아래로 흘러	彭蠡流其下
봉우리 사방으로 펼쳐 있네	諸峰羅四面
구름과 비 어울려 나오고	翕合出雲雨
아침저녁으로 숨었다 드러났다	朝暮隱晴變
지팡이와 짚신으로 한가한 겨를 틈타	杖履偶乘暇

겨우 여행을 하네 僅如經旅傳
구름 깊은 골짜기 먼 생각을 붙들어 매고 雲壑系遐思
바위샘은 맑은 정신을 일깨우네 石泉動清眷
떨어진 실마리는 찾을 수 있거니와 墮緖尙可尋
흐르는 기풍은 더욱 권할 만하네 流風尤足勸
어찌 숨은 봉우리 앞에서 何如隱峰前
그림과 글을 함부로 따지나? 圖書肆討辨

"망령된 변별을 그칠까!", "그림과 글을 함부로 따지나?"라고 한 구절로 보아 당룡은 분명히 백록동서원에서 양명과 함께 주륙 학문을 변론하였다. 양명과 제자들의 백록동 성대한 모임 역시 정주파의 주목을 끌었기 때문에 그들도 백록동서원으로 와서 양명과 논변을 전개하였던 것이다. 때맞춰 장거위교가 마침 5월에 광동 제학부사에 임명되어서 남창을 지나가다 백록동주 채종연을 예방하고 양명과 만나서 토론을 전개하였다.

왕기는 나중에 이 논변을 다음과 같이 언급하였다.

"동산洞山 윤 선생(윤자尹子, 윤대尹臺, 1506~1579)이 장거(위교)에게 양명 선생님의 '심상동心常動(마음은 늘 움직인다)'설을 거론했다고 하는데 그런 일이 있었습니까?" 선생(채종연)이 말하였다. "그렇습니다. 장거가 영남의 학헌學憲을 할 때 감贛을 지나갔는데, 선사께서 자재子才(위교)에게 물으시기를 '어떤 것이 본심인가?'라고 하셨습니다. 장거가 답하기를 '마음은 늘 고요한 것입니다(心是常靜的).'라고 하였습니다. 선사께서 말씀하시기를 '나는 마음은 늘 움직이는 것이라(心是常動的)고 말한다.' 하셨습니다. 장거가 마침내 옷을 떨치고 갔습니다. 말년에 내가 형천荊川(당순지唐順之, 1507~1560)과 함께 장거에게 가르침을 청하였는데, 장거가 먼저 이전의 말을 거론하면서 당시 다시 묻지 않은 것을 뉘우쳤고 인하여서 그 설을 궁구하였습니다. 내가 말하기를 '이는 비록 바로잡음이 있어서 그러한 것이지만 실은 마음의 본체는 역시 원래 이와 같다. 하늘은 늘 움직이며 쉬지 않고, 마음은 늘 살아 있어서 죽지 않았다. 움직인다는 것은 활동한다는 뜻이며 때를 말하는 것이 아니다.' 하였습니다. 이에 '심상정心常靜(마음은 늘 고요하다)'설을 물었는데 장거가 답하기를 '성학은 고요함을 주로 함에 있으니 이전의 사념思念이 이미 사라지고 뒤의 사념이 아직 생기지 않았을 때 견해와 사념이 공적하여서 이미 붙잡아 지니지 않고 역시 망망하게 어둡지 않으니 고요한 가운데 빛나는 것(靜中光景)이다.' 하고 또 이르기를 '배움에는 하늘의 뿌리(天根)가 있고 하늘의 기틀(天機)이 있다. 하늘의 뿌리는 근본을 세우는 근거이며, 하늘의 기틀은 연구하고 사려하는 근거이다.'라고 하였습니다."[110]

양명이 말하는 '마음은 늘 움직이는 것'이란, 마음은 지극히 선하며(心爲至善), 심체는 상대가 없다(心體無對)는 점에서 마음은 동정이 통일된 것임을 강조한 것이다. 마음은 늘 움직이는 것이란, 마음은 살아 있는 마음이며, 마음의 본체는 명징하고 영활한 지각을 가지고 있기 때문에 마음의 본체는 늘 파들파들하여서 죽지 않고 공적하지 않으니 마치 솔개가 날고 물고기가 뛰는 것(鳶飛魚躍) 같아서 모름지기 그 마음을 넓히고 채우며 일에서 갈고닦으며(事上磨煉) 악한 사념을 극복하여 없애며 착한 마음으로 돌아가는 것을 말한다.

위교가 말하는 '마음은 늘 고요한 것'이란, 마음의 본체를 고요함을 주로 하고(主靜), 공적함을 주로 하고(主寂), 공허함을 주로 하는(主空) 것으로 인식하

110 『왕기집』 권7 「남유회기南遊會紀」.

는 것이다. 이전의 사념이 이미 가고 뒤의 사념이 생기지 않으며, 지금의 사념이 공적하고, 집착하지 않고 미혹되지 않으며, 사념과 사념이 일어나지 않게 하려는 것이다. 이는 바로 마음의 '고요한 가운데 빛나는' 것이다. 위교의 논법은 사실 주학이 아니며 진정한 불설佛說이니, 두 사람이 논변에서 기쁨을 느끼지 못하고 헤어진 것은 이상하지 않다.

어떻든 간에 이 백록동서원 집회의 강연은 주절이 말한 바, 한 차례 '오묘한 경계에서 참된 깨달음이 있는(妙境有眞悟)' 양지심학을 강론하는 성대한 모임이었다. 그런데 이 백록동서원의 성대한 집회에서 양지심학 강론의 성공 지표가 된 것은 바로 양명이 백록동서원의 성대한 집회 뒤에 자신의 「대학고본서」를 수정하여서 백록동서원의 돌에 새긴 일이다. 『대학고본방석』을 수정한 뒤 다시 판각하여서 백록동서원의 (교육) 용도로 제공했던 것이다.

양명은 육징陸澄에게 보낸 편지에서 이 중요한 사실을 드러내 말하였다.

> 자주 편지를 받고서 청백淸伯(육징)이 허물을 살피고 자기를 정죄하는 뜻을 보니 참으로 진실하고 절실하며 간절하다 하겠습니다. 이렇게 하는 것은 바로 청백 본연의 양지입니다. 보통사람이 불선을 하는 것이 비록 극도로 이치를 거스르고 정상을 어지럽힌다고(逆理亂常) 하더라도 그 본심의 양지는 역시 스스로 알지 못한 적이 없습니다. 그러나 본연의 양지에 이르지 못하기 때문에, 이로써 사물을 바로잡지 못하고 뜻이 성실하지 않음이 있으며 끝내 소인의 귀결에 들어가는 것입니다. 그러므로 무릇 앎을 끝까지 이루는(致知) 것은 본연의 양지를 끝까지 이루는(致) 것일 뿐입니다. 『대학』은 이를 '치지격물致知格物'이라 하고, 『서』에서는 '정일精一'이라 하며, 『중용』에서는 '신독愼獨'이라 하고, 『맹자』에서는 '집의集義'라고 하였는데, 그 공부는 하나입니다. 지난번 남도에서 일찍이 청백에게 이 내용을 모두 말

하였습니다(吃緊). 청백도 스스로 이미 그것을 알고 있다고 여깁니다. 지금 보내온 편지를 살펴보니 곳곳에서 아직 깨닫지 못한 듯하여 대뜸 다시 이를 덧붙이니 청백은 다시 정밀하게 생각하십시오. 『대학고본』 한 책을 보내드렸는데 틈나면 한번 읽어보십시오. 근래 뜻을 같이하는 선비들 대부분이 이 내용을 그다지 이해하지 못하고 있습니다. 그러므로 「서」에서 특별히 몇 마디 고쳤는데(故書中特改數語) 터득한 것이 있어서 그 가운데 써넣었으니 살펴보십시오. 계유건季惟乾(기원형)의 일은 선류善類가 모두 원통해하는 바이니 바라건대 자세히 주선해주십시오(季惟乾事, 善類所共冤, 望爲委曲周旋之).[111]

편지에서 "계유건의 일은 선류가 모두 원통해하는 바이니 바라건대 자세히 주선해주십시오."라는 말에 근거하면 확실히 이 편지를 쓴 시기는 정덕 16년(1521) 6월, 바로 5월에 있었던 백록동서원의 성대한 집회 이후였음을 알 수 있으며, 양명이 『대학고본방석』을 개정하여 다시 판각한 것이 바로 이때의 일임을 알 수 있다. 양명이 육징에게 보낸 편지에서 말한 이 '양지'에 관한 한 단락의 말은 바로 그가 수정한 『대학고본방석』의 주된 사상이며, 그가 「대학고본서」와 『대학고본방석』을 수정한 것은 분명하게 '양지'와 '치량지'설을 더욱 발전시킨 것이다.

나흠순은 말하기를, 정덕 13년의 초본 『대학고본방석』에서는 "치지는 한 마디도 언급하지 않았는데" 나중에 "근래 『양명문록陽明文錄』을 보니 「대학고본서」가 수록되어 있는데 비로소 치지로 다시 설을 세우고 격물은 다시 제기

111 『왕양명전집』 권27 「여육청백서與陸淸伯書」.

하지 않았다."[112]라고 하였다. 이는 바로 양명이 「여육청백서與陸淸伯書」에서 말한 "그러므로 「서」에서 특별히 몇 마디 고쳤다"고 한 것이다. 양명은 「대학고본서」를 수정한 뒤 즉시 백록동서원에 비석을 세워 새겼는데(*지금은 「개정대학고본서改定大學古本序」의 수적手迹 석각이 백록동서원에 남아 있다)[113] 이것이 바로 양명이 「여황면지與黃勉之」 편지에서 말한 "짧은 서문은 일찍이 세 차례 원고를 고친 것이고, 석각은 가장 마지막 원고를 근거로 한 것이다.", "『고본』의 전석은 부득이한 것이다. …… 석각은 가장 마지막 원고를 근거로 한 것인데 지금 각각 한 본씩 보낸다."[114]라고 한 것이다.

중각본 『대학고본방석』에서 초본 『대학고본방석』을 수정한 것은 주로 세 가지이다. 하나, 「서」에서 '치량지'설을 더욱 발전시킨 것이다. 둘, 원래의 「대학고본방석후발大學古本傍釋後跋」을 산삭한 것이다. 셋, 『방석』에서 '치량지'를 논하는 한 단락의 눈에 확 띄는 문자를 다음과 같이 더욱 발전시킨 것이다. "예컨대 뜻을 부모 섬김에 쓴다면 곧 부모 섬기는 일에 이르러서 반드시 천리를 다하면 나의 부모 섬기는 양지가 사심이 없는 가운데 그 극치에 이른다. 앎이 끝까지 이루어지면 뜻은 속이는 바가 없이 알게 되며, 뜻이 성실해지면 마음은 놓치는 바가 없이 바르게 된다."[115] 이와 같이 양명의 양지 심학 체계는 신판 『대학고본방석』에서 구축되기 시작하였던 것이다.

새로 확정한 『대학고본방석』은 양명의 백록동서원 강학회라는 성대한 집회의 산물이라고 할 수 있다. 『대학고본방석』은 수정하여 중간한 뒤 즉시 정

---

112 『곤지기困知記』 「삼속三續」 제20장.

113 『백록동서원비각마애선집』에 보인다.

114 『왕양명전집』 권5 「여황면지與黃勉之」.

115 『왕양명전집』 권32 「대학고본방석大學古本傍釋」.

주파와 정주 관학의 '의심과 비방'의 거듭된 포위를 돌파하는 심학의 간명한 '독본讀本'으로 사용되었다. 그는 이를 한편으로는 선비, 학자들에게 널리 제공하여서 토론하게 하였고, 또 한편으로는 백록동서원과 남강 부학에서 사용하였다.

특히 그는 깊은 의도를 갖고 새로 판각한 『대학고본방석』을 『주자만년정론』과 함께 복건 제학부사, 정주파의 중견 호탁胡鐸(1469~1536)에게 보내주었는데, 편지에서 다음과 같이 말하였다.

> 이별한 지 오래되었습니다. 근래 나아간 바를 생각하니 날마다 깊어지고 순수해졌을 터인데 만나서 묻고 명쾌함을 얻을 수 있는 인연이 없었습니다. 가르침을 받는 선비들 가운데에 능히 흥기할 자가 있습니까(教下士亦有能興起者乎)? 도가 밝아지지 않고, 세상의 가르치고 배우는 사람들은 다만 과거와 이록만 알아서 이치를 궁구하고 마음을 다하는 자기 본령에 이르러서는 도리어 몸 바깥의 대단한 물건으로 여기니(道之不明, 世之教與學者, 但知有科擧利祿, 至於窮理盡心, 自己本領, 乃反視爲身外長物) 도를 지닌 자는 반드시 이를 개탄합니다. 무엇으로 구제하겠습니까? 무엇으로 구제하겠습니까(何以救之)? 저(區區)는 병을 아뢰는 소(病疏)를 이미 다섯 차례나 올린 뒤 근래에야 답을 얻어서 돌아가 숨을 기대를 하게 되었기에 여기에 거의 힘을 쏟고 있습니다. 해내海內의 동지가 점점 많아지는데 착실하게 책임을 짊어질 수 있는 자는 오히려 적으니 만약 내가 때로 아름다운 자질과 맑은 재능을 떨치고 뜻을 독실하게 하고 게으르지 않는다면 어디인들 이르지 못하겠습니까! 마침 장해원張解元이 가는 편에 대략 바라고 그리는 정회를 전합니다. 바쁜 가운데 서둘러 쓰느라 다 아뢰지 못합니다. 다 아뢰지 못합니다(不盡).

홍도洪都에 우거하는 수인이 머리를 조아리고 시정時政 대제학 도계 형문시大提學道契兄文侍께 올립니다.

『고본(대학고본방석)』, 『정론(주자만년정론)』 각 1책.[116]

양명이 새로 간행한 『대학고본방석』을 호탁에게 보낸 까닭은 호탁이 대제학부사가 되어서 복건의 한 도道에서 학교교육을 관장하였기 때문이다. 양명은 그의 『대학고본방석』이 복건의 학교교육에 사용되기를 바라고서 이로써 당장의 과거와 교육을 구제하라고 부르짖었다. 그리하여 개탄하며 말하기를 "도가 밝아지지 않고, 세상의 가르치고 배우는 사람들은 다만 과거와 이록만 알아서 이치를 궁구하고 마음을 다하는 자기 본령에 이르러서는 도리어 몸 밖의 대단한 물건으로 여기니"라고 하였다. 그러나 양명은 학교교육에서 이미 어느 정도 효과를 거두었고, 그리하여 '가르침 아래 선비가 역시 흥기한 자가 있다'고 하여서 자신이 백록동서원과 남강 부학에서 양지의 가르침을 널리 펴서 얼마간 성공했음을 암시하였다.

그러나 호탁은 결코 양명의 양지심학을 학교에서 전파하도록 인가하지 않았다. 그는 회신에서 다음과 같이 말하였다.

족하께서는 송유를 박하게 대하여서 견문의 지식(聞見之知)으로 덕성의 지식(德性之知)을 가라앉혔습니다. 앎은 하나일 뿐이니 덕성의 지식은 견문을 떠나지 않으며, 견문의 지식은 또한 덕성으로 귀결합니다. 깜짝 놀라 두려워하고 측은히 여기는 마음은 양심인데, 반드시 어린아이를 얼핏 본 뒤에 일어난다면 누가 덕성의 지식이 견문에서 벗어난다고 하겠습니까? 사람은

---

116 왕수인, 「답시정서答時政書」, 『상관재우상편湘管齋寓賞編』 권2.

몸뚱이(形)가 아니면 본성이 머물 곳이 없으며, 이목과 견문의 지식을 버리면 덕성 역시 발단할 곳(自發)이 없습니다. 『대학』에서 수신修身을 논하면서 치지致知에 미친 것은 본래 덕성과 견문을 합하여 말한 것(合德性聞見而言之)입니다.[117]

호탁도 깜짝 놀라 두려워하고 측은히 여기는 마음이 '양심(*良知)'임을 인정하였으나, 다만 인위적으로 덕성의 지식과 견문의 지식을 대립시키는 것에 반대하여 견문의 지식이 덕성의 지식을 빠뜨리는 것을 부정하고 덕성의 지식과 견문의 지식이 통일되고 공생하며, 서로 보완하여서 함께 발현된다고 인식하였다. 이 때문에 '치지'는 바로 '덕성과 견문을 합하여 말한' 것이니 이는 이미 '치량지'로 논하는 것과 다름없었다.

양명은 또 새로 개정한 『대학고본방석』을 또 다른 정주학의 중견 하상박夏尙樸에게 보냈다. 그는 편지에서 다음과 같이 말한다.

뵙지 못한 것이 얼마인지 매번 우리 형의 충신忠信, 독후篤厚한 자질을 생각하면 단연코 하루에 천 리라도 달려갈 듯합니다. 안타깝게도 빨리 만나 뵐 인연이 없으니 이른바 '종횡으로 재능을 펼치는(歷塊過都)' 것을 직접 보는 것이 기쁠 뿐입니다. 예전에 공부자께서 자공子貢에게 말씀하시기를 "사야! 너는 내가 많이 배워서 아는 사람으로 여기느냐?(賜也, 汝以予爲多學而識之者與)" 하였는데, 대답하기를 "그렇습니다. 아닙니까?(然, 非與)"라고 하자, 선생님께서 말씀하시기를 "아니다. 나는 하나로 꿰뚫었을 뿐이다(非也. 予一以貫之)."라고 하셨습니다. 그렇다면 성인의 배움은 요령이 있는 것

117 호탁胡鐸, 「답양명서答陽明書」, 『광서여요현지光緖餘姚縣志』 권23 「호탁전胡鐸傳」.

이 아니겠습니까? 저 석씨釋氏의 인륜을 도외시하고 사물의 이치를 버리고 서 공적空寂에 빠지는 것은 본래 그 마음을 밝힌다고 할 수 없습니다. 세상의 학자(世儒)들과 같이 바깥에 힘쓰고 강론하여 탐구하고 기이한 것을 고찰하면서 그 마음에 근본을 둠을 알지 못하면 또한 이치를 궁구한다고 할 수 있겠습니까? 저(區區)의 이 마음은 도를 지닌 자에게 나아가 바로 잡기를 깊이 원하는 것입니다. 인편에 서둘러 보내니 저를 가르친다면 다행이겠습니다.[118]

하상박은 양명과 함께 주륙 학문의 동이 논전을 진행했던 정주파의 주요한 적수였다. 당시 양명은 『주자만년정론』과 『대학고본방석』(*초간본)을 모두 그에게 보내주었다. 하상박은 정덕 13년(1518)에 「왕양명에게 부치다, 세 수(寄王陽明三首)」를 지어서 명확하게 다음과 같이 표현하였다.[119]

동보(진량)의 재질은 패도를 섞은 듯하고	同甫有才疑雜覇
상산(육구연)의 학설은 선에 가깝네	象山論學近於禪
평생 주부자(주희)를 높이 받들었으니	平生敬仰朱夫子
마음 씀이 참으로 해처럼 빛나네	心事眞如白日懸

육학도 의와 이익 분별할 수 있으니	陸學也能分義利
한 마디로 회옹의 마음과 깊이 맺어졌네	一言深契晦翁心
같으니 다르니 어지러운 다툼 묻지 말고	紛紛同異今休問

118 『왕양명전집』 권5 「여하돈부與夏敦夫」.

119 『하동암선생시집夏東巖先生詩集』 권5 「기왕양명삼수寄王陽明三首」.

근원을 향해 마음을 다하여 찾기를 바라네　　請向源頭着意尋

육경의 정미함을 어찌 쉬 엿볼 수 있나!　　六籍精微豈易窺
밝히고 친절하게 탐구함은 정자와 주자에 힘입었네　　發明親切賴程朱
용병의 험한 일은 향도를 말미암으니　　兵知險阻由鄉導
후학이 어찌 이를 폐할 수 있겠는가?　　後學如何可廢玆
(*이때 감에서 용병을 하였기에 이렇게 말하였다)　　(*時贛上用兵, 故云)

이 시 세 수는 당연히 그가 『주자만년정론』과 『대학고본방석』을 보고 난 뒤 양명에게 보낸 회답이다. 양명은 줄곧 응답을 하지 않고 있다가 이때에 이르러서 『대학고본방석』을 개정한 뒤 그제야 하상박에게 회신을 하였는데, 필시 동시에 새로 개정한 『대학고본방석』을 그에게 보내주었을 것이다. 그러므로 편지에서 그와 양지의 설을 논변하여서 하상박의 시 세 수에 대한 회답으로 삼은 것이다. 그러나 하상박은 도리어 침묵을 지켰다.

남창에 있던 당룡도 양명의 신판 『대학고본방석』에 대해 부정하고 비판하는 태도를 취하며 정주 이학을 견지하는 관점을 바꾸지 않았다. 6월에 양명이 서울에 나아가 조정으로 돌아갔을 때 당룡은 「송양명선생환조서送陽明先生還朝序」를 지어서 그를 전송했는데, 양명의 비범하고 탁월한 군사상의 공적(軍政事功)을 인정하였으나 양명의 양지심학 및 그가 강서에서 행한 강학론도와 도덕교화에 대해서는 한 마디도 하지 않았다. 그러나 양명은 7월 15일에 쓴 회신에서 그와 당룡 사이의 사상적 분기를 밝혀서 강서에서 두 해에 걸친 두 사람의 미적지근한(若卽還離) 관계를 총결하였다.

편지에서 다음과 같이 말하였다.

만난 지 두 해 동안 서로 정이 날로 더욱 두터워지고 뜻이 날로 더욱 진실해졌습니다. …… 옛사람이 말하기를 "나에게 복숭아를 던져주면 아름다운 옥으로 보답한다(投我以木桃, 報之以瓊瑤)."라고 하였는데, 지금 나에게 옥을 던져주니 나는 또 무엇으로 보답하리까? 주신 바를 가지고서 보답한다면 되겠습니까? 부열傅說이 이르기를 "옛 가르침에서 배워야 얻을 수 있다(學于古訓乃有獲)."라고 하였습니다. 저 옛 가르침에서 배운다는 것은 문사文詞에 통달하고 입과 귀로 강설하며 의가 엄습하여 그 바깥에서 취하는 것을 말함이 아닙니다. 얻는다는 것은 마음에서 터득하는 것을 말하며 바깥에서 녹이는(外鑠) 것이 아닙니다. 반드시 옛 가르침에 나아가되 그 배운 바를 배우고 그 몸에서 성실하게 하는 것이 이른바 '묵묵히 이룬다(默而成之)', '말을 하지 않아도 믿음이 있다(不言而信)'는 것으로서 이리하여 터득함이 있는 것입니다. 저 뜻을 겸손하게 하고 힘써서 때로 민첩하게 함은(遜志務時敏) 실정을 거짓으로 꾸미고 외양으로 예를 낮추며, 일의 공적과 명예 사이에서 급급한 것을 말하는 것이 아닙니다. 뜻을 겸손하게 하는 것은 땅이 아래에 있어서 받아들이지 않음이 없는 것과 같고, 바다가 비어서 받아들이지 않음이 없는 것과 같습니다. 때로 민첩하게 함은 한결같이 하늘의 덕에 따라 보이지 않고 들리지 않는 곳에서 경계하고 두려워하여 마치 태화太和의 운행이 쉬지 않는 것과 같습니다. 그러하나 백세에 성인을 기다려도 의혹하지 않으며, (샘물이) 넓고 깊어서 때에 따라 나오는 것(溥博淵泉而時出之)과 같아 말을 하면 백성이 믿지 않음이 없고, 행하면 백성이 기뻐하지 않음이 없어서 오랑캐(蠻貊) 땅에 베풀어도 도덕이 무궁하게 흘러갑니다. 이것이 본래 부열이 부열 된 까닭입니다.[120]

120 왕수인, 「여당우좌시어與唐虞佐侍御」, 『상해도서관장명청명가수고上海圖書館藏明清名家手稿』.

양명은 당룡에게 보낸 편지에서 비교적 함축적으로 온화하게 말하였다. 그러나 동시에 무주撫州에서 중간重刊한 『상산선생문집』에 써준 기세가 대단한(大氣磅礴) 서문에서는 육상산의 심학을 전면적으로 논술하였다. 이는 그가 강서에서 5년 동안 내세운 양지 심학과 육학, 그의 왕학을 강론한 것에 대한 하나의 총결이라고 할 수 있다.

> 성인의 학문은 심학이다. 요·순·우가 서로 주고받은 말에 이르기를 "인심은 위태하고 도심은 은미하니 정밀하고 한결같이 하여서 진실로 그 가운데를 잡으라(人心惟危, 道心惟微, 惟精惟一, 允執厥中)!"고 하였다. 이는 심학의 원천이다. 가운데란 도심을 이른다. 도심이 정밀하고 한결같은 것을 인仁이라 하니 이른바 가운데이다. 공맹의 학문은 오직 인을 추구함에 힘쓰니 대체로 정밀하고 한결같음을 전한 것이다. 그런데 당시의 폐단은 본래 이미 바깥에서 추구하는 자가 있었다. 그러므로 자공이 많이 배워서 기억하는 것이냐며 의문을 품었고, 널리 베풀어 뭇사람을 구제함(博施濟衆)을 인이라고 여긴 것이다. 부자께서 하나로 꿰뚫음(一貫)을 알려주고 능히 가까이서 비유함을 가르친 것은 대체로 그로 하여금 마음에서 추구하게 한 것이다. 맹씨孟氏(맹자)의 시대에 미쳐서 묵씨墨氏(묵자)의 인을 말함에는 (남을 위해 애쓰느라) 정수리가 벗겨지고 발꿈치가 닳는(摩頂放踵) 데까지 이르렀고, 고자의 무리는 또 '인은 안이고 의는 바깥(仁內義外)'이라는 설을 내세워서 심학이 크게 무너졌다. 맹자는 의가 바깥이라는 설을 물리쳐서 말하기를 "인은 사람의 마음이다. 학문의 도는 다른 것이 없으니 놓친 마음을 구하는 것일 뿐이다(仁, 人心也. 學問之道無他, 求其放心而已矣)."라고 하였다. 또한 "인의예지는 바깥에서 나를 녹여서 들어오는 것이 아니라 내가 본래 가지고 있는 것인데 생각하지 못할 뿐이다(仁義禮智非由外鑠我也. 我固有之, 弗思

耳矣).”라고 하였다. 무릇 왕도가 종식되고 패술伯術이 행해졌으며 공리功利의 무리가 겉으로 천리의 근사함을 빌려서 사사로움을 이루었으며 그것으로 삶을 속여서 말하기를, 천리가 본래 이와 같다고 하였다. 이미 그 마음이 없음을 모르는데 오히려 어디에 천리라고 하는 것이 있는가? 이로부터 마음(心)과 이치(理)를 쪼개 둘로 삼았으므로 정밀하고 한결같은 배움이 없어졌다. 세상의 유학자로서 지리하여 밖으로 형명刑名, 기수器數의 말단에서 추구하면서 이른바 사물의 이치라는 것을 밝히려고 하는 자는 내 마음이 곧 사물의 이치이기에 애초에 바깥에서 탐구할 필요가 없음을 모른다. 공허한 불교와 노자는 인륜과 사물의 강상綱常을 내다버리고서 이른바 내 마음이라는 것을 밝히기를 추구하기에 사물의 이치가 곧 내 마음이며 내다버릴 수 없는 것임을 모른다. 송에 이르러서 주렴계와 정명도 두 선생(二子)이 비로소 다시 공자와 안자의 종지를 좇아서 '무극이면서 태극이다(無極而太極).', '인의와 중정으로써 정하되 고요함을 주로 한다(定之以仁義中正而主靜).'라는 설과 '움직임에서도 안정되고 고요함에서도 안정되며 안과 밖도 없고 보내고 맞이함도 없다(動亦定, 靜亦定, 無內外, 無將迎).'라는 이론을 내세웠는데 이는 거의 정밀하고 한결같은 취지이다. 이후 상산 육씨가 있어서 비록 그 순수함과 화평함은 두 선생께 미치지 못한 듯하나 간이직절함은 참으로 맹자의 전승을 접하였다. 그 의론의 열고 닫음이 때로 다름이 있는 것은 바로 기질과 의견의 차이이나 그 배움을 반드시 마음에서 추구하려고 한 것(要其學之必求諸心)은 하나일 뿐이다. 그러므로 나는 일찍이 단언컨대 육씨의 학문은 맹씨의 학문이라고 하였다. 그러나 세상의 의론하는 자는 일찍이 회옹(주희)과 더불어 같은 점과 다른 점이 있는 것을 가지고서 마침내 선禪이라고 헐뜯었다. 지금 선의 설은 인륜을 버리고 사물의 이치(物理)를 내팽개치고 궁극으로 돌아가려고 하니 (이는) 천하국가를 위할 수 없다. 만약 육씨의 학이 과연 이와 같다면 바로 선이라고 할 수 있는 근거가 있다. 지금 선의 설과 육씨의 설은 그 책이 모두 있으니 학자가 취하여서 본다면 그 시비와 동이는 당연히 변설할 필요가 없다. 한 사람이 내세우면 여러 사람이 화답하고 자기 것으로 가져다 써서 부화뇌동하니 마치 난쟁이가 공연을 구경하러 가서 슬프고 우스운 이야기가 어떻게 나오는 것인지 알지 못하는 것과 같아서 어찌 귀를 귀하게 여기고 눈을 천하게 여기는 것이 아니며, 말에서 터득하지 못하면 마음에서 구하지 말라고 한 경우의 잘못이 아니겠는가! 저 시비와 동이는 늘 사람이 남을 이기려는 마음에서 일어나 구습을 편하게 여기고 자기 견해를 옳게 여기는 것이다. 그러므로 이기려는 마음과 구습의 근심은 현자도 피하지 못한다. 무수撫守(안무사) 이무원李茂元(1505, 진사)이 상산의 문집을 중간하려고 서문 한 마디를 청하였는데, 내 어찌 말을 집어넣을 수 있겠는가? 오직 선생의 글을 읽는 이가 마음에서 구하기에 힘쓰고 구습과 자기 견해를 앞세우지 않는다면 쭉정이나 겨와 잘 찧은 쌀의 좋고 나쁨이 입에 넣으면 바로 알 수 있는 것과 같을 터이다.

정덕 신사(1521) 7월 초하루, 양명산인 왕수인이 쓰다.[121]

이 「상산선생문집서」는 공전의 육씨 심학을 크게 펼치고 밝게 드높이는, 천하 선비에게 밝히 포고하는 '격문'이라고 할 수 있다. 이것은 석서의 『명원록』과 멀리서 서로 호응하여 육씨 심학의 근원을 찾는 글로서 육씨 심학이 위로는 공맹의 학문에 근본을 두고 요순의 도통을 이은 것임을 지적하여 밝힘으로써 300년 동안 '육학은 선'이라 공격하고 헐뜯은, 진실하지 않은 무함

---

121 정덕 16년 이무원각본李茂元刻本 『상산선생문집』 권수卷首에 보인다.

의 말을 뒤집고, 육씨 학문의 근본적인 특징은 '그 배움을 반드시 마음에서 추구하려 한 것'으로서 인륜을 버리고 사물의 이치를 내팽개친 불학과 지리하게 외부에서 찾고 마음에서 구하지 않는 주학과는 털끝만큼도 공통점이 없음을 지적하였다.

더욱 주의할 만한 점은 양명이 기치도 선명하게 요·순·우·탕·문왕·무왕·주공·공자·맹자의 성인 심학의 도통을 제시하고 육학을 곧바로 '심학'이라 일컬었으며, 나아가 성현의 학문도 통틀어 '심학'이라 일컫고, '성인의 학문은 심학'이라고 하여서 무릇 '마음에서 구하는' 학문은 모두 '심학', '성인의 학'이라고 일컬었다는 사실이다. 이는 실제로 자기 치량지의 왕학도 포괄한 것이다. 그리하여 이 서문도 양명이 자기 양지심학을 크게 펼치고 밝혀서 드날린 '선언서'로서 여러 해 동안 강서의 하늘에 드리워져 있던 정주파와 정주관학의 '의심과 비방'의 어두운 그림자를 깨부순 글이며, 신판 『대학고본방석』과 함께 양명이 심학의 포위를 한 차례 돌파하였음을 밝히 드러냈다.

양명은 강우江右에 양지심학의 씨앗을 흩뿌렸는데 마침내 '의심과 비방'으로 겹겹이 둘러싼 포위를 돌파하고 강서에서 빠져나와 절중으로 돌아간 뒤 한 걸음 더 나아가 치량지 왕학을 전파하였다. 6월에 양명은 부름에 응하여 경도에 나아가기 전날 강서의 문인, 선비들과 고별하였다. 추수익은 시를 지어서 그가 강서에서 양지심학을 전파한 큰 지혜와 용기를 찬송하였다.[122]

양명 선생께 드림	贈陽明先生
작은 배로 삼 년 동안 더운 여름에 건넜네	短棹三年衝盛暑

122 『추수익집』 권26 「증양명선생贈陽明先生」, 「증서국상관장贈舒國裳館長」.

만 리에 길을 잃고 밤낮으로 갔네	迷途萬里睹重明
사정에서 참언이 돌고 서산에서 안정을 이루니	讖符沙井西山定
물결은 염계로 이어지고 감수는 맑네	派接濂溪贛水清
부암들 첫 관문에서 장맛비에 꿈을 꾸니	傅野初關霖雨夢
동인이 수상 입은 이 그리워하는 마음 누가 위로할까?	東人誰慰繡裳情
단구를 바라고 그리는 마음에	瞻依多少丹邱興
지난날 단련을 이루지 못해 부끄러워하네	慚愧經時煉未成

서국상 관장께 드림 贈舒國裳館長

남포에서 조각배로 함께 돌아오니	南浦扁舟共往還
백 년의 마음 미련이 남네	百年心事細盤桓
우스워라, 부귀는 참으로 일장춘몽	笑看富貴眞春夢
아로새긴 조각이라도 쥐의 간이라네	且喜雕鏤是鼠肝
참된 도는 이미 날 선 검처럼 써보았고	眞道已將霜劍試
이 문화를 수습함은 갑 속에 든 고를 타는 일	斯文欲綴匣琴彈
봉우리 꼭대기에 올라도 하늘은 여전히 멀고	一峰頂上天猶遠
천 자나 되는 장대 끝에 뭉게구름을 보네	注目層雲千尺竿

양명은 대단한 기세로 회답하였다.[123]

123 『왕양명전집』 권20 「차겸지운次謙之韻」.

겸지의 운을 따다 次謙之韻

진중한 강배를 타고 더위를 무릅쓰고 가네 珍重江船冒暑行
하룻밤 마음속 이야기로 더욱 분명해지네 一宵心話更分明
모름지기 근본에서 생사를 추구하며 須從根本求生死
지류를 향한 채 청탁을 변별하지 말라 莫向支流辨濁清
오랫동안 세상 선비들 억설을 함부로 말하여 久奈世儒橫臆說
다투어 사물의 이치를 찾으면서 인정을 밖으로 돌리네 競搜物理外人情
양지의 쓰임은 안배를 할 수 있는가? 良知底用安排得
이 물건은 원래 저절로 혼연히 이루어진 것이네 此物由來自渾成

양명은 양지가 저절로 혼연히 이루어진 것이며, 모름지기 근본에서 생사를 추구해야 함을 체인하였다. 그는 월중으로 돌아온 뒤 또 이와 같이 분연히 앞으로 나아갔다.

수처체인隨處體認과 치량지致良知: ‘격물’ 위주와 ‘치지’ 위주의 새로운 대결

양명이 강서에서 양지심학을 크게 펼친 일은 실제로는 또한 더욱 중요한 강학론도의 ‘최전선(前沿陣地)’이 되었다. 이는 그가 담약수와 벌인 성학 논변으로서 줄곧 두 사람에게 모두 심학사상의 발전을 추동하였다. 또한 양명의 정덕 14년(1519) ‘양지의 깨달음’을 경계로 두 사람이 정덕 초 이래로 함께 성학을 창도하고 토론하던 것이 새로운 인식의 비약을 가져왔다. 양명은 정덕 12년 강서에 도착한 뒤 먼저 담약수가 제시한 ‘격물’과 ‘불로를 의심하지 않는(不疑佛老)’ 등의 문제에 관해 잇달아 토론을 전개하였다. 정월과 9월에 두 사람은 서신을 주고받으면서 학문을 강하고 정치를 논하였다.

담약수는 양명이 강서에서 반란을 평정한 전쟁에 더욱 관심을 기울였다. 양명이 통강桶岡을 평정하고 대첩을 거둔 이후 담약수는 즉시 그에게 「평구록서平寇錄序」를 보내 양명의 병학합일兵學合一, 문무일도文武一道의 성학과 위업을 크게 찬양하면서 “양명자陽明子의 학문은 정밀하고 한결같다. 비록 그러하나 나는 장차 천하의 썩은 유학자를 꾸짖는 자에게 성학은 둘이 아니며 문과 무는 한 도임을 알게 하나니 어찌 말하지 않으랴?”라고 하였다. 이는 양명의 심학에 대한 최고의 긍정이지만, 그럼에도 불구하고 두 사람의 사상적 분기는 그냥 그대로 존재하였기에 또 한 걸음 더 나아가 논변을 전개하기 시작하였다.

서애徐愛가 정덕 12년 5월 17일에 세상을 떠나자 양명은 담약수에게 편지를 보내 서애의 제문(奠文)을 청하였다. 담약수는 4월에 복을 벗은 뒤 다시 나올 생각을 하지 않고 있었는데, 서초西樵의 연하산煙霞山이 마음에 들어 산중에서 은거하며 강학수도 할 생각을 하였다. 우선 10월 초에 그는 양명에게 회신하면서 그에게 근래 지은 시문을 함께 보냈는데, 양명과 토론을 전개할 뜻을 품었다.

편지에서 다음과 같이 말한다.

> 저(若水)는 마침내 서초의 연하煙霞에 머물기로 하여 북행의 계획은 결실을 보지 못하였습니다. 다만 연하 때문이 아니라 덕을 닦지 못하고 배움을 강하지 못해서 뜻한 바를 성취하지 못함이 끝내 근심이기 때문입니다. 이 때문에 제 마음이 급급하고 황황한 것입니다. 지금 서초의 벽운碧雲과 운단雲端 사이에서 장수藏修할 곳을 찾았는데 매우 높고 넓으며 구불구불하고 깊어서(高敞盤鬱) 생각한 것에 너무 맞지 않습니다. 이는 하늘이 저에게 너무 후하게 주는 것이며, 역시 한두 학생이 따르고 있습니다. 감천甘泉은 연래 도적의 핍박을 받고 있으니 반드시 광성廣城 바깥에 가족을 맡기고 홀로 서초로 가야 합니다. 비록 때로 집안을 살펴야 하지만 역시 성으로 들어가지 않도록 경계해야 합니다. 저(僕)는 비록 오래 떠나 있으려는 계획을 세운 것은 아니지만 마침내 노형과 멀리 떨어지게 되었습니다. 2, 3년 동안 계획을 하고 있지만 혹 하늘이 사문斯文에 뜻한 바가 있는 듯하니 반드시 좋은 기회가 있을 것입니다. 근래 한두 문자를 사람을 시켜서 별지에 기록하게 하고 아울러 서초의 시를 받들어 올리니 한번 보시고 가르침을

주십시오. 인편에 보내니 늘 살펴주심을 아끼지 말기를 바랍니다. 인사를 갖추지 않습니다(不具).[124]

"근래 한두 문자"는 바로 그가 복을 벗은 뒤 쓴 강학론도의 시문을 가리키는데 특히 8월, 9월, 10월에 쓴 시문이다. 그 가운데 가장 대표적인 시문 네 편은 다음과 같다.

「제백사선생묘문祭白沙先生墓文」(*정축년 복을 벗은 뒤)

정덕 12년(1517) 세차歲次 정축丁丑 8월 갑진甲辰 초하루(朔)에서 24일 지난(越) 정묘丁卯에 문인 한림원편수 담약수는 삼가 돼지고기(剛鬣), 양고기(柔毛)와 여러 제물과 술로 제사를 드리며 감히 존사尊師 백사 진 선생의 영령께 밝히 아룁니다. 아! 나를 낳으신 이는 부모요, 나를 성취시킨 이는 스승이시며 나를 먹이는 이는 임금입니다. 저 세 근본은 하나라도 버릴 수 없는데 하물며 선생께서는 속학의 지리함에 대해 사람 마음의 위태로움을 염려하시고 주저앉아 꺾인 저를 부축하여서 가라앉아 미혹된 저를 열어주셨으니 그 공이 죽음에서 살려주고 뼈에 살을 붙인 것과 같습니다. …… 옛날 덕을 닦는 방도를 들었으나 안타깝게도 강학의 공에 나아가지 않았고 의심이 있어도 힘써 질정하지 못하였으며 문에 들어가 조아리지 못하였습니다. 안과 밖이 덕을 합하고 경건함과 의로움이 함께 나아가되 면전에서 가르침을 받지 못함이 한스럽습니다. 한번 깨닫고 오래 미혹되어서 앎이 있는 듯하나 장차 도가 있는 곳에 나아가 바르게 할 수 있겠습니까!

---

124 『천옹대전집泉翁大全集』 권9 「기양명도헌寄陽明都憲」. 이 편지는 담약수가 말한 "10월 초 곽 총융郭摠戎과 함께 길을 떠났는데 모두 일찍이 소를 받든 것입니다."라고 한 것이다.

구연九淵이 일어나지 않으니 제가 누구와 더불어 돌아가겠습니까? 끝났습니다, 끝났습니다(已而)![125]

「시제생겸고동지示諸生兼告同志」

성인도 사람의 일을 하니 여러분(諸子)은 일찍이 뜻을 변별하라. 이 충신의 자질을 지니면 이르지 못할 먼 곳이 있으랴? 요순을 대성인이라 하나니 그 도는 효제일 뿐이다. 효제를 누가 옳다고 하지 않을까만 천리를 보는 이는 드물다. 천리는 하늘이 하는 일이요, 초연히 사람의 거짓을 끊어버린다. 뉘라서 그리할 수 있으랴? 총명과 예지로다. 이 이치는 어디로 말미암아서 모이는가? 일을 잡음은 경건으로 시작한다.[126]

「수방이부석천여연하동판축酬方吏部石泉與煙霞同板築」

석천石泉은 서초의 동쪽에 있고, 연하煙霞는 서쪽에 있네. 우주 안에 함께 있는데 하물며 다시 울타리를 같이 함에랴! 침울함을 흩어버리려면 높이 올라 멀리 바라볼지니. 방 선생 이때 연하로 오심을 포기하지 않았네. 거두어서 발산하려 하면 골짜기로 들어가 잔잔히 흐르는 물소리를 들으라. 담 선생 이때 석천을 지나감을 싫증내지 않았네. 봄은 무르익어 한창 왕성하니 석천은 자못 그윽하고 고독하네. 수많은 산과 강에 눈길 닿는 곳마다 연하는 눈을 둘 만하네. 가을과 겨울에 아침 해 돋으면 연하는 자못 높고

125 『천옹대전집』 권57 「제백사선생묘문祭白沙先生墓文」.

126 『천옹대전집』 권41 「시제생겸고동지示諸生兼告同志」. "聖人亦人爲, 諸子早辨志. 持此忠信資, 何遠不可至? 堯舜稱大聖, 其道孝弟耳. 孝弟誰不然, 鮮或見天理. 天理天所爲, 超然絶人僞. 夫誰能擧之? 聰明與睿智. 玆理何由臻? 執事自敬始."

차다네. 머리카락을 말리고 등에 볕을 쬐니 석천에서 잠을 잘 만하네. 샘은 돌아 편편하게 흐르니 누가 다시 그대와 장소를 다투랴? 복호와 반룡(*모두 바위 이름이다)은 오르지 못한다고 소리치네. 여러 선생(諸子) 대과大科(*중봉의 이름인데, 이로써 대과서원大科書院이라는 이름이 붙었다)에 노닐고 또한 대로大路(*마을 이름)를 따른다네. 혹 우리 무리 아니라면 석고石鼓를 울려서 공격하라(*왼쪽과 오른쪽 너럭바위를 치면 소리가 난다).[127]

「**은괄격물지설**檃括格物之說」

『대학』은 지극한 선을 높이고 격물은 실지로 하는 것이네. 격格이란 뜻과 몸과 마음, 이것이 그 이치에 이르는 것이네. 저가 나라의 서울에 간다면 눈으로 직접 보고서 이르는 곳을 아네. 평지에서 상륜相輪을 이야기함을 백순伯淳(정호)은 부끄러워했네. 격의 공부는 어떠한가? 앎과 행함이 함께 할 때라네. 종일 종신토록 오직 이 큰일을 할 뿐. 제가치국평천하는 어떻게 하는가? 사물 앞에 있는 이치라네. 만물의 한 이치는 같은 근원이며 본체와 작용은 본래 둘이 아니네. 도를 잃어버린 지 1천여 년에 지리해졌으니 간이해야 하네. 누가 일소할까? 감히 이를 우리 선생께 알리네.[128]

---

127 『천옹대전집』 41 「수방이부석천여연하동판축酬方吏部石泉與煙霞同板築」. "石泉在樵東, 煙霞在樵西. 同家宇宙內, 況復同藩籬. 若欲散沈鬱, 登高以眺遐. 方子於斯時, 不棄來煙霞. 若欲翕發散, 入谷聽潺湲. 湛子於斯時, 不厭過石泉. 春暮方發育, 石泉頗幽獨. 萬水與千山, 煙霞堪寓目. 秋冬美朝暾, 煙霞頗高寒. 晞髮與炙背, 石泉宜借眠. 繞泉爲盤阻, 誰復爭子所? 伏虎與盤龍(皆石名), 呵禁乎不可. 諸子遊大科(中峰名, 因名大科書院), 亦須從大路(村名). 有或非吾徒, 攻之以石鼓(左右盤石, 擊之則鳴)."

128 『천옹대전집』 권41 「은괄격물지설檃括格物之說」. "大學崇至善, 格物爲實地. 格者意身心, 是謂至其理. 如彼之國都, 親見乃知至. 平地說相輪, 伯淳所以耻. 格之厥功何? 知行竝時諸. 終日及終身, 惟此一大事. 何爲齊治平? 卽前物理是. 萬一本同原, 體用原非二. 道喪千

이러한 시문에서 담약수는 양명의 지행합일 사상을 인정하여 종일, 종신 실천할 것을 주장했음을 분명히 알 수 있지만 오히려 여전히 '이일분수', '수처체인隨處體認', '격물즉지선格物卽至善', '경의쌍조敬義雙造'(*이는 주희의 사상으로서 백사가 접수한 것이다) 등의 설을 견지했는데, 이는 그가 9월에 양명에게 보낸 편지에서 했던 말을 거듭 반복한 것에 지나지 않는다. 특별히 다른 점이라면 양명은 신-심-의-지-물을 일체로 하는 본체공부론의 체계를 세웠으나 결코 몸과 마음과 뜻으로 '사물'을 격함을 말하지는 않았다. 그런데 담약수는 오히려 격물이란 몸과 마음과 뜻으로 '사물'을 격하는 것이며, '격물은 실제로 하는 일이며, 격이란 몸과 마음과 뜻이 그 이치에 이르는 것'이라고 인식하였다. 이는 양명의 사상과 매우 동떨어진(大相徑庭) 것이다. 그리하여 양명은 담약수와 정면으로 논변하기를 회피하였다.

그는 시를 통해 담약수가 서초 서쪽의 연하에 거주하고 방헌부方獻夫가 서초 동쪽의 석천에 거주하면서 두 사람이 밀접하게 강학론도 하여 방헌부가 이미 담약수에게 완전히 전향했음을 간파하였다. 이에 잇달아 편지 두 통을 방헌부에게 보내서 이와 관련한 자기 관점을 말했는데, 실제로 이 두 통의 편지는 담약수에 대한 회답이었다. 이에 방헌부도 회신을 보냈는데 담약수의 관점을 완전히 되풀이하였으며 심지어 담약수보다 더하면 더했지 못하지 않았다. 이는 양명을 매우 실망하게 하였다.

담약수는 10월 7일에 서초로 들어가서 연하 산거山居를 경영하였다. 11월 15일에 그는 양명에게 편지를 보내서 근황을 알렸다. 산중에 은거하며 밭두렁에서 몸소 밭을 갈며 강학론도를 하려는 생각을 드러내어서 다음과 같이 전하였다.

載餘, 支離爲簡易. 誰能一掃之? 敢以告吾子."

저(生)의 「걸양병소乞養病疏」는 10월 10일에 이미 포마鋪馬(역마)를 통해 부쳐 보냈습니다. 아마도 12월이면 반드시 도착해서 뜻을 이룰 수 있을 것입니다. 저는 10월 7일에 서초로 들어가서 연하동에 흙을 쌓아 2층짜리 작은 집을 지었는데 바깥은 정의당正義堂, 또 바깥은 문루門樓입니다. 집의 서쪽에 석동石洞이 있어서 기이한 바위가 부용芙蓉 같은데 정자를 세워서 면벽정面壁亭이라 하였습니다. 조금 동쪽에 작은 바위가 있는데 하나는 선장仙掌처럼 서 있어서 선장암仙掌巖이라 하였습니다. 동쪽에는 대과정大科頂이 있는데 서초의 최고봉입니다. 아래에는 쌍천雙泉이 있는데 서초에서 가장 높은 곳에 있는 샘입니다. 옆에는 칠석탑七石榻이 두 샘 사이에서 마주하고 있는데 정자가 하나 있어서 이택정麗澤亭이라 이름합니다. 또 더 동쪽은 연하 후동後洞으로 들어가는데 입구에 바위 두 개가 문처럼 있어서 후동문입니다. 그 남쪽에는 또 구룡암九龍巖과 칠성암七星巖이 있습니다. 연하의 앞은 운단촌雲端村입니다. 그 아래 석벽이 있어서 깎아지른 듯하고 바위 하나가 절벽 위에 있는데 들어갈 길이 없습니다. 흐르는 샘이 벽 아래로 떨어지는데 수홍천垂虹泉이라 이름합니다. 샘 옆의 땅을 이미 얻어서 준결정峻潔亭을 지었습니다. 그 사이에 전지 수십 무畝가 있는데 밭을 조금 사서(置) 직접 갈고자 합니다. 무릇 이 모든 것은 초정樵頂에 있습니다. 근래 학생이 조금씩 와서 서로 의지하고 있습니다(近日學子亦稍來相依). 모든 공사가 겨울 동안에 낙성을 할 수 있으니 곧 처자식을 데리고 거처할 수 있습니다. 노형께서는 경략함에 성실하고 부지런하여서 사람들에게 공이 있다 하니 배움의 효험입니다. 다만 듣건대 시사時事가 날로 나빠져서 저곳의 숨은 근심을 헤아릴 수 없으니 밤낮 생각하되 형의 정착할(脫駕) 곳을 알지 못하겠습니다. 왈인(서애)의 제사에 대처가 늦어서 부끄러우나 전문奠文은 이미 마련하였습니다. 조만간 양梁 진사(*양작梁焯으로 생각된다)를 통해 전하여 답하겠습니다. 마땅히 명하신 대로 전기를 지어야 하나 다만 이력을 자세히 알지 못하여서 감히 붓을 들지 못할 뿐입니다.[129]

"근래 학생이 조금씩 와서 서로 의지하고 있습니다."라고 한 구절로 보아 담약수가 산중에서 이미 다시 강학론도를 하고 있었음을 알 수 있다. 11월 하순경에 진사 양작이 알선謁選으로 서울에 가게 되었는데 담약수는 그에게 부탁하여서 「제서낭중왈인문祭徐郎中曰仁文」을 양명에게 전하게 하였다. 글에서 그와 양명, 서애가 강학론도를 하여 도를 함께하고 서로 잘 이해한 관계를 핵심적으로 다음과 같이 총결하였다.[130]

저 옛 성인과 철인은	伊古聖哲
수명이 수백 년이었네	壽數百年
기운을 기름이 있으나	氣有養之
누구와 더불어 힘을 쓸까?	力誰與焉
병인년(1506)에 서울에서	丙寅於京
나는 양명을 벗 삼았네	我友陽明
그대는 젊어서 곁에서 모셨는데	君少侍側
옥과 같이 영준하였네	如玉之英
양명이 멀리 폄적되었고	陽明遠謫
그대는 과거에 급제하였네	君取科名
양명과 의리를 미루어	推陽明義

129 『천옹대전집』 권9 「기왕양명도헌寄王陽明都憲」.

130 『횡산유집橫山遺集』 부록 「제서낭중왈인문祭徐郎中曰仁文」.

나를 사형으로 보았네　視我師兄
그대는 외직에 보임되고　君繼外補
양명은 부로 들어갔네　陽明入部
장안에서 이웃하였는데　長安卜鄰
그대도 때로 나아왔네　君時亦造
벼슬이 옮겨져 남쪽의 병무를 맡았을 때　遷屬南兵
양명은 홍려가 되었네　陽明鴻臚
아침저녁으로 의문을 변론하여　旦夕辨疑
장차 얻음이 있었네　將爲得所
양명은 건을 다스리고　陽明撫虔
그대는 임기를 마치고 돌아왔네　君以滿還
또 알려지는 말을 들으니　又聞在告
배움이 고요하고 오롯하다 하였네　謂學靜專
노복이 병의 증상을 말하여　僕言病狀
나는 근심에 사로잡혔네　我憂則懸
하늘이 무슨 뜻으로　天乎何意
마침내 이 현자를 빼앗아갔는가!　竟奪斯賢

담약수가 양작에게 부탁하여 감주로 제문을 보낸 것은 양작을 양명에게 소개하고 배움을 묻게 하려는 깊은 뜻에서 나온 일이었다. 이는 그가 양명과 함께 강학론도를 전개하는 일종의 방식이었다. 양작은 과연 감주에 반년 동안 머물면서 돌아가는 것도 잊고 가르침을 받았다. 양명이 「별양일부서別梁日孚序」에서 “성인의 도는 마음에서 구하는 것이므로 일에 의해 응체되지 않는다. 이치에서 나오므로 사물에 의해 더럽혀지지 않는다. 본성에 뿌리를 두므로 시간(時)에 의해 얽매이지 않는다. 정신(神)으로 움직이므로 공간(地)에 한정되지 않는다."[131]라고 말한 것은 그의 심학의 근본 특징을 드러내 보인 것으로서 이는 담약수의 '수처체인천리'의 정곡을 찔렀으며, 양작에게 가지고 돌아가서 담약수에게 보이게 한 것이다.

양명의 응답을 받지 못한 담약수는 매우 빨리 12월에 또 편지 한 통을 써서 다음과 같이 말했다.

> 10월 초 곽 총융郭摠戎(*곽훈郭勛)과 함께 길을 떠났는데 모두 일찍이 소疏를 받든 것입니다. 또 진사 양작이 길을 떠났는데 서왈인(서애)의 전문과 향폐香幣를 보냈습니다. 모두 잘 살펴보셨습니까? 저(若水)는 연하의 건축이 이미 공사가 끝났고 또한 구룡동九龍洞, 수홍동垂虹洞의 여러 승경을 얻어서 편안히 거처하며 자연히 늙어갈 수 있게 되었습니다. 듣건대 노형께서는 바야흐로 협공夾攻을 하는 병사를 일으킨다고 하니 응당 노고가 매우 심할 터입니다. 만약 이 일이 끝나면 바로 공적의 유무를 논할 것 없이 다시 부府로 돌아가지 말고 다른 곳에서 와병하며 여러 차례 소를 올려서 극단으로 자핵自劾을 말하여 반드시 인퇴引退를 결단해야 합니다. 이는 한 번뿐인 기회이니 이 기회를 지나친다면 또 잇달아 다른 일에 관여해야 해서 저는 형께서 빠져나올 수 있을지 모르겠습니다.[132]

담약수는 편지에서 정사만 말하였을 뿐 학문을 강론하는 일은 피하였다. 벼슬을 버리고 돌아가 은거하라는 담약수의 권고에 양명은 회답하지 않았다.

---

131 『왕양명전집』 권7 「별양일부서別梁日孚序」.

132 『천옹대전집』 권9 「기왕양명도헌寄王陽明都憲」.

정덕 13년(1518) 3월에 이르러서야 양명은 삼리三浰 정벌에서 돌아왔고 그때 비로소 황관에게 보낸 편지에서 자기 견해를 다음과 같이 언급하였다.

> 인생은 움직일수록 많이 막혀서 오히려 달리 외도外道의 탈연脫然함에 흐르는 것만 못 하니 어찌하겠습니까, 어찌하겠습니까(奈何)! 근래 감천(담약수)의 편지를 받으니 (그도) 자못 똑같이 이런 유감을 느끼고 있었습니다. 선비의 기풍이 날로 투박해지고 평소 선류善類로 지목되던 자들도 모두 부화뇌동(類同附和)하여서 배움을 꺼리고 있습니다. 우리가 오히려 허둥지둥 불안해하기만 하고(棲棲) 즉시 달아나 피하지 못하니 (참으로 큰 화가 장차 코앞으로 다가오는 것도 모르는) 처마 끝(堂前) 제비나 참새(燕雀)와 같을 뿐입니다! 듣건대 원충原忠(응량)이 또 북으로 올라간다고 하니 아마도 그의 본심이 아닐 것입니다. 벼슬길은 푹푹 빠지는 진흙수렁과 같아서 그 속으로 들어가지 말아야 하는데 (들어가면) 선뜻 다시 쉽게 빠져나오는 사람이 드뭅니다. 우리는 곧 발을 헛디딘 사람의 모습이니 (우리를) 거울로 삼지 않으면 안 됩니다.[133]

이것은 담약수에 대한 양명의 어쩔 수 없는 회답이라고 할 수 있다. 이후 양명과 담약수의 강학론도는 한동안 침묵하였다. 양명의 심학에 대한 정주파와 정주 관학의 '의심과 비방'에 직면하여서 양명은 온 힘을 다해 자기 평생 동안의 학문을 총결하는 데로 방향을 돌렸으니, 이는 분명히 천하의 선비와 학생(*담약수와 방헌부 포함)들에게 자기 심학사상 체계를 정확하게 인식시키려는 뜻이 있었다.

---

133 『왕양명전집』 권4 「여황종현與黃宗賢」 서7.

7월에 그는 세 권본 『전습록』을 정리, 판각하였으며 『주자만년정론』을 판각하였고, 『대학고본방석』의 서문을 정하여서 판각하였으며, 『대학고본』과 『중용고본』의 서문을 정하여서 완정한 심학사상의 체계를 구축하였다. 양명은 또 방헌부에게 잇달아 편지 두 통을 써서 조선명趙善鳴(*원묵元默)과 양작(*일부日孚)의 집안사람에게 부탁하여 서초로 보냈다. 그가 서문을 정한 『대학고본』과 『중용고본』을 보내주어서 계속하여 방헌부의 '격물'설을 비평하려는 것이었다. 그러나 방헌부는 여전히 자기 '격물'설을 견지하여서 회신에서 다음과 같이 강변하였다.

> 조원묵과 양일부의 심부름꾼이 돌아와서 보내주신 편지 두 통을 받았는데 많은 가르침을 주셨습니다. 『대학』의 '격물格物'설은 제(生)가 본디 감히 스스로 옳다고 고집할 수 없는 것입니다만 반복하여서 잠심하고 완색하면서 슬그머니 대지를 얻었다고 여겼습니다. '물物' 자는 본래 본문에서 보아야 하니 '격물'의 뜻은 "천자로부터 서인에 이르기까지(自天子以至於庶人)"라고 한 구절로 보면 평이하고 명백함을 스스로 깨달을 수 있으니 해설을 할 필요가 없으며 또한 옛 판본의 복구는 그 뜻이 바로 여기에 있습니다. 그렇지 않다면 옛 판본을 복구하는 중요한 까닭은 무엇이겠습니까? 대체로 '격물'의 물 자는 바로 "사물에는 근본과 말단이 있다(物有本末)."고 한 물 자입니다. 그러므로 뒤의 글에서는 다만 '지본知本' 두 글자로 '격물'을 풀이하였습니다. 물격物格이 곧 지지知止입니다. 그러므로 말하기를 "치지는 격물에 있다(致知在格物)."고 하고 이를 일러 "근본을 앎이라 한다(此謂知本)."고 하며, 뒤에서 비로소 말하기를 "이를 일러 앎이 이르는 것이라고 한다(此謂知之至也)." 하였습니다. 대체로 사물에서 말하면 이른다(格) 하고, 마음에서 말하면 앎이라고 하니 격물 밖에 이른바 앎이 이르는 것은 아닙니다. 천

하 만물의 이치는 근본이 없는 것이 없으니 이를 궁구함이 격이고 이를 앎이 지극한 것이지, 역시 이르지 않는 사물이 없고 앎은 다하지 않음이 없다는 것이 아닙니다. 그러므로 "풀 한 포기 나무 한 그루도 격해야(一草一木亦要格)" 하며 "오늘 한 사물을 격하고, 내일 한 사물을 격하며(今日格一物, 明日格一物)"라고 한 것과 저 "겉과 속, 정한 것과 거친 것이 이르지 않음이 없다(表裏精粗無不到)."고 한 설은 모두 지리하니 본래 뜻이 아닙니다. 무릇 『대학』 한 편은 다만 '근본을 앎(知本)', '그침을 앎(知止)' 두 마디를 하려는 데 있으니 밝은 덕이 근본이고 지극한 선이 그침입니다. …… 한대 이래 『대학』이 밝혀지지 않았고 송유에 이르러서 또 설이 지리해졌으므로 다시 정定한 수많은 …… 아니니 …… 만약 본문 일체를 떠나서 바깥에서 뜻을 설명하기를 구한다면 아마도 또 중정하고 하나로 귀결되는(中正歸一) 이론이 아닐 것입니다.[134]

방헌부는 담약수의 '격물'설을 이용하여 양명의 '치지'설을 완전히 반대하였다. 그는 '격물'을 '지리知理'로 해석하였는데, '성의', '치지', '지지知至', '지본知本', '지지知止', '명덕', '지선' 등을 모두 통틀어 '격물'로 해석하고 '치지'로 녹여서 풀었다. 이는 틀림없는 담약수의 '격물' 사상이니, 방헌부는 마치 담약수를 대신하여 변론하고 풀이한 듯하였다.

134 『서초유고西樵遺稿』 권8 「간왕양명柬王陽明」 서4. 양작은 정덕 13년 8월에 알선謁選이 되어서 감을 떠나 서울로 나아가느라 북상하였다. 그러므로 양명은 양작의 집안사람에게 부탁하여 방헌부에게 편지를 전하였는데 필시 8월 이전의 일이며, 방헌부에게 보낸 편지에서 "옛 판본을 복구한 것", "옛 판본을 복구한다"고 언급하였으므로 7월에 『대학고본』의 서문을 확정한 이후 양명은 편지 두 통을 방헌부에게 보냈음을 알 수 있다. 현재 이 편지 두 통은 잃어버렸다.

양명이 방헌부를 준엄하게 비평하고 또 『대학고본방석』 등의 책에 서문을 확정하여서 판각하였기 때문에 담약수는 다시 침묵을 지키고 있을 수 없었다. 8월에 담약수는 직접 편지를 보내 논변하였다. 마침 양기楊驥가 요평饒平으로 오게 되어서 양명은 그에게 부탁하여 새로 확정하여 판각한 책 세 종을 서초에 있는 담약수에게 전하고 동시에 다음과 같은 편지를 써서 보냈다.

> 열흘 전에 양사덕楊仕德(양기)이라는 사람이 와서 손수 쓰신 답장(手教)과 「답자신答子莘」 편지를 전해주었는데 모두 조예造詣와 공부(用功)의 상세함을 갖추었습니다. 뛸 듯한 기쁨을 무어라 표현할 수 없습니다! 무릇 이로부터 우리 무리의 학문이 하나로 귀결할 것입니다(自是而吾黨之學歸一矣). 이는 저(某)의 다행이며 후학의 다행입니다! 보내주신 편지는 간곡하게 저(僕)를 권고하고 꾸짖음이 오래전부터 더하기를 청할 것이 없을 정도인데 이는 우리 형께서 저를 아끼시는 후의이며 저의 죄입니다. 이 마음이 같고 이 이치가 같으니(此心同, 此理同) 만일 여기에 힘을 쓸 줄 안다면 비록 수많은 사려라 하더라도 하나로 일치하고, 여러 갈래의 다른 길이라도 같은 곳으로 돌아가는 것입니다(百慮殊途, 同歸一致). 그렇지 않다면 비록 글자마다 논증하고 구절마다 탐구하더라도 그 시작은 털끝만 해도 그 끝은 천 리나 될 것입니다. 노형께서는 조예가 깊고 오랫동안 함양했으니 제가 감히 무엇을 바라겠습니까? 앞을 향해 함께 곧바로 나아가 반드시 여기에서 터득하려는 뜻을 추구한다면 약속하지 않아도 계약이 되고, 구하지 않아도 합해지는 것입니다. 그 사이에 소견이 때로 혹 작은 차이가 없을 수 없지만 그러나 우리 형께서 이미 저를 하찮게 여기지 않고 저도 형께 급급하지 않은 것은 바로 지향하는 것이 이미 같아서 만일 두 사람이 함께 서울로 나아간다면 비록 말미암는 길이 돌아가는 길과 곧바로 가는 길로 서로 다르

다 하더라도 다른 날 도착해서는 끝내 같은 곳임을 알 뿐입니다(知其異日之歸終同耳). 지난번 용강龍江의 배에서 『대학』 구본을 드리고 격물의 여러 설을 말씀드렸더니 형께서는 그때 옳지 않다고 여기셨고 저도 결국 포기하고 다시 억지로 번거롭게 말하지 않았던 까닭은 당연히 형께서 머지않아 저절로 이에 대해 석연해지리라 알고 있었기 때문입니다. 지금 과연 원하는 바를 얻는다면 뛸 듯이 기뻐서 무슨 말을 할 수 있겠습니까! 곤륜崑崙의 근원에서 나온 물은 때로 숨어서 흐르나 끝내 반드시 바다에 이릅니다. 저는 비루한 사람이라 비록 야광벽夜光璧을 얻었다고 하더라도 남들이 믿지 않아서 반드시 이를 허망하고 거짓으로 여길 터입니다. 금벽金璧을 의돈猗頓(도주공陶朱公)의 집에 넣어두면 이로부터 지극한 보배가 천하에 밝아질 터이니 그나마 벽璧을 버려두는 죄를 면할 것입니다. 비록 그러하나 이 비유의 뜻은 오히려 두 가지입니다. 야광벽은 밖에서 구하여 얻는 것이나 이것(마음)은 본래 우리가 지닌 것으로서 밖에서 구할 필요가 없는 것인데 뜻하지 않게 버려두고서 잊어버릴 뿐이라는 것과 버려두어서 잊어버리지 않았다면 뜻하지 않게 가려서 어두워진 것일 뿐이라는 점입니다.[135]

8월에 보낸 담약수의 편지와 「답자신答子莘」은 현재 사라져 없기 때문에 편지 속 담약수의 진실한 사상을 탐구할 길이 없다. 다만 양명의 이 편지에서 담약수의 사상적으로 새로운 변화는 대략 알 수 있다. 양명은 담약수의 편지를 읽고 매우 흥분하여서 "이로부터 우리 무리의 학문이 하나로 귀결할 것이라"고 인식하였다. 그 뜻은 다음과 같다. 그와 담약수의 사상은 모두 심학이며 "이 마음이 같고 이 이치가 같으나" 다만 구체적인 몇몇 문제에서는

---

135 『왕양명전집』 권4 「답감천서答甘泉書」 1.

관점이 같지 않다. 공통의 심학, 성도聖道로 통하는 길을 다른 길로 따라갈 뿐이지만 마침내는 "수많은 사려라 하더라도 하나로 일치하고, 여러 갈래의 다른 길이라도 같은 곳으로 돌아가는 것"이며 "다른 날 도착해서는 끝내 같은 곳임을 알 뿐"이라는 것이다.

양명은 담약수의 편지에서 그의 사상이 이미 바뀌었음을 간파하고서 그와 거리를 점점 좁혔다. 이는 바로 담약수가 원래 정덕 10년(1515) 용강의 회합에서 양명이 서문을 정한 『대학고본』과 「격물설」에 동의하지 못했으나 나중에 이미 '석연해져서(釋然)' 양명의 『대학고본』과 「격물설」에 동의하였음을 말한다. 여기에서 담약수 스스로 이미 『대학고본』과 『중용고본』을 정하고 있었다는 중요한 정보를 드러낸다. 담약수 역시 홀연 그해에 『고대학측古大學測』과 『중용측中庸測』을 완성하였으니(*그리고 방헌부는 『대학원大學原』과 『중용원中庸原』을 지었다) 이는 완전히 양명으로부터 계발과 추동을 받은 것임이 밝히 드러난다. 그러나 담약수는 편지에서 7월에 이미 『고대학측』과 『중용측』을 써서 완성한 사실을 숨겨서 양명으로 하여금 판단 착오를 하게 하였다. 양명이 보낸 새 책 세 종을 받고서 담약수가 그리 높이 평가하지 않은 것은 결코 이상하지 않다.

담약수는 고응상에게 보낸 편지에서 다음과 같이 말한다.

> 아무개(某)가 머리를 조아리고 아룁니다. 저(某)는 산으로 들어온 이후 늘 권력자 측(當道處)에서 서간을 보내면 의례히 모두 화답은 하되 반응하지는 않았습니다(皆和而不倡以爲例). 물러난 사람은 마땅히 이와 같이 해야 합니다. 그러나 매번 우리 형께는 늘 (세상에 나가기를 바라는) 정을 잊지 않고 있으나 또한 감히 규례를 깨뜨릴 수는 없습니다. 사덕仕德(양기)이 와서 손수 쓰신 편지를 전해주어서 받았는데 새로 편지를 받으니 마치 형을 대면한

것 같아서 응당 얼마나 커다란 위로가 되겠는지요! 저는 병이 많고 해마다 배움이 퇴락하는데 날로 또 과오를 반성하여서 줄이고자 하나 그러지 못합니다. 양명으로부터 조예가 더욱 정밀해진다는 뜻밖의 평을 들었는데 감당하지 못할 바입니다. 우리 형께서는 자질(質賦)이 혼후하니 …… 만약 터득한 바가 있으면 때로 보여주기를 아끼지 마십시오. 양명의 『전습록』은 자못 대충 훑어보았으나 아직 정확하고 자세하게 깨닫지는 못하였습니다. 그중 대체로 반드시 다 동의할 수는 없지만 동의를 함에 문제가 되지는 않습니다(其中蓋有不必盡同, 而不害其爲同者). 『주자만년정론』은 대체로 내 마음이 동의하는 바를 깊이 터득하였으니(蓋深得我心之同然) 바로 공론입니다. 세상의 유학자들은 매번 초년의 이론을 바탕으로 탐구하여서 그르다 하니 참으로 탄식할 만합니다! 형께서는 어떻게 생각하십니까?[136]

담약수는 『대학고본방석』에 대한 평가를 회피하였는데, 이는 의심의 여지 없이 자신의 『고대학측』, 『중용측』과 양명의 『대학고본방석』 및 그가 정한 『대학고본』, 『중용고본』의 근본적인 차이를 숨기려고 한 것이다. 다만 『전습록』에 대해 "그중 대체로 반드시 다 동의할 수는 없지만 동의를 함에 문제가 되지는 않습니다."라고 하였으니 실제로 『전습록』에 대해 여전히 비평과 의심의 태도를 견지하였던 것이다. 그런데 『주자만년정론』에 대해 "내 마음이 동의하는 바를 깊이 터득"하였다고 말한 것은 역시 그의 마음에 어긋나는 이론이며, 그가 말한 "의례히 모두 화답은 하되 반응하지 않은" 것이다.

담약수는 실제로 용강 모임의 추동과 양명이 정한 『대학고본』의 계발을 받고서 스스로 『대학고본』과 『중용고본』을 정하였다. 7월에 이미 『고대학측』

136 『천옹대전집』 권9 「답고유현첨헌答顧惟賢僉憲」 1.

과 『중용측』을 저술하여 완성함으로써 양명의 대학학 및 중용학 사상과 대립을 형성하였다.

담약수는 「대학측서大學測序」에서 다음과 같이 말한다.

> 감천자甘泉子(담약수)가 서초산에서 글을 읽다가 13경에서 『대학고본』을 얻고 위연喟然히 감탄하면서 말하였다. "『대학』의 도는 찬연히 사람들에게 보이는 것이 넓으며 혼연히 사람들에게 보이는 것이 간약簡約하다. 덕을 밝힘(明德)과 백성을 친하게 대함(親民)은 찬연하기도 하다! 지극한 선에 그침(止至善)은 혼연하기도 하다! 둘로 하지 않으니 그 찬연한 것이 바로 혼연한 것이다. 이런 까닭으로 덕을 밝힘과 백성을 친하게 대함은 대체大體를 말하는 것이며, 지극한 선에 그침은 실제 공부(實功)를 말하는 것이다. 어찌 찬연하다고 하지 않겠는가? 그 체와 용은 두루 미치고 크며, 그 나뉨은 자기를 완성하고 사물을 완성하는 것이니! 이런 까닭으로 대체를 말하는 것이다. 어찌 혼연하다고 하지 않겠는가? 그 학문은 요체이고 그 배움은 쉽고 간단하며 오래가고 크니! 이런 까닭으로 실제 공부라고 말하는 것이다." 말하기를 "그 요점에 대해 듣기를 청합니다."라고 하였다. 말하였다. "지극한 선이다. 지극한 선이라고 하는 것은 몸과 마음이 집안, 나라, 천하라는 사물의 이치의 순수함에 정밀해진 것을 말한다(至善也者, 以言乎身心之於家國天下之理之純粹精焉者也). 순수함에 정밀해지는 것은 다름 아닌 천리이다(純粹精焉者, 非他也, 天理也). 천리란 다름 아닌 내 마음의 중정中正한 본체이다. 덕을 밝힘(明德), 백성을 친하게 대함(親民)의 깊은 진리(奧)는 체와 용이 한 근원이라는 것이다. 이런 까닭으로 지극한 선에 그쳐서 덕을 밝힘, 백성을 친하게 대함의 능한 일이 끝나는 것이다." 묻기를 "어찌 그치지 않습니까?" 하였다. 답하였다. "그침을 알아서 능히 안정되고 고요하고 편안하고

사려할 수 있어야 여기에서 앎과 행함이 함께 나아가는 것이다. 먼저 하고 나중에 할 바를 아는 것은 이것을 아는 것이다. 천하로부터 격물에 나아가고 격물로부터 천하의 평화(天下平)에 나아가되 처음과 끝을 반복하여서 말한 것은 요컨대 이곳으로 돌아가려는 것이다. 격물이라는 것은 곧 지극한 선에 그치는 것인데(格物也者, 卽止至善也) 말을 거듭하여서 뜻이 끝까지 이르는 것이다. 그러므로 지극한 선에 그치면 일이 없다." 어떤 사람이 말하였다. "그대가 반드시 고본을 위주로 함은 무엇 때문인가?" 말하였다. "고본은 수신으로써 격물치지를 펼치니(古本以修身申格致) 그 사람을 가르침은 힘써 몸으로 하는 것이지 입과 귀로 하는 것이 아니다. 배우는 사람이 그 말(詞)을 살피면 도에서 이미 반을 이룬 것이다. 이런 까닭으로 그 글은 완전하고 그 순서는 엄격하고 그 글은 조리가 있으니 여러 번 반복하면 그 뜻을 다 알 수 있다. 위대하다! 넓고 간약하니(博矣簡矣), 그 도는 지극하도다!" 나는 우리 문화가 어두워져서 추구하는 것이 넓되 요령이 적으며, 수고하되 공이 없음을 두려워하여서 참으로 스스로 헤아리지 못하고 삼가 문장을 떼어내고 풀이를 모은(離章集訓) 뒤 그것에 추측을 더하였다. 이로써 군자를 기다린다.

정덕 무인년(1518) 초가을(孟秋)[137]

담약수도 양명과 마찬가지로 13경에서 『예기』의 한 편인 『대학』 텍스트를 취하여 풀이하고 해석하였는데(*실제로 『오경정의五經正義』에서 정현鄭玄의 주석, 공영달孔穎達의 정의가 붙은 텍스트이다), 바로 이 점은 그가 양명이 정한 『대

137 『천옹대전집』 권16. 이 서문은 원래 마지막 구절이 없었는데 『경의고經義考』 권150과 『고금도서집성古今圖書集成』 권280에서 인용한 서문으로 보완하였다.

학고본』을 인정했다는 점을 밝히 드러낸다. 그러나 실제로 경학사에서 『대학』의 고본과 금본의 텍스트 분리는 결코 존재하지 않는다. 예컨대 주희도 『오경정의』에서 『예기』의 『대학』 텍스트를 취하여서 장구長句를 지었는데, 그는 결코 이 『예기』의 『대학』 텍스트에서 한 글자도 고치지 않았으며, 다만 장구를 주해하면서 자기 나름의 단락을 구분하여 해설했을 뿐이니 그가 사용한 『대학』의 판본이 '대학금본'이라고 어떻게 말할 수 있겠는가? 기왕 주희와 양명, 담약수가 모두 같은 『예기』의 『대학』 판본을 사용하였으므로 '대학고본'과 '대학금본'의 어떠한 차이도 존재하지 않으며, '대학고본'과 '대학금본'을 구분하는 논법은 분명히 착오이다.

담약수는 양명의 '고본대학'이라는 착오의 논법을 이어받았는데, 담약수와 양명을 비교하여 말하자면 그들은 모두 동일한 『예기』의 『대학』 텍스트를 사용했으나 다만 풀이와 해석(訓解詮釋)에서 차이가 있을 뿐이다. 담약수는 그의 '이일분수'와 '수처체인천리'(*분수체인)에 의거하여 '수신'을 『대학』의 근본으로, '격물'을 『대학』의 요체로(*이는 태조 주원장의 설에 근본을 둔 것이다) 삼았으니 수신은 곧 격물이며 '수신으로써 격물치지를 펼치는' 것이었다. 이로 인하여 격물이 곧 선에 그치는 것이며, "격물이라는 것은 곧 지극한 선에 그치는 것"이라 한다. 그러나 이른바 선에 그친다는 것은 바로 사물의 이치를 끝까지 탐구하는(格求) 것이며, 처한 상황에 따라 천리를 체인하는 것으로서 "지극한 선이라고 하는 것은 몸과 마음이 집안, 나라, 천하라는 사물의 이치의 순수함에 정밀해진 것을 말한다. 순수함에 정밀해지는 것은 다름 아닌 천리이다."라는 것이다.

그런데 양명은 그의 '심일분수心一分殊'와 '심체체인心體體認'에 의거하여서 '성의'를 근본으로 하고 '격물'을 성의로 하는 공부를 말하였다. 그러므로 격물이 곧 정심이며, 성의가 곧 지극한 선이니 지극한 선이 곧 심체이며, '지극한 선이라는 것은 마음의 본체이며', 지극한 선에 그치는 것이 곧 성의에 근본을 두고 심체를 체인하는 과정이다. 양명은 특히 『대학』에서 '치지致知' 라는 연결고리에 주목하였다. 그는 '앎(知)'을 '마음'으로 풀이하여서 '앎'은 곧 선을 알고 악을 아는 것이며, '끝까지 이루는 것(致)'은 곧 '가림을 제거하고(去蔽)' 심체를 '넓혀서 채우는(擴充)' 것이라고 하였다. 『대학』에 대한 담약수와 양명의 해설은 두 사람의 완전히 서로 다른 경학의 전석 체계임을 알 수 있다. 이때 담약수가 여전히 '수처체인천리' 사상의 광배에서 머뭇거리며 앞으로 나아가지 않았다고 한다면 양명은 오히려 '심체체인'으로부터 '치량지'의 문턱(門檻) 앞으로 이미 달려갔던 것이다.

담약수가 가정 7년(1528) 「격물통格物通」을 지었을 때 서문에서 여전히 구설을 고수하여서 다음과 같이 인식하였다. "우리 태조 고황제께서 시신侍臣에게 효유하신 말씀을 엎드려서 보았더니, 이르시기를 '『대학』 한 책은 요점이 수신에 있다.'고 하셨다. 그러나 『대학고본』은 수신으로 격물치지를 풀이하여서 말하기를 '이를 일러 근본을 안다고 함이니 이것이 앎이 이르는(지극해지는) 것이다.'라고 하였다. 경문은 천하와 나라와 집안, 그리고 몸과 마음과 뜻의 양쪽으로 미루어서 모두 그 요체가 격물에 귀결된다. (그런즉) 성조聖祖께서는 대체로 깊이 『대학고본』의 요체에 계합한 것일 터이다!"[138] 그런데 양명은 정덕 14년(1519)에 이미 '양지의 깨달음'이 있었으니, '치량지'로써 『대학』의 '치지'를 해설하였다.

중용학에서도 이와 같았다. 담약수는 「중용측서中庸測序」에서 다음과 같이 말하였다.

---

138 『천옹대전집』 권20 「성학격물통대서聖學格物通大序」. 「진성학격물통표進聖學格物通表」를 참조하라.

한림편수관(史) 약수若水가 말하기를, 저 『중용』은 무엇을 위한 것인가? 지은 사람의 뜻에는 근심이 있었구나! 부자께서 돌아가신 뒤 은미한 말(微言)이 끊어져서 장차 이단이 일어나고 대의大義가 어그러졌다. 이런 까닭에 자사子思가 이를 근심하였다. 도학이 밝지 못함을 근심하고, 실용을 말하는 자가 본질에서 벗어난 것을 근심하고, 본질을 말하는 자가 실용에서 벗어남을 근심하였으니 근본이란 하늘에 근본을 둔 것이 아니다. 하늘에 근본을 둔 것은 본성이다(本於天者, 性也). 그러므로 『중용』은 본성에 근본을 두어 도가 갖추어지는 것이니(中庸者, 本諸性而道具焉), 본체에 근본을 두면 작용이 갖추어지며, 중中에 근본을 두면 화和가 생겨난다고 한다. 이런 까닭에 군자는 홀로 있을 때 삼가서 중을 기를 뿐이다. 중이 서면 화가 생겨나니 도를 닦는 가르침(教, 문물제도, 인문문화)으로써 중화中和를 이루면 위육位育이 이루어진다. 이런 까닭에 (본성과 도와 가르침이) 일체이다. 저 중용이라는 것은 하늘로부터 사람에게 미루어가고 사람으로부터 하늘로 돌아가는 것이다(夫中庸者, 自天而推之人者也, 自人而復乎天者也). 이 이치는 중을 잡고(執中) 중을 세우는(建中) 경전의 해설(傳), 박문약례博文約禮의 가르침(教), 하나로 꿰뚫는(一貫) 취지(旨)인 것이다. 자정자子程子가 말하기를 "본체와 작용은 근원이 하나이며, 현상과 본질은 간격이 없다(體用一源, 顯微無間)."라고 하였으니 이를 묵묵히 알았던 것이다. 그러므로 『중용』은 뼈대 하나(一幹)에 팔다리가 넷(四支)이다. 뼈대라는 것은 편의 머리를 말한다. 네 팔다리라고 하는 것은 하나에서 둘, 셋으로 하여 끝까지 이르는 것이다. 저 천하의 가지(支)는 줄기에 근원을 두지 않은 것이 없고, 천하의 줄기는 가지로 인해 펴서 밝히지 않은 것이 없다. 이런 까닭에 홀로 있을 때 삼가는 공부에 밝은 것은 한 가지(一支)보다 큰 것이 없다. 본체의 도를 말하여서 중화, 위육에 이르는 것은 두 가지보다 큰 것이 없다. 본체의 도의 지극한 공을 말하여서 중화, 위육의 극치에 펼치는 것은 세 가지보다 큰 것이 없다. 근본으로 돌아가서 요약함을 말하고, 그 공이 치밀하고 그 효과가 멀고 체와 용이 하나임은 네 가지보다 큰 것이 없다. 이런 까닭에 줄기 하나의 뿌리는 순수함에 정밀하다(一幹本根, 純粹精矣). 네 가지의 발휘는 사방으로 감정을 통한다(四支發揮, 旁通情矣). 크다, 도여! 이것이 그 지극한 점이다(斯其至矣). 나는 세대가 멀고 말이 사라져서 지은 사람의 정신을 거의 찾아볼 수 없으니 혹 도가 거의 어두워질까 근심하여서 『측測』을 지었다.[139]

만일 이 「중용측서」를 양명의 「수도설修道說」(*양명이 정한 『중용고본』에 지은 서문)과 비교한다면 중용학에 대한 두 사람의 서로 다른 전석 체계를 확실히 간파할 수 있을 것이다. 양명은 '심心'으로써 『중용』의 성誠을 말하였고, 담약수는 '성性'으로써 『중용』의 도를 말하였다. 『중용』의 사상 상에서 양명은 중용학을 도를 닦고 마음을 회복하는 사상체계로 인식하여서 『중용』에서 말하는 '성실함'은 바로 마음의 본체(*심즉리)를 가리키며, '치중화致中和'의 공부를 통해 대본을 세우고 마음의 본체를 회복하며, 정일집중精一執中을 통해 선을 회복하고 마음을 회복할 것을 주장하였다. 그리하여 "성실함은 마음의 본체이며 그 본체를 회복하기를 추구하는 것은 바로 성실함을 생각하는(思誠) 공부"라고 하였다. 이러한 '마음 회복'의 중용학 체계는 그의 '뜻을 성실히 함'의 대학학 체계와 통일된 것이다.

담약수는 중용학을 도를 닦고 본성을 회복하는 사상체계로 인식하였다. 천도는 곧 '성'이며 인성은 곧 천리로서 "하늘에 근본을 둔 것이 본성"이며 "『중용』은 본성에 근본을 두어서 도가 (거기에) 갖추어지는 것"이라고 인식

139 『천옹대전집』 권16 「중용측서中庸測序」.

하였다. 이로 인해 『중용』은 '성실함'을 성의 본체로 삼아서 '치중화'의 공부를 통해 위육을 성취하고 성체를 회복하며, 정일집중을 통해 선을 회복하고 성을 회복할 것을 주장하였다. 이른바 "중용이라는 것은 하늘로부터 사람에게 미루어가고 사람으로부터 하늘로 돌아가는 것"이라 하였는데, "하늘로부터 사람으로 미루어가는" 것이란 천리가 곧 인성(*성즉리)임을 말하며, 사람의 천명의 성을 가리킨다. "사람으로부터 하늘로 돌아가는" 것이란 사람이 선한 본성으로 복귀하며, 선을 회복하고 성체를 회복하는 것을 말한다.

간단히 말하면 양명은 '마음'으로써 『중용』을 말하여서 '중'으로써 마음의 본체를 회복한다고 하였고, 담약수는 '성'으로써 『중용』을 말하여서 '중'으로써 성의 본체를 회복한다고 하였다. 담약수의 중용학에는 주희의 성학性學 사상체계의 선명한 낙인이 찍혀 있다. 『중용』의 본문에서 담약수는 『중용』을 '줄기 하나에 가지 넷'으로 인식하였다. 『중용』의 첫 장(首章)은 '줄기'이며 그 나머지 각 장은 '네 가지'이다. '줄기'는 네 가지의 '근본'이며, 가지는 근본을 '펼쳐서 밝히는(發明)' '줄기'이다. 그리하여 "한 줄기와 뿌리는 순수하여 정밀해지는(精) 것이며 네 가지가 발휘되는 것은 사방으로 통하는 정情이다." 이러한 분장법分章法은 주희가 『중용』을 경經과 전傳으로 나누고 첫 장을 근본의 경으로, 나머지 각 장을 전으로 하여 경의 설을 펼쳐서 밝히는 분장법과 결코 두 갈래의 결론으로 이르지 않는다. 이로써 그가 감히 자신의 『중용측』을 『고중용측』으로 일컬은 것은 이상하지 않다.

담약수가 「고대학측서」와 「중용측서」를 양명에게 보내지 않았어도 양명은 그의 편지와 시문 속에서 그의 대학학과 중용학 사상을 대체로 간파하였다. 그리하여 양명은 회신을 하지 않고 오히려 9월에 염계서원을 세운 뒤 『대학고본』, 『중용고본』 및 주돈이의 「태극도설」, 『통서通書』의 '성가학호聖可學乎' 장을 큰 글씨로 써서 울고산鬱孤山 바위에 새기고 특별히 발문 한 편을 지어서 주돈이의 '주정主靜'을 칭송하고, 주희가 '경을 주로 하고(主敬)' "중정과 인의로써 정한다(定之以中正仁義)"는 설을 '태극'으로, '주정'을 '무극'으로 삼은 것을 비평하였는데, 여기에는 사실 담약수의 대학학과 중용학의 사상을 비평하는 깊은 뜻이 담겨 있었다. 이는 담약수의 『대학』의 설과 『중용』의 설이 『대학』과 『중용』에 대한 양명의 진일보한 사고를 추동하고 '양지의 깨달음'을 촉발하였음을 밝히 드러낸다.

정덕 14년(1519)의 '양지의 깨달음'은 바로 추수익과 함께 『대학』과 『중용』을 강론하는 가운데 '양지의 신비를 오묘하게 깨달은' 것으로서 그가 크게 깨닫고 "앎을 끝까지 이루는 것(致知)이란 내 양지를 끝까지 이루는 것이다. 사물을 탐구하는 것(格物)이란 사물의 일상 이치(倫物)를 떠나지 않고 맞닥뜨려서 감응하여 그 앎을 끝까지 이루는 것이니 홀로 있을 때 삼가는 것(愼獨)과 하나이다."[140]라고 한 말은 분명 담약수의 『대학』과 『중용』의 설을 겨냥하여서 한 말이다. 양명의 '양지의 깨달음'은 담약수의 '수처체인천리隨處體認天理'에 대한 반발로서 그와 담약수의 사상적 거리를 벌려놓았다. 그리하여 담약수도 시간을 끌면서 『고대학측』과 『중용측』을 양명에게 보내지 않았던 것이다.

원래 양명의 '양지의 깨달음'과 동시에 담약수도 '연하의 깨달음(煙霞之悟)'이 있었다. 그는 정덕 14년 7월에 특별히 신경을 써서 '두 측(二測)'의 책을 양명의 제자 진구천에게 보내고 '연하의 깨달음'을 알렸는데, 그 편지에서 좀 더 명확하게 자기와 양명의 사상적 차이를 다음과 같이 천술하였다.

> 전에 상산(육구연)의 설에서 본 바가 또 한 칸(一格)을 나아갔으나 다만 안을 주로 함이 너무 지나쳐서(主內太過) 우려하지 않을 수 없었습니다. 안

---

140 추덕함鄒德涵, 『추취소선생문집鄒聚所先生文集』 권3 「문장부군전文莊府君傳」.

과 밖이 합일한다(內外合一)는, 폐단이 없는 정씨程氏의 설만 못합니다. 그러므로 자질구레하게 이러쿵저러쿵 말하는 것입니다. 근래 『준도록遵道錄』을 편찬하였는데 대체로 사람들로 하여금 중도를 추구하게 하기 위함입니다. 격물설은 나중에 별도로 아뢰겠습니다만 원래 덕을 밝힘(明德)과 백성을 새롭게 함(新民)은 모두 지극한 선에 그침(止至善)에서 공부하는 것이니 그칠 데를 알고(知止) 얻는 것(能得)은 곧 지행합일이며, 바로 지극한 선에 그치는 결과(功)입니다. 옛날의 밝은 덕을 밝힌다는 두 절은 반복하여서 격물을 미루어가는 것이므로 뜻과 마음과 몸이 모두 격물에서 공부하는 것이며, 앞의 글의 그칠 데를 알고, 정해지고(定), 편안한(安) 것은 곧 그 결과입니다. 집안과 나라와 천하가 모두 안에 있으니 원래 한 단락의 공부이며, 안과 밖을 합하는 도이니 다시 일곱째 단계, 여덟째 단계라는 것은 없습니다. 격물이란 곧 그 이치에 이르는 것입니다. 뜻·마음·몸에서 집안·나라·천하에 이르기까지 처한 상황에 따라 천리를 체인하는 것이니(格物者, 卽至其理也. 意心身至於家國天下, 隨處體認天理也) 『중용』의 뜻과 같습니다. 연하煙霞에서 밤중에 이 한 단락이 매우 적합한 것임을 깨닫고서 다시 정자의 글을 검토하니, 이르기를 "그 이치에 이르는 것이 바로 격물이다. 치지는 기르는 바에 있으니 앎을 기름은 욕망을 적게 하는 것보다 나은 것이 없다(至其理乃格物也. 致知在所養, 養知莫過於寡欲)." 하였는데, 그는 내 마음이 같이 (옳다고) 생각하는(我心之同然) 것을 먼저 터득한 자입니다. 이른바 이른다는 것은 뜻·마음·몸이 이르는 것이니 옛사람의 이른바 "이치를 궁구함은 마치 새의 둥지나 짐승의 소굴을 샅샅이 뒤지는 것과 같다(窮理猶窮其巢穴之窮)."고 한 궁窮이니 반드시 몸이 이르는 것입니다. 세상의 상상하고 외우고 읊는 것을 궁리로 삼는 자들은 이 이치에서 멀리 벗어나 있습니다. 산에 거하면서 일찍이 『고본대학』 및 『중용』의 두 『측測』을 정리하였는데,

사람을 시켜서 기록하여 한번 보시게 하니 바로 제(區區)가 근래 마음을 쓴 요처입니다.[141]

대학학에서 볼 때 양명의 '양지의 깨달음'은 주돈이의 '주정'설에 뿌리를 두고 대학의 '삼강三綱' 중에서 첫째 강령인 '명명덕明明德'을 두드러지게 드러내어서 '심체체인'으로 '명명덕'을 해석하였으며, 대학의 '팔목八目' 중에서 '치지致知' 조목을 두드러지게 드러내어서 가장 근본이 되는 연결고리로 삼아 '치량지'로 '치지'를 해석하였으며, 치지가 곧 치량지라고 하여서 '양지'를 본체로 하고 치량지를 공부로 하는 심학체계를 세웠다.

담약수의 '연하의 깨달음'은 정호의 '격물'설에 뿌리를 두고 대학의 '삼강' 중에서 '지지선止至善' 셋째 강령을 두드러지게 드러내어서 '분수체인'으로 '지지선'을 해석하고, 대학의 '팔목' 중에서 '격물' 조목을 두드러지게 드러내어서 가장 근본이 되는 연결고리로 삼아 '지지선'(*修身)으로 '격물'을 해석하고, 격물이 곧 지리至理라고 하여서 '지선'을 본체로 삼고, 처한 상황에 따라 천리를 체인함을 공부로 삼는 심학체계를 세웠다. 이른바 '연하의 깨달음'이란 '격물'이 지극한 이치이며, 격물은 처한 상황에 따라 천리를 체인함이며, 격물을 일종의 공부론으로 삼는 것은 바로 사람의 몸·마음·뜻이 모두 격

---

141 『천옹대전집』 권9 「기진유준寄陳惟浚」. 진구천은 정덕 13년 4월에 무종의 남순南巡을 간하였다가 삭적당하고 임천臨川으로 돌아갔는데, 곧 담약수가 이 「기진유준」에서 말한 바 "우리 유준이 전지를 얻어서 고향(故山)으로 돌아갔음을 알았습니다. 경천景川이 말하기를 유준이 홀로 항거하여 간하였다고 하는데, 이 일에 연좌되었던 것으로 생각됩니다." 라고 하였다. 그러므로 확실히 「기진유준」은 정덕 14년(1519) 7월에 썼음을 알 수 있다. 8월에 진구천은 이미 남창에서 양명을 만났다. 편지에서 "근래 『준도록』을 편찬하였다" 고 한 말은 『준도록』을 살펴보면 스스로 '정덕 기묘년(1519) 춘삼월 보름(正德己卯春三月望)'에 편찬을 마쳤다고 서명하였다.

물에서 작용(用功)을 한다는 점을 가리키며, 격물은 팔조목을 관통하고 안과 밖의 도를 합하며, 격물·치지·정심·성의·수신·제가·치국·평천하가 모두 격물에 있는 지극한 이치이며, 모두 처한 상황에 따라 천리를 체인하는 것이며 삼강도 이와 같이 관통하고 합일하는 것이라고 인식한 것이다. 그리하여 그는 말하기를 "격물이란 곧 그 이치에 이르는 것이다. 몸·마음·뜻에서 집안·나라·천하에 이르기까지 처한 상황에 따라 천리를 체인하는 것이다."라고 하였다.

이로 인해 담약수는 심지어 육학도 지리한 학문으로서 안과 밖의 도를 합하지 않았으며 상산의 설은 "다만 안을 주로 함이 너무 지나치다"고 인식하였다. 그는 「서준도록敍遵道錄」에서 그의 이 '연하의 깨달음'을 언급하여 다음과 같이 말한다. "지금 저 주자와 육상산을 변별하는 자는 심오하여서 혹은 바깥으로 잃어버리고 혹은 안으로 잃어버리며 혹은 높은 데서 잃어버리고 혹은 낮은 데서 잃어버리니 모두 지리한 허물이다. 지리함이란 둘로 하는 것을 말한다. 공맹이 돌아가시고 지리함을 면하는 자가 드문데 내가 감히 그것을 따르지 않을 따름이다."[142] 그런데 「답왕의학이조答王宜學二條」에서 그는 '연하의 깨달음'을 더욱 또렷하게 다음과 같이 말한다.

> 『고본대학』을 제(僕)가 수년간 이해를 하고서 이에 대학의 도가 밝지 못한 지 오래되었다고 탄식하였습니다. 이른바 팔조목을 가만히 의심하였습니다. 이 (강령과 조목) 두 조항은 반복하여서 근본을 추구하면 모두 격물에 근원을 두며, 곧 실은 한 가지 일일 뿐이니 이른바 여덟이 있는 것은 아닙니다. 예컨대 명덕, 친민은 시작하는 곳이 다만 지지선에 있을 뿐이니 셋

142 『준도록遵道錄』.

이 있는 것은 아닙니다. …… 격물은 곧 지지선이니 성현은 두 가지 일이 있는 것은 아니며, 뜻·마음·몸에서 집안·나라·천하에 이르기까지 처한 상황에 따라 천리를 체인하지 않는 것이 없으며, 천리를 체인함은 곧 격물입니다. …… 정자가 말하기를 "격格이란 이르는 것이며, 물物이란 이치이며, 그 이치에 이르는 것이 바로 격물이다. 치지는 기르는 바에 있으니 앎을 기름은 욕망을 적게 하는 것보다 나은 것이 없다(格者, 至也. 物者, 理也. 至其理, 乃格物也. 致知在所養, 養知莫過寡欲)."라고 하였습니다. 저는 지난번 산중에서 홀연히 이 한 단락을 깨달았는데 뒤에 정자의 글을 검토하다가 이를 보고서 내 마음이 같이 (옳다고) 생각하는 바를 깊이 터득하였다고 여겼습니다. 마침내 패연히 스스로 믿고서 오랫동안 지녔으나 감히 남에게 말하지 않았습니다(未敢以語人).[143]

담약수의 '연하의 깨달음'은 격물·치지·성의·정심·수신·제가·치국·평천하가 모두 '격물'(*처한 상황에 따라 천리를 체인하여서 그 이치에 이름[隨處體認天理,至其理])에 있다고 한 것이다. 양명의 '양지의 깨달음'은 격물·치지·성의·정심·수신·제가·치국·평천하가 모두 '치지'(*치량지, 심체체인)에 있다고 말하는 것이다. 이는 심학의 전석에서 '격물'설과 '치지'설의 대립이다. 담약수가 일찍이 말하기를 "양명 공은 처음에는 '격물'설을 주로 하였는데 나중에는 '양지'설을 주로 하였다."(*「양명선생묘지명」)라고 하였는데, 이는 바로 양명이 '양지의 깨달음' 이후 '격물' 위주에서 '치지' 위주로 전향하였고, 담약수는 한결같이 '격물'을 주로 하여서 변하지 않았음을 가리킨다. 담약수는 육상산을 비평하며 "안을 주로 함이 너무 지나치다"고 하였는데, 역시 양명의 왕학

143 『천옹대전집』 권9 「답왕의학이조答王宜學二條」.

이 '안을 주로 함이 너무 지나친' 점을 비평하였다. 그리하여 그는 확실히 한 때 "감히 남에게 말하지 않았던" 것이다.

그러나 진구천이 8월에 남창으로 와서 담약수가 『고대학측』과 『중용측』을 편찬한 일을 양명에게 알렸을 때 두 사람은 다음과 같은 문답을 한 차례 전개하였다.

> 또 물었다. "감천甘泉(담약수)이 근래에 역시 『대학』 고본을 신뢰하여서 이르기를 '격물格物은 도에 나아간다는(造道) 말과 같다.'고 하였습니다. 또 이르기를 '궁리窮理는 새의 둥지나 짐승의 소굴(巢穴)을 샅샅이 뒤진다(窮) 하는 궁窮과 같이 몸소 거기에 이르는 것이니 그러므로 격물도 다만 처한 상황에 따라(隨處) 천리를 체인하는 것일 뿐이라.' 하였습니다. 선생의 학설과 점점 같아지는 듯합니다." 선생께서 말씀하셨다. "감천은 공부를 했기 때문에 바뀔 수 있었다. 당시 그에게 '친민親民'이라는 글자는 고칠 필요가 없다고 하였는데 그는 역시 믿지 않았다. 지금 '격물'을 논한 것이 역시 (나의 설과) 가깝기는 하지만 물物 자를 이理 자로 바꿀 필요는 없고 다만 그대로 그 물物 한 글자이면 옳다." 나중에 어떤 사람이 나에게 물었다. "지금 어찌하여 '물物' 자를 의심하지 않는가?" 답하였다. "『중용』에서는 '성실하지 않으면 사물이 없다(不誠無物).'고 하였고, 정자는 '사물이 다가오면 순순히 응한다(物來順應).'고 하였으며, 또 '사물을 저마다 그 사물에 맡긴다(物各付物).', '가슴속에 사물이 없다(胸中無物).'고 하였는데 이것들은 모두 옛사람이 항상 사용하던 글자이다." 다른 날 선생께서도 그렇다고 말씀하셨다.

그 뒤에 홍도洪都에서 다시 우중于中(자중子中, 하량승夏良勝), 국상國裳(서분)과 더불어 마음의 안과 밖의 설에 대해 토론하였다. 그들은 모두 말하기를 "사물에는 자체 안과 밖이 있으나 다만 안과 밖에서 아울러 공부해야 하며, 틈이 있어서는 안 된다."라고 하였다. 이것을 선생께 여쭈었더니 말씀하셨다. "공부는 본체를 떠나지 않으며, 본체는 원래 안과 밖이 없다. 다만 후세의 공부하는 사람들이 안과 밖을 나누었기 때문에 그 본체를 잃어버리게 되었다. 지금처럼 바로 공부에 안과 밖을 두어서는 안 된다는 것을 강론해서 밝혀야만 비로소 이것이 본체 공부이다."

(구천이) 또 물었다. "육자陸子(육구연)의 학문은 어떠합니까?" 선생께서 대답하셨다. "염계와 명도 이후로는 역시 상산(육구연)인데 다만 조금 거칠 뿐이다." 내(九川)가 말하였다. "그가 학문을 논한 것을 보면 각 편마다 골수骨髓를 말하고 있으며, 구절마다 고황膏肓에 침을 놓는 듯하였으니 도리어 그의 거친 곳을 보지 못하였습니다." 선생께서 말씀하셨다. "그렇다. 그는 마음에서 공부를 하였으니(心上用過功夫) 글의 뜻만 가지고서 추측하고 의거하여 탐구하는 것과는 자연히 다르다. 그러나 자세히 살펴보면 거친 곳이 있으니 공부를 오래 하면 당연히 그것을 알게 된다."[144]

양명의 이러한 말은 모두 담약수를 겨냥하여 한 말이다. 진구천이 담약수는 "선생의 학설과 점점 같아지는 듯합니다."라고 한 말은 다만 담약수가 『대학고본』 및 '친민' 등의 해설에서 양명으로 전향하였음을 가리킨다. 그리하여 양명은 그가 "바뀔 수 있었다."라고 하였다. 양명은 '격물'의 '물' 자를 '리理' 자로 고쳐서는 안 된다고 여겼는데, 이는 담약수가 격물을 '이치에 이르다(至理)', '도로 나아가다(造道)'로 해석하여서 격물에 대해 잘못된 해설을 하였기

144 『왕양명전집』 권3 「전습록」 하.

때문이다. 양명은 심본체(*良知)에 안팎이 없다고 인식하였다. 그리하여 그는 본체 상에서 마음에 안과 밖이 없음을 강론하였다. 담약수는 격물에 안과 밖이 없다고 인식하였다. 그리하여 그는 공부 상에서 사물에 안과 밖이 없다고 강론하였다. 이 때문에 양명은 생각하기를 육학은 '마음에서 공부를 하였으니' 그를 두고 "안을 주로 함이 너무 지나치다" 할 수 없다고 여겼는데, 말하는 뜻은 도리어 담약수의 '수처체인천리'가 '안을 주로 하지 않았다'는 말이다.

양명은 진구천에게 이미 담약수의 '격물'과 '처한 상황에 따라 체인하는' 관점에 대한 자기 입장을 초보적으로 표현하였다. 9월에 양기楊驥와 설간이 조주潮州로 돌아가게 되자 양명은 곧 담약수와 방헌부에게 보내는 편지 두 통을 써서 양기에게 부탁하여서 서초로 보냈다. 두 통의 편지 내용은 같은데, 양명은 방헌부에게 보낸 편지에서 다음과 같이 말하였다.

『대학』의 옛 판본을 복구한 것은 공이 더욱 작지 않으니 매우 다행하고 다행합니다(幸甚)! 상산을 논한 곳에서는 맹자의 '방심放心' 몇 조항을 들었으나 감천은 부족하다고 생각하여 다시 '동서남북의 바닷가에서 성인이 나온다면 이 마음과 이 이치는 같다(東西南北海有聖人出, 此心此理同)', '우주 안의 일은 모두 내 성분 안의 일(宇宙內事皆己分內事)'이라고 한 몇 마디 말을 다시 인용하였습니다. 감천이 인용한 것은 진실로 그 큰 것(마음)을 얻은(誠得其大) 것입니다만 나는 홀로 서초자西樵子(방헌부)의 (실용에) 가깝고 절실함을 사랑합니다. 그 큰 것을 본 점에서는 그의 공부가 가깝고 절실하지 않음이 없으나 실제로 절실하고 가까운 공부를 더하지 않았으니(非實加切近之功) 이른바 큰 것이 또한 공허한 견해가 될 뿐입니다. 맹자가 성선을 말하고부터 심성의 근원에 대해 세상의 유학자들이 왕왕 말할 수는 있으나 그 학문은 끝내 지리하고 바깥에서 추구하며 스스로 깨닫지 못하는 곳으로 빠지니 바로 그 공부가 절실하지 못할 뿐입니다. 이것이 내가 홀로 서초의 말을 기뻐하는 까닭이며 (그의 말은) 본래 지금 시대에 대중의 약입니다. 옛 사람의 학문은 절실하게 자기를 위하였으며 한갓 강설은 일삼지 않았습니다(不徒事於講說).[145]

양명은 담약수가 인용한 육상산의 '심즉리'설이 "진실로 그 큰 것을 얻은" 것이나 다만 '절실하고 가까운 공부'가 빠졌으니 여전히 '공허한 견해일 뿐'이라고 인식하였다. 양명이 말하는 '절실하고 가까운 공부'란 바로 치량지의 공부, 지행합일의 공부로서 "한갓 강설은 일삼지 않는" 것을 가리킨다. 방헌부는 회신에서 다음과 같이 말한다.

근래 서초 산중에는 선비들이 점점 모여들어서 자못 방향을 알고 있습니다만 아직 실제 힘을 얻은 자는 보지 못하였습니다. 대체로 이 학문은 참으로 수백 년 끊어진 학문이라 탁월하게 실제로 본 자가 아니면 말하기 어렵습니다. 감천이 창도하여 이끌고 강하여서 밝히려는 뜻을 크게 가지고서 근래 산에 학사學舍 수십 칸을 마련하여 학자들을 불러들이니 장래 반드시 성취함이 있을 터인데 이 또한 성대한 일의 하나입니다. 그 말을 세운 큰 취지는 비록 저(生)와 조금 흡연翕然하지 못하나 감히 공론(懸論)을 하지는 못합니다. …… 일찍이 『주자만년정론』과 『전습록』 두 책을 보아 많은 계발을 이루었는데, 『주자만년정론』은 본래 선생이 약속의 말씀을 드리되 창문으로 들이는 뜻이지만 지극하지는 않았습니다(先生納約自牖之意, 非其至者). 그러나 이 책을 얻어서 선비들과 내용을 조금 살펴보았습니다. 『전습록』에

145 『왕양명전집』 권4 「답방숙현答方叔賢」.

서 논한 『중용』의 계구신독戒懼愼獨 한 곳은 바로 배우는 사람의 만세 의혹을 해소한 것입니다. '천리' 두 글자를 차근차근 일러주고 또 배우는 사람의 일상생활(日用)에 매우 절실하니 이러한 곳은 참으로 없을 수 없습니다. 오직 격물·박문의 설(格物博文之說)은 제(生)가 아직 석연하지 않으나 다만 종이와 붓으로 지적하여서 진술하기 어려우니 마땅히 직접 뵙고 더 가르침을 청하겠습니다. 선생의 설은 한때 치우친 것을 바로잡고 폐단을 보완하는 이론(一時救偏補弊之論)이나 다만 배우는 사람이 혹시 알지 못하고서 오히려 중정귀일中正歸一의 궁극(極)에 의혹을 품을까 두렵습니다. …… 감천이 여기에 의혹을 품고 있으니 평온한 마음으로 널리 논하기를 아끼지 않아서 이로써 대동大同에 이른다면 매우 다행이겠습니다![146]

방헌부는 양명의 설에 대해 실제로는 대부분 부정하였다. 그는 『주자만년정론』을 "선생이 약속의 말씀을 드리되 창으로 들이지만 지극하지 않은" 책에 지나지 않는다고 여겼다. 또한 『전습록』은 양명의 '격물·박문의 설'이 사람들에게 의혹을 불러일으키는 것이나 이는 "한때 치우친 것을 바로잡고 폐단을 보완하는 이론"이라고 인식하였다. 담약수가 양명에게 '격물'의 설을 질의한 까닭은 바로 양명이 '격물'을 '정심'으로 해석한 것이 담약수가 '격물'을 '이치에 나아감(至理)'(*造道)으로 해석한 것과 합치하지 않았기 때문이다. 공부론에서 담약수는 '격물'을 주로 하고, 양명은 '치지'를 주로 하였다.

담약수의 회답도 방헌부와 같은 내용이었다. 그는 먼저 방헌부에게 보낸 편지에서 다음과 같이 강하게 변론하였다.

---

146 『서초유고』 권8 「간왕양명柬王陽明」 서2.

양명의 편지를 보니 마치 제(愚) 생각을 깊이 다 알지 못하고 있는 듯합니다. 내가 상산象山의 우주 성분의 말을 거론하였는데, 이른바 성분이란 곧 아우님(吾弟)이 거론한 본심의 설일 뿐입니다. 본심을 얻으면 저절로 이것을 알 것입니다. 본심과 우주는 둘로 나누어서는 안 됩니다. 말씀해주신 명도의 "오래 보존하면 저절로 밝아지니 어찌 궁리하고 탐색하겠는가(存久自明, 何待窮索)!"라는 말은 가장 간단하고 절실합니다만 모름지기 보존하는 것이 무엇인지 알아야 이에 실지가 있습니다(須知所存者何事, 乃有實地). 머리에서 말씀하신 "이 뜻을 인식하여 성과 경으로 보존한다(識得此意, 以誠敬存之)."는 말은 알고서 보존하는 것입니다(知而存也). 또 말씀하신 "오래 보존하면 저절로 밝아진다."는 말은 보존하여서 아는 것입니다(存而知也). 앎과 행함이 함께 나아가면(知行交進) 아는 것과 보존하는 것이 모두 한 가지입니다(所知所存, 皆是一物). 그 끝에서 또 이르기를 "그것을 체득하여 즐기되 또한 지키지 못함을 근심하지 않는다(體之而樂, 亦不患不能守)."라고 하였습니다. 이 두뇌頭腦를 보는 것이 매우 친절해야 그것을 보존함에 힘을 낭비하지 않을 뿐입니다. …… 양명의 편지를 아울러 보내니 한번 보시고 돌려주십시오.[147]

양명이 담약수를 '절실하고 가까운 공부'가 결핍된 공부라고 비평한 말을 겨냥하여서 담약수는 '보존함과 앎을 함께 닦고 같이 진보하는(存知交修竝進)' 공부와 수양론을 주장하였다. 성과 경으로써 마음을 보존하며, 치지로써 이치에 이르며, 보존과 앎을 함께 수양하는 것이 이른바 '알고서 보존하고, 보존하여서 알고, 앎과 행함이 함께 진보한다'는 것이다. 이러한 보존과 앎을

147 『천옹대전집』 권8 「답방서초答方西樵」.

함께 수양하는 것은 주희가 말한 경지쌍수敬知雙修와 마치 판에 박은 것처럼 똑같으니(如出一轍) 실제로는 그의 '격물' 공부에 대한 구체적인 연역이다. 그리하여 그는 "아는 것과 보존하는 것이 모두 한 가지"로서 아는 것과 보존하는 것이 모두 착실(落實)하여 '실지實地', 곧 격물(*곧 이치에 이름〈至理〉)에 떨어져야 한다고 강조하였다. 그러므로 그는 말하기를 "격물은 실지로 하며(格物爲實地)", "모름지기 보존하는 것이 무엇인지 알아야 이에 실지가 있습니다."라고 하였는데 이는 역시 그가 말한 것처럼 처한 상황에 따라 천리를 체인하는 것으로서 양명의 '심체체인', '치량지'와 합치하지 않는다.

담약수가 방헌부에게 보낸 편지에서는 비교적 명료하게 말하였으나 양명에게 보낸 회신에서는 다음과 같이 두루뭉술하게 말한 것은 이상하지 않다.

> 논하는 바 여러 설은 모두 스스로 터득한(斬新自得) 참신한 말입니다. 『주자만년정론』의 한 편에 이르러서는 마치 새로운 견해 같습니다. 다만 앞의 한 부분은 언어에 빠져버렸고, 뒤의 한 부분은 또 언어에서 벗어났으니(前一截則溺於言語, 後一截又脫離於言語) 마치 공자가 "일을 처리할 때는 경건하라(執事敬)."는 것처럼 안과 밖을 일치하게 하는 것은 둘 다 잃을(兩失之) 뿐입니다. 격려해주시는 뜻이 지극히 두터우나 「여숙현서與叔賢書」를 읽으니 또한 의혹이 없을 수 없습니다. 이른바 우주 성분은 장자張子의 「서명西銘」, 정자程子의 '식인識仁'과 한 단락으로서 모두 내 본심의 체體이니 큰 것을 보는 자는 크다 하고, 가까운 것을 보는 자는 가깝다고 하여서 아마도 크고 작고 멀고 가까움을 나눌 수 없을 듯합니다. 무릇 형이 세운 말씀은 사람을 위하여 법을 취한 것이니 정교하지 않을 수 없습니다.[148]

148 『천옹대전집』 권8 「답양명도헌答陽明都憲」.

담약수는 실제로 자기에 대한 양명의 비평을 모두 부정하였다. "앞의 한 부분은 언어에 빠져버렸고 뒤의 한 부분은 또 언어에서 벗어났으니"라고 한 말은 양명이 초년의 주희가 지리하고 바깥에서 찾는 격물의 설을 '언어에 빠져버린' 것으로 간주하였고 또한 주희가 말년에 마음에서 이치를 추구한 바 정론定論(*육씨 심학)을 '언어에서 벗어난' 것으로 간주한 것이 모두 한쪽으로 치우친 실수(*지나치게 바깥을 주로 함과 지나치게 안을 주로 함)를 하였다고 보았으며, 안과 밖이 합치하지 않았으므로 '둘 다 잃어버린' 것이라고 여겼다. 담약수는 자신의 우주 성분의 설을 양명이 비평한 것에 대해서는 '이일분수'로 반박하여서 자기 논법이 장재張載의 「서명」의 '이일분수'와 정자의 '식인識仁' 설(*인을 본체로 하는)과 함께 서로 합치하니, 인은 본체로서 '이일理一'이며, 큰 것과 작은 것을 보고 먼 것을 보며 가까운 것을 봄을 아는 것은 '분수分殊'로서 정자의 안과 밖이 합일한 바 '중도를 추구하여서(求之中道)' 안으로도 밖으로도 치우치지 않는 설에 부합하며 결코 '실제로 절실하고 가까운 공부를 더하지 않은' 것은 아니라고 인식하였다.

분명히 '양지의 깨달음'과 '연하의 깨달음' 이후 양명은 이미 전향하여서 '양지'의 설을 크게 드러냈고, 담약수는 전향하여서 '격물'의 설을 크게 드러냈다. 양명과 담약수는 사상적 거리가 더욱 멀어져서 『대학』 체계에 대한 전석에서 완전히 서로 합치할 수 없었다. 그리하여 담약수는 여전히 머뭇거리며 『고대학측』과 『중용측』을 양명에게 보내지 않았고, 양명도 신호의 반란을 평정한 뒤 사후의 처리를 해야 하는 긴장된 상황에 처하였기에 두 사람의 강학과 논변은 한동안 중지되었다.

정덕 15년(1520) 2월, 방헌부는 양명에게 자기의 『대학원大學原』을 보내주었는데 바로 양명과 함께 방헌부·담약수의 강학론변을 재개할 심산이었다. 방헌부의 『대학원』은 사실 담약수의 『고대학측』 사상과 조금 다르다. 그가 지은 『대학원』과 『중용원中庸原』의 종지는 바로 주희의 『대학중용장구大學中庸章句』를 반박하려는 것이었다. 그는 담약수에게 보낸 편지에서 다음과 같이 말하였다. "『장구』가 없었더라면 『이측二測』을 지을 필요가 없었습니다. 제(區區) 뜻은 이와 같습니다."[149]라고 하였다. 그는 나중에 문인전聞人詮에게 보낸 편지에서 다시 다음과 같이 말한다. "이 두 책은 제(僕)가 마음에 둔 지 30년 된 것으로서 마침 산중에서 더불어 정靜의 공부를 더욱 많이 하여서 …… 대체로 『대학』 구본을 복구하였는데 중점은 모두 치지와 성의 두 장에 있으니 이는 제가 처음 가졌던 생각입니다. 만약 두 장을 이와 같이 해석하지 않으면 구본을 복구한다는 말은 성립하지 않습니다. 지금 저의 말과 같다면 매우 탄연坦然히 평이하고 명백하여서 기력을 낭비할 것 없으며 (더 이상) 말을 할 것이 없을 듯합니다."[150]

방헌부의 『대학원』의 주지는 바로 '격물'로써 치지', '성의'를 해설한 것이다. 그리하여 그는 『대학』에서 '치지', '성의'를 주로 하였으니 실제로 '격물'을 주로 한 것으로서 '격물'을 주로 한 담약수의 사상과 유사하며 '치지'(*치량지)를 주로 한 양명의 사상과 매우 동떨어져서 같지 않다. 그는 양명에게 보낸 편지에서 스스로 이런 차이점에 대한 생각을 전하였다.

> 또 『대학원』 한 책을 아울러 올리고 가르침을 청합니다. 이 책은 비록 감히 정론이라고 여기지는 못합니다. 다만 제(生)가 여러 해 배움에 힘써서 터득한 것이 이와 같은데 실로 마음으로 생각하고 몸으로 체득한 것이며 구차한 설이 아닙니다. 가만히 생각건대 『대학』 한 책은 이와 같이 보아야

149 『서초유고』 권8 「복담태사復湛太史」 서7.

150 『서초유고』 권8 「여시어문인제학與侍御聞人提學」.

하니 다소 평이하고 명백하여서 배우기도 어렵지 않습니다. 어떻게 생각하십니까(何如)? 온당하지 않은 곳이 있으면 여전히 지적하기를 아끼지 마시기 바랍니다. 아직 『중용원』 한 책이 있는데 베끼지 못하였으나 이어서 받들어 보내겠습니다.[151]

양명은 『대학원』을 읽고서 방헌부의 『대학』 해설을 전반적으로 부정하였다. 그는 회신에서 다음과 같이 솔직하게 말한다.

보내주신 『대학원』을 보니 여기에 마음을 쓰심이 깊고 치밀함을 알겠습니다. 도는 하나일 뿐이니 대본大本과 대원大原을 논하면 육경, 사서에 유추하여서 같지 않음이 없는 것은 다만 『대학』에 대한 「홍범」의 관계와 같을 뿐이 아닙니다. 이 뜻은 제(僕)가 평소 벗들(朋友) 사이에서 늘 말한 것입니다. 초목에 비유하자면 모두 같은 바는 생명의지(生意)입니다. 꽃과 열매가 성글거나 조밀하며, 가지와 잎이 높거나 낮은 것 역시 모두 나란히 견주어서 같아지려고 하는데 저는 조물주(化工)가 이와 같이 꼼꼼하게 다듬어내지는(彫刻) 않았을 것이라고 생각합니다. 지금 우리 형께서 바야흐로 스스로 기뻐하며 독창적인 견해라 하고 새로 터득했다고 여겨서 날카로운 뜻으로 이 설을 주장하시는데 비록 비루한 사람이 평소 믿음과 사랑을 받은 것 같으나 당연히 한때의 논설을 갑자기 받아들일 수는 없습니다. 또한 원컨대 우리 형께서는 본 것을 실지로 몸으로 체득하였으니 반드시 장차 의혹이 있을 터인데 과연 의혹이 없으면 반드시 터득함이 있고, 과연 터득함이 없으면 또 반드시 보는 것이 있으니 그런 뒤에 저의 설(鄙說)은 진보할 수 있

151 『서초유고』 권8 「간왕양명」 서3.

습니다. 학문이 밝아지지 않음이 몇 백 년인데 근래 다행히 감천이나 우리 형과 같은 동지가 있어서 서로 절차탁마하고 강구하여서 자못 단서가 있었으나 우리 형은 홀연 다시 이와 같이 문장의 의미에 구속되니 우리가 또 장차 누구를 바라겠습니까? 군자가 배움을 논함에는 본래 오직 옳음을 따를 뿐 반드시 같음을 귀하게 여기지는 않습니다. 입문하여 시작하는 곳에 서라면 변론하지 않을 수 없으니 이른바 털끝만 한 차이가 천 리나 어긋나는 것입니다. 치지, 격물은 감천의 설과 저의 설이 오히려 약간의 차이가 있으나 크게 같음(大同)에는 문제가 없습니다. 만약 우리 형의 설과 같다면 감천과는 차이가 있을 것입니다. …… 근래 감천의 편지도 이것에 대해 말하였는데 당연히 잘못으로 여기지 않았습니다.[152]

양명은 전적으로 '치량지'설을 이용하여서 문장의 뜻에 구속되고 지리하게 억지로 해석하는 방헌부의 '격물'설을 비평하였다. 그리하여 담약수도 양명의 학문과 논변의 칼끝을 피하였는데, 먼저 정월에 양명에게 편지를 써서 다만 자기가 이미 도적을 피하여 멀리 발리총發履冢 아래로 피하였다고 알렸다. 양명은 그에게 편지 두 통을 잇달아 써서 그가 난을 피하여 집을 떠나 광적한(曠寂) 생활에 관심을 기울인 것 외에 특별히 그의 학문이 안팎으로 지리하고 바깥을 좇고 안을 잊어버리는 폐단이 있음을 지적하였다.

7월에 담약수는 겨우 회신하였는데, 양명의 비평에 대해 다음과 같이 강하게 변호하였다.

서초에 있는 동안 두 차례나 멀리 염려해주심을 입었으니 형제(骨肉)와 같은

---

152 『왕양명전집』 권5 「답방숙현」 서1.

의리가 아니라면 어찌 이렇게 하겠습니까? …… 지시하신 것처럼 이전의 '지리한 유감(支離之憾)'에 대해서는 아마도 형께서 이전에 서로 깊이 알지 못하였을 듯합니다. 이른바 '지리한' 것은 둘로 하는 것을 말하니 다만 바깥을 좇을 뿐만 아니라 안을 잊음(逐外而忘內)을 일러서 '지리하다' 하는 것입니다. 안을 옳게 여기고 바깥을 그르게 여기는(是內而非外) 것 역시 '지리하다'고 합니다. 지나침은 모자람만 못할 뿐이니 반드시 체용일원體用一原, 현미무간顯微無間, 일이관지一以貫之라야 이를 면할 수 있습니다. 저(僕)는 신미년(1511)과 임신년 전에는 나중의 천려일실이 있음을 면하지 못하였습니다. 이전과 같은 실수는 스스로 없다 하겠으나 체용, 현미에 관해서는 계유년(1513)과 갑술년 이후 스스로 자못 하나로 돌아감을 알았다고 하겠습니다. 모르겠습니다만 형이 유감을 가진 바가 어디에 있습니까?[153]

담약수의 논법은 더욱 완미할 가치가 있다. 여기에서 그는 이미 자기 사상적 발전을 총결하였고, 또 양명의 사상과 비교하여 앞으로 두 사람의 성학聖學(*心學) 발전의 방향을 지적하였다. 그는 신미년과 임신년 전(*입산하여 돌아가서 거처하기 전을 가리킨다)의 자기 사상은 "안을 옳게 여기고 바깥을 그르게 여기는" 지리한 폐단이 있었으나 다만 "밖을 좇고 안을 잊어버리는" 지리한 폐단은 없었다고 하였다. 이는 그의 '처한 상황에 따라 천리를 체인하는' 사상을 가장 적극적으로 긍정한 것으로서, '안을 옳게 여기고 바깥을 그르게 여기는' 양명의 초기 심학사상의 병폐에 대한 비평을 은연중에 포함하였다.

그는 자기가 신미년과 임신년 이후의 사상에서 이미 안과 밖을 함께 중시하고 안과 밖이 합일하며 하나로 회귀했다고 인식하였는데, 이는 그의 '격물'

---

153 『천옹대전집』 권8 「답양명答陽明」.

설을 가장 적극적으로 긍정한 것이며, "안을 옳게 여기고 바깥을 그르게 여기는" 양명의 후기 '치량지'설에 대한 비평을 은연중에 포함하였다. 그리하여 그는 미래 성학(*심학)의 정확한 발전 방향은 응당 두 학문(兩家)의 장점을 함께 취하여서 마음과 사물을 함께 중시하고 안과 밖이 합일하고 체용일원, 현미무간에 도달하고, 지리하여서 둘로 나뉨을 극복하고 일이관지하여서 각자 학문의 편파偏頗를 없애야 한다고 인식하였다. 담약수는 이렇게 하는 것이 진정한 '공문의 심법'이라고 생각하였다.[154]

담약수의 이 편지는 어쩌면 양란楊鸞이 7월 초에 서초에서 가지고 와서 양명에게 건네준 것일 터이다. 바로 이 시기에 양기가 병으로 세상을 떠나자 양란은 양명과 담약수에게 글을 지어서 제전祭奠을 하기를 청하였는데 두 사람에게는 제문을 짓는 시간이 학문의 동이를 다시 논변할 기회가 되었다. 두 사람은 모두 양기를 자기 사상을 존신한 제자로 인정하였다. 양명은 제문에서 말하기를 "가을 초에 사명仕鳴(양란)이 감贛을 지날 때 흉변凶變이 마침 전해졌는데 …… 옛날 상겸尙謙(설간)이 나에게 말하기를, 조潮에 봉鳳이 둘 있다고 하였으니 대체로 사덕仕德(양기)의 형제를 가리키는 것이었습니다. 뒤에 내가 서로 이어서 (두 사람) 모두 (문하에) 얻고서 스스로 사문斯文의 상서로움으로 여겼더니 지금 그 하나를 잃게 되었습니다. 아! 마음이 아픕니다!"[155]라고 하였다.

담약수도 제문에서 양기가 자기 사상을 존신한 제자로 인정하였다. 그는 특별히 양기의 예를 들어서 자기와 양명의 사상적 동이를 다음과 같이 지적하였다.

---

154 『천옹대전집』 권31 「공문전수심법론孔門傳授心法論」을 참조하라.

155 왕수인, 「전양사덕문奠楊士德文」, 『요평현지饒平縣志』 권20.

도를 잃어버린 지 천 년이나 되어서 배움이 그 핵심을 잃어버렸습니다. 잃어버린 것이 어찌 오로지 사물을 좇아 옮겨간 것을 말하는 것이겠습니까? 대체로 마음과 마음이 서로 붙들고 천군天君(心)을 붙들어 매어서 제거하거나 옭아매어 잊어버리거나(忘) 조장하니(助) 두 가지가 지리하여서 더욱 나뉘고, 본체의 저절로 그러한 것이 바로 이 일에 있어서 보존하지 않아도 존속하고 안과 밖이 하나로 합하여서 둘, 셋 ……이 (그 사이에) 끼어드는 것을 용납하지 않음을 알지 못합니다. …… 그대의 스승 양명은 나와 같은 길을 가는 사람입니다. 사명이 서초에 와서 합일에 관해 토론하였습니다. 1년 뒤 그대가 와서 형제의 정을 강구하였습니다. 그대는 이때 안을 옳다 하고 사물의 병폐를 미워하였습니다(是內, 惡物之疚)(*안을 옳게 여기고 바깥을 그르게 여기는 것을 가리킨다). 그대는 병으로 초췌하였는데 내가 '마음의 병'이라고 하였습니다. 내가 우려하고 내가 말을 하였는데, 내 말은 어리석음에 침을 놓고 완고함을 바로잡는(貶訂) 것입니다. 그대도 내 말을 옳게 여기고 잘못이 있으면 와서 바로잡았습니다(*양기가 와서 감천에게 배워서 안을 중시하고 바깥을 가벼이 여기는 폐단을 제거하고 안과 밖을 합일하였음을 가리킨다). 무슨 병인지 누가 알겠습니까만 살아 있으면 다행입니다. …… 우리 사덕과 같은 사람은 배움을 알고 스승을 얻었다고 하겠습니다.[156]

담약수의 이러한 말은 7월에 양명에게 보낸 편지에서 한 말과 완전히 똑같다. 그가 볼 때 양기는 처음 양명을 좇아서 배웠고 "안을 옳게 여기고 바깥을 그르게 여기는" 병폐가 있어서 "안을 옳다 하고 사물의 병폐를 미워하였는데", 나중에 담약수에게 배움을 묻고 치우침을 바로잡고서 형상形上의 심

156『천옹대전집』권57「전양사덕문奠楊仕德文」.

본체가 저절로 순수하고 밝으나 다만 형하形下의 일에 따라 존재하고 사물에 따라 존재하여서 마침내 안과 밖의 합일을 이루어낼 수 있고 지리하고 둘로 나뉘는 병폐를 제거할 수 있다고 인식하였다. 담약수는 양기의 사상적 변전의 예를 들어서 '안을 중시하고 바깥을 가벼이 여기는' 양명의 치량지설을 비평하고 자신의 '안과 밖 합일'의 격물설을 긍정하였다.

담약수의 스스로 옳다고 여기는 이러한 논법에 대해 양명은 즉각 회신을 하여서 반박하였지만 논변을 하지는 않았다. 정덕 16년(1521) 2월에 양란이 편지를 보내 묘지명을 지어달라고 청하자 양명은 그제야 양란에게 보내는 편지에서 자기 관점을 다음과 같이 언급하였는데, 실질적으로는 엄격하게 담약수의 논법을 비판하며 반박한 것이었다.

> 깨우쳐주시기를 "일상생활에서 강구하는 공부는 다만 저마다 자기 양지가 미치는 바에 의거하며 스스로 그 장애를 제거하여서 넓히고 채워서 본체를 다하는 것이며 옮겨서 기식氣息에 나아가 그때그때 좋아하는 것을 따라서는 안 된다."고 하셨는데 참으로 다행입니다! 과연 이와 같이 하면 바야흐로 치지와 격물이 되며, 바야흐로 명선(明善)과 성신(誠身)이 됩니다. 과연 이와 같이 하면 덕이 어찌 날마다 새로워지지 않겠습니까! 사업이 어찌 부유하지 않겠습니까! 이르기를 "날마다 스스로 검속하였는데 종일 혼연하여서 한 덩어리(片段)가 된 적이 없었다."라고 한 것은 다만 치지 공부가 끊어진 것입니다. 저 인仁은 역시 익숙해지는 데 달려 있을 뿐입니다. 또 이르기를 "이로써 선배의 문자에 같은 점과 다른 점을 비교하여 따져보았더니(磨勘) 공부가 합치하지 않아서 늘 의심이 생긴다."라고 하였는데 또 어찌 그러하겠습니까? 제(區區)가 논한 바 '치지' 두 글자는 바로 공문孔門의 정법안장이며 이로써 참된 것(眞的)을 보면 바로 천지에 내세워도 어긋

남이 없고, 귀신에게 따져보아도 의혹이 없으며 세 왕(三王)에 상고해도 틀림이 없고 백세百世에 성인을 기다려도 미혹함이 없습니다! 이를 아는 자는 바야흐로 도를 안다 하고, 이를 얻은 자는 바야흐로 덕이 있다고 합니다. 이와 달리 배우는 자는 곧 이단이라고 하며 이를 떠나서 말하는 것은 곧 사설邪說이라고 하며 이를 벗어나서 가는 것은 곧 명행冥行이라고 합니다. …… 이른바 "이 학문은 마치 공중에 서 있는 것과 같아서 사면이 모두 의지할 곳이라곤 없으니 만사가 집착(染着)을 용납하지 않고 색색이 그 본래 모습을 믿으니 털끝만큼이라도 증감增減을 용납하지 않는다. 만약 어떻게라도 안배하고 생각을 덧붙인다면 곧 합일의 공부가 아니다."라고 한 내용은 비록 말이나 구절에 때로 밝지 못함이 있으나 역시 사명仕鳴(양란)이 본 곳이니 충분히 기뻐할 만합니다. 다만 모름지기 절실하게 힘써야 비로소 허공으로 떨어지지 않습니다. 만약 다만 이같이 말하면 의혹(議擬)과 모방(仿象)을 면하지 못하며, 이후에는 다만 정신과 넋을 가지고 노는 사람이 될 뿐이니 비록 근세의 격물하는 자와 증후가 조금 같지는 않으나 그 병통은 한 가지일 뿐입니다. 시문을 익히는 일은 유자가 비록 폐하지는 못하나 공자께서 말씀하신 바 "덕이 있는 자는 반드시 (훌륭한) 말이 있다(有德者必有言)."라고 하신 것입니다. 신경을 써서 안배하고 조합하는 것과 같은 것은 이기려는 마음에서 일어납니다. 선배가 일컬어서 이 도에 뜻을 두었다고 하는 사람들 또한 이와 같으나 다만 습관이 된 마음이 아직 제거되지 않았을 뿐입니다. 사명은 이미 치지의 설을 깨달았고 이러한 곳은 저절로 마땅히 한 번 따져서 깨뜨림으로써 다른 사람들을 속이지 못하게 해야 합니다.[157]

157 『왕양명전집』 권5 「여양사명與楊仕鳴」.

양명은 실제로 자신의 '치지'를 주로 하는 설(*치량지)을 이용하여서 담약수의 '격물'을 주로 하는 설을 비평하였는데, 그가 비평한 '근세의 격물을 하는 자'에 담약수도 포함했던 것이다. 담약수는 '격물'을 주로 하는 자기 설을 '공문의 심법'이라 일컬었고, 양명은 '치지'를 주로 하는 자기 설을 일컬어서 '공문의 정법안장'이라 하였으니, 두 사람의 사상은 뚜렷하게 대립하였다.

양명은 자신의 '치량지' 사상과 상이한 학설을 모두 '이단', '사설'이라고 배척하였는데, 의심할 바 없이 담약수의 '격물지리格物至理'설도 거기에 포함된다. 대개 담약수는 자기 사상에 대해 양명이 전체적으로 이해하지 못했다고 느꼈기 때문에 마침내 『고본대학측』과 『중용측』을 양명에게 보여주기로 결정하였다. 마침 진광陳洸(*세걸世傑, 1478~1534)이 서울에 와서 시험에 응시하게 되었는데 담약수는 '두 측(二測)'을 양명에게 전해달라고 그에게 부탁하였다. 진광은 5월에 회시를 본 뒤 남쪽으로 돌아가다가 남창을 경유하여 '두 측'을 양명에게 전해주었다. 양명은 담약수의 '두 측'을 읽은 뒤 더욱 자신의 판단을 믿었고 잇달아 회신 두 통을 담약수에게 보내서 자기 관점을 견지하였다. 담약수의 '격물'설과 자기의 '치지'설을 변석하는 근본적인 차이에 중점이 있었다.

첫 번째 편지에서 다음과 같이 말하였다.

> 세걸(진광)이 와서 '학용측學庸測'(『고본대학측』과 『중용측』)을 받아 보았는데 기쁘고 다행하기 그지없었습니다(喜幸)! 중간에 매우 발명한 곳이 있으나 다만 제 견해(鄙見)와는 아직 대동소이하였습니다. '처한 상황에 따라 천리를 체인함'은 진실로 허탄한 말(誑語)이 아닙니다만 저의 설(鄙說)도 애초에는 이와 같았습니다. 노형의 함축된 의미(命意)가 발단한 곳의 뿌리를 탐구하면 오히려 털끝만큼 서로 맞지 않음이 있으나 그러나 역시 끝내 길은 달

라도 귀결은 같아질(殊途同歸) 것입니다. 수신·제가·치국·평천하가 모두 격물이지만 이와 같이 한 마디 한 마디 따져서 밝혀내려고 한다면(節節分疏) 역시 설명하는 말이 너무 많아짐을 느낍니다. 또한 말의 뜻은 간결하고 고졸하기에 힘써야 하는데 본문에 견주어서 도리어 더욱 깊고 어두워 읽는 사람이 탐구하기 어렵게 되니 이 가운데 역시 마음의 병이 없지 않겠습니까? 그 말을 명백하고 쉽게 하여 대략 지름길을 가리켜서 사람들로 하여금 스스로 생각하고 터득하게 하여 더욱 의미심장함을 느끼게 하는 것만 한 것이 없습니다. 고명高明께서는 어떻게 생각하십니까? 치지의 설은 저의 견해를 아마도 바꿀 수는 없을 듯하니 노형께서 다시 한번 깊이 생각하여서 편한 때 알려주시기 바랍니다. 이는 성학의 마음으로 전하는 요체이니(聖學傳心之要) 이것이 이미 명확하다면 나머지는 모두 환하게 통할 것입니다. 뜻이 간절한(肯切) 곳은 곧지(直) 않을 수 없으니 참람하고 망령됨을 나무라지 않으신다면 다행이겠습니다. 숙현叔賢(방헌부)의 『대학』과 「홍범洪範」의 설은 힘을 쓴 것이 이미 깊어서 일시에 옮기고 바꾸기(轉移) 어려울 것입니다. 이는 반드시 만나서 토론하고 변론해야 비로소 바로잡을 수 있을 뿐입니다. 만나 뵙기 전에 먼저 말씀드립니다.[158]

양명은 단연코 자기 '치지'(*치량지)설이 '성학의 마음으로 전하는 요체'라고 인식하고 담약수의 '격물'설을 넌지시 부정하였다. '격물'설을 논한 두 번째 편지는 아마도 6월에 남해南海의 윤이량倫以諒(1521, 진사)이 과거에 합격하고 돌아가면서 남창을 경유하여 양명을 찾아왔을 때 양명이 그에게 부탁하여서 담약수에게 전해준 것일 터이다. 이 편지는 필시 표현이 비교적 격렬하

158 『왕양명전집』 권5 「답감천答甘泉」. 양명의 두 번째 편지는 현재 산일되었다.

였을 터인데, 나중에 소실되었지만 양명이 동시에 윤이훈倫以訓(1497~1540)에게 쓴 편지 「답윤언식答倫彦式」을 보면 오히려 양명이 담약수에게 보낸 두 번째 편지의 내용을 (담약수가) 흔연히 받아들이고 인증하였던 것으로 보인다.

양명은 윤이훈에게 보낸 편지에서 주로 '주정主靜'에 대한 자기 생각을 다음과 같이 언급하였다.

> 근래 영제令弟(윤이량)가 성省을 지나갈 때 다시 가르침을 받았습니다. …… 논하기를 "배움에는 고요함의 뿌리가 없고 사물의 자극을 받아 쉽게 움직이면 일에 대처하여 뉘우침이 많다."라고 하였는데 …… 대체로 세 마디의 말에는 병폐가 서로 얽혀 있습니다. 오직 배우되 별도로 고요함의 뿌리를 추구하므로 사물의 자극을 받음에 쉽게 움직이는 것을 두려워하며, 사물에 자극을 받음에 쉽게 움직임을 두려워하는 까닭으로 일에 대처하여서 뉘우침이 많은 것입니다. 마음은 움직임과 고요함이 없는 것입니다. 고요함이란 그 본체를 말합니다. 움직임이란 그 작용을 말합니다. 그러므로 군자의 학문은 움직임과 고요함에 간격이 없습니다. 그 고요함에는 지각하여서 일찍이 없었던 적이 없으므로 늘 반응합니다. 그 움직임에는 안정되어서 일찍이 있었던 적이 없으므로 늘 적막합니다. 늘 반응하고 늘 적막한 것은 움직임과 고요함이 모두 일삼음이 있는 것이니 이를 일러서 의를 축적함(集義)이라고 합니다. 의를 축적하기 때문에 뉘우침에 이르지 않을 수 있으니 이른바 움직임이 또한 안정되며, 고요함 또한 안정되다고 한 것입니다. 마음은 하나일 뿐이니 고요함은 그 본체인데 다시 고요함의 뿌리를 추구하는 것은 그 본체를 꺾는 것입니다. 움직임은 그 작용인데 쉽게 움직임을 두려워하는 것은 그 작용을 폐기하는 것입니다. 그러므로 고요함을 추구하는 마음은 곧 움직임이며, 움직임을 싫어하는 마음은 고요함이 아니니

이를 일러서 움직임도 움직임이고 고요함도 움직임이라고 하며, 보내고 맞이하고 일어나고 엎드림(將迎起伏)을 무궁한 데서 찾는 것입니다. 그러므로 이치를 따르는 것을 고요함이라고 하니 욕망의 움직임을 따르는 것입니다. 욕망이란 반드시 소리와 색과 재화와 이익으로 바깥에서 유혹하는 것이 아니라 마음에 사사로움이 있으면 모두 욕망입니다. 그러므로 이치를 따르는 것은 비록 오만 가지 변화에 대응하더라도(酬酌萬變) 모두 고요함입니다. 염계(주돈이)가 "고요함을 주로 한다."라고 한 것은 욕망이 없음을 말하니 이것을 일러 의를 모은다고 합니다. 욕망을 따르는 것은 비록 심재心齋, 좌망坐忘이라도 모두 움직임입니다. 고자告子가 억지로 제재한 것은 미리 기대하고 돕는 것(正助)을 말하니 이는 의를 바깥으로 여기는 것입니다.[159]

양명은 여기서 주돈이의 주정무욕主靜無欲설을 상세히 논하였는데 역시 담약수를 겨냥한 것이다. 담약수는 '격물'설의 근본을 정이程頤의 격물지리格物至理설로 미루었다. 그리하여 그는 격물·치지·성의·정심·수신·제가·치국·평천하를 모두 '격물'에 있는 것이라고 하여서 처한 상황에 따라 천리를 체인함, '분수체인'을 요구하였던 것이다. 양명은 '치지'설의 근본을 주돈이의 주정무욕설로 미루었다. 그리하여 그는 격물·치지·성의·정심·수신·제가·치국·평천하를 모두 '치지'에 있다고 하여 치량지와 '심체체인'을 요구하였다. 이로 인해 양명은 주돈이의 주정무욕설을 논변하였는데 실제로는 자기 '치지'설(*치량지)을 논술하고 담약수의 '격물'설을 비평하였던 것이다.

사람들의 주목을 끄는 점은 양명이 여기에서 심체心體에는 동정이 없다는 것과 심용心用에는 동정이 있다는 설을 주장했다는 사실이다. 심체는 고요하

159 『왕양명전집』 권5 「답윤언식答倫彦式」.

고 심용은 움직이며, 정은 체이고 동은 용이며, 이치를 따름(*善)은 고요함이고 욕망을 좇음(*惡)은 움직임이며, 체용은 일원一源이고 동정은 일여一如이며 선악은 일체一體라고 인식하였다. 이 사상은 그가 이전에 말한 심체무선악心體無善惡, 심용유선악心用有善惡, 선악위일건善惡爲一件의 사상과 서로 합치하며, 역시 나중에 그의 '왕문팔구교王門八句敎'(*사무교四無敎와 사유교四有敎)설의 '심무선악'과 '심유선악'의 물줄기를 열었으며, '왕문사구교'에서 '왕문팔구교'로 차츰 변화해가는 발자취를 희미하게 남기고 있다.

양명의 편지에서 담약수의 '격물'설을 비평하고 '두 측'을 부정하는 분명한 그의 관점은 줄곧 두루뭉술하게 저자세로 이도 저도 아닌 애매한 태도를 지녔던 담약수의 아픈 곳을 건드렸다. 담약수는 평상시의 태도에서 돌변하여 7월에 양명에게 긴 편지 한 통을 써서 논하였는데, 이전에 보이지 않았던 격렬한 언사로 상세히 자신의 '격물'과 '수처체인천리'설을 변론하였다.

편지에서 날카롭게 대립하여 다음과 같이 논하였다.

> 두 차례 격물을 논하는 편지로 가르침을 받고 지극한 사랑을 충분히 헤아릴 수 있었습니다. 그러나 저(僕)는 끝내 의혹이 생겼는데 의혹을 품고서 변론하지 않으려고 해도 그럴 수 없고 변론하고자 해도 할 수 없습니다. 변론하지 않으면 이 학문은 끝내 일치하지 않아서 벗들(朋友)에게 꾸짖음을 당할 것입니다. 왕의학王宜學이 말하기를 "강구하여서 타당함에 귀결하는 것은 선생의 책임입니다."라고 하였고, 방숙현(방헌부)이 말하기를 "선생께서 변론하지 않으면 누가 하겠습니까?" 하였습니다. 변론을 하면 형께서 조금이나마 동조함을 기뻐하고 다름을 싫어하여서 자기가 옳다 하고 남을 소홀히 할 터인데 자기가 옳다 하고 남을 소홀히 하면 자기는 스스로 성인이라 하고 남의 말을 멀리하는 것입니다. 양명이 어찌 그러하겠습니까? 이

에 스스로 외부 사람이라 여기지 않고 참람하게 변론하겠습니다. 대체로 형의 '격물'설은 감히 믿을 수 없는 점이 네 가지입니다. 예로부터 성현의 학문은 모두 '천리'를 두뇌로 삼고 '지행知行'을 공부로 삼았습니다. 형은 격格을 정正으로 풀이하고 물物을 염두念頭가 드러난 것이라고 풀이하였는데, 뒤의 글에서 성의誠意의 의意가 곧 염두가 드러난 것이라고 합니다. 또한 정심正心의 정이 곧 격이니 문장의 의미가 중복되지 않겠습니까? 이것이 옳지 않은 것 중의 하나입니다. 또 앞의 글에서 그칠 곳을 알면 얻을 수 있다고 한 것은 이어진 것이 없고, 『고본(고본대학)』의 아래 절에 수신으로 격치를 설명한 내용은 취할 것이 없다고 여겼으니 이것이 옳지 않은 것 중의 둘입니다. 형이 '격물'을 풀이하여 '염두를 바르게 한다(正念頭也)'고 한 설은 염두가 바른지 그른지 역시 근거할 수 없습니다. 예컨대 석로釋老(불교와 도가)는 허무를 "응당 머무는 바가 없이 하여 그 마음을 낸다(應無所住而生其心).", "모든 상이 없고 육근六根과 육진六塵이 없다(無諸相, 無根塵)."고 하여 스스로를 바른 것으로 삼았습니다. 양주楊朱·묵적墨翟의 시대에는 모두 스스로 성인으로 여겼는데, 어찌 스스로 옳지 않다고 여기면서 그렇게 자처하는 것을 편안히 여겼겠습니까? 학문에 공이 없으면서 이른바 바른 것을 알지 못하는 것은 바로 그른 것(邪)이며, 스스로 성인이라고 하는 바를 스스로 알지 못하면 바로 금수로 흘러가는 것입니다. 맹자가 백이伯夷·유하혜柳下惠·이윤伊尹을 성인으로 여겼으나, (그들이 결국은) 막힘과 공손하지(隘而不恭) 않음에 빠지고 공자와 달랐던 점은 강학의 공이 없으며, 시조리始條理와 종조리終條理의 실상이 없고, 지혜와 솜씨(智巧)의 교묘함이 없었기 때문입니다. 그런 즉 우리 형의 가르침이 다만 염두를 바로잡음만 말하니 그것이 옳지 않은 것 중의 셋입니다. 학문을 논함의 최초 시작은 「열명說命」에서 "옛 가르침에서 배워야 얻음이 있다(學於古訓, 乃有獲)."

하였고, 「주서周書」에서 "옛사람의 관직에서 배운다(學古人官)." 하였고, 순舜이 우禹에게 명하기를 "정밀하고 한결같이 하라(惟精惟一)" 하였고, 안자顔子가 공자의 가르침을 서술하기를 "글로써 넓히고 예로써 요약한다(博文約禮)" 하였고, 공자가 애공哀公에게 알려주기를 "배우고 묻고 생각하고 따져보고 독실하게 행한다(學問思辨篤行)."고 하였는데, 지행병진知行竝進에 귀결됨은 한 가닥으로 함께 꿰인(同條共貫) 것입니다. 만약 형의 설과 같이 한갓 염두만 바로잡는다면 공자가 '덕이 닦이지 않음(德之不修)'만 말하면 되지 또 '배운 것을 강하지 않음(學之不講)'을 무엇 때문에 말했겠습니까? '묵묵히 기억함(黙而識之)'만 말하면 되지 '배움을 싫증 내지 않음(學而不厭)'은 무엇 때문에 말했겠습니까? 또 '옛것을 믿고 좋아하여 부지런히 구하는 자(信而好古敏求者)'는 무엇 때문에 말하는 것입니까? 자사子思는 다만 '덕성을 높임(尊德性)'만 말하면 되지 또 무엇 때문에 '묻고 배움을 따름(道問學)'을 말한 것입니까? 강하는 바, 배우는 바, 좋아하는 바, 구하는 바는 무엇입니까? 이것이 옳지 않은 것 중의 넷입니다. 본 문장을 고찰하면 이와 같고 또 과거의 성인을 상고하면 저와 같은데 우리 형이 확연히 스스로 믿고서 남들이 반드시 좇게 하려고 또 "성인이 다시 일어나도 바꿀 수 없다."라고 하였으니 어찌 형의 밝음으로써 여기에 미치지 못하는 것입니까? 대체로 반드시 덮어 가림이 있었을 것입니다.

저의 어리석은 설로는 채택할 만한 것이 다섯 가지입니다. '격물'을 풀이하되 '그 이치에 이르는' 것이라고 하였는데 처음에는 이를 비록 스스로 터득하였으나 정자程子의 글을 상고했더니 (정자는) 먼저 같이 옳게 여기는 것(同然)을 터득하였습니다. 이것이 하나입니다. 첫 장의 '지극한 선에 그침'을 고찰하면 곧 이것이니, 앞의 단락의 '그침을 알고 터득할 수 있는(知止, 能得)' 것은 지행병진하여서 이치에 이르는 공부입니다. 이것이 둘입니다.

『대학고본』의 아래 문장을 고찰하여 수신으로 격치를 펼치는 것은 배우는 사람에게 대단히 힘이 됩니다. 이것이 셋입니다. 『대학』에서 말하기를 "앎에 이름은 사물에 나아감에 있다(致知在格物)."라고 하였고, 정자는 말하기를 "앎에 이름은 기르는 바에 있으니 앎을 기름은 욕망을 적게 하는 데 있다(致知在所養, 養知在寡欲)."라고 하였는데, 함양涵養과 과욕寡欲으로 격물을 풀이하는 것은 바로 『고본대학』에서 수신으로 격물을 펼치는 취지가 의심이 없는 것과 부합합니다. 이것이 넷입니다. 격물로 지행知行을 겸하는 것은 옛 성인의 가르침에 배우고 묻고 사색하고 변별하고 독실하게 행하며, 정밀하고 한결같으며(精一), 널리 글을 배우고 예로 요약하는(博約) 것이며, 옛것을 배우고 옛것을 좋아하고 옛것을 믿는 것이며, 덕을 닦고 배움을 강하는 것이며, 묵묵히 알고 배움을 싫증 내지 않는 것이며, 덕성을 높이고 묻고 배움을 따르는 것이며, 조리를 시작하고 마치는 것이며, 말을 알고 기운을 기름을 가르친 것으로서 수천 성현의 가르침이 속이지 않은(不謬) 것입니다. 이것이 다섯입니다. 이 다섯 가지는 믿을 수 있는데 우리 형은 하나도 살피지 않았으니 어찌 현명하신 형이 이에 미치지 않았습니까? 대체로 반드시 가림이 있는 것일 뿐입니다.

제가 격格을 풀이하는 원칙(所以)은 그 이치에 이르는 것입니다. 그 이치에 이른다고 함은 천리를 체인하는 것입니다. 천리를 체인한다고 하는 것은 지행을 겸하고 안과 밖을 합하여 말한 것인데 천리는 안과 밖이 없습니다. 진세걸陳世傑(1640, 진사)이 편지로 알려주기를, 우리 형께서 저의 '수처체인천리隨處體認天理'설을 바깥에서 추구하는 것이라고 의심하신다 하였는데, 만약 그러하다면 의를 바깥으로 여기는 설에 가깝지 않겠습니까? 추구하는 것 자체는 안과 밖이 없습니다. 제가 '처한 상황에 따라(隨處)'라고 한 것은 마음을 따름(隨心), 뜻을 따름(隨意), 몸을 따름(隨身), 집안을 따름(隨家),

나라를 따름(隨國), 천하를 따름(隨天下)으로서 대체로 고요함이나 자극을 받을 때 그것에 따를 뿐이니 따름은 하나일 뿐입니다. 고요하면 확연대공廓然大公하고, 감응하면 물래순응物來順應하니 고요하고 감응하는 바가 같지 않으나 모두 내 마음의 중정中正한 본체를 떠나지 않습니다. 본체는 곧 실체實體이며, 천리이며, 지극한 선이며, 사물이니 바깥에서 구한다고 하면 되겠습니까? 치지致知라고 하는 것은 대체로 이 실체를 아는 것일 뿐이니 천리와 지극한 선과 사물이 바로 내 양지, 양능이니 바깥에서 구할 필요가 없습니다. 다만 사람은 습기習氣에 가려지므로 태어나면 몽매하고, 자라서 배우지 않으면 어리석게 됩니다. 그러므로 배우고 묻고 생각하고 변별하고 독실하게 행하는 모든 가르침이 어리석음을 깨뜨리고 가림을 제거하고 그 양지, 양능을 경계하여서 발휘하는 것일 뿐이니 이에 더할 것이 있지 않습니다. 그러므로 털끝만큼도 사람의 힘을 쓸 곳이 없습니다. 예컨대 사람이 꿈을 꾸고 있을 때 남이 부르면 깨어날 수 있는데 (잠에서 깨어나는 것은) 바깥에서 깨우는 것이 아닙니다. 그러므로 격물을 하면 일삼을 것이 없고, 『대학』의 일을 마치는 것입니다. 만약 한갓 그 마음을 지키고서 배우고 묻고 생각하고 따져보고 독실하게 행하는 공부가 없다면 아마도 경책하여 발휘할 수 없으며 비록 올바른 것 같아도 실상은 거짓이며, 아래로는 노자·불교·양주·묵적이 되고 위로는 백이·유하혜·이윤이 될 것입니다. 무엇 때문입니까? 옛날 증삼曾參이 참외를 길렀는데 잘못하여 뿌리를 잘랐더니 아버지가 큰 몽둥이로 때려서 거의 죽을 뻔하다가 살아났습니다. 증삼은 아버지를 피하지 않은 것이 옳다고 여겼는데, 이에 공자가 말하기를 "작은 몽둥이라면 맞고 큰 몽둥이라면 달아나라(小杖受, 大杖逃)."고 하였습니다. 이것이 천리입니다. 한 일이 일어나고 끝나는 사이에 하늘(천리)과 사람(인위)이 판가름 나니 학문을 강구하지 않겠습니까? 힐책하는 자가 말하기를 "공자 같은 사람이 또 무엇을 배웠겠는가? 마음을 썼을 뿐이다."라고 하였는데, (그런 사람은) 공자가 지극한 성인이며, 천리의 극치이며, 인이 익고 의가 정밀하되 그러나 반드시 일흔에야 마음먹은 대로 해도 법도를 어기지 않았음을 모르고 있습니다. 사람은 배우지 않으면 늙어 죽을 때까지 어리석습니다. 형의 총명함은 남들이 미칠 수가 없으니 본래 감히 추측하지 못합니다. 그러나 공자도 일찍이 배우면 스스로 힘을 얻고 배우지 못하면 스스로 근심하였는데, 지금 우리 형은 명망이 높고 지위가 높아 천하의 선비들이 바람처럼 바라고 좇으려고 합니다. 그러므로 기술은 삼가지 않을 수 없으며, 가르침은 중정하지 않을 수 없습니다. 형은 도모하십시오! 형이 도모하면 이 도가 일어날 수 있고 이 학문이 밝아질 수 있을 것입니다. 형의 오늘과 같은 가르침은 제가 모르지 않으나 저는 바로 일찍이 방향을 서술하는(述方) 사람입니다. 또한 형과 교유한 지 17년인데 형에게 사랑을 받은 것 역시 깊다고 하겠습니다. 일찍이 품고 있는 것을 다 털어놓지 못하면 부끄러우니 장차 노형에게 죄인이 될 것이며 천하 후세가 허물을 돌릴 것입니다. 이에 스스로 본분을 헤아리지 않고 다 털어놓고 말씀드렸습니다. 만약 조금이라도 채택할 수 있다면 굽어살펴주십시오. 만약 잘못되고 망령되다면(謬妄) 마땅히 물리쳐서 꾸짖으신다면 저도 앞으로 침묵하겠습니다.[160]

이는 확실히 담약수의 평생 동안의 '정회를 다 털어놓은(吐盡情懷)' 배움을 논한 한 편의 글로서 (여기서 그는) 그의 '수처체인천리'의 심학체계와 양명의 '치량지' 심학체계의 동이와 득실을 전면적으로 논술하여 변석하였다. 그

160 『천옹대전집』 권9 「답양명왕도헌논격물答陽明王都憲論格物」.

의 입장에서 볼 때 자신의 '수처체인천리'의 심학체계와 양명의 '치량지' 심학체계는 모두 유가의 대학학大學學에서 전환하여 생성된 본체공부론 체계인데 다만 담약수는 '천리'를 '대두뇌'로 삼았고, 양명은 '양지'를 '대두뇌'로 삼았다. 그리하여 담약수는 '격물'을 끄집어내어서 심학의 근본적인 연결고리로 삼았고, 양명은 '치지'를 끄집어내어서 심학의 근본적인 연결고리로 삼았던 것이다. 담약수는 '수신'으로 '격물'을 해설하였고, 양명은 '치지'로 '격물'을 해설하였다. 그리하여 담약수는 '격물'을 '지극한 이치'로 해석하고 '치지'를 '앎에 그침'으로 해석하였다. 또한 양명은 '격물'을 '마음을 바로잡음'으로 해석하고 '치지'를 '치량지'로 해석하였다. 담약수는 '격물'을 '이치에 이름'으로 해석하였기 때문에 '처한 상황에 따라 천리를 체인함'을 주장하였고, 양명은 '격물'을 '마음을 바로잡음'으로 해석하였기 때문에 '염두를 바르게 함'을 주장하였는데, 이 근본적인 전석의 차이가 두 사람의 사상적 대립과 분기를 더욱 심화하였다.

이로 인해 담약수는 양명의 '염두를 바로잡음'과 '안을 주로 함이 너무 지나친' 병폐를 비평하여서 염두에 선이 있고 악이 있으며, 바름이 있고 거짓이 있으니 만일 '학문의 공이 없고', '강학의 공이 없으며, 시조리와 종조리의 실상이 없이' '지행병진知行竝進, 동조공관同條共貫'의 공부를 더하지 않고 안만 있고 밖은 없으며 한갓 그 마음을 지키고서 배우고 묻고 생각하고 변별하고 독실하게 행하는 공부가 없으면 염두의 바른 것과 거짓, 선과 악을 분명히 변별하지 못하고 다만 헛되이 맹목적으로 염두를 바로잡는 데만 망령되이 매달릴 뿐이라고 인식하였다. 그러나 양명은 담약수의 '처한 상황에 따라 천리를 체인함'은 '밖을 주로 함이 너무 지나친' 폐단이 있으니 '바깥에서 추구함을 일삼고', '처한 상황에 따라 사물을 좇아 이치를 구하며 밖은 있으나 안이 없으며 안과 밖을 지리하게 둘로 나누는' 것이라고 비평하였다.

분명히 담약수의 '수처체인천리' 사상체계와 양명의 '치량지' 사상체계는 심학의 전석에서 매우 커다란 차이가 존재하는데, 두 사람이 성학을 공동 제창하고 공동 토론한 것은 결코 두 사람의 심학 전석 체계에 내재하는 차이와 분기의 커다란 격차를 메울 수 없었으며, 결국 지행을 겸하고, 안과 밖을 합하고, 동정을 통일하며, 체용일원, 현미무간, 원융위일圓融爲一의 심학의 지극한 경계에 함께 도달할 수 없었다. 그러나 주의할 만한 점은 담약수가 논변하는 가운데 마침내 양명의 '양지'설을 받아들여서 승인하였는데 처한 상황에 따라 천리를 체인함이 내 마음의 중정한 본체를 결코 떠나지 않으며 마음의 본체는 바로 양지로서 바깥에서 구할 필요가 없으며 다만 습기와 사사로운 욕망에 가려지므로, 그리하여 모름지기 가린 것을 제거하고 넓혀서 채우며 양지를 깨우쳐서 발휘해야 한다고 인식하였다는 사실이다. 이는 바로 치량지(*치지)라고 하는 것이다. 담약수가 양지설에 동의한 것은 양명이 강서에서 담약수와 함께 학문의 동이를 논변하고 성학을 함께 제창하면서 거둔 최대 성과라고 할 수 있다. 따라서 담약수의 이 학문을 논하는 편지는 양명을 월越로 돌아가서 자기 양지심학을 한 걸음 더 나아가 반성하고 재구성하도록 추동하였다.

학문을 논하는 담약수의 장문의 편지는 양명과 함께 17년 동안 논변한 학문, (두 사람이) 제창한 성학에 대한 한 매듭의 총결이며, 이로써 양명도 강서에서 5년 동안 담약수와 함께 전개한 강학론도의 결말을 선포하였다. 양명이 담약수의 이 편지를 받았을 때 마침 양명을 남경 병부상서로 승진, 임명하는 조명朝命이 전당錢塘에 도착하였다. 양명은 양지심학의 대사로서 강서를 빠져나왔으나 심학의 앞길은 여전히 망망하였다. 그는 학문을 논한 담약수의 이 편지를 품에 품고 월중으로 돌아와 계속해서 온 힘을 다해 양지심학의 가르침을 크게 펼쳤다.

15장

가정嘉靖 '학금學禁'의 곤경 속에서 발버둥치다

소흥으로 돌아와 거처하다(歸居紹興): 절중浙中에서 양지심학의 흥기

양명은 정덕 16년(1521) 8월 하순에 소흥으로 돌아왔다. 그는 이때의 귀성歸省을 귀휴歸休로 간주하고 숲속에 돌아가 은거하여 도를 논할 심산으로 다시는 출사를 생각하지 않았다. 이때 절중의 선비들은 강서의 선비들과 비교하면 사상 수준이 뒤처져 있었다. 그들은 보편적으로 양명의 양지심학을 아직 제대로 이해하지 못하였으며 일찍부터 양지학의 대사가 와서 '계몽'하여 깨우쳐주기를 기대하고 있었다. 양명은 천하에 명성이 자자한 심학의 유종儒宗으로서 돌아와 남쪽 하늘에 밝은 빛을 찬란하게 뿌리며 떠올랐고 또한 사방 선비들이 어지러이 와서 양지심학을 묻도록 거대한 힘으로 끌어들였다. 냉락한 소흥의 광상방光相坊 옛집은 양지의 도를 묻는 '성지'가 되었다.

가장 먼저 찾아와 도를 물은 사람은 귀안歸安의 육징陸澄(1517, 진사)이었다. 그는 잇달아 편지 두 통을 써서 양지의 학문을 물었고, 양명은 모두 회신을 하여 상세하고 치밀하게 논하고 분석하였다. 첫 번째 편지에서 다음과 같이 말하였다.

…… 보내온 편지에서 "양지良知도 역시 일어나는 곳이 있다."라고 운운하

였습니다. 이것은 아마도 들은 것이 아직 상세하지 못하기 때문입니다. 양지란 마음의 본체로서 곧 앞에서 말한 항상 비추는(恒照) 것입니다. 마음의 본체는 일어남도 없고, 일어나지 않음도 없으니 비록 망령된 생각이 일어나더라도 양지는 존재하지 않은 적이 없으나 다만 사람들이 보존할 줄 모르기 때문에 간혹 마음을 놓쳐버리는 때가 있을 뿐입니다. 비록 극도로 어둡게 막혔다고 하더라도 양지는 밝지 않은 적이 없으나 다만 사람들이 살필 줄 모르기 때문에 간혹 가려지는 때가 있을 뿐입니다. 비록 간혹 놓쳐버리는 때가 있다고 하더라도 그 (마음의) 본체는 실제로 존재하지 않은 적이 없으니 그것을 보존할 뿐입니다. 간혹 가려지는 때가 있다고 하더라도 그 (마음의) 본체는 실제로 밝지 않은 적이 없으니 살필 뿐입니다. 만약 양지도 역시 일어나는 곳이 있다고 한다면 (양지가) 존재하지 않은 때가 있다는 것이니 (이는) 그 본체를 일컬은 것이 아닙니다.

보내온 편지에서 "원신元神·원기元氣·원정元精은 반드시 각각 의탁하여 갈무리하고 발생하는 곳이 있으며, 또 진음의 정(眞陰之精)과 진양의 기(眞陽之氣)가 있다."라고 운운하였습니다. 무릇 양지는 하나인데 그것의 오묘한 작용으로 말하면 신이라 하고, 그것의 유행으로 말하면 기라 하고, 그것의 응취로 말하면 정이라고 하니, 어찌 형상과 방소方所로써 추구할 수 있겠습니까? 진음의 정은 진양의 기의 어미이며, 진양의 기는 진음의 정의 아비입니다. 음은 양에 뿌리를 두고 양은 음에 뿌리를 두니 또한 두 가지가 있는 것이 아닙니다. 만약 내 양지의 설이 밝혀진다면 무릇 이런 종류는 모두 말하지 않아도 깨달을 수 있을 것입니다.[1]

1 『전습록傳習錄』 권중卷中 「답육원정答陸原靜」.

양명이 첫 번째 편지에서 '양지'와 '치량지'를 '쉽고 간단하게(易簡)' 논술했다면 두 번째 긴 편지에서는 '양지'와 '치량지'를 '넓고 크게(廣大)' 천석闡釋하였는데, 1차로 그의 '쉽고 간단하며, 넓고 큰' 양지심학의 본체공부론 체계를 웅대하고 대단한 기세로 완정完整하게 전개하였다. 양명의 이 긴 편지는 바로 학문을 논한 담약수의 긴 편지와 날카롭게 대립하였는데, 그 가운데의 관점을 관통하여서 낱낱이 분석해낸다면 이는 참으로 양명의 평생 동안 찾아보기 어려운, 가장 기세가 원대하며 사변이 심원한 양지심학의 사변철학에 대한 대결론이라 할 수 있다.

본성(性)은 선하지 않음이 없습니다. 그러므로 앎(知)은 좋지(良) 않음이 없는데, 양지良知는 곧 아직 (정감이) 발현하지 않은 중(未發之中)이고, 탁 트여서 크게 공변된 것이며(廓然大公), 적연하여 움직이지 않는(寂然不動) 본체로서 사람들마다 함께 갖추고 있는 것입니다. 다만 물욕에 어두워지고 가려지지 않을 수 없으므로 모름지기 학문을 통해 그 어두워지고 가려진 것을 제거해야 합니다. 그러나 양지의 본체에 대해서는 애초에 털끝만큼도 보태거나 덜어낼 수 없습니다. 앎은 좋지 않음이 없으나 '중'과 '적연함'과 '크게 공변됨'이 온전하지 못한 까닭은 어두워지고 가려진 것이 아직 다 제거되지 않아서 (양지를) 순수하게 보존하지 못하기 때문일 뿐입니다. 본체는 곧 양지의 본체이며, 작용은 곧 양지의 작용인데 어찌 다시 본체와 작용의 바깥에서 벗어날 수 있겠습니까?

이치(理)는 움직임이 없는 것이니 '이치를 늘 알고, 늘 보존하고, 늘 주로 한다(常知, 常存, 常主於理).'고 하는 것은 곧 '보이지 않고 들리지 않으며, 생각도 없고 하는 것도 없다(不睹不聞, 無思無爲).'는 말입니다. 보이지 않고 들리지 않으며, 생각도 없고 하는 것도 없다는 것은 마른 나무나 꺼진 재와 같은 상태를 말하는 것이 아니라 보고 듣고 생각하고 행위하는 것이 이치에 한결같으며 (인위적으로) 보고 듣고 생각하고 행위한 것이 있었던 적이 없는 것입니다. 이것이 곧 움직이되 움직인 적이 없다는 것이며, 이른바 '움직여도 안정되고 고요해도 안정되며, 본체와 작용은 근원이 하나'라고 하는 것입니다.

아직 발현하지 않은 중(未發之中)은 곧 양지이니 앞과 뒤, 안과 밖이 없이 혼연히 한 몸입니다. 일이 있음(有事)과 일이 없음(無事)으로써 움직임과 고요함을 말할 수 있으나 양지는 일이 있음과 일이 없음의 구별이 없습니다. 적연寂然과 감통感通으로써 움직임과 고요함을 말할 수 있으나 양지는 적연과 감통의 구별이 없습니다. 움직임과 고요함이란 (마음이) 맞닥뜨리는 때인데 마음의 본체는 본래 움직임과 고요함의 구별이 없습니다. 이치는 움직임이 없는 것이니 움직이면 곧 인욕이 됩니다. 이치를 따르면 비록 오만 가지 변화에 대응하더라도 움직임이 없으며, 인욕을 좇으면 비록 마음의 작용을 그치게 하고 생각을 전일하게 하더라도 고요함이 없습니다. 움직임 가운데 고요함이 있고, 고요함 가운데 움직임이 있다는 것을 또 어찌 의심하겠습니까? 일이 있어서 감통하는 것은 본래 움직임이라고 말할 수 있으나 적연한 것에 무엇을 보탠 적이 없으며, 일이 없어서 적연한 것은 본래 고요함이라고 말할 수 있으나 감통하는 것에서 무엇을 덜어낸 적이 없습니다. 움직이되 움직임이 없고, 고요하되 고요함이 없다는 것을 또 어찌 의심하겠습니까? (이 마음이 아직 발현되지 않은 본체가) 앞과 뒤, 안과 밖이 없는 혼연일체라면 지극히 성실함에 쉼이 있을까 하는 의심은 해명을 기다릴 필요가 없습니다. 아직 발현하지 않은 것은 이미 발현한 것 가운데 있으니 이미 발현한 것 가운데 아직 발현하지 않은 것이 따로 있지 않습니다. 이미 발현한 것은 아직 발현하지 않은 것 가운데 있으나 아직 발현하지 않은 것 가운데 이미 발현한 것이 따로 있지 않습니다. 이것이 움직임과 고요함이 없지는 않지만 움직임과 고요함을 구별할 수 없다고 하는 것입니다. 또한 주자周子(주돈이)의 "고요함이 극에 이르면 움직이게 된다(靜極而動)."는 설은 잘 살펴보지 않으면 병폐가 있음을 면하지 못합니다. 대체로 그 뜻은 '태극이 움직여서 양을 낳고 고요하여서 음을 낳는다(太極動而生陽, 靜而生陰).'는 설에서 나왔습니다. 태극의 낳고 낳는 이치(生生之理)는 오묘한 작용이 쉬지 않으면서도 그 한결같은 본체(常體)는 바뀌지 않는 것입니다. 태극의 낳고 낳음은 곧 음양의 낳고 낳음입니다. 그 낳고 낳는 가운데에 나아가 그 오묘한 작용이 쉬지 않는 것을 가리켜서 움직임이라 하고 양을 낳는다고 하는 것이지, (태극이) 움직인 뒤에 양을 낳는다는 말은 아닙니다. 낳고 낳는 가운데에 나아가 그 한결같은 본체가 바뀌지 않는 것을 가리켜서 고요함이라 하고 음을 낳는다고 하는 것이지, (태극이) 고요해진 뒤에 음을 낳는다는 말은 아닙니다. 만약 과연 고요해진 뒤에 음을 낳고 움직인 뒤에 양을 낳는다면 음과 양, 움직임과 고요함은 자른 듯이 저마다 다른 한 사물이 되고 말 것입니다. 음과 양은 한 기(一氣)입니다. 한 기가 굽혔다 펴졌다 하여서 음과 양이 됩니다. 움직임과 고요함은 한 이치입니다. 한 이치가 숨었다 드러났다 하여서 움직임과 고요함이 됩니다. 봄과 여름은 양이고 움직임이라 할 수 있지만 음과 고요함이 없었던 적이 없습니다. 가을과 겨울은 음이고 고요함이라 할 수 있지만 양과 움직임이 없었던 적이 없습니다. 봄과 여름도 이렇게 쉬지 않고 가을과 겨울도 이렇게 쉬지 않으니 모두 양이고 움직임이라 할 수 있습니다. 봄과 여름도 이 한결같은 본체이고, 가을과 겨울도 이 한결같은 본체이니 모두 음이고 고요함이라 할 수 있습니다. 이른바 움직임과 고요함은 단초가 없고(動靜無端) 음과 양은 시작이 없다(陰陽無始)는 것은 도를 아는 사람이 말없이 인식하는 것이지 말로 궁구할 수 있는 것이 아닙니다.

이것(*양지가 그 주체가 됨)을 안다면 아직 발현하지 않은 중과 적연하여서 움직이지 않는(寂然不動) 본체를 알게 되고, 발현하여서 절도에 맞는 조화(和)와 느껴서 마침내 통하는(感而遂通) 오묘한 작용이 있게 됩니다. 그러나 양지는 늘 여유 있고 한가하여 아무 일도 없는(優閑無事) 곳에 자리하는 듯하다는 말에는 오히려 병폐가 있습니다. 대체로 양지는 비록 기쁨과 성냄, 근심과 두려움에 막히지는 않지만 기쁨과 성냄, 근심과 두려움도 양지로부터 벗어나지 않습니다. 능히 경계하고 삼가며 무서워하고 두려워하는(戒愼恐懼) 것은 양지입니다.

비추는 마음(照心)이 움직이는 것이 아니라는 것은 그 본체의 밝은 깨달음(明覺)이 저절로 그러하여서 발하여 움직이는 바가 전혀 없었기 때문인데, 움직이는 것이 있으면 곧 망령된 것입니다. 망령된 마음(妄心)도 비추는 것이라는 것은 그 본체의 밝은 깨달음이 저절로 그러하여서 그 가운데 존재하지 않은 적이 없었기 때문인데, 다만 움직임이 있을 뿐이며 움직임이 없으면 곧 비추는 것입니다. 망령됨도 없고 비춤도 없다는 것은 망령됨을 비춤으로 여기고 비춤을 망령됨으로 여기는 것이 아닙니다. 비추는 마음을 비춤으로 여기고 망령된 마음을 망령됨으로 여기는 것은 망령됨이 있고 비춤이 있다는 것과 같습니다. 망령됨이 있고 비춤이 있으면 오히려 (마음을) 둘(貳)로 나누는 것이니 두 마음이 있으면 (천리가) 쉬는(息) 것입니다. 망령됨도 없고 비춤도 없으면 두 마음이 되지 않으니 두 마음이 되지 않으면 쉬지 않는 것입니다.

반드시 이 마음을 천리天理에 순수하게 하고 털끝만 한 사사로운 인욕이라도 없게 하려는 것이 성인이 되는 공부입니다. 반드시 이 마음을 천리에 순수하게 하고 털끝만 한 사사로운 인욕을 없게 하려는 것은 (인욕이) 아직 싹트기 전에 막고 막 싹트려고 할 때 제거하지 않으면 불가능합니다. 아직 싹트기 전에 막고 막 싹트려고 할 즈음 제거하는 것이 『중용』의 '경계하고 삼가며 무서워하고 두려워하는 것(戒愼恐懼)'이고, 『대학』의 '앎을 지극히 하고 사물을 바르게 하는(致知格物)' 공부이니, 이외의 다른 공부는 없습니다. 무릇 "동쪽에서 소멸되면 서쪽에서 생긴다.", "개를 당堂 위로 끌어올린 뒤에 내쫓는다."고 말하는 것은 자기의 사사로움과 자기의 이익을 추구하며, 보내고 맞이하며 의도하고 기필하는(將迎意必) 데 얽매이는 것이지 (사욕을) 제거하여서 말끔하게 씻어내는 것이 근심거리가 되는 것은 아닙니다. 지금 '양생養生은 마음을 깨끗하게 하고 욕심을 적게 하는 것을 요체로 삼는다.'고 하는데 다만 '양생' 두 글자가 바로 자기의 사사로움과 자기의 이익을 추구하며, 보내고 맞이하며 의도하고 기필하는 근원입니다. 이 병의 뿌리가 마음 가운데 잠복하고 있으니 마땅히 "동쪽에서 소멸되면 서쪽에서 생겨난다.", "개를 당 위로 끌어올린 뒤 내쫓는다."는 근심거리가 생기는 것입니다.

"선도 생각하지 않고 악도 생각하지 않을 때 본래의 면목을 인식한다(不思善不思惡時認本來面目)."라는 말은 불교에서 아직 본래의 면목을 알지 못하는 이를 위해 이런 방편을 마련한 것입니다. '본래의 면목'은 곧 우리 성문聖門의 이른바 양지입니다. 이제 양지에 대해 명백하게 인식했다면 이미 이런 말을 할 필요가 없습니다. '사물에 따라서 바르게 하는 것(隨物而格)'은 '치지'의 공부이니 곧 불교에서 말하는 '늘 말똥말똥한(常惺惺)' 것으로서 역시 늘 그 본래의 면목을 보존하는 것일 뿐입니다. (유가와 불교의) 전체 틀(體段)의 공부는 대체로 서로 비슷합니다. 다만 불교에는 자기의 사사로움과 자기의 이익을 추구하는 마음이 있으니 그리하여 바로 다름이 있을 뿐입니다. 지금 선과 악을 생각하지 않고 마음의 양지가 깨끗하고 고요하게 자재하도록(淸靜自在) 하려는 것은 바로 자기의 사사로움과 자기의 이익을 추구하고, 보내고 맞이하며 의도하고 기필하는 마음이 있는 것이니, 그리하여 '선도 생각하지 않고 악도 생각하지 않을 때 치지 공부를 한다면 이미 선을 생각하는 데 관련된' 근심이 생깁니다. 맹자가 말하는 '밤의 기운(夜氣)'도 다만 양심을 잃은 사람을 위해 이 양심의 싹이 움트는 곳을 가리켜서 그들로 하여금 여기서부터 (양심을) 기르도록 한 것입니다. 이제 양지에 대해 이미 명백히 알고 늘 치지의 공부를 한다면 '밤의 기운'을 더 이상 말할 필요가 없습니다. 그것은 오히려 토끼를 잡은 뒤에 토끼를 지킬 줄 모르고 여전히 나무 그루터기를 지키는 것이니 잡은 토끼조차도 장차 다시 잃어버리게 될 것입니다. 편안함과 고요함을(寧靜) 추구하고, 의념을 일으키지 않고자 하는 것은 바로 자기의 사사로움과 자기의 이익을 추구하고, 보내고 맞이하며 의도하고 기필하는 병폐이니 이 때문에 의념이 생겨날수록 더욱 편안하고 고요하지 못하게 되는 것입니다. 양지는 다만 하나의 양지로서 선과 악이 저절로 변별되는데 다시 무슨 생각할 만한 선과 악이 (따로) 있겠습니까? 양지의 본체는 본래 자체 편안하고 고요한데도 지금 도리어 또 하나의 편안함과 고요함을 추구하려는 것을 덧보태고, 본래 자체 낳고 낳는데도 지금 도리어 또 어떤 의념도 일으키지 않으려는 것을 덧보탭니다. 다만 성문의 치지 공부가 이와 같지 않을 뿐만 아니라 비록 불교의 학문이라고 하더라도 역시 이와 같이 보내고 맞이하며 의도하고 기필하지는 않습니다. 다만 일념의 양지가 철두철미하고 시작도 없고 끝도 없다면 곧 앞의 의념이 소멸하지 않고 뒤의 의념도 생겨나지 않을 것입니다. 지금 오히려 앞의 의념이 쉽게 소멸되고 뒤의 의념이 생겨나지 않기를 바라는 것은 불교에서 말하는 '단멸종성斷滅種性'으로서 생기가 없는 마른 나무나 꺼진 재처럼 죽어 버린 상태에 빠지는 것을 말하는 것입니다.

양지는 본래 저절로 밝습니다. 기질이 아름답지 않은 사람은 찌꺼기(渣

滓)가 많고 가리고 덮은 것도 두텁기에 열어서 밝히기가 쉽지 않습니다. 기질이 아름다운 사람은 찌꺼기가 원래 적고 가리고 덮은 것도 많지 않아서 치지의 공부를 조금만 더하면 이 양지가 저절로 맑고 투명해져서 조금 있던 찌꺼기는 마치 끓는 물 속에 떠 있는 눈과 같이 녹아버릴 것이니 어찌 덮어 가릴 수 있겠습니까?

본성은 하나일 따름입니다. 인의예지는 본성의 본성(性)이고, 총명예지는 본성의 자질(質)이며, 희로애락은 본성의 감정(情)이고, 사욕과 객기客氣는 본성의 가림(蔽)입니다. 자질에 맑고 흐림이 있기 때문에 감정에 지나치고 모자람이 있으며, 가림에 얕고 깊음이 있습니다. 사욕과 객기는 같은 병의 통증이 두 군데에서 나타난 것이지 두 가지 다른 병이 아닙니다. 무릇 양지는 바로 도道이며, 양지가 사람의 마음에 자리 잡고 있는 것은 다만 성현뿐만 아니라 비록 보통사람이라 하더라도 이와 같지 않음이 없습니다. 만약 물욕에 이끌려 가려지지 않고 다만 양지의 발용發用과 유행流行을 따라 나아가기만 한다면 바로 이 도가 아님이 없습니다. 그러나 보통사람들은 물욕에 이끌려 가려지는 것이 많기 때문에 양지를 따르지 못합니다. 배운다는 것은 이 양지를 따르는 것을 배울 뿐이며, 배움을 안다고 하는 것은 다만 오로지 양지를 따르는 것을 배우는 데 있음을 아는 것입니다. 그러나 후세 유학자들이 말하는 '밝게 알고 뚜렷하게 살핀다(著察)'는 것도 역시 협소한 견문에 국한되고 좋지 않은 풍습(沿習)에 가려서 그림자와 소리, 형체와 자취 사이에서 비교하여 헤아리고 모방한 것이며, 아직 성문의 이른바 '밝게 알고 뚜렷하게 살핀다'는 아닙니다. 그렇다면 역시 어떻게 자기의 어리석음(昏昏)을 가지고 다른 사람의 밝음(昭昭)을 요구할 수 있겠습니까? 이른바 '나면서부터 알고 편안히 행한다(生知安行)'는 '지행知行' 두 글자도 역시 공부(用功)에 관해 말한 것입니다. 만약 앎과 행함의 본체가 바로 양지

양능良知良能이라면 비록 애써서 알고 힘써서 행하는(困勉) 사람도 역시 모두 '나면서부터 알고 편안히 행한다'고 말할 수 있는 것입니다. 지행 두 글자는 마땅히 자세히 살펴야만 합니다.

성인의 치지 공부는 지극히 성실하여서 쉼이 없으며(至誠無息), 그 양지의 본체는 밝은 거울처럼 깨끗해서 미세한 얼룩도 없습니다. 아름다운 것이나 추한 것이 다가오면 사물에 따라 형체를 드러내지만 밝은 거울은 더럽혀진 적이 없으니 이것이 이른바 감정은 온갖 일에 순응하되 (사사로운) 감정이 없다는 말입니다. 일찍이 불교에 머무는 데가 없이 하여 그 마음을 낳는다(無所住而生其心)는 말이 있는데 이는 잘못된 말이 아닙니다. 밝은 거울이 사물에 응함에 아름다운 것은 아름답게, 추한 것은 추하게 한번 비추기만 하면 모두 참모습이 되니 이것이 곧 그 마음을 낳는다고 하는 것입니다. 아름다운 것은 아름답게, 추한 것은 추하게 응하되 한번 지나가면 남아 있지 않으니 이는 곧 머무는 데가 없다는 것입니다. 치지 공부는 일이 있거나(有事) 일이 없거나(無事) 차이가 없는데 어찌 병의 증상이 이미 드러났는지 아직 드러나지 않았는지를 논하겠습니까?[2]

분명히 양명은 학문을 논하는 이 긴 편지에서 철학의 내재적 논리구조에서 자기 양지심학을 다층적이고 다각적인 면으로 논술하였다. 그가 이전에 쌓아 올린 각종 심학사상과 바로 지금의 심학에 대한 반성으로 깨달은 새로운 인식을 통섭하여서 광대하고 정미精微한 양지심학의 본체공부론 체계를 정합적으로 융합하여 주조하였다. 가장 사람들의 주목을 끄는 점은 주희가 전통적인 체용體用의 사유 방법을 이용하여서 '이일분수理一分殊'의 성학性學

2 『왕양명전집』 권2 「전습록」 중 「우답육원정又答陸原靜」.

사변철학의 모식을 세운 것을 모방하여 그도 전통적인 체용 사유 방법을 이용하여 체용일원體用一源, 심물일체心物一體, 선악일건善惡一件, 지행합일知行合一, 동정무단動靜無端, 음양무시陰陽無始의 심학 사변철학의 모식을 세웠다는 사실이다. 이러한 심학 사변철학의 모식은 체용일여體用一如, 현미무간顯微無間의 형이상학적인 변증법 정신을 관통하고 있다.

체體 ◀——▶	용用
본체本體	공부工夫
심心	물物
양지良知	치지致知
태극太極	동정음양動靜陰陽
일리一理	동정음양動靜陰陽
양지良知	정기신精氣神
형상形上	형하形下

체로 말함(從體上說) ◀——▶	용으로 말함(從用上說)
심무선악心無善惡	심유선악心有善惡
성무선악性無善惡	성유선악性有善惡
의무선악意無善惡	의유선악意有善惡
지무선악知無善惡	지유선악知有善惡
물무선악物無善惡	물유선악物有善惡
이무동정음양理無動靜陰陽	이유동정음양理有動靜陰陽
↓	↓
사무교四無敎	사유교四有敎

추수익은 나중에 「회창호신부청서會昌胡愼夫請書」에서 말하기를 "선사께서 '치량지致良知' 석 자를 제시하고 현미, 체용을 관철하여서 하나로 만드셨다."[3]라고 하였는데 한마디로 적중했다고 할 수 있다. 양명은 바로 이러한 변증법적 심학의 체용 사변철학의 모식을 이용하여서 자기 왕학의 본체공부론 체계(*'왕문사구교')를 세우고 또한 나중에 '왕문사구교' 체계에서 '왕문팔구교(*사무교와 사유교)' 체계로 향한 발전의 내재적 계기를 깊이 간직하였다. 그리하여 학문을 논한 이 긴 편지는 양명의 양지심학 사상체계가 진화 및 발전하는 과정에서 세운 눈부신 이정표이며, 그것은 줄곧 『대학』의 좁은 울타리 안에서 움츠렸던 심학 논변의 한계를 초월하였고 경학 훈해訓解의 속박에서 벗어나 마음의 본원에서 자기가 직접 깨닫고 터득한 양지의 왕학 체계를 토로하고 거침없이 논한 것이라고 할 수 있다.

그러므로 그는 스스로도 양지심학의 사변철학 체계를 완정하게 구축한 이 대결론을 더욱 중시하여서 '천경만전千經萬典'에 걸맞은 것으로 여겼다. 월중越中(소흥)의 선비들에게 다음과 같이 말하였다.

> 원정(육징)이 물은 바는 다만 앎과 이해의 문제로 돌이켜서 부득이 그것과 더불어 구절에 따라 나누어 풀이해야 하는가 하는 것입니다. 만약 양지를 믿는다면 다만 양지에서 공부를 하면 비록 천경만전이라도 딱 들어맞지 않음이 없으니 이단의 왜곡된 학문은 한번 따져보면 모두 다 깨뜨릴 수 있습니다. 하필 이와 같이 구절구절 나누어서 풀이하겠습니까? 불가에는 사람을 붙잡고 흙덩이를 좇는다(撲人逐塊)는 비유가 있는데 흙덩이를 보고 (흙덩이를 던진) 사람을 붙잡으면 사람을 얻을 수 있지만 (던져진) 흙덩이를 보

3 『추수익집鄒守益集』 권16 「회창호신부청서會昌胡愼夫請書」.

고 흙덩이를 붙잡는다면 흙덩이를 붙잡아서 무엇을 얻겠습니까![4]

선비들은 이 말을 듣고 저마다 깜짝 놀라서 깨달았다.

당시 양명이 월로 돌아가서 강학을 한 상황으로 볼 때 양명이 육징에게 보낸 학문을 논한 이 답신은 실제로도 담약수의 학문을 논한 편지에 대한 가장 좋은 회답이며, 역시 그가 월중으로 돌아가 거처하면서 절중浙中의 선비, 학자들과 함께 양지심학을 크게 드러낸 경전의 범본範本으로서 『전습록』에 수록되어 있다.

육징에 이어서 풍문을 듣고 찾아와 배움을 물은 사람은 서정西亭 시유施儒(1478~1539)이다. 시유는 정덕 10년(1515)에 양명과 헤어진 뒤 귀안歸安으로 돌아갔는데, 양명이 월로 돌아왔다는 소식을 듣고 즉시 편지를 써서 찾아와 강론하고 배움을 물으려는 뜻을 내비쳤다. 양명은 흥분하여서 즉시 다음과 같은 회신을 보냈다.[5]

양명 병부病夫 수인이 머리를 조아립니다. 오랫동안 이별한 뒤 비록 소식은 드물었으나 매양 해내海內에 도를 책임진 자를 얻기 어려움을 생각함에 천백 사람 가운데 한둘을 보기 어렵습니다만 빙지聘之(시유)와 같은 사람은 때때로 마음속에 떠오르지 않겠습니까? 문득 편지를 보내 묻고 은혜롭게도 찾아오시겠다니 기쁘고 다행하기를 어찌 말로 할 수 있겠습니까! 계산稽山 아래 감수鑒水 가에 마땅히 평상을 쓸어놓고 기다리겠습니다. 정욕을

4 「답육원정서발又答陸原靜書跋」, 『왕양명전집』 권2 「전습록」 중.

5 모일상茅一相, 『보한재국조서법寶翰齋國朝書法』 권8 「왕수인여빙지헌장서삼통王守仁與聘之憲長書三通」.

논하신 것은 능히 선뜻 얽매임이 없을 수는 없으니 지향하는 의지가 매우 견제됩니다. 사람은 스스로를 알지 못함이 괴롭습니다. 혹시 안다고 하더라도 달갑게 스스로를 속이고 스스로를 포기할 뿐이니 이로 인해 깜깜하게 아무것도 모르고 삶을 마칩니다. 우리 형은 마음속을 다 털어놓으셨는데 명백하고 통달함이 이와 같으니 참으로 도를 책임진 그릇(任道之器)이라 할 만하며, 천백 사람 가운데 한둘도 볼 수 없는 분입니다. 삼가 올립니다.

오문 산수의 굴	吳門山水窟
이곳은 맑은 마음으로 노닐 만하네	是處足淸遊
깊이 취해서 떠나감이 늦고	深醉寧辭晩
조금 서늘하니 가을이 가까워지네	微凉欲近秋
천년 전 사령운의 나막신을 아끼며	千年憐謝屐
백 척 오랜 누각을 우러러보네	百尺仰陳樓
지는 해 높은 나무 끝에 걸렸는데	斜日懸高樹
그대로 인해 다시 조금 머무네	因君更少留

이 편지를 통해 절중의 선비들을 양지 왕학의 문으로 끌어들인 양명의 절박한 심정을 간파할 수 있다. 그는 시유를 세상에서 보기 드문 '도를 책임진 그릇'으로 칭찬하였고, 시유와 육징은 절중의 선비, 학자들의 모범 사례가 되었다. 어지러이 월중으로 몰려들어 배움을 묻고 도를 전수한 이러한 선비, 학자들 중에서 양명은 가장 마음에 드는(得意) 제자 둘을 얻었다. 바로 소흥紹興의 왕기王畿(1498~1583)와 여요餘姚의 전덕홍錢德洪(전관錢寬, 1496~1574)이다.

왕기는 자가 여중汝中이며, 호가 용계龍溪이다. 양명이 어떻게 왕기를 거두어 제자로 삼았는가 하는 의문에 관해서는 한 가지 기이한 전설이 전해지는데, 양명이 암암리에 위량기에게 지시하여서 몰락하여 매인 곳 없는 왕기를 왕문으로 이끌어들였다고 한다.

원종도袁宗道(1560~1600)는 다음과 같이 말한다.

이때 왕룡계王龍溪(왕기)가 젊은 나이에 임협任俠의 기질이 있어서 날마다 술집(酒肆)과 도박장(博場)을 드나들었는데 양명이 한번 만나 보려고 하였으나 오지 않았다. 어느 날 뜻밖에도 양명이 문인 제자에게 육박六博과 투호投壺를 하고 노래하고 술을 마시게 하였다. 얼마 뒤 은밀하게 제자 한 사람을 보내 용계가 간 옛집을 살펴보게 하고 함께 도박을 하게 하였다. 용계가 웃으면서 "썩은 유생도 도박을 하는가?" 하고 물었다. 답하기를 "우리 스승의 문하에서는 날마다 이와 같이 한다." 하였다. 용계가 놀라서 양명을 만나 보기를 청하였다. 용모(眉宇)를 한번 뵙자 곧 제자라 칭하였다.[6]

황종희黃宗羲(1610~1695)도 다음과 같이 말한다.

(*위)량기는 자가 사안師顔, 호가 약호藥湖이다. 홍도洪都(남창)에서 배움을 좇은 뒤 양명을 따라 월로 왔다. 이때 용계(왕기)가 제생諸生으로서 몰락하고 매인 곳이 없었는데 매번 방건方巾을 쓰고 중의中衣를 입고 오가면서 강학을 하는 사람들을 보면 속으로 욕을 하였다(每見方巾中衣往來講學者, 竊罵之). 양명과 이웃하여 살면서도 찾아보지 않았다. 선생은 여러 방법으로 꾀었다. 하루는 선생이 동문의 벗들과 함께 투호를 하고 노래를 하였는데 용계가 지나가다가 보고서 말하기를 "썩은 유생도 이런 일을 하는가?"라고

6 『백소재유집白蘇齋類集』 권22 「잡설雜說」.

하였다. 선생이 답하기를 "우리들이 학문을 함은 고지식한 적이 없었는데 너는 스스로 알지 못할 뿐이다."라고 하였다. 이에 용계는 조금씩 친숙하게 나아갔다. 이윽고 그 말씀에 흥미가 있어서 마침내 양명에게 북면北面하였다.[7]

이러한 내용은 대체로 모두 소설가小說家에게서 나온, 심학을 악랄하게 헐뜯는 비방의 논조이다. 양명이 월로 돌아온 뒤 양지심학을 크게 강론하자 또다시 월중의 정주파와 정주 관학의 완고한 저지를 받았는데, '헐뜯는(謗訕)' 의심의 구름도 강우로부터 뒤를 이어서 절중으로 날아들었다. 절중의 여러 '원로숙유元老宿儒' 대부분은 양명의 심학을 '괴물(異物)'로 보았고, 소흥 지역(郡)의 대다수 선비들도 해괴하게 여기고 믿지 못하였으며 심지어 공동으로 맹서하여 말하기를 "감히 어떤 무리(或黨)가 새 학설을 퍼뜨리니 함께 몰아내자!" 하였다. 양명이 어떻게 '의심과 비방'의 상황에서 이와 같이 스스로 낯을 더럽히고 제자들에게 육박과 투호를 하고 노래를 하며 술을 마시게 하여서 학생을 끌어들일 수 있었겠는가? 양명은 학생들이 학원에서 투호를 하는 것을 보면 늘 큰 소리로 "걷어치워라!"[8] 하였으니 어찌 학자에게 육박과 투호를 하도록 하였겠는가?

따라서 왕기가 직접 한 말이 비교적 믿을 만하다. 그는 「서산전군행장緖山錢君行狀」에서 다음과 같이 말하였다.

7 『명유학안明儒學案』 권19 「강우왕문학안江右王門學案」 4, 「처사위약호선생량기處士魏藥湖先生良器」.

8 『명유학안』 권19 「강우왕문학안」 4, 「원외유청천선생괴員外劉晴川先生魁」.

> 추억하건대 부자께서 월로 돌아오시자 나는 그대와 함께 둘이서 가장 먼저 문하에 들었다. 옥대건玉戴巾을 쓰고 작은 중의를 입고 서로 우러러보며 의지하니, 모두 손가락질하며 이상한 말을 하고 이상한 복장을 하였다고 함께 비방하고 헐뜯었다. 우리 두 사람은 의연히 아랑곳하지 않았다.[9]

왕기는 옥대건을 쓰고 작은 중의를 입고서 경건하고 성의 있게 스승에게 절하고 배움을 물었으니 그가 "매번 방건을 쓰고 중의를 입고 오가면서 강학하는 사람들을 보면 속으로 욕을 하였다."라고 한 말은 믿을 만하지 않음을 알 수 있다.

서계徐階(1503~1583)가 지은 「용계왕선생전龍溪王先生傳」은 한 발 더 나아가 왕기의 말을 다음과 같이 인증하였다.

> 공은 휘가 기畿이다. …… 문성文成 왕 선생과 같은 고을의 종인宗人이다. 정덕 연간(1506~1521), 가정 연간(1522~1566) 사이에 문성이 이학理學을 창도하여 밝혔는데 그 설은 치량지를 마루로 삼았다. 고을의 선비가 해괴하게 여기고 믿지 않았으며 서로 맹서하여 말하기를 "감히 어떤 무리가 새 학설을 퍼뜨리니 함께 몰아내자!"라고 하기까지 하였다. 공이 듣지 못했다는 듯이 가장 먼저 가서 수업을 하였다.[10]

왕기는 양명의 이웃에 살았으며 또한 같은 겨레붙이여서 응당 양명이 제자를 보내 유인할 필요가 없었다. 왕기는 곧바로 찾아와서 스승으로 모시고

---

9 『왕기집』 권20 「서산전군행장緖山錢君行狀」.

10 『왕기집』 「부록·용계왕선생전龍溪王先生傳」 4.

수학하였으니 그는 양명이 월로 돌아온 뒤 받아들인 첫 번째 제자이며 아주 빨리 절중 왕문의 중견이며 지주의 인물이 되었다. 왕기는 양명과 이웃하여 살았기 때문에 아침저녁으로 얼굴을 마주하며 가까이 모시고 양명의 가르침을 가장 많이 받았으므로 양명 심학의 정수를 가장 잘 깨달을 수 있었던 것이다.

조금趙錦(1516~1591)은 「용계왕선생묘지명龍溪王先生墓志銘」에서 왕기가 왕문에서 차지한 지위와 역할(作用)을 매우 적절하게 평가하였다.

> 양명의 학문은 양지를 마루로 삼고 세상 유학자의 지리한 견해를 한꺼번에 씻어버렸는데 학자는 그 설을 듣자마자 의심하고 믿지 못하였다. 그러나 그 당시 원로숙유는 대부분 이상한 물건(異物)으로 여겨서 공격하는 데 힘을 쓰지 못할까 봐 걱정하였다. 이런 때를 당하여 더불어 말을 할 수 있는 자를 구하였으나 대체로 천백 명에 한둘도 얻을 수 없었으니 텅 빈 골짜기에서 들리는 발자국 소리(처럼 반가울) 뿐이 아니었다. 선생은 남들보다 뛰어난 재질과 지혜를 하늘에서 타고났으며, 총명한 이해력은 무리를 뛰어넘어서 양명이 법기法器로 여겼다. 그러므로 선생을 얻기를 바랐는데, 선생이 양명을 섬기기를 바라는 것보다 심하였다. 도가 합하고 뜻이 같아서 밤낮으로 가까이 모시는 사람으로는 선생 한 분과 서산 덕홍(전덕홍)의 무리 몇몇 군자들뿐이었다.[11]

전덕홍은 양명이 월로 돌아온 뒤 또 한 사람 가장 먼저 거둬들인 여요의 득의得意의 제자였다. 9월 중순에 양명은 여요로 금의환향하였다. 영예로운

---

11 『왕기집』「부록·용계왕선생묘지명龍溪王先生墓志銘」 4.

고향 나들이에서 비도산秘圖山 왕씨 옛 고거故居의 종족과 친척을 찾아뵙고 조상의 묘소에 성묘한 뒤 왕씨 옛 고거의 가사를 처리하고 여요의 선비, 학생들과 강학하고 도를 논하였다. 실제로 이는 고향으로 돌아가서 가는 곳마다(隨地) 강학을 하여 양지심학을 드러내 밝히는 한 차례 행적으로서 수많은 여요의 제자를 받아들였다. 이때 서운루瑞雲樓는 이미 전몽錢蒙이 빌려서 거주하고 있었는데 전덕홍도 서운루에서 태어났다. 양명은 여요에 도착하여 비도산 왕씨 고거에 거주하면서 왕씨 종족과 친척(宗親戚黨)을 만나 보고 혈호산穴湖山으로 가서 조상의 묘에 성묘한 뒤 출생지인 서운루를 예방하였다. 전덕홍이 말하기를 그는 "날마다 종족 및 친우들과 연회를 열고 가는 곳마다 양지를 지적하여서 보였다."[12]라고 하였다.

여요에는 원래 명사와 고을의 현자들이 모여들고 수많은 인재들이(濟濟) 있었는데, 사천謝遷·풍란馮蘭·예종정倪宗正·사비謝丕와 같은 사람들이 모두 평생 관료 사회의 풍파와 험악한 일을 겪고서 고향으로 돌아와 거하였다. 양명은 그들 모두 문을 찾아가서 예방하고 함께 강학을 하고 시를 주고받았다. 소야小野 예종정은 저명한 시인으로서 평생 1만여 수를 지었으며, 명성이 사림士林에 전해졌다. 그가 거처하는 청휘루淸暉樓는 서운루 바로 맞은편에 있었으며 전덕홍도 그의 제자였는데 그의 이학과 문장을 숭앙하여서 심지어 "내(洪)가 일찍이 두 선생의 문장과 이학을 모두 마음으로 그 미묘함을 깨달았으며, 억지로 우열을 나눌 수 없었으니 마치 해와 달 두 빛이 하늘을 다스리는 것 같아서 사람이 가령 그 의론의 높낮이를 따지려고 해도 할 수 없다."[13]라고 하였다.

---

12 『왕양명전집』 권34 「연보」 2.

13 전덕홍錢德洪, 「돌올고구발突兀稿舊跋」, 『예소야선생전집倪小野先生全集』.

양명이 사천·풍란·시유 등과 함께 예종정을 예방하고 감회를 시로 주고 받은 일은 고향 여요를 떠들썩하게 만들었는데, 오늘을 더듬어 옛일을 추억하는 한바탕의 시회詩會가 되었다. 양명은 시 한 수를 읊었다.[14]

예소야 청휘루에 제하다	題倪小野淸暉樓
밭 갈고 글 읽으며 대대로 베푼 혜택 남주에 드러났고	經鋤世澤著南州
땅은 봉래에 접하였고 두우에 가깝네	地接蓬萊近斗牛
의기는 원룡(진등陳登)처럼 백 척이나 높고	意氣元龍高百尺
문장은 사마(사마천)처럼 천추에 장하다네	文章司馬壯千秋
시기에 앞서 상주하여 공명이 성대하고	先機入奏功名盛
늙지도 않아 비녀를 버리고 근심을 잊었네	未老投簪物忘憂
서른 해 동안 출처를 같이하였으니	三十年來同出處
청휘루가 서운루를 마주 하네	淸暉樓對瑞雲樓

사천도 시 한 수를 읊었다.[15]

청휘루 시	淸暉樓詩
어두운 기운 덮이고 바람은 미친 듯이 부는데	陰翳氣塞風狂舞
집 연기 흩날려서 온통 먼지를 날리네	屋煤吹落皆塵土

14 『예소야선생전집』「청휘루시부淸暉樓詩附」.

15 『예소야선생전집』「청휘루시부」.

역적 환관이 관리를 해치니 逆豎含沙射縉紳
일시에 바른 선비 서로 인끈을 풀어버렸네 一時正士胥解組
아! 임금은 본래 성명하시나 吁嗟天王本聖明
여러 차례 상소하는 마음 홀로 괴롭네 六章八奏心獨苦
역린을 건드려서 곤장을 맞아 몸이 위태로웠고 批鱗受杖幾身危
핏자국이 얼룩얼룩한 양모로 무릎을 덮었네 血染氄毸毛蔽股
강개한 마음으로 돌아오니 의기는 절로 높고 慷慨歸來義自高
집을 지어 맑게 빛나지만 화려함을 막았네 築室清暉屛華膴
꽃빛깔 달빛이 누대에 비치고 花光月色映樓臺
옥그릇 얼음단지 옛날과 오늘날에 빛나네 玉碗冰壺耀今古
유리로 바깥을 둘러 빛나는 구슬이 달리고 琉璃屛外走明珠
늙은 나무는 마당에 몇 그루인가? 老木當場何足數
오묘한 수법에 또 하늘이 이루어서 多有妙手更天成
부채에 새로 지은 시가 임금을 감동시켰네 一箑新詩動九五
온 세상에 떠들썩하게 전해져 공을 풀어냈고 海內喧傳解慍功
충성과 정절이 신령한 무용을 드러낼 뿐만 아니었네 不特忠貞堪神武
호박 잔의 술은 맑고 먹물은 진하니 琥珀杯清墨汁濃
얼큰하게 취하여 휘호를 함에 이백과 두보도 놀라네 爛醉揮毫驚李杜
빛줄기 만 길에 두우성 싸늘하고 光芒萬丈斗牛寒
맑게 퍼진 아름다운 기운 하늘 궁전에 닿네 清暉佳氣接天府

풍란도 시 한 수를 읊었다.[16]

16 『예소야선생전집』「청휘루시부」.

청휘루 시 清暉樓詩

백 자 높은 누각에 하늘은 한 자 다섯 치 떨어졌고	百尺高樓尺五天
머리 드니 곧바로 두우 가를 부딪네	昂頭直撞斗牛邊
경전을 끼고 호미를 놓으니 삼경 달이요	帶經鋤落三更月
검을 짚고 만 리 연기를 헤치네	仗劍冲開萬里煙
천 이랑 물결은 황숙도(황헌黃憲)를 품고	千頃波含黃叔度
한 덩이 뼈는 유공권을 능가하네	一團骨勝柳公權
남풍 불어 하사하신 부채로 은혜에 무젖고	南薰賜扇蒙恩渥
'혹리'며 '청풍' 구만 홀로 전해지네	酷吏淸風句獨傳

예종정은 잇달아 화답시 네 수를 읊었다.[17]

송림을 지나며 양명의 운을 쓰다 過松林用陽明韻

보대교 가에 이곽의 배가 있고	寶帶橋邊李廓舟
호산의 시경에 하늘이 머무네	湖山詩景自天留
농어는 뛰어오르고 정오가 지나지 않았는데	鱸魚上水未過午
기러기 하늘을 가로지르니 또 가을이네	鴻雁橫空又是秋
군자와 현자는 술잔 기울이며 모자가 떨어질까 경계하고	蘭桂酒樽警落帽
변방 관문에 바람이 부는데 누각 한 층 오르네	風塵關塞一登樓

17 『예소야선생전집』 권7 「과송림용양명운過松林用陽明韻」; 『예소야선생전집』 권5 「첨헌시빙지과서청유제봉화이수僉憲施聘之過西淸有題奉和二首」, 「송왕백안送王伯安」.

벗과 정다운 얘기 나누니 이별하기 어렵고	故人情話難爲別
지는 해 찬란하게 들빛을 띄우네	斜日輝輝野色浮

첨헌 시빙지가 서청을 지나가며 제하였는데, 받들어 두 수로 화답하다

僉憲施聘之過西清有題奉和二首

뜨락의 나무 까마귀 끌어들여 보기에 좋고	喜看庭樹引烏棲
총마는 잇따라 달리고 해는 서쪽으로 지네	驄馬留連日正西
산 고을 벼슬살이 이로부터 거듭하고	山郡宦流從此重
초당 시의 자루는 공이 끌어당기네	草堂詩柄自公提
멀리 자연에 숨고자 하는 성벽을 길이 띠었고	迂疏長帶林泉癖
백성들 도로에서 울부짖음에 내가 부끄럽네	撫字應慙道路啼
한 차례 지나가며 추녀에 고하니	但得告軒時一過
맑은 이야기 실컷 들어서 굶주림을 잊네	飽聞清話可忘飢

물고기는 못에 놀고 새는 나무에 깃들어	魚沼游兮鳥樹棲
나물 밭에 새로 푸른빛 돌아 이리저리 길이 났네	菜畦新翠路東西
산 모양 빙 둘러서 그려낸 듯하고	山形環繞當盤礴
하늘 모양 평평하여 섭제를 내보이네	天象平分見攝提
꽃 그림자 발 드리운 창에 나비 꿈을 꾸고	花影簾櫳蝴蝶夢
대나무 가지 뜰에 뻗어 봉황새 우네	竹枝庭院鳳凰啼
선모를 심음 눈앞에서 논하지 않고	眼前未論仙茅種
국화와 지초로 주림을 구할 수 있네	柴菊丹芝可療飢

왕백안을 보내다 送王伯安

헤어진 지 열다섯 해 相別十五載
서로 만나 옷깃을 잡네 相逢一把衣
모습은 어찌 여위었나! 形容何落落
의지와 기개는 의연함을 회복했네 意氣復依依
먼 길에 고를 짝하고 遠道琴爲伴
맑은 시대 검이 빛나네 清時劍有輝
우리 여요는 산수가 아름다우니 吾姚好山水
그대 늙어 돌아와 함께함을 생각하네 憶爾老同歸

예종정도 깊고 두터운 경학의 가학 연원이 있었다. 청휘루에서 양명은 또 그와 함께 경을 강론하고 도를 논하면서 그를 경학의 뿌리가 깊은 '소동파蘇東坡'에 비유하였다. 그의 시가에 소동파의 생동하는 기운이 있음을 경탄하여서 즉시 그의 1만여 수 시 가운데 소동파의 신운神韻이 있는 대표작을 추려서 『돌올고突兀稿』를 편집하고 스스로 평점을 매겼다. 이 『돌올고평점突兀稿評點』은 양명이 나중에 소흥으로 돌아온 뒤 완성하였다. 예종정의 시가를 기리고 찬양하는 표현으로 충만하였는데, 곧바로 그를 당대의 '소동파'로 받들어서 다음과 같이 평하였다.

세상에서는 예소야(예종정)를 동파의 후신이라 하는데, 그 문장의 기운과 절조를 보면 평생 출처와 거취가 거의 소동파와 비슷하다.

동파는 비록 기이한 인재라고 하지만 내전內典(불경)의 여러 서적을 삼켜서 토한 것을 면하지 못한다. 우리 벗 예소야와 같은 사람은 오직 육경을 뿌리로 삼았으니 순수하고 정밀한 자가 아니겠는가?

소야의 시집은 도연명과 두보의 뒤에 거하기를 기꺼워하지 않는다. 근래 신양信陽의 하대복何大復(하경명何景明), 경양慶陽의 이공동李崆峒(이몽양李夢陽) 보기를 큰애(大兒), 작은애(小兒)라고 하였다.

선생의 시문은 도연명·두보와 매우 비슷한데 근래 하대복과 이공동 등 여러분은 전혀 미치지 못한다.[18]

이러한 평은 사실 양명이 자신의 문학사상과 시학사상을 반영하여서 송시宋詩에 대한 만년의 새로운 인식을 밝히 드러낸 것이다. 그는 스스로 시가 창작에서도 이몽양·하경명을 초월하여서 도연명·두보로 바싹 다가갔던 것이다.

양명과 예종정이 서로 시를 주고받으며 강학하고 도를 논한 일은 예종정의 제자 전덕홍의 매우 진심 어린 숭앙을 불러일으켰다. 전덕홍은 정덕 14년(1519)에 읍상邑庠의 제자로 충원되었을 때 바로 양명의 『전습록』을 읽었기에 일찍이 강우에서 도를 논하고 강학을 하던 양명에게 이미 마음이 향해 있었다. 이때 양명이 영예롭게 고향으로 돌아오자 여요 고을의 고로故老들은 오히려 지난날 양명의 '저열한 행적(劣迹)'에 집착하여서 시기와 의심, 그리고 불신을 하여 전덕홍에게 양명을 찾아가 볼 필요가 없다고 부추겼다.

전덕홍은 여러 사람의 의견을 물리치고 아버지 전몽과 스승 예종정의 동의를 얻은 뒤 양명의 종질從姪 왕정심王正心의 추천과 소개를 통해 조카 전대

18 소국린邵國麟, 「예문충공전倪文忠公傳」; 전덕홍, 「돌올고구발突兀稿舊跋」에 보인다.

경錢大經·전응양錢應揚(1535, 진사)과 여요의 선비 정인鄭寅·유대본兪大本과 함께 폐백을 준비하여서 양명을 찾아뵙고 스승의 예를 갖춘 뒤 수학하였다. 다음 날 전덕홍은 하순夏淳·범응년范應年·관주管州·정인·서산徐珊(1487~1548)·오인吳仁·시봉柴鳳 등 여요 학자 74명을 이끌고 와서 수학하였는데,[19] 용천산龍泉山 중천각中天閣에 자리를 마련하고 양명에게 강학을 청하였다.

양명은 '석가'가 설법한 것과 마찬가지로 줄곧 여요의 선비들에게 양지의 가르침을 크게 밝혔다. 그는 화룡점정畵龍點睛으로 다음과 같이 말하였다.

> 앎이란 바로 덕성德性의 앎으로서 이는 양지이며 지식이 아니다. 양지는 지극히 은미하나 뚜렷하다. 그러므로 은미함을 알아서 덕으로 들어갈 수 있다. 요와 순(唐虞)이 서로 주고받았을 때 다만 미微(은미함) 한 글자를 지적하여서 알렸다. 『중용』의 '보이지 않고 들리지 않음(不睹不聞)'에서 '소리도 없고 냄새도 없음(無聲無臭)'에 이르기까지 중간의 미 한 글자만을 드러내서 밝힌 것이다.[20]

19 이때 와서 수학한 여요의 선비 74명 중에는 적지 않은 여요 현학縣學 제생이 있었을 텐데 이름을 알 수 없다. 지금 이름을 알 수 있는 사람은 다음과 같다. 전덕홍·하순·오인·관주·손응규孫應奎(1521, 진사)·범인년范引年·시봉·양가楊珂·주우덕周于德·전대경·전응양·곡종수谷鐘秀·유대본·전덕주錢德周·전중실錢仲實·정인·서산·제양諸陽·황문환黃文煥·황중심黃中心·호한胡瀚·추대적鄒大績·황기黃驥·섭명葉鳴·황가애黃嘉愛·서윤공徐允恭·호희주胡希周·노의지盧義之·손감孫堪(1482~1553)·손지孫墀(?~1556)·손승孫陞(1501~1560)·엄중嚴中·황제현黃齊賢(1535, 진사)·황원부黃元釜·황기黃夔·문인전聞人詮·왕정심·왕정사王正思(1529, 진사)·왕정서王正恕·왕정유王正愈·왕정혜王正惠·왕수례王守禮·왕수지王守智·왕수온王守溫·왕수태王守泰 등이다.

20 『왕기집』 권20 「서산전군행장緖山錢君行狀」.

이때 양명의 중천각 강학은 실제로 그가 여요의 선비들과 함께 거행한 양지심학의 강학회로서 중천각 강학회의 물꼬를 튼 사건이다. 그리하여 강학이 마무리된 뒤 양명은 바로 중천각 강학회를 여요 선비들의 강학회로 정하였고, 중천각 벽에 직접 '삼팔회기三八會期'라고 썼다. 이후 여요의 선비들은 중천각에서 강학회 모임을 정기적으로 열어서 양지심학을 강론하였으며, 중천각 강학회에서 저명하고 속되지 않은 양명의 많은 제자를 배출하여서 양지심학이 절중에서 전파되도록 추동하였다.

나중에 황종희는 여요의 강학회 제자들을 다음과 같이 언급하였다.

> 여요의 관주는 자가 자행子行, 호가 석병石屛이다. 관직이 병부사무兵部司務로서 매번 입직入直할 때마다 높고 낮게 시가를 읊조려(諷詠) 사마司馬가 괴이하게 여겼다. 변방에 경보가 이르자 사마가 글을 올렸다. 석병이 말하기를 "옛사람은 덕을 재고 힘을 헤아렸는데 공은 스스로 재주와 역량이 한계가 있다고 짐작하고서 어찌 물러나서 현자를 위해 길을 비우지 않으십니까?" 하였다. 사마가 짐짓 좋은 말을 하여서 변명하였다. 경찰京察(인사고과)로 돌아왔다. 대주大州의 「숙사조산시宿四祖山詩」에서 "네 선생 당당하게 이곳에 오셨네(四子堂堂特地來)."라고 하였는데, 채백석蔡白石(채여남蔡汝南, 1516~1565)·심고림沈古林(심총沈寵, ?~1571)·용계龍溪(왕기)·석병을 말한다.
>
> 범인년范引年은 호가 반야半野이다. 청전靑田에서 강학하였고 좇아 배우는 사람이 매우 많았다.
>
> 하순은 자가 유초惟初, 호가 복오復吾이다. 향시에 합격하였고, 관직은 사명부동지思明府同知에 이르렀다. 위장거魏莊渠(위교魏校)가 천근天根, 천기天機라는 설을 주장하였는데, 복오가 말하기를 "고요함을 가리켜서 천근이라 하고, 움직임을 가리켜서 천기라 하면 옳습니다. 만약 고요함으로써 천

근을 기르고 움직임으로써 천기를 살핀다면 이는 움직임과 고요함을 둘로 나누는 것이니 본성을 말하는 논리(所以)가 아닙니다."라고 하였다.

시봉은 자가 후우后愚이다. 천진서원天眞書院의 교육을 주관하였는데, 구주衢州와 엄주嚴州의 많은 선비가 그를 따랐다.

손응규孫應奎는 자가 문경文卿, 호가 몽천蒙泉이다. 관직은 우부도어사右副都御史를 역임하였다. 『전습록』을 규범으로 삼아서 천진天眞의 사무를 다스렸다.

문인전聞人詮은 자가 방정邦正, 호가 북강北江이다. 서산緖山(전덕홍)과 함께 『문록文錄』을 확정하여 간행하여서 세상에 유통시켰다. 곧 한종寒宗으로 논하였다.

황기黃驥는 자가 덕량德良이다. 그가 양명의 일을 말한 것을 우서천尤西川(우시희尤時熙, ?~1580)이 기록하였다.

황문환黃文煥은 호가 오남吳南이다. 개주開州의 학정學正으로 있을 때 양명이 자식을 그에게 수업하게 하였다. 『동각사초東閣私抄』가 있는데 들은 일을 기록하였다.

황가애黃嘉愛는 자가 무인懋仁, 호가 학계鶴溪이다. 정덕 무진년(1508)에 진사가 되었고, 관직은 흠주 수欽州守에 이르렀다.

황원부黃原釜는 호가 정산丁山이며, 황기黃夔는 자가 자소子韶, 호가 후천後川이다. 모두 독실하고 밝았으며 스승의 학설을 묵수하였다.

이로써 추론하건대 당시 수양을 좋아하였으나 한 시대에 이름이 알려지지 않은 자를 이루 다 말할 수 있겠는가![21]

21 『명유학안明儒學案』 권11 「절중왕문학안浙中王門學案」.

예종정과 함께 수창하여서 학문을 논하고 그의 시를 선별하여서 『돌올고평점』을 편집하고, 용천산 중천각에서 정기적으로 강학회를 열어서 강학하고, 전덕홍이 찾아와 배움을 묻고 수업하고, 수많은 여요의 선비를 거두어 제자로 삼은 일은 바로 양명이 이때 영예롭게 고향 여요로 돌아와 양지심학을 강론하고 널리 전파하여서 거둔 최대의 수확이었다. 이로써 그가 양지심학의 대사라는 명성이 절중 원근에 빠르게 전파되었다. 그가 9월 하순 여요에서 소흥으로 돌아왔을 때 더욱 많은 각지의 선비, 학자들이 어지러이 소흥으로 몰려와서 양지심학을 물었는데, 그들 중 어떤 사람은 경건한 마음으로 양명의 양지심학을 높이 우러렀으며, 어떤 사람은 양지심학에 대한 이해가 아직 부족하였으며, 심지어 어떤 사람은 정주 이학을 존신하는 학자들도 있었으나, 양명은 그들 모두와 함께 진지하게 논변과 토론을 전개하였다.

10월 중에 정봉淨峰 장악張岳(1492~1553)이 다시 행인行人에 임명되어서 부임하는 길에 소흥을 지나면서 찾아왔다. 장악의 학문은 정주를 마루로 삼았는데 역시 민중閩中 정주파의 중견이었다. 그가 소흥에 온 것은 양명과 함께 양지심학에 대해 논변하기 위함이었다. 두 사람은 사흘 동안 강론을 하였는데 끝내 합치하지 못하였다.

장악은 「여곽천재헌부與郭淺齋憲副」에서 사흘 동안 양명과 전개한 서로 양보할 수 없는 논변을 다음과 같이 상세하게 언급하였다.

> 명덕明德, 친민親民의 설은 지난해 양명 선생을 소흥에서 찾아뵙고 '지행知行', '박약博約', '정일精一' 등의 용어에 대해 모두 가르침을 받았는데, 어리석은 마음으로 반론을 하였으나 아직 석연치 못하였습니다. 마지막에 선생이 홀연히 말하기를 "옛사람은 다만 학문이 하나였는데, 예컨대 '명덕을 밝히는(明明德)' 공부는 '백성을 친하게 대함(親民)'에 있다고 하였습니다. 후세

사람은 두 가지 일로 나누었으니 역시 잘못입니다."라고 하였습니다. 저(某)는 깜짝 놀라서 물음을 청하였습니다. 선생이 말하기를 "'민民' 자는 위아래로 통하여 하는 말이니, '효'의 덕을 밝히려고 한다면 반드시 내 아버지를 친하게 대해야 합니다. '충'의 덕을 밝히려고 하면 반드시 내 임금을 친하게 대해야 합니다. '공경(弟)'의 덕을 밝히려고 하면 반드시 내 어른을 친하게 대해야 합니다. 친민의 공부를 투철하게 하면 내 덕이 저절로 밝아지니 '백성을 친하게 대함' 이외에 별도로 '덕을 밝힘'이라는 한 단락 공부가 있는 것은 아닙니다."라고 하였습니다. 내가 다시 청하여 말하기를 "이와 같다면 배우는 사람은 본래 몸이 사물과 접촉하지 않은 때가 있는데, 예컨대 '보이지 않는 곳에서 경계하고 삼가며, 들리지 않는 곳에서 무서워하고 두려워한다(戒愼乎其所不睹, 恐懼乎其所不聞).', '네가 방에 있음을 보니 오히려 방구석에서도 부끄럽지 않다(相在爾室, 尙不愧于屋漏).'고 하였습니다. 또 예컨대 『예기』 '구용九容'의 종류는 모두 내 몸에서 잠시라도 떠날 수 없는 것이니, 친민을 기다리지 않고 이 공부가 이미 먼저 작용하는 것입니다. 선생이 말하기를 '명덕 공부는 다만 친민에 있다.'고 하시니 의심하지 않을 수 없습니다."라고 하였습니다. 선생이 말하기를 "이 몇 구절은 비록 친민을 하는 때를 기다리지 않아도 이미 있습니다. 그러나 실상은 친민을 해나가는 근본이 여기에 있습니다."라고 하였습니다. 저는 또 청하여 말하기를 "배우는 사람이 마땅히 보이지 않고 들리지 않는 곳에서 반드시 경계하고 삼가며 무서워하고 두려워하며, 방구석에서는 반드시 하늘에 부끄럽지 않으며, 손놀림(手容)은 반드시 공손하고, 발걸음(足容)은 반드시 중후하며, 머리 모양(頭容)은 반드시 곧은 등의 일은 자기 분수에서 도리가 반드시 이와 같고 공부가 마땅히 이와 같음을 착실히 알아야 하는 것임을 알지 못하기 때문에 돌이켜서 자기에게서 구하는 것이니 어두운 곳이나 뚜렷한 곳이나 미세한(幽顯微細) 극도에서도 감히 털끝만큼이라도 비우고 결여될 수 없는 것입니다. 이는 모두 스스로 자기 덕을 밝히는 일이며, 백성을 친하게 대하기 위해 이에 앞서 이것을 근본으로 삼는 것이 아닙니다. 예컨대 백성을 친하게 대하기 위해 이에 앞서 이것을 근본으로 삼아야 한다면 이는 한 마음이 둘로 작용하는 것으로서 몸으로 돌이키는 것이 반드시 성실하고 절실하지 않게 됩니다. 그러므로 부모를 섬기면 효도이고, 군주를 섬기면 충성이며, 어른을 섬기면 공경이니, 이는 모두 스스로 자기 덕을 밝히는 일입니다. 반드시 스스로 효도하고 충성하고 공경함에 이르러서 이를 헤아려 집안과 나라와 천하의 남의 자식과 남의 신하와 남의 아우로 하여금 그렇지 않음이 없게 하는 것이니 그런 뒤에 백성을 친하게 대하는 일이 됩니다. 자기 덕이 털끝만큼이라도 밝지 않으면 본래 백성을 친하게 대함에 미루어갈 수 없으며, 만약 백성을 친하게 대함의 공부에 털끝만큼이라도 다하지 못함이 있으면 이는 역시 자기 분수에서 저절로 흠결이 생기는 것입니다. 그러므로 모두 지극한 선에 그친 뒤 이를 일러서 '『대학』의 도'라고 하니, 명덕의 공부가 친민에 있는 것은 아닙니다. 반드시 노선생의 말씀과 같다면 백성을 친하게 대하지 않았을 때의 한 단락 공부를 버리는 것이고 또 모름지기 백성을 친하게 대하는 방법의 근본을 논하여 보충한다면 갈팡질팡하며 힘만 허비합니다. 성현이 평이하게 사람을 가르치는 뜻은 아마도 이와 같지 않을 것입니다."라고 하였습니다. 선생이 재삼 가르쳐서 말하기를 "이곳은 절실하고 요긴하게 깊이 생각해야 합니다. 공은 다만 옛 학설에 얽매여 있을 뿐이니 모두 내려놓지 않으면 끝내 취합하기 어렵습니다."라고 하였습니다.[22]

22 『소산류고小山類稿』 권6 「여곽천재헌부與郭淺齋憲副」.

표면적으로 장악은 양명과 함께 『대학』과 『중용』의 '명덕'·'지행'·'친민'·'지경持敬'·'박약博約'·'정일精一' 등의 문제를 토론하였지만 (이들 주제는) 실제로는 모두 양명의 '치량지'와 긴밀하게 연관되어 있다. 그리하여 두 사람은 사실 '양지'학의 논변을 한차례 전개한 것이다.

나중에 황종희는 두 사람이 전개한 논변의 초점을 다음과 같이 지적하였다.

> 선생(*장악)은 일찍이 소흥에서 양명을 뵙고 대화하였는데 많이 합치하지 못하였다. 양명이 공에게 다만 옛 학설에 얽매여 있으니 모두 내려놓지 않으면 끝내 취합하기 어렵다고 하였다. 선생은 결국 선입견에 집착하여서 왕왕 양지를 공격하였다. 그 말에 "학자는 다만 한결같이 독실하게 이면을 향해 공부를 해야 하니 이 마음 바깥에 다시 다른 일삼을 것이 없다." 하고 또 말하기를 "만약 다만 허령한 지식을 지키고서 이치가 밝지 않고 의가 정밀하지 않으면 반드시 기질을 하늘로, 인욕을 천리로 삼을 것이다."라고 하였다.[23]

장악은 정주 이학의 관점을 견지하였고, 돌아간 뒤 『성학정전聖學正傳』, 『재도집載道集』 등을 지었는데 이는 양명에 대한 반박의 회답인 셈이었다. 그러나 두 사람의 이 양지 논변은 절중의 학자들에게는 매우 커다란 진동을 일으켰다. 이때의 논변 이후 더욱 많은 선비와 학자들이 소흥으로 와서 배움을 추구하고 도를 물었다. 그들은 주로 게양揭陽의 설간薛侃, 해양海陽의 진응린陳應麟, 선거仙居의 김극후金克厚(1523, 진사), 산음山陰의 장원충張元沖, 영해寧海의 석간石簡(1523, 진사), 회계會稽의 호순胡純과 심련沈煉(1507~1557), 전당錢

23 『명유학안』 권52 「양혜장정봉선생악襄惠張淨峰先生岳」.

塘의 손경시孫景時, 강산江山의 하륜何倫 등이었다. 이는 바로 전덕홍이 말한 "먼 곳의 동지가 날마다 이르렀다."는 것이며, 양명이 말한 "사방의 동지가 찾아주었다."는 것이다. 양명은 절월浙越의 광활하고 심후한 문화의 대지인 와룡산 아래 황폐한 회계서원(*계산서원稽山書院)에서 양지심학의 봄바람을 뜨겁고 떠들썩하게 불러일으켰고, 이곳은 곧 양명이 각지의 학자들과 양지심학을 강론하는 '성지'가 되었다. 한 무리 한 무리씩 각지에서 찾아와 배우는 학자들이 회계서원으로 모여들어서 가르침을 받았고 양명 왕학의 '동문同門'을 이루었다.[24]

설간은 강서에서 양명을 좇아 2년 동안 가르침을 받았지만 그때 양명의 양지심학은 아직 형성되지 않았었다. 양명이 월로 돌아간 뒤 회계서원에서 강학하면서 그의 양지심학은 또 설간을 깊숙이 끌어들였다. 10월에 설간은 전선銓選에 나아가 서울로 들어가면서 곧 특별히 길을 돌아 소흥으로 와서 양지심학을 물었고, 동문과 회계서원에 모여서 양지의 가르침을 석 달 동안이나 받았다.

또한 그는 건산乾山의 진웅린을 소흥에서 수학하도록 천거하여 이끌었다. 전당을 지나가는 도중에 양명에게 편지를 써서 자기가 양지심학을 깨달은 내

---

24 설교薛僑(1523, 진사)의 「설간행장薛侃行狀」에 이르기를 "(*설간이) 겨울에 월을 지나가면서 회계서원에서 동문을 모아 여러 달 강학하였다."라고 하였다. 양명이 월로 돌아온 뒤 주로 회계서원에서 학자들과 강학을 하였음을 알 수 있다. 이 회계서원은 곧 계산서원이다. 『만력소흥부지萬曆紹興府志』 권18 「서원」에 "부성府城 안의 계산서원은 와룡산 서강西岡 산음 땅에 있다. 송 주회암朱晦庵(주희) 선생(氏)이 일찍이 본군 상평常平의 업무를 다스렸는데, 강학을 하여서 많은 선비를 이끌었고, 삼구三衢의 마천양馬天驥이 사당을 지어서 제사하였다. 그 뒤 구강九江의 오혁吳革이 이를 근거로 청하여서 계산서원을 지었는데, 세월이 오래되어서 무너졌다. 명 정덕 연간(1506~1521)에 지현 장환張煥(1538, 진사)이 옛터 서쪽에 고쳐서 지었다."라고 하였다.

용을 다음과 같이 언급하였다.

저(侃)는 어리석으나 오랫동안 가르침을 받고서 망령되이 생각하기를, 들음이 있었으나 순복하여 이를 곳이 없기에 한 가지 의리를 찾아 의지하고서 스스로 이르기를 능히 지키고 있다고 여겼습니다. 근래 양지의 설을 듣고서 (이전에) 백 가지 완벽했던 것이 모두 허물어졌습니다. 곧 남들과 떨어진 조용한 곳을 찾아서 배나 분발하였습니다. 밤에 홀연 창을 열어 보니 별빛과 달빛이 깨끗하게 밝아서 눈앞에 경치가 드러나니 이 (양지의) 뜻이 아님이 없었습니다. 일전에 매번 이것을 보았을 때에는 곧 본 것에 속박되었는데 가령 타당하게 말을 한다고 하여도 역시 말을 설명하는 데 빠지고 말았습니다. 이로써 삼생三生을 돌아보니 전혀 아무런 감응(影響)도 없었으며, 커다란 은혜를 저버렸으니 쌓인 죄를 어떻게 풀겠습니까? 다만 지금에 이르러서 지적하여 밝혀주심에 의지하여 발걸음이 횃불을 따라 나아가는 듯하니 세간의 득실은 버려두고 묻지 않으나 힘을 쓰고 힘을 얻어가는 것이 역시 감히 붙잡아서 정할 수 없습니다. 다만 평소의 큰 병폐는 모름지기 뜻을 보지 못하므로 뜻을 가지면 바로 집착하고 집착하면 바로 장애가 된다는 것입니다. 배움이 나아가지 못하고 모두 이것에 사로잡히기 때문입니다. 어제 진교문陳校文(진응린)을 만났는데 가형家兄의 옛 제자입니다. 여러 사람의 의견을 모아서 서로 질정을 하였습니다. 제가 말하기를 "이는 모름지기 변론하지 않아도 아는 사람은 한 마디로 이해할 수 있습니다."라고 하였습니다. 그가 묻기에 제가 "지금 사람은 소소하게 스스로 서서 모두 피할 곳을 알아 자기 이름을 완전하게 하려고 하는데 어쩌면 천하의 바람을 짊어지고 이 학문을 밝히려 한다 하지만 이 세상의 의혹을 피하지 못하는 것입니까? (이에 관해) 반드시 말이 있을 것입니다."라고 하였습니다.

그가 동의하고 함께 호포虎跑에서 하룻밤을 보내고 서로의 마음이 크게 기울어졌습니다. 연래 서로 왕래하였는데 깊고 독실하게 안을 향하였고, 말을 하면 쉽게 실마리를 따라가니 이와 같은 사람이 없습니다. 며칠 뒤 강을 건너 만나 뵈러 갈 것입니다.[25]

주목할 점은 선거의 김극후가 와서 배운 일이다. 그는 원래 담약수의 제자인데 과거시험에서 여러 해 곤경을 겪었다. 양명이 회계서원에서 양지심학을 강론한다는 말을 듣고 부친 김억암金抑庵이 곧 그를 소홍으로 보내서 수학하게 하였는데 아주 빨리 경건하고 성실한 양명의 제자가 되었다.

담약수는 「봉도수랑중억암김군배의인왕씨동수서封都水郎中抑庵金君配宜人汪氏同壽序」에서 다음과 같이 말한다.

감천자가 말하기를 "아! 홍재弘載(김극후)여, 내가 그대에게 묻노니 그대의 현명함은 반드시 바깥에서 가르침이 있었는가?" 하였다. 말하기를 …… "억암 공은 여러 아우를 우애로 길렀으며, 그들이 죽으면 그 유가족을 돌보았다. 극후를 엄하게 가르쳐서 유학遊學을 하게 하였는데, 손님과 벗을 숙사로 모시고(館穀) 음식을 주선해주었고 그를 보내 양명을 좇아 배우게 하였다. 말하기를, 네 이름을 내는 데 힘쓰지 말고, 너는 (배움을) 익히고 성실하게 하라. 집이 없을 수는 있어도 배움이 없을 수는 없다고 하였다. 이것을 일러서 바깥의 가르침이라 하겠다!"라고 하였다.[26]

---

25 『설간집薛侃集』 권9 「봉존사양명선생奉尊師陽明先生」 서1; 『설간집』 권7 「진건산전陳乾山傳」.

26 『천옹대전집』 권23 「봉도수랑중억암김군배의인왕씨동수서封都水郎中抑庵金君配宜人汪氏同壽序」.

응대유應大猷는 「송김홍재령륙합서送金弘載令六合序」에서 역시 다음과 같이 말한다.

> 나의 벗 김홍재 씨는 뜻을 숭상하고 행실을 갈고닦아서 믿음이 넉넉하였으나 과거의 학문에 여러 해 곤경에 처하였다. 양명 선생이 성현의 학문을 행함을 듣고 찾아가 그를 섬겨서 독실하게 믿고 힘써 행하였는데 마치 장사꾼이 재물을 모으는 것 같았고 물이 골짜기로 나아가는 것과 같았다. 이듬해 향시에 합격하였고 또 이듬해 진사에 합격하였다.[27]

요컨대 김극후는 자기가 양명에게 배움을 물은 일을 담약수에게 알렸고, 담약수의 관심을 끌었기에 그가 즉시 「구방심편求放心篇」을 써서 12월에 진광陳洸(*세걸世傑)에게 부탁하여 양명에게 전하였다.[28] 두 사람은 또다시 강학론도를 하였다. 양명은 월로 돌아가서 날로 새로워지는 양지심학의 기상을 크게 밝혔으며, 담약수로 하여금 스스로 평일에 '이理'에 대해서는 매우 많이 강의하고 '심心'에 대해서는 너무 적게 강의하여서 양명이 '양지' 심학을 대대적으로 강한 것과 차이가 생겼다는 사실을 깨닫게 하였다. 그리하여 그는 전문적으로 「구방심편」을 써서 자기의 '심'과 '구방심'의 관점을 논술하여서 양명이 '양지' 심학을 크게 강하는 것과 '서로 발명하기를(互相發明)' 바랐다.

「구방심편」에서 다음과 같이 말하였다.

---

27 『광서선거현지光緖仙居縣志』 권19 「송김홍재령륙합서送金弘載令六合序」.

28 진광은 이해에 진사에 합격하고 먼저 조潮로 돌아갔다가 12월경에 다시 북상하여 부임하면서 소흥을 지나가는 길에 양명을 만났다.

맹자가 구방심을 말하였는데 내가 이를 의심한다. 누가 의심하는가? 내 마음이 의심한다고 말한다. 누가 믿는가? 내 마음이 믿을 뿐이다. 나는 늘 사물이 있기 전에 내 마음을 보니(吾常觀吾心於無物之先矣) 통연洞然하여서 텅 비고 밝아서(昭然) 신령하다. 빈 것은 마음이 생겨나는 근거이다. 신령한 것은 마음이 신묘한 근거이다. 나는 늘 사물이 있은 뒤에 내 마음을 보니(觀吾心於有物之後) 무엇이 가로막은 듯이(窒然) 막히고, 흐리멍덩한 듯이(憒然) 어둡다. 막힌 것은 마음이 죽는 까닭이다. 어두운 것은 마음이 사물 되는 까닭이다. 텅 비고(虛焉) 신령한(靈焉) 것은 외부로 말미암아 나오는 것이 아니니 그 본체이다. 막히고(塞焉) 어두운(昏焉) 것은 안으로 말미암아 나가는 것이 아니니 덮으려고 해도 본체가 그대로 있다. 하루아침에 깨달으면 덮인 것이 투철해지고 텅 비어서 신령한 것이 보인다. 해와 달이 구름에 가려 있어도 해와 달이 없는 것은 아니다. 거울이 먼지로 덮여 있어도 밝음이 없어지는 것은 아니다. 사람의 마음이 사물에 가려 있어도 텅 비고 신령함이 없는 것은 아니다. 마음은 사물을 몸으로 삼아 남김이 없으니 안과 밖이 없고, 시작과 끝이 없고, 놓쳐버린 곳이 없고, 또한 놓쳐버린 때가 없으니 본체이다. 이 말을 믿는다면 바깥에서 놓치면 무엇이 안에 있는가? 앞에서 놓치면 무엇이 뒤에 있는가? 무엇을 구하는가? 놓친 것은 한마음이며 구하는 것은 또 한마음이니 마음으로 마음을 구하는 것은(『주역』 함咸괘 9·4효) 이른바 '끊임없이 오가니 벗이 너를 생각한다(憧憧往來, 朋從爾思)'고 하는 것으로서 다만 더욱 혼란할 뿐이니 하물며 능히 보존하겠는가? 마음이 가려지지 않기를 바라면 욕망을 줄이는 것만 한 것이 없으며, 욕망을 줄임에는 하나를 주로 함만 한 것이 없다.[29]

---

29 『천옹대전집』 권31 「구방심편」.

담약수는 분명히 자신의 '공맹심법孔孟心法'을 논술함에 이전에 양명과 심무내외心無內外의 화제를 논한 것에 이어서 마음은 본체로서 안과 밖이 없고, 시작과 끝이 없고, 바깥에서 놓침이 없고 안으로 구함이 없으며, 안으로 고요함과 밖으로 움직임이 없으며, 마음은 체용일원, 내외합일의 본체이니 이로 인해 심체를 체인함에 반드시 '안을 중시하고 밖을 경시하거나' 혹은 '밖을 중시하고 안을 경시하는' 한쪽으로 치우친 폐단을 극복해야 한다고 인식하였다.

담약수의 이러한 심론을 더욱 간단명료하게 논한 것은 그가 동시에 쓴 「입심편立心篇」인데, 그는 다음과 같이 말한다.

> 마음에 안이 있는가? 말한다. 마음에는 안이 없으나 고요함이 있다. 마음에 바깥이 있는가? 말한다. 마음에는 바깥이 없으나 움직임이 있다. 움직임에서 움직이되 고요함에서 벗어나지 않으므로 흐르지 않는다. 고요함에서 고요하되 움직임에서 벗어나지 않으므로 실하다. 어둠에 마음을 간직하여 발하여서 더욱 밝아지니 정신(神)의 곧음(貞)이다. 밝음에서 의지를 부리되 오래되어 어둠을 자라게 하니 정신이 밖에 있는 것이다.[30]

「입심편」과 「구방심편」은 '심'을 논하는 자매편으로서 담약수가 응당 심론 두 편을 함께 양명에게 보내 읽게 하였음을 알 수 있다. 이는 담약수도 반복하여 '심'의 문제를 깊이 사색하면서 점차 양명의 '양지' 심설과 가까워졌

---

30 『천옹대전집』 권31. 「입심편」과 「구방심편」은 나란히 함께 (편집되어) 있는데, 같은 시기에 지은 글이다. 담약수가 「입심편」과 「구방심편」을 한꺼번에 양명에게 보냈을 것으로 보이는데, 「기양명寄陽明」에서 말하기를 "이전에 조주 사람에게 맡겨서 여러 통을 보냈으니 반드시 좌우에 도달했을 터이라."고 하였으니 담약수가 편지를 보내고 문장을 보낸 것이 한 차례에 그치지 않았음을 알 수 있다.

음을 밝히 드러낸다.

그러나 그는 기이한 학설을 세우는 데 지나쳐서 뜻밖에도 맹자의 '놓친 마음을 구한다(求放心).', '놓친 마음을 거둬들인다(收其放心).'는 설을 부정하였고, 또 양명의 복심설復心說과도 서로 일치하지 않는다. 실제로 맹자가 말한 '방심'은 마음의 잃어버림(迷失), 마음의 소외를 가리키는 것으로서 이른바 구방심과 수방심은 바로 양명이 말한 가림을 제거하고 넓혀서 채우는 것을 통해 심체로 복귀하고, 심체가 밝음을 회복하고, 소외된 것이 복귀하고, 사람의 마음이 선을 회복하는 것이다.

담약수가 '구방심'을 부정하는 것은 분명히 그의 '마음이 가림을 제거하는(心去蔽)' 설과 서로 모순된다. 심물心物 관계에서 담약수는 또 '사물이 있기 전에 내 마음을 보고', '사물이 있은 뒤에 내 마음을 보는' 논법을 주장하여서 마음은 사물이 있기 전에도 존재하고 사물이 있은 뒤에도 존재하는 것으로 여겼는데, 이 또한 양명이 말한 '마음이 만물을 포함한다', '만물은 내 마음에 있다', '마음 바깥에 사물이 없다'고 한 사상과 모순된다. 양명이 그의 「구방심편」을 본 뒤 비판하고 반박하는 글을 한 편 쓴 것은 이상하지 않으나 오히려 그것을 진광에게는 보내고 담약수에게는 보내지 않은 것은 실제로 담약수의 '심'설을 부정하는 태도이다.

가정 원년(1522) 정월에 이르러서 담약수는 편지 한 통을 써서 양명에게 보냈는데, 이 일이 있은 후 의문을 제기하여서 토론을 전개하기를 희망하였다. 편지에서 다음과 같이 말하였다.

> 저(僕)는 무리를 떠나서 황야에 자취를 감추어 홀로 살면서 밤낮으로 꿈속의 천 리 밖에서 찾아다녔는데, 조계曹溪의 사이에서 만나 듣지 못한 것을 탐구하기를 바랐으나 그 형세상 혹 (그런 기회를) 얻을 수 없을지 모르겠습

니다. 이전에 조주 사람에게 맡겨서 여러 통을 보냈으니 반드시 좌우에 도착했을 터인데 가르침을 받지 못해 마음이 편치 않습니다(怏怏). 접때 진세걸(진광)에게 「구방심」 설을 보냈는데 고론高論과 함께 서로 발명하기를 바랐던 것입니다. 근래 그가 알려서 듣기로 형께는 변론하는 설이 있다고 하는데 한번 만나 강론하여서 저의 편벽됨을 제거하지 못하는 것이 한입니다. 또한 형이 무엇을 꺼려서 즉시 저에게는 알려주지 않습니까? 저 학문이란 편벽됨을 구제하는 것이니 만일 편벽되지 않다면 무엇 때문에 강학을 기다리겠습니까? 그러므로 배움이란 크게 공정한 도입니다. 매번 정씨 형제의 설도 또한 같지 않음을 보지만 장張(장재)·주朱(주희)의 정론訂論을 조금도 빌릴(貸) 필요는 없습니다. 옛날에 부자께서 배움을 강하지 못함을 근심하였는데 강론에는 같은 것과 같지 않음이 있으며 반드시 같을 수는 없기에 같기를 추구하는 것입니다. 그런 뒤 의리義理가 거기에서 생깁니다. 예컨대 저 맷돌은 두 짝이 가지런하지 않아야(서로 어긋나야) 곡식이 갈려 나옵니다. 그러므로 천지가 만물을 화생化生할 수 있는 까닭은 음양의 변화와 결합이 가지런하지 않기 때문입니다. 형은 조금 가지런하지 않음을 혐의하지 않는 것과 또 저를 가르치는 것을 바람직하게 여기지 않고 혹 남에게 논설하여서 유익함이 없는 것 가운데에서 선택하십시오.[31]

학문을 논한 담약수의 이 편지는 두 사람이 새로 성학을 공동으로 논하고 창도하는 데로 양명을 소환(呼喚)하는 열렬함과 절실함을 표출하였다. 이는 무종 정덕 시대(1506~1521) 두 사람 공동의 성학 토론과 창도의 결말을 선포하였으며, 역시 세종 가정 시대(1522~1566) 두 사람 공동의 성학 토론과 창

---

31 『천옹대전집』 권9 「기양명寄陽明」.

도의 출발 지표가 되면서 양명이 가정 '학금學禁'의 테두리 속에서 양지심학을 향한 더욱 높은 경지로 매진하도록 추동하였다.

부친상과 강학 그리고 '임오학금壬午學禁'

양명이 정덕 16년(1521) 8월 하순에 소흥으로 돌아와 거주한 뒤 11월 9일에 이르러서야 조정에서는 비로소 신호의 반란을 평정한 공을 서술하여서 봉상封賞을 하사하였는데, 양명을 신건백新建伯 봉천익위추성선력수정문신奉天翊衛推誠宣力守正文臣에 봉하고, 광록대부光祿大夫 주국柱國으로 특진시키고 남경 병부상서를 겸하여서 기무機務를 참찬參贊하게 하였다. 해마다 녹미祿米 1천 석을 지급하고 삼대三代에 고권誥券을 발급하였으며 자손에게 세습하게 하였다. 돌아가서 쉬고 있는 양명에게 늦게 도착한 봉상은 털끝만큼도 의미가 없었다. 조정은 사실 봉상을 시행하려는 마음이 없었으며, 다만 12월 19일에 행인行人을 파견하여서 백금白金과 문기文綺를 보내 한 차례 위로하고 양과 술(羊酒)을 하사하였을 뿐이었다.

3년이나 질질 끌던 봉상이 갑자기 시행된 것은 양명에게는 복이 아니라 재앙이었다. 왜냐하면 이 봉상은 최후로 조정 재보 양정화楊廷和와 비굉費宏의 무리가 사사롭게 기공책을 고쳐서 폄하하고 음모를 꾸며 조작하여서 반포하기로 결정한 것이기 때문인데, 창끝을 바로 반란 평정의 1등 공신인 양명에게 겨누어서 그가 조정에 입각하는 것을 저지하였던 것이다.

전덕홍은 재보들의 음모를 폭로하여서 다음과 같이 말하였다.

> 이에 앞서 선생이 적을 평정하고 신호를 사로잡았는데 왕경王瓊과 함께 일에 앞서 패를 내어 임시로 편의에 따라 일을 행하였다. 매번 첩보를 아뢰면서 반드시 먼저 공을 관병에게 돌려서 재보가 서운해하였다. 이에 이르러서 선생의 진출을 저지하고 이에 같은 일을 한 여러 사람을 억눌렀으며 기공책을 개조하여서 깎아내려고 힘썼다.[32]

양명을 남경 병부상서의 한가한 직책에 봉한 것은 사실 양명이 이로부터 영원히 조정에 들어가 입각할 수 없는 운명에 처하도록 선고한 것이나 다름없었다. 그런데 진정으로 생사를 넘나들며 공을 세운 수많은 사람들은 인정받지 못하고 실제로 봉상을 받지 못했는데도 그들을 가리켜서 '공을 속여서 상을 받은(冒功領賞)' 것이라고 한 말은 양명을 향해 공이 넘치고 상이 넘친다는 혐의를 제기하는 것과 다름없었다.

양명은 너무나 분노를 느껴서 즉시 가정 원년(1522) 정월 10일에 「사봉작보은상이창국전소辭封爵普恩賞以彰國典疏」를 올려서 봉작을 회수하고 은상을 넓히라고 청하였다. 사양의 소에서 그는 분개하고 통렬하게 진술하였다.

> 높은 하늘의 뜻은 어지러움을 싫어하고 다스림을 생각하기에 폐하의 신성함을 열어서 태평의 업을 중흥함으로써 본래 (주신호의) 그 도모를 진압하고 넋을 빼놓았습니다. 이는 본래 높은 하늘이 한 일인데 신이 무릅쓰려고 하였으니 이는 하늘의 공을 함부로 차지한 것이라 감히 받을 수 없는 한 가지

---

32 『왕양명전집』 권35 「연보」 3.

까닭입니다. …… 당시 유악帷幄에서 논의한 신하로는 대학사 양정화 등이 있으며, 해당 부(該部)의 조도調度 신하로는 상서 왕경 등이 있으니 이들은 모두 일에 앞서 방비하여 막을 모의를 했으니 이른바 지휘하고(發縱) 지시한 공입니다. 지금 여러 신하는 보람 있는 포상을 받지 못했는데 신만 함부로 중한 상을 받는다면 이는 남의 선을 덮어버리는 짓이니 감히 받을 수 없는 둘째 까닭입니다. …… 맨 먼저 의로운 군사를 따른 이로는 오문정·형순·서련·대덕유 등 여러 사람 외에 또 지부 진괴·증여·호요원 등과 지현 유원청劉源清·마진馬津·부남교傅南喬·이미李美·이즙李楫 및 양재楊材·왕면王冕·고필顧佖·유수서劉守緖·왕식王軾 등과 향관鄕官 도어사 왕무중王懋中, 편수 추수익, 어사 장오산張鰲山·오희유伍希儒·사원謝源 등이 있으며 여러 인신人臣은 이루 헤아릴 수 없습니다. …… 지금 이미 본래 공을 쌓은 자에게 상을 베풀기도 하였지만 공로를 세우고도 시상을 받지 못한 사람이 아직 많습니다. 장막 아래(帳下) 인사로는 청선관聽選官 뇌제雷濟, 고故 의관義官 소우蕭禹, 치사한 현신縣臣 용광龍光, 지휘 고예高睿, 천호 왕좌王佐 등 …… 지금 듣기에 기공문紀功文의 책자는 다시 수정한 것으로서 (공을 세운 사람들의 이름을) 깎아낸 것이 많다고 합니다. 그 나머지 혹 힘써 싸워서 칼과 화살(鋒鏑)에 죽거나 혹 위난에 처하여 도랑에 뒹굴며, 힘을 다하고 능력을 다 발휘한 자는 더욱이 세세히 들 수 없습니다. …… 거인 기원형冀元亨이라는 자가 신을 위해 신호를 설득하고 권유하였는데 도리어 간사한 당에 연루되었다가 결국 옥에서 죽었습니다. …… 이에 지금 여러 장사將士의 상은 아직 많은 사람에게 걸맞지 않은데 신이 유독 중한 봉작을 받았으니 이는 아랫사람의 능력을 가로채서 얻은 것이라 감히 받을 수 없는 셋째 까닭입니다.[33]

---

33 『왕양명전집』 권13 「사봉작보은상이창국전소辭封爵普恩賞以彰國典疏」.

그는 또 특별히 재보 대신들에게 차자를 보내 거리낌 없이 솔직한 말로 그들을 다음과 같이 질책하였다.

책에 실린 것은 볼 수 있는 공적일 뿐입니다. 장막 아래 군사로서 혹 격문을 사칭하여 (주신호의) 진격(進止)을 꺾어버리고 거짓 문서로 반간계를 써서 복심을 이반시키고 위난을 무릅쓰고 맨몸으로 노역을 하다가(走役) (죽은 몸뚱이가) 구렁텅이를 채우고 혹 충성을 다했다가 원한을 품고 옥중에서 죽임을 당한 사람이 있으며, 장사 가운데 부部의 영소領所에 보고되지 않아서 이력을 알릴 수 없었던 사람, 죽은 혼(幽魂)이 다 흩어지지 못한 자 가운데 책에 다 실리지 못한 사람들이 있습니다. 지금 공적을 알 수 있는 경우에도 또 깎아냈으니 무엇으로 충성을 바치고 의에 나아가는 선비를 격려하겠습니까![34]

상소에 털끝만큼의 반응도 없었고, 재보 대신들도 전혀 아랑곳하지 않았다. 이는 양명을 더욱 분노하게 만들었다. 석서는 편지를 보내 양명에게 다시 봉작을 거두어달라 청하는 작은 소를 올리라고 권유하면서 적당히 하고 그만두게 하였는데, 편지에서 다음과 같이 말하였다.

강서江西의 일은 해와 달같이 빛났으나 자기 보전과 처자식을 보호하는 신하가 그 사이에서 그 단점을 헐뜯어 죄를 얽어매는 것은 족히 이상하지 않습니다. 대체로 공이 높으나 상을 받지 못함은 옛날부터 그러하니 말하는 사람이 시끌시끌한 것은 마땅합니다! 그러나 사특함은 올바름을 이기지 못

---

34 왕수인, 「여재보서與宰輔書」. 전덕홍의 『양명선생연보』 '가정 원년' 조 아래에 보인다.

하며 정론으로 돌아가는 것이 항상 열에 일고여덟입니다. 집사께서 이에 대처함에 어찌 많은 말을 하기를 기다리겠습니까! 마땅히 다시 소를 갖추어서 대략 말하기를, 언관이 하나하나 논하였으니 신은 감히 변론하지 못하겠으며, 이에 오직 큰일은 임금의 위엄(天威)을 의지하며 신은 실로 공이 없으니 봉작을 거두어서 뭇 논의를 소멸시키기를 청한다고 하십시오. 큰 뜻은 이와 같으며 글자와 구절도 열 줄에 지나지 않습니다. 힘써 서너 차례 상소한 뒤 그만둔다면 집사의 도덕은 이름하여 말할 수 없을 것입니다.[35]

그러나 양명은 분노를 억누를 수 없어서 결국 또 더욱 긴 「재사봉작보은상이창국전소再辭封爵普恩賞以彰國典疏」를 상주하여서 항론抗論하였는데 말과 표현이 격렬하여서 도리어 권엄權閹과 영신佞臣 및 재보 대신들의 더욱 큰 질책을 불러일으켰다. 이때 세종世宗이 새 황제로 등극하여서 조정 국면에 또 거대한 변화가 일었고, 숲속에 돌아가 적막하게 거주하던 양명도 잇달아 가문의 불행을 겪으며 곤경에 빠져들었다. 부친상을 당하여 복을 입는 '고난의 역정'을 시작하였던 것이다.

이에 앞서 정덕 16년(1521) 12월 11일 양명의 악모岳母 장씨가 졸하였다. 가정 원년(1522) 2월 12일에는 부친 해일옹 왕화가 또 졸하였다. 양명이 부친상으로 돌아가 쉬면서 진정한 휴식을 얻었는데(成眞), 이는 재보들에게는 구해도 얻을 수 없는 것이었다. 그들이 이충사李充嗣(1462~1528)를 곧바로 남경 병부상서에 제수한 일은 양명의 봉상을 박탈하는 것과 같았다. 조정 정국의 풍운이 돌변하고 각지의 선비들이 어지러이 바람을 타고 기용되어서 새 조정에 몰려들어올 때 부친상을 당한 양명은 오히려 새 황제와 새 조정에 버림받

35 『원산문선元山文選』 권5 「여왕양명서與王陽明書」.

은 느낌을 받았다. 각지에서 배우러 오는 학생들이 날로 늘어나는 상황에 직면하여서 그는 모든 정력을 각지에서 찾아와 배우는 선비들과 강학하고 도를 논하는 데 쏟았으며, 묵묵히 양지심학의 광대하고 정미한 체계를 확립하였다.

석서가 심부름꾼을 보내 조문하고 제사하였을 때 양명은 회신을 하여 지난 성인을 잇고 도를 맡아서 학문을 강하려는 자기 결심을 다음과 같이 말하였다.

> 엎드려 생각건대 집사께서는 재능이 뛰어나고 뜻이 위대하여서 위로는 옛사람을 좇고, 덕으로 나아가고 의에 용감하니 필적할 만한 사람이 드뭅니다. 접때 『명원록』과 보내주신 「도산서원기道山書院記」를 보고서 대체로 도를 믿음이 독실하고 도를 책임지고서 부지런함에 해내 동지로서 아무도 감히 떨쳐 일어나기를(下風) 바라지 않는 이가 없었으니 얼마나 다행하고 다행한지요! 저(不肖)는 바야흐로 고통을 겪는 가운데 마음으로 청하는 바가 천만千萬이지만 황황하여 갈팡질팡하고 (마음이) 갈가리 찢어져서 단서를 얻을 수 없습니다.[36]

3월에 담약수는 서초 방헌부, 개재改齋 왕사王思와 함께 강을 건너와 왕화의 상을 조문하고 양명과 만나 심학에 대해 토론과 논변을 전개하였다. 이때 소홍의 만남에서 토론한 문제는 담약수 스스로가 여러 차례 제기하였다.

> 나는 이해 방서초·왕개재와 함께 강을 건너가서 조문하려고 하였는데, 양명이 일찍이 직접 말하기를 "내 이 학문은 도중에 조금이라도 행할 수 있

36 『왕양명전집』 권21 「기석원산寄席元山」.

다면 글을 읽을 필요가 없습니다."라고 하였다. 생각건대 한때의 말인가? 알 수는 없다. 역시 내가 나중에 그의 학문을 배우는 사람이 이와 같이 말하는 것을 보았는데, 내가 말하기를 "내가 그대에게 말을 다 하였는데, 다만 배우고 묻고 생각하고 변별하고 독실하게 행함을 더하되 이와 같이 치지致知를 하면 된다."라고 하였다.[37]

임오년(1522) 늦은 봄에 내가 형의 부친상을 조문하였소. 치량지에 대해 말하기를, 어찌 반드시 옛글을 읽겠는가? 내 말과 같으면 실행할 수 있다 하였소.[38]

2월, 용산 공이 졸하였다. 뒤에 감천 선생이 와서 조문을 하였는데, 육식을 하는 것을 보고 기뻐하지 않으며 글을 보내서 꾸짖었다. 선생이 죄를 인정하고 변론하지 않았다.[39]

두 사람은 여전히 잇달아 이전에 토론한 화제와 아울러 담약수가 「구방심편」에서 제시한 문제인 '심', '양지', '치지'를 둘러싸고 논변을 전개하였다. 양명은 사람마다 마음속에 양지가 있으며 양지심학은 바로 심체의 체인을 요구하며, 치량지는 일종의 가림을 제거하고 그 마음을 넓혀서 채우는 쉽고 간단한 공부로서 사람마다 행할 수 있으니, 양지심학은 어린아이나 하인, 노예(厮役)조차도 알고 행할 수 있는 것이라고 인식하였다. 이치는 내 마음에 있

---

37 『천옹대전집』 권72 「신천문변속록新泉問辯續錄」.

38 『천옹대전집』 권57 「전왕양명선생문奠王陽明先生文」.

39 『왕양명전집』 권35 「연보」 3.

으며 내 본성은 그 자체로 충족한 것이다. 그리하여 모름지기 안으로 심체의 천리를 체인해야 한다. 이는 일종의 덕성의 앎이며, 독서는 바깥으로 이치를 추구하는 것으로서 지리하고 바깥으로 탐색하는 견문의 앎이다. 따라서 치량지는 모름지기 글을 읽어야 하는 것은 아니다. 담약수는 여전히 이른바 치지는 처한 상황에 따라 천리를 체인함이며, 배우고 묻고 생각하고 변별하고 독실하게 행함의 공부를 더하는 것이니, 견문의 앎은 없을 수 없고 독서는 버릴 수 없다는 인식을 견지하였다. 두 사람이 원래 지닌 사상의 모순과 분기는 당면한 논변 중에서 반대로 더욱 첨예하게 표현되어서 눈길을 끌었다.

사실 담약수와 방헌부, 왕사는 이때 기용되어서 복직하게 되었다. 북쪽으로 올라가는 길에 소흥을 지나가면서 조문을 하였다. 그들은 양명과 만나 주로 조정의 정사에 관한 문제를 토론하였다. 세종은 제위에 올라서 연호를 가정嘉靖으로 고치고 폐적廢籍을 다시 기록한 뒤 조칙을 내려서 직간을 하다가 폄적당하고 파직되어 버림받은 관원들을 모두 관직에 복귀시켰다. 공리功利를 급급하게 추구하는 사대부들은 풍문을 듣고서 행동하였는데 영남과 절중의 선비들이 많았다. 담약수·방헌부·황관과 같은 사람은 원래 무종의 어둡고 어리석은 통치 아래에서 낮은 관직에 머물러 있었으며, 큰일을 하기 어렵다는 생각을 하고서 서로 약속하여 산림으로 돌아가 거하기로 하고 시기를 몰래 기다린 지 이미 10년이었다. 현재 세종이 등극하여서 현군이 재위하고 현신이 조정에 모여 아름답고 편안하고 맑고 밝은(嘉靖淸明) 새 조정이 탄생함으로써 대례의大禮議가 눈부시게(煌煌) 일어났으니, 그들은 모두 대대적으로 일을 할 시기가 마침내 도래했다고 인식하고서 부름에 앞다투어 응하여 산에서 나와 서울로 향하였다. 그리하여 담약수·방헌부·왕사의 뒤를 이어서 황관·응량應良·황종명黃宗明·양란楊鑾 등도 부름에 응하여 다시 일어나 조정에 나아갔는데, 가는 길에 소흥을 지나면서 양명을 찾아가 정사에 대해 물었다.

이들 대부분은 나중에 대례의의 중견이 되고 영솔하는 인물이 되었다. 그리하여 그들이 산에서 나와 조정에 나아간 것은 바로 대례의에 자극을 받고 온 것이라고 할 수 있다.

황관은 양명의 제자 주절朱節이 소를 올려서 "의지는 오로지 정도에 있고, 평소의 행실은 여론의 정서에 흡족하며, 마음은 왕을 보좌하는 데 있고 학술은 사물을 가리는 데 밝았습니다."[40]라고 천거함으로써 부름을 받고 입조하였다. 그가 소흥을 지나면서 양명을 찾아온 까닭은 한편으로 정치를 묻고 또 한편으로 배움을 묻기 위함인데, 결국 정식으로 폐백을 갖추어서 양명의 문인이 되었다. 그리하여 그는 「제실재선생문祭實齋先生文」에서 제자로서 다음과 같이 말하였다. "그리고 또 독실함을 타고난 영자令子(왕수인)는 성인의 학문으로 지나간 자취(往躅)를 잇고 미래의 후예(來裔)를 열었으며, 시대의 어려움을 구하여 사직을 보존하였고 복이 백성에게 미쳤습니다. 천지를 우러러 찬송하려고 해도 어찌 그렇게 할 수 있겠습니까? 저(綰)는 영자를 따라 놀았으니 사사로이 맑은 은혜를 느낍니다."[41]

이러한 부름을 받아 기용된 양명의 제자들은 서울로 향하기 전에 거의 대부분 소흥으로 먼저 와서 양명에게 정치를 묻고 배움을 물은 뒤에야 북상하여서 서울로 들어가 일제히 도하에 모였다. 담약수는 「증석룡황종현부남대서贈石龍黃宗賢赴南臺序」에서 이 사실을 다음과 같이 말하였다.

> 석룡 황자는 일찍이 성현의 학문에 뜻을 두고 가정 황제가 대통을 잇자 감천자와 더불어 버림받은 곳에서 일어나 경사에 함께 이르렀다. 석룡자는

40 『국조헌징록』 권34 「황공관행장黃公綰行狀」.

41 『황관집』 권28 「제실재선생문祭實齋先生文」.

남대로 옮겨서 경력을 이었다. 후군後軍 유兪 군이 청하여서 말하기를 "종현은 그대와 동지의 우의(雅)가 있으니 마땅히 나를 위해 한마디 해주어야 합니다. 그렇지 않으면 두 선생의 뜻을 가만히 두고 기다릴(酬置停待) 까닭이 없습니다."라고 하였다. 감천자가 사양하여 말하기를 "내가 종현과 도에 묵묵히 성취하기를 기약하였는데 무슨 말을 하겠습니까?" 하였다. 다시 청하였더니 다시 사양하였다. 이윽고 응원충應元忠(*응량應良) 군, 황재백黃才伯(*황좌黃佐) 군이 청하여 말하기를 "황 군은 그대와 동지의 우의가 있으니 마땅히 나를 위해 한 마디 해주어야 합니다."라고 하였다. 감천자가 사양하였는데 유 군에게 하듯이 사양하였다. 이윽고 왕공필王公弼 군, 구양숭일歐陽崇一(구양덕) 군, 소자명蕭子鳴 군, 전여충錢汝冲 군, 정질보鄭窒甫 군, 그리고 왕 군, 우虞 군, 김(*김극후) 군, 태상太常 이 군, 정평廷評 육陸 군, 직방職方 양梁(*양작) 군, 추관秋官 육(*육징) 군, 태사太史 추鄒(*추수익) 군, 춘관春官 진陳 군, 위韋 군, 황 군, 위魏(*위량필) 군, 진陳 군, 두 설薛(*설간과 설종개) 군, 부傅 군, 응應(*응전應典) 군, 오지명吳之名 군, 신응申應과 황黃이 청하였다. 사양할 수 없어서 이에 말하기를 "학學(배움)이란 각覺(깨달음)일 뿐입니다. 이윤伊尹은 하늘이 낳은 백성의 선각자입니다."라고 하였다.[42]

그런데 양명은 도리어 가정의 새 조정이 결코 태평한 성조聖祖가 아니라 위기가 잠복해 있어서 민생은 많은 어려움을 겪고 있으며, 기껏해야 '조금 이롭고 곧은(小利貞)' 시대라고 비관적으로 인식하였다. 그는 이미 새 황제 세종이 결코 현명한 군주가 아니라고 예리하게 느꼈기 때문에, 기용되어서 입조한 제자들에게 밝게 깨어 있는 두뇌를 보지하여서 노심초사하여(困心衡慮) 마

42 『천옹대전집』 권17 「증석룡황종현부남대서贈石龍黃宗賢赴南臺序」.

음을 격동시키고 성품을 단련하는(動心忍性) 새로운 고난(磨難)을 마주하라고 하였다.

그는 서울에 있는 설간에게 편지를 써서 보내며 다음과 같이 말하였다.

> 원중原中(*응량)·종현(*황관)·성보誠甫(*황종명)가 앞뒤로 올라갔습니다. (제가) 하고 싶은 말은, 생각건대 (그들이) 이미 모두 입으로 다 말하였을 것입니다. 사명仕鳴(*양란)과 숭일崇一(*구양덕) 등 여러 벗이 경사에서 함께 모여 한때 성대하게 동지의 모임을 했을 텐데 아마도 아시고 계실 것입니다. 다만 그때 바야흐로 피할 것이 많았으니 이천伊川이 이른바 '조금 이롭고 곧은(小利貞)' 것은 이것을 말함입니까? 도가 같지 않으면 서로 도모하지 못하는데, 인한 사람의 사물을 사랑하는 정성은 또한 저절로 그만두지 못함이 있으니, 요컨대 묵묵히 성취하고 말하지 않아도 믿는 것일 뿐입니다. 노심초사하여 그 의지와 절조를 견고하게 담금질하고, 마음을 격동시키고 성품을 단련하여(動心忍性) 부족한 능력을 더 길러야 합니다. 예로부터 성현으로서 이와 같이 하지 않고 천하에 설 수 있었던 자는 없었습니다. 듣건대 이미 관직을 수여하는 대사가 있었다 하는데 수월하게 남쪽으로 파견될 터이니 나중에 만날 수 있는 기회가 있을 것입니다.[43]

양명의 예감은 아주 빨리 현실이 되었다. 대례의 논쟁은 허구적인 '조금 이롭고 곧은' 승평昇平의 기상을 무너뜨리고 새 군주 세종의 전제적이고 독재적인 제왕의 모습을 폭로하였다. 양명은 부친상을 당하여서 돌아가 거하며 조정 분쟁의 소용돌이에서 도피하여 상을 입은 괴롭고 적적한 생활을 하

---

43 『양명선생문록陽明先生文錄』 권2 「기설상겸寄薛尙謙」.

게 된 것을 다행으로 여겼고, 더욱더 경건하고 정성껏 강학을 하고 도를 논하며 스스로 노심초사하여서 마음을 격동시키고 성품을 단련하여 영혼을 연마하였으며, 스스로 마음을 구제하는 자아 구속으로서 양지의 마음을 지닌 자아의 종극적 정신 경계를 향한 초월과 승화를 실현하였다. 그는 먼저 주충周衝과 함께 강학하고 도를 논하면서 양지심학을 널리 전파하고 발전시키는 넓은 길을 닦았다.

호광湖廣의 응성應城 현령으로 부임한 주충은 담약수에게 가르침을 받았는데, 처한 상황에 따라 천리를 체인하는(隨處體認天理) 설의 정수를 깊이 터득하였다. 처음에 그는 봄에 늘 양명에게 편지를 써서 양지심학을 물었다. 여름 4월에 이르러서 그는 또 문인 미자영米子英 편에 편지를 보내 치량지설과 수처체인천리설의 동이를 논변하게 하고 또 응성 현학의 제생 두 사람을 파견하여서 배움을 묻게 하였다. 양명은 상세한 답서 한 통을 썼는데 주로 다섯 가지 측면에서 자기 양지심학을 심도 있게 전석하였다.

하나, 주충이 제기한 "무엇을 생각하고 무엇을 사려하는가(何思何慮)?" 하는 물음은 바로 '모름지기 무엇을 생각하고 무엇을 사려하려는 기상을 알아야 한다.'는 것이라고 한 논법에 대해서 양명이 이른바 '무엇을 생각하고 무엇을 사려하는가?' 하는 물음은 결코 '생각이 없고 사려가 없는(無思無慮)' 것이 아니며, 사려가 하나의 천리를 체인하고 '다시 별다른 생각과 별다른 사려가 없는(更無別思別慮)' 것임을 인식하였다. 왜냐하면 마음이 곧 이치이고 마음의 본체가 곧 천리이기 때문에 천리를 사려함은 실제로는 마음의 본체를 체인하고 마음의 본체로 복귀하는 것이다. 그는 명확하게 말하기를 "마음의 본체가 곧 천리이며 천리는 다만 하나이니 다시 무엇을 생각하고 무엇을 터득하겠는가? 천리는 원래 저절로 적연부동寂然不動하며 원래 저절로 감이수통感而遂通하는 것이니 배우는 사람은 공부를 함이 비록 수많은 생각과 사려를 하더라도 다만 그 본래의 본체와 작용으로 돌아가려 하는 것일 뿐이다."[44] 라고 하였다.

둘, 주충은 배우는 사람이 공부를 하는 것은 바로 '성인의 기상을 인식하여서 터득하려는 것'이라고 여겼는데 이를 겨냥하여서 양명은 '먼저 성인의 기상을 안다.'라는 논법은 자기 양지의 마음인 '대두뇌'를 망각하는 것이라고 여겼다. 왜냐하면 '성인의 기상'은 결코 본체가 아니며 성인은 나에게 있고 마음은 본체이며 '대두뇌'는 양지이기 때문이다. 이로 인해 심학 공부는 먼저 '성인의 기상'을 체인하는 것이 아니라 진실하고 절실하게 자기 양지의 마음을 체인하는 것이며, 양지의 마음이 명징하고 영각하면(澄明靈覺) 성인의 기상도 그 가운데 있음을 체인하는 것이다. 그리하여 그는 강조하여서 말하기를 "성인의 기상은 자연히 성인의 것이니 내가 어디서 체인하겠는가? 만약 자기 양지에 나아가서 진실하고 절실하게 체인하지 않는다면 …… 성인의 기상은 무엇으로 말미암아 인식하겠는가? 자신의 양지는 원래 성인과 일반이니 만약 자기 양지를 명백하게 체인하여서 얻으면 곧 성인의 기상은 성인에게 있지 않고 나에게 있다."[45]라고 하였다.

셋, 주충이 '사상마련事上磨煉'을 '하루 사이에 무슨 일이 있건 없건 다만 한결같은 뜻으로 본원을 함양하려는' 것이며, '일이 없는 것'으로 말할 수 없다고 인식한 것을 겨냥하여서 양명은 한 사람이 종일, 종신토록 모두 사상마련을 하며 일이 있건 없건 간에 다만 사상마련의 공부를 한다고 인식하였다. 이른바 '사상마련'이란 바로 치량지의 공부이니, 곧 내 마음의 양지를 다하여서(盡) 일에 응하고 사물을 접하는 것이다. 이는 일종의 양지의 실천 공부를

44 『왕양명전집』 권2 「전습록」 중 「계문도통서啓問道通書」.

45 『왕양명전집』 권2 「전습록」 중 「계문도통서」.

실제로 이루는 것이다. 그러므로 그는 한 걸음 더 나아가 지적하기를 "사물이 오면 다만 내 마음의 양지를 다하여서 반응한다. …… 무릇 선하거나 선하지 않은 상황에 처하거나, 곤경과 혼란한(困頓失次) 근심에 처한 자는 모두 헐뜯고 기리고 얻고 잃는 것(毁譽得喪)에 얽매어서 그 양지를 실제로 이룰(致) 수 없을 뿐이다."[46]라고 하였다.

넷, 주충이 치지는 격물을 벗어나지 않는다고 여겨서 응당 '치지와 격물을 하나로 아울러야' 한다고 인식한 것을 겨냥하여서 양명은 격물이 치지의 공부이며 격물이 곧 치지이고 격물치지는 한 몸이 되어서 작용하므로 치지를 알면 곧 이미 격물을 알 수 있다고 인식하였다. 그는 정확하고 철저하게 해석하여 말하기를 "격물은 치지의 공부이며 치지를 알면 곧 이미 격물을 알 수 있다. 만약 격물을 알지 못하면 치지 공부도 알 수 없다."[47]라고 하였다.

다섯, 주충이 이정二程의 "성을 말할 때는 곧 이미 성이 아니다(纔說性, 便已不是性)."라고 한 성설을 이해하지 못한 것을 겨냥하여서 양명은 다음과 같이 인식하였다. 성과 기는 합일하며, 기가 곧 성이고 성이 곧 기이며, 성과 기는 나눌 수 없다. 성을 말하는 것과 기를 말하는 것은 어느 한쪽으로 기울어질 수 없다. 왜냐하면 성은 기의 본원이기 때문이다. 그러므로 기를 말하자마자 곧 이는 성이며, 곧 이미 기의 한쪽으로 기울어지는 것은 성의 본원이 아니다. 양명이 볼 때 맹자가 성선을 말한 것은 바로 성의 본원에서 말한 것이다. 다만 성은 기를 떠나지 않으며 성은 모름지기 기에서 현현하고 기가 없으면 볼 수 있는 성이 없다. 그리하여 그는 측은惻隱·수오羞惡·사양辭讓·시비是非의 성도 기라고 강조하여서 "만약 스스로 성을 명백하게 보았을 때 기는

46 『왕양명전집』 권2 「전습록」 중 「계문도통서」.

47 『왕양명전집』 권2 「전습록」 중 「계문도통서」.

곧 성이며 성은 곧 기이니, 원래 성과 기를 나눌 수 없다."[48]라고 하였다. 이는 분명 이미 주희의 성과 기를 이분하는 천명지성天命之性과 기질지성氣質之性의 설을 비평한 것이다.

양명의 이 「계문도통서啓問道通書」는 '심체체인'의 새로운 시각에서 그의 양지심학을 전석한 것으로서 그의 「답육원정서答陸原靜書」에 대한 중요한 보충이라고 할 수 있다. 그리하여 그 스스로도 「계문도통서」가 마음에 들어서 『전습록』에 수록하였던 것이다. 한때의 서신 왕래로는 아직 분명하게 말을 하지 못하였기 때문에 5월에 주충이 복건 소무邵武 교수로 고쳐서 제수되어 부임하는 중에 소흥을 지나면서 특별히 찾아와 배움을 물었을 때 '성인의 기상체인'에서부터 경전 읽기에 이르기까지 담론하였으며 중점적으로 역학易學에 대해 토론하였다. 주충은 또 『고역古易』을 양명에게 증정하였다.

양명은 나중에 그에게 편지를 써서 다음과 같이 말하였다.

> 『고역』은 근래 이미 판각하였는데 비록 도통道通(주충)과 더불어 간직한 바가 조금 다름이 있지만 ○○ 서로 아주 가깝지는 않습니다. 중간에 함께 다 상의할 것이 있는데 병중에 정과 생각이 미치지 못할 것이 염려됩니다. 또한 청컨대 급히 간행하지 말고 2, 3년을 기다린 뒤 도가 더욱 진보하면 서서히 의논하는 것이 어떻겠습니까? 역易이란 내 마음의 음양, 동정입니다. 동정이 때를 잃지 않으면 역이 나에게 있는 것입니다. 자강불식自强不息은 공부를 이루는 방법입니다. 공자가 이르기를 "쉰에 『역』을 배우면 큰 허물이 없을 수 있다(五十以學易, 可以無大過矣)."라고 하였습니다. 지금 도통의 나이로 헤아리면 『역』을 배우는 때에 있지 않으니 아마도 쉽게 여기에

48 『왕양명전집』 권2 「전습록」 중 「계문도통서」.

급급할 수 없을 것입니다. 도통은 여러 벗에게 가장 온아溫雅하고 진실에 가까운데 이러한 급하지 않은 일에 치달리다니요! 아마도 생각하지 못하는 것입니까? 성개盛价가 떠나는데 어리석고 어두운 데다 서둘러 쓰느라 소회를 다 쓰지 못합니다. 부디 마음을 헤아려주십시오(千萬心亮)!

수인이 손을 모아 절하고 도통 군 박사(郡博) 도계 문시께 올립니다.[49]

양명은 여전히 「계문도통서」의 '성인의 기상 체인'의 화제에 이어서 주충이 『역』을 읽고 배우는 데 부정적인 관점을 취하였다. 왜냐하면 『역』을 읽고 『역』을 배우는 것은 일종의 바깥을 향하여서 경전의 '성인의 기상 체인'의 공부로 나아가는 것인데 심학의 대두뇌는 자기 '양지'이니 반드시 먼저 안을 향해 진실하고 절실하게 자기 양지의 마음을 체인하고 자기 양지의 마음을 체인하여서 명료하게 깨달으면 성인의 기상도 저절로 그 가운데 있는 것이기 때문이다. 이로 말미암아 양명은 심心으로 『역』을 말하면서 역이 곧 마음이며 역학은 곧 심법이라고 인식하였다. 그러므로 역은 내 마음에 있고 심역心易을 체인해야 한다고 하여 "역이란 내 마음의 음양, 동정입니다. 동정이 때를 잃지 않으면 역이 나에게 있습니다. 자강불식은 공을 이루는 방법입니다."라고 하였다. 이 때문에 그는 주충에게 먼저 진실하고 절실하게 자기 양지의 마음을 체인하고 자강불식의 심체체인의 공부를 하게 한 것이지, 『주역』을 읽는 중에 '성인의 기상'을 체인함으로써 바깥을 향해 치달리는 공부를 하게 한 것이 아니다. 이는 그가 말한 '(반드시) 독서를 할 필요는 없다(不須讀書)'는 것과 같은 뜻이다.

---

49 왕수인, 『왕양명전집보편』 「여주도통서與周道通書」 1; 일본 텐리天理 도서관 소장의 「왕양명선생소상부척독王陽明先生小像附尺牘」.

양명이 담약수·방헌부·황관·주충 등과 함께 강학과 논변을 한 일은 양명이 월(소흥)에서 양지의 가르침을 크게 밝히면서 또 한 단계 새로운 도약을 하였음을 뚜렷이 나타낸다. 그의 양지심학은 멀리 호광과 복건으로 전파되었고, 심지어 곧바로 도하로 유입되어서 각지의 학자들이 더욱 많이 월로 찾아와 배움을 묻도록 이끌었다.

양명의 양지심학이 절중에서 나날이 왕성하게 떨쳐 일어나는 기세는 자연 가정 새 황제와 새 조정의 권귀들에게 엄중한 관심을 불러일으켜서 조야에 더욱 격렬한 '방의謗議'를 초래하였다. 스스로 비범하다고 여기는 세종은 자기야말로 정주의 이학을 가장 높이 숭앙하고 정통한 도를 지닌 제군帝君임을 내세워서 직접 사상적 금고禁錮의 독재 '권병權柄'을 휘둘렀다. 새 조정의 권귀들은 양정화를 우두머리로 하여 모두 정주 이학을 고수하는 신도였고, 그들은 정사에서 양명과 모순을 야기해 불화하였으며 학술적으로 양명의 양지심학을 질시하여서 직접 '이단'이라고 지적하였고, 양명에 대해 겹겹이 계략을 꾸며서 타격을 가하였다. 그리하여 가정 새 황제가 등극함에 따라 양명의 양지심학에 아주 빨리 재앙이 찾아왔다.

이에 앞서 6월 4일 양명은 「걸은표양선덕소乞恩表揚先德疏」를 올려서 부친 왕화의 휼전恤典과 사시賜諡를 청하였다. 대신에게 시호를 하사하는 것은 본래 늘 행해오던 관례인데, 예부상서 모징毛澄(1461~1523)은 왕화가 당년에 '과장음사科場陰事'(*남몰래 뇌물을 받고[暮夜受金] 문형을 맡아서 논의를 초래했다[典文招議]는 따위)를 하였다면서 윤허하지 않았다. 표면적으로는 왕화의 음사 행적을 비열하게 겨냥한 것이었지만 진짜 이유는 양명 심학에 대한 모징의 반감과 신호의 반란을 평정한 것에 대한 질투에서 나온 것이었다.

양명은 특별히 병부상서 팽택彭澤(1459~1529)에게 차자를 보내서 다음과 같이 말하였다.

엎드려 생각건대 집사께서는 재능과 덕, 공훈과 공렬이 한 세대를 진동하며 충정忠貞의 절조와 강대剛大한 기운은 우뚝하게 홀로 높이 섰으며 아무리 흔들어도 꿈쩍도 하지 않으니 참으로 족히 완고한 사람을 염치 있게 하고 나약한 사람을 일으켜 세울 수 있습니다. 천자께서 옛것을 추구하고 새로운 것을 도모함에 다시 기용하여서 재상으로 삼으시니 해내에서는 그 풍채를 앙망하고, 무릇 천하의 숨겨져서 엎드리고 매몰되고 적체되며 막혀서 통하기를 구하며 왜곡되어서 바로잡히기를 구하는 사람들이 목을 늘이고 발돋움하지 않는 사람이 없고 아래로 영향이 미치기를 바라고 다투어 하소연합니다. 하물며 선자先子(선친)께서는 평소 인정하고 알아주심을 입었으며, 불초고不肖孤(왕수인) 역시 일찍이 문하에서 가르침을 받았으니 근래 또 허물을 떨어버리고 더러움을 씻어주셨는데(刷咎雪穢) 밀고 끌어주는 은혜를 입은 것을 대체로 하나하나 다 들 수 없습니다. 돌이켜서 스스로 해명하는 것 외에 하나같이 실정으로 청하지 못하니 이는 선자를 구렁텅이로 몰아넣는 것이며 대현군자를 거듭 버리는 것이니 불초의 죄가 심하게 자라나는 것이 아니겠습니까? 선자께서 몰한 뒤 유사有司가 시호 증여를 청하였는데 집사께서 가엾이 여길 것이 아니나 이를 위해 한번 밝혀주시기를 감히 만에 하나 분에 넘치게 바라겠습니까?[50]

그러나 팽택은 조정 국면에 매우 뚜렷한(如指掌) 모순을 일으켰다. 그 스스로도 모징 같은 부류와 함께 정사와 학술적으로 합치하지 않았기에 감히 왕화와 양명을 위해 사정을 말할 수 없었다. 사실상 모징이 왕화에게 사시를 거절함과 동시에 사방에서 떠들썩하게 양명의 양지심학을 헐뜯으며 논란이 일었

---

50 『왕양명전집』 권21 「상팽행암上彭幸庵」.

다. 조정에서는 이미 양명의 양지심학에 공개적인 공격과 비판을 시작하였다.

이해 8월의 향시에서 제출된 시권에는 은연중 양지심학을 헐뜯으려는 의도가 많았다. 강서 부사副使 고응상이 양명에게 양지심학을 은밀하게 헐뜯는 강서의 향시 책문策問 시권을 보내주었고, 양명에게 경계하고 조심하도록 권고하였다. 양명은 추호도 두려워하지 않고 온 세상이 비방해도 돌아보지 않는 용기와 꿋꿋함으로 오히려 의연히 평탄하게 양지심학을 강론하였다.

그는 고응상에게 다음과 같이 회신하였다.

> 근래 강서의 책문을 얻고서 깊이 경계하고 조심하였습니다. 그러나 스스로 돌이켰을 때 곧으면 본래 온 세상이 비난해도 돌아보지 않는 것인데 감히 이로 인해 마침내 속절없이 스스로 흐트러지겠습니까? 『역』에 이르기를 "이를 곳을 알고 그곳에 이른다(知至, 至之)."라고 하였는데, '이를 곳을 안다'고 한 것이 앎이며, '그곳에 이른다'고 한 것이 치지이니 이는 앎과 행함이 합일하는 까닭입니다. 후세의 치지설과 같은 것은 다만 '지知' 한 글자를 말하고 일찍이 '치致'라는 글자를 말하지 않았으니 이는 앎과 행함이 둘이 되는 까닭입니다. 병이 생겨서 쓰디쓴 고통을 겪는 사람이 이미 인간사에 입을 닫았지만 서로 알던 돈독함을 생각해서 문득 다시 한번 언급합니다.[51]

정주 관학이 양명의 양지심학을 상궤를 벗어난(離經叛道) '이단'으로 공격하고 헐뜯었는데 양명은 도리어 『주역』에서 말한 "이를 곳을 알고 그곳에 이른다."라고 한 것으로부터 또 그의 '치량지'와 '지행합일'의 새로운 경전적 근거를 찾아냄으로써 정주 관학의 무고와 비방을 반격하고 더 나아가 자기 양

---

51 『왕양명전집』 권27 「여고유현與顧惟賢」 서8.

지심학을 발전시켰다.

도저히 억누를 수 없는 조정의 반심학파 권귀의 앞잡이는 마침내 앞뒤 가리지 않고 달려들었다. 강서의 향시에서 양명의 심학을 공격하고 헐뜯은 것과 서로 호응하여서 9월 2일 강서 순안감찰어사 정계충程啓充(?~1537), 이과급사중 모옥毛玉(?~1524)이 양정화·비굉과 같은 재보의 뜻을 받들어 양명과 신호가 소통하고 결탁한 6대 죄상과 학술의 바르지 않음을 상주하여서 논핵하였다. 정계충은 자기가 당년에 신호가 소경蕭敬(1438~1528)·육완陸完과 소통한 사적인 편지를 얻었는데 편지에서 말하기를 육완이 방법을 생각해서 순무 손수孫燧를 내쫓고 "대신할 사람은 탕목湯沐이나 양신梁宸이 모두 가능하고, 왕수인도 괜찮다."라고 했다고 하였다. 모옥도 양명과 신호가 결탁하고 기원형을 남창으로 파견하여서 강학하고 연락하게 하였으며, 양명이 남창에 부임하여서 신호의 생일을 축하하였다고 하면서 양명의 심학을 '학술이 바르지 않다(學術不正)'고 지적하였다. 그들의 상주 탄핵으로 조정에서는 양명을 공격하고 '정학(*심학)을 막고 억눌러서(遏抑正學)' 판결을 뒤집는 바람이 불었다.

호과급사중 왕응진汪應軫이 가장 먼저 상주하여서 양명을 위해 변무하였는데 소에서 다음과 같이 아뢰었다.

> 가만히 순안 강서 감찰어사 정계충의 주본 내용을 보니, 호구현湖口縣 피문被問(죄를 지어 심문을 받음. 당시 장현매는 대죄戴罪의 신분이었다) 장현매章玄梅(1467~1550)가 원래 획득한 역호逆濠(반역자 신호)의 주본에 근거하면 (왕수인도 괜찮다고 했다는) 사사로운 편지(私書), 위조 전지(僞旨), 궁여지책(抱首) 등의 내용이 있었는데 응당 함께 주본을 갖추어서 올립니다. 비공식 제수(內除)로 이미 판결을 내리기를(問決), 전녕·장예·장현·육완을 발견發遣하는 것 외에 태감 소경, 도어사 탕목이 관련되어 있다 하였는데 신은 시비가

어떠한지 모르겠습니다. 다만 오직 신건백 왕수인은 하늘의 공을 탐하였으니 마땅히 추탈하고 자세히 따져야 한다고 하는데 신은 도대체 알 수 없는 바입니다. 왕수인은 남南·감贛을 순무하였는데 남창과는 서로 거리가 멉니다. 역적 신호가 반역을 했을 때 조지詔旨를 기다릴 수 없어서 먼저 대의를 창도하여 병민兵民을 모아서 일으키고 마침내 반란의 도적을 멸하였습니다. 가령 털끝만큼이라도 (자기를) 돌아보는 마음이 있었다면 반드시 머뭇거리며 나아가지 않고 중립을 지키며 변화를 기다리면서 결코 거동하지 않았을 것입니다. 이와 같이 광명정대하게 호소하고 이와 같이 광명정대하게 창도하여서 (병사를) 거느리고 이와 같이 격렬하게 진멸하고 이와 같이 신속하였는데 그를 '하늘의 공을 탐한다'고 하면 되겠습니까? 또한 역적 신호의 글에서 다만 "왕수인도 괜찮다."라고 하였는데 애초에 심복으로 결탁한 실제 형적이 없습니다. 대체로 큰일을 성취하려면 제일 먼저 마땅히 혼륜하게 중후함을 지니고서 규각圭角을 드러내지 않고 소인으로 하여금 깊고 얕음을 엿보고 헤아리게 하지 않는 법입니다. 저 역적 신호는 술수에 빠졌으나 스스로 깨닫지 못하였으니 왕수인이 성공할 수 있었던 까닭입니다. 가령 과연 서로 내통한 정황이 있었다 하더라도 그와 함께 당여黨與가 되었다가 사로잡아 출수出首하는 것도 너그러이 용납할 바가 있거늘 마땅히 지나간 일은 다시 논하지 말아야 합니다. 저 용기와 지략이 군주를 두렵게 하는(勇略震主) 자는 몸이 위태롭고, 공적이 천하를 덮는(功蓋天下) 자는 상을 받지 못한 일이 예로부터 대체로 흔히 있었는데 왕수인 한 사람이 무엇이 아깝겠습니까? 왕수인이 이로 인해 죄를 얻는다면 다른 날 천하에 일이 생길 때 누가 기꺼이 나서서 죽을힘을 다해 국가를 위하겠습니까?[52]

---

52 『청호문집靑湖文集』 권1 「언관불암사체불분공죄망행거핵저억충의소言官不諳事體不分功罪

이어서 형부주사 육징도 소를 올려서 항변하였는데, 주로 정계충과 모옥이 양명의 6대 죄상을 무함하는 비열한 행적을 다음과 같이 통렬하게 꾸짖었다.

논하는 사람의 의도는 대략 여섯 가지입니다. 하나, 신호의 사사로운 편지에 "왕수인도 괜찮다."라고 했다는 한마디입니다. 둘, 왕수인이 일찍이 기원형을 보내 신호를 만나 보게 한 일입니다. 셋, 왕수인이 신호의 생일을 축하하러 간 일입니다. 넷, 왕수인이 병사를 일으킨 것은 치사 도어사 왕무중, 지부 오문정의 부추김과 자극에 의한 일이라는 것입니다. 다섯, 왕수인이 적을 무찌를 때 병사들을 보내 분탕질하고 약탈하였으며 사람을 너무 많이 죽였다는 것입니다. 여섯, 신호는 본래 능력이 없었으니 일개 지현의 힘으로도 사로잡을 수 있었고 왕수인의 공은 그다지 크지 않으며 승첩의 본에서 진술된 내용은 꾸며서 실상을 과장했다는 것입니다. 그러나 (논하는 사람들의) 그 본마음을 따져보면 그의 공명을 꺼린 사실에 지나지 않을 뿐입니다. 신호의 사사로운 편지에서 "왕수인도 괜찮다."라고 한 말은 바로 정계충이 호구 지현 장현매에게서 얻은 내용입니다. 형부에서 흠의欽依를 받든 것을 가만히 보니 "원래 부적簿籍을 수색하였는데, 관리를 보내서 봉하여 기록하고 거둬서 관장하지 않았으며 또 일이 일어난 지 오래되어서 별도로 일의 단서를 찾아 참과 거짓을 변별하기 어렵고 조사함에 근거가 없으니 원래 수색하여서 획득한 사람이 모두 태워서 없애라. 이대로 준행하라."라고 하였습니다. 지금 장현매의 편지는 어디서 나온 것입니까? 가령 있다고 해도 어찌 충분히 근거가 되겠습니까? 기원형을 보내서 만나 보게 한 사실은 왕수인이 신호가 평소에 역모를 꾸미고 있음을 알고

妄行擧劾沮抑忠義疏」.

있었는데 원형이 평소 충효를 품고 있었기에 그의 양심에 기대 (신호의) 밀계를 염탐하려고 한 것일 뿐입니다. 원형이 한번 보고 합치되지 않아서 돌아왔습니다. 가령 말이 합하고 의지가 투합했다면 마땅히 머물러서 며칠 묵게 하였을 텐데 어째서 반역하는 날 도리어 천 리 밖에 있었겠습니까? 모옥은 왕수인이 신호의 생일을 축하했다고 의심하지만 (왕수인은) 우연히 변고를 만났습니다. (그들은) 왕수인이 조칙을 받들고 복건으로 갔는데 서금瑞金과 회창會昌 등 현에 장기瘴氣가 발생하여서 감히 지나갈(經行) 수 없었기에 풍성豊城으로 길을 잡았던 사실을 전혀 알지 못하고 있는 것입니다. 또한 신호의 생일은 13일이고 수인은 15일에야 비로소 풍성에 이르렀으니 생일을 축하하려면 왜 유독 시기를 지난 뒤에야 이르렀겠습니까? 왕무중 등이 더위잡고 자극을 하여서 수인이 병사를 일으켰다고 하는 주장은 더욱 어긋난 오류입니다. 수인은 풍성에서 5리 떨어진 곳에 와서야 변란 소식을 들었습니다. (수인은) 즉각 양광 도어사 양단楊旦의 대규모 병력이 장차 도착한다는 가짜 화패火牌를 작성하여서 지현 고필顧佖이 접견할 때 사람을 시켜서 역부驛夫가 교체하여 들어오듯이(入遞) 하게 하였습니다. 그리고 수인은 거짓으로 기뻐하면서 대군이 이미 이르렀으니 적은 반드시 쉽게 도모할 수 있다(易圖) 하고 고필로 하여금 성으로 들어가 패를 전하게 하였습니다. (이런 방법으로) 신호가 의심하게 하였습니다. 또 고필로 하여금 성을 지키게 하고 병사를 징발하여서 수비를 돕도록 허락하였습니다. 이때 신호가 적 600을 파견하여서 왕도王都를 약탈하였다 하는 보고가 들어왔습니다. 수인이 배를 돌렸는데 남풍이 급하게 불어서 통곡을 하며 하늘에 고하니 갑자기 바람이 바뀌었습니다. 수인은 또 적병이 추격할 것을 염려하여 급히 어선을 타고 탈출하였습니다. 이때 왕무중은 어디에 있었습니까? 다음 날 (양명이) 달아나 사하蛇河에 이르렀을 때 임강 지현 대덕유를 만나서 즉시 병사를 일으킬 논의를 하였습니다. (이것으로는) 충분히 신뢰할 수 없어서 또 달아나 신감성新淦城으로 들어가서 지현 이미李美와 병사를 모으려고 하였습니다. (거기에) 자리 잡을 수 없음을 헤아리고 다시 달아나 길안에 이르렀습니다. 창고가 충실함을 본 뒤 마침내 주둔하고서 격문을 각처에 보내서 군사와 백성을 일으키고 조발하였습니다. 한편 방을 붙여서 충의한 선비들을 모집하고 바로 오문정으로 하여금 편지로 각 향관 왕무중 등과 근왕을 맹세하였습니다. 무중은 이틀 늦게 도착하여 비로소 동맹을 하였습니다. 성을 공격할 때 불탄 것은 궁중에서 저절로 불이 난 것이므로 내실內室은 타고 바깥 건물(外宇)은 남았는데, 관병들은 구조하여서 타지 않게 하였습니다. 노략질한 것은 오문정의 병사들이 승기를 타고서 적의 옷가지와 재물을 빼앗은 것일 뿐 (다른) 뭇 병사들은 그렇게 하지 않았습니다. 사람을 죽인 일은 그 현의 수령 유서劉緖가 거느린 봉신奉新의 병사들이 수인이 호령하여 "문을 닫았던 사람은 살고 적을 맞이했던 사람은 죽는다."라고 한 말에 근거하여 적을 맞아들였던 100여 인을 죽인 사건입니다. 수인이 이르러서 관병으로서 살인하고 약탈한 자 46인을 참하자 마침내 범하는 사람이 없었습니다. 저 신호는 여러 해 모의를 준비하여 하루 아침에 크게 터뜨려서 양경兩京을 두려움에 떨게 하였으나 수인이 일개 서생으로서 며칠 내로 평정하겠다고 웃으며 말하더니 공도 기특하였습니다! 지금 불세출의 공을 세웠으나 명분이 없는 비방과 맞닥뜨렸으니 천리와 인심이 어디에 있단 말입니까![53]

왕응진과 육징의 항변은 정계충과 모옥의 다른 꿍꿍이 속셈이 있는 참소

53 육징, 「변충참이정국시소辨忠讒以定國是疏」, 『왕양명전집』 권39 부록.

와 훼방을 완벽하게 꿰뚫었는데, 뜻하지 않게 더욱 많은 '번갈아 장계를 올리는 과도관(科道交章)'의 공격과 꾸짖음을 초래하였다. 어사 상신向信은 상주하여서 탄핵하기를, 왕응진은 양명과 동향이며 육징은 양명의 문생으로서 그들은 서로 '당으로 연결되어서 임금을 속였으니(黨比欺罔)' '그 죄를 바로잡기를 청한다(請正其罪)'고 하였다. 과도관들도 어지러이 장계를 올려서 양명의 봉작을 박탈하고 탕목의 관직을 파하고 육완을 추급하여서 논하고 소경을 법사法司에 내려서 치죄하라고 청하였다. 심지어 감찰어사 장월張鉞(1508, 진사)은 측면에서 공격하였는데, 전 형부상서 장자린張子麟(1464~1546)이 서찰로 신호와 소통의 연결고리가 되었다고 탄핵하여서 양명과 신호가 암암리에 결탁하여 모반한 행적을 에둘러 말하고(影射) 증거로 삼았다. 과도관 행동대의 천지를 뒤덮는 맹렬한 공격과 떠들썩한 부르짖음에 직면하여서 양명은 오히려 매우 담담하고 태연자약하였다. 이러한 정주 이학으로 천하 사인士人의 두뇌를 금고하는 조정의 권귀가 상소하여서 그가 신호와 결탁하였다고 참소하고 무함하는 것은 표면적인 명분이며, 그의 양지심학을 헐뜯고 금고하려는 것이야말로 진정 마음에 품고 있는 험악한 음모임을 원대한 식견으로 일찌감치 간파하였다.

그리하여 그는 '변론하지 않음으로써 비방을 그치게 한다(無辯止謗)'는 신념을 가지고 육징에게 편지를 써서 이러한 요언謠言을 조작하여서 헐뜯고 훼방을 능사로 삼은 '학금學禁' 행동대의 낯짝을 다음과 같이 폭로하였다.

> 저(某)는 불효, 불충하여서 재앙이 선인先人에게 이어졌고 혹독한 벌을 받았으나 억울함을 펼 수 없었으며, 이렇게 많은 입의 헐뜯음을 이르게 하였으니 역시 마땅한 일입니다. 이에 현자들이 기휘를 건드리고 저촉하여서 변론하고 설원하는 노고를 하게 하였으니 평소 절실하고 간절하고 지극한

도의道誼의 사랑을 깊이 입었는데 불초 고아가 감히 바라는 바가 결코 아닙니다. '변론하지 않음으로써 비방을 그치게 한다.'라고 함은 일찍이 들은 옛사람의 가르침인데 하물며 지금 어찌 이런 일에 그치겠습니까! 바야흐로 사방의 영걸英傑이 강학의 같고 다름을 이유로 의론을 일으키고 있는데 우리 무리가 이루 변론할 수 있겠습니까? 오직 마땅히 돌이켜서 나에게 문제를 찾되 진실로 그 말이 옳으나 내가 이에 아직 믿지 못하는 바가 있다면 마땅히 힘써서 그 옳음을 추구해야지 대뜸 나를 옳다 하고 남을 그르다 해서는 안 됩니다. 가령 그 말이 그른데 내가 이에 이미 스스로 옳다고 믿는다면 마땅히 실천(踐履)의 실상을 더욱 이루어서 스스로 흡족함(自謙)을 추구하기에 힘써야 합니다. 이른바 '묵묵히 이루고(默而成之)', '말하지 않아도 믿는(不言而信)' 것입니다. 그런즉 오늘의 수많은 말은 어느 것인들 우리 무리의 마음을 격동시키고 성품을 단련하며 갈고닦는(砥礪切磋) 바탕이 아니겠습니까! 또한 저 의론이 일어나는 것은 반드시 나에게 사사로운 원한이 있는 것은 아니며 저들의 주장 또한 장차 그 자체의 도를 지키기 위함이라 여깁니다. 하물며 그 주장은 본래 선유의 서론緖論에서 나온 것으로서 본래 저마다 근거하는 바가 있습니다. 우리 무리의 말이 옛날과 비교하여 매우 다르다 하는 것은 반대로 견강부회하고 조작하는(鑿空杜撰) 것입니다. 그리하여 성인의 학문이 본래 이와 같음을 모르고서 전해지면서 진실을 잃어버려서 선유의 이론이 날로 더욱 지리해졌는데 역시 후학이 답습하여 어긋나고 오류를 점점 쌓아서 그리된 것입니다. 저들은 이미 불신의 생각에 먼저 사로잡혀 있어서 아무도 기꺼이 마음을 비우고 강구하지 않으며, 게다가 우리 무리의 의론 사이에 혹 이기려는 마음과 들뜬 기운이 올라타서 지나치게 교격함을 면하지 못하였으니 본래 마땅히 비웃고 놀라 의혹하는 것입니다. 이는 우리 무리의 책임이니 오로지 저들에게 죄를 줄 수는 없습니다! 아! 오늘날 우리 무리의 강학은 장차 그 학설이 남과 다름을 추구하는 것입니까? 또한 남과 그 학문이 같음을 추구하는 것입니까? 장차 선으로써 남을 이기기를 추구하는 것입니까? 역시 선으로써 남을 기르기를 추구하는 것입니까? 지행합일의 학문이 우리 무리가 입으로만 말하는 것일 뿐이라면 어찌 일찍이 지행합일이 되겠습니까! 유래한 바를 찾아보면 불초와 같은 자는 죄가 더욱 중합니다. 대체로 평상시에 다만 입과 혀로 강론하고 풀이하되 몸으로 체득하지 않고 명목이 실상에 들뜨고 행실이 말을 덮지 못합니다. 나는 일찍이 실제로 그 앎에 이르지 못하였으니 옛사람의 치지의 설에 다하지 못함이 있다 하겠습니다. 예컨대 가난한 사람이 금덩이를 말하지만 남에게 걸식함을 면하지 못하는 것과 같습니다. 여러분(諸君)은 서로 믿고 사랑함에 지나친 병폐가 있기에 좋아하면 그 악을 알지 못하여서 마침내 오늘날과 같이 시끄러운 의론을 함께 이루게 되었습니다. 모두 불초의 죄입니다. 비록 그러하나 옛날 군자는 대체로 온 세상이 비난해도 돌아보지 않았으며, 천백 세가 비난해도 돌아보지 않았던 것은 역시 그 옳음을 추구하는 것일 뿐이니 어찌 한때의 헐뜯음과 기림으로써 그 마음을 움직이겠습니까! 오직 나에게 있는 문제를 다 찾지 않고서 어찌 남의 말을 모두 그르다고 할 수 있겠습니까? 이천과 회암도 당시에 오히려 헐뜯고 배척하고 쫓겨남을 면하지 못하였는데, 하물며 우리 무리야말로 행함에 지극하지 못한 바가 있어서 사람들의 헐뜯음과 배척과 쫓겨남을 당하는 것이 마땅한 경우이지 않겠습니까! 무릇 지금 학술을 논쟁하고 변론하는 선비 역시 반드시 배움에 뜻을 둔 자이니 자기와 다르게 여겨서 마침내 소외하는 바가 있어서는 안 됩니다. 옳고 그름을 가리는 마음은 사람마다 모두 가지고 있는데 저들은 다만 쌓인 습성에 가리어 내 설(吾說)을 끝내 쉽게 이해하지 못하는 것입니다. 예컨대 여러분이 제 설(鄙說)을 처음 들었을 때 그중에 어찌 비웃고 헐뜯는 자가 없었겠습니까? 이윽고 석연하게 깨닫고서도 심지어 도리어 격렬하게 도가 지나친 평론을 하는 자가 있기까지 하였습니다. 또 어찌 오늘날 서로 헐뜯는 힘이 뒷날 서로 믿는 신뢰의 바탕이 될지 어찌 알겠습니까! 치지의 설은 지난번 유준(진구천) 및 숭일(구양덕) 등 여러 벗들과 강서에서 지극히 논하였고, 근래 양사명(양란)이 다녀가면서 다시 한번 언급하여서 모두 매우 상세히 논하였습니다. 지금 원충(응량)과 종현(황관) 두 분(君)이 다시 가니 여러분은 서로 한 차례 더욱 세심하게 탐구하여서 마땅히 남긴 응어리가 없어야 하겠습니다. 맹자가 이르기를 "옳고 그름을 가리는 마음은 앎이다(是非之心, 知也).", "옳고 그름을 가리는 마음은 사람마다 모두 가지고 있다(是非之心, 人皆有之)."라고 하였으니 이른바 양지입니다. 어느 누구인들 이 양지가 없겠습니까? 다만 끝까지 이루지(致) 못할 뿐입니다. 『역』에 이르기를 "이를 곳을 알고 그곳에 이른다."라고 하였는데, 이를 곳을 아는 것은 앎이고, 그곳에 이르는 것은 치지致知입니다. 이것이 앎과 행함이 하나가 되는 까닭입니다. 근세 격물치지의 설은 다만 '지知' 한 글자가 오히려 낙착함이 있지 않았으니 '치致' 자의 공부는 일찍이 전혀 말하지 못한 것입니다. 이는 앎과 행함이 둘이 되는 까닭입니다.[54]

이 편지는 양명이 이미 조정에서 양지심학의 '학금'이 다가왔음을 예감하고 있었다는 사실을 분명히 밝히고 있다. 그는 제자와 배우는 사람들에게 한때의 헐뜯음과 기림으로써 마음이 흔들리지 말고 감히 헐뜯고 배척하고 축출되는 운명에 대면하라고 경고하였다.

어사와 과도관이 번갈아 장계를 올려서 한바탕 양명을 탄핵한 사건에 대

---

54 『왕양명전집』 권5 「여육원정與陸原靜」 서2.

해 표면적으로 세종은 일을 무마하고 사람을 편안하게 하는 태도를 취하면서 말하기를 "수인이 신호의 변란을 듣고 의를 내세워서 병사를 일으켜 큰 난리를 평정하였으니 특별히 봉작을 더하여서 큰 공적에 보답한다. 다시 의논할 필요가 없다. 목沐(탕목湯沐)은 스스로 진술하게 하고 나머지는 앞에 내린 전지를 따르라."[55]고 하였다. 실제로 그의 마음속에서 양명은 이미 '유학자의 이름을 남몰래 훔쳐서 차지한(竊負儒名)' '간사한 사람(憸人)'이고 '더욱이 성문의 선비가 아니며', '선유를 헐뜯고 문도를 불러모아서(詆毀先儒, 號召門徒)' '사악한 학설을 전하여 익히게 하는(傳習邪說)' 사람으로 인식하고 있었고, 양명이 신호의 반란을 평정한 것은 "우리 황형皇兄이 친정하게 되면 신호가 반드시 사로잡힐 것을 미리 알았으므로 이에 글의 내용과 같이 거사를 정하였던 것"으로 인정하고 암암리에 그를 향해 '학금'의 커다란 그물을 펼쳤다.

사정은 과연 양명이 헤아린 대로 겨우 열흘이 지난 10월 23일, 예과급사중 장교章僑(1499~1543), 어사 양세표梁世驃(1495~1544)가 또 잇달아 글을 올려서 '이학異學'을 공격하고 '도를 배반하고 경에서 벗어난 서적(叛道不經之書)'을 금지시킬 것을 청하여서 창끝을 곧바로 양명의 양지심학을 향해 겨누었다. 장교가 상주하여 탄핵하기를 "삼대 이하 정학正學을 논하자면 주희朱熹만한 이가 없습니다. 근래 총명과 재지才智가 족히 천하에 호소할 만한 자가 이학의 설을 창도하자 세상의 고상한 것을 좋아하고 이름에 힘쓰는 자들이 몰려서 그를 마루로 삼았습니다. 대체로 육구연陸九淵의 간편함을 취하여서 주희를 지리하다고 꺼리며, 문사文辭를 지을 때 간험艱險을 받들기에 힘씁니다. 천하에 통절하게 금하고 혁파하기를 청합니다."[56]라고 하였다. 양세표는 이에

---

55 『명세종실록』 권18.

56 『명세종실록』 권19.

부화뇌동(隨聲附和)하였다. 예부에서 다시 논의하였는데, 장교와 양세표 두 사람의 "시대의 폐단을 깊이 끊어내어서 풍교風敎에 보탬이 있게 하라."는 말을 인정하였다. 장교가 말한 '도를 배반하고 경에서 벗어난 서적'이란 바로『주자만년정론』,『전습록』등을 가리킨다. '총명과 재지가 족히 천하에 호소할 만한 자'라고 말한 것은 바로 양명과 왕간 등을 가리킨다.

장교와 양세표의 상주 논핵은 세종이 속으로 하고 싶었던 말을 끄집어낸 것으로서, 세종은 즉시 조서를 내려서 다음과 같이 말하였다.

> 조종祖宗이 육경을 드러내어서 밝히고 칙유勅諭를 반포하여서 내린 것은 바로 정학을 높이고 정도에 나아가고 세상의 풍습을 반듯하게 하고 참된 인재를 길러서 정대광명한 사업을 완성하기 위함이었다. 100여 년간은 인재가 두루 두터웠고 문체가 순수하고 우아하였다. 근년에는 선비의 풍습이 괴이한 것을 많이 추구하며 문사文辭는 간험함에 힘쓰니 정치 교화를 해침이 얕지 않다. 앞으로 사람을 가르치고 선비를 취함에 한결같이 정주程朱의 말로 하며, 함부로 도를 배반하고 경에서 벗어난 글을 사사로이 전수하고 간행하여서 정학을 그르쳐서는 안 된다.[57]

가정 '학금'은 바로 이와 같이 돌연히 일어났다. 세종은 한편으로는 양명의 저작을 '도를 배반하고 경에서 벗어난 서적'으로, 양명의 양지심학을 남을 속이는 괴이한 '이학'으로 규정(欽定)하여서 '금혁禁革'하였다. 이 '임오학금壬午學禁'은 대례의大禮議의 불꽃이 활활 타오르는 즈음에 일어났다. 그리하여 이 사건은 당금의 의미를 지닌 것이며, 또한 학술 사상적인 '금혁'에 대례의

57『명세종실록』권19.

라는 정치적인 '금고'를 밀접하게 결합하였으니 학금과 당금이 서로 스며들어서 양명의 마지막 남은 짧은 7년의 비극적 운명을 결정하였다.

양명은 두려움 없이 용감하고 꿋꿋하게 양지심학을 창도하여서 가장 선명하게 학술 사상적으로 '자유사상, 독립정신'의 추구를 뚜렷이 밝혔으며, 대대적으로 관방 정주 이학의 금망禁網을 저촉했으니, 필연적으로 통치자의 금절을 겪게 되어 있었다. 이 '학금'은 임오년(1522)에 일어났기 때문에 양명이 월로 돌아가 양지심학을 크게 천양한 일과 관련이 있다. 그의 양지심학은 광범위하게 전파되는 사조를 형성하여서 그의 수많은 제자가 기용되어서 입조함에 따라 양지심학의 조류도 경도로 흘러들어가 조정 통치자의 공황을 불러일으켰다. 그중 특히 왕간이 세 차례 기이한 복장으로 도성에 들어가서 양지심학을 크게 강의한 사건은 도하와 조정을 경동하게 만들어서 가정 '학금'의 도화선이 되었고, 이 일이 '학금'의 재앙을 직접 격발하였다.

제1차 도성에 들어간 행적은 가정 원년(1522) 봄에 있었다. 왕간이 먼저 월로 찾아와 배움을 묻고서 양명이 서원을 세우는 일을 돕고 각지에서 찾아와 가르침을 받은 선비들을 접대하였다. 하루는 양명의 '광자흉차狂者胸次'의 가르침을 받은 뒤 그가 홀연 양명에게 묻기를 "천년 동안 끊어진 학문을 하늘이 우리 스승을 열어서 창도하게 하였는데 천하로 하여금 이 학문을 들음에 미치지 못하는 일이 있을 수 있습니까?" 하였더니 양명이 웃으면서 답하지 않았다. 왕간은 당년에 공자가 열국을 주유한 것을 본받아 양명 스승을 대신하여 천하에 도를 전하고 격앙된 '광자흉차'를 품고서 도성에 들어가서 양지심학을 널리 펴서 강하기로 결정하였다. 그는 태주泰州로 돌아간 뒤 곧 작은 포륜거蒲輪車 하나를 제작하여 수레 위에 크게 "천하는 하나이며 만물은 일체이다. 산림에 들어가 은일隱逸을 만나기를 구하고 시정市井을 지나면서 어리석고 몽매한 사람을 열어서 밝힌다. 성도聖道를 따름에 천지가 어기지 않으며 양지를 이룸에 귀신이 헤아리지 못한다. 천하 사람과 함께 선을 행하기를 바라니 이 초요招搖가 통하지 않음이 없게 하라. 나를 아는 자는 오직 이 행적이런가? 나를 죄주는 자는 오직 이 행적이런가?"[58]라고 썼다.

왕간은 또 괴이한 「추선부鰍鱔賦」 한 수를 지어서 이때 전도 여행의 목적을 다음과 같이 토로하였다.[59]

도인이 한가롭게 저자를 거닐다가	道人閑行於市
우연히 가게 앞에서 드렁허리를 기르는 항아리를 보았는데	偶見肆前育鱔一缸
(드렁허리들이) 서로 덮고 누르고 뒤얽혀서	覆壓纏繞
시들시들하여 마치 죽은 상태와 같았다	奄奄然若死之狀
홀연 미꾸라지 한 마리가 가운데에서 나와	忽見一鰍從中而出
위로 아래로	或上或下
왼쪽으로 오른쪽으로	或左或右
앞으로 뒤로	或前或後
두루 돌아다니며 쉬지 않고	周流不息
변하고 움직여서 머무르지 않으니	變動不居
마치 신룡 같았다	若神龍然
드렁허리는 미꾸라지로 인해 몸에 활력이 돌고 기가 통하여	其鱔因鰍得以轉身通氣
생기가 생겨났다	而有生意

58 동수董燧, 『왕심재선생연보王心齋先生年譜』.

59 『왕심재선생유집王心齋先生遺集』; 『왕간잡저王艮雜著』, 「추선부鰍鱔賦」.

이 드렁허리의 몸을 돌리고 是轉鱔之身

드렁허리의 기운을 통하게 하고 通鱔之氣

드렁허리의 생명을 보존한 것은 存鱔之生者

모두 미꾸라지의 공이다 皆鰍之功也

비록 그러하나 雖然

역시 미꾸라지의 즐거움은 亦鰍之樂也

오로지 이 드렁허리를 불쌍히 여겨서 그러한 것도 아니고 非專爲憫此鱔而然

이 드렁허리가 보답하기를 바라서 그러한 것도 아니고

亦非爲望此鱔之報而然

그 본성을 스스로 따른 것일 뿐이다 自率其性而已耳

이에 도인이 느낌이 있어 於是道人有感

위연히 탄식하며 말하였다 喟然歎曰

내가 동류와 천지 사이에서 함께 길러지는 것을 吾與同類竝育於天地之間

미꾸라지와 드렁허리를 이 항아리에서 함께 기르는 것과 같이 할 수 없는가?

得非若鰍鱔之同育於此缸乎

내 듣건대 대장부는 천지만물을 일체로 삼으니

吾聞大丈夫以天地萬物爲一體

천지를 위해 마음을 세우고 爲天地立心

생민을 위해 명을 세움이 爲生民立命

어찌 여기에 있지 않은가? 豈不在玆乎

마침내 수레를 정비하고 복장을 갖추어서 遂思整車束裝

개연히 사방을 주류할 뜻을 가졌다 慨然有周流四方之志

얼마 뒤 少頃

홀연 바람과 구름, 우레와 비가 번갈아 일어나자 忽見風雲雷雨交作

미꾸라지가 기세를 타고 은하수로 훌쩍 뛰어올라	其鰍乘勢躍入天下
큰 바다에 뛰어들어	投於大海
유유히 헤엄쳐서	悠然而逝
자유자재로 종횡하며	縱橫自在
쾌락이 끝이 없었다	快樂無邊
광주리에 있는 드렁허리를 돌아보고	回視樊籠之鱔
구할 생각을 하고서	思將有以救之
몸을 뒤집어 용으로 변신하고	奮身化龍
다시 우레와 비를 뿌리고	復作雷雨
드렁허리가 들어 있는 항아리를 채웠다	傾滿鱔缸
이에 뒤얽히고 짓눌려 있던 것들이	於是纏繞腹壓者
모두 흔흔하게 생기를 얻었다	皆欣欣然有生意
흐리멍덩하던 눈이 깨어난 것을 보니	視其眚醒
정기와 정신이 장강대해에 함께 돌아간 것 같았다	精神同歸於長江大海矣
도인은 흔연히 수레를 몰아서 나아갔다	道人欣然就車而行
어떤 사람이 도인에게 말하였다.	或謂道人曰
장차 광주리에 들어가겠습니까?	將入樊籠乎
말하였다	曰
아니오!	否
내 어찌 조롱박이 되어서	吾豈匏瓜也哉
어찌 매달려 있고 먹지 못하는 것이 되겠소?	焉能繫而不食
높이 날아서 멀리 가려고 합니까?	將高飛遠擧乎
말하였다	曰
아니오!	否

내 어찌 이 사람의 무리와 함께하지 않고 누구와 더불어 하겠소?

吾非斯人之徒而誰與

그렇다면 어떻게 하렵니까? 然則如之何

말하였다 曰

비록 사물에서 벗어나지 않지만 雖不離於物

또한 사물에 얽매이지 않습니다 亦不囿於物也

이어서 시로 뜻을 보여 말하였다 因詩以示之曰

어느 날 봄이 오니 아무 데나 가지 않고 一日春來不自由

천하를 두루 돌아 웅장한 서울로 가네 遍行天下壯皇州

하루아침에 사물이 변화하니 하늘과 사람이 조화하고 有朝物化天人和

기린과 봉황이 돌아오니 요순의 시절이네 麟歸來堯舜秋

이 기이하고 독특한 풍유諷諭의 부는 심재心齋(왕간)가 북상하여 서울로 들어가고, 사방을 주유하는 스스로를 위해 지은 작품으로서 '미꾸라지(신룡)'로 양명을 은유하고, '드렁허리'로 천지의 생민과 만물을 은유하고, 양명의 양지심학을 터득한 '도인'으로 스스로를 비유하여서 당년에 공자가 열국을 주유하며 도를 행한 것을 본받아 천하를 두루 다니며 양명의 '양지'의 비와 이슬을 내려서 "하루아침에 사물이 변화하니 하늘과 사람이 조화"하기를 바라고 희망하였던 것이다. 그는 연도에서 지역에 따라 무리를 모아 강하고 곧바로 경사로 들어가서 양지심학을 선포하여 조정을 놀라 술렁이게 하여서 조정의 정주 이학을 높이 받드는 재보 대신들의 경각심을 불러일으켰다.

이때 마침 조정에서는 새 조정의 교체(更化)와 황제를 추대하여(翊戴) 등극에 공을 세운 대신 양정화·장면蔣冕·모기毛紀·비굉費宏·모징 등을 대대적으로 책봉하였는데, 왕간의 도성 입성은 관직 승진에 대한 그들의 꿈을 뒤흔들었고, 그가 경사에서 양지심학을 떠들썩하게 주목을 끌면서 부르짖은 사건은 그들로 하여금 더욱더 놀라움과 의구심을 갖게 하였다. 그리하여 양명이 상소하여 부친 왕화의 시호 하사를 청하였을 때 모징이 즉시 왕화의 '과장음사'를 끌어와서 부결하였고, '학금'의 전주곡은 이미 울렸으니 왕간이 떠들썩하고 경솔하게 도성에 들어가 양지심학을 고취한 일은 실제로는 실패하고 말았던 것이다.

제2차 입도 여행은 가정 원년 8월에 있었다. 왕간은 5월경에 헛수고만 하고 태주로 돌아온 뒤 탄식하며 말하기를 "바람이 멀리 불지 않으니 도가 어찌 밝아지겠는가? 이는 나(某)의 죄이다."라고 하였다. 이에 8월에 그는 또 한차례 예스럽고 기이한 복장을 하고서 스스로 '신룡'이라 일컫고, 종 2명을 데리고 다시 초요거招搖車를 몰아 북상하였다. 길을 가는 내내 떠들썩하게 사람들을 불러모아서 강학을 하고 경사에 도착하여서 소란스럽고 경솔하게 심학을 한 달 강론하였더니 시정과 도성 사람들이 담과 같이 에워싸고 모여서 구경하였고, 조정의 신하와 사대부들이 경악의 눈초리로 서로를 돌아보아서 도하가 들썩이고 조정이 뒤흔들렸다.

이때의 입도는 동수가 『왕심재선생연보』에서 다음과 같이 상세히 서술하였다.

> 포륜蒲輪 하나를 제작하여서 …… 연도에서 사람들을 모아 강의하면서 곧바로 경사에 이르렀다. 산동山東에서 도적이 일어나 덕주德州에서 병사를 모아 관문을 지키는 바람에 아무도 강을 건너지 못하였다. 선생은 병법에 능함을 알려서 덕주 수령을 만났다. 수령이 "병법에서는 용기를 귀하게 여기는데 저(某)는 유생입니다. 겁이 나는데 어떻게 해야 하겠습니까?" 하고 물었다. 선생이 말하기를 "나(某)는 공을 위해 비유로 깨우쳐서 진술하겠습

니다. 집에서 암탉을 기르는데 암탉이 두려워하는 것은 솔개입니다. 하루는 병아리를 데리고 들판으로 나갔는데 솔개가 홀연 나타나면 날개를 세우고 맞서 싸웠습니다. 이는 솔개가 두렵지 않기 때문이 아닙니다. 그 까닭은 무엇입니까? 오직 병아리를 생각하는 마음이 간절했기 때문입니다. 공은 백성의 부모이며, 고을(州)의 백성은 모두 갓난아기(赤子)입니다. 만약 갓난아기가 도적에게 핍박받는 것을 참을 수 없다면 어찌 용기가 없음을 근심하겠습니까? 장차 날개를 세우고 맞서 싸우는 것은 암탉보다 더할 것입니다."라고 하였다. 주의 수령이 그 말을 듣고 깨닫고서 방비를 더욱 엄하게 하였다. 사람을 파견하여서 선생이 강을 건너도록 호위하고 다시 가는 곳까지 인도하였다. 도하에 이르자 전날 저녁에 어떤 늙은이(老叟)가 꿈에 머리가 없는 황룡(黃龍無首)이 비를 몰고 나타나 숭문문崇文門에 이르러서 사람으로 변하는 꿈을 꾸었는데, 새벽에 일어나니 선생이 마침 당도하였다. 이때 양명 공이 학문을 논하였는데, 주문공과 달라서 문공을 외우고 익히는 자가 자못 부딪치고 거슬렀다. 선생이 다시 근실하고 간절하게 강론을 하며 관과 복식과 수레를 모두 옛 제도를 따랐기에 사람들이 아주 기이하게 여겼다. 마침 남야南野(구양덕) 선생이 도하에 있었는데 선생에게 돌아가라고 권유하였다. 양명 공도 수암守庵 공에게 편지를 써서 사람을 보내 선생을 부르게 하였다. 선생이 회계로 돌아와서 양명 공을 만났다. 공이 선생의 의기意氣가 너무 높고 행동이 너무 기이하여서 조금 억누르려고 하였다. 이에 문에 이른 지 사흘 동안 만날 수 없었다. 하루는 양명 공이 손님을 전송하러 나왔는데 선생이 오랫동안 무릎을 꿇고서 말하기를 "저의 잘못을 압니다."라고 하였다. 양명 공은 돌아보지 않았다. 선생이 따라 들어가 청사廳事에 이르러서 다시 큰 소리로 말하기를 "중니仲尼는 너무 심하게 하지 않았습니다!"라고 하였다. 이에 양명 공이 읍하고 선생이

일어났다.[60]

그러나 동수는 왕간이 왜 경사에서 떠들썩하게 경솔한 행동을 했으며 양명이 어째서 분노하고 그를 재촉하여 소흥으로 빨리 돌아오라고 했는지 그 원인을 숨겼다. 도리어 경정향耿定向이 「심재왕간전心齋王艮傳」에서 진실한 이야기를 하였다.

> 저서가 1천여 언言으로서 정성껏 효제孝弟를 펼쳤는데 궐 앞에 엎드려서 상소하는 체제를 띠었다. 그러나 선생의 풍격은 높고 고아하였으며 행동은 또 이와 같이 두드러졌다. 조정의 많은 선비들이 눈이 휘둥그레져서 경악을 금치 못하여 그만두라고 권고하였다. 선생이 한 달 머물렀는데 뜻밖에 뭇사람의 마음과 조화를 이루고서(諧) 돌아왔다. 돌아와 문성文成(왕수인)을 만나니 문성이 제재할 생각으로 만나지 않았다. 선생이 뜰 앞에서 무릎을 꿇고 엎드려서 오랫동안 통렬하게 반성하고 뉘우치니 그제야 만나 보았다.[61]

원래 왕간이 이때 도성에 들어간 까닭은 결국 궐 앞에 엎드려서 글을 올리려고 한 것인데 이와 같이 떠들썩하고 경솔한 행동을 함으로써 경사와 조정을 놀라 소란스럽게 하였다. 1천여 언의 상주문은 이미 다 써놓았는데 그 가운데 '정성껏 효제를 펼친' 것으로 보아 응당 대례의에 관해 올리는 글임은 의심할 여지가 없다. 마지막으로 남야 구양덕 등 동문이 극력 그만두도록 권하자 그제야 궐 앞에 엎드려서 글을 올리는 일을 하지 않았다. 실제로 그가

---

60 동수, 『왕심재선생연보』.

61 동수, 『왕심재선생연보』 부록 「심재왕간전心齋王艮傳」.

결국 궐 앞에 엎드려서 글을 올리지 않은 것과 양명이 분노하여 그에게 소흥으로 속히 돌아오라고 재촉한 진정한 원인은 바로 그가 도하에서 떠들썩하고 경솔하게 양지심학을 고취함으로써 '대례의'를 범하였고, 이로 인해 정계충과 모옥이 9월 2일에 재보의 의지에 따라 글을 올려서 왕양명이 무리지어 악을 저지르고 '학술이 바르지 않다'며 탄핵하여서 경사의 형세가 흉험하고 '학금'의 경종이 이미 울렸기 때문이다.

왕간이 소흥으로 돌아오자마자 장교와 양세표는 10월 23일에 상소하여 양명의 심학을 '이학異學'으로, 양명의 글을 '도를 배반하고 경에서 벗어난 글'이라 탄핵하여서 '학금'을 청하였다. 세종은 즉시 천하에 조칙을 내려서 '학금'을 엄중하게 시행하라고 하였다. 왕간이 떠들썩하고 경솔하게 입도하여 양지심학을 고취한 것이 직접적으로 이 '임오학금'을 일으켰고, 양명과 양지심학이 가정 연간에 배척과 금고를 당하는 운명을 결정하였던 것이다.

제3차 입도 여행은 가정 2년 봄에 있었다. 왕간은 앞의 두 차례 입도 여행이 벽에 부딪혀 실패하고서도 전혀 교훈을 얻지 못하고 도리어 더욱 격렬하게 '학금'의 그물을 찢어버리려는 황당하고 경솔한 마음이 치밀어 올랐다. 남궁 춘시에 거자들이 일제히 경사에 몰려들었을 때 입도하여서 한 차례 대대적으로 거사하기로 생각하였다. 그는 먼저 정월에 소흥으로 와서 가르침을 받은 뒤 또 기이한 복장을 하고 작은 포거蒲車를 몰아 북상하였는데 가는 길 내내 곳곳에서(隨處) 강학을 하며 도하에 진입하여서 또 떠들썩하고 경솔하게 양지심학을 고취함으로써 춘시 장옥場屋의 과거시험을 뒤흔들어놓았다.

이때 입도의 정황을 왕신王臣은 「제왕심재문祭王心齋文」에서 다음과 같이 말한다.

계미년(1523) 봄에 나는 춘궁에서 시험을 보았소. 그대는 이때 감홍이 일

> 어 역시 북으로 수레를 돌렸소. 낭랑하게 고상한 담론을 하여 나약한 사람을 일으키고 완강한 사람이 염치를 알게 만들었소. 함께 거처하며 침상을 나란히 하고 잠자는 것도 잊고 기쁘게 토론하였소. 그대는 남쪽으로 돌아갔고 나는 그대 지방의 관리가 되었소. 스승의 말씀이 "즐겁도다! 의로 모이고 인으로 돕는다." 하였소.[62]

황직黃直은 「제왕심재문」에서 더욱 또렷하게 말하였다.

> 계미년(1523) 봄에 회시 과거가 열렸소. 형이 홀연 북으로 가기에 수레가 방황하였소. 곳곳에서 강학을 하니 남녀가 분주히 몰려왔소. 도하에 이르자 보는 사람은 창황해하였소. 사적이 뚜렷이 드러나니 조정(廟廊)이 놀라 진동하였소. 동지가 말하기를 "아, 북쪽에 어찌 오래 있겠는가!" 하였소. 재삼 권유하여 수레를 내리고 복장을 풀라고 하였소. 함께 경사에 머물며 여상하게 큰 소리로 노래하였소. 우리 무리가 등과하니 형의 즐거움 끝이 없었소. 이별한 지 몇 달 만에 나는 장漳에 직책을 받았소.[63]

왕신과 황직은 모두 이때 입도하여 춘시에서 진사에 합격하였는데, 왕간이 도하에서 떠들썩하고 경솔하게 양지심학을 고취하는 광경을 직접 목격하였다. "보는 사람은 창황해하였소.", "조정이 놀라 진동하였소."라는 말은 왕

---

62 『왕심재선생연보』 부록 「제왕심재문祭王心齋文」. "癸未之春, 余試春宮. 君時乘輿, 亦北其轅. 琅琅高論, 起懦廉頑. 偕寓連床, 忘寐以歡. 君旣南歸, 予官貴土. 師曰樂哉, 義聚仁輔."

63 『왕심재선생연보』 부록 「제왕심재문」. "癸未之春, 會試擧場. 兄忽北來, 駕車彷徨. 隨處講學, 男女奔忙. 至於都下, 見者倉皇. 事迹顯著, 警動廟廊. 同志曰吁, 北豈可長? 再三勸諭, 下車解裝. 共寓京師, 浩歌如常. 我輩登科, 兄樂未央. 別去數月, 受職於漳."

간이 사람의 이목을 끌며 열광적으로 양지심학을 고취한 '낭랑하게 고상한 담론'이 조정을 더욱 놀라게 하고 진동시킨 일을 가리킨다. 이 일은 또한 이해 봄에 회시 과거에 배후에서 양명 심학을 헐뜯도록 직접적으로 충격을 가하였다. 사실 '임오학금'은 본래 가장 먼저 과거시험에서 맹렬하고 신속하게 시작되었다. 이해 회시에서 선비에게 출제한 책문은 바로 심학에 대한 물음으로, 뒤에서 양명을 헐뜯고 양명의 심학을 존신하는 선비가 과거에 합격하여 벼슬길에 들어오는 것을 저지하기 위함이었다. 그리하여 양명의 제자 전덕홍, 왕기 등은 모두 뜻밖에 낙제를 하고 말았다.

양명은 이때의 회시를 심학의 '연옥煉獄'으로 간주하였다. 전덕홍이 소흥으로 돌아와 양명을 만났을 때 양명은 흔연히 기뻐하며 말하기를 "성학이 이로써 크게 밝아졌다!"라고 하였다. 전덕홍이 물었다. "시사時事가 이와 같은데 어찌 크게 밝아짐을 보겠습니까?" 양명이 회답하기를 "내 학문이 어떻게 천하 선비들에게 두루 퍼질 수 있겠는가? 지금 회시록會試錄은 비록 궁벽한 고을이나 깊은 골짜기라도 이르지 않은 곳이 없다. 내 학문이 이미 그릇되었으니 천하에 반드시 일어나서 참된 진리(眞是)를 탐구하는 자가 있을 터이다."라고 하였다. 왕기는 낙제한 뒤 개탄하며 말하기를 "학문은 스스로 터득함(自得)을 귀하게 여기니, 지난번 나는 오히려 갖가지 득실의 마음이 생겼다. 그런즉 다만 이해하여 깨달을 뿐이다."라고 하였다. 그는 즉시 경조京兆에서 발급한 노권路券을 태워버린 뒤 양명을 만나 종신토록 사사하겠다고 청하였다. "나는 사문에서 가르침에 한마디로 대답한 증삼(一唯參)이다.", "치량지 석 자는 문하에 들어온 자라면 누구인들 듣지 않았겠는가? 오직 내가 참으로 터득하였다."[64] 하고 스스로 인식하였다.

---

64 『왕양명전집』 권35 「연보」 3.

우석雨石 유문덕兪文德도 낙제하였다. 그도 노인路引을 태워버리고 소흥으로 와서 배움을 물었고, 양명은 그에게 양지심학을 전수하였다. 나중에 하상박은 시를 지어서 다음과 같이 칭송하였다.[65]

유순부(유문덕)가 낙제하고 남쪽으로 돌아갔는데 양명 선생을 만나 뵙고 마침내 노인을 태워버리고 돌아가서 바위 사이에 거처하니 그 의지가 견결하다고 할 만하다. 이로써 외우고 있던 양명 시의 운을 따서 지어 보내니 다행히 입버릇처럼 하는 말이라고 도외시하지 않았으면 한다.

兪純夫落第南歸, 得見陽明先生, 遂焚引歸, 卽巖居, 其志可謂決矣. 因次所誦陽明詩韻寄之, 幸勿爲老生常談見外也.

도리는 평탄하여 본래 저절로 밝으니	道理平鋪本自明
곧 모름지기 수렴하여서 정확하게 보라	直須收斂見精英
홀로 졸렬한 학문 처음 뜻 어김을 부끄러워하고	獨慙拙學違初志
남은 세월 후생 두려워함을 더욱 느끼네	更覺殘齡畏後生
의와 이익 두 갈래 길 모름지기 일찍이 판가름해야 하니	義利兩途須早判
앎과 행함 한쪽을 폐하면 어찌 성취할 수 있나?	知行偏廢豈能成
공자와 안자 즐거워한 평평한 경지에 서고	孔顔樂處平平地
순의 조정 나가지 않으니 경외의 감정을 느끼네	不出虞廷敬畏情

65 『하동암선생시집夏東巖先生詩集』 권6 「유순부락제남귀득견양명선생수분인귀즉암거기지가위결의인차소송양명시운기지행물위노생상담견외야兪純夫落第南歸得見陽明先生遂焚引歸卽巖居其志可謂決矣因次所誦陽明詩韻寄之幸勿爲老生常談見外也」.

양명의 제자 중에서 과장의 '학금'에 가장 격렬하게 반항한 이는 서산徐珊(1487~1548)이었다. 그는 회시 책문을 읽자마자 분개하고 말하기를 "내 어찌 내가 알고 있는 것을 숨기고 시대가 선호하는 것으로 아첨하겠는가!" 하며 시권을 대하지 않고 옷을 떨치고 일어나 장옥에서 나와 소흥으로 돌아가서 양명을 만났다. 당시 사람들은 모두 그를 송유 윤돈尹焞(1071~1142)에 견주어서 칭찬하기를 '윤언명尹彦明(윤돈) 이후 한 사람'이라고 하였다.

양명은 오로지 그가 과장에서 보인 두려움 없는 쾌거를 위해 원기가 뚝뚝 떨어지는 「서서여패권書徐汝佩卷」을 써서 관방이 이 과장에서 심학을 금절한 '학금'의 공포와 베일 속의 음모를 벗기고 자신의 반역적인 '광자흉차'로써 '학금'에 대한 최대의 멸시를 다음과 같이 표현하였다.

> 임오년(1522) 겨울, 여패汝佩(서산)가 나와 이별하고 북상하여서 남궁의 시험에 나아갔다. 얼마 뒤 서울에서 온 문하의 선비들이 나에게 전하기를 여패가 남궁의 책문이 뒤에서 부자夫子(왕수인)의 학문을 헐뜯는 것임을 알고서 대책을 내지 않고 나와서 마침내 호연히 동쪽으로 돌아가는 길을 떠나갔다고 하였다. 내가 듣고서 침울하여(黯然) 즐거워하지 않은 지 오래였다. 선비가 말하기를 "여패의 이 거조는 뜻있는 선비들 중 높이 우러러 탄복하지 않은 이가 없으니 윤언명尹彦明(윤돈) 이후로 오늘에 이르러서야 비로소 다시 보게 되었습니다. 대체로 사람이 골육의 정을 떠나 양식을 싸 들고 복장을 갖추어서 수천 리를 걸어 사흘 동안 치르는 시험에 나아가 모든 정력을 다 쏟아서 오직 유사有司의 눈에 들어 하루아침에 인정을 받고 종신의 영화를 바라는 것은 사람의 같은 감정입니다. 그런데 여패는 이에 홀로 능히 하지 않아야 할 일은 하지 않고 바라지 말아야 할 일은 바라지 않았으니, 이는 얻음을 보면 의를 생각하고 위험을 보면 목숨을 바치는(見得思

義, 見危授命) 용기가 아니고서 누가 능히 가식의 모습(聲音笑貌)으로 이를 할 수 있겠습니까? 이 마음은 본래 '부귀가 마음을 흔들지 못하고 빈천이 뜻을 옮기지 못하고 위세와 무력에도 굽히지 않는(富貴不能淫, 貧賤不能移, 威武不能屈)' 것입니다. 장차 부자가 듣고서 발을 구르며 기뻐하면서 확실히 아름답게 여겼습니다. 그러나 돌아봄에 침울하여서 즐거워하지 않았으니 무슨 까닭입니까(何居)?" 하였다. 내가 말하기를 "이것을 말함이 아닙니다."라고 하였다. 선비가 말하기를 "그렇다면 여패가 행한 이 거조는 오히려 지극하지 못함이 있습니까? 또한 여패가 아침저녁으로 골육을 부양하지 못하고 있는데 어찌 때에 따라 순응하여서 그 빈곤함을 조금이라도 회복하게 하지 않습니까? 이와 같다면 여패의 의지가 황폐해지는 것입니다."라고 하였다. 내가 말하기를 "이를 말함이 아닙니다."라고 하였다. 선비가 말하기를 "그렇다면 무슨 까닭입니까?" 하였다. 내가 묵묵히 답하지 않으니 선비가 묻지 못하고서 물러났다. 다른 날 여패가 돌아온 뒤 선비가 나아가 여패에게 묻기를 "접때 내가 그대의 일을 부자께 물었더니 부자께서 침울해하며 즐거워하지 않아서 내가 이러저러하게 말씀드렸더니 부자께서 이러저러하게 말씀하셨는데 그대는 무슨 까닭입니까?" 하였다. 여패가 말하기를 "처음에 나는 책문을 출제한 자가 뒤에서 우리 부자의 학문을 헐뜯으려는 것임을 알고서 발끈하여 성내고 개연히 불평하였습니다. 우리 부자의 학문은 이와 같이 간이하고 광대하며, 우리 부자의 말씀은 이와 같이 진실하고 절실하며 뚜렷하고 밝으며, 우리 부자의 마음은 이와 같이 인하고 서恕하며 공변되고 보편되다고 여겼습니다. 부자께서는 사람의 마음이 악에 빠진 것을 불쌍히 여겨서 마치 자기가 연못의 구렁텅이(淵壑)에 던진 것 같이 여기고 천하의 비웃음과 헐뜯고 꾸짖음을 무릅쓰고(冒天下之非笑詆詈) 날마다 순수하고 독실하게 하셨으니 역시 세상에서 무엇을 구하였겠습니까?

그러나 세상 사람은 일찍이 그 마음 씀을 깨닫지 못하고 서로 질투하고 헐뜯기를 이와 같이 합니다. 이와 같다면 내 오히려 그들과 더불어 나란히 설 수 있겠습니까? 그만두어야겠습니다! 내 장차 부자를 좇아 심산궁곡으로 가서 오래도록 함께 귀로 듣지 않고 함께 눈으로 보지 않고 이렇게 마치려고 하였습니다. 그리하여 마침내 호쾌하게 돌아왔습니다. 돌아오는 길에 일삼을 일이 없어서 비로소 다시 마음을 오로지 하고 뜻을 다하여서 우리 부자의 치지의 가르침에 침잠하고 마음을 고르게 하고 기운을 화하게 하여서 양지를 저절로 발휘하였습니다. 그런 뒤 침울하여 즐겁지 않아서 말하기를 '허허! 내가 지나쳤다.' 하였습니다."라고 하였다. 선비가 말하기를 "그렇다면 그대가 이렇게 한 것은 오히려 불가한 바가 있는 것입니까?" 하였다. 여패가 말하기를 "이를 말함이 아닙니다. 내가 이렇게 하는 것은 역시 불가하지 않습니다. 이렇게 하는 것은 할 수 없는 바가 있습니다. 내가 그대에게 말하겠습니다. 내가 처음 부자를 만나지 않았을 때 부자의 학문을 듣고서 역시 비웃고 헐뜯었습니다. 부자를 만나 직접 양지의 가르침을 듣고서 황연히 큰 깨달음이 일어 유연히 생명의지가 솟구쳐서 비로소 스스로 아프게 뉘우치고 절실히 책망하였습니다. 내가 부자의 문에 들기 전에는 거의 죽은 것과 같았습니다. 지금 비록 앎이 매우 깊어졌으나 아직 나에게 채우지(實) 못하였습니다. 믿음이 매우 독실하나 남에게 믿음을 주지 못하였습니다. 그런즉 오히려 비방을 면하지 못하고 성급하게 남을 책망하기를 이와 같이 준엄하게 하였습니다. 또한 일찍이 우리 부자의 가르침을 직접 듣지 못한 사람은 직접 듣게 한다면 또 어찌 지금의 비웃고 헐뜯는 자가 뒷날에 내가 통절하게 뉘우치고 절실하게 책망한 것만 못하며 내가 깊이 알고 독실하게 믿는 것만 못할지는 알 수 없지 않겠습니까? 어찌 자신의 곤궁은 잊고 남을 책하는 것은 빠른 것입니까! 부자께서 천하의 비웃음과 헐뜯음을 무릅쓰고 날마다 순수하고 독실하게(諄諄然) 사람들이 선에 들어가지 못할까 두려워하였으나 나는 도리어 그 사이에서 한 치도 비판(間)을 할 수 없었습니다. 부자께서 침울해하여 즐거워하지 않은 것은 무릇 나(珊)를 사랑함이 지극하고 나를 걱정함이 깊었기 때문입니다. 비록 그러하나 부자의 마음은 또한 넓고도 크며 미세하고 거의 도에 가깝습니다. 보이지 않고 들리지 않는 가운데 내 어찌 그대에게 다 말할 수 있겠습니까?" 하였다. 봄에 여패가 갖추어서 선비에게 고한 까닭을 가지고 질문을 삼았는데 내가 고개를 끄덕이고 답을 하지 않으며 묵묵히 오래 있었다. 여패가 송연히 살피는 듯하였다. 다음 날 이 두루마리를 들이며 말하기를 "어제 부자의 말 없는 가르침을 받아 제가 귀를 기울여 들으니 100리를 놀라 진동하게 한 듯하여서 거친 마음과 들뜬 기운이 일시에 모두 사라졌습니다. 청컨대 마침내 글로 써주십시오."라고 하였다.[66]

기꺼이 "천하의 비웃음과 헐뜯고 꾸짖음을 무릅쓰고" 쓴 이 웅혼한 글은 단도직입적으로 말해서 양명이 '가정학금'에 항거하는 선언서라고 할 수 있다. 양명이 과장에서 사상의 금고에 반항한 서산의 두려움 없는 쾌거를 칭송한 것이라기보다 양명 스스로 달갑게 천하 사람의 비웃음과 헐뜯고 꾸짖음을 무릅쓰고 관방의 '학금'에 반항하는 하늘로 치솟은 담대한 용기(의 표현이)라고 할 수 있다. 이 글은 '학금'의 함정에 빠진 심학 선비의 보편적인 반항의 심리 상태를 반영하며, 또한 양명 스스로 '학금'의 곤경 속에서 갈고닦고 분발하여 나아가는 새로운 기점을 이루었다.

---

66 『왕양명전집』 권24 「서서여패권書徐汝佩卷」.

'광자흉차狂者胸次' :
'학금'의 곤경 속에서 갈고닦으며 분발하여 나아가다

'학금'의 어둡고 참담한 곤경 속에서 오히려 갈수록 더 많은 각지의 선비와 학자들이 어지러이 소흥으로 달려와서 배움을 물었다. 가정 2년(1523)은 양명이 양지심학을 크게 천양한 하나의 새로운 분수령(高峰)이 되었다. 새봄 정월부터 한 무리 한 무리의 학자들이 풍문을 듣고 소흥으로 찾아와서 양지심학의 가르침을 받았다.

여본呂本(1503~1587)은 「서산전공묘지명緖山錢公墓志銘」에서 다음과 같이 말한다.

> 계미년(1523), (*전덕홍이) 낙제하고 돌아온 뒤에 아침저녁으로 스승을 곁에서 모셨는데, 사방 각지로부터 찾아와 좇아 노니는 사람들이 있었으니 설중리薛中離(설간薛侃)·추동곽鄒東廓(추수익鄒守益)·구양남야歐陽南野(구양덕歐陽德)·황락촌黃洛村(황홍강黃弘綱)·하선산何善山(하정인何廷仁, 1483~1551)·위수주魏水洲(위량필魏良弼)·약호藥湖(위량기魏良器) 등 제군이 모두 관하館下에 모였고, 또한 풍문을 듣고서 찾아온 사람들이 대략 수백 명이었다. 반드시 그들을 인도하여서 들어가는 길을 반듯하게 하였으므로, 모두 공을 일컬어서

'산중교수山中教授'라고 하였다.[67]

맨 처음 정월에 추수익·황종명·마명형馬明衡(1491~1557)이 모두 복직하게 되어서 북상하여 서울로 향했는데 소흥을 경유하여 와서 배움을 물었다. 추수익은 양명과 함께 참정參訂하여 한 달 남짓 강론을 하였다. 양명은 추수익을 더욱 중히 여기고 그와 함께 산과 골짜기를 유람하며 강학하고 시를 주고받았으며, 헤어질 때는 서로 못내 이별하기 아쉬워하였다. 양명은 문인 채종연·왕세서王世瑞·곽경郭慶·위량필·위량기 등과 함께 추수익을 전송하였는데 부봉浮峰과 소산蕭山에 이르러서 서로 시를 주고받고 헤어졌다.

추수익은 이별시 두 수를 지었다.[68]

곽선부(곽경) 위사안(위량기)과 함께 양명동에 묵다 同郭善夫魏師顔宿陽明洞

푸른 하늘 위로 솟은 만 길 바위를 밟고 躡足青霄石萬尋
돈대를 떠나서 어디에 비녀를 던질까! 謝墩何處更投簪
구름 속 풀과 나무 자라는 봄 정자는 고요하고 雲穿草樹春亭靜
물에 떠가는 복사꽃에 동구는 깊네 水點桃花洞口深
방구석에서 먼지를 쓸고 비결을 참구하고 屋漏拂塵参秘訣
침상을 바로잡고 촛불 심지 자르며 그윽이 읊조리네 匡床剪燭動幽吟
천년 사적(과녁)을 누가 쏘아 맞히랴! 千年射的*誰能中

67 『기재여선생문집期齋呂先生文集』 권12 「서산전공묘지명緖山錢公墓志銘」.

68 『추수익집』 권26 「동곽선부위사안숙양명동同郭善夫魏師顔宿陽明洞」, 「시양명선생급채희연왕세서등부봉서별侍陽明先生及蔡希淵王世瑞登浮峰書別」.

원대한 뜻을 펼쳐서 씩씩한 마음 저버리지 말라 莫遣桑蓬負壯心

(* 射的: 양명동에 있는 산 이름이다.)

양명 선생을 모시고 채희연 왕세서와 함께 부봉을 오르고 글로 이별하다

侍陽明先生及蔡希淵王世瑞登浮峰書別

멀리서 나막신 신고 동쪽 언덕을 나가 遠隨謝屐出東皐
곧바로 매암을 방문함에 수고를 꺼리지 않네 直訪梅巖*未憚勞
술잔 기울이며 평생 얼마나 승광을 유람할까? 杯酒百年幾勝踐
천 리에 비가 개니 가을 털끝도 보이네 初晴千里見秋毫
모래에 햇빛 비쳐 평야가 열리고 沙光映日開平野
바위는 구름에 이어져 파도가 넘실거리네 石勢連雲湧海濤
취해서 긴 숲에 누워 이별을 생각하고 醉下長林生別思
노을 비낀 물가에서 고개 돌려 높은 월산을 바라보네 煙汀回首越山高

(* 梅巖: 자진이 항상 이곳에 은거하였다.)

양명은 화답시 세 수를 지었다.[69]

밤에 부봉에 묵으며 겸지의 운을 따다 夜宿浮峰次謙之韻

날마다 봄 산 찾기에 싫증나지 않고 日日春山不厭尋

69 『왕양명전집』 권20 「야숙부봉차겸지운夜宿浮峰次謙之韻」, 「재유부봉차운再遊浮峰次韻」, 「재유연수사차구운再遊延壽寺次舊韻」.

벼슬자리 마음 없어 한가한 심정이네　野情原自懶朝簪
초가집 몇 채 산골 마을 고요하고　幾家茅屋山村静
양 기슭 사이로 복사꽃 흐르는 시내는 깊네　夾岸桃花溪水深
돌길에 풀 향기 사슴을 따라가고　石路草香隨鹿去
달빛 비치는 동구 덩굴에 원숭이 울음소리 들리네　洞門蘿月聽猿吟
선당에 오래 앉아 맑은 경쇠 울리니　禪堂坐久發清磬
도리어 산승에게도 마음 있음을 웃네　却笑山僧亦有心

다시 부봉에 노닐며 차운하다　再遊浮峰次韻

스무 해 세상 떠돌다 비로소 한 번 돌아보니　廿載風塵始一回
오르려는 마음은 있어도 힘이 모두 쇠했네　登高心在力全衰
즐거운 일 바라고 봄을 맞아 옴에　偶懷勝事乘春到
하물며 좋은 벗 멀리서 찾아오다니!　況有良朋自遠來
송라를 가리키며 옛 은자를 찾고　還指松蘿尋舊隱
구름 속 바위를 열어젖히고 잡초를 쳐내네　撥開雲石翦蒿萊
이번에 이별하면 다음엔 어디서 만나랴?　後期此別知何地
꽃 앞에 술잔 권함을 아무도 싫어하지 않네　莫厭花前勸酒杯

다시 연수사를 유람하며 옛 운을 따다　再遊延壽寺次舊韻

시내와 산을 찾아 옛 종적을 기억하며　歷歷鷄山記舊踪
멀리 절의 스님 머물고 푸른 산은 겹겹　寺僧遙住翠微重
조각배 띄워 복사꽃 사이로 들어가고　扁舟曾泛桃花入

갈림길에선 우거진 풀과 나무에 마음이 막히네　　岐路心多草樹封
골짜기 어귀 새소리는 벌목소리와 섞이고　　谷口鳥聲兼伐木
바위 문에 연기와 불은 깊은 솔숲에서 비치네　　石門煙火出深松
연래 온갖 좋은 일 쇠하고 엷어지니　　年來百好俱衰薄
홀로 그윽이 짙은 흥을 찾아보네　　獨有幽探興尙濃

양명은 연수사延壽寺에 묵으면서 끊임없이 추수익을 생각하며 말하기를 "강에는 파도가 일고 버드나무에 안개가 끼었는데 벗은 홀연 백 리 밖에 있구나!"라고 하였다. 제자 한 사람이 묻기를 "선생은 어찌 겸지 생각을 그리 심하게 하십니까?"라고 하였다. 이에 양명은 "증자가 이른바 '유능하지만 무능한 사람에게 묻고, 지식이 많으면서 적은 사람에게 묻고, 있으면서 없는 듯이 하고, 충실하지만 빈 듯이 하고, (남들이 마음을) 거슬러도 따지지 않는다(以能問於不能, 以多問於寡, 有若無, 實若虛, 犯而不校).'고 하였는데 겸지 같은 사람이 참으로 그에 가깝다!"[70]라고 답하였다. 사실 그는 추수익이 '학금'의 즈음에 입조하여서 당시의 기휘에 쉽게 저촉할까 걱정하였다. 그는 추수익을 통해 황관에게 전해준 편지에서 다음과 같이 말한다.

이별한 뒤 항성杭城에서 보낸 회신을 받고 사람의 마음을 헤아릴 수 없음을 알고서 참으로 개탄하였습니다. 산귀山鬼의 기량伎倆도 궁함이 있고 노승은 한결같이 공하여서 가없으니 이로써 자처할 뿐입니다. 강학하는 일은 바야흐로 시대의 기휘(時諱)를 범하는 것이니 노파심이 간절하여 마침내 입을 닫고 혀를 묶어놓을 수 있겠습니까? 그러나 모름지기 묵묵히 성취하고

70 『왕양명전집』 권3 「전습록」 하.

말하지 않아도 믿어야지, 깊고 얕음을 헤아리지 않고서 이러쿵저러쿵 말이 많으면 참으로 역시 무익합니다. 의론이 간단하고 절실함이 부족하여서 마음을 비우고 고른 기운을 갖지 못하니 이는 우리 무리의 공통된 근심입니다. 우리 형이 떠났을 때(行時) 이 병이 대체로 이미 열에 여덟아홉은 제거되었을 터인데 근래 이미 다 소멸하여서 사라졌는지 모르겠습니다. 겸지가 가는 편에 서둘러 쓰느라 다 쓰지 못하니(莫旣) 속마음을 헤아려주시면 고맙겠습니다.[71]

양명이 말하는 '당시의 기휘'는 바로 '학금'을 가리킨다. '학금'이 천하에 반포되어 행해진 이래 정주파와 정주 관학은 더욱 기세를 타고 무리 지어 일어나서 공격하여 '비방과 의론이 날로 치성(謗議日熾)'하였다. 양명은 사대부가 입을 닫고 혀를 묶어놓을 수는 없으니 응당 일어나서 심학을 방어하며 지켜야 한다고 인식하였다. 제자들에게 '학금'과 마주하여 큰 지혜와 용기의 양지를 믿는 '광자狂者'가 되고, 그저 명령에 무조건 순종하는(唯唯諾諾) '향원鄕愿'이 되지 말라고 하였다.

그는 정월의 1차 강학에서 왕간·추수익·설간·마명형馬明衡·황종명을 향해 이 경지의 생각을 집중적으로 다음과 같이 언급하였다.

설상겸薛尙謙(설간)·추겸지(추수익)·마자신馬子莘(마명형)·왕여지王汝止(왕간)가 선생을 모시고 앉아 있다가 선생께서 영번寧藩(영왕 신호)을 정벌한 이래 천하에 (선생을) 비방하고 비평하는(謗議) 무리가 더욱 많아졌다고 탄식하였다. 그것을 계기로 (선생이) 그 까닭에 대해 각자 말해보라고 청하셨다. 어

71 『양명문록』 권2 「여황종현與黃宗賢」 서1.

떤 사람은 선생의 공업功業과 권세와 지위(勢位)가 나날이 높아지자 천하에 그것을 꺼리는 자들이 날로 많아지게 되었다고 말했고, 어떤 사람은 선생의 학문이 나날이 밝아졌기 때문에 송의 유학자를 위해 시비를 다투는 자들이 날로 많아지게 되었다고 말했고, 어떤 사람은 선생이 남도에 온 뒤로 뜻을 같이하고 믿고 따르는 사람들이 나날이 많아지자 사방에서 배척하여 막는 자들이 날로 더욱 힘을 쓰게 되었다고 말하였다. 선생께서 말씀하시기를 "제군諸君의 말은 모두 믿을 만하나 다만 내가 알고 있는 한 가지에 대해서는 제군들 중 어느 누구도 언급하지 않았다."라고 하셨다. 여러 벗이 모두 가르침을 청하였다. 선생께서 말씀하시기를 "내가 남도에 오기 전에는 여전히 향원鄕愿의 마음을 조금 가지고 있었다. 나는 이제 이 양지가 참으로 옳게 여기고 참으로 그르게 여기는 것을 곧이곧대로 실천하면서 다시 조금이라도 덮어 감추지 않게 되었음을 자신할 수 있다. 나는 이제 겨우 광자의 흉차를 지니게 되었으니, 가령 천하의 사람이 모두 나의 행위가 말과 일치하지 않는다고 하더라도 상관하지 않는다."라고 하셨다. 설상겸이 나와서 말하기를 "이것을 믿게 되었다는 것은 바야흐로 성인의 참된 혈맥을 이었다는 것입니다."라고 하였다.[72]

『전습록란외서傳習錄欄外書』는 양명이 제자들에게 크게 펼친 광자와 향원의 변별을 다음과 같이 더욱 상세히 기록하였다.

설상겸·추겸지·마자신·왕여지가 모시고 앉아 있다가 향원과 광자의 구별에 대해 청하여 물었다. 선생께서 말씀하시기를 "향원은 충성(忠)·믿음(信)·

---

72 『왕양명전집』 권3 「전습록」 권하.

청렴(廉)·깨끗함(潔)으로 군자에게 인정받고, 더러운 시류에 동조하고 세상에 영합하여서 소인에게도 거스름이 없다. 그러므로 그를 비난하려고 해도 거론할 것이 없으며, 그를 풍자하려고 해도 풍자할 나위가 없다. 그러나 그 마음을 구명해 보면 곧 충성·믿음·청렴·깨끗함은 군자에게 아첨하려는 까닭이며, 더러운 시류에 동조하고 세상에 영합하는 것은 소인에게 아첨하려는 까닭임을 알 수 있다. 그의 마음은 이미 파괴되었으므로 요순의 도에 함께 들어갈 수 없다. 광자는 옛사람(古人)의 풍모를 보존하는 데 뜻이 있으므로 일체의 어지럽고 떠들썩한 세속의 오염이 그의 마음을 얽어매지 못하니, 참으로 천 길이나 되는 지극히 높은 곳으로 오르려는 봉황의 의지를 가지고 있으므로 의념을 한번 이겨내면 곧 성인이 된다. 오직 의념을 이겨내지 못하기 때문에 사정에 통달하고 대범하면서도(洞略事情) 행위를 늘 덮어 가리지 않는다(行常不掩). 오직 행위를 덮어 가리지 않으니 그러므로 마음이 아직 무너지지 않았기 때문에 거의 마름질할 수 있다."라고 하셨다. 말하기를 "향원을 어째서 아첨꾼(媚)이라고 단정할 수 있습니까?" 하였다. 답하기를 "그 광자와 견자狷者를 비꼬는 것에서 알 수 있다. 향원은 '어째서 외롭고 쓸쓸하게 지내는가(踽踽凉凉)? 이 세상에 태어나서 이 세상을 위해 살면서 잘 지내기만 하면 된다.'고 말한다. 그러므로 그의 행위는 모두 의심스러운 낯빛을 짓지 않으니 따라서 '그럴듯하다(似)'고 평한다. 그러나 삼대 이후 선비로서 명성을 얻고 시세에 영합한(干時) 자들은 향원의 그럴듯한 (풍모를) 얻는 데 지나지 않을 뿐이다. 그의 충성·믿음·청렴·깨끗함을 구명해보면 아마 처자식의 의심도 면할 수 없을 것이다. 비록 순수한 향원이 되고자 해도 역시 쉽게 얻을 수 없는데 하물며 성인의 도이겠는가!"라고 하셨다. 말하기를 "광자와 견자는 공자가 (긍정적으로) 생각하였지만 도를 전할 때에는 금장琴張의 무리에 미치지 못하였습니다. 그리고 증자에게 전하여 익히게(傳習) 하였는데 어찌 증자가 광자와 견자이겠습니까?" 라고 하였다. 답하시기를 "그렇지 않다. 금장의 무리는 광자의 기품을 지녔다. 비록 터득한 바가 있었으나 끝내 광자에서 그쳤다. 증자는 중행中行의 기품을 지녔으므로 성인의 도를 깨달아 들어갈 수 있었다."라고 하셨다.[73]

광자는 성인의 도의 진정한 혈맥이니 일체의 떠들썩하고 어지러운 세속의 물들임으로도 그 마음을 얽어매기는 쉽지 않다. 그러므로 광자는 진정한 지행합일을 하는 자로서 '사정에 통달하고 대범하며' 또 '행위를 늘 덮어 가리지 않는다(行常不掩).' 광자는 곧바로 양지에 의지하여 행하는 군자이며 진실로 양지의 참된 옳음과 참된 그름을 믿어서 한결같이 양지에 맡겨서 행하며 털끝만큼의 가리고 숨김도 없이 용감하게 앞으로 나아간다. 이것이 바로 가정 '학금'과 '날로 치성하는 비방의 여론'에 대한 양명의 회답이었다.

왕간은 바로 그의 이런 용감하게 양지를 행하는 '광자'의 교도를 듣고서 비로소 작은 포륜을 타고 거들먹거리며 경솔하게 입도하여서 '광자의 기상'을 크게 드러냈다. 그러나 양명은 가정 '학금'의 곤경 속에서 '광자흉차'를 정신의 지주로 삼아 자아를 갈고닦으며 분발하여 나아갔다. 소명봉蕭鳴鳳이 편지를 보내 '학금'이 치성하게 일어나고 비방의 여론이 날로 성한 정황을 알렸을 때 양명은 다음과 같이 회답하였다.

망령되고 잘못되었으며 우활하고 소홀함으로 많은 물의를 일으켰으니 마땅한 일입니다. 매번 지기知己를 수고롭게 하여서 근심스러운 생각으로 불평을 하게 하였으니 다만 두렵고 부끄러움을 더할 뿐입니다. 고통에 사로

73 『전습록란외서傳習錄欄外書』.

잡혀서(荼毒) 아직 죽지 못한 사람이니 이 몸은 이미 내 소유가 아닌데 하물며 바깥의 훼방과 영예, 얻음과 잃음을 또한 감히 간여하겠습니까? 슬픔과 아픔에서 조금 소생하는 때에 희연希淵(채종연), 그리고 한두 벗과 함께 황폐하고 빽빽한 숲과 덤불(荒榛叢草) 사이에서 가쁘게 숨을 쉬면서(惴惴焉) 오직 죽임과 모욕을 면한다면 다행이겠습니다. 달리 더 원하는 것이 없습니다.[74]

'광자흉차'의 가르침을 받은 설간은 양명의 양지심학을 숭앙하는 '광자'로서 회계산에 거주하며 반년 동안 수학하다가 6월에 이르러서야 양명과 이별하고 귀계貴溪로 떠났다. 양명은 그와 많은 서신을 주고받으며 양지심학을 강론하였는데 설간도 늘 자기가 쓴 문장을 양명에게 보내 살펴보게 하였다. 한번은 양명이 그에게 회신을 하여서 다음과 같이 말하였다.

보내주신 글은 병중이라 자세히 보지 못하였고 한두 편을 간략히 훑어보았는데 매우 필력이 있고 기격氣格도 노성함을 간직하고(藏老) 있으나 다만 앎이 지나침을 면하지 못할 뿐입니다. 또한 마땅히 시문時文(과거시험 문체)의 격식에 맞추어야 하니 일단 앞서서는 안 됩니다. 만약 제목題目이 필요하다면 지금 한두 가지를 중간에 시험 삼아 지어보았으니 봄이 중간쯤 지난 뒤 이곳을 지나갈 때 가져가서 한번 보시고 형제들 사이에서 기꺼이 함께 지어보면 더욱 좋겠습니다.

도로써 몸을 닦고 인으로써 도를 닦는다, 사람이 태어나서 고요해지는 것

74 『왕양명전집』 권27 「여소자옹與蕭子雍」.

은 하늘의 본성이다(修身以道, 修道以仁, 人生而靜, 天之性也).

배움은 채찍질하여서 내면으로 파고들어야 한다(學要鞭辟近裏).

금상께서 중궁을 책립한 일을 축하하여 논하는 표(論賀今上策立中宮表).

성인의 마음은 하루도 천하를 잊은 적이 없음을 묻는다(問聖人之心未嘗一日忘天下).

부자께서는 앉은 자리가 따뜻할 겨를이 없었고, 장저와 걸닉, 삼태기 멘 노인과 같은 현자는 모두 부족한 점이 있었으니 이로써 본심을 알 수 있다. 태백을 논하자면 지극한 덕이라 할 수 있고, 백이와 숙제를 논하자면 인을 구하여 인을 얻었다고 하겠다(夫子席不暇暖, 而於沮溺, 荷蕢丈人之賢皆有所未足, 是可以知其本心矣. 至論其泰伯, 則以爲至德, 論夷齊, 則以爲求仁得仁).

네 제자가 뜻을 말하였는데 (이 가운데) 세 제자는 모두 나라를 얻어서 다스리려고 하였으니 부자는 대체로 허여하지 않은 바가 있었다. 증점이 바람 쐬고 목욕하고 읊으며 돌아오겠다는 말은 ……에 가까운 …… (四子言志, 三子在皆欲得國而治, 夫子蓋未嘗有所許也. 及曾點有風浴詠歸之談, 幾於 ……)[75]

설간은 양명과 시문時文(과거시험, 문체, 팔고문)을 어떻게 지을지에 대해 토론하였는데 양명이 제안한 제목으로 볼 때 유가의 중요한 심성론 사상에 관한 문제와 현실 정치의 중요한 문제를 두루 섭렵하였다. '금상께서 중궁을 책립한 일을 축하하여 논하는 표'와 같은 것은 가정 원년 9월에 진씨陳氏를 황후로 책립冊立한 일을 가리킨다. 양명은 그에게 양지심학을 통해 이러한 유가의 심성론 사상을 모두 인식하기를 요구하였다.

---

75 왕수인, 「여설상겸수찰與薛尙謙手札」 1. 수찰의 진적은 미국에 있는 개인이 소장하고 있으며, 계문연計文淵의 『왕양명법서집王陽明法書集』에 수록되어 있다.

양명의 '광자흉차'의 가르침을 받은 또 한 사람인 곽경은 정월에 제자 오량길吳良吉과 함께 와서 양지심학을 물었다. 경정향은 「신건후문성왕선생세가新建侯文成王先生世家」에서 두 사람이 소흥에서 가르침을 받고 깨달은 과정을 다음과 같이 기술하였다.

> 황강黃岡 곽선보郭善甫(곽경)가 문도 오량길을 이끌고 월로 가서 수학하였다. 도중에 서로 변론을 하였는데 합치하지 못하였다. 도착한 뒤 곽이 오를 시켜서 선생께 질정을 구하였다. 선생이 누각에서 막 죽(饘)을 잡수셨는데 묻는 바에 답을 하지 않으셨다. 다만 양길에게 거듭 눈길을 주셨다. 잡수시는 죽사발을 가리키며 말씀하시기를 "이 사발 안이라야 이 죽을 담을 수 있고, 이 상이라야 이 사발을 실을 수 있고, 이 누각 아래라야 이 상을 실을 수 있고, 땅 아래라야 또 이 누각을 실을 수 있다. 오직 아래라야 커진다."라고 하셨다. 양길이 물러나 숙소로 향하였다. 선보가 묻기를 "선생이 무슨 말씀을 하시더냐?" 하였다. 양길이 눈물을 주루룩 흘리며 목이 메어 대답을 하지 못하였다. 양길이 돌아가서 안빈낙도安貧樂道하며 늙을 때까지 사문을 등지지 않았다고 한다.[76]

무리 지어 와서 배움을 물은 이들 선비와 학인 가운데에 가장 주목을 끄는 사람은 역시 오악산인五嶽山人 황성증黃省曾(*면지勉之)이다. 이 고소姑蘇 남악산인南嶽山人의 기질과 인격, 사상의 지취는 양명산인과 가장 가까웠다. 그는 불도佛道를 기호하였고 또 시부詩賦와 사장辭章을 좋아하였으며, 필력이 웅혼하고 방달하며, 산을 유람하고 도를 지닌 사람을 방문하기를 좋아하

---

76 『경천대선생문집耿天臺先生文集』 권13 「신건후문성왕선생세가新建侯文成王先生世家」.

였다. 삼교구류三教九流의 서적을 읽지 않은 것이 없었고 백씨륙예百氏六藝의 학술을 엿보지 않은 것이 없었다. 초년에 이몽양에게서 시문을 배우고 중년에는 스스로 사장의 학문에 빠졌던 일을 뉘우쳐서 말하기를 "이로써 세상에 나서기를(當) 구하는 것은 역시 자아에 끌려다니며 늙어가는 것이니(役我以老) 참된 내가 아니다."라고 하였다. 이에 그는 멀리 소흥으로 와서 양지의 학문을 묻고 폐백을 갖추어서 양명동에서 스승으로 모시고 절하였다.

황종희는 그가 소흥에서 가르침을 받은 일을 다음과 같이 묘사하였다.

> 양명이 월에서 도를 강하자 선생이 폐백을 갖추고 제자가 되었다. 이때 각지에서 찾아와 배우는 사람이 많았는데 매일 새벽에 반씩 나누어 앉아서 차례로 물음을 청하였다. 물음이 이르면 즉시 답을 하여서 원만하게 적중하지 않음이 없었다. 하루는 선생이 철저하게 깨닫고 등에 식은땀이 흐르며 옷이 겹겹이 젖었다. 문인은 모두 성인의 경지에 올랐다고 높이 칭송하였으나 공이 바야흐로 부지런히 이치를 깨닫고(方廑理過) 항상 길의 험난함을 보는 것을 알지 못하였다. 문인은 법도와 자취(度迹)에 걸리고 막혀서 공이 마음의 수작에 따라 반응할 뿐 애초에 정해진 경지가 없음을(隨心酬應, 了無定景) 알지 못하였다. 『회계문도록』 10권을 지었다. 동곽(추수익)·남야(구양덕)·심재(왕간)·용계(왕기)가 모두 서로 (선생을) 보기를 막역하게 하였다. 양명은 선생의 필치가 웅혼하고 견해가 맑아서 『왕씨논어王氏論語』를 부탁하려고 하였는데 직임에 다시 나아가게 되어서 결행하지 못하였다. 얼마 뒤 모친이 돌아가시고 선생도 졸하였다.[77]

77 『명유학안明儒學案』 권25 「남중왕문학안南中王門學案」 1 「효렴황오악선생성증孝廉黃五嶽先生省曾」.

황성증은 "바야흐로 부지런히 이치를 깨닫고", "마음의 수작에 따라 반응할 뿐 애초에 정해진 경지가 없는" 양명의 제자로서 가정 2년(1523)부터 가정 6년까지 계속 소흥에서 배움을 물었고, 양명의 깊은 신임을 받았으며 마침내 『왕씨논어』를 지으라는 부탁을 받았다. 이 6년 동안 배움을 묻고 가르침을 받는 가운데 그는 대량의 전습 어록을 기록하여서 『회계문도록』 10권을 편성하였다. 이는 가정 '학금' 동안 양명의 사상적 동태를 이해하는 데 가장 귀중한 자료이지만 전덕홍이 『회계문도록』 중에서 양지를 논한 어록만 취하여서 『전습록』에 편입함으로써 애석하게도 『회계문도록』이 망실되자 전해지지 못하게 되었다.

지금 『전습록』 권하卷下에 황성증이 기록한 어록 68개조가 보존되어 있는데 그 가운데 앞부분의 30여 조항은 모두 가정 2년에서 3년 사이의 기록으로서, 양명이 '학금' 속에서 '광자흉차'로 양지심학을 크게 밝힌 그림자를 분명하게 간파할 수 있다. 그는 세 가지 측면에서 더욱 명석하고 쉽고 간단하게 자신의 치량지, 복심체復心體의 본체공부론 심학체계를 밝혀서 서술하였다.

첫째, 본체론 상에서 강조하기를, 양지는 하늘을 낳고 땅을 낳고 만물을 낳는 '대두뇌'의 본체이며, 양지와 천지와 인과 만물은 혼연히 일체가 되며, 마음은 사물과 대립하지 않으며, 마음은 일(事)과 합일한다고 하였다. "양지의 두뇌는 마땅히 소박하고 실질로 공부를 해나가서 저절로 투철하게 이해하며 이에 이르러 곧 안과 밖이 서로 잊어버리니 또 무슨 마음과 일이 합일하지 않겠는가?"[78] 이로 인해 마음은 유무와 허실을 포함하며, 천지만물은 다만 나의 양지의 체가 발용하여서 유행하는 것이며, 양지의 바깥에 (다른) 사물이 없다고 하였다.

---

78 『왕양명전집』 권3 「전습록」 권하.

그는 다음과 같이 명확하게 말하였다.

> 성인은 다만 그 양지의 본색으로 되돌아갈 뿐이며 다시 (양지를 지향하는) 의사를 조금도 덧붙이지 않는다. 양지의 허가 바로 하늘의 태허太虛이며, 양지의 무無가 바로 태허의 무형이다. 해와 달과 바람과 우레와 산과 시내와 인민과 사물 등 무릇 모양(貌象)과 형태와 색깔이 있는 것은 모두 태허의 무형 가운데에서 발용하고 유행하며 하늘의 장애를 받은 적이 없다. 성인은 다만 그 양지의 발용을 따를 뿐이다. 천지만물이 모두 내 양지가 발용하여 유행하는 가운데 있으니, 어찌 일찍이 또 한 물건이 양지의 바깥에 초월하여서 장애가 될 수 있겠는가![79]

비록 사람마다 마음속에 양지를 지니고 있고 마음의 본체는 동정이 없지만 현실의 사람은 행함으로 인해 움직이며, 양지를 잃어버리고 사람의 마음은 타락하여서 '도심'이 소외되어 '인심'이 된다. 이로써 치량지는 바로 양지로 복귀하고 오직 위태로운 '인심'이 오직 은미한 '도심'으로 복귀하려고 하는 것이다. 곧 '그 양지의 본색으로 환원하는' 것이다. "양지는 원래 완전하고 완전하여서 옳은 것은 역시 옳다 하고 그른 것은 역시 그르다 한다. …… 이 양지는 역시 너의 밝은 스승이다."[80]라고 한 것이다.

그는 명확하게 다음과 같이 말한다.

> 양지는 조화의 정령精靈이다. 이러한 정령은 하늘을 낳고 땅을 낳으며 귀

79 『왕양명전집』 권3 「전습록」 권하.

80 『왕양명전집』 권3 「전습록」 권하.

신을 이루고 상제上帝를 이루니 모두 이로부터 나오는 것이며, 참으로 사물과 대립이 없다. 사람이 만약 그 완전하고 완전한 것을 얻는다면 조금도 흠이나 결함이 없으니 저절로 (즐거워서) 손을 젓고 발을 구르는 것을 깨닫지 못하고 천지간에 다시 대신할 만한 어떤 즐거움이 있는지 알지 못한다.

도심道心과 인심人心에 대해 물었다. 선생께서 말씀하셨다. "'본성을 따르는 것을 도道라고 한다.'라고 한 것이 바로 도심이다. 그러나 사람의 생각(意思)이 조금이라도 붙으면 바로 인심이다. 도심은 본래 소리도 없고 냄새도 없으니, 그러므로 '은미하다(微)'고 한다. 인심에 따라 행하면 곧 편안하고 온당하지 못한 곳이 많게 되니 그러므로 '오직 위태롭다(惟危)'고 한다."[81]

둘째, 공부론 상에서 한 걸음 더 나아가 치량지는 복심체復心體, 복량지復良知의 공부임을 천명한 것이다. 이러한 치량지의 복심復心 공부는 두 가지 측면의 공부를 포함한다. 바로 '정처체오靜處體悟'(*심체체인, 거폐去蔽)와 '사상마련'(*추치심리推致心理, 확충)이다.

그는 다음과 같이 말한다.

요즘에는 다만 치량지致良知를 말할 뿐이다. 양지만 명백하다면 네가 고요한 곳을 따라 체오해도 좋고, 사상마련을 해도 좋다. 양지의 본체는 원래 움직임도 없고 고요함도 없는 것이다. 이것이 바로 학문의 두뇌이다.

칠정이 그 저절로 그러한 유행流行을 따르는 것은 모두 양지의 작용이며,

81 『왕양명전집』 권3 「전습록」 권하.

> 선과 악으로 분별할 수 없다. 다만 집착하는 것이 있어서는 안 된다. 칠정에 집착이 있으면 인욕이라고 하며, 모두 양지를 가리게 된다. 그러나 집착이 있을 때 양지는 또한 저절로 깨달을 수 있으니 깨달으면 곧 가린 것이 제거되어서 그 본체를 회복하게 된다.

> 천리는 사람의 마음에 있어서 예로부터 지금까지 걸쳐 있고 시작과 끝이 없다. 천리는 곧 양지이며, 온갖 사려는 다만 양지를 끝까지 이루려는(致良知) 것이다.[82]

양명은 치량지, 복심체의 본체공부론 심학체계를 세웠다.

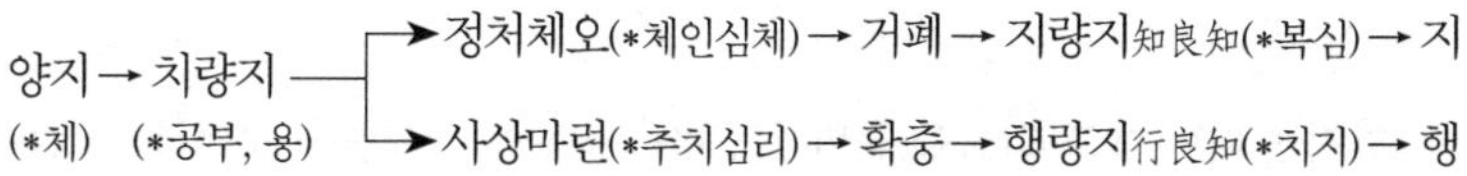

셋째, 치량지의 복심론에서 한 걸음 더 나아가 체용의 사유 방법을 이용하여서 체용일여體用一如, 선악일건善惡一件의 심학 사변철학의 모식을 세워서 체(*본체)에서 마음·뜻·앎·사물은 선이 없고 악이 없음을 말하며, 용(*공부)에서 마음·뜻·앎·사물은 선이 있고 악이 있음을 말하여서 '사무四無'와 '사유四有'가 체와 용, 본체와 공부의 통일을 체현하였으니 오직 근기가 상등인 사람이라야 이 경계를 깨달을 수 있다고 강조하였다.

그는 반복하여서 다음과 같이 말한다.

---

82 『왕양명전집』 권3 「전습록」 권하.

본성은 정해진 형체가 없으며 (그에 관한) 논의 역시 정해진 형체가 없으니 본체로부터 말한 것이 있고, 발하여서 작용하는 것으로부터 말한 것이 있으며, …… 본성의 본체는 원래 선도 없고 악도 없는 것이다. 발하여서 작용하는 곳에서라야 원래 선이 될 수 있고 악이 될 수 있는 것이다.

지각이 없으나 지각하지 못함이 없는(無知無不知) 것은 본체가 원래 이와 같다. 비유하자면, 해가 사물을 비추려는 마음을 가진 적이 없지만 저절로 사물을 비추지 않음이 없는 것과 같다. 비추지 않으나 비추지 않음이 없는 것은 원래 해의 본체이다. 양지는 본래 지각이 없으나 이제 도리어 지각이 있어야 한다고 하며, 본래 지각하지 못함이 없으나 이제 도리어 지각하지 못하는 것이 있다고 의심하는 것은 다만 믿음이 미치지 않기 때문이다.

양지는 다만 옳고 그름을 분별하는 마음이니 옳고 그름을 분별하는 것은 다만 (옳음을) 좋아하고 (그름을) 싫어하는 것인데 다만 좋아하고 싫어하기만 한다면 곧 옳고 그름의 분별을 다하게 되며, 다만 옳고 그름을 분별하기만 한다면 온갖 일의 모든 변화를 다하게 된다.

성은 선도 없고 불선도 없으니 …… 선이 있고 악이 있음은 또한 사물에 자극을 받는 것에서 보니 …… 선도 없고 불선도 없는 것은 본성이 본래 이와 같으니 깨달았을 때는 다만 이 한 구절이면 충분하다.

마음은 실체(體)가 없으니 천지만물이 감응하는 옳고 그름을 실체로 삼는다.

다만 사람의 자질이 같지 않으니 가르침을 베푸는 데 단계를 뛰어넘을(躐等) 수 없다. 중인中人 이하의 사람은 곧 그에게 본성이나 천명을 말해주어도 이해하지 못한다. 역시 모름지기 천천히 그를 탁마해나가야 한다.[83]

여기에는 이미 양명이 나중에 말하는 '사무교'와 '사유교' 초기의 모습을 내포하고 있다.

분명히 양명의 이러한 치량지, 복심체의 심학사상 체계는 스스로 실천하는 가운데에서 체인하여 나온 것으로서 그는 오직 내 마음을 홀로 높이고(我心獨尊) 양지를 홀로 믿어서(良知獨信) 전통적인 유가 경설經說의 속박을 받지 않고, 경서의 고훈故訓과 문의文義에 얽매이지 않으며 상궤에서 벗어난 새로운 설을 용감하게 밝혀서 보수적이고 진부한 정주 관학을 격렬하게 비판하고, 진정으로 '광자흉차'의 특유한 '광狂'의 사상적 반발의 정신을 뚜렷이 드러냈다. 그는 이러한 내 마음을 높이고 내 양지를 믿는[84] '광자흉차'를 크게 밝힘으로써 '학금'을 조작하여 그의 심학에 대해 '도를 배반하고 경을 부정한다'라며 공격하는 자들에게 유력한 반격을 하였다.

담약수와 비교하면, 담약수는 바로 이러한 '광자흉차'와 '광자의 정신'을 결여하였다. 그는 유학 경전을 존신하고 시종 경서 고훈의 범주 안에서 맴돌았다. 양명이 그는 "문의에 견제를 당하였다."라고 한 것은 담약수의 이러한 결점을 가리킨다. 가정 원년(1522) 8월에 담약수는 「진강후소進講後疏」를 올려서 여전히 "신이 강의한 문장은 그 내용이 비록 많으나 다만 '체인천리' 넉

83 『왕양명전집』 권3 「전습록」 권하.

84 [역주] "내 마음을 높이고 내 양지를 믿는" 구절은 원서에 "信吾心 尊吾知"라고 되어 있으나, 이 문단의 앞에 서술된 내용에 따라 고친다.

자에 지나지 않습니다."[85]라면서 인정하였다. 가정 7년(1528)에 이르러서 그는 황제의 명을 받들어 경서와 역사서(史鑒)에서 제왕의 덕정德政에 관한 자료를 모으고 취하여서 『성학격물통聖學格物通』을 썼는데 역시 '체인천리'의 '격물'설을 크게 드러내었다.

그리하여 가정 2년 2월에 방헌부가 이부고공사원외랑吏部考功司員外郎에 제수되어 입도하였을 때 양명은 방헌부에게 편지를 써서 그와 담약수가 '문의에 견제를 당한' 점을 다음과 같이 비평하였다.

> 이 학문은 거칠고 어지럽습니다만 지금 다행히 우리 무리(吾儕)가 다시 여기에서 강구할 줄 알아서 본래 마땅히 급급하고 황황하게 마음을 아우르고 뜻을 같이하여 실질을 구하는 데 힘써서 몸으로 도학을 밝혔습니다. 비록 들어가는 길은 조금씩 다르지만 뜻한 바의 같은 점을 찾는다면 역시 옳습니다. 저(不肖)의 그릇되고 열등함은 이미 논하기에 족하지 않습니다. 숙현叔賢(방헌부)이 감천(담약수)에게 하듯이 역시 문의에 견제를 당하여서 변론하는 설을 어지러이 다투고 더욱 세상 사람의 의혹을 거듭하여서 함부로 지껄이는 사람들의 입을 열었으니 참으로 유감을 느끼지 않을 수 없습니다.[86]

양명은 사실 자기의 '광자흉차'로써 담약수와 방헌부가 '문의에 견제를 당하여서' 직접 흉억胸臆을 펼치지 못했다고 비평하였으나, 담약수·방헌부·

---

85 『명유언행록明儒言行錄』 권3 「담약수감천선생문간공진백사제자湛若水甘泉先生文簡公陳白沙弟子」.

86 『왕양명전집』 권5 「답방숙현答方叔賢」 서2.

황관은 모두 양명의 깊은 뜻을 깨닫지 못하였다. 7월에 황관이 남경 도찰원 경력에 제수되었을 때 담약수는 「증석룡황종현부남대서贈石龍黃宗賢赴南臺序」를 지었다. 이는 양명의 비평에 대한 회답으로 간주되며, 신서信序에서 여전히 자기 관점을 견지하여서 다음과 같이 말하였다.

> 무릇 학學(배움)이란 각覺(깨달음)일 뿐이다. 이윤伊尹은 하늘 백성(天民)의 선각자이다. 깨달음이란 앎이다. 지각이란 마음의 본체이다. 천지의 떳떳한 밝음은 만물을 두루 비추어서 남기지 않으며, 성인의 떳떳한 앎은 만사를 비추어서 남겨둠이 없다. 그러므로 앎은 하늘처럼 원만하고 행동은 땅처럼 반듯하다. 하늘은 땅을 감싸고 앎은 행함으로 통한다. 『역』에서 말하기를 "이를 곳을 알아서 거기에 이르고 멈출 곳을 알아서 거기에 멈춘다(知至至之, 知終終之)."라고 하였다. 『예기』에서 말하기를 "총명예지가 하늘의 덕에 달하는 것이 앎이다(聰明睿知達天德, 其知也)."라고 하였다. 앎의 작용은 위대하다! 앎을 비우는 것이 선禪이다. 말을 알고 침묵을 알고, 나아감을 알고 물러남을 알고, 덞을 알고 더함을 알며, 말을 하고 침묵하며, 나아가고 물러나며, 덜고 더함에 통하니 앎이 그 도를 잃지 않으면 성인과 같다고 할 수 있다. 이런 까닭에 사물이 이르면 알고 까닭을 알고 그침을 알아서 그침을 알면 흐르지 않고, 흐르지 않은 뒤에 맑게 정해지고 맑게 정해진 뒤에 천리를 살펴서 알 수 있으며, 천리를 살펴서 안 뒤에 보존하고 보존할(存存) 수 있다. 배움이 보존하고 보존함에 이르면 지극하다. 황자黃子(황관)가 말하기를 "그러하다면 이별할 수 있겠소. 또한 양명자에게 이를 말하면 어떻겠소?"라고 하였다.[87]

87 『천옹대전집』 권17 「증석룡황종현부남대서贈石龍黃宗賢赴南臺序」.

담약수는 여전히 고훈의 문의에 견제되어서 감히 양명처럼 앎을 양지로, 치지를 치량지로 풀이하지 못하였다. 그는 앎을 깨달음으로 풀이하여서 배움을 깨달음으로 여겼는데, 『대학』의 논법에 근거하여 '치지'를 해석한 뒤 사물이 이르면 알고, 까닭을 알아서 그침을 알고, 그침을 알아서 흐르지 않고, 흐르지 않아서 맑게 정해지고, 맑게 정해져서 이치를 보고, 이치를 보아서 보존하고 보존한다고 하였다. 그러나 이는 양명의 '치량지'설과는 거리가 매우 멀다.

양명은 즉시 편지 한 통을 황관에게 보내 그들이 경의經義의 설에 사로잡혀서 '광자흉차'로 경전을 해석하는 참된 정신을 결여했다고 암시하였다.

> 각지의 벗들이 오고 감에 정해진 곳이 없으며 중간에 자르고 쪼고 갈고닦는(切磋砥礪) 유익함이 없지 않으나, 참으로 역량을 갖고 능히 터득하는 것은 역시 저절로 보기 어렵습니다. 무릇 근세 학자들은 반드시 성인이 되려는 뜻을 가진 자가 없습니다. 근래 상겸(설간)·자신(마명형)·성보(황종명)와 함께 맹자의 '향원광견鄕愿狂狷' 장을 강했는데 자못 깨달음이 있음을 느꼈으니 서로 만나 시험 삼아 다시 한번 논함이 어떠합니까? 듣건대 동지들과 함께 부지런히 힘쓰고 게을리하지 않는다고 하니 매우 좋고도 좋습니다! 다만 의론은 모름지기 겸허하고 간명한 것이 좋겠습니다. 만약 자처함이 책임을 넘어서고 말의 뜻이 중복된다면 도리어 무익하고 손해가 있을까 걱정입니다.[88]

그러나 '광자흉차'를 결여한 담약수·방헌부·황관은 '비방과 의론이 날로 치성하는' 금망 아래에서 입조하여 관리가 되었는데, 갈수록 '대례의'의 분쟁

88 『왕양명전집』 권5 「여황종현」.

에 더욱 열정적으로 뛰어들면서, 금망을 저촉하고 강학론도를 하며 함께 심학을 창도하는 이 한 측면은 도리어 식어갔다. 양명은 그들과 상반되게 대례의 분쟁의 소용돌이에 말려들지 않으려고 안간힘을 썼고, 더욱 '광자흉차'로써 선비 학자들과 양지심학을 강론하는 속으로 침잠하였다. 4월에 곽도霍韜가 「대례소大禮疏」를 올렸다가 한때 저지를 당해 병으로 사직하고 남해로 귀향하였는데, 소흥을 경유하면서 양명을 찾아와 학문과 정사를 논하였다.

『석두록石頭錄』에서 이때 두 사람이 학문과 정사를 논한 사실을 다음과 같이 기재하였다.

> 가정 2년 계미 4월 7일 낮(午)에 무성武城을 지났다. 왕순보王純甫(왕도)를 만나 왕백안(왕수인)의 학술을 극론하며 나루터 어귀에서 묵었다. 공의 문집에 「여왕백안서與王伯安書」가 있는데 말하기를 "『전습록』을 읽고서 깨닫지 못한 곳이 많으니 대체로 (도가 행해지지 않고 밝아지지 않는 것은) 현명한 사람과 아는 사람의 과오입니다(賢知之過)."라고 하였다. 또 황치재黃致齋(황종명)·장용천張甬川(장방기張邦奇)과 더불어 논하여 말하기를 "지행합일은 배우는 사람의 입과 귀를 덮어서 가림을 바로잡는 것입니다. 요컨대 앎과 행함은 자연히 변별되니 …… 운운하였습니다."라고 하였다. 지금 스스로 편지에서 이르기를 '왕백안의 학술을 극론'하였다고 한 것이 혹 이와 같다.[89]

곽도는 정주程朱를 존중하는 정통파 학자로서 대례의에서 장총張璁·계악桂萼·방헌부·황관과 일파가 되었다. 그가 무성을 지나면서 왕도王道(*순보純甫)와 주륙 학문을 논한 사건은 실제로 당년의 주륙 학문 동이 논전의 여운이었

89 『석두록石頭錄』 「석두록원편石頭錄原編」.

으며, '왕백안의 학술을 극론'한 것은 바로 양명의 양지심학을 비평한 것으로서 조정에서 떠들썩한 '학금'에 반응하여 화답한 것이었다. 곽도의 심학을 그르다고 극론하는 '비방하는 의론'에 대해 양명은 다시 개정한 「대학고본방석서大學古本傍釋序」를 지어서 회답하였다.

5월에 설종개薛宗鎧(1498~1535)가 귀계貴溪 지현에 제수되어서 소흥을 경유하면서 찾아와 배움을 물었고, 양명은 그에게 양지심학을 전수하였다. 나중에 양명은 설종개에게 편지를 보내 다시 양지심학의 근본 공부를 강조하여서 다음과 같이 말하였다.

> 멀리 돌아보심을 입었고 병중에 이별하여 떠나심을 근심하여 걱정을 이루다하지 못하였습니다. 지금 헤아리기로는 이미 직임에 임하시어 인민과 사직에 반드시 실용과 격치의 힘을 다하고 당연히 허송세월하지 않으실 것입니다. 마음의 양지를 성聖이라 하며 성인의 학문은 이 양지를 끝까지 이루는 것일 뿐입니다. 양지 외에 오히려 이르러야 할 것이 있다고 한다면 성인의 말씀을 모독하는 것이니, 치량지이면 다하는 것입니다. 영숙令叔(*설간薛侃)은 어느 때 호상湖湘으로 가는 것입니까? 돌아가는 길에 귀계를 경유하면 생각건대 한번 찾아볼 수 있을 것입니다.[90]

양명이 편지 속에서 말한, 양지 사상으로 다시 개정한 「대학고본방석서」는 치량지의 공부론을 두드러지게 드러내려는 데 중점이 있었다. 이 편지를 썼을 때 그는 「대학고본방석서」를 개정하였고 아울러 이것을 설간에게 보냈는데, 동시에 설간에게 쓴 편지에서 자기가 「대학고본방석서」를 다시 개정한

---

90 『양명선생문록』 권2 「여설자수서與薛子修書」.

취지가 치량지의 공부론을 두드러지게 드러내려는 데 있었음을 다음과 같이 털어놓았다.

> 보내주신 편지에 "스스로 허물을 지어서 재앙을 초래한 것은 다만 '경오輕傲(경솔하고 오만함)' 두 글자에 얽매인 것입니다."라고 하였는데 힘씀이 간절함을 충분히 알겠습니다. 다만 경솔하고 오만한 곳을 아는 것이 바로 양지이며, 이 양지를 실현하여서 경솔하고 오만함을 제거하는 것이 곧 격물입니다. '치지' 두 자는 천고 성현의 비밀입니다. 접때 건虔에 머물 때 종일 이를 두고 논하였는데 동지 중에서 오히려 확실하게 깨닫지 못한 사람이 많았습니다. 근래 「대학고본방석서」에서 몇 마디 고쳤는데 자못 이 뜻을 펼쳤습니다. 그러나 보는 사람이 왕왕 역시 살피지 못합니다. 지금 편지 한 장을 보내니 자세히 살펴보신다면 다행이겠습니다! 이는 공문孔門의 정법안장으로서 이전 유학자들이 대부분 깨닫지 못한 곳이므로 그 설이 끝내 지리하게 되어버린 것입니다. 사명仕鳴(양란)이 건을 지나면서 늘 말씀을 나누었는데 여유 있을 때 이를 논급했는지 모르겠습니다. 감천(담약수)이 사덕仕德(양기)을 논한 내용을 논급하면서 한때 뜻에 지향하는 바가 있었다고 하였는데 더욱 그 그친 곳을 알지 못함을 탄식할 뿐입니다. 사덕의 학문은 감히 지극하다고 하지는 못하나 도를 믿는 독실함(信道之篤)과 죽음에 임하여도 뜻을 옮기지 않는(臨死不貳) 그와 같은 사람이 눈앞에 몇이나 있겠습니까? 말씀하신 바 "마음과 마음으로 서로 붙들되 머리를 깎이고 칼을 쓴 것처럼(心心相持, 如髡如鉗)" 한다는 말 역시 동무들(同輩) 가운데 이렇게 할 수 있는 사람을 보지 못하였습니다.[91]

---

91 『왕양명전집』 권5 「기설상겸寄薛尙謙」.

양지심학은 지행합일의 실천(踐履) 학문으로서 모름지기 실행에 옮기고 실제로 양지를 끝까지 이루는(致) 것이다. 그러므로 치량지의 공부는 '천고 성학의 비밀'이며 '천성千聖이 전하지 못한 비밀'이다. 치량지를 크게 밝히는 공부는 양명이 이때 전개한 강학론도의 중심重心을 이루었다. 혜주惠州의 학자 왕일위王一爲가 소흥에 와서 반년 동안 수학하고 돌아갔는데 양명은 그에게 주로 치량지의 '천성이 전하지 못한 비밀'을 전수하였다.

양명은 「서왕일위권書王一爲卷」에서 다음과 같이 말하였다.

> 왕 생王生 일위一爲가 혜주에서 책 상자를 지고 와서 배우면서 여러 달 거처하였다. 모두 무리를 따라 참알參謁하였는데 묵묵하고 청하는 바가 없었다. 안색을 살피면 마치 훙미진진하게 기뻐하는 바가 있는 듯하였다. 하루는 무리가 모두 물러난 뒤 홀로 다시 당 아래로 들어와서 청하여 말하기를 "치지의 가르침은 천성이 전하지 않은 비밀인데 제(一爲)가 가르침을 받았습니다. 감히 가르침을 더 받기를 청합니다."라고 하였다. 내가 말하기를 "천 길 나무도 한 뼘(膚寸)의 싹에서 자라난다. 그대가 이르기를 한 뼘 외에 더할 것이 없다고 한다면 무엇으로 천 길에 이르겠는가? 그대가 이르기를 한 뼘 외에 더할 것이 있다고 한다면 한 뼘 외에 그대가 장차 무엇을 더하겠는가?"라고 하였다. 일위가 뛸 듯이 일어나 절하고 말하기를 "가르침을 들었습니다."라고 하였다.[92]

마찬가지로 양란이 와서 수학하자 양명은 치량지의 실천 공부를 중시하여서 강하였는데 그로 하여금 '실제로 그 양지를 끝까지 이루도록' 하였다. 양명

92 『왕양명전집』 권8 「서왕일위권書王一爲卷」.

은 나중에 잇달아 편지 두 통을 써서 양란에게 보내며 다음과 같이 말하였다.

이별한 뒤 생각이 지극하였는데 지난번 상겸(설간)의 편지를 받고 사명(양란)의 공부가 날로 진보하는 바가 있음을 알고서 뒷날의 기약에 매우 위로가 되었습니다. 무릇 우리 무리는 이미 학문의 두뇌를 알며 착수할 곳이 없음을 염려하지 않고 다만 객기客氣가 근심을 일으켜서 실제로 그 양지를 기꺼이 이루지 못할까 두려울 뿐입니다. 후생 가운데 가 생柯生의 무리는 자못 진보할 만한 역량이 있으나 다만 객기의 해침이 역시 작지 않습니다. 떠날 때 일찍이 한 차례 통렬하게 말하였는데 근래 과연 제거할 수 있었는지 모르겠습니다. 지난날 사명과 이 문제를 논급하였는데 잊지 못할 것입니다.[93]

전자에 제(區區) 말을 갖추어서 기록하였는데 혹 제 마음을 다 담았을 것입니다. 이 책은 바로 사명이 터득한 바를 곧바로 서술한 것으로서 제 견해를 잃지 않은 것이니 학문은 스스로 터득함을 귀하게 여김을 알 수 있습니다. 옛사람이 이르기를 "뜻을 터득하였으면 말을 잊어라(得意忘言)." 하였으니 배움에 스스로 터득했다면 말은 무엇에 쓰겠습니까? 만약 기록한 차자箚子를 뒷날 인증의 자료로 삼고자 한다면 다만 자기 뜻에 터득한 바를 쓰면 그뿐이며, 언사 하나하나에 얽매어서 오히려 통달하지 못하는 바가 있게 할 필요가 없습니다(直以己意之所得者書之而已, 不必一一拘其言辭, 反有所不達也).[94]

93 『왕양명전집』 권5 「여양사명與楊仕鳴」 서2.

94 『왕양명전집』 권5 「여양사명」 서3.

여기서 "다만 자기 뜻에 터득한 바를 쓰면 그뿐이며, 언사 하나하나에 얽매어서 오히려 통달하지 못하는 바가 있게 할 필요가 없습니다."라고 한 말은 역시 '문의에 견제를 당한' 담약수의 사상을 비평한 내용이다.

10월에 구양덕이 육안六安의 지주知州에 제수되어서 양명은 그와 서신을 서로 왕래하며 학문을 토론하는 데 더욱 힘썼다. 구양덕은 양명에게 편지를 보내 말하기를 "행정을 처음 맡은지라 바쁘고 괴로운데 나중에 조금 일에 가닥이 잡히면(次第) 비로소 제생과 함께 강학을 하겠다."[95]라고 하였고, 양명은 회답하기를 "내가 강학하는 것은 바로 정무로 바쁘고 괴로운 가운데 있으니 어찌 반드시 무리를 모은 뒤 강학하겠는가?"[96]라고 하였다.

양명이 구양덕과 함께 강론한 양지심학은 역시 '치량지'의 공부론을 중심으로 전개되었다. 양명은 독창적으로 '치량지'의 본체공부론 원칙에 대한 네 가지 조항을 제시하였다.

1. 양지는 견문에서 벗어나는 것이 아니다(良知非離見聞). 치량지를 주로 하면 많이 듣고 많이 보는 것(多聞多見)이 모두 치지의 공부이다.
2. 양지는 사려를 잘라버리는 것이 아니다(良知非斷思慮). 양지가 발하여서 작용하는 사고는 자연히 명백하고 간단하고 쉬우며, 허둥지둥하고 어지러운 근심이 없다.
3. 양지는 일을 끊어버리는 것이 아니다(良知非絶事). 실제로 양지를 끝까지 이루면, 가고 멈추며 살고 죽음에 오직 스스로 만족함을 추구하며 그 때문에 곤란을 겪지 않는다.

---

95 『왕양명전집』 권35 「연보」 3.

96 『왕양명전집』 권35 「연보」 3.

4. 치지는 미리 억측을 하는 것이 아니다(致知非爲逆臆). 양지를 실현하면 험한 것을 알고 막힌 것을 알아서 저절로 명료하게 깨달으니 남들이 속일 수 없다.[97]

이 네 조항의 치량지 공부론 원칙은 실제로는 그의 양지심학 체계의 네 가지 조항의 실천철학 원칙이다.

제1조 "양지는 견문에서 벗어나는 것이 아니다."라고 한 원칙은 다음과 같다. '양지'를 덕성의 지각으로, '견문'을 견문(聞見)의 지각으로 삼는다. 덕성의 지각은 견문의 지각에서 벗어나지 않으며, 견문의 지각은 덕성의 지각의 공부가 된다. 덕성의 지각을 체로, 견문의 지각을 용으로 삼으며 치량지를 주체(*本)로, 치문견致聞見을 보조(*末)로 삼는다. 이 두 가지는 어느 하나도 폐기할 수 없다.

제2조 "양지는 사려를 잘라버리는 것이 아니다."라고 한 원칙은 다음과 같다. 양지의 마음은 결코 말라비틀어진 나무나 꺼진 재와 같은 적멸의 마음이 아니다. 양지는 환하게 밝고 신령하게 지각하며(昭明靈覺), 선을 알고 악을 알며, 옳음을 알고 그름을 안다. 그리하여 양지는 결코 생각하고 사려함이 없는 것이 아니라 생각하고 사려함이 있는 것이다. 이것이 바로 심체를 체인하고 심리心理를 체인하고 대본과 달도를 체인하는 것이며, 바로 생각하고 사려하는 바가 다만 한마음의 천리에 있어서 "생각하고 사려하는 바가 다만 하나의 천리이며 다시 별도로 생각하고 사려함이 없을 뿐, 생각하고 사려함이 (아예) 없음을 말하는 것이 아니다", "하나는 천리이며, 하나를 주로 함은 한마

97 왕수인, 「답구양숭일문치량지서答歐陽崇一問致良知書」, 『국조헌징록』 권9 「신건백왕문성공전新建伯王文成公傳」에 보인다.

음이 천리에 있는 것이다."라는 말이다. 이는 양지 본체의 생각이다. 이른바 "양지가 발하여서 작용하는 사고"는 바로 양지의 마음을 확충하려는 것이며 심리를 사사물물에 끝까지 미루어서 사사물물로 하여금 저마다 그 이치를 갖추고 "천 가지 생각, 만 가지 사려가 다만 양지를 끝까지 이루려는 것"이며, "다만 양지의 발용을 따라서 천지만물이 모두 내 양지의 발용과 유행 가운데 있는" 것이다. 그러므로 양지의 생각은 양지 본체의 생각과 양지 발용의 생각의 통일이다.

제3조 "양지는 일을 끊어버리는 것이 아니다."라고 한 원칙은 다음과 같다. 마음 바깥에 사물(*事)이 없으며 사물(*事)은 내 마음에 있다. 마음과 사물(*事)은 격절하지 않으며 혼연일체이다. 이로 인해 치량지는 실제로 그 양지를 끝까지 이루는 것이며, 실제 일에서 양지를 끝까지 이루고 사상마련하는 것이다. "치량지는 격물에서 공부하는 것", "자기 마음의 터에 나아가 양지양능에서 체인하고 확충하는" 것이며 "일에 따라 사물에 따라 이 마음의 천리를 살펴서 이로써 본연의 양지를 끝까지 이루는" 것이다. "사물이 곧 일이다. 만일 뜻을 부모 섬김에 두면 부모 섬김이 한 사물이다. 뜻을 백성의 다스림에 두면 곧 백성의 다스림이 한 사물이다. …… 사물은 뜻의 작용이 아닌가?"[98]

제4조 "치지는 미리 억측을 하는 것이 아니다."라고 한 원칙은 다음과 같다. 양지의 마음은 자연스러운 맑고 깨끗하고 신령한 자각의 본체로서 양지의 심체는 본연으로 선을 알고 악을 알며, 옳음을 알고 그름을 알지만 사욕과 악념이 덮어 가림으로 인해 가라앉고 혼미하며 잃어버리는데 (그럼에도) 양지는 오히려 민멸泯滅되지 않는다. 치량지는 바로 사욕과 악념의 덮어 가림을

98 『왕양명전집』 권35 「연보」 3.

제거하여서 사람으로 하여금 자연스러운 명료한 지각의 양지 심체에 복귀하게 하려는 것이다. 그러므로 치량지는 일종의 복심체復心體, 합천리合天理의 양지 양능의 지행 공부이며, 주관적인 망상의 천리를 어기고 거스르는 '미리 억측하는(逆臆)' 망령된 행위가 아니다.

양명의 이 치량지 네 원칙은 실천철학의 수준에서 양지심학 사상체계의 본체론·방법론·인식론·공부론의 실천적 품격을 규정하고 형이상학적 사변의 양지 현학玄學을 실천(踐履) 역행의 실학으로 승화시켰으며, 또한 직접 '왕문사구교'나 '왕문팔구교'(*사무교와 사유교)로 통하는 사상체계의 길을 열어젖혔다. 그런데 양명 스스로도 이러한 치량지의 네 가지 원칙을 선비 및 학자들과 강학론도를 하는 가운데 관철하여서 더욱 광활한 양지심학의 실천 역행하는 실학의 가르침을 전개하였다.

이전 7월에 서천瑞泉 남대길南大吉(1487~1541)이 소흥부의 지부知府로 발탁되어서 아우 남봉길南逢吉(1494~1574), 조카 남헌南軒(1518~1602)과 함께 와서 수학하였는데, 양명은 곧 그들에게 양지심학의 무게가 실천 역행에 있음을 강조하였다. 이유정李維楨(1547~1626)은 「남군수가전南郡守家傳」에서 다음과 같이 말하였다.

> 소흥의 수령 남 공은 이름이 대길大吉, 자가 원선元善이며, 섬서陝西 위남渭南 전시리田市里 사람이다. …… 소흥 지부에 발탁되어서 …… 이때에 왕 신건王新建(왕수인)이 양지의 학문을 창도하였는데 공이 짐짓 그 문에 나아가 정치를 물으면서 더 가르쳐주기를 청하였다. 신건이 말하기를 "남의 말은 스스로 밝게 알고 스스로 독실하게 뉘우침만 못합니다. 그대는 나에게 묻는데 중심에 터득한 것에 족함이 있지 않습니까? 이는 곧 양지이니 역행을 어떻게 하는지를 돌아볼 뿐입니다."라고 하였다. 공이 크게 깨닫고서 위엄

을 떨쳐버리고 온화함으로 민심을 얻는 데 힘썼다. 이에 계산서원稽山書院을 수리하고 존경각尊經閣을 지은 뒤 여덟 고을에서 재능이 뛰어난 제자(八邑才俊弟子)들을 선발하여서 학업을 익히게 하였다.[99]

풍종오馮從吾(1557~1627)도 다음과 같이 말하였다.

서천 남 선생은 가정 계미년(1523)에 소흥으로 갔다. 이때 왕 문성공이 동남에서 창도하여 치량지의 학문을 강하였는데 왕 공은 바로 선생의 신미년(1511) 좌주座主이다. 선생은 왕 공의 학문을 좇았으며 핵심(肯綮)이 되는 곳에서 실천하고 온 힘을 쏟아 터득하였다. 이에 크게 깨닫고서 말하기를 '과연 사람의 마음에는 저절로 성현이 있으니 어찌 반드시 다른 곳에서 구하랴?' 하였다. 이에 때때로 왕 공에게 나아가 더 가르쳐주기를 청하였다.[100]

남대길이 앞장서서 호령하고 불러모아 이끎에 따라 '여덟 고을의 재능이 뛰어난 제자'가 더욱 많이 소흥으로 와서 이러한 실천 역행의 양지심학을 받아들였다.

주목할 만한 사실은 11월에 영남嶺南의 준재(才俊) 황좌黃佐(1490~1566)가 명을 받들어서 금천화악신金天華嶽神을 책봉하기 위해 남하하여 항성杭城을 경유하였는데 역시 길을 돌려 소흥으로 와서 배움을 물었다는 점이다. 양명은 그와 실천 역행의 양지심학을 토론하였다.

황좌는 두 사람이 이레 동안 강론한 과정을 다음과 같이 기록하였다.

---

99 『대비산방집大泌山房集』 권65 「남군수가전南郡守家傳」.

100 『관학편關學編』 3; 『명유언행록』 권8.

계미년(1523) 겨울, 내가 책봉을 받아 항주로 가던 중 동창同窗 양일부梁日孚를 만났는데, 그가 말하기를 "양명이 그대를 우러른다."라고 하여서 내가 즉시 소흥으로 가서 만나 뵈었다. 공은 바야흐로 집안의 우환(宅憂)을 만나 옛 창지倉地를 열어 누방樓房 50칸을 짓고 그곳에서 거처하였다. 나를 이레 동안 묵게 하였는데 식사와 휴식을 함께하였다. 비로소 지행합일을 담론하였다. 내가 말하기를 "앎으로써 이것을 알고, 행함으로써 이것을 이룹니다(知以知此, 行以成此). 『중용』은 두 가지 말을 하나로 하였습니다."라고 하였다. 인하여 (양명이) 차茶 안에 든 과일을 가리키면서 말하기를 "먹으면 이것이 바로 맛이니 행함이 바로 앎인 것과 같아서 다소 긴절합니다."라고 하였다. 내가 말하기를 "앎은 눈이고 행함은 발입니다. 참으로 공이 발을 들어서 걸으면 눈이 일시에 함께 이름을 알 수 있으니, 실은 앎이 먼저이고 행함이 나중입니다."라고 하였다. 공이 말하기를 "존형께서는 송유宋儒의 글을 많이 읽으셨습니다."라고 하였다. 내가 말하기를 "'앎이 어려운 것이 아니라 행함이 오직 어렵다(知之非艱, 行之唯艱).'고 한 것이 어찌 송유입니까?" 하였다. 말하기를 "『서』의 뜻은 '왕이 참으로 믿어 어렵게 여기지 않는다(王忱不艱).'고 한 것이니 행함이 바로 앎임을 알 수 있습니다."라고 하였다. 내가 말하기를 "안다고 해서 다시 행해지는 것은 아닙니다. 가령 앎이 먼저 있지 않으면 아마도 행함에 착하지 않음이 있을 것입니다."라고 하였다. 공이 묵묵히 있더니 문득 말하기를 "남원선(남대길)이 어제 부賦를 보냈는데 '혜兮' 자를 썼으니 혜는 감탄하는(噫嘆) 말인데 어찌 덕을 읊을 수 있겠습니까?" 하였다. 내가 말하기를 "「기욱淇澳」에서도 덕을 읊음에 '혜'를 썼는데 무방한 듯합니다."라고 하였다. 공이 다시 묵묵히 있었다. 이후로 이두浰頭의 여러 적들을 (귀순하기를) 기다리고 (정벌하여) 죽이지 않은 일과 아울러 신호가 반역한 일을 모두 자세히 논하였다. 내가 말하기를

"신호가 예장豫章을 떠났을 때 마치 조조曹操가 허도許都를 비운 것과 같았으니 (당시에) 가령 공과 같은 영웅이 있어서 허점을 공격했더라면 한漢이 셋으로 나뉘지 않았을 것입니다."라고 하였다. 공이 탄식하며 말하기를 "곧고 믿음직하고 견문이 많은(直諒多聞) 이는 나의 유익한 벗입니다."라고 하였다. 마지막으로 『대학고본』을 꺼냈는데, 내가 말하기를 "천하에 명덕을 밝힘은 인이며, 홀로 있을 때 삼감은 지극한 선에 그침입니다. 뜻이 성실하고 인에 뜻을 두면 악이 없습니다. 악이 없으면 오히려 지나침이 있습니다. 탁 트여서 크게 공변됨(廓然大公)은 마음의 지나침이 없고, 마음이 바른 것입니다. 사물이 이르면 순응하는 것(物來順應)은 몸에 지나침이 없고, 몸이 닦인 것입니다. 집안과 나라와 천하는 이를 들어서 적용하는 것입니다."라고 하였다. 공이 기뻐하면서 즉시 협주夾注에 써넣었다. 물가로 가서 내 배에 다가와 말하기를 "하나를 주로 함이 여기에 있으니 배우지 않으면 유익이 없습니다. 일부日孚(양작)에게 부탁하여 가지고 가서 광廣으로 돌아가십시오."라고 하였다. 다시 오랑캐(狄)를 막고 강을 다스리는(治河) 이러저러한 일을 논하고서 마침내 이별하였는데 비로소 공이 묻고 배우는 길을 밟지 않은 적이 없었음을 알았다.[101]

양명이 황좌와 함께 주로 지행합일을 논하면서 행함의 중요성을 강조하여 '행함이 바로 앎이며' 행함은 앎의 성취라고 하였다. 그러나 황좌는 결코 그의 뜻을 깨닫지 못했음을 알 수 있다. 양명이 개정한 『대학고본방석』을 꺼내서 그에게 보여준 까닭은 분명히 그로 하여금 『대학』에서 말하는 치량지의 실천 역행 공부에 주의하게 한 것인데 황좌는 도리어 회피하고 담론하지

---

101 『용언庸言』 권9.

않았다. 만약 황좌에 대한 양명의 지행합일의 가르침과 담약수의 체인천리의 가르침을 서로 비교하면 양명과 담약수의 사상이 다르다는 점을 뚜렷이 알 수 있다.

담약수는 황좌를 송별할 때 「증별황태사서贈別黃太史序」 한 편을 다음과 같이 썼다.

> 태사 황 선생(黃子) 재백才伯이 말하기를 "저(佐)는 위渭(섬서성 위남渭南, 화양華陽 사이 화산華山)에 직책을 받았는데 맹세코 장차 도리를 어기게 되면(睽違) 오직 그대가 가르쳐주십시오. 부모 섬김과 배움에 오직 그대의 가르침을 바라는 것입니다."라고 하였다. 감천자가 말하기를 "어버이를 섬기려는 자는 오로지 배워야 합니다! 어버이를 현달하게 하려는 자는 오로지 몸을 세워서 도를 행해야 합니다!"라고 하였다. 말하기를 "배우려면 무엇을 배워야 합니까?" 하였다. 말하기를 "마음입니다. 그러므로 잘 배우는 자는 구슬을 꿰는(貫珠) 것 같고, 잘 배우지 못하는 자는 구슬을 보는(觀珠) 것 같습니다."라고 하였다. 말하기를 "구슬을 보는 것과 구슬을 꿰는 것의 형상은 어떻게 다릅니까?" 하였다. 말하기를 "구슬을 보는 것은 다른 사람의 구슬을 보는 것이니 많이 배워서 기억하는 유형입니다. 구슬을 꿰는 것은 내 구슬을 꿰는 것이니 내 스스로 터득하는 것이며, 일이관지와 같은 종류이니 이전 성현의 말씀과 과거 행적을 알아서 덕을 쌓는 것입니다."라고 하였다. …… 황 선생은 이미 심학에 뜻을 두었고 점점 빠르게 진보하여서 멈추지 않을 것이다. 이로써 황 선생의 이별에 알린다. 황 선생이 말하기를 "성학은 생각하는(思) 것인가! 그러므로 생각이 그 지위를 벗어나지 않게 한다(思不出其位)고 하였다."라고 하였다. 감천자가 말하기를 "이것을 일러 심학이라고 합니다. 생각하면 지혜로워지고 지혜로움은 성인을 만듭니다(思曰睿, 睿作聖)."

라고 하였다. 듣기를 청하였더니 말하기를 "그것은 중도를 생각하는(中思) 것일진저! 중도를 생각하므로 그 지위를 벗어나지 않습니다. 지위를 벗어나지 않으므로 생각에 사특함이 없습니다. 지위를 벗어나서 생각하면 사특한 것도 사특하고 바른 것도 사특합니다. 오직 중도를 생각할진저!"라고 하였다. 말하기를 "어찌 중도를 생각함에 대해서는 말씀하지 않으십니까?" 하였다. 말하기를 "네 생각에 앞서지도 뒤서지도 말고 네 생각에 왼쪽으로도 오른쪽으로도 말지니, 그러므로 중이라고 합니다. 중도를 생각함은 중심입니다. 그러므로 '중심에 (인위적으로) 함이 없으므로 지극한 바름을 지킨다(中心無爲, 以守至正).'고 하였습니다. 지극히 바름은 사특한 생각이 없는 것입니다. 만약 왼쪽으로나 오른쪽으로, 앞서거나 뒤서거나 하여 생각하면 지위를 벗어난 것일 뿐이니 어찌 사특하지 않을 수 있겠습니까? 그러므로 가운데는 바른 것이며, 중정中正하고 일이관지하여서 성학이 (거기에) 갖추어집니다. 이는 순舜이 착한 언행을 보고 들으면 마치 강물(江河)이 세차게 터지듯 하여서 아무것도 막을 수 없었던 것입니다. 이것이 박문약례博文約禮의 가르침입니까!" 하였다. 어떤 사람이 말하기를 "그대가 말하기를 '그대는 중도를 생각할 뿐'이라고 하였는데 장차 사방 먼 곳은 버려두는 것이 아닌가?" 하였다. 감천자가 말하기를 "그렇지 않다. 해와 달이 사방을 비춤에 밝음은 가운데 있다. 요堯의 덕의 밝음은 생각이 가운데 있어서 빛이 사방(四表)으로 퍼진 것이니 어찌 멀다고 하여서 버림이 있겠는가?" 하였다. 어떤 사람이 황 선생에게 알리니 황 선생이 말하기를 "예, 옳습니다(唯唯)!" 라고 하였다. 감천자가 말하기를 "이별할 수 있겠습니다. 어버이 섬김을 알았다고 생각합니다."라고 하였다.[102]

---

102 『천옹대전집』 권18 「증별황태사서贈別黃太史序」.

마찬가지로 황좌와 함께 배움을 논하면서 담약수는 '사思' 한 글자를 강하여서 '중도의 생각(中思)'을 강조하였고, 양명은 '행行' 한 글자를 강하며 '지행합일'을 강조하였다. 황좌는 담약수의 '사'의 가르침을 지니고서 양명을 찾아왔으니 자연 양명의 '행'의 가르침이 귀에 들어오지 않았던 것이다.

그러나 어지러이 찾아와서 배우는 여덟 고을의 재능이 뛰어난 선비들은 대부분 양명의 실천 역행의 양지심학을 속속들이 깨닫고 깊이 믿었으며, 믿음이 굳세고 의연한 왕문의 제자가 되었다. 양명은 그들 중에서 '의발衣鉢을 전수할 만한' 심학의 전승자로 소곡少谷 정선부鄭善夫(1485~1523)를 정하였다. 정선부는 정덕 8년(1513)에 양명을 찾아와서 배움을 물은 뒤 학업이 크게 진보하였고, 학문과 행실이 순수하고 덕과 재주가 향기로워서 사림에 명성이 자자하였다. 서애徐愛는 그에 대해 말하기를 "학문이 순수하고 덕행이 탁월하다" 하였으며 사대부는 그를 광풍제월光風霽月의 '도를 지닌 자'로 기렸다.

임익林釴(1521, 진사)은 정선부의 학행을 다음과 같이 논하였다.

> 정 선생(鄭子)은 널리 배우고 도를 돌이킬 수 있는 자이다. 내가 소곡의 『도론道論』을 보니 그는 경세의 중요한 담론에 통달하였고 유연히 말을 함에 대지大旨가 빛나서 그 얼개의 바름을 볼 수 있었다. 그 요체를 탐구하니 충성스러운 마음과 성숙한 절개에 뿌리를 두고 있었다. 내가 경사에 거처할 때 더불어 노니는 자가 모두 해내海內의 유명한 사람들이었는데 그는 그 의지와 사념이 깊고 늘 스스로 낮춤이 있었다. 그러므로 모두 도로써 서로 단단히 의기투합하였다.[103]

---

103 『국조헌징록』 권27 「남경이부험봉청리사낭중소곡정공계지묘비南京吏部驗封清吏司郎中少谷鄭公溪之墓碑」(林釴).

정덕 14년(1519)에 양명이 신호의 반란을 평정한 뒤 시임 예부원외랑인 정선부가 즉시 글을 올려서 역원曆元을 개정할 것을 청한 것은 그가 천문 율력天文律曆에 정통하였으며 학식이 넓고 깊음을 뚜렷이 드러낸다. 양명이 강서와 소홍에 있을 때 정선부가 양명과 서신을 주고받으며 학문과 문장을 많이 토론한 일은 양명으로 하여금 정선부가 그의 '격물치지'의 설을 가장 깊이 깨닫고 있으며, 아울러 탁월하게 실천 역행함을 느끼고서 마침내 (그에게) '의발을 맡길' 마음을 먹게 하였다.

그리하여 10월에 남경 도찰원경력都察院經歷으로 승진한 황관이 식구를 데리고 월을 지나면서 양명을 방문하여 소홍에서 한 달 남짓 가르침을 받았을 때, 정선부도 남경 이부낭중으로 승진하여서 황관에게 편지를 보내 소홍으로 와서 양명을 방문하고자 한다고 하였다. 양명은 곧 황관에게 청하여서 정선부에게 '의발을 맡길' 뜻을 전하고 그가 빨리 소홍으로 오기를 바란다는 편지를 쓰게 하였다.

황관은 편지에서 다음과 같이 말하였다.

> 근래 월에 이르러서 양명을 만났는데 그 학문이 크게 진보하였습니다. 논한 바 '격치'의 설은 명백하고 적실하여서 바야흐로 도에 착수할 곳이 있으니 참으로 성학의 비전秘傳입니다! 자리에서 매양 집사의 자질과 품성이 얻기 어려움을 논하였는데 양명의 기쁨이 기색에 나타났고 의발을 의탁하겠다는 뜻까지 가졌으니 집사께서 한번 올 수 있겠습니까? 천지 사이에 이 짐은 매우 무거운 것이니 집사가 아니고서는 충분히 감당할 만한 자가 없습니다. 참으로 스스로 포기해서는 안 됩니다. 근래 편지 한 통을 보내서 집사께서 한번 나오기를 바라고 있으나 분명 지금이 맡길 만한 때라는 것은 아니지만, 실로 이로 인해 서로 만나 탐구하지 못한 것을 탐구하면서

이 생을 마치려고 하는 것일 뿐입니다.[104]

'학금'의 그물 아래에서 양명은 이미 자기 양지심학의 도통을 전할 전수자를 생각하고 있었고, 준엄한 '학금'이 천하의 선비와 학생들을 한바탕 추려서 단련시켰기(淘洗鍛煉) 때문에 사대부들은 대부분 입을 닫고 감히 말을 하지 못하였으며, 양명의 문인과 제자들 중에서도 어떤 사람은(*예를 들어 진광) 심지어 변절하고 구차한 행동까지 하였으며, 1세대 제자들(*예를 들어 황관, 방헌부)은 여전히 양지심학의 울타리 밖에서 관망하고 배회하였으며, 새 세대의 제자들(*예를 들어 왕기, 전덕홍) 역시 자기 스타일(氣候)을 형성하지 못하였다. 그리하여 소곡 정선부(*이때 나이 39세)가 양명이 가장 합당하게 생각하여서 의발을 전수하고 중책을 맡길 만한 양지심학의 전등傳燈이 되었던 것이다.

양명과 황관은 소흥에서 정선부를 한 달 남짓 기다렸으나 애석하게도 정선부는 오는 길에 무이산武夷山을 유람하다가 음한陰寒에 걸려서 의약을 잘못 복용하고 12월 28일에 세상을 떠났다. 의발을 전수할 전도傳道의 진인眞人이 뜻밖에 요절하여서 등불이 다하여 꺼져버렸던 것이다. 양명은 너무도 비통하여서 노영路迎에게 다음과 같은 편지를 썼다.

병으로 근심하는 가운데 멀리서 심부름꾼을 보내 문안을 해오시니 애통한 심정이 어찌 끝나겠습니까! 바야흐로 수충守忠(주절)의 부음은 마음을 아프게 하는데 다시 ○○(*계지繼之, 정선부)가 일어나지 못하였으니 참담하고 아린 마음을 어찌 말로 다 할 수 있겠습니까! 죽은 사람은 그만이나 산 사람은 더욱 홀로 되어서(孑立) 도움을 받지 못하고 있습니다. 지금 분발하여

104 『황관집』 권19 「여정계지서與鄭繼之書」 3.

갈고닦지 못하고 앉아서 등불이 다하여 꺼지기를 기다리니 장차 한을 품음이 끝이 없습니다. 산간으로 온 뒤 멀리서 찾아오는 벗이 100여 명인데 이로 인해 자못 경각심을 느끼며, 이 학문이 더욱 적확하고 간이하여서 참으로 세 왕(三王)에 상고해도 틀림이 없고 백세百世에 성인을 기다려도 의혹함이 없는 것임을 알 수 있습니다. 애석하게도 다시 빈양賓陽(노영)과 한 번 만나 이야기를 나눌 방법이 없습니다. 고을의 사무가 비록 번다하나 인민과 사직이 (그 자체) 실학 아님이 없습니다. 빈양은 재질이 아름답고 행실이 충실하며 반드시 성인이 되려는 뜻이 견결하니 시대의 여론에 흔들리지 않고(必爲聖人之志, 勿爲時議所搖) 가까운 명성에 움직이지 않아서 그 덕이 날로 가까워지고 사업이 날로 넓어짐을 볼 것입니다.[105]

양명은 심학의 도통 진전이 등불이 다하여서 꺼진 것에 마음을 두지 않고 '반드시 성인이 되려는 뜻으로 시대의 여론에 흔들리지 않는' 용감한 결의로 양지심학을 더욱 크게 밝히기 위해 분발하고 갈고닦았다. 양명은 원근에서 찾아와 배움을 묻는 100명을 헤아리는 선비들을 대면하고서 새로 (신건백의) 백부伯府의 저택과 서원을 짓고 수많은 학생(莘莘學子)을 기다렸는데, 이는 바로 황좌가 "계미년 겨울 …… 공은 바야흐로 집안의 우환을 만나 옛 창지倉地를 열어서 누방 50칸을 짓고 그곳에서 거처하였다."라고 말한 것이다.

---

105 『왕양명전집』 권5 「답노빈양答路賓陽」. 양명의 이 편지에서 '○○'은 마땅히 '계지繼之'(*정선부의 자) 두 글자임은 의심할 여지가 없다. 이 부분의 원래 수고手稿에는 '계지'로 되어 있었는데 문집을 엮은 사람이 정선부의 자임을 알지 못하고 잘못하여 글자가 틀리고 말이 되지 않는다고 여겨서 마침내 없애버리고 공백으로 두었다. 『양명선생문록』에 이 편지를 수록했는데 이 공백을 함부로 '순보純甫'라고 써넣은 것은 더욱 잘못이다. 왕도(*순보)는 가정 25년 병오(1546)에 졸하였다. 『국조헌징록』 권26 엄숭嚴嵩의 「이부우시랑왕공도신도비吏部右侍郞王公道神道碑」에 보인다.

백부를 지은 것은 주로 선비와 배우는 사람들에게 거주하고 강학할 장소를 제공하기 위함이었다. 양명은 가정 2년(1523) 봄 사이에 백부의 새 저택을 짓기 시작하여서 12월 말에 기초적인 건축을 완성하였다. 가정 3년 봄에 이르러서 다시 양명서원을 재건하여 서로 마주보게 하였다. 백부의 택지를 확대하여 건축한 뒤 낙성한 것은 동쪽으로는 왕아롱王衙弄에서 시작하여 서쪽으로는 서소하西小河, 남쪽으로는 대유창大有倉, 북쪽으로는 상대로上大路에 이르렀다. 백부 중에는 10여 곳에 동천洞天의 경관을 세우고 천천루天泉樓를 짓고 벽하산방碧霞山房을 열고 벽하지碧霞池를 파고 연못 위에 천천교天泉橋를 가설하였다. 백부의 대청은 규모가 굉장하고 화려하였는데, 들보와 시렁은 모두 남목楠木을 사용하였다. 주루인 '천천루'는 진백사의 시 「제심천題心泉」에서 따와 명명한 것으로서 천천교 아래로 흘러내리는 물이 바로 '심천心泉'이니 이로써 그가 천천루에서 양지심학의 '심천'을 길어 올려서 날마다 진보하고 늘 새로워지게 하려는 뜻을 나타낸다. (이로써) 백부의 천천루를 중심으로 겹겹이 둘러싸고 옹위하는, 선비와 배우는 사람들의 거주 생활과 전도傳道 수업이 합일하는 캠퍼스(敎園)의 격국格局을 형성하였던 것이다.

전덕홍은 학생의 제생이 이 숲속 성균成均의 동산에서 생활하고 기거하며 가르침을 받고 강학을 하는 상황을 다음과 같이 묘사, 서술하였다.

> 선생이 처음 월(소흥)에 돌아오셨을 때에는 벗들의 발자취가 아직 드물었다. 그 뒤 각지에서 배우러 오는 자들이 날로 늘어났다. 계미년(1523) 이후 선생을 에워싸고 거주하는 사람들의 집이 즐비하여서 마치 천비天妃와 광상光相의 여러 사찰과 같았으니 매번 한 방에서 늘 함께 밥을 먹는 자가 수십 명이나 되었다. 밤에 잠잘 곳이 없어서 교대로 잠자리에 들었으며, 노랫소리가 저녁부터 새벽까지 이어졌다. 남진南鎭·우혈禹穴·양명동陽明洞의

여러 산과 원근의 사찰 가운데 걸어서 닿을 수 있는 곳이면 동지들이 노닐고 머무는 장소 아닌 곳이 없었다. 선생이 매번 강의하는 자리에 나오면 전후좌우로 자리를 에워싸고 앉아서 듣는 자들이 늘 수백 명을 밑돌지 않았고, 떠나가는 자를 보내고 찾아오는 자를 맞이하는 일은 한 달에 하루도 없는 날이 없었으며, 심지어 선생을 옆에서 모시면서 한 해를 넘겼는데도 그 이름을 다 기억하지 못하는 자도 있었다. 매번 이별할 때면 선생이 늘 탄식하며 "그대들은 비록 떠나가지만 천지 사이를 벗어나지 않으니 진실로 이 뜻을 함께한다면 나도 형체 같은 것은 잊을 수 있을 듯하다."라고 하였다. 제생이 매번 강의를 듣고 문을 나서면 뛰어오르면서 쾌재를 부르지 않은 적이 없었다. 일찍이 동문의 선배가 다음과 같이 말하는 것을 들은 적이 있다. "남도에 오기 이전에도 좇아 배우는 벗들이 많았지만 월에 있을 때만큼 성대한 적은 없었다. 이것은 학문을 강의한 시간이 오래되어서 믿음이 점차 넓어졌기 때문이기도 하지만, 요컨대 선생의 학문이 날로 진보함에 감화되어서 불러들이는 기틀의 확장과 변화에 일정한 방향이 없어서(先生之學日進, 感召之機申變無方) 저절로 (예전과) 다름이 있었기 때문이다."[106]

이러한 개방된 형식의 산중의 교학, 전도의 캠퍼스 동산은 각지의 학생들이 우러러보고 경배하는 양지심학의 성지가 되어서 "선생의 학문이 날로 진보함에 감화되어서 불러들이는 기틀의 확장과 변화에 일정한 방향이 없는" 양명의 양지심학이 '학금'의 포위망 속에서 날로 진보하고 날로 새로워지는 발전과 확산을 드러냈다.

---

106 전덕홍, 「전습록발傳習錄跋」, 『왕양명전집』 권3.

그가 막 이 전교와 전도의 동산을 세워서 완성하였을 때 서백舒柏(1516, 거인)이 양지의 학문을 물어왔는데, 양명은 그에게 물음에 답하는 편지 한 통을 써서 정확하고 간단명료하게 자기의 복심체, 치량지의 심학을 밝혀서 서술하였다.

저 군자의 이른바 '경외敬畏'라는 것은 무서워하고 두려워하고 근심하고 걱정하는 것을 말함이 아니라 바로 보이지 않는 곳에서 경계하고 삼가며, 들리지 않는 곳에서 무서워하고 두려워하는 것을 말할 뿐입니다. 군자의 이른바 '쇄락灑落'이란 마음이 활달하고 구애받지 않으며(曠蕩放逸) 감정을 풀어놓고 마음대로 치달리는 것을 말함이 아니라 바로 마음의 본체가 욕망에 얽매이지 않고 어디를 들어가도 터득하지 않음이 없는 것을 말할 뿐입니다. 저 마음의 본체는 곧 천리입니다. 천리가 환하게 밝고 신령하게 지각하는(昭明靈覺) 것이 이른바 양지입니다. 군자가 경계하고 삼가며 무서워하고 두려워하는 것은 오직 환하게 밝고 신령하게 지각하는 것(마음)이 혹 어둡고 함부로 날뛰어서(昏昧放逸) 그릇되고 치우치고 간사하고 망령된(非僻邪妄) 것으로 흘러서 본체의 바름을 잃어버릴까 무서워하는 것일 뿐입니다. 경계하고 삼가고 무서워하고 두려워하는 공부가 혹 새가 뜨는 때가 없으면 천리가 오래도록 존재하여 환하게 밝고 신령하게 지각하는 본체가 가리는 바가 없고, 이끌려서 어지러워지는 바가 없으며, 무서워하고 두려워하며 근심하고 걱정하는 바가 없고, 좋아하고 즐거워하고 서운해하고 성을 내는 바가 없으며, 의도하고 기필하고 고집하고 아집을 갖는 바가 없고, 쭈그러들고 굶주리고 부끄럽고 쑥스러운 바가 없습니다. 온화하고 융화하고 밝고 투철하며 가득 차고 두루 흘러서 행동과 표정과 온갖 몸놀림이 예에 맞고 마음껏 하고 싶은 대로 해도 법도에서 벗어나지 않으니 이것이 바로 참으로 쇄락한 것입니다. 이 쇄락함은 천리가 늘 존재함에서 나오고 천리가 늘 존재함은 경계하고 삼가며 무서워하고 두려워함이 새가 없는 데서 생기는 것인데 누가 "경외의 증가는 도리어 쇄락의 얽매임이 된다(敬畏之增, 乃反爲灑落之累)."라고 하였습니까? 오직 저 쇄락이 내 마음의 본체임을 알지 못하고, 경외가 쇄락의 공부임을 알지 못하여서 두 가지로 삼아 그 마음씀을 나누니 이로써 서로 버성겨서 움직이면 많이 어그러지고 빨리 조장하려는 데로 흐릅니다. 이는 국용國用(서백)이 말한 바 '경외'이니 바로 『대학』의 '무서워하고 두려워하고 근심하고 걱정하는(恐懼憂患)' 것이지 『중용』의 '경계하고 삼가고 무서워하고 두려워하는(戒愼恐懼)' 것을 말함이 아닙니다. 정자가 늘 말하기를 "사람이 무심을 말함은, 다만 사심이 없음은 말할 수 있으나 (그 자체) 마음이 없음은 말할 수 없다(人言無心, 只可言無私心, 不可言無心)."라고 하였습니다. 보이지 않는 데서 경계하고 삼가며, 들리지 않는 데서 무서워하고 두려워하는 이 마음은 없을 수 없습니다. 무서워하고 두려워하는 바를 가지고 근심하고 걱정하는 바를 가짐은 사심이니 (사심은) 있어서는 안 됩니다. 요순이 긍긍업업兢兢業業하고 문왕이 소심익익小心翼翼한 것은 모두 경외를 말함이니 모두 그 마음의 본체가 저절로 그러한 데서 나온 것입니다. 마음의 본체에서 나오면 하는 바가 있어서 하는 것이 아니라 저절로 그러함을 말합니다. 경외의 공부는 움직임과 고요함에 새가 없으니 이는 이른바 "경건으로써 안을 곧게 하고 의로써 바깥을 반듯하게 한다(敬以直內, 義以方外)."고 하는 것입니다. 경건과 의가 서고 천도가 통달하면 그 행하는 바를 의심하지 않는 것입니다.[107]

107 『왕양명전집』 권5 「답서국용答舒國用」.

양명은 이 편지로 심학의 서원 교육을 위한 '복심復心'의 기치를 내걸었으니, 양지를 심체로 치량지(*거폐, 확충)를 공부로 하며, '쇄락'을 마음의 본체로 '경외'를 쇄락의 공부로 삼으며, '계신공구'의 치량지의 공부로써 '본체의 바름을 잃은' 자기소외(異己)의 마음으로 하여금 환하게 밝고 신령하게 지각하는 본연의 마음으로 복귀하게 한 것이다.

요강姚江의 물은 동쪽으로 쉼 없이 흐르고, 소흥 회계산 아래에서는 마치 조수처럼 시를 읊고 생황을 타고 노래를 불렀다. 양명이 백부 천천루와 양명서원을 건립한 이후 날로 더욱 거세지는 '학금'의 역풍을 맞아 그의 양지심학을 크게 밝히는 서원 교육은 또 더욱 드넓고 커다란 기백으로 전개되었다.

'대례의大禮議' 분쟁의 소용돌이 가운데에서

그러나 양명에게 가장 불행한 일은 열다섯 살짜리 독재자 가정嘉靖 황제의 등극으로서, 그는 무종이 남긴 파괴된 강산의 사직을 위기의 심연으로 밀어 넣었을 뿐만 아니라 양명에게 일생 최대의 개인적인 비극을 안겨주었다. 세종世宗은 황제의 자리에 오르자마자 곧 '학금'과 '대례의'의 두 줄기 광풍을 불러일으켰는데, 이는 모두 이 소년 독부獨夫 천자의 독단적인 독재獨裁를 위한 길을 말끔히 쓸어내는 데 지나지 않았다. 두 줄기 광풍이 서로 교차하여 상승하고 상호작용을 일으켜서 양명은 '학금'과 '예금禮禁'이라는 두 방면의 타격을 받게 되었다.

이른바 '대례의'란, 의미도 없고 끝도 없는 황족의 종법 계통의 명분과 호칭을 둘러싼 투쟁으로서 황당하고 허탄한 익살극에 지나지 않았으며, 실제로는 오로지 세종이 혼자서 일으켰고 아울러 그는 처음부터 끝까지 막후에서 (대례의를) 조종한 보이지 않은 검은손이었다. '대례의'는 봉건 종법의 황통皇統 그 자체 및 황통의 계승 제도(*부자 승계[父死子承], 형제 승계[兄終弟及])의 황당무계함을 드러냈다. 세종 주후총朱厚熜(1507~1567)은 번왕藩王으로서 종통宗統에 속하게 되었으므로 억지로 명분을 찾아보면 형제 승계에 의해 황제에 오른 셈이다. 이러한 승계에는 처음부터 황족의 종법 예제에서 해결할 수 없는, 논리에 어긋난 모순이 잠복해 있었고, 요행히 제위에 오른 그에게는 검은 그림자가 드리워졌다.

원래 헌종憲宗(1464~1487) 주견심朱見深은 아들 둘을 낳았는데, 주우탱朱祐樘(1470~1505)은 기씨紀氏 소생으로서 효종孝宗(1487~1505)이 되었으며, 주우원朱祐杬(1476~1519)은 홍왕興王에 책봉되었다. 효종과 장씨張氏(*자성태후慈聖太后)는 아들 주후조朱厚照(1491~1521)를 낳았는데 이 아들이 훗날의 무종武宗(1505~1521)이다. 홍왕과 장씨蔣氏의 아들 주후총이 세자로 책립되었다. 주후조와 주후총은 종형제간이다. 무종에게는 황자皇子가 없었기 때문에 주원장朱元璋(1328~1398)이 「황명조훈皇明祖訓」에서 "조정에서 황자가 없을 경우, 반드시 형이 마치면 아우에게 미치며 모름지기 적모嫡母의 소생을 세우고 서모 소생은 비록 손위라도 세우지 못한다."라고 규정한 것에 따라 적모 소생의 아들을 황제로 세워야 했으나, 무종은 효종의 외아들이었으므로 '적모 소생'이라는 이 형제 승계의 원칙을 시행할 방법이 없었다. 수보首輔 대신인 양정화는 부득이 위로 소급하는 변통의 방법을 채택하여서 헌종으로 (계통을) 거슬러 올라가서 찾았다. 헌종의 아들 14명 중 셋째 아들이 즉위하여서 효종이 되었으며, 넷째 아들이 바로 홍왕 주우원이다. 이처럼 홍왕 주우원은 억지스럽게 효종의 맏아우라는 신분으로 황위를 계승할 수 있었다. 그러나 공교롭게도 이때 홍헌왕興獻王 주우원은 이미 세상을 떠난 뒤여서 할 수 없이 그가 남긴 맏아들 주후총이 '맏이로서 적자를 세우는(立嫡以長)' 원칙에 부합하게 되어서 마침내 '적장손'의 신분으로 황위 계승의 자격을 얻었고 뜻밖에도 황제의 자리에 오르게 되었던 것이다. 그리하여 엄밀히 말하자면 이러한 우회적인 방법으로 황제에 올라 정통을 승계한 것은 형제 승계의 종법 계통 원칙에는 부합하지 않으나, 후사가 없어서 계통이 끊어졌기에 도저히 어찌할 수 없는 상황에서 조정 대신이 선택한 일종의 견강부회로서 정통을 구제하고 후사를 구제하기 위한 방법이었다.

종법의 '예'를 위반한 이 같은 우회적인 계승은 곧 필연적으로 강제성을 띤 부가 조건이 필요하였다. 이는 바로 세종이 효종의 존칭을 '황고皇考'로, 장씨를 '황모皇母'로 일컫고, 본생부 흥헌왕을 '황숙고皇叔考'로, 생모 장씨를 '황숙모皇叔母'로 일컫게 한 것이다. 이는 한편으로는 외형상의 허위로서 주후총의 형제 승계가 제위 계승의 합법성을 지녔음을 뚜렷이 밝히려는 것이고, 다른 한편으로는 새 황제 주후총의 황권적 자아가 팽창하고 독단이 횡행하는 것을 미리 방비하고 제한하려는 의도를 갖고 있었다.

순조롭게 황제가 된 세종에게 이러한 칭호의 변경은 본래 그리 대단한 일도 아니었고, 결코 그의 독단적인 황권 통치를 위협하는 실질적인 의미를 갖지도 않았다. 이와 반대로 온정이 맥맥이 흐르는 '예'의 면사포로 형제 계승의 종법 계통 원칙에 부합하지 않은 세종의 신분을 덮어 가리고 미화하였던 것이다. 소년 천자는 그 속의 이해관계를 알지 못하고서 도리어 그의 민감하고 조숙한 제왕의 독재적 심리 상태를 터뜨려서 사단을 일으키고 기세 흉흉하게 앞장서서 제재를 가하였다.

이런 상황에서 최초의 전지는 부모의 칭호를 개정하는 데 반대하는 세종 황제의 사사로운(一己一私) 투쟁 속에서 그 이름을 '대례의'라고 미화시켰다. 이는 본생부모의 칭호를 황고, 황모로 개정하는 데서부터 시작하여 부모에게 황제, 황후의 존호를 올리는 다툼으로 발전하였고, 곧바로 마땅히 황제가 될 수 없는 본생부를 '종宗'이라 하여 세실世室을 세우고 황고를 태묘에서 제사하고 명당明堂에서 하늘에 제사하며 본생부를 하늘에 배配하여 제사하여서 최종적으로 '칭종부묘稱宗祔廟'의 황당한 황제의 꿈을 실현하였으니 세종의 독부, 폭군의 흉악한 면모를 충분히 폭로하였던 것이다. 이러한 이른바 '대례의'는 이미 대례의(의 본래 의미와는) 반대되는 측면으로 달려갔다. 부모의 명분과 칭호를 다투는 '예의禮議'는 황제가 될 수 없는 '본생부'를 황제로, 계통으로, 종으로 (삼아) 묘廟(종묘)에 넣으려는 한바탕 피비린내 나는 살육으로 변하였고, 황권 통치자가 스스로 세워서 일으킨 위선적인 봉건 종법의 황통 제도와 '살아서는 제통帝統, 죽어서는 묘통廟統'의 종묘 제사의 좌소우목左昭右穆의 묘통의 세계世系를 완전히 교란하고 파괴하고 말았다.

당시 호탁胡鐸(1469~1536)은 다음과 같이 따끔하게 지적하였다.

> 고헌왕考獻王에서 그치지 않고 종이 되고, 종에서 그치지 않고 묘에 들었는데, 묘에 들면 마땅히 조祧가 있게 된다. 번왕으로서 거짓 호칭의 황제에 봉해져서 군림치세君臨治世의 종을 탈취하니 의리상 본래 그럴 수 없다. 묘에 들면 신위가 있어야 하는데 장차 무종 위에 자리하겠는가, 무종 아래에 자리하겠는가? 살아서는 신하였으니 죽어서 군주에 오를 수는 없다. 그러나 노나라에서 희공僖公을 올렸던 적이 있었으니 아마도 뒷날 하보와 같은 무리(夏父之徒)를 핍박하지 못할 것이다.[108]

호탁은 '대례의'의 황당무계함과 세종이 도발한 대례의의 진정한 죄악의 의미를 꿰뚫어 보았고 또한 양명이 '대례의' 중에 전후의 태도가 변화한 근본적인 원인을 말하였다.

더욱 주목할 만한 사실은 호탁이 여기에서 세종이 도발한 대례의 논쟁의 또 다른 흉악한 의도를 논하였다는 점이다. 그가 효종을 '황부皇父'로, 장씨를 '황모皇母'로 높이자는 안을 거절한 까닭은 안아 들여와 기른 '민간의 자

---

108 『명사』 권196 「호탁전胡鐸傳」.

식' 무종을 겨냥한 것으로서, 종통에 속하게 된 홍헌왕을 무종의 윗자리에 둔 것은 실제로는 무종이 '종'의 지위에 있는 것을 부정한다는 뜻이다. 왜냐하면 무종은 장씨 소생이 아니라 효종이 태감 이광李廣의 말만 믿고 궁에 몰래 안아 들여와 기른 '민간의 자식'으로서 대명 황족의 혈통이 아닌 '가짜 황제'임을 세상 사람들 모두가 일찌감치 알고 있었기 때문이다.

정덕 10년(1515) 이래 조정에서 일어난 황저皇儲를 세우는 논쟁은 이미 무종 출생에 관한 비밀 및 약으로 치료할 수 없는 불임이라는 불치병의 원인을 폭로하였다. 대신 양일청과 유춘劉春 등은 홍헌왕의 세자를 황저로 세우자는 의견을 제출하여서 양명도 이에 호응하여 황저를 세우자고 청하는 소를 올렸다. 그리하여 정덕 10년 이래 일어난 황저를 세우고 태자를 세우는 논쟁은 사실 '대례의' 논쟁의 전주곡이었다. 세종과 조정 대신, 영행佞幸, 엄수閹豎 등은 비천한 출신의 '민간의 자식'인 무종의 추한 일에 대해 모두 마음속에 타산이 있었으나 입 밖으로 내기는 어려웠다. 그리하여 그들은 모두 성대한 '대례의'를 빌려서 '하보의 무리'라는 현외弦外의 음악을 울렸던 것이다. 세종이 단연코 '가짜 황제' 무종의 아버지 효종을 '황고'로, 어머니 장씨를 '황모'로 인정하지 않았고, 홍헌왕을 억지로 종통에 넣는 일을 강행한 일은 '민간의 자식' 무종을 '황통제종皇統帝宗'에서 몰아내는 것을 의미하는 것이나 다름없었다. 이는 바로 세종이 도발한 '대례의'에 숨겨진, 남에게 알릴 수 없는 목적이었다. 양명은 가장 먼저 무종의 가짜 황제, 진짜 폭군의 면모를 간파하였고 또 가장 먼저 홍헌왕의 맏아들 주후총을 황태자로 세우자고 주장하였었다. 그리하여 그는 세종 및 장총과 계악 등 대례의파가 '대례의'를 제기하자 시작부터 지지하는 태도를 취하였던 것이다.

대례의는 세종이 즉위한 이후 바로 시작되었다. 정덕 16년(1521) 4월 27일, 즉위한 지 닷새째 되는 날 세종은 서각문西角門에서 신하를 조견하고 2

대 조명詔命을 내렸다. 하나는, 예부에 명하여서 무종의 시호를 의정하게 하였고, 둘은, 예부에 명하여서 관원들에게 홍헌왕의 주사主祀 봉호를 의정하게 하였다. 내각 수보 양정화는 한의 정도왕定陶王과 송의 복왕濮王의 전례에 의거하여 정이程頤의 「대팽사영의복왕례소代彭思永議濮王禮疏」에 따라 효종을 높여서 '황고', 홍헌왕을 '황숙고', 모비를 '황숙모', (세종은 스스로) '질황제侄皇帝'로 일컫게 하고, 별도로 익왕益王의 둘째 아들 숭인왕崇仁王을 홍왕으로 세우라고 건의하였다. 5월 7일 예부상서 모징毛澄은 문무 대신을 소집하여서 의견을 모았는데 양정화의 제안이 통과되어서 이를 세종에게 상주하였다. 세종이 이를 본 뒤 매우 분노하여 말하기를 "사람이 뉘라서 부모가 없겠는가! 어찌하여 나로 하여금 정을 펴지 못하게 하는가!" 하였다. 그는 즉시 반박하고 예부에 명령하여 다시 논의하게 하였다. 이렇게 '대례의'가 폭발하였다.

세종은 겉으로는 내색하지 않았지만 실제로는 일찌감치 복안을 가지고 있었다. 그리하여 그는 한편으로 양정화를 불러서 자리를 내주고 따뜻한 말을 나누면서 생각을 바꾸도록 회유하였다. 또 한편으로는 심복인 환관을 모징의 집으로 보내 무릎을 꿇고 머리를 조아린 뒤 대량의 황금을 주게 하였으나 모징이 이를 거절하였다. 이후 모징은 또 두 차례 대신들을 소집하여서 의견을 모은 뒤 상주하였는데 세종이 모두 강경한 태도로 부결하여서 예법 논의는 정쟁이 되었다. 7월 3일에 이르러 영가永嘉의 신래급제 진사 장총張璁이 대례의의 주소를 올림으로써 그제야 가라앉고 답답했던 대례의의 국면이 해소되었으며, 천하를 사유화한 군권 독단의 세종에게 이론적인 '근거(依據)'를 제공하였다.

장총은 영가 사공학의 훈도를 깊이 받은 공리功利의 선비로서 공명의 진취와 이록 추구에 열중하였으나 과거에서 일곱 차례 낙제하고 벼슬길에 차질이 생겨서 팔자가 피지 않았다(命運不濟). 나중에 양명의 제자 소명봉이 그를 위해 팔자를 점쳐서 말하기를, 그대는 이후 3년 안에 진사가 되고 다시 3년이 지나면 돌연 귀해질 것이라고 하였다. 장총은 과연 정덕 16년에 진사에 합격하고 대리시大理寺에서 관정觀政을 하였다. 도하에서 그는 대례의의 분위기를 살피면서 황제 세종의 뜻을 헤아려 부귀영화를 얻고 벼락출세(飛黃騰達)를 할 수 있는 기회를 만난 것으로 여기고 재빨리 앞을 다투어 7월 3일에 대례의 소를 올렸다. 그는 '효孝'라는 허황한 황가 최고의 종법 윤리 도덕 상에서 '어버이를 존경하는(尊親)' 세종의 천제天帝를 감동시키는 덕을 미화하였고, '계통불계사繼統不繼嗣'의 논리를 주장하여서 다음과 같이 인정하였다. "황상께서는 홍헌왕의 세자로서 무종의 황제 종통을 이었으며 효종의 후사를 이은 것이 아니다. 지금 무종의 뒤로는 아우이고 효종의 뒤로는 자연 아들이 있었으니, 어찌 헌왕을 고考라 하지 않고 효종을 고라 하겠으며, 헌왕은 자식이 있는데 없는 것으로 하며, 황상(효종)께는 자식이 있는데 자식이 없는 것으로 하겠는가!"[109]

군권 황족의 허위적 '효친'의 종법 윤리에 대한 장총의 미화는 허위의 황당무계함 그 자체였다. 그는 양정화와 모징 등이 제시한 여러 많은 문제에 반박하였는데, 사실 이 문제는 황권 통치자가 인위적으로 제정한 황족의 종법 계통 제도로서 극복할 수 없는 체계 내부의 모순이었다. 양정화가 제시한 방법은 본래 이 모순을 해결하기에는 무력하였으나 장총이 제시한 방법 역시 모순을 해결하기에는 더욱 무력하였다. 만약 양정화가 제시한 해결 방법이 필경 세종의 황권 독재의 팽창을 방비하여 막는 데 제약과 경고의 작용을 일으켰다고 한다면, 장총이 제시한 해결 방법은 도리어 세종 개인에게 전단과 독재를 일삼고 분별없는 망령된 행위를 하도록 길을 넓혀주었다. 두 가

109 『국각』 권52 정덕 16년 7월 조.

지 해결 방법은 이른바 옳고 그름과 맞고 틀림을 말할 수는 없으나 높고 낮음, 유리하고 폐단이 있음은 그 자리에서 판단할 수 있다. 그러나 장총이 제시한 방법은 세종 개인이 황권 독재를 합리화하기 위한 수요에 적합하였으며 세종의 깊은 환심을 샀다. 세종의 황권 독재의 마음은 과연 팽대해져서 하나를 얻으면 둘을 얻으려는(得寸進尺) 마음에 결국 더 이상 기다릴 수 없다는 듯이 양일청·장면蔣冕·모징을 문화전文華殿으로 소환하여서 흥헌왕을 황제로, 장씨蔣氏를 황후로 추존하고자 하는 뜻을 주장하며 말하기를 "짐은 아버님을 흥헌 황제, 어머님을 흥헌 황후, 조모님을 강수康壽 황태후로 높이고자 한다."[110]라고 하였다. 세종이 흥헌왕을 황고로, 장씨를 황모로 고쳐 세움으로써 흥헌왕을 황제로, 장씨를 황후로 세우기 위한 그 한 단계로 진입하였다고 할 수 있었다. '대례의大禮儀'는 이미 대례의의 범위를 벗어나 대례의의 반대 방향으로 향하였고, 당당한 '대례의'가 황제 스스로 '대례大禮' 그 자체를 허물어버리는 '대례반大禮反'으로 변하였다. 황통의 종법 계승 제도를 파괴한 세종의 전단과 독재, 분별없고 망령된 행위는 터져버린 강물과 같아서 막을 수 없었다.

장총이 대례의 주소를 올렸을 때 공교롭게 양명도 부름에 응하여 서울로 북상하는 길에 올라서 '정치를 크게 펼치려(大畀以政)' 하였다. 대례의에 대한 양명의 태도는 줄곧 명료하였다. 이는 대례의의 소용돌이 한가운데 처한 양정화와 모징에게는 더욱 두려움을 느끼게 하였다. 양명이 입조하여서 정치에 크게 기여하는 것을 그들이 막으려고 한 주된 이유는 분명 양명이 '대례의'에 참여하지 못하게 하려는 데 있었다. 양명은 월로 돌아가 집에 거주한 뒤로 직접 정치를 의론하고 예를 의론하는 자격을 상실하였으나 '대례의'에 대

---

110 『어비역대통감집람御批歷代通鑑輯覽』 권108 「무종황제武宗皇帝」.

해서는 더욱 관심을 갖기 시작하였다.

10월에 병부주사 곽도霍韜가 「대례의」를 작성하여 양정화와 모징의 설을 반박하였으며 장총을 위해 성세를 크게 펼쳤다. 그는 상소하기 전에 먼저 「대례의」를 양명에게 보내서 보여주었다. 가정 원년(1522) 2월에 병부우시랑 석서席書도 「대례소大禮疏」를 양명에게 먼저 보내주었는데, 둘 다 양명의 동의를 받았다.

양명은 나중에 곽도에게 보낸 편지에서 이 사건을 다음과 같이 썼다.

> 지난해에 「대례의」를 보여주셨는데 이때 상을 입고 있어서 마음에는 내용을 좋게 여겼으나 감히 답을 올리지 못하였습니다. 이윽고 원산元山(석서)도 (「대례소」를) 보여주었는데 심부름꾼이 반드시 답장을 구하기에 서둘러 답을 썼습니다. 생각건대 논하는 바가 참으로 옳습니다. 그러나 전례典禮는 이미 형성되어 있으니 일에 임하여서 반드시 고칠 수 있는 것은 아니며, 말을 하면 헛되이 분쟁만 더하니 잠시 더불어 강명講明하면서 믿고 따르는 사람이 많아지기를 기다린 뒤 도모하는 것만 못합니다.[111]

양명은 곽도와 석서의 대례의 소에 모두 동의를 표하였고 아울러 지도도 하였다. 실제로 곽도와 석서가 대례의 소를 올리기 전에 장총은 11월에 또 「대례혹문大禮或問」을 올려서 한 걸음 더 나아가 세종의 독단과 전횡의 '합법성'과 '합례성合禮性'을 변호하였다. 곽도와 석서 모두 장총의 격발로 잇달아

---

111 『왕양명전집』 권21 「여곽올애궁단與霍兀厓宮端」. 전덕홍의 『양명선생연보』에서 "이때 대례의가 일어나서 곽올애(곽도)·석원산(석서)·황종현·황종명黃宗明이 앞뒤로 모두 대례의를 물었는데, 끝내 답하지 않았다."라고 하였다. 지금 양명의 이 서찰을 볼 때 전덕홍의 설은 분명 틀렸다.

대례의 소를 올린 것이다. 곽도의 「대례의」가 홍헌왕을 황고로, 장씨를 황모로 개칭하는 문제에 긴밀하게 얽혀 있었다고 한다면, 석서의 「대례소」는 이미 홍헌왕을 황제로, 장씨를 황후로 추존하는 문제에 진입하고 있어서 "오늘 논의에서 마땅히 호칭을 '황고홍헌제皇考興獻帝'로 하여 별도로 대내大內에 사당을 세우고 세시歲時에 태묘의 제사가 끝나면 이어서 천자의 예로 제사하기로 해야 합니다."[112] 하고 인식하였다.

그들의 대례의 상주는 양정화와 모징의 제지를 받았고, 곽도는 나중에 핍박을 받아 병으로 사직하고 돌아갔으나 석서는 줄곧 감히 「대례소」를 올리지 못하고 비밀히 그것을 계악에게 보내서 그의 인정과 찬탄을 받았다. 세종은 장총이 올린 대례의 소에 격려를 받고 고무되어서 독단의 기염을 드높이 떨치고 한 걸음 한 걸음 바싹 다가들어서 먼저 10월에 어정御定으로 '짐이 대통을 승계하였으니 아버님 홍헌왕을 마땅히 홍헌제로, 어머님을 홍헌후로, 헌묘獻廟의 귀비 소씨邵氏를 황태후로 칭하기로' 강행하였다. 세종의 모친 장씨蔣氏는 마침내 대명문大明門을 통해 황궁으로 들어가게 되었다.

12월에 세종은 또 한 차례 내각의 의조擬詔를 요구하여 홍헌제와 홍헌후에게 모두 '황'이라는 한 글자를 덧붙이게 하였다. 가정 원년 정월에 이르러서 예과급사중 웅협熊浹(1478~1554)이 세종 황제의 의도를 좇아 상소하여 말하기를 "신의 어리석은 생각에 홍헌왕의 제호帝號를 높여서 별도로 사당(別廟) 하나를 세워서 감히 위로 열성列聖을 넘을 수 없음을 보이소서. 모비母妃는 황태후로 높이고 휘칭徽稱을 조금 낮추어서 감히 위로 자수慈壽와 같이 할 수 없음을 보이소서."[113]라고 하였다. 이에 세종은 선뜻 예부에 칙유하여서 "본

---

112 『명통감明通鑑』 권50 가정 원년 2월 조.

113 『명사』 권197 「웅협전熊浹傳」.

생모 홍헌후께 존호를 더하여 '홍헌국興獻國 태후'로, 헌묘 귀비 소씨 황태후께 존호를 더하여 '수안壽安 황태후'로 한다."[114]라고 하였다. 3월, 세종은 정식으로 전국에 존호를 올린다는 조서를 반포하였다.

대례의파의 잇따른 승리와 대례의에 관심을 기울인 양명의 태도는 황관·방헌부·황종명·응량·왕간·추수익·구양덕·설간·양란·마명형 등 한 무리의 문인과 제자들을 고무하였다. 그들 모두 풍운이 감돌고 일을 크게 벌일 시대가 도래했다고 인식하고, 복직하여서 기용되는 형세를 타고 도하로 몰려들어서 대례의의 소용돌이 가운데로 말려 들어갔다. 가정 원년 2월에 왕화가 졸하였을 때 그들은 곧 왕화를 조상하는 기회를 빌려 소홍으로 와서 양명에게 대례의에 대해 물었고, 황관·방헌부·황종명 등은 모두 소홍에서 대례의에 대해 물은 뒤 도성으로 들어가서 대례의파의 중견 인물이 되었다. 양명은 설간에게 보낸 편지에서 그들을 권유하고 경계시키며 "지금 바야흐로 기휘할 일이 많으니 …… 도가 같지 않으면 함께 도모하지 못합니다. 인한 사람이 남을 사랑하는 정성 또한 저절로 그만두지 못함이 있으나, 요체는 묵묵히 이루고 말하지 않아도 신뢰하는 것일 뿐입니다."[115]라고 하였는데, 그들에게 대례의에서 언행을 신중하게 하도록 하려는 것이었다.

더욱 사람의 주목을 끈 일은 왕간이 도성에 들어가 복궐 상소한 것이다. 그는 양명이 대례의파를 지지하는 뜻을 명확히 확인하고 하나도 빠짐없이 모두 이해하고서 그제야 가정 원년 8월에 서울에서 한편으로는 양지심학을 크게 강하고, 다른 한편으로는 복궐하여 대례의서를 올리려고 하였다. 왕간은 효도를 가장 중시하였는데 그가 올린 글이 '차근차근 효제孝弟를 펴기'를 요

---

114 『독례통고讀禮通考』 권20.

115 『양명선생문록』 권2 「기설상겸寄薛尙謙」.

구한 것으로 볼 때 차근차근 '효친'을 편 장총의 대례의 소와 명백히 일치한다. 왕간이 장총의 대례의파의 한편에 섰음을 알 수 있다. 다만 그가 서울에서 떠들썩하고 경솔하게 양지심학을 크게 강한 것이 '학금'을 촉발하였고, 그가 복궐하여서 대례의서를 올린 일도 성공하지 못하였다. 양명은 그제야 그를 급히 불러서 소흥으로 돌아오게 하였다.

그러나 '임오학금'의 발발은 양명으로 하여금 조정의 '대례의'에 대해 고도의 경각심을 일으켜서 '학금'을 '대례의'와 연계하여 생각하게끔 하였다. 양명은 양지심학을 이용하여서 이 독부가 천하를 사유화하려는 '대례의'의 (본질을) 인식하고서 대례의파에 치우치지도 않고 또 대례의 반대파에도 치우치지 않는 입장을 취하였다.

9월, 하연何淵이라는 감생監生이 글을 올려서 세실世室을 세우고 홍헌제를 봉안하여 마치 주에서 문왕을 제사하던 유의遺意와 같이 하라고 청하였다. 12월, 병과급사중 사도史道(1485~1554)가 상소하여 양정화를 탄핵하고 양정화가 대례의에서 "홍헌제에게 '황皇' 자, '고考' 자의 한 글자를 붙일지 뺄지를 두고 다투려고 하지만, 실은 기망하는 것입니다."라고 공격하였다. 어사 조가曹嘉도 팽택彭澤이 언로를 틀어막는다고 탄핵하여서 양정화·장면蔣冕·모기毛紀·모징毛澄·임준林俊·교우喬宇·팽택 등으로 하여금 글을 올려 사직을 청하도록 몰아세워서 다시 각閣과 부部에서 일의 논의를 막아서 끊어버렸다. 세종은 이미 양정화 등을 쫓아내려는 마음을 품었다. 이런 일은 모두 양명에게 매우 커다란 진동을 일으켰다.

가정 2년 정월, 추수익이 복직하여 기용되어서 입도하기 전에 소흥으로 와서 배움을 물었는데, 주로 역시 대례의의 일에 대해 물었다. 양명은 그에게 입도하거든 근신하면서 일을 좇으라며 간곡하게 반복하여서 이르고, 아울러 그를 통해 황관에게 전하는 편지에서 "사람 마음의 헤아릴 수 없음을 아니 참으로 개탄스럽습니다."라고 하였다. 황관과 추수익 등 서울에 있는 제자들에게 언사를 신중하게 할 것을 당부하고 "깊고 얕음을 헤아리지 않고서 이러쿵저러쿵 말이 많으면 참으로 역시 무익하다."[116]라고 하였다.

4월, 곽도가 「대례의」를 올리다 저지를 받고 남해로 돌아갈 때 소흥을 경유하여서 양명을 찾아왔다. 양명은 정주학을 존중하는 이 학자가 '양지'학을 따르지 않고 '대례의'를 논하는 것에 대해 이미 마음속으로 은연중 비판하는 말이 생겨났다. 그리하여 6월에 이르러, 설간도 복직하여서 서울로 간 뒤 양명은 서울에 있는 설간·황종명·마명형에게 편지를 써서 그들이 대례의에서 부디 근신하고 정중하기를 다음과 같이 요구하였다.

> 전날 제가 몸이 좋지 않았을 때(賤恙) 제군이 나오지 않기를 깊이 바랐는데, 돌아보건대 바로 신골神骨 역시 추위와 더위를 오래 견디지 못할까 두려웠기 때문입니다. 지금은 과연 괴로움을 무릅쓴 바가 있었는데 심함에 이르지는 않았으나 역시 족히 경책할 만합니다. 앞으로는 부디 진중하고 진중해야 하겠습니다(珍重)! 저의 몸(賤軀)은 모두 옛날과 같아졌으나 다만 오랫동안 약해진 나머지 겸하여 이 혹독한 더위로 인사人事가 헝클어지고 답답합니다. 이로 인해 더욱 모름지기 열흘이나 한 달은 쉬어야 하겠습니다. 그런 뒤에야 감히 응수할 수 있을 뿐입니다. 음식으로 정양함(味養)의 깨우침은 성대한 뜻을 이해하였습니다. 몸을 지키는 것은 중요한 일이나 어찌 감히 지나치게 (집상을) 하였기 때문에 수척해졌겠습니까! 다만 만약 앓다가 평복된 뒤라면 불초한 자라도 감히 (집상에) 미치지 않을 수 없습니다. 사초私抄는 또한 공론에 붙일 것이니 모름지기 깊이 강하지 않습니다.

---

116 『양명선생문록』 권2 「여황종현」 서2.

"산은 고요하여 태고와 같고, 날은 길어서 소년과 같네(山靜若太古, 日長如小年)."라는 구절은 전날 이미 대면하여 말하였지만 지금 여러분을 위해 읊어 드립니다.

수인이 상겸(설간)·성보(황종명)·세녕世寧(마명형) 세 분 도계 문시道契文侍께 아룁니다.[117]

사실상 '대례의'에 대한 양명의 태도 변화로 인해 그의 문인과 제자들은 대례의 상에서 분화를 일으켰다. 그들은 입경한 뒤 황관·방헌부·황종명·고응상 등 소수의 몇 사람만 대례의파로 전향하였고, 추수익·설간·구양덕·마명형·계본·왕사·왕시가·하량승 등 대다수 제자는 모두 대례의 반대파로 전향하였다. 양명은 이 두 파로 나뉜 제자들에 대해 양시(兩可)의 태도를 취하고 시비와 포폄을 하지 않았으나, 그들이 모두 '양지'의 입장에서 공정하게 '대례의'에 대해 논하기를 희망하였다.

7월에 강서 부사副使 고응상이 임기 만료(考滿)가 되어서 서울로 향하였는데 도중에 「대례론大禮論」 한 편을 써서 올릴 준비를 하였다. 그는 장총의 대례의파 입장에 서서 다음과 같이 말하였다.

예禮란 천리에 근본을 두고 인정에 합치하는 것입니다. 이 예란 하늘에서 얻은 것으로 말하면 이치(理)라 하고, 마음에 보존한 것으로 말하면 본성(性)이라 하고, 외부로 발현하여서 사태에 응하고 사물에 접하는 것으로 말하면 감정(情)이라 하고, 감정이 발현하여서 저마다 이치에 합당한 것으로 말하면 예라 합니다. 예라고 하는 것은 의문儀文, 절서節序로써 말한 것입

117 『장도각서화록壯陶閣書畵錄』 권10 「명왕양명수찰책明王陽明手札冊」.

니다. 이런 까닭에 감정이라고 하는 것은 예의 근본(本)이며, (곡례曲禮) 3천, (경례經禮) 3백은 예의 꾸밈(文)입니다. 성인은 감정에 따라서 예를 정하였는데, 천리에 근본을 두고 인정에 부합하게 한 것이다(聖人緣情以制禮, 本乎天理而合乎人情者也). 금상은 효종 황제의 조카, 홍헌왕의 아들로서 무종 황제가 안가晏駕하시고 후사가 없음에 유조遺詔로 조훈祖訓의 형종제급兄終弟及 문구에 따라 대통을 이으셨습니다. 예관이 한 애제漢哀帝(B.C.7~B.C.1), 송 영종宋英宗(1063~1067)의 고사를 인용하여서 효종을 고로, 홍헌왕을 숙부로, 성모를 숙모로 일컫고, 익부益府의 둘째 아들 숭인왕崇仁王(주후현朱厚炫, 1500~1577)을 홍헌의 후사로 삼았습니다. 천리에서 살펴보면 아마도 온당하지 않음이 있는 듯합니다. 금상은 효묘孝廟께서 빈천賓天하신 뒤에 태어났으니 실로 후사가 된 적이 없으며 또한 궁중에서 양육되지도 않았으니 어찌 남의 후사의 예에 견줄 수 있겠습니까? 상이 번저藩邸에서 홍헌왕을 아비라, 성모를 모라 일컬었는데, 하루아침에 귀해져서 천자가 됨에 내 아비가 아니라 숙부라 하고, 내 어미가 아니라 숙모라 하면 인심에 온당하겠습니까? 천리에 순하겠습니까? 효자가 어버이에 대하여 돌아가신 어버이 섬김을 살아계신 듯이 하고 돌아가시고 안 계신 어버이 섬김을 존속해 계신 듯이 합니다. 홍헌왕은 생전에 아들이 하나밖에 없었고 지금 다시 숭인왕을 후사로 삼았으니 홍헌의 영령이 있다면 반드시 내 아들은 이미 황제가 되었는데 어찌 다시 이 아들이 있는가 하실 것이며, 반드시 그 제사를 흠향하지 않으실 터입니다. 또한 이미 숭인왕이 후사가 되었다면 성모는 바로 한 나라의 어머니인데 궁중에 모시기는 마땅하지 않습니다. 자신은 천자가 되었으니 천하로써 그 어머니를 봉양하지 않으면 어찌 효가 될 수 있겠습니까? 예를 논의하는 여러 신하들은 어찌하여 깊이 생각하지 못하는 것입니까! 그렇다면 추존하는 예는 어떠하겠습니까? 말씀드립니다.

추존은 옛 법도가 아닙니다. 옛날 아비가 사士이고 아들이 천자, 제후이면 제사를 천자, 제후로 지내고 시복尸服은 사복士服으로 하니 추존의 예가 없었음을 알 수 있습니다. 무왕이 태왕太王, 왕계王季를 왕으로 추존한 것은 왕의 자취(王迹)에 처음 기초를 세운 것 때문이며 범범하게 높인 것이 아닙니다. 추중하는 의전은 후세에 생겨났습니다. 지금 품관品官으로서 1품은 증조까지 봉하고, 3품 이상은 조까지 봉하고, 7품 이상은 부모까지 봉하니 어찌 천자로서 그 부모를 존중하지 않겠습니까? 천자의 호칭으로 존중하는 것은 가능합니다. 이미 천자의 호칭으로 높였다면 신주를 어느 곳에 봉안하는 것입니까? 말씀드립니다. 별도로 사당 하나를 세워서 봉선전奉先殿의 고사와 같이 한다면 이미 성실하게 효도하는 마음을 다할 수 있고 정통에도 문제가 없을 것입니다. 이와 같으면 인심이 편안하고 천리가 통할 것입니다. 그러므로 말하기를, 예란 천리에 근본을 두고 인정에 부합하는 것이라 하는 것입니다.[118]

고응상이 한 말에 근거하면 "이 글은 가정 2년 임기 만료가 되어서 서울로 가다가 도중에 지은 것으로서 남들이 벼슬을 구하려고 한다고 기롱할까 두려워서 감히 올리지 못하였는데, 다만 강서 선비들이 베껴서 왕양명 선생께 전해지게 되었다. 그러므로 양명 선생이 (이에 대해) 편지를 보냈던 것이다."[119]라고 하였다.

양명은 고응상에게 편지를 보내 정식으로 명확하게 대단한 '대례의'에 대한 태도와 관점을 다음과 같이 표현하였다.

---

118 『정허재석음록靜虛齋惜陰錄』 권수卷首 「대례론大禮論」.

119 『정허재석음록』 권수 「대례론」 부록.

> 근자에 「예론」을 보니 족히 근래 덕업이 진보함(日來德業之進)을 알았습니다. 진·한 이래 예가의 설이 왕왕 서로 원수를 대하듯이 (대립)하였는데, 모두 치량지의 배움을 듣지 못한 때문일 뿐입니다(秦漢以來, 禮家之說往往如仇, 皆爲不聞致良知學耳).[120]

고응상은 대례의파와 한편에 서서 예를 논하였는데 장총과 관점이 일치하였다. 그러나 그는 "성인은 감정에 따라서 예를 정하였는데, 천리에 근본을 두고 인정에 부합하게 한 것"임을 강조하였다. '예'는 모두 사람이 자기의 일정한 수요에 따라 정하여서 나온 것으로서 결코 선천적이고 절대적이며 고금에 공통으로 적용되는 (보편적인) '예'로 존재하는 것이 아니니, 따라서 반드시 역사의 기록이나 옛사람의 논법에서 '예'가 존재하는 '의거'를 찾을 필요도 없고 찾을 수도 없으므로 예컨대 '추존'의 예와 같은 것을 그는 곧 고례古禮가 아니라고 인식하였다. 이로 인하여 감정에 연유하고 이치에 근본을 두고서 예를 제정하며, 공변된 마음으로 대례를 논하는 것이 중요하다고 보았다. 이 사상은 양명의 동의를 얻었다. 그리하여 (양명은) 말하기를, 그가 '근래 덕업이 진보'하였다고 하였던 것이다. 실제로 양명은 바로 이런 관점을 이용하여서 고금의 예 논의, 예 논쟁에 대해 부정적으로 비판을 하였다.

"진·한 이래 예가의 설이 왕왕 서로 원수를 대하듯이 하였는데 모두 치량지의 배움을 듣지 못한 때문일 뿐"이라고 한 그의 말은 바로 가장 먼저 당장의 '대례의' 쌍방에 대한 첨예한 비평을 내포하고 있다. 그가 볼 때 사람이 감정에 연유하고 이치에 근본을 두고서 '예'를 제정하였다. 이른바 예의 제정이 사람의 감정에 부합하다는 말은 바로 '양지'에 부합한 공변된 마음을 말한

---

120 『정허재석음록』 권수 「대례론」 부록.

다. 이로 인해 '대례의'에서 응당 '양지'의 공변된 마음으로 대례를 논의하고 황통을 정해야 한다. 그러나 (대례의 논쟁은) 대례의파나 대례의 반대파 모두 '양지'의 공변된 마음에서 나온 것이 아니라 공의를 거스르고 이치를 거스르고 감정을 거스른 사사로운 마음에서 나온 것이었다. 대례의파 측으로 말하자면 세종은 완전히 천하를 사유하려는 독부의 독단적인 마음으로 대례의를 통제하였고, 장총·계악의 무리 역시 모두 기회를 틈타 권력과 결탁하여서 이익을 추구하는 공리의 마음으로 정치에 간섭하고 조정에 진출하기 위해 황제의 천하 사유와 허위의 황통을 논증하고 변호하였으며, 그 결과 개인적으로 화려하게 출세할 수 있었다. 대례의 반대파 측에서도 마찬가지로 '양지'의 공변된 마음으로 대례를 논의하지 못하고 상반되게 정주의 이학을 이용하여서 그들의 양지에 거스르고 인정에 거스르는 예설을 덮어서 가려버렸다.

양명은 '양지'의 공변된 마음의 입장에서 '대례의'를 보았다. 대례의 반대파가 효종을 황고로, 장씨張氏를 황모로 칭하자고 주장하기 시작했을 때 양명은 양지에 거스르고 인정에 거스르는 이러한 방법에 반대하였으며, 대례의파의 홍헌왕을 황부로, 장씨蔣氏를 황모로 칭하는 것에 동의하였다. 그러나 대례의파가 홍헌왕을 황부로, 장씨를 황모로 주장하고 이를 통해 더 나아가 홍헌왕을 황제로, 장씨를 황후로 추존하고 세종을 위해 '본생부'를 제통과 종묘에 편입시키려고 다투었을 때 양명은 또 이러한 양지를 거스르고 인정을 거스르고 대례를 거스르는 세종의 전제와 독재의 전횡(行徑)을 부정하였다. 이는 바로 양명이 처음에는 대례의파를 지지하였다가 마지막에는 전면적으로 '대례의'를 부정하게 된 사상 변전의 근본적인 원인이다.

그리하여 가정 2년(1523) 10월에 황관이 소흥으로 와서 한 달 남짓 가르침을 받았을 때 양명은 그와 더불어 '대례의' 강론에서 역시 매우 의기투합하였다. 그러나 11월에 형부상서 임준이 대례의로 세종의 감정을 거슬러 치사하고 돌아가면서 소흥을 경유하여 양명을 찾아가 만났을 때, 양명은 또 대례의 반대파의 중견에게 동정하여서 분개의 감정을 표하였다(*이때 황관도 소흥에 있었다).[121] 여기서 양명은 이미 '대례의'에 대한 태도를 바꾸었음을 드러냈던 것이다.

가정 3년(1524)에 이르러 '대례의'는 또 계악·방헌부·석서·황관의 개입으로 다시 거대한 파란을 일으켰다. 이때 장총과 계악은 모두 남경에서 임직에 있었으며, 황관도 마침 남경에 이르러서 도찰원경력으로 부임하였다. 세 사람은 마음과 의기가 투합하였고 또 석서·방헌부와 함께 다섯 사람이 대례의파의 강력한 집단을 결성하였다. 정월 21일, 남경 형부주사 계악은 곧 「정대례소正大禮疏」를 올렸는데, 특히 남경 병부우시랑 석서의 「대례소」와 이부원외랑 방헌부의 「대례소」를 함께 덧붙여 올려서 성세를 크게 떨쳤다.

계악은 「정대례소」에서 다음과 같이 말한다.

> 지금 예관은 전장典章을 제대로 고찰하지 않고 폐하의 순수한 효심을 막아서 끊어버렸으며 폐하를 다른 사람의 뒤에 들이는 잘못을 하였으며 무종의 계통을 소멸하고 헌제의 종통을 빼앗았으며 또한 흥국태후를 자수태후에게 눌리게 하였습니다. 예는 다할 수 없고 삼강은 아주 폐기되어버렸으니 비상한 변고입니다! …… 원컨대 속히 밝은 조칙을 발하여서 효종을 황백고로, 흥헌제를 황고로 일컫고, 별도로 사당을 대내大內에 세우고 흥국태후의 예를 바르게 하고 성모의 칭호를 정하여서 하늘을 섬기고 땅을 섬기

121 전덕홍의 『양명선생연보』에서 이르기를 "공은 상대하여 시사에 감개하고 같이 따라온 여러 벗을 위로하여 제때 배움에 힘써서 처음의 의지를 저버리지 않게 하였다."라고 하였는데, '상대하여 시사에 감개하고'는 곧 '대례의'를 논한 일이다. 『왕양명전집』 권34 「연보」 3.

는 도를 두루 화합하게 하소서. 지금 폐하는 조훈을 받들고 계승하여서 대통에 들었으니 효종의 조칙을 아직 받지 않은 아들로서 남의 후사가 아니라 (당당한) 계통에 속한 군주임은 매우 분명합니다. 고는 홍헌제, 모는 홍국태후임은 또 무엇을 의심합니까! 신이 듣건대 천자가 아니면 예를 의논하지 않고, 천하에 도가 있으면 예악이 천자에게서 나온다고 합니다(非天子不議禮, 天下有道, 禮樂自天子出). 신은 오랫동안 청하고자 하였으나 근래 다시 석서와 방헌부의 두 소(의 동조)를 얻었으니 엎드려 바라건대 분연히 재단하소서. ……[122]

계악은 가정 시기 전체에 열광적으로 고취한 '학금'과 '대례의'의 가장 위험한 인물이었다. 그가 미친 듯이 날뛰며 부르짖은 "천자가 아니면 예를 의논하지 않고, 천하에 도가 있으면 예악이 천자에게서 나온다."라고 한 말은 본생부를 위해 황통을 다투고 황종에 편입하려는 세종의 독재적 전단의 마음을 극도로 선동하였고, 대례의 반대파에 대해 살기를 일으켰다.

2월, 양정화가 압박을 받아서 직책을 떠나 치사하였다. 예부상서 왕준汪俊(1493, 회원會元)이 관리를 소집하여 대례를 논의하였는데, 대례의의 진상을 다음과 같이 밝혔다. "앞뒤 장소章疏는 오직 장총·곽도·웅협의 의견이 계악의 의견과 같았습니다. 양경의 여러 신하의 80여 소와 250여 인의 의견은 모두 부部의 의견과 같았습니다. 계악 등은 거리낌 없이 함부로 말을 하였으니 마땅히 죄를 주어야 합니다."[123]

세종은 더 이상 기다릴 수 없다는 듯이 도살의 칼을 들어올렸다. 2월 30일

122 『명사』 권196 「계악전桂萼傳」.

123 『국각』 권53 가정 3년 2월 조.

은 소성태후昭聖太后(*張氏)의 생일인데, 세종은 뜻밖에 조하朝賀를 면제하는 조서를 내렸다. 어사 마명형(*양명의 제자)과 주제朱淛(1486~1552)가 상소하여 간하다가 진무사鎭撫司에 체포되었다. 수찬 서분(*양명의 제자)이 글(章)을 올려서 다시 간하다가 탈봉奪俸 3개월에 처해졌다. 어사 계본(*양명의 제자), 진후陳逅(1493~1557), 호부원외랑 임응총林應聰 등이 잇따라 장소章疏를 올려서 구원하다가 모두 하옥되었다. 계본은 게양揭陽 주부로 좌천되었고, 임응총은 서문현 승徐聞縣丞으로 폄적되었으며, 진후는 합포合浦 주부로 강등되었다.

양명은 조정의 대례의에 갑자기 변고가 일어났다는 소식을 듣고 대례의 반대파에 극도의 동정과 지지를 표하였다. 그는 나중에 다음과 같이 말한다. "올해 여름, 군(*임응총)이 직언을 하다가 폄적당했다는 말을 들었는데 과연 문장과 기절이 있는 자임을 믿을 수 있다."[124] 장총과 계악은 승기를 타고 다시 3월에 글을 올려서 말하기를 "본생本生은 후사가 된 바를 말하니 실은 겉으로는 인정하나 속으로는 빼앗는 것입니다. 세상에 고를 두 분으로 하는 예가 없으니 예관이 바로 이를 빌려 구실로 삼은 것은 황상을 효종의 아들 됨을 밝히려는 것일 뿐입니다. 빨리 본생을 (계통의 규정에서) 제거하지 않는다면 비록 (생부 홍헌왕을) 황고로 일컫더라도 사실 황숙과 다름없습니다. 일곱 가지 일을 삼가 조목조목 아룁니다."[125]라고 하였다. 세종은 즉시 예부상서 왕준을 파직하였다.

황관은 세종의 대례의 처치에 대해 '성명聖明'께 '요순의 자질'이 있다고 치켜세우면서 대신들이 모두 당을 지어서 이치를 거스르고 황상을 속이고 있다고 하였다. 그는 흥분하여서 양명에게 편지를 써서 다음과 같이 알렸다.

---

124 『왕양명전집』 권24 「제몽사기유시권題夢槎奇游詩卷」.

125 『국각』 권53 가정 3년 3월 조.

근일에 석재石齋(*양정화)와 석담石潭(*왕준)이 떠나갔는데 그 상세한 정황은 모두 들으셨는지요? 사정이 처한 근원을 따져보면 어찌 조정의 과실이라 하겠습니까? 이 일은 완전히 성명께 힘입으니 천지가 모든 것을 포용하는(包荒) 것과 같으나, 다만 제공諸公이 처하는 바 때문에 나랏일은 마땅히 어찌 되겠습니까? 비록 제공이 이와 같이 이치를 거스르고, 이와 같이 당을 지어서 속이고 거스름이 지극하다 하더라도 (성명께서) 오히려 차분하게 짐작하고 대략 털끝만큼도 성내고 화내는 정감이 없으면 이는 분명 요순의 자질이나 다만 애석하게도 (성명을) 보익輔翼하여 이 마음을 넓히고 채워서 창생의 복이 되게 할 사람이 없습니다. 지금 넓혀서 채우지 못할 뿐만 아니라 도리어 꺾고 주저앉히고 억누르고 막아서 저지하고 의심하게 하니 어찌 옛 대신이 임금을 이끌어서 도에 합당하게 하는 이치가 이와 같았겠습니까? 세상의 도리가 쇠퇴하고 하늘의 이치가 밝지 않음이 이 같은 극함에 이르렀습니다! 한이 됨이 어떠한지 역시 이상하지 않습니다! 계 선생(계자桂子, 계악)은 실로 '강한 신하가 군주를 항거하는(强臣抗君)' 자입니다. 어사 모옥毛玉이 강서에서 일을 조처하는(勘事) 것은 오로지 당로當路의 뜻에 영합하는 것인데 감히 공연히 정직함을 해침이 이와 같으니 개탄스러움을 어찌해야 합니까![126]

황관은 바람을 맞아 키를 잡고 상황을 보아 일어나기를 잘하는 사대부의 가장 전형적인 인물이다. 이 편지를 썼을 때 그는 이미 장총·계악·석서·방헌부를 좇아 잇달아 세 차례 대례의 소를 올렸는데, 2월 12일에 한 차례, 2월 28일에 한 차례, 3월 29일에 한 차례 올려서 추수익으로부터 '한두 간사한

126 『황관집』 권9 「기양명선생서寄陽明先生書」 2.

사람(一二奸人)'으로 배척을 받았다. 황관은 양명이 이때 '대례의'의 관점이 이미 변하였음을 알지 못하고서 여전히 편지에서 세종과 장총·계악의 무리를 찬양하였는데, 양명은 매우 반감을 갖고 침묵을 지킨 채 회답을 하지 않았다.

양명은 세종의 독재, 전권과 사대부 살육에 통한을 느꼈고, 더욱이 장총과 계악의 무리가 독재 황제의 하수인이 되어서 대례의를 고관이 될 수 있는 지름길로 삼은 것에 더욱 반감을 가지고 대례의파 양쪽 모두 '양지'의 공변된 마음으로 대례를 논하기를 희망하였다. 황관은 이때 일부러 튀어나와서 장총과 계악의 공범이 되었다.

대례의파(*어용파)의 사상과 성분으로 볼 때 그들은 대부분 왕학을 불신한 사람이었으며, 세종이 주학을 독존하고 왕학을 반대하는 것과 마찬가지로 양명의 양지심학을 격렬히 반대하고, 결국 '학금'으로 천하 선비의 두뇌를 금고하였다. 장총과 계악은 모두 관방 정주 이학을 신봉하는 이들로서 왕학을 불신하였으며 '학금'의 최선봉에 서 있었다. 곽도는 주학을 숭상하며, 왕학을 공격하고 헐뜯는 데 더욱 힘썼다. 방헌부는 양명과 학문을 논함에 줄곧 합치하지 못하였다. 황관도 종래 마음속으로는 양명의 양지심학을 받아들이지 않았는데 이후 가정 '학금' 때 공개적으로 양명을 반대하여 배반하고서 양명의 양지심학을 '선학禪學'이라고 배척하기에 이르렀다. 이와 같은 대례의파의 인물들이 양명의 양지심학을 '사설邪說'이라고 공격하였으니, 그들은 결코 '양지'의 공변된 마음으로 공정하게 대례를 논의할 수 없었다. 그리하여 정치적으로 '대례의'는 우회적으로 계통을 이은 새 군주의 전제와 독재에 부응하는 데 지나지 않았고, 새 군주 세종의 전권과 독재 통치의 상징 및 표지를 확립하였다.

세종 시대의 어리석고 용렬하며 포학한 전제는 무종과 견주어도 덜하지 않았는데, 실제로 '대례의'의 분쟁이 그 시초였으며, 장총·계악·방헌부·석서·

황관의 무리가 파란을 일으키고 조장하여서 형성한 것이었다. 그러므로 황관이 자신의 대례소 세 편을 양명에게 보냈을 때 양명은 여전히 회답을 하지 않았다. 다만 황종명에게 보낸 편지에서 함축적으로 완곡하게 다음과 같이 말하였다.

> 근래 종현宗賢(황관)이 보내준 「예소禮疏」를 보니 매우 명백하였습니다(明甚). 성보誠甫(황종명)의 의견은 마땅히 동의하지 않을 수 없습니다. 옛날 군자(古之君子)는 공경하고 준절하게 물러나고 양보하여서 예를 밝혔습니다(恭敬撙節退讓以明禮). 제(僕)가 두 형께 바라는 바는 곧 여기에 있으며, 저기에 있지 않습니다(在此而不彼也). 과연 이와 같다면 이 도(斯道)를 위한 계책으로는 예의 논의에 나아가야(進於儀禮) 할 것으로 생각됩니다.[127]

양명은 황관의 대례소에 대해 다만 "매우 명백하였습니다." 한마디만 한 채 가부를 논하지 않았으나 실제로는 함축적으로 그의 대례의설을 부정하였다. 그는 강조하기를, 황관이 '옛날 군자'를 본받아 대례의에서 "공경하고 준절하게 물러나고 양보하여서 예를 밝히기를" 바랐다. 그는 분명히 황관이 장총과 계악을 따라 세종이 대례의를 흠정하고 전권과 독재를 휘두르며 반대파의 사대부를 살육하는 짓거리를 독려하는 것에 반대하였다. 양명의 참된 의도는 바로 '여기에 있고 저기에 있지 않은' 것이므로 능히 '여기'에 할 수 있어야 비로소 진정하게 '의례에 나아갈' 수 있는 것이다. 사실 양명이 이때 상찬한 사람은 황관이 아니라 황관을 '간사한 사람'이라고 통렬하게 배척한 추수익이었으며, 추수익이야말로 양명의 마음속에 있는 "공경하고 준절하게 물

127 『왕양명전집』 권21 「여황성보與黃誠甫」 서1.

러나고 양보하여서 예를 밝힌” ‘군자’였다.

황관이 잇달아 세 차례 대례의 소를 올린 뒤 추수익은 황관과 날카롭게 대립하여서 4월 26일에 「대례소」를 올렸는데 그 속에서 바로 장총·계악·황관과 같은 ‘간사한 사람’을 통렬하게 배척하였다. 그는 다음과 같이 말한다.

> 엎드려 받잡건대, 황상께서 본생의 은혜를 여러 차례 뭇 신하에게 회의하게 하셨는데 그로써 천하의 공론을 구하게 한 것이니, 공경公卿에서 대간臺諫의 백집사에 이르기까지 서로 소장을 올려서 논하여 상주함에 대종大宗과 소종小宗의 의론을 미루고 정통正統과 사친私親의 등급을 변별하게 하였으나, 오직 전대의 복철覆轍을 잘못 밟을까 두렵습니다. 이는 황상께서 자기를 버리고 남을 따르며 예로써 부모를 존경하는 데 힘쓰는 것이며, 뭇 신하가 선을 권하고 잘못을 바로잡아 의로써 군주 섬김을 생각하는 것이니 매우 성대한 절조입니다! 이윽고 간사한 한두 사람(一二奸人)이 망령되게 억지 주장으로 군주를 속이고 위로 성상의 진노를 격발하여서 폐하께서 살피지 못하고 잘못 믿으셨습니다. 존호를 올리는 것은 단연코 신충宸衷에서 나온 것으로서 대소 신료(臣工) 어느 누구도 감히 바로잡아 구제할 수 없었습니다. 근래 내실內室을 짓는 의논은 다시 수고롭게도 성유聖諭로 힐책하게 하였으니 이르시기를 “짐이 어린 나이라고 속여서 강상을 매우 잃어버리고 부자의 정을 망치게 하고 군신의 의리를 상하게 하였다.”라고 하셨는데 공경에서 대간의 백집사에 이르기까지 천위天威를 두려워하여 감히 다시 한 마디 아뢰어서 폐하의 의혹을 풀지 못하며, 소사所司(유사有司)가 점차 받들어 행하여 길에서 서로 전하였고, 또한 이르기를 ‘효장자孝長子’라고 일컬었습니다. 이는 폐하께서 (사사로운) 감정에 따라 효로 삼고, 뭇 신하는 명령을 따름을 충으로 삼은 것입니다. 만약 이를 그만두지

않고 키운다면 폐하께서는 위에서 독단하여 천하 만세의 공론을 돌아보지 않고, 뭇 신하는 아래에서 아부하여 구차하게 한때의 부귀를 좇아 홀연 종사宗社의 장구한 계책이 예를 버리고 의를 해치게 한다면 국가의 복이 아닙니다.[128]

추수익의 관점은 양명과 완전히 일치하였다. 세종이 크게 노하여 말하기를 "추수익, 이놈(這厮)이 분수를 모르고 함부로 말을 하고 본업本業을 닦지 않았으니 이미 기탄忌憚의 죄를 알고 또 독만瀆慢을 하다니 목숨이 아까운 줄 모르는구나! 금의위로 하여금 붙잡아 진무사로 보내서 심문을 하게 하라!"[129] 하였다. 추수익은 하옥되어서 고문을 받고 마지막에는 광덕주廣德州 판관으로 좌천되었다. 그는 적소로 가는 길에 소흥에 들러 양명에게서 한 달 동안 가르침을 받았다.

양명은 그가 항거하는 글을 올려서 대례의의 간사한 사람을 논한 장거를 전적으로 인정하고 감탄하면서 "마치 갓난아이를 보호하듯이 하여 마음으로 성실하게 구하였다(如保赤子, 心誠求之)."라고 칭찬하였다. 추수익이 말하기를 "일관一官은 응당 뛰어난 사람의 자취를 따르고 일을 만나면 고사대로 할 뿐입니다."라고 하였다. 양명이 말하기를 "『서』에서 '진실로 공경하고 참으로 사양한다(允恭克讓).'고 하였는데 겸지는 참으로 공경하고 사양한다. 스스로 살펴서 진실하고 참되게 함에는 어떠한가?"[130]라고 하였다. 양명은 추수익을 진정 "공경하고 준절하게 물러나고 양보하여서 예를 밝히는" 군자라고 칭

---

128 『추수익집』 권1 「대례소大禮疏」.

129 『추수익집』 권1 「대례소」.

130 『명유학안』 권16 「문장추동곽선생수익文莊鄒東廓先生守益」.

찬하였다.

나중에 추수익은 시 두 수를 지어서 소홍에서 한 달 동안 가르침을 받은 일을 다음과 같이 읊었다.[131]

동라석의 운을 써서 드리다 贈董蘿石用韻

옛날 천천루에 올라 昔登天泉樓
종오편을 읽었네 獲讀從吾篇
천 리에 높은 표본을 생각하니 千里想高標
신령한 기운 이미 빨리 사라졌네 神氣已儵然
하물며 이 훈풍에 배를 띄워 矧此薰風舟
한 달 그윽한 말씀을 들었네 一月款幽言
두 번 절하고 은혜로운 감화를 입으니 再拜沆瀣惠
뜨거운 열기로 새 허물을 씻어내네 炎歊滌新愆

바닷가에선 조각구름 일어 海濱出片雲
가벼이 나부껴서 물들지 않네 飄颻無染着
늙음에 이르러 집안은 더 가난해지고 老至家益貧
호탕한 노래에 남은 즐거움 있네 浩歌有餘樂
태허가 모두 내 오두막인데 太虛皆吾廬
어디엔들 머물 수 없으랴! 何處不可泊
세태는 파리 떼 같아서 世態如群蠅

131 『추수익집』 권25 「증동라석용운贈董蘿石用韻」.

진퇴를 두고 피비린내 나는 다툼을 하네	腥膻爭前却
원컨대 종오의 처방을 넓혀서	願溥從吾方
세상을 위해 좋은 약을 바치네	爲世贈大藥

동운董澐도 이별시 한 수를 지어서 다음과 같이 읊었다.[132]

추동곽 선생께 이별하며 드리다 留別鄒東廓先生

서쪽 물가에서 동곽을 따라	西水從東廓
강 언덕을 지나 약야를 건너네	江干更若耶
봄바람 비록 한 달이나	春風雖一月
곳곳이 내 집일세	到處是吾家
황련주로 병을 물리고	却病黃蓮酒
자순차로 병마를 몰아내네	降魔紫笋茶
이별은 진실로 쉽지 않으니	別離眞不易
비끼는 석양에 어이하리!	奈此夕陽斜

슬픈 것은 바로 추수익이 아직 소홍에서 양명의 양지 예교禮教를 전수받고 있을 때, 황관은 석서가 「대례고의大禮考議」를 올린 뒤 바로 뒤따라 「대례사의大禮私議」를 올려서 세종의 인정을 받았고, 장총·계악·방헌부가 서울로 들어와 중용되는 데 추동 작용을 하였다는 점이다. 이는 양명에 대한 황관의 제1차 '반역(反叛)'일 뿐만이 아니었다.

132 『종오도인시고從吾道人詩稿』 권상 「유별추동곽선생留別鄒東廓先生」.

6월, 장총과 계악이 부름에 응하여서 서울로 나아갔다. 담천談遷(1594~1658)은 이때 격화한 대례의의 정세를 다음과 같이 언급하였다.

> 가정 3년 6월 임인, 장총과 계악이 다시 대례를 아뢰었다. 이때 입경하였는데 정신廷臣이 그들을 물리치려고 막아서 소통하지 못하게 하였다. 며칠 뒤 처음 조회를 하게 되어서 무정후武定侯 곽훈郭勛(?~1542)을 따라 빠르게 동화문東華門으로 나갔다. 곽훈이 매우 기뻐하며 내조하기를 약속하였다. 급사중 장충張翀 등, 어사 정본공鄭本公(?~1541) 등이 번갈아 글을 올려서 저지하였는데 듣지 않았다. 곽훈이 곧 그 일을 아뢰었다. 상이 밤에 장총을 불러서 묻기를 "재앙과 복을 너와 함께 공유하려는데 뭇사람들의 흉흉함을 어이 하겠느냐?" 하였다. 대답하기를 "저 무리는 정치를 위한 것일 뿐입니다. 천자께서는 지존이시며 해처럼 밝고 우레처럼 위엄이 있으시니 어느 누구라도 감히 항거하는 자는 모름지기 금의위의 역사 몇 명이면 충분할 것입니다!"라고 하였다. 상이 고개를 끄덕였다.[133]

장총의 살기등등한 큰소리는 세종의 배짱을 키웠다. 6월 13일 세종은 장총과 계악을 한림원학사로, 방헌부를 시독학사로 임명하여서 조신들은 한 차례 떠들썩하게 의론을 하였다. 학사 풍희豊熙(1468~1538), 수찬 양유총楊維聰·서분舒芬, 편수 왕사王思(*양명의 제자)가 장총·계악·방헌부와 대오를 이룸을 부끄러워하여 글을 올려서 사직을 청하였다. 이부상서 교우도 상주하여서 장총·계악·방헌부를 파직하라는 새로운 명을 청하였다. 이과급사중 이학증李學曾과 하남도河南道 감찰어사 길당吉棠(1480~1547) 등이 연대하여서 관료 74인과

133 『국각』 권53 가정 3년 6월 조.

함께 상주하여 장총과 계악을 논핵하였다.

조정의 대례의가 첨예하게 격화하던 중 마침내 오정거吳廷擧(1459~1526)라는 도어사가 양명을 천거하는 글을 올려서 대례의에 참여하게 하고 대례의파 양쪽의 모순을 화해시키려고 하였다. 양명은 4월에 복을 벗었다. 그는 배척당하여 2년 동안 칩거하였으니 의례히 기복起復되어야 했으며, 현재 어쨌든 산에서 나와 정사를 논하고 예를 의논할 수 있었다.

그리하여 4월에 오정거가 양명을 천거하는 글을 올려서 대례의에 참여하도록 하면서 다음과 같이 말하였다.

> 전례典禮를 높여서 따르는 의론을 두고 3년에 걸쳐서 군주와 신하가 저마다 한 가지 설을 갖고 다투어서 지금까지 정해지지 못하였습니다. 홍무洪武(1368~1398) 기간 중에 3년 동안 의론하였는데 뭇 신하가 저마다 여러 의견을 모으고 옛일을 상고하여서 『효자록孝慈錄』을 지은 뒤 대대로 법으로 삼았습니다. 지금 마땅히 널리 천하의 친왕親王들에게 조칙을 내려서 저마다 소 한 편을 올리게 하고, 양경의 5부五府·6부六部·도찰원·통정사通政司·대리시에 조칙을 내려서 요속僚屬을 효유하여 각각 유주類奏를 건의하게 하고, 13성省 무신撫臣들에게 조칙을 내려서 저마다 요속을 효유하여 역시 이와 같이 유주를 올리게 하였습니다. 양경의 과도관이 듣고서 저마다 스스로 아뢰었습니다. 치사하고 휴가로 집 안에 거주하는 대학사 사천謝遷·양저梁儲·양일청楊一淸, 상서 한문韓文·소보邵寶·왕수인·등상鄧庠·오홍吳洪·임정선林廷選·장승蔣升, 도어사 진금陳金·왕경王璟·이승훈李承勛·방량영方良永, 경卿 손서孫緖, 소경少卿 반부潘府·도목都穆, 참정 주응등朱應登, 부사 이몽양·홍범洪範·위교魏校, 첨사 강린姜麟·성단명盛端明, 지부 유적劉績·유무신劉武臣 등은 모두 여러 조정을 섬긴 원로 신하(舊臣)이며, 한 시대 선

> 비의 표본(士望)입니다. 마땅히 사신을 전담하여 칙령을 보내서 그 집 안에 이르러서 저마다 주문을 갖추게 하고 지역의 멀고 가까움을 헤아려서 기한을 정하여 올리게 하소서. 폐하께서 중도를 지니고 열람하시며 아울러 이부·한림원·국자감에 내려서 상정하게 하소서. 이 또한 조관條貫을 겸하여 모으고 들은 것을 열거하여서 두세 대신을 소환하고 날을 정하여 편전에 앉아 채택하고 시행하며 책자로 편집하여서 위로는 천지·종묘·사직에 고하고 아래로는 나라 안팎과 화이華夷의 신민에게 조칙을 내려서 우리 명의 경법으로 완성하여 전대의 오류를 바로잡으소서.[134]

오정거는 진백사(진헌장)의 제자인데 사상적으로 양명의 심학과 서로 합치하였으며 관계가 매우 긴밀하였다. 대례의에서 그는 대례의파와 대례의 반대파 사이에서 절충하였으나 대례의 반대파로 기울어졌다. 그리하여 대례의파는 그를 "양다리를 걸치고(首鼠兩端) 속으로는 사악한 설에 붙었다(隱附邪說)." 하고 공격하였다.

대례의 양 파의 모순과 대항이 양립할 수 없는 형세를 이루고 세종이 전횡하여서 대례를 단번에 흠정하려고 결의할 즈음에 오정거는 광범위하게 '민의民意'를 널리 구하고 묻는 방법을 제시하였다. 조야 안팎의 상하 의견을 다방면으로 경청하고, 뭇 의견을 모으고 옛일을 상고하여서 좋은 것을 택하여 시행함으로써 군주의 독단과 편협한 신념, 신하가 기회를 엿보아 이익을 추구하지 못하도록 실수 없이 방지하는 좋은 방법이었다. 그러나 세종은 독단적으로 대례의를 흠정하고자 하는 마음을 이미 결의하였기에 그 마음을 움직여서 흔들 수 없었다. 대례의파에서는 더욱이 오정거가 천거한 사람 모두가

---

134 『명세종실록』 권38 가정 3년 4월 조.

대례의 반대파로 기울어졌으며 특히 양명이 그러한 사람으로서 이는 세종이 흠정한 '학금'에 가장 먼저 금고해야 할 '사악한 학설을 전수하고 익히는(傳習邪說)' '간사한 사람(憸人)'임을 분명히 알고 있었다. 그러므로 어찌 다시 그를 청하여서 이미 기정사실화한 '대례의'를 교란하고 파괴하는 일을 용납하겠는가? 그리하여 대례의파는 매우 빨리 오정거의 '속으로는 사악한 설에 붙어서' '황상을 속이는 아홉 가지 큰 죄'를 주핵奏劾하고 오정거의 의안議案을 부결하였다. 조신들은 할 수 없이 두 눈을 부릅뜨고 '대례의'의 위험한 형국을 보면서 속을 태우며 끝내 수습하지 못하였다. 돌연 모순이 폭발하여서 세종은 살육을 벌이기 위한 도살의 칼을 들어올렸다.

7월에 이르러서 세종은 대례의를 흠정하기로 결의하였다. 이에 앞서 장총과 계악이 열세 가지의 일을 나열하여서 상주하였는데 예관禮官의 기망죄欺罔罪를 조목조목 진술하였다. 장총과 계악의 주장은 대례의 흠정을 위한 행동에 '남본藍本'을 제공한 셈이어서 세종은 즉시 채납하여 시행하였다. 12일, 세종은 백관을 좌순문左順門으로 소환하여서 다음과 같이 조명 선포를 강행하였다. "본생 성모 장성章聖 황태후는 이제 존호를 고쳐서 '성모 장성 황태후'로 하고 나흘 뒤 책보冊寶를 받들어서 올린다."[135] 이는 세종이 대례의의 흠정을 하려는 신호로서 '좌순문 사건'의 직접적인 도화선이 되어서 대례의 반대파는 전체 행동을 일으킬 수밖에 없게 되었다.

13일, 예부우시랑 주희주朱希周(1473~1557)가 상주하여서 "조령을 반포한 지 석 달이 못 되어서 홀연 경정更定의 효유를 받았으니 밝은 조령이 허위가 되어버려서 천하에 믿음을 얻기에 부족합니다."라고 하였다. 14일, 병부상서 진금, 우부도어사 왕시중王時中(1466~1542), 이부좌시랑 하맹춘何孟春

---

135 『명사기사본말明史紀事本末』 권50 「대례의大禮議」.

(1474~1536) 등, 고칙誥勅 이부좌시랑 가영賈詠(1464~1547), 한림학사 풍희 등, 태상시경 왕거汪擧(1502, 진사) 등, 급사중 장충張翀(1525~1579) 등, 어사 여고余翺 등, 이부낭중 여관余寬(1511, 진사) 등, 호부낭중 황대현黃待顯(?~1535) 등, 병부낭중 도자陶滋(1484~1538) 등, 형부낭중 상세방相世芳 등, 공부낭중 조유趙儒(1517, 진사) 등, 대리시정大理寺正 관덕순毋德純(1486~?) 등, 행인사정行人司正 고절高節(1492~?) 등이 모두 어지러이 상주하여서 "존호에서 '본생' 자를 삭제해서는 안 됩니다."라고 하였다. 이어서 대학사 모기毛紀와 석보石瑤(1464~1528)가 또 상소하였다. 세종은 모두 아랑곳하지 않았다.

15일, 이들 조신 200여 명은 불안하고 당황하여서 다 함께 좌순문으로 몰려와 엎드려 무릎을 꿇고 절을 하며 명을 기다렸다. 그들 가운데 어떤 사람은 '태조 고황제'를 높이 부르짖고, 어떤 사람은 '효종 황제'를 높이 부르짖으며 울부짖고 눈물을 흘렸다. 세종은 오히려 멍하니 문화전文華殿에 높이 앉아서 조신들에게 물러가라고 명령하였으나, 조신들은 받아들이지 않았다. 각신 모기와 석보마저도 앞으로 나와서 무릎을 꿇고 절을 하여서 세종이 크게 노하였다. 사례태감에게 명하여서 조신들의 이름을 하나하나 기록하게 하고, 주범인 풍희·장충·여고·여관·황대현·도자·상세방·관덕순을 체포하여서 하옥하였다. 수찬 양신楊愼, 검토 왕원정王元正(1511, 진사)은 궁문을 부여잡고 흔들며 대성통곡을 하였고, 뭇 조신도 한꺼번에 통곡을 하여서 울음소리가 황제의 조정(帝廷)을 진동시켰다. 세종은 더욱 분노하여서 5품 이하 원외랑 마리馬理(1474~1556) 등 134인을 체포하여서 옥에 가두고, 4품 이상 및 사무司務 등 관원을 모두 대죄하게 하였는데 그들에게 잔혹한 고문과 취조를 진행하였다.

담천은 이 피비린내 나는 살육을 다음과 같이 묘사하였다.

계미(*20일), 금의위에서 수감하고 대죄하는 220인을 다시 고문하게 하였다. 학사 풍희, 수찬 양수楊修, 검토 왕원정, 급사중 장충·유제劉濟, 어사 여고, 낭중 여관·황대현·도자·상세방, 시정寺正 관덕순이 모두 수자리로 폄적되었다. 4품 이상은 탈봉, 5품 이하는 각각 장형을 받았다. 편수 왕상·왕사, 급사중 모옥毛玉·배소종裴紹宗·장원張原, 어사 호경胡瓊(?~1524)·장왈도張曰韜(?~1524), 낭중 호련胡璉(?~1524)·양회楊淮, 호부원외랑 고평高平·신량申良, 주사 유정兪禎·오유仵瑜·장응규臧應奎·장찬張潔·은승서殷承敘·안새安璽, 사무司務 이가등李可登은 장을 맞고 졸하였다.

갑신, 공목恭穆 헌황제의 신주가 서울에 이르러서 관덕전觀德殿에 봉안하고 책보를 올렸다.

기축, 소보 겸 태자태보 이부상서 근신전謹身殿 대학사 모기를 파직하고 …… 다시 한림수찬 양신楊愼, 검토 왕원정, 급사중 유제를 영구히 수자리에 보냈다. 급사중 안반安磐·장한경張漢卿, 어사 왕시가王時柯를 삭적하였다.

8월 계사 삭朔, 외전外轉 급사중 우계于桂·진광陳洸·사도史道·염굉閻閎, 어사 조가曹嘉는 각각 작질을 회복하였다. 진광은 일찍이 조양潮陽 지현 송원한宋元翰을 비방하였는데, 송원한은 기록을 하여서 억울함을 변론하였고, 조양의 남자 임옥林鈺, 과부(嫠婦) 돈씨頓氏가 궐에 나아가 호소하였다. 이부의 예전例轉으로 호광湖廣 첨사가 되었는데 즉시 나아가지 않고 옛 직함을 사용하여서 상소하였다. 힘써 장총 등을 칭찬하고 비굉費宏·김헌민金獻民 등을 공격하였으며, 또 이부상서 교우喬宇, 문선낭중文選郎中 하량승夏良勝(*양명의 제자)이 직책의 취사를 임의로 하였다 하였고, 우계·염굉·사도·조가를 배척하였다. 상이 이를 받아들여서 교우를 남경 태복소경에, 하량승을 다릉茶陵 지주로 강등하였다. 진광은 대학사 비굉, 상서 김헌민·조감趙鑒, 시랑 오일붕·주희주, 낭중 유천민劉天民·설혜薛蕙·여재余才, 급사중

정일봉을 공격하면서 모두 '사당邪黨'이라고 지목하였다.[136]

사실 대례의 반대파를 살육하는 세종의 가장 음험하고 악독한 수단은 진광 등 일반 흉악한 사람들을 조정에 진출하게 함으로써 조정의 대례의 반대파를 탄핵하고 공격하여서 축출하게 한 것이었다. 그들을 '사당邪黨'으로 규정하여 금고함으로써 '학금'과 일맥상통하였다. 진광은 원래 양명의 제자였으나 진사에 합격한 뒤 고관대작을 축출하는 데 열중하였으며, 양명을 배신하고 장총·계악·석서를 좇아 대례의 반대파를 미친 듯이 탄핵하고 공격함으로써 대례의에서 으뜸가는 흉인이 되었다. 이로써 조정의 대례의 반대파는 일망타진되었다.

실제로 대례의 반대파의 적지 않은 사람들이 모두 양명의 제자였다. 예컨대 추수익·계본·설간·마명형·왕원정·왕시가·서분·응량應良·왕사·응대유應大猷·당이평黨以平·만조萬潮·곽지평郭持平·하량승 등은 타격을 받고 배척되어서 축출되었는데 그들도 '학금'을 당하였다는 의미가 있었다. 그리하여 이러한 대례의의 이론 분쟁은 군권과 상권相權의 모순, 또는 왕학과 주학의 모순이 되었고, (대례의에 관한 모든 논의는) 사실 모두 뜬구름 잡기(捕風捉影)요, 사실에 부합하지 않은 억설이었다.

소흥에서 양명은 조정에서 일어난 '좌순문 사건'으로 대례의 반대파가 '사당'으로 몰리고 자기 제자들이 축출당한 소식을 듣고서 특히 분노와 두려움을 느꼈다. 그가 "진·한 이래 예가禮家의 설이 왕왕 서로 원수를 대하듯이 하였는데 모두 치량지의 배움을 듣지 못한 때문일 뿐"이라고 예언한 말은 피가 뚝뚝 떨어지는 현실이 되었다.

---

136 『국각』 권53 가정 3년 7월, 8월 조.

7월에 차봉次峰 임응총林應聰이 서문徐聞의 적소로 나아가면서 전당을 경유하였는데, 양명에게 『몽사기유시권夢槎奇遊詩卷』을 보냈을 때 양명은 세심하게 「제몽사기유시권題夢槎奇遊詩卷」 한 편을 지어서 세종 및 어용학자가 살육의 방법으로 '대례의'를 흠정한 폭행을 비평하여서 공격하고, 임응총이야말로 '치량지의 학문을 들은' 진정한 '군자'라고 칭송하였다.

> 군자의 학문은 내 마음을 다하는 것을 추구할 뿐이다. 그러므로 어버이를 섬김에 내 마음의 효를 다하려고 추구하지 효도(그 자체)를 일삼는 것이 아니다(故其事親也, 求盡吾心之孝, 而非以爲孝也). 군주를 섬김에 내 마음의 충을 다하려고 추구하지 충을 일삼는 것이 아니다(事君也, 求盡吾心之忠, 而非以爲忠也). 이런 까닭에 아침 일찍 일어나고 밤늦게 자는 것이지 부지런함을 일삼는 것이 아니다. 번잡한 일을 다스림은 능력을 일삼는 것이 아니다. 사악함을 미워하고 좀을 제거하는 것은 꿋꿋함(剛)을 일삼는 것이 아니다. 절실하게 규제하고 간쟁하는 것은 정직함을 일삼는 것이 아니다. 어려움에 임하여 죽음으로써 의를 실행하는 것은 절개를 일삼는 것이 아니다. 내 마음에 다하지 않음이 있으면 이를 일러서 스스로 그 마음을 속이는 것이라고 한다. 마음을 다하고 난 뒤 내 마음이 비로소 스스로 쾌하게 된다(吾心有不盡焉, 是謂自欺其心. 心盡, 而後吾之心始自以爲快也). 오직 스스로 내 마음을 쾌하게 함을 추구하니, 그러므로 무릇 부귀와 빈천, 근심과 걱정, 어려움이 닥쳐오면 내가 앎을 실현하여서 쾌함을 추구하는 바탕 아님이 없다. 진실로 부귀와 빈천, 근심과 걱정, 어려움이 닥쳐올 때 내가 앎을 실현하여서 쾌함을 추구하는 바탕 아님이 없다면 또한 어찌 부귀와 빈천, 근심과 걱정, 어려움이 충분히 그 중심을 움직일 수 있겠는가? 세상 사람은 (외양만으로) 한갓 군자가 부귀와 빈천, 근심과 걱정, 어려움에 처하여 어디에 들어가서

도 스스로 터득하지 않음이 없음만 알고 모두 홀로 남들이 미치지 못하는 바를 한 것이라고만 여기고서 군자가 (내면으로) 추구하는 것이 스스로 그 마음을 쾌하게 할 뿐임을 알지 못할 뿐이다. 임여환林汝桓(임응총) 군의 이름은 내가 들은 지 오래인데 모든 사람이 (그를) 총명하고 특별히 통달한 자이며, 문장과 기절이 있는 자라고 여겼다. 올해 여름, 군이 직언을 하다가 폄적당했다는(以直言被謫) 말을 들었는데 과연 문장과 기절이 있는 자임을 믿을 수 있다. 또 달을 넘겨서 군이 전당의 길을 취하였는데 편지로 서로 아끼고 그리는 두터움을 말하면서 병 때문에 한번 가지 못한 것이 한이며 또한 도를 듣기에 급하고 배움을 묻기를 일삼음에 마음을 깊이 쏟아 잊지 못한다고 하였다. 아! 군은 배움을 아는 자이며(君蓋知學者也) 도덕에 뜻을 둔 자이니 어찌 오로지 문장과 기절로만 일컫겠는가(寧可專以文章氣節稱之)? 이윽고 군수 남원선南元善 군이 나에게 『몽사기유권』을 보여주었는데, 아마도 경사의 사우士友가 남행할 때 증여한 것이리라. 내가 끝까지 읽고서 탄식하기를, 군은 배움을 아는 자이고 도덕에 뜻을 둔 자이니 장차 스스로 그 마음을 쾌하게 하는 자이다. 그렇다면 군현의 말단 업무에 분주한 것은 부서部署 사이에서 차분하게 있는 것과 같다. 지관랑地官郎(호부낭관戶部郎官)으로서 나랏일을 의논하는 것은 (마음을) 거스르는 일로 여긴 적이 없었으며, 서문의 현승으로서 백성의 업무에 친한 것은 자잘한 일로 여긴 적이 없었던 것이다. 그러므로 몽사夢槎는 이상한 일이 아니며 남유南遊는 기이한 일이 아니다.[137]

양명의 이 문장은 '배움'과 '배움을 아는 자'를 논하는 데 중점이 있지만

137 『왕양명전집』 권24 「제몽사기유시권題夢槎奇游詩卷」.

실제로는 모두 '대례의'를 겨냥한 글로서 '배움'은 바로 내 마음의 '치량지의 학문'을 다하기를 구하는 것이며, 이 '배움을 아는 자'는 바로 '치량지의 학문을 들은' 군자를 가리킨다.

임응총의 『몽사기유시권』은 서울에 있는 사우가 적소로 가는 그를 전송하면서 지은 시로서 이들 '경사의 사우'는 바로 서울에 있는 대례의 반대파를 가리킨다. 양명은 거듭해서 임응총을 '군은 배움을 아는 자', "군은 아마도 배움을 아는 자이며 도덕에 뜻을 둔 자이니 어찌 오로지 문장과 기절로만 일컬을 수 있겠는가?" 하고 칭송하였는데, 바로 임응총이 대례의에서 내 마음을 다하기를 추구하고 치량지의 학을 추구하는 예설을 발표하여서 '직언을 하다가 폄적을 당한' 사실을 말한다. 임응총과 상대하여서 양명은 '양지'의 공변된 마음으로 하지 않고 독단으로 대례의를 흠정한 세종 및 어용파의 비열한 수법을 비판하였던 것이다.

대례의 상에서 세종은 스스로 황제의 '순효純孝'한 마음을 표방하였다. 장총과 계악은 곧 '충군忠君'의 기치를 들어올렸다. 양명은 그들의 허위와 속임수를 지적하여서 "그러므로 어버이를 섬김에 내 마음의 효를 다함을 추구하지 효도(그 자체)를 일삼는 것이 아니다."라고 하였는데 이는 바로 세종의 허위의 '효친'을 비판한 것이다. "군주를 섬김에 내 마음의 충을 다함을 추구하지 충을 일삼는 것이 아니다."라고 한 말은 남을 속이는 장총과 계악 무리의 '충군'을 비판한 것이다. 그러므로 양명은 강조하여서 말하기를 "내 마음에 다하지 않음이 있으면 이를 일러서 스스로 그 마음을 속이는 것이라고 한다. 마음을 다하고 난 뒤 내 마음이 비로소 스스로 쾌하게 된다."라고 하였다. 「제몽사기유시권」은 양명이 '치량지의 학'으로 세종의 독단적인 '대례의' 흠정에 대한 비판을 총결한 글이라고 할 수 있다.

그리하여 임응총이 또 시 두 수를 보내왔을 때 양명은 침통하게 화답시를

지어서 읊었다.[138]

임여환에게 시 두 수를 차운하여 보내며 이별하다

林汝桓以二詩寄次韻爲別

조각구름 희미한 햇빛에 반은 그늘이 지고	斷雲微日半晴陰
어디에 큰 오동나무 있어 봉황이 울음 울까?	何處高梧有鳳鳴
은하수에 뗏목 띄워 먼저 꿈에 들고	星漢浮槎先入夢
바다 물결에 놀랄 것 없네	海天波浪不須驚
노나라 교제는 이미 떳떳한 법도 아님을 알았으니	魯郊已知非常典
음복 고기 구실로 차라리 면관을 벗고 떠나리	膰肉寧爲脫冕行
시험 삼아 창랑가 한 곡을 들으니	試向滄浪歌一曲
구소의 음악 소리 아니라고 하지 않네	未云不是九韶聲

사람마다 배워서 요순이 될 수 있다 한	堯舜人人學可齊
옛 현인 이 말씀 어찌 근거 없으랴!	昔賢斯語豈無稽
그대 오늘 천 리를 왔는데	君今一日眞千里
나 또한 당년에 오랜 미혹에 괴로워 했네	我亦當年苦舊迷
만리에 온 까닭 내 모두 알고	萬理由來吾具足
육경은 원래 사다리일 뿐	六經原只是階梯
산속에 한가한 바람과 달 있으니	山中儘有閑風月
어느 날 조각배로 월계를 건널까!	何日扁舟更越溪

138 『왕양명전집』 권20 「임여환이이시기차운위별林汝桓以二詩寄次韻爲別」.

견소 임준도 화답시 두 수를 보내왔다.[139]

양명의 운을 따서 차봉에게 증정하다	贈次峰次陽明韻
선잠 같은 관리 생활 늘그막에야 맑게 깨니	假寐官場作晚晴
뇌양에서 어찌 먼저 우레가 우나?	雷陽何意動先鳴
눈앞의 세상사 꿈만 같고	眼間世事只如夢
바다 위 풍파에 놀라지 않네	海上風濤故未驚
비옥한 땅 어디나 다르지 않아 객지 생활 잊어버리고	沃壤不殊忘在客
좋은 산 무수히 거듭 지나왔네	好山無數重玆行
성황은 효도로 요순을 높인다고	聖皇孝理崇堯舜
역의 관리 좋은 소식 전달해오네	驛使傳來是吉聲
보고 싶은 사람 마음 어찌 다 이루랴!	如面人心豈盡齊
인심과 도심 정밀하고 한결같이 잘 살펴야 하네	危微精一屬參稽
네 선비 돌아가신 뒤 여운은 남아 있고	四儒歿後留遺響
일곱 성인에게 막힌 길 지적해주기를 기다리네	七聖途窮待指迷
바닷가 고을에서 자유는 예악을 가르쳤고	海邑言游今禮樂
월상의 직공은 옛 뱃길로 건너네	越裳職貢舊航梯
도원은 여기서 길이 많지 않으니	桃源此去無多路
늙음에 서로 좇아 건계를 따르네	老愛相從是建溪

139 『견소속집見素續集』 권4 「증차봉차양명운贈次峰次陽明韻」.

양명의 시에 "노나라 교제郊祭는 이미 떳떳한 법도 아님을 알았으니, 음복 고기 구실로 차라리 면관을 벗고 떠나리"라고 한 구절은 춘추시대 노나라의 전고를 활용한 것이다. 노나라 정공定公 4년(B.C. 506) 봄에 노나라가 교외에서 제사를 지냈는데 음복 고기가 이르지 않자 부자夫子(공자)는 왕도가 이루어지지 않음을 마음 아파하며 마침내 노나라를 떠나 먼 길을 갔다. 양명은 이로써 새 황제 세종의 패도와 독재 통치에 대한 실망을 나타내고, 왕도와 예악이 행해지지 않고 인간의 보잘것없는 소동에 부화뇌동하는(瓦缶雷鳴) 현실을 대면하고서 '구소'의 음악이 사라진 것을 한탄하며, 마치 공부자가 그러했던 것처럼 하늘 끝 땅 끝까지 도를 구하며 스스로 정신의 열반을 추구하였다. 세종이 흠정한 '대례의'에 대해 양명은 '떳떳한 법도가 아니'라고 판단하였으므로 전체적으로 부정을 하였던 것이다.

'좌순문 사건' 이후 '대례의'는 '대례금大禮禁'으로 치달렸다. 세종의 눈에는 왕법王法이 없었다. 독단과 전횡은 더욱 심해졌는데 진광이 한 차례 대례의 반대파 조신들을 두루 탄핵하여서 소탕한 뒤 독재의 길이 완전히 열렸다. 세종은 9월 5일 정식으로 대례를 흠정하고 천하에 조서를 반포하였다.

담천은 이 독재 황제가 추악한 대날조의 조서를 천하에 반포한 한 광경을 다음과 같이 기록하였다.

> (*가정 3년 8월) 경술, 이에 앞서 예부우시랑 오일붕이 진광의 소가 그르다며 논박하였는데 오랫동안 답을 내리지 않았다. 이윽고 전지를 얻어서 석서의 「대례고의大禮考議」, 방헌부의 「대례론」, 장총과 계악의 앞뒤 세 차례 소를 아울러 남녕백南寧伯 모관毛寬 등의 소와 함께 부部에 내려서 의논을 하게 하였다. 석서가 마침 서울에 이르러서 장총·계악·방헌부 등과 함께 궐의 좌문에서 의론을 모았다. 석서 등이 말씀을 올리기를 "백부자질

伯父子姪은 본래 바꿀 수 없습니다. 세상에 도는 둘이 없고 사람에게 근본은 둘이 없습니다. 효종 황제는 본래 백부이니 마땅히 '황백고'라 하고, 소성 황태후는 백모이니 마땅히 '백모'라 해야 합니다. 헌황제는 본부本父인데 이미 '본생'을 삭제하였으니 '황고'라 하고, 장성태후는 본모本母인데 이미 '본생'을 삭제하였으니 마땅히 '성모聖母'라 해야 합니다. 무종은 '황형'이라 하고 장숙황후莊肅皇后는 '황수皇嫂'라 해야 합니다. 명칭과 의리를 이와 같이 하면 대륜大倫과 대통大統이 모두 귀착될 것입니다. 신주를 봉안하여서 예실禰室을 별도로 두면 지친을 폐기하지 않으며, 존호를 높이되 태묘에 들이지 않으면 정통에 문제가 없습니다."라고 하였다. 상이 좋게 여겼다.

갑인, 급사중 진광이 대의大議로 분쟁했던 비굉·모기·오일붕·왕준·김헌민·주희주·왕위汪偉·조감·여재·유천민·설혜·정일붕鄭一鵬을 모두 탄핵하였다. 이에 비굉 등이 귀향을 청했으나 허락하지 않았다.

(*9월) 병인, 대례가 정해졌다. 효종 경황제敬皇帝를 '황백고'로, 소성 강혜康惠 자수 황태후를 '황백모'로, 공목 헌황제를 '황고'로, 장성 황태후를 '성모'로 일컬었다. 택일하여 고유제를 지내고 천하에 조서를 반포하였다.

병자, 조서에 이르기를 "짐은 본래 헌순憲純 황제(헌종憲宗 주견심朱見深, 1464~1487)의 손자이며 공목 헌황제의 아들이다. 황형 무종 의황제毅皇帝의 상빈上賓을 맞아 형종제급을 하라는 조훈을 우러러 높여서 유조遺詔로 짐에게 황제의 자리를 잇게 하셨으니 짐은 9묘九廟를 공경하고 2궁二宮을 높이 봉양하여서 정통과 대의가 간격이 없게 하며 이 마음을 조심하여서 밤낮으로 잊지 않았다. 이미 천지와 종묘와 사직에 아뢰어서 효종 경황제를 '황백고'로, 소성 황태후를 '황백모'로, 공목 헌황제를 '황고'로, 장성 황태후를 '성모'로 일컬었다. 저마다 그 명분을 바르게 하여서 천륜에 어그러짐이 없게 한다. 짐은 바야흐로 같은 마음으로 전례의 정성(典禮之衷)을 조화롭게 하고, 일을 공경하여서 신민의 표준을 세우고, 만국의 기뻐하는 마음을 얻기를 기약하여서 하늘과 사람의 도우심을 이루게 한다. 중외에 포고하여서 모두 들어서 알게 하라." 하였다.[140]

세종이 '대례의' 조칙을 천하에 반포한 것은 '학금'의 조칙을 천하에 반포한 것과 마찬가지로 실제로는 '예금'의 조서를 천하에 반포한 것에 지나지 않았다. 소홍에서 복을 벗고 장차 기용되어서 다시 나아가려는 양명에게는 정수리에 내리친 방할棒喝일 뿐만 아니라 그로 하여금 양지를 거스르고 반대하는 '대례의'의 끝없는 분쟁의 본질을 확실히 간파하게 하였다.

'예금' 조서의 반포가 내려진 암담한 늦가을에 양명은 벽하지碧霞池에서 고요히 앉아 도를 깨달으며 마음이 물처럼 맑았다. 그는 비분강개하여 가을을 읊는 시 네 수를 잇달아 지어서 활달하게 읊었다.[141]

밤에 벽하지에 앉다 碧霞池夜坐

한줄기 서늘한 가을비로 밤기운 새롭고 一雨秋涼入夜新
못가 외로운 달 마음을 더 사로잡네 池邊孤月倍精神

---

140 『국각』 권53 가정 3년 8월, 9월 조.

141 『왕양명전집』 권20 「벽하지야좌碧霞池夜坐」, 「추성秋聲」, 「추야秋夜」, 「야좌夜坐」.

물속 고기는 마음의 비결을 전하고	潛魚水底傳心訣
나뭇가지 끝에 깃든 새는 진실을 말하네	棲鳥枝頭說道眞
천연의 기틀 욕망 아니라고 말하지 말지니	莫謂天機非嗜欲
만물이 내 몸임을 알아야 하네	須知萬物是吾身
예악 논의는 끝없이 어지러운데	無端禮樂紛紛議
뉘와 더불어 푸른 하늘에 묵은 먼지를 쓸어낼까!	誰與青天掃宿塵

가을의 소리 秋聲

가을 되자 모든 나무 하늘의 소리를 내니	秋來萬木發天聲
증점의 슬 안회의 고 밤낮으로 맑네	點瑟回琴日夜淸
뛰어난 음조는 멀리 물을 따라 흘러가고	絶調逈隨流水遠
여음은 가늘게 저녁 구름 속에 가볍게 들어가네	餘音細入晩雲輕
마음을 씻고 몸을 참되게 하니 천고에 텅 비고	洗心眞已空千古
귀 기울여 누가 능히 구성을 가릴 수 있으랴!	傾耳誰能辯九成
한갓 맑은 바람 율려를 전하니	徒使淸風傳律呂
인간의 질그릇은 우렛소리라네	人間瓦缶正雷鳴

가을밤 秋夜

봄 동산 꽃나무 무성하더니	春園花木始菲菲
높은 가을 낙엽이 드문드문 지네	又是高秋落葉稀
하늘은 멀고 누대엔 기운이 서렸는데	天逈樓臺含氣象
달이 북두성에 밝아 별이 달빛을 피하네	月明星斗避光輝

한가한 마음은 맑은 물과 같고　　閑來心地如空水
고요한 천연의 기틀 은미하게 보이네　　靜後天機見隱微
깊은 뜰 고요하여 만상이 조용한데　　深院寂寥群動息
홀로 가지에 날아드는 까마귀 참새를 아끼네　　獨憐烏雀繞枝飛

밤에 앉다　　夜坐

홀로 가을 뜰에 앉으니 달빛이 깨끗하고　　獨坐秋庭月色新
하늘땅 어디에 또 한가한 사람 있으랴!　　乾坤何處更閑人
높이 노래 불러 맑은 바람에 보내고　　高歌度與清風去
그윽한 뜻 저절로 봄물 따라 흐르네　　幽意自隨流水春
수많은 성인은 본래 마음 밖에 비결 없고　　千聖本無心外訣
육경은 모름지기 거울에 낀 먼지를 씻어내네　　六經須拂鏡中塵
주공의 꿈 어지럽힘을 안타까워하니　　却憐擾擾周公夢
달동네의 맑은 마음 가진 사람에 미치지 못하네　　未及惺惺陋巷貧

이 가을 시 네 수는 바로 양명이 '대례의'를 흠정하여서 조서를 반포한 세종에 대한 회답이었다. "예악 논의는 끝없이 어지러운데, 뉘와 더불어 푸른 하늘에 묵은 먼지를 쓸어낼까!"라고 한 구절은 바로 '대례의'의 끝없는 분쟁의 익살극(鬧劇)에 대한 전반적인 부정이다. 그는 진정으로 천성의 양지의 비결을 얻은 성인이 나와서 푸른 하늘의 묵은 먼지를 한꺼번에 쓸어버리기를 바라고 있었다. 이는 바로 그가 일찍이 말했던 어지러운 "예가의 설이 왕왕 서로 원수를 대하듯이 하였는데 모두 치량지의 배움을 듣지 못한 때문일 뿐"이라고 한 것이다. "한갓 맑은 바람 율려를 전하니, 인간의 질그릇은 우렛소리라네"라고 한 구절은 이 '대례의'를 인간의 (보잘것없는 소동에 부화뇌동하는) 질그릇, 우렛소리와 「소소簫韶」의 구성九成이 함께 숨어 있는 황가皇家의 익살극으로 간주하였으며, 대례의파와 대례의 반대파에 대하여 모두 부정을 한 것이다. 양명은 끝내 '치량지의 학문을 들은' 성인과 군자가 일어나서 이 질그릇과 우렛소리, 예악이 어지러운 혼탁한 진세塵世를 깨끗이 씻어 없앨 수 있다고 굳게 믿었다. 그리하여 그는 매우 자신 있게 말하기를 "수많은 성인은 본래 마음 밖에 비결 없고, 육경은 모름지기 거울에 낀 먼지를 씻어내네"라고 하였다. 양명 스스로 "한가한 마음은 맑은 물과 같고, 고요한 천연의 기틀 은미하게 보면서" "물속 고기는 마음의 비결을 전하고, 나뭇가지 끝에 깃든 새는 진실을 말하는" 것을 본받아 숲속에서 강학론도를 하려고 하였다.

그리하여 세종이 천하에 '대례의' 조칙을 반포한 뒤 양명은 오히려 온몸과 온 마음을 양지심학을 크게 밝히는 데 내던졌고, 사상 또한 새로이 비약하였다. 비록 '대례의' 이후 예상치 못하게 또 허세를 부리며 10여 년 분쟁을 하였으나 대례의 반대파는 이미 다시 존재하지 않았고, 어리석은 세종은 날마다 어둡고 포학하여서 약으로도 구제할 수 없었으며, 더욱이 '끝없는 예악의 어지러운 논의'는 옳고 그름과 그 가치를 논할 만한 것이 털끝만큼도 없었다. 양명도 국면을 돌이키기에는 무력함을 느끼고서 방관하며 가부에 대해 말하지 않았으며 듣지도 묻지도 않는 태도를 취하였다.

마음의 샘이 날로 새로워지다(心泉日新): 양명서원과 계산서원의 흥기

양명은 가정 3년(1524) 4월에 복을 벗었는데 마침 세종이 일거에 '대례의'를 흠정하는 사건과 마주하였다. 양명은 복직 기용에 저지를 당하고 여전히 버림을 받아 쓰이지 못하여서 집 안에 틀어박혀 있었다. 이는 오히려 그에게 소흥의 산림에서 강학을 하고 양지의 가르침을 크게 밝힐 수 있는 절호의 기회와 시간을 제공하여서 양지심학이 다시 한번 새로운 비약을 실현하게 함으로써 그가 직접 평생 학문 사상의 제2차 총결을 완성하도록 추동하였다.

양명서원 건립을 표지로 삼아 가정 3년은 양명이 또 양지의 학문을 크게 떨치는 데 절정을 이룬 해였다. 정월에 심재心齋 왕간王艮이 회계로 와서 배움을 묻고 양명에게 서원을 건립하여 각지에서 찾아와 배우는 선비들을 거주하게 하라고 청하였다. 양명은 곧 왕간에게 건축의 책임을 맡겨, 지대사至大寺 왼쪽에 누옥樓屋과 재사齋舍를 지어서 양명서원을 이루고 주변의 능인사能仁寺·광상사光相寺·지대사·천비사天妃寺의 여러 사찰과 하나로 이어지게 하였다. 왕간이 서원 관리와 양명심학 전수의 책임을 맡았다.

동수董燧는 서원 내에서 도를 전하고 업을 전수한(傳道授業) 상황을 다음과 같이 묘사하였다.

가정 3년 갑신, (*왕간이) 회계에 있었다. 이해 봄 각지에서 배우는 사람이 회계로 모여들었는데 날로 늘어나서 양명 공에게 청하여 성안에 서원을 세우고 동지를 거주하게 하였다. 큰 뜻(大意)은 다음과 같다. "백성의 일상생활에 조리가 있는 곳이 바로 성인의 조리가 있는 곳이다. 성인은 (이를) 알아서 잃지 않는다. 백성은 알지 못하여서 잃어버린다." 동지가 문득 깨달아 성찰함이 있었다. 얼마 뒤 양명 공이 제생을 사양하고 보지 않았는데 오직 선생이 좌우에서 모셨다. 혹 제생에게 깨우침이 있으면 선생을 시켜서 전수하였다.[1]

전덕홍도 다음과 같이 묘사하였다.

이에 앞서 스승이 월越에 계셨는데 각지의 동문이 날마다 찾아와 종유하는 사람이 많아져서 능인사·광상사·지대사·천비사 각 사원이 모두 수용하지 못하였다. 동문 왕간과 하진何秦 등이 이에 의논하여 지대사 왼쪽에 누거樓居와 재사를 세운 뒤 거처하며 배우게 하였다. 스승께서 돌아가신 뒤 동문이 계속 이어져 와서 거주하며 미적거리며 차마 떠나지 못하였다. 이해 (*가정 16년) 여원(주여원周汝員, 1529, 진사)과 지부 탕소은湯紹恩(1526, 진사)이 땅을 다지고 누각 앞에 사당을 세웠다. 남강南康 채세신蔡世新이 스승의 상을 그려서 (봉안하고) 매년 중춘仲春과 중추仲秋의 달에 군수가 유사를 거느리고 시사時祀를 행하였다.[2]

1 동수董燧, 『왕심재선생연보王心齋先生年譜』.

2 『왕양명전집』 권36 「연보」 부록 1.

매번 방 하나에 늘 모여서 식사하는 자가 수십 인이었다. 밤에 누울 곳이 없어서 번갈아 자리에 나아갔으며 노랫소리가 밤새도록 이어졌다. …… 선생은 매번 자리에 나아가면 제생이 앞과 뒤, 왼쪽과 오른쪽으로 둘러앉아서 말씀을 들었고 늘 수백 인을 밑돌지 않았다.[3]

왕양명은 태주泰州 지부 왕신王臣에게 보낸 편지에서 자기가 왕간에게 양명서원의 운영과 관리를 부탁한 일을 언급하였다.

왕여지王汝止(왕간)가 와서 정화政化의 잘된 점을 낱낱이 들을 수 있어서 매우 위로가 되고 많은 생각을 하였습니다. 옛사람이 말하기를 "관리가 되는 것은 사람의 의지를 빼앗는다."라고 하였는데, 만약 치지의 공부가 사이에 끊어짐이 없다면 어찌 뜻을 빼앗길 근심이 있겠습니까? …… 이 사이에 벗들이 모여들어서 이전과 견주어 자못 유익함을 느끼고 산속에 초막을 엮어서 함께 거하려고 하니 모름지기 여지가 그것을 관리해야 할 것입니다(欲共結廬山中, 須汝止爲之料理). 그리고 여지는 구황의 일을 하러 가는 일에 반드시 가려는 마음을 먹고 있습니다. 이에 지금 억지로 이곳에 머물게 하고 있으니 바라건대 공필公弼(왕신)이 한번 얽힌 문제를 풀어주기 바라며 일이 만약 반드시 할 필요가 없다면 그 뒤에 여지로 하여금 돌아가게 할 수 있을 것입니다.[4]

여기서 말하는 "산속에 초막을 엮어서 함께 거하려고 하니 모름지기 여지

3 전덕홍, 「각문록서설刻文錄敍說」.

4 『양명선생문록陽明先生文錄』 권2 「여왕공필서與王公弼書」 1.

가 그것을 관리해야 할 것"이라고 한 말은 바로 왕간에게 양명서원의 운영과 관리를 부탁한 일을 가리킨다. 서원은 대략 하반기에 완공되었고, 각지의 학자 100여 명이 양명서원으로 몰려들었다.

2월에 이르러서 소흥 군수 남대길南大吉이 폐백을 갖추어 '문생'으로서 배움을 받고 양명의 양지심학을 깨달았다. 이에 그는 와룡산臥龍山 아래 계산서원稽山書院을 증설하여서 수복한 뒤 양명을 초빙하여 양지심학의 강의를 주관하게 하고자 하였다. 남대길이 양명을 처음 만나 배움을 묻고 양명이 곧 그에게 양지의 가르침을 폈을 때 두 사람은 다음과 같이 한차례 대화를 나누었다.

> 남대길이 물었다. "제(대길)가 정치에 임하여 많은 허물이 있었는데 선생께서는 어찌 한 말씀도 없으십니까?"
> 양명이 말하였다. "무슨 잘못입니까?"
> 남대길이 몇 가지 잘못한 일을 말하였다.
> 양명이 말하였다. "내가 그것에 관해 말하였습니다."
> 남대길이 말하였다. "무슨 말씀입니까?"
> 양명이 말하였다. "내가 말하지 않으면 무엇으로써 알 것입니까?"
> 남대길이 말하였다. "양지입니다."
> 양명이 말하였다. "양지는 내가 늘 말하던 것이 아니고 무엇입니까?"
> 남대길이 드디어 환히 깨닫고서 돌아갔다.[5]

이후 남대길은 시도 때도 없이 와서 배움을 물었다. 한번은 그가 와서 양

---

5 『왕양명전집』 권35 「연보」 3.

명에게 물었다. "몸의 잘못(過)은 (고치기에) 힘쓸 수 있지만 마음의 잘못은 어찌합니까?" 이에 양명은 "옛날 거울은 꺼내지 않았기에 때가 그대로 묻어 있으나, 지금 거울은 밝으니 먼지가 한 톨이라도 떨어지면 저절로 그대로 두기 어렵습니다. 이것이 바로 성인이 되는 기틀이니 힘쓰십시오!"[6]라고 답하였다. 이것이 말하는 내용은 치량지의 공부(*去蔽, 擴充)이다.

남대길은 바로 이때 배움을 물은 뒤 돌아가서 계산서원을 수복하였다. 그는 여덟 고을의 제생 중에서 시험을 통해 우수한 자를 선발하여 계산서원에 입학시켜서 다달이 식료품(廩餼, 제생에게 발급한 일종의 식권)을 지급하고, 양명을 청하여 교육을 감독하고 강습하게 하였다. 가정 3년 4월 초에 이르러서 서원 안에 또 명덕당明德堂과 존경각尊經閣을 지었다. '학금'의 올가미 아래에서 양명서원과 계산서원은 오히려 개방적이고 독특한 양지심학의 교육으로 천하의 선비들을 크게 끌어들였고, 강서의 강학 규모를 훨씬 뛰어넘었다.

전덕홍이 다음과 같이 말하였다.

> 이에 계산서원을 연 뒤 여덟 고을의 뛰어난 선비(彦士)들을 모아 몸소 강습을 이끌며 감독하였다. 이에 소구蕭璆·양여영楊汝榮·양소방楊紹芳 등이 호광湖廣에서, 양사명·설종개·황몽성黃夢星 등이 광동廣東에서, 왕간·맹원孟源·주충周衝 등이 직례直隸(하북)에서, 하진何秦·황홍강黃弘綱 등이 남감南贛에서, 유방채劉邦采·유문민劉文敏 등이 안복安福에서, 위량정·위량기 등이 신건新建에서, 증변曾忭이 태화泰和에서 왔다. 학궁과 사찰이 낮고 좁아서 다 수용할 수 없었다. 둘러앉아서 듣는 사람이 300여 명이었다. 선생이 임하여서 『대학』의 만물동체萬物同體의 취지를 펼쳐서 사람들로 하여금 저마다

6 『왕양명전집』 권35 「연보」 3.

본성을 추구하고 양지를 끝까지 실현하여서 지극한 선에 이르러 공부에 터득함이 있게 하였는데 방법에 따라 가르침을 베풀었다. 그러므로 사람들이 모두 쉽게 좇을 수 있어서 기뻐하였다.[7]

양명서원과 계산서원 두 곳을 합해 "둘러앉아서 듣는 사람 300여 명"은 한차례 강의를 듣고 배움을 얻은 제생들이다. 전덕홍이 말한, 와서 가르침을 받은 문인과 학자는 실제로는 매우 적었다. 오늘날 고증하여 알 수 있는 사람으로는 다음과 같다.

절중浙中: 수창遂昌의 주응종朱應鐘, 승현嵊縣의 주성周晟·호락胡樂, 선거仙居의 임응기林應麒·장기張奇·김극후金克厚, 탕계湯溪의 호동胡東, 소산蕭山의 내홍진來弘振·내여현來汝賢, 여요餘姚의 강자고姜子羔·제대륜諸大倫·손응규孫應奎·서산·전몽錢蒙·전덕홍·전덕주錢德周·전중실錢仲實·전편錢楩·제칭諸偁, 영강永康의 정재程梓·노가구盧可久·응겸應兼·응전應典·이공李珙·주동周桐, 서안西安의 왕기王璣, 회계會稽의 범관范瓘·계본, 해염海鹽의 왕홍王洪·왕민王玟, 신창新昌의 반일승潘日升·반일장潘日章, 강산江山의 왕수이王修易·서패徐霈, 제기諸暨의 낙양駱驤, 태평太平의 섭신葉愼, 황암黃巖의 시제施悌, 해녕海寧의 서화徐禾·동운董澐·동곡董穀, 전당錢塘의 진형헌陳荊獻·진선陳善·왕동王潼, 항주杭州의 손경시孫景時, 산음山陰의 주호朱篪·주보朱簠·장원충張元沖, 소흥紹興의 왕기王畿, 수수秀水의 김방金榜

강우江右: 안복安福의 추수익·윤일인尹一仁·유문민·유문쾌劉文快·유문협劉文協·유문개劉文鎧·유문제劉文悌·유자화劉子和·유훈劉曛·유호劉祜·유계권劉繼權·유폭劉爆·유식劉熄·유방채·유효劉曉·유경부劉敬夫·왕세준王世俊·장오산

7 『왕양명전집』 권35 「연보」 3.

張鰲山, 태화太和의 호요시胡堯時·왕정선王貞善·증변·증재한曾才漢, 여릉廬陵의 유면劉冕·유로劉輅·양렴梁廉·등주鄧周, 만안萬安의 유여고劉汝翺·유주劉週, 흥국興國의 종원鍾圓, 감현贛縣의 채세신, 우도雩都의 황홍강·하정인何廷仁·하진, 신건新建의 위량기·위량정, 임천臨川의 진구천

호광湖廣: 응성應城의 양소방楊紹芳·양계방楊繼芳, 마성麻城의 모봉기毛鳳起, 기수蘄水의 채월경蔡月涇, 신주辰州의 양월산楊月山·소구, 안륙安陸의 양여영, 통산通山의 주정립朱廷立

영남嶺南: 게양揭陽의 임문林聞·진전陳琠, 남해南海의 양작·방소괴方紹魁, 해양海陽의 성자학成子學, 남해의 양란楊鸞

남직례南直隸: 무원婺源의 왕전汪詮, 흡성歙城의 정탁程鐸, 송계松溪의 정문덕程文德, 휴녕休寧의 왕상화汪尙和, 태주泰州의 왕간, 고우高郵의 장연張綖, 소주蘇州의 황성증, 의흥宜興의 주충, 저주滁州의 맹원

섬우陝右: 위남渭南의 남대길·남봉길·남헌南軒·상반작尙班爵

양명서원과 계산서원에서 배운 이러한 선비들은 모두 양명에게서 양지의 가르침을 직접 받았다. 남호南湖 장연은 여러 해 장옥場屋에 몰두하여 여덟 차례나 예부의 시험에 합격하지 못하였는데, 가정 3년에 소흥으로 와서 배움을 묻고 여러 달 가르침을 받았다. 양명은 그에게 『대학』의 심리합일心理合一, 만물동체의 본체론과 치량지 공부론의 가르침을 폈고, 치량지의 성현의 학문에 뜻을 세우고 장옥의 거업이라는 곤경에서 뛰쳐나오게 하였다.

장연이 양명과 고별하고 남호로 돌아갈 때, 양명은 입지설에 관한 문장 한 편을 지어서 그를 송별하였다.

> 겸손하게 낮추어서 묻는 뜻이 매우 성대하였습니다. 더불어 여러 달 함께 함에 한 글자도 보탬이 되지 못하였습니다만 이제 또 장차 멀리 이별하게

되었으니 부끄럽고 면목이 없습니다(愧負)! 이 시대의 벗들이 아름다운 자질이 없지 않으나 뜻을 지닌 자는 너무나도 적습니다. 성현은 다시 바랄 수 없다 하지만 본보기로 삼을 만한 자도 공명을 세워서 한때 이름을 드날리려는 데 지나지 않으니 어리석고 저속한 사람이 보고 듣기에도 놀랍습니다(謂聖賢不復可冀, 所以爲準的者, 不過建功名, 炫耀一時, 以駭愚夫俗子之觀聽). 아! 이 몸은 요순이 되고 천지에 참여할 수 있는데 스스로 이와 같이 기약한다면 또한 슬프지 않겠습니까(此身可以爲堯舜, 參天地, 而自期若此, 不亦可哀也乎)? 그러므로 벗들 사이에서 저(區區)는 늘 뜻을 세움을 말하지만 역시 왕왕 그 번거로움에 염증을 내는 자가 있음을 알고 있습니다. 그러나 끝내 이를 버리고서 달리 먼저 할 바가 없습니다. 참으로 배움으로 뜻을 세우지 않으면 마치 나무를 심되 뿌리가 없는 것 같아서 생기가 장차 발단할 곳이 없을 것입니다. 예로부터 지금까지 뜻을 세우고 이루지 못한 자는 있지만 뜻을 두지 않고 성취할 수 있는 자는 없었습니다. 멀리 이별함에 증여할 것이 없으니 다시 입지의 설을 펼칩니다. 현자는 우활하게 여기지 말고 부지런히 겸손하게 낮추어서 묻는 성대한 마음이 헛되지 않게 하십시오.[8]

양명의 입지설은 비록 장연이 거자 시험에 낙제하였기 때문에 펼친 말이지만 실제로는 전체적으로 현실의 과거와 학교교육을 겨냥하여 한 말이다. "성현은 다시 바랄 수 없다 하지만 본보기로 삼을 만한 자도 공명을 세워서 한때 이름을 드날리려는 데 지나지 않으니 어리석고 저속한 사람이 보고 듣기에도 놀랍습니다."라고 하고, "이 몸은 요순이 되고 천지에 참여할 수 있는데 스스로 이와 같이 기약한다면 또한 슬프지 않겠습니까?"라고 한 말은 바

8 『왕양명전집』 권27 「기장세문寄張世文」.

로 과거와 학교교육에 대한 비판을 포함하며, 또한 장총·계악과 같이 공명을 세우고 한때 이름을 드날려서 세속의 이목을 놀라게 하는 데 열중하는 공리의 무리를 비평하고 공격한 것이다. 양명은 양명서원과 계산서원의 교육은 관학 교육과 같지 않으며, 양지 성현의 학에 뜻을 세운 군자를 양성하려는 것임을 강조하였다.

장연은 가르침을 받고 깨달은 뒤 시 한 수를 지어서 감탄하며 읊었다.[9]

느낌을 술회하여 왕양명께 드리다 感述呈王陽明

언덕 위의 우북한 풀	芃芃原上草
흙 속에서 쑥쑥 꽃망울 내밀고	歷歷壤中英
한 줄기 봄바람이 흩날리니	春風一披拂
산뜻하고 곱게 꽃을 피웠네	燁燁生光榮
나는 아무런 능력이 없고	我生百無能
경전 탐구에 오로지 뜻을 세웠네	承志窮一經
어찌 스스로 갈고닦지 않으랴?	云胡不自勵
발을 헛디뎌 날마다 빠져들었네	蹉跎日沈淪
머리 숙여 곱사등이 생각을 하니	俛懷病瘻子
천한 기술을 어찌 말하기에 족하랴!	賤技何足云
정신을 모아 제방을 막고	凝神以御垸
역시 ○ 그 이름을 얻네	亦得○其名
조물주는 실로 사사롭지 않으니	造物實匪私

9 『장남호선생시집張南湖先生詩集』 권1 「감술정왕양명感述呈王陽明」.

뜻을 둠은 오롯하고 순정한 것을 귀하게 여기네	所志貴專精
천천히 지는 해를 향해	冉冉向日晩
쓸쓸히 빈 강가에서 서성이네	踽踽空江濱
한창 시절 홀연 가버렸으니	盛年忽已壯
무엇을 이룰까 탄식하네	歎息將何成

장연과 함께 휴녕의 왕상화汪尙和도 양명서원에서 배움을 묻고 가르침을 받았다. 양명은 그에게도 '위기지학爲己之學'에 뜻을 세우라고 강조하였다. 양명은 나중에 왕상화에게 다음과 같이 증정하는 글을 썼다.

족하께서 자주 내 문에 와서 한마디 유익한 말을 구하였는데 부지런히 배움을 좋아하는 뜻을 충분히 알겠습니다. 사람이 말하기를, 옛날의 배우는 사람은 자기를 위했는데 오늘의 배우는 사람은 남을 위한다고 하였습니다. 지금의 학자들은 모름지기 먼저 자기를 위하는 마음을 독실하게 하고 난 뒤에야 배움을 논할 수 있습니다. 그렇지 않으면 어지러이 입과 귀로 강하고 말하여서 한갓 충분히 남을 위하는 바탕으로 삼을 뿐입니다. 제(僕)가 말을 많이 하지 않으려고 하는 것은 인색하기 때문이 아니라 실로 할 말이 없기 때문입니다. 족하께서 부지런히 간절하게 낮추어 물으시니 가령 참으로 독실하게 자기를 위하는 뜻을 더욱 갈고닦아서 돌아가 추구한다면 어디에나 스승(餘師)이 있을 것입니다. 능히 하루라도 인에 그 힘을 쓸 수 있겠습니까? 나는 힘이 부족한 사람을 보지 못했으니 족하께서는 힘쓰십시오! '도남道南'의 설은 명도明道가 실로 구산龜山(양시)이 남으로 돌아가기 때문에 한 말이며 대체로 한때의 말이니 도가 어찌 남과 북이 있겠습니까? 무릇 옛사람의 득실을 논함에 자기를 위한 학문이 아닌 것이 없었으니 그 시를 외우고, 그 글을 읽으면서 그 사람을 모른다면 가능하겠습니까? 이로써 세상을 논하는 것은 옛사람을 벗하는(尙友) 일입니다. 과연 옛사람을 벗하여 결실을 얻는 바가 있다면 또 이것을 기록하여 무엇하겠습니까? 절부節夫(왕상화)는 잠시 자기를 위하는 실지에 힘쓰고, 바깥에 힘쓰고 이름을 가까이하는 왕년의 병을 되풀이하지 않으면 얻는 바가 반드시 많을 것이니 이 일은 오히려 늦출 수 있습니다. 무릇 글을 짓는 것은 오직 마음속의 실질을 따르는 데 힘쓰고 뜻을 전달하면 그만두며 반드시 지나치게 꾸밈을 추구해서는 안 됩니다. 이른바 글을 닦아서 성실함을 세우는 것(修辭立誠)입니다.[10]

서원 교육은 장총과 계악처럼 관직을 좇고 명성을 좋아하는 공리의 무리를 양성하는 것이 아니다. 양명은 양지 성현의 학문, 자기를 위하는 학문과 도를 밝히는(明道) 학문을 통일하여서 서원 교육의 최고 양성 목표를 만들어냈다. 전도傳道, 수업授業, 해혹解惑을 결합하여 서원의 교학과 강학의 좋은 방법(良法)으로 삼아서 덕예공진德藝共進(덕과 기예가 함께 진보함), 지행합일을 추구하였다. 이는 바로 그의 양명서원과 계산서원 교육의 특징으로서 사람마다 마음속에 양지를 지니고 있으며, 사람마다 성현이 될 수 있으니 양지의 교육을 통해 사람들로 하여금 선한 마음의 본체로 복귀하게 하는 것이다. 그리하여 그는 서원 교육과 강학 중에서 양지로 사람을 길러서 가르침에 차별을 두지 않고(有敎無類), 자질에 따라 가르침을 베풀고(因材施敎), 스승과 학생이 갈고닦고, 자유로이 토론하고, 가르치고 배우면서 함께 성장하고(敎學相長), 증상에 따라 약을 처방하고, 원리만 이끌어서 스스로 터득하게 하여(引而不發)

---

10 『왕양명전집』 권27 「여왕절부서與汪節夫書」.

학생들과 하나가 되어서 학생들이 양지의 가르침을 받은 실천궁행(躬行踐履)을 더욱 강조하였다.

3월에 해녕海寧의 67세 노시인 나석蘿石 동운董澐이 지팡이에 「표립시瓢笠詩」 두루마리를 꿰어서 어깨에 메고 소흥으로 찾아와서 양명을 만났다. 이 노시인은 내전內典(불경) 읽기를 좋아하고 석로釋老 탐구에 전념하였으며, 유학을 좋아하지 않고 사장詞章의 학에 탐닉하였다. 양명은 그와 함께 강학론도를 할 때마다 조금도 지치지 않고 게을리하지 않았으며 토론을 하여서 밤낮으로 양지의 학문을 담론하고 불도에 탐닉하던 그를 이끌어서 돌아오게 하였다.

동운은 한 차례 가르침을 직접 받고 담론을 거친 뒤 꿈에서 크게 깨어난 듯하여 하진何秦에게 다음과 같이 말하였다.

내가 보기에 세상의 유학자들은 지리하고 자질구레하여(瑣屑) 겉치레만 꾸미는 꼭두각시 모양이며 그 아래 사람들은 부귀, 이욕의 마당에서 탐욕(貪饕)과 쟁탈을 일삼고 일찍이 행위하는 바를 달갑게 여기지 않으니 (이를) 어찌 참으로 이른바 성현의 학이라고 하겠는가? 다만 여기에 도를 가장하여 사사로움을 추구할 뿐이다! 그러므로 마침내 독실하게 시에 뜻을 두고 산수에서 방랑한다. 지금 내가 부자의 양지의 설을 들으니 홀연 마치 깊은 잠에서 깨어난 것 같았다. 그런 뒤 내가 전에 했던 일들이 밤낮 정력을 손상하고 수고로이 하였으되 세상에 이록利祿을 좇아 아등바등하는 자들과 더불어 그 맑은 점과 탁한 점을 구분해보면 그 사이에 다만 한 치도 되지 않음을 알게 되었다. 다행이다! 내가 부자의 문에 이르지 않았더라면 거의 한평생이 헛되었으리라! 내 장차 부자께 죽을 때까지 북면하여 늙는다 한들 불가한 바가 있겠는가?" 하진이 그에게 축하하며 말하기를 "선생의 연

세는 많지만 뜻은 어찌 그리 장한지요!" 하였다.[11]

두 달 뒤 동운은 곧 다시 폐백을 가지고 소흥으로 와서 절을 하고 제자가 되어서 스스로 '종오도인從吾道人'이라 칭하였다. 양명은 천천루와 양명서원에서 동운에게 거의 매일 마음을 다하여 하나하나 지적하였고, 동운은 매일 가르침을 받고 돌이켜서 성찰하고 모두 기록하여서 자성록自省錄을 만든 뒤 양명에게 청하여 세세히 비평을 받았다. 동운은 나중에 이를 모아서 『일성록日省錄』을 편집하였다.

그는 『종오도인어록일성록從吾道人語錄日省錄』에서 다음과 같이 말한다.

> 종오도인이 말하였다. "내가 옛날에 천천루에서 선사 양명 부자를 모시고 있을 때 백사白沙 선생의 시를 보았는데 '한밤중 산속 샘물을 길으니 샘물은 날마다 새롭네. 샘에 얼굴을 비추지 않음은 대낮에 먼지가 많이 날리기 때문. 날리는 먼지야 무엇이 해로우랴! 두레박을 자주 놀리지 말라(夜半汲山井, 山泉日日新. 不將泉照面, 白日多飛塵. 飛塵亦何害, 莫弄桔槔頻).' 하였다. 마침내 수많은 성인이 서로 전승한(千聖相傳) 기틀이 마지막 한 구절에서 벗어나지 않음을 조금 깨달았다. 이로 인해 또 호를 '천천경옹天泉綆翁'이라고 일컬었다."
>
> 내가 일찍이 돌이켜 나에게서 구하는 것을 물었다. 선사께서 말씀하시기를 "돌이켜 나에게서 구하는 것이란 먼저 모름지기 옛날 수많은 오류(謬妄), 어수선하고 불안정함(勞擾), 두드러지게 튀어나온 것(圭角)을 제거하고

11 『왕양명전집』 권7 「종오도인기從吾道人記」.

겸허함을 지키고 하늘이 나에게 부여한 것을 회복하는 것이다. 이 바른 생각(正念)을 오래 지니면 저절로 안정되고 고요해지며 사물이 다가오면 건건이 그것을 이해하는데 이는 마음을 기르는 공부가 아님이 없으니 대체로 일 바깥에 마음이 없다. 그리하여 옛사람이 말하기를 '만약 사람이 마음을 (터득하여) 알면 (마음 바깥의) 대지에 한 뼘의 땅도 없다(若人識得心, 大地無寸土).'라고 하였으니 이는 바로 안과 밖을 합하는 배움이다."라고 하셨다.[12]

양명은 여기에서 실제로는 천천루 벽에 제한 백사의 「제심천題心泉」 시를 들어서 '묵좌징심默坐澄心, 체인천리體認天理'의 가르침을 폈다. 그러나 그는 이미 완전히 자기 '양지'설로 '묵좌징심, 체인천리'의 사상을 전석하였다. 백사의 「제심천」 시가 걸려 있는 천천루(*밖으로 천천교와 이어진다)는 양명 심학의 깨달음의 상징이 되었고, 천천루는 곧 깨달음의 누각이 되었으며, 백사의 「제심천」 시는 그가 천천루에서 날마다 길어 올리는 '마음의 샘(心泉)'이며 날로 새로워지고 또 새로워지는(日新又日新) 좌우명이 되었다.

동운에 대한 양명의 양지심학의 가르침은 바로 그가 동운에게 증정한 시에서 읊은, "너희 몸은 저마다 절로 천진하니, 남에게 구하거나 물을 것 없네(爾身各各自天眞, 不用求人更問人)"라고 한 구절을 마음을 닦고 사람을 기르는 준칙으로 삼아서 '마음 추구(求心)'의 기치를 내걸었고, 벽에 제한 백사의 「제심천」 시는 양명의 '마음 추구' 사상의 진리(眞蘊)를 나타냈다. 실제로 양명의 '마음 추구' 사상은 본래 진백사에게 뿌리를 두었다. 진백사는 '마음 추구'를 자기 '심학법문心學法門'으로 삼아서 다음과 같이 말하였다. "학문을 함은 마땅히 마음에서 탐구해야 한다. 반드시 이른바 텅 비고 밝고 고요하고 한결같

---

12 동운董澐, 『종오도인어록·일성록從吾道人語錄日省錄』.

은(虛明靜一) 것이 주체가 되어 …… 이는 심학의 법문이다."[13] '마음 추구'는 바로 양지의 심체를 체인하고 돌이켜서 자기 마음에서 구하고, 치량지로 '하늘이 나에게 부여한 것을 회복(復其天地所以與我者)' 하려는 것이다.

동운은 나중에 천천루에서 가르침을 받고 마음으로 터득한 내용을 하나로 편집하여 엮어서 '구심록求心錄'이라고 이름을 붙였는데, 양명의 이러한 '마음 추구'로 사람을 양성하는 이념을 구체적으로 인증하였다. '마음 추구'를 크게 주장한 『구심록求心錄』은 진백사의 심학 설교로 충만하였는데 다만 양명의 '마음 추구'의 양지심학 사상을 더욱 많이 기록하였다.

예컨대 『구심록』에서 동운은 특별히 마음을 써서 양명의 구심 시 세 수를 기록하였다.

> 감천 선생이 선사께 보낸 시에서 이르기를 "한 마음이 바르면 곧 깨어 있는 것, 모름지기 깨어 있는 곳에는 감정도 없네. 감정 없이 보는 것은 참으로 보는 것이니, 몸 앞에 나타난 것이 곧 본성의 영명함이네(一念正時便是惺, 須之惺處亦無情. 無情知見眞知見, 到了參前卽性靈)."라고 하였다.
>
> 선사가 답하여 이르기를 "적적함과 말똥말똥함을 논하지 말지니, 유래가 망령되지 않음이 곧 성정일세. 은근히 여러 어른께 웃음을 보이며, 앎을 뒤집어서 허령함을 찾네(休論寂寂與惺惺, 不妄由來卽性情. 笑得殷勤諸老子, 翻從知見覓虛靈)."라고 하였다.
>
> 「경차선사운구교敬次先師韻求教」: "학문은 마땅히 참된 한마음에서 시작해야 하나니, 견문으로 이 시대 사람들을 놀라게 하지 말라. 고요하고 묵묵

13 『진헌장집陳獻章集』 권1 「서자제대당서옥시후書自題大塘書屋詩後」.

하여 함이 없는 곳을 알기만 하면, 저절로 원만하고 텅 비어서 헤아릴 수 없는 신령함이 있다네. 곡식 씨앗은 북돋워 기르기를 일삼아야 하고, 거울 빛은 닦아도 도리어 먼지가 앉네. 감추인 뒤에 방위와 형체가 없는 신령과 역이 드러남을, 강문 벽옥루의 진 선생에게 듣네.(爲學當從一念眞, 莫將聞見駭時人. 要知靜默無爲處, 自有圓虛不測神. 鏡光拂拭反生塵. 藏而後發無方體, 聽取江門碧玉陳)"(*생각건대, 양명의 원래 시는 『왕양명전집』 권20에 보인다.)

선사의 시에 이르기를 "사람들은 대낮에 깨어 있으나 자는 듯하고, 늙은이는 산중에서 자고 있으나 깨어 있네. 자나 깨나 그르기도 하고 옳기도 하니, 시냇가 구름은 뭉게뭉게 물은 맑고 서늘하네(人間白日醒猶睡, 老子山中睡亦醒. 醒睡兩非還兩是, 溪雲漠漠水泠泠)."라고 하였다. 배우는 사람이 이러쿵저러쿵 해설을 하였는데 해설을 하면 할수록 (본뜻에서) 멀어졌다. 청컨대 '시냇가 구름' 한 구절을 보면 이미 (이 시를) 주석한 것이다.[14]

사실 '마음 추구'도 양명서원과 계산서원에서 교육의 기치가 되었고, 양명은 '심천경옹心泉綆翁'의 심학대사로서 제생과 학생들에게 강학과 교육을 하며, 마음의 샘을 길어 올리고 마음의 비결을 전하고 도의 진리를 설하였다. 매번 스스로 심학을 체오하여 터득함이 있으면 그는 언제나 문인, 학자를 소집하여서 천천루 앞에서, 천천교 위에서, 벽하지 가에서 양지의 가르침을 크게 폈다. 그곳은 스승과 문생이 시를 노래하고 부를 읊으며, 북을 치고 배를 띄우며 강학론도하는 양명의 명교名教의 낙토가 되었다.

8월 중추에 양명이 연회를 열어서 문인 학자 110명이 천천교에 흥겹게

---

14 동운, 『구심록求心錄』.

모였다. 중추의 달은 대낮같이 밝았고 제생들은 시를 노래하고 부를 외우며, 고를 타고 퉁소를 불며 온갖 종류의 관현악기(金石絲竹)를 일제히 연주하였고, 호수에서 노를 두드리며 노래를 하고, 멀고 가까운 곳에서 화답하였다.

양명은 즉석에서 시 두 수를 지었다.[15]

달밤, 두 수	月夜二首
(제생과 천천교에서 노래하다)	(與諸生歌於天泉橋)
만 리에 한가을 달이 밝고	萬里中秋月正晴
사방 산에 구름과 노을 홀연 이네	四山雲靄忽然生
잠깐 사이 탁한 안개 바람 따라 흩어지고	須臾濁霧隨風散
옛날 그대로 푸른 하늘에 이 달이 밝네	依舊青天此月明
양지는 원래 어둡지 않음을 믿고 있으니	肯信良知原不昧
그를 따라 만 리를 가도 어찌 얽매이랴!	從他萬里豈能攖
늙은이 오늘 밤 광가를 부르니	老夫今夜狂歌發
하늘의 화육으로 맑음이 가득하네	化作鈞天滿太清
곳곳에 한가을 이 달 밝으니	處處中秋此月明
어디에 또 뭇 영재들이 있는지?	不知何處亦群英
모름지기 천년 끊어진 학문 아끼고	須憐絶學經千載
남아의 일생을 저버리지 말라	莫負男兒過一生
아직도 주중회(주희)의 영향이 남았는지?	影響尚疑朱仲晦

15 『왕양명전집』 권20 「월야이수月夜二首」.

정강성(정현)처럼 지리할까 부끄럽네	支離羞作鄭康成
쟁그렁 슬을 놓고 봄바람 속에서	鏗然舍瑟春風裏
증점은 비록 광자이나 내 정을 터득했네	點也雖狂得我情

양명의 중추시는 비분강개한 기운이 충만하여서 깃들어 있는 뜻이 깊고 요원하다. 이때 조정에서는 '좌순문 사건'이 발생하여 세종이 살육으로 '대례의', '학금'과 '예금禮禁'을 흠정하여서 두 마리 토끼를 다 잡았다. 양명이 "양지는 원래 어둡지 않음을 믿고 있으니, 그를 따라 만 리를 가도 어찌 얽매이랴!" 하고 개탄한 것은 사람의 마음속 양지는 불멸이며, 끊어진 학문은 길이 이어지고, 멋대로 행동하는 폭군 세종의 '학금'과 '예금'도 막을 수 없음을 굳게 믿은 것이다. 양명이 중추에 스승과 문도들을 위한 연회를 연 진정한 목적은 제생이 '광자흉차'의 정회를 크게 발휘하여서 '늙은이 오늘 밤 광가를 불러서 하늘의 화육으로 맑음이 가득한' 마음의 소리를 노래하기 위함이었던 것이다.

천천루 앞에서 그는 공자와 마찬가지로 문인 학생들에게 양지의 '광자'의 도를 지닌 기상을 밝게 펼쳐서 다음과 같이 말하였다.

> 옛날 공문孔門에서 중도를 행하는 선비(中行之士)를 구할 때 얻지 못하면 애오라지 그다음을 구했는데 그것은 오직 광자狂者인가? 광자는 옛사람의 풍모를 보존하는 데 뜻이 있으니 일체의 명성과 이익과 떠들썩한 화려함의 물들임이 그 충심衷心을 얽매지 못하니 참으로 봉황이 천 길(千仞) 위를 나는 기상이 있다. 이런 사람을 얻어서 다듬고 그로 하여금 극념克念하여 날로 평이하고 절실함에 나아가게 하면 멀지 않아 도에 이를 것이다. 내가 홍려에 있기 이전부터 배우는 사람들이 공부를 하면서 아직도 많이 속박을 받았다. 내가 양지의 두뇌를 내걸어 보이고서부터 점차 이 의미를 보아

터득하는 자가 많아져서 더불어 마름질할 만하다고 느끼게 되었다(予自鴻臚以前, 學者用功尙多拘局. 自吾揭示良知頭腦, 漸覺見得此意者多, 可與裁矣).[16]

옛날 공자께서 진陳나라에 계실 때 노魯나라의 광사狂士를 생각하였다. 세상의 배우는 사람은 부귀와 명성과 이익(聲利)에 몰입하여서 마치 구속된 것 같고 죄수처럼 갇힌 것 같되, 아무도 살펴서 벗어나지 못한다. 공자의 가르침을 듣고 비로소 일체의 속된 인연이 모두 성의 본체가 아님을 알고서 이에 활연히 벗어난다(脫落). 그러나 이 뜻을 보아 터득하고서도 실천하여 정미精微함에 들어가지 못하면 점차 세상의 인정을 가벼이 멸시하고 인간관계(倫物)를 대수롭지 않게 여기는 병이 생기게 된다. 비록 세상의 용렬하고 하찮은 사람들과는 같지 않지만 도를 터득하지 못함은 한 가지이다. 그러므로 공자가 진나라에서 (노나라로) 돌아가 이들을 마름질할 생각을 한 것은 도에 들어가게 하려고 한 것일 뿐이다(故孔子在陳思歸以裁之, 使入於道耳). 제군이 강학을 함에 다만 이 뜻을 얻지 못할까 근심한다. 지금 다행히 이것을 보거든 바로 정예精詣하고 힘써 나아가 도에 이르기를 추구하되 한 번 보고서 자족하여 끝내 광자에 머물러서는 안 된다.[17]

광자의 용감함은 진취적인 데 있으니 양명이 말하는 광자의 기상은 바로 일종의 지극한 도에 이르려는 끊임없는 진취적인 정신이며, 일종의 실제 치량지로 정미함에 들어가는 실천 정신이다. 감히 욕망과 정념(欲念)을 극복하고 제거하며, 일체의 명성과 이익의 번잡하고 화려한 습성을 내버리고 정예에 힘

---

16 전덕홍, 「각문록서설刻文錄敍說」.

17 『왕양명전집』 권35 「연보」 3.

써 나아가고 날마다 새로움을 추구하고 정진하며, 용감하게 지극한 도에 나아가는 것이다. 바로 이러한, 날마다 새로움을 추구하고 용감하게 지극한 도에 나아가는 광자의 진취적 정신으로 양명은 양지심학의 정상에 올랐다.

어떤 사람이 양지심학을 강론하는 양명을 헐뜯었을 때 그는 다음과 같이 회답하였다.

> 옛날의 광자는 성인(공자)에게 말과 뜻을 대단하게 내세웠으나 행실이 그것을 덮지 못하여서 세상에서는 이른바 패궐敗闕(과실, 잘못)이라고 여겼는데 성인은 중도를 행하는 선비(中行) 다음으로 열거하였다. (향원은) 충신忠信, 염결廉潔하며 비판(刺)을 하려고 해도 비판할 거리가 없으니 세상에서는 이른바 완전하다고 여겼는데 성문聖門에서는 덕의 적賊으로 여겼다. 나(某)는 원컨대 광자가 되어서 진취하려는 것이지 향원이 되어서 세상에 아첨하려는 것이 아니다.[18]

그리하여 양명은 이때 천천루에서 '광자흉차'를 발표하여서 자아의 정신적 진보의 길에서 행한 강화講話를 총결하였으며, 이미 스스로 홍려 이래 학문의 사상을 총결할 준비를 깊이 쌓았다. 이른바 "내가 홍려에 있기 이전부터 배우는 사람들이 공부를 하면서 아직도 많이 속박을 받았다. 내가 양지의 두뇌를 내걸어 보이고서부터 점차 이 의미를 보아 터득하는 자가 많아져서 더불어 마름질할 만하다고 느끼게 되었다."라고 하였는데, 이는 바로 그가 홍려에 있을 때부터 양지를 두뇌로 하는 학문 사상을 '마름질하여서 정할(裁定)' 수 있다고 깨닫고 이렇게 총결하였음을 말한다. "공자가 진나라에서 돌아가

18 『추수익집鄒守益集』 권2 「양명선생문록서陽明先生文錄序」.

이들을 마름질할 생각을 한 것은 도에 들어가게 하려고 한 것일 뿐이다."라고 한 말은 바로 그가 공자를 본받아서 자기가 월로 돌아온 이래 학문 사상을 '마름질하여서 정하고' 그로써 '도에 들어가게' 하였음을 말한다. 양명이 중추中秋에 도를 강하고 배움을 논한 일은 월로 돌아온 이래 평생의 학문 사상을 총결하려는 신호탄이 되었다.

양명이 월로 돌아온 이래 스스로 자기 학문 사상을 총결하려고 생각한 까닭은 양명서원과 계산서원에서 제생과 함께한 강학론도의 추동을 받았기 때문인데, 역시 양명서원과 계산서원의 교육에 실제로 필요했기 때문이기도 하였다. 곧 동운이 와서 배움을 물음과 동시에 전몽도 자기 세 아들인 전덕홍·전덕주·전중실과 함께 와서 배움을 물었다. 전몽의 호는 심어옹心漁翁이며 성상星象, 점서占筮에 정통한 역학자일 뿐만 아니라 음률에도 정통한 맹인 음악가로서 슬을 잘 타고 퉁소를 잘 불렀다. 그는 눈이 어두웠지만 마음은 어둡지 않았다. '눈은 백태가 끼었으나 마음은 눈감지 않은(有目眚而無心睫)' 사람으로서 비록 눈이 어두워서 보이지 않아도 사람 마음의 영각靈覺은 통하며, 양지는 어둡지 않아서 심학은 사물을 지각하고 유추하여서 사리에 통달할 수 있다고(觸類而通) 믿었다. 그리하여 그도 고령의 늙은 몸을 이끌고 소흥에 와서 양명에게 양지심학을 물었던 것이다.

전덕홍은 소흥에서 양지심학을 전수받은 일을 다음과 같이 말하였다.

> 내(德洪)가 두 아우 덕주·중실과 함께 성남城南에서 글을 읽었다. 우리 부친 심어옹이 가서 보셨다. 위량정·위량기 무리와 함께 우혈禹穴과 여러 경승을 유람하였는데 열흘이 되도록 돌아오는 것도 잊었다. (부친이) 묻기를 "여러분과 여러 날 함께했는데 과업課業에 장애가 되지 않는가?"라고 하였다. (그들이) 답하기를 "우리는 거자擧子의 학업을 익히지 않는 때가 없습

니다."라고 하였다. 가군家君이 말씀하셨다. "본래 심학은 사물을 지각하고 유추하여서 사리에 통달할 수 있음을 알고 있다. 그러나 주자의 설도 모름지기 이해해야 하는가?" 두 사람이 말하기를 "나의 양지로써 회옹의 학설을 탐구하는 것은 비유하자면 뱀을 잡되 일곱 치 되는 곳(七寸, 심장, 급소)을 치는 것과 같으니 어찌 터득하지 못할까 근심하겠습니까?" 하였다. 가군이 석연치 않아서 의심스러워하며 나아가 선생께 물었다. 선생이 말하기를 "어찌 장애가 없기만 하겠습니까? 크게 유익합니다! 비유하자면 집안을 다스림에 산업·제택第宅·복식·기물이 모두 스스로 둔(置) 것이나 손님을 청하면 소유한 것을 내어서 대접하며, 손님이 돌아가고 나면 물건은 그대로 있고 스스로 향유하여서 죽을 때까지 사용해도 궁하지 않습니다. 지금 거업을 하는 자는 비유하자면 집안을 다스리되 재물을 쌓는 데 힘쓰지 않고 오로지 재물을 빌리는 것을 공으로 삼는 것과 같습니다. 손님을 청하려면 청사廳事에서부터 제공하는 도구까지 모든 물건을 두루 빌려야 합니다. 다행히 손님이 오면 빌린 모든 물건으로 한때 풍요롭게 잘 차릴 수 있지만 손님이 가고 나면 모두 사람에게 돌려줘야 합니다. 이런 물건들은 어느 것 하나도 자기 소유가 아닙니다. 또한 만약 손님을 청하였는데 오지 않으면 시기가 지나고 기분이 쇠하며, 빌린 물건도 갖추어두지 못하니 평생 분주히 수고만 하고 형편없는 사람(窶人)이 되고 말 뿐입니다. 이는 추구하는 것을 얻어도 얻지 못하는 것은 구하는 것이 외부에 있기 때문입니다."라고 하였다. 이듬해 을유乙酉(1525)에 대비大比로 계산서원의 전편錢楩과 위량정이 함께 강江, 절浙에서 선발되었다. 가군이 듣고 웃으며 말씀하기를 "뱀을 잡되 일곱 치 되는 곳을 쳤군."이라고 하셨다.[19]

19 『왕양명전집』 권35 「연보」 3.

양명서원과 계산서원의 교육 중에서 결코 거자의 학업을 익히는 것을 폐지하지 않았음을 알 수 있다. 다만 서원의 교육은 '마음 추구'의 양지심학으로 인재를 육성하였는데, 양명은 심학이 근본이고 거업은 말단이며, 심학은 자기 소유이고 거업은 바깥에서 추구하는 것이라고 강조하였다. 거업을 다스리려면(治業) 먼저 마음을 다스려야(治心) 하니, 심학은 거업에 장애가 되지 않는다. 이와 상반되게 심학을 밝게 닦으면 거업에 유익하여서 마치 뱀을 잡되 급소(七寸)를 치는 것과 같다. 양명은 눈은 어두워도 마음은 어둡지 않으며 마음이 태현太玄에 노닐면서 있고 없음, 얻고 잃음에 집착하지 않는 '마음 어부(心漁)' 장님(瞽翁) 전몽의 처세 철학을 크게 찬양하면서 치량지 심학을 이용하여 정확하고 투철하게(精辟) '마음 어부' 전몽의 처세 철학의 진제眞諦를 천석하였던 것이다.

그는 오로지 전몽을 위해 「심어가心漁歌」 한 편을 지어서 다음과 같이 읊었다.[20]

심어가 心漁歌

전희명 옹의 별호로 제하다.

爲錢翁希明別號題.

어떤 어부가 노래하였다.

有漁者歌曰.

---

20 『왕양명전집』 권20 「심어가위전옹희명별호제心漁歌爲錢翁希明別號題」.

고기잡이는 눈으로 하지 않고 오직 마음으로 하는데	漁不以目惟以心
마음이 물고기에 있지 않아야 어부 일이 더 깊어지네	心不在魚漁更深
북쪽 바다의 고래도 아주 작달막하니	北溟之鯨殊小小
단번에 자라 여섯 마리 낚음을 부러워하지 않네	一擧六鼇未足歆

감히 묻건대, 어찌하여야 어부인가? 말한다. 내 장차 이 도를 그물로 삼고 양지를 벼리로 삼고 태화太和를 미끼로 삼고 천지를 배로 삼는다. 묶어도 뜻이 없고 흩어도 방향이 없다. 이를 일러서 얻어도 얻은 것이 없고 잊어도 잊을 수 없다고 한다.

敢問何如其爲漁耶? 曰, 吾將以斯道爲網, 良知爲綱, 太和爲餌, 天地爲舫. 絜之無意, 散之無方. 是謂得無所得, 而忘無可忘者矣.

전몽의 '마음 어부'는 양명의 '마음 추구'와 일치한다. 양명의 관점에서 볼 때 전몽의 '마음 어부'의 인생철학은 바로 지극한 도를 그물로, 양지를 벼리로 삼고, 천지만물과 혼연일체하여서 마음은 유와 무의 사이에서 노닐고 대상과 나를 함께 잊고, 집착하는 바가 없고, 고기를 잡아도 잡은 바가 없고, 얻어도 얻은 바가 없고, 잊어도 잊지 못하는 것이다.

추수익은 「사연옹찬四然翁贊」에서 전몽의 이러한 '마음 어부'의 인생철학을 다음과 같이 구체적으로 서술하였다.

세 살 때 실명하고 이어서 잇달아 부모(怙恃)를 잃고 점쟁이(星卜) 사이에서 얻어먹었다. 이윽고 용강龍岡에서 『역』을 읽고 마침내 시초(蓍)에서 신묘한 이치를 터득하였다. 슬 타기를 좋아하였는데, 구휘九徽를 어루만져서 표준으로 삼고 위아래로 종횡하되 음률에 완전히 정통하였다. 일찍이 스스로 지팡이와 퉁소를 제작하였는데, 지팡이는 길이가 일곱 자이고 구멍에 퉁소를 넣을 수 있었다. 흥이 일면 문득 꺼내서 불었는데, 그 소리가 숲과 골짜기를 흔들었다. 한가하게 거처하면서 시문詩文을 스스로 평하며, 혹 고조古調로 가사歌辭를 짓고 이름을 「운야음雲夜吟」이라고 하였다. 늘그막에 엄릉嚴陵(엄광嚴光, B.C.39~A.D.41)의 절조를 흠모하여서 별호를 '심어心漁'라고 하였다. 마명형 선생이 전기를 지었는데, 그 사실이 모두 기이하고 위대하여서 읊조릴 만하다.[21]

전몽은 가시歌詩를 잘 지었으며 고조를 모방하여서 가사를 지었고 옛 가곡을 외웠는데, 이는 그가 음률에 정통하고 직접 악기를 조작하고 다룰 수 있었으며 또한 스스로 악기를 제작하고 (그것이) 음절에 완전히 들어맞았기 때문이다. 양명서원과 계산서원에서 가시는 제생들에게 매일 가르치는 교과(功課)였으며 또한 서원 교육과 강학회에서 없어서는 안 되는 중요한 분야였다. 그러므로 양명은 '가시'를 서원 교육의 3대 교과 중 하나로 지정하였다. 그의 시에서 "쟁그렁 슬을 놓고 봄바람 속에서", "늙은이 오늘 밤 광가를 부르니"라는 구절로 이러한 점을 알 수 있다. 이러한 가시와 송시誦詩는 모름지기 상관된 가시와 가법이 필요한데, 이는 바로 전몽의 두드러진 장기였다. 양명은 아주 빨리 자기 「양명구성사기가법陽明九成四氣歌法」을 검토하여서 수정하였는데 아마도 전몽의 영향을 받은 것으로 보인다.

양명서원과 계산서원에서 양명은 바로 이러한 제생 학생들과 강학하고 도를 논하는 가운데 양지심학을 발전시켰으며, 널리 배움에서 요약함으로 돌이키고 끊임없이 승화하였다. 그는 더욱 학생 각자의 서로 다른 사상적 상황

21 『추수익집』 권19 「사연옹찬四然翁贊」.

과 수준을 겨냥하여서 양지심학의 정화를 잘 강론하였다. 사람에 따라 가르침을 베풀고 일에 따라 마땅함을 제정하여서 전도·수업·해혹 삼위일체의 교육 효과에 도달하였다.

제기諸曁의 수령 주정립朱廷立이 여러 차례 소흥에 와서 배움을 묻고 정치를 물었는데, 전형적으로 양명의 이 교육 이념 및 교육 효과를 체현하였다. 양명은 「서주자례권書朱子禮卷」에서 생동감 있게 주정립이 소흥에서 배움을 묻고 정치를 물은 경과를 다음과 같이 기술하였다.

> 자례子禮(주정립)가 제기의 수령이 되어서 정치를 물었는데 양명자가 그와 함께 배움을 논하되 정치는 언급하지 않았다. 자례가 물러나서 자기 몸을 살피고 자신의 분노를 징계함으로써 백성이 싫어하는 바를 터득하였다. 자기 욕망을 자제함으로써 백성이 좋아하는 바를 터득하였다. 자기 이익을 버림으로써 백성이 추구하는 바를 터득하였다. 자기가 쉽게 여기는 것을 잘 살핌으로써 백성이 소홀히 여기는 바를 터득하였다. 자기 좀을 제거함으로써 백성이 근심하는 바를 터득하였다. 자기 본성을 밝힘으로써 백성이 (보편적으로) 같이 여기는 바를 터득하였다. 석 달 만에 정치가 잘 이루어지자 감탄하며 말하기를 "내가 비로소 지금에야 배움이 정치를 할 수 있는 것임을 알았다!"라고 하였다.
>
> 뒷날 또 뵙고 배움을 물었더니 양명자가 그와 더불어 정치를 논하되 배움은 언급하지 않았다. 자례가 물러나서 직책을 닦아서 백성이 싫어하는 바를 평정함으로써 자기 분노를 징계하였다. 백성이 좋아하는 바를 따름으로써 자기 욕망을 자제하였다. 백성이 추구하는 바를 따름으로써 자기 이익을 버렸다. 백성이 소홀히 여기는 바를 경계함으로써 자기가 쉽게 여기는 바를 잘 살폈다. 백성의 근심을 해소함으로써 자기 좀을 제거하였다.

백성이 (보편적으로) 같이 여기는 바를 회복함으로써 자기 본성을 밝혔다. 한 해(期年)가 되어서 교화가 행해지자 탄식하며 말하기를 "내가 비로소 지금에야 정치가 배움이 됨을 알았다!"라고 하였다.

뒷날 또 뵙고 정치와 학문의 요체를 물었다. 양명자가 말하였다. "명덕과 친민은 하나이다. 옛사람이 밝은 덕을 밝혀서 그 백성을 친하게 대하니 친민은 밝은 덕을 밝히는 까닭이다. 이런 까닭으로 밝은 덕을 밝힘은 본체이고, 백성을 친하게 대함은 작용이다. 지극한 선에 그침은 그 요체이다." 자례가 물러나서 지극한 선의 설을 추구하였다. 그 양지에 대해 환히 알고서 말하기를 "내가 이제야 비로소 배움이 정치의 까닭이고 정치가 배움의 까닭이며 모두 양지에서 벗어나지 않음을 알았다. 참으로 지극한 선에 그침은 그 요체이다!"라고 하였다.[22]

양명은 배움과 정치의 물음을 결합하여서 사람에 따라(因), 일에 따라 의혹을 해소해주고, 가까운 데서 말미암아 먼 데 미치고, 바깥에서 말미암아 안으로 이르러서 층층이 깊이 들어가되 사람에 나아가(卽), 일에 나아가 계발하는 것에서부터 의혹을 해소하기 시작하여 학문을 하고(治學) 정치를 다스리는(理政) 좋은 법을 개도하였다. 그리하여 마지막으로 양지심학의 길에 대한 인식에 도달하여서 명덕과 지선의 지극한 도, 지행합일, 궁행실천에 집중시켰다. —이것이 바로 양명이 다른 사람들과 다른, 전도·수업·해혹이 서로 통일된 서원 교육의 길이었다.

양명서원과 계산서원에서 양명은 모두 이러한 교육의 길을 이용하여서 찾아와 배우는 제생을 인도하였다. 주호朱箎·주보朱簠 형제가 소흥에 와서

---

22 『왕양명전집』 권8 「서주자례권書朱子禮卷」.

배움을 물었는데 양명은 그들과 함께 입지와 지행합일을 중점적으로 담론하였으며, 특별히 주호에게 다음과 같은 말을 두루마리 하나에 써서 주었다.

수해守諧(주호)가 배움을 물었다. 내가 말하기를 "뜻을 세우는 것일 뿐이다(立志而已)."라고 하였다. 뜻을 세움을 물어서 내가 말하기를 "배움을 하는 것일 뿐이다(爲學而已)."라고 하였다. 수해가 통달하지 못하였다. 내가 말하였다. "사람이 배워서 성인이 되는데 반드시 성인이 되려는 뜻을 갖지 않으면 비록 배움을 행하려고 해도 누가 배움을 행할 수 있겠는가? 뜻을 가졌더라도 일상생활(日用)에서 그 힘을 사용하지 않으면 비록 뜻을 세우려고 해도 역시 어디에서 뜻을 삼을 수 있겠는가? 그러므로 뜻을 세우는 것은 배움을 행하는 마음이며, 배움을 행하는 것은 뜻을 세우는 일이다. 바둑에 비유하자면 바둑은 일이고, '마음을 오로지 하여서 뜻을 이루는(專心致志)' 것은 그 마음을 하나로 하는 일이다. '기러기나 고니가 날아오는데 신경을 쓰는(以爲鴻鵠將至)' 것은 그 마음을 둘로 하는 것이다. '오직 바둑꾼 추의 가르침을 듣기를 일삼음(惟弈秋之爲聽)'은 그 일을 오로지 하는 것이다. '활과 주살을 당겨서 쏠 생각을 하는(思援弓繳而射之)' 것은 그 일이 나뉨이다." 라고 하였다. 수해가 말하기를 "사람들이 말하기를 '앎이 지극하지(至) 않으면 행함이 힘을 쓸 수 없다.'고 합니다. 내가 알지 못하는데 어떻게 행할 수 있습니까?" 하였다. 내가 말하기를 "옳고 그름을 가리는 마음은 앎이며, 사람마다 모두 가지고 있다. 그대는 알지 못함을 근심하지 말고 오직 기꺼이 알려고 하지 않음을 근심할 뿐이다. 앎이 지극하지 못함을 근심하지 말고 오직 앎을 끝까지 이루지(致) 않음을 근심할 뿐이다. 그러므로 '앎이 어려운 것이 아니라 행함이 어렵다(知之非艱, 行之惟艱).' 하는 것이다. 지금 길을 가는 사람을 잡고서 알리기를 무릇 그것은 인의의 일이라고 하면 그는 그것이 모두 선한 것임을 알 수 있다. 알리기를 무릇 불인, 불의라고 하면 그는 그것이 모두 불선한 것임을 알 수 있다. 길을 가는 사람이 모두 그것을 아는데 그대는 알지 못하는가? 만일 그것이 선함을 알아서 선함을 아는 그 앎을 끝까지 이루어서 반드시 그 선함을 한다면 앎이 지극해질 것이다. 만일 그것이 불선함을 알아서 불선함을 아는 그 앎을 끝까지 이루어서 반드시 그 불선을 하지 않는다면 앎이 지극해질 것이다. 앎은 물과 같다. 사람의 마음이 알지 않음이 없는 것은 마치 물이 아래로 흘러 내려가지 않음이 없는 것과 같다. 터서 흘러가게 하면 아래로 내려가지 않음이 없다. 터서 흘러가게 하는 것은 앎을 끝까지 이루는 것을 말한다. 이것이 내가 이른바 지행합일이라고 하는 것이다."라고 하였다.[23]

또한 제칭이 소흥으로 와서 배움을 묻자 양명은 곧 그와 함께 마음 바깥에는 이치가 없다는 설과 치량지를 중점적으로 담론하였는데, 특별히 제칭에게 다음과 같은 말을 두루마리 하나에 써서 주었다.

뒷날 다시 청하여 말하였다. "앎을 끝까지 이루는(致知) 것은 내 마음의 양지를 끝까지 이루는 것인데 이는 이미 가르침을 들었습니다. 그러나 천하 사물의 이치는 무궁하니 과연 오직 내 양지를 끝까지 이루어서 모두 알 수 있습니까? 아니면 오히려 바깥에서 구할 바가 있는 것입니까?" 다시 알려서 말하였다. "마음의 본체는 본성이며 본성이 곧 이치(性卽理)이다. 천하에 어찌 마음 바깥의 본성이 있는가? 어찌 본성 바깥의 이치가 있는가? 어찌 이치 바깥의 마음이 있는가? 마음을 바깥으로 하여서 이치를 구하는 것은

23 『왕양명전집』 권8 「서주수해권書朱守諧卷」.

고자告子의 '의외義外'설이다. 이치라는 것은 마음의 조리條理이다. 이 이치는 어버이에게 발현되면 효도가 되고, 군주에게 발현되면 충성이 되고, 벗들에게 발현되면 믿음이 된다. 천변만화하여서 궁하고 고갈하지 않음에 이르러도 내 한 마음에서 발현하지 않은 것이 없다. 그러므로 반듯하고 장엄하고 고요하고 한결같음(端莊精一)으로써 마음을 기르며(養心), 배우고 묻고 생각하고 변별함(學問思辨)으로써 이치를 탐구하는(窮理) 것은(*주희의 설을 가리킨다) 마음과 이치를 쪼개서 둘로 삼는 것이다. 만약 내 설과 같으면 반듯하고 장엄하고 고요하고 한결같음도 이치를 탐구하는 까닭이며, 배우고 묻고 생각하고 변별함도 마음을 기르는 방법이니 마음을 기를 때는 이른바 이치가 없고, 이치를 탐구할 때는 이른바 마음이 없다는 말은 아니다. 이것이 옛사람의 학문은 앎과 행함이 함께 진보하고 거두어서 하나로 합하는 공부인 까닭이며, 후세의 학문이 앎과 행함을 앞뒤로 나누어서 지리함을 면하지 못하는 병폐인 까닭이다." 말하였다. "그렇다면 주자의 이른바 어떻게 해야 '따뜻하고 시원하게 해드리는 것을 절도에 맞게' 하며, 어떻게 해야 '봉양을 마땅하게' 하는 것인지를 (아는 것이) 앎을 끝까지 이루는 공부가 아닙니까?" 말하였다. "이것은 이른바 앎이지만 앎을 지극히 한 것이라고 할 수는 없다. 어떻게 해야 따뜻하고 시원하게 해드리는지 그 절도를 안다면 반드시 실제로 따뜻하고 시원하게 하는 일을 끝까지 한 뒤에야 내 앎이 비로소 지극해진다(至). 어떻게 해야 봉양을 마땅하게 하는 것인지 알면 반드시 실제로 봉양하는 노력을 끝까지 한 뒤에야 내 앎이 비로소 지극해진다. 이와 같이 해야 비로소 앎을 끝까지 이루는 것일 따름이다. 만약 다만 공허하게(空然) 어떻게 해야 따뜻하고 서늘하게 하며 봉양하는지 알기만 하면 마침내 앎을 끝까지 이루는 것이라고 한다면 어느 것이든 앎을 끝까지 이루는 것이 아니겠는가? 『역』에 이르기를 '이를 곳을 알아서 거기에 이르는 것이 앎이다(知至, 至之, 知).'라고 하였으니 이르는 것이 앎이다. 거기에 이르는 것이 앎을 끝까지 이루는 것이다. 이는 공문의 바꿀 수 없는 가르침이며, 백세百世에 성인을 기다려도 의혹하지 않는 것이다."[24]

주호와 제칭에게 준 두 편의 서권書卷은 말의 내용은 서로 다르지만 그 의미는 같은(異曲同工) 묘함이 있다. 이것들은 양명이 서원에서 강학하고 교학하는 강의 원고의 기록일 뿐만 아니라 양명이 양지심학 본체공부론의 체계를 논술한 정묘한 논문이다. 이 두 편의 글은 상호 보완하면서 더욱 빛나는데 그의 양지심학 체계의 본체론과 공부론의 두 관점에 대해 모두 경전적인 해설을 한 것으로서 그가 월로 돌아온 이래 양지심학의 사상체계에 대해 강령을 제시하여(提綱挈領) 개괄적으로 총결을 내린 것이다.

양명서원과 계산서원에서 가장 사람들의 주목을 끈 것은 역시 오악산인五嶽山人 황성증이 해마다 소홍에 와서 가르침을 받고 배움을 물은 일이다. 그는 재능이 차고 넘치는 사람으로서 양명의 양지심학을 잘 깨달았고, 널리 배우고 깊이 생각하는 데 뛰어났으며 역시 양명이 강학하고 도를 논한 어록을 가장 진지하게 기록하였다. 그는 가정 2년(1523)부터 6년까지 자기가 기록한 양명의 어록을 『회계문도록會稽問道錄』 10권으로 편집하였는데, 이는 양명서원과 계산서원에서 생동감 있고 활발하게 이루어진 교육과 교학을 붓으로 충실하게 기록하였으며 역시 가정 시기 양명이 스스로 양지심학을 끊임없이 사고思考하고, 승화하고, 총결해간 과정의 발자취를 기록한 것이다.

그는 가정 2년에 소주蘇州로 돌아간 뒤 줄곧 양명의 양지심학을 사색하면서 양명과 함께 학문을 논하는 서신을 주고받았다. 가정 3년 5월에 그는 「격

---

24 『왕양명전집』 권8 「서제양백권書諸陽伯卷」. '양백陽伯'은 '양백揚伯'이라고 해야 한다.

물설格物說」과 「수도주修道注」를 썼는데 이는 양명의 격물설과 수도설을 보충한 것이다. 그는 이 두 편을 양명에게 보내주었고, 양명은 회신으로 다음과 같이 논평하였다.

> 여러 차례 편지를 받았는데 겸하여 서술하여서 지은 글을 보여주시니 재식才識의 고매하심을 충분히 알겠으며, 도를 향한 절실함이 얻기 어려운 것이니 얼마나 다행하고 다행한지요(何幸)! 그러나 한번 뵐 길이 없어 본받고자 하는 제 마음(鄙心)이 오히려 꽉 막혀 있어서 펼 수 없었는데 성대한 정을 이렇게 많이 받게 되었습니다! 군자가 배우는 것은 자기를 위함입니다. 자기를 성취하고 남을 성취함(成己成物)이 비록 근본은 같으나 앞뒤 순서는 바꿀 수 없습니다. 맹자가 이르기를 "학문의 길은 다름이 아니라 그 놓친 마음을 찾는 것일 뿐이다(學問之道無他, 求其放心而已矣)."라고 하였습니다. 경전과 역사서를 외우고 익히는 것은 본래 학문의 일이니 버릴 수 없습니다. 그러나 근본을 잊고 말단을 좇음은 명도明道(정호)가 오히려 "사물에 빠지면 뜻을 잃어버린다(玩物喪志)."라고 경계한 말이 있습니다. 학설을 세우고 가르침을 드리움(立言垂訓)과 같은 것은 배우는 사람이 마땅히 더욱 급급해할 바가 아닙니다. 「격물설」, 「수도주」를 보여주셨는데 진실로 다랍게 여기지 않는(不鄙) 성대한 뜻을 받잡고서 참으로 깊이 부끄럽고 송구하게 생각합니다. 그러나 천하고 졸렬한 사람이 감히 족하께 바랄 수 있는 바가 아닙니다. 또한 그 설은 역시 제 견해(鄙見)와는 조금 미진함이 있습니다. 어느 때 그 설을 함께 아울러서 그 뜻을 다 파악하여야 할 터이니 원컨대 잠시 남들에게 보이지 말아야 합니다. 공자가 말하기를 "쉰에 『역』을 배우면 큰 허물이 없을 수 있다(五十以學易, 可以無大過矣)."라고 하였습니다. 족하의 재지才志를 채우면 마땅히 하루에 천 리를 갈 터이니 어디엔들 닿

지 못하겠습니까만 준일駿逸의 기운을 감당하지 못하고 급히 치달리고 분주하게 내달리는 데 급하여서 이와 같이 부딪히면 장차 스스로 발을 헛디딜 것이니 중한 임무를 맡아 멀리까지 이르는(任重致遠) 도가 아닙니다. 고본古本의 전석은 부득이한 것입니다. 그러나 감히 많은 사설辭說을 늘어놓지 않은 까닭은 바로 이리저리 얽히고설켜서 갈등에 휘말리면 가지와 줄기가 도리어 그늘에 가려질 것이 두렵기 때문입니다. 짧은 서문은 일찍이 세 차례 원고를 고친 것이고, 석각은 가장 마지막 원고를 근거로 한 것입니다(短序亦嘗三易稿, 石刻其最後者). 지금 각각 한 본씩 보내는 까닭은 역시 초년의 견해가 충분히 근거로 삼아 확정할 수 없는 것임을 알기 때문입니다(亦足以知初年之見, 未 可據以爲定也).[25]

양명의 이 편지는 더욱더 주의할 만하다. 양명은 황성증이 삼교구류三教九流의 서적을 즐겨 읽고 백씨륙예百氏六藝의 학문을 마음 깊이 탐구하여서 학문이 잡박함을 비평하였는데, 여기서 바로 격물치지의 인식을 언급하였다. 양명은 정덕 13년(1518)에 『대학고본』을 정하였고 아울러 서문과 방석傍釋을 지었다. 또한 동시에 『중용고본』을 정하고 이와 함께 「수도설修道說」을 지어서 중용의 뜻을 펼쳤는데, 이 「수도설」은 실제로 『중용고본』을 정하고 이를 위해 지은 서문이다. 황성증이 지은 「격물설」은 양명이 정덕 13년에 지은 「대학고본방석서」의 격물설을 나타낸 것이다. 그가 지은 「수도주」는 양명의 「수도설」(*곧 「중용고본서」)을 위해 지은 주해이다. 그러나 양명이 정덕 13년에 지은 「대학고본서」와 「수도설」은 똑같이 '양지'와 '치량지'를 논급하지 않았으며(*그때 그는 아직 '양지의 깨달음'을 얻지 못하였다) 나중에야 이것을 끊임

25 『왕양명전집』 권5 「여황면지與黃勉之」 서1.

없이 수정하여서 '양지'와 '치량지'의 내용을 실었는데, 이는 바로 양명이 "짧은 서문은 일찍이 세 차례 원고를 고친 것이고, 석각은 가장 마지막 원고를 근거로 한 것입니다." 하고 말한 것이다.

황성증이 사용한 것은 역시 정덕 13년의 판본이다. 그리하여 양명은 초본初本에 대해 "초년의 견해는 충분히 근거로 삼아 확정할 수 없는 것임을 알기 때문입니다."라고 하였다. 황성증이 주해를 한 것은 "저의 견해에 조금 미진함이 있는" 설이라고 여겼던 것이다. 이로 인해 그는 곧 석각 정본 「대학고본서」와 「수도설」을 황성증에게 보내주었다. 양명이 "어느 때 함께 아우른다면 마땅히 그 뜻을 다할 뿐"이라 한 말은 바로 『대학고본』과 『중용고본』을 합하여 한 책으로 만들어서 응당 '양지'와 '치량지'를 철저히 통달한(洞悉) 뒤에야 전개할 수 있음을 가리킨다. 여기서 그는 『대학고본방석』에 대한 불만을 드러냈고 별도로 진정 '양지'와 '치량지'를 완전히 통달한 『대학문大學問』을 지으려는 소식을 전하였다.

이에 황성증은 곧 6월 1일 또 소흥으로 찾아와서 배움을 물었다. 양명은 황성증의 학문이 박잡한 병폐를 겨냥하여 「자득재설自得齋說」 한 편을 지어서 증정했는데, 다음과 같이 그로 하여금 기예가 도에 진보하고 치량지를 궁행하는 실천(踐履) 공부를 할 수 있게 말하였다.

> 맹자가 이르기를 "군자가 도에 깊이 나아감은 스스로 터득하기 위함이다. 스스로 터득하면 거함에 편안하다. 거함에 편안하면 자질이 깊어진다. 자질이 깊어지면 좌우에 취하여서 그 근원을 만날 수 있다. 그러므로 군자는 스스로 터득하고자 한다(君子深造之以道, 欲其自得之也. 自得之則居之安, 居之安則資之深, 資之深則取之左右逢其原. 故君子欲其自得之也)."라고 하였다. 저 본성을 따름을 도라 하니 도는 나의 본성이다. 본성은 내가 태어나면서 지닌 것

인데 어찌 바깥에서 추구하기를 일삼는가? 세상의 배우는 사람은 사장辭章을 업으로 삼고 훈고訓詁를 익히며 기예技藝를 훌륭히 다듬고 숨은 이치와 현묘한 도리를 찾으려고 하며 정력을 다 써버리고 평생 부지런히 노력하니 이른바 깊이 나아가는 자가 없지는 않으나 그 역시 사장일 뿐이며 훈고일 뿐이며 기예일 뿐이다. 도에 깊이 나아가는 수단이 아니라면 역시 외부의 사물일 뿐이니 어찌 (이로써) 스스로 터득하고 근원을 만나는 것이겠는가! 옛날의 군자는 보이지 않는 곳에서 경계하고 삼가며, 들리지 않는 곳에서 무서워하고 두려워했으니 양지를 지극히 하여 감히 잠깐 동안이라도 벗어나지 않았는데(致其良知而不敢須臾或離者) 이것이 여기에 깊이 나아간 까닭이다. 이로써 대본大本이 서고 달도達道가 행해지며 천지가 자리를 잡고 만물이 생육하며 좌우에서 근원을 만남(逢原)에 무슨 문제가 있는가? 황성증 면지 씨는 '자득自得'으로 서재의 이름을 삼았는데 대체로 도에 뜻을 둔 자이다. 나에게 배움을 청하고 말을 해주기를 청하였다. 나는 맹씨孟氏(맹자)의 말씀에서 벗어날 수 없어 그를 위해 맹씨의 말씀을 쓴다.

가정 갑신(1524) 6월 초하루.[26]

양명은 도란 곧 본성이며 본성은 곧 생득적인 것이며 나의 본성은 자족한 것이며 바깥에서 추구하기를 일삼지 않는다고 인식하였다. 그러므로 그는 황성증이 다만 치량지에서 공부를 하여 "그 양지를 끝까지 이루어서 감히 잠깐 동안이라도 벗어나지 않기를" 바랐다. 이는 양명이 궁행천리躬行踐履 상에서 황성증의 요구에 대응한 것이며, 또한 그가 서원에 와서 배우는 전체 선비의 요구에 대응한 것이다. 황성증이 이때 와서 양지의 가르침을 받은 정황은

26 『왕양명전집』 권7 「자득재설自得齋說」.

모두 그가 스스로 기록한 것으로서 황성증이 양명의 양지심학의 가르침을 충심으로 깨닫고 받아들인 사실을 분명히 나타낸다. 그리하여 양명은 결국 『왕씨논어王氏論語』의 작업을 부탁하였으며, 황성증도 눈앞에서 양명에게 그의 양지심학을 써서 책자로 만들어(*곧 나중의 『대학문大學問』) 후학들에게 도움을 주고 서원의 제생들에게 교학 용도로 제공하기를 청하였다. 그는 겨울 11월경 오吳로 돌아간 뒤 진일보하였다. 여전히 근면하게 양명의 양지심학의 가르침을 사색하고 깊이 빠져들었으며, 양명에게 배움을 묻는 몇 가지 조항을 써서 보내고 가르침을 구하였다.

양명은 심사숙고하여 상세한 답서 한 통을 써서 양지설에 대한 정확하고 냉철한 평술을 하였다.

> 면지勉之(황성증)가 이별하고 떠난 뒤 집안사람의 병이 더욱 깊어지고 천한 몸도 해수병과 설사가 잇따르고 끊어지는 날이 없어서 사람의 일이 어지럽고 답답하여서 논할 수 없었습니다. 이로 인해 『대학고본』은 붓을 들 수 없었으니 간절한 정성을 저버린다는 생각이 듭니다. 그러나 이 또한 스스로 서서히 도모해야 할 것입니다. 다만 『고본』의 백문白文으로서 내 마음속에 있는 것은 때때로 발명할 수 없으니 도리어 근심할 뿐입니다. 물어오신 몇 가지 조항은 실로 답을 할 겨를이 없었습니다. 글의 마지막에서 간절한 정성을 자세히 볼 수 있었는데, 또한 스스로 말을 하기를 용납하지 못할 뿐입니다.
>
> 보내오신 편지에 이르기를 "양지의 가르침에 깊이 빠져들어 움직임과 고요함, 낮과 밤, 옛날과 오늘날, 삶과 죽음이 속속들이 이 사물 아님이 없음을 깨달았습니다. 털끝만큼이라도 사색을 빌리지 않고, 털끝만큼이라도 조장하지 않고 정정당당亭亭當當하고 영령명명靈靈明明하며, 감촉하면 반응

하고 느끼면 통하며, 비추지 않는 곳이 없고 깨닫지 못함이 없고 통달하지 않음이 없고 천성千聖이 같은 길을 가고 만현萬賢이 같은 수레를 따릅니다. 달리 신神과 같음이 없는 것이 곧 신이며, 달리 바랄 만한 하늘이 없는 것이 곧 하늘이며, 달리 따를 임금(帝)이 없는 것이 곧 임금입니다. 근본은 적중하지 않음이 없고, 공변되지 않음이 없습니다. 종일 수작을 하되 움직임이 있음을 보지 못하고, 종일 한가하게 거하되 그 고요함이 있음을 보지 못합니다. 참으로 건곤乾坤의 신령한 본체이며 우리 사람의 오묘한 작용입니다. 가만히 생각건대, 또 『중용』의 성실함의 밝음이 곧 이 양지의 밝음입니다. 성실하게 하려는 사람이 경계하고 삼가며 무서워하고 두려워하는 것은 곧 이 양지가 경계하고 삼가며 무서워하고 두려워하는 것입니다. 이런 것은 당연히 측은히 여기고(惻隱), (자기 잘못을) 부끄러워하고 (남의 잘못을) 미워하는(羞惡) 것과 한가지로서 이 모두 양지의 조건입니다. 경계하고 삼가며 무서워하고 두려워함을 알며, 측은히 여길 줄 알며, 부끄러워하고 미워할 줄 아는 것은 모두 양지이며 또한 곧 밝음입니다."라고 하였습니다. 이 구절에서 논한 것은 매우 분명합니다. 이를 알면 치지 밖에 달리 남은 공부가 없음을 알 것입니다. 이를 알면 이른바 천지에 세워도 어긋남이 없고 귀신에게 따져보아도 의혹이 없으며 백세에 성인을 기다려도 미혹함이 없다(建諸天地而不悖, 質諸鬼神而無疑, 百世以俟聖人而不惑) 한 말은 헛된 말이 아닐 것입니다. 성실함과 밝음, 경계함과 두려워함은 효험의 공부이니 본래 두 가지 뜻이 아닙니다. 이미 움직임과 고요함이, 죽음과 삶이 속속들이 이 사물 아님이 없으니 성실하고 밝고 경계하고 두려워함과 측은히 여기고 부끄러워하고 미워하는 마음 또한 어찌 별도로 한 사물이 있어서 그렇게 하는 것이겠습니까?

보내오신 편지에 이르기를 "음양의 기운은 흔쾌히 합하고 조화하고 통하여서(訢合和暢) 만물을 생성합니다. 사물의 생명은 모두 이 화창한 기운을 얻은 것입니다. 그러므로 사람의 삶의 이치는 본래 조화하고 통함에서 비롯되며 본래 즐겁지 않음이 없습니다. 솔개가 날고 물고기가 뛰며, 새가 울고 짐승이 춤추며, 초목이 기뻐하고 꽃을 피우는 것을 보면 모두 이 즐거움을 같이합니다. 다만 객기客氣와 물욕이 이 조화하고 통하는 기운을 뒤흔들어 비로소 사이가 끊어지고 즐겁지 않은 것입니다. 공자가 말하기를 '배우고 때로 그것을 익힌다(學而時習之).' 하였는데 곧 사이가 끊어짐이 없는 공부를 세운 것이니 기쁘면 즐거움이 싹틉니다. 벗이 오면 배움이 완성되고 내 본성의 본체의 즐거움이 회복되니 그러므로 말하기를 '또한 기쁘지 아니한가?(不亦樂乎)'라고 하였습니다. 남이 비록 나를 알지 못해도 내가 서운해하고 화를 냄으로써 내 본성의 즐거움이 사이가 끊어지게 하는 것을 털끝만큼도 없게 합니다. 그러나 성인은 배우는 사람이 그것을 즐거워함에 쉼이 있을까 걱정하므로 또 이런 말을 한 것입니다. 이른바 '원망하지 않는다(不怨)', '탓하지 않는다(不尤)' 하고 저 '즐거움이 그 가운데 있다(樂在其中)', '그 즐거움을 고치지 않는다(不改其樂)'라 한 말은 모두 이 즐거움이 사이가 끊어짐이 없는 것이 아니겠습니까?" 하였습니다. 즐거움은 마음의 본체입니다. 인한 사람의 마음은 천지만물을 한 몸으로 여기니 흔쾌히 합하고 조화하고 통하며 원래 간격이 없습니다. 보내오신 편지에 이른바 "사람의 삶의 이치는 본래 저절로 조화하고 통함에서 비롯되며 본래 즐겁지 않음이 없으나 다만 객기와 물욕이 이 조화하고 통하는 기운을 뒤흔들어 비로소 사이가 끊어지고 즐겁지 않음이 있다."라고 한 것이 바로 이것입니다. 때로 익힌다는 것은 이 마음의 본체를 회복하기를 추구하는 것이며, 기쁘면 본체가 점차 회복됩니다. 벗이 오면 흔쾌히 합하고 조화하고 통함이 두루 충만하여서 본체의 간격이 없습니다. 본체의 흔쾌히 합하고 조화하고 통함은 본래 이와 같아서 애초에 늘어나는 바가 없습니다. 가령 벗이 오지 않아 천하에 아무도 나를 알지 못해도 역시 줄어든 바가 있지 않습니다. 보내오신 편지에서 '사이가 끊어짐이 없다' 한 뜻이 역시 이것입니다. 성인은 또한 지극히 성실하여서 쉼이 없을(至誠無息) 뿐이니 그 공부가 다만 때로 익히는 것입니다. 때로 익힘의 요체는 다만 홀로 있을 때 삼가는(謹獨) 것입니다. 홀로 있을 때 삼가는 것이 곧 치량지이니 양지는 곧 즐거움의 본체입니다. ……

보내오신 편지에 이르기를 "한창려韓昌黎(한유)의 '널리 사랑함을 인이라 한다(博愛之謂仁).'라고 한 구절은 보아하니 크게 잘못되지 않았는데, 모르겠습니다만 송유宋儒가 무슨 까닭에 잘못이라고 합니까? 사랑을 그 자체의 감정이라 하고, 인을 그 자체의 본성이라 여기면 어찌 사랑을 인이라고 할 수 있겠습니까? 저의 생각(愚意)에 본성은 곧 미발未發의 감정이고, 감정은 곧 이발已發의 본성이니 인은 곧 미발의 사랑이고 사랑은 곧 이발의 인이라고 할 수 있습니다. 어째서 사랑을 인이라고 부르면 안 되는 것입니까? 사랑을 말하면 인은 그 가운데 있습니다. 맹자가 말하기를 '측은히 여기는 마음이 인이다(惻隱之心, 仁也).'라고 하였고, 주자周子(주돈이)가 말하기를 '사랑을 인이라 한다(愛曰仁).'라고 하였습니다. 창려의 이 말은 맹자와 주자의 뜻과 차이가 크지 않습니다. 그 글과 사람을 근거로 해서 소홀히 해서는 안 됩니다."라고 하였습니다. 박애博愛의 설은 본래 주자의 뜻과 서로 크게 차이가 있지 않습니다. 번지樊遲가 인을 묻자 선생님(子)께서 말씀하시기를 '사람을 사랑함(愛人)'이라고 하였습니다. 사랑이라는 글자가 어찌 인이라 할 수 없는 것이겠습니까? 옛날 유학자들은 옛사람의 언어를 보고 (그 말을 한) 사람에 따라 중시하고 가벼이 여기는 병폐가 많았는데 바로 이러한 곳들입니다. 그러나 사랑의 본체는 본래 인이라고 할 수 있으나 다만 사랑할 수 있는 것이 옳고 그른지가 있으니 모름지기 사랑하는 것이 옳아야 바야흐로 사랑의 본체이며 인이라고 할 수 있습니다. 만약 다만 널리 사랑함만 알고서 (그 사람의) 옳고 그름을 논하지 않으면 역시 곧 차질이 있는 곳입니다. 저는 일찍이 넓다는(博) 글자는 다 포괄하는(盡) (것을 뜻하는) 공변되다는(公) 글자만 못하다고 하였습니다. ……

보내오신 편지에 이르기를 "어떤 사람이 설문청薛文清(설선薛瑄, 1389~1464)의 '생각이 지나친 것 또한 사나운 기(過思亦是暴氣)'라고 한 설로 인해 바로 절연히 생각하지 않으려고 하였습니다. 가만히 공자의 말씀을 보니 '내가 일찍이 종일토록 먹지 않고 밤새도록 자지 않고 생각하였다(吾嘗終日不食, 終夜不寢以思).'라고 한 말은 장차 공자가 지나쳐서 그 기운을 사납게 한 것이라고 하겠습니까? 저의 생각으로 미루어보면 오직 생각하되 양지에서 벗어나면 (그것이) 바로 지나친 것이라 할 수 있습니다. 만약 모든 생각이 양지에서 체인하면 곧 공자가 종일토록, 밤새도록 생각하는 것 역시 지나친 것이 아닙니다. 양지에서 벗어나지 않으면 곧 무슨 생각, 무슨 사려인들 어찌 지나치겠습니까?" 하였습니다. '생각이 지나친 것 역시 기를 사납게 하는 것'이라는 이 말은 옳습니다. 만약 마침내 절연히 생각하지 않으려고 하면 도리어 목이 멜까 봐 밥을 먹지 않는 격입니다. 보내오신 편지에 이르기를 "생각하되 양지에서 벗어나면 바로 지나친 것이라고 할 수 있다. 만약 모든 생각이 양지에서 체인하면 곧 종일토록, 밤새도록 생각하는 것 역시 지나친 것이 아니다. 양지에서 벗어나지 않으면 곧 무슨 생각, 무슨 사려인들 ……"이라고 하였는데 이 말은 매우 저의 뜻(鄙意)을 터득한 것입니다.[27]

27 『왕양명전집』 권5 「여황면지」 서2.

양명은 여기서 실제로 '양지' 인식의 네 가지 원칙을 제시하였다. 하나, 양지는 곧 본체이니 "참으로 건곤의 신령한 본체이며 우리 사람의 오묘한 작용"으로서 치지는 곧 치량지이므로 치지의 바깥에 남은 공부가 없다. 둘, 양지는 마음의 본체이므로 치량지의 공부는 바로 마음의 본체를 회복하려는 것이고 "이 마음의 본체를 회복하기를 추구하는" 것이다. 셋, 양지의 마음은 곧 인애仁愛의 마음이며 양지는 선을 알고 악을 알므로 인애의 마음도 응당 옳음을 알고 그름을 안다. 넷, 심체를 체인함이 곧 양지를 체인함이므로 사려가 다만 양지에서 사려하고 생각마다 양지에서 체인한다.

양명의 이 '양지' 본체론의 네 가지 원칙은 그가 제시한 네 조항의 실천 공부론 원칙과 일치하며, 그가 양명서원과 계산서원에서 양지심학을 강론하면서 고이 지킨 교학의 원칙일 뿐만 아니라 자기 평생 동안의 학문을 총결하기 위해 준행한 사상의 원칙이 되었다. 양명이 황성증에게 보낸 배움을 논한 이 편지는 그가 평생 동안 이룬 학문 사상의 제2차 총결이 이미 양지 사상의 네 조항 원칙을 준행하여서 전개되었음을 밝히 드러낸다.

'심천경옹心泉綆翁':
제2차 학문 사상 총결

양명이 평생 동안 이룬 학문 사상의 두 차례 총결은 그 스스로 말한 바와 같이 남경 홍려시경을 경계로 하여 전기는 정덕 13년(1518) 이전의 학문 사상의 총결이며, 후기는 정덕 13년 이후의 학문 사상의 총결인데, 전기와 후기의 학문 사상적 차이는 양지심학의 인식에 있었다. 정덕 13년 이전 그는 아직 양지설을 제시하지 않았으며 정덕 14년에서야 '양지의 깨달음'을 이루었다. 그리하여 양명 후기의 학문 사상적 총결은 실제로 그의 양지심학 사상에 대한 총결이다. 이는 바로 그가 스스로 분명하게 말하기를 "내가 홍려에 있기 이전부터 배우는 사람들이 공부를 하면서 아직도 많이 속박을 받고 있었다. 내가 양지의 두뇌를 내걸어 보이고서부터 점차 이 의미를 보아 터득하는 자가 많아져서 더불어 마름질할 만하다고 느끼게 되었다."[28]라고 한 것이다.

양명이 자기 양지심학을 총결하려는 생각을 하기 시작한 때는 가정 3년(1524) 8월이었다. 그는 중추의 달밤 천천루에서 강의하며 말하기를 "공자가 진陳나라에서 (노나라로) 돌아가 (젊은이들을) 마름질하여 도에 들어가게 할 생

28 『왕양명전집』 권41 「각문록서설」.

각을 하였다."고 하며, 또 "내가 양지의 두뇌를 내걸어 보이고서부터 점차 이 의미를 보아 터득하는 자가 많아져서 더불어 마름질할 만하다고 느끼게 되었다."라고 하였는데, 이는 바로 그가 공자를 본받아 월로 돌아온 이래 학문 사상을 마름질하고 정하여서 총결하려는 것을 뜻한다. 바로 8월 중추 이후 이 천천루의 '심천경옹'은 곧 네 방면에서 자기 학문 사상의 총결을 전개하였다.

❶ 『전습록』을 새로 편집하여 판각하였다(*『신록新錄』이라고 일컫는다). 문장 여덟 편을 가려 뽑아서 '전습록속편傳習錄續編'(*하권)이라고 하였는데, 남대길·남봉길이 이전의 『전습록』(*세 권)과 합하여 소흥에서 간행하였다. 상하 두 책으로 나뉘어 있다.

이 신본 『전습록』은 가정 3년 10월에 편집, 간행되었는데 그 이후 분명하게 다듬지 못한 두 가지 문제를 안고 있다. 첫 번째는 어떤 문장 여덟 편을 선택하였는지, 두 번째는 이 문장 여덟 편은 누가 선택한 것인지 하는 점이다. 전덕홍은 「전습록권중서傳習錄卷中序」에서 말하기를 "하책下冊은 선사의 자필 편지에서 채록하였는데 모두 여덟 편이다."라고 하였다. 이 여덟 편 문장은 남대길이 선정한 것으로 인정하였으며, 다음과 같다.

「답서성지答徐成之」 두 통(二書)

「답주도통서答周道通書」

「답육청백서答陸淸伯書」 두 통

「답구양숭일서答歐陽崇一書」

「답나정암서答羅整庵書」

「답섭문위答葉文蔚」 한 통(第一書)

이 논법은 분명히 착오이다. 왜냐하면 「답구양숭일서」는 가정 5년에 썼고 「답섭문위」 제1서도 가정 5년에 쓴 것인데, 어떻게 가정 3년에 편집하여서 간행한 『전습록』에 들어갈 수 있겠는가? 사실 지금 존재하는 『전습록』 판본에 근거하면 이 문장 여덟 편은 응당 다음과 같음을 분명히 알 수 있다.

「답서성지」 두 통

「계문도통서啓問道通書」

「답육원정答陸原靜」 두 통

「답나정암소재서答羅整庵少宰書」

「훈몽대의시교독유백송등訓蒙大意示教讀劉伯頌等」

「교약教約」

왜냐하면 그 밖의 편지 몇 편은 모두 가정 4년 이후에 썼으므로 가정 3년의 『전습록』에는 수록할 수 없었다. 가정 29년(1550)에 왕기는 소흥에서 『전습록』을 간행하였는데, 「답인논학서答人論學書」, 「답구양숭일서」, 「답섭문위서」, 「시제입지설示弟立志說」 등 편지 네 통을 보태어 이미 가정 3년 간행본의 원래 모습을 잃어버렸다.[29] 가정 33년(1554)에 전덕홍이 수서정사水西精舍에서 『전습록』을 간행하였는데, 바로 「시제입지설」과 「답서성지」 두 통(二書)을 삭제한 뒤 「답섭문위」 제2서를 더 보태고 아울러 『주자만년정론』을 첨부하여

29 지금 전하는 왕기의 가정 29년(1550) 판각본 『전습록』(*국가도서관 소장)에는 편지 4편, 곧 「답인논학서答人論學書」(*곧 「답고동교서答顧東橋書」), 「답구양숭일서」, 「답섭문위」 제1서, 「시제입지설示弟立志說」을 더 보탰는데, 「시제입지설」 외에는 모두 가정 4년 이후에 쓴 것이다. 그러나 지금 전하는 『전습록』 권중卷中에는 「시제입지설」이 없다. 현대의 덩아이민鄧艾民이 『전습록주소傳習錄注疏』를 지었는데 권중에 「시제입지설」 한 편을 넣었고 설명을 붙이지 않아서 어느 판본에 의거한 것인지는 알 수 없다.

서 지금 전하는 『전습록』의 형태를 갖추었다.

이 문장 여덟 편을 선정한 사람은 남대길이 아닌 양명 본인이었다. 남대길은 「전습록서」에서 다음과 같이 말한다. "내(吉)가 궁장宮牆 아래에서 노닐 때부터 이 『전습록』을 아침에 보고 저녁에 즐기며 입으로 외우고 마음으로 추구하여서 …… 그러므로 봉길逢吉 아우에게 명하여서 교정하고 잇달아 거듭 판각하여 천하에 전하게 하였다." 남대길이 이 『신록』을 속각續刻하기 이전에 양명이 이미 손수 정한 여덟 편 『신록』을 아침에 보고 저녁에 완상하였음을 알 수 있다.

양명은 「여주도통서」에서 또 말하기를 "『신록』 한 책을 보시도록 보내드립니다. 6월 초하루(朔日)."[30]라고 하였다. 이 『신록』 한 책은 양명이 손수 정한 문장 여덟 편을 가리키므로 늦어도 6월 이전에 이미 직접 정한 이 문장 여덟 편으로 '신록'을 만들었음을 분명히 나타낸다. 또 남봉길의 「답서성지서발答徐成之書跋」에서 "내(吉)가 일찍이 이 책을 선생께 질문하였더니 ……"라고 하였으므로 만일 이 편지 여덟 편을 남대길·남봉길이 편집한 것이라면 어떻게 다시 양명에게 질문하였겠는가? 그들은 정황을 알지 못하는데 또 어떻게 이 편지 여덟 편을 선정할 수 있었겠는가? 이는 다만 이 편지 여덟 편이 양명 스스로 정한 것임을 뒷받침한다.

양명이 선정한 이 문장 여덟 편을 『전습록』에 편입한 데는 깊은 뜻이 있다. 이 문장 여덟 편은 「답육원정」 편지를 핵심으로 하는데, 쉽고 간단하고 넓고 큰(易簡廣大) 양지심학의 체계를 구축하였다. 원래의 『전습록』(*세 권)은 양지심학의 내용을 결코 담고 있지 않았는데 새로운 『전습록』에서 이를 보

30 왕수인, 「여주도통서」 3, 『왕양명선생소상부척독王陽明先生小像附尺牘』. 진적은 일본 텐리대학天理大學 도서관에 소장되어 있다.

충하였으며, 새 『전습록』은 옛 『전습록』과 소통하여 양명의 양지심학 발전의 사상적 역정을 완정하게 전개하였다.

그리하여 남대길이 「전습록서」에서 지적하여 밝힌 것처럼 양명은 새 『전습록』을 편집하여 양지심학의 정신(用心)을 총결하며 다음과 같이 말한다.

> 천하에 도가 밝지 않고 다스림이 옛 도(前古)를 다시 회복하지 못하는 까닭은 그 유래한 바가 멀다. 이 『전습록』은 문하의 제자가 양명 선생이 문답한 말과 토론한 글을 기록하고 판각하여서 천하에 보인 것이다. 내가 궁장 아래에서 노닐 때부터 이 『전습록』을 아침에 보고 저녁에 즐기며 입으로 외우고 마음으로 추구하여서 대체로 스스로 믿음이 독실해졌다. 가만히 이른 바 도라고 한 것을 보니, 두면 천지에 가득 차고 널리 펴면 사해에 퍼지고 후세에 베풀면 아침저녁 할 것 없이 인심이 똑같이 옳게 여기는 바이다. 그러므로 봉길 아우에게 명하여서 교정하고 잇달아 거듭 판각하여서 천하에 전하게 하였다. 천하에서 이 『전습록』에 대해 다만 견문에 얽매이지 않고 평이한 마음으로 그 뜻을 관찰하고, 문호로써 격절하지 말고 편안한 기운으로 그 내용을 완상해야 한다. 기록으로써 기록을 탐구하지 말고 나로써 기록을 탐구하면 내 마음의 본체가 저절로 드러나고 무릇 이 『전습록』의 말이 모두 마음에 고유한 것이어서 다시 의심할 만한 것이 없을 터이다. 그런즉 대도가 천하에 밝아져서 이로써 천하가 평화롭게 되기를(所以) 장차 기다릴 수 있을 것이다.
>
> 가정 3년(1524) 겨울 10월 18일, 사賜 진사 출신出身 중순대부中順大夫 소흥부 지부 문인 위북渭北 남대길 삼가 서문을 쓰다.[31]

---

31 「전습록란외서傳習錄欄外書」, 『왕양명전집』 권41 「전습록서傳習錄序」.

이 문장 여덟 편은 양명의 양지심학 사상체계의 형성 발전 과정을 처음부터 끝까지 명석하게 기록하였다. 「답서성지」 두 통은 정덕 6년(1511)에 썼는데,[32] 양명이 평생 동안 주륙 학문의 동이를 논변한 중요한(重頭) 문장이며, 나중에 그가 양경兩京의 정주파와 주륙 학문 논전을 전개한 '전주곡'으로서 그의 심학사상이 이제 막 새로운 변화로 나아가고 있는 중임을 밝히 드러낸다.

양명이 이 편지 두 통을 『전습록』에 수록할 생각을 한 것에 대해 남봉길은 「답서성지」 뒤에 발문을 써서 다음과 같이 중요한 설명을 하였다.

> 내(吉)가 일찍이 이 편지를 가지고 선생께 질문을 하였다. 말씀하시기를 "이 편지는 격물·치지·성의·정심(格致誠正) 및 덕성을 높이고 묻고 배우는 길을 따르는(尊德性而道問學) 곳을 말한 것이 아직도 지리하다. 대체로 당시 두 사람(二君)이 본 바는 조정해서 상세한 글의 뜻을 말한 것이다. 그러나 오히려 두 가지 일로 나눈 것을 면하지 못한다."라고 하셨다. 일찍이 한 벗을 만났더니 묻기를 "주자는 마음을 보존하고(存心), 앎을 끝까지 이루는(致知) 일을 두 가지로 삼았는데 지금은 묻고 배우는 길을 따르는 것을 덕성을 높이는 공부로 삼았으니 한 가지 일로 함이 어떠합니까?" 하였다. 선생께서 말씀하시기를 "천명이 나에게 있는 것을 본성이라 하고 내가 이 본성을 얻은 것을 덕이라고 한다. 지금 내 덕성을 높이려면 모름지기 묻고 배우는 길을 가야 한다. 예컨대 효의 덕성을 높이려면 모름지기 효를 배우고 물어야 하며, 공경의 덕성을 높이려면 모름지기 공경을 배우고 물어야 한다. 효를 배우고 묻는 것이 곧 효의 덕성을 높이는 것이고, 공경을 배우고 묻는 것

---

32 생각건대, 『왕양명전집』의 이 두 편지는 주에서 '임오'(가정 원년, 1522)라고 하였는데, 잘못이다.

이 곧 공경의 덕성을 높이는 것이다. 덕성을 높이는 것 바깥에 별도로 묻고 배우는 길을 따르는 공부가 있는 것이 아니며, 묻고 배우는 길을 따르는 것 바깥에 별도로 덕성을 높이는 일이 있는 것이 아니다. 마음이 분명하게 지각하는 곳을 앎이라 하고 앎이 존재하여 주재하는(存主) 곳을 마음이라고 하니, 원래 두 가지 물건이 있는 것이 아니다. 마음을 보존하면 곧 앎을 끝까지 이루는 것이고, 앎을 끝까지 이루는 것이 곧 마음을 보존하는 것이니 역시 두 가지 일이 있지 않다."라고 하셨다. 말하기를 "마음을 보존함은 아마도 고요한 가운데 보존하여서 기르는 것이니 생각건대 묻고 배움의 길을 따르는 것과 같지 않습니다."라고 하였다. 말씀하시기를 "바로 고요한 가운데 보존하여서 기름은 역시 배움이라 하지 않겠는가? 만약 배움이라 한다면 역시 곧 묻고 배움의 길을 따르는 것이다."라고 하셨다. 보는 사람이 마땅히 이 뜻으로 추구해야 한다.[33]

양명이 「답서성지」 두 통(二書)을 자기 심학사상이 발전하는 데 전후를 연결하는 중요한 문장으로 인식하였는데, 비록 그 가운데 격치성정과 존덕성, 도문학을 논술한 것에 오히려 지리하고 둘로 나뉘는 병폐가 있지만 이미 존심과 치지, 존덕성과 도문학의 통일을 희미하게 인식하고 파악하였으며, 다시 앞으로 나아가 존덕성과 도문학의 체용합일, 존심과 치지 공부를 관통하는 경계에 도달하였고, 양지심학의 신천지로 매진하여 들어갔음을 알 수 있다. 양명은 바로 자기 양지심학의 생성 발전이라는 의미에서 「답서성지」 두 통을 새 『전습록』에 선별하여서 넣었던 것이다.

「답나정암소재서」는 정덕 15년(1520)에 썼는데, 이때는 정덕 14년의 '양

---

33 가정 29년(1550) 왕기의 판각본 『전습록』 권하 「답서성지」 2서二書의 뒤에 부록하였다.

지의 깨달음' 이후로서 양명은 이미 치량지의 심학 본체공부론 체계를 정립하였다. 그러므로 나흠순에게 답한 이 편지는 표면적으로는 양명 스스로 '주자만년정론'설 등의 문제를 변론하고 해명하는 것이었으나 실제로는 도리어 치량지의 심학 본체공부론 체계를 천술한 것이다. 그는 자기 치량지 심학체계를 위해 이와 같이 고도로 쉽고 간단한 개괄을 하였던 것이다.

> 그러므로 격물格物이란 그 마음의 사물을 바로잡는 것이며 그 뜻의 사물을 바로잡는 것이고 그 앎의 사물을 바로잡는 것입니다. 정심正心이란 그 사물의 마음을 바르게 하는 것이며, 성의誠意란 그 사물의 뜻을 성실하게 하는 것이며, 치지致知란 그 사물의 앎을 그대로 이루는 것이니 이 어찌 안팎과 피차의 나뉨이 있겠습니까! 이치는 하나일 뿐이니 …… 그러므로 사물에 나아가 말하면 바로잡는다 하고, 앎에 나아가 말하면 그대로 이룬다 하고, 뜻에 나아가 말하면 성실하게 한다 하고, 마음에 나아가 말하면 바르게 한다(正)고 합니다.[34]

양명의 심학은 마음을 본체로 삼아서 마음과 사물을 합일하고, 마음과 이치가 합일하고, 주체와 객체가 이미 '안팎과 피차의 구분'이 없는 것이니, 그러므로 격심格心이 곧 격물이며, 정심正心이 곧 정물正物이다. 이와 반대로 해도 마찬가지이다. 양명의 심학은 주객의 이원적 대립을 해소하고 또한 '유심唯心'과 '유물唯物'의 대립을 해소한 것임을 알 수 있다. 양명의 이러한 말은 나중에 정립한 '왕문사구교' 또는 '왕문팔구교'의 합리적인 내핵을 포함하고 있다.

---

34 『왕양명전집』 권2 「전습록」 중.

「답육원정」 두 통(二書)은 정덕 16년에 썼는데,[35] 「답나정암소재서」를 기초로 하여 자기 양지심학 본체공부론 사상체계를 광대하고 정미하게 총결하고 제고提高하였다. 「답육원정」에서 양명은 체용일여體用一如, 현미무간顯微無間의 철학적 사변 논리 모식을 이용하여서 광대하고 현묘한 사유의 형이상학적 양지심학 본체공부론 사상체계를 구축하였다. 따라서 「답육원정」 두 통은 그의 양지심학 본체공부론 사상체계에 대한 가장 경전적인 해설이며, 『신록』의 편지 여덟 편은 바로 「답육원정」 두 통을 벼리로 하여서 정합적으로 조직되었다고 할 수 있다.

「계문도통서」는 가정 원년(1522)에 썼는데,[36] 「답육원정」 두 통에서 제시한 양지심학 본체공부론 체계에 대한 진일보한 연역적 전개이며, 그의 양지심학 본체공부론 체계의 5대 심학 명제를 심도 있게 전석한 것이다. 하나, 양지는 선을 알고 악을 알며, 옳음을 알고 그름을 안다. 그러므로 '무엇을 생각하고 무엇을 사려하는(何思何慮)' 것은 생각도 없고 사려도 없다는 말이 아니라 한마음으로 천리를 사려하고 심체를 체인하고 심체로 복귀하려는 것이라고 인식한다. 둘, 양지는 심학의 '대두뇌'이므로 심학 공부는 먼저 '성인의 기상'을 체인하는 것이 아니라 진실하고 절실하게 자기 양지 심체를 체인하려는 것이라고 인식한다. 셋, '사상마련'은 바로 치량지의 공부이며 곧 내 마음의 양지를 다하여서 일에 응하고 사물을 접하며 모름지기 종일토록, 종신토록 모두 일에서 닦아나가는(事上磨煉) 데 있다고 인식한다. 넷, 격물과 치지는 통일된 것이며, 격물은 치지의 공부이고 격물치지는 일체 작용이라고 인식한다. 다섯, 성性과 기氣는 합일하며 나뉘지 않으니, 그러므로 성과 기는 지리하

35 『양명선생문록』의 주에서 이 편지는 '갑신'(가정 3년, 1524)에 썼다고 하였는데, 잘못이다.

36 『양명선생문록』의 주에서 이 편지는 '갑신'에 썼다고 하였는데, 잘못이다.

여 둘이 될 수 없고, 성을 말함과 기를 말함은 모두 한쪽으로 떨어질 수 없다고 인식한다.

「훈몽대의시교독유백송등」과 「교약」은 정덕 15년에 쓴 것인데,[37] 양명이 감贛에서 사학社學을 크게 일으켰을 때의 산물이다. 양명은 특히 이 문장 두 편을 중시하였다. 왜냐하면 이 문장 두 편은 사학과 서원의 인본주의적 양지 교육을 위해 쓴 것으로서 (이로써) 그의 양지심학 사상을 사학·서원의 교육제도와 교육 방법에 관철하였기 때문이다. 양명은 「훈몽대의」에서 핵심을 곧바로 지적하여(開門見山) 말하기를 "옛날의 가르침이란 인륜을 가르친 것이다. …… 마땅히 효제충신, 예의염치를 오로지 임무로 삼아야 한다."라고 하였다. 이러한 효제충신, 예의염치를 근본으로 삼은 인륜 교육은 일종의 인본주의적 양지 교육으로서 그 함양과 배육培育의 방법은 바로 '존심存心', '수덕修德'에서부터 시작하여 시를 노래하고(歌詩), 예를 익히고(習禮), 글을 읽음(讀書)을 인륜 교육의 3대 과목으로 삼아, "마땅히 시를 노래함으로 이끌어서 그 뜻과 의식(志意)을 일깨우고, 예를 익히는 것으로 인도하여서 그 위엄과 의례(威儀)를 엄숙하게 하고, 글을 읽는 것으로 일깨워서 지각知覺을 열었다."

그는 「교약」에서 말하기를 "매일의 공부는 먼저 덕을 고찰하고, 다음으로 배서背書와 송서誦書를 하고, 다음으로 예를 익히거나 학과를 익히고, 다음으로 다시 송서와 강서講書를 하고 다음으로 시를 노래한다. 모든 예를 익히고 시를 노래하는 유형은 모두 어린이(童子)의 마음을 늘 보존하는 방법(所以)이다."라고 하였다. 양명 스스로 양명서원과 계산서원에서 이러한 양지의 인륜 교육을 실행하였다. 이 문장 두 편은 양명의 양지 교육 사상을 중시하여 논술한 것으로서 그의 전체 양지심학의 사상체계에서 불가결한 것이다. 그러

37 전덕홍의 『양명선생연보』는 이 두 글을 정덕 13년에 쓴 것으로 비정했는데 잘못이다.

므로 양명이 이 두 편 문장을 신중하게 『신록』에 선별하여서 넣었다고 할 수 있다.

분명 『신록』 여덟 편의 조합은 양명의 완정한 양지심학의 본체공부론 사상체계를 구성하는데, 이 의미에서 말하자면 양명이 선별하여서 편집한 『신록』은 옛 판본과 합본한 뒤 간행하여서 정덕 14년 '양지의 깨달음' 이래 형성된 양지심학을 총결하려는 의도를 분명하게 지니고 있었다. 이는 그가 평생 동안 이룬 학문 사상의 제2차 총결의 '제1요의要義'이다. 이로부터 그의 『전습록』은 비로소 양지심학을 진정으로 논술하는 철학 저작으로서 선비와 배우는 사람들 앞에 드러났던 것이다.

❷ 『대학문大學問』을 지어서 치량지의 『대학』 사상체계를 총결하고 '교전教典'으로 삼아 서원의 교육과 강학회에서 사용한다.

양명의 『대학문』(*또는 『대학혹문大學或問』)은 그의 『대학고본방석』이 승화하고 초월한 것이다. 이 저작의 종지와 저술 경과에 관하여 전덕홍은 「대학문발大學問跋」에서 다음과 같이 중요한 설명을 하였다.

> 『대학문』은 사문師門의 교전教典이다. 배우는 사람이 처음 문에 들면 반드시 먼저 이 뜻을 전수하여서 사람들로 하여금 말씀을 들으면 곧 이 마음의 앎이 백성의 이륜彛倫과 사물의 법칙(民彛物則) 가운데에서 나오지 않음이 없으며, 치지의 공부는 수제치평修齊治平에서 벗어나지 않음을 터득하게 하는 것이다. 배우는 사람이 과연 실지實地에서 공부를 하면 한편으로는 듣고 받아들이며, 한편으로는 친밀하고 절실해진다. 스승은 늘 말씀하시기를 "내 이 생각은 곧바로 받아들일 수 있다. 다만 이 수양(修爲)은 직접 성인의 영역에 이르고 경전을 참조함에 딱 들어맞지 않음이 없으니 반드시 많이 듣고 많이 아는 가운데에서 구할 필요는 없다."라고 하셨다. 문인

이 기록하여 책으로 만들기를 청하자 말씀하시기를 "이는 모름지기 제군이 입에서 입으로 전해야 하며, 만약 붓으로 쓴다면 사람들로 하여금 문자로 보게 할 것이니 유익하지 않다."라고 하셨다. 가정 정해년(1527) 8월에 스승이 사思·전田의 정벌에 나서서 출발하여 나아가려고 할 때 문인이 다시 청하니 스승이 허락하셨다. 기록이 진행되자 글을 써서 나(洪)에게 주시면서 말씀하시기를 "『대학혹문』 몇 조항은 함께 배우는 선비들에게 이 뜻을 모두 듣게 하기를 원하지 않음이 아니나, 돌아보건대 아마도 도적에게 무기를 빌려주고 양식을 제공하는 꼴이 될까 두렵다. 이 때문에 경솔하게 내고 싶지 않다."라고 하셨다. 대체로 당시 여전히 기이한 설로 바른 학문을 혼탁하게 하는 자가 있었는데 스승이 이 때문에 그렇게 말씀하셨던 것이다.[38]

그는 「대학문서大學問序」에서 말하기를 "우리 스승은 선비를 처음 만나시면 반드시 『대학』과 『중용』의 수장首章을 빌려서 성학의 전체 공부를 지시하여 입문하는 길을 알게 하셨다. 스승이 사·전의 정벌에 나서서 출발하여 나아갈 때 먼저 『대학문』을 주셔서 내(德洪)가 받아서 기록하였다."[39]라고 하였다. 이 『대학문』은 비록 가정 6년(1527) 8월에 사·전의 정벌을 나서기 전날 비로소 저록著錄하여 책으로 만든 것이지만 실제로는 일찌감치 써둔 것으로서 '교전'(*강의 원고 혹은 강의와 유사하다)으로 삼아서 양명서원과 계산서원의 학자와 제생에게 『대학』의 도를 크게 밝히는 데 사용하였다. 그러므로 전덕홍이 "『대학문』은 사문의 교전이다. 배우는 사람이 처음 문에 들면 반드시 먼

38 『왕양명전집』 권26 「대학문」 후後.

39 『왕양명전집』 권26 「대학문」 수首.

저 이 뜻을 전수하셨다."라고 말한 것이다.

양명이 『대학문』을 저술하기로 맨 처음 생각한 때는 가정 3년(1524)으로서, 역시 치량지의 『대학』 사상체계를 총결하려는 생각을 하고 있었는데, 이는 황성증의 청에서 나온 것이다. 양명이 황성증에게 보낸 편지의 내용에 근거하면 "면지(황성증)가 이별하고 떠난 뒤 …… 사람의 일이 어지럽고 답답하여서 논할 수 없습니다. 이로 인해 『대학고본』은 붓을 들 수 없었으니 간절한 정성을 저버린다는 생각이 듭니다. 그러나 이 또한 스스로 서서히 도모해야 할 것입니다. 다만 『고본』의 백문으로서 내 마음에 있는 것은 때때로 발명할 수 없으니 도리어 근심할 뿐입니다."[40]라고 하였다. 양명의 이 편지는 가정 3년 11월 전후에 쓴 것인데 '『대학고본』은 붓을 들 곳이 없었으니'라고 한 말은 바로 이후에 천천히 심사숙고하여서 『대학문』을 쓴 사실을 가리킨다. 또한 '간절한 정성을 저버린다는 생각이 듭니다'라고 한 말은 바로 황성증이 양명에게 『대학문』을 지으라고 청한 일을 가리킨다. '그러나 이 또한 서서히 도모해야 할 것입니다'라고 한 말은 바로 이후 천천히 심사숙고하여서 『대학문』을 지은 일을 가리킨다.

양명은 맨 처음 가정 3년 겨울 동안 『대학문』을 저술할 생각을 하였고, 가정 4년에 이르러서 서서히 차분하게 작업하여서 완성한 뒤 곧 양명서원과 계산서원의 강학 교육에 사용하였으니 제생을 인도하여서 왕문 심학으로 입문하게 하는 '교전'이 되었음을 알 수 있다. '학금'이 날로 엄혹하고 비방과 비평이 날로 치열해졌기 때문에 양명은 『대학문』을 기록하여 간행함으로써 정주 관학이 공격하는 명분을 제공하고 싶지 않았으며 다만 문인 동지들 사이에서 입으로 서로 주고받기를 바랐다. 제자가 여러 차례 『대학문』을 간행

---

40 『왕양명전집』 권5 「여황면지」 서2.

하기를 청하였지만 그는 모두 동의하지 않았다. 심지어 가정 6년(1527) 5월에 이르러 추수익이 남경 주객낭중主客郎中으로 승진하고 소흥을 경유하며 양명을 찾아와서 『대학문』을 저록하여 글을 완성하고 간각할 일을 상의하였는데, 양명은 여전히 동의하지 않았다.

그는 전덕홍에게 보낸 편지에서 그 이유를 다음과 같이 설명하였다.

> 『대학혹문』 몇 조항은 함께 배우는 선비들에게 이 뜻을 모두 듣게 하기를 원하지 않음이 아니나, 돌아보건대 아마도 도적에게 무기를 빌려주고 양식을 제공하는 꼴이 될까 두렵습니다. 이 때문에 경솔하게 내고 싶지 않습니다. 또한 원컨대 제공諸公과 해내海內의 동지들이 입으로 서로 전수하면서 풍기風機의 움직임을 기다린 뒤 간각해도 늦지 않습니다. 이 뜻은 일찍이 겸지(추수익)와 대면하여 논하였으니 마땅히 서로 알 것입니다. 강江(강소), 광廣(양광, 광동·광서) 두 길은 모름지기 항성杭城에서 갈라집니다. 만약 서쪽으로 길을 가면 또 겸지와 금金(금릉, 남경)·초焦(하남) 사이에서 한번 대화할 수 있을 것입니다. 너무 바빠서 편지를 쓸 수 없으니 다행히 대략을 전해주기 바랍니다.[41]

가정 6년 8월에 이르러 양명이 양광兩廣으로 부임하기 전날 추수익이 다시 『대학문』 간각을 청하였는데 양명이 마침내 동의하여서 추수익이 『대학문』을 『대학고본』에 덧붙여서 간행하였다. 추수익은 발문을 지어서 『대학문』의 종지를 다음과 같이 밝혔다.

---

41 『왕양명전집』 권27 「여덕홍與德洪」.

성명聖明의 학문은 (그 본령이) 『대학』에 있는 것인가! 성학이 밝지 않음은 (그 원인이) 『대학』에 있는 것인가! 옛날에는 어린아이로부터 성인成人에 이르기까지 애초에 두 가지 가르침이 없었으니, 그러므로 말하기를 "어린아이 때 올바름을 기르는 것이 성인의 공부이다(蒙以養正, 聖功也)."라고 하였다. 천자로부터 서인庶人에 이르기까지 애초에 두 가지 가르침이 없었으니, 그러므로 말하기를 "하나같이 모두 수신을 근본으로 삼았다(壹是皆以修身爲本)." 하였다. …… 내 몸에서 구하여 충족하는 것은 규구規矩(걸음쇠와 곱자)를 잡고서 모나 동그라미를 그리는 것과 같다. 만물에서 구하여 오히려 부족한 것은 모와 동그라미를 살펴서 규구를 헤아린다. 혈구絜矩로써 천하를 평화롭게 하는 것이 천하의 대도大道이다. …… 아! 경건함으로 자기를 수양하여 백성을 편안히 할 수 있다. 경계하고 삼가며 무서워하고 두려워하여서 위육位育을 할 수 있다. 사단四端을 넓혀서 채우면 사해를 보호할 수 있다. 이것이 요약함으로 지키고 널리 베풂(守約施博)의 요체가 아닌가? 성학의 책은 요체가 무욕 하나에 있으니 무욕하면 고요하고 비며 움직임이 바르다(虛靜動直). 본성을 안정시키는(定性) 가르침은 대공大公과 순응順應으로써 천지와 성인의 떳떳함을 배우는 것이니 『대학』의 공부에 견주어서 같은가 다른가? 양명 선사께서 『대학』의 전승을 잃어버릴까 두려워하였다. 이에 이미 『고본』을 서술하여서 뭇 의혹을 사라지게 하고 다시 『문답問答』으로써 고본의 온축을 밝혔다. 읽는 사람이 마음을 비우고 구하여서 염락濂洛으로 거슬러 올라가 공맹孔孟에 이른다면 같은지 다른지는 반드시 변별할 수 있을 것이다.[42]

---

42 『추수익집』 권17 「발고본대학跋古本大學」.

양명이 지은 『대학문』의 종지는 그 스스로 이미 매우 분명하게 말하였다. "내 이 생각은 곧바로 받아들일 수 있다. 다만 이 수양은 직접 성인의 영역에 이르고 경전을 참조함에 딱 들어맞지 않음이 없으니 반드시 많이 듣고 많이 아는 가운데에서 구할 필요는 없다." 전덕홍도 명확하게 말하였다. "『대학문』은 사문의 교전이다. …… 사람들로 하여금 말씀을 들으면 곧 이 마음의 앎이 백성의 이륜과 사물의 법칙 가운데에서 나오지 않음이 없으며, 치지의 공부는 수제치평에서 벗어나지 않음을 터득하게 하는 것이다." 이는 바로 『대학문』은 『대학』의 도를 빌려서 양지심학을 전석한 것이니 '양지'의 본체론과 '치량지'의 공부론 두 측면에 대한 전석에서 단도직입적으로(當下直截) 치량지의 심학 본체공부론 사상체계를 구축하고 이로써 수양하여서 '곧바로 성역에 나아갈' 수 있다는 것을 말한다.

『대학고본방석』이 그의 '양지의 깨달음' 이전 심학의 『대학』 사상에 대한 총결(*치량지는 나중에 부가한 것이다)이라고 한다면, 『대학문』은 그의 '양지의 깨달음' 이후 양지심학의 『대학』 사상에 대한 총결이다. 『대학문』의 논술은 실제로 두 부분으로 나뉜다. 전반 부분에서 『대학』의 '삼강三綱'을 논술한 것은 '양지'의 심본론心本論을 전석한 것이다. 후반 부분은 '팔목八目' 가운데 '격·치·성·정格致誠正' 네 조목을 논술한 것인데, 이는 '치량지'의 공부론을 전석한 것이다.[43]

'삼강'을 논술함에 양명은 '대학'이 곧 배움에 들어가는 것(入學)이며, 대인大人의 학문이자 사람과 만물일체에 관한 학문이라고 인식하였다. 그는 '대

---

43 전덕홍이 말하기를 "치지의 공부는 수제치평修齊治平 안에서 벗어나지 않는다."라고 하였는데, 『대학문』에도 '수제치평' 네 조목을 논한 부분이 있음을 알 수 있다. 지금 존재하는 『대학문』은 '격치성정格致誠正'을 논한 네 조목은 있으나 '수제치평' 네 조목은 논하지 않았으니 아마도 이 부분은 혹 산실되었을 것이다. 잠시 여기에 의문을 기록한다.

학'을 만물일체의 학문으로 해석하여서 다음과 같이 말하였다. "대인은 천지만물을 한 몸으로 삼는 자이다. …… 대인이 천지만물을 한 몸으로 삼을 수 있는 까닭은 의도한 것이 아니라 그 마음의 인이 본래 이와 같아서 천지만물과 더불어서 하나가 되는 것이다." 사람이 천지만물과 더불어서 혼연일체가 될 수 있는 까닭은 사람의 마음이 인하기 때문인데, 이는 일종의 친족을 친하게 대하고 백성을 인하게 대하고(親親仁民), 뭇사람을 널리 사랑하는(汎愛衆物) '일체의 인(一體之仁)'이다.

양명은 이러한 '일체의 인'으로 '명덕을 밝히는' 한 강령을 해설하여서 '일체의 인'은 사람마다 모두 가지고 있으며, 명덕을 밝히는 것은 바로 이러한 '일체의 인'을 밝히고 이러한 '일체의 인'의 심체를 회복하는 것으로 인식하여서 다음과 같이 말한다. "그러므로 대인이 되는 배움은 역시 오직 사욕의 가림을 제거하여서 스스로 명덕을 밝히고 천지만물 일체의 본연을 회복하는 것일 뿐이다. 본체의 바깥에서 (따로) 늘리고 보탤 수 있는 것이 있지 않다." 여기서 말하는 '명덕', '일체의 인', '본체'는 바로 분명히 그가 말하는 양지 본체이다.

이에 그는 또 이러한 '일체의 인'으로 '친민'의 한 강령을 해석하여서 '명명덕'은 일체의 인의 '체體'이고 '친민'은 일체의 인의 '용用'이라고 인식하여서 말하기를 "명명덕이란 천지만물 일체의 체를 세우는 것이고, 친민이란 천지만물 일체의 용에 도달하는 것이다."라고 하였다. 명명덕은 친민에서 표현되며 친민은 명명덕을 위해 체용합일하는 것이다. 명명덕은 바로 천하의 만민과 만물을 친하게 대하는 것이니 이것이 바로 친민, 친물親物의 '일체의 인'이다. 그러므로 그는 강조하여서 말하기를 "군주와 신하, 지아비와 지어미, 벗과 벗들에서 산과 내, 귀신과 신령, 새와 짐승, 풀과 나무에 이르기까지 실로 친함이 있어서 내 일체의 인에 도달하지 않음이 없으니 그런 뒤 내 명덕이 비로소 밝지 않음이 없고 참으로 천지만물을 한 몸으로 삼을 수 있다."라고 하였다.

또한 그는 '일체의 인'으로 '지지선止至善'의 한 강령을 해석하여서 '지선'은 바로 '양지' 심체를 가리키는 것으로 인식하였는데, 이로 인해 지선은 명덕, 친민의 '궁극적인 준칙(極則)'과 궁극적인 목표에 도달한다. 이것이 '바로 백성의 떳떳한 이륜과 사물의 법칙(民彝物則)의 궁극'이다. 그는 명확하게 말하기를 "지선이란 명덕, 친민의 궁극의 준칙이다. 천명의 성은 순수하게 지극히 선하니 밝고 신령하여서 어둡지 않은(昭靈不昧) 것은 지극한 선이 드러나 나타난 것이며 바로 명덕의 본체이며, 이른바 양지이다."라고 하였다. 이러한 지선의 양지는 선을 알고 악을 알며 옳음을 알고 그름을 안다. 따라서 명명덕과 친민은 따라야 할 '규칙'이다. 말하기를 "지지선과 명덕, 친민의 관계는 규구規矩가 모와 동그라미(方圓)에 대한 것과 척도尺度가 길이(長短)에 대한 것과 저울(權衡)이 무게(輕重)에 대한 것과 같다."라고 하였다.

이러한 지선의 양지는 내 마음에 있으니 응당 내 마음의 치지를 향해서 안으로 구해야지 바깥을 향해서 격물구리格物求理할 수 없다. 그리하여 양명은 강조하여서 지적하기를 "사람은 오직 지선이 내 마음에 있음을 알지 못하니 바깥에서 구하여 사사물물이 모두 정해진 이치가 있다고 여긴다. 그리고 사사물물 중에서 지선을 구하니 이로써 지리하고 결렬하며 착잡하고 어지러워져서 일정한 방향이 있음을 아무도 알지 못한다."[44]라고 하였다. 이러한 지선과 내 마음의 공부를 추구함이 바로 '치량지'이다. 이에 양명은 더 나아가 중점적으로 『대학』의 '격·치·성·정'이라는 네 조목을 논술하여서 '치량지'의 심학 공부를 내걸었다.

---

44 『왕양명전집』 권26 「대학문大學問」.

'격·치·성·정'의 네 조목을 논술할 때 양명은 우선 총체적으로 그 네 조목의 관계를 제시했는데 특히 중요한 의미가 있다. 그는 다음과 같이 말한다.

> 무릇 신身·심心·의意·지知·물物은 공부에 사용하는 조리인데 비록 저마다 그 장소가 있으나 실제로는 다만 한 사물이다. 격格·치治·성誠·정正·수修는 조리에 사용하는 공부인데 비록 모두 그 이름이 있으나 실제로는 다만 한 가지 일이다. 무엇을 몸과 마음의 형체라 하는가? 운용運用함을 말한다. 무엇을 몸과 마음의 영명함이라 하는가? 주재함을 말한다. 무엇을 몸을 닦음이라 하는가? 선을 행하고 악을 제거함을 말한다. 내 몸이 저절로 선을 행하고 악을 제거할 수 있는가? 반드시 영명하고 주재함이 선을 행하고 악을 제거하려고 한 뒤에야 형체와 운용하는 것이 비로소 선을 행하고 악을 제거할 수 있다. 그러므로 그 몸을 닦고자 하는 것은 반드시 먼저 그 마음을 바르게 함에 있다. 그러나 마음의 본체는 성이며 성은 선하지 않음이 없다. 마음의 본체는 본래 바르지 않음이 없는데 무엇을 따라서 바르게 하는 공부를 할 수 있는가? 무릇 마음의 본체는 본래 바르지 않음이 없으니 의념意念이 발동하는 것으로부터 그 뒤에 바르지 않음이 있다. 그러므로 그 마음을 바르게 하려는 자는 반드시 의념이 발하는 곳에 나아가서 바르게 해야 하니, 무릇 한 생각(念)의 선함이 일어나면 좋아함에 참으로 미인을 좋아하듯이 하고, 한 생각의 악이 일어나면 미워함에 참으로 악취를 싫어하듯이 하면 뜻이 성실하지 않음이 없고 마음을 바르게 할 수 있다.[45]

여기에서 '격·치·성·정'의 네 조목에 대한 양명의 논술에는 이미 그의

---

45 『왕양명전집』 권26 「대학문」.

'왕문사구교王門四句教'에 대한 심학사상의 체계가 포함되어 있는데, 이는 '왕문사구교'가 원래 『대학』의 '격·치·성·정이라는 네 조목'에서 발전되어 나온 것임을 분명히 드러낸다. 다만 이때 그의 논술은 아직 충분히 명석하고 간약簡約하지 않았으므로 '사구교'의 격언과 경구로 갈고닦아서 왕문의 심전心傳의 요결로 삼지는 못하였다.

양명은 '치지'와 '격물' 두 조목을 더욱 중점적으로 논술하였다. 그는 '치지'를 '치량지'로 해석하여서 다음과 같이 말한다.

> 치致는 지至이니, 예를 들어 상을 당하면 슬픔을 끝까지(致) 표현한다고 하는 끝까지이다. 『역』에서 말하는 "이를 곳을 알고 그곳에 이른다(知至, 至之)."의 '이를 곳을 안다'고 한 것이 앎(知)이며, '그곳에 이른다'고 한 것이 끝까지 이루는 것(致)이다. '치지致知'라고 하는 것은 후세의 유학들이 그 지식을 채우고 넓힌다고 한 것과 같은 말이 아니라 내 마음의 양지를 끝까지 이루는 것이다. 양지란 맹자가 말하는 "옳고 그름을 가리는 마음은 사람마다 모두 지니고 있다(是非之心, 人皆有之)."라고 한 것이다. 옳고 그름을 가리는 마음은 사려하기를 기다리지 않고서 아는 것이고 배우기를 기다리지 않고서 할 수 있는 것이니, 이런 까닭에 양지良知라고 한다. 이는 바로 천명의 성이며 내 마음의 본체이니 저절로 영활하고 밝고 분명하게 깨닫는 것이다. 무릇 의념이 일어나면 내 마음의 양지가 스스로 알게 된다. 그것이 선하면 오직 내 마음의 양지가 저절로 그것을 안다. 그것이 선하지 않으면 역시 내 마음의 양지가 저절로 그것을 안다. 이는 모두 다른 사람이 간여하는 바가 없다. …… 이제 선악을 분별하여서 그 뜻을 성실하게 하고자 한다면 오직 그 양지가 아는 것을 실현하는 데 있다. 무엇 때문인가? 의념이 일어날 때 내 마음의 양지가 그것이 선善임을 이미 알았으나,

가령 능히 성실하게 그것을 좋아하지 않고 다시 그것을 등져버린다면, 이것은 선을 악으로 생각하여 스스로 그것이 선임을 아는 양지를 어둡게 하는 것이다. 의념이 일어날 때 나의 양지가 그것이 불선不善임을 이미 알았으나, 가령 능히 성실하게 그것을 싫어하지 않고 다시 그것을 받아서 행한다면, 이것은 악을 선으로 생각하여 스스로 그것이 악임을 아는 양지를 어둡게 하는 것이다.[46]

양명은 『대학』에서 말한 '치지'를 『역』에서 말한 '이를 곳을 알고 그곳에 이르는' 것과 맹자가 말한 '양지, 양능'과 관통하여서 인식하기를 '앎'은 바로 '양지의 심체'를 가리키며, '치지'는 바로 '치량지'를 가리킨다고 하였다. 이로 말미암아 그는 '치지'와 '성의'를 통일하여서 의념이 일어나는 곳에 선이 있고 악이 있으나 다만 양지의 본체가 선을 알고 악을 아는 것이니 성의는 모름지기 의념의 선악을 식별해야 하며, 오직 치량지를 지녀야 선을 밝히고 악을 떠날 수 있다고 인식하였다. 이른바 '치지'는 견문과 지식을 충실하게 하는 것이 아니라 내 마음의 양지를 이루어서 영활하고 밝고 명료한 지각(昭靈明覺)의 양지 본체로 복귀하려는 것이다.

'격물'에서 양명은 '격물'과 '치지'를 통일하여서 치지는 격물에 있고 물이 격한 뒤 앎이 이른다고 인식하여서 다음과 같이 말한다.

그러므로 치지는 반드시 격물에 달려 있다. 물物이란 일(事)이니, 무릇 뜻(意)이 일어난 것에는 반드시 그 일이 있는데, 뜻이 있는 곳의 일을 '물'이라고 한다(意所在之事謂之物). 격이란 바로잡는 것이니, 그 부정한 것을 바로

46 『왕양명전집』 권26 「대학문」.

잡아 바른 것으로 돌이키는 것을 말한다. 그 부정한 것을 바로잡는다는 것은 악을 제거하는 것을 말한다. 바른 것으로 돌이킨다는 것은 선을 행하는 것을 말한다. 무릇 이것이 격格이다. 『서경』에서 말하기를 "위아래에 이른다(格于上下).", "시조의 사당에 이른다(格于文祖).", "그 그릇된 마음을 바로잡는다(格其非心)."라고 하였는데, 격물의 '격'은 실제로 그 뜻을 겸하고 있다. 양지가 알고 있는 선을 비록 성실하게 좋아하고자 하더라도 진실로 그 의념이 있는 곳의 물에 나아가서(卽) 실제로 그것을 행하지 않는다면 이 물은 아직 바르지(格) 못한 것이 있고, 그것을 좋아하는 뜻은 아직 성실하지 못하다. 양지가 알고 있는 악을 비록 성실하게 싫어하고자 하더라도 진실로 그 의념이 있는 곳의 물에 나아가 실제로 그것을 제거하지 않는다면 이 물은 아직 이르지 못한 것이 있고, 그것을 싫어하는 뜻은 아직 성실하지 못하다. 이제 양지가 알고 있는 선에 대하여 그 뜻이 있는 곳의 물에 나아가 실제로 그것을 행한다면 (선의 실행을) 다하지 않음이 없을 것이며, 양지가 알고 있는 악에 대하여 그 뜻이 있는 곳의 물에 나아가 실제로 그것을 제거한다면 (악의 제거를) 다하지 않음이 없을 것이다. 그런 뒤라야 물은 이르지 않음이 없으며 나의 양지가 아는 것은 이지러지고 모자라고 막고 덮는 것이 없어서 그 끝까지 지극하게 할 수 있다(然後物無不格, 而吾良知之所知者無有虧缺障蔽, 而得以極其至矣).[47]

양명은 격물을 정심正心으로 풀이하였다. 다만 '치지'(치량지)로 '격물'을 해설하였는데 그가 말한 '격'은 바로 '치致'의 의미를 가지고 있으며 '격물' 한 조목도 '치량지' 공부의 의미를 가지고 있다. 그리하여 말하기를 "물은 이르

47 『왕양명전집』 권26 「대학문大學問」.

지 않음이 없으며 나의 양지가 아는 것은 이지러지고 모자라고 막고 덮는 것이 없어서 그 끝까지 지극하게 할 수 있다."라고 하였다. '격물'에서 양명은 특히 강조하여 이 '물'은 대상사물(外物)을 가리키는 것이 아니라 마음속의 사태를 가리키며, '물이란 일이다(物者, 事也).', '의가 있는 사태가 물이다.'(*예컨대 효의 사태, 공경의 사태, 충의 사태, 믿음의 사태 등이 모두 마음속의 사태를 가리킨다)라고 하였다. 물은 뜻이 붙어 있고 드러나 나타난 것이며 의념의 발동은 선악이 있으니, 그러므로 물에도 선악이 있다. 이와 같이 양명이 말한 '격물'도 곧 '선을 행하고 악을 떠나는' 의미를 가지고 있다. 그의 '왕문사구교'에서 '선을 행하고 악을 제거하는 것이 격물'이라는 한 가르침(一教)은 이로부터 나온 것이다.

의심의 여지 없이 『대학문』이 왕문의 '교전'이 된 것은 양명의 『대학』 사상체계에 대한 하나의 총결이며, 또한 치량지 본체공부론 심학사상 체계에 대한 하나의 총결로서 양명이 나중에 세운 '왕문사구교' 텍스트의 근거가 되었다. 이것은 『주자만년정론』과 『대학고본방석』을 초월하였는데, 신편 『전습록』과 주련벽합珠聯璧合하고 서로 발명하여서 치량지 본체공부론 심학사상의 체계를 천석한 2부작의 경전 저작이 되었다.

❸ 『거이집居夷集』과 『양명선생문록』을 편집, 간행한 일은 전면적으로 양명의 심학사상 발전의 역정을 펼쳐 드러낸다.

양명은 자기 시문의 편집을 매우 중시하였다. 그는 일찍이 초년의 사상을 반영하여서 지은 시문을 편집하여 『상국유上國遊』를 엮었는데 대개 초년의 사상과 창작을 총결하고 고별하는 의미를 가졌다. 그리하여 남에게 그것을 내보이지 않았다. 정덕 14년(1519) '양지의 깨달음' 이후 그의 사상은 새로운 비약을 하였다. 월로 돌아온 뒤 그는 문인 제자의 추동 아래 곧 자기 시문집을 정리, 편집하여서 간행할 마음을 먹었는데, 역시 자기 사상이 발전한 심로의 역정을 총결하려는 의도를 가지고 있었다.

제일 먼저 가정 2년에 서산徐珊이 남궁 춘시에서 시권 제출을 포기하고 돌아오자 양명은 「서서여패권書徐汝佩卷」을 지어서 그의 고상한 쾌거를 칭찬하였는데, 서산이 감개하여 말하기를 "어제 선생님의 말 없는 가르침을 받아 제가 귀를 기울여 듣고서 100리를 놀라 진동하게 한 듯하니 거친 마음과 들뜬 기운이 일시에 모두 사라졌습니다."[48]라고 하였다. 그는 바로 양명의 이 「서서여패권」의 격한 상찬과 '학금'의 자극을 받고서 비로소 『거이집』을 편집, 간행하여서 양명의 학문이 '이학異學'이 아님을 밝히고 이로써 스스로 경건하게 양명의 양지심학을 따를 결심을 밝혔다.

당시는 마침 '학금'이 우레같이 맹렬하고 바람처럼 휘몰아쳐서 양명의 글은 '도를 배반하고 경전을 무시하는(叛道不經) 글'로 지목되었으며, 사사로이 전하거나 간행하는 것이 허락되지 않았다. 서산이 이때 양명의 『거이집』을 편집하여 간행한 일은 공연히 '학금'에 반발하는 길을 걸은 것이었다. 나홍선羅洪先이 말하기를 "그대(서산)는 선생을 가장 오래 섬겼으니 적소謫所에서부터 한 마디 말이라도 모두 삼가 기록하여서 전하였다."[49]라고 하였다. 실제로 서산이 편집한 『거이집』은 분명히 양명의 동의를 얻었으며 아울러 (양명이) 그에게 관련된 시문 자료를 제공하였다. 그리하여 『거이집』은 비로소 매우 빨리 편집될 수 있었던 것이다.

서산은 「거이집발居夷集跋」에서 다음과 같이 말한다. "문집은 모두 두 권이며 부록이 한 권인데, 선생께서 옥에 갇혔을 때 지은 글과 길에서 지은 글을 아울러 간행한 책이다. (이 책으로 선생께서) 역시 어디를 가더라도 스스로

---

48 『왕양명전집』 권24 「서서여패권書徐汝佩卷」.

49 『나홍선집羅洪先集』 권4 「신주호계정사기辰州虎溪精舍記」.

터득하지 않음이 없었음을 알 수 있다."[50] 가정 3년 4월에 이르러서 양명의 제자 구양호丘養浩(1496~?)가 여요 지현으로 부임하여서 곧 서산이 편집, 교정한 『거이집』을 간행하였다.

구양호는 「서거이집敍居夷集」에서 다음과 같이 말한다.

> 『거이집』은 양명 선생이 체포되었다가 귀양貴陽에 폄적되었을(責) 때 지은 글이다. 온릉溫陵의 후학 구양호가 판각하여서 여러 동지에게 전한다. …… 나(養浩)는 뒤에 태어나서 배움은 근본을 알지 못하고 정사는 ○ 교화에 족하지 않았다. 선생은 ○ 합하여 가르쳤는데 세월이 ○ 같아서 전형典型이 앞에 있는데, 가르칠 만한 『신부新簿』가 될 수 없고 또 원성元城(유안세劉安世, 1048~1125)의 어록이 될 수 없음을 부끄러워한다. 나와 함께 교정하여 편집한(引以同校集) 자인 한주韓柱 정좌廷佐 선생, 서산 여패 선생이 모두 선생의 문인이다.
>
> 가정 갑신년(1524) 여름 맹삭孟朔, 구양호 이의以義 쓰다.[51]

한주는 「거이집발居夷集跋」에서 말하기를 "문장은 도를 실은 것이다. 양명 선생님(夫子)의 글은 도심道心에 근거하여 나온 것이다. …… 문인 한주 백번 절하고 기록한다."[52]라고 하였다. 『거이집』은 양명의 허락과 확인을 받은 뒤 양명의 세 제자 서산·구양호·한주가 편집하여서 간행한 것임을 알 수 있다. 이른바 '도심'이란 바로 양명의 심학을 가리키며, 그들이 편집하여서 간행한

---

50 『거이집居夷集』 권말 부록. 현재 전하는 『거이집』은 상하이 도서관에 소장되어 있다.

51 『거이집』 권수.

52 『거이집』 권말.

『거이집』은 양명의 심로 발전의 역정을 전개하려는 뜻을 나타냈다.

『거이집』은 양명이 용장역에 적거謫居하기 전후에 쓴 시문을 편집하여 수록한 책이지만, 문인 제자와 제생들은 도리어 양명의 '양지의 깨달음' 이후의 시문을 편집, 수록하고 문집을 완성하여 가장 좋은 '교전'을 만들어서 그들이 양명의 양지심학을 인식하고 깨닫고 받아들이는 데 역할을 하게 되기를 더욱 갈망하였다. 그리하여 『거이집』을 편집하여 간행한 뒤 문인 제자가 또 양명의 문록文錄을 간행하기를 청하였으나 양명은 줄곧 동의하지 않았고 (이와 관련하여) 제자들 사이에서도 관점이 달랐다.

사실 양명은 일찌감치 자기 시문의 원고를 편집할 생각을 하고 있었다. 전덕홍은 「각문록서설」에서 다음과 같이 말한다.

> 어떤 사람이 묻기를 "선생께서 답을 하셔서 문인에게 보여주신 바 글의 원고를 깎아내고 취하며 아울러서 가르침의 말씀 몇 편을 장래에 보여주시는 것이 어떻겠습니까?" 하였다. 선생께서 말씀하시기를 "그럴 생각이다. 다만 지금의 학문은 소견이 아직 이르지 못했다고 스스로 느끼고 있고 또한 종일 응수하느라 겨를이 없다. 뒷날 산중에 초막을 엮고 필력이 있는 현자를 얻어 함께 한곳에 모여서 상의하여 성인의 가장 긴요한 말씀을 발휘하여 책(書) 하나를 짓고, 그런 뒤 자질구레한 글들은 모두 모아서 태워버리고 남들에게 누가 되는 일을 면하겠다."라고 하셨다.[53]

그러나 문인 제자들은 양명의 시문 원고 편집에 대한 의견이 같지 않았다. 전덕홍은 「각문록서설」에서 문인 제자들의 서로 다른 의론을 다음과 같

53 『왕양명전집』 권41 「각문록서설」.

이 제시하였다.

『문록』을 모아서 간행하려는데 여러 동문의 의견을 모았더니 오랫동안 서로 의견이 일치하지 않았다. 어떤 사람은 말하기를 "선생의 도는 정밀하거나 거친 것이 없이 상황에 따라 발언하신 것으로서 지극한 가르침 아님이 없으므로 글을 모음에 가부를 택할 필요가 없다. 대체로 저작 시기와 문체(年月體類)로 순서를 정하여서 보는 사람이 취한 바에 따라 획득할 수 있게 하자."라고 하였다. 이는 구암久庵(황관) 등 여러 사람의 말이다. 또 "선생의 말씀은 비록 정밀하고 거친 간격이 없고 종신토록 가르치신 의도(命意)는 오직 사람의 마음을 들어서 내보이는 것을 요체로 삼았다. 그러므로 학문을 강하고 도를 밝힘에 절실하지 않은 것은 수록할 수 없다."라고 하셨다. 이는 동곽東廓(추수익) 등 여러 사람의 말이다. 두 설이 서로 대립했기 때문에 재단하여 정할 수 없었다.[54]

가정 5년(1526) 7월에 이르러 광덕주廣德州 판관의 직임을 맡은 추수익이 복초서원復初書院을 건립한 뒤 교사와 교재가 부족함을 느꼈다. 그는 스스로 『논어강장論語講章』, 『유속례요諭俗禮要』 등을 지어서 양명에게 보내 자세히 검토하게 한 뒤 아울러 복초서원을 위해 교사를 택하여 파견하여서 가르쳐줄 것을 청하였다. 추수익은 강장講章 교재의 부족과 편집하여서 글을 베껴 쓰는 문제를 언급하였는데, 양명은 회신에서 다음과 같이 말하였다. "후세의 큰 근심은 사대부가 공허한 문장으로 서로 속임이니 …… 지금 구제하려면 오직 소박함으로 돌이키고 순수함으로 돌아가는 것이 대증의 약입니다. 그러므

54 『왕양명전집』 권41 「각문록서설」.

로 우리 무리(吾儕)가 오늘날 해야 할 일은 내면으로 깊이 파고들며(鞭辟近裏) 번잡한 글은 깎아내는(刪削繁文) 데 힘써야 비로소 할 수 있습니다. 그러나 내면으로 깊이 파고들며 번잡한 글을 깎아내는 일은 역시 서둘러 대충해서는 할 수 없으니 반드시 양지의 학문을 강하여서 밝혀야만 합니다."[55]

여기서 말하는 '내면으로 깊이 파고들며 번잡한 글을 깎아내고', '양지의 학문을 강하여서 밝히는' 일은 이미 양명 스스로 문록의 편집을 언급한 말로서 자기 문록을 편집하는 준칙이 되었다. 그리하여 대략 이 이후로 추수익은 양명 문록의 수집과 정리, 편집을 시작하여서 가정 6년(1527) 봄에 양명의 시문 원고 수집을 마쳤다. 4월에 그는 곧 양명에게 편지를 보내 간행을 청하였다. 양명은 마지막으로 동의하기를, 그중에서 최근 원고 3분의 1을 선별하여서 『양명선생문록』을 편집하게 하였고, 전덕홍에게 명하여서 편차를 덧붙이고 별도로 또다시 몇 편을 선별하여 부록 한 권을 만들고, 추수익을 통해 광덕에서 판각하게 하였다.

전덕홍은 「각문록서설」에서 『양명선생문록』의 편집 및 간행 경과를 상세하게 서술하였다.

> 가정 정해년(1527) 4월, 이때 추겸지가 광덕에 폄적되어 있었는데 기록한 선생의 시문 원고의 간행을 청하였다. 선생이 만류하여 말씀하시기를 "안 된다. 우리 무리(吾黨)의 학문이 다행히 두뇌를 얻었지만 모름지기 내면으로 깊이 파고들어야 하며, 실제로 터득하는 데 힘써서(務求實得) 일체 번잡한 글과 좋지 않은 내용을 전하여 남의 이목을 현혹할까 두려우니 수록하지 않는 것이 좋겠다."라고 하셨다. 겸지가 다시 청하여 마지않았다. 이에

55 『왕양명전집』 권6 「기추겸지寄鄒謙之」 서3.

선생이 최근 원고 셋 가운데 하나를 취하여 연월年月을 내세우고 전덕홍에게 명하여서 편차하게 하고 다시 글을 보내 말씀하시기를 "기록한 것은 연월을 차례로 하고 다시 문체(體類)를 분별하지 않은 까닭은 대체로 오로지 학문을 강하고 도를 밝힘을 일삼는 것이 문사文辭의 체제 사이에 있지 않기 때문이다."라고 하셨다. 다음 날 덕홍이 남긴 바를 정리하여 다시 간행을 청하였다. 선생이 말씀하시기를 "이는 문사를 아까워하는 마음이다. 옛날에 공자가 육경을 산술刪述할 때 만약 문사를 마음으로 삼았다면 예컨대 당唐·우虞·삼대三代로 어찌 「전典」, 「모謨」 이하 몇 편(을 채택하는 데) 그쳤겠는가? 바로 오직 도를 밝힘을 뜻으로 삼았기 때문에 서술한 바가 만세에 가르침을 드리울(垂教萬世) 수 있게 되었다. 우리 무리의 뜻은 도를 밝힘에 있다. 다시 문자를 아끼는 마음은 곧 요순의 도에 들어갈 수 없을 것이다."라고 하셨다. 덕홍이 다시 청하여 마지않았다. 이에 몇 편을 허락하여 차례에 넣어서 부록을 삼고 겸지에게 남겨주셨다. 지금의 광덕판이 이것이다. 선생이 『문록』을 읽고서 배우는 사람에게 말씀하시기를 "이 편집은 연월을 차례로 삼아서 후세의 배우는 사람들로 하여금 내가 배운 바 전후로 진보의 다름을 알게 하라." 하셨다. 또 말씀하시기를 "내(某) 이 생각은 여러 현자에 힘입어서 믿어 의심하지 않은 것이니 모름지기 입에서 입으로 전하고 동지에게 널리 퍼뜨려서 거의 실추하지 않게 하라. 만약 글로 쓰는 일이라면 뒷날의 일이니 반드시 부득이한 뒤에 이렇게 할 뿐이다."라고 하셨다. 또 말씀하시기를 "강학은 모름지기 사람들과 더불어 대면하고 전수해야 한다. 그런 뒤에야 의혹하는 바를 얻고 때로 깊고 얕음을 말할 수 있다. 종이와 붓으로 섭렵하면 곧 열에 한둘도 다 터득하지 못한다."라고 하셨다.[56]

56 『왕양명전집』 권41 「각문록서설」.

또 『양명선생연보』에서 더욱 명확하게 다음과 같이 말하였다.

4월, 추수익이 광덕주에서 『문록』을 간행하였다. 수익이 선생의 문자를 기록하여 간행하기를 청하였다. 선생이 스스로 연월을 표제로 삼고 덕홍에게 명하여 차례를 분류하게 하고 또 글을 주어서 말씀하시기를 "기록한 것은 연월을 차례로 하고 다시 문체를 분별하지 않은 까닭은 대체로 오로지 학문을 강하고 도를 밝힘을 일삼는 것이 문사의 체제 사이에 있지 않기 때문이다."라고 하셨다. 다음 날 덕홍이 남긴 바를 정리하여 간행하기를 청하니 선생이 말씀하시기를 "이는 바로 공자가 육경을 산술한 본령(手段)이 아니다. 삼대의 가르침이 밝지 않음은 대체로 후세 학자들의 번잡한 문장이 성행하고 참된 뜻이 쇠퇴했기 때문이다. 그러므로 배운 바가 근본을 잊어버렸을 뿐이다. 비유하자면 만일 공자가 『시』를 산정하되 만약 글(辭)을 기준으로 했다면 어찌 300편에 그쳤겠는가? 오직 한결같이 도를 밝힘을 뜻으로 삼았으므로 (300편을) 취한 것에 그쳤다. 이런 예는 육경이 모두 그러하다. 만약 문사를 아껴서 (기준으로 삼는다면) 바로 공자가 후세에 모범을 드리운(垂範後世) 마음이 아닐 것이다."라고 하셨다. 덕홍이 말하기를 "선생의 문자는 비록 그때그때(一時) 응수함이 다르지만 역시 성정에 근본을 두지 않은 것이 없는데 하물며 배우는 사람이 전하여 외우는 것이 오래되면 아마도 호사가가 멋대로 주워 모아서 도리어 오늘 (우리가) 마름질하여 정한 뜻을 잃어버릴 것입니다."라고 하였다. 선생이 『부록』 한 권의 간행을 허락하여서 수익에게 남겨주셨다. 모두 네 책이다.[57]

57 『왕양명전집』 권35 「연보」 3.

양명은 공자가 육경을 산술刪述한 일을 본받아서 자기가 지은 시문의 원고를 산정하였다. 그가 자기 최근 원고 3분의 1을 선별하여서 취하고 스스로 매 편의 저작 연월을 표제로 삼고 편차하여서 『문록』 네 책을 만든 까닭은 '후세에 모범을 드리우고', '만세에 가르침을 드리우기를' 바란 것임을 알 수 있다. 양명이 문록을 선별하는 기준은 바로 자기가 그러한 도를 밝히고 마음을 논하며, 양지의 '대두뇌'를 강하여 밝힌 최근의 작품을 선별하여서 취하는 것이었는데, 이러한 문장은 모두 '내면으로 깊이 파고들며, 실제로 터득함을 추구하는 데 힘쓰는' 실제 문장이었고, (문록을 만든) 목적은 "후세 학자로 하여금 내가 배운 바 전후로 진보의 다름을 알게 하는" 데 있었던 것이다. 분명히 양명은 양지의 대두뇌를 논술한 최근 원고의 문장을 선별하고 편집하여서 『문록』을 만들었다.[58] 이는 그의 양지심학 발전의 진로와 역정의 총결이며 또한 신본 『전습록』과 『대학문』의 종지와 서로 같다. 양명이 직접 정하여서 선별하고 편집한 『문록』은 후세 사람이 편집한 『왕문성공전서王文成公全書』의 핵심 부분을 이루었다.

❹ 「돌올고평점突兀稿評點」을 짓고 「양명구성사기가법陽明九聲四氣歌法」을 검토, 정정하여서 평생 동안의 시학詩學과 가법歌法의 사상을 총결하였다.

사실 양명은 홍치弘治(1488~1505), 정덕(1506~1521), 가정(1522~1566) 시기의 독특한 시풍을 지닌 시가詩歌의 명가名家로서 독특한 시학 사상을 지니고 시가를 창작하였다. 심학의 인본주의 철학 사상은 마음을 중시하고(重心) 자아를 중시하며(重我), 감정을 중시하고(重情) 이치를 중시하는(重理) 그의 시학 사상과 시가 창작(의 풍격)을 규정하였다. 이러한 마음 중시, 자아 중시, 감정

58 여기서 말하는 '최근 원고'는 저명한 「답고동교서」·「답구양숭일」·「답섭문위」 제1서 등을 포괄하는데, 이러한 편지는 나중에야 전덕홍에 의해 『전습록』에 편입되었다.

중시, 이치 중시의 시학 사상은 그의 도를 밝히고 마음을 닦는 인본주의 교육 이념과 서로 결합하여서 그가 독자적으로 수립한 미적 교육 사상을 형성하였는데, 이는 모두 그 스스로 평생 동안 이룬 학문 사상을 총결하는 중요한 측면이었다.

양명이 가정 원년(1522)에 편집하여서 간행한 「돌올고평점」은 저명한 시인 예소야倪小野의 시가에서 명편을 선별한 뒤 평점하고 평술을 한 것으로서 풍부하고 생동감 있게 그의 시학 사상을 반영하고 있는데, 실제로 자기 시학 사상을 개괄적으로 총결하는 의의가 있다. 이에 앞서 양명이 정덕 15년(1520)에 사학社學과 서원을 위해 지은 「훈몽대의」와 「교약」에서도 사학과 서원에서 시가에 대한 미적 교육과 가시법을 중시하는 (교육 이념을) 이미 표현하였었다.

그는 「훈몽대의」에서 시가의 미적 교육 작용을 강조하였는데, 학교교육의 중요한 한 측면은 '가시歌詩로 유도하여 그 뜻과 의지(志意)를 펴서', 감정으로 사람을 감동시키는 것이라고 인식하여서 다음과 같이 말하였다.

> 지금 어린이를 가르쳐서 반드시 그들로 하여금 취향을 고무시켜 중심에서 기쁘하게 하면 진보하여서 저절로 그만두지 못한다. 비유하자면 때맞춰 비가 내리고 봄바람이 불면 꽃과 나무를 적셔서 싹이 트고 우쩍 자라지 않음이 없으니 저절로 날로 자라고 달로 변해서 …… 그러므로 가시로 유도하는 것은 다만 그 뜻과 의지를 펴게 할 뿐만 아니라 노래를 읊조림(詠歌)에 발을 구르고 소리내어서 외침(跳號呼嘯)을 풀어내고(泄), 음절에서 가만히 억눌리고 맺혀서 막힌 것(幽抑結滯)을 펴내게(宣) 하는 것이다.[59]

---

59 『왕양명전집』 권2 「전습록」 중.

「교약」에서 양명은 뜻과 의지를 풀어내어 펴내는 가시를 이렇게 규정하였다. "무릇 가시는 모름지기 용모를 반듯하게 하고 기운을 안정시켜서 음성을 맑고 깨끗하게 하며 그 절조를 고르고 세심하게 하여서 조급하게 하지 말고 들끓고 떠들썩하지도 말고 쭈그러지고 짓눌리지도 말게 하여 이렇게 오래되면 정신이 화창하게 펼쳐지고 심기가 화평해질 것이다."[60] 여기에는 이미 그가 고안한 '구성사기가법九聲四氣歌法'의 초기 형태(雛形)를 포함하고 있다. 아울러 이미 사학과 서원의 교육에서 사용되어 시를 노래하고 예를 익히는(習禮) 모습을 직접 본 추수익은 다음과 같이 말하였다. "내가 일찍이 양명 선생께 수학하다가 건주에서 교육하시는 것을 보았는데 어린이 수백을 모아 시와 예를 익히게 하셨다. 양양하다, 「아雅」, 「송頌」의 위의威儀의 융성함이여!"[61]

따라서 가정 3년 양명이 문장 여덟 편을 선별하여서 새로 『전습록』을 편찬했을 때 특히 「훈몽대의」와 「교약」 두 편을 선택하여 『전습록』에 수록하였던 것이니 양명이 이 문장 두 편을 비상하게 보았음을 알 수 있다. 이 문장 두 편을 『전습록』에 편입한 것은 양명이 자기 시학 사상과 가시법을 총결하려는 예고였던 것이다.

양명은 월越로 돌아온 뒤 더욱 가시·가법 연구를 중시하였는데 가시·가법은 악률樂律이나 악학樂學과 연계되기 때문이다. 이에 양명은 제자 학자들과 함께 늘 가시·악률의 문제에 대해 담론하였다.

황성증은 양명이 제자들과 한 차례 악률과 가시를 논한 중요한 담화를 다음과 같이 기록하였다.

---

60 『왕양명전집』 권2 「전습록」 중.

61 『추수익집』 권2 「유속례요서論俗禮要序」.

선생께서 말씀하셨다. "옛날 음악이 일어나지 않은 지 오래되었다. 오늘날 공연(戱子, performance)이 오히려 옛날 음악의 의미(意思)와 비슷하다." (전덕홍이) 이해하지 못하여서 물음을 청하였다. 선생께서 말씀하셨다. "「소韶」의 구성九成은 바로 순의 공연 한 편(一本)이다. 「무武」의 구변九變은 바로 무왕의 공연 한 편이다. 성인이 일생 동안 겪은 실제의 일(實事)이 모두 음악 가운데 함께 펼쳐져 있다. 그리하여 덕이 있는 자가 그것을 들으면 곧 그것이 지극히 아름답고 지극히 좋다는 것(盡善盡美)과 지극히 아름답기는 하지만 지극히 좋지는 않은 것(盡美未盡善)을 알게 된다. 후세에 음악을 짓는 것은 다만 가사와 가락(詞調)을 조금 짓는 것일 뿐 민속을 교화하는(風化) 것과는 전혀 관계가 없으니 그것으로 어떻게 백성을 교화하고 풍속을 선하게(化民善俗) 만들겠는가? 이제 민속을 소박한 것으로 돌이키고 순수한 것으로 돌이키고자 한다면 오늘날의 공연을 취하여서 요사하고 음란한 가사와 가락을 모두 제거하고 다만 충신과 효자의 고사를 취하여 어리석은 세속의 백성으로 하여금 사람마다 쉽게 깨닫고 무의식중에 그들의 양지를 자극하여 홍기하도록 해야만 비로소 풍속을 변화시키는 데 도움이 될 것이다. 그런 뒤에야 옛날의 음악이 점차 회복될 수 있을 것이다." 말하였다. "저(洪)는 원성元聲(기준음)을 구하고자 해도 구하지 못하였습니다. 아마 옛날의 음악에서는 역시 회복하기 어려울 듯합니다." 선생께서 말씀하셨다. "원성을 어디서 구하는지 말해보겠는가?" 대답하였다. "옛사람이 율관律管을 만들어서 절기를 헤아린 것이 아마도 원성을 구하는 방법인 듯합니다." 선생께서 말씀하셨다. "만약 갈대를 태운 재(葭灰)와 기장의 낟알 속에서 원성을 구하고자 하는 것은 오히려 마치 물 밑에서 달을 건져내려는(水底撈月) 것과 같으니 어떻게 구할 수 있겠는가? 원성은 다만 네 마음에서 구해야 한다." 말하였다. "마음에서 어떻게 구합니까?" 선생께서 말씀하셨다. "옛사람의 다스림은 먼저 사람들의 마음을 화평하게 기른 뒤에 음악을 만들었다. 비유하자면 여기서 시를 노래하는데 너의 마음이 화평하다면 듣는 사람이 자연 기뻐하여서 흥이 일어나게 되는 것과 같다. 다만 이것이 바로 원성의 시작이다. 『서경』에서 '시는 뜻을 표현한다(詩言志).'고 했으니 뜻이 바로 음악의 근본이다. '노래는 말을 길게 읊는다(歌永言).'고 했으니 노래가 바로 음악을 짓는 근본이다. '음악 소리는 길게 읊는 소리에 의지하고, 율려律呂는 오성五聲과 화합한다(聲依永, 律和聲).'고 했으니 율려는 다만 음악 소리를 조화시키려는 것이며, 음악 소리를 조화시키는 것이 바로 율려를 만드는 근본이다. 어찌 그것을 밖에서 구한 적이 있겠는가!" 물었다. "옛사람이 율관을 만들어서 절기를 헤아리는 방법은 그 뜻을 어디서 취하였습니까?" 선생께서 말씀하셨다. "옛사람은 중화中和의 본체를 갖추어서 음악을 지었다. 나의 중화는 원래 천지의 기운과 서로 감응하니, 천지의 기운을 헤아리고 봉황의 울음소리와 서로 화합하는 것은 나의 기운이 과연 조화로운지의 여부를 검증하려는 데 지나지 않는다. 이것은 율을 제정한 이후의 일이지 반드시 이것에 근거하여서 율을 제정한 것은 아니다. 이제 재가 날아오르는 관을 살피려면 먼저 모름지기 동짓날을 정해야 한다. 그러나 동짓날 자시子時도 정확한 기준을 잡을 수 없는데 또 어디서 기준을 취할 수 있겠는가?"[62]

이 어록은 가정 4년(1525)에 기록되었는데, 양명이 '구성사기가법'을 검토하여서 정하기 전날의 기록이다. 이해 봄에 왕벽王襞(1511~1587)이 부친 왕간을 따라 소흥에 와서 배움을 받았는데, 초굉焦竑(1540~1620)은 「왕동애선생벽묘지명王東崖先生襞墓志銘」에서 다음과 같이 말한다.

62 『왕양명전집』 권3 「전습록」 하.

(*왕벽이) 부친을 따라 양명 공의 처소에 이르렀다. 사대부로 모인 사람이 1천 인이었는데 공이 동자에게 명하여서 노래를 부르게 하니 대부분 우물쭈물하며 응하지 못했는데 선생은 의기가 담담하며 노랫소리가 금석金石과 같았다. 공이 불러서 보고 심재心齋의 아들임을 알고서 자랑하며 말하기를 "내 본래 월중에 이 아이 같은 사람이 없음을 알았다." 하고서 대뜸 기이하게 여기고 배움을 전수하셨다. 이때 용계(왕기)·서산緖山(전덕홍)·옥지玉芝(법취法聚, 1492~1563)가 모두 공의 좌우에 있었는데 선생이 공의 명으로 이들을 모두 스승으로 섬겼다.[63]

양명은 바로 이 동자의 신상을 통해 그들이 가시를 잘 하지 못함을 대강 간파하였고, 바로 이 가시에 관해 담화한 이후 정식으로 자기 「양명구성사기가법」을 검토하여서 바로잡고 그것을 양명서원과 계산서원의 교육과 강학회에 사용하였다. 바로 이 악률과 가시를 논한 담화는 양명의 '구성사기가법'이라는 고가법古歌法의 연원에 대한 비밀을 드러냈다.

양명의 '구성사기가법'은 실제로 시가를 읊조리는 일종의 창법인데, 어떤 사람은 이것이 시를 읊조리는 것과 시를 노래하는 방법을 결합한 가시법歌詩法이라 하고, 그것은 음악의 음계인 '오성五聲'(*궁宮·상商·각角·치徵·우羽)과 자음字音의 성조인 '사조四調'(*평平·상上·거去·입入)를 결합하여서 읊조림(誦)과 노래 부르기(歌)를 결합한 독특한 가시법을 형성하였다고 한다. 양명의 '구성사기가법'의 악학樂學 사상의 특징은 음악을 마음의 소리로서 사람의 중화의 기와 천지의 기가 서로 화합하며, 사람의 중화의 악樂과 천지의 음音이 서로 감응하는 것이라 한다. 이로 인해 시가의 절주節奏를 누르고 높이는 것(抑揚)

63 『국조헌징록國朝獻徵錄』 권114.

과 강약도 사시四時의 질서와 서로 합치하게 하니 사시의 기로써 그 음조를 조절하며 그 성음을 청량하게 하고 선율을 누르고 들어올리는 것이라고 인식하였다. 이는 바로 양명의 '구성사기가법'의 기운과 소리 운용의 원리이다.

황성증과 함께 소흥에 와서 배움을 물은 근재近齋 주득지朱得之는 『계산승어稽山承語』에서 어록 한 조항을 기재하였는데, 양명의 '구성사기가법'의 한 가지 특징을 다음과 같이 말하였다.

> 가시법은 곧되 따뜻하며(直而溫), 너그럽되 엄격하며(寬而栗), 굳세되 사납지 않으며(剛而無虐), 간결하되 오만하지 않다(簡而無傲). 노래(歌)는 말을 길게 하고, 소리(聲)는 길게 이어지는 것일 뿐이다. 그 절주의 누르고 높이는 것은 자연스레 사계절의 차례(敍)와 서로 합치한다.[64]

왕기는 「화양명륜당회어華陽明倫堂會語」에서 더욱 분명히 다음과 같이 말하였다.

> 송 선생(宋子)이 제생에게 가시를 가르쳤는데 이로 인해 옛사람의 가시의 본래 뜻을 물었다. 선생이 말씀하시기를 "…… 『예기』에 실린, '위로는 들어올리듯이 아래로는 떨어뜨리듯이 하며(如抗如墜), 마른나무처럼 그치고 꿴 구슬처럼 이어진다(如槁木貫珠).'고 한 것이 곧 옛 노래법이다. 후세에는 양성하는 방법을 알지 못하여서 옛 노래법이 전해지지 않았다. 양명 선사에 이르러 비로소 그 비밀을 밝혀서 춘하추동, 생장수장의 네 의리로 열고 펼치고 거두고 닫아서 음악에 따라 노래하는 절도를 삼았으니(以春夏秋冬,

64 『왕양명전집』 권3 「전습록」 하.

生長收藏四義, 開發收閉爲按歌之節) 해내에 전하여 학자들이 비로소 옛사람의 노래를 가르치는 뜻을 알게 되었다. 선사가 일찍이 이르기를 '배우는 사람이 이 뜻을 깨달으면 곧바로 노래가 요·순·희황羲皇(복희)(의 노래)에 이를 터이다. 다만 이것이 학문의 맥락이니 바깥에서 구하기를 기다릴 것이 없다.'고 하셨다."라고 하였다.[65]

왕기는 '구성사기' 가법의 특징을 "춘하추동, 생장수장의 네 의리로 열고 펼치고 거두고 닫아서 음악에 따라 노래하는 절도를 삼았"다고 지적하였다. 실제로 악가의 창법에는 본래 어떻게 발음하고 기운을 내보내고 리듬과 박자를 안배하는지의 문제가 존재하였는데, '구성사기'의 가법은 바로 세 가지 측면에서 '음악에 따라 노래하는 절도'를 조절한다.

- '금옥종고金玉鐘鼓'로써 가시 절주의 빠르고 느림, 리듬과 박자의 강약을 조절한다.
- '네 기운(四氣)'으로써 가시 발음의 고저·강약·장단을 조절한다.
- '아홉 소리(九聲)'로써 가시에서 기운을 내보낼 때의 경중과 완급, 유양유화悠揚柔和, 성조의 평상억양平上抑揚을 조절한다.

양명은 '사기' 법을 다음과 같이 논하였다.

'개箇'는 봄(春)의 봄(春之春)이며, 입(口)을 약간 벌린다. '개箇'는 봄의 여름(春之夏)이며 입을 벌린다. '인人'은 봄의 가을(春之秋)이며 소리가 목구멍

65 『왕기집王畿集』 권7 「화양명륜당회어華陽明倫堂會語」.

(喉)에 있다. '심心'은 봄의 겨울(春之冬)이며 소리가 단전丹田으로 돌아간다. '유중니有仲尼' 역시 춘하추동으로 나뉘는데 모두 봄의 소리를 갖는다. '자自'는 여름의 봄이며 입을 약간 벌린다. '장將'은 여름의 여름이며 입을 벌린다. '문聞'은 여름의 가을이며 소리가 목구멍에 있다. '견見'은 여름의 겨울이며 소리가 단전으로 돌아간다. '고차미苦遮迷' 역시 춘하추동으로 나뉘는데 모두 여름의 소리를 갖는다. '이금지여진두면而今指與眞頭面'의 앞 두 자는 앞 구절과 조금 이어지고 끝의 석 자는 평평하게 나뉘며 빠르고 느리고 가볍고 무거운 차이가 없고 다만 쓸쓸한(蕭條) 느낌을 가져야 한다. 소리는 목구멍에 있으며 가을인데 역시 봄에도 해당하고(宜春) 여름에도 해당하고 가을에도 해당한다. '지只'는 겨울의 봄이며 소리가 단전으로 돌아가고 입을 약간 벌린다. '시是'는 겨울의 여름이며 소리는 단전으로 돌아가고 입을 벌린다. '양良'은 겨울의 가을이며 소리가 목구멍에 있다. '지知'는 겨울의 겨울이며 소리가 단전으로 돌아가고 입을 약간 벌린다. '갱막의更莫疑' 앞의 넉 자는 동지冬至의 겨울에 사물이 닫히고 갈무리되며 벗겨지고 떨어져서(閉藏剝落) 거의 다한 것이다. 이 석 자는 일양一陽이 처음 움직여서 벗겨지고 이미 회복된 것이다. 그러므로 다섯째 글자의 소리는 높아야 하며 곤坤 가운데의 끊어지지 않은 미약한 양을 떨쳐 일으킨다. 여섯째 글자, 일곱째 글자가 조금 낮은 것은 양기가 비록 움직이나 아래에서 발단을 하는데 매우 미약한 것이다. 겨울에 겨울의 소리를 잃지 않으려면 소리가 단전으로 돌아가야 한다. 겨울은 역시 봄에도 해당하고 여름에도 해당하고 가을에도 해당한다. 하늘에는 사시가 있으나 하나를 쓰지 않으니, 그러므로 겨울의 소리는 단전으로 돌아가고 입은 닫지 않는다.[66]

---

66 장내張鼐, 『우산서원지虞山書院志』 권4 「양명구성사기가법陽明九聲四氣歌法」.

선진先秦 시대의 옛사람은 이미 기로써 소리를 설명하고 기를 살펴서 음률(*十二律)을 제정하였는데 음악 상의 오성(*궁·상·각·치·우)을 자음의 성조에 운용하여서 '사성'(*평·상·거·입)의 설이 있게 되었으며, 춘하추동 네 기를 이용하여서 네 가지 성조를 해설하였다. 예를 들어 심약沈約(441~513)은 「답견공론答甄公論」에서 다음과 같이 말한다. "사성은 바로 봄을 양중陽中으로 삼고 덕택德澤이 치우치지 않으니, 곧 평성의 상징(象)이다. 여름은 초목이 무성하고 더위가 불처럼 치성하니, 곧 상성의 상징이다. 가을은 서리가 엉기고 나뭇잎이 떨어져서 뿌리를 떠나고 근본을 벗어나니(去根離本), 곧 거성의 상징이다. 겨울은 닫히고 갈무리되며 만물을 모두 거둬들이니, 곧 입성의 상징이다."[67]

나중에 소옹邵雍은 『황극경세皇極經世』에서 사기四氣의 '운법韻法'을 다음과 같이 제시하였다. "운법. 열고 닫힘은 하늘을 다스리고(律天), 맑고 탁함은 땅을 다스린다(呂地). 먼저 닫혔다가 뒤에 열리는 것은 봄이다. 순수하게 열리는 것은 여름이다. 먼저 열렸다가 뒤에 닫히는 것은 가을이다. 겨울은 닫히고 소리가 없다."[68]

장행성張行成은 이러한 '운법'을 다음과 같이 상세히 해설하였다.

> 소리(聲)·색깔(色)·냄새(臭)·맛(味)은 모두 사물의 정영精英이 바깥으로 드러난 것이다. 소리는 양이고 색깔은 음이다. 냄새는 양이고 맛은 음이다. 그런데 저마다 사계절의 네 가지 변화를 갖추면 16이라는 수가 된다. 사물은 소리는 있으나 통하여서 변하지 않고 오직 사람의 영이 통한다. 강절康節(소옹)은 성음을 각각 16등으로 하여 만물의 수에 유추하였는데 원회운세

67 심약沈約, 「답견공론答甄公論」.

68 『황극경세서皇極經世書』 권12 「관물외편觀物外篇」 하.

元會運世란 기의 수이다. 그러므로 이로써 천지에 유추한다. 율려律呂란 소리의 수이다. 그러므로 이로써 만물에 유추한다. 두 가지는 한 이치일 뿐이다(一理而已). 성음과 율려를 어떻게 구별하는가? 낱으로(單) 나와서 소리(聲)가 되는 것은 하나가 이끄는 것이다. 그러므로 율律이 되고 하늘에 속한다. 섞여서(雜) 나란히 되면 음인데 둘이 조화를 이룬 것이다. 그러므로 여呂가 되고 땅에 속한다. 소리는 글자를 주로 하는데 글자는 평·상·거·입 네 가지의 소리가 있고 가벼움과 무거움이 있으니 곧 맑고 탁함(淸濁)이다. 음은 울림을 주로 하니 울림은 열고 펼치고 거두고 닫는(開發收閉) 네 가지 음이 있으며 누름과 들어올림이 있으니 곧 열리고 닫히는 것(辟翕)이다. 소리는 체이고 음은 용이다. 하늘은 체에서 통솔하고 땅은 용에서 나뉜다. 율로써 여를 이끌고(唱) 평·상·거·입의 소리에 따라서 열고 닫히는 음을 보이는 것은 체로 인해 용을 낳는 것이다. 그러므로 열고 닫힘은 하늘을 다스린다(律天). 여로써 율을 조화하게 하니 열고 펼치고 거두고 닫는 음을 따라서 맑고 탁한 소리를 보이는 것은 용으로 인해 체를 낳는 것이다. 그러므로 맑고 탁함은 땅을 다스린다(呂地). 동東은 봄의 소리이고 양陽은 여름의 소리이며 (재갈을 물리듯이) 여러 소리를 다잡는 것(銜凡)은 겨울의 소리이다. 모아서 거두는(摰收) 것이 가을의 소리이다.[69]

이로 말미암아 양명의 '사기' 법은 선진의 '후기제율候氣制律', 심약의 '사성론四聲論', 소옹의 '운법韻法'에서 발전한 것임을 알 수 있다. 그리하여 그는 특히 눈을 반짝이며 소옹의 「자술自述」이라는 시 한 수를 가시의 전범으로 삼아서 '구성전편九聲全篇'에 선택하여 수록하였던 것이다.

---

69 장행성張行成, 『황극경세관물외편연의皇極經世觀物外篇衍義』 권8 「관물외편觀物外篇」.

양명은 또 '구성' 법을 다음과 같이 논하였다.

구성九聲: '평平'·'서舒'·'절折'·'유悠'·'발發'·'양揚'·'천串'·'탄嘆'·'진振'이라고 한다. '평'이란 기틀(機)이 소리를 냄에 주가 되며 혀가 윗니 안에 있는 것이니 크지도 않고 작지도 않으며, 일어남도 없고 떨어짐도 없으며, 넉넉하고 부드럽고 함축되어서 기가 빡빡하고 촉급하지 않다. '서'란 곧 소리가 혀와 이에 있으나 양양탕탕洋洋蕩蕩하여서 흘러 움직이며 탁 트여서 훤하고(軒豁) 기도氣度가 넓고 멀다. '절'이란 기틀이 속에서 주재하여(機主於入) 소리가 목구멍에서 늘어져서 점점 빨려 들어가며(吸納) 역시 크고 작고 일어나고 떨어지는 것이 없으며 기가 순리하고 활발하다(活潑). '유'란 소리가 목구멍에서 단전으로 돌아가서 조화하고 부드러우며(和柔) 가늘게 이어지며(涓涓), 기가 깊고 길며 거의 끝까지 이르고 다시 여운이 있어서 되돌아온다. '발'이란 소리가 씩씩하고 기운차며(豪邁) 기가 곧게 뻗고 뇌뢰낙락磊磊落落하다. '양'이란 소리가 창대하며 그 기가 넓게 벌려 퍼지고 가슴속이 시원하게 툭 트이는 듯하다(襟懷暢達). '천'은 앞 구절의 한 자가 뒤 구절의 두 자와 이어지며 소리가 겨우 들리는데 기가 끊이지 않고 이어지는 것(纍纍)이 마치 구슬을 꿴 듯하다. '탄'은 그 소리가 얕고 짧으며 기가 마치 미묘微妙하고 벗겨져서 떨어지는 듯하다(剝落). '진'은 소리가 평평하며 조금 자세하고 날카로우며 소실되어서 흩어지고(消索) 떨쳐 일어나는(振起) 뜻이 있다. 무릇 소리는 화순함을 주로 하고 강개함에 그 묘함이 있으며 펼쳐서 펴짐에 끝까지 이르러서 콱 맺힌 것이 열리고 풀린다. 푹 젖어서 잠기면(涵泳) 거짓된 찌꺼기를 말끔히 씻어낸다.[70]

---

70 『우산서원지』 권4 「사기전편四氣全篇」.

옛사람의 후기제율은 삼분손익법三分損益法으로 12율을 정한 것인데 음악적으로 5성五聲, 7성七聲, 9성九聲 등이 제시되었다. 음악의 '9성'은 5성(*궁·상·각·치·우)과 4청四淸(*궁청宮淸·상청商淸·각청角淸·치청徵淸)을 가리킨다. 음악의 5성과 9성을 자음의 성조에 운용하는데 또한 5성과 9성의 성조설이 있다. 주목할 만한 점은 광동어廣東語와 같은 언어는 아홉 가지 성조(*음평성陰平聲·음상성陰上聲·음하성陰下聲·양평성陽平聲·양상성陽上聲·양거성陽去聲·음입성陰入聲·중입성中入聲·양입성陽入聲)가 있다는 점이다. 진백사는 광동 신회新會 사람이었으므로 자연 광동어의 아홉 가지 성조에 익숙하였다.

진백사의 '고시가법'은 '8성'을 사용하는데,[71] 양명의 '구성사기가법'은 '9성'을 사용한다. 이로써 양명의 '구성사기가법'은 진백사의 고가법에 직접 영향을 받았고, 양명이 천천루에서 백사의 '심천心泉'을 길어 올린 중요한 한 부분이었으며 그 자신의 양지심학을 총결하는 데 쓰였으니, '구성사기가법'은 양지 심체를 체인하고 함영涵泳하는 일종의 시 교육의 '심법'이 되었음을 알 수 있다. 그리하여 그는 제자 주득지에게 신중하게 그 일을 다음과 같이 말하였다.

---

71 장내張鼐(1572~1630)의 『우산서원지虞山書院志』 권4 「사시射詩」에서 진백사의 '고시가법古詩歌法'을 눈에 띄게 다음과 같이 저록하였다. 「(鼓)(鼓)(鼓)(鼓)(金)(金)(金)于平折以平悠○釆舒蘗折悠(玉)○(金)于發沼揚○于折悠○沚串于串(玉)(金)以串○用平折○之嘆(玉)○(金)公平侯折○之平事悠(玉)○(金)公平侯折○之平事悠(玉)(玉)(玉) (鼓)(鼓)(鼓)(鼓)(金)(金)(金)于平折以平悠○釆舒蘗折悠(玉)○(金)于發澗揚○之折悠○中串(玉)(金)于串以串○用平折○之嘆(玉)○(金)公平侯折○之平宮悠(玉)○(金)公平侯折○之平宮悠(玉)(玉)(玉) (鼓)(鼓)(鼓)(鼓)(金)(金)(金)被平折之平悠○僮舒僮折悠(玉)○(金)夙發夜揚○在折悠○公串(玉)(金)被串之串○祁平折○祁嘆(玉)○(金)薄平言折○還平歸悠(玉)(玉)(玉)」. 진백사는 『시경』 중의 4언시를 인용하여 해설함으로써 '진振' 성을 적게 사용하였다.

또한 예컨대 시를 노래하는 한 가지 일에서도 노래 하나를 부르는 사이에 곧바로 성인의 위치에 이르러야 한다. 만약 양지에서 공부를 하지 못한다면 가령 노래를 법도에 따라 다 해도 다만 노래 솜씨가 사람의 귀를 기쁘게 하는 것일 뿐이다. 만약 양지가 이 노래에 있으면 참으로 순식간에 거짓되고 더러운 것을 말끔히 씻으며 찌든 찌꺼기를 녹여 없애고 태허와 같은 몸이 된다.[72]

배우는 사람이 이 뜻을 깨달으면 곧바로 노래가 요·순·희황(의 노래)에 이를 터인데, 다만 이것이 학문의 맥락이니 바깥에서 구하기를 기다릴 것이 없다.[73]

양명이 평생 동안 이룬 학문 사상의 제2차 총결은 양지심학 사상에 의거한 총결이며, 제1차 학문 사상의 총결에 비해 더욱 광대정미하여서 그의 심학사상, 경학 사상, 교육 사상, 시학 사상, 음악 사상 등 각 방면에 광범위하게 관련되었다. 이때의 학문 사상을 총결한 것을 동력으로 삼아 그의 양지심학은 또 새로운 비약의 한 발을 내딛었다.

---

72 주득지朱得之 편, 『계산승어稽山承語』.

73 『왕기집』 권7 「화양명륜당회어華陽明倫堂會語」.

도를 강론하여 날마다 진보하다(講道日進): '왕문사구교'를 향하여

양명의 학문 사상 총결은 끊임없이 강학론도를 전개하는 중에 실현되었다. 이런 점에서 양명에게 총결은 종결이 아니라 새로운 기점이었다. 가정 4년(1525)에 그가 더욱 광범위한 강학론도를 전개한 일이 또 한 차례 심학사상이 비약할 수 있도록 추동하였다.

정월에 남대길이 찾아와서 정치를 묻고 배움을 물었다. 양명은 그와 함께 『대학』의 도를 담론하였으며, 남대길은 배움을 묻고 정치를 물어서 터득함이 있었다. 돌아간 뒤 그는 곧 자기 이정당莅政堂을 친민당親民堂으로 이름을 바꾸었다. 양명은 그를 위해 「친민당기親民堂記」 한 편을 지어서 이때 정치를 묻고 학문을 물은 담화를 다음과 같이 상세히 기록하였다.

> 남원선南元善(남대길) 선생(子)이 월越을 다스렸는데, 양명자를 찾아와서 정치를 물었다. 양명자가 말하기를 "정치는 백성을 친하게 대함에 있습니다."라고 하였다. 말하였다. "백성은 어떻게 친하게 대합니까?" 말하였다. "밝은 덕을 밝힘에 있습니다." 말하였다. "밝은 덕은 어떻게 밝힙니까?" 말하였다. "백성을 친하게 대함에 있습니다." 말하였다. "밝은 덕을 밝힘과

백성을 친하게 대함은 하나입니까?" 말하였다. "하나입니다. 밝은 덕이란 천명의 성이며 신령하고 밝아서 어둡지 않으며(靈昭不昧) 모든 이치가 좇아 나오는 곳입니다. 사람이 그 부모에게 효도할 줄 모르는 이가 없고, 형을 공경할 줄 모르는 이가 없고, 모든 사물의 자극을 받음에 저절로 그러한 밝음이 없는 이가 없습니다. 그 신령하고 밝은 것이 사람의 마음에서는 만고에 이르도록 같지 않음이 없고 혹여라도 어두움이 없습니다. 이런 까닭에 밝은 덕이라 합니다. 혹시 가리는 것이 있다면 물욕物欲입니다. 밝힌다고 함은 물욕의 가림을 제거하는 것으로서 본체의 밝음을 온전하게 하는 것일 뿐이며 (본체를) 보태고 늘릴 수 있는 것이 아닙니다." 말하였다. "어떻게 하는 것이 백성을 친하게 대하는 것입니까?" 말하였다. "덕은 저절로 밝아질 수는 없습니다. 사람이 효의 덕을 밝히려고 한다면 반드시 그 부모를 친하게 대해야 하며, 그 뒤에 효의 덕이 밝아질 것입니다. 공경의 덕을 밝히고자 한다면 반드시 그 형을 친하게 대해야 하며, 그 뒤에야 공경의 덕이 밝아질 것입니다. 군주와 신하, 지아비와 지어미, 벗과 벗들(朋友)이 모두 그러합니다. 그러므로 밝은 덕을 밝히는 것은 반드시 백성을 친하게 대함에 있고 백성을 친하게 대해야 이에 그 밝은 덕을 밝힐 수 있습니다. 그러므로 하나라고 합니다." 말하였다. "백성을 친하게 대하여서 그 밝은 덕을 밝히는 것은 몸을 닦음에는 가능하지만 집안, 나라, 천하에는 어떻게 합니까?" 말하였다. "사람은 천지의 마음입니다. 백성은 나를 상대하여 일컫는 것입니다. 백성이라고 하면 삼재三才의 도가 다 해당합니다. 이런 까닭에 우리 부모를 친하게 대하여서 남의 부모에 미치면 천하의 부자가 서로 친하지 않음이 없습니다. 우리 형을 친하게 대하여서 남의 형에 미치면 천하의 형제가 서로 친하지 않음이 없습니다. 군주와 신하, 지아비와 지어미, 벗과 벗들로 미루어서 새와 짐승, 풀과 나무에 이르기까지 모두 친함이 있어서 내 마음을 다하기를 추구하지 않음이 없게 되어서 저절로 그 밝은 덕을 밝히는 것입니다. 이것을 일러서 천하에 밝은 덕을 밝힌다 하고, 이것을 일러서 집안이 다스려지고 나라가 다스려지고 천하가 평화롭게 된다고 하는 것입니다." 말하였다. "그렇다면 어디에 그 지극한 선에 머묾이 있는 것입니까?" "옛날 사람은 본래 그 밝은 덕을 밝히고자 하였습니다. 그러나 혹 허망虛罔하고 공적空寂하게 될 문제가 있어서 집안과 나라와 천하에 베풂이 없으면 이는 밝은 덕을 밝힘이 백성을 친하게 대함에 있음을 알지 못한 것인데 이씨二氏(불교와 도교)의 부류가 이것입니다. (옛날 사람은) 본래 그 백성을 친하게 대하고자 함이 있었습니다. 그러나 혹 지모知謀와 권술權術에 빠지고 인애仁愛와 측달惻怛의 정성이 없는 자는 백성을 친하게 대함이 밝은 덕을 밝히는 까닭임을 모르는 것인데 오패五伯와 공리功利의 무리가 이러합니다. 이는 모두 지극한 선에 그침을 알지 못하는 과오입니다. 이런 까닭에 지극히 선한 것은 밝은 덕을 밝히고 백성을 친하게 대하는 궁극의 준칙입니다. 천명의 성은 순수하게 지극히 선합니다. 그 밝고 신령하고 어둡지 않은 것은 모두 지극한 선의 발현이니 이는 모두 밝은 덕의 본체이며 이른바 양지라는 것입니다. 지극한 선의 발현은 옳은 것을 옳다 하고 그른 것을 그르다 하는 것이니 본래 내 마음의 천연으로 저절로 있는 준칙이며, 그 사이에 이러쿵저러쿵하고 더하거나 덜어내는(擬議加損) 바를 용납하지 않습니다. 그 사이에 이러쿵저러쿵하고 더하거나 덜어내는 바가 있으면 이는 사사로운 의도와 자잘한 지혜이니 지극한 선을 말하는 것이 아닙니다. 사람은 오직 지극한 선이 내 마음에 있음을 모르고 사사로운 지혜를 써서 바깥에서 추구합니다. 이 때문에 옳고 그름의 준칙에 어두워서 함부로 나대고 결렬하게(橫騖決裂) 되어서 인욕이 멋대로 날뛰고 천리가 없어지니 덕을 밝히고 백성을 친하게 대하는 배움이 천하에서 크게 어지러워진 것입니다. 그러므로 지극한 선에 그치는 것이 덕을 밝히고 백성을 친하게 대함에 있음은 마치 걸음쇠와 곱자(規矩)가 도형(方圓)에 대한 것과 같고, 자(尺寸)가 길이(長短)에 대한 것과 저울(權衡)이 무게(輕重)에 대한 것과 같습니다. 도형을 그렸는데 걸음쇠와 곱자에 맞지 않는 것은 그 척도를 잃어버린 것입니다. 길이를 쟀는데 척도에 맞지 않으면 제도에 어긋난 것입니다. 무게를 쟀는데 저울에 맞지 않으면 규준을 잃어버린 것입니다. 덕을 밝히고 백성을 친하게 대하되 지극한 선에 그치지 않으면 준칙(則)을 잃어버린 것입니다. 이것을 일러서 대인의 배움이라고 합니다. 대인은 천지만물을 한 몸으로 여깁니다. 그런 뒤에야 천지만물을 한 몸으로 여길 수 있습니다." 원선이 위연喟然히 감탄하면서 말하기를 "심하다! 대인의 배움이 이와 같이 간단하고 쉬울 줄이야! 내 이제야 천지만물이 한 몸임을 알겠다. 내 이제야 천하가 한 집안이며 중국이 한 사람임을 알겠다!" 하였다.[74]

「대학문」을 대조하면 이 기문에서 논한 『대학』의 세 강령이 「대학문」과 완전히 똑같으며 용어도 깜짝 놀랄 만큼 같음을 발견할 수 있으니, 「친민당기」는 「대학문」의 복사판이라 할 수 있다. 이는 이때 양명의 「대학문」이 이미 거의 완성되었고 아울러 그것을 입으로 서로 주고받는 '교전'으로 삼아서 문인과 학생들에게 입으로 전수하고 마음으로 전하기 시작했음을 분명하게 드러내고 있다.

남대길과 함께 남봉길도 격물치지와 박문약례의 설을 물었고, 양명은 그와 함께 박문약례의 양지심학을 대대적으로 담론하였으며, 「박약설博約說」 한 편을 지어서 박문약례와 격물치지를 통일하여 다음과 같이 말하였다.

---

74 『왕양명전집』 권7 「친민당기親民堂記」.

남원진南元眞(남봉길)의 학문은 양명자에게서 배운 것이다. 치지의 설을 듣고 황홀하여서 견해가 있는 듯하였다. 이윽고 박약博約과 선후先後의 가르침에 의문을 품고 다시 와서 청하여 말하기를 "치량지는 격물로써 하고 격물은 그 양지를 끝까지 이룸으로써 하는 것이라는 그 가르침은 이미 들었습니다. 감히 여쭙건대 먼저 나를 문文으로써 넓히고 나중에 예禮로써 요약한다고 한 것은 선유의 설입니다. (이 둘 사이에) 역시 다른 바가 있지 않겠습니까?" 하였다. 양명자가 말하였다. "이치는 하나일 뿐이고, 마음은 하나일 뿐입니다. 그러므로 성인에게는 두 가르침이 없고 배우는 사람에게는 두 학문이 없습니다. 문을 널리 배워서 예로써 요약하고 사물을 탐구하여서 그 양지를 끝까지 이루는 것은 하나입니다. 그러므로 먼저 하고 나중에 함은 후세의 유학자가 지엽으로 흘러버린 틀린(支繆) 견해입니다. 저 예라는 것은 천리입니다. 천명의 성이 내 마음에 구비되어서 혼연히 전체를 이루는 가운데 조리와 절목이 빽빽하게 다 갖춰지니 이런 까닭에 천리라고 합니다. 천리의 조리를 예라고 합니다. 이 예는 바깥에 발현되면 오상五常과 백행百行, 수작과 변화, 말과 침묵과 움직임과 고요함, 오르내림과 주선周旋, 융쇄隆殺와 후박厚薄의 등속이 있습니다. 말에 펼쳐서 문장을 이루며 행위에 적용하여서 행동이 이루어지며 책에 써서 가르침이 되어 빛나고 아름다운 것이 그 절목과 조리의 번다함을 다 따질 수 없는 데까지 이르면 이것이 모두 이른바 문입니다. 이 문이란 예가 바깥으로 드러난 것이며, 예란 문이 가운데에서 보존된 것입니다. 문은 뚜렷하여서 볼 수 있는 예이며, 예는 미묘하여서 보기 어려운 문입니다. 이는 이른바 체용일원體用一源(본체와 작용은 근원이 하나이다)이며 현미무간顯微無間(현상과 본질은 간격이 없다)입니다. 이런 까닭에 군자의 학문은 수작과 변화, 말과 침묵과 움직임과 고요함 사이에서 그 조리와 절목을 다하기를 구하는 것입니다. 이는 다름 아니라 거기에서 내 마음의 천리를 다하기를 구하는 것일 뿐입니다. 오르내림과 주선, 융쇄와 후박 사이에서 조리와 절목을 다하기를 구하는 것입니다. 이는 다름 아니라 거기에서 내 마음의 천리를 다하기를 구하는 것일 뿐입니다. 조리와 절목을 다하기를 구하는 것은 박문博文이고, 내 마음의 천리를 다하기를 구하는 것은 약례約禮입니다. 문은 일(事)에 흩어져서 만 가지로 다른 것이므로 넓게 한다고 합니다. 예는 마음에 뿌리를 두고서 근본을 하나로 하는 것이므로 요약한다고 합니다. 문을 넓히되 예로써 요약하지 않으면 그 문은 허문虛文이 되니 후세의 공리功利와 사장辭章의 학문입니다. 예로써 요약하되 문에서 배움을 넓게 하지 않으면 그 예는 허례가 되니 불교와 노자의 공적空寂의 학문입니다. 이런 까닭에 약례는 반드시 박문으로써 하고 박문은 바로 약례의 까닭인 것입니다. 둘로 앞뒤를 나누는 것은 성학이 밝지 않아서 공리와 이단의 설이 어지럽히는 것입니다. …… 문을 널리 배워서 예로써 요약하고 사물을 탐구하여서 그 양지를 끝까지 이루는 것이니 또한 어찌 두 학문이 있겠습니까!"[75]

양명은 체용일원, 현미무간의 '심일분수心一分殊'로 박문약례와 격물치지의 합일을 논증하여서 예는 이理의 조리이며, 문은 예의 현현이라고 인식하였다. 예는 마음에 뿌리를 두고 하나의 근본이 되며, 문은 일에 흩어져서 만 가지로 다르게 된다. 그리하여 박문약례는 바로 격물치지인 것이다. 분명히 「박약설」도 격물치지로부터 『대학』의 도를 천술하였는데 이것은 「친민당기」와 함께 「대학문」에서 논한 양지심학의 체계를 발휘하고 연역하는 쌍벽을 이루었다.

---

75 『왕양명전집』 권7 「박약설博約說」.

양명이 남대길·남봉길과 함께 강학론도한 것과 서로 반영을 하듯이 연성連城의 노유老儒 동세견童世堅도 이른 봄에 천 리 먼 길을 달려 소흥에 와서 배움을 물었다. 동세견은 과거와 공명에 뜻을 두지 않고 숲속에서 10여 년 동안 은거하였다. 이때 그는 자기가 쓴 『팔책八策』을 가지고 소흥으로 와서 석 달 동안 양명의 가르침을 받았다. 양명은 그에게 『팔책』을 버리고 치량지의 심학에 잠심하여서 궁행하라고 권하였다.

『전습록란외서傳習錄欄外書』에 양명과 동세견이 『역』과 '성인분량聖人分兩'을 강론한 내용을 다음과 같이 기록하였다.

> 동극강童克剛(동세견)이 물었다. "『전습록』에서 정금精金으로 성인을 비유하셨는데 매우 명료하고 절실합니다. 오직 공자의 분량分兩(무게)은 만일萬鎰과 같지 않다는 말에 의혹이 생깁니다. 비록 몸뚱이가 의념(念)을 일으켰기 때문이라고 하셨지만 끝내 석연치 못합니다." 스승께서는 말이 없으셨다. 극강이 청하여 마지않았다. 스승께서 말씀하시기를 "『역경』을 보면 바로 알 것입니다."라고 하셨다. 극강이 반드시 분명하게 말해주기를 청하였다. 스승께서 이에 탄식하며 말씀하시기를 "일찍이 이와 같이 변별하고 의심을 일으킬 줄 알았습니다. 당시에 (남이) 한 번에 할 것을 (내가 제대로 못하면) 천 번이라도 한다(一千)는 말을 많이 하였습니다. 지금 스스로 금의 정색程色을 단련하지 않고 다만 다른 사람에게 금의 경중을 물으면 어찌하겠습니까!" 하셨다. 극강이 말하기를 "제(堅)가 일찍이 가르침을 물었더라면 반드시 스스로 보기(自見)를 구하였을 것입니다. 지금 늙어서 다행히 부자의 문에 노닐게 되었는데 의심이 있어도 해결하지 못하였습니다. 의심을 품고 죽는다면 끝내 유감입니다."라고 하였다. 이에 스승께서 말씀하시기를 "복희伏羲가 『역』을 짓고, 신농神農·황제黃帝·요·순이 『역』을 사용하였

습니다. 문왕文王에 이르러 유리羑里에서 괘卦를 부연(演)하였고, 주공周公이 또한 동쪽에 거하면서(居東) 효爻를 부연하였으니 두 성인은 『역』을 사용한 자와 견주어 보면 간격이 있는 듯합니다. 공자는 또 다릅니다. 장년의 뜻은 동쪽에 주나라를 이루려는(東周) 데 있었으므로 역시 주공을 꿈꾸었습니다. 일찍이 말하기를 '문왕이 이미 돌아가시고 문화가 여기에 있지 않은가(文王旣沒, 文不在玆乎)?'라며 스스로 자기 의지를 인정하였으니 역시 두 성인이 있을 뿐입니다. 하물며 공자는 『역』을 완색玩索하여서 위편韋編이 세 번이나 끊어짐에 이르렀고, 그런 뒤 『역』의 도가 정교함을 탄식하고서 말하기를 '나에게 몇 년을 빌려주어서 마침내 『역』을 배우면 큰 허물이 없을 것이다(假我數年, 五十以學易, 可以無大過).' 하였으니 괘를 부연하고 효를 부연한 자와 견주면 더욱 어떠합니까? 더욱이 요순과 같이 『역』을 사용한 자와 견주려고 하면 아마도 공자 역시 스스로 편안하지 않을 것입니다. 그 말에 '나는 나면서 아는 사람이 아니라 옛것을 좋아하여 추구하는 자이다(我非生而知之者, 好古以求之者).'라고 하였고, 또한 '만약 성聖과 인仁 같은 것은 내 어찌 감히 장담하겠는가? 그러나 행함에 싫증내지 않았다(若聖與仁, 則吾豈敢? 抑爲之不厭).' 하였습니다. 이것이 그 이른바 지위입니다."라고 하셨다.[76]

양명은 바로 이와 같이 강학론도하는 가운데 한편으로는 제생에게 의혹을 해소하고 깨우쳐주었으며, 동시에 '양지' 심학에 대한 인식을 제고하고 심화하였다. 동세견과 강론하는 가운데 양명은 '양지'에 대한 새로운 시적 의향(詩意)을 느끼고 깨달음이 있어서 잇달아 양지 시 네 수를 지어서 제생에게

76 사토 잇사이佐藤一斎(1772~1859), 『전습록란외서傳習錄欄外書』

보이고 도로 들어가는 방법을 지적하여서 밝혔다.[77]

양지 네 수를 읊어서 제생에게 보이다 詠良知四首示諸生

사람마다 마음에 공자가 있는데 箇箇人心有仲尼
스스로 견문으로 길을 잃고 막혀서 괴로워하네 自將聞見苦遮迷
지금 진면목을 지적해 보이니 而今指與眞頭面
다만 양지일 뿐 다시 의심하지 말라 只是良知更莫疑

그대 어이하여 날마다 허둥지둥 問君何事日憧憧
번뇌 속에서 힘을 잘못 쓰네 煩惱場中錯用功
성인 문하에 구결이 없다 말라 莫道聖門無口訣
양지 두 글자가 참동이라네 良知兩字是參同

사람들 저마다 나침반이 있어 人人自有定盤針
모든 조화의 근원이 마음에 있네 萬化根源總在心
도리어 이전 견해 뒤집은 것 비웃고 却笑從前顚倒見
가지와 잎사귀 샅샅이 훑으며 바깥에서 찾네 枝枝葉葉外頭尋

소리도 냄새도 없는 이치를 홀로 아는 때 無聲無臭獨知時
이는 하늘과 땅과 만유의 바탕 此是乾坤萬有基
스스로 엄청난 재물을 내다버리고 拋却自家無盡藏

77 『왕양명전집』 권20 「영양지사수시제생詠良知四首示諸生」.

집집마다 구걸하는 가난한 아이 흉내내네 沿門持鉢效貧兒

제생이 어지러이 창화하였는데, 동세견은 화답시 두 수를 읊었다.[78]

양명 선생이 보인 가르침에 화답하다 和陽明先生示教

나이 예순에 괴로이 허둥지둥 年華六十苦憧憧
다만 지리하여 공부를 그르치네 只爲支離枉用功
양명산 위 북소리 듣고 나니 自聽陽明山上鼓
천 개 망치로 만 번 두드려도 이 소리는 같네 千槌萬擂此聲同

자오는 원래 바늘 하나 子午原來有一針
주공이 남쪽 가리키는 중심을 정했네 周公定在指南心
월상의 길 잃어버림은 이와 같지 않아 越裳迷失如無此
물결이 높이 일어 하늘을 삼키니 어디에서 찾을까 沃日呑天何處尋

왕기는 화답시 네 수를 읊었다.[79]

양지의 네 운에 화답하다 和良知四韻

감촉하는 곳마다 공연히 이것저것 묻고 謾於感處問憧憧

78 『가정정주부지嘉靖汀州府志』 권17 「사한辭翰」.

79 『왕기집』 권18 「화양지사운和良知四韻」.

공적한 가르침 좇아 성인 되는 공부 증명하려 하네	虛寂從教證聖功
다만 자벌레와 같이 무심하다면	但得無心如尺蠖
복희의 글 한 갈래 옛날이나 오늘이나 같다네	義文一派古今同
옛날부터 역을 배운 이로 공자가 있으니	古來學易有宣尼
가죽끈 닳도록 읽어 의심이 없었네	讀罷韋編更不疑
건곤 두 괘 그림에 글자 한 자 없었는데	兩畫乾坤無一字
어지러이 상에 집착하여 의심을 늘리네	紛紛著象轉增疑
원앙의 보첩은 전하고 바늘은 전하지 않으니	鴛鴦傳譜不傳針
만고의 경륜이 다만 이 마음이네	萬古經綸只此心
구자에서 도를 듣고 성인의 풀이를 듣지 못해	聞道具茨迷聖解
공중에서 새 자취를 찾으려 하는 듯하네!	空中鳥迹若爲尋
뜬구름 같은 인생 어느 때나 끝나랴!	浮生役役了何時
곤과 복 사이에 기초를 세우니	坤復之間好立基
선가에서 하나를 안음은 말하지 말라	莫道仙家能抱一
유문에도 저절로 갓난아이 마음이 있다네	儒門亦自有嬰兒

양명이 양지를 읊은 이 네 수 시는 시의 언어를 이용하여 양지의 본체를 드높이 노래한 충심에서 우러나온 찬송이며, 유가 경서 천언만어의 번쇄한 설교를 밀쳐낸 것이다. 이 시 네 수는 세상 사람들에게 양지의 '진면목(眞頭面)'을 밝히 보여주려는 것이다. 그리하여 이 시 네 수는 양명의 치량지, 복심체 심학의 '전심결傳心訣', '지남침', '성문의 정법안장'을 이루었다. 그가 즉시

첫째 수를 양지를 읊은 경전적 가시로서 그의 '구성사기가법'에 선별하여 넣어서 제생으로 하여금 아침저녁으로 깊이 기리며 노래하게 한 것은 이상하지 않다. 양명서원에서 노유 동세견을 본보기로 삼아 제생은 모두 이 시 네 수에서 양명의 양지심학을 깨달았다.

유후劉侯는 동세견이 민閩으로 돌아갈 때 써준 「송심락선생귀연성서送尋樂先生歸連城序」에서 이 사실을 다음과 같이 말하였다.

> 민의 연성에 극강 동 선생이 있다. 옛일을 상고하고 배움을 좋아하여 늙어도 게을리하지 않았는데 공자와 안자의 즐거움을 찾는 데 뜻을 두었다. 그리하여 '심락尋樂'이라 스스로 호를 지었으나 끝내 진리를 찾지 못하였다. 수천 리를 멀다 않고 양명 부자의 문에 와서 배움을 묻고 부자의 치량지에 대한 가르침을 받고서 흔연히 깨달음이 있는 듯하였다. 석 달이 지나자 늙은 몸에 나그네 생활을 오래 할 수 없어서 고별하고 돌아가게 되었는데 동문의 선비가 함께 즐거움을 찾는(尋樂) 설을 풀어서 증정하였다. 나(侯)는 배움이 늦었으며 도를 깨닫지 못하였으니 무슨 말을 하랴? 비록 그러하나 대체로 들은 것이 있다. 공자·안자의 즐거움은 내 마음의 참된 즐거움이다. 내 마음의 참된 즐거움은 내 마음의 본체이다. 원화元化를 운용하여서 늙지 않고 태허에 흘러서 쉬지 않는 것은 내 마음의 본체이다. 얽매임이 없기 때문에 진정으로 즐겁다. 이것이 이름이 유래한 바이다. 공자와 안자는 즐거움을 지닌 것이 아니라 그 마음의 본체를 온전히 지녔고 더하거나 덜어낼 것이 없었다. 그렇다면 즐거움은 찾을 수 있는 것인가? 찾을 수 있다. 마음의 본체는 하늘과 사람을 하나로 하고, 대상사물과 나를 합하고, 옛날과 오늘날을 꿰어서 혹시라도 다름이 있지 않다. 사람이 (마음을) 잃어버리는 것은 나의 사사로움에서 움직이는(動) 것이나 (마음의) 본체는 없었

던 적이 없다. 찾는 것은 나의 사사로운 움직임을 제거하고 그 본래를 회복하는 것이니 우리 부자의 치량지에 대한 가르침이 이것이다. 앎이란 본체의 밝은 지각(明)이다. 자기 사사로움이 움직이면 본체의 밝은 지각은 (사사로운 움직임을) 알지 않음이 없으나 아무도 살피는 이가 없고, 아무도 그대로 이루는 이가 없을 뿐이다. 들리지 않는 곳에서 무서워하고 두려워하며, 보이지 않는 곳에서 경계하고 삼가며, 앎이 정교해지고 제거함이 결연해지면 본체가 이에 거의 작용할(可幾) 수 있다. 이런 까닭에 치지致知는 참된 즐거움의 문이다. 정교하고 밝고 오래도록 쉬지 않으며 팔을 베고 표주박으로 물을 마시고 달동네에 사는 천연(天), 이런 것은 공자와 안자에게만 오롯한 것이 아니다. 이것에 어두우면서 바깥에서 찾는 것은 거짓이다.[80]

양명의 문인 제자 가운데 유후는 이와 같이 명석하고 간결하고 쉬운 언어로 양명의 치량지, 복심체의 본체공부론 체계를 개괄하였다. 이는 제생이 이미 대부분 양명의 심학사상을 정확하게 깨달았음을 밝히 드러낸다고 말할 수 있다. 그리하여 양명은 흥분하여서 추수익에게 다음과 같은 편지를 보냈다.

근래 각지에서 찾아와 노니는 선비가 자못 많아졌는데 그중에는 비록 매우 노둔한 사람도 있으나 '양지'의 설을 대략 모아서(點掇) 즉시 개오開悟하지 않음이 없으니 이로써 (이들 선비가) 우리 성문의 정법안장인 이 두 글자를 터득했음을 더욱 믿을 수 있습니다. 겸지(추수익)의 근래 소견이 살피지 않음은 어떻게 된 것입니까? 남원선(남대길)이 이 학문을 더욱 믿고 날로

80 유후劉侯, 「송심락선생귀연성서送尋樂先生歸連城序」, 『연성동씨족보連城童氏族譜』 권5 「명공이증名公貽贈」.

진보함을 느끼는데 실천하는(施設) 것을 보면 옛날과 크게 다릅니다.[81]

그가 말한, 즉시 개오開悟한, 각지에서 찾아와 노닌 선비는 유후와 동세견 등을 가리킨다. 비교하자면 옛날 옛 도우道友와 제자, 예컨대 담약수·황관·방헌부·황종명 등은 도리어 신진 제자와 배우는 사람들보다 두드러지게 낙후한 보수파였다. 이때 방헌부는 경사에 있었고 담약수·황관·황종명은 남도에 있었는데, 모두 대례의 분쟁에 뛰어들어서 양명과 강학론도를 중단하였고, 특히 담약수는 『성학격물통聖學格物通』의 저술에 몰두하였으며 '처한 상황에 따라 천리를 체인하는' 격물 사상을 실천하고자 하여서 양명의 관심을 끌었다. 양명은 직접 편지를 보내 담약수를 비평하지는 않았지만 추수익에게 보낸 편지에서 담약수가 굳게 지키고 있는 '수처체인천리'설을 비평하였다.

편지에서 다음과 같이 말한다.

> 근래 집안에 어려운 일이 많이 생겨서 해결하는 데 힘을 너무 쏟았습니다. 이로 인해 '양지' 두 글자를 보는 것이 옛날보다 더욱 친밀하고 절실해집니다. 참으로 대본大本과 달도達道에 관해서는 이를 버리고 다시 강할 학문이 없습니다. '수처체인천리'설은 거의 옳지 않은 적이 없으나 다만 뿌리 깊이 탐구하여서 낙착을 해야 바람을 잡고 그림자를 붙잡는 헛수고를 면할 수 있으며, 가령 낱낱이 쪼개서 이치를 지향하면 성문의 치량지 공부와 오히려 상당한 거리가 있습니다. 만약 다시 털끝만큼이라도 잃어버리면 곧 천 리의 어긋남이 생깁니다. 각지의 동지로서 여기에 이른 사람은 다만 이 뜻으로 서로 돕는다면 즉시 깨달음이 없지 않을 터이나, 착실하여 투철

81 『왕양명전집』 권5 「여추겸지與鄒謙之」 서2.

할 수 있는 자는 역시 매우 얻기 쉽지 않습니다. 세간의 의지가 없는 사람은 이미 명성과 이익, 사장의 학습에 내몰리고, 그 사이에 자기 성분性分의 마땅히 추구해야 할 것을 아는 자가 있으나 또한 일종의 사이비 학문에 뒤엉키고 얽매어서 죽을 때까지 벗어나지 못합니다. 사람이 참으로 성인이 되려는 뜻을 갖고 있지 않기에 작은 이익을 보고(見小) 빨리 이루려는(欲速) 사사로움을 가지고 있음을 면하지 못합니다. 이러한 학문은 눈앞에서 매우 빨리 사라져버릴 것입니다.[82]

담약수는 나중에 마음 바깥에 이치가 없으며 사물은 마음속에 있음을 인식하였다. 이로 인해 '수처체인천리'는 실제로 마음속의 이치를 체인하는 것이다. 그리하여 양명이 말하기를 "'수처체인천리'의 설은 대략 옳지 않은 적이 없다."라고 하였다. 그러나 양명은 마음은 본체이며 사물은 마음의 발용이므로 맨 먼저 심체를 체인하고 양지로 하여금 밝음을 회복하고 심체로 복귀하며, 다시 수처체인천리의 공부를 더해야 한다고 하였다. 이것은 바로 먼저 대본에서 심체를 체인한 뒤 분수에서 천리를 체인해야 한다는 말인데 담약수는 심체의 체인에서 벗어나 처한 상황에서 천리를 체인하려고 하였다. 그리하여 양명은 그가 "성문의 치량지 공부와 오히려 상당한 거리가 있다"고 하였다. 이것이 바로 양명의 '치량지'와 담약수의 '수처체인천리'의 근본적인 차이이다. 담약수의 『격물통』이 지닌 근본적인 문제도 바로 여기에 있다.

양명이 추수익에게 보낸 이 편지는 두 사람 사이에 또 한바탕 논변을 초래하였다. 양명이 추수익에게 보낸 이 편지를 쓴 뒤 4월에 남대길은 존경각을 건립하였다. 양명은 「계산서원존경각기稽山書院尊經閣記」 한 편을 지어서

---

82 『왕양명전집』 권6 「기추겸지寄鄒謙之」 서1.

경학은 곧 심학임을 논하고, '마음을 추구하고' 심체체인을 강조하였는데, 사실 은연중에 담약수의 '수처체인천리'를 비평하는 뜻이 있었다. 그는 이 기문을 담약수에게 보내주었다.

기문은 다음과 같다.

> 마음이라, 성이라, 명이라 하는 것은 하나이다. 사람과 사물을 통하고 사해에 도달하고 천지에 가득 차며 옛날과 오늘날에 미치되 갖추지 않음이 없고 같지 않음이 없으며 혹 변하지 않음이 없다. …… 군자가 육경에 대해 내 마음의 음양소식陰陽消息에서 추구하여서 때로 행하는 것이니, 그리하여 『역』을 높인다. 내 마음의 기강紀綱과 정사政事에서 추구하여서 때로 베푸니, 그리하여 『서』를 높인다. 내 마음의 가영歌詠과 성정性情을 추구하여서 때로 발산하니, 그리하여 『시』를 높인다. 내 마음의 조리와 절문을 추구하여서 때로 드러내니, 그리하여 『예』를 높인다. 내 마음의 기쁨과 화평함을 추구하여서 때로 생기게 하니, 그리하여 『악』을 높인다. 내 마음의 참과 거짓, 간사함과 올바름을 추구하여서 때로 변별하니, 그리하여 『춘추』를 높인다. …… 그러므로 육경은 내 마음의 기적記籍이며 육경의 실상은 내 마음에 갖추어져 있으니 …… 세상의 학자는 육경의 실상을 내 마음에서 추구할 줄 모르고 한갓 그림자와 메아리 사이에서 살피고 찾으며 문의의 말단에 이끌려서(徒考索於影響之間, 牽制於文義之末) 고지식하게 이를 육경이라 여긴다. ……[83]

담약수의 '수처체인천리'는 육경에서 천리를 체인하는 것을 중시하였는데 그의 『격물통』에도 "그림자와 메아리 사이에서 살피고 찾으며 문의의 말단에

---

83 『왕양명전집』 권7 「계산서원존경각기稽山書院尊經閣記」.

이끌리는" 병폐가 있었다. 양명의 '구심求心'설도 담약수를 겨냥하여서 한 말이다. 이와 동시에 산음山陰 지현知縣 오영吳瀛이 현학을 중수하여서 완성하자 양명은 「중수산음현학기重修山陰縣學記」 한 편을 지었는데, 성학이 곧 심학임을 다시 지적하여서 '그 마음을 다하기를 추구함'을 강조하였다.

현학의 기문에서 다음과 같이 말한다.

> 저 성인의 학문은 심학이다. 학문은 마음을 다하기를 추구하는 것(求盡其心)일 뿐이다. …… 성인이 그 마음을 다하기를 추구하는 것은 천지만물을 한 몸으로 여기기 때문이다. …… 그러므로 성인의 학문은 마음을 다하는 것에서 벗어나지 않는다. …… 대체로 성인의 학문은 남과 나가 없고 안과 밖이 없으며 천지만물을 하나로 여겨서 내 마음으로 삼는다. 그런데 선禪의 학문은 자사자리自私自利에서 일어나서 안과 밖을 나눔을 면하지 못한다. 이 때문에 이단이 되는 것이다. 오늘날 심성의 학문을 하는 자는 인륜을 도외시하고 사물을 버려두는데, 이는 참으로 선이다. 가령 인륜을 도외시하고 사물을 버려두지 않고 오로지 존심양성을 일삼으면 이는 본래 성문의 정일精一의 학문이니 선이라고 할 수 있겠는가![84]

양명은 성학이 '그 마음을 다하기를 추구하는' 학문이라고 강조하였는데, 이는 기문에서 말한 '마음 추구'의 학문과 일치한다. 그가 '인륜을 도외시하고 사물을 버려두는' 선학을 비평한 것 역시 담약수가 줄곧 그를 '불로佛老를 의심하지 않고', '(의식이 닿는) 밑바닥까지 모두 공하다(到底是空)'라고 한 (사상을) 질책한 것에 대한 회답이었다. 담약수는 양명의 기문을 받은 뒤 역시 정면으

84 『왕양명전집』 권7 「중수산음현학기重修山陰縣學記」.

로 회답하지 않았으나, 다만 7월에 추수익을 위해 지은 「광덕주유학신건존경각기廣德州儒學新建尊經閣記」에서 자기 관점을 담론하고 아울러 그것을 양명에게 보내고서 정면의 회답으로 삼았다.

존경각 기문에서 다음과 같이 말한다.

> 감천자가 말하였다. "경經(경전)이란 경徑(지름길)이니 성인으로 들어가는 지름길이다(入聖人之徑也). 어떤 사람이 말하기를, (경이란) 경警(경계함)이니 나를 경계하여서 깨닫게 하는 것이라고 하였다. 부열傅說이 말하기를 '옛 가르침에서 배운다(學於古訓).' 하였는데, 학學(배움)이란 각覺(깨달음)이므로 경계하여서 깨닫는 것을 말한다. 이런 까닭에 육경은 모두 내가 내 마음을 주석하는 것이다. 그러므로 내 마음을 깨달을 수 있는 것이다(是故六經皆我注我心者也, 故能覺吾心). 『역』은 내 마음의 시간(時)을 주석한 것이며, 『서』는 내 마음의 중심(中)을 주석한 것이고, 『시』는 내 마음의 성정을 주석한 것이며, 『춘추』는 내 마음의 시비를 주석한 것이며, 『예』와 『악』은 내 마음의 조화와 질서(和序)를 주석한 것이다."라고 하였다. 말하였다. "그렇다면 무엇을 높이는가?" 말하였다. "마음이다! 그러므로 『역』에서 배우되 마음의 시간으로 깨달으니 이는 『역』을 높이는 것이다. 『서』에서 배우되 마음의 중심으로 깨달으니 이는 『서』를 높이는 것이다. 『시』에서 배우되 마음의 성정으로 깨달으니 이는 『시』를 높이는 것이다. 『춘추』·『예』·『악』에서 배우되 마음의 시비와 조화, 질서로 깨달으니 이는 『춘추』·『예』·『악』을 높이는 것이다. 깨달으면 이에 보존된다. 이런 까닭으로 총명을 열고 양지를 넓히며 …… 그러므로 말하기를, 육경은 나를 깨닫는(覺我) 것이라고 한다."[85]

---

85 『천옹대전집』 권27 「광덕주유학신건존경각기廣德州儒學新建尊經閣記」.

담약수는 기본적으로 양명의 「계산서원존경각기」에서 말한 것을 받아들였음을 알 수 있다. 다만 근본적인 문제는 그가 여전히 자기 '수처체인천리'를 굳게 지키며 양명의 근본 원두源頭에서 말한 '마음 추구', '그 마음을 다하기를 추구함', '심체체인'을 회피하였다. 그 결과 두 사람은 마음과 자아의 깨달음의 인식 논리에서 방향이 완전히 상반되었다. 양명은 '마음 추구'(*심체체인)에서 출발하여 내 마음이 육경을 깨닫는다고 인식하여서 "육경의 실상은 내 마음에 자리한다."라고 하였고, 이와 반대로 담약수는 '수처체인천리'에서 출발하여 육경이 내 마음을 깨닫는다고 인식하여서 "육경은 모두 내가 내 마음을 주석하는 것이다. 그러므로 내 마음을 깨달을 수 있는 것이다."라고 하였는데 육경은 '성인으로 들어가는 지름길'이라 하였다.

양명은 담약수에게 정면으로 즉시 회답하지는 않았으며, 9월에 이르러서야 비로소 추수익에게 보낸 편지에서 담약수의 사상에 대해 총체적으로 부정적인 평가를 내렸다.

> '사태에 따라 천리를 체인함(隨事體認天理)'이 곧 계신공구戒愼恐懼의 공부라고 하는 것은 매우 큰 차이가 있는 것이니, 세상의 이른바 사사물물이 모두 정해진 이치가 있어서 바깥에서 추구함을 말하는 것일 뿐입니다. 만약 치량지의 공부가 밝아지면 이 말은 역시 저절로 해가 없으며, 그렇지 않으면 오히려 털끝만큼의 차이가 천 리나 벌어짐을 면하지 못합니다. 가르쳐 주신 말씀에, 두려워함(恐)은 사태에서 주로 한다 한 것은 대체로 이미 그 폐단을 깊이 밝혔습니다. 보여준 감천의 「존경각기」는 매우 좋고도 좋습니다! 그 사이에 큰 뜻은 역시 나(區區)의 「계산서원」의 글과 서로 같습니다. 「계산」의 글은 지난번 일찍이 감천에게 보낸 것인데, 스스로 이르기를 이 학문에서 자못 털끝만큼이라도 발명한 것이 있다고 여깁니다. 이에 지

금 감천이 "지금 총명지각聽明知覺이라 하는 것은 바깥의 경전(經)에서 구할 필요가 없으며 반드시 일깨우지(呼) 않아도 깨달을 수 있는 것이다."라고 말한 것은 마치 이론을 세우는(立言) 데 급했던 듯하니 세밀하게 내 뜻(鄙人之意)을 살필 겨를이 없었던 것입니다. 후세의 학술이 밝지 못한 까닭은 후세 사람들의 총명함과 식견이 옛사람에 미치지 못하기 때문이 아니라 대체로 대부분 이기려는 마음의 문제이며, 선을 취하여 서로 낮추려 하지 못하기 때문입니다. 분명히 그 설이 이미 옳다는 것을 알지만 또 한 가지 설을 주장하여서 그것을 높이려고 힘쓰기 때문에 그 설이 많으면 많을수록 사람들을 미혹함이 더욱 심해집니다. 무릇 지금의 학술이 밝지 않아서 후학들이 따를 것이 없게 되어 한갓 사람들이 많은 말을 하게 했으니 모두 우리 무리가 서로 이기려고 한 죄입니다. 지금 양지의 설은 이미 학문의 두뇌로서 충분히 낙착이 되게 말하였으나 다만 저마다 이기려는 마음을 버리고 이 학문을 밝히는 데 함께 힘써서 사람의 분한分限에 따라 차근차근 잘 이끌어서 스스로 저마다 이르는 곳이 있게 해야 합니다. 만약 자기 문호를 세워서 바깥으로는 도를 지킨다는 명분을 만들고, 안으로는 이기기를 추구하는 행위를 하려 하고, 정학이 이로써 더욱 황폐해지고 인심이 이로써 더욱 미혹됨을 돌아보지 않고, 같은 무리끼리 당을 만들고 다른 무리를 공격하며(黨同伐異) 모자라는 점을 숨기고 누가 더 나은가를 다투어서(覆短爭長) 오직 자기의 사사로움과 이익을 이루는 계책으로 삼는다면 인한 사람의 마음에는 차마 하지 못하는 바가 있습니다![86]

이는 양명이 담약수를 가장 혹독하게 비평한 글이다. 담약수는 침묵을 지

---

86 『왕양명전집』 권6 「기추겸지」 서5.

키면서 양명과 다시 논변을 전개하지 않았고 오히려 『격물통』을 저술하는 데 침잠하였으며, 그 책으로 경전과 역사서가 '성인으로 들어가는 지름길'이며 육경이 '내 마음을 깨달을 수 있는' 경전임을 증명하려고 하였다. 양명은 '육경에서 추구하는' 담약수와 상반되게 기왕과 마찬가지로 더욱 갈고닦으며 분발하여 나아가는, '스스로 내 마음을 추구하는' 길을 달려 나아갔으며 더욱 광범위하게 강학론도를 전개하였다. 이때 제자 황성증·황수이黃修易·주득지朱得之(1485~?) 세 사람이 함께 소흥으로 와서 배움을 물었고 양명이 강학론도에서 행한 많은 말을 기록하였는데,[87] 여기에는 이때 양명의 사상적 동태의 미세한 변화와 마음속 깊은 곳에서 돌연 용솟음치는 잠재된 새로운 양지심학의 변화와 발전이 반영되어 있다. 양명이 주득지와 함께 강학론도를 한 핵심은 치량지 본체공부론의 사상체계를 천명한 것에 있었다. 그는 주득지에게 본체와 공부의 관계를 반복적으로 논술하여서 말하기를 "'본체는 허하게 하고 공부는 실하게 한다', '본체와 결합하는 것이 바로 공부이며, 공부를 해나가는 것이 바로 본체이다', '공부를 하면 바로 본체를 본다', '공부를 해나가는 것은 곧 본체이다'." 라고 하였다.

본체와 공부의 합일에 대해 주득지는 『계산승어稽山承語』에서 치량지 본체공부론의 심학체계에 대한 양명의 마지막 경전적인 논술을 다음과 같이 기록하였다.

> 도는 형체가 없고 만상은 모두 형체가 있으며, 도는 뚜렷하거나 어두움이 없고 사람이 보는 바에는 뚜렷함과 어두움이 있다. 형체로 말하면 천지는

87 황성증이 기록한 어록은 『회계문도록』으로 편집되었고, 주득지가 기록한 어록은 『계산승어』로 편집되었으며, 황수이가 기록한 어록은 『전습록』에 편입되었다.

한 물건이다. 뚜렷하고 어두운 것으로 말하면 사람의 마음은 그 기틀(機)이다. 이른바 심즉리心卽理라 하는 것은 충실하고 인온氤氳한 것으로 말하면 기氣라 하고, 맥락이 분명한 것으로 말하면 이理라 하고, 유행하여서 부여되는 것으로 말하면 명命이라 하고, 품수하여서 일정한 것으로 말하면 성性이라 하고, 사물(의 생성)이 (그로) 말미암지 않음이 없는 바로 말하면 도道라 하고, 묘용을 헤아릴 수 없음으로 말하면 신神이라 하고, 응취한 것으로 말하면 정精이라 하고, 주재로 말하면 마음(心)이라 하고, 무망無妄한 것으로 말하면 성실함(誠)이라 하고, 기대어 붙는 바가 없는 것으로 말하면 중中이라 하고, 더할 사물이 없는 것으로 말하면 극極이라 하고, 굴신하고 소식하고 왕래하는 것으로 말하면 역易이라 하는데 실상은 (모두) 하나일 뿐이다. 지금 저 망망한 천지(堪輿)가 창연蒼然하고 퇴연隤然한 것은 기가 가장 거친 것인가? 조금 정결하면 해와 달, 별과 별자리, 바람과 비, 산과 시내가 되고, 또 더 정결하면 우레와 번개, 귀신과 요괴(鬼怪), 풀과 나무, 꽃과 꽃나무(花卉)가 되고, 또 정결하여서 새와 짐승과 물고기와 자라, 곤충 같은 것이 되고, 지극히 정결하여서 사람이 되며 지극히 신령하고 지극히 밝아서 마음이 된다. 그러므로 만상이 없으면 천지도 없고, 내 마음이 없으면 만상도 없다(無萬象則無天地, 無吾心則無萬象矣). 그러므로 만상이란 내 마음의 작용이며, 천지는 만상의 작용이며, 천지만상은 내 마음의 찌꺼기이다(故萬象者, 吾心之所爲也. 天地者, 萬象之所爲也. 天地萬象, 吾心之糟粕). 그 극치를 요약하면 이에 천지의 마음을 보고서 사람이 그것을 마음으로 삼는다. 마음이 그 바름을 잃어버리면 나도 만상일 뿐이며, 마음이 그 바름을 얻으면 이에 사람이라고 한다. 이는 천지를 위해 중심을 세우고, 생민을 위해 명을 세우는(爲天地立心, 爲生民立命) 까닭이 오직 내 마음에 있다는 것이다. 이는 마음 바깥에는 이치가 없으며 마음 바깥에는 사물이 없음을 알 수 있다. 이른바 마음이란 지금 한 덩어리 혈육血肉의 도구가 아니라 바로 지극히 신령하고 밝으며, 조작하고 지각할 수 있는 것을 가리킨다. ─ 이것이 이른바 양지이다. 그러나 소리도 없고 냄새도 없으며(無聲無臭), 방소도 없고 몸도 없다(無方無體). ─ 이것이 이른바 '도심은 은미하다(道心惟微)'는 것이다. 이로써 징험하면 천지, 일상생활(日用), 사계절, 귀신이 한 몸의 실리實理 아님이 없으며, 피차 견주고 따질(比擬) 바가 있기를 기다리지 않는다. 옛사람이 말한 (성인이) 덕을 합하고 밝음을 합하며, 하늘과 같고 신과 같으며, 지극히 선하고 지극히 성실한 것은 모두 아래에서 배움으로부터 말하는(自下學而言) 것인데, 이는 오히려 (마음과 대상사물의) 둘이 있는 것이다. 만약 그 본체라면 오직 나일 뿐 다시 어디에 천지만상이 있겠는가(若其本體, 惟吾而已, 更何處有天地萬象)? 이는 대인의 학문이 천지만물과 함께 한 몸이 되는 까닭이다. 한 사물이 바깥에 있다면 바로 내 마음이 다하지 못한 것이므로 배움이라고 하기에 충분하지 않다.[88]

이는 양명 스스로의 철저한 '유심적唯心的' 심물합일心物合一, 심리합일心理合一의 심학사상 체계에 대한 본체론의 최고 개괄이다. 여기에서 양명은 마음과 만물일체 사이에는 간격이 없다는(無間) 시각에서 '심'의 본체론을 전석하였는데, 이미 '심'을 '자아', '진기眞己', '진오眞吾'에서 우주 본체의 높이로까지 승화하였다. 이로써 천지만물, 만상은 모두 심 본체에서 생겨난 것이며, "만상이란 내 마음의 작용(所爲)이며, 천지는 만상의 작용이며, 천지만상은 내 마음의 찌꺼기"라고 인식하였던 것이다. 이로 인해 마음이 있어야 비로소 천지만물, 만상이 있으며, 마음이 없으면 천지만물, 만상이 없는 것이다. "만물

88 주득지 편, 『계산승어』; 『명유학안』 권25 「명경주근재선생득지어록明經朱近齋先生得之語錄」.

이 없으면 천지도 없고, 내 마음이 없으면 만상도 없으니" "만약 그 본체라면 오직 나일 뿐 다시 어디에 천지만물이 있겠는가?"

양명의 입장에서 볼 때 우주는 한 마음이며, 태허는 원융하며, 만물은 일체이며, 마음과 사물은 합일하며, 마음 바깥에는 사물이 없으며, 만물은 모두 다만 마음(*體)의 발용(*用)이니, 기氣·이理·명命·성性·도道·신神·정精·성실함(誠)·중中·극極·역易·인仁·의義·뜻(意)·앎(知)·사물(物)이 모두 '심' 본체의 서로 다른 발용과 유행에 지나지 않는다. 따라서 모두 '심' 본체의 서로 다른 명칭에 지나지 않는다. 만물, 만상은 마음과 반드시 동일하고, 원융하여서 하나가 되며 차별이 없다.

그는 다시 제자와 학자들에게 이러한 마음과 사물은 합일하며, 마음 바깥에는 사물이 없으며, 우주는 오직 나의 한 '마음'이라는 사상을 다음과 같이 명확하게 논술하였다.

> 선가仙家(도교)에서는 허虛를 말하는데, 성인이 어찌 허虛에 한 터럭의 실實을 첨가할 수 있겠는가? 불씨佛氏(불교)는 무無를 말하는데, 성인이 어찌 무無에 한 터럭의 유有를 첨가할 수 있겠는가? 그러나 선가의 허는 양생養生의 측면에서 말한 것이며, 불씨의 무無는 생사고해生死苦海에서 벗어나는 측면에서 말한 것인데 이것은 오히려 본체에 이러한 (허나 무의) 의사意思를 더한 것이니, 곧 그 (도교와 불교가 그 자체로 지향하는) 허무虛無의 본색本色이 아니며, 곧 본체에 장애가 있는 것이다. 성인은 다만 그 양지의 본색으로 되돌아갈 뿐이며 다시 (양지를 지향하는) 의사를 조금도 덧붙이지 않는다. 양지의 허가 바로 하늘의 태허太虛이며, 양지의 무無가 바로 태허의 무형無形이다. 해와 달과 바람과 우레와 산과 시내와 인민과 사물 등 무릇 모양(貌象)과 형태와 색깔이 있는 것은 모두 태허의 무형 가운데에서 발용하고 유

행하며 하늘의 장애를 받은 적이 없다. 성인은 다만 그 양지의 발용을 따를 뿐이다. 천지만물이 모두 내 양지가 발용하여서 유행하는 가운데 있으니, 어찌 일찍이 또 한 물건이 양지의 바깥에 초월하여서 장애가 될 수 있겠는가![89]

양명은 감성적, 직관적으로 제자와 배우는 사람들과 함께 이러한 우주의 유아일심唯我一心, 심외무물心外無物의 심 본체론 사상을 체인하였다. 황성증은 그가 직접 목격한 한 장면을 다음과 같이 기록하였다.

선생께서 남진南鎭에서 노니셨는데 한 벗이 바위 위의 꽃나무를 가리키며 물었다. "천하에 마음 바깥에 사물이 없다면, 예를 들어 이 꽃나무는 깊은 산속에서 저절로 피고 지니 내 마음과 무슨 상관이 있습니까?" 선생께서 말씀하시기를 "네가 이 꽃을 보지 못했을 때 이 꽃과 네 마음은 함께 적막한 데로 돌아간다. 네가 이 꽃을 보았을 때 이 꽃의 색깔이 일시에 명백해지니 바로 이 꽃이 네 마음 바깥에 있지 않음을 알 수 있다."라고 하셨다.[90]

이렇듯 양명은 우주가 오직 내 한 '마음'(唯我一心)이라는 심물합일, 심외무물과 마음으로써 천지만물을 일으키고 소멸한다는 심학사상으로 꽃의 생성과 소멸을 해석하였다. 이 심물합일, 심리합일, '유아일심'의 심학체계는 양명이 직접 '왕문사구교'로 나아가도록 추동하였고, 또한 최종적으로 '왕문사구교'를 초월하여서 '왕문팔구교'(*사무교와 사유교)로 나아가도록 추동하였다.

---

89 『왕양명전집』 권3 「전습록」 하.

90 『왕양명전집』 권3 「전습록」 하.

담약수의 뒤에서 양명은 계속 이러한 심물합일, 심리합일, 철저한 '유심'의 심학체계를 이용하여서 선비 학자들과 함께 논변을 전개하였는데, 그 가운데 시인 고린顧璘과 벌인 논변은 그를 더욱 직접적으로 추동하여서 '왕문사구교'를 내세우게 하였다. 고린은 호가 동교거사東橋居士이며 '금릉사대가金陵四大家'의 저명한 시인으로서, 양명과 매우 긴밀한 관계였다. 그는 「발왕양명여노북촌서권跋王陽明與路北村書卷」에서 다음과 같이 말하였다.

> 양명이 일찍이 나와 함께 학문을 논함에 행함이 앎(行是知)이라는 설을 힘써 주장하였는데 그 말이 『전습록』에 모두 실려 있다. 나는 우연히 나온 기이한 이론이라고 여겼다. 지금 북촌의 글을 보니 자로子路의 "어찌 반드시 글을 읽은 뒤에 배움이 되겠는가(何必讀書, 然後爲學)?"라는 말을 취하였는데, 이에 배움 또한 반드시 오로지 공씨孔氏(공자)를 믿을 필요가 없음을 알았다. 이는 홀로 나아가는 용기이니 하필 험난한 일을 무릅쓰고 적을 포로로 잡아 왕을 항복시키는(寇虜降王) 유형과 같이 하겠는가?[91]

고린은 양명의 『주자만년정론』과 신편 『전습록』 등을 읽은 뒤 풀리지 않는 많은 의문을 품고서 9월에 양명에게 편지를 보내 질의하였음을 알 수 있다. 양명은 학문을 논하는 긴 편지 한 통을 써서 상세하게 논변하여 회답하였다. 이 「답고동교서」는 양명이 평생 동안 쓴 것 가운데 가장 긴 논학서論學書인데 양지심학을 논한 가장 중요한 논문으로서 나중에 『전습록』에 편입되었다.[92] 편지에서 양명은 자기 심학에 대해 각 방면에서 논증을 하여 양지심학

---

91 『고화옥집顧華玉集·빙기집憑幾集』 권2 「발왕양명여노북촌서권跋王陽明與路北村書卷」.

92 『왕양명전집』 권2 「전습록」 중.

의 여섯 가지 중요한 사상을 중점적으로 천술하였다.

첫째, 지행합일 병진竝進의 설을 논하였다. "그러나 공부의 순서는 선후의 차이가 없을 수 없다(然工夫次第不能無先後之差).", "만약 참으로 행함이 곧 앎이라고 한다면 오로지 본심만을 추구하되 마침내 사물의 이치를 버려두게 된다(若眞謂行卽是知, 恐其專求本心, 遂遺物理)."라고 한 고린의 논법을 겨냥하여서 양명은 앎과 행함은 함께 진행하며 앞뒤를 나눌 수 없고, 심리합일을 체로 삼고 지행병진을 공부로 삼는다고 인식하였다. 지행 공부는 본래 벗어날 수 없으며 앎이 곧 행함이고 행함이 곧 앎이니 "앎의 참되고 절실하고 독실한 곳이 곧 행함이며, 행함이 밝게 지각하고 정교하게 살피는 곳이 곧 앎이다(知之眞切篤實處, 卽是行, 行之明覺精察處, 卽是知)." 그리하여 참된 앎은 곧 행함이 되는 까닭이며 행하지 않으면 앎이라 하기에 충분하지 않다. 참된 행함은 곧 앎의 까닭이므로 알지 못하면 행함이라고 하기에 충분하지 않다. 이른바 앎은 곧 행함이며 행함은 곧 앎이니, 결코 '오로지 내 마음만 추구하고 마침내 사물의 이치는 버려두는(專求吾心, 遂遺物理)' 것이 아니다. 왜냐하면 마음이 곧 이치이고 마음 바깥에는 이치가 없으며 마음과 이치는 둘이 아니기 때문이다. 그러므로 마음을 추구함이 곧 이치를 추구함이며 앎과 행함이 합일한다. 오직 마음과 이치를 둘로 하고 이치가 바깥 사물에 있으며, '마음을 바깥으로 하여서 사물의 이치를 추구함으로써(外心以求物理)' 비로소 앎과 행함의 분리를 이끌어내니, '오로지 본마음에서 추구하여 마침내 사물의 이치를 버려두는(專求本心, 遂遺物理)' 폐단이 있게 된다. 그리하여 양명은 다음과 같이 말한다.

> 마음은 하나일 뿐이다. 전체적으로 측은히 여기고 마음 아파함(惻怛)을 하나로 하여서 말하면 인仁이라 하고, 마땅함을 얻음으로써 말하면 의義라 하고, 조리로써 말하면 이理라고 한다. 마음을 도외시하여서는 인을 구할

수 없고 마음을 도외시하여서는 의를 구할 수 없는데, 홀로 마음을 도외시하여서 이치를 구할 수 있겠는가? 마음을 도외시하여서 이치를 구하는 것은 앎과 행함이 둘이 되는 까닭이다. 내 마음에서 이치를 구함은 성문의 지행합일의 가르침이다.[93]

둘째, 진심盡心, 지성知性, 지천知天(天命)의 설을 논하였다. 맹자의 진심·지성·지명知命의 설은 후세 유가에 서로 다른 해석이 있었는데, 예를 들어 송유 주희朱熹는 진심·지성·지천을 격물치지로, 존심存心·양성養性·사천事天을 성의·정심·수신으로, 요수불이殀壽不貳(요절이나 장수에 대해 의혹하지 않고), 수신이사修身以俟(몸을 닦아서 명을 기다린다)를 앎이 지극하고 인을 다함으로 여겼다(知至仁盡). 양명은 이는 앎과 행함을 분할하고 격치성정을 분리하여서 "어찌 오로지 마음을 다하여서 성을 앎은 지로, 마음을 보존하고 본성을 기름은 행함으로 삼을 수 있겠는가?"라고 인식하였다. 그는 심리합일, 지행합일로부터 지적하여서 진심·지성·지명은 생지안행生知安行으로서 성인의 일이며, 존심·양성·사천은 학지리행學知利行으로서 현인의 일이며, 요수불이, 수신이사는 곤지면행困知勉行으로서 학자의 일이라 하였다.

그는 구체적으로 이러한 근기根基가 서로 다른 세 등급의 사람이 행하는 지행 공부를 논증하여서 다음과 같이 말하였다.

저 마음의 체는 성이며, 성의 근원은 하늘입니다. 능히 그 마음을 다하면(盡) 그 본성을 다할 수 있습니다. …… 그 마음을 보존하는 자는 그 마음을 다하지는 못하니, 그러므로 모름지기 보존하는 공부를 더해야 하며 반

93 『왕양명전집』 권2 「전습록」 중.

드시 보존함이 오래되면 보존하기를 기다리지 않아도 저절로 보존되지 않음이 없습니다. 그런 뒤에 나아가서 다함을 말할 수 있습니다. 대체로 하늘을 아는(知天) 앎은 지주知州, 지현知縣의 지知와 같으니 …… 이는 하늘과 더불어 하나가 되는 것입니다. 하늘을 섬김은 자식이 부모를 섬기고 신하가 군주를 섬기는 것과 같아서 오히려 하늘과 둘입니다. 하늘이 나에게 명한 것은 마음이며 성이니, 내가 다만 보존하고서 잃지 않고 길러서 감히 해치지 않으면 …… 요수불이에 이르러서는 그 마음을 보존하는 것과 더불어서 또 간격이 있습니다. 그 마음을 보존하는 자는 비록 그 마음을 다하지 못한다고 하더라도 본래 이미 선을 행하는 마음은 한결같아서 때로 보존하지 못하는 일이 있어도 보존하고 있는 것입니다. 지금 그로 하여금 요절과 장수에 의혹하지 않게 하면 이는 요절과 장수를 그 마음에서 의혹하는 것이니 …… 만약 삶과 죽음, 요절과 장수가 모두 정해진 명이 있다고 한다면 나는 다만 선을 행하는 데 마음을 한결같이 하며 내 몸을 닦아서 천명을 기다릴 뿐입니다.[94]

이렇듯 근기가 다른 세 등급의 사람들을 겨냥한 진심, 존심, 수신의 설은 이미 그가 나중에 근기가 깊고 얕음이 다른 사람들을 대상으로 세운 '왕문팔구교'(*사무교와 사유교)의 맹아를 포함하고 있다.

셋째, 격물과 치량지의 설을 논하였다. 양명은 주희가 말한 '격물'은 사사물물에 나아가서 그 이치를 궁구하는 것이며, '치지'는 내 마음으로 사사물물에서 이치를 추구하는 것이니, 이는 마음과 이치를 쪼개어서 둘로 하는 것이라고 인식하였다. 양명이 말한 치지격물은 마음이 곧 이치이고(心卽理), 이치

94 『왕양명전집』 권2 「전습록」 중.

는 내 마음에 있으며(理在吾心), 마음과 이치는 하나(心理爲一)이므로 치지는 바로 내 마음의 양지의 이치를 사사물물에서 그대로 이루는 것이며, 치지는 바로 양지의 이치를 그대로 이루는 것이며, 치지는 곧 격물임을 인식하는 것이다. 치지는 이치를 그대로 이루는 것(致理)이며, 격물은 이치를 얻는 것(得理)이다. 그는 다음과 같이 말한다.

> 내 마음의 양지는 곧 천리이다. 내 마음의 양지의 천리를 사사물물에서 그대로 이루면 사사물물이 모두 그 이치를 얻을 것이다. 내 마음의 양지를 이루는 것은 앎을 이루는 것이다. 사사물물이 모두 그 이치를 얻은 것은 격물이다. 이는 마음과 이치를 합하여서 하나로 하는 것이다.[95]

이로 인하여 양명은 한 걸음 더 나아가 치량지의 공부를 두 가지 측면에서 착수하는데 하나는 가린 것을 제거하고(去蔽), 또 하나는 넓히고 채우는 것(擴充)이라고 인식하였다. 그리하여 그는 다음과 같이 두 가지 측면에서 강조하여 말한다.

> 지금 이 가림을 제거하려고 하면서 여기에 힘을 다 쏟을 줄(*치량지를 가리킨다) 알지 못하고 바깥에서 구하려고 한다면 이는 눈이 어두운 자가 약을 먹고 조리해서 눈을 다스리는 데 힘쓰지 않고 한갓 더듬더듬거리면서(倀倀然) 바깥에서 밝아지기를 구하는 것과 같은데 밝음을 어찌 바깥에서 구할 수 있는 것이겠습니까?[96]

---

95 『왕양명전집』 권2 「전습록」 중.

96 『왕양명전집』 권2 「전습록」 중.

저 배우고 묻고 생각하고 변별하고 독실하게 행하는 공부는 곤고하게 행하고 억지로 힘써서 남이 한 번에 하면 나는 백 번이라도 하여서 넓히고 채우는 극치에 이르고, 본성을 다하고 하늘을 앎에 역시 내 마음의 양지를 그대로 이루는 데 지나지 않을 뿐이다.[97]

이로 말미암아 양명은 지행합일 상에서 치량지는 궁행실천의 공부이며 행함에 있고, 지행은 병진한다고 강조하여서 "앎에 이르는 것이 반드시 행함에 있음을 알면 행하지 않고서는 앎을 끝까지 이룰 수(致知) 없음이 분명하다."라고 인식하였다.

넷째, 심학의 심心·의意·지知·물物의 논리적 구조와 관계에 대해 논하였다. 양명의 양지심학의 심-의-지-물의 논리적 구조는 『대학』의 격格·치致·성誠·정正의 네 조목에 의거하여 세운 것인데 이는 바로 그의 '왕문사구교'의 논리적 구조이다.

정심 → 심 → 선이 없고 악이 없는 것이 마음의 체이다(無善無惡, 是心之體).
성의 → 의 → 선이 있고 악이 있는 것이 뜻의 움직임이다(有善有惡, 是意之動).
치지 → 지 → 선을 알고 악을 아는 것이 양지이다(知善知惡, 是良知).
격물 → 물 → 선을 행하고 악을 제거하는 것이 격물이다(爲善去惡, 是格物).

양명은 강서에서 '양지의 깨달음' 이후 바로 이미 심·의·지·물의 4중 논리구조 관계에 대한 탐구를 중시하였는데, 정덕 15년(1520)에 쓴 「답나정암소재서」에서 그는 심·의·지·물 및 정심·성의·치지·격물의 설에 대해 한 차례

97 『왕양명전집』 권2 「전습록」 중.

간략한 총결을 내렸다. 월로 돌아온 뒤 그는 심·의·지·물의 논리구조 관계를 한 발 더 나아가 사고하고 명확하게 인식하여서 정덕 16년에 쓴 편지 「우답육원정又答陸原靜」에서 체용일원의 사변철학의 논리적 모형을 제시하였는데, 심·의·지·물의 4중 범주 및 논리적 관계를 천석함으로써 아울러 「대학문」에서도 한 차례 총결을 하였다. 이때 고린과 논변을 하는 가운데 양명은 실제로 더욱 진일보하여 「우답육원정」과 「대학문」의 사상으로 심·의·지·물의 논리적 관계에 대해 전면적으로 논술하였다.

그는 체용일원의 사변 논리의 모형을 이용하여서 심·의·지·물의 논리 관계를 다음과 같이 논술하였다.

> 마음은 몸의 주인이다. 또한 마음의 허령명각虛靈明覺은 바로 본연의 양지이다. 허령명각의 양지가 자극에 반응하여서 움직이는 것을 뜻(意)이라고 한다. 앎이 있은 뒤에 뜻이 있으며 앎이 없으면 뜻도 없으니 앎은 뜻의 체가 아닌가? 뜻이 작용하는 것에는 반드시 그 대상사물(物)이 있어야 하니 사물이 곧 일(事)이다. …… 무릇 뜻이 작용하는 바에는 사물이 있지 않음이 없으니 이 뜻이 있으면 이 사물이 있으며, 이 뜻이 없으면 이 사물이 없으니 사물은 뜻의 작용이 아닌가? …… 그러므로 '이치를 궁구함(窮理)'을 말하면 격치성정의 공부가 모두 그 안에 있으며, '격물'을 말하면 반드시 치지·성의·정심이 함께 거론된다.[98]

그는 심(*정심)·의(*성의)·지(*치지)·물(*격물)의 공부에 대해 다음과 같이 총결하였다.

98 『왕양명전집』 권2 「전습록」 중.

따뜻하고 서늘하게 해드리려는 마음을 먹고 봉양하고자 마음을 먹은 것은 이른바 뜻이라 하나, 뜻을 성실하게 하는 것이라고 하지는 못합니다. 반드시 실제로 따뜻하고 서늘하게 해드리고 봉양하는 뜻을 행하여서 스스로 흡족하고 스스로 속임이 없기를 구하는 데 힘쓴 뒤에야 뜻을 성실하게 한다고 합니다. 어떻게 해야 따뜻하고 서늘하게 해드리는 절도인지 알고, 어떻게 해야 마땅하게 봉양하는 것인지 아는 것이 이른바 앎이나, 앎을 끝까지 이루었다고 하지는 못합니다. 반드시 어떻게 해야 따뜻하고 서늘하게 해드리는 절도인지 아는 앎을 끝까지 이루어서 실제로 따뜻하고 서늘하게 해드리며, 어떻게 해야 마땅하게 봉양을 하는 것인지 아는 앎을 끝까지 이루어서 실제로 봉양한 뒤에야 앎을 끝까지 이루었다고 합니다.

따뜻하고 서늘하게 해드리는 일, 봉양하는 일은 이른바 사물인데, 그것을 격물이라고 할 수는 없습니다. 반드시 따뜻하고 서늘하게 해드리는 일에 한결같이 양지의 아는 바를 실천하고 어떻게 해야 따뜻하고 서늘하게 해드리는 일인가에 직면하여서 그렇게 하되 털끝만큼도 다하지 않음이 없으며, 봉양하는 일에 한결같이 양지의 아는 바를 실천하고 어떻게 해야 마땅하게 봉양하는가에 직면하여서 그것을 하되 털끝만큼도 다하지 않음이 없이 한 뒤에야 격물이라고 합니다.

마음은 몸의 주인입니다. …… '격格'이라는 글자의 뜻은 …… 이는 곧 하나같이 모두 바르지 않은 것을 바르게 하여서 바름으로 돌아가게 한다는 뜻입니다. …… 격물을 말하면 반드시 치지·성의·정심이 함께 거론되며, 그런 뒤에야 비로소 공부가 분발하고 치밀해집니다.[99]

---

99 『왕양명전집』 권2 「전습록」 중.

여기서 양명의 '왕문사구교'가 호출되어서 거의 (그 모습이) 드러난다.

다섯째, 덕성의 앎과 견문(聞見)의 앎의 통일에 대해 논하였다. 양명은 다음과 같이 인식하였다. 사람의 덕과 앎이 합일하는(德知合一) 덕을 닦고 앎을 인식하는 구조에서 덕성의 앎을 주로 하고 견문의 앎을 다음으로 한다. 덕성의 앎을 근본(本)으로 하고 견문의 앎을 보조(輔)로 한다. 덕성의 앎이 곧 양지이니 이는 내재하는 마음에서 추구하는 것이지 외래의 견문에서는 추구할 수 없다. 마음이 곧 이치이기 때문에 배움은 곧 이 마음을 배우는 것이며, 추구함은 이 마음을 추구하는 것이다. 공자가 말한 '일이관지一以貫之'는 바로 내 마음의 양지를 이루는 것이다. 존덕성과 도문학도 통일된 것인데 존덕성은 내면을 향한 마음 추구이고, 도문학은 '그것으로써 덕성을 쌓는(以畜德性)' 것이다. 덕성의 앎은 바로 치량지인데 곧 중中을 써서 도심에서 정밀하고 한결같이 하는 것이다. 그리하여 양명은 말하기를 "오직 중을 쓰되 도심에서 그 정밀하고 한결같음을 이룰 뿐이다. 도심은 양지를 이른다. 군자의 학은 …… 모두 지행합일의 공부를 하려는 것이니 바로 본심의 양지를 이루는 까닭이다."[100]라고 하였다.

여섯째, 발본색원拔本塞源의 복심설復心說을 논하였다. 양명의 발본색원론은 실제로 만물일체의 인에서 그의 치량지, 복심체의 심학체계를 논술한 것인데, 사욕을 말끔히 제거하고 공변된 마음을 확충하는 치량지 공부를 통해 소외된 심체의 복귀를 주장한 것으로서 또한 바로 가린 것을 제거하고(去蔽) 넓히고 채우는(擴充), 파괴하여 제거하고(破除) 발본색원하는 공부를 통해 양지로 하여금 밝음을 회복하여서 막힌 것을 통하게 하고 근본으로 돌아가게 하는 것을 말한다. 양명은 양지의 마음이 본래 저절로 신령하고 명료하고 밝게

---

100 『왕양명전집』 권2 「전습록」 중.

지각하나(靈明昭覺) 다만 사사로운 감정(私惡)과 물욕에 덮어 가리고 물들어서 양지의 마음이 침륜하고 소외되며 근본을 뽑아버리고 근원을 막아서 발본색원의 잘못된 길로 빠져버린다고 인식하였다. 이 때문에 모름지기 가린 것을 제거하고 넓혀서 채우는 치량지 공부를 통해 소외된 인심을 복귀시키고 근본을 돌이키고 근원을 통하게 해야 한다. 양명은 이를 일컬어서 "심체의 동연을 회복한다(復其心體之同然)."라고 하였다. 그는 반복하여서 자기의 이러한 거폐확충去蔽擴充으로 심체로 복귀하고 근본을 돌이키고 근원을 통하게 하는(本返源通) 복심 사상을 논술하여서 다음과 같이 말한다.

> 저 성인의 마음은 천지만물을 한 몸으로 삼는다. 천하 사람을 안과 밖, 멀고 가까움의 구별 없이 보며, 모든 혈기血氣를 지닌 이를 모두 겨레붙이의 형제나 갓난아기와 같이 여겨서 그들을 편안하고 온전하게 가르치고 길러서 만물일체의 염원을 완수하고자 하지 않음이 없었다. 천하의 인심은 그 시초에는 역시 성인과 다름이 없다. 다만 '내가 있음(有我)'을 의식하는 사사로움에 의해 (성인의 마음과) 벌어지고 물욕物欲의 가림에 의해 가로막혀서 큰 것(大者)은 작아지고 통하는 것(通者)은 막혀서 사람은 저마다 자기 마음을 소유하게 되었으며, 심지어 부모와 자식, 형과 아우를 원수처럼 보는 이도 있게 되었다. 성인이 이를 근심하여서 그 천지만물을 한 몸으로 삼는 인仁을 미루어서 천하를 가르치고, 그들로 하여금 모두 사사로움을 극복하고 가림을 제거하여서 심체의 동연함을 회복하게 하였다.
>
> 그 가르침의 큰 발단은 요堯·순舜·우禹가 서로 주고받은 이른바 "도심은 은미하니 정밀하고 한결같아야 진실로 그 중도를 잡으리라(道心惟微, 惟精惟一, 允執厥中)."라고 한 말씀이다. 그리고 그 절목節目은 순이 설契에게 명한 이른바 "부모와 자식에게는 친함이 있고, 임금과 신하에게는 의리가 있

고, 지아비와 지어미에게는 분별이 있고, 어른과 아이에게는 차례가 있고, 벗과 벗에게는 믿음이 있다(父子有親, 君臣有義, 夫婦有別, 長幼有序, 朋友有信)." 한 다섯 가지일 뿐이다. 당唐(요)·우虞(순)·삼대三代의 세상에서 가르치는 이는 오직 이로써 가르침을 삼았고, 배우는 이는 오직 이로써 배움을 삼았다. …… 잡다한 견문, 번잡한 기송記誦, 들뜨고 넘치는 사장辭章, 어지러이 다투어 공리功利를 추구함이 없었고 다만 그들로 하여금 부모에게 효도하고 어른을 공경하고 벗들에게 신의를 지켜서 심체의 동연同然을 회복하게 하였다.

대체로 심학이 순수하고 밝아서 만물일체의 인을 온전하게 하기 때문에 정신이 흘러서 관통하고 지기志氣가 통달하여서 남과 나(人己)의 구분, 대상과 자아(物我)의 구별이 있지 않았다. 비유하자면 한 사람의 몸에 …… 대체로 원기元氣가 충만해지고 혈맥이 뻗어나가 통하니 이 때문에 가렵고 아프거나 숨을 내쉬고 들이마시는 가운데 감촉感觸하는 것마다 신통하게 반응하여서 말을 하지 않아도 깨닫는 신묘함이 있었다. 이는 성인의 학문이 지극히 쉽고 간단하며 알기 쉽고 따르기 쉬운 까닭이다. 학문에 쉽게 통달하고 재능이 쉽게 완성되는 까닭은 바로 큰 발단이 오직 심체의 동연을 회복하는 것에 있기 때문이다.[101]

양명은 성인의 마음(心), 성인의 가르침(敎), 성인의 학문(學)이라는 세 가지 측면에서 치량지와 복심체의 복심 사상을 논증하여서 명확하게 양지심학이 하나의 반본귀원返本歸源하는 복심의 사상체계이며, 하나의 인심 구속救贖의 사상체계임을 선포하였다. 그는 광자흉차狂者胸次의 열정적인 시인으로서 서

---

101 『왕양명전집』 권2 「전습록」 중.

까래(椽) 같이 거대한 붓을 휘둘러서 혼탁한 진세塵世의 침륜하고 함닉한 인심을 발본색원하기를 통렬하게 지적하고, 타락한 인심의 구속과 소외된 인심의 복귀를 큰 소리로 부르짖었던 것이다.

삼대가 쇠퇴하자 왕도가 사라지고 패술霸術이 창궐하였습니다. 공맹이 이미 죽어서 성학이 어두워지고 사설邪說이 횡행하니 …… 이 사람들(斯人)이 짐승이나 오랑캐(禽獸夷狄)가 되어버리고 …… 세상의 학자가 예를 들어 온갖 놀음을 하는 마당(百戱之場)에 들어간 것과 같아서 환락을 함부로 즐기고 날뛰며, 기이하고 교묘한 것을 앞다투어 찾으며, 웃음을 보이며 아첨을 하는 것이 사방에서 다투어 나와서 앞뒤로 살펴보며 대응하기에 겨를이 없고 눈과 귀는 아찔하고 어두워지며 정신은 황홀하고 미혹되어서 밤낮 마음대로 노닐고 그 사이에 빠져서 병들고 미치고 마음을 빼앗긴 사람처럼 되어서 아무도 스스로 가업家業이 귀착할 바를 모릅니다. 이 시대의 군주(時君世主) 역시 모두 그 설에 혼미하고 전도되어서 평생 쓸모없는 허문虛文에 종사하면서 아무도 스스로 알지 못하고 이른바 …… 무릇 오늘날 공리의 해독이 사람의 심장과 골수를 삼켜버렸고 습성을 이루어온 지 수천 년이 되었습니다. 앎으로써 서로 뽐내고, 세력으로써 서로 알력을 일으키고, 이익으로써 서로 다투고, 기능의 높음을 서로 다투고, 명성과 영예로써 서로 취합니다. 나아가 벼슬함에 전곡錢穀을 다스리는 자는 병형兵刑을 아울러 겸하려 하고, 예악을 다스리는 자는 또 중추의 요직(銓軸)에 참여하려고 하며, 군현에 나가면 번얼藩臬(포정사와 안찰사)의 높은 자리를 탐내고, 대간이 되면 재집宰執의 요직을 바랍니다. …… 기송記誦의 광범위함은 그 오연함을 기르기에 들어맞습니다. 방대한 지식은 악을 행하기에 들어맞습니다. 해박한 견문은 변별을 멋대로 하기에 들어맞습니다. 사장의 풍부함은 거짓을 꾸며대기에 들어맞습니다. 이는 고요皐陶·기夔·후직后稷·설契도 겸할 수 없었던 일인데 오늘날 초학의 소생도 모두 그 설에 통달하고 그 기술을 탐구하려고 합니다. 명분과 칭호를 참칭하여서 내가 함께 천하의 임무를 완성하기를 바란다고 말하지 않은 적이 없습니다. 그러나 그들은 참으로 마음을 쓰고 실제로 뜻을 품어야 하는 곳에서는 이와 같이 하지 않고서 (도리어) 사사로움을 이루고 욕망을 채울 수 없다고 여깁니다. 아! 이와 같은 것에 오래 물들고, 이와 같은 마음과 의지를 가지고서 이와 같은 학술을 가르치니 의당 우리 성인의 가르침을 듣고서 혹이나 사마귀(贅疣) 같이 여기고 장부와 둥근 장부구멍(枘鑿)처럼 (성인의 가르침과 현실이) 어긋난다고 여깁니다. 그러므로 반드시 양지를 족하게 여기지 않고 성인의 학문을 쓸모없다고 여기는 형세가 역시 이르는 것입니다! …… 다행히 사람의 마음속에 있는 천리는 끝내 망하지 않는 바가 있어서 양지의 밝음이 만고에 하루 같습니다. 그런즉 나의 발본색원의 이론을 듣고서 반드시 측은히 슬퍼하며 괴롭게 아파하며 분연히 일어나서 패연히 마치 장강과 황하를 터놓아 막을 수 없는 것과 같은 것이 있습니다! 저 호걸의 선비로서 기대하는 바가 없이 일어나는 자가 아니라면 내가 누구에게 희망을 걸겠습니까?[102]

"혼이여, 돌아가자(魂兮歸來)!"라고 부르짖은 것은 '학금'의 그물이 펼쳐진 상황에서 심학대사가 외친 인심 복귀의 고통스러운 함성이었다. 양명은 양지심학으로 세상 사람을 위해 반본통원返本通源의 인심 복귀로 향한 길을 밝게 인도해주었다. 이는 바로 이 '호걸의 선비'가 스스로 측연惻然히 일어나고, 분

102 『왕양명전집』 권2 「전습록」 중.

연히 달려간 인심 구속의 길이었다.

양명은 「답고동교서」에서 실제로 '그 심체의 동연을 회복하는' 복심, 복량지復良知의 사상체계를 제시하였다. 그것은 양지와 동연同然의 마음으로 본체를 삼으며, 거폐와 확충의 치량지를 공부로 삼아서 '심-의-지-물'의 본체공부론의 논리적 구조의 체계를 구성하였는데, 이는 바로 양명의 '왕문사구교'의 본체공부론 사상체계이다. 고린과 논변을 거치면서 치량지와 복심체의 '사구교' 체계는 이미 안정된 지위와 형태를 갖추게 되었다. 그는 '네 구'의 격언을 갈고닦아서 심전心傳의 심결心訣을 만들었다.

가정 5년(1526) 봄에 이르러서 양명은 제자들에게 정식으로 '왕문사구교'를 공표하였는데, 주득지는 이 심상치 않은 정황을 다음과 같이 기록하였다.

> 양문징楊文澄이 물었다. "의지에 선악이 있다면 성실함은 장차 어떻게 상고합니까?" 스승께서 말씀하셨다. "선이 없고 악이 없는 것은 마음이며, 선이 있고 악이 있는 것은 의지이며, 선을 알고 악을 아는 것은 양지이며, 선을 행하고 악을 제거하는 것은 격물이다." 말하였다. "뜻은 본래 선악이 있습니까?" 말씀하셨다. "뜻이란 마음의 발현이다. 본래 저절로 선은 있으나 악은 없는데 오직 사욕에 추동을 받은 뒤 악이 있다. 오직 양지는 스스로 아는 것이니, 그러므로 학문의 요체는 치량지라고 한다."[103]

이는 양명이 처음으로 네 구의 격언으로써 치량지 심학체계를 총괄한 것이니 '왕문사구교'의 초본이라 일컬을 수 있다.

---

103 주득지 편, 『계산승어』.

심心: 선이 없고 악이 없는 것은 마음이다(無善無惡者心也).

의意: 선이 있고 악이 있는 것은 뜻이다(有善有惡者意也).

지知: 선을 알고 악을 아는 것은 양지이다(知善知惡者良知也).

물物: 선을 행하고 악을 제거하는 것은 격물이다(爲善去惡者格物也).

이 초본의 '왕문사구교'는 나중의 수정본인 '왕문사구교'와 아직 거리가 있다. 그러나 어떻든 간에 이것은 양명의 '왕문사구교'의 탄생을 선포하였다. '양지의 깨달음(良知之悟)'에서 시작하여 '사구교'라는 심전의 심결을 제시하고서 양명은 7년 동안 진리 탐구를 위한 마음의 역정을 달려간 뒤 '왕문사구교'의 본체공부론 사상체계의 구조를 완성하였다. 그러나 이 '왕문사구교'의 총결도 양명 심학의 길에서 종착지는 아니었으므로 또한 양명에게는 더욱 높은 심학의 지극한 경계로 비약하는 기점을 이루었다.

천천의 깨달음(天泉之悟): ‘왕문팔구교王門八句敎’의 ‘전심비장傳心秘藏’

양명은 ‘왕문사구교’를 제출함과 동시에 ‘왕문사구교’에 대해 또 새로운 반성을 시작하였다. 제자 양문징의 질의는 마침 알맞게 그를 재촉하여서 거듭 새롭게 ‘왕문사구교’의 설을 자세히 살펴보게 하였다. 뜻이 어떻게 선을 알고 악을 알며 뜻에 선악이 있는지 없는지에 대해 양문징이 제기한 두 가지 문제에 양명은 모두 직접적으로 명확한 답을 하지 않았다. 그가 내린 해석은 오히려 이전 관점과 함께 모순을 일으켰다. 이는 주로 다음과 같이 표현된다.

1) ‘마음’에 관하여 양명은 말하기를 ‘선이 없고 악이 없는 것이 마음’이라 하였는데 다만 줄곧 마음을 ‘지극히 선하다’(*예컨대 「대학문」) 하였고, 마음은 『대학』에서 말하는 ‘지극한 선에 그침(止於至善)’의 ‘지극한 선’이며, 지극히 선한 본체이며, ‘선악이 없는(無善惡)’ 것은 아니라고 인식하였다. 양명은 계본季本에게 보낸 편지에서 더욱 분명히 말하였다. “‘선한 것은 성聖의 체’라 한 말의 뜻은 본래 좋습니다만 선은 곧 양지이니 …… 그러므로 내(區區)가 근래 ‘마음의 양지는 성聖’이라 한 설이 있었습니다.”[104]

---

104 『왕양명전집』 권6 「답계명덕答季明德」.

2) '뜻'에 관하여 양명은 말하기를 뜻은 '마음의 발현'이라 하고 '뜻의 움직임'(*뜻의 발현)을 말하지는 않았다. 한편으로 뜻은 '선이 있고 악이 있다' 하고, 또 한편으로 '뜻은 마음의 발현이며 본래 저절로 선은 있고 악은 없다' 고 하여서 뜻에 선은 있고 악은 없음을 인정하였는데 논법에 모순이 있으며, 그가 말한 '선이 있고 악이 있는 것이 뜻의 움직임'이라 한 것과 모순된다. 여기에서 '뜻'과 '뜻의 발현', '마음의 발현'(*선은 있고 악은 없는)과 '뜻의 발현'(*선이 있고 악이 있는)의 두 가지 문제가 혼동을 일으켰다.

3) '앎'에 관하여 양명은 말하기를 '선을 알고 악을 아는 것이 양지'라 하였는데, 양지를 선을 알고 악을 아는 본체로 삼았다. 그러나 그는 종래 앎은 소명령각昭明靈覺의 무지無知의 본체이며 '적연부동寂然不動의 체'로서 양지는 지각이 없는 것이라 인식하였다. 예컨대 그는 다음과 같이 말한다.

> 지각이 없으나 지각하지 못함이 없는(無知無不知) 것은 본체가 원래 이와 같다. 비유하자면, 해가 사물을 비추려는 마음을 가진 적이 없지만 저절로 사물을 비추지 않음이 없는 것과 같다. 비추지 않으나 비추지 않음이 없는 것은 원래 해의 본체이다. 양지는 본래 지각이 없으나 이제 도리어 지각이 있어야 한다고 하며, 본래 지각하지 못함이 없으나 이제 도리어 지각하지 못하는 것이 있다고 의심하는 것은 다만 믿음이 미치지 않기 때문이다.[105]

양지의 본체는 지각이 없으며 선을 알고 악을 아는 것, 옳음을 알고 그름을 아는 것은 다만 양지 본체의 발용 공부이다.

양문징은 바로 이 부분에서 질의를 제기하였으며, 나중에 왕기도 이 부분

105 『왕양명전집』 권3 「전습록」 하.

에서 질의를 하여서 양명이 이를 받아들였다. 이는 양명이 처음 제시한 '왕문사구교'가 아직 충분히 완전하고 좋은 것이 아니었음을 밝히 드러낸다. 양명은 나중에 여기서 문제가 된 것은 바로 자기가 체와 용, 본체와 공부를 뒤섞은 것에서 나온 것임을 점차 의식하게 되었다. 본래 양명은 체와 용, 본체와 공부의 관계를 또렷하게 이성적으로 인식하고 있었다. 그는 일찍이 「우답육원정」의 학문을 논하는 장편 서신에서 곧 체용일원, 심물일체, 선악일건, 지행합일, 동정무단, 음양무시의 심학 사변철학의 모형을 제출하였다. 체에서 보면 마음·양지·성·이치·사물은 선이 없고 악이 없으며, 용에서 보면 마음·양지·성·이치·사물은 선이 있고 악이 있으며, 본체에서 보면 마음·뜻·앎·사물은 선이 없고 악이 없으며, 공부에서 보면 정심·성의·치지·격물은 선이 있고 악이 있다고 인식하였다. 그러나 그가 처음 제시한 '왕문사구교'에는 결코 이러한 체용일원, 본체와 공부의 통일, 심물일체의 심학 정신이 완전하고 아름답게 체현되어 있지는 않았다. 그리하여 '왕문사구교'를 제시한 이후 양명은 곧 이 문제를 따라 끊임없이 깊이 사고하기 시작하였다. 가정 5년(1526)에 그의 강학론도는 모두 어떻게 '왕문사구교'를 인식할 것인가 하는 문제와 얽혀서 전개되었다.

이에 앞서 3월에는 감찰어사 섭표聶豹가 전당강을 건너서 양명을 만나러 왔다. 두 사람은 열흘 동안 강론하며 양지와 치량지의 문제를 중점적으로 토론하였는데 양명은 섭표에게 보낸 편지에서 총결을 내렸다. 편지에서 양명은 명확하게 천지만물과 내 마음이 일체이며, 양지의 마음은 사려하지 않아도 알고 배우지 않아도 할 수 있음을 인식하였다.

> 무릇 사람이란 천지의 마음입니다. 천지만물은 본래 나와 한 몸입니다. 백성(生民)의 곤고함과 해악(荼毒)이 어느 것인들 내 몸의 절실한 아픔이 아니

겠습니까? 내 몸의 아픔을 모른다면 시비지심是非之心이 없는 사람입니다. 시비지심은 사려하지 않고도 알고, 배우지 않고도 할 수 있는 것으로서 이른바 양지입니다. 양지가 사람 마음에 있는 것은 성인과 어리석은 자의 구분이 없으며, 천하고금이 모두 같습니다. 세상의 군자가 오직 양지를 이루는 데 힘쓰기만 한다면 저절로 시비是非를 공변되게 하고, 호오好惡를 함께 하며, 남을 자기와 같이 여기고 나라를 한 집안처럼 보아서 천지만물을 한 몸으로 여길 수 있습니다.[106]

이는 바로 양지의 심체心體는 지각이 없으며(無知), 선이 없고 악이 없으며, 옳음이 없고 그름이 없음을 말한다. 그러나 치량지(*공부)는 선을 알고 악을 알며, 옳음을 알고 그름을 알 수 있다. 이는 '왕문사구교'의 '선을 알고 악을 아는 것이 양지'라는 셋째 구를 보완하여서 수정한 것이다. 그리하여 양명은 더욱 흥분하여서 의기양양하게 양지심학이 '병들고 들뜨고 잃어버린 마음(病狂喪心)'을 구속하는 복심復心의 사상체계임을 다음과 같이 선포하였다.

천하 사람들의 마음은 모두 나의 마음입니다. 천하 사람들 중에는 오히려 병들고 들뜬 사람이 있는데, 내가 어찌 병들고 들뜨지 않을 수 있겠습니까? 오히려 마음을 잃어버린 사람이 있는데, 내가 어찌 마음을 잃어버리지 않을 수 있겠습니까? …… 이제 진실로 호걸의 뜻을 같이하는 선비를 만나 부축하고 보필하여서 양지의 배움을 천하에 함께 밝힘으로써 천하 사람들로 하여금 모두 그 양지를 스스로 이룰 줄 알게 하여서 서로 편안하게 해주고 서로 길러주며, 자사자리自私自利의 가림을 제거하고, 헐뜯고 질투하

106 『왕양명전집』 권2 「전습록」 중 「답섭문위答聶文蔚」.

고 다투고 성내는(讒妬勝忿) 습성을 단번에 씻어버리고 대동大同에 이른다면, 저(僕)의 들뜬 병은 틀림없이 깨끗하게(脫然) 치유될 것이고 마침내 마음을 잃어버리는 근심에서 벗어날 수 있을 것입니다.[107]

이어서 4월에 구양덕도 찾아와서 배움을 물었다. 두 사람은 '왕문사구교'를 둘러싸고 논변을 전개하였는데, 양명은 '선을 알고 악을 아는 것이 양지'라는 셋째 구와 관련한 네 가지 문제를 중점적으로 천술하였다.

첫째, 덕성의 지와 견문의 지의 관계를 분석하여서 양지는 바로 덕성의 지이며 덕성의 양지는 본체의 '대두뇌'이고, 견문의 지는 양지 본체의 용이며 많이 듣고 많이 보는 것은 치량지의 공부라고 인식하였다. 이로 인해 양지는 견문에 막히지 않고 또한 견문에서 벗어나지도 않는다. 그러나 치량지는 학문의 대두뇌인데 이는 성학聖學의 '제일의第一義'이다. 만일 오로지 견문 바깥에서 구한다면 곧 대두뇌를 잃어버리고 '제이의第二義'로 떨어진다. 그리하여 그는 강조하여서 말하기를 "대체로 일상생활에서 견문, 수작하는 사이에 온갖 두서에 따라 일어나는 모든 일이 양지의 발용과 유행 아님이 없으니 견문, 수작을 없애면 역시 끝까지 이룰 만한 양지가 없을 것입니다."[108]라고 하였다. 여기서 그는 체와 용, 본체와 공부의 불리부즉不離不卽, 불이불일不二不一의 관계를 정확하고 깊이 있게 논술하였다.

둘째, 앎과 생각(思)의 관계를 분석하여서 앎은 체이고 생각은 용이라고 인식하였다. 양지는 곧 이치이며 생각은 양지의 발용이다. 양지는 적연무지寂然無知하며, 생각은 선을 알고 악을 알며 옳음을 알고 그름을 안다. 여기서

---

107 『왕양명전집』 권2 「전습록」 중 「답섭문위」.

108 『왕양명전집』 권2 「전습록」 중 「답구양숭일答歐陽崇一」.

생각을 '마음의 발현'이라 한 것과 생각은 선을 알고 악을 아는 것이라 함은 '왕문사구교'에서 뜻은 '마음의 발현'이라 한 논법을 바로잡은 것이다. 그리하여 양명은 강조하여서 말하기를 "생각은 양지의 발용입니다. 만약 양지의 발용이 생각이라면 생각하는 바가 천리 아님이 없을 것입니다. 양지 발용의 생각은 저절로 명백하고 간이하며 양지도 역시 저절로 알 수 있게 됩니다."[109] 라고 하였다.

셋째, 양지와 집의集義의 관계를 분석하여서 의란, 곧 마음이 그 마땅함을 얻은 것으로서 사람이 만약 치량지를 할 수 있으면 마음이 그 마땅함을 얻는데 이를 일러서 '집의'라 한다고 인식하였다. 그리하여 집의는 바로 치량지이다. 양명은 "무릇 근육과 뼈를 고되게 하고 몸과 살갗을 주리게 하고 그 몸을 궁핍하게 하고 행동하는 바를 흔들어서 어지럽히고 마음을 격동하고 성품을 단련하여서 하지 못하던 능력을 증익하는(勞其筋骨, 餓其體膚, 空乏其身, 行拂亂其所爲, 動心忍性以增益其所不能) 것은 모두 양지를 지극히 하는 수단입니다."[110]라고 인식하였다. 양명은 치량지, 집의를 성의와 연계하여서 성의는 바로 치량지, 집의이며 뜻에는 참과 거짓(誠僞)이 있으나 다만 선악이 없다고 인식하였다. 그는 강조하여서 말하기를 "무릇 학문의 공은 하나는 참, 둘은 거짓인데, 무릇 이는 모두 치량지의 뜻에 성실하고 한결같고 진실하고 절실함(誠一眞切)이 부족했기 때문입니다."[111]라고 하였다. 여기에서 그는 '선이 있고 악이 있는 것은 뜻이다.'라는 둘째 구의 논법을 바로잡았다.

넷째, 양지 심체의 무지와 양지의 발현에 선을 알고 악을 아는 관계를 분

109 『왕양명전집』 권2 「전습록」 중 「답구양숭일」.

110 『왕양명전집』 권2 「전습록」 중 「답구양숭일」.

111 『왕양명전집』 권2 「전습록」 중 「답구양숭일」.

석하여서 인식하기를 양지의 본연은 환하게 밝고 신령하게 지각하며(昭明靈覺), '양지는 늘 깨닫고 늘 비추니(良知常覺常照)' 사려하지 않아도 알고 배우지 않아도 할 수 있다고 하였다. 양지의 마음이 발용하면(*치량지) 선을 알고 악을 알며, 옳음을 알고 그름을 안다. 그리하여 그는 다음과 같이 강조하였다.

> 양지는 늘 느끼고 늘 비춥니다. 늘 느끼고 늘 비추는 것이 마치 맑은 거울이 걸려 있어서 사물이 오면 저절로 아름답고 추함을 숨길 수 없는 것과 같습니다.
>
> 지극히 성실하면 지각이 없으나 지각하지 않음이 없으며 '미리 알 수 있다(可以前知)'는 말을 할 필요가 없을 것입니다.
>
> 대체로 양지가 사람의 마음속에 있음은 만고에 걸쳐서 우주에 가득 차되 같지 않음이 없고 사려하지 않아도 알며 항상 쉬움으로써 험한 일을 알며, 배우지 않아도 할 수 있어서 항상 간단함으로써 막힌 것을 알며, 하늘에 앞서도 하늘이 어기지 않으니 하늘도 어기지 않는데 하물며 사람이겠습니까? 하물며 귀신이겠습니까?[112]

여기서 '선을 알고 악을 아는 것은 양지'라는 셋째 구를 보완하여서 논증하였다.

섭표·구양덕과 강학 논변한 내용은 양명이 이때 선비 학자들과 '왕문사구교'를 강론한 가장 주요한 부분이었는데, 양명 스스로 '왕문사구교'에 대한 인식을 심화하였다. 이는 그로 하여금 치량지의 심학에 대해 심에서 체오體悟하고 일에서 실천(踐履), 실행해야지 근근이 글자와 구절에서 '왕문사구교'를 이

112 『왕양명전집』 권2 「전습록」 중 「답구양숭일」.

해하여 '왕문사구교'를 영원불변한 심결로 삼는 데 얽매여서는 안 된다는 것을 더욱 또렷하게 의식하게 하였다.[113]

그는 한 차례 문인 학생들과 강학하는 가운데 특별히 이 문제에 대해 다음과 같이 담론하였다.

> 한 벗이 공부가 절실하지 못하다고 문의하였다. 선생께서 말씀하셨다. "학문 공부는 내가 이미 한마디로 다 말했는데 어째서 오늘날 말을 하면 할수록 더욱 멀어져서 도무지 뿌리를 내리지 못하는가?" 대답하였다. "치량지에 대해서는 대체로 가르침을 들었습니다만 역시 모름지기 강론하여 밝혀야 합니다." 선생께서 말씀하셨다. "이미 치량지를 알았다면 또 무엇을 강론하여 밝힐 수 있겠는가? 양지는 본래 명백하니 착실하게 공부하기만 하면 된다. 기꺼이 공부하려고 하지 않고 다만 언어 상에서 말을 할수록 더욱 모호해질 것이다." 말하였다. "바로 강론하여 밝히고 그것에 이르는 공부를 구하는 것입니다." 선생께서 말씀하셨다. "이 또한 모름지기 네 스스로 구해야 하니 나도 달리 말할 수 있는 방법이 없다. 옛날에 한 선사禪師가 있었는데, 사람이 와서 진리(法)에 대해 물으면 다만 먼지떨이(麈尾)를 치켜들었다. 하루는 그의 문도가 먼지떨이를 감추고 그가 어떻게 불법을 말하는지(說法) 시험해보았다. 선사는 먼지떨이를 찾다가 보이지 않자 다만 빈손을 치켜들었다. 나의 이 양지는 바로 진리를 베푸는(設法) 먼지떨이이다. 이것을 버리고 치켜들 만한 것이 무엇이 있겠는가?" 얼마 뒤 다른 벗이 공부의 요점(切要)에 대해 물었다. 선생께서 주변을 둘러보시며 말씀하셨다.

113 '왕문사구교'는 나중에 양명의 제자가 총결한 논법이며, 양명 스스로는 결코 '왕문사구교'라는 말을 하지 않았다.

"내 먼지떨이가 어디에 있지?" 앉아 있던 자들 모두 동시에 (감동하여) 뛸 듯하였다(躍然).[114]

양명은 선사의 '먼지떨이'에 비유하여 '왕문사구교'의 양지심학이 심오心悟와 천행踐行에 중점이 있으며, 언어와 문자에 속박되고 말의 통발(言筌)에 떨어져서는 안 된다고 설명하였다. 그리하여 그는 선비와 배우는 사람들과 '왕문사구교'의 양지심학을 강론함과 동시에 양지의 심체와 치량지에 대한 당장의 직접적인 천석闡釋을 더욱 중시하였다.

그는 잇달아 생동감 있고 직관적인 양지의 시 몇 수를 지어서 제생이 체오體悟하고 천행하게 하였다.[115]

제생에게 보이다, 세 수	示諸生三首
너희 몸은 저마다 절로 천진하니	爾身各各自天眞
남에게 구하거나 물을 것 없네	不用求人更問人
다만 양지를 이루어서 덕업을 성취하고	但致良知成德業
함부로 옛 책을 따라 정신을 허비하지 말라	謾從故紙費精神
건곤은 역이지 원래 획이 아니며	乾坤是易原非畫
심성은 어디에 먼지가 낄 형체가 있는가!	心性何形得有塵
선생의 학문은 선의 말이라 말하지 말라	莫道先生學禪語

114 『왕양명전집』 권3 「전습록」 하.

115 『왕양명전집』 권20 「시제생삼수示諸生三首」, 「답인문양지이수答人問良知二首」, 「답인문도答人問道」; 『양명선생문록』 권4 「증잠동은선생贈岑東隱先生」의 2.

이 말은 바로 그대 위해 진술한 것이라네	此言端的爲君陳

사람마다 장안으로 가는 길 있어	人人有路透長安
평탄하고 하나로 곧게 보이네	坦坦平平一直看
모두 말하기를 성현은 모름지기 비의를 지녔다 하여	盡道聖賢須有秘
쉽고 간단함을 싫어하고 도리어 어렵게 구하네	翻嫌易簡却求難
다만 효제를 따르면 요순이 되고	只從孝弟爲堯舜
유종원과 한유를 따라 문장을 배우지 말라	莫把辭章學柳韓
스스로 원래 구족함을 믿지 않는데	不信自家原具足
청컨대 그대 일에 따라 몸을 돌이켜서 관찰하게	請君隨事反身觀

장안 길 매우 분명하니	長安有路極分明
무엇 때문에 은사는 비워두고 가지 않나	何事幽人曠不行
무성한 띠풀이 사이를 막게 하고	遂使蓁茅成間塞
사슴이 이리저리 달리게 하네	盡教麋鹿自縱橫
한갓 절경을 듣고 헛된 생각으로 애를 쓰니	徒聞絶境勞懸想
가리켜준 길을 잃고 도리어 물결에 놀라네	指與迷途却浪驚
위험을 무릅쓰고 감히 독사굴에 몸을 던져	冒險甘投蛇虺窟
절벽 낭떠러지에 떨어져서 끝내 목숨을 잃어버리네	顚崖墮壑竟亡生

양지를 묻는 사람에게 답하다, 두 수 答人問良知二首

양지란 곧 홀로 아는 때	良知卽是獨知時
이 앎 바깥에 달리 앎이 없다네	此知之外更無知

누라서 양지를 갖지 않으랴만　　誰人不有良知在
양지를 아는 이 도리어 누구랴?　　知得良知却是誰

양지를 아는 이 도리어 누구이기에　　知得良知却是誰
자기 아픔과 가려움 스스로 아네　　自家痛癢自家知
장차 아프고 가려움을 남에게 따른다면　　若將痛癢從人間
아프고 가려움 다시 물어 무엇하겠는가?　　痛癢何須更問爲

도를 묻는 사람에게 답하다 答人問道

배고프면 밥을 먹고 피곤하면 잠을 자고　　飢來喫飯倦來眠
이로써 수행하니 현묘하고 현묘하네　　只此修行玄更玄
세상 사람과 더불어 말해도 아무도 믿지 않고　　說與世人渾不信
도리어 몸 바깥에서 신선을 찾네　　却從身外覓神仙

잠동은 선생께 드리다 贈岑東隱先生

성학 공부는 치지에 있고　　聖學工夫在致知
양지를 아는 곳이 곧 내 스승이네　　良知知處卽吾師
잊지도 말고 돕지도 말고 사이를 두지 않는다면　　勿忘勿助能無間
봄이 되면 원림에 새들이 절로 울겠네　　春到園林鳥自啼

양명이 지은 이러한 통속적이고 직설적인 양지를 읊은 철리시哲理詩는 선비와 학인을 이끌어서 '왕문사구교'의 양지심학에 내재한 정신을 체오하도록 하였고, 동시에 그 스스로 강론하는 가운데 '왕문사구교'의 양지심학의 인식에서 도달한 초월과 수준을 드러냈다. 이들 시는 그가 이미 양지심학의 근본적인 심학 정신이 바로 '심체체인'(*양지체인)에 있으며, 치량지의 심학 수행은 '심체체인'의 본체 상에서 시작하고 '분수체인'의 공부 상에서 시작하는 것이 아님을 인식했다는 사실을 밝히 드러낸다.

5월에 그는 바로 자기가 도달한 이 인식을 편지로 써서 요호瑤湖 왕신王臣에게 다음과 같이 알렸다. "무릇 도적을 자식으로 여기는 자는 양지에서 용공을 할 줄 모르기 때문이니 이로써 이런 일이 생깁니다. 만약 다만 양지에서 체인한다면 이른바 '비록 적중하지는 않아도 멀지는 않을 것이다(雖不中不遠矣).' 하는 것입니다."[116] 그는 마침내 심학에서 '심체체인'과 담약수의 '분수체인'(*수처체인천리) 사이에 명확하게 경계를 그었다. 12월에 고암古庵 모헌毛憲이 편지를 보내 배움을 물었는데, 담약수의 '수처체인'을 인정하여서 다음과 같이 말하였다. "휴직하고 돌아온 뒤 감천 선생으로부터 수처체인천리의 가르침을 받았는데 더욱 친절함을 깨달았으며 이에 따라 공부를 하여서 자못 효험이 있었습니다. 쉰 살 이전에 이 마음은 오히려 잡스러웠습니다. 지금은 의리義利가 분명해졌습니다."[117]

양명은 회신에서 '심체체인'으로 담약수의 '수처체인천리'를 부정하였는데, 그는 양자의 동이同異를 비교하여서 다음과 같이 말하였다.

> 무릇 저(鄙人)의 이른바 '치량지'설은 지금의 이른바 '천리체인'설과 더불어 본래 크게 멀지는 않습니다만 조금 직절直截(직접적)하고 우곡迂曲(간접적)한

116 『왕양명전집』 권6 「여왕공필與王公弼」 서1.

117 『고암모선생문집古庵毛先生文集』 권2 「봉왕양명서奉王陽明書」 1.

차이가 있습니다. 나무를 심는 것에 비유하자면 '치량지'는 근본의 생명의지(生意)를 북돋아서 가지와 잎에 이르게 하는 것입니다. '천리체인'은 가지와 잎의 생명의지를 무성하게 하여서 뿌리로 돌아가기를 구하는 것입니다. 그러나 근본의 생명의지를 함양하는 것은 본래 저절로 가지와 잎에 이르게 함에 있습니다. 가지와 잎의 생명의지를 무성하게 하려는 것이 어찌 근본을 버리고 별도로 생명의지가 있어서 가지와 잎 사이에 무성하게 할 것이 있겠습니까? 우리 형의 충신忠信하고 도에 가까운 자질은 이미 스스로 동무들(儕輩)보다 뛰어납니다. 근래 호정인胡正人(호순胡純)을 만났더니 우리 형의 평소 공부가 모두 독실하고 절실함을 갖추어서 담론하였으니 세상에 널리 이름을 떨쳐서 한갓 바깥에서 지리한 것과 같지 않다고 두루 말하였습니다. 다만 이와 같이 힘쓰기를 마지않으면 저절로 마땅히 순순히 이르는 것이 있어서 이른바 길은 달라도 귀결은 같습니다. 어찌 반드시 길을 바꾸고 학업을 바꾸어서 별도로 학문을 하는 방향을 구하겠습니까?[118]

양명은 제자 모헌이 학술상에서 문정門庭을 바꾼 것에 불만이 있었다. 그는 자기 왕학王學을 담학湛學과 비교하여서 '치량지'는 '심체체인'의 근본에서 시작하여 먼저 근본을 북돋우며 근본에 의해 가지와 잎에 이르는 것이며, 담약수의 '수처체인천리'는 '분수체인'의 가지와 잎에서 시작하여 먼저 가지와 잎을 무성하게 한 뒤 다만 근본을 버리고 가지와 잎을 망쳐버리는 것일 뿐이라고 인식하였다. 이는 바로 양명의 '치량지'는 본체에서 시작하여서 공부에 이르는 것이나 담약수의 '수처체인'은 공부에서 시작하여서 본체를 벗어

118 『왕양명전집』 권6 「여모고암헌與毛古庵憲」. 원래 제호에는 '부副'라는 글자가 더 있었는데, 잘못이다.

나는 것이라 할 수 있다. 양명은 '심체체인'(*치량지)과 '분수체인'(*수처체인)으로 그와 담약수 심학의 근본적인 분기를 최종적으로 판가름하였는데, 그와 담약수가 20여 년 함께 강론하고 창도한 성학의 마지막 결론을 내렸다. 양명의 「여모고암헌與毛古庵憲」 편지는 그와 담약수가 평생 동안 행한 강학론도의 결말을 나타내는 지표라고 할 수 있다.

이 이후 양명과 선비 및 배우는 사람들의 강학론도는 모두 그의 이러한 '심체체인', '양지체인'의 사상을 두드러지게 드러냈다. 가정 6년(1527) 2월 주득지朱得之가 정강靖江으로 돌아갔는데 양명은 그와 함께 '심체체인', '양지체인'을 중점적으로 담론하였다. 주득지는 이 담화의 자리를 다음과 같이 기록하였다.

> 가정 정해년(1527)에 내(得之)가 돌아가려고 아뢰면서 가르침을 더 청하였다. 스승께서 말씀하시기를 "각지에서 와서 배우는 사람들이 이곳에서 서로 종유하였는데 내가 더 알려준 것은 없었으며 다만 양지를 지적해주었을 뿐이다. 양지란 옳고 그름을 가리는 마음이니 나의 신명이다. 사람이 모두 가지고 있으나 평생 그 길을 따르되 알지 못하는 자가 많을 뿐이다. 각 사람이 모름지기 믿음을 가지고서 자기 역량을 다 드러내고 참되고 절실하게 공부하면 날로 마땅히 보게 되니 …… 근래 학자가 사람들과 배움을 논하되 기꺼이 마음을 비우고 기운을 편안히 하여서 합당한지의 여부를 상량하려 하지 않고 그 설을 펼치기를 추구한다. 이는 이미 학문하는 근본을 잃어버린 것임을 알지 못하니 비록 논한들 무슨 보탬이 있겠는가? ……"라고 하셨다.[119]

---

119 주득지 편, 『계산승어』.

여기서 말하는 "학문하는 근본을 잃어버린" '근래 학자'는 바로 담약수를 가리킨다. 3월에 이르러 위량정이 위량필의 편지를 가지고 소흥으로 와서 배움을 물었는데, 양명이 위량필에게 쓴 편지에서 더욱 명확하게 양지체인을 담론하고 아울러 중점적으로 '뜻(意)'과 '앎'의 관계를 다음과 같이 논설하였다.

> 이른바 "감정에 맡기고 뜻에 맡김(任情任意)을 양지로 인식하고서 어떤 일을 하려는 뜻을 일으켜서 본래의 양지에 의지하지 않고 (자기 뜻을) 스스로 양지라고 하는 것은 이미 그 병폐를 살펴서 알 수 있을 것이다."라고 한 말씀은 뜻과 양지를 마땅히 명백하게 분별해야 합니다. 무릇 사물에 응하여 사념을 일으키는(起念) 곳은 모두 뜻이라 할 수 있습니다. 뜻은 옳음이 있고 그름이 있으며, 능히 뜻의 옳음과 그름을 알면 그것을 양지라고 합니다. 양지를 의지하면 곧 옳지 않음이 없습니다. 의심스러운 바 대상의 면모(體面)에 얽매이고 일의 형세에 막히는(格) 근심은 모두 치량지의 마음이 성실하고 절실하고 오롯하고 한결같지 못하기 때문입니다. 만약 성실하고 절실하고 오롯하고 한결같을 수 있다면 이런 일은 자연히 없습니다. 무릇 일을 함에 처음에 신중하게 고려하지(謀始) 못하고 경솔하고 소홀하여서 구차한 폐단이 생겼으니 역시 모두 치지의 마음이 성실하고 한결같지 못하며 양지를 보는 것이 투철하지 못하기 때문입니다. 만약 투철하게 본다면 곧 대상의 면모, 일의 형세에서 양지의 묘용이 아님이 없습니다. 대상의 면모, 일의 형세를 떠나서는 역시 별도로 양지가 있지 않습니다. 어찌 또한 대상의 면모에 국한되겠으며, 일의 형세에 막히겠습니까? 곧 이미 사사로운 뜻에 의해 움직이는 것은 다시 양지의 본연이 아닐 것입니다.[120]

---

120 『왕양명전집』 권6 「답위사설答魏師說」.

여기서 말하는 "대상의 면모에 얽매이고 일의 형세에 막히는 근심"은 담약수의 '수처체인천리'의 폐단을 넌지시 가리키고 있다. 양명은 '뜻'을 해석하여서 '사념을 일으킴', '무릇 사물에 응하여 사념을 일으키는 곳은 모두 뜻이라 한다', '뜻'은 옳음이 있고 그름이 있으며 공변됨이 있고 사사로움이 있다고 하였다. 또 '앎'을 해석하여서 '능히 뜻의 옳음과 그름을 아는 것'을 양지의 소명령각이라 하였다. 그러므로 무릇 양지에 기대면 옳고 무릇 양지에 기대지 않으면 그른 것이다. 이는 그의 '왕문사구교'를 보완하여서 수정한 것이다.

4월에 이르러서 보전莆田의 마명형이 또 찾아와서 배움을 물었는데, 양명은 회신에서 '심체체인'(*體認良知)과 양지로 앎을 구하고 치량지로 이치를 구하는 사상을 다음과 같이 더욱 상세하게 천술하였다.

> 양지의 설은 왕년에 상세하게 갖추어서 강하였는데 근래에 더욱 분명하게 투철해졌는지 모르겠습니다. 명도가 이르기를 "내 학문이 비록 받은 바 있지만 '천리' 두 자는 바로 스스로 체인하여 낸 것이다(吾學雖有所受, 然天理二字, 却是自家體認出來)."라고 하였습니다. 양지는 곧 천리입니다. 체인이란 실로 자기에게 있음을 말하는 것일 뿐입니다. 세상에서 상상하여 강설하는 사람이 하는 것과는 같지 않습니다. 근래의 동지는 양지를 설로 삼지 않음이 없으나 능히 실제로 체인하는 것이 있음을 보지는 못하니 이로 인해 오히려 의혹에서 벗어나지 못합니다. 무릇 양지는 천하의 이치를 다하기에 충분하지 않으니 반드시 자세히 탐색함으로써 증익해야 한다고 말하는(必假於窮索以增益之) 사람이 있습니다. 또 한갓 치량지는 반드시 천리에 부합하지는 못하니 모름지기 양지로써 그 이른바 천리라는 것을 강구하여 붙잡아서 일정한 준칙으로 여긴 뒤에야 이에 따라서 폐단이 없을 수 있다

고 말하는 사람이 있습니다. 이러한 설은 실로 체인의 공부(功)를 더하여서 참으로 저 양지를 볼 수 있는 자가 아니라면 아무도 그 말이 옳은 듯해도 (실은) 그른 것임을 변별하지 못합니다. …… 양지 외에 다시 앎이 없습니다. 치지 바깥에는 다시 배움이 없습니다. 양지를 바깥으로 하고 앎을 구하는 것은 사특하고 망령된 앎입니다. 치지를 바깥으로 하고 배움을 삼는 것은 이단의 학문입니다. 도를 잃어버린 지 천년에 양지의 학문은 군더더기가 된 지 오래이니 지금의 벗들로서 이를 일삼을 줄 알아서 날마다 서로 강구하는 자는 거의 그 발자국 소리도 들어보기 어려운(空谷之足音) 것입니까?[121]

첫머리에 '근본이 성하고 가지와 잎이 무성한' 것을 논한 양명의 편지인 「여마자신與馬子莘」은 '근본과 가지와 뿌리'를 논한 편지인 「여모고암헌」과 뜻이 같아서 두 편지는 함께 나란히 열거된다. 그러므로 「여마자신」에서 비평한 "반드시 자세히 탐색함으로써 증익해야 한다"라는 말도 담약수와 그 제자의 설을 넌지시 가리킨 것이라고 할 수 있다. 양명은 심학이란 내 마음에서 추구하는 학문이므로 양지를 체인하는 것은 바로 심리를 체인하는 것이라고 인식하였다. 본체 상에서 말하면 양지 바깥에는 달리 앎이 없으며, 공부 상에서 말하면 치지 바깥에는 달리 이치가 없다. 양지의 바깥에서 앎을 추구함은 사특하고 망령된 앎이며, 치지의 바깥에서 이치를 추구함은 이단의 이치이다. 이는 그의 '왕문사구교'에 대한 새로운 천석이다.

양명이 이러한 선비와 배우는 사람들과 양지심학을 강론한 것은 자기가 이전에 제시한 '왕문사구교'에 대해 끊임없는 반성과 새로운 인식을 하고

---

121 『왕양명전집』 권6 「여마자신與馬子莘」.

반드시 진일보하여서 원초적인 '왕문사구교'의 설을 수정 및 전석해야 했음을 분명하게 드러낸다. 가정 6년 3월, 양명은 이에 앞서 제자와 배우는 사람들에게 자기가 수정한 '왕문사구교'설을 공개적으로 제시하였는데, 황직黃直(1500~1579)이 그 수정된 설을 다음과 같이 상세히 기록하였다.

> 선유(주희)는 '격물'을 천하의 사물을 궁구하는(格) 것으로 풀이하였는데 천하의 사물을 어떻게 궁구할 수 있겠는가? 또 이르기를, 풀 한 포기, 나무 한 그루에도 모두 이치가 있다고 했는데 이제 어떻게 궁구하겠는가? 가령 풀과 나무를 궁구할 수 있다고 하더라도 어떻게 돌이켜서 자기 뜻을 성실하게 할 수 있겠는가? 나는 '격格'을 '정正'의 뜻으로, '물物'을 '사事'의 뜻으로 풀이하였다. 『대학』에서 말하는 몸身이란 곧 귀·눈·입·코와 팔다리이다. 몸을 닦고자 하는 것은 바로 눈은 예가 아니면 보지 말고, 귀는 예가 아니면 듣지 말고, 입은 예가 아니면 말하지 말고, 사지는 예가 아니면 움직이지 말라는 것이다. 이 몸을 닦고자 한다면 몸에 대해 어떻게 공부를 해야만 하는가? 마음이란 몸의 주재이다. 눈이 비록 보더라도 볼 수 있는 근거(所以)는 마음이며, 귀가 비록 듣더라도 들을 수 있는 근거는 마음이며, 입과 팔다리가 비록 말하고 움직이더라도 말하고 움직일 수 있는 근거는 마음이다. 그러므로 몸을 닦고자 하면 자기 심체를 체득하여서 늘 탁 트여서 크게 공변되고 조금이라도 바르지 않은 곳이 없도록 해야 한다. 주재하는 것이 일단 바르면 눈에 드러나서 저절로 예가 아닌 것을 보지 않게 되고, 귀에 드러나서 저절로 예가 아닌 것을 듣지 않게 되며, 입과 팔다리에 드러나서 저절로 예가 아닌 말과 행동을 하지 않게 된다. 이것이 바로 몸을 닦는 것은 마음을 바르게 하는 데 달려 있다는 것이다. 그러나 지극히 선한 것은 마음의 본체이다. 마음의 본체에 어찌 선하지 않은 것이 있겠는

가? 만일 지금 마음을 바르게 하고자 한다면 본체의 어느 곳에서 공부할 수 있겠는가? 반드시 마음이 발동한 곳에 나아가 비로소 힘을 쓸 수 있다. 마음의 발동은 선하지 않음이 없을 수 없으니, 그러므로 모름지기 여기에 나아가서 힘을 써야 하는데 그것이 바로 뜻을 성실하게 하는 데 달려 있다는 것이다. 만일 한 의념(念)이 선을 좋아하는 데 나타나면 바로 착실하게(實實落落) 선을 좋아하고, 한 의념이 악을 싫어하는 데 나타나면 바로 착실하게 악을 싫어한다. 의념이 발한 것이 이미 성실하지 않음이 없다면 그 본체에 어떻게 바르지 않은 것이 있겠는가? 그러므로 마음을 바르게 하고자 함은 뜻을 성실하게 하는 데 달려 있다. 공부가 성의誠意에 이르러야 비로소 낙착하는 곳이 있다. 그러나 성의의 근본은 또한 치지致知에 있다. 이른바 '다른 사람은 비록 알지 못하더라도 자기 홀로 아는' 것은 바로 내 마음의 양지가 있는 곳이다. 그러나 선을 알더라도 도리어 이 양지에 의거하여서 바로 행하지 않고, 불선을 알더라도 도리어 이 양지에 의거하여서 바로 제거하지 않는다면 이 양지는 곧 막히고 가려지므로 양지를 실현할 수 없다. 내 마음의 양지를 밑바닥까지(到底) 확충하지 못한다면 선을 비록 좋아하더라도 착실하게 좋아할 수 없으며, 악을 비록 싫어하더라도 착실하게 싫어할 수 없으니 어떻게 뜻을 성실하게 할 수 있겠는가? 그러므로 앎을 이루는 것은 뜻이 성실해지는 근본이다. 그러나 또한 허공에 매달린 치지致知가 아니다. 치지는 실제 일에서 바로잡는(格) 데 있다. 만일 뜻이 선을 실천하는 데 있다면 바로 그 일에서 실천하며, 뜻이 악을 제거하는 데 있다면 바로 그 일에서 행하지 않는다. 악을 제거하는 것은 물론 바르지 않은 것을 바로잡아서 바름으로 돌리는 것이지만, 선을 행하면 불선한 것이 바르게 되니 역시 바르지 않은 것을 바로잡아 바름으로 돌리는 것이다. 이와 같으면 내 마음의 양지가 사욕에 가려지지 않아서 그 극치에까지 이를 수 있으며 뜻이 발현한 것이 선을 좋아하고 악을 제거하여서 성실하지 않음이 없을 것이다. 뜻을 성실하게 하는 공부가 실제로 시작하는 곳은 사물을 바로잡는(格物) 데 있다. 만약 이와 같이 격물을 한다면 누구나 바로 할 수 있으니 "사람은 모두 요순이 될 수 있다(人皆可以爲堯舜)."는 것도 바로 여기에 있다.[122]

양명이 여기에서 제시한 관점은 이미 원초적인 '왕문사구교'의 논법과 차이가 있다. 예를 들어 심체가 지극한 선이라 하여서 "지극히 선한 것은 마음의 본체이다. 마음의 본체에 어찌 선하지 않은 것이 있겠는가?"라고 인식하였다. 그러나 마음의 발용은 선이 있고 악이 있으니, "마음의 발동은 선하지 않음이 없을 수 없다." 수신이 바로 심체체인이라고 하여서 "그러므로 몸을 닦고자 하면 자기 심체를 체득하여서 늘 탁 트여서 크게 공변되고 조금이라도 바르지 않은 곳이 없도록 해야 한다."라고 인식하였다. 뜻에 선악이 없으나 다만 뜻이 발동하면 선이 있고 악이 있으며, 선을 좋아하고 악을 제거하여서 "뜻이 발한 것이 이미 성실하지 않음이 없다면 그 본체에 어떻게 바르지 않은 것이 있겠는가?"라고 인식하였다. 치지는 성의의 근본이며, 성의는 선악을 구별할 수 있는 근거이므로 이는 양지가 선을 알고 악을 알 수 있기 때문이라고 인식하였다. 성의는 일에서 뜻을 성실하게 하는 것이며 격물도 일에서 격물하는 것이니, 그리하여 성의가 실제로 시작하는 곳은 격물에 있다고 인식하였다. 등등.

이러한 관점은 모두 그가 선비 학자들과 '왕문사구교'의 양지심학을 강론하는 가운데 얻은 새로운 인식으로서 원래 왕문사구교의 표현을 수정할 필

---

122 『왕양명전집』 권3 「전습록」 하.

요가 있었다. 그리하여 이때의 담화 이후 오래지 않아 양명은 '왕문사구교'의 수정본을 제출하였다.

『대학』의 네 조목 — 심학의 사중 논리 범주 — 초본 사구교 — 수정본 사구교

정심—심—선도 없고 악도 없는 것은 마음이다—선이 없고 악이 없는 것이 마음의 본체(心之體)

성의—의—선이 있고 악이 있는 것은 뜻이다—선이 있고 악이 있는 것이 뜻의 발동(意之動)

치지—지—선을 알고 악을 아는 것은 양지이다—선을 알고 악을 아는 것이 양지

격물—물—선을 행하고 악을 제거하는 것은 격물이다—선을 하고 악을 제거하는 것이 격물[123]

분명히 양명은 체용일원, 본체공부 일관本體功夫一貫의 사상을 이용하여서 '왕문사구교'를 수정하려고 사력을 다해 노력하였다. 이러한 체용일원, 본체와 공부의 일관이라는 설에 따라 그는 '체'(*本體)에서 볼 때 심·의·지·물에 선이 없고 악이 없으며, '용'(*工夫)에서 볼 때 심·의·지·물에 선이 있고 악이 있다고 인식하였다. 그는 바로 이러한 사상으로 네 구의 내용을 수정하였는데, 체와 용, 본체와 공부를 주의하여 구분해서 달리 표현하였다. 예를 들어, 첫째 구를 체와 용으로 구분하여서 심체에 선이 없고 악이 없음을 설명하였는데, 다만 마음의 발용은 선이 있고 악이 있다고 하였다. 둘째 구 역시

123 『왕양명전집』 권3 「전습록」 하. '정해년 9월, 선생이 사思·전田 정벌에 나서다' 조에 보인다.

체와 용으로 구분하여서 뜻에 선악이 없음을 설명하였는데, 다만 뜻의 발용은 선악이 있다고 하였다.

그러나 양명은 이 체용일원의 사상을 사구교를 수정하여서 표현하였을 때 끝까지 관철하지는 못하였다. 예를 들어 셋째 구 '선을 알고 악을 아는 것이 양지'라고 한 말은 양지의 체는 선이 없고 악이 없다는 것과 양지의 발용은 선을 알고 악을 아는 것이라고 한 것을 명확하게 구분하지 못하였다. 넷째 구 '선을 행하고 악을 제거하는 것이 격물'이라고 한 것은 사물의 체에 선이 없고 악이 없는 것과 격물의 발용에 선이 있고 악이 있는 것을 명확하게 구분하지 못하였다. 그리하여 양명이 수정한 '왕문사구교'를 공개한 이후 오히려 제자와 배우는 사람들 사이에서는 더욱 커다란 분기와 논쟁이 일어났다.

당시 황성증은 전덕홍과 왕기 두 사람의 '왕문사구교' 논쟁을 다음과 같이 기록하였다.

> 정해년(1527) 9월 선생께서 기복되어서 사현思縣과 전주田州를 정벌하였다. 장차 출발 명령을 내리려고 할 때 덕홍과 여중이 배움을 논하고 있었다. 여중이 선생의 가르침을 들어서 말하였다. "선이 없고 악이 없는 것이 마음의 본체이고, 선이 있고 악이 있는 것이 뜻의 발동이며, 선을 알고 악을 아는 것이 양지이고, 선을 행하고 악을 제거하는 것이 격물이다." 덕홍이 말하였다. "이것은 무슨 뜻인가?" 여중이 말하였다. "이것은 아마도 궁극의 화두는 아닐 것이다. 만약 심체가 선도 없고 악도 없다고 한다면 뜻 역시 선도 없고 악도 없는 뜻이며, 앎 역시 선도 없고 악도 없는 앎이고, 사물도 선도 없고 악도 없는 사물일 것이다. 만약 뜻에 선과 악이 있다고 한다면 필경 심체에도 선과 악이 있게 된다." 내가 말하였다. "심체는 하늘이 명한 본성으로서 원래 선도 없고 악도 없는 것이다. 다만 사람에게는 습성이 된

마음(習心)이 있어서 뜻에서 선과 악이 있음을 알 수 있으니 격·치·성·정은 바로 이것을 닦는 것이며 그 성체를 회복하는 공부이다. 만약 원래 선과 악이 없다면 공부 또한 말할 필요가 없을 것이다.[124]

전덕홍은 『양명선생연보』에서 두 사람의 쟁론을 다음과 같이 서술하였다.

9월 임오, 월중越中을 떠났다. 이달 초여드레 전덕홍과 왕기는 장원충張元沖을 배 안에서 방문하고 이어서 학문을 하는 종지에 대해 논하였다. 왕기가 말하기를 "선생이 말씀하시기를 '선을 알고 악을 아는 것이 양지, 선을 행하고 악을 제거하는 것이 격물'이라고 하셨는데, 이는 아마도 궁극의 화두는 아닐 것이다(此恐未是究竟話頭)."라고 하였다. 전덕홍이 말하기를 "어떻게 그러한가?" 하였다. 왕기가 말하기를 "심체는 이미 선이 없고 악이 없으며, 뜻은 선이 없고 악이 없으니 앎 역시 선이 없고 악이 없으며, 사물 역시 선이 없고 악이 없다. 만약 뜻에 선이 있고 악이 있다면 필경 마음 역시 선이 없고 악이 없는 것은 아니다."라고 하였다. 전덕홍이 말하기를 "심체는 원래 선이 없고 악이 없으나 지금 습관이 되고 물든(習染) 지 오래되었으니 심체에 선과 악이 있음을 보아서 깨달아 선을 행하고 악을 제거함은 바로 그 본체를 회복하는 공부이다. 만약 본체가 이와 같음을 알고서 다만 할 만한 공부가 없다고 말한다면 이는 아마도 다만 (눈으로) 보는 것일 뿐이다."라고 하였다. 왕기가 말하기를 "내일 선생님이 길을 떠나시니 저녁에 함께 들어가서 여쭈어보자."라고 하였다.[125]

---

124 『왕양명전집』 권3 「전습록」 하.

125 『왕양명전집』 권35 「연보」 3. '가정 6년' 조.

왕기는 '왕문사구교'의 네 구 사이에 내재된 모순을 간파하고서 "아마도 궁극의 화두는 아닐 것"이라고 인식하였다. 예컨대, 양명은 양지를 심의 본체라고 인식하여서 첫째 구에서는 '선이 없고 악이 없는 것이 마음의 본체'라고 하였는데, 이는 심체에 선이 없고 악이 없는 것으로 삼는다. 그러나 셋째 구에서는 '선을 알고 악을 아는 것이 양지'라 하였고, 또 양지를 선이 있고 악이 있는 것으로 삼는데 두 구절의 말은 모순된다. 예를 들어 둘째 구에서는 '선이 있고 악이 있는 것이 뜻의 발동'이라 하였는데, 이는 뜻의 발용(*뜻의 발동)에 선이 있고 악이 있는 것으로 인식하지만 실제로는 이미 뜻에 선이 없고 악이 없는 것임을 인정하는 것과 다름없다. 그리하여 왕기가 "심체는 이미 선이 없고 악이 없으며, 뜻 역시 선이 없고 악이 없으며, 앎 역시 선이 없고 악이 없으며, 사물 역시 선이 없고 악이 없다."라고 인식하였는데, 이는 옳은 것이다. 이는 양명이 체에서 볼 때는 심·의·지·물에 선이 없고 악이 없으며, 용에서 볼 때는 심·의·지·물에 선이 있고 악이 있다고 인식한 사상과 일치한다. 그리하여 양명은 나중에 왕기의 관점에 동의하고 아울러 이를 받아들였다. 말하자면 바로 왕기가 제출한 질의와 화두가 양명의 '천천의 깨달음(天泉之悟)' — '왕문사구교'로부터 '왕문팔구교'(사무교와 사유교)로 나아가는 사상의 비약을 격발하였던 것이다.

가정 6년(1527) 9월 8일 저녁, 전덕홍과 왕기는 천천교에서 양명을 모시고 앉아서 가르침을 받았는데, 이는 양명이 양광兩廣으로 나아가 사思·전田 정벌에 나서기 전날 전개한 한 차례의 마지막 강학론도였으며, 후세 사람은 이를 '천천증도회天泉證道會'라고 일컬었다. 스승과 제자의 강학론도는 '왕문사구교'의 수정본을 토론하는 것으로 시작하였는데, 먼저 전덕홍과 왕기는 각자 서로 다른 관점을 제시하여서 질문하였다. 양명은 그 자리에서 왕기의 관점에 격발되어 문득 스스로 깨닫고(頓然自悟) 사무교와 사유교(*'왕문팔구교')

를 제시하여서 '왕문사구교'를 대체하였다. 이는 바로 그의 마지막 심학의 깨달음—'천천의 깨달음'이다.

사실 이 천천의 강론은 본래 매우 간단명료하다. 그러나 전덕홍과 왕기 두 사람의 기록에는 출입이 컸기 때문에 후세 사람의 이해가 극명하게 갈라지게 되었다. 전덕홍은 천천증도회에서 양명이 제시한 '왕문사구교'는 사람들에게 '왕문사구교'의 종지를 굳게 지키게 한 것이라고 인식하였다. 왕기는 천천증도회에서 양명이 제시한 '사무교와 사유교'는 '왕문사구교'를 대신한 것으로서 사람들에게 사무교와 사유교를 준행하도록 한 것이라고 인식하였다. 두 설은 극명히 대립하였는데 사람들은 소종래를 알지 못하여서 '천천증도'는 일대 수수께끼가 되고 말았다.

사실 두 사람이 서술한 바는 누가 옳고 누가 그른지 명료하게 분별할 수 있다. 먼저 전덕홍이 기술한 내용을 보면 다음과 같다.

> 이날 밤에 손님이 흩어지고 나서 선생께서는 안으로 들어가려고 하셨는데 전덕홍과 왕기가 뜨락 아래에서 기다리고 있다는 말을 들으시고 선생께서 다시 나오셔서 자리를 옮기어 천천교로 가셨다. 전덕홍이 왕기와 논변한 문제를 거론하여 질문을 하였다. 선생께서 기뻐하며 말씀하시기를 "바로 두 사람(二君)이 이 한 가지 질문을 하였다. 내가 이제 장차 길을 떠나려 하는데 벗들 가운데 이를 다시 논증하여서 언급하는 사람이 없었다. 두 사람의 견해는 마침 서로 취할 만하고 서로 병폐가 되지 않는다. 여중은 모름지기 덕홍의 공부를 사용해야 하고, 덕홍은 모름지기 여중의 본체를 투철하게 해야 한다(汝中須用德洪工夫, 德洪須透汝中本體). 두 사람이 서로 취하여 보탬이 되게 하면 내 학문은 다시 남은 염려(遺念)가 없을 것이다."라고 하셨다. 덕홍이 물음을 청하였다. 선생께서 말씀하시기를 "있는 것은 다만

네 스스로 있는 것이며 양지의 본체는 원래 있지 않으니 본체는 다만 태허이다. 태허 가운데 해와 달과 별과 별자리, 바람과 비와 이슬과 우레, 어둡고 흐리고 눅눅한 기운(陰霾饐氣), 어느 사물인들 있지 않는가? 또 어느 한 사물이라도 태허에 의해 방해를 당하는가? 인심의 본체는 역시 이와 같다. 태허는 형체가 없으며 한번 지나가면 변화하니(一過而化) 어찌 또 털끝만 한 기력을 낭비하겠는가? 덕홍의 공부는 모름지기 이와 같아야 본체 공부에 부합한다."라고 하셨다. 왕기가 물음을 청하였다. 선생께서 말씀하시기를 "여중(왕기)은 이 뜻을 보았으나 다만 묵묵히 스스로 수양해야지 집어서 남에게 접하게 할 수 없다. 상등 근기인 사람은 세상에서 만나기 어렵다. (이런 사람은) 본체를 한번 깨달으면 곧 공부를 볼 수 있으니 사물과 나, 안과 밖이 일제히 모두 투철해진다. 이는 안자와 명도도 감히 감당하지 못하였는데 어찌 경솔하게 남에게 바라겠는가? 두 사람은 이후 배우는 사람들과 말을 함에 나의 네 구 종지를 의지하는 데 힘쓰라(二君以後與學者言, 務要依我四句宗旨). 선이 없고 악이 없는 것이 마음의 본체이며, 선이 있고 악이 있는 것이 뜻의 발동이며, 선을 알고 악을 아는 것이 양지이며, 선을 행하고 악을 제거하는 것이 격물이다. 이로써 스스로 수양하여서 곧바로 성인의 반열에 오르라. 이로써 남에게 접하면 다시 실수가 없다."라고 하셨다. 왕기가 말하기를 "본체가 투철해진 뒤 이 네 구의 종지는 어떻게 합니까?"라고 하였다. 선생께서 말씀하시기를 "이는 위와 아래로 투철하게 말한 것으로서 초학으로부터 성인에 이르기까지 다만 이 공부이다. 초학이 이를 활용하여 순순히 들어간다면 비록 성인에 이르러서도 궁구하여 다함이 없다. 요순의 정밀하고 한결같은 공부는 다만 이와 같다."라고 하셨다. 선생께서 또 거듭 부탁하며 말씀하시기를 "두 사람은 이후 다시 이 네 구 종지를 바꿔서는 안 된다(二君以後再不可更此四句宗旨). 이 네 구는 보통사람(中人)

의 위아래로 접속하지 않음이 없다. 내가 연래 가르침을 세우고서 다시 여러 번 고쳐서 지금 비로소 이 네 구를 세운다. 사람의 마음은 지식을 가진 이래 이미 습속에 물이 들게 되었는데 지금 그로 하여금 양지에서 실제로 선을 행하고 악을 제거하는 공부를 하게 하지 않고 다만 허공에서 본체를 생각하게 하니 일체의 행위(事爲)가 모두 착실하지 않다. 이 병통은 자질구레한 것이 아니니 빨리 설파하지 않으면 안 된다."라고 하셨다. 이날 전덕홍과 왕기는 모두 깨달은 것이 있었다.[126]

전덕홍의 기술은 두루뭉술하여서 명료하지 않으며 앞뒤로 모순이 있다. 앞에서 "여중은 모름지기 덕홍의 공부를 사용해야 하고, 덕홍은 모름지기 여중의 본체를 투철하게 해야 한다."고 한 말은 바로 양명이 사무교와 사유교를 펼친 것을 가리킨다. 전덕홍은 모두 애매하고 불분명하여서 사람들로 하여금 (양명이) 말한 바를 알지 못하게 하였다. 앞에서 양명은 분명히 줄곧 사무교와 사유교를 담론하고 마지막에 홀연 붓끝을 돌려서 크게 '왕문사구교'를 담론하고 말하기를 "두 사람은 이후 배우는 사람들과 말을 함에 나의 네 구 종지를 의지하는 데 힘쓰라", "두 사람은 이후 다시 이 네 구 종지를 바꿔서는 안 된다"고 하였는데, 분명히 앞의 말이 뒤의 말과 연계되지 못하니 소의 머리가 말의 주둥이와 짝이 되지 않는 것과 같다. 끝부분에서 전덕홍은 마침내 자기 뜻을 사사로이 덧붙인 혐의가 있으니 기록을 다 믿고 의거할 수 없다.

전덕홍과 달리 황성증의 기술은 비교적 또렷하고 명백하다.

---

126 『왕양명전집』 권35 「연보」 3.

이날 저녁 천천교天泉橋에서 선생님을 모시고 앉아서 각각 바로잡아주기를 청하였다. 선생께서 말씀하셨다. "내가 이제 장차 출발하려고 하는데 마침 너희들이 이 뜻을 강론하여서 파헤치려고 왔다. 두 사람의 견해는 바로 서로 (상대방 견해를) 의뢰하여 사용하기에(相資爲用) 좋으니 저마다 한쪽에만 집착해서는 안 된다. 내가 이곳에서 만난 사람에 원래 이와 같이 두 종류가 있다(我這裏接人原有此二種). 근기가 영리한 사람(利根之人)은 곧바로 본원本源에서 깨우쳐 들어간다. 사람 마음의 본체는 원래 밝고 맑아서 막힘이 없으며, 원래 미발의 중(未發之中)이니 근기가 영리한 사람은 단번에 본체를 깨닫는다. 그것이 바로 공부이다. 남과 나, 안과 밖이 일제히 모두 투철하게 된다. 그다음(*중등 근기 이하의 사람을 가리킨다)은 습성이 된 마음(習心)이 있어서 본체가 가려짐을 면하지 못한다. 그러므로 의념意念에서 착실하게 선을 행하고 악을 제거하도록 하며, 공부가 무르익은 뒤 찌꺼기가 다 제거되었을 때 본체도 역시 모두 밝아지게 된다. 여중의 견해는 내가 여기서 근기가 영리한 사람을 만날 때 적용한 것이고, 덕홍의 견해는 내가 여기서 그다음 근기의 사람을 위해 법도를 세울 때 적용한 것이다. 두 사람이 서로 (상대방 견해를) 취하여서 사용한다면 중등 근기 이상이나 이하의 사람들을 모두 도에 이끌어 들일 수 있다. 만약 저마다 한쪽에 집착한다면 눈앞에서 바로 사람을 그르치게 될 것이고, 도체道體에 대해서도 저마다 미진함이 있을 것이다." 이윽고 말씀하셨다. "이후 벗들과 학문을 강론할 때 절대로 나의 종지를 잃어버려서는 안 된다. 선도 없고 악도 없는 것이 마음의 본체이고, 선도 있고 악도 있는 것이 뜻의 발동이며, 선을 알고 악을 아는 것이 양지이고, 선을 행하고 악을 제거하는 것이 격물이다. 다만 나의 이 화두를 근거로 사람에 따라 지적해준다면 저절로 병통이 없을 것이다. 이것은 원래 위아래로 투철하게 하는 공부이다. 근기가 영리한 사람은 세상에서 역시 만나기 어려운데 (이런 사람은) 본체의 공부를 한번에 깨달아 모두 투철해진다. 이는 안자와 명도도 감히 감당하지 못하였는데 어찌 경솔하게 남에게 바라겠는가? 사람에게는 습성이 된 마음이 있으니 그에게 양지에서 착실하게 선을 행하고 악을 제거하는 공부를 하게 하지 않고 다만 허공에 매달려서 본체를 생각하게 한다면 일체의 행위가 모두 착실하지 않아서 공허하고 적막한 것을 기르는 데 불과하다. 이러한 병통은 작디작은 것이 아니니 빨리 설파하지 않으면 안 된다." 이날 덕홍과 여중은 모두 깨달은 것이 있었다.[127]

황성증은 가장 진실하고 분명한 내용을 기록하였는데, 그것은 바로 그가 전덕홍이 극력 가리고 꾸며서 보호했던 양명의 사무교와 사유교를 솔직하고 담백하게 말한 것이다. "내가 이곳에서 만난 사람에 원래 이와 같이 두 종류가 있다."라고 한 말은 바로 사무교와 사유교(의 적용 대상을) 가리킨다. 사무교는 근기가 영리한(利根) 사람을 위해 베푼 것이고, 사유교는 중등 근기 이하의 사람을 위해 베푼 것이다. 사무교는 본체에서 시작하고 사유교는 공부에서 시작한 것이다. 다만 이는 양명이 이미 천천증도회에서 '사무교와 사유교'의 종지를 발표하였지 '왕문사구교'의 종지를 발표한 것이 아님을 충분히 증명한다. 전덕홍은 이 진상을 두루뭉술하게 가리고 수식하였는데, 황성증은 대체로 이 천천증도의 진상을 원래대로 돌려놓았다. 다만 애석하게도 황성증은 당시 결코 현장에 있지 않았다. 아마도 그가 천천의 담화 뒤 왕기와 전덕홍에게 탐문하여서 이 내용을 기록한 것으로 생각된다. 나중에 전덕홍이 그

127 『왕양명전집』 권3 「전습록」 하.

의 기록을 『전습록』에 편입하였을 때[128] 아마도 끝에 다시 '이윽고 말하기를(旣而曰)'이라는 한 단락을 덧붙여서 양명이 천천증도회에서 '왕문사구교'의 종지를 발표했다는 허상을 조성하였을 가능성이 큰데, 이는 오히려 한 걸음 더 나아가 앞뒤의 논법과 기술의 뚜렷한 모순을 조성하였던 것이다.

황성증과 전덕홍 두 사람 논법의 다른 점을 분명하게 하려면 다시 왕기의 기술과 비교, 대조하여서 고찰해야 한다. 그러면 왕기의 기술이 완전히 진실하여 믿을 만한 것임을 발견할 수 있다. 왕기는 「천천증도기天泉證道紀」에서 천천증도 강론의 시말을 상세히 기술하였는데, 양명이 천천증도회에서 발표한 '사무교와 사유교' 종지의 참된 비의를 다음과 같이 드러냈다.

> 양명 부자의 학문은 양지를 마루로 삼아 매양 문인들과 배움을 논함에 다음 네 구절을 들어서 가르침의 법으로 삼았다. "선이 없고 악이 없는 것이 마음의 본체이며, 선이 있고 악이 있는 것이 뜻의 발동이며, 선을 알고 악을 아는 것이 양지이며, 선을 행하고 악을 제거하는 것이 격물이다." 배우는 사람이 이를 따라 공부를 하면 저마다 얻는 바가 있다. 서산緖山 전 선생(錢子, 전덕홍)이 이르기를 "이는 사문에서 사람을 가르친 정본으로서 털끝만큼도 바꿀 수 없다."라고 하였다. 선생(왕기)이 이르기를 "부자께서 교육을 세움에 때를 따라 한 것을 권법權法이라고 하니 (어느 하나에) 집착하고 고정되지 않았다. 체와 용, 현상과 본질(顯微)은 다만 한 기틀이며, 마음·뜻·앎·사물은 다만 한 가지 일이니 만약 마음이 선이 없고 악이 없는 마음임을 깨닫는다면 뜻은 선이 없고 악이 없는 뜻이며, 앎은 선이 없고 악

128 황성증이 『회계문도록』을 편집하였는데, 황성증의 이 조항의 기록은 마땅히 원래 『회계문도록』에 있었으며 나중에 전덕홍이 『전습록』에 편입하였다.

이 없는 앎이고, 사물은 선이 없고 악이 없는 사물이다. 대체로 마음이 없는 마음은 감추고 은밀하며(藏密), 뜻이 없는 뜻은 반응이 원만하며(應圓), 앎이 없는 앎은 체가 공적하며(體寂), 사물이 없는 사물은 작용이 신묘하다(用神). 천명의 성은 순수하게 지극히 선하고 신묘하게 감응하고 신묘하게 반응하여서 그 기틀이 저절로 그만둘 수 없으니 이름 붙일 만한 선이 없고 악은 본래 없으며 선도 있을 수 없으니 이를 선이 없고 악이 없다고 한다. 만약 선이 있고 악이 있다면 뜻은 사물에서 움직이며, 저절로 그러한 유행(自然之流行)이 아니어서 있음(有)에서 드러나게 된다. 자기 본성으로 유행하는(自性流行) 것은 움직이되 움직임이 없는 것이며, 있음에서 드러나는 것은 움직여서 움직이는 것이다. 뜻은 마음이 발현한 것이니 만약 이 선이 있고 악이 있는 것이 뜻이라면 앎과 사물이 일제히 모두 있어서 마음도 없다고 할 수 없다."라고 하였다. 서산 선생이 말하기를 "만약 이와 같다면 이는 사문의 교육 방법을 무너뜨리는 것이니 좋은 배움이 아니다."라고 하였다. 선생이 이르기를 "배움은 모름지기 스스로 증명하고 스스로 깨닫는 것이니 남의 뒤를 좇아서 방향을 돌이켜서는 안 된다. 만약 사문의 권법에 집착하여서 정본으로 삼으면 말의 통발에 얽매임을 면하지 못하니 역시 좋은 배움이 아니다."라고 하였다. 이때 부자께서 장차 양광으로 떠나게 되었는데, 전 선생이 말하기를 "우리 두 사람의 의견이 다른데 어떻게 남을 같게 하겠는가? 어찌 서로 나아가 부자께 바로잡지 않겠는가?" 하였다. 저녁에 천천교에 앉아서 각자의 의견으로 질의를 청하였다. 부자께서 말씀하셨다. "바로 두 사람이 이런 질문을 하기를 바랐다. 나의 교법은 원래 두 종류가 있다. 사무설은 상등 근기의 사람을 위해 가르침을 세운 것이고, 사유설은 중등 근기 이하의 사람을 위해 가르침을 세운 것이다. 상등 근기인 사람은 선이 없고 악이 없는 마음의 본체를 깨달아 바로 무無에서 근기

根基를 세운다. 뜻(意)과 앎(知), 사물(物)이 모두 무에서 생기며, 하나를 알면 백 가지에 해당한다(一了百當). 본체가 곧 공부이니 쉽고 간단하며 직절하여서 다시 남거나 모자람이 없다. 이는 돈오頓悟의 학문이다. 중등 근기 이하의 사람은 아직 본체를 깨닫지 못하여서 선이 있고 악이 있는 데에서 근기를 세움을 면하지 못한다. 마음(心)과 앎, 사물이 모두 있음(有)에서 생기니 모름지기 선을 행하고 악을 제거하는 공부를 하여서 처한 상황에 따라(隨處) 하나하나 다스려서(對治) 그로 하여금 점점 깨달아 들어가 있음에서 없음(無)으로 돌아가고 다시 본체로 환원하게 해야 한다. (이 둘은) 공부를 이루면 하나이다. 세상에서 상등 근기인 사람은 쉽게 얻지 못하니 다만 중등 근기 이하의 사람에게 나아가 가르침을 세워서 이 길로 통하게 하는 것이다. 여중汝中(왕기)의 소견은 상등 근기의 사람을 접하는 교법이다. 덕홍德洪의 소견은 중등 근기 이하의 사람을 접하는 교법이다. 여중의 소견은 내가 오래전부터 말하려던 것인데 아마도 사람이 믿지 못하고서 다만 엽등躐等의 병폐만 늘어날까 염려하여 지금까지 속으로 쌓아두고만 있었다. 이는 마음으로 전하는 비장의 진리(傳心秘藏)로서 안자顏子(안회)와 명도明道(정호)도 감히 말하지 못한 것이다. 지금 이미 설파하였으니 역시 천기天機를 발설할 때인지라 어찌 다시 감추겠는가? 그러나 이 가운데에 집착해서는 안 된다. 만약 사무四無의 견해에 집착하면 뭇사람의 뜻과 통할 수 없으므로 하릴없이 상등 근기의 사람을 접할 뿐 중등 근기 이하의 사람은 접하여서 전수할 길이 없다. 만약 사유四有의 견해에 집착하여서 뜻에 선이 있고 악이 있음을 인정하면 하릴없이 중등 근기 이하의 사람만 접할 뿐 상등 근기의 사람은 역시 접하여서 전수할 길이 없다. 다만 우리 사람의 평범한 마음(凡心)은 요해하지 못하여서 비록 이미 깨달았다고 하더라도 때에 따라 점차 수양하는 공부를 하는 것이 문제가 되지 않는다. 이와 같지 않으면 범인을 초월하여 성인의 경지에 들어가기에는(超凡入聖) 충분하지 않으니 이른바 상승上乘의 법은 중승中乘, 하승下乘을 겸하여서 닦는다는 것이다.

여중의 이 뜻은 반드시 잘 지켜야지 남에게 가벼이 보여서는 안 된다. 개괄하여 말하면 도리어 누설하게 된다. 덕홍은 모름지기 여기서 한 단계 더 나아가야 비로소 현묘하게 통달할(玄通) 수 있을 것이다. 덕홍은 자질과 성품(資性)이 침착하고 굳세며, 여중은 자질과 성품이 밝고 명랑하다. 그러므로 터득한 바가 역시 저마다 그 나아가는 바에 기인한다. 만약 서로 취하여 보탬이 되도록 하여서 내 교법이 위아래로 모두 통하게 할 수 있다면 비로소 좋은 배움이 될 뿐이다." 이로부터 천천증오天泉證悟의 이론이 나라 안(海內)에 서로 전해졌고 도맥道脈이 비로소 하나로 귀결되었다.[129]

왕기의 기술은 사색의 과정이 명석하며 기록이 정확하고 이해에 오류가 없어서 전덕홍이 의도적으로 가리고 꾸민 것과 대충 없애버린 양명의 말을 모두 원본대로 기록하였으니 양명이 '천천증오天泉證悟'의 모임에서 '사무교와 사유교'를 발표하고 '왕문사구교'를 제시한 것이 아님을 변박할 수 없도록 증명하였다. 이 「천천증도기」와 서로 인증할 수 있는 것은 그가 쓴 편지 「답정방봉答程方峰」과 「치지의변致知議辨」이다.

「답정방봉」에서 다음과 같이 말한다.

천천증도의 큰 뜻은 원래 선사가 가르침을 세운 본래 취지(本旨)인데, 사람의 근기의 수준(上下)에 따라 깨달음(悟)과 수양(修)이 있습니다. 양지는 위와 아래로 투철하게 참된 종자種子이니 앎은 돈오를 이루고 행함은 점차

---

129 『왕기집』 권1 「천천증도기天泉證道紀」.

수행합니다. 비유하자면 선재善財가 문수文殊를 만나서 근본의 앎을 얻은 것이 이른바 돈頓입니다. 보현普賢의 행문行門에 덕운德云과 53 선지식善知識을 참배한 것은 모두 차별지差別智로서 깨달은 바의 실제를 드러냈으니 이른바 점漸입니다. 이 학문은 전체 깨달음에 있으니 깨달음의 문이 열리지 않으면 배움에 나아갈 수 없습니다. 그러나 깨달음은 말과 사색으로 반드시 얻기를 기약할 수 있는 것은 아닙니다. 깨달음에는 돈과 점(頓漸)이 있으며 수행에도 돈과 점이 있습니다. '점' 자에 집착하면 본래 방관放寬하고, '돈' 자에 집착하면 반드시 기필하는 것입니다. 방관은 바로 잊어버리는 것에 가깝고, 기필함은 조장하는 것에 가깝습니다. 요컨대 모두 의식과 정신(識神)의 작용에 맡겨서 일어남이 있고 그침이 있으며, 맡김이 있고 소멸함이 있으면 생사의 둥지(窠臼)에서 벗어나지 못합니다. 만약 참으로 양지를 믿어서 한 의념(念)으로부터 은미한 데로 들어가서 그대로 받아들이며(承當), 가려 뽑고 상량하는(揀擇商量) 데 떨어지지 않아서 한 찰나의 의념이 만년의 시간을 포괄하게(一念萬年) 되면, 바야흐로 지식이 지혜로 변하고 사문의 참된 혈맥의 길이 됩니다.[130]

「치지의변」에서 다음과 같이 말한다.

선사께서 사람을 가르침에 일찍이 말씀하시기를 "지극히 선하고 악이 없는 것(至善無惡)이 마음의 본체이며, 선이 있고 악이 있는 것이 뜻의 발동이며, 선을 알고 악을 아는 것이 양지이며, 선을 행하고 악을 제거하는 것이 격물이다."라고 하였다. 대체로 학자의 근기가 같지 않음으로 인하여 공부

---

130 『왕기집』 권12 「답정방봉答程方峰」.

를 함에 난이가 있는 것이다. 마음의 체(心體)에서 근기를 세우는 자가 있고, 뜻의 뿌리(意根)에서 근기를 세우는 자가 있다. 마음의 체에서 근기를 세우면 마음은 곧 지극히 선하고 악이 없는 마음이며, 뜻은 곧 지극히 선하고 악이 없는 뜻이어서 곧 지극히 선하고 악이 없는 앎에 이르고 지극히 선하고 악이 없는 사물을 바로잡는다(格). 뜻의 뿌리에서 근기를 세우면 뜻은 선이 있고 악이 있는 뜻이며, 앎은 곧 선이 있고 악이 있는 앎이며, 사물은 곧 선이 있고 악이 있는 사물이며, 마음 또한 선하지 않은 것이 섞이지 않을 수 없다. 그러므로 모름지기 그 마음의 바르지 않음을 바로잡아서(格) 바름으로 돌아가게 해야 하니 비록 공부를 함에 쉽고 어려운 차이가 있으나 요컨대 지극한 선의 본체를 회복하면 하나일 뿐이다.[131]

이후 왕기가 지은 「서산전군행장緖山錢君行狀」, 조금趙錦이 지은 「용계왕선생묘지명龍溪王先生墓志銘」, 경정향耿定向이 지은 「신건후문성왕선생세가新建侯文成王先生世家」, 서계徐階가 지은 「용계왕선생전龍溪王先生傳」 등은 모두 「천천증도기」의 논법을 채용하였다. 또한 양명 본인의 말에 따르면 그는 천천증도회에서 사무교와 사유교를 발표한 이후 양광으로 가는 길 내내 문인과 배우는 사람들과 함께 사무교의 종지를 발표하였으니, 양명이 천천증도회에서 '왕문사구교'를 제시하고 사람들이 '왕문사구교'의 종지를 굳게 지키도록 하였다고 인식한 전덕홍의 논법이 완전히 착오임은 의심의 여지 없이 증명된다. 예컨대 전덕홍과 왕기가 양명을 따라 부양富陽까지 갔을 때 양명은 곧 또 '사무교'와 '사유교'를 밝혔는데, 추수익은 「청원증처青原贈處」에서 이를 기술하고 해석하여서 다음과 같이 말한다.

---

131 『왕기집』 부록 3 「치지의변致知議辨」 제11단.

전(전덕홍)·왕(왕기) 두 선생이 부양에서 전송하였다. 부자께서 말씀하시기를 "내가 이별하려는데 저마다 배운 바를 말하지 않으려는가?" 하셨다. 전덕홍이 대답하기를 "지극히 선하고 악이 없는 것은 마음이며, 선이 있고 악이 있는 것은 뜻이며, 선을 알고 악을 아는 것은 양지이며, 선을 행하고 악을 제거하는 것은 격물입니다."라고 하였다. 왕기가 대답하기를 "마음은 선이 없고 악이 없으며, 뜻은 선이 없고 악이 없으며, 앎은 선이 없고 악이 없으며, 사물은 선이 없고 악이 없습니다."라고 하였다. 부자께서 웃으며 말씀하시기를 "홍보洪甫(전덕홍)는 모름지기 여중의 본체를 인식해야 하고, 여중은 모름지기 홍보의 공부를 인식해야 한다. 두 사람의 견해를 하나로 합치면 내 전승을 잃지 않을 것이다!"라고 하셨다. …… 양지의 취지(旨)는 천명의 성인가! 이 성은 보이지 않고 들리지 않으며 소리도 없고 냄새도 없으나 이보다 드러나지 않은 것이 없고 이보다 뚜렷하지 않은 것이 없으며(莫見莫顯), 사물을 몸으로 삼되 (어느 것이라도) 빠뜨리지 않으며(體物不遺) 보이지 않고 들리지 않되 참된 본체가 항상 공적하니(眞體常寂) 명명하여서 성誠이라 한다. 이보다 드러나지 않은 것이 없고 이보다 뚜렷하지 않은 것이 없어서 오묘한 작용이 늘 감응함을 명명하여서 신神이라 한다. 늘 공적하고 늘 감응하며 늘 공허하고 늘 신령하며 있음과 없음의 사이에서 이리저리 따지고 탐색할(致詰) 수 없음을 명명하여서 기미(幾)라 한다. 그것을 성으로 삼고 거기서 편안하되 기미를 알아 그 신령함으로써 지극한 선에 그치니(止至善) 하늘의 운행이 시내가 흐르듯 밤낮으로 쉬지 않는다(天運川流, 不舍晝夜). 그것을 회복하고 그것을 붙잡음에 기미를 보아 일어나니 선으로 옮기고 허물을 고치는 것이 우레같이 세차고 바람처럼 날아서 하루가 끝나기를 기다리지 않는다. 분하고 화내는 바가 있으면 공적하지 않고 공적하지 않으면 그 본체를 휘어버린다. 친하고 사랑하고 천하게 여기고 미워하는 바에 치우치면 감응하여서 통하지 않고 통하지 않으면 그 쓰임을 막아버린다. 삼가도다(愼哉), 오직 홀로 있음에(獨)! 홀로라는 것은 기미(幾)이다. 여기에서 경계하고 두려워하며 여기에서 무서워하고 두려워하되 날마다 장중하고 관대하며(瑟僩), 날마다 선명하고 무성하며(赫咺), 날마다 정밀하고 은미하며(精微), 날마다 넓고 크다(廣大). 예의禮儀, 위의威儀가 어디를 가도 인하지 않음이 없으며, 만물을 발육하고 (우주의) 끝까지 이르니 어디를 가더라도 천연(天)이 아님이 없다. 이는 성실함을 세우고 신묘하게 통하여서 삶을 온전히 하고 귀결을 온전하게 하는 학문이다. 세상의 언어 동작(言動)을 따지고 논의하며 법도에 따라 착실하게 나아가되 곧고 순수함이 융합하지 않으면 그 폐단은 지리함이며, 홀로 현기玄機를 안고 조화와 더불어 노닐며 인륜과 서물庶物이 탈략脫略하되 관통하지 않으면 그 폐단은 공허함이니 모두 사문이 허여하지 않는 것이다.[132]

전덕홍과 왕기는 양명을 엄탄嚴灘까지 따라가 전송하였는데, 양명이 또 '유심은 무심이며 실상은 환상(有心無心, 實相幻想)'이라는 설을 발표하고 다시 '왕문팔구교'(*사무교와 사유교)의 '나의 종지(吾宗)'를 내걸었다. 황직이 직접 본 광경을 다음과 같이 기록하였다.

선생께서 기용되어 사현과 전주를 정벌하기 위해 떠나실 때 전덕홍과 왕여중이 엄탄까지 따라가 전송하였다. 여중이 불가의 실상實相과 환상幻相의 설을 들어서 의문을 제기하였다. 선생께서 말씀하셨다. "마음이 있는 것이 모두 실상이며, 마음이 없는 것이 모두 환상이다. 마음이 없는 것이

132 『추수익집』 권3 「청원증처靑原贈處」.

모두 실상이며, 마음이 있는 것이 모두 환상이다." 여중이 말하였다. "마음이 있는 것이 모두 실상이며 마음이 없는 것이 모두 환상이라는 것은 본체 상에서 공부를 말한 것이고, 마음이 없는 것이 모두 실상이며 마음이 있는 것이 모두 환상이라는 것은 공부 상에서 본체를 말한 것입니다." 선생께서는 그 말이 옳다고 하셨다.[133]

왕기는 더욱 또렷하게 다음과 같이 기술하였다.

부자께서 양광으로 가게 되어서 내가 군과 함께 엄탄까지 따라가 전송하였다. 부자께서는 다시 이전의 설을 펼쳐서 두 사람의 (설이) 서로에게 쓰임이 되어서 내 종지를 잃지 말라고 하셨다. 인하여 "마음이 있음이 실상이고 마음이 없음이 환상이다. 마음이 있음이 환상이고 마음이 없음이 실상이다."라고 한 것을 질문하였는데, 그대가 논의의 제의를 받고(擬議) 미처 답을 하지 못하였다. 내가 "전에 거론한 바는 본체에 의거하여서 공부를 논증하고 뒤에 거론한 바는 공부를 활용하여서 본체에 합한 것입니다. 있음과 없음의 사이에서 캐물을 것이 없습니다."라고 하였다. 부자께서 빙그레 웃으면서 말씀하시기를 "옳다! 이는 궁극의 설이며 너희들은 이미 견득했으니 서로 절차탁마하고 묵묵히 굳게 지켜서(保任) 경솔하게 누설하지 말라."고 하셨다. 두 사람은 '예예' 하고 헤어졌다.[134]

엄릉嚴陵에서 이별할 때를 추억하니 (선생께서) 가르침을 펴서 말씀하시기

133 『왕양명전집』 권3 「전습록」 하.

134 『왕기집』 권2 「서산전군행장緖山錢君行狀」.

를 "내가 '양지' 두 자를 끄집어냈는데 시시비비는 자연 하늘의 준칙이며 바로 천성千聖의 비장秘藏이다. 비록 어둡고 가림이 지극하나 한 생각이 스스로 돌이키면 곧 본심을 얻으니 그 자리에서 성인의 경지에 오를 수 있다. 다만 사람이 보기를 너무 쉽게 여기고 돌이켜서 익숙하고 소홀하게 여기는데 마치 사람이 눈꺼풀의 눈썹을 보지 못하는 것은 너무 가깝기 때문인 것과 같다. 그러나 중간에 오히려 기교機巧가 있어서 양지는 옳음을 알고 그름을 알지만 사실은 옳음도 없고 그름도 없다. 없음은 만유의 토대로서(萬有之基) 어두운 권세와 은밀한 움직임이 하늘과 함께 흐른다. 사람은 신령한 것(神)의 신령함은 알지만 신령하지 않은 것(不神)의 신령함은 알지 못한다. 만약 시비와 분별이 너무 지나치면 순수하게 결백한 것이 상처를 입으니 덕을 축적하는 수단이 아니다."라고 하였다.[135]

서계는 「용계왕선생전」에서 양명이 어떻게 '사무교와 사유교'를 세웠는지에 대해 홀로 지혜로운 안목으로 전후의 조리가 관통하도록 더욱 명석하게 게시하여서 일목요연하게 다음과 같이 말하였다.

문성文成(왕수인)이 배움을 논하여 말씀하시기를 "선이 없고 악이 없는 것이 마음의 본체이며, 선이 있고 악이 있는 것이 뜻의 발동이며, 선을 알고 악을 아는 것이 양지이며, 선을 행하고 악을 제거하는 것이 격물이다."라고 하셨다. 공이 홀로 말하기를 "마음·뜻·앎·사물은 본래 한 기틀이니 만약 마음이 선이 없고 악이 없는 것임을 깨닫는다면 뜻과 앎과 사물이 역시 모두 이와 같습니다. 저 마음이 없는 마음은 그 기틀이 치밀합니다. 뜻

135 『왕기집』 권16 「서선사과조대유묵書先師過釣臺遺墨」.

이 없는 뜻은 그 반응이 원만합니다. 앎이 없는 앎은 그 본체가 공적합니다. 사물이 없는 사물은 그 작용이 신묘합니다. 앞에서 말한 바와 같은 것은 다만 부자께서 사람에 따라 가르침을 세운 권법일 뿐이니 정본이 될 수 없습니다."라고 하였다. 정해년(1527) 가을에 문성이 장차 양광兩廣으로 나아감에 공이 전 공과 함께 밤을 틈타 나아가 천천교에서 뵙고 각자의 견해를 피력하였다. 문성이 위연히 탄식하며 말씀하시기를 "사람의 근기는 서로 다르다. 그러므로 나의 가르침을 세움은 역시 인연에 따라 다르게 할 수밖에 없다. 만화萬化는 하늘에서 생기고, 있음에서 뚜렷해진다. 상등 근기의 사람은 없는 곳에서 근기를 세우니 이를 돈교頓教라고 한다. 중등 근기 이하의 사람은 있는 곳에서 근기를 세우니 이를 점교漸教라고 한다. 공을 이루면 하나이다. 상등 근기의 사람은 세상에 흔하지 않으니 여중의 견해는 내가 오랫동안 말하고자 했으나 아마도 끝내 믿지 못할 듯하여서 지금까지 함축하였다. 이는 명도와 안자도 쉽게 말하지 못한 것인데 지금 여중은 능히 내 온축함을 발휘했다고 할 수 있다. 여중은 천성이 밝고 명랑하며, 덕홍은 천성이 침착하고 꿋꿋하다. 그러므로 깨달아 아는 것도 각자 다르니 (둘은) 바로 서로 (상대방 견해를) 의뢰하여 사용해야 한다(相資爲用). 그러나 사람에게는 습성이 된 마음(習心)이 있어서 쉽게 녹아버리지 않으니 진실로 실제 선을 행하고 악을 제거하는 공부를 활용하지 않고 한갓 본체를 공상하니(懸想) 공허함에 흐르지 않는 이가 없다. 여중의 이 뜻은 굳게 지켜야 하니 사람들에게 가벼이 보이기에 마땅하지 않다." …… 이윽고 문성에게 현묘한 이치(玄理)를 물으니 문성이 '마음이 있음과 마음이 없음, 실상과 환상'으로 알려주셨다. 공이 곁에서 말하기를 "마음은 있는 것도 아니고 없는 것도 아니며, 상相은 실재하지도 않고 환영도 아닙니다. 있음과 없음, 실재와 환영에 들러붙으면 곧 끊어짐(斷)과 한결같음(常)의 두 견해에 떨어집니다. 비유하자면 공놀이(弄丸)를 하되 한곳에 들러붙지도 않고, 한곳에서 벗어나지도 않으니 이것이 현기玄機입니다."라고 하였다. 문성이 바로 그러하다고 하셨다. 문성이 홍도洪都에 이르자 사성司成 추동곽(추수익)·수주水洲(위량필)·남야南野(구양덕) 제군이 동지 100여 명과 함께 나와서 배알하였다. 문성이 말씀하시기를 "나에게 위로 향한 한 기틀(向上一機)이 있어서 오래도록 감히 발설하지 못하였는데 근래 왕여중 덕분에 끄집어냈으니 역시 천기天機를 마땅히 발설할 때이다. 내가 바야흐로 병사兵事로 인해 제군과 논할 겨를이 없으나 여중에게 질정하면 마땅히 입증하는 바가 있으리라." 하셨다.[136]

전덕홍 본인이 마지막으로 양명이 천천증도회에서 '사무교와 사유교'를 발표한 사실을 부득불 다음과 같이 인정하였다.

지난해 가을, 부자께서 장차 광廣으로 가시게 되었는데 관寬(전덕홍)과 기畿(왕기)가 각자의 견해를 합일하지 못한 상태에서 (스승과) 멀리 떨어지게 되면 바로잡을 수 없을까 두려워하여 밤에 천천교에서 모시고 질정을 청하였다. 부자께서 둘 다 옳다 하고 또 서로 돕는 의리로 나아가게 하셨다. 겨울 초에 엄탄에서 전송하며 가르침을 더 청하니 부자께서 또 구극의 설을 말씀하셨다(夫子又爲究極之說). 이로 말미암아 물러나 각지의 동지와 다시 서로 절차탁마하고 한 해 이별한 뒤 자못 깨달은 바를 터득하였다(頗得所省). ……[137]

---

136 『왕기집』 부록4 「전명제문傳銘祭文」.

137 전덕홍, 「부고동문訃告同門」, 『왕양명전집』 권38 「세덕기世德紀」.

여기서 말하는 "부자께서 또 구극의 설을 말씀하시고", "자못 깨달은 바를 터득한" 것은 양명이 '사무교와 사유교'라는 구극의 설을 발표한 사실을 가리키는데, 전덕홍의 이러한 말은 그 역시 원래 양명이 천천증도회에서 '왕문사구교'를 발표했다고 인정했던 (자기의) 착오의 설을 내다버렸음을 스스로 완전히 폭로한 것이다. 양명이 남창 남포역南浦驛에 도착했을 때 추수익·구양덕·유방채·황홍강·하정인·위량기·위량필·진구천 등 300여 명의 문인 제자가 남포로 몰려와서 배움을 물었다. 양명이 또 한 차례 '위로 향한 한 기틀'인 '왕문팔구교'(*사무교와 사유교)를 크게 밝혀서 결국은 강우江右의 제자와 절중의 제자들이 소흥 양명동에 함께 모여서 '왕문팔구교'를 토론 및 강구하도록 제시한 것은 이상하지 않다.

왕기는 「서산전군행장」에서 다음과 같이 기록하였다.

> 강우를 지나갔는데 동곽(추수익)·남야(구양덕)·사천師泉(유방채)·낙촌洛村(황홍강)·선산善山(하정인)·약호藥湖(위량기) 등 여러 동지 200~300인이 남포에서 기다렸다가 가르침을 더 청하였다. 부자께서 말씀하시기를 "군려軍旅가 바쁜데 어디서부터 말을 할까? 내가 이 뜻을 쌓은 지 이미 오래인데 가벼이 말하지 않고 제군이 스스로 깨닫기를 기다렸다. 이제 여중이 끄집어냈으니 역시 천기를 발설해야 할 때이다. 내가 비록 산을 나가지만 덕홍, 여중과 사방 동지가 서로 동중洞中(양명동)을 지키면서 이 건의 일을 끝까지 궁구하라. 제군은 다만 양식을 싸들고 절중(浙)으로 가서 그들과 함께 모여 스스로 터득해야 한다. 내가 돌아오기를 기다려도 늦지 않다." 하셨다.[138]

---

138 『왕기집』 권20 「서산전군행장」.

조금趙錦은 「용계왕선생묘지명」에서 역시 다음과 같이 기록하였다.

> 얼마 뒤 양명이 강우를 지나가는데 추동곽과 구양남야가 동지 100여 인과 함께 나와서 배알하니, 양명이 그들에게 말하기를 "나에게 위로 향한 한 기틀이 있는데 오래도록 감히 발표하지 못하였다. 지금 여중이 끄집어냈으니 역시 천기를 발설할 때이다. 내가 바야흐로 병사兵事로 인하여 겨를이 없다. 청컨대 그대가 여중에게 질의하면 당연히 반드시 증명하는 바가 있으리라." 하였다. 그가 양명의 온축을 잘 발휘하여서 중히 여김이 이와 같았다.[139]

"나에게 위로 향한 한 기틀이 있는데"라는 말은 양명이 본체에서 발표한 '사무교'의 설을 가리킨다. 양명이 남창에서 '사무교와 사유교'를 크게 밝힌 일은 그 의미가 중대하다. 원래 그는 남창에서 이미 강우의 문인 제자들과 절중의 양명동에 모여서 '왕문팔구교'(*사무교와 사유교)를 강론하고 탐구하였으며, 이를 세워서 자기가 평생 이룬 학문 사상의 마지막 비약적 진전을 총결하겠다는 가장 큰 남은 소원을 드러내었다. 나중에 절중과 강우의 문인 제자들은 양명 스승의 이 남은 소원을 실현하였다. 그리하여 그는 길안吉安에 도착하였을 때 그대로 강우의 학자들에게 '사무교와 사유교'를 크게 밝혔다. 이때 팽잠彭簪·왕조王釗·유양劉陽·구양유歐陽瑜·유경치劉瓊治 등 300여 명의 제자와 제생이 나천역螺川驛에 모여서 양명의 '왕문팔구교'의 가르침을 받았다.

전덕홍은 『양명선생연보』에서 다음과 같이 기록하였다.

---

139 조금, 「용계왕선생묘지명」, 『왕기집』 부록 4 「전명제문」. 따로 서계의 「용계왕선생전」에 보인다.

길안에 이르렀을 때 사우士友가 나천에서 대규모로 모였다. 제생 팽잠·왕조·유양·구양유 등 모두 옛날에 종유하던 300여 명이 나천역에서 맞이하였다. 선생께서 그대로 담론을 하셨는데 권태를 느끼지 않고서 말씀하시기를 "요순은 생지안행의 성인인데(堯舜生知安行的聖人) 오히려 긍긍업업兢兢業業하고 곤면困勉의 공부를 활용하였습니다. 우리 무리는 곤면의 자질로서(吾儕以困勉的資質) 유유탕탕悠悠蕩蕩하며 앉아서 생지안행의 성공을 누리려고 하니 어찌 스스로를 그르치고 남을 그르치는 것이 아닙니까?" 하셨다. 또 말씀하시기를 "양지의 묘함은 참으로 육허에 두루 흘러서 변통하되 고정되지 않습니다(良知之妙, 眞是周流六虛, 變通不居). 만약 글로써 그른 것을 지나치게 수식하면 해가 클 것입니다."라고 하셨다. 이별에 임하여서 부탁하여 말씀하시기를 "공부는 다만 간이하고 진절하니, 진절할수록 더욱 간이하고 간이할수록 더욱 진절합니다(工夫只是簡易眞切, 愈眞切, 愈簡易, 愈簡易, 愈眞切)."라고 하셨다.[140]

전덕홍은 여전히 두루뭉술하고 간략하게 진상을 가리고 꾸며서 기술하였다. "요순은 생지안행의 성인"이라 한 말은 바로 '상등 근기의 사람'이 본체에서 착수하는 '사무교'를 가리키는 것에 해당한다. '우리 무리의 곤면의 자질'이란 바로 '중등 근기 이하의 사람'이 공부에서 착수하는 '사유교'를 가리키는 것에 해당한다. "양지의 묘함은 참으로 육허에 두루 흘러서 변통하되 고정되지 않으며", "공부는 다만 간이하고 진절하니, 진절할수록 더욱 간이하며 간이할수록 더욱 진절합니다."라고 한 말은 바로 본체 상에서 그리고 공부 상에서 사무교와 사유교를 논한 것이다.

---

140 『왕양명전집』 권35 「연보」 3.

이는 양명이 동시에 안복安福 석음회惜陰會의 동지에게 보낸 편지에서 말한 내용과 완전히 일치한다.

> 제우諸友가 처음 석음惜陰에서 모이기로 했는데 당시에는 오직 다만 헛된 말이 될까 두려웠습니다. 근래 듣자 하니 원근의 호걸로서 풍문을 듣고 온 사람이 100여 명인데 이는 양지가 (모두) 똑같이 그러함(同然)을 알 수 있으며, 또한 이 도가 크게 밝혀질 기미를 여기에서 점칠 수 있을 것이니 기쁘고 위안이 됨을 어찌 말로 다 할 수 있겠습니까! 우경虞卿(왕학익王學益) 및 여러 동지가 보내온 편지를 받았는데 견해가 지난날과 비교하여 더욱 친절親切하니 공부의 진보를 충분히 징험할 수 있어서 기쁘고 기쁩니다(可喜)! 다만 이렇게 공부를 해나가면 마땅히 다른 길로 갈라질 의혹이 있을 수 없습니다. 명도가 말하기를 "차라리 성인을 배우다가 이르지 못하더라도 착한 일 하나로 명성을 얻지는 않는다(寧學聖人而不至, 不以一善而成名)."라고 하였습니다. 이는 성인에 뜻을 두었으나 결국 성인의 학문을 참으로 얻지 못한 사람이라야 이와 같이 말할 수 있습니다. 만약 오늘날 강의한 바, 양지의 설은 참으로 성학의 핵심 전승(的傳)입니다. 다만 이로부터 성인을 배우면 오히려 이르지 못할 사람이 없습니다. 오직 우리 무리가 오히려 착한 일 하나로 명성을 얻으려는 뜻을 가지고서 기꺼이 여기에 마음을 오로지 할 뿐 뜻을 이루려고 하지 않을까 두렵습니다. 모임에 온 여러 동지는 비록 일일이 만나지는 못했지만 본래 이미 천 리 밖에서 정신으로 교류한 것입니다. 상견할 때 다행히 이로부터 함께 힘쓰십시오. 왕자무王子茂(왕괴밀王槐密)가 몇 조항의 질문을 보냈는데 모두 명확하고 절실합니다. 중간에 의심스러운 바는 자무가 다시 모름지기 성실하고 절실하게 공부를 해야 합니다. 다 이해하여 녹아들게 되었을(融化) 때 아울러 의심스러운 바가 모

두 석연하고 패연해져서 다시 서로 장애가 되지 않을 것이니 그런 뒤에야 참으로 깨닫는 것입니다. 무릇 공부는 다만 간이하고 진절하니, 진절할수록 더욱 간이하고 간이할수록 더욱 진절합니다.[141]

양명의 이 편지는 남창에서 막 '왕문팔구교'를 전수받은 안복의 선비 팽잠 등이 안복으로 가지고 돌아온 것이다. 따라서 양명의 이 편지도 안복 석음회의 제자와 동지들이 그의 '왕문팔구교'를 토론하고 강구하는 데 활용하게 할 의도로 쓴 것인데, "공부는 다만 간이하고 진절하니, 진절할수록 더욱 간이하고 간이할수록 더욱 진절합니다."라고 한 말은 절중의 제자와 강우의 제자들이 공동으로 '왕문팔구교'를 토론하고 강구하는 지도 준칙이 되었다. 이른바 '진절할수록 더욱 간이한' 것은 곧 진절하게 본체를 체인함으로써 착수하여서 치량지의 간이 공부에 도달하고 심체로 복귀하는 것이다(*사무교). 이른바 '간이할수록 더욱 진절한' 것은 곧 치량지의 간이 공부로부터 착수하여서 진절한 본체체인에 도달하고 심체를 깨닫는 것이다(*사유교).

왕문팔구교

점교漸教 ————	**돈교**頓教
(중등 근기 이하의 사람)	(상등 근기의 사람)
(공부에서 착수)	(본체에서 착수)
마음(心), 선이 있고 악이 있음(有善有惡)	마음, 선이 없고 악이 없음(無善無惡)
뜻(意), 선이 있고 악이 있음	뜻, 선이 없고 악이 없음
앎(知), 선이 있고 악이 있음	앎, 선이 없고 악이 없음

141 『왕양명전집』 권6 「기안복제동지寄安福諸同志」.

사물(物), 선이 있고 악이 있음	사물, 선이 없고 악이 없음
(사유교)	(사무교)

분명히 양명은 양지심학의 실천, 실행 상에서 진절간이한 '왕문팔구교'(*사무교와 사유교)를 제시하였다. 이는 한 사람이 범인에서 성인을 이루는 본체공부론의 수행 체계인데, 이러한 치량지, 복심체의 심학체계 가운데에서 선명하게 실천, 실행의 두 가지 근본 원칙을 관철하였다.

하나, 체용일원, 심일분수, 지행합일 사상이다. 양명은 일찍이 중국 전통철학의 체용일원, 형상형하形上形下 합일의 사상을 인식하고서 마음은 체이고 사물은 용이며, 마음 하나(心一)는 체이고 분수는 용이며, 형상의 본체는 지극히 선하고 영원한 것이며, 형하의 발용은 선으로 나타나고 악으로 나타난다고 인식하였다. 이로 인해 체(*形上未發)에서 말하면 마음·뜻·앎·사물의 자체는 본연으로 선이 없고 악이 없다. 다만 용(*形下已發)에서 말하면 마음·뜻·앎·사물이 발하여서 작용을 함에 선이 있고 악이 있다. 이 사상은 '왕문사구교'에서는 아직 충분히 관철되지 않아서 체와 용, 본체와 공부의 범주가 혼동되었다. 그러나 '왕문팔구교'에서는 명석하게 표현되어서 체와 용, 본체와 공부의 범주 및 수행 방법의 진로가 구분되었다.

둘, 사람의 '앎(知)'은 근기가 서로 다르다는 사실에 의거하여서 사람에 따라 가르침을 베푸는(因人設敎) 사상이다. 양명도 일찍이 사람의 앎은 근기가 다르다는 점을 인정하였다. 그는 『중용』에서 말한 "어떤 사람은 나면서부터 알고, 어떤 사람은 배워서 알고, 어떤 사람은 애를 써서 안다(或生而知之, 或學而知之, 或困而知之)."라는 구절에 근거하여서 사람의 앎을 세 등급으로 나누었다. 나면서 알고 편안히 행하는(生知安行) 사람은 성인이다. 배워서 알고 이롭기 때문에 행하는 사람은(學知利行) 현인이다. 애를 써서 알고 힘을 써서 행하는(困知勉行) 사람은 배우는 사람이다. 『중용』에 대응하여 양지심학의 수행 상에서 그는 사람의 수행의 근기도 세 등급으로 나눈다. 하등 근기의 사람, 중등 근기의 사람, 상등 근기의 사람이다. 근기가 같지 않고 가르침을 세움에 구별이 있으며, 수행 방법과 진로 및 도달하는 경계도 같지 않으므로 근기가 서로 다른 사람을 대상으로 하여 모름지기 재질에 따라 가르침을 베풀어서 단계를 뛰어넘음을(躐等) 수 없게 한 것이다.

'왕문사구교' 성립 이후 사람의 근기에 따라 가르침을 베푸는 문제는 양명의, 마음을 회복하여서 성인을 성취하는(復心成聖) 양지를 수행하는 사고의 핵심을 이루었다. 그는 제자들에게 다음과 같이 반복하여서 말한다.

> 마음의 양지, 이는 성聖이라고 한다. 성인의 학은 오직 이 양지를 끝까지 이루는 것일 뿐이다. 그것을 저절로 이루는 것은 성인이다. 힘써서 이루는 것은 현인이다. 스스로 은폐되고 스스로 어두워서 기꺼이 이루려고 하지 않는 자는 어리석고 불초한 자이다. 어리석고 불초한 자가 비록 지극히 은폐되고 어둡다고 하더라도 양지는 또한 존재하지 않음이 없으며, 진실로 그것을 이룰 수 있으면 곧 성인과 다름없을 것이다. 이는 양지를 성인과 어리석은 사람이 모두 갖추고 있는 까닭이다. 사람이 모두 요순이 될 수 있는 까닭은 이 때문이다.[142]

> 지행知行 두 글자가 바로 공부인데 다만 얕고 깊으며 어렵고 쉬운 차이가 있을 뿐이다. 양지는 원래 정결하고 밝은(精精明明) 것이다. 예를 들어 부모에게 효도하려면 나면서부터 알고 편안히 행하는 사람은 이 양지에 의거

142 『왕양명전집』 권8 「서위사맹권書魏師孟卷」.

하여 실제로 착실하게 효도를 다할 따름이다. 배워서 알고 이롭기 때문에 행하는 사람은 다만 때때로 살피고 깨달아서 이 양지에 의거하여 효도를 다하고자 힘쓸 따름이다. 애써서 알고 힘써서 행하는 사람은 가리고 막힌(蔽錮) 것이 이미 깊어서 비록 이 양지에 의거하여 효도하고자 하더라도 사욕에 막혀서 하지 못하니 반드시 남이 한 번에 능히 할 때 나는 (제대로 해내지 못하면) 백 번이라도 행하고, 남이 열 번에 능히 할 때 나는 천 번이라도 행하는(人一己百, 人十己千) 공부를 해야만 비로소 이 양지에 의거하여 효도를 다할 수 있다. 성인은 비록 나면서부터 알고 편안히 행하지만 그 마음은 감히 스스로 자부하지 않으며, 기꺼이 애써서 알고 힘써서 행하는 공부를 한다. (그런데) 애써서 알고 힘써서 행하는 자가 도리어 나면서부터 알고 편안히 행하는 (성인의) 일을 하려고 한들 어떻게 할 수 있겠는가?

물었다. "중인 이하에게는 높은 것을 말할 수 없으니, 어리석은 사람은 그에게 높은 것을 말해도 오히려 나아가지 못하거늘 하물며 그에게 말해주지 않는 것은 옳은 일입니까?" 선생께서 대답하셨다. "성인이 끝내 말해주지 않은 것은 아니다. 성인의 마음은 사람마다 모두 성인이 되지 못할까 근심한다. 다만 사람의 자질이 같지 않으니 가르침을 베푸는 데 등급을 뛰어넘을 수 없다. 중인 이하의 사람은 곧 그에게 본성이나 천명을 말해주어도 이해하지 못한다. 역시 모름지기 천천히 그를 탁마해나가야 한다.

제군은 공부할 때 무엇보다도 조장助長해서는 안 됩니다. 뛰어나게 지혜로운 사람(上智)은 매우 적으며, 배우는 사람이 성인의 경지를 초월해 들어가는 이치는 없습니다. 한 번 일어나고 한 번 엎드리고(一起一伏), 한 번 나아가고 한 번 물러서는(一進一退) 것이 본래 공부의 절차입니다. 자기가 이전에 공부를 했으나 지금 아무런 성과가 없다고 해서 곧 억지로 실패가 없었던 것처럼 모양을 꾸며서는 안 됩니다. 이렇게 하는 것이 바로 조장하는 것입니다.[143]

이러한 말은 모두 양명이 '왕문팔구교'를 세우기 전에 한 말인데, 제2조는 황성증이 가정 2년(1523)에 기록한 내용과 같다. 양명은 일찍이 사람의 근기에 따라 가르침을 베푸는 문제를 사고하고 있었으며, 사람의 근기에 따라 가르침을 베푼 '왕문팔구교'는 이미 그의 머릿속에서 성숙되고 있었음을 알 수 있다. 다만 사람의 근기에 따라 가르침을 베푸는 이 수행의 사상은 '왕문사구교'에서는 체현되지 못하였으나 '왕문팔구교'에서는 가르침을 세우고 수행하는 근본 원칙이 되었다. 사유교는 중등 근기 이하의 사람(*심체를 깨닫지 못한)을 위해 가르침을 베푼 것이니 점교이다. 사무교는 상등 근기의 사람(*심체를 깨달은)을 위해 가르침을 베푼 것이니 돈교이다.

생지안행 → 성인 — 상등 근기의 사람 → **사무교**를 세움(*본체에서 착수)

학지리행 → 현인 ┐
　　　　　　　　├ 중등 근기 이하의 사람 → **사유교**를 세움(*공부에서 착수)
곤지면행 → 학자 ┘

분명히 '왕문팔구교'는 사람의 근기에 따라 세운 수행의 교육 방법 체계이다. 이른바 '사무교'와 '사유교'는 바로 '체'와 '용'으로부터 수행에 착수하는 진로를 획연히 나누어서 근기가 서로 다른 사람을 위해 세운 두 가지 수행 방법이다. '사무'는 마음·뜻·앎·사물 자체는 모두 선악이 없음을 가리키

---

143 『왕양명전집』 권3 「전습록」 하.

며, '사무교'는 심체를 깨달은 상등 근기의 사람에 대해 설교한 것이다. 이는 본체(*체)에서 착수하므로 돈교가 된다. '사유'는 마음·뜻·앎·사물의 발용이 모두 선이 있고 악이 있음을 가리키는데, '사유교'는 아직 심체를 깨닫지 못한 중등 근기 이하의 사람에 대해 설교한 것이다. 이는 공부(*용)에서 착수하므로 점교가 된다.

양명이 제시한 '왕문팔구교'는 실제로 미혹에서 깨달음으로 들어가고(由迷入悟), 범인에서 성인이 되는(由凡成聖) 수행의 교육 방법이다. 사유교는 범인에서 깨달음으로 들어가며 공부에서 힘써 치량지를 통해 심체를 깨닫는 가르침이고, 사무교는 범인에서 성인으로 들어가며 본체에서 힘써 치량지를 통해 범인을 초월하고 성인을 이루는 가르침임을 알 수 있다. 두 가지 교육 방법의 수행은 모두 동일한 치량지–복심체–유범성성由凡成聖을 향한 깨달음의 길을 가리킨다. 사무교와 사유교는 두 가지 다른 근기의 등급(*상등 근기의 사람과 중등·하등 근기의 사람)과 다른 수행의 진로(*본체에서 착수함과 공부에서 착수함)의 수행 교육 방법을 전개한 것이다. 다만 두 가지 수행의 교육 방법은 상호 보완하여서 함께 진보한다.

양명이 '왕문팔구교'(*사유교와 사무교)의 교육 방법을 이용하여서 '왕문사구교'(*一無三有敎)의 교육 방법을 대체하려고 한 까닭은 실제로 그가 '왕문사구교'의 교육 방법이 치우쳤고 실용에 절실하지 않음을 간파하였기 때문이다. 왜냐하면 현실의 사람들(*世人, 세상 사람)은 모두 소외되고 근기가 없는 사람이며, 서로 다른 정도로 인심이 침륜하고 양지가 미혹되어서 잃어버린 '세상 사람'으로서 이러한 사람은 직접 심체를 체인하고 양지를 끝까지 이루어서 심체를 회복하는 것은 불가능하기 때문이다. 또한 바로 말하자면, 그들이 '왕문사구교'의 '선이 없고 악이 없는 것이 마음의 체'라고 한 제1구에 따라 심체에서 착수하여 수행하기를 바라는 것은 통하지 않는다. 따라서 그는

'사유교'를 제시하여서 보충하고 제1구를 고쳐서 '마음에 선이 있고 악이 있다'고 한 것은 마음에 선이 있고 악이 있는 현실의 사람들(*세상 사람)이 공부에서 착수하여 하나하나 착실하게 순서를 밟아나가는 수행을 하고 단계를 뛰어넘어서 엽등을 할 수 없게 하려는 것이다. '왕문팔구교'의 제시는 양명 양지심학의 '지행합일'의 실천 공부 정신을 강렬하게 체현한 것이다.

양명이 본체는 선이 없고 악이 없으며 본체의 발용은 선이 있고 악이 있다는 사상과 사람의 근기에 따라 가르침을 베푸는 사상을 제시한 것은 다음 사실을 또렷하게 인식하였음을 충분히 드러낸다. 곧 현실 존재의 사람(*세상 사람)들은 모두 뿌리가 뽑히고 근원이 막힌(拔本塞源) 소외된 인간이며 이미 심체가 지극히 선하고 양지가 영명한 본연의 사람이 아니다. 이로 인해 '왕문사구교'에서 말한 바, '선이 없고 악이 없는 마음의 체'인 본체에서 착수하여 수행하는 것은 현실적이지 않다. 다만 '왕문팔구교'에서 말한 바, '선이 있고 악이 있는 마음(心有善有惡)'의 공부에서 착수하여 수행해나가야 비로소 참으로 치량지, 복심체의 경계에 도달하며, 근본으로 돌아가고 근원으로 통하며(本歸源通), 범인에서 성인을 성취할 수 있다.

이로 인하여 양명의 '왕문팔구교'(*사무교와 사유교)는 '왕문사구교'에 상대적으로 양지심학의 궁극적 승화를 한 차례 실현하였는데, 이것은 양지심학을 형이상학적 본체론의 현묘한 사상의 껍데기를 벗겨버리고 진정으로 절실하고 행할 수 있는 도덕실천의 실천 공부론 철학이 되었다. 그것은 사람을 완전히 선한 본래의 자아를 갖는 선천적이며 추상적인 존재로 간주하는 전통적인 인문적 시각을 내버리고 피와 살을 지닌, 뿌리가 뽑히고 근원이 막혔으며, 근기가 서로 다른 현실의 소외된 자아를 투시(審視)의 중심으로 삼아서 소외된 인심과 생활세계(生存世界)의 가치 빈곤과 사람의 귀숙 문제를 고찰하는 것이다. 그것은 인심, 생명과 존재에 대한 우환의 사유(憂思)이다.

한마디로 말해서 양명의 양지심학은 일종의 실천이성의 장력張力으로 충만한 심성도덕의 수양론으로서 그 취지가 사람 '마음'의 문제를 해결하는 데 있는 사상체계이다. 그것은 타락하고 소외된 사람 마음의 복귀를 지귀指歸로 삼는다. 바로 말하자면 양명의 양지심학은 다만 사람으로 하여금 치량지를 통해서 심체를 회복하고(*양지가 밝음을 회복함) 선을 행하고 악을 제거하여서 진정 가치와 의의를 가진 사람이 되게 하는 것이니, 이것을 제외하고 다른 목적은 없다는 것이다.

이로 인하여 양명의 양지심학은 경천위지經天緯地의 사공학事功學이 아니며, 신통광대神通廣大하여 주체의 심력을 드날리는 종교학도 아니고, 온갖 병을 치료할 수 있고 어디를 가더라도 승리하는, 다시 말해 신기묘산神機妙算의 신학은 더욱 아니다. 그것은 다만 '사람'의 존재 문제를 해결하는 인문학이다. 이는 전통 유가 사대부의 협애한 우군憂君·우국憂國·우민憂民의 사상 경계를 초월하여서 우인憂人·우심憂心·우도憂道의 종극적인 인문적 관심으로 상승하였다. 이는 만년의 양명이 '사람(人)'의 문제와 사람 '마음(心)'의 문제를 해결하기 위해 더욱 심오하고 절실하게 사고하였음을 표명한다. 그는 중점을 본체론에 두는, 곧 '마음'은 무엇인가 하는 현리玄理의 사변으로부터 중점을 공부론 상에 두는, 곧 어떻게 '치량지'를 실제로 수행하는가 하는 쪽으로 전향하였다. 이는 바로 그의 '왕문팔구교'의 수행 교육 방법이 더욱 숭고한 인문 정신을 앙양하고 체현한 것이다.

양명은 두려움 없이 '발본색원'하는 '복심腹心'의 기치를 내걸었다. 인심의 소외는 사람의 비인간화를 초래한다. 따라서 그의 '왕문, 향교向教'의 양지심학의 철학적 구호는 다음과 같다.

마음을 회복하라(復心)!

선을 행하고 악을 제거하라(爲善去惡)!

비인간적인 사람을 사람다움으로 복귀시키라(使非人復歸人)!

이러한 의미에서 '왕문팔구교'(*사무교와 사유교)는 양명이 사람의 '마음'을 정화하고 승화한 양지심학에 대한 최후의 총결을 내린 것이라 할 수 있다. 그것은 '왕문사구교'를 지양하고 또한 '왕문사구교'를 포함한 것이니, 양명의 양지심학 발전의 궁극적 경계이다. '왕문팔구교'는 양지심학의 '전심비장傳心秘藏', 심학 수행의 종극적 '교법'이 되었다. 이러한 양지 사상의 대대적인 비약 이후 그는 잇달아 절중과 강우의 문인 제자들과 함께 자기의 '왕문팔구교'를 토론하고 강구하는 일을 전개하고 아울러 실천(踐履)하고 실행하는 노력을 하겠다고 선포하였다. 그러나 세종의 '학금'은 한꺼번에 그를 또 비극적 운명의 심연으로 밀어 넣고 말았다.

17장

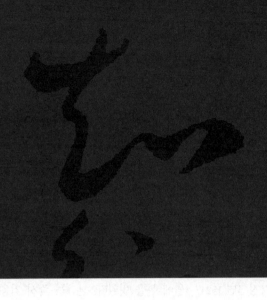

사思·전田 정벌에 나서다: 비극적 운명의 최종 결말

출산出山 강행 : 소홍에서 보낸 마지막 굴곡의 세월

양명은 가정 3년(1524) 4월에 복을 벗었다. 본래는 즉시 기용되어서 출사하려 하였으나 뜻밖에 세종世宗(1522~1566)과 조정 대신들이 온갖 방법을 동원하여 저지하고 방해하면서 지연되었다. 당시 조정에서 떠들썩하게 들끓었던 '대례의大禮議'라는 익살극 때문에 대신들은 양명이 이때 조정에 들어와서 '국면을 어지럽힐(攪局)'까 봐 (그의 출사를) 더욱 꺼렸다. 더욱이 세종은 일찍이 양명의 심학을 '이단사설'이라 단정하고 '학금學禁'의 커다란 그물을 펼쳐서 양명을 기용하지 못하도록 극력 저지하였다. 양명은 소홍의 집에서 거처하며 고통과 인내를 감내하면서 복직을 기다렸고, 4년이라는 긴 시간 동안 고통스럽게 괴롭히는 인생의 굴곡과 곤경을 받아들이고 있었다.

이에 앞서 도어사 오정거吳廷擧가 4월에 양명을 천거하여서 대례의에 끌어들였으며, 이어서 남경 병부상서 이충사李充嗣(1462~1528)가 상소를 올려서 양명을 자기 후임으로 천거하였고, 어사 석금石金(1486~1568) 등이 논하여 교대로 글을 올려서 양명을 천거하였는데 세종은 모두 윤허하지 않았다. 버림을 받아 집에 칩거한 양명은 배척과 억압을 받았지만 가슴 가득 나라를 다스리고 도를 행하려는 간절하고 우려하는 마음을 양명서원과 계산서원의 교육에 쏟아 '사람 마음'을 함닉과 침륜에서 구하는 일을 자기 임무로 삼았다. 9월에 이르러 또 어사 왕목王木이 상소를 올려서 양일청楊一清과 왕양명을 천거하여 입조하게 하면서 "지금 도를 일으키고 다스림을 이루려면 두 신하가 아니면 안 됩니다."[1]라고 하였다. 어사 반장潘壯(1491~?)도 양일청·왕양명·소명봉蕭鳴鳳의 입조를 천거하였다. 오정거가 다시 9월 15일에 「흠승명조천용인재소欽承明詔薦用人才疏」를 올려서 양명을 병부상서의 직임에 천거하였다.[2] 세종은 여전히 냉담하게 윤허하지 않았다. 양명은 기용과 복직의 가망이 없었지만 담담하게 응대하였으며, 늙을 때까지 산림과 연하煙霞 속에서 강학론도하며 여생을 보낼 결심을 하였다.

장체인張體仁이 서울로 향하며 소흥을 지나다가 방문하였을 때 양명이 잇달아 시 네 수를 지어서 스스로 "이 생애 어찌 차마 남들에게 매끄럽고 부드러워질까!(此生何忍便脂韋)", "오직 안개와 노을이 있어 어쩌면 의지할 만하네(唯有煙霞或可依)" 하고 마음속 상처를 토로하였다.[3]

장체인의 연구 운을 따다 次張體仁聯句韻

눈앞에 호수와 산 저절로 한쪽에 있고 眼底湖山自一方
저녁 숲 구름 낀 바위에 앉으니 높아 서늘하네 晩林雲石坐高凉
한가한 마음에 몸은 많이 얽매어 있음 느끼고 閑心最覺身多系

1 『명세종실록明世宗實錄』 권38.

2 『동호집주소東湖集奏疏』 권3 「흠승명조천용인재소欽承明詔薦用人才疏」.

3 『왕양명전집』 권29 「차장체인연구운次張體仁聯句韻」. 이 시 비첩의 진적은 무위보진재無爲寶晉齋에 수장되어 있다. 하복안何福安, 『보진재비첩집석寶晉齋碑帖集釋』에 보인다.

노니는 감흥에 도리어 살짝 아직 희어지지 않았네　遊興還堪鬢未蒼
나무 끝 바람 불고 샘에선 푸른 물방울 길게 듣는데　樹梢風泉長滴翠
서리 맞은 벼랑의 국화는 남은 향기 풍기네　霜前崖菊尙餘芳
가을 강 놀잇배는 가볍게 지나가고　秋江畵舫休輕發
차마 이 좋은 밤 촛불 밝힐 것 없네　忍負良宵燈燭光

깊은 산속 절을 찾노라니 마음 급하고　山寺幽尋亦惜忙
낙락장송에 물결은 끝없이 일렁이네　長松落落水浪浪
깊은 겨울 평야에 연기는 바람 따라 오르고　深冬平野風煙淡
지는 해 푸른 강에 갈매기와 해오라기 나네　斜日滄江鷗鷺翔
해내에 교유함은 오직 술이 따르고　海內交遊唯酒伴
지나온 종적의 반은 절에서 보냈지　年來蹤迹半僧房
청운의 이야기 아직 다하지 못하고 지나치는데　相過未盡靑雲話
관리의 앞길 재촉하니 어쩌랴!　無奈官程促去航

푸른 숲에 인적 드문데 등불 들고 돌아오다　靑林人靜一燈歸
고개 돌리니 하늘가 푸르스름하네　回首諸天隔翠微
천 리 밖 서울에도 달은 밝을 터인데 소식 아득하니　千里月明京信遠
평생 행락을 하던 친구도 드무네　百年行樂故人稀
조물주도 끝내 뜻을 정하기 어려움을 내 아니　已知造物終難定
오직 안개와 노을이 있어 어쩌면 의지할 만하네　唯有煙霞或可依
온통 우활하여 버성김이 많은데　總爲迂疏多牴牾
이 생애 어찌 차마 남들에게 매끄럽고 부드러워질까!　此生何忍便脂韋

속세를 묻고 산을 보니 양쪽 다 겨를 없고　　問俗觀山兩劇匆
빗속에 고상한 흥 참으로 누구와 닮았나!　　雨中高興諒誰同
가벼운 구름 엷은 아지랑이 핀 봉우리에는 새벽　　輕雲薄靄千峯曉
늙은 나무 푸른 물결 만 리에는 바람　　老木蒼波萬里風
객은 흩어지고 들오리 작은 배를 따르니　　客散野鳧從小艇
시를 짓던 바위 계수나무에 새 떨기 돋았네　　詩成巖桂發新叢
맑은 글을 보내주어 갈증을 풀어주니　　清詞寄我眞消渴
절경에 삐죽한 바위는 이슬 받는 통이라네　　絶勝金莖吸露筒

그러나 양명은 결코 자기가 배척을 당하여 등용되지 못해서가 아니라 진세 인심의 함닉, 세도의 경박, 성학의 밝지 않음, 양지심학의 전승 단절을 우려하고 두려워하여서 비탄하였다. 그는 몸을 굽혀 임하林下에 거하면서 세상에 쓰임을 보지 못하여도 스스로 더욱 성학을 강론하여서 밝히고 자기에게 주어진 인심 구속의 길을 달려가려는 용감하고 견결한 마음을 굳게 다졌다.

그는 섬서陝西 순무로 있는 미암亹庵 왕신王藎(1496, 진사)에게 보낸 편지에서 마음의 궤적을 다음과 같이 솔직하게 털어놓았다.

근세 사대부가 서로 함께함에 대부분 공허한 글이 더욱 기만하여 참된 뜻은 쇠퇴하고 경박하며, 겉으로는 온화하나 속으로는 질투하며, 사사로움을 따르고 공변됨을 무너뜨리니 이로써 풍속이 날로 나빠지고 세도가 더욱 기울어집니다. …… 저(僕)는 이미 세상에 쓰일 바가 없습니다. 돌이켜봄에 성학이 밝지 않아 이로써 사람의 마음이 함닉하기가 이에 이르렀음을 마음 아파하고, 선성先聖의 유훈을 지킬 생각으로 해내의 동지와 더불어 강구하고 절차탁마하였는데(切劘) 후학에게 조금이나마 도움이 되리니 성명의 조정에서 헛되이 살아가는 것은 아닙니다. 그러나 가림과 미혹함이 이미 오래되어서 사람들은 그른 것을 옳은 것으로 여기고 능히 허심으로 서로 듣는 자는 드뭅니다. …… 비록 그러하나 자세히 보면 도는 존재합니다. 제가 집사의 글을 보고서 이미 집사의 마음이 비록 천만 리 밖에 있으나 마땅히 말을 하지 않아도 신뢰를 받는 것이 있음을 알았습니다. 삼가 새로 간행한 작은 책 두 권(*새로 간행한 『전습록』을 가리킨다)을 보내며 바로잡아 가르쳐주시기를 바랍니다. 대체로 제 마음(鄙心)에 본받고자 하는 바를 간략하게 그 사이에 갖추었습니다.[4]

12월에 이르러 북쪽 변경의 전쟁이 긴박하여서 세종은 섬서陝西 세 변방에 제독군무提督軍務의 대신 1원員을 설치하라는 명을 내렸다. 이부에서는 양일청·왕양명·팽택이 모두 큰 임무를 맡을 만하다고 천거하였다. 양일청은 양명에게 편지를 보내 자기는 나이가 많아 중임을 감당할 수 없다면서 다음과 같이 말하였다.

근래 홀연 병부의 자문咨文으로 섬서의 군사 업무(戎務)를 제독하라는 명이 있었는데 또한 공과 이름이 함께 올랐음을 알았습니다. 공에게는 실로 걸맞은 일이나 저(僕)의 경우는 지난번 경사에서 관직에 있을 때 병으로 직책에 이바지할 수 없어서 사직하는 글을 수십 차례 올려서 겨우 성상의 허락을 받아 물러나 쉴 수 있었습니다. 지금 저는 늙고 병이 계속 깊어지며 정력은 날로 고달프니 어찌 다시 사명에 이바지할 수 있겠습니까? 이미 소를 갖추어서 간절히 사양하였으니 성명께서 반드시 사정을 살필 터입니다. 이

4 『왕양명전집』 권21 「답왕미암중승答王亹庵中丞」.

임무는 틀림없이 공에게 맡겨질 것입니다.[5]

그러나 세종은 변함없이 양명을 배척하고 기용하지 않았으며 양일청을 삼변제독으로 임명하여서 입각하는 길을 열어주었다.

세종이 '대례의'에 깊이 빠져 있던 부패한 조정으로 말하자면 가정 3년은 비바람이 몰아치는 다사다난한 시절이었고, 양명은 임하에서 각지의 학자들과 함께 강학론도를 하며 보내고 있었다. 가정 4년(1525) 정월에 양명의 부인 제씨諸氏가 세상을 떠나자 양명의 생활은 더욱 간난신고의 압박을 느끼고 있었는데, 그가 세운 공적에 따른 은사의 고권誥券과 녹미祿米는 끝까지 조정에서 반하頒下하지 않았다. 그리하여 그가 제씨의 상사를 처리하는 일로 바쁜 2월경에 예부상서 석서席書가 떨쳐 일어나서 양일청·왕양명을 '문무의 자질을 겸하고 장수와 재상의 임무를 감당할 만하다'고 상주하여서 천거하기를 "지금 양일청은 이미 삼변을 제독하고 있고, 왕수인은 마땅히 내각에 두고 추기樞機를 잡게 하더라도 꺼리는 자의 억압을 받지 않을 것입니다."라고 하였으며, 심지어 "지금 여러 대신은 대부분 중재中材라서 천하의 일을 더불어 계획하기에 충분한 사람이 없습니다. 난리를 평정하고 시대를 구제함에 왕수인이 아니면 할 수 없습니다!"라고까지 말하였다.

이 말에 격노한 세종이 곧바로 석서를 배척하여서 말하기를 "근래 변경의 방비(邊防)에 일이 많아서 이미 정신廷臣에게 명하여 의견을 모으게 하였다. 석서는 대신의 신분으로서 과연 계책을 가지고 있으니 마땅히 온 마음을 다하여 아뢰어서 시대의 어려움을 함께 구해내야지 어찌 스스로 중재라 여기

---

5 『양일청집楊一淸集』, 독부고督府稿 간찰류柬札類 「여왕양명사마與王陽明司馬」.

고서 맡긴 임무를 저버리는가!"[6]라고 하였다. 양명은 다시 세종으로부터 버림을 받고 쓰이지 못하였다. 그러나 석서는 세종의 흉흉한 기염을 두려워하지 않고 6월에 재차 양명을 천거하였는데, "신에 앞서 태어난 자로 한 사람을 볼 수 있으니 양일청이며, 신의 뒤에 태어난 자로 한 사람을 볼 수 있으니 왕수인입니다. 우선 직접 고권을 수령하고 대궐로 나아와 사은하게 하소서."[7]라고 하였다. 어둡고 완고한 세종은 변함없이 아랑곳하지 않았다.

사실 양명이 버림받고 등용되지 못한 까닭은 세종이 양명을 '학금'의 수괴이며 사설邪說의 섬인憸人(간사한 사람)으로 간주하여서 금고와 타격을 더욱 가하려고 했기 때문만이 아니라 조정의 각로閣老 비굉費宏의 무리가 양명이 입각하여서 그들의 각로 자리를 빼앗을까 봐 두려워하고 꺼렸기 때문이다. 그러나 조정 안팎의 형세가 날로 들끓고 험악해지는 것을 목도하면서 조신과 언관들이 모두 어쩔 수 없이 일어나서 목소리를 높였다. 석서의 뒤를 이어 7월에 황관黃綰이 「논성학구양보소論聖學求良輔疏」를 올렸는데 표면적으로는 세종에게 성학을 밝히고 뛰어난 재상을 구하라며 간하고 권한 것이었지만 진짜 의도는 양명을 입각시켜서 정사를 돕게 하려는 데 있었다.

황관은 소에서 고심하여 규권規勸하였다.

> 대체로 사람의 한마음은 천리가 밝아서(瑩然) 측은惻隱·수오羞惡·사양辭讓·시비是非가 자극에 따라 드러나는데 순수하게 지극히 선하니 이른바 '양지'입니다. 바깥에서 녹여서 들어온 것이 아니며 성인이라도 더 많지 않고 뭇사람(衆人)이라고 해서 더 적지 않습니다. 뭇사람의 뜻(志)은 도를 추구하

6 『명세종실록』 권48.

7 『왕양명전집』 권35 「연보」 3.

지 않기에 자기를 극복하여 마음을 보존할 줄 모르고 오직 사사로운 뜻(意)을 따르니 이는 뭇사람이 되는 까닭입니다. 성인은 도를 구하여서 길이 보존하려는 뜻을 품고 그 마음은 오직 천리에 말미암으니 이는 성인이 되는 까닭입니다. 폐하께서는 다만 시험 삼아 보시되, 깊숙이 거하고 조용히 침묵하여(淵居靜默) 이 마음을 수렴하면 담연湛然하여서 맑고 밝은 것이 있지 않겠습니까? 이것으로 일에 적용하면 반드시 착오나 실수가 없습니다. 시험 삼아 보시되, 변화하거나 요란한 일로 이 마음이 흔들리면 궤연憒然하여서 어둡고 막히는 것이 있지 않겠습니까? 이런 마음을 일에 적용하면 어찌 오류가 없겠습니까? 이에 나아가면 성인과 어리석은 자, 이치와 욕망(理欲)의 판가름, 잡고 놓고 보존하고 잃어버리는 단서를 알 수 있습니다. …… 하물며 지금 해내는 오히려 시절의 아름다움(時雍)에 이르지 않고 조정은 법궁法宮에 미치지 못하는데 치란과 안위의 기틀이 다만 폐하 한마음의 털끝만 한 사이에 있으니 두려워하지 않겠습니까! 성인과 성인의 심법心法으로 전승한 바를 잠깐 동안이라도 힘쓰지 않겠습니까! …… 그러나 폐하께서는 한 사람의 몸으로서 숭고한 위치에 계시며 상을 주고 벌을 주며 목숨을 살리고 빼앗는 명령의 권력을 잡고 계시는데 무릇 스스로를 받드는 바는 모두 마음을 좀먹고 뜻을 빼앗는 것들뿐입니다. 무릇 좌우에 있는 것은 모두 행운을 훔치고 권력을 사서 꺾고 막고 엿보며 이르지 않는 곳이 없으니 만약 적합한 사람(其人)을 얻어서 보도輔導하지 않는다면 제나라 사람 하나에 초나라 사람이 여럿인(一齊衆楚) 격과 같아서 누가 폐하와 더불어 초나라 사람이 되지 않겠습니까! 그러나 이른바 적합한 사람이란 한갓 문예文藝를 겉치레로 꾸미기만 하고 일의 공적만 분칠로 장식할 뿐인 것이 아니라 반드시 도가 적확하고 명철함을 갖추고 성실한 마음으로 나라를 위하는 사람을 구하여서 가까이에 두시고 아침저녁으로 더불어 거처하시며 조금이라도 버성기고 사이가 뜨지 않게 하고 반드시 위아래의 실정이 환하게 거리낌 없이 통하게 하고 착실하게(從容) 강론하기를 민간의 스승과 벗이나 다름없게 하여서 폐하의 참된 마음을 기르고 폐하의 참된 뜻을 정하소서. 이 마음으로 경전과 역사서에 실려 있는 것을 보아 시비를 명료하게 하고 진실한 것을 스승으로 삼고 그른 것을 거울삼아서 이 뜻을 더욱 독실하게 하면 이른바 '정일집중精一執中'의 도가 여기에 있지 않겠으며, 또한 스스로 힘씀(自强) 수 없다고 의심할 것이 무엇이겠습니까? 옛날 은殷의 고종은 덕이 남들만 못하여서 사방을 바로잡기에 족하지 않을까 두려워하여 공손하고 묵묵하게 도를 생각하던 중에 하느님(帝)이 어진 보필을 보내주는 꿈을 꾼 뒤 모습을 그려서 천하에 널리 구하게 하였는데 부암傅巖에서 부열傅說을 얻었습니다. 이에 앉으나 서나 도움을 받아 좌우에 두고서 아침저녁으로 가르침을 들이게 명하고 마음을 열고 마음을 비옥하게 하여서(啓心沃心) 은 중흥의 위업을 이루었습니다. …… 신은 원컨대 폐하께서 가깝게는 조종祖宗의 고사를 취하여 반드시 그 실상을 닦고 멀게는 고종의 정성스러운 뜻을 본받아 그 마침을 삼가기를(克愼厥終) 바랍니다. 커다란 조정과 드넓은 사해에 어찌 부열과 짝을 이룰 만한 자, 곧 폐하가 구하고자 하는 것을 충분히 이루어서 세상에 다시없는 폐하의 위업을 이룰 자 한 사람이 없겠습니까? 엎드려 생각건대 폐하께서는 신경을 써서 소홀히 하지 않으신다면 실로 종사와 생령의 가없는 경사가 되겠습니다.[8]

황관의 규권은 쓴소리와 노파심이라 할 수 있으나 다만 그가 말한 어진 보필을 구하고 성학을 밝히라고 한 말은 세종이 양명의 양지심학을 높이 신

8 『지죄록知罪錄』 권3 「논성학구양필소論聖學求良弼疏」.

퇴하고 양명을 받들어 당대의 '부열'로 삼아 조정에 들여서 세종의 현실 중흥의 대업을 보필하게 하라는 뜻이었는데, 이는 쇠귀에 경 읽기(對牛彈琴)나 다름없었다. 왜냐하면 양지심학은 세종이 금절하려는 '사설'이었으며, 양명은 그가 금고하려는 '섬인憸人'이었기 때문이다. 세종이 높이 신뢰하는 것은 정주 이학이었으며 그 마음속의 '어진 보필(良輔)'은 바로 장총과 계악의 무리였으니 어떻게 양명을 '부열'로 받들어 각로의 '상좌相座'에 오르라고 할 수 있었겠는가? 황관의 상소는 도리어 의심 많은 세종이 양명을 더욱 몹시 시기하도록 만들었다. 그리하여 황관의 뒤를 이어서 남경 공부상서 오정거가 「천용문무전재이장독부소薦用文武全才以掌督府疏」를 올려서 양명을 잠시 남경 도독부의 일을 관장하게 하라고 천거하였다. 치사 형부상서 임준林俊도 글을 올려서 양명을 입조하게 하여 '성덕을 돕고 성치聖治를 도모하게' 하라고 하였으나, 독단적인 세종은 역시 한목소리로 거절하였다.

양명은 임하에 틀어박혀 거처하면서 선비와 배우는 사람들과 강학론도의 생활에 더욱 침잠하였고, 세상살이(世路)와 벼슬길의 떠들썩하고 각박함에서 멀리 떠났다. 9월에 그는 여요餘姚로 돌아와서 죽산竹山 혈호穴湖의 조상 무덤에 성묘하고 이직옹易直翁 왕곤王袞 부부를 죽산에 합장하였다. 그는 이때 여요의 귀성을 고향으로 돌아와 양지심학을 전파하는 여행으로 삼았다. 옛 벗인 사천謝遷·사비謝丕·풍란馮蘭·예종정倪宗正·엄시태嚴時泰·전몽錢蒙·우진于震·관포管浦·소분邵蕡과 함께 시를 주고받고 강학을 하였다.

호찬종胡纘宗은 양명을 당대의 '왕통王通'에 견주어서 다음과 같은 시로 찬양하였다.[9]

9 『조서산인소집鳥鼠山人小集·가정집嘉靖集』 권6 「동호일곡증소방백문실겸정왕공양명桐湖一曲贈邵方伯文實兼呈王公陽明」.

동호 일곡 시를 방백 소문실에게 증정하고 아울러 왕양명 공에게 드리다

桐湖一曲贈邵方伯文實兼呈王公陽明

동호 일곡 물이 하늘에 이어지고	桐湖一曲水連天
십 리에 뗏목 띄우니 푸른 연이 에워싸네	十里浮槎圍碧蓮
엷은 구름 성긴 달 낚시터를 비추고	淡雲疏月臨釣臺
나는 오리 멱 감는 해오라기 여울에 내려앉네	飛鳧浴鷺下魚湍
돌아보니 장안은 꿈만 같은데	長安回首忽如夢
팽택은 돌아오니 참으로 신선이로세	彭澤歸來眞若仙
방백은 재질이 높고 강절(소옹)은 장수하니	方伯才高康節壽
왕통이 방문하여 현묘한 이치를 담론하네	王通相訪但談玄

양명은 또 여요의 제생과 함께 용천사龍泉寺 중천각中天閣에서 강회를 하면서 여요의 선비들에게 강학의 기회期會를 정해주었다.

그는 「서중천각면제생書中天閣勉諸生」 한 편을 지어서 중천각 벽에 크게 써서 다음과 같이 말하였다.

> 제군이 비루하게 여기지 않고 매번 내가 돌아올 때마다 함께 이곳에 모여서 배움을 묻기를 일삼으니 뜻이 매우 성대하다. 그러나 열흘도 머물 수 없고 열흘이라도 또 만남이 서너 차례에 지나지 않는다. 한번 이별한 뒤 문득 다시 무리를 떠나 혼자 거처하게 되면 서로 볼 수 없는 동안 금세 한 해가 지나간다. 그렇다면 어찌 (하루 동안만 햇볕이 쬐고) 열흘 동안 추운(十日之寒) 것일 뿐이겠는가? 이와 같이 하여서는 싹튼 것이 무성해져 가지가 뻗기를 구할 수 없다. 그러므로 내가 제군에게 절실히 바라는 것은 내가

떠나거나 머무는 것으로 모이고 흩어지는 구실을 삼지 말라. 혹 대엿새나 여드레, 아흐레 동안 비록 세속의 일로 서로 방해받더라도 모름지기 겨를을 내어서 이곳에 한 차례는 모여야 한다. 서로 부축하여 일으키고 격려하고 권장하기를 힘써서 절차탁마하여 도덕과 인의의 익힘이 나날이 친근해진다면 형세와 이익을 다투고 어지럽고 화려한 것에 물드는 것이 날로 멀어지고 날로 소원해진다. 이것이 이른바 "서로 관찰하여 (좋은 점을) 본받으며 모든 장인은 작업장에서 그 일을 이룬다(相觀而善, 百工居肆以成其事)."라고 한 것이다.[10]

이로부터 용천사 중천각은 여요 강학회의 일대 승지勝地가 되었으며, 소흥의 양명서원과 함께 성기聲氣가 서로 통하였다.

양명은 입조와 입각에 뜻이 없었으나 가정 4년 이래 세종의 독재와 독단에 각신 비굉의 무리가 시위소찬尸位素餐을 일삼으며 자기편과 다른 사람을 배격함으로써 조정 정국을 더욱 심하게 들끓고 불안하게 만들었다. 조정에서는 비굉을 공박하는 소리가 날로 높아졌다. 비굉이 요직을 차지한(當軸) 이래로 교착된 조정의 국면을 타파하기 위해 11월에 어사 길당吉棠(1514, 진사)이 삼변제독 양일청을 직내각直內閣으로 소환하자고 주청하여서 세종의 윤허를 받았다. 그런데 삼변제독을 선정하는 문제에서 커다란 파문이 솟구쳐(軒然) 일어났다. 이부에서는 팽택·왕양명·등장鄧璋(?~1531)을 섬서삼변군무의 제독으로 추천하였고 예부상서 석서는 양명을 삼변제독으로 천거하였는데, 세종은 일괄 기용하지 않았다. 반면 스스로 곧장 치사致仕했던 병부상서 왕헌王憲을 섬서삼변군무제독으로 흠정하여서 기용하였다.

---

10 『왕양명전집』 권8 「서중천각면제생書中天閣勉諸生」.

『명세종실록』에서는 이 사건의 내막을 다음과 같이 기록하였다.

12월 정유, 병부의 치사 상서 왕헌을 섬서삼변군무제독으로 기용하였다. 처음에 양일청이 소환되었는데 정신廷臣이 먼저 원임 병부상서 팽택과 왕수인을 후임으로 추천하였다. 상이 윤허하지 않았다. 이에 원임 호부상서 등장 및 왕헌을 추천하였다. ……

이부상서 요기廖紀(1455~1532)가 말하기를 "저번에 폐하께서 양일청을 내각에 소환하였기에 변무邊務의 제독에 결원이 생겼습니다. 신 등이 두 차례 추천하기를, 예컨대 상서 등의 관원 팽택·왕수인·등장을 추천하였는데 모두 성심聖心에 충분히 합당하지 않았습니다. 신이 생각건대, 제독의 임무에는 다시 양일청·팽택 등 다섯 사람보다 나은 이가 없었습니다. 이로 인하여 주청을 갖추어서 과도科道의 말에 따라 그대로 일청을 유임하게 하였습니다. 혹 신 등이 추천하여서 1원을 가려서 맡긴다면 실로 변방을 위해 인재를 얻는 계책이 될 따름입니다. 그러나 예부상서 석서가 말하기를 신하가 안에서는 재상에게 유순하고 밖에서는 과도에게 견제된다고 하였는데, 두루뭉술하고 이리저리 뒤집어서 곡진하게 양쪽 모두에 감정을 둔 말입니다. 석서의 이 말은 반드시 주된 바가 있습니다. 신이 생각건대, 이부는 인재 등용을 직분으로 삼으며 인재를 천거하여서 임무를 대신하게 하는 것 역시 신의 직책입니다. 가만히 관찰하건대, 대신들 중에서 말하지 못하는 것을 석서가 능히 언급하였으며, 사람이 감히 하지 못하는 일을 석서가 능히 행하였으니 신의 임무를 훨씬 넘어섰습니다. 하물며 지금 고찰考察의 시기에 직면하여서 사직을 청한 신하를 기용함에 석서는 반드시 쓰고 버림이 득의하며 직책을 올리고 내림이 정확하고 합당합니다."라고 하였다.

상이 효유하여 말하기를 "경은 노성老成하고 신중하며 덕망이 평소 높았으며, 전형이라는 중요한 직위에 위임한 바가 바야흐로 절실하다. 제독에 대해서는 이미 전지가 있었으며 반드시 깊은 변론의 말이 필요하지 않으니 곧 나와서 직책에 이바지하라."며 사직을 윤허하지 않았다.[11]

이때 삼변제독의 천거와 선발에서 조신은 세 파로 나뉘었다. 과도관은 양일청을 삼변제독에 유임하고 입각 인원은 따로 선발할 것을 주장하였다. 이부에서는 팽택·왕양명·등장을 추천하여서 삼변제독의 선발 후보로 삼았다. 예부상서 석서는 양일청을 입각시키고 왕양명을 삼변제독에 임명하라고 주장하였다. 문제의 관건은 황상 세종이 양명을 가장 꺼렸으므로 그를 물리쳐서 마음을 흡족하게 하려고 힘썼다는 사실이다. 그리하여 그는 최종적으로 왕헌을 별도로 지목하여서 삼변제독으로 삼았다. 양명은 버려져서 기용되지 않았다. 양명 추천을 주도했던 석서는 만인의 표적이 되었고 세종의 엄혹한 질책을 받았다. 소흥에 있던 양명도 이루 말할 수 없는 비방과 중상을 받았다. "석서의 이 말은 반드시 주된 바가 있습니다."라고 한 요기의 말은 양명이 배후에서 지시했다는 무함과 비방이었다.

조정에서 삼변제독의 인선을 두고 격렬하게 논쟁할 때 소흥 수령 남대길이 임기가 만료되어서 입근入覲하게 되었는데, 남대길과 양명 두 사람이 소흥에서 양지심학을 크게 창도했다는 무함과 비방이 남대길을 따라 경사로 날아들어서 조정 '대리大吏'에게 경각심을 불러일으켰다. 양명은 소흥에서 이미 남대길이 서울로 들어가는 일의 흉험함을 예감하고서 「송남원선입근서送南元善入覲序」에서 남대길이 처한 곤경을 다음과 같이 담론하였다.

---

11 『명세종실록』 권58.

위남渭南 남 후南侯(남대길)가 월越의 수령으로 있었는데 월의 폐단이 수십 년 동안 지속되고 있었다. 간사한 거물과 으뜸가는 악인이 소굴을 거점으로 뿌리를 내려서 선량한 목민관이 잇달아 내려가도 제거하지 못하였다. 정치 실적은 무너지고 습속은 이로 인해 파괴되었다. 이에 이르러서 그가 싹둑(斬然) 베고 잘라내서 일신함에 흉악하고 탐욕스럽고 잔인한 사람을 금하여 행하지 못하게 하였다. 교활하고 거짓과 음란과 사치를 일삼고 게으름을 피우고 빈둥거리며 구차하게 안주하는 무리가 모두 늘 하던 대로 하지 못하고 성미에 맞지 않아서 편하지 않은 바가 있었다. 서로 더불어 경망하게 이러쿵저러쿵 교묘하게 말을 하여서(斐斐緝緝) 참소를 얽고 비방을 들끓게 하였다. 위세를 믿고 악을 자행하는(城狐社鼠) 간사한 사람들이 또 좇아 무리를 지어서 기세를 펼치니 마침내 비방이 넘쳐났다. 원선元善(남대길)의 안위를 걱정하는 사대부가 저지하며 말하기를 "비방이 심한데 어찌 그만두지 않는가?" 하였다. 원선은 못 들은 체하고 뜻을 더욱 굳게 지니고 행동을 더욱 단호하게 하였다. 말하기를 "백성들 역시 옳고 그름의 마음이 없는 이가 없지만, 이와 같이 가려져서 어두운 것은 본래 배움을 강하지 않고 가르침이 밝지 않기 때문이니 내 어찌 책임을 지지 않고서 홀로 허물을 백성에게 돌리겠는가?" 하고 날마다 학궁에 이르러 제생에게 나아가서 성현의 뜻으로 그들을 일으키고 몸과 마음의 학문(身心之學)으로 열어주었다. 선비가 습성에 물들어 가려져서 큰 소리로(哄然) 의혹하고 괴이하게 여겨서 놀라며 말하기를 "이는 우활한 말이니 장차 내 일을 망치리라!"고 하면서 또 서로 더불어 경망하게 이러쿵저러쿵 교묘하게 말을 하여서 헐뜯고 훼방을 놓으며 의론하였다. 원선의 안위를 걱정하는 사대부가 저지하며 말하기를 "백성의 비방이 마치 불이 처음 붙는 것 같은데 선비가 또 좇아서 기름을 부으니 누가 능히 꺼버릴 사람이 없겠는가? 어찌 마침내 그만두지 않는가?" 하였다. 원선은 못 들은 체하고 뜻을 더욱 굳게 지니고 행동을 더욱 단호하게 하였다. 곧 계산서원에 모여서 뛰어나고 영특한 사람을 뽑아서 날마다 더불어 차근차근 타이르기를 부지런히 하였다. 한 달이 지나자 성실함에 감응하고 뜻을 믿어서 의지하였다. 세 학교(三學)와 각 고을의 선비들 역시 점차 감동하여서 날마다 깨닫고 달마다 깨달은 바가 있었다.[12]

남대길은 서울에 이르러서 입근하자 바로 창끝을 맞닥뜨렸다. 계산서원을 열어서 양지심학을 강하고 『전습록』을 간행하여 전파했다는 등의 죄목이 빠르게 들씌워졌다. 이유정李維楨은 「남군수가전南郡守家傳」에서 남대길이 관직에서 파직된 진짜 이유를 다음과 같이 밝혔다.

이에 계산서원을 수리하고 존경각을 세운 뒤 여덟 고을의 재능이 뛰어난 제자를 간택하여 그 가운데에서 학업을 익히게 하고, 신건新建(왕양명)이 간행한 『전습록』을 원근 사방에서 가르치고, 신건에게서 온 사람들을 모아서 공이 모두 양성하였다. …… 내가 듣기로는 가정 초에 당국자가 신건을 꺼리고 위학僞學으로 금하였으며 공이 『전습록』을 실제로 행하는 것을 싫어하였기에 헐뜯는 말이 이로부터 들려왔다.[13]

분명히 조정에서 남대길을 축출한 진정한 의도는 양명을 타격하여서 다시 나오지 못하도록 막는 데 있었다. 윤12월에 『대례집의大禮集議』가 완성되었을 때 첨사부詹事府 소첨사少詹事로 승진한 방헌부가 소를 올려서 양명의

12 『왕양명전집』 권22 「송남원선입근서送南元善入覲序」.

13 『대비산방집大泌山房集』 권65 「남군수가전南郡守家傳」.

입각을 천거하였는데, 세종은 또 한마디로 단호하게 거절하였다. 양명의 마음은 불을 보듯 뻔하였고 분노의 불길이 속에서 타오르는 것을 금하지 못하였다. 그는 위남으로 돌아가 거처하는 남대길에게 보낸 편지에서 남대길의 쾌거를 칭송하며 분연히 강개하여서 다음과 같이 말하였다.

> 저 도를 지닌 선비는 참으로 양지가 소명령각昭明靈覺하고 원융통철圓融洞徹하며 확연하여서 태허와 같은 몸임을 알 수 있습니다. 태허 가운데에는 어떤 사물인들 없겠습니까? 그러나 태허에 의해 장애를 겪는 사물은 하나도 없습니다. 무릇 내 양지의 본체는 본래 저절로 총명예지聰明睿知하며, 본래 저절로 관유온유寬裕溫柔하며, 본래 저절로 발강강의發强剛毅하며, 본래 저절로 재장중정齋莊中正하고 문리밀찰文理密察하며, 본래 저절로 드넓고 깊은 못과 샘에서 때로 흘러나오듯 하며(溥博淵泉而時出之), 본래 사모할 만한 부귀가 없으며, 본래 우려할 만한 빈천이 없으며, 본래 얻어서 기쁘고 잃어서 슬픈 것과 사랑하여서 취하고 증오하여서 버릴 만한 것이 없습니다. 무릇 나에게 귀가 있으나 양지가 아니면 들을 수 없는데 또 귀가 밝음에 (알아듣기 위해서 양지 외에) 무엇이 있겠습니까? 눈이 있으나 양지가 아니면 볼 수가 없으니 또 눈이 밝음에 무엇이 있겠습니까? 마음이 있으나 양지가 아니면 생각하고 깨달을 수가 없으니 또 예지睿知에 무엇이 있겠습니까? 그런즉 또 무엇으로 관유온유하겠습니까? 또 무엇으로 발강강의하겠습니까? 또 무엇으로 재장중정하고 문리밀찰하겠습니까? 또 무엇으로 드넓고 깊은 못과 샘에서 때로 흘러나오듯이 하겠습니까? 그러므로 부귀를 사모하고 빈천을 우려하고, 얻고 잃음에 기뻐하고 슬퍼하며, 사랑하고 증오함에 취하고 버리는 종류가 모두 나의 총명예지의 본체를 충분히 덮어버리고 나의 못과 샘에서 때로 물이 흘러나오듯이 하는 작용을 막은

것입니다. 이와 같다면 예컨대 눈의 밝음은 눈 가운데 있으나 먼지와 모래로 덮어버리는 것과 같고, 귀의 밝음은 귀에 있으나 나무쐐기를 박은 것과 같습니다. 아프고 답답하게 거슬린다면 빨리 제거해야 상쾌할 터이니 어째서 일시, 일각인들 참을 수 있겠습니까? 그러므로 무릇 도를 지닌 선비가 부귀를 사모하고 빈천을 우려하고 얻고 잃음에 기뻐하고 슬퍼하며 사랑과 증오를 취하고 버림에 있어서 마치 눈 속의 먼지를 씻고 귀에 박힌 쐐기를 뽑는 것과 같습니다. 부귀, 빈천, 득실, 애증의 형상은 마치 태허에서 회오리바람과 피어오른 아지랑이가 오가며 변화하는 것과 같으니 태허의 본체는 본래 늘 확연하여서 장애가 없습니다. 원선(남대길)의 오늘날 조예는 거의 이와 같은 경지입니다! 이 어찌 외부의 사물(의 유혹)을 이겨낸 뒤에 저것을 제거하고 이것을 취한 것이겠습니까? 한때의 의기意氣가 강하게 일어나 격앙하여 소리와 웃는 모습으로 나타난 것이겠습니까? 원선은 스스로를 아끼십시오(自愛)! 원선은 스스로를 아끼십시오! 관중關中에는 예로부터 호걸이 많았습니다. 사방에서 충직하고 신실하며 침착하고 꿋꿋한 자질과 총명하고 통달하고 뛰어나고(英) 훌륭한(偉) 그릇의 선비들을 내가 많이 보았으나 관중의 성대함만하지는 못하였습니다. 그러나 횡거橫渠(장재) 이후 이 학문을 강하지 않은 것은 어쩌면 사방과 다름이 없을 듯합니다. 이로부터 관중의 선비가 진작하고 발동하여서 떨쳐 일어남이 있으리니 그 문예에 나아가서 도덕으로 귀결되고 기절氣節을 변화시켜서 성현의 학을 배우는 것이 장차 반드시 우리 원선 곤계昆季로부터 시작할 터입니다. 오늘 돌아감은 하늘의 뜻이 없다 하겠습니까? 하늘의 뜻이 없다 하겠습니까?[14]

14 『왕양명전집』 권6 「답남원선答南元善」 서1.

이는 '학금'이 펼친 그물 아래에서 발버둥치는 영혼이 터뜨린 불굴의 함성이며, 곤경에 처한 몸으로서 양명이 세종의 사류士類 금고, 쟁신諍臣 배척, 성학 진멸殄滅, 전횡과 독재에 대한 견고하고 곧은 회답이었다. 그는 남대길이 관중으로 돌아가서 큰 힘을 발휘하여 양지심학을 전파하고 장재의 관학關學을 진흥하여서 조정의 '학금'에 반격하기를 희망하였다. 그런데 양명 스스로도 무함과 비방에 직면하여서 항쟁을 하려는 호기豪氣를 격발하였고, 이에 조금도 두려워하거나 무서워하지 않고 절중浙中에서 양지심학을 더욱 크게 밝혔다.

이때 마침 이듬해의 회시가 다가와서 양명은 이 과거시험을 양지심학을 전파하고 양지심학의 칼날을 시험해볼 기회로 여겼다. 그는 조정의 대신들이 심학을 좋아하지 않는다는 것을 잘 알고서 도리어 그의 제자들이 모두 가정 5년 봄의 회시에 참가하기를 바랐다. 그는 남대길에게 답하는 편지에서 "그 문예에 나아가서 도덕으로 귀결되고 기절氣節을 변화시켜서 성현의 학을 배우기"를 바라는 포부와 의지를 펼쳤다.

그는 회시 참가를 원하지 않는 왕기에게 말하기를 "나는 한 번의 급제로 영광을 바라는 것이 아니다. 돌아보건대 나의 학문을 의심하는 자가 반이나 된다. 내 문에 이른 선비로서 소박하고 도타운 자들 모두 통달하여 이해하지는 못하고, 영특하고 지혜로운 자들 모두 돈독하고 꿋꿋하지는 못하다. 시험을 보면 벼슬하는 선비들이 모두 모일 터인데, 그대가 아니면 아무도 (내 학문을) 밝히 드러내지 못할까(非子莫能闡明之) 염려하는 것이다. 그러므로 그대에게 부탁하는 것이지 한 번의 급제를 위한 것이 아니다."라고 하였다. 왕기가 대답하기를 "알겠습니다. 이번 길은 시험해보는 것일 뿐, 가령 선발된다 하더라도 정시는 보지 않고 돌아와서 학업을 마치겠습니다."[15]라고 하였다.

---

15 서계, 「용계왕선생전」, 『왕기집』 부록에 보인다.

가정 5년 정월, 양명은 직접 큰 배 한 척을 택하여서 왕기·전덕홍·문인전聞人詮·황홍강·장원충張元沖(1538, 진사)·증변曾忭(1526, 진사)·위량귀魏良貴·구연裘衍·당유현唐愈賢(1526, 진사)·손응규孫應奎(?~1570)·척현戚賢(1492~1553) 등 여러 제자를 태우고 북상하여서 서울로 나아가 시험에 응시하게 하였다. 이 회시에서 과연 문인전·당유현·척현·증변·화찰華察(1497~1574)·풍은馮恩(1496~1576) 등 양명의 여러 제자가 모두 진사에 합격하였다.

왕기와 전덕홍도 성시省試에 합격하였으나 그들은 스승의 부탁에 따라 모두 정시에는 참가하지 않고 돌아왔다. 왕기는 시험에서 장옥場屋의 정식程式을 고려하지 않고 자기 견해를 직설적으로 서술하여 심학의 종지를 밝힘으로써 양명이 부탁한 '그대가 아니면 능히 밝히지 못하는' 중임을 달성하였다. 서계는 「용계왕선생전」에서 다음과 같이 기록하였다.

> (*왕기가) 장옥에서 지은 글은 자기 견해를 직접 쓴 것인데 정식을 고려함에 급급해하지 않았다. 식자에게 의뢰하니 이는 문사의 기량伎倆으로 따질 수 있는 것이 아니었다. 고등에 선발되었는데 동문인 서산 전 공도 선발되어서 선비들이 모두 머리를 들어서 경하하였다. 그러나 국가의 권력을 장악한(枋國) 고급 관리(大吏)들은 대부분 학문을 반기지 않았다. 공이 전 공에게 말하기를 "이는 그대(吾君)가 벼슬할 시기가 아니며 또한 비로소 진출함에 스승의 믿음을 위배하였으니 어떻게 스스로 서겠는가?" 하며 정시에 나아가지 않고 돌아왔다. 그 뒤 문성의 문에 와서 배우는 사람이 날로 더욱 많아졌다. 문성이 두루 지도하여서 가르칠 수 없게 되자 공과 전 공 등 고제자高弟子에게 나누어서 가르치게 하였다.[16]

16 『왕기집』 부록 「용계왕선생전」.

왕기와 전덕홍이 소흥으로 돌아오자 양명은 기뻐하며 "내가 가르침을 베풀어서 사방의 영재와 현자를 기다렸는데 비유하자면 가게 주인이 장사를 시작하여 사방의 물품을 모으는 것과 같다. 기이한 물품이 다 모이고 백 가지 물품이 날로 쌓이면 주인은 장사가 안 될까 탄식할 일이 없다."[17]라고 하였다. 왕기와 전덕홍이 서울에서 성시에 합격한 뒤 모두 정시에 응시하지 않고 돌아온 것은 심학을 좋아하지 않는 조정의 '높은 관리'를 향한 일종의 소리 없는 '시위'와 '도전'이었다. 양명은 그들을 '학금'에 반항하는 영웅으로 삼아 영접하여서 월로 돌아왔다.

『전습록』에 양명이 함께 돌아온 왕기 및 전덕홍과 한자리에서 담화를 나눈 사실을 다음과 같이 기록하였다.

> 내(洪)가 황정지黃正之(황홍강)·장숙겸張叔謙(장원충)·여중汝中(왕기)과 병술년(1506) 회시會試에 응시하고 돌아와서, 도중에 강학을 하였는데 믿는 자도 있었고 믿지 않는 자도 있었다고 선생께 말씀을 드렸다. 선생이 말씀하셨다. "너희들이 성인으로 자처하여 다른 사람들에게 강학을 하였는데 사람들은 성인이 온 것으로 여기고 모두 무서워서 달아났으니 어떻게 강학을 할 수 있었겠는가? 모름지기 우부우부愚夫愚婦가 될 수 있어야 비로소 남들과 더불어 강학을 할 수 있다." 내가 또 말하였다. "오늘날에는 인품의 높고 낮음을 판단하기가 매우 쉽습니다." 선생이 말씀하셨다. "어떻게 그것을 알 수 있는가?" 대답하였다. "선생께서는 비유하자면 태산이 앞에 있는 것과 같습니다. 우러러볼 줄 모르는 자가 있다면 필시 안목이 없는 사람입니다." 선생이 말씀하셨다. "태산은 평지가 광대한 것만 못하나 평지

17 『왕기집』 권20 「서산전군행장」.

에 무슨 볼 만한 것이 있겠는가?" 선생의 한마디 말은 평생 바깥을 위하고 높은 것을 좋아하는 병폐를 잘라내고 쪼개서 깨뜨렸다. 좌중에 있던 사람들은 두려워하지(悚懼) 않는 자가 없었다.[18]

양명은 이와 같이 자기 방식으로 슬기롭게 세종과 조정의 '높은 관리'(*각신)들의 사상 금고에 반격을 가하였으며, 또 한 차례 무함과 비방의 곤액에서 해방되었다. 5월에 이르러 양일청이 이부상서, 무영전 대학사에 복귀하여서 직각을 맡아보았는데, 이는 비괭 권당의 실패와 몰락의 운명, 조정 국면의 소폭 진작을 예시하였다. 그러나 세종의 독단과 전횡은 변함이 없었고 새로운 모순 투쟁이 잠복하여서 암암리에 자라고 있었다. 장총과 계악의 무리는 이미 각로의 보좌를 넘보고 있었으며, 천하의 사대부들은 대부분 낙관적으로 곧 태평이 도래할 것이라 여겼다. 그러나 양명은 도리어 또렷한 두뇌로 눈빛을 횃불처럼 밝히고서 대신들의 내부투쟁에 대한 근심으로 가득하였다. 양일청이 양명에게 차자를 보내(致箚) 정사를 물었을 때 양명은 이 기회를 이용하여서 그에게 위태로운 나랏일과 조정의 국면을 통렬히 진술하고, 수보首輔가 권력을 장악하여서 재상의 권한을 활용할 원대한 계책을 건의하였다.

그는 서찰에서 다음과 같이 의미심장하게 분석하여 말하였다.

전날 편지를 받고 계책을 이미 올렸습니다. 명공께서 진출하여 기밀機密을 잡으심에 천하의 사대부들은 흔쾌히(忻忻然) 얼굴을 펴고 서로 축하하는데, 이는 모두 (명공께서) 태평을 금방 이르게 할 수 있기 때문입니다. 문하의 보잘것없는 저(鄙生)는 홀로 절실하게 근심이 일어 오히려 매우 어렵다고

---

18 『왕양명전집』 권3 「전습록」 하.

여깁니다. 곤액에서 벗어나려다 도리어 비색하게(亨屯傾否) 됨이 바로 이때인데 명공을 버려두고 바랄 만한 사람이 없으니 명공이 비록 여기에서 벗어나 피하려고 해도 장차 할 수 없는 바입니다.

그러나 엄청난 짐(萬斛)을 실은 배의 키를 잡되 한 사람이 아니면 느리고 급하고 꺾이고 회전할 때 어찌 자기 뜻대로 다할 수 있겠습니까? 일에 임하여서 배를 조종하는 권한을 전담하지 못하는데 일을 망치고 나면 이에 배를 엎은 죄와 같이 여기니, 이는 제가 이른바 어렵다고 하는 것입니다. 무릇 그 권한을 전담하지 못하고 억울하게 죄를 같이 받으면 그 임무에서 미리 도망치는 것만 못합니다. 그러나 명공께서는 끝내 피할 수 없습니다. 천하의 일은 과연 끝내 할 수 없는 것입니까? 무릇 오직 몸으로 천하의 재앙을 맡은 뒤라야 천하의 권한을 잡을 수 있으며, 천하의 권한을 조종한 뒤라야 천하의 근심을 구제할 수 있습니다. 그 권한을 얻지 못하였을 때 이루는 것은 매우 어려우나 그 (권한이) 귀결됨에는 조종이 매우 쉽습니다(其歸之也, 則操之甚易). 평상시 엄청난 짐을 실은 배의 키를 서로 다투어 잡으려고 함은 거기에 이익이 있기 때문입니다. 일단 바람과 파도를 만나 뒤집히고 변화를 헤아리지 못하여서 뭇사람이 바야흐로 당황하고 두려워 정신을 잃고 죽음을 구원할 겨를도 없다면 누가 다시 더불어 키를 잡으려고 다투겠습니까? 이에 일어나서 전담함에 뭇사람이 장차 믿고서 두려워하지 않으면 일이 이로 인해 이루어집니다. 진실로 좇아서 휩쓸려 스러지면 본래 서로 끌려들어서 침몰하여 빠지고 맙니다. 그러므로 "그 귀결됨에는 조종이 매우 쉽다."라고 한 것은 이것을 말합니다.

옛날의 군자는 사물의 정서의 향배에 투철하여서 그 기틀을 장악하고 음양의 소장消長을 살펴서 그 운행을 타고 이로써 움직이니 반드시 성공하고 길하여서 이롭지 않음이 없었습니다. 이윤伊尹과 주공단周公旦의 상商·주

周에 대한 관계가 이와 같습니다. 한·당에서도 역시 대체로 거의 그러하지 않습니까? 이런 자는 비록 학술에 미치지 못하는 바가 있으나 충분히 국가의 근본을 정하고 사직을 안정시킬 수 있으니 역시 단연코 후세의 삶을 추구하고 구차히 면하려는 자가 할 수 있는 바가 아닙니다. 무릇 권력이란 천하의 커다란 이익과 커다란 손해가 달려 있으니 소인은 이를 훔쳐서 자기 악을 성취하고 군자는 이를 이용하여서 선을 이루는 것이라, 본래 군자가 하루도 떠나서는 안 되며 소인이 하루도 소유해서는 안 되는 것입니다. 천하의 어려움을 구제하려고 하면서 권력을 조종하지 못한다면 이는 마치 태아太阿의 날을 거꾸로 잡고 자루를 남에게 주고서 손이 베이지 않기를 바라는 것과 같습니다. 그러므로 군자가 권력을 다룸에는 도가 있으니 지성至誠에 근본을 두고서 덕을 세우고, 선류善類를 세워서 많은 도움을 받습니다. 용납하지 않음이 없는 도량을 보여서 그 정을 편안하게 하며, 경쟁을 하지 않는 마음을 넓혀서 그 기운을 평온하게 하며, 빼앗을 수 없는 절조로 비추어서 그 방향을 반듯하게 하며, 헤아릴 수 없는 기틀로써 신령하게 하여 그 간사함을 다스리며(攝), 반드시 의뢰할 만한 지혜로써 형성하여서 그 바람을 거둬들입니다. 임금 (*아래 궐문闕文) 나아감에 신하는 비록 유기劉基(1311~1375)의 지혜와 송렴宋濂(1310~1381)의 해박함으로도 힘써 복종함으로써 성취하였습니다. 후계자 군주가 정치에 임하여서는 자문을 구하는 것이 급합니다. 육부는 예속隸屬을 나누어서 저마다 장악한 일을 잘해나가야 합니다. 그러므로 황조皇朝에서는 좌상과 우상을 나누었고 육부를 설치하였으며, 성조成祖(1402~1424)께서는 내각을 세우고 기무機務를 참작하였으니 어찌 시기를 관찰하여 변통하는(相時通變) 도가 아니겠습니까? 영락永樂(1403~1424) 초에는 한림의 사관史官과 직각直閣은 나중에 반드시 존귀하고 현달해지기를 기다린 뒤 바야흐로 평의하는(平章) 일을 맡을 수 있었으니 엄연하기가 마치 주周의 재상(宰)과 열국의 경(國卿) 같았습니다. 이런 까닭에 재상의 호칭을 깎아내고, 재상의 이익을 거둬들이고, 이전에 등용했던 사람을 임명하고, 지금 (인재를) 양성함에는 신중하고, 평소 견결하다고 중망이 있고, 굽히고 폄을 조종하고, 능력을 성실하게 드러내고, 여럿 가운데 특별히 뛰어나고, 예의 부류를 높이고, 품급이 한도가 없는 것은 역대로 고찰하면 족히 다 상고할 수 없습니다. 영황英皇(영종英宗, 1435~1449, 1457~1464)이 복벽復辟한 뒤 친히 세 현인 설선薛瑄·악정岳正(1418~1472)·이현李賢을 발탁하였습니다. 정덕 연간(1506~1521)에는 역적 유근劉瑾이 나라를 훔쳐서 원로를 수자리 서는 죄수로, 단규端揆(재상)를 노복으로 여기고 오히려 내각을 높였습니다. 유 문정劉文靖(유건劉健, 1433~1526), 사 문정謝文正(사천謝遷, 1450~1531)이 원망하였다가 작질을 빼앗기기에(褫秩) 이르렀습니다.

돌아보건대 근세에 발탁된 자를 보니 오직 순박하고 후덕하며 너그럽고 자상하며 옛것을 지키고 상례에만 익숙한데, 이런 것은 다만 부녀자가 제 몸을 길들이고 시골의 어리석은 사람이 허물을 적게 하는 것(守故習常, 是特婦女之狎躬, 鄉氓之寡尤)과 같으니 어찌 큰일을 맡을 수 있는 자이겠습니까! 이런 까닭에 자기를 단속하고(約己) 선을 양보함(讓善)은 마치 당의 회신(노회신盧懷愼, ?~716)과 같이 해야 이를 덕이라고 합니다. 죽음을 잊고 나라를 따라 죽기를 송의 군보(徐君寶)와 같이 해야 이를 충이라고 합니다. 자잘한 일을 막고 큰일을 도모하기를 한의 장량張良(?~B.C.186)과 같이 해야 이를 재才라고 합니다. 그렇지 않으면 인주人主에게 비루하게 여겨지고 육조六曹에서 천대를 받으며 나라의 기강을 무너뜨리고 선비의 기풍을 해치게 됩니다. 옛날 문제文帝(B.C.180~B.C.157)가 등통鄧通을 총애하였으나 반드시 신도가申屠嘉(?~B.C.155)의 정직을 드러내어야 했습니다. 전약수錢若水

(960~1003)는 창언昌言이 박한 대접을 받는 것을 느끼고 곧 자리를 피하여서 가버렸습니다.

무릇 임금이 돈독하게 의탁하고 신하가 자중한다면 어찌 다스려지지 않음을 근심하겠습니까! 탄연坦然하게 대처하여서 자기를 낮추어 남을 높이고, 퇴연退然하게 대처하여서 자기를 뒤로 하고 남을 앞세웁니다. 이로써 공은 천하를 덮어도 아무도 질시하지 않고, 만물을 잘 다스리되 아무도 더불어 다투지 않습니다. 이는 모두 명공이 잘할 수 있는 일이며 평소 쌓아 지니고 있던 것이니 오직 창졸간에 몸을 천하의 재앙에 맡겨서 결연히 일어나 붙잡을 뿐입니다. 저 몸으로써 천하의 재앙을 맡음은 어찌 군자가 그만둘 수 있겠습니까? 이미 임무를 담당했다면 천하의 재앙을 끝내 피할 수 없음을 알아서 몸으로 떠맡을 뿐입니다. 몸으로 떠맡은 뒤에야 천하의 재앙을 피할 수 있습니다. 소인은 재앙을 요행히 피할 수 없음을 알지 못하고 온갖 잔머리로 벗어나려다가 결국 큰 재앙을 초래하고도 끝내 피하지 못합니다. 그러므로 재앙을 떠맡는 것은 오직 충성과 우국의 선비라야 할 수 있으며 소인은 할 수 없습니다.[19]

이 긴 편지는 칼끝을 날카롭게 드러내어 조정의 실책, 세종의 전횡에 대한 비평과 공격, 용렬한 신하가 나라를 그르치는 것을 모두 폭로하여서 지적한 정치 평론의 대문장이라고 할 수 있으며, 또 진정으로 그의 쟁신으로서 '언사

19 『왕양명전집』 권21 「기양수암각로寄楊邃庵閣老」 서2. 장훤張萱의 『서원문견록西園聞見錄』 권26에 양명의 이 편지를 수록했는데 '신령하게(神之以)'에서 이하 '임금 …… 나아감에(造 …… 君)'로 '어찌 다스려지지 않음을 근심하겠습니까(胡患於不治耶)'에 이르기까지 한 단락의 긴 문장은 더욱 중요한 의의를 지니고 있는데, 아마도 전덕홍이 깎아낸 것으로 생각된다. 『서원문견록』의 기록에 근거하여서 보완해 넣는다.

言士'의 오연한 풍골을 뚜렷이 드러냈다. 그는 양일청에게 직각으로서 처한 위험한 상황, 곧 위로는 세종의 독재적 전단, 아래로는 소인 붕당의 견제로 인해 도를 행하여 정치에 펼치기 어려움을 직언으로 알리고 경계하였다.

세종은 대권을 홀로 움켜잡고서 내각을 존중하지 않고 오로지 노복과 같은 재상(端揆)을 좋아하였다. 그가 선택하여 등용한 대신들은 또한 모두 '옛것을 지키고 상례에만 익숙하여서 제 몸을 길들이는 부녀자, 허물을 적게 하는 시골의 어리석은 사람' 같은 자들이었으며, 각신은 독재적인 황제의 권력 남용 아래 굽히고 처하여서 '인주人主에게 비루하게 여겨져서' 하루아침에 풍파가 일어서 뒤집히면 변화를 예측할 수 없고, 반드시 배가 뒤집히고 나라가 기울어지는 재앙을 만날 것이었다. 그리하여 양명은 직각이나 수보와 같이 정치를 담당하는 수뇌가 천하의 권력을 조종하고 재상의 권력을 오로지 시행해야 비로소 '천하의 근심을 구제할' 수 있다고 인식하였다. 그렇지 않으면 일에 직면하여 배를 오로지 조종하는 권한을 얻지 못하여서 나라의 기강을 무너뜨리고 선비의 기풍을 문드러지게 하여서 끝내 반드시 멸망을 자초할 것이다.

양명의 거리낌 없는 직언은 이미 군주권과 재상권의 조화하기 어려운 대립과 모순을 들추어내서 깨뜨렸는데, 이는 독부獨夫 세종의 큰 금기를 저촉하였다. 양일청은 감히 반응을 하지 못하였고, 전덕홍마저도 나중에 그중에서 가장 일촉즉발의 원인이 될 단락을 삭제해버렸다. 양명이 올린 이 차자는 그가 각신과 수보로서 갖추어야 할 예민한 안목과 대담한 식견을 그야말로 분명히 보여주었는데, 이는 오히려 세종과 대신들로 하여금 그를 더욱 의심하고 꺼리게 만들었다.

어찌 되었든 양명의 이 차자는 양일청에게는 경고의 역할을 하였다. 양일청이 직각으로 중용됨에 따라 비굉은 직책에서 물러났고, 장총도 조금씩 핍박을 받아 양일청과 서로 대립하기 시작하였다. 그들 두 사람은 형세와 전쟁의 긴급한 상황에 내몰려서 평소와 달리 뜻밖에도 앞다투어 양명을 천거하여 위난에 대처하게 하였다.

7월에 장총은 병부우시랑에 임명되자 즉시 「논변무소論邊務疏」를 올리고 양명을 천거하여서 서북 총제總制의 관직을 맡기게 하였다. 그는 「논변무소」에서 다음과 같이 말하였다.

> 신이 아뢰건대, 인신人臣이 임금을 섬김에 오직 마땅히 선을 취해서 군주를 보좌해야 하며 사람을 이유로 말을 폐기해서는 안 됩니다. 그러므로 오늘날의 일은 만약 기왕의 일로 징계하지 않으면 장차 경계할 방법이 없습니다. 한의 조조晁錯(B.C.200~B.C.154)가 말하기를 "군주가 장수를 선택하지 않으면 그 나라를 적에게 내주는 격이다. 장수가 병사를 알지 못하면 그 병졸을 적에게 내주는 격이다."라고 하였습니다. 신의 어리석은 생각으로는, 서쪽에 감숙甘肅, 북쪽에는 선(宣府)·대(大同)가 있는데 실로 모두 요해要害의 땅이라 마땅히 모두 총제의 관을 설치해야 합니다. 그러나 반드시 모략이 무리에서 특출한 사람, 예컨대 신건백 왕수인 같은 사람이라야 충분히 담당할 수 있습니다. 또 반드시 순무의 관원을 신중하게 택해서 오랫동안 임무를 맡기고 이부에서는 다만 자품에 따라 직책을 더하되 지역을 바꾸고 옮겨서는 안 됩니다. 총제에 인재를 얻으면 충분히 순무를 다스릴 수 있고, 순무에 인재를 얻으면 충분히 변장邊將을 다스리고 사기를 높일 것입니다.[20]

어리석고 완고하며 과대망상의 세종은 변방의 일에 도무지 관심이 없어

20 『장총집張璁集』 권3 「논변무論邊務」.

서 또다시 양명의 임명을 거부하였다. 10월에 이부상서 양일청, 시감찰어사試監察御史 웅작熊爵(1521, 진사)이 또 양명을 병부상서에 천거하였다. 웅작이 직언하기를 "본병本兵(병부상서)의 중요한 지위는 적당한 사람을 얻는 것이 귀합니다. 신건백 왕수인, 상서 팽택은 모두 모략이 굉대한 원로로서 이 임무를 감당할 수 있습니다."[21]라고 하였다.

세종은 양명의 입조를 가장 꺼렸다. 이때 그는 바로 제왕의 존엄으로써 정주 이학을 숭앙하는 「경일잠敬一箴」을 지어서 천하에 반포하였는데, 정신精神을 이끌어가는 제왕과 영수가 되어서 천하 사람의 두뇌를 옥죄려고 하였던 것이다. 그는 범준范浚(1102~1150)의 「심잠心箴」, 정이程頤의 「사잠四箴」에 손수 주석을 달고 돌에 새겨서 천하의 학교에 세웠는데 이는 모두 분명히 '학금'을 강화하고 양명 심학의 전파와 양명의 입조를 저지하려는 목적이었다. 그리하여 그는 또 단번에 병부좌시랑 왕시중王時中(1466~1542)을 병부상서로 낙점하고서 양명을 배척하여 등용하지 않았다.

12월에 이르러 조정에서는 장총과 계악에게 명하여 다시 『대례전서大禮全書』를 정리하게 하였다. 석서가 이 기회를 틈타 상주하여서 양명을 서울로 불러 기용하고 대례의에 자문하게 하라고 천거하면서 다음과 같이 말하였다.

> 지난번 의례議禮의 초기에 이미 사당을 별도로 세우는 설이 있었습니다. 또 전묘前廟의 권卷 안에 실린 것은 대략 갖추어졌으나 오직 신도神道에 관한 물음은 여러 견해가 일치하지 않았으며, 신주를 옮기고 사당에 참배하는 의론에 관해서는 조금도 편입되지 않았습니다. 마땅히 곧 원래 의례관, 예컨대 방헌부·곽도·황종명·웅협熊浹(1478~1554)·황관에게 신칙하여서 본

21 『명세종실록』 권69.

부 관원과 함께 증수하여 잇게 하소서. 혹 상서 왕수인을 불러서 기용하여 더불어 의론에 자문하게 하소서.[22]

실제로 이때 양명은 '대례의'의 익살극에 이미 실망을 느꼈으며 정사를 도모하지 않았다. 세종으로부터 장총·계악에 이르기까지 모두 이때 양명이 입조하여서 '대례의' 흠정에 함부로 의견을 제시하는 것을 가장 꺼렸다. 그리하여 세종은 석서의 천거하는 상주에 대해 한마디도 하지 않았다.

양명은 소흥의 집에서 하루하루 보내면서 명리와 득실, 공명과 부귀에 조금도 마음으로 기뻐하거나 슬퍼하지 않았다. 오직 그가 기뻐하고 위안을 느낀 것은 석서가 그를 천거하여 서울에서 대례의에 자문을 하게 하려다 실패한 시기에 계실繼室 부인 장씨張氏가 아들 왕정총王正聰(*왕정억王正億)을 낳아서 임하의 은둔 생활에 환락을 가져다주었던 일이다. 고을의 현달한 사람들이 모두 시를 지어서 축하해주었고, 양명은 화답시 두 수를 지어서 흔쾌히 활달하게 읊었다.[23]

가정 병술년(1526) 12월 경신에 비로소 아들을 얻었는데 나이가 이미 쉰다섯이었다. 육유와 정재 두 어른이 옛날 선공과 향시에 함께 합격하였는데, 이 소식을 듣고 기뻐하며 각각 시로 축하해주어서 애연히 대를 이은 교제의 우의를 느끼고 차운하여서 사례한다. 두 수.

---

22 『명세종실록』 권71.

23 『왕양명전집』 권20 「가정병술십이월경신시득자년이오십유오의육유정재이장석여선공동거어향문지이희각이시래하애연세교지의야차운위사이수嘉靖丙戌十二月庚申始得子年已五十有五矣六有靜齋二丈昔與先公同舉於鄉聞之而喜各以詩來賀藹然世交之誼也次韻爲謝二首」.

嘉靖丙戌十二月庚申, 始得子, 年已五十有五矣. 六有, 靜齋二丈昔與先公同擧於鄕, 聞之而喜, 各以詩來賀. 藹然世交之誼也. 次韻爲謝二首.

바다 학은 정신이 늙을수록 강하고　海鶴精神老益强
늘그막 시 값은 규장보다 무겁네　晩途詩價重圭璋
아이를 씻기는 길조는 금전같이 귀하고　洗兒惠兆金錢貴
빛나는 눈 반짝여서 규성 정성의 상서로움 보이네　爛目光呈奎井祥
어떤 물건 감히 조상의 유업 이을까　何物敢云繩祖武
뒷날 다만 어른과 함께 자라겠네　他年只好共爺長
우연히 정월 대보름 맞아 국수를 먹으니　偶逢燈事開湯餠
뜰의 나무 봄바람에 양기를 맞이하네　庭樹春風轉歲陽

가을 벼는 까끄라기를 토해내고　自分秋禾後吐芒
옥을 쪼아 규장을 만듦에 늦었다 하랴!　敢云琢玉晩圭璋
선대의 덕에 기대어 집안에 남은 경사 있으니　漫憑先德餘家慶
국가의 동량이 태어난 상서로움인가!　豈是生申降岳祥
끌어당겨 안고 또 놀아주는 늘그막 정황　携抱且堪娛老況
성장하면 글의 향기 바랄 수 있으리　長成或可望書香
해마다 국수 먹을 때 사양하지 말고　不辭歲歲臨湯餠
우리 집안 몇째 아이 돌아와 보시오　還見吾家第幾郞

눈보라가 휘몰아치는 제석의 밤은 귀한 아들을 얻어 기쁜 환락 가운데 지나고 있었다. 나석蘿石 동운董澐이 수세시守歲詩 두 수를 지어서 영탄하였다.[24]

병술년 섣달 그믐	丙戌除夕
남도 강을 건너오니 여유가 있어	南都江來了有餘
넓은 집에서 해를 보내니 곧 내 여막일세	廣堂守歲卽吾廬
이삼 천 동문이 모두 모였고	二三千個同門聚
예순아홉 해 오늘 밤 섣달 그믐날일세	六十九年今夜除
문운이 돌아 하도는 해의 상징 드러내고	文運河圖呈象日
우혈의 한매는 비를 맞고 처음 꽃피우네	寒梅雨穴見花初
양명 댁에 봄바람 돌아오니	陽明甲第春風轉
늙은 나는 내일 아침 옷깃 끌고 ○	老我明朝○曳裾
월자성 성곽 위 눈은 한 자가웃	越子城頭雪尺餘
매화는 스님 여막 옆에서 동무하네	梅花作伴臥僧廬
참으로 늘 ○○ 해가 바뀌고	眞常○○歲更改
예전 물든 먼지를 수시로 닦아내네	舊染若隨塵掃除
곳곳이 집이라 편안하게 ○	到處是家安便○
○ 마음 곧 성인이라 처음으로 돌아가네	○心卽聖擬還初
흰머리에 좋은 시절 간 것 믿지 못해	白頭未信年華去
바로 ○○ 푸른 옷자락을 ○	正要○○○翠裾

24 『종오도인시고從吾道人詩稿』 권하 「병술제석丙戌除夕」.

소흥에서 해를 보내는 왕벽王襞이 화답시 두 수를 지었다.[25]

동라석 옹의 여 자 운을 따다	次董蘿石翁餘字韻
요부(소옹) 격양의 호탕한 노래가 남았으니	堯夫擊壤浩歌餘
바로 강문 작은 여막에 앉아 있는 듯	正似江門坐小廬
천고의 궁하고 통함 만남에 달려 있고	千古窮通憑感遇
백년의 모략과 계획 성쇠를 일으키네	百年謀計起乘除
향기로운 사람의 전전하는 생애 가련하고	卽憐蘭蕙生涯轉
양기는 봄바람에 처음 고동을 치네	剛是春風鼓動初
삼월에 풍류를 보려 나는	待看風流三月我
온갖 향 진동한 속에 푸른 옷자락 끄네	萬香叢裏曳靑裾
이전의 봄꿈을 불러 깨고 나서	喚醒從前春夢餘
머리 돌려 보니 우리 집 여막일세	回頭便識自家廬
장엄한 보배로운 상은 모두 거짓이 되고	莊嚴寶相皆成僞
환망은 허공의 꽃처럼 일찌감치 깨어졌네	幻妄空花早破除
한 물건도 있지 않으니 아득하지 않고	一物不存非窈渺
털끝만 한 것도 원초를 잃어버렸네	纖毫落見失元初
밤에 먼저 매화 곁에 서니	夜來先傍梅花立
달빛 받은 가지 끝에 그림자 옷자락에 비치네	月滿枝頭影滿裾

25 『명유왕동애선생유집明儒王東厓先生遺集』 권2 「차동라석옹여자운次董蘿石翁餘字韻」.

양명도 화답시 한 수를 읊었다.[26]

한 해를 보내다　　守歲詩

눈바람에 정감이 이는 삼여 지역　　多情風雪屬三餘
눈에 가득 푸른 산은 옛 여막일세　　滿目青山是舊廬
하물며 옛 친구 천 리에서 오니　　況有故人千里至
오늘 밤이 한 해의 마지막인 줄 모를러라　　不知今夜一年除
하늘의 마음은 예로부터 변함이 없으니　　天心終古原無改
내일 아침 한 해가 또 시작할 테지　　歲時明朝又一初
흰머리는 그대처럼 쇄탈한데　　白首如君眞灑脫
아이를 아껴 마음 나뉨이 부끄럽네　　耻隨兒子戀分裾

'양명 댁에 봄바람 돌아와' 노년에 아들을 얻었으니 양명은 달리 더 바랄 것이 없었으며 다만 '끌어당겨 안고 또 놀아주는 늘그막 정황, 성장하면 글의 향기 바라며' 만년에 천륜의 즐거움을 편안히 누리기를 희망하였다. 그러나 그가 꿈에도 생각하지 못했던, 가정 6년(1527) 이래 조정 안팎의 정국이 갑자기 들끓고 편안하지 않아서 그의 '이삼 천 동문이 모이는' 생활을 무너뜨렸고, 조정에서는 또 억지로 그를 밖으로 나오게 하여서 난리를 평정하게 하였으니 그를 영원히 돌아오지 못할 죽음의 길로 내몰았던 것이다.

이에 앞서 가정 6년 3월, 예부상서 석서가 졸하였다. 가장 견결하게 양명을 천거하여 입조하고 입각하도록 한 동도同道가 세상을 떠나는 바람에 양명

26 『종오도인어록從吾道人語錄』 후부後附 「수세시守歲詩」.

은 너무나 비통하여서 「제원산석상서문祭元山席尙書文」을 짓고 평생 동안 두 사람의 비상한 교유와 논도論道를 다음과 같이 총결하였다.

아, 원산이여! 참으로 호걸의 선비이며 사직의 신하라 하리. 세상이 바야흐로 공리와 사장에 빠져들어가 다시 몸과 마음을 닦는 학문이 있음을 알지 못하는데 공이 홀로 초연히 멀리 보고서 천 년 전에 끊어진 학문을 구할 줄 알았습니다. 세상이 바야흐로 같은 생각을 하는 사람끼리 무리를 지어서 다른 생각을 하는 사람을 몰아내고(黨同伐異), 세속을 따르고 구차하게 용납되어서 명성을 낚고 헐뜯음을 피하는데 공이 홀로 탁연히 정견定見을 가지고 오직 이를 좇았습니다. 대체로 온 세상이 비난하여 돌아보지 않았고, 세상이 바야흐로 사사로움을 심고 이익을 좋아하며 의지하고 거스름을 반복하여서 농단하며 서로 어울렸으나 공은 홀로 세상의 도를 근심하였습니다. 의로운 일에 관한(義之所存) 말은 고립과 위험을 무릅쓰고 반드시 토해냈으며, 마음에 마땅히 여기는 일은 온갖 좌절을 겪고도 돌이키지 않았습니다. 대체로 그 논하는 바가 비록 혹 기에 움직임이 있고 분노에 격발됨이 있었으나 그 마음의 일삼음은 시원시원하여서(磊磊) 푸른 하늘의 밝은 해와 같으며 통연洞然히 다른 생각이 없음을 믿을 수 있었습니다. 세상이 바야흐로 질투하고 시기하며 헐뜯고 음험하여서 자기를 능가하는 사람을 배척하고 고명한 사람을 질시하는데 공은 홀로 진실한 마음으로 선을 좋아하였습니다. 남의 재능을 펼쳐주려고 하였으나 자기에게는 굽힘이 됨을 알지 못했으며, 나라에 현자를 진출시키려고 했으나 스스로 원망과 비방이 그 몸에 쌓일 줄 알지 못하였습니다. 무릇 이른바 "성실하고 한결같으며 마음이 너그럽고 커서(斷斷休休) 남이 재능을 가지고 있으면 마치 자기가 가진 듯이 여긴다(人之有技, 若己有之)."라고 한 것입니다. 이는 대신의 성대한 덕으로서 예로부터도 어려운 일이었으니 다만 근세에서 보지 못한 일일 뿐만이 아닙니다. 아! 세상에는 본래 (성스러운) 군주는 있으나 (현명한) 신하가 없는 경우도 있고, 신하는 있으나 군주가 없는 경우도 있습니다. 또한 공의 현명함으로 주상의 신성함을 만났음에 공의 깊음을 알고 공의 독실함을 믿어서 쇠와 돌같이 견고하고, 아교와 옻같이 섞일 뿐만이 아니니 이른바 현명한 군주와 선량한 재상의 만남이 천년에 한 번 있는 것이 아니겠습니까? 이 어찌 하늘의 뜻을 헤아릴 수 없는 것이라 그 행함이 바야흐로 마치 거대한 배가 순풍을 만난 격이고 그 기울어짐이 홀연 중류에서 노와 키가 꺾이는 것이며, 그 심음이 바야흐로 가지와 잎이 널리 뻗고 무성해지며 그 꺾임이 마침내 뿌리와 그루터기까지 넘어지고 뽑히는 것이 아니겠습니까? 그것은 과연 이 세상, 이 사람들에게 뜻이 없는 것입니까? …… 저(某)는 불초하나 여러 차례 공의 넘친 정으로 천거를 받았습니다. 스스로 헤아림에 끝내 시대를 구제할 수 없으며 공께 한갓 사람을 알아주는 누를 끼쳐서 매양 절실하게 사사로이 부끄러움만 품을 뿐입니다. 또한 왕년에 공과 귀주貴州에서 배움을 논한 일을 추억하니 공은 진실로 (저를) 깊이 알아주셨습니다. 근년 이래 조금씩 진보함이 있음을 느끼고 있으니 생각건대 공과 한 번 만나 조금이라도 어리석음을 펴서 질정을 받는다면 이 또한 천고에 한 번의 유쾌함인데 공은 지금 돌아가셨습니다. 아, 가슴이 아픕니다![27]

석서는 가정조嘉靖朝 사직의 대신이다. 이 제문에서 양명은 석서가 일생 아무리 꺾여도 돌이키지 않고 육왕 심학을 추구하고 믿는 용감한 결단을 내

27 『왕양명전집』 권25 「제원산석상서문祭元山席尙書文」.

렸다고 분명하게 칭송하였으며, 조정 관방의 황당하고 허탄한 '학금'을 비평하고 공격하였다. 제문은 관운이 형통했던 석서의 제사를 올리는 글이라기보다 '학금'에 해를 입고 당정자의 잔혹한 박해와 억압, 타격의 운명에 처한 양명이 자기 스스로를 애도하는 글이라 할 수 있다.

주목할 만한 점은 양명이 이 제문을 직각인 양일청에게 보이려는 의도로 쓴 것이라는 사실이다. 석서가 졸했을 때 광서 대도(巨寇) 잠맹岑猛의 잔당 노소盧蘇와 왕수王受가 또 조정에 반역을 일으켜서 사은思恩을 함락하여 조정을 놀라게 하였는데 조정의 신하들은 아무 쓸모가 없었다. 반란을 평정할 사람이 없어서 양일청은 가장 먼저 양명을 생각해냈다. 조정에서는 홀연 3월에 양명에게 소명을 내려서 북상하여 서울에 와서 그때까지 지연된 6년간의 고권과 녹미를 직접 수령하게 하였다. 이는 분명히 수보 양일청이 양명에게 잘 보이려는 의도였다.[28]

조야에서는 모두 잘못 판단하여 양명이 이때 서울에 나아가면 장차 크게 쓰일 것으로 여겼다. 제자 위량필은 양명에게 편지를 써서 "스승님의 이번 여행에 조정에서는 반드시 처분을 내릴 텐데 스승님께서는 할 수 있는 것도 없고 할 수 없는 것도 없습니다(無可無不可也). 제(愚) 생각에, 제공諸公의 뒤를 이어서 부부府部의 결원을 보충할 수 있으며 다만 이번 길의 여행을 하게 되면 당우唐虞의 옛 기풍(古風)을 회복할 것입니다."[29]라고 하였다. 양명은 조정이 결코 그를 서울로 들어와 입조하고 입각하게 하려는 것이 아님을 뚜렷하게 판단하였으나, 다만 북으로 갈 결심을 한 것은 자기가 세운 공에 따라 당

---

28 이때 양일청은 수보로서 이부상서의 직임에 있었는데 고권을 반포하는 일은 당연히 그에 의해 정해졌다.

29 『태상소경위수주선생문집太常少卿魏水洲先生文集』 권3 「봉양명왕선생奉陽明王先生」.

연히 받아야 할 고권과 녹미를 수령하려는 것이었다.

그는 구양덕에게 다음과 같이 편지를 써서 알렸다.

> 북으로 올라간다는 설은 참으로 그런 말이 있습니다. 하늘처럼 높고 땅처럼 두터운 성주聖主의 은혜는 몸이 가루가 된들 갚을 길이 없습니다. 지금 즉위한 지 6년인데 한갓 진출할 방법을 찾는다는 혐의 때문에 머리를 한번 조아릴 수 없었으니, 문정門廷 신자臣子의 마음이 참으로 졸아들고 불안합니다. 근래 또 소명이 있었는데 어찌 군부君父의 재촉을 받은 뒤에 사은의 예를 행한단 말입니까? 다만 천한 몸이 지금 해수咳嗽의 근심이 심하니 인정으로 살피건대 아마도 병세가 조금 잦아들어야 종당에 한번 갈 수 있을 듯합니다. 보내신 편지에 이른바 "이런 인정과 이런 세도에서 어디에 발을 들이겠는가!" 하셨는데 도리어 우리 무리에서는 견해가 대략 같으니 천 리에 간곡히 돌아보는 마음을 어찌 감히 잊어버리겠습니까! 어찌 잊어버리겠습니까(何敢忘也)! 도가 행해지지 않음은 이미 알고 있습니다.[30]

그러나 슬프게도 양명이 아직 몸을 일으켜서 길을 떠나지도 않았는데 그가 북상하여 서울로 들어가 고권을 수령하는 일은 곧 저지를 받아 취소되고 말았다. 이는 분명히 세종과 장총·계악이 배후에서 가로막고 흔든 데서 나온 일이다. 이때 장총과 계악은 호시탐탐 각로의 보좌를 엿보고 있었는데 양명을 입각의 최대 경쟁 상대로 보았다. 그들은 줄곧 양명을 외직에 둘 것을 주장하며 양명이 입조하여서 입각하는 어떤 기회도 용납하지 않았고, 양명조차도 서울로 들어가 고권을 수령하는 일을 매우 꺼렸다. 세종은 더욱 양명의

---

30 『양명선생문록』 권3 「여구양숭일與歐陽崇一」 서2.

입조와 입각을 반기지 않았으므로 양명이 서울로 와서 고권을 수령하는 일을 결코 윤허하지 않았다. 수보 양일청이 양명에게 소명을 내려서 서울로 들어와 직접 수령하게 한 고권은 결국 한 장의 종잇조각에 불과하게 되었다. 이때 노소와 왕수가 일으킨 반란의 불길이 널리 퍼지고 치솟아서 도리어 세종과 장총·계악에게는 양명을 외방의 험지로 보내 온갖 어려움과 위험에 처하게 할 절호의 기회를 제공하였다.

조정 국면과 전쟁으로 인한 긴장으로 4월에 다시 감찰어사 정락서鄭洛書(1498~1536)가 일어나 상소하여 양명을 천거하였고, 아울러 양명의 억울함과 굴욕을 위하여 분연히 다투고 힘써서 변론하였다. 양명은 정락서에게 보내는 편지에서 감개하여 말하기를 "매번 봉사를 얻어서 읽어보면 그사이에 바로 못난 사람(不肖者)을 언급하셨는데 …… 근래 다시 듣기에 두세 군자가 저 때문에 쇠를 녹이고 뼈를 깎는 처지에서 분연히 다투고 힘써 변론하여서 칼끝을 마주하고 칼날을 각오하면서 돌아보지 않기까지 한다고 합니다."[31]라고 하였다. 조정의 신하들이 칼끝을 마주하고 칼날을 각오하면서 쟁론을 한 것은 모두 양명을 기용하여서 입조하게 하고 입각을 시키라고 요청하는 것이었다. 장총은 도리어 앞장서서 5월에 글을 올려서 양명을 양광 군무의 총제로 천거하여 사·전 정벌에 나서게 하였고, 세종은 이를 허락하였다.

11일, 조정에서는 급히 양명을 좌도어사를 겸하게 하여서 양광·강서·호광의 군무를 총제하여 사·전을 정벌하게 하고, 독동순무도어사督同巡撫都御史 요막姚鏌(1493, 진사)으로 하여금 함께 토벌하게 하였다. 이는 실제로 양명을 산에서 억지로 끌어내고 핍박하여서 칼산(刀山)과 불바다(火海)에 뛰어들어 세종을 위해 목숨을 바치도록 몰아붙이는 일이었다. 세종은 줄곧 양명을 '유학

31 『왕양명전집』 권21 「여정계범시어與鄭啓範侍御」.

의 이름을 훔치고', '더욱 성문의 선비가 아니라'고 배척하여서 기용하는 것을 허락하지 않았다. 그러나 이때 노소·왕수의 반란 세력이 전주田州를 점거하여서 형세가 창졸간에 위급해졌으나 조야를 둘러보아도 끝내 반란을 평정할 인물을 찾을 수 없었다. 어리석고 완고하고 교만하고 전횡하는 세종은 그제야 어쩔 수 없이 장총의 천거를 신뢰하여서 양명을 위험한 상황에 기용하고 험지에 처하게 하여, 장차 공을 이루면 황상에게 귀속하고 일이 실패하면 남의 칼을 빌려 죽이려 하였다. 이는 본래 어리석은 군주가 쟁신諍臣을 징벌하고 살육하는 상투적인 권모술수였다.

장총의 천거는 일석이조(一箭雙雕)의 결과를 낳았다. 양명의 입조와 입각을 저지하고 또 지방 반란의 큰 근심을 제거하는 것이었다. 그러나 세종은 비록 이런 상황에 이르러서도 여전히 양명을 시기하였고, 뜻밖에 사사로이 수보 양일청에게 밀조를 내려서 '왕수인의 위인爲人'에 대해 물었다. 양일청은 과장과 거짓을 섞어서 다음과 같이 비밀스럽게 대답하였다.

> 성상의 효유를 받았는데 "왕수인의 위인이 어떠한지 알고 싶다."라고 하셨습니다. 신이 가만히 생각건대, 수인은 학문이 가장 해박하고 문재文才가 가장 풍부합니다. 정덕(1506~1521) 초년에 형부주사가 되어서 제일 먼저 상소하여 유근의 과오와 악행을 탄핵하였다가 오문午門 앞에서 장 30대를 맞고 거의 죽음에 이르렀습니다. 귀주 용장역 역승으로 좌천되어서 습하고 장기瘴氣로 뒤덮인 지역에서 3년을 보냈으나 다행히 죽지 않았습니다. 유근이 주벌당한 뒤 여릉廬陵 지현으로 서천敍遷하였다가 들어와서 이부주사가 되었으며, 차례로 원외랑과 낭중을 거쳤습니다. 남경 태복소경太僕少卿과 홍려경鴻臚卿을 거친 뒤 다시 도어사, 강서 남감 등처의 제독을 거쳤습니다. 병사를 거느리고 동적洞賊을 정벌하였으며 여러 해 묵은 거대한 도

적을 모두 죽여서 평정하였습니다. 신호의 반란에 길안吉安 지부 오문정과 함께 가장 먼저 대의를 내세우고 일어나 적을 토벌하였으며 마침내 남창을 무너뜨리고 들어가서 그 성을 차지하고 지켰습니다. 신호가 장강에서 의병이 일어난 소식을 듣고 급히 강서로 돌아갔습니다. 수인이 오문정 등에게 명하여서 의병을 거느리고 적과 대항하게 하여 파양호에서 잇달아 전투를 벌여서 크게 격파하고 마침내 신호를 붙잡고 지방을 크게 안정시키니 원근의 인심이 비로소 안정되었습니다. 이때 조명朝命이 아직 내려오지 않았는데 홀로 먼저 근왕勤王을 하였으며, 무종이 친정을 하여 보정保定에 이르렀을 때 첩보가 이미 이르렀습니다. 논공행상을 하여서 관작을 수여하는 것이 실로 마땅하였습니다. 양정화楊廷和가 (그의) 공적이 높고 명성이 높은 것을 시기하여서 입조하지 못하게 하였고, 이에 (왕수인은) 남경병부상서로 승진한 것입니다. 부모상을 당하고 복을 벗은 뒤 고권을 내렸는데 오히려 사은하지 않았습니다. 다만 그의 학술이 치우침에 가깝고 옛 도를 행하기를 좋아하며 옛 의관을 착용하였으며, 문인 제자가 스스로 높이고 칭송을 하였습니다. 그리하여 많은 사람이 그를 헐뜯었습니다. 그의 정충精忠과 큰 절조는 끝내 없어지지 않을 것입니다. 근래 황상께서 양광에 기용하였으니 공론에 가장 흡족합니다. 다만 사람의 바람에 차지 않아서(人望未滿) 이런 사람을 마땅히 먼 지방에 두어서는 안 된다고(不宜置之遠方) 여기는 것입니다. 만약 전주 오랑캐의 근심이 종식되고 지방이 조금 안정되기를 기다려서 병부상서에 궐원이 생길 때 불러서 등용하면(召而用之) 위망威望이 족히 남을 복종시키고 모략으로 위험을 구제할 수 있으며 폐하께서는 삼변의 근심을 없앨 수 있습니다. 엎드려 성감聖鑑을 바랍니다.[32]

---

32 『양일청집』 권5 「밀유록密諭錄·논왕수인위인여하주대論王守仁爲人如何奏對」.

양일청이 당면하여 꺼낸 '사람의 바람에 차지 않고', '마땅히 먼 지방에 두어서는 안 되며', '불러서 병부상서로 삼으라'고 한 공수표가 세종은 곧 현금으로 바뀔 것이라고는 줄곧 생각하지 못하고 있었다. 6월 1일에 순안어사 석금이 또 제독양광군무도어사 요막姚鏌(1465~1538)을 탄핵하여서 파직한 뒤 정신들이 모여서 왕수인을 요막의 후임으로 추천하였는데, 실제로 양명이 명에 항거하여서 나오지 않으려는 마지막 퇴로를 막아버렸던 것이다. 6일, 병부의 특차관特差官이 임명하는 문서를 가지고 소흥에 이르렀는데 양명은 그 속에 들어 있는 흉악한 위험을 깊이 깨닫고 즉시 사면하는 상소를 올려서 병을 요양할 수 있도록 은혜를 청하였다. 동시에 조정의 양일청·장총·계악에게 차자를 보내 다시 간절히 사면을 진술해주기를 청하였다.

뜻밖에도 계악은 기상천외한 생각을 하여서 하늘이 그에게 각로가 되는 좋은 기회를 준 것으로 여기고 홀연 말할 수 없이 괴상한 내용으로 17일에 상소하여서 왕수인을 기용하도록 천거하였다. 주소奏疏에서 부끄러움도 없이 다음과 같이 크게 떠벌렸다.

> …… 지금 듣건대 순안어사巡按御史 아무개가 일을 그르칠 원인을 제공하였습니다. 이는 바로 마땅히 요막과 같이 그른 일을 답습하고 거짓을 따르는 사람을 책하여서 관직을 해임하여 회피하게 하고, 전부터 영예와 명망이 있는 왕수인 같은 사람을 고쳐서 명령하여 그 지역에 깊이 들어가서 탐문하게 하면 (사람들의) 감정이 막히지 않고 동남 지역은 충분히 근심하지 않아도 될 것입니다. 서북 오랑캐(戎夷)의 근심은 형세가 자못 창궐하니 …… 신이 생각하기에 이 일은 마땅히 왕경王瓊을 기용하여서 삼변을 총제하게 한다면 삼변을 봉쇄하여서 모두 물리칠 수 있으며 서북의 근심도 우려할 만한 것이 아닙니다. 다만 왕경은 재능이 뛰어나고 의기가 드넓어서

비방을 받고 근심을 불러들입니다. 왕수인은 군공軍功을 반듯하고 엄격하게 정돈하며 새로운 학문을 담론하기를 좋아하기 때문에 사론士論이 많이 가로막고 있습니다. 그러나 바야흐로 성명께서 중흥에 확실한 의지를 지니시고 천하에는 마침 일이 많으니 어찌 이 경제經濟의 대단한 방략(大略)을 지닌 사람을 쓸모없는 처지에 둘 수 있겠습니까? 엎드려 바라건대 성명께서는 병부에 신칙하여서 간직한 바를 다 발휘하여 한 시대 변방의 급무를 해결하는 권한을 부여하여서 백성의 마음을 평안하게 하시되 사신을 파견하여서 왕경과 왕수인을 취하여 임용하소서.[33]

이 상소는 후세 사람에 의해 계악이 맨 처음 양명을 추천한 증거로 여겨져서 심지어 양명을 처음 천거한 계악을 포상하려고 하기까지 하였다. 그러나 이는 사실 매우 크나큰 오해일 뿐이었다. 조정에서는 5월 11일에 이미 소명을 내려서 양명을 양광의 총제에 기용하였고, 6월 1일에 정신들이 다시 모여서 양명을 요막의 후임으로 추천하였으며, 6일에 임명장이 이미 소흥에 도착하였으니 계악이 17일에 다시 양명을 천거한 일은 이미 아무런 의미가 없었다. 그 뒤 곧바로 계악은 겨울에 양명에게 글을 보내서 그가 양명을 천거하면서 다른 사람에게 알릴 수 없었던 목적을 비로소 폭로하였다. 원래 계악이 양명을 천거하여 양광에 기용하려는 진정한 의도는 양명으로 하여금 사·전을 평정하게 하려는 데 있는 것이 아니라 양명의 손을 빌려서 안남安南을 염탐하고 '격문을 보내 안남을 취하는' 기이한 공적을 세움으로써 자기 입각을 위한 최대의 발판으로 삼으려는 데 있었던 것이다.

『국각』에서는 계악의 음모를 다음과 같이 폭로하였다.

---

33 『문양공주의文襄公奏議』 권2 「청기용구신통옹폐이안천하소請起用舊臣通壅蔽以安天下疏」.

> 계악은 스스로 시기를 만나 군주에게 접근하여서 재보에 이르렀으나 기이한 공적을 세우지 못하였으므로 후세에 중히 여겨지지 않았다. 안남에서 난이 일어나자 격문을 전하여 취하기를 바랐다. 이에 뒤에서 자기 의도를 왕수인에게 지시하였는데 만약 사·전 정벌을 위해 출병하거든 오로지 안남의 중요한 정세(要領)를 염탐하게 하였다. 그런데 수인은 뜻밖에도 계악의 지시를 거스르고 직접 상주 끝에 (안남의 정세에 관해) 아주 조금 언급하였을 뿐이다. 계악은 마침내 화를 내고 원한을 품었다. 수인이 물고物故를 만나자 다른 일로 분노를 일으켜서 그를 불명예스럽게 하였다(詘其名).[34]

계악이 상주하여서 천거한 일은 불난 집에 부채질하는 역할을 하였다. 19일, 조정에서는 왕수인에게 명하여 편의에 따라 일을 하고 완급을 살펴서 병사를 조발하여 처리하게(進止) 하였다. 양명은 즉시 서울에 있는 병부주사 곽도霍韜와 소첨사少詹事 방헌부에게 편지를 보내 그들에게 중간에서 중재해줄 것을 청하였으나 아무런 조짐이 없었다. 7월 10일, 조정에서는 양명의 사면을 윤허하지 않고 명을 내려서 즉시 부임하게 하였다. 18일, 조정에서는 다시 관리를 소홍으로 파견하여서 말을 달려 양명에게 양광으로 부임하라고 재촉하였다.

8월에 양명은 다시 차자를 양일청과 장총에게 보내 사면을 간청하였다. 그는 장총에게 보낸 편지에서 간결하게 다음과 같이 말하였다. "동남쪽의 작은 좀은 피부의 헌데나 옴과 같은 질환일 뿐입니다. 조정에서 사람들이 저마다 마음은 있으나 충군과 애국의 성심이 없고 참소와 질시를 하면서 험악하게 엿보고 당비黨比를 멈추지 않는 이러한 것들이 심복心腹의 병이니 크게 우

---

34 『국각』 권54.

려할 만합니다."[35]

양일청에게 보낸 편지에서는 더욱 솔직하고 진실하게 애원하며 말하였다.

> 간절한 내용으로 소를 올려서 여러 방법으로 바람을 이루게 하여 구차한 목숨을 이어가게 해달라고 하였습니다. 노선생께서 제가 병이 낫기를 기다린 뒤 끝내 폐기되기를 차마 보지 못하여서 반드시 억지로 한번 나오게 하려고 한다면 유도留都(남경)의 한산한 부서나 혹은 남북의 태상太常이나 국자國子의 직임으로 가능한 능력을 헤아려서 스스로 효험을 보게 하시면 보답할 날이 마땅히 있을 것입니다."[36]

그리하여 최종적으로 양명이 세상에 나와서 양광의 임지로 나아가는 운명을 결정하는 중요한 시점인 8월 19일에 광록시소경光祿寺少卿 황관이 「명군공이려충근소明軍功以勵忠勤疏」를 올려서 왕양명 등이 신호를 평정한 큰 공을 밝혀서 변론하고, 양명이 입각하여 정치를 돕도록 힘써 천거하면서 별도로 사람을 선발하여 양광의 총제로 삼게 하였다.

주소에서 다음과 같이 통렬히 아뢰었다.

> …… 우선 먼저 선조先朝 말년에 폐하께서 처음 정사를 행한 한 가지 일을 논하겠습니다. 예컨대 신호가 반역을 일으키고 포학한 기세가 하늘을 삼키자 번군藩郡은 진동하고 종친은 두려워서 근심한 것을 폐하께서는 몸소 보셨습니다. (신호의) 복심腹心의 대응과 도움이 중외에 널리 이르고, 정경鼎卿

35 『양명선생문록』 권4 「여장라봉與張羅峰」 서2.

36 『왕양명전집』 권21 「기양수암각로寄楊邃庵閣老」 서4.

과 근행近倖의 뇌물이 번갈아 오갔습니다. 나라를 팔아먹는 간신이 때를 기다려서 움직이기 시작하였습니다. 양경兩京은 장비가 부족하고 사방의 길에는 사람이 없었습니다. 지방 원근의 진에서는 아무것도 할 수 없어서 병사를 장악하고 관망만 하였는데 온 세상(滔滔)이 모두 이러하였습니다. 오직 남감을 진수하는 도어사 왕수인만 복건에 칙령을 내려서 일을 처리하였는데, 남창을 경유하는 노정 중간에 변고를 듣고서 심장을 가리키며 하늘에 부르짖고 맹서하기를 적과 함께 살 수 없다고 하였습니다. 맨몸으로 외로이 달려서 기이한 계책을 구사하고 모략을 펼쳐서 이에 배우(優人)를 파견하여 염탐을 하고, 가짜로 천병天兵과 정벌을 약정하였다고 하며, 지방의 진과 연합하여 전투를 벌여서 포획하였고, 방비가 되어 있음을 보이고 적이 의혹을 품도록 끌어들여서 사로四路의 방비를 펴나갔습니다. 도중에 반신의 가속家屬을 붙잡아 복심에게 맡기고 또 해치지 않는 태도(無爲)를 보여서 그들을 안심하게 하였습니다. 그런 뒤 의로써 군중을 격발하고 병졸(烏合)을 모집하였습니다. 병사를 갖춘 뒤 신중하게 살펴서 글을 발표하여 적을 꾸짖고 뉘우쳐서 각성하게 하였습니다. 병사를 거느리고 남창을 수복한 뒤 병사를 주둔시켜서 대비하였습니다. 바야흐로 적이 안경安慶에 이르러서 바야흐로 날카롭게 성을 공격하였는데 적이 정보를 듣고 놀라서 돌아오게 하였으며, 그 돌아가는 길을 계산하여서 물과 뭍에서 요격함으로써 적의 군중을 크게 무너뜨리고 마침내 초사樵舍에서 신호를 붙잡았습니다. 병법에 먼저 승리한 다음 싸운다(先勝而後求戰)는 말이 있으니 이를 말함이 아니겠습니까?

공을 이룬 뒤 강우江右의 상처(瘡痍)가 회복되지 않아 무종 황제께서 남순을 하시자 간사한 권신이 공을 훔치고 질투와 참소가 백 가지로 일어나고 의심이 헤아릴 수 없었습니다. 수인은 공손하고 근면하며 사소한 부분까지 잘 살펴서(曲致) 바야흐로 지방을 안정시킨 뒤 겨우 몸이 벗어날 수 있었습니다. 수인은 위기에도 굳건하고 끝까지 충성을 다하는 자라 할 수 있습니다. 가령 그때 수인이 창의하여서 군중을 통솔하고 모략을 구사하여 기의機宜를 획득하고 전투에 방법을 취하지 않았다면, 안경은 끝내 무너지고 금릉金陵(남경)을 보호하지 못한 상황에서 (적이) 빠르게 북상하고 이에 호응하여 돕는 세력이 봉기하고 복심이 뒤에서 도왔다면 경사의 존망을 알 수 없었을 것입니다. 비록 결국에는 천명이 있어서 마침내 반드시 오랑캐를 섬멸하겠지만 오랜 세월 지구전이 되면 사대부는 살육과 모욕을 당하고 창생은 온갖 해독을 당함을 이루 말할 수 있겠습니까! …… 또 무종 초년에 유근이 간사하여서 아무도 감히 말을 하지 못하고 있을 때 수인이 지적하다가 원한을 사서 태장을 맞아 엉덩이가 깨지고 지라(脾)가 터져서 죽다 살아났으며, 유형을 당하여 풍토병이 들끓는 먼 곳에 찬배되었다가 오랜 시간 뒤 사면을 받고 돌아와서 비로소 녹용錄用될 수 있었습니다.

종전에 남南·감贛의 곤핍한 진鎭, 계곡의 흉악한 인민이 무리를 지어서 도적이 되어 서로 모방을 하고 포학하게 겁박하여서 멋대로 꺼리는 바가 없었습니다. 건虔·초楚·민閩·광廣 등 접경 지역의 산과 소택지는 도적의 소굴이 아닌 곳이 없었습니다. 크고 작은 유사有司는 속수무책이었고 끝내 모두 다스릴 수 없었습니다. 수인이 진수鎭守한 지 3년이 못 되어서 병사는 위엄과 무략을 갖추고 신묘하게 임기응변하여서 다료茶寮·통강桶岡의 여러 성채(寨), 대모大冒·이두浰頭의 여러 성채의 적을 차례로 사로잡고 섬멸하여서 현을 늘리고 나졸을 배치하여 약속을 명확히 하고 마침내 변경을 다스렸습니다. 옛날의 명장이라도 (공적이) 어떻게 이를 넘어서겠습니까? ……

지난번 폐하께서 등극하고 명하시어 서울로 불러서 상을 베풀고 신건백新建伯에 봉하고 남경 병부상서로 승진시켰습니다. 언자言者(언관, 간관)는 서울로 불러서 상을 베풀어 사치스럽게 낭비하는 것은 옳지 않다고 하였습니다. 폐하의 대관의 부엌에서 일용日用에 기율이 없는 한 끼의 잔치와 비교하면 낭비하는 것이 얼마나 되기에 오히려 번거롭게 논하는 것입니까! 북경에 어찌 한 직책이 없기에 반드시 남경에 배치하려고 하는 것입니까! 이는 사특한 무리가 현자를 가리고 공을 질투하는 소행입니다. 수인이 부친상을 당하였다가 복을 벗은 뒤에도 마침내 기용되지 않았고 도리어 그때 말을 날조하여서 배척하는 여론이 있었습니다. 그러나 비록 작질을 받고 관직에 승진해도 철권鐵券을 발급하지 않고 녹미를 지급하지 않았으며, 그로서는 조정의 일에 참여하지 못하니 형적이 나무꾼이나 낚시꾼과 다름없습니다. 가령 허물이 있어도 용렬하게 논할 수 없는데 하물며 공이 있고 허물은 없는 경우이겠습니까! …… 하물며 수인의 학문은 성명性命에 근원을 두고 덕은 충서忠恕에 근거하며 재능은 경제經濟에 넉넉하니 그로 하여금 군주를 섬기고 사물에 대처함에 반드시 그 성실함을 곡진히 하게끔 하며 더욱 훈도를 담당하고 고문에 대비하게 하기에 족합니다. ……

이전에 고 상서 석서, 오정거吳廷擧와 지금의 시랑 장총, 계악 등의 언관이 모두 여러 차례 천거하여서 일찍이 간명簡命을 입고 양광의 총제에 등용되었습니다. 신은 말씀을 올리기를, 총제를 맡기는 것은 한 지방에 그치니 만약 묘당에서 등용하여 모의를 돕고(贊襄) 인심을 바꿀 수 있으면 천하를 구제하는 것이라 하였습니다. 엎드려 바라건대 폐하께서는 현명한 양상良相은 만나기 어려움을 생각하시어 속히 수인을 불러서 대학사 양일청 등과 함께 지치至治를 도모하게 하고 별도로 재능이 있는 자를 기용하여서 양광 총제로 삼으소서. 이어서 해당 부(該部)에 조칙을 내려서 수인이 응당 받아야 할 철권과 녹미를 지급하게 하소서. …… 이 (권한은) 실로 폐하께서 하늘을 받들어서 잡고 있는 큰 자루이니 털끝만큼이라도 옮기거나 빼앗을 수 없는 것입니다. 마땅히 하루속히 (왕수인을) 거둬들여 (써서) 사람으로 하여금 충성을 바치고 힘을 발휘하는 권유로 삼으소서.[37]

황관의 상소는 표면적으로는 강서의 군공을 밝히 변론하는 내용이었지만 실제로는 양명이 평생 동안 이룬 사공事功의 업적을 총결한 글이다. 양명 평생의 공과와 시비를 밝게 변론하고 무종과 세종이 충성스럽고 선량한 사람을 해치고 양명을 제대로 대우하지 못한 과오를 들추어냈는데, 그 진의는 조정에서 양광 총제의 명령을 거둬들이고 양명을 불러서 입각하게 하여 지치至治를 함께 도모하기를 청하는 데 있었다. 이는 자연 세종으로 하여금 더욱 분노를 터트리게 하였고, 장총과 계악에게는 (왕수인을) 꺼리고 한으로 여기게 되었다. 특히 입각에 절실하였던 계악에게는 관건이 되는 시점에서 아주 심각하게 악영향의 작용을 일으켰다.

황관은 『양명선생행장』에서 다음과 같이 들추어냈다.

내가 이때 광록시소경으로 소를 갖추어서 강서의 군공을 논하고 공의 재덕을 천거하여서 보필의 직임을 감당할 수 있다고 하였다. …… 양일청 공은 공이 입각하여서 같은 반열에 서는 것을 꺼렸다. 이에 장부경張孚敬(1475~1539) 공과 함께 게첩揭帖을 갖추어서 대답하기를 "왕수인은 본래 재능이 쓸 만하나 다만 옛 의관을 착용하고 심학을 담론하기 좋아하여서 사람이 자못 이것을 특이하게 여겼습니다. 입각하기에 합당하지 않으니 다만 병부상서로 쓸 만합니다."라고 하였다. 계(계악) 공이 이를 알고서 마침내

37 황관, 「명군공이려충근소明軍功以勵忠勤疏」, 『왕양명전집』 권39 「세덕기世德紀」 부록에 보이며, 또 『황관집』 권31에 보이는데 내용이 조금 다르다.

크게 노하여 나를 꾸짖으며 몰래 게첩을 올려서 공을 헐뜯으니 상이 마침 내 뜻을 거두었다.[38]

20일, 양명에게 고권과 녹미를 반하頒下하고 이어서 조정에서는 다시 양명에게 속히 부임하여서 수신守臣과 회동하고 병사를 통솔하여서 정벌하고 위무하라는 명을 내렸다. 황관 등 조신들의 양명 구원은 결국 실패로 끝나고 말았다.

양명은 6년 동안 임하에 은거하던 험난했던 생활을 끝내고 강압에 의해 세상에 나와서 또 마지막 흉험한 길에 올랐다.

38 『왕양명전집』 권38 「양명선생행장」.

사思·전田으로 출정하다 : 남쪽으로 심학을 전파하는 길

양명은 세종과 영신佞臣의 간사한 궤휼과 반복무상함을 매우 뚜렷하게 파악하였다. 그는 이때 억지로 세상에 나오는 길이 돌아오지 못할 험악한 길임을 어느 정도 예감하고서 양광으로 부임하기 전에 집안일을 모두 안배하였다. 그는 가정과 윤자胤子 왕정총을 위정표魏廷豹에게 부탁하고, 계자繼子 왕정헌王正憲을 전덕홍과 왕기에게 부탁하였다.

제자와 배우는 사람들의 강학론도에 대해서도 역시 적당하게 안배하여서 특별히 「객좌사축客坐私祝」을 짓고 자제 및 찾아와서 배우는 선비들에게 다음과 같이 훈계하였다.

> 다만 원하기는, 온화하고 공손하고 정직하고 진실한 벗이 이곳에 와서 학문을 강하고 도를 논하되, 효도와 우애와 겸손과 조화(孝友謙和)의 행실을 보여서 덕업을 서로 권하고(德業相勸), 과실을 서로 바로잡아서(過失相規) 나의 자제를 가르치고 훈계하여 그르고 치우친(非僻) 일에 빠지지 않게 하라. 원하지 않는 바는, 설치고 덤비고 게으르고 거만한(狂懆惰慢) 무리가 이곳에 와서 주사위와 바둑을 두고 술을 마시며, 오만함을 더하고 그릇됨을 꾸며

서 교만하고 사치하고 음탕한 일로 이끌고, 재물을 탐하고 뇌물을 찾는 꾀로 유인하여서 어둡고 완고하고 부끄러움을 모르며, 선동하고 미혹하고 고동하여서 우리 자제의 불초함을 늘리는 것이다. 아! 앞의 설을 따르면 이는 선량한 선비라고 한다. 뒤의 설을 따르면 흉악한 사람이라고 한다. 나의 자제가 선량한 선비를 멀리하고 흉악한 사람을 가까이하면 이는 (가르침을) 거역하는 자식(逆子)이니 경계하고 경계하라(戒之)!

가정 정해년(1527) 8월, 장차 양광으로 떠나기에 이를 써서 나의 자제를 경계하게 하며 아울러 사우士友로서 이곳에 오는 사람에게 알려서 그들에게 청하여 한번 보고 (자제를) 가르치게 하라.[39]

양명의 이 「객좌사축」은 그가 자제와 문인, 선비와 배우는 사람들에게 남겨준 '교규敎規'가 되었다. 9월 8일 밤 양명은 천천교에서 '왕문팔구교'의 종지를 발표한 뒤 양광으로 부임하는 길에 올랐는데 수많은 제자가 전송하였다. 그는 이때 멀고 먼 길을 지나 양광으로 부임하는 여정을 심학 양지의 비와 이슬을 뿌리는 장정長征으로 만들어서 가는 길에 각지의 학생과 강학론도를 게을리하지 않고 부지런히 하여 양지심학의 종사로서 풍도(風範)를 드러내 보였다. 동시에 치밀한 사고로 사·전을 평정하는 일의 사의事宜를 기획하여서 가는 동안 내내 쉬지 않고 반란 평정의 용병에 관한 공문서(公移)와 행문行文을 반포하고, 군마軍馬를 곳곳에 파견하여서 병법의 대사가 침착하게 지휘하는 기풍을 발휘하였다.

9월 중순에 전당에 이르러서 무림武林에 주둔하였을(駐節) 때 장한張瀚(1511~1593)이 학생 몇 명과 함께 양명을 찾아왔다. 장한은 양명과 만난 일을

39 『왕양명전집』 권24 「객좌사축客坐私祝」.

다음과 같이 기록하였다.

> (*양명이) 다시 사·전 정벌에 나섰다. 이때 무림에 주둔하였기에 내가 제생으로서 마음 깊이 흠모하여서 동무(同儕) 몇 사람과 함께 공을 찾아뵙기로 약속하였다. (선생의) 풍의風儀를 뵈었다. 신골神骨이 맑고 깨끗하였으며 걸음걸이가 곧고 가벼웠으며 학처럼 너울너울하였다. 가르침을 구했더니 다만 말씀하시기를 "처한 상황에 따라 체인하면 모두 진보할 수 있다. 제생으로서 공맹을 외고 익히며 신체로 힘써 행하면 거자의 학업이 어찌 사람을 얽어맬 수 있겠는가! 근심하는 바는 입과 귀에 빠져서 마음으로 깨닫고 정신으로 이해하는 유익함이 없고 성현(의 가르침)을 술지게미나 찌꺼기로 보는 것일 뿐이다."라고 하셨다. 나는 공의 말씀을 깨닫고 오늘에 이르도록 한날같이 (실행)하였다.[40]

전당에서 양명은 특별히 순안어사 왕황王璜(1521, 진사)을 예방하였다. 왕황은 가정 6년(1527)에 절강의 순안으로 와서 인민에게 해를 끼치는 간사한 아전을 인정사정 보지 않고 처벌하였다. 영가永嘉에 순안을 하러 왔을 때 장총 집안의 사람들이 향리에서 횡행하는 비리를 조사하여서 엄하게 징벌하고 처리하였는데, 나중에 이 일로 장총에게 죄를 얻어서 파직당하였다. 양명은 왕황과 만나서 정사를 논하고 오산吳山·월암月巖·어교장御校場을 유람하였다. 그는 왕황이 굽힐 줄 모르는 기개로 토호와 간사한 무리를 제거하는 일에 스스로 '남쪽 변방은 무너진 듯하니 감히 불을 끄는 일을 급히 사양할 수

---

40 『송창몽어松窗夢語』 권4 「사인기士人紀」.

없다!'고 생각하며 고별시 한 수를 지어서 읊었다.[41]

가을에 월암의 새 집에서 술을 마시며 왕 시어를 송별하다

秋日飮月巖新構別王侍御

호산을 오래도록 그렸더니	湖山久系念
흙덩이 진 곳에서 형적이 묶이네	塊處限形迹
멀리 한 줄기 강을 바라보니	遙望一水間
십 년을 오지 못했네	十年靡有卽
군대는 쇠약한 데서 일어나	軍旅起衰廢
말달림에 어찌 그리 황급하나?	驅馳豈遑急
앞에 선 깃발은 언덕을 돌아가고	前旌道回岡
울퉁불퉁 굽은 길 신속하게 올라가네	取捷上畸側
새로 지은 집은 빽빽하며 층층이 우거지고	新構鬱層椒
돌문은 갈수록 깊고 적막하네	石門轉深寂
때는 서리가 내리기 시작하는 날	是時霜始降
바람은 처량하고 뭇 꽃들이 부스러지네	風凄群卉折
구렁은 조용하고 강의 물소리 울리니	壑靜響江聲
창은 비어서 바다 빛깔 머금었네	窗虛函海色
저녁 그늘 서쪽 봉우리에 내리고	夕陰下西岑
차가운 달은 동쪽 벽을 뚫고 들어오네	涼月穿東壁
바람을 맞으니 남은 정이 있고	觀風此餘情

41 『왕양명전집』 권20 「추일음월암신구별왕시어秋日飮月巖新構別王侍御」.

풍경을 누리며 고매한 생각을 하네 撫景見高臆

여러분 전송을 따르지 않는다면 匪從群公餞

어찌 좋은 만남을 가질 수 있나? 何因得良覯

남쪽 변방은 무너진 듯하니 南徼方如毁

감히 불을 끄는 일 급히 사양하랴! 救焚敢辭亟

돌아옴에 다행히 기약이 있느니 來歸幸有期

마침내 그윽함 찾는 기벽을 이루리! 終遂幽尋癖

배가 항성杭城의 성 남쪽 천진산天眞山을 지나갈 때 양명은 배행한 제자 전덕홍·왕기와 함께 천진산에 올라 유람하였다. 천진산은 기암과 옛 동굴(古洞)이 빽빽하였고 아래로는 팔괘전八卦田을 내려다보고 왼쪽으로는 서호西湖를 안고 앞은 서해胥海에 임하였다. 양명은 이전에 일찍이 천진산에 집을 지어서 늙을 생각을 하였고, 전덕홍과 왕기는 스승의 마음속 소원을 간파하고서 천진산에 서원 건립을 제안하였다. 양명은 기쁘게 말하였다. "내가 20년 전에 이곳에서 노닌 뒤 오랫동안 생각은 하면서 오지는 못하였는데 한번 오르지 못하고 떠났던 것이 후회스러웠다."[42] 이는 사실 제자들에게 천진산에 서원을 건립하게 한 것이며 양명도 절중의 선비가 서원에 모여서 그의 '왕문팔구교'를 강구하기를 바라는 마음이 있었다.

나중에 삼구三衢에 도착했을 때 양명은 또 시 한 수를 지어서 전덕홍과 왕기가 천진서원天眞書院을 세우는 일을 칭찬하였다.[43]

42 『왕양명전집』 권36 「연보」 부록.

43 『왕양명전집』 권20 「덕홍여중방복서원성칭천진지기병기급지德洪汝中方卜書院盛稱天眞之奇竝寄及之」.

덕홍과 여중이 바야흐로 서원의 터를 잡았는데 천진의 기이함에 걸맞았으니 아울러 시를 보낸다 德洪汝中方卜書院盛稱天眞之奇竝寄及之

천진 길 밟지 못한 지 不踏天眞路
아마도 스무 해쯤 依稀二十年
돌문은 대나무 길 깊이 있고 石門深竹徑
푸른 골짜기에 샘물이 쏟아져 나오네 蒼峽瀉雲泉
못이 두른 학교 담은 서해가 둘러 있고 泮壁環胥海
거북등 같은 팔괘전이 보이네 龜疇見宋田
문명은 원래 상징이 있으니 文明原有象
터를 잡음에 어찌 인연이 없으랴! 卜築豈無緣

항성에서 부양富陽에 이르기까지 양명은 '천천의 깨달음(天泉之悟)'의 흥분에 차 있었고, 가는 길 내내 문인, 제자와 함께 양지심학을 강론하였으며 '왕문팔구교'의 '오종吾宗'을 발휘하였다.

배가 엄탄嚴灘의 조대釣臺를 지나갈 때 그는 여전히 문인, 제생과 함께 양지심학을 강론하였으며, 당년에 포로를 바치러 갈 때 엄탄을 지나가던 정경을 상기하고 시 한 수를 크게 써서 정자의 벽에 새겼다.[44]

다시 조대를 지나며 復過釣臺

예전 조대를 지나던 일 생각하니 憶昔過釣臺

---

44 『왕양명전집』 권20 「부과조대復過釣臺」.

이리로 군대가 말을 달려갔었지	驅馳正軍旅
십 년 만에 지금 비로소 오네	十年今始來
다시 전쟁이 일어났기에……	復以兵戈起
빈산에 안개 자욱하고	空山煙霧深
지난 자취 꿈속 같네	往迹如夢裏
가랑비에 숲길은 미끄럽고	微雨林徑滑
폐병에다 두 발은 부르텄네	肺病雙足胝
우러러 조대를 보니 구름이 일고	仰瞻臺上雲
굽어보니 조대 아래 물이 흐르네	俯擢臺下水
인생은 어찌 그리 바쁜지!	人生何碌碌
고상한 사람 응당 이와 같다네	高尚當如此
전란에 시달리는 동포를 생각하고	瘡痍念同胞
지인은 자신을 위하지 않네	至人匪爲己
문을 지남에 들어갈 겨를 없으니	過門不遑入
근심과 노고 어찌 끝나랴!	優勞豈得已
끝없이 스스로 마음 아파하네	滔滔良自傷
과연 어려움이 없기를!	果哉末難矣

배가 서안西安을 지나갈 때 또 왕기王畿·난혜·왕수이·임문경林文瓊·정례鄭禮 등 학생 수십 명이 강호江滸에 나와서 기다렸다가 맞이하였다.

양명은 그들과 함께 천진산 서원에서 강학론도를 한 일을 담론하였고, 시를 지어서 그들과 서로 약속을 하였다.[45]

45 『왕양명전집』 권20 「서안우중제생출후인기덕홍여중병시서원제생西安雨中諸生出候因寄德

서안에서 빗속에 제생이 나와서 기다렸기에 덕홍과 여중에게 보내고 아울러 서원 제생에게 보이다 西安雨中諸生出候因寄德洪汝中竝示書院諸生

서안의 길 얼마나 지나다녔나?	幾度西安道
강의 물소리 저녁 비 내릴 때	江聲暮雨時
갈매기는 기미를 간파하고	機關鷗鳥破
물과 구름에 종적을 의심하네	踪迹水雲疑
도끼에 의지함은 내 일 아니고	依鉞非吾事
경전을 전함에 네 스승 됨이 부끄럽네	傳經愧爾師
천진에 돌샘 빼어나니	天眞石泉秀
새로이 녹문을 기약하네	新有鹿門期

9월 28일, 양명은 상산常山에 도착하여 당릉棠陵의 방호方豪(1482~1530)를 예방하였다. 방호는 이때 서봉西峯에 은거하고 있었는데 아직 다시 등용되지 않았다. 그는 외단外丹 수련을 좋아하는 문사文士였다. 양명은 그들과 함께 양지심학을 강론하면서 시를 지어서 완곡하게 그의 연단을 좋아하고 장생을 추구하는 사상을 비평하였다.[46]

장생 長生

장생을 한갓 사모했으나	長生徒有慕

洪汝中竝示書院諸生」.

46 『왕양명전집』 권20 「장생長生」, 「방사도송서봉方思道送西峰」.

좋은 약을 얻지 못해 괴로웠네	苦乏大藥資
명산을 두루 찾아다니다	名山遍探歷
유유히 살쩍이 희끗희끗해지네	悠悠鬢生絲
미약한 몸 늘 마음이 매여	微軀一系念
도에서 날로 멀어질 뿐	去道日遠而
중년에 홀연 깨달음이 있으니	中歲忽有覺
구환 단약이 여기에 있네	九還乃在玆
화로도 아니고 솥도 아니고	非爐亦非鼎
무엇이 감괘이고 무엇이 이괘인가?	何坎復何離
본래 처음도 끝도 추구할 수 없으니	本無終始究
어찌 삶과 죽음을 기약하랴!	寧有死生期
저 사람, 노니는 방사	彼哉遊方士
속이는 말 도리어 의심을 늘리네	詭辭反增疑
어지러이 모여든 여러 어르신네에게	紛然諸老翁
갈래길에서 곤경에 처해 도를 전하네	自傳困多歧
하늘과 땅 나로 말미암아 있으니	乾坤由我在
어찌 다른 데서 추구하랴!	安用他求爲
수많은 성인 지나가는 그림자요	千聖皆過影
양지가 바로 내 스승이로세	良知乃吾師

방사도를 서봉으로 송별하다　方思道送西峰

서봉은 진경에 숨어 있고	西峰隱眞境
은미한 지경이 대로에 임했네	微境臨通衢

행역은 여러 차례 끝이 없고	行役空屢屢
눈앞은 먼지로 흐릿하네	過眼被塵迷
푸른 숲은 바깥으로 뻗어 있고	青林外延望
닫힌 집은 어디로서 엿보나?	中閟何由窺
바야흐로 그대는 조정의 그릇	方子巖廊器
몸은 구름 노을과 자태를 같이하네	兼己雲霞姿
샘과 돌을 만날 때마다	每逢泉石處
반드시 당릉의 시를 새기네	必刻棠陵詩
이 산은 늘 빼어난 옥 같고	玆山秀常玉
이 사람 주머니에 든 송곳이라	之子囊中錐
뭇 봉우리 가을 기운 청명하고	群峰灝秋氣
키 큰 나무 서늘하게 바람을 머금네	喬木含涼吹
이번 길 아름다운 전송 아니면	此行非佳餞
누구 위해 그윽하고 기이한 곳 떠나랴?	誰爲發幽奇
어찌하여 맑은 완상 돌아보지 않고	奈何眷清賞
빠듯하게 기한에 얽매이나?	局促牽至期
끊어진 학문 끝없이 마음 아파하니	悠悠傷絶學
이 사람 역시 이와 같네	之子亦如斯
그대 위해 넓은 길 가리키니	爲君指周道
곧바로 나아가고 다시 의심하지 말게	直往勿復疑

상산과 옥산玉山으로부터 광신廣信에 이르는 길에서 양명은 사·전을 평정하는 국면과 형세에 대해 정벌과 위무를 병행하고 토사土司와 유관流官을 둘 계책을 세웠는데, 이는 이미 손바닥을 가리키듯 마음속에 자리를 잡았다.

10월 3일, 그는 광신에서 다음과 같은 「흠봉칙유통행欽奉敕諭通行」을 반포하였다.

양광·강서·호광의 형세를 살펴보니(照) 비록 서로 거리가 멀다 하지만 경계가 서로 이어져 있고, 사대부와 군민軍民이 서로 왕래하며 소문이 이미 널리 전해지고 있으며 여론이 평소에 늘 있던 바이다. 하물며 자기와 직접 관련이 없는 지역에서는 도리어 옳고 그름의 진실을 볼 수 있으며, 또한 곁에서 관찰할 형편에 처하면 구획하는 것이 마땅히 그 합당함을 얻는다. 마땅히 자문하고 찾아다니며 물어서 부족한 곳을 보충해야 한다. 직관職官을 위임하고 군마를 조발하여서 파견하고 임시로 기틀을 살펴서 별도로 행동을 취하는 것 외에는 다른 지방과 공통으로 행동(通行)해야 한다. 이를 위해 성지聖旨를 베껴서 관사에 돌리니(回司) 성지의 규정에 비추어 칙유 내에 갖추어진 내용을 받들어서 처리하라. 아울러 본사本司의 권한을 맡은(掌印) 좌이佐貳 및 각도의 분순分巡·병비兵備·수비守備 등의 관원과 소속된 대소 아문衙門의 각 해당 관리는 무릇 견해가 있거든 개진하는 데 꺼리지 말라. 그 사이에 혹 위무하거나 정벌하거나 어느 것이 합당한지, 토사를 두거나 유관을 둠에 어느 것이 편리한지, 쌓인 폐단과 묵은 해악으로서 마땅히 당장에 고쳐야 할 것이나 장래에 장구하게 원대한 사려와 깊은 모략으로 행할 수 있는 사안을 게첩을 갖추어 써서 각각 보고하게 하고, 이를 근거로 채택하게 하라.[47]

양명은 길에서 생각을 더욱 널리 모으고 깊이 모의하고 원대하게 사려하

47 『왕양명전집』 권18 「흠봉칙유통행欽奉敕諭通行」.

였는데, 이는 이미 남녕南寧에 도착하자마자 신속하게 반란을 평정하기 위한 가장 좋은 준비를 마친 셈이 되었다.

양명은 배를 타고 익양弋陽을 지날 때 동년인 이재理齋 강조江潮를 예방하였다. 강조는 파직되고서 익양에 거주하며 호가루浩歌樓를 세워서 스스로 호연지기를 닦았다. 「호가루浩歌樓」 한 수를 지어서 감정을 툭 터놓아 읊었다.[48]

태창에 허리띠 풀고 휴식을 하다	太倉解帶食知休
언뜻 열흘이 지나 느른하게 누각을 내려오네	動輒經旬懶下樓
금마와 옥당 어디에 즐거움이 있으랴?	金馬玉堂何處樂
구름 낀 산속 돌집에서 스스로 근심을 잊네	雲山石室自忘憂
머리 숙여 신야에서 달갑게 쟁기질하고	低頭莘野甘扶耒
발걸음 놀려 군왕을 위해 창을 드는 꿈을 꾸네	橫足君王夢把鉤
말술을 마시니 봄바람에 얼굴이 온통 온화하네	斗酒春風和滿面
공자 안자는 주공을 만나지 못해 서운해했더라도……	孔顔雖憾不逢周

양명은 호가루를 방문하고 호기가 격렬하게 일어 화답시 한 수를 지었다.[49]

이재 동년의 호가루 운에 화답하다	和理齋同年浩歌樓韻
긴 노래 넘실넘실 홀연 쉬려는 생각에	長歌浩浩忽思休
베개를 버리고 일어나 산비탈에 작은 누각 엮었네	拂枕山阿結小樓

48 강조江潮, 「호가루浩歌樓」, 『동치익양현지同治弋陽縣志』 권13 「예문藝文」.

49 『동치익양현지』 권13 「예문」.

내 길은 헛디뎌 중도에서 그치고	吾道蹉跎中道止
창생은 곤고하니 한평생 근심	蒼生困苦一生憂
백성을 소생케 하려 상나라에 비가 내렸고	蘇民曾作商家雨
뜻을 펴서 거듭 위수에서 낚싯대 잡았네	適志重持渭水釣
마 선생을 그리는 노래 한 편 마치니	歌罷一篇懷馬子
분노하여 성주를 도울 생각하지 않네	不思怒後佐成周

가정 5년(1526) 이래 요사한 사람 이복달李福達이 산서에서 반란을 일으켰다. 태원太原 사람인 이복달은 요사한 글로 군중을 미혹하여서 당을 만들고 난을 일으켜서 삼하三河를 진동시켰다. 시임 우부도어사 산서순무 강조는 병사를 영솔하고 포위하였는데, 이복달은 이름을 '장인張寅'으로 바꾸고 경사로 도망쳐 들어가서 무정후武定侯 곽훈郭勛에게 뇌물 만금을 바쳤다. 곽훈은 산서순안 마록馬錄(1508, 진사)에게 사사로이 글을 보내 이복달의 죄를 면해주라고 명하였는데 마록이 따르지 않았다. 강조는 곽훈의 밀서를 입수하고 글을 올려서 이복달의 죄상을 항론하고 아울러 곽훈이 세력을 믿고 역적을 숨겨준 죄는 주벌에 해당한다고 탄핵하였다. 세 차례 소를 올렸으나 답을 받지 못하였다. 이때 마침 장총이 조정에서 대례의로 세종의 총애를 받아 곽훈과 결탁하고 후원에 의해 자기 지위를 확보하고 입각하는 데 급급하였다. 그는 곧 조서를 날조하여서 강조를 금의옥에 가두었다. 강조는 옥중에서도 굽히지 않고 항론하다가 결국 삭탈관직을 당하고 돌아갔다. 실제로 이 이복달의 큰 사건은 모두 세종이 한 손으로 조종한 일이었다. 세종은 필연코 곽훈과 이복달을 구하여 죽음에서 면하게 한 뒤 친히 이복달의 죄안에 간여하였다. 그러고서 명을 내려서 계악에게 형부를, 장총에게 도찰원을, 방헌부에게 대리시를 주관하게 하여서 옥사를 크게 키웠다. 조신 수십 명을 체포하여서 하옥시

키고 관직을 강등하여 수자리에 폄적하였다. 마록은 남단위南丹衛의 수자리로 영구히 보내졌는데 오래지 않아 졸하였다. 양명의 시에서 말한 '마자馬子'는 곧 마록을 가리킨다.

양명의 이 시는 조정의 새 귀족과 대례의에 대한 멸시를 표현하였다. 그는 이러한 침중한 심정을 품고 석담石潭 왕준汪俊(1493, 진사)과 한재閑齋 왕위汪偉(1496, 진사)를 예방하였다. 왕준·왕위 형제는 모두 정주 이학을 존신하였으며, 대례의 논쟁으로 파직당하고 익양으로 돌아와 있었다. 양명은 그들과 시를 주고받고 도를 논하였는데, 시 두 수를 지어서 화답하였다.[50]

석담에 부치다, 절구 두 수 寄石潭二絶

내(僕)가 이번 여행에 즐거운 바가 없었는데 두 분과 한번 만남이 즐거울 뿐이다. 한재를 만나고 보니 본래 석담을 이미 본 것과 같았다. 다하지 못한 홍을 남겨서 뒷날을 기약하게 된다면 어찌 즐거움을 끝까지 다하지 못한다 하겠는가? 듣자 하니 병이 이미 평복되었다고 하는데 반드시 객을 보고 나오지 않는다면 한계를 지어서 스스로 구속함이 너무 지나치지 않은가? 절구 둘을 받들어 차운하여서 한번 웃게 하며 또한 가르침을 청하지 못한 유감을 다한다.

---

50 『왕양명전집』 권20 「기석담이절寄石潭二絶」. 왕준은 나중에 「제양명선생문祭陽明先生文」에서 말하기를 "공이 동쪽으로 와서 말하기를 '내가 낙이 없었는데 옛사람 만나 즐거우니 옛 약속 지킨 것이라' 하였습니다. 깃발은 나부끼고 흐르는 물은 출렁입니다. 공의 다스림 성대하니 혹 누운 듯하고 혹 일어난 듯합니다. 이에 약정을 거듭하되 '내가 돌아오기를 기다려서 조용히 돌아가 산을 즐기고 물을 즐기리라.' 하였습니다. 공이 이미 개선을 함에 나는 내 관사를 정리하였습니다. 홀연 부음을 들었는데 이에 상여가 돌아왔습니다."라고 하였으니, 왕준이 (이때) 나와서 양명과 만났음을 알 수 있다.

僕玆行無所樂, 樂二公一會耳. 得見閑齋, 固已如見石潭矣. 留不盡之興於後期, 豈謂樂不可極耶? 聞尊恙已平復, 必於不出見客, 無乃太以界限自拘乎? 奉且二絶, 用發一笑, 且以致不及請敎之憾.

새 거처가 산 넘어 있다는 말에 見說新居止隔山
사립문 열고 새벽에 수레가 나왔다가 저녁에 돌아가네 扉輿曉出暮堪還
공이 오랫동안 울타리를 거둬버렸음을 아니 知公久已藩籬撤
무슨 일로 깊은 숲에서 저리 문을 닫아걸었나! 何事深林尙閉關

수레 타고 수많은 산을 찾고 乘輿相尋涉萬山
조각배로 다시 문에 돌아오네 扁舟亦復及門還
몸의 병이 마음의 병 되지 않게 하라 莫將身病爲心病
무관한 일이 도리어 관련이 있나니 可是無關却有關

익양에서 남창으로 이르는 길에 강서의 선비 학자들이 모두 연도에 나와서 뵙고 배움을 물었다. 배가 귀계貴溪를 지날 때 계주桂洲 하언夏言(1482~1548)이 양명을 예방하였다. 하언은 조정에서 거리낌 없이 바른말을 하였다. 일찍이 일곱 차례나 글을 올려서 중귀인中貴人 조빈趙彬과 건창후建昌侯 장연령張延齡(1477~1546)을 규탄하여서 양명에게 깊은 인상을 주었다. 이때 그는 부모상을 당하고 집에 거하였는데 친히 찾아가서 양명을 맞이하고 그를 '제갈(諸葛亮)'과 '사안謝安(320~385)'에 견주며 시를 지어서 양명의 큰 공과 위대한 업적을 칭송하였다.[51]

---

51 『계주시집桂洲詩集』 권13 「송대사마왕양명총독양광送大司馬王陽明總督兩廣」.

대사마 왕양명 양광 총독을 송별하다 送大司馬王陽明總督兩廣

성주는 문무를 바탕 삼고	聖主資文武
중군은 범중엄과 한기를 얻었네	中軍得范韓
상서는 처음 궁궐을 나오고	尙書初出闈
상장군은 다시 단에 올랐네	上將復登壇
해와 달빛은 용무늬 부절에 감돌고	日月回龍節
바람과 서리는 해치관을 덮었네	風霜壓豸冠
선창 소리에 여러 갈래 군사 들썩이고	先聲諸路動
웅대한 지략을 만 사내가 보네	雄略萬夫看
범 모양 구슬은 금인에 걸렸고	珠虎懸金印
갖가지 깃발은 옥안장을 둘렀네	旌旗擁玉鞍
별 같은 군영은 조두를 떨치고	星營刁斗振
구름 같은 진은 새나 뱀처럼 서렸네	雲陣鳥蛇盤
바닷가 고을 양성은 닫혔고	海邑羊城閟
상군의 산세는 차가워라	山形象郡寒
주둔해서는 (적들을) 전지로 돌아가게 하고	坐令歸壤地
행군하면 흉악하고 잔학한 적을 멸하네	行見滅凶殘
오랑캐는 제갈량을 사당에 모시고	蠻僚祠諸葛
창생은 사안에게 의지하네	蒼生依謝安
조정에 돌아오니 기린각에 초상을 걸고	還朝畫麟閣
공훈의 업적이 단약처럼 빛나네	勛業炳如丹

귀계의 선비 서월徐樾(?~155)이 귀계에서 여간餘干까지 쫓아와서 배에 올라 양명에게 배움을 물었다. 전덕홍은 두 사람이 배 안에서 강학론도를 펼친 정경을 다음과 같이 기록하였다.

> 선생께서 광신에서 배로 출발하셨다. 연도에 나와 있던 제생 서월·장사현張士賢·계월桂軏 등이 뵙기를 청하자 선생께서 모두 병사兵事에 겨를이 없다며 사양하고 돌아가는 길에 만나 보겠다고 허락하셨다. 서월이 귀계에서 뒤쫓아와 여간에 이르렀는데 선생께서 배에 오르라고 하셨다. 서월이 바야흐로 백록동에서 타좌打坐하고 왔기에 선정禪定의 뜻이 있었다. 선생께서 이를 알아차리시고 비슷한 예를 들어보라고 하셨다. 말씀하시기를 "옳지 않다."고 하셨다. 잠시 뒤 앞의 말을 조금 바꾸었더니 또 "옳지 않다."고 하셨다. 이윽고 단서를 변경하니 선생께서 말씀하시기를 "가까운 듯하다. 이체는 어찌 방소가 있는가? 비유하자면 이 촛불은 빛이 없는 곳이 없으나 촛불을 빛이라 할 수 없다."라고 하셨다. 이어서 배 안을 가리키시며 말씀하시기를 "이것도 빛이고, 이것도 빛이다."라고 하셨다. 곧바로 배 밖의 수면을 가리키시며 말씀하시기를 "이 또한 빛이다."라고 하셨다. 서월이 사례하고 이별하였다.[52]

양명은 서월이 착오를 일으킨 선가 타좌의 습선習禪을 바로잡아 그에게 어떻게 정확하게 묵좌징심, 체인심체를 해야 하는지를 가르쳤다. 양명의 비평은 강서의 선비들이 보편적으로 지닌 정좌입정靜坐入定을 좋아하는 선의 병폐를 타격하였던 것이다.

---

52 『왕양명전집』 권35 「연보」 3.

양명이 소홍에서 출발했을 때 강서의 선비와 배우는 사람들이 이미 풍문을 듣고서 어지러이 성성省城 남창으로 몰려왔다. 양명이 10월 중순에 남창 남포역南浦驛에 도착했을 때 남창의 부로父老와 군민軍民이 향과 등불을 들고 영접하였다. 이곳은 양명이 당년에 생사를 넘나들며 신호의 반란을 평정하던 전쟁터였다. 그는 감개무량하여 시 한 수를 지어서 읊었다.[53]

남포 도중	南浦道中
남포에 다시 오니 꿈에 온 듯	南浦重來夢裏行
당년의 칼과 화살에 아직도 마음이 놀라네	當年鋒鏑尙心驚
깃발은 산하의 그림자처럼 움직이지 않고	旌旗不動山河影
북소리 나팔소리 초목에 전해지는 듯	鼓角猶傳草木聲
여염은 생업을 회복하여 기뻐하고	已喜閭閻多復業
홀로 기근에 세금이 너그럽지 못함 안타깝네	獨憐飢饉未寬征
감당의 혜택은 어찌 엉성한지	迂疏何有甘棠惠
향불과 등으로 영접하는 부로에게 부끄럽네	慚愧香燈父老迎

이때 일찍이 추수익·구양덕·유방채·황홍강·하정인·위량기·위량필·진구천 등 300여 명의 제자와 배우는 사람들이 역에서 공손히 기다리고 있다가 양명에게 개강을 청하였다. 양명은 그들에게 '왕문팔구교'를 밝혀서 논술하고, 심지어 강서의 문인과 학생들에게 양식을 준비하여 소홍으로 가서 절중의 문인, 학생들과 함께 '왕문팔구교'를 토론하고 강구할 것을 제안하였다.

---

53 『왕양명전집』 권20 「남포도중南浦道中」.

생각지도 못한 점은 이 제안이 절중과 강우의 문인 제자들에게 내놓은 양명의 마지막 '유촉遺囑'이 되었다는 사실이다. 이튿날 양명이 남창성에 이르자 남창의 부로와 군민들이 향을 들고 그의 입성을 영접하였는데 거리를 빽빽이 에워싸서 나아가기 어려웠다. 양명은 앞으로 나아가 문묘에 참배하고 명륜당에서 문인과 학생들에게 『대학』의 사상을 크게 강론하였다.

전덕홍은 양명이 남창에서 성대하게 강학한 정황을 다음과 같이 말하였다.

> 부로가 향을 들고 예물을 수레에 싣고 차례로 이어져서 도사都司로 들어왔다. 선생께서 부로와 군민에게 명하여 나아와 뵙게 하시니 동쪽에서 들어와 서쪽으로 나가는데 머무는 사람 없이 나가면 또 들어오고 하여서 진시辰時(오전 7~9시)에서 미시未時(오후 1~3시)에 흩어졌다. 비로소 유사를 시켜서 통상의 의례(常儀)를 거행하였다. 이튿날 문묘에 참배하고 명륜당에서 『대학』을 강하셨는데 제생이 빽빽이 둘러싸서 들을 수 없는 사람이 많았다. 당요신唐堯臣(1528, 거인)이 헌다獻茶를 하고 당에 올라와 곁에서 들었다. 요신은 처음에는 학문을 믿지 않았으나 선생께서 이르셨다는 말을 듣고 고을에서 나와 영접한 뒤 마음속으로 이미 감동하였다. 둘러싸고 잇달아 배알하는 것을 보고 놀라서 말하기를 "삼대 후에 어찌 이런 기상을 볼 수 있단 말인가?" 하였다. 강의를 듣고서 패연히 의심이 사라졌다. 동문 황문명黃文明, 위량기 무리가 웃으며 말하기를 "포도주逋逃主도 와서 투항을 하는가?" 하였다. 요신이 말하기를 "모름지기 이런 대단한 포인捕人이라야 나를 항복하게 할 수 있거늘 너희들이 어떻게 할 수 있겠는가?" 하였다.[54]

54 『왕양명전집』 권35 「연보」 3.

고용춘郜用春(?~1609)도 남창에서 양명과 관련한 흥미 있는 사건 하나를 말하였다.

> 선생이 양월兩粵의 명을 받고 남창을 지나가다가 제생에게 이 학문을 강하여서 밝혔는데 밤낮으로 그치지 않았다. 이때 막하의 문무 선비들이 참소를 우려하고 비방을 두려워하여서 하루에 서너 차례 선생의 행정을 재촉하였으나 선생은 빙그레 웃었다. 이튿날 검강劍江에 아직 이르지 않았을 때 월서粵西에서 첩음捷音이 이르렀다. 그런 뒤에야 선생의 무략이 죽이지 않음을 신묘한 계책으로 사용하며 무략을 쓰되 쓰지 않는 방법을 보였음을 믿을 수 있었다.[55]

남창을 떠나 남하하면서 풍성豊城에서 길안에 이르는 길은 당년에 양명이 남창을 달아나 길안으로 돌아와서 의병을 일으켰던 생사의 갈림길이었다. 양명은 감개무량하여서 황토뇌黃土腦에 올라 추운 산에 낙엽이 지는 것을 보고 여전히 검의 기운과 병사의 함성이 귀에 쟁쟁하여서 감회의 시 한 수를 읊지 않을 수 없었다.[56]

거듭 황토뇌에 오르다 重登黃土腦

고원에 한 번 오르니 감개가 거듭하여 一上高原感慨重
온 산에 낙엽은 끝없이 지네 千山落木正無窮

---

55 『황명삼유언행요록皇明三儒言行要錄』「양명선생요록陽明先生要錄」 권1.

56 『왕양명전집』 권20 「중등황토뇌重登黃土腦」.

앞길에선 또 머물러서 지는 해와 함께하고 前途且與停西日
이 땅에서 일찍이 북풍을 맞았었지 此地曾經拜北風
검의 기운 공중에 비끼고 가을빛이 깨끗한데 劍氣晩橫秋色淨
병사의 함성 차가운 저녁 강에 씩씩하게 감돌았네 兵聲寒帶暮江雄
강 남쪽엔 유망한 집이 다소 있어서 水南多少流亡屋
징수를 해도 길쌈 일 못했다고 하소연하네 尙訴征求杼軸空

길안에 이르러서 양명은 팽잠·왕조·유양·구양유歐陽瑜·유경치 등 300여 명의 사우, 제생들과 함께 나천역에 모여서 또다시 대대적으로 양지의 가르침을 내걸고 선비와 학인을 향해 "양지의 오묘함은 참으로 육허六虛에 두루 흘러서 변통하며 고착하지 않는다. 만약 과오를 꾸미고 그른 것을 수식하면 해로움이 클 것이다."[57]라고 크게 외쳐서 그들에게 "공부는 다만 간이하고 진절하니(簡易眞切), 진절할수록 더욱 간이하고 간이할수록 더욱 진절하기를" 바랐다.

길안에서 양명은 세 가지 일을 하였다. 첫째는, 격문으로 길수吉水의 용광龍光을 소환하여서 수행하게 한 일, 둘째는, 태화泰和의 나흠순에게 편지를 보내서 학문을 강론하고 학회를 예정한 일, 셋째는, 만안萬安의 유옥劉玉과 만난 일이다. 유옥은 신호의 반란을 평정할 때 양명과 알게 되었는데 이때 그도 이복달의 사건으로 파직되어서 만안에 돌아와 있었으며 양명과 의기투합하였다. 그는 양명의 장도를 위해 시 두 수를 지어 주었다.[58]

---

57 『왕양명전집』 권35 「연보」 3.

58 『집재선생문집執齋先生文集』 권5 「차운이소참간왕백안이수次韻李少參柬王伯安二首」.

이소참이 왕백안에게 보낸 시에 차운하다, 두 수 次韻李少參柬王伯安二首

소년 때부터 재주와 명예 견줄 이 없었고	少年才譽已無雙
호방한 기운 이제 만 리에 배를 따르네	豪氣今隨萬里航
취하여 강산을 손님과 함께 내려가고	醉裏江山賓從減
한가한 바람과 달에 글을 보기 바쁘네	閑中風月簡編忙
축융이 남으로 가니 오랑캐는 연기로 싸이고	祝融南去蠻煙裏
노자는 동으로 가니 바다 빛이 푸르네	儋耳東連海色蒼
이로부터 먼 땅에 이야기를 보태니	從此遐方添故事
새로 시를 지어서 공당에 붙이네	新詩宜寫寓公堂

반평생 갈림길에 반백이 되었고	半生歧路講斑白
천고의 공명이 얼마나 기록되었나?	千古功名幾汗青
낮은 벼슬 한가히 구루령(갈홍)을 따르고	薄宦漫隨勾漏令
문장은 태현경(양웅)에 비길 만하네	可文休擬太玄經
강의 꽃은 선명하니 애오라지 함께 완상하고	江花的皪聊供玩
들새 지저귀는 소리 귀에 쟁쟁하네	野鳥啁啾已慣聽
삭풍은 상쾌한 기운을 따르니	定有朔風隨爽氣
옷깃을 풀어헤치고 한번 웃음에 술이 깨네	披襟一笑酒全醒

양명은 10월에 처음 감주贛州에 도착하여서 사·전을 평정하기 위한 군마의 조건을 더욱더 강화하였다. 이때 그는 반군의 두목 노소와 왕수가 이미 투항하려는 마음이 있다는 사실을 알고서 기본적인 초무의 방법을 생각해냈다. 그러나 광서에서는 이미 명을 받들어 호광湖廣의 영永·보保 두 사司의 토

병土兵을 조발하여서 성성 남녕南寧으로 나아가 상부의 결정과 명을 기다리고 있었다.

양명은 정벌과 초무의 양동작전 준비를 마친 뒤 즉시 감주에 좌정하고 지휘를 맡아 「호병진지사의湖兵進止事宜」를 발표하였는데, 호湖의 군사적인 일처리를 다음과 같이 하달하였다.

> 지금 앞에서 진술한 정황으로 볼 때 호병湖兵이 이미 오고 있으니 그들의 행군을 중지시키기 어렵다. 무사할 때 그들을 함부로 행군하게 하면 멀리 있는 사람의 신뢰를 잃어버릴 뿐만 아니라 군사는 피로하고(師老) 재화는 낭비하게 되어서 거듭 지방의 우려가 된다. 다만 길에서 듣고 상려商旅에게서 전해 듣자니 (적들이) 모두 저마다 투항하고 위무를 받을 정성이 있으며 지금 뜻이 매우 절실하다고 하니, 난동을 초래한 실제 정황은 오히려 용서할 수 있다. 또한 조정에서는 구명하는 것을 좋아함을 덕으로 삼으니 아래 백성은 반드시 죽여야 할 원수가 없다. 이 때문에 본작本爵은 아직까지 지체(遲疑)하면서 상부의 결정을 기다린 뒤에 진퇴(進止)를 결정하려고 한다.
>
> 돌아보건대 전해 들은 말이 진실해도 병사의 일은 멀리서 헤아리기 어려우니 각 관원들은 직접 그 일을 친히 통솔하여서 반드시 모두 적실하게 알아야 한다. 하물며 원임 총독(*요막姚鏌)은 비록 정사에서 이미 물러났으나 아직 군사를 통솔하고 있으며, 노성하고 신중하니 당연히 마음대로 계책을 결정하지 않을 것이다. 만약 과연 일이 잘 풀려서 (적들이) 의심을 하지 않으면 즉시 마땅히 기세를 타고 속히 거행하여서 한 번의 수고로 영구히 편안하며 이로써 지방을 안정시킬 것이다. 또한 만일 오히려 살릴 수 있는 길이 있으면 반드시 죽이는 모책을 쓰지 않을 것이다. 고식책을 말함

이 아니라 이로써 영구히 편안함을 도모하려는 것이다. 보고에 의하면 각처의 유적流賊으로서 평소 백성의 근심이 되는 것이 소굴 하나에 그치지 않는다. 만약 성동격서聲東擊西의 술책을 사용한다면 호병이 오는 것은 헛된 행군이 아닐 것이다. 각 관원들은 모두 힘써 치밀하고 절실하게 신중히 도모하여서 만전을 기하도록 하라.[59]

이와 같이 양명이 시세를 헤아리고 파악하여서 노소와 왕수를 불러들여 위무할 마음을 갖기 시작하였던 것이다. 나중에 황경방黃景昉(1596~1662)은 양명이 감주에서 인마人馬를 안배한 일을 밝혔다.

왕 문성이 사·전을 정벌하였는데 그 경로가 감현을 경유하였다. 마침 남안사南安司 이주적李周積이 일을 맡아서 인부와 말을 제공하고, 방패方牌와 원패圓牌 수천을 제작하여서 방패는 말에게, 원패는 인부에게 공급하니 삼군이 숙연해졌다. 문성이 기뻐하며 양광에 반포하여서 시행하고 법식으로 삼았다. 나중에 회군하여서(班師) 남안을 지나갈 때 질병이 위독해졌는데, 이주적에 힘입어 기강을 세워서 그 마무리에 유감이 없었다.[60]

감의 옛 벗 우부도어사 반희증潘希曾(1476~1532)이 양명을 예방하고 시를 지어서 그가 대유령大庾嶺을 넘어 양광으로 가는 길을 송별하였다.[61]

---

59 『왕양명전집』 권18 「호병진지사의湖兵進止事宜」.

60 『국사유의國史唯疑』 권7.

61 『죽간집竹澗集』 권4 「증양명왕공독군양광贈陽明王公督軍兩廣」.

왕양명 공이 양광의 군사를 통솔함에 증정하다 贈陽明王公督軍兩廣

양명 선생이 큰 절조를 지니고 험난한 일을 겪고서 큰 공적을 세워 봉함을 받았으며, 천하가 그의 풍채를 우러러 바라기를 생각하였으나 그 터득한 마음이 바깥에서 얻은 것이 없었는데 비록 사대부라도 어쩌면 아무도 알지 못하였다. 선생은 여러 해 집 안에 거주하다가 조칙을 받고 일어나서 창오(광서)에서 군사를 사열하여 감강을 건넜는데 다행히 마주하고 가르침을 받았다. 이로써 오래 이별함에 경건히 보잘것없는 구절을 바친다.

陽明先生大節出險, 大功賜封, 天下想望其風采, 而其得之心無待於外者, 則雖士大夫或莫知之也. 先生家居數年, 詔起視師蒼梧, 道贛江, 幸奉顔誨, 以爲闊別, 敬呈鄙句.

상주문 한 통에 험하고 평탄함을 가벼이 여기고 一封書奏險夷輕
수많은 전투로 공을 세워서 돌아오니 맹세가 굳네 百戰功歸帶礪盟
세도는 다시 오늘에야 일어나고 世道更爲今日起
마음의 전함은 홀로 고인의 정신을 얻었네 心傳獨得古人精
계산은 높고 험해 구름도 넘기 힘들고 稽山峻絶雲難躡
감수는 멀리 흐르는데 일산을 기울이네 贛水迢遙蓋偶罄
일찌감치 남황을 평정하여 천자께 보답하고 早定南荒報天子
태평 세상의 다스림은 아형을 기다리네 太平調燮待阿衡

11월 4일 양명은 대유령에 도착하였다. 이곳은 당년에 양명이 남쪽으로 정장汀漳을 정벌할 때 지나갔던 곳인데, 일찍이 봉산峯山에 신성新城을 건축하였다. 옛 땅에 다시 오자 신성의 거민이 편안하게 살며 생업을 즐기는 것을

목도하고서 금석今昔의 느낌이 있어 감개하여 시 한 수를 지어서 읊었다.[62]

신성에서 자다 宿新城

당년에 이 성 쌓음을 기억하니 猶記當年築此城
양광의 요적 호광의 도적이 종횡으로 누볐네 廣瑤湖寇正縱橫
사람이 지금 생업을 즐기고 모두 안도하니 人今樂業皆安堵
나도 한 차례 임무를 치르고 병사를 주둔하였네 我亦經過一駐兵
문에 잇단 향불 든 노인과 어린이에게 부끄럽고 香火沿門慙老稚
장을 담은 항아리가 큰길에서 행군을 따르네 壺漿原道及從行
봉산의 노수는 피로가 심하여 峯山弩手疲勞甚
농사로 돌아가되 아무도 보내고 맞이하는 이 없네 且放歸農莫送迎

가정 정해년(1527) 11월 4일, 양광에 일이 있어 신성에 병사를 주둔하였다. 이 성은 내가 순무할 때(1517) 축성하였다. 봉산의 노수는 처음에는 대체로 넉넉히 구휼하였으며 이로써 조발을 기다렸다. 그 뒤 점차 맞이하고 보내는 노역이 괴로워졌으니, 그러므로 시를 지어서 언급한다.
嘉靖丁亥十一月四日, 有事兩廣, 駐兵新城. 此城予巡撫時所築. 峰山弩手, 其始蓋優恤之, 以俟調發. 其後漸苦於送迎之役, 故詩及之.

매국梅國 유절劉節(1476~1555)이 양명을 예방하고 화답시 한 수를 지어서

62 『양명시록陽明詩錄』에 보인다. 『왕양명전집』 권20에 「과신계역過新溪驛」이 있는데 바로 이 시이다. 다만 후제後題가 없다.

대유령을 지나는 그를 송별하였다.[63]

양명 사마가 다시 이르러서 감회를 느낌에 화답하다 和陽明司馬重至有感

기를 세우고 진을 연 호두성	建牙開鎭虎頭城
포학한 도적을 베어내니 살기가 휘감아 도네	翦暴除横殺氣横
첩보를 알리는 우격이 달려 먼지가 날고	獻捷飛塵馳羽檄
병기를 씻으니 비가 뿌려서 깃발을 적시네	洗兵揮雨濕旄旌
근왕의 상을 애써 사양하고	堅辭已免勤王賞
힘을 다해 도적을 무찌르는 일을 번갈아 했네	力竭番爲破賊行
맑고 고상한 사당에 납초를 올리니	祠廟清高供伏蠟
공의 신령 있는 듯하여 맞이하고 보내네	公神如在送還迎

11월 7일, 양명은 매령梅嶺을 지나면서 영남 광무廣袤의 지역(天地)으로 진입하였는데 뜻밖에 요막이 병사가 적어서 아직까지 감히 출병하여 정벌하지 못하고 있음을 듣고서 더욱 신속하게 행군 속도를 올려 밤낮으로 행군하여서 삼수三水에 도착하였다. 그는 왕정헌에게 집안 편지를 보냈는데, 이때 광서의 전황을 다음과 같이 언급하였다.

강서에 처음 이르렀는데 요 공이 이미 빈주賓州의 병사를 진격하였다. 내가 그곳에 도착하면 삼사 및 각 영병관領兵官이 나와서 영접함을 면하지 못하여 도리어 그 일을 방해할까 걱정함을 듣고서 천천히 행진하였다. 생

63 『매국전집梅國前集』 권10 「화양명사마중지유감和陽明司馬重至有感」.

각건대, 그쪽에서 공적을 이룰 때까지 기다린 뒤 그곳으로 가서 요 공과 더불어 한곳에서 대처하려고 하였다. 11월 초이레에 비로소 매령을 지나가다가 요 공이 그곳에서 병사가 적은 이유로 아직 감히 초병哨兵을 보내지 못했음을 듣고서 밤낮으로 행군하였다. 오늘 이미 삼수를 건넜는데 오주梧州에서 멀지 않으며 다시 네댓새 뒤면 도착할 수 있을 것이다. 노중에 모두 평안하였으나 다만 해수가 아직 낫지 않았다. 그러나 크게 해롭지는 않다. 편지가 닿거든 즉시 조모께 아뢰고 네 여러 숙항叔行께 알려서 모두 염려하시지 않게끔 하라. 집안의 모든 일은 모두 내가 훈계하고 깨우친 일에 따라서 행하라. 위정표·전덕홍·왕여중이 마땅히 부탁을 저버리지 않으리니 너는 의당 친숙히 대하고 공경하며 신뢰하여서 고상한 덕(芝蘭)으로 나아가야 한다.[64]

요막이 감히 출병하지 못한 것이 도리어 양명이 노소와 왕수를 불러서 위무할 결심을 굳게 하였다. 그는 오주로 향한 행군에 속도를 올렸다. 11월 18일 조경肇慶에 도착하였고, 20일에 오주에 도착하였다. 21일, 양명은 오주에 지휘부를 개설하고 일체의 군정 사무를 처리하기 시작하였다.

두 달 반 동안 소흥에서 오주로 향하는 긴장된 남정의 행군 도중에 양명은 내내 그의 양지심학을 전파했는데, 역시 가는 길 내내 치밀한 사고로 사·전의 민란을 평정하는 작전과 일의 합당함을 생각하고서 민정을 시찰하고 민의를 찾아다니며 묻고 "지나는 길에 연도에서 여러 사대부의 여론을 탐문하고 행려자에게 물어서 자못 들은 바가 있었다."[65] 그는 '심중의 적을 무찌르

64 『왕양명전집』 권26 「영남기정헌남嶺南寄正憲男」.

65 『왕양명전집』 권14 「부임사은수진부견소赴任謝恩遂陳膚見疏」.

는' 양지심학을 '산중의 도적을 무찌르는' 공심攻心 사상과 결합하였다. 그의 공심을 으뜸으로 삼는 용병의 도는 조정과 전임 총제의 오로지 정벌과 살육을 일삼는 궁병독무窮兵黷武의 방법을 뛰어넘었다. 이미 그의 마음속에는 기본적으로 노소와 왕수를 초무하려는 계획이 서 있었다. 그는 오주에 지휘부를 개설한 뒤 다시 전투에 관한 주책籌策과 모획을 운용하여서 정벌과 초무, 토관과 유관 설치에 관한 심대하고 원대한 계획에 대해 광범위하게 의견을 물었다.

심지어 그는 왕응진汪應軫에게 글을 보내 군려의 정사를 자문하였다. 왕응진은 회신에서 다음과 같이 직설적으로 말하였다.

> 바로 간절히 우러러 바라던 가운데 멀리서 손수 편지를 보내주시니 감격과 위로를 견딜 수 없습니다! 엎드려 생각건대 군무로 바쁘고도 바쁜 가운데 이처럼 후배를 잊지 않으시니 성대한 덕과 충후함이 모인 것이라 어쩌면 또한 성대한 잔치로 담소하는 여유를 가질 수 있을 것입니다. 이는 또 조정에서 적임자를 얻은 경사임을 알 수 있으니 유독 저만의 사사로운 행운이 아닙니다. 비록 그러하나 군려軍旅의 일은 공자도 아직 배우지 않았다고 합니다. 왕손가王孫賈를 논할 때는 그의 (군려의) 재능을 인정하였습니다. 어쩌면 성인이 무예의 일에 참으로 익숙하지 못한 점이 있었습니까? 아니면 왕손가가 과연 공자보다 나은 점이 있었습니까? 제 생각에 병兵이란 상서롭지 않은 기물이니 성인은 부득이해서 쓰는 것입니다. 왕손가가 군려로 군려를 다스린 점은 족히 나라를 지킨 것에 지나지 않습니다. 무릇 공자는 성인으로서 군려 이외의 뜻이 있었습니다. 세상이 조두俎豆를 익히지 않아서 이로써 군려가 있게 되었으며, 군려를 사용함에 이르자 오히려 일에 임하여서 두려워할 줄은 모르고 간사한 모략으로 성취하려 한다고

여겼습니다. 그러므로 자로子路의 용기를 역시 인정하지 않았습니다. 왕손가를 취한 까닭은 위衛나라를 위해 한 것이지 영공靈公의 본래 의도에 답을 하기 위한 것은 아닙니다. 어제 노 선생께서 이를 언급하셨는데, 참으로 두렵기는, 높은 자리에 임한 때에 모책을 아뢴 자가 상서롭지 않고, 명을 쓰는 자가 용감하지 않아서 만일 처음의 의론을 어긴다면, 본래 군문의 기율이 있습니다만 성패(否臧)에 연루된 뒤라면 이미 늦습니다. 이런 설이 있으니 고명께서는 어떻게 생각하십니까? 오늘날 홀로 깨우쳐서 진보하셨으니 다시 바라건대 아랫사람에게 알려주시어 어리석음을 한번 열어주시면 매우 다행이겠습니다![66]

왕응진은 병이란 상서롭지 않은 기물로서 성인이 부득이해서 사용하였으며 살육과 정벌을 일삼을 수 없다고 인식하였다. 이는 조정 안팎에서 주장하는 바, 사·전 민란에 대한 토벌과 주살을 주장하는 떠들썩한 소리를 부정하는 견해이며, 난리를 일으킨 인민을 불러들이고 위무하려는 양명의 원대한 계책을 인정하는 말이다. 양명은 오주에서 빈틈없는 마음으로 열흘 동안 주책을 운용하고 모획을 하여서 노소와 왕수를 불러서 위무할 용병의 대법을 마침내 확정하였다. 12월 1일 그는 「부임사은수진부견소赴任謝恩遂陳膚見疏」를 올려서 노소와 왕수를 초무할 용병의 대계를 상세히 진술하였다.

주소에서 양명은 가장 먼저 양광의 토이土夷 반란의 근원과 형세를 분석하여서 날카롭게 지적하기를, 잠맹 부자의 민란이 확산될수록 더욱 치열해진 까닭은 지방의 '군정이 날로 무너지고' 당국자의 직무 방기가 조성한 것이라 하여, '이에 앞서 당사자들 또한 마땅히 그 책임을 져야' 할 것이라고 하였다.

---

66 『청호선생문집靑湖先生文集』 권7 「상양명왕선생上陽明王先生」.

당정자는 맨 먼저 응당 "그 허물을 돌이켜 생각하여서 우선 자책하고 자기를 채찍질하여서 우리 군정을 닦고 우리 위덕威德을 베풀고 우리 인민을 위무하여서 안을 다스리고 밖을 물리쳐서 우리에게 여력이 있게 된다면, 가까이 있는 사람은 기뻐하고 멀리 있는 사람은 품어서 저들이 장차 스스로 복종할" 것이니 한결같이 살육과 주벌, 무력 정벌을 능사로 삼아서는 안 된다고 하였다.

양명이 인식하기에 잠맹의 반당은 잠맹 부자 한두 사람이 수악首惡이며 아래의 1만여 무리는 모두 죄 없는 사람들이었다. 노소와 왕수 두 우두머리 역시 유명한 악당의 두목이 아니라 '자연히 관용을 베풀 만한 자'였다. 그러나 조정에서는 도리어 1만여 무고한 백성들은 돌아보지 않고 '두 성의 재물을 고갈시키고 세 성의 병사들을 동원하여서 백성 가운데 남자는 경작을 할 수 없고 여자는 길쌈을 할 수 없게 하였으니 수천 리 안이 떠들썩하게 도탄에 빠지게 된 지 두 해'가 되었다. 이로써 전란과 재앙이 잇달아 일어나고 정벌을 번다하게 감행하였으며 재물의 공급은 더욱 위축되었고 백성의 곤궁은 더욱 심해져서 '죄 없는 백성 가운데 죽은 자가 열에 예닐곱'인 상황을 조성하였다.

용병을 하여 잠맹의 민란을 평정한 이래 낭비한 은량銀兩이 수십만이었으며, 오주의 창고에 저장된 분량은 이미 5만의 수를 채우지 못하였다. 써야 할 양식은 수십만인데 오주 창고에 보관된 분량은 이미 1만의 수를 채우지 못하였다. 지방 정벌은 곤경에 빠졌으며, 수만의 낭달狼達한 토병土兵, 한병漢兵의 관병이 1만여 명의 어지러운 군중과 함께 서로 지탱하며 석 달이 넘도록 끝내 이기지 못하였다. 이 때문에 양명은 노소와 왕수를 초무하는 용병의 대계를 제시하여서 '또한 의당 이 두 우두머리의 죄를 용서하여서 스스로 새로워지는 길을 열어주고' 따라서 '병사를 쉬게 하고 함성이 사라지게 하여 전란으로 고통을 겪는 백성을 쉬게 하고 힘을 기르게 하여서 엿보는 간사함을 끊어버리고 헤아릴 수 없는 변고를 사라지게' 해야 한다고 인식하였다.

이러한 이민夷民의 난을 초무하는 것과 서로 대응하여서 양명은 또 난리를 평정한 뒤 사은주思恩州와 전주田州에 토관을 그대로 두는 계책을 건의하였다. "전주는 교지交阯와 바로 이웃하여 있고 그 사이에 심산유곡이 있으며 모두 요족瑤族과 동족僮族이 점거하고 있고 천백千百 인을 동원할 수 있다. 반드시 그대로 토관을 존치하면 그 병력을 바탕으로 중토中土의 울타리로 삼을 수 있다. 만약 그 사람들을 다 죽이면서까지 토관을 유관流官으로 바꾸면 변비邊鄙의 근심을 우리 스스로 감당해야 하고 자연 울타리를 철거하게 되니 영구히 편안한 계책이 아니라"[67]고 인식하였다.

응당 초무를 하려는 양명의 원대한 계책은 이전의 실패를 거울삼아 미래를 보완하는 것으로서 난리를 평정하는 좋은 방법이었으며, 나라를 이롭게 하고 백성을 이롭게 함에 절실하게 시행할 수 있는 것이라고 할 수 있다. 그는 주소를 올림과 동시에 또 조정에 있는 방헌부·황관·곽도에게 차자를 보내서 두 우두머리를 초무하는 용병의 대계를 반복 진술하여서 그들의 찬동을 받아냈다. 그러나 조정에서는 가정 7년 3월이 되어서야 회답을 하였는데 병부의 의견은 두루뭉술하고 명확하지 않았다.

> 수인의 소는 혹 한 가지 견해입니다. 신 등이 보건대 목전의 효과를 가만히 살펴보면 아마도 한 조각 격문으로 수습할 수 있을 것입니다. 사후의 기틀은 다른 때 헤아리기 어렵습니다. 또한 길을 가며 찾아서 묻더라도 의론을 모으기를 거치지 않으면 역시 적연한 처치가 아닙니다. 바야흐로 신 등이 그의 주장의 뜻을 바탕으로 할 때 마땅히 살펴서 처리해야 할 것이

67 『왕양명전집』 권14 「부임사은수진부견소赴任謝恩遂陳膚見疏」.

다섯 가지가 있습니다.

전주는 이미 토관을 유관으로 바꾸었는데, 반란으로 인하여 모두 바꾼 것으로서 조령모개하여 믿음을 보이지 못하고 있습니다. 따라서 별도의 부나 주의 사례를 조사하여서 토관과 유관을 설치하지 말아야 하는 것이 하나입니다. 잠맹 부자의 직급을 강등하고 면직한다면 그대로 부제府制를 복구할 수 없으니 의당 5품을 강등하되 아문衙門에 사람을 선발하여 나누어서 관장하게 하면 법과 기강이 거의 허물어 없어지지 않을 것인데 이것이 둘입니다. 노·왕 두 우두머리는 유명한 수악으로서 응당 홀로 요행히 처벌을 면하게 해서는 안 되는 자이나 과연 능히 귀순하여서 동악同惡을 잡아 바치고 군문에 나아와 투항하면 가히 죽지 않기를 기다릴 수 있겠습니다. (이 일에 관하여) 명령을 기다려서 안배 처리하는 것이 셋입니다. 사은부思恩府는 홍치(1488~1505) 말년에 세웠으며 전주와 비교할 수 없을 만큼 오랫동안 안정되었는데 일괄로 고치고 바꿀 수 없을 듯합니다. 혹시 유관을 증설하여서 고을에 편입하면 함부로 망령되이 과벌을 범할 우려가 있으나 어찌 금하고 방비할 법제가 없겠습니까? 이것이 넷입니다. 본부本部에서 사례에 근거하여 잠맹을 생포하거나 참수하여서 바치면 상은賞銀에 차등을 두고 이어서 죄인의 재산도 나누어주고 지방의 관직도 헤아려 제수해야 하는데, 지금 비록 은량銀兩을 상으로 주었으나 재산을 의론하여서 아직 실행하지 못하였으니 격려하여 공을 세우게 할 방도가 없습니다. 반드시 공력의 경중에 비추어 땅의 산업을 상으로 나누어주어서 한편으로는 웅거하고 있는 형세를 깎아내고, 또 한편으로는 충용한 마음을 격려하여야 합니다. 이익을 펴서 무리를 모으는 것은 역시 병가의 시급함입니다. 이것이 다섯입니다.

마땅히 수인으로 하여금 총령태감 장사張賜, 총병관 이민李旻, 신구 순안

기공어사紀功御史와 함께 회동하여서 이치에 근거하고 상황을 살펴서 실정을 상세히 파악하고 형세를 헤아려서 눈앞의 공에 급급해 하지 말고 다시 원대한 계획을 도모하게 해야 합니다. 응당 위무하고 응당 정벌하되 혹 정벌과 위무를 병행하여서 하며 (어느 한쪽에) 치우치게 집착해서는 안 됩니다. 또한 토관이나 유관을 응당 설치하거나 또는 토관과 유관을 아울러 설치하되 요점은 더욱 사람을 얻음에 있습니다. 아울러 신 등이 아뢴 다섯 가지 사안을 헤아려서 채택하여 시행하며 덕과 위엄이 서로 행해지고 믿음과 의가 함께 겸한다면 변무邊務에 유익하고 나라의 체모에 손상이 거의 없을 것입니다.[68]

대체로 병부는 양명의 초무에 관한 대계와 토관 개설의 구상에 대해 질의하였다. 다만 양명은 이미 병부와 함께 밑도 끝도 없는 논변을 진행할 시간이 없었다. 양명은 주소를 올린 뒤 12월 3일 즉시 오주에서 행정을 시작하여서 남녕으로 나아가 노소와 왕수를 초무할 군사행동을 개시하였다.

68 『명세종실록』 권86.

노소와 왕수를 초무하고 사·전을 평정하다(招撫盧王, 平定思田)

양명은 12월 5일 평남현平南縣에 도착한 뒤 곧바로 도어사 요막과 교대하였다. 이때 조정에서는 이미 방헌부의 주청을 윤허하여서 요막을 치사하게 하고, 태감 정윤鄭潤, 총병관 주린朱麟을 소환하여서 명령을 기다려서 별도로 등용하였다. 22일, 양명은 평남에서 석금石金·임부林富(1475~1540)·왕필동汪必東(1511, 진사)·추예鄒輗·축평祝平·임대로林大輅(1487~1560) 등 여러 장관將官을 소집하여서 '사·전 정벌, 노소·왕수 평정'의 방략 회의를 하였다. 정벌에는 열 가지 근심이 있고 초무에는 열 가지 장점이 있다고 모두 인식이 일치하여서 최종적으로 초무의 구체적인 방략을 결정하였다.

양명은 나중에 올린 「주보전주사은평복소奏報田州思恩平復疏」에서 초무의 열 가지 장점을 다음과 같이 진술하였다.

> 무고한 수만 명의 죽을 목숨을 살려서 구명하는 것을 좋아하는 황상의 인을 밝혀서 우순虞舜이 유묘有苗를 정벌했던 일과 딱 들어맞으니 먼 오랑캐 황복荒服의 땅이 은혜에 감사하고 덕을 품지 않음이 없으며, 나라의 원기를 함양하여서 연익燕翼의 꾀를 끼침이 장점의 하나입니다.

재물의 낭비를 그치고, 줄여서 쓰고, 남은 나머지를 절약하고 저축하여서 다른 근심에 대비하며 백성에게는 기름을 짜내고 골수를 깎는 고통이 없게 하니 장점의 둘입니다.

오랫동안 수자리를 살던 병사들이 돌아가고 싶어하는 소원을 마침내 이루고 질병과 사망에서 벗어나고, 칼끝과 화살의 참혹함에서 벗어나며 흙덩이가 무너지고 기왓장이 깨지는 듯한 근심이 없으니 장점의 셋입니다.

또 때에 맞게 밭을 갈고 씨를 뿌리며 농사일을 폐기하지 않아 비록 곤궁한 가운데 있더라도 모두 집안을 돌볼 수 있고, 저마다 점차 회생할 가망이 있어서 이리저리 떠돌고 스스로 포기하고 도둑이 되지 않으니 장점의 넷입니다.

토관의 병사를 해산하여서 저마다 돌아가 자기 땅을 지키게 하고 그로 하여금 조정에서 신령한 무비와 죽이지 않는 위엄이 있음을 저절로 알게 하여서 저들에게 의뢰하여 힘입는 바가 없고, 걸오桀驁의 기운이 모르는 사이에 소멸하며 참람하고 망령된 마음을 막고 없애며 반항하고 돌아서는 간사함이 저절로 종식되니 장점의 다섯입니다.

원근의 병사가 저마다 옛 수비(지역)로 돌아가고 궁벽한 변방과 연해에 모두 방비와 방어를 다시 갖추며, 도적이 꺼리는 바가 있어서 감히 날뛰지 못하고, 성곽과 향성鄉城이 놀라 요동하고 겁탈과 약탈을 당하지 않으며, 내실은 텅 빈 채 형식만 일삼으면서(虛內事外) 이것을 돌아보면 저것을 잃어버리는 근심이 없으니 장점의 여섯입니다.

양식을 운반하는 수고를 덜고 인부와 마소의 노역을 줄이고 빈민은 거꾸로 매달린 듯한 고통에서 해방되고 조금씩 소생하고 회복할 수 있으며, 구렁텅이에서 신음하던 와중에 일어날 수 있으니 장점의 일곱입니다.

토민이 토사호비兎死狐悲의 서러움에서 벗어나고 토관은 순망치한脣亡

齒寒의 위급함이 없으며, 호병湖兵은 마침내 군사를 보전하여서 일찍 귀가하는(全師早歸) 소망을 이루고 마음을 편안히 하고 뜻을 안정시키지 않음이 없으며 인을 깊이 함양하고 기르며 덕화를 감화하고 사모하니 장점의 여덟입니다.

사·전의 유민이 옛 땅으로 돌아와서 흩어지고 잃어버린 사람을 불러모으고 집안을 회복하며, 토속에 근거하여 그대로 추장酋長을 둔다면 저들은 장차 각각 경토境土를 보호하고 스스로 사람들을 지키게 하며 안으로는 요족과 동족을 제어하고, 밖으로는 변방의 오랑캐를 막아서 중토中土는 베개를 편안히 베고 무사할 수 있으니 장점의 아홉입니다.

토민은 모두 성심으로 기뻐하여서 복종하며 모름지기 다시 병사로 지킬 필요가 없으며, 조발의 낭비를 줄이고 해마다 수천 관군이 길에서 쓰러지고 넘어지는 고생에서 벗어나고 거민은 오가며 소란을 피우는 근심이 없으며 상려商旅가 동행하고 농민은 생업에 편안하고, 가까이 있는 사람은 기뻐하고 멀리 있는 사람은 옴으로써 덕의 위엄이 미치고 입게 되니 장점의 열입니다.[69]

양명은 나라를 이롭게 하고 백성을 편안히 하는 점에서 정벌의 열 가지 근심과 초무의 열 가지 장점을 제시하였다. 이는 병부의 질의에 대한 회답이었으며, 그가 남쪽을 평정함에 있어서 이미 초무를 하려는 주도면밀한 안배와 주획을 하고 있었음을 밝힌 것이다. 이 소식 역시 매우 빨리 노소와 왕수에게 전해졌다. 26일, 양명은 남녕에 도착하여서 즉시 초무의 사의를 처리하는 데 큰 힘을 발휘하였다. 관부에서 초무하는 성의를 보이기 위해 그는 먼

69 『왕양명전집』 권14 「주보전주사은평복소奏報田州思恩平復疏」.

저 명령을 내렸는데, 조발하여서 방어와 수비를 담당하던 군대를 모두 철수시키고 회귀하는 군사 수만 명을 며칠 내로 해산하게끔 명령을 내렸다. 원래 호병은 동시에 다 돌아갈 수 없기 때문에 그들을 남녕南寧과 빈주賓州에 나눠서 갑옷을 벗고 머물러 쉬게 한 뒤 변고를 고요히 관찰하게 하였다.

사은·전주를 점거한 노소와 왕수는 군중 2만여 명을 거느렸는데 조정에서 양명을 이곳으로 파견하여 조사와 마무리를 하게 한다는 것을 처음부터 알고 이미 마음에 두려움과 무서움을 품고 주동적으로 와서 귀순하여 정성을 바칠 뜻을 가졌다. 나중에 또 태감과 총병이 잇달아 소환되고 양명이 남녕에 도착하자마자 방어와 수비를 담당하던 병사들을 모두 철수했음을 알게 된 그들은 정성을 바치고 귀순하려는 마음을 더욱 굳혔다. 가정 7년(1528) 정월 초 7일, 노소와 왕수가 먼저 수하의 두목 황부黃富 등 10여 인을 파견한 것은 남녕에서 양명을 보고 진실한 마음으로 귀순하여서 용서를 받고 죽음을 면하게 해달라 청하고 새로운 삶의 길을 열어달라는 소원을 표현하며, 동시에 동정을 살피려는 의도도 있었다. 양명은 그들에게 조정에서 초무하는 성의를 보여서 대의를 개진하고 삶의 길을 밝혀 제시하였는데 그들을 위해 직접 지패紙牌를 써주어서 가지고 가서 노소와 왕수를 회유하게 하였다.

지패의 주요 목적은 노소와 왕수를 권면하여서 하루빨리 초무를 받아들이고 성의를 보이도록 의로써 깨우치고 정으로 감동시키고 정성으로 기다리라 하는 것으로서 다음과 같이 말한다.

> 너희들은 원래 유명한 악당의 두목도 아니고 본래 큰 죄도 없었으며, 부하 수만의 군중은 더욱 무고하다. 지금 너희들이 군대를 믿고 험지를 등에 지고 있어서 수만의 무고한 백성들이 집이 부서지고 생업을 잃고 부모는 사망하고 처자는 흩어져 달아나서 곤고하게 된 지 이미 두 해가 되었다. 또

위로는 조정을 향해 군사를 일으키고 장수를 임명하며 세 성의 백성을 위로하고 위무하느라 번거롭게 하니 너희들의 죄는 이미 날이 갈수록 심하다. 다만 너희들이 군대를 믿고서 험지를 등에 지고 있는 까닭은 다름이 아니라 죄를 두려워하고 죽음에서 달아나려는 데 지나지 않는다. 진실로 스스로를 보전하기 위한 계책이었으니 그 심정은 가엾이 여길 만하다. 바야흐로 성상이 지극한 효의 인을 미루어서 여원黎元을 자식으로 사랑하며 오직 한 사물이라도 제자리를 얻지 못할까 두려워하니 비록 한 사내가 감옥에 있어도 오히려 혹 잘못 판결하여서 억울한 일을 당했을까 두려워하고 친히 판단과 판결에 임하였는데 하물며 너희들 수만의 목숨을 어찌 경솔한 생각으로 척살하는 일을 수긍하겠는가? 그러므로 지금 그곳으로 특별히 대신을 파견하여서 조사하고 마무리하게 하여 너희들에게 갱생의 길을 열어주는 것은 다만 이 수만 무고한 백성들을 구제하려는 것뿐만 아니라 너희들로 하여금 악을 제거하고 선을 따르며 죽음을 버리고 삶에 힘쓰게 하려는 것이다. 패가 이르면 너희들은 부하의 병부兵夫를 즉시 해산하고 각자 돌아가 생업에 복귀하여서 삶을 편안히 하라. 너희들이 즉시 투항하면 마땅히 너희 죽을죄를 용서하고 너희 몸과 집을 온전히 하게 할 것이다. 만약 머뭇거리고 의심하여서 관망하다가는 하늘의 토벌이 뒤따라 행해져서 후회해도 미칠 수 없을 것이다. 20일 기한 안에 너희들이 만약 이르지 않으면 조정에서는 틀림없이 너희들에게 삶의 길을 열어주었으나 너희들이 기필코 스스로 죽음의 길을 선택한 것이니 병사를 진격시켜서 토벌하여 죽이더라도 너희는 유감이 없을 것이다.[70]

---

70 『왕양명전집』 권14 「주보전주사은평복소」.

양명은 참모 용광龍光을 황부와 함께 파견하여서 돌아가 투항을 권하는 뜻을 전하게 하였다. 용광이 경기병 몇을 데리고 사은으로 나아가자 노소와 왕수가 2만여 군중을 이끌고 수십 리에 걸쳐서 대열을 지어서 영접하니 서릿발 같은 칼날은 눈과 같고 환호성은 하늘을 진동하였다. 용광은 호상胡床에 올라앉았고, 노소와 왕수 두 추장이 땅에 무릎을 꿇고 패를 받았다. 용광은 낭랑한 목소리로 조정이 백성을 위무하고 난리를 안정시키는 대의와 대덕을 선유宣諭하였다. 용광의 얼굴이 양명과 매우 흡사하였기에 노소와 왕수는 양명이 친히 와서 조정의 위덕을 선포하는 것으로 여겨 감히 우러러보지 못하였으며, 환호성이 우레처럼 진동하여서 초무를 받아들이고 정성을 바치는 대계가 마침내 정식으로 의정되었다. 노소와 왕수는 즉시 수비를 철거하기로 선포하고 옷과 양식을 준비한 뒤 시일을 정하여서 귀순하기로(投誠) 하였다.

26일, 노소와 왕수가 2만여 군중을 거느리고 남녕부 성 아래에 도착하여 네 곳의 영채에 나누어 주둔하였다. 이튿날 노소와 왕수 두 사람은 머리를 풀어헤치고 자박하여 각자 수하의 두목 수백 명과 함께 군문으로 와서 투신(投見)하고 저마다 투항장을 갖추어서 죽음을 면하게 해달라고 청한 뒤 나라를 위해 힘을 다해 보답하기를 원하였다. 양명은 그들의 귀순을 받아들이고 그들을 향해 조정의 은덕을 선포하여서 회유하고 재차 초무의 성의를 보이며 다음과 같이 말하였다.

> 조정은 이미 너희의 죄를 사면하고 너희의 투항을 허락하였으니, 너희가 이에 이르도록 유인하고서 또다시 너희를 죽인다면 신의를 잃어버리는 것이 아니겠느냐? 너희가 한번 죽을죄를 결단코 마땅히 용서하니 너희는 다시 우려하고 의심하지 말라. 다만 너희 노소와 왕수 두 사람은 무리를 거느리고 험한 것을 의지하였는데, 비록 죽음을 두려워함으로 말미암은 일이

나, 이는 한편으로는 너희의 잘못이다. 2년 남짓 소요를 일으켜서 위로는 구중九重의 우려를 번거롭게 하였고, 아래로는 세 성의 백성을 지치게 하였으니, 만약 조금이라도 책벌을 보이지 않는다면 무엇으로 군민의 갚음을 풀어줄 수 있으랴?[71]

그리하여 노소와 왕수를 군문으로 보내 각각 장 100에 포박을 풀어주니 여러 두목이 모두 머리를 숙여서 기쁘게 복종하였다.

양명은 다시 성을 나와 네 곳의 영채에 이르러서 남은 군중을 안무하니 남은 군중도 저마다 감격하고 환호성을 질렀다. 양명은 그들에게 다음과 같이 말하였다.

조정의 뜻은 오직 너희의 삶을 온전하게 하는 것이다. 지금 너희가 바야흐로 삶의 길을 찾았는데 어찌 차마 너희를 또 칼날 아래로 몰아넣겠는가? 너희는 오랫동안 달아나 숨었으므로 가업이 무너지고 탕진되었으니 또한 마땅히 속히 돌아와 너희의 집안을 온전하게 일으키고 때맞춰 밭을 갈고 씨를 뿌리며 생업을 회복하라. 각 처의 도적들은 군문에서 자연히 구처區處할 것이니 모름지기 너희들을 토벌하여서 제거할 필요가 없다. 너희 집안 일이 조금 안정되기를 기다린 뒤 마땅히 너희를 서서히 조발할 것이다.[72]

양명은 즉시 우포정사 임부와 전임 총병관 장우張祐에게 위임하여서 군중 백성의 호적을 회복하고 안돈(安揷)하는 일의 처리를 맡겼다. 2월 8일에 이르

71 『왕양명전집』 권14 「주보전주사은평복소」.

72 『왕양명전집』 권14 「주보전주사은평복소」.

러서 2만여 군중이 귀향하여 생업으로 돌아갔고, 사은·전주의 난이 평정되었다. 이후 열흘 동안 잇달아 산중으로 도피했던 7만여 이민夷民이 스스로를 묶은 채 귀순하였고 양명은 모두 방면하여서 농사일로 돌아가게 하였다.

양명은 3년 동안 소요를 일으킨 민란을 겨우 두 달 만에 신속하게 평정하였으며, 병사 한 사람, 백성 한 사람도 죽이지 않으면서 이민夷民 전부를 전지로 돌려보내 농사일에 복귀하게 하였다. 양명이 말하기를 "반사班師하기까지 70일이 되지 않아서 완악한 오랑캐가 즉시 와서 바로잡히니 화살 한 대 꺾지 않고, 졸개 한 사람 죽이지 않고 수만 생령의 목숨을 살렸다. 이는 이른바 '편안히 해주니 이에 찾아오고, 동원함에 이에 화답한다는(綏之斯來, 動之斯和)' 것이다."[73]라고 하였다. 조정의 상하가 한바탕 살육과 정벌을 부르짖는 떠들썩한 소리 속에서 그는 마음을 편안하게 하고 인민을 편안하게 하는 초무의 방법을 채택하여서 수만 생령을 모두 살렸다. 이로써 인심을 구속하는 대사의 흉회胸懷는 길을 잃은 군중 백성에게 선을 알고 악을 아는 양지를 일깨우고, 심중의 도적을 무찌르고 그들로 하여금 거듭 신생의 길로 돌아오게 하였다.

3월에 양명은 사은·전주를 평정한 공적을 기록한 글을 돌에 새겨서 비석을 세운 뒤 후세 사람들에게 밝히 보여주었다.

> 가정 병술년(1526) 여름, 관병이 전주를 정벌하고 마침내 사은을 정벌하였다. 도적이 서로 더불어서 다시 선동하여 네 성의 군사를 모으니 흉흉함이 해마다 이어졌다. 이에 황제께서 원원元元(인민)을 불쌍히 여기시어 혹시라도 무고하게 죽은 자가 있을까 근심하셨다. 이에 신건백 신 왕수인에게 명

---

73 『왕양명전집』 권14 「주보전주사은평복소」.

하시기를, 어찌 아니 가서 군사를 감독하지 않는가? 덕으로써 편안하게 하고, 병으로써 다잡지 말라 하셨다. 군사를 회군하고 군려를 흩어서 신의를 크게 폈다. 여러 오랑캐가 감화하고 사모하여서 열흘 사이에 자기를 묶어 귀순하는 자가 7만 1천이었다. 모두 풀어주어 농토로 돌아가게 하니 두 성이 편안해졌다. 예전에 유묘를 정벌할 때는 70일 만에 항복하였는데 지금은 만 한 달이 되지 않아 만이蠻夷가 모두 복종하였다. 편안히 해주어서 오니 우편의 전달(郵傳)보다 빠르고, 방패를 들며 춤을 추는(舞干) 교화가 어찌 이보다 더하랴! 이에 사은과 전주에 고하여서 임금의 덕을 잊지 않게 하며, 산의 돌을 깎아서 이렇게 빛나고 빛나게 밝힌다. 문무文武의 성신聖神과 바닷가 땅끝까지 모든 혈기를 가진 자가 (임금을) 어버이로 존경하지 않음이 없다.

가정 무자년(1528) 늦봄(季春)에 신 수인이 손을 맞잡고 절하며 머리를 조아려 쓰다.

신 임부, 장우가 돌에 새기다.[74]

양명은 반역한 백성 모두를 생업인 농사일에 돌아가 복귀하게 한 뒤 또 사은·전주를 평정한 뒤의 마무리 일 처리에 전념하였다. 그는 가장 먼저 2월 13일에 「주보전주사은평복소」를 올려서 공을 세운 사람들의 포상을 청하였다. 15일에는 「지방긴급용인소地方緊急用人疏」를 올려서 임부를 천거하였다. 또 18일에는 「지방급결관원소地方急缺官員疏」를 올려서 임부·장우·심희의沈希儀(1491~1554)를 천거하였다. 호광 영순永順, 보정保靖의 두 선위사宣慰司인 토관土官의 소두목(目兵)에게 상을 주어 보냈다.

---

74 왕수인, 「전주입비田州立碑」, 『옹정광서통지雍正廣西通志』 권102.

이러한 지방 군정의 사무를 처리함에 있어 모순의 초점은 토관 설치에 집중되었다. 양명은 신중하고 근실하게 종사하여서 각 도道의 관원에게 행문을 보내 각자 소견을 제시하게 하고 채택에 대비하였다. 동시에 총진摠鎭·진순鎭巡·부참副參·삼사三司 등의 관원과 태감 장사張賜, 어사 석금 등과 회동하여서 토관과 유관 설치의 이해득실을 함께 논의하였다. 관원의 의견은 세 가지로 나뉘었다. 토관을 나누어서 설치함, 유관을 토속민으로 임명함, 토관을 유관으로 고침이 그것이다.

우참정 종방鍾芳(1476~1544)이 양명에게 글을 올려서 토관을 나누어 설치할 것을 다음과 같이 강력히 주장하였다.

> 근래 본사本司에서 문안을 받들어 각 도에 행하게 한 것을 살펴보니 무릇 소견이 있으면 모두 모름지기 개진하여서(開呈) 채택에 대비하게 하라고 하셨습니다. 이는 참으로 뭇사람의 생각을 모으고 충성과 유익을 넓혀주고 그 선함을 자기 소유로 삼지 않는 것입니다. 돌아보건대 저(職)는 식견이 천박하여서 시의時宜에 어두운데 무엇으로써 덕의 뜻을 우러러 받들겠습니까? 하물며 전주·사은 두 주의 일의 형세는 대체로 도의 각 관官에서 실정을 잘 아는 사람을 갖추어서 아침저녁으로 좌우에 두고 반드시 정확하고 투철하게 (정보를) 올리게 하였으나, 존후尊侯께서는 현명하고 예지로우며 속속들이 밝으시며 임기응변하고 온갖 변화에 궁함이 없으면서도 나무하고 꼴 베는 사람의 견해를 빌리지 않아도 응대함에 여유가 있으셨습니다. 그러나 가르침과 명을 받듦에 감히 어리석음을 다하지 않겠습니까?
>
> 대체로 오랑캐(夷狄)의 풍속은 중국의 법으로 다스릴 수 없고 오직 위신威信을 펴서 밝힘에 있으니 여전히 그 본토의 풍속에 따라 굴레와 고삐를 느슨하게 하는 것일 뿐입니다. 먼저는 대개 군문에서 상주하여 황제의 비

준을 받들어 용병을 하는 차에 다만 잠맹 부자 및 위호韋好·육수陸綬 등 몇 사람을 주벌하였으니 이 뜻은 매우 좋습니다. 전주를 함락하고서 이에 그 추장 및 족속들을 다 죽여서 살아남는 무리(噍類)를 없게 한다면 큰 신뢰를 잃고 돌아보지 않게 됩니다. 큰 신뢰를 잃어버리면 오랑캐는 창황하여 믿고 의지할 바가 없게 되어서 마침내 오늘날과 같은 변고에 이르러서는 다시 대중을 동원하여 우리의 변비邊鄙를 소란하게 하는 것입니다. 지금 절월節鉞이 변경에 와서 진림鎭臨하기에 이르렀으니 필시 장차 쏠리듯이 ○ 귀순하기를 마치 물이나 불에서 벗어나듯이 할 터이나 임석袵席에 나아가 생살여탈을 좌우함은 오직 명하는 바에 달렸습니다. 뒷마무리의 대책은 그 형세에 따라 이끌어가는 것에서 벗어나지 않습니다.

지금 의론하는 것은 세 가지입니다. 토관을 나누어 배치함, 유관을 토속민으로 임명함, 토관을 유관으로 고침입니다. 무릇 토관을 나누어서 배치함은 옛사람의 죄인을 주벌하고 군주를 배치하는(誅罪置君) 뜻이니 제왕의 군사가 하는 방법입니다. 유관을 토속민으로 임명함은 허명을 세워서 오랑캐의 정을 부득이하게 따르며 경계와 대비를 약화하는 것이니 실용을 장려하는 방법입니다. 만약 토관을 개정하여서 유관을 세운다면 저들의 병사 가운데 조발된 자가 모두 농사일로 돌아가고, 안에 있는 우리 병사들은 도리어 먼 수자리를 살게 되며 오랑캐의 정은 원망이 격해져서 반드시 누차 반역할 것이니 이를 일러 없는 일거리를 만들어내며, 울타리를 없애고 밖의 혐극을 열어놓는 방법이라고 하는 것입니다. 이 세 가지 의견은 이해가 명료할 뿐만 아니라 시비득실 또한 매우 명백합니다. 본직은 찾아뵙고 곁에서 모실 즈음에 여러 말씀의 가르침을 듣고서 헤아려보니 모두 절실하고 적중하며 요긴하기에(肯綮) 물러나 기뻐하며 오랑캐의 지역을 안정시킬 수 있는 것은 손바닥 뒤집는 사이에 있을 뿐이라고 여겼습니다.

비록 고명께서 이미 계산이 정해져서 답변의 말씀을 드릴 바가 없음을 압니다. 그러나 정은 실로 어리석은 정성을 절실하게 바치며, 사랑은 도움이 되지 못하여서 더욱 부끄럽습니다. 이로써 참람함과 망령됨을 피하지 않고 밝게 살펴보심을 더럽히며 생각하기에, 유관을 토속민으로 임명한다는 의견은 토관을 나누어서 배치하는 것의 이득만 못합니다. 어리석은 사람이 대계를 알지 못하고 잠시 이로써 책임을 막으려 하니, 엎드려 생각건대 불쌍히 여기시어 용서하시고 채택하신다면 매우 다행이겠습니다.[75]

양명은 종방의 건의를 받아들여서 오랑캐 토속의 실정에 근거하여 토관과 유관을 병용하는 방법을 채택하여서 "토관을 그대로 두어 그 정서에 순응하고 토목土目을 나누어서 무리를 분산시키고 유관을 설치하여서 형세를 제어하였다(仍土官以順其情, 分土目以散其黨, 設流官以制其勢)."[76] 3월에 그는 전주에 직접 와서 순찰하고 토속의 민정을 명료하게 이해하였다.

당지의 토인이 알려주기를, 잠맹이 반란을 일으켰을 때 전주의 강 한가운데에서 홀연 돌덩이 하나가 떠올라서 강기슭에 옆으로 넘어졌으며, 민간에서는 '전석田石이 기울면 전주에 병란이 있고 전석이 평평하면 전주가 평안하다(田石傾, 田州兵, 田石平, 田州寧).'는 가요가 전해졌는데 과연 잠맹이 반란을 일으켰다고 하였다. 나중에 노소와 왕수가 초무를 받아들여서 귀순하자 강 한가운데의 부석浮石이 또 평평하고 반듯해졌다. 양명은 즉시 글 한 편을 지어서 괴이한 돌에 크게 새겼다.

---

75 『균계집筠溪集』 권13 「상신건백上新建伯」.

76 『왕양명전집』 권14 「처치평복지방이도구안소處置平復地方以圖久安疏」.

전석이 평평하면 전주가 평안하다. (백성의 민요가 이와 같다.) 전수田水가 휘감아 돌고 전산田山이 맞이하네. (부치府治가 새로 신설되어서 전산을 향한다.) 천만세 황명皇明을 공고히 하네.

가정의 해 무자년 봄, 신건백 왕수인이 이 돌에 새겨서 뒷사람에게 알린다.[77]

전주를 전녕부田寧府로 고치고 토관과 유관을 함께 두는 방안은 이미 그의 마음속에서 발효하여 형성되었다. 4월 6일 양명은 「처치평복지방이도구안소處置平復地方以圖久安疏」를 올려서 토관과 유관을 공동 설치하고 병용하는 주도면밀한 계획과 조치를 상세히 진술하였다. 주소에서 양명은 가장 먼저 토관과 유관 설치의 이해득실을 분석하고 지방의 장구한 치안적 관점에서 토관의 설치를 긍정하여서 다음과 같이 인정하였다.

무릇 유관을 설치하여서 오랑캐 백성이 복종한다면 무엇 때문에 유관을 설치하지 않습니까? 무릇 유관은 한번 설치하면 오랑캐 백성이 이로 인하여 소란을 일으키니 인한 사람과 군자가 차마 이 백성으로 하여금 소란을 일으키게 하려고 유관을 반드시 설치하려 하겠습니까? 토관을 제거하여서 오랑캐 백성이 복종한다면 무엇 때문에 토관을 반드시 설치하려 합니까? 무릇 토관은 한번 제거하면 오랑캐 백성이 이로 인하여 배반을 하니 인한 사람과 군자가 차마 이 백성으로 하여금 어찌 배반하게 하려고 토관을 반드시 제거하려 하겠습니까? 이는 모두 목전의 자기 명예가 훼손됨을 걱정하는 것이며, 뒷날의 (시비의) 형적을 피하고 구차히 자기 보전을 염려하는

77 『왕양명전집』 권25 「주보전주사은평복소奏報田州思恩平復疏」.

것이니 국가를 위해 장구한 도모를 생각하는 것이 아닙니다.[78]

양명은 오랑캐 지역 토착민의 습속과 정서에 근거하여서 토관과 유관 설치의 어느 한쪽도 폐기할 수 없음을 다음과 같이 분석하여서 진술하였다.

> 무릇 오랑캐(蠻夷)의 성정은 비유하자면 새나 짐승, 사슴과 같아서 반드시 중토의 군현으로 제어하려면 유관의 법으로 묶어두어야 하는데, 이는 사슴 떼를 방 안에 둔 것과 같아서 가르치고 길들여 순종시키려면 끝내 반드시 술통과 제사상을 들이받고 자리와 안석을 뒤집고 미쳐 날뛰고 놀라서 몸을 내던집니다. 그러므로 반드시 넓은 광야의 빈 땅에 풀어주어서 사나운 야성을 따르게 해야 합니다. 지금 토관의 옛 제도를 그대로 두려는 까닭은 사나운 야성을 따르는 것입니다. 그러나 하나같이 오직 토관이 하는 대로 두고 그 무리(黨與)를 흩어서 창궐하는 것을 제어할 생각을 하지 않으면 이는 사슴을 들판에 풀어주고 담장과 울타리로 경계를 짓지 않는 것이니, 불깐 돼지의 어금니를 뽑고 송아지 뿔을 묶어두는(豶牙童牿) 방도가 없다면 끝내 반드시 오래도록 달아나고 곧바로 숨어서 잡아 묶어둘 방법이 없습니다. 지금 토관의 두목을 나누어 세우는 것은 담장과 울타리의 경계이며, 불깐 돼지의 어금니를 뽑고 송아지 뿔을 묶어두는 방도입니다. 그러나 토관의 두목을 나누어 세우고 끝내 그 사이에 서로 연결하여서 속하게 하고 기강을 세우지 않으면, 이는 동산의 울타리에서 사슴을 기르며 지키고 돌보는 사람이 때로 담장을 지키되 무리가 서로 들이받는 것을 금하지 않아 결국 장차 담을 넘어 멀리 달아나도 모르며, 벼 이삭을 짓밟고 울타

78 『왕양명전집』 권14 「처치평복지방이도구안소」.

리를 무너뜨려도 살피지 않는 격입니다. 지금 특별히 유관을 설치하는 것은 동산의 울타리를 지키고 돌보는 사람을 두는 것입니다.[79]

이에 근거하여 양명은 토관과 유관을 설치하여 병용하는 세 가지 원칙을 제시하였다. 첫째, 유관 지부知府를 특설하여서 토관의 위세를 제어하며, 둘째, 토관 지주知州를 세워서 토착 오랑캐의 정서를 따르며, 셋째, 토관 순검巡檢을 분설하여서 각 오랑캐 무리를 흩어놓는 방안이다.

구체적으로 토관과 유관을 설치하는 일과 관련하여서 양명은 명확하게 다음과 같은 방안을 제시하였다. 토주土州의 관을 설치하되 잠방상岑邦相을 두어 전주田州 지주로 세우고, 잠방좌岑邦佐를 무정武靖 지주로 삼고, 토관 순검을 분설한다. 사은과 전주는 토순검사土巡檢司를 나눠서 설치하고 노소와 왕수를 순검으로 삼아 유관 지부에 통속하게 한다. 사은·전주에 유관 지부를 함께 설치하여 토관의 위세를 억누른다. 전주田州는 전녕부田寧府로 개명하여서 유관 지부를 설치하려는 실상에 부합하게 하고, 전주에 학교를 세워서 부근의 부와 주, 현의 학교 교관 내에서 1원을 선발하여 전주 학교의 일을 영솔하게 한다.

토관과 유관을 설립하는 양명의 방안은 조정의 윤허를 얻었다. 이부상서 계악이 다음과 같이 말하였다.

왕수인이 전녕의 일처리를 구획하기를, 토관의 두목을 우선 시험 삼아 순검으로 삼고, 지주를 우선 시험 삼아 이목吏目으로 삼으며, 지부를 우선 시험 삼아 동지同知로 삼는다 하였습니다. 3년 동안 시험 삼아 시행한 뒤 실

---

79 『왕양명전집』 권14 「처치평복지방이도구안소」.

제 제수하는 것입니다. 임관林寬을 천거하여서 동지로 삼으려 하는 것은 무릇 지부를 시험해보는 것입니다. 조정에서는 이미 편의대로 하라고 명하였으니 마땅히 그 논의를 따라야 합니다.[80]

계악이 토관과 유관을 설치하여 병용하는 양명의 방안을 지지한 까닭은 완전히 개인적인 목적에 의한 것이다. 이는 바로 지부를 3년 동안 시험해본 뒤 실제로 제수하는 방법으로서, 나중에 계악은 양명에게 강제로 명하여 반란을 평정하게 한 뒤 다시 광서에서 3년간 대기하게 함으로써 그의 입조와 입각을 저지하여서 막을 구실을 찾아냈던 것이다. 양명은 당연히 계악의 흉악한 속내를 알지 못하였다. 그는 주소를 올린 뒤 즉시 토관과 유관을 설치하는 데 큰 힘을 기울여서 행동에 나섰는데, 이는 또 반대파의 비난과 질책을 초래하였다.

원래 잠맹 부자와 노소·왕수의 반란을 대처함에 조정에서 지방에 이르기까지 하나같이 반란에 가담한 인민을 척살하고 주멸할 것을 주장하고 초무와 토관 설치에 반대하였다. 전임 요막을 포함하여서 정벌과 토벌에 나섰던 일반 관원들은 잠맹 부자와 노소·왕수의 모반을 무고하였고, 나중에 정벌과 토벌이 불리한 정세에서 요막은 실제 상황을 숨기고 살기등등하여 상주하기를 "전주에 남은 무리가 다시 반란을 일으켰으니 병사를 재결집하여서 토벌한 뒤 체포하고 군軍은 전곡錢穀을 일으켜서 상응하게 의논하여 처리하소서."[81]

80 『명세종실록』 권89. 『실록』에 이르기를 "상이 옳게 여겨서 관에 명하여 동지로 삼고 부학府學을 관장하게 하며 3년 동안 성취를 기다린 뒤 지부로 승격하게 하였다. 월鉞이 구직舊職을 이었다."라고 하였다.

81 『명사기사본말明史紀事本末』 권53 「주잠맹誅岑猛」.

라고 하였다.

조정에서는 부득이 양명으로 요막을 대체하였고, 양명이 초무의 방법으로 노소·왕수의 반란을 평정한 뒤 이러한 척살을 주장했던 일파는 실상이 발각될까 두려워서 여전히 양명의 초무가 부당하며 토관 설치가 합당하지 않다고 질책하였다. 더욱이 양명이 장차 반란을 일으킨 두목인 노소와 왕수를 토관으로 세우는 것에 대해 터무니없이 질책하여서 조정과 세종으로 하여금 양명이 노소와 왕수를 초모한 행위에 대해 의심을 갖게 하였다. 사실 양명은 일찌감치 잠맹 부자와 노소·왕수가 모반을 일으켰다는 무고를 받은 원통한 사정을 간파하고 있었으며 조정에서 무고하게 잠맹 부자와 노소·왕수를 척살하는 것에 반대하였다. 이는 그가 조정의 중대한 실책이라고 인식한 것이다.

사실의 전말에 관한 진상을 밝히기 위하여 그는 노소와 왕수를 한 차례 초무한 뒤 바로 제자 게양揭陽 주부 계본季本을 남녕으로 보내 토착민들 속 깊숙이 들어가서 석 달 동안 사은·전주에서 반란을 일으킨 사실을 탐방하고 조사하여 처리하게 하였다. 5월에 계본은 「전주사실기田州事實記」를 써서 조정이 잠맹 부자를 주살하고 노소와 왕수를 척살하는 것에 대한 부당성을 상세히 논하고 양명을 위해 항변하였다.

기문記文은 사람을 놀라게 할 만한 사건의 내막과 비밀을 다음과 같이 폭로하였다.

> 토관 잠씨는 전주에서 대대로 공덕을 쌓았으며 국가에 침탈과 반란을 일으키지 않은 신하로서 그에게 변장邊將(의 역할)을 의뢰하고 있다. 이후 잠맹이 처음 지부를 물려받았으나 집안에 재앙을 당하였는데 그때 밖에 있어서 들어가지 못하였기에 사은의 토관 잠준岑濬(?~1505)이 (지부를) 받아들여서 마침내 잠맹의 단량丹梁·모의慕義 지역을 포함하여 취하였다. 이윽고

잠준이 죄를 짓고 패하자 잠맹이 이에 틈을 타서 그 땅의 회복을 선포하였는데, 당도當道는 인정하지 않았고 또한 억압하려고 하였다. 잠맹의 죄를 들추어내서 건평建平의 천호로 좌천시키고, 그 부를 사은의 예에 따라 유관으로 고쳤다. 잠맹은 이로부터 마침내 전주를 잃게 될까 두려워하여 여러 차례 폄질貶秩하고 부의 막하에 두기를 청하였는데 허락받지 못하여서 마침내 부임하지 않고 머물렀다. 유관인 지부로서 처음으로 잠맹을 대신한 자가 토인의 귀부歸附를 받지 못하자 남녕으로 퇴거하여서 잠맹과 끝내 서로 투합하지 못하였다. 나중에 지부 고우기高友璣(1461~1546) 공이 이르러서 허심탄회하게 대하니 잠맹도 두루 예를 갖추었다. 이윽고 군문에서 잠맹을 조용하여 마평馬平·정향程鄉 및 강서 요원동窰原洞의 여러 도적을 정벌하게 하여서 공을 세웠다. 여러 차례 승진하여서 남단南丹 지휘첨사, 지휘동지, 권서부사權署府事가 되었다. 북류北流, 전前○을 정벌하여서 2만 8000여 명을 참획斬獲하고 공을 세웠으나 끝내 지부에 복귀하지 못하였다. 잠맹은 이미 옛 물건(故物)을 잃어버렸고 또 문묵文墨을 자못 좋아하였으며 무신과 서로 다투는 것을 부끄러워하였다. 이에 앞서 잠맹의 공을 바탕으로 몸을 일으킨 많은 사람들이 도사都司나 참장參將이 되어서 잠맹은 이들을 지휘 아래 소속시켰는데, 그들은 모욕을 당하거나 자기들 수요와 공급에 조금이라도 다하지 않음이 있으면 그에 따라서 나쁜 일을 꾸몄다. 잠맹은 뜻에 자못 평안하지 않았으나 공명을 스스로 다투고 싶어하지 않았다. 이에 잠방언岑邦彦에게 (지위를) 넘겨준 뒤 시를 읊고 술을 마시며, 참새를 잡고 낚시를 하며 방외方外의 선비들을 불러들여서 양생술을 닦고 스스로 제 몸을 위하였다.

잠방언은 완력(膂力)이 엄청나며(絶人) 지모가 잠맹에 못지않았고 신녕新寧 정벌에 동원되어서 직접 사은을 무너뜨리고 토벌하였다. 또한 유소劉紹

의 난을 토벌하여서 평정하였다. 전투에서 승리하지 못한 적이 없었으며, 공격하여서 성취하지 않음이 없었다. 이에 전주의 병사가 양광에서 으뜸이 었는데, 잠방언은 이로 인해 교만하고 호방한 마음이 생겼다. 거듭하여 이 지역을 감독, 수비(監守)하는 자 가운데 가렴주구 하는 바가 있어서 그 숨긴 과오를 다 찾아냈으나 그 마음을 복종시키지 못하여서 도리어 경멸을 당하였다. 잠맹도 때로 상사上司를 비판하고 헐뜯는 말을 하였는데 소문이 멀리까지 전해져서 고개를 끄덕이지 않는 당도가 없었고 오직 그 과실(隙)을 찾아내지 못할까 두려워하였다. 또 전주 지역은 몇 개 주의 요충지(沖要)에 해당하였는데, 군문의 사자가 지나가면서 혹 조발을 하게 되면 마침내 세력에 의지하여 탈취하되 그 상궤를 넘기도 하였다. 잠맹은 이미 직책을 사양하였다고 피해 갔으며, 잠방언도 예의를 차리지 않았다. 사자가 돌아가서 거짓말을 날조하여서 잠맹을 비방하였다. 사성泗城에 난이 일어났다. 나지那地·동란東蘭의 여러 주가 평소 그들에게 모욕을 당하고 있었기에 이로 인해 속시원히 앙갚음을 하려고 하였다. 전주·당흥唐興 등지도 예전에 사성의 침탈을 받아 원한이 깊이 쌓였는데 잠맹과 약속하여서 함께 보복하기로 하였다. 그런데 사성의 토관 잠접岑接이 실제로 나지의 병사에게 살해당하여서 당도에 호소하였다. 잠맹으로서는 전쟁을 하여서 옛 땅을 수복하는 것은 토민의 떳떳한 풍속일 뿐이나 잠접을 죽인 사람이 나지 사람이라서 뜻을 두지 않았다. 당도는 이로 인해 잠맹에게 죄를 주어서 베려고 하였는데 옳고 그름을 따지지 않아서 잠맹이 원망하였다. 또한 사성의 정황을 매우 자세히 파악하여서 잠맹에게 알린 자가 있었는데 전주로부터 길을 나서서 대뜸 불러들이고 뇌물을 쓰게 하고 함부로 말을 하면서 당도를 내세웠다. 당도는 더욱 깊이 미워하고 잠맹을 비방하는 것이 날로 깊어져서 마침내 반역의 죄를 더하고 병사를 동원하여 정벌하기를 청하였다.

조정에서는 반드시 베려는 뜻은 없었다. 마침 떠도는 말에 잠맹이 뇌물을 쓴다고 하였는데 사람들이 모두 자기 혐의를 숨기고 다시 잠맹을 위해 깊이 변론하지 않았다. 또한 때를 틈타 공명을 세우려고 하는 소인들이 모두 힘써 도와서 (전주의) 정벌을 단행하게 하였다. 이에 네 성의 병사들을 남녕에 대거 모아서 전주를 정벌하였다. 잠방언이 듣고서 나아가 항전하려고 하였는데 잠맹이 말하기를 "내가 조정에 죄를 얻은 적이 없으니 필시 나를 정벌할 리가 없다. 만일에 있다면 어찌 관병에게 항거하여서 허물을 취할 수 있겠는가?"라며 그만두게 하고 허락하지 않았다. 이에 사람을 파견하여서 표表를 올렸으나 도달하지 못하였다. 사람을 보내 원통함을 호소했으나 소용이 없었다. 사람을 보내 공을 세워서 속죄하겠다고 했으나 청함을 얻지 못하였다. 이에 잠방언이 친밀한 육수陸壽, 위호韋好 등을 거느리고 이르렀는데 공(양명)이 군사를 점검하려고 하였다. 그런데 관병이 갑자기 이르러서 위호 등을 죽이고 잠방기岑邦奇(*彦)는 달아났다가 얼마 뒤 병으로 죽었다. 잠맹은 일이 위급해진 것을 알아채고 귀순歸順으로 도망가서 죽었고 그 백성들은 이에 무너졌다.

얼마 뒤 토민의 두목 노소가 잠씨는 전에 공덕이 있었는데 차마 그 후사가 끊기게 할 수 없어 한번 한 사람을 찾아내 후사로 정하여서 계승하게 하려고 했으나 (후사를) 얻을 수 없음을 두려워한 나머지 이에 말을 퍼뜨려서 잠맹이 아직 살아 있다고 하여 군중을 모두 모으고 한마음으로 맹서하였다. 다시 사람을 보내 사은의 토민 두목 왕수를 설득하여서 군중을 거느리고 와서 토민의 풍속을 다시 찾게 하였다. 처음 사은에는 유관으로 개혁하고 아울러 토속도 제거하였는데, 향리의 인민이 모두 불편하게 여겨서 그 실정을 관에 왕왕 호소하였으나 복구하지 못하여서 다시 평안하지 못한 상태가 되었다. 그러므로 이로 인해 노소가 왕수를 끌어들였으며 다행히 이웃 경내에 대체로 사건이 많았는데 이로써 스스로 그 도모하는 바를 이루려 하였다. 왕수가 군중을 거느리고 사은에 이르러서 이갑里甲의 불편함을 지부 오기영吳期英에게 알렸으나 문제를 일으킬까 두려워하여서 매일 아침 머리를 조아리고 명을 들었는데 상하의 예를 갖추고 창고를 엄격하게 방비하여서 감히 범하지 않았다. 오기영은 아직 (제도를) 시행하지 않았는데, 이에 왕수가 무연武緣에 이르러서 장차 스스로 질정하여 상부에 전달하려고 하였다. 관병은 왕수가 반란을 일으킨다고 여기고 공격하였다. 험한 곳에서 궁지에 몰려 부득이 서로 전투를 벌이게 되었는데 왕수는 결코 반역할 마음을 품지 않았다. 질정을 청하여서 얻지 못하였고 관군이 이미 사은으로 달려들었기에 항거한 것이다. 왕수는 마침내 상림上林에 이르러서 알고 지내던 지휘 장예張銳와 왕봉王鳳에게 (해명할 기회를) 얻기 위하여 사은·전주에 분질分質하고 오직 이 형세로 무마되기를 바랄 뿐이었다. 당시 일을 집행하는 자가 의례히 대의로써 책망하고 다시 조금이라도 그 실정을 따지려 하지 않고서는 반드시 두 두목을 끝까지 베어서 그 당을 완전히 단절시키려고 하였다. 사은·전주가 이로 말미암아 오랫동안 편안하지 못했고 공급을(供億) 하는 구역 사람들은 다른 마음을 품었다. 다행인 것은 성천자께서 오히려 원원을 불쌍히 여기시어 신건백(왕수인)에게 특명을 내려서 안무하고 안정시키며 인민의 실정을 살펴서 하나같이 풍속을 따르게 하고 또한 장구하고 원대한 계획을 세우게 하였으며, 잠씨로서는 후사가 끊기지 않고 두 부의 7만 생령의 목숨을 온전하게 하고 국가에서 수만 군사를 일으키는 데 드는 물자를 덜어서 인심이 기쁘게 복종하고 변경이 순종하게 되었다는 사실이다(察民之情, 一從其俗, 且爲之圖久遠計, 而於岑氏則不絶其後, 全兩府七萬生靈之命, 省國家巨萬軍興之資, 人心悅服, 邊境帖然). 그렇지 않았다면 (이 지역) 사람이 스스로 새로워질 기회를 잃어버려서 필사의 각오를 견결히 하여 전쟁(用兵)이 그치지 않고 (반란에 가담하여) 다른 원조가 이어져서 사은·전주를 잃을 뿐만 아니라 양광도 없어질 것이었다.

아! 오랑캐의 풍속은 대체로 음란하고 예가 없으며 잔인하고 포악하여서 인하지 않으니 법도로 묶어둘 수 없다. 잠맹이 지위를 물려받은 이래 명예와 절조를 갈고닦아서 스스로 세우려고 생각하고 현자와 가까이 지내고 선비를 벗하여서 근본에 힘쓰고 백성을 불쌍히 여겨서 규문閨門에는 예가 있고 나라의 풍속은 조리가 있었으며, 죄를 지은 백성이 있으면 차마 매질하는 것을 보지 못하여 사람을 시켜서 문밖에서 장을 치게 하였다. 사람을 함부로 죽이는 일은 더욱 없었다. 이로써 민심이 기쁜 마음으로 복종하였고 여러 차례 전공을 세웠으나 뜻을 얻지 못하여 마침내 양생에 의탁하고 이름을 떨칠 의사가 없음을 보였다. 근래 관병이 도리어 반역의 명목을 들씌우고 사람들이 또한 잠맹의 군병이 평소 훈련되어 있고 호령이 평소 행해지고 부강한 힘을 이용하여서 잠방언을 장수로 삼고 팔을 휘둘러 한번 외치면 무수한 오랑캐가 향응하여서 충분히 양광 수년의 뿌리 뽑기 어려운 근심의 기초가 되며 반드시 (토벌로 인한) 죽음을 받아들이기를 달가워하지 않으리라고 생각하였다. 그러나 잠맹은 끝내 신하의 절개를 지키고 감히 다른 계략을 갖지 않았으니 어찌 토관 중에 가장 현명한 자가 아니겠는가? 가령 제어하여 다스림에 도가 있어서 그 의지를 격려하고 권했더라면 잠맹의 재질과 의지가 잠방언의 날랜 용기를 구제하여서 그 부강함으로 인해 충분히 양광의 악을 쌓아가는 오랑캐 종자를 모두 평안하게 하고 부고府庫의 재물을 털끝만큼도 낭비하지 않았을 것이다. 또한 잠맹 집안은 선대부터 나라에 공이 있어서 진실로 죽여야 할 만한 죄가 있어도 오히려 10대에 용서해주어야 할 터인데 하물며 실로 반심이 없었음에랴! 비록 한때 분을 내어서 다투고 오만하게 비난하여서 기탄하는 바가 없는 것 같았는데 역시 (원인이) 나에게 있는 것으로 처리하였으나 마땅히 모든 원한을 자기에게 돌이키지는 못하였다. 이에 반드시 잠맹에게 큰 악을 씌워서 그 부자로 하여금 분노와 화를 품고 죽게 하였다. 아! 잠방언은 논하기에 족하지 않으나 잠맹은 매우 애석하다! 이미 일에 무익하고 오랑캐의 마음을 잃었으니 일을 바로잡으려는(直事) 자의 지나친 계책이 아니겠는가? 어떤 사람이 잠맹을 귀순에서 엄살掩殺하여 상을 받으려 했다고 하는데, 이와 같다면 잠맹은 더욱 완벽하다. 그러나 오히려 다행히 병으로 죽었으니 구명하는 것을 좋아하는 조정의 체모가 손상되지 않았을 뿐이다. 저 노소의 뜻은 그 주인의 고아를 존속하게(存孤) 하려고 한 것이며, 왕수의 생각은 그 땅의 풍속을 회복하려는 것이었다. 비록 병사를 막고 대적한 죄가 없지는 않지만, 요컨대 오랑캐 소인이 예법에 밝지 않아서 무리를 모아 스스로 방어한 것이며, 형세가 반드시 (거기에) 이른 것이니 모두 대의로써 책망하고 반드시 죽음에 처하게 할 수는 없다. 지금 잠맹은 이미 그 후세 사람으로 계승하게 했으니 구천九泉 아래에서 틀림없이 눈감았을 것이며, 노소와 왕수도 살길을 찾아 만 번 죽을죄를 벗은 나머지 모두 즐거이 수고를 다 바칠 것이다. 이는 성천자의 광대무사廣大無私함이 아니면 결코 형성된 논의를 내리지 못하였을 것이다. 신건백은 섬세하고 소홀히 하지 않아서 인정에 모두 맞게 처리하였은즉(纖微不忽, 處留盡乎人情) 사은과 전주의 억울함이 어찌 잠맹 한 사람일 뿐이겠는가! 내가 남녕에 이르러서 토인을 탐방하고 조사하여서 전말을 알게 되니 잠맹을 슬퍼하는 뜻을 사람들이 다 알지 못할까 두렵다. 가만히 생각건대, 사사로이 아는 것이지만 숨겨진 내용을 들려주면 군자가 거의 취함이 있을 것이다.[82]

---

82 『계팽산선생문집季彭山先生文集』 권2 「전주사실기田州事實記」.

계본의 이 「전주사실기」는 500년 동안 관방의 정사正史가 엄폐했던 토착 오랑캐의 원안冤案을 들추어냈다.[83] 잠맹 부자와 노소·왕수는 결코 반심을 갖지 않았으며, 잠맹 부자는 반역을 일으켰다는 무함을 받고 무고히 억울하게 죽임을 당하였다. 또한 노소와 왕수도 반역을 일으켰다는 무함을 받고 척살 당하였던 것이다. 양명은 왜 견결하게 노소와 왕수를 초무하고, 왜 7만 '반민叛民'을 한 사람도 죽이지 않고 모두 돌려보내서 농사일에 복귀시키고, 왜 토관과 유관을 설치하여서 병용할 것을 주장하고, 왜 노소와 왕수를 토순검으로 삼으라는 주장을 견지하고, 왜 잠방상을 전주 지주로 삼아서 잠맹의 직책을 계승하게 할 것을 주장했는지 여기서 모두 석연히 알 수 있다.

계본은 말하기를, 양명이 "섬세하게 살피고 소홀히 하지 않아서 인정에 모두 맞게 처리하여", "인민의 실정을 살펴서 하나같이 풍속을 따르게 하고 또한 장구하고 원대한 계획을 세우게 하였으며, 잠씨로서는 후사가 끊기지 않고 두 부의 7만 생령의 목숨을 온전하게 하고 국가에서 수만 군사를 일으키는 데 드는 물자를 덜어서 인심이 기쁘게 복종하고 변경이 순종하게 되었다"고 하여 양명이 민정을 살피고 토속에 따른 '인정화人情化'를 (추구한) 군정의 처치 대법을 분명히 말하였다.

계본의 「전주사실기」는 당시 유일하게 진실을 말한 '번안飜案'의 글인데, 그 취지는 잠맹이 억울하게 주살당한 원통함을 호소하고, 노소와 왕수를 초모한 양명의 영명한 이지理智를 칭찬하고 솔직 대담함을 논하였으며, 조정이 실책을 했으며 원안을 조성하고서도 회개하고 잘못을 바로잡을 생각을 하지

83 정사에서는 모두 잠맹이 모반을 하여서 난을 일으켰다고 하였지만 사실은 조정이 살육을 일으킨 원안冤案을 변호하려는 것이었다. 상세한 내용은 『명사기사본말明史紀事本末』 권53 「주잠맹誅岑猛」에 보이는데, 이 글은 거의 한 마디도 사실이 아니다.

않았음을 비평하고 공격하는 데 있었다. 계본은 실제로는 스승을 대신하여 양명의 마음속 말을 털어놓았던 것이다. 다만 '대례의'에서 폄적당한 신하가 함부로 '번안'을 발하는 의론은 위험하였기에 그의 비평과 규간規諫은 살육을 좋아하는 조정 대신들의 머릿속을 깨끗이 일깨우지 못했을 뿐만 아니라 오히려 그들에게 양명을 더욱더 타격하고 박해할 잠재적 근거를 남겨놓았다.

양명은 노소와 왕수를 초무하고 임용하기 위해 취한 자기의 행위에 대해 조금도 동요하지 않았다. 그는 '백성을 위무하고 변방을 편안히 하며', '가르쳐서 변화시키고 덕을 닦는' 데서 한 걸음 더 나아가, 사은·전주의 반란을 평정한 뒤의 마무리 작업을 전개하였다. 백성을 위무하고 변경을 편안히 하는 문제에서 양명은 '오랑캐에 대처하는 방도는 마음을 공격하는 것을 으뜸(處夷之道, 攻心爲上)'으로 삼는 방침을 채택하였다. 그는 백성을 위무하고 변경을 편안히 하는 관건은 현자를 임명하고 인재를 얻는 데 있으나, "현자를 임용하여서 다스림을 도모하고 인재를 얻기는 실로 어려우며, 변방 오랑캐의 절역絶域은 사건이 반복적으로 많은 지역이니 그 어려움이 더욱 심하다." 하고 인식하였다.

그는 다음과 같이 분석하였다.

> 변란이 반복적으로 일어나는 변방 오랑캐 지역은 충실하고 용감하고 과단성이 있으며 통달하고 허심탄회한 인재를 얻지 못하면 본래 그 난을 평정하기가 쉽지 않습니다. 그런 인재가 있어도 토속을 잘 알지 못한 채 그들의 감정과 성품을 헤아리지 못하며(不諳其土俗而悉其情性) 혹 지나치게 강직하고 기질만 부리며 경솔한 생각과 지름길로 행하면 역시 마음을 쉽게 얻지 못합니다. 마음을 얻어도 수토水土를 견디지 못하고 질병을 많이 앓으면 역시 오랫동안 그 지역에 거주하며 실적을 쌓는 효험을 얻어서 성적을

거둘 수 없습니다. 그러므로 변방에서 용인을 함에는 반드시 이 세 가지를 겸한 뒤에야 가능합니다.[84]

양명은 이 세 가지 조항의 표준에 근거하여 현자를 선발하고 유능한 사람을 기용하였다. 5월 25일, 그는 「거능무치소擧能撫治疏」를 올려서 포정사 임부를 천거하여 헌직憲職(*우부도어사)에 승진케 하고, 부총병 장우를 사은과 전주 두 부에 모아들이고 편안히 다스리는 일을 맡게 하였다. 또 광동 우포정사 왕대용王大用, 호광 안찰사 주기옹周期雍(1479~1551)의 재능이 크게 쓰일 만하니 두 사람 가운데 한 사람을 선발하여 헌직에 승진시키라고 천거하였다. 7월 7일, 양명은 또 「변방결관천재찬리소邊方缺官薦才贊理疏」를 올려서 진괴陳槐·시유施儒·주곤朱袞·양필진楊必進·이교목李喬木 등 현능한 관료를 천거하였다.

양명은 '토속을 잘 알고 오랑캐의 성질을 잘 아는' 토관을 선임하는 사안을 가장 중시하여서 토민의 두목 노소와 왕수를 토순검으로 삼고, 그 밖에 잠맹의 아들 잠방상에게 토관의 직책을 승습하는 일에 주력하였다. 이를 위해 그는 토민의 향로鄕老 및 대소 토민의 두목을 탐방하고 조사하고 자문하였으며, 7월 19일 「사명잠방상소査明岑邦相疏」를 올려서 잠방상을 잠맹의 후사로 천거하고, 서전주사이목署田州事吏目을 제수하게 하였다.

주소에서 다음과 같이 말하였다.

당시 신 등이 해당 부(該府)의 대소 토목 및 향로鄕老 등을 통하여 자세히 묻기를 잠맹의 아들로서 응당 계승하여 세울 만한 자는 누구인가 하였더니,

84 『왕양명전집』 권15 「변방결관천재찬리소邊方缺官薦才贊理疏」.

한목소리로 말하기를 잠맹에게는 네 아들이 있는데 맏아들 잠방좌岑邦佐는 정처 장씨張氏 소생이며, 둘째 아들 잠방언岑邦彦은 서첩 임씨林氏 소생이며, 셋째 아들 잠방보岑邦輔는 외비外婢 소생이며, 넷째 아들 잠방상岑邦相은 차첩次妾 위씨韋氏 소생이라고 하였습니다. 잠맹은 임씨를 매우 사랑하였고, 장씨는 사랑을 잃어서 잠방좌는 어려서부터 무정武靖에 출계出繼하였으며, 잠방언에게 관직을 계승하게 하였습니다. 지금 잠방언은 이미 죽었으니 당연히 계승하여 세울 자는 잠방좌보다 마땅한 사람이 없습니다. 신 등은 일찍이 무정 지방을 관찰하였는데 바로 요적猺賊을 막는(當) 요충지였으며, 잠방좌가 어려서 출계하여 해당 주(該州)의 백성들이 믿고 복종하여 진심으로 추대한 지 이미 오래였습니다. 하물며 그 재능과 능력이 각 요족을 충분히 제어할 수 있고 근래에는 해당 주의 토목 등이 은혜를 베풀어줄 것을 서로 잇달아 간청하며 알리기를 다시 잠방좌를 돌려달라고 하였습니다. 지금 한 사람을 고쳐서 세우려고 하면 역시 잠방좌를 대신할 만한 사람이 없습니다. 신은 무정의 각 두목의 마음을 한번 잃어버리면 지방에 또 많은 일을 일으키기 때문에, 그대로 잠방좌를 무정으로 돌려보내 한편으로는 지방의 근심을 막고 또 한편으로는 각 오랑캐의 실정을 따르게 함만 못하다고 여깁니다. …… 마땅히 그다음인 잠방보를 세우면 옳겠습니다. 이에 각 두목 등이 또 한목소리로 말하기를 잠방보는 비록 명목상으로는 잠맹의 외비 소생이지만 사실은 내력이 분명하지 않고 합부闔府의 백성들이 모두 그를 원하지 않는다고 하였습니다. 잠방상은 차첩 소생이며 실로 잠맹을 이은 골육의 혈친으로서 더욱이 자질과 용모가 중후하고 근실하여 뭇사람의 마음이 순종하고 복종하며 그를 세워서 잠씨의 계통을 잇게 한다면 거의 진정한 한 맥을 끊지 않는 것입니다. 신 등의 의론은 여전히 토관을 세우고 오로지 잠씨의 후사를 끊지 않고 오랑캐의 정서를 순응하는 것이니

…… 엎드려 바라건대 성명께서는 소루만사疏漏萬死의 주벌을 용서하시고, 이어서 해당 부(該部)에 조칙을 내려서 원래의 논의를 따르고 잠방상을 전주에 세워서 각 오랑캐의 정서를 곡진히 따르소서(曲順各夷之情).[85]

양명이 '토속을 잘 알고 오랑캐의 성정을 잘 아는' 잠방상을 선택하여 전주의 토관을 이어받게 한 일은 '각 오랑캐의 정서를 곡진히 따라서' 토민과 이속에 대해 충분히 존중함을 표현한 것이다. 그리고 조정이 잠맹 부자를 오살誤殺한 원안을 '평번平反'하여서 백성을 위무하고 변경을 안정시키는, 요컨대 '지방의 근심을 막는' 커다란 효과를 낳았다.

교화와 덕을 닦음에 양명은 사은·전주가 새로 복속되어서 풍속과 교화가 진작되지 않고 인심이 몰락하고 시전市廛에 백성이 없으며 학교에 선비가 없으니 민심을 안정시키고 백성의 덕을 끌어올리려면 먼저 문치와 교화를 추진하고 덕으로써 백성을 다스리고 예로써 백성을 가르쳐야 한다고 인식하였다. 또한 학교는 '풍화의 근원(風化之原)'이며 예교가 홍성하는 장소이고 이학이 창명하는 원천이며, 더욱이 지방 인민의 풍속과 습속, 사기가 관련된 곳이다. 그리하여 그는 지역을 안정시키고 백성을 다스리는 데 최고로 큰일이 학교교육이라 간주하여서 전력을 다해 학교를 일으켜 세우고 이학 교육을 확대하는 데서부터 시작하여 덕치와 교화를 널리 폈다.

그는 4월에 올린 「처치평복지방이도구안소處置平復地方以圖久安疏」에서 학교를 일으켜 세우고 유학을 넓히는 방안을 다음과 같이 제시하였다.

전주를 새로 복속시키고 중국의 풍속으로 오랑캐의 풍속을 변화시키는 일

85 『왕양명전집』 권15 「사명잠방상소查明岑邦相疏」.

(用夏變夷)은 마땅히 학교에 달려 있습니다. 다만 창이瘡痍와 도찬逃竄으로 인한 나머지 오히려 수전受廛의 백성이 없으니 어찌 입학하는 선비가 있겠습니까? 하물며 (제생에게 공급할) 기숙사와 양식과 갖가지 경비(齋膳廩餼)를 모두 마련해낼 수가 없으니 곧 학교를 세우는 일도 헛수고가 됩니다. 그러나 풍화의 근원은 끝내 늦출 수 없습니다. 신 등의 의견은 부근의 부, 주, 현학의 교관 가운데에서 제학관提學官으로 하여금 1원을 선발하여 맡겨서 잠시 전주 학교의 업무를 영솔하게 하는 것입니다. 전주 부학으로 옮기기를 원하는 각 학교 생도의 소원뿐 아니라 전주에 와서 적을 붙이고 입학하려는 각 처 유생의 소원을 들어주어서 모두 그 사이에 이름을 등록하게 하소서. 위임할 교관은 그때 그 지역과 서로 강학을 하고 익히며, 노닐고 쉬게 하여서 혹 민간에서 효제를 일으키고, 혹 원근에서 향약을 일으켜서 거행하며, 일에 따라 열고 이끌어서 점차 행하는 조짐으로 삼으소서. 1~2년 휴양하고 생식하기를 기다린 뒤 유이민流移民이 모두 돌아오고 상려商旅가 모여들며 백성의 거처가 거의 풍부해졌다고 생각되고 재력이 점차 사용할 만하면 학교 및 음양, 의학의 종류와 전제典制 등 마땅히 구비해야 할 바를 모두 해당 부(該部) 관리의 말에 따라 차례로 거행하되 상부에 청한 뒤 관직을 새로이 마련하고 제도를 정비해야 합니다.[86]

이 주소를 올린 뒤 양명은 즉시 자기가 생각한 방안에 따라 조치하고 시행하였다. 그는 맨 먼저 광서 제학도提學道에 행문을 보내서 그들로 하여금 사은과 전주의 학교를 일으키고 향약을 이끌어 행하게 하였다. 행문에서 더욱 구체적으로 다음과 같이 지시하였다.

86 『왕양명전집』 권14 「처치평복지방이도구안소」.

> 조사해본 바, 전주가 새로 복속함에 따라 중국의 풍속으로 오랑캐의 풍속을 변화시킴에 마땅히 학교가 있어야 하니 …… 제본을 갖추어서 보고하는 일 외에는 논의한 대로 시행하라. 이를 위해 안건을 베껴서 돌려 보이니 안건을 받은 당해 관리가 소속 유학儒學에 알려서 규정에 따라 시행하게 하라. 다만 생원이 생기면 늠증廩增에 구애되지 말고, 전주 부학으로 전학을 원하거나 각 처의 유생으로서 전주로 호적을 등록하여서 입학하기를 원하는 자는 (관원이) 저마다 본도에 나아가 보고하고 스스로 조사하여서 (자격을) 발급하라. 교관 1원을 선발하여 맡겨서 잠시 학교 사무를 영솔하게 하며 서로 강론하여 익히고, 놀고 쉬게 하여서 혹 효제를 일으키고, 혹 향약을 이끌어서 행하게 하되 일에 따라 열고 이끌어서 점차 행하는 조짐을 보이라. 1~2년 휴양과 생식을 기다린 뒤 해당 부(該府)에서 학교를 세우고 각 생도에게 해당 학교(該學)에서 학업을 익히게 하고 조례에 따라 보충하고 창름을 늘려서 차례로 공급하되 모두 어기거나 그르치지 말라.[87]

바로 이때 곡평谷平 이중李中(1514, 진사)이 광서도廣西道 제학부사提學副使副使로 임명되었는데 풍문을 듣고 즉시 움직여서 제생을 가려 뽑고 부학을 일으켜 세우고 향약을 추진하여서 시행하고 직접 당에 올라가 강학을 하였다. 양명도 큰 힘으로 남녕 부학을 일으키고 직접 남녕으로 내려가 부학과 현학 및 서원에서 강학을 하고, 양지의 가르침을 아침저녁으로 펴서 제생을 열어서 인도하였다. 군문에 체류하며 임용을 기다리던 계본은 게양에서 양명의 향약을 추진하여 시행하였다. 양명은 방문하여서 실황을 살핀 뒤 즉시 계본의 향약을 정문呈文으로 삼고 조주부潮州府 통판 장계방張繼芳에게 위임하

---

87 『왕양명전집』 권18 「안행광서제학도흥거사전학교案行廣西提學道興擧思田學校」.

여서(批委) 각 현에서 감독하여 향약을 추진, 시행하게 하고, 아울러 아래의 형식만 대강 갖춘 글을 비평하여서 다음과 같이 말하였다.

> 본관(*계본)이 군문에 체류하며 임용을 기다리는데 해당 현(該縣)의 관리에게 맡겨 서로 이어서 감독하여 다스리게 하지 않는다면 영향이 미치기를 기대할 수 없다. 하물며 근래 본원에서 십가패十家牌로 효유曉諭하였는데 비록 각 부·현의 편보編報를 경유하였으나 그 실상을 찾아 물어보니 대강 형식만 갖춘 글의 종류였다. 또한 인정人丁을 편사編寫함에 오직 선악을 조사하여 고찰하고 이에 의용義勇의 이름을 더한다고 하니, 일을 만들고 군중이 소요함을 면하지 못하며 도적을 그치게 하고 백성을 편안하게 하는 본원의 뜻을 이미 잃어버렸다. 조주부 통판 장계방을 방문해보니 몸가짐을 단정하고 확실하게 하며 일을 행함에 상세하게 잘 살피니, 해당 부의 장인관掌印官이 패식牌式을 발급하여서 다시 소속에게 효유하고 장계방에게 맡겨서 속현을 편력하여 각 해당 현의 관리를 더욱 부지런히 조연操演하도록 감독하게 하며, 본원에서 입법한 처음 뜻을 잃지 않도록 힘쓰라. 이어서 먼저 패유牌諭하여 열어준 바, 거듭 실마리를 끄집어내어서 반드시 사리를 명백하고 투철하게 하되 참으로 자기 마음에서 나온 듯이 하며, 거의 운용함에 모두 맥락 있게 시행하여서 그 조리調理를 얻게 하라.[88]

양명은 더욱 현학을 일으켜서 운영하는 일을 중시하여서 현학을 위해 직접 스승을 초빙하여 교육을 세웠다. 원임 감찰어사 진후陳逅가 폄적을 당하고 합포현合浦縣 주부가 되었는데 양명은 그를 초빙하여서 영산靈山 현학에

88 『왕양명전집』 권18 「게양현주부계본향약정揭陽縣主簿季本鄕約呈」.

서 가르침을 베풀게 하여 몸과 마음의 학문(身心之學)을 개강하였다.

그는 문서를 발표하여 영산 현학관에게 다음과 같이 명하였다.

> 보아하니 원임 감찰어사이자 지금 합포 현승으로 폄적된 진후는 평소 이학에 밝고 사물을 대하는 데 뜻을 두었으며, 현재 군문에 있으니 차견하여서 맡기기에 적합하다. 본관에게 발행한 패 외에 이 패를 영산현 당해 관리에게 보내니 즉시 예를 갖추어서 돈독하게 본관에게 청하여 해당 현학에서 편안히 거처하게(安歇) 하며 스승과 학생을 영솔하여서 아침저녁으로 덕을 상고하고 학업을 물으며 옛날에 물든 비루하고 더러운 습속을 제거하고 성현의 몸과 마음의 공부를 추구하기에 힘쓰라. 해당 현의 제생으로서 응당 시험에 나아갈 자는 기일에 임하여 올려 보내고, 시험에 응시하지 않을 자는 평소와 같이 아침저녁으로 강을 듣게 하라. 혹 때로 경서와 책론策論으로 제목을 내어서 작업을 헤아려 과정을 삼으라.[89]

보전莆田의 한 유생 진대장陳大章이 남녕으로 와서 배움을 물었다. 그는 예학에 정통하여서 양명이 더욱 중시하였는데, 그를 즉시 초빙하여 남녕 부학의 스승으로 삼고 자리를 마련하여서 예를 강하게 하였다. 양명은 문서를 발행하여 남녕부 학관에게 다음과 같이 명하였다.

> 조사해본 바, 임금의 마음을 편안하게 하고 백성을 다스림에 예보다 좋은 것이 없다. 관혼상제의 여러 의례는 본래 마땅히 가가호호 효유하여야 하는 것인데 지금 모두 폐기하고 강하지 않으니 풍속의 아름다움을 구하려

89 『왕양명전집』 권18 「패행영산현연사설교牌行靈山縣延師設教」.

고 하면 가능하겠는가? …… 이 패를 남녕부 관리에게 발행하여서 즉시 진생陳生을 학사學舍에서 관곡館穀하게 하고, 각 학의 제생 중에서 예를 익힘에 뜻을 두고 나이가 어리고 자질이 아름다운 자를 선발하여서 서로 강하고 풀이하고 연습하게 하라. 이로부터 제생이 보고 감동하여 흥기하여서 절차탁마하고 그 집안에서 수양하여 이항里巷에 미치고 향촌에 달하면 변경 지역이 이로부터 마침내 교화하여서 추로鄒魯의 고을이 됨이 또한 어렵지 않을 터이다. 제생의 강습에 효과를 보거든 해당 부에서 그대로 후한 쪽으로 조치하여 예폐禮幣로 사례하라. 또한 차인差人을 통해 (그를) 광서의 학교를 제독하는 관원에게 보내고 차례로 각 부·주·현에 보내서 일체 연습하게 하라.[90]

학교를 일으켜 세우는 일을 위해서 양명은 서원의 교육 진흥에 더욱더 힘을 쏟았다. 그는 직접 살펴서 남녕성 동북의 빈 땅 한 곳을 선택하여 부문서원敷文書院을 닦아서 세우고 날마다 제생과 함께 양지심학을 크게 강하였다. 부문서원은 6월에 완공되었는데 양명은 '欲求明峻德욕구명준덕, 惟在致良知유재치량지(큰 덕을 밝히기를 추구하려면 오직 치량지에 있다)'라는 대련 한 쌍을 크게 써서 부문서원의 교육 종지로 내걸어 밝혔다. 양지 학문을 심오하게 터득한 제자 계본을 초빙하여서 스승으로 삼고 강석을 베풀며 양지심학을 강하게 하였다.

양명은 「패행영산현연사설교牌行靈山縣延師設教」에서 부문서원 창건의 의의를 다음과 같이 천술闡述하였다.

---

90 『왕양명전집』 권18 「패행남녕부연사강례牌行南寧府延師講禮」.

보아하니 원임 감찰어사이자 지금 계양현 주부로 강등된 계본은 오랫동안 온고지신의 학문을 간직하고 평소 성기성물成己成物의 마음을 지녔는데 현재 군문에 있으며, 스승(師資)의 임무를 맡기기에 적합하다. 본관에게 발행한 패 외에 남녕부 장인관掌印官에게 즉시 예를 갖추고 부학과 현학의 사생師生을 거느리고 본관을 청하여서 새로 창건한 부문서원으로 오게 하여서 정학을 밝히고 의리를 강습하게 하라. 각 해당 스승과 제생은 마음을 오로지하고 뜻을 다하여서 덕을 상고하고 학업을 물음에 힘쓰되, 놀고 안이하고 게으르고 소홀히 함으로 인해 한갓 공허한 문구가 되게 하지 말라. 응당 성省에 나아가 시험을 보려는 자는 수학을 한 과정의 기간을 헤아려서 시기에 임하여 올려 보내라. 시험에 나아가지 않을 자는 그대로 평소와 같이 아침저녁으로 질의하고 문난하게 하라. 혹 때로 경서에서 책론策論 제목을 출제하여서 학업 과정을 삼으라. 때에 따라 부지런히 공부를 하여서 날마다 새로워지는 유익을 추구하는 데 힘쓰라.[91]

양명은 날마다 막료 및 제생과 함께 부문서원에 모여서 양지의 학문을 강하였다. 동전책董傳策(?~1579)은 양명이 부문서원에서 강학론도를 한 정경을 다음과 같이 기록하였다.

왕 신건新建(왕수인)이 네 성의 병력을 제독하여 남녕에 주둔하였다. 이로 인해 부문서원을 창건하고 날마다 막료와 제생을 모아서 강학을 하고 다시 병사의 일을 논의하지 않았다. 삼사三司의 관원은 아무도 그 뜻을 헤아리지 못하고서 공이 이를 이용하여 적을 놓아주려고 은밀히 지시하는 것

91 『왕양명전집』 권18 「패행남녕부연사설교牌行南寧府延師設教」.

이라고 하였다. 어떤 사람이 틈을 타고 진언하여 말하기를 "(적들을) 초무하여 항복하게 하는 것은 진실로 좋은 계책이나, (적들이) 벗어나서 다스리지 못하면 마땅히 어찌하겠습니까?" 하였다. 공이 얼굴빛을 바로 하고 사례하여 말하기를 "영요嶺徼에서 전란의 고통을 겪은 지 오래인데 실로 내가 그들을 부르는 것이지 유인하여서 이르게 하는 것이 아닙니다."라고 하였다. 공은 젊었을 때 종횡으로 내달리고 뜻을 거두고 펼쳤는데 이에 이르러서 역시 공명을 싫어하고 그 학문을 체득하여서 모을 것을 생각하였으니 참으로 진보가 있었다! 하루는 양지와 만물일체를 강하였는데 누군가 묻기를 "나무와 돌은 지각이 없는데 몸을 같이 하는 것은 어디에 있습니까?" 하였다. 이때 호광의 두 선위사가 모시고 섰는데 소속 병사가 자못 교만하고 방자하였다. 이로 인해 공이 질문한 사람에게 답하기를 "비유하자면 까닭 없이 나무 한 그루가 꺾이고 돌 하나가 부서지면 이 마음이 측은하여서 안타깝게 생각하니, 곧 양지가 같은 몸임을 알 수 있다. 사욕의 고폐錮廢에 이르러서는 비록 남의 집을 부수고 남의 무덤을 파헤치되 오히려 담담하게 아무런 아픔을 느끼지 못하니, 이는 그 마음을 잃은 것이다."라고 하였다. 두 선위사가 듣고서 쭈뼛하였다(聳然).[92]

나중에 양명은 「남녕신건부문서원기南寧新建敷文書院記」를 지어서 부문서원의 돌에 새겨서 비석을 세우고 새로 건립한 부문서원의 '부탄문덕誕敷文德(문화의 덕을 널리 펼침)'의 의의를 다음과 같이 밝혔다.

---

92 동전책董傳策, 『낙월만필駱越漫筆』, 『가경광서통지嘉慶廣西通志』 권127에서 전재하여 인용하였다.

가정 병술년(1526) 여름, 관병이 전주를 정벌하니 마침내 사은과 더불어 정벌하였다. 서로 연결하여 다시 선동하여서 네 성의 군사를 모으니 흉흉함이 해마다 이어졌다. 이에 황제께서 원원元元(인민)을 불쌍히 여기시어 혹시라도 무고하게 죽는 자가 있을까 근심하셨다. 이에 신건백 신 왕수인에게 명하시기를, 어찌 아니 가서 군사를 감독하지 않는가? 병兵으로써 다잡지 말고 덕德으로써 편안하게 하라 하셨다. 군사를 회군하고 군려를 흩으며 당익黨翼을 해산하고 지극한 인仁을 선양하며 문덕을 널리 폈다(誕敷文德). 무릇 난리가 일어남은 학문이 밝지 않기 때문이다. 사람이 그 마음을 잃어버려서 멋대로 악을 저지르고 감정을 펼친다. 마침내 서로 침탈하고 포학하며 천거하여서 반역을 일으킨다. 중국(中土) 또한 그러한데 하물며 이적夷狄이랴? 가르치지 않고 죽이는 것은 황제께서 차마 하지 않는 바이다. 누가 가깝게는 법망에 저촉하지 않고 멀게는 법을 따르겠는가? 이에 제생을 나아가게 하고 강의실을 열었다. 덮인 것을 터주고 미혹됨을 계몽하여서(決蔽啓迷) 구름이 걷히고 해가 나오게 하였다. 저마다 본심을 깨닫고(各悟本心) 거듭 밖에서 터득하게 하였다. 그 풍화의 움직임은 흡연翕然히 멀지 않다. 여러 오랑캐가 감동하고 사모하니 마치 풀이 이에 눕는 듯하다. 나는 스스로 위엄을 부렸는데 황제는 나를 죽이지 않았다. 스스로 묶임에서 풀려나 읍소함에 눈물이 흐른다. 열흘 만에 귀순하는 자가 7만 1000이었다. 도로에서 빽빽이 모여서 뛸 듯이 기뻐하며 환호성이 가득 찼다. 풀어주어 농사일로 돌아가게 하니 두 성이 이로써 안정되었다. 옛날 유묘를 정벌할 때는 70일 만에 와서 귀순하였다. 지금은 만 한 달이 안 되어서 만이蠻夷가 모두 복종하였다. 편안하게 함에 이에 귀순해 오니 우편으로 전하는 것보다 빨랐다. 방패를 들고 춤을 추는 교화도 어찌 이보다 더하랴! 밝고 밝은 천자의 신령한 무용은 죽이지 않았으며 살리기를 좋아하는 덕이 위아래로 이르렀다. 신령의 운행은 방향이 없으니 그 자취를 아무도 헤아릴 수 없다. 이에 사은·전주에 고하니 황제의 덕을 잊지 말라. 이미 산의 돌에 새기고 이로써 뚜렷하고 뚜렷하게 밝힌다. 이에 다시 기록하여 이 서원이 비롯된 바를 알게 한다.[93]

양명은 전란 뒤 사람들이 그 마음을 잃어버려서 정학이 밝지 않다고 생각하고서 학교를 일으켜 세우고 부문서원을 창건하였으니, 이는 소외되고 상실한 사람의 마음을 구속하고 본심을 회복하여서 깨닫게 하고 '덮인 것을 터주고 미혹됨을 계몽하며, 저마다 본심을 깨닫게' 하려는 것이었다. 그리하여 부문서원 교육의 종지는 바로 '학문의 덕을 널리 펴서' 큰 덕을 밝히고 양지에 이르게 함에 있었다. 이 「남녕신건부문서원기」는 그가 광서에서 문치文治(*학교를 일으켜 세우고)와 무공武功(*사·전의 반란 평정)의 자아를 총결하는 이중적 의의, 곧 문치로써 덕을 닦고 무공으로써 병란을 종식하는 의의를 갖고 있었으며, 부문서원도 양명이 양광에서 세운 문치와 무공의 상징이 되었다.

양명이 광서에서 성취한 이러한 문치와 무공에 대한 가장 좋은 총결을 내린 글은 계본의 「건부문서원수덕식병기建敷文書院修德息兵記」이다. 계본은 기문에서 '양지'의 각도에서 총결하여 다음과 같이 말하였다.

가정 정해년(1527)에 사은·전주가 안정되지 않아 무신撫臣(순무사)을 정하여서 정벌하게 함에 네 성의 병사를 모은 지 두 해였다. 이때 생령은 칼날과 화살에 (죽을) 근심을 안고 있었고, 군현은 공급과 수송의 곤경에 처해

93 왕수인, 「남녕신건부문서원기비南寧新建敷文書院記碑」; 임부·황좌, 『가정광서통지嘉靖廣西通志』 권26에 실려 있다.

있었다. 황상께서는 모든 정력을 기울여서 다스림을 도모하며 원원(인민)을 진념軫念하시되 특별히 우리 양명 부자를 집에서 일으켜서 그 지역에 정주하게 하셨다. (부자께서) 누차 소를 올려서 질병으로 사직을 청했으나 뜻을 이루지 못하였다. 이에 남녕에 도착하여서 이르기를, '변방의 오랑캐가 다스림을 따르지 않는 것은 성교聲教에서 멀리 있어 지치至治의 혜택을 입지 못하기 때문이다. 내가 이미 편안하게 어루만지지 못하고 또 좇아서 살육하니, 이는 백성을 버리는 것과 무엇이 다른가?' 이에 천자의 덕성德聲을 크게 펴서 군중을 쉬게 하기를 도모하여 이에 군의 동북쪽 빈 땅을 찾아 부문서원을 건립하고, 날마다 제생에게 나아가 그들과 차분하게 강학을 하며 문덕을 널리 펼치려는 뜻을 보였다. 이로부터 사은·전주의 백성이 덕화를 우러러 사모하며 자박한 채 와서 항복하였다. 그들이 이른즉 은혜와 위엄으로 효유하니 군중이 함께 감격하여서 울었다. 이에 모두 속박에서 풀어주어 농사일로 돌아가게 하니 대체로 7만 1000여 명이었다. 옛날 백우伯禹가 묘苗를 정벌하였는데 30일 동안 명을 거역하여서 군사를 돌이키고 덕을 닦았다. 순이 두 계단 사이에서 방패를 들고 춤을 추며 온화하게 70일을 포용하니 유묘가 와서 귀순하였다. 무릇 오직 요순의 시대에만 이런 성대한 일이 있었으며, 후세에는 아무도 미치지 못했고 역시 미칠 수도 없다고 여겼다. 그러나 우리 부자께서는 이렇게 하였으니 어찌 그리 쉬웠겠는가! 저 천하의 도는 양지가 그것을 다하는 것이니(天下之道, 良知盡之矣) 요순이 요순 된 까닭은 이에 지극했을 뿐이다. 맹자가 이르기를 "사람은 모두 요순이 될 수 있다(人皆可以爲堯舜)."라고 하였는데 이를 쓰지 않기 때문에 성현과 이미 멀어지고 도학이 밝지 않은 것이다. 사람들은 성인이 온갖 이치를 완전히 구비하고 곳에 따라 두루 충만하여서 알지 못하는 바가 없고, 못하는 바가 없다고 여겨서 왕왕 (그 까닭을 성인의) 견문이 넓음과 사공의 현저

함에서 추구하고 양지에 근본을 두려고 하지 않으며, 두루뭉술하게 흐트러져서 계통이 없으며 노고를 이루기 어려우면 성인에 미치지 못하는 것이라고 여기는 데, 이는 당연하다. 우리 부자는 본래 양지를 지니고 있어서 전해지지 않은 성인의 비의를 누설하여서(洩不傳之聖秘) 하늘의 밝은 명령(明命)을 밝혔으니 본래 다만 이와 같이 쉬웠으며 털끝만큼이라도 억지로 함을 더하지 않았다. 이는 사람이 성인으로 되는 까닭이며, 도가 다름이 없는 까닭이다. 그러나 학문이 끊어진 후세에서 갑자기 (양지의 학문을) 들으니 놀라서 비록 고명한 선비라도 혹 마음에 들어맞음이 있으나 감히 믿지는 못하였다. 저 성인의 도는 이와 같은 것일 뿐이어서 반드시 배울 수 있는 것인데 또한 우리 부자께서는 천부의 자질이 고매하여서 의견이 우연히 미쳤기에 이 같은 설을 말했을 뿐이다. 뜻밖에도 우리 부자가 관직에서 폄적되어 3년을 위험한 용장에서 거하며 마음을 곤고히 하고 사려를 짜낸(困心衡慮) 나머지 자기에게 돌이키고 스스로 닦은 결과 초연히 홀로 (이 도를) 깨달았으니(超然獨悟) 반복하여 사고함에 말미암지 않았다. 귀향을 허락받음에 몸은 이 도를 맡아서 오직 양지의 학문을 더욱 일상생활 사이에서 이루게 하였으니 미세한 곡절이라도 혹 빠뜨림이 없는가 하였다. 그러므로 달리 구함을 일삼지 않고서도 학문은 이미 성인의 영역에 들어갔다. 이로써 중외에 관리를 역임하여서 가는 곳마다 공을 세웠으니 남안과 감주에서는 간흉奸凶을 베어내고, 강서에서는 화란禍亂을 평정하여 안정시켰는데, 누워서 쉬고 담소를 하면서 아무 일이 없는 듯이 하였으니 옛날의 이른바 "음성과 안색을 크게 하지 않는다(不大聲以色)."라고 한 것이 아닌가? 이윽고 공명이 꺼림을 받고 참소가 끊임없이 이어짐에도 허심탄회하게 천명을 즐기고 조금도 (마음이) 움직이는 바가 없었으며 형적을 깊이 피하여서 장차 종신할 것같이 하였으니 옛날의 이른바 "인정을 받지 못해도 번민하지 않는(不見是而無悶)" 것이 아닌가? 이는 모두 성인이 점차 쌓은 덕이며 사람에게는 어렵다고 하는 바이다. 지금으로 말미암아 관찰하면 과연 어려운 일인가? 그것이 과연 양지 외에 어디에서 나온 것이겠는가? 사은·전주가 유순하게 복종한 것은 요순의 기상이 분명하다. 그런즉 요순을 배울 수 있다고 한 것은 이와 같으며 또한 반드시 그러한 징험이 있으니 과연 어려운 것인가? 그것이 과연 양지 외에 어디서 나온 것이겠는가? 제생이 우리 부자의 양지의 가르침을 듣고 또 덕화의 행적을 직접 보고서 분연히 떨쳐 일어나 성인을 배우기를 원하지 않는 이가 없었다. 그러나 들은 자가 상세하지 않고 전수하더라도 혹 쉽게 잃어버리니 우리 부자가 매우 번민한 바이다. 나(本)는 오랫동안 문하에 있어서 일찍이 이 학문을 들었으나 바야흐로 군문(軍前)에서 종사하였는데 날마다 한가하였다. 이에 나로 하여금 서원의 일을 영술하여 펼쳐서 밝히게 하셨다. 나는 이미 명을 받들고 반복하여서 제생을 깨우쳤고, 교화에 감화한 제생은 병란(兵戈)이 이미 종식됨을 생각하고 덕택이 무궁함을 마음에 품고서 이에 부로父老에게 부탁하여 나에게 알려서 그 성적을 차례로 기록하자고(圖序) 하였다. 내가 우리 부자의 성대한 덕과 큰 사업을 생각함에 사관이 기록한 바는 후세의 법이 되는지라 어찌 말학末學이 한마디라도 도울 수 있겠는가! 돌아보건대 치량지의 설은 바로 우리 부자께서 평소 하시던 말씀으로서 이를 이용하여 사람을 가르쳐서 요순이 되게 하는 것이다. 그러므로 특별히 오늘 성공의 근본을 밝혀서 저 학자들로 하여금 듣게 하여서 종사하는 바에 거의 의심하지 않게 할 것이다.[94]

94 『계팽산선생문집』 권1 「건부문서원수덕식병기建敷文書院修德息兵記」, 『가정남녕부지嘉靖南寧府志』 권9에 인용.

계본은 '양지'의 학문을 양명의 문치와 무공의 '성공의 근본'으로 인식하고 양명의 '양지' 심학으로써 양명 일생의 탁월한 문치와 무공을 평술하였다. 이는 양명이 광서에서 이룬 문치, 무공의 공훈과 업적을 총결한 것이라고 하기보다 양명의 '초연히 홀로 깨달은' 양지심학을 총결한 것이라 하겠으며 양명 평생 동안 심학이 발전한 역정을 총결한 것이다. 그는 단도직입적으로 양명을 당대의 '요순' 성인에 견주었고, 양지심학을 기려서 '전해지지 않은 성인의 비의를 누설한' 성학으로서 '천하의 도는 양지가 다하는 것'이라고 하였다. 이는 세종의 지고무상한 신성한 제왕의 존엄을 공공연히 건드린 것일 뿐만 아니라 '공이 높으면 군주를 불안하게 한다(功高震主).'고 한 옛 교훈을 잊어버린 것이었다. 그가 이 「수덕식병기修德式兵記」를 쓴 뒤 비극적인 액운이 돌연히 몰아쳐서 양명의 머리에 떨어진 것도 이상하지 않다.

단등협斷藤峽·팔채八寨 평정의 비극적 결말

양명이 사은·전주의 노소와 왕수를 초무하였을 때 뜻밖에도 단등협斷藤峽·팔채八寨의 요민들이 또 서로 불러모아서 소란을 일으켰다. 조정의 초무에 복종하지 않고 600리 심강潯江 협안夾岸 사방의 여러 산중에서 반란을 일으켜서 창궐하여 그 여파가 광서 전체 경내의 안정에까지 영향을 미쳤다.

광서 심주潯州의 첩첩산중에서 세차게 여울져 흐르는 한 줄기 심강은 험한 절벽의 협곡 사이를 흐르는데, 그중에서 대등협大藤峽은 가장 높고 험준하게 깎아지른 곳으로서 난을 일으킨 도적이 자연히 모여들어 웅거하는 최대 소굴이 되었다. 대등협에서 부강府江에 이르기까지 뭇 산들이 600리에 걸쳐 이어져 있으며 동족과 요족의 토착민이 흩어져서 거주하였는데, 여러 해 그들은 조정의 압박과 착취를 견디지 못하고 어지러이 서로 불러모아서 산을 점거하고 산채를 축조하여 험한 곳을 지키면서 관군에 항거하였다.

조정에서는 대군을 파견하여 산으로 들어가서 정벌하게 하였으나 번번이 실패하였다. 성화成化 연간(1465~1487)에 이르러 도어사 한옹韓雍(1422~1478)이 16만 대군을 거느리고 정벌에 나서서 험한 곳으로 깊이 들어가 요족의 추장 후대구侯大狗(?~1465)를 사로잡아 죽인 뒤 여러 해 동안의 환란을 평정하였다. 대등협에는 수만 줄기의 등나무가 뒤엉켜서 양쪽 절벽을 휘감고 있었는데, 요민들은 날 듯이 덩굴을 부여잡고 오르내렸다. 한옹은 명령을 내려서 협곡의 등나무를 잘라내고 이름을 단등협斷藤峽으로 고쳤다. 이로부터 심주 지방의 백성은 20여 년 동안 편안히 생활하였다.

그러나 정덕 5년(1510) 이래 다시 요민의 반란이 일어나서 흉험한 기세가 치성하였고, 조정에서는 정벌과 위무를 겸하여 시행하였으나 모두 효과를 얻지 못하였다. 양명이 사은·전주의 반란을 평정하였을 때 심주의 반민叛民은 산골짜기를 점거하고서 험한 지형을 믿고 굳게 지키며 성을 공격하고 땅을 약탈하였다. 반란의 두목은 군중 수만을 이끌고 단등협을 중심으로 위로는 팔채로 이어지고 아래로는 선대仙臺와 화상花相 등 각 동峒과 통하여 천 리까지 이어지면서 소동을 일으켜서 동서로 분탕질을 하고 남북으로 노략질을 하였다.

우포정사 임부와 부총병 도지휘동지同知 장우가 양명에게 반란의 정황을 다음과 같이 보고하였다.

> 오직 팔채의 요적瑤賊은 여러 해 천 명, 백 명씩 무리를 지어서 돌아다니며 주와 현, 향과 촌을 겁탈하고 양민을 살해하며, 자녀와 생구生口, 재물을 약탈하여서 해마다 빈 달이 없고 달마다 빈 날이 없었습니다. 백성이 도독荼毒으로 원한과 괴로움에 처해서 여러 차례 상주하여서 병사를 나누어 토벌하고 섬멸하라고 한 것이 몇백, 몇십 번인지 알 수 없습니다. 지방에 사건이 많아서 병사를 진격하게 하려면 백성이 거듭 곤경을 면할 수 없기에 관부에서는 참고 인내하며 위무하고 효유하여서 죄를 뉘우치고 과오를 고치기를 기대하였습니다. 그러나 그들은 이런 기대에도 아랑곳하지 않고 더욱 사납고 흉포하게 날뛰며 빈번하게 겁탈하였습니다. 대체로 이 도적은 수

만 명인 까닭에 산골짜기에 웅거하며 험한 지형을 믿고서 남쪽으로는 교지交趾 등의 오랑캐와 통하고, 서쪽으로는 운남·귀주의 여러 오랑캐와 접하고, 동북으로는 단등·우장牛腸·선대·화상·풍문風門·불자佛子 및 유柳·경慶·부강府江·고전古田 등 여러 곳에 있는 요적과 서로 왕래하며 연락하여서 사방 2천여 리까지 두루 뻗었으니 동쪽으로 약탈하고 서쪽으로 숨고 남쪽으로 공격하고 북쪽으로 짓쳐 나왔습니다. 근래 사은·전주에서 소요가 일어나자 각 도적들이 기세를 타고 주와 현, 향과 촌을 공략하고 원근이 서로 선동하여서 대다수 지방의 커다란 변고가 되었습니다. …… 이 군사의 위세를 타고 속히 정벌과 토벌을 하여서 대다수 지방에 근심을 끼치지 않게 하기를 바랍니다.[95]

단등협·팔채의 요민 반란과 사은·전주의 노소와 왕수의 반란은 다르다. 노소와 왕수는 본래 반심이 없었으며 그들은 주도적으로 초무를 받아들이고 귀순할 마음을 가지고 있었다. 그리하여 양명은 초무를 반란 평정의 방법으로 채택하였던 것이다. 단등협과 팔채의 요민 반란은 심원한 역사적 원인이 있었다. 반란이 복건(閩)·광서(廣)·운남(雲)·귀주(貴)에까지 확산되었고, 심지어 남쪽으로 교지의 이민夷民과 통하였으며, 안남安南은 당시에도 내란이 발생하여서 정세가 더욱 엄중하였다. 지방 관부에서는 정벌할 능력이 없어서 초무를 하여 난리를 종식시키려고 하였다. 그러나 단등협과 팔채의 반민은 험한 지형을 믿고서 초무를 거절하고 양명이 사은·전주를 초무하느라 동쪽을 돌아볼 겨를이 없는 시기를 틈타 나타나서 주·현·향·촌을 공격하여서 살육하고 약탈하여서 원근을 선동하였다.

95 『왕양명전집』 권15 「정초임악요적소征剿稔惡瑤賊疏」.

좌강도左江道 관원이 위급함을 알리며 말하기를 "단등·우장·육사六寺·마도磨刀 등의 요적이 위로는 팔채의 여러 오랑캐와 연결하고 아래로는 백죽白竹·고도古陶·나봉羅鳳·선대·화상·풍문·불자 등 동의 각 도적들이 …… 가까이로는 사은·전주의 작전(用兵)을 인하여서 마침내 팔채 및 백죽·고도·나봉 등의 적들과 함께 형세를 타고 나란히 연결하여 살육과 노략질을 하며 달에 빈 날(虛旬)이 없으니 선동하고 미혹하고 요동하여서 장차 큰 변고를 이룰 것입니다."[96]라고 하였다. 초무가 행해지지 않으면서 양명은 바로 정벌로 달려갈 수밖에 없었다.

양명은 남녕에 주둔하고서 단등협과 팔채를 정벌하기 위한 준비를 충분히 하였다. 그는 의병疑兵으로 적을 혼란시키는 계책을 채택하였다. 먼저 군대를 해산하고 정벌을 중지하고 병사를 쉬게 하는 조치를 취하여서 병사를 조발하고 군량 모으는 일을 멈추고, 영순永順과 보정保靖 두 토사土司의 병력을 돌려보내고 깃발을 내리고 북소리를 멎게 하였다. 남녕 부성은 편안하고 평화로워 보여서 단등협과 팔채를 점거하고 있는 적당의 투지를 마비시키고 해이하게 하였다. 그런 뒤 암암리에 병사를 조발하고 장수를 파견하여서 비밀리에 두 토사의 병력을 사용하는 방략을 써서 지휘 당굉唐宏 등에게 귀환하는 길의 편리를 틈타 단등협을 급습하라고 명하였다. 또 토목 노소와 왕수에게 명하여서 병사를 통솔하고 샛길로 팔채를 돌연 진격하여 적을 죽여서 공을 갚을 수 있게 하였다.

3월 말에 이르러 그는 기병奇兵을 내어서 종심縱深을 급습하는 전략을 세웠다. 기병 6000으로 단등협을 급습하고 기병 8000으로 팔채를 급습하였는데 병사를 나누어서 진격하여 정벌하였다. 4월 2일, 양명은 7로路의 군마를

96 『왕양명전집』 권15 「정초임악요적소征剿稔惡瑤賊疏」.

안배하여 병사를 연합한 뒤 진격하여서 정벌하였다. 장경張經·사패謝珮·팽명보彭明輔·팽종순彭宗舜·팽명필彭明弼·팽걸彭傑은 토병 1600명을 영솔하고, 마문서馬文瑞·상영수向永壽·엄근嚴謹은 토병 1200명을 영솔하고, 왕훈王勛·팽구소彭九霄·팽신신彭藎臣·팽지명彭志明은 토병 600명을 영솔하고, 당굉·팽구고彭九皐는 토병 600명을 영솔하고, 변거卞琚·팽보彭輔는 토병 600명을 영솔하고, 장진張縉·가영賈英은 토병 600명을 영솔하고, 유종본劉宗本 및 각 초哨의 관원은 심주潯州 등의 위소衛所와 무정주武靖州의 한인과 토인 관병의 향도鄉導 1000여 명을 영솔하여서 4월 2일 인시寅時(오전 3~5시)에 용촌부龍村埠에 일제히 집결하게 하였다. 4월 3일 출병하여서 진격하였다. 영순의 병사는 우장 등의 소굴을 토벌하고, 보정의 병사는 육사 등의 소굴을 토벌하였다.

이때 단등협 일대의 적당은 남녕에서 병사를 조발하여 정벌하려는 어떤 낌새도 보이지 않아 호병湖兵이 깃발을 내리고 북소리를 멈춘 뒤 진군하여서 습격한다는 사실을 알지 못하였기에 경계와 대비를 느슨히 하였다. 각 갈래(路)의 관군은 신속하게 쳐들어와서 사방을 에워쌌다. 적당은 크게 혼란스러워하였다. 팽명보·팽구소·팽종순이 토병을 통솔하고 화살과 돌의 공격을 무릅쓰고 쳐들어가서 적의 추장과 두목을 생포하였다. 나머지 적당은 선녀산仙女山으로 패퇴하여서 그곳의 험한 형세에 의지하여 산채를 세우고 완강하게 항거하였다. 관병이 추격하여 선녀산에 이르러서 나무를 부여잡고 절벽을 따라 올라가 위에서 공격하였다. 4월 4일, 적의 산채를 공격하여서 파괴하였다. 5일, 또 잇달아 유자油榨·석벽石壁·대피大陂 등의 소굴을 격파하였다. 적당은 어지러이 달아나 단등협과 횡석강橫石江 변에 이르렀는데 관병이 뒤에서 엄습하여 죽이고 일거에 단등협을 공격하여서 무너뜨렸다. 나머지 적당은 모두 어지러이 다른 소굴로 달아났다. 관병은 그대로 내처 달려가 추격하여서 죽였다. 4월 10일에 이르러 관병이 산동山峒을 두루 수색하고 소굴을 말끔하게 소탕한 뒤 회군하여서 군사를 거둬들였다.

양명은 남녕의 장막 안에서 작전을 기획하였는데, 단등협을 공격하여 격파했다는 소식을 듣고 흥분하여서 시 한 수를 지어서 읊었다.[97]

단등협을 깨뜨리다 破斷藤峽

방패와 깃으로 묘이를 오게 함을 보니	才看干羽格苗夷
홀연 바람과 우레 군기에 이네	忽見風雷起戰旗
유월에 정벌 나감은 부득이한 일	六月徂征非得已
한 지방 흘러온 독 이미 오래되었네	一方流毒已多時
옥과 돌을 나눔은 모름지기 일찍 해야 할 일	遷賓玉石分須早
경사스러운 구름 더디 흐름을 원망하지 마라	聊慶雲霓怨莫遲
아! 너희 유사 지나간 일 징계하고	嗟爾有司懲旣往
장차 기꺼이 은혜와 믿음으로 남은 오랑캐 어루만지라!	好將恩信撫遺黎

4월 15일, 양명은 「정초임악요적소征剿稔惡瑤賊疏」를 올렸다. 이때 팔채를 정벌하는 군사행동은 이제 막 시작되어서 오래되지 않았다. 그는 4월 11일에 각 초의 관병들에게 정벌 명령을 내렸다. 영순의 병사들은 반석盤石·대황강大黃江에서 기슭을 따라 올라가 선대와 화상의 여러 산채를 정벌하고, 보정의 병사들은 오강구烏江口·단죽부丹竹埠에서 기슭을 따라 올라가 백죽白竹·고도·나봉의 여러 산채를 정벌하게 하였다. 4월 13일 인시에 일제히 작전 지역에 도착하기로 정하였다. 이어서 그는 또 우포정사 임부, 부총병 장우에게

97 『왕양명전집』 권20 「파단등협破斷藤峽」.

명하여서 전주부의 보효 토목報效土目 노소 등의 병사 및 관군 3000명, 사은부 보효 토목 왕수 등의 병사 및 관군 2000명, 위귀 등의 토병 및 관군과 향관인鄕款人 등 1100명을 영솔하고 병사를 나누어서 팔채를 정벌하되, 4월 23일 묘시卯時(오전 5~7시)에 일제히 작전지역에 도착하기로 정하였다.

이에 앞서 22일 밤에 통령관이 신허新墟 지방에서 각 갈래 토목 휘하의 병사를 소집하고 그들에게 양명이 비밀리에 내린 방략을 전달하였다. 그들에게 명하여서 먼 길을 잠행하여 밤을 틈타 하무를 물고 신속하게 기습적으로 진격하게 하였다. 쥐도 새도 모르게 귀신같이 촌락과 산채를 돌파하고 여명이 틀 무렵 병사들은 적의 산채에 도착하였다. 각 갈래의 초병들이 삽시간에 석문石門의 천험을 돌파한 뒤 일제히 진입하여 팔채를 공격해서 격파하였다. 적당은 아직 꿈속을 헤매다가 병사가 하늘에서 내려온 것으로 여기고 무너져서 달아나 숨었다. 관병은 승세를 타고 추격하였고, 적당은 일전일퇴一戰一退를 벌였다. 정오 무렵 원근의 각 채에서 또 사납고 날쌘 무리 2000여 명을 모아서 손에는 장표長標와 독노毒弩를 쥐고 전투를 벌였다. 양쪽 진영이 북을 울리고 함성을 질러서 바위 골짜기가 진동을 하였다. 적당은 저항하였으나 막아내지 못하고 무너져서 결국 사방으로 흩어져 퇴각하였다. 저마다 진을 나누고 잔당을 모아서 높은 산 깊은 골짜기로 달아나 숨어들어서 계속 험한 지형에 의지하여 산채를 세우고 완강하게 항거하였다.

양명은 남녕에서 비밀리에 방략을 전하고 군원軍院에 앉아서 지휘하였는데, 팔채를 공격하여 격파한 첩보를 전해 듣고 또 홍분하여서 시 한 수를 지어서 읊었다.[98]

---

98 『왕양명전집』 권20 「평팔채平八寨」.

팔채를 평정하다 平八寨

한 공(한기)이 이 오랑캐를 격파했다고 하는데	見說韓公破此蠻
비휴 같은 오랑캐 십만 기가 산에 이어졌었네	貔貅十萬騎連山
지금은 병졸 삼천만 써서	而今止用三千卒
마침내 한 달 만에 일을 수행했네	遂爾收工一月間
어찌 사람의 오묘한 꾀로 헤아린 일인가?	豈是人謀能妙算
뜻밖에 하늘의 도움받아 군사를 돌리네	偶逢天助及師還
샅샅이 수색하고 끝까지 토벌함은 좋은 계책 아니고	窮搜極討非長計
은혜와 위엄으로 완강한 오랑캐를 교화해야 하네	須有恩威化梗頑

팔채를 공격하여 격파한 뒤에도 요민은 사방으로 흩어져서 깊은 산 험한 골짜기로 숨어들어 여전히 험한 지세에 의지하여서 저항하였다. 그리하여 관병은 즉시 군사를 돌이켜서 회군할 수 없었다. 양명은 4월 24일에 다시 관군에게 명을 내려서 단등협과 팔채의 잔당을 추적하여 토벌하고, 잇달아 고봉古蓬·주안周安·고발古鉢·도자동都者峒·동분銅盆·대명大鳴 등의 산채를 공격하여서 격파하였다. 5월 17일에 노소와 왕수가 토병을 거느리고 황전黃田 등의 산채를 공격하여서 무너뜨렸다. 6월 7일에는 또 철갱鐵坑·녹모綠茅 등의 산채를 공격하여서 격파하고 병사를 네 갈래로 나누어 추적해서 토벌하고 횡수 강변에 이르렀다. 소수의 잔당은 틈을 엿보아 달아났고 진격 및 토벌은 마무리되어서 관병은 겨우 6월 10일에야 회군하였다. 7월 10일에 양명은 「팔채단등협첩음소八寨斷藤峽捷音疏」를 올렸다.

양명은 겨우 석 달 만에 광서에서 수십 년 동안 불(火)과 같고 독(荼)과 같은 요족의 반란을 평정하였다. 그러나 그는 정벌과 토벌은 만부득이한 일이며 결코 진심으로 원한 방법이 아니었음을 깊이 알아서 "유월에 정벌을 나감은 부득이한 일"이라 하였다. 나중에 그는 임종에 이르러서 고통스럽게 말하기를 "전주의 일은 나의 본심이 아니었으니 후세에 누가 나를 용서하랴?"[99] 하였다. 피비린내 나는 잔혹한 정벌은 결과적으로는 백성(黎元)을 안무하는 데로 되돌아와야 할 것이라고 하여 '유사가 가서 이미 징계하였으니 장차 은혜와 신뢰로 남은 인민을 안무하며', '샅샅이 수색하고 끝까지 토벌함은 장구한 계책 아니니, 모름지기 은혜와 위엄으로써 완강함을 교화해야' 한다고 하였다. 그리하여 그는 일찍이 토벌과 위무의 양동작전을 펼쳤다.

먼저 단등협과 팔채를 평정한 뒤 곧 온 힘을 기울여서 「수유유적綏柔流賊」의 행문行文을 반포하여 지방 부·현의 관원에게 명하여서 요민을 편안하게 회유하는 공작을 전개하게 하였다. 행문에서 구체적인 백성 위무, 백성 구휼의 방법을 다음과 같이 명시하였다.

> 무릇 용병의 법은 벌모伐謀를 우선으로 삼고 오랑캐에 대처하는 방도는 마음을 공격하는 것을 으뜸으로 삼는다(處夷之道, 攻心爲上). 지금 각 요족을 정벌한 뒤 유사는 곧 마땅히 성심으로 위무하고 구휼하여서 그들의 마음을 안정시키라(誠心撫恤, 以安其心). 만약 그 마음에 복종하지 않아서 한갓 호병湖兵을 오래 주둔시키고 사나운 병졸을 많이 조발하여 병력에 힘입어 바탕으로 삼아 위력으로 겁박하고 붙잡아두는 것을 장구한 계책이라고 하면 역시 (반란과 토벌이) 끝이 없으니 …… 저 멀리 있는 사람을 회유하고 오랑캐를 위무함에 회유와 위무가 어찌 오로지 무기와 갑옷의 성대함과 위력의 강함을 믿는 것일 뿐이겠는가? 옛날 사람은 능히 천지만물을 일

---

99 『광서통지』 권127 「예문藝文·잡기雜記」.

체로 삼았다. 그러므로 능히 천하의 뜻에 통할 수 있었다. 무릇 대사를 일으킴에 반드시 실정에 따라서 일을 부리며, 형세에 따라 이끌어서 그 기틀을 타고 움직이며, 그 시기에 이르러 일으키니 …… 곧 행行 지부 정운붕程雲鵬, 공동지휘公同指揮 주윤종周胤宗 및 각 현의 지현 등의 관원에게 명하여서 직접 적의 소굴을 격파하고, 각 인근의 선량한 촌락과 산채에 이르러서 차례로 두텁게 위무하고 구휼하며 고시告示하고 어염魚鹽을 베풀며 성실과 신임으로 대하고 덕과 은혜를 널리 펴고 …… 따라서 뭇사람이 믿고 복종하는 사람을 선발하여서 추장으로 세우고 연결하여 속하게 하며, 예로써 우대하고 넉넉히 상을 베풀며 …… 만약 각 도적이 과연 능히 악을 고치고 선으로 옮기며(改惡遷善) 참된 마음으로 교화를 향하여서 오늘 투항하면 즉시 선량하게 대하고 곧 스스로 새로워지는 길을 열어주며 결코 기왕의 악을 따지지 않으며 …… 만약 저 도적들이 서로 이끌고 와서 투항하는 자가 있으면 역시 참된 마음으로 위무하고 편안히 불러들여서 소금과 쌀을 지급하고 생업을 이어나가게 하고, 또 나아가 추장을 선발하여 세워서 그로 하여금 통솔하게 하여서 흩어지지 않게 하라. 한편으로 침탈하고 점거한 전토를 말끔히 조사하고 이갑里甲을 시행하여서 이후의 쟁탈을 그치게 하며 …… 본원本院이 근래 십가패十家牌를 발행하여 효유함에 이르러서 참으로 도적을 그치게 하고 백성을 편안히 하는 좋은 법을 …… 해당도(該道)에서 여전히 마음을 써서 독책하여 정리하고 참으로 이 법을 한번 시행하면 조발을 기다리지 않아도 곳곳이 모두 병사가 될 것이며, 둔취屯聚를 기다리지 않아도 집집이 모두 병사가 되며, 축적하고 기르기를 기다리지 않아도 사람마다 모두 병사가 되며, 공궤하고 운반하는 수고가 없어도 양향糧餉이 족하며, 관애關隘를 설치하지 않아도 수비와 방어가 견고해지니 …… 대체로 십가패의 문門에 속하는 병사로써 토지를 지키고 백성을 편안히 하는 근본으로 삼으며, 무정武靖에서 조발하여 일으킨 병사로써 추격하고 포획하고 참하여서 죽이는 용도에 대비하며 …… 해당 도에서 여전히 행량行糧 등의 항목은 다시 합당하게 논의하여 해당 주(該州)의 토목 등을 써서 조례에 따라 시행하도록 대비하라. 앞으로 추조秋調와 각 처의 초수哨守 등의 역을 면제한다. (복역은) 오로지 심주 지방에서 하되 수비 참장의 조용調用을 따르라.[100]

양명이 말한 "오랑캐에 대처하는 방도는 마음을 공격하는 것을 으뜸으로 삼으며", "성심으로 위무하고 구휼하여서 그들의 마음을 안정시키는" 원칙에 따라 단등협과 팔채를 평정한 뒤의 마무리 작업을 전개하였다. 그는 가장 먼저 각지로 도망간 동족과 요족의 민호를 편안히 돌아오도록 권유하고 생계를 안배하고 두텁게 위무하고 구휼하며, 이갑里甲을 시행하고 생산을 회복하여서 아주 빨리 효과를 보았다.

6월에 그는 교외로 나가서 농사 현장을 시찰하고 농전農田의 생산이 이미 초보 단계에서 정상적으로 회복하고 있다는 사실을 목도한 뒤 감개하여서 시 두 수를 읊었다.[101]

남녕, 두 수 南寧二首

남녕에 주둔한 지 다섯 달 남짓 一駐南寧五月餘
비로소 멀리 전송하다 스님 여막을 지나가네 始因送遠過僧廬

---

100 『왕양명전집』 권18 「수유유적綏柔流賊」.

101 『왕양명전집』 권20 「남녕이수南寧二首」.

절벽에는 불에 타고 남은 부도가 있고 浮屠絕壁經殘燹
촌락에는 샘과 부뚜막 폐허만 남았네 井竈沿村見廢墟
피폐한 뒤 위무하고 구휼하니 오히려 부끄럽고 撫恤尙慚凋弊後
돌아다니며 관찰하여 살피니 바로 농사 시작하네 遊觀正及省耕初
근래 강보에 아기 업고 요민과 동민 돌아온다 하는데 近聞襁負歸瑤僮
오랑캐 땅이라고 거하지 못할 만큼 누추하지는 않다네 莫陋夷方不可居

수고로운 농사꾼 멀리 영접하게 하지 말라 勞矣田人莫遠迎
전쟁은 안정되지 않아 개도 오히려 놀라네 瘡痍未定犬猶驚
불에 타고 남은 부서진 집 먼저 이고 燹餘破屋須先緝
비 온 뒤 묵은 밭 경작을 폐하지 말라 雨後荒畬莫廢耕
도망한 사람들 강보에 아기 업고 돌아오니 기쁘고 歸喜逃亡來負襁
빈궁하고 가련한 사람들 명주 바지를 깃발에 비끄러매네 貧憐繻絝綴旗旌
성조의 은택이 바다처럼 너그러우니 聖朝恩澤寬如海
시루 속 목마른 붕어 비를 들이부어 살아나네 甑鮒盆雨縱爾生

이어서 양명은 또 영순과 보정 두 토사 관병을 장려하여서 상을 베풀고 그들을 호광으로 돌려보내면서 스스로 변방을 안정시킴에 무력과 병갑兵甲을 믿지 않으려는 결심을 표하였다. 그는 전송하면서 다음과 같이 시를 지어서 읊었다.[102]

102 『왕양명전집』 권20 「왕세파통강종순세린노선위실래독병금자사전지역내수부치사선위명보래종사목격기부자손삼세개이충효상승상상야시이가지往歲破桶岡宗舜世麟老宣慰實來督兵今玆思田之役乃隨父致仕宣慰明輔來從事目擊其父子孫三世皆以忠孝相承相尙也詩以嘉之」.

지난해 통강을 격파하였는데 팽종순과 팽세기 노 선위가 와서 병사를 독려하였다. 올해 사은·전주의 전투가 있었는데 선위로 치사한 부친을 따라 팽명보가 와서 종사하였다. 그 아비와 아들과 손자 삼대가 모두 충효를 서로 전승하고 서로 숭상함을 목격하고서 시로써 가상하게 여긴다.

往歲破桶岡, 宗舜·世麒老宣慰實來督兵. 今玆思·田之役, 乃隨父致仕宣慰明輔來從事, 目擊其父子孫三世皆以忠孝相承相尙也, 詩以嘉之.

선위사 팽명보	宣慰彭明輔
충성과 근면함 늘그막에 더욱 돈독하네	忠勤晩益敦
군사를 돌이키니 오월	歸師當五月
더위를 무릅쓰고 야만의 기운을 정화하네	冒暑淨蠻氛
어르신은 이미 늙었으나	九霄雖已老
나라에 보답하려는 뜻 오히려 근실하여서	報國意猶勤
오월 더위를 이겨내고	五月冲炎暑
전투에 공을 세우고 군사를 돌이키네	回軍立戰勛
사랑스러운 팽종순	愛爾彭宗舜
소년에 전공이 많아라!	少年多戰功
부모 따르는 마음은 이미 효성스럽고	從親心已孝
나라에 보답하는 뜻 더욱 충성스럽네	報國意尤忠

양명은 무력에 의지하여서 정벌과 토벌로 도적을 그치게 하고 오랫동안 호병을 체류시키고 날랜 병사를 많이 조발하는 것은 결코 변방을 편안하게 하는 장구한 계책이 아니며, 혼란한 군정을 잘 다스리고, 가혹하고 잡다한 부세를 감면하고, 문치와 교화를 실시하고, 지방의 도적을 전면적으로 물리치

고 난리를 막는 치안 제도와 조치를 실행하는 것이 관건이라고 인식하였다. 그가 조발한 호병을 돌려보낼 때, 대례의로 삭적하여 파직되어서 돌아와 있던 전주全州의 대학사 장면蔣冕(1462~1532)이 그에게 편지를 보내서 전주·관양灌陽·홍안興安·영천靈川 일대에 창궐한 민란을 보고하고 그에게 날랜 병사를 파견하여서 정벌하라고 청하였다.

장면은 전주 일대에서 끊임없이 이어지는 난리의 상황을 다음과 같이 상세하게 분석하였다.

> 근년에 우리 광서의 주·현은 곳곳에서 모두 도적이 일어나 비록 저희 고을(敝鄕) 전주 및 관할 관양과 인근 고을인 홍안·영천도 그러하지 않음이 없습니다. 전주와 관양은 예로부터 우려하던 바이나 오직 호광의 양동楊峒 18단團의 도적이 그 사이에 와서 해를 끼쳤습니다. 성화成化(1465~1487) 말년에 도적이 한 번 일어난 적이 있었는데, 계림桂林 지부 나향羅珦이 병사를 독려하여서 공격한 끝에 적 600~700인을 죽였고, 전주와 관양이 이로부터 20여 년 편안하고 무사하였습니다. 정덕 8년(1513)과 9년 사이에 도적이 의녕義寧 등에서 소요하여 홍령興靈 도지휘 풍거馮琚가 병사를 독려하여 막아서 공격하여 죽이니 도적이 그의 지모와 용기를 꺼려서 얼마 뒤 종적을 감추었습니다. 그 뒤 고전古田을 크게 정벌하여서 낙용洛容을 함락하기에 이르자 이로부터 공성恭城의 도적이 여포荔浦의 도적을 끌어들여서 허점을 틈타 부강府江을 건너서 쳐들어왔습니다. 처음에 관양 촌락을 침략하여 소요를 일으켰는데 근 1, 2년 만에 또 관양에서 넘어와 우리 전주를 침범하여서 소요를 일으킨 것입니다. 지난겨울과 올해 봄 및 이달까지 우리 전주를 모두 두 차례 침범하였습니다. 지난겨울과 올봄에 쳐들어온 것은 세(三) ○○○하여서 백성이 비록 쓰디쓴 해를 입었으나 오히려 그럴

수 있습니다. 지금은 험하게 소요하여 ○○○○○○ 사방으로 흩어져서 반달 하고도 열흘을 분탕질을 하였는데, 멋대로 날뛰고 물러가지 않아서 백성이 겪은 매우 괴로운 고통을 차마 언급하지 못하겠습니다. 전주·관양·홍안은 관과 군과 인민의 (유사시를 대비한 군사상의) 편제(款)가 없지는 않으나, 적은 많고 우리는 적어서 형세가 대적할 수 없어 앉아서 지켜만 보고 있을 뿐 감히 구하지 못하고 있습니다. 또한 광서의 진수鎭守·수守○·아문衙門의 관직을 옮겨서 병사들을 독려하여 앞으로 나아가 구원하게 하지 않는 것은 아니나, 다만 계림桂林의 관병은 역시 적고 약하며 수자리를 지키는 날랜 병사가 기율을 따르지 않고 왕왕 기한에 앞서 달아나버리고 타수打手와 살수殺手 수백 인이 기한을 나누어 와서 구원하는 데 그치니 과연 적을 제압하기 위해 목숨을 걸 수 있겠습니까? 만약 이 도적들에게 군사의 위엄을 더하여서 두려워하고 꺼릴 줄 알게 하지 않는다면 우리 전주와 관양의 백성은 끝내 어깨를 쉴 날이 없을 것입니다. 엎드려 바라건대 인한 군자께서 잔약한 백성을 위무하고 구휼하며 특별히 염려하시어 훈련된 군사와 날랜 병사를 조발하여서 파견하고, 타수와 살수를 보충하고, 지모와 용기가 있는 관원으로서 예컨대 풍馮 도지휘 같은 사람을 선발하여서 통솔하게 한 뒤 전주·관양·홍안으로 오게 해서 불시에 왕래하며 방어하고 순라巡邏를 돌다가 경보가 발령되면 즉시 책응策應하게 하십시오. 신중하게 지름길로 험악한 소굴로 쳐들어가서 기회를 엿보아 임기응변하여서 토벌하고(雕剿), 혹은 예컨대 나羅 지부가 성화 말년에 했던 것처럼 기습 공격을 하되 모두 임기응변하여서 합당하게 짐작하여 수행하게 하십시오. 반년이나 혹은 7, 8개월 뒤 지방이 평안해지면 바로 철수를 허락하십시오. 만약 임기응변으로 토벌하는 책략을 행한다면 부강의 병비兵備와 평락平樂의 지부가 헤아려서 관군을 보내 사면에서 협공하게 하십시오. 가령 졸연히 공격하여서 토벌하지 못한다면 더욱 엄하게 방어하여서 지키고, 혹시라도 여기저기서 나타나 겁탈하고 함부로 기탄없이 하지 못하게 하십시오. 만약 그러하면 구구한 잔약한 백성이 믿고 의지하는 바가 있을 뿐만 아니라 비록 저(晃)와 같이 보잘것없는 노병이라도 구차한 목숨을 황량한 산과 들과 물가에서 이어가며, 원근의 노인과 어린아이가 모두 커다란 은혜를 베푼 것에 절할 것입니다. 무릇 이런 타산(計處)은 반드시 정절旌節이 저희 경내에 이를 필요 없이 다만 엄격하게 시행하여서 각 해당 아문衙門에 위임하여 성공을 책임지게 하면 구제되지 않음이 없을 것입니다. 전주·관양·흥안·영천 외에도 앞에서 언급한 낙용은 대대적으로 정벌한 뒤 지금에 이르도록 도적이 모두 굴용현窟冗縣에서 위아래가 서로 의지하고 있어서 수복한 지 이미 오래라고 하나 실은 아직 수복하지 못하고 있습니다. 부강의 도적도 여전히 함부로 날뛰어서 아무도 어찌할 수 없습니다. 올가을 엄嚴 포정사가 창오蒼梧에서 돌아가자 그 아래 승차承差와 서리, 차역(吏皂) 등이 도적에게 죽거나 다친 자가 12~13인이니 다른 상황은 (이로써 미루어) 알 수 있습니다. 우강右江 일대의 군민이 거리를 왕래함에 늘 막히는 것이 하루하루 이어지고 있으니 필경 어디에서 끝날지 알 수 없습니다. …… 엎드려 생각건대 죄를 주지 않고 유의하신다면 매우 다행이겠습니다(幸甚)![103]

실제로 전주 도적의 난리는 단등협·팔채·부강의 요족 동란과 같이 서로 이어져서 하나를 이루었다. 남녕에 있던 양명은 거리가 너무 멀어서 미칠 수가 없었고, 날랜 병사로 토벌하고 정벌하여 죽이라는 장면의 요구도 양명의 생각과 어긋나서 장면의 요청에 허락의 답을 하지 않았다. 양명은 지방에 도

---

103 『상고집湘皐集』 권22 「여왕양명총제서與王陽明總制書」.

적의 난리와 오랑캐의 반역이 범람하고 횡행하는 근본적인 원인이 지방 군정의 부패와 관부의 잔혹한 착취와 압박에 있음을 깊이 감지하고서 무력으로 살육하고 정벌하는 것은 다만 한때의 효과를 볼 뿐 반란 한 건을 평정하면 또다시 반란이 일어나서 마치 들불이 퍼지듯 끝나지 않는 것과 같다고 여겼다. 그리하여 양명은 단등협·팔채의 반란을 평정한 뒤 마무리 작업을 하면서 지방 군정을 더욱 크게 정비하고 치안을 강화하는 데 집중하였다.

실지 순시와 심사숙고를 거쳐서 7월 12일 그는 「처치팔채단등협이도영안소處置八寨斷藤峽以圖永安疏」를 올렸다. 주소에서 양명은 "신은 병사를 독려하여 직접 여러 소굴을 순력하고 형세의 요해를 살펴본 뒤 저마다 마땅히 위소衛所를 고쳐 세우고 현치縣治를 개설하여서 맥락을 끊고 길목(咽喉)을 막아야 함을 알았습니다."[104]라고 하였다. 그리하여 주소에서 사후 지방 치안에 대해 조치를 취하는 다섯 조항의 사의事宜를 제시하였다. 하나, 팔채에 남단 위성南丹衛城을 옮겨서 축조하고, 둘, 황전荒田에 사은 부성思恩府城을 고쳐서 축조하고, 셋, 삼리三里에 봉화 현치鳳化縣治를 열고, 넷, 사룡思龍에 유관流官의 현치를 첨설하고, 다섯, 오둔五屯에 수진 성보守鎭城堡를 증축하는 것이다.

위소를 옮기고 부를 열고 현을 설치하고 진을 증설하는 양명의 이러한 개혁과 정치 교화의 조치는 지방의 군정을 닦아서 밝히고, 달아나고 흩어져서 농토로 돌아간 백성을 초무하고, 지방의 치안을 온전하게 하는 좋은 방법을 놓치지 않은 것이었다. 그러나 양명의 합리적 건의에 대해 조정에서는 세종에서부터 병부와 호부에 이르기까지 모두 건성으로 대하고 미루는 태도를 취하였으며 최종적으로는 시행하지 않았다.

나중에 진후陳逅가 임부를 대신하여 지은 「제위처치지방이도영안사題爲處

---

104 『왕양명전집』 권15 「처치팔채단등협이도영안소處置八寨斷藤峽以圖永安疏」.

置地方以圖永安事」는 양명의 실행 건의를 세종이 독단으로 저지한 진짜 내막을 폭로하였다.

신이 접수한 관할 문서(卷)를 조사했더니 그 안에 가정 7년 ○월 ○일 얼마 뒤(不等), 해당 제독 양광강서호광등처지방군무 신건백 남경 병부상서 겸 도찰원 좌도어사提督兩廣江西湖廣等處地方軍務新建伯南京兵部尙書兼都察院左都御史 왕수인에게 병부에서 자문咨文으로 비준하였는데, "해당 신건백 왕수인이 제기한 이전의 일에 성지를 받드니 '해당 부에서 조사하여 보고하라.'고 하였다. 본부에서 조사해보니 본작本爵은 이미 여러 해 도적을 죽이고 다시 사후 처리에 관한 생각을 하였는데, 이에 의거하여 위소를 옮기고 부를 열고 현을 설치하고 진을 증설한 것은 모두 계획과 사려가 주도면밀하여서 서로 호응하고 빗대어 의지하게 한 것임을 알 수 있다. 지금 본부에서 응당 시행해야 할 사리事理를 의논하여서 처리하도록 청을 하고서 명이 내려올 날을 기다리고 있기에 본작에게 자문을 전달하니, 상주한 바 남단위南丹衛를 주안보周安堡로 옮기고 오둔五屯에 진성을 증축하게 한다. 관군의 수어守禦를 심사하여 가림에는 유능한 관원을 선발하여 맡기도록 해서 나누어 정리하게 한다. 공료工料의 비용은 모름지기 상황에 알맞게 조치하고 아랫사람의 낭비와 소요의 해를 금하여서 혁파한다. 공사가 완료된 날 책자를 꾸며서 보고하라(奏繳). 혹 기한에 임하여 해야 할 일의 체모는 응당 손익을 따져서 한편으로는 사의事宜에 따라 규획하고, 한편으로는 성화같이 상주를 갖추어서 보고하라는 등의 일로 인하여 제題하여서 성지를 받드니 '옳다.'고 하였다. 비준에 따라 시행하라."고 하였다. 또 호부의 자문을 비준하니 역시 앞의 사안과 같았다.

해당 본부의 병부 자문을 검토하니 이르기를 "신건백 왕수인을 보니 사은 부성을 황전에 개축하고, 봉화 현치를 삼리에 이설하고, 유관의 현치를 사룡에 첨설하도록 요청하였는데, 도적을 그치고 백성을 안정시키고 근심을 생각하여서 예방하는 뜻이 아님이 없다. 본작의 제칭題稱을 보니 칙유에 따라 한 방향으로(一面) 헤아려서 거행하겠으며, 공료工料를 추정하고 지출(動支)할 전량錢糧의 수목數目을 아직 추산하지 못했는데, 일은 그 가운데에서 상응하게 조사하여 처리하며, 명이 내려오는 날을 기다려서 자문을 신건백 왕수인에게 전달하여서 각 항목의 사의를 거듭 삼사三司, 부, 현 등의 관원에게 행하게 하되 장구한 계획과 사려에 따르게 하며, 만약 과연 별도로 위반과 장애가 없으면 편리한 대로 유능한 관원을 기용하여 위임하여서 시기에 따라 일을 처리하고 완료된 날 책자를 꾸며서 보고하겠다는 등의 내용이었다. 제칭에 대한 성지를 받드니 '옳다. 이런 일은 역시 왕수인이 삼사 등의 관원을 감독하고 위임하여 조사하여서 마감하고 장구한 계책에 따라 처리하되 상주를 갖추어서 정탈定奪하라.'고 하였다."라고 하였다.

또 병부의 준지准旨에 이르기를 "지방의 큰 우려할 일로 해당 태자소보 이부상서 겸 한림원학사太子少保吏部尙書兼翰林院學士 방헌부 등이 앞의 일로 상주하였는데 성지를 받드니 '이 일은 이미 전지가 있었으니 역시 왕수인 공이 진순鎭巡의 삼사 등의 관원과 함께 의논하여서 합당하게 처리하되 상주를 갖추어서 정탈하라. 한결같이 수고하여 영원히 편안할 수 있게 힘쓰고 뒷날 어려움을 끼치지 말라. 해당 부에서 알라. 이렇게 흠정한다.'고 하였다. 흠정에 따라 준행하여서 갖추어 행하고, 삼사의 각 장인관掌印官이 순서에 따라 행하고, 부참副參 등 관원과 회동하여 조사하여서 마감하라."고 하였는데, 아직 보고하지 않았다.[105]

105 『성암만고省庵漫稿』 권2 「제위처치지방이도영안사題爲處置地方以圖永安事」.

양명이 상주한 건의에 대해 처음에는 병부에서 채납하여 시행하려다가 최종적으로 취소하고 시행하지 않은 이유는 바로 전횡하는 세종이 독단으로 결정했기 때문이었다. 실제로 양명이 이 주소를 올렸을 때 세종은 이미 양명의 반란 평정을 '첩보가 과장되고 거짓되며(奏捷夸詐)', '은혜와 위엄이 뒤집혔다(恩威倒置)'는 죄명을 씌워서 양명에게 도살의 칼을 들어올렸던 것이다.

양명이 신속하게 노소·왕수의 난과 단등협·팔채의 난을 평정한 일은 귀태를 품은 세종과 조정 대신 양일청·장총·계악의 무리에게 해결하기 곤란한 난제를 안겨주었으며, 그들로 하여금 상호 결탁하여서 양명의 입조와 입각을 가로막고, 무함하고 비방하고 죄를 더하고 박해하여서 양명의 반란 평정에 비극적 재앙이 삽시간에 닥치게 하였다. 세종이 양명을 기용하여서 외부의 위험하고 어려운 지역으로 보내서 반란을 평정하도록 강행한 것은 본래 폭군이 쟁신을 배척하고 박해할 때 흔히 쓰는 술책으로서, 당년에 조정이 장웅수張熊綉와 함께 홀연 좌도어사로 제수하여 양광을 위무하게 한 것과 똑같은 방식이었다. 양일청·장총·계악이 적극적으로 양명을 광서의 반란을 평정할 적임자로 천거한 것은 역시 그들이 양명의 입조와 입각을 가로막은 교활한 수법이었으며, 양명에게 반란 평정에 성공하고 입조하면 병부상서로 임명하겠다고 한 감언이설도 다만 허구와 속임수였다.

양명이 반란을 평정하기 위해 멀리 양광으로 부임한 뒤 그들은 이미 양명이 장차 공을 세우고 조정에 돌아와 입각하지 못하도록 미리 방지하기 위한 각자의 의도가 있었다. 이전 가정 6년(1527) 겨울에 계악은 사사로이 양명에게 편지를 보내 양광에서 안남 내란의 정보를 염탐하고 기미를 살펴서 병력을 동원하여 안남을 취하게 함으로써 그 스스로 기이한 불세출의 공적을 세워서 순조롭게 입각하는 발판으로 삼고자 하였다. 양명은 응답을 하지 않았고 계악은 분노와 수치로 양명에 대한 비방과 중상을 시작하였다.

12월 2일, 양명이 오주梧州에 막 도착하고 얼마 되지 않아 양일청과 계악이 홀연 양명을 천거하여서 순무를 겸임하게 한 것은 표면적으로는 양명을 신임하여 중용한 것처럼 보이지만, 실제로는 양명을 양광에 영구히 체류하게 함으로써 조정으로 돌아오지 못하게 하려고 암암리에 매설한 함정이었으며, 나중에 양명이 공을 세운 뒤 세종이 다시 그를 '순무'로 양광에 3년 동안 체류하게 하기 위해 미리 짜놓는 판이었다.

황관은 「양명선생행장」에서 그들의 음모를 다음과 같이 폭로하였다.

> 12월, 양일청 공과 계 아무개 공은 (*양명이) 일을 완료하고 서울로 돌아와서 복명하고 상上을 만날까 두려워서 장張 공과 함께 또 천거하여 상이 반드시 (양광에) 머물러 두고 쓰게끔 하고, 또한 제명題命으로 공에게 순무를 겸하여서 다스리게 하였다. 성지를 받드니 "왕수인을 잠시 양광 등처 지방의 순무를 겸하여 다스리게 할 것이니 칙령을 베껴서 그에게 주라." 하였다.[106]

12월 22일에 이르러 제독 단영團營 장영張永이 졸한 뒤 병부에서는 세종의 "군영의 임무를 진흥시키기 위해 정신에게 명하여서 평소 위망이 있는 자, 병정兵政에 숙련된 자를 천거하여서 오로지 군영의 임무를 감독하게" 하라는 흠지欽旨에 근거하여 양명을 제독 단영 군무에 추천하려고 하였는데, 도리어 양일청·장총·계악의 저지를 받았고 세종에 의해 부결되었다. 이는 표면적으로 양광의 반란이 아직 평정되지 않았다는 점을 구실로 삼았으나 실제로는 그들 모두 만일 양명이 제독 단영을 맡으면 순리대로 양명에게 입조와 입각

---

106 『왕양명전집』 권38 「양명선생행장」.

의 길을 열어주는 작품이 될 것임을 알았던 것이다. 이는 바로 그들이 가장 꺼리는 일이었다.

양일청은 주대奏對에서 다음과 같이 말한다.

> 어제 병부의 회의에서 관리를 추천하였는데 여러 사람이 제독 단영의 문신文臣을 추천한 것을 보니 왕수인·왕헌王憲·오문정伍文定이 모두 공론에 부합하였습니다. 황상께서 간택하여 씀에 반드시 정견이 있을 것입니다. 그러나 이 일은 전관專官이 감독하여 다스려야 성과를 거둘 수 있습니다. 만약 부部의 일을 맡은 신하에게 겸하게 하면 끝내 위임이 오롯하지 못하여서 책임을 지우고 효과를 성취하기 어렵습니다. 예컨대 성화 연간(1465~1487)에 왕월王月이 우도어사로서 나중에 승진하여 좌도어사 제독군무가 되었는데, 여전히 원院의 일을 협력하여서 관리하게 하였습니다. 무릇 원의 일을 협력하여 관리하게 하는 것은 그 관원에게 귀착하여서 사실 오로지 영의 임무를 감독하게 하는 것입니다. …… 그러므로 여러 의견이 먼저 이승훈李承勛(1473~1531)에게 명하여서 잠시 정리하게 하고 신임관이 이르러서 토벌하기를 기다린 뒤 가장 적절하게 처리하라고 하였는데, 이는 대체로 황상이 전에 장총에게 명하여 잠시 도찰원의 일을 서리하게 한 뜻에 따른 것입니다. 이승훈이 겸 우도어사의 직함에 부합하지 않으나 부사部使로 별도로 조칙을 내려서 잠시 제독 단영을 하게 해도 무방합니다.[107]

세종은 즉시 양일청의 건의를 채택하여서 장총에게 다음과 같이 유시하였다.

---

107 『양일청집』 권5 「밀유록密諭錄·논추용제독단영문신주대論推用提督團營文臣奏對」.

짐이 살펴보니 병부에서 제독 단영관을 회추會推하였는데 그 가운데 수인은 쓸 수 없다. 헌은 쓸 만하나 다만 지금은 유사시라서 또 교체하기 어렵다. 다시 한 사람을 바꾸면 반드시 한 가지 일을 바꾸게 된다. 문정은 어떠한지 모르겠다. 짐이 장차 승훈을 임용하려고 하나 반드시 또 등관等官을 오게 할 필요는 없다. 이와 같이 하면 가부가 어떤지 알 수 없다. 만약 옳다면 장차 승훈을 병부 겸 우도右都(우도어사)에 승진시키고, 세녕世寧(호세녕)은 형부에 승진시키고, 문정은 좌도左都에 승진시키라. 가능한 계획을 의논해서 보고하라.[108]

세종은 양명을 입조시켜서 병부상서에 임명하겠다는 이전의 약속을 스스로 식언하였고, 차라리 이승훈을 병부상서 겸 제독 단영에 고쳐서 제수할지언정 양명에게는 결코 입조할 그 어떤 기회도 주지 않았다.

가정 7년 6월에 이르러서 양명이 신속하게 노소·왕수의 난과 단등협·팔채의 난을 평정하는 데 성공한 뒤 조정에 돌아오면 병부상서에 임명한다는 앞의 승낙을 태환兌換해야 할 때가 되자 조신들 사이에서는 양명을 천거하여 입조, 입각시키라는 목소리가 다시 높아졌다.

어사 호명선胡明善(1521, 진사)이 6월 4일에 양명을 입각시켜서 정사를 돕게 하라고 천거하면서 다음과 같이 상주하였다.

신건백 왕수인은 본성과 도가 합치하며 사고가 신령합니다. 광서의 도적을 위무하여 편안히 하되 병사는 피로 칼날을 더럽히지 않았습니다. 대학사 양일청은 험함을 구제하고 임기응변의 재능과 적을 물리치고 모욕을 막는(折

108 주후총朱厚熜·장부경張孚敬, 『논대록論對錄』 권3.

衝禦侮) 방략을 가지고 있습니다. 무릇 하늘이 내린 중흥을 도울 사람입니다. 다행히 수인을 일찍 불러들여서 일청과 한마음으로 정사를 돕게 하소서.[109]

영문을 알지 못한 채 양명을 "본성과 도가 합치하며 사고가 신령하다"라고 칭송한 말은 세종의 가장 큰 마음의 병(心病)을 아프게 건드리기에 딱 알맞아서 그는 조금도 망설이지 않고 호명선에게 말하기를 "대신을 임용함은 조정에 저절로 조치가 있다."[110]라고 하였다.

6월 15일 어사 마진馬津이 또다시 양명을 입각시켜서 정사를 돕게 하라고 천거하면서 말하기를 "신건백 왕수인은 충정忠貞으로 일을 성취하였으며 명성이 자자하고 공이 높기에 사람이 시기하여서 그의 영예를 헐뜯는 말이 실상을 잃었습니다. 청컨대 불러서 묘당에 두고 백성의 바람을 위로하소서."[111]라고 하였다. 그의 천거는 죄를 얻어서 세종으로부터 "망령되이 상주하여 함부로 시끄럽게 한다(妄奏瀆擾)."며 혹독한 질책을 받았다.[112]

사실 양명이 공을 세우고 조정에 들어오면 이는 가장 먼저 입각이 간절한 계악에게는 최대의 위협이 되었다. 계악은 필연적으로 뛰쳐나와서 양명의 입조를 극력 저지하였다. 마진의 천거는 실제로 그가 독단적으로 뒤집어엎었다. 계악은 교활하게도 암암리에 섬격閃擊하는 수법을 이용하여서 양명에게 비밀 함정을 파놓았다. 그는 세종의 뜻에 따라 아부하여서 즉시 「논전녕사의소論田寧事宜疏」를 올려서 양명을 양광에 3년 동안 체류하게 하여 양명이 공

---

109 『명세종실록』 권89.

110 『명세종실록』 권89.

111 『명세종실록』 권89.

112 『명세종실록』 권89.

을 세우고도 조정으로 돌아오지 못하게 하였다.

주소에서 부끄러움도 없이 다음과 같이 당당하게 말하였다.

소보승少保丞 계악이 삼가 아룁니다. 신은 어제 전녕 지부의 후임을 추천하여 보임하는 일로 다시 병부의 자문을 상세히 살펴보니 신건백 왕수인이 전주田州의 사의事宜를 처치하는 일에 관해 올린 글을 들어서 일컫기를, 이미 화주化州의 지주知州 임관林寬에게 위임하여서 지방에서 부치府治를 관리하게 하였으니 만약 해당 부(該府)의 동지同知로 곧바로 승진시켜서 그로 하여금 그 직책에 오래 있게 하면 건립에 반드시 볼 만함이 있을 것이며, 여러 차례 공을 이루게 한 뒤 마침내 발탁하여 지부로 삼아서 종신토록 그 땅을 맡게 하면 그도 흔연히 바람에 넘치는 것이니 반드시 또한 즐겁게 직책을 돌보고 게을리하지 않아 지방에 유익함이 결코 적지 않을 것임을 알수 있다고 하였습니다. 대체로 토목土目이 임관을 이미 편안히 여깁니다. 이 일은 반드시 밤낮으로 성명成命이 있기를 바라는 것입니다. 그러나 조정에 명을 청함에 이르러서 이부에서 새 관원을 선발함에 왕수인이 의론한 바를 수용하지 않았습니다. 그때 왕수인은 쉽고 수월한 방법을 들어서 청하였는데 조정에서는 도리어 무겁고 어려운 일로 대응하였으니 이에 대처하는 수인의 깊은 뜻을 크게 잃은 것입니다. 신은 어제 내각에서 다음과 같이 의논하였습니다. 수인이 이에 대처하기를 임관을 지부로 삼고, 잠방우岑邦祐를 지주로 삼고, 토목으로 순검을 삼게 하되 모두 먼저 쉽고 수월한 일을 제시하여서 잠시 시험해보고, 우선 이목吏目을 순검으로 시험해보면 안으로는 조정의 존대한 권세를 엄격하게 하고 밖으로는 선비(士人)의 구하여 바라는 마음을 연계하여서 길들이고 놀라지 않게 하는 것이니, 바로 오늘의 지부가 옛날의 유관과 다름을 알 수 있으며 장구하게 편안히 다스리는 계책이라 하였습니다. 제청提請을 갖추어서 다시 본부에 명하여 잠시 수인의 의견에 따라 지주 임관을 즉승卽升하여 전녕부 동지로 삼고, 본부의 인신印信을 서리로(署) 관장하게 하고 3년 뒤 과연 참된 마음으로 수고를 바치고 지방이 편안해지면 곧 임관을 지부로 승진시켜서 오랜 직임을 맡기면 일의 체모가 하나로 귀결됩니다. 또한 뒷날 만약 다시 난처한 일이 생기면 고치고 개혁하기는 쉬우나 수인은 그 책임을 면할 수 없을 것입니다(守仁不能逭其責矣). 이에 내각이 모두 난색을 표하며 저지하여서 말하기를 "성명이 이미 내렸으니 다시 성덕을 수고롭게 하지 말라." 고 하였습니다. 신도 황상께서 참으로 개혁(更改)을 싫어할까 하여 감히 집주執奏하지 못하나, 다만 이 과오를 미리 막기 위하여 알리지 않을 수 없습니다. 왕수인을 양광에서 대처하게 하는 사의事宜는 신이 한번 기용을 청한 소에 따라서 인민을 위무하고 모으며, 봉강封疆(봉수封守)을 견고하게 지키는 것일 뿐입니다. 대체로 이 법을 성심껏 행하면 반드시 실효를 거둘 것입니다. 다만 한번 시행하고 나면 수인이 혹 토이土夷를 속이거나 혹 (임금의) 들음을 속여서 역시 오래 지속하지 못할까 두렵습니다. 이 또한 살피지 않을 수 없습니다. 지금 또 들으니 어사 마진이 해당 부의 논의를 근거로 천거하였는데 모두 급히 수인이 직임에서 떠나게 하려는 계책입니다. 엎드려 바라건대 황상께서는 특별히 내각으로 하여금 수인이 이임하는 것을 허락하지 말고 위무를 책임져서 3년 동안 거하게 하면 양광의 일은 크게 안정될 것이며, 배치한 관원은 자기 실적(自爲)을 보고할 수 있을 것입니다. 이렇게 임무를 맡겨서 완수하게 하는 것은 예로부터 인재를 임용하여서 기망할 수 없게 하는 방도입니다(使不得爲欺罔之道).[113]

---

113 『문양공주의文襄公奏議』 권4 「논전녕사의소論田寧事宜疏」.

이는 계악이 양명을 해치려고 설치한 가장 악독한 초식이었다. 그는 간사하게 '그 사람의 방법을 써서 도리어 그 사람을 다스리는(卽以其人之道還治其人)' 양명의 논법을 이용하여서 양명을 다스렸으니, 양명을 '순무'라는 신분으로 양광에 3년간 유임하게 하는 것은 실제로는 양명을 영구히 양광에 머물게 하고 조정으로 돌아오지 못하게 함으로써 그로 하여금 '그 땅에서 종신하고', '임무를 오랫동안 책임지게 하여', '기망할 수 없게 하는 방도'라고 하였는데, 장차 사은·전주의 정세가 하루아침에 뒤바뀌면 '수인이 그 책임에서 벗어날 수 없게' 하려는 것이었다. 세종은 훗날 계악의 방법으로 양명을 징치하여서 사지에 두었으니 이미 그로 하여금 조정에 돌아오지 못하게 하고, 또 병을 구실로 (집으로) 돌아가지도 못하게 함으로써 결국 절경絶境으로 몰아넣어서 죽음에 이르게 하였다.

양명은 자기에 대한 세종과 계악의 무함과 박해를 예감하고 7월 10일 「팔채단등협첩음소八寨斷藤峽捷音疏」를 올렸는데, 단등협과 팔채를 평정한 경과와 전적을 여실하게 반영하였다. 동시에 '몸은 위험한 질병에 걸리고 앞으로 임무를 맡아 힘쓰기가 자못 어렵기 때문에 이미 주본을 갖추어서(具本) 돌아가 요양하려고 보고하였으니, 윤허하여서 오로지 남은 생을 온전히 회복하게 해달라(身嬰危疾, 自後任勞頗難, 已具本告回養病, 乞賜俯允, 俾得全復餘生)'고 청하였다. 그러나 세종이 뜻밖에 첩음소捷音疏에서 양명의 '기망하는 방도를 사용한' '죄의 증거'를 찾아내어서 다음과 같이 조리에도 맞지 않는 조칙을 내릴 것이라고는 생각지도 못하였다.

> 이 첩음은 과장과 거짓에 가까우니 신의를 잃어버렸고(近於誇詐, 有失信義), 은혜와 위엄이 뒤집혀서 대체를 잃어버린 듯하다(恩威倒置, 恐傷大體). 다만 각 동峒의 요적이 늘 난을 일으킨 지가 오래되었는데 (진압한) 노고를 또한

없다 할 수는 없다. 왕수인에게는 우선 칙유를 내려서 장려하며 공을 세운 인원에 대해서는 순안어사에게 사실을 정확하게 조사하여서 보고하게 하라. 선위 팽명보 등의 관원은 장향瘴鄕에 조용되어서 직접 적진에 침투했으니 넉넉히 상을 주며, 관남官男 팽종순과 팽신신은 바로 저 관직(冠帶)을 그대로 이어받게 하라. 노소와 왕수는 이미 과오를 뉘우치고 공을 세웠으니 먼저 군문에서 상을 내리고 시종 허물이 없기를 기다려서 관직을 수여하라. 주첩인奏捷人은 신초新鈔 1천 관을 내리고 나머지 상은 행하지 않는다. 앞으로 마땅히 실행할 일에 힘써서 나라가 위탁한 뜻을 저버리지 말라.[114]

세종은 양명에게 두 가지 죄명을 씌웠다. 첩음이 과장과 거짓으로 신의를 잃었다는 것과 은혜와 위엄을 뒤집어서 대체를 손상시켰다는 것이다. 이는 실제로 양명의 단등협과 팔채 평정의 공을 부정한 말이며, 그가 양명의 입조와 입각을 허락하지 않기 위해 찾아낸 가장 당당하면서도 황당한 '구실(借口)'로서 양명에게는 '사형'선고나 다름없었다. 세종의 '어음御音'은 애매하고 흐리멍덩하여서 종잡을 수 없었으며, 일반 각신들조차도 읽어본 뒤 서로 돌아보면서 황당하여 어쩔 줄 몰라 하였고 세종의 '성의聖意'를 헤아릴 수 없었다. "과장과 거짓에 가까우니 신의를 잃어버렸고"라고 한 말은 대체로 양명의 주첩奏捷이 크게 과장되어서 사실이 아니고 사기와 속임수의 혐의가 있어서 '기망하는 방도를 사용하여' 신하로서 충군의 신의를 잃었다는 지적이다. "은혜와 위엄이 뒤집혀서 대체를 잃어버린 듯하다"라고 한 말은 대체로 양명이 단등협과 팔채를 엄습하여서 오로지 살육을 일삼았으며 은혜는 없고 위엄만 있어서 세종의 성덕과 조정의 대체를 손상했다는 지적이다.

114 『명세종실록』 권94.

나중에 가정 8년 2월 조정에서 왕수인의 공과 죄를 의정할 때 세종은 비로소 솔직하게 분명히 말하였다. "다만 병兵이 절제가 없고 주첩이 과장되었다. 근일에 산채의 오랑캐를 엄습하여서 은혜와 위엄을 뒤바꾸었다."[115] 이는 세종이 양명에게 씌운 두 가지 근거 없는 죄명에 지나지 않았으며, 각신들조차도 모두 하나같이 믿지 않았음을 알 수 있다. 그러나 그들은 저마다 자기들의 사사로운 이익을 좇아서 감히 양명을 대신하여 적극적으로 변호하지 못하고 도리어 성상 세종에게 '이리저리 둘러대는(圓謊)' 황당한 말로 빠져나갔다.

다만 양일청이 세종 앞에서 주대할 때 양명을 위해 다음과 같이 무력한 변호와 해명을 하였다.

> 전날 병부에서 왕수인이 광서 팔채의 도적을 초멸剿滅하고 올린 보고서를 검토하여 비준한 복본覆本을 발하發下하여서 이미 의표擬票를 거쳤습니다. 공을 세운 각 해당 진(該鎭), 순巡, 삼사三司 등의 관원은 헤아려서 상을 베풀어 위로하고 그 나머지 인원에 대해 순안어사가 책자를 꾸며서 승진과 상을 시행하는 일은 아직 유윤俞允을 입지 못하였습니다. 이어서 또 의표를 하였으나 왕수인을 장려하도록 칙령을 내린 것에 그쳤으며, 그 나머지는 그대로 순안의 조사 보고가 이르는 날 승진과 상을 시행하기로 하였습니다.
>
> 생각건대, 토관 팽명보는 멀리 장향에 조용되어서 여러 차례 기이한 공을 세웠으나 공에 대한 상전賞典이 더해지지 않아 장차 조용하여 파견하기 어렵습니다. 사은·전주는 새로 부속하였고, 노소와 왕수는 이미 과오를 뉘우치고 힘을 내었으니 그들의 마음을 모두 잃어서는 안 됩니다. 또한 소보 계악이 왕수인을 천거하여(*?) 과연 공을 이루었는데 옛말에 이르기를 "현

115 『명세종실록』 권96.

자를 천거하면 큰 상을 받는다(薦賢受上賞).”라고 하였습니다. 그러므로 신 등은 병부의 의표에 따라 계악에게도 상과 위로를 행하여서 그의 충성을 밝혔습니다. 이는 모두 궁극의 이해와 관련되니 일의 체모를 참작하여서 말하자면 어찌 감히 치우치고 사사로움이 있겠습니까? 이에 어필御筆의 비개批改를 입으니 “이 첩음은 과장과 거짓에 가까우니 신의를 잃어버렸고, 은혜와 위엄이 뒤집혀서 대체를 잃어버린 듯하다. 다만 각 동의 요적이 늘 난을 일으킨 지가 오래되었는데 왕수인의 공이 없다 할 수는 없다. 우선 칙유를 내려서 장려하라. 이대로 준행하라(欽此).” 하였습니다. 신 등이 여러 차례 공경히 읽어보고서 서로 돌아보며 놀라 경악하였으며 참으로 성의를 미루어 헤아릴 수 없습니다. 간절히 아뢰자면 팔채의 첩보에 관해서 (실제로 왕수인의) 공이 있다고 여기니 마땅히 속히 상을 더하여야 하며 다시 힐책하는 것은 마땅하지 않습니다. 만약 성유聖諭와 같이 신의를 잃어서 은혜와 위엄이 뒤바뀌었다면 왕수인은 바야흐로 죄를 입기에도 겨를이 없을 터인데 어찌 장려할 수 있겠습니까? 그러나 광서 대등협 요채瑤寨의 도적은 천순天順(1457~1464)에서 성화成化(1465~1487) 초년에 이르기까지 양광 지방을 노략질하고 호광까지 그 해를 입었으나 다행히 선조先朝에서 도독 조보趙輔(?~1486), 도어사 한옹韓雍에게 명하여 대병 수만을 통솔하고 그 소굴을 무찔러서 비록 대등협을 단등협으로 고치는 정도였지만 지방이 조금은 안정되었습니다. 그렇지 않았다면 그때 이미 광서는 없어졌을 것입니다. 광서가 무너지면 광동이 어찌 홀로 존속하겠습니까? 40~50년 이래 이 도적들은 인구가 점점 번성하고 험한 지형을 믿고 악을 쌓기를 더욱 성대하게 하니 불시에 주현을 훔치고 약탈하며 향촌을 돌아다니며 겁박을 하고 인민을 살해하는 것을 다 기록할 수 없습니다. 수신守臣이 해마다 용병을 해도 일찍이 편안한 날이 없었습니다. 이제 공격하여서 제거하지 못하면 몇 년 뒤에는 또 천순 말년의 형세와 같아져서 몇 배나 더 힘을 써야 할 것입니다. 이에 왕수인에게 귀환하는 호광의 군대를 순편하게(便道) 더해주고 사은·전주에 새로 부속된 군중을 부리며, 여러 사람의 계책을 참고하고 조사하며, 겸하여 뭇사람의 의견을 수렴하여서 북을 한 번 울려 그 소굴을 무너뜨린다면 참으로 족히 요傜·동僮의 마음을 두려워 순종하게 할 수 있으며, 화하華夏의 기상을 발휘하고 펼쳐서 공이 실로 높고 위대해질 것입니다. 이는 병부의 사사로운 말이 아니라 안팎 신공臣工의 공론입니다. 앞서 올린 본관의 주소를 조사해보니 병부의 절도(兵部節)에서 올린 해당 건의(該題)의 흠의欽依를 받들었는데 "옳다. 편의로 왕수인을 보내서 즉시 부총병·참장 등의 관원을 감독하여 각 방면으로 나누어서 방법을 세우고 서로 기미를 보아 공격하고 토벌하여서 각 산채의 요적을 사로잡고 참하여 근절함으로써(便與行王守仁, 即令督副摠兵參將等官, 分投設法, 相機攻剿, 務將各寨瑤賊擒斬盡絶) 지방을 안정시키라. 이를 이대로 준행하라." 하였습니다. 이는 바로 곧 본관의 이 거조가 본래 일찍이 조정에 명을 청하여서 황상이 이미 윤허하신 바입니다. 저 새의 말을 하고 짐승의 낯짝을 한(鳥言獸面) 무리는 본래 신의로 맺은 바가 아니며 누차 의탁했다가 누차 반역을 하였으니 그 죄는 그들에게 있고 책임은 우리에게 있지 않습니다. 만약 군병의 위엄으로 임하지 않으면 은혜와 위엄을 업신여기고 도적은 끝내 징창懲創되지 않을 것이며 지방은 끝내 편안해지지 않을 것입니다. 조정에서도 태연히 이 수천 반적叛賊의 목숨을 아깝게 여겨서 양광의 병사와 천만 백성을 위한 장구하고 큰 도모를 하지 않겠습니까? 옛날에 대부가 경계를 벗어나면 국가를 편안히 하고 사직을 이롭게 하는 경우에는 오로지 (주도하여) 처리할 수 있었습니다. 그러므로 장수를 파견하여 군사를 일으키면 군주가 친히 바퀴통을 밀면서 명하기를 "궁궐(閫) 밖의 일은 장군이 주관하라. 나아가고 물러나는 시기(機)는 중앙에서 제어할 수 없다."라고 하였습니다. 지금 이미 왕수인에게 오로지 정벌할 임무를 맡기고 또 그 성공을 저지하니, 병부는 병무를 근본으로 하는 책임이 있는데 잘못 들은 것인가 의심스럽습니다. 신 등은 고굉股肱의 임무를 띠고 기밀(密勿)의 직책을 맡고 있는데 무릇 의의擬議하는 바가 다시 믿음을 얻지 못합니다. 비록 폐하의 영명함은 하늘이 주셨으며 용기와 지혜는 일찍 성취했으나 사방 만국의 구이九夷와 팔만八蠻의 일을 어찌 모두 하나하나 두루 다스릴 수 있겠습니까! 본래 오로지 주재하기 어렵습니다. 만약 수신을 믿지 못하고 대신의 말을 듣지 않고 한결같이 성의聖意로 재결하고 처리하다가 만일에 실정이 있고 지방의 큰일을 허물어버리면 모든 신하가 그 직책을 사직할 터이니 아마도 사직社稷의 이익이 아닐 것입니다. …… 간절히 아뢰건대, 단등협의 적을 토벌하는 일은 신이 다음 차례의 의표에 따라 발하여서 시행하겠습니다. 만약 성심이 끝내 의심을 한다면 아울러 왕수인도 장려할 필요가 없으며, 다만 이 요적을 토벌한 공적의 차례를 말한다면 역시 순안어사에게 일러서 조사하여 명백하게 마감하고 차례를 분별하여 책자를 꾸며서 상주한 뒤 조사와 의논에 근거하여 상을 올려주어야 합니다. 이와 같으면 거의 규각圭角이 드러나지 않으며, 인심도 크게 놀라고 해괴하게 여기지 않을 것입니다.[116]

세종은 분명 양명이 단등협과 팔채를 정벌하는 군사행동을 비준하였고, "편의로 왕수인을 보내서 즉시 부총병·참장 등의 관원을 감독하여 각 방면으로 나누어서 방법을 세우고 서로 기미를 보아 공격하고 토벌하여서 각 산채

116 『양일청집』 권3 「각유록閣諭錄·논초광서팔채주대論剿廣西八寨奏對」.

의 요적을 사로잡고 참하여 근절하라!"고 큰소리로 명하였으니, 그는 참으로 포학한 과장과 사기, 신의와 은혜를 보이지 않는 진정한 폭군이었다. 양명은 그가 말한 것처럼 "각 산채의 요적을 사로잡고 참하여 근절할" 수 없었으니 또한 어떻게 "첩음이 과장되고 거짓되어서 신의를 잃어버렸고", "은혜와 위엄이 뒤집혀서 대체를 잃어버릴 수" 있었겠는가? 이 두 가지 죄명은 거꾸로 세종이 스스로 뒤집어쓰기에 꼭 알맞은 내용이었다.

사실 양일청의 속마음은 세종이 이 두 가지 있을 수 없는 죄명을 날조했음을 분명히 알고 있었으나 실은 양명의 입조와 입각을 저지하려는 것에 지나지 않았으며, 이를 위해 세종과 계악이 무함하여서 양명에게 더한 죄명은 이 두 가지 죄보다 더 컸다. 양명이 「팔채단등협첩음소」를 올림과 동시에 계악은 듣는 사람을 깜짝 놀라게 하는 섭능천聶能遷의 사건을 만들어냈다. 계악은 금의위 지휘첨사 섭능천을 교사하여서 양명이 금은 100만 냥을 써서 황관에게 부탁하여 장총에게 뇌물을 주고 양광의 직임을 얻었다고 무고하였다. 섭능천의 사건은 의심스럽고 기괴하였다. 의심의 구름이 층층이 쌓였으나 막후의 원흉은 바로 계악이었다.

양일청은 「걸휴치주소乞休致奏疏」에서 이 황당하고 괴이한 섭능천 사건의 내막을 다음과 같이 말하였다.

> 섭능천이 상주하였는데 장총은 마침 질병으로 나오지 못하였습니다. 신이 신 란鑾(양란)과 함께 의표擬票하게 되었는데 한때 우매하여서 의표하여 그를 나문하지 못하였습니다. 아첨하고 간사한 소인이 대신을 배척하고 헐뜯었는데 중하게 처리하지 않아서 장차 징계할 방법이 없었으니 이로써 신을 책하면 죄를 사양할 수 없습니다. 만약 총의 말과 같으면 소인이 적치赤幟를 세워서 천하의 아첨과 간사함을 초래한 일인데 신이 어찌 감히 (그

런 일을) 할 수 있겠습니까? 바야흐로 섭능천의 주소가 내려오자 신은 신란과 함께 비밀히 의논하였습니다. 신 총이 평소 신 등과 늘 말하기를, 서울에 들어온 초에 총 및 악(계악)이 모두 여러 사람의 질시를 받아 감히 서로 소통하지 못했고 홀로 섭능천과 서로 깊이 교제하고 많은 힘을 얻었다 하였습니다. 계악의 말도 역시 이와 같았습니다. 또 능천이 여러 차례 소를 올려서 의례議禮한 내용을 보니 정론正論을 능히 부지하고 있으나 지금 삭제하여서 없애버린 것 외에도 아직 두 조항이 『명륜대전明倫大典』에 수록되어 있습니다. 간절히 아뢰건대, 총과 능천은 평소 서로 사이가 두터웠으며 지금 이런 상주를 하였으니 아마도 우연히 격발을 받은 바가 있었고 또한 총의 뜻이 어떤지 알지 못하였으므로 창졸간에 너그러운 쪽으로 의주擬奏하여서 성명의 정탈을 기다렸던 것입니다. 뜻밖에 총은 이를 연유로 깊이 분노하고 한을 품고서는 의도를 가지고서 저지하고 해치려는 것이라 의심하였으며 …… 또 보니 주본에서(本內) 무함한 바는 왕수인이 진번陳璠과 장호張浩에게 금은 100만 냥을 가지고 서울에 가도록 부탁하였으며, 황관이 그를 위해 뇌물을 쓴 것이라고 하였습니다. 그 말은 매우 근거가 없습니다. 그러므로 의표에서 의정한 바 어둡고 분명하지 않은 일이라 한 내용은 이 일을 가리켜서 한 말이며 총을 위한 말이 아닙니다. …… 장호를 언급한 한 절에 대해서는 신이 변론하지 않을 수 없습니다. 장호는 본래 총의 친척입니다. 전년에 표表를 올리러 서울에 나아갔는데 총이 이때 병부시랑으로 있었는데 우연히 신에게 그의 재질이 쓸 만하다고 하였습니다. 마침 절강 도사 장인掌印에 결원이 생겨서 총이 그를 쓰고자 했으나 스스로 말하기 어려워하였습니다. 신이 말하기를 "대신이 사람을 씀에는 안으로 친척을 피하지 않고 다만 그 사람이 쓸 만한가의 여부를 볼 뿐이라." 하였습니다. 신은 다음 날 이러한 뜻으로 상서 왕시중王時中(1466~1542)에게 알리기를 "총이 장호를 쓰려고 하나 혐의를 피하려고 스스로 말하기를 기꺼워하지 않으니 마땅히 다시 살펴보고 심사해서(察訪) 과연 이 임무에 걸맞으면 쓰고 그렇지 않으면 그만두자."라고 하였습니다. 병부에서 이에 두 사람을 추천하여 올렸고 호가 허락을 받아 낙점되어서 등용되었습니다. 지금 총이 말하기를 장호는 바로 신이 천거하였다고 하니 스스로를 속이는 것에 가깝지 않습니까? …… 관은 바로 총의 동향 옛 친구이고 비록 과거를 보아 선발(科目)되지는 못했지만 자못 학문이 있고 백정白丁에 연계되지 않았기에 신도 그를 아꼈습니다. 근년에 그의 의례議禮에 관한 주소를 보고 마음에 대체로 중히 여겼습니다. 지난번 뭇사람이 천거하여 소첨사少詹事가 되어서 경연에 보임하게 되어 있었습니다. 신은 그가 향음鄉音(방언)이 자못 많아서 비록 경연의 반열에 있으나 반드시 진강하게 할 것은 아니라고 하였는데 이로써 마침내 원망을 사게 되었습니다. 근래 이부시랑에 결원이 생겨서 그가 두터이 여기는 자를 천거하였습니다. 신이 이르기를, 백의인白衣人을 하루아침에 3품의 지위에 이르게 하고 이부에 등용하는 것은 너무 빠르며 아마도 공론이 복종하지 않을 것이라고 하였습니다. 금년 7월경에 남경 고시관 의망이 있었습니다. 옛 규례는 모두 자품에 따라 두 사람을 뽑아 등용하되 전지傳旨를 청하여서 차견합니다. 총이 한림·춘방관春坊官 아무개로 추첨(拈鬮)을 하려고 하였습니다. 신이 이르기를, 추첨은 시정市井의 일이니 내각에서 행할 마땅한 일이 아니며 사람에게 널리 퍼져서 본받게 된다면 (이런 방식의 처리를) 끝내 그만두게 할 수 없다고 하였습니다. 들으니 역시 황관의 이름이 있었습니다. 신이 이르기를, 그는 과목科目(과거) 출신이 아니며 경학을 익힌 바도 없으니 만약 뽑혀서 등용된다면 어찌 많은 선비를 승복하게 하겠는가 하였습니다. 드디어 철거하니 이에 이르러서 (장총과) 원한이 깊어졌습니다. 그러나 그의 세력에 들러붙은

사람은 아마도 황관에 그치지는 않을 것입니다.[117]

양일청의 서술은 여전히 표현을 불분명하게 하여서 두루뭉술하고 명료하지 않았으나 은연중에 섭능천의 상주와 무고가 장총의 지시에서 나온 것임을 지적하고 있다. 다만 또 다른 배후의 원흉이 계악임은 은폐하였다.

황관은 「양명선생행장」에서 섭능천 사건 배후의 첫째가는 원흉을 다음과 같이 폭로하였다.

> 이에 앞서 장부경張孚敬(장총) 공은 공(양명)이 잠맹의 여러 아들 및 노소와 왕수를 처리하는 바가 합당하고 팔채 정벌에 방법이 있었음을 보고서 매우 기뻐하며 상주하였고, 극구 칭찬하여서 이르기를, 내가 사람을 알아보는 명철이 있다고 하였다. 또 남경에 있을 때를 술회하면서 더불어 말함에 간절하고 정성스러워서 공의 뜻을 따르고자 하면서 말하기를 "내가 오늘에야 비로소 왕 공에게 미치지 못함을 알았다."라고 하였다. 조정에 천거되고 기용되어서 재상이 되자 함께 천하의 다스림을 성취하였다. 계(계악) 공, 양(양란) 공이 듣고서 모두 기껍게 여기지 않았다. 이에 금의위 도지휘 섭능천을 사주하여서 공(양명)이 금은 100만을 나(황관)에게 부탁하여 장 공에게 보냈으므로 (장총이) 양광에 공을 천거하였다고 상주하여서 무함하였다. 나는 소를 올려서 무함을 변론하였다. 전지를 받드니 "황관의 학식과 행실과 재주와 식견은 뭇사람이 모두 아는 바이다. 왕수인은 공이 높고 명망이 높으니 여론이 중히 여긴다. 섭능천이 이따위 날조한 내용으로 망령되이 상주하여서 바른 무리를 거짓으로 해치니 도찰원에서는 앞의 전지

117 『양일청집』 권6 「밀유록·걸휴치주소乞休致奏疏」.

에 비추어서 엄하게 심문하라. 그와 더불어 대신 상주 내용을 짓고 아울러 방조한 간악한 사람의 범법을 추궁하여서 밝히라. 황관은 안심하고 직책을 돌보되 반드시 인혐引嫌하여 사피辭避하지 말라." 하였다. 섭능천을 하옥하여서 장형으로 죽였다. 이때 나는 첨사였고, 계 공과 장 공은 공을 해치려고 계획하였는데 내가 조정에 있어서 두려워하다가 마침 남례시南禮侍(남경 예부시랑)에 결원이 생겨서 나를 추천하여 보임하였다. 이듬해 봄에 상이 장차 근교로 나옴에 계 공이 비밀리에 게첩揭帖을 갖추어서 이러저러하게 상주하였다. 상이 드디어 많은 관원에게 회의하라고 윤허하여서 공의 세습 공작을 삭작削爵하고 아울러 조정에서 떳떳이 행하는 휼전恤典의 증시贈諡를 하지 않아서 지금까지 사람들이 한으로 여긴다.[118]

섭능천에게 지시하여 양명을 무고하게 한 막후의 원흉은 의심의 여지 없이 계악과 장총이다. 다만 섭능천의 무고 사건은 매우 빨리 발각되어서 함부로 날뛰고 발호하던 계악과 장총은 머리와 꼬리를 감추고 드러내지 않았고 감히 (진상을) 밝히는 사람이 없었다. 세종은 더욱 이 두 총애하는 대신을 보전하려고 하였기에 곧 "그 일을 심사했더니 증거(佐證)가 없다."는 명목으로 계악과 장총 두 원흉을 숨겨주고 옹홍翁洪(1511, 진사)과 석서가 결안結案을 대충 뒤죽박죽으로 이끌어냈다.

『명사』「황관전黃綰傳」에서 이 한바탕의 가소로운 제 식구 감싸기 같은 판결을 다음과 같이 묘사하였다.

금의錦衣 첨사 섭능천은 처음 전녕錢寧에게 붙어서 관직을 얻었고 (황제의)

---

118 『왕양명전집』 권37 「양명선생행장」.

> 등극登極의 조례詔例에 따라 백호百戶가 되었다. 뒤에 총, 악에게 붙어서 대례를 논의하고 또 중귀中貴 최문崔文에게 결탁하여서 옛 직책을 회복하였다. 『대전』이 이루어지자 여러 사람의 작질이 모두 승진하였는데 능천만 참여하지 못하여서 크게 한을 품었다. 관직에서 물러난 주사 옹홍에게 상주의 초안을 맡겨서 왕수인이 석서에게 뇌물을 주어 소용召用이 되었다고 무함하여서 내용이 관 및 총에게 연루되었다. 관이 소를 올려서 변론하고 또 인피引避를 청하였다. 황제가 넉넉한 전지로 만류하고 능천을 법사法司에 내려서 수자리로 보내고 홍도 원적原籍에 편입하여서 백성(民)으로 만들었다.[119]

석서는 가정 6년 3월에 세상을 떠났고, 당시 황관은 아직 서울로 들어오지 않았으니 그가 어떻게 양명의 금은 100만을 받아서 석서에게 뇌물을 줄 수 있었겠는가? 옹홍은 복건 보전莆田 사람인데 일에 연좌되어서 치직褫職당하여 경성에 숨어 지냈으며 양명·황관과 종래 아무런 관계가 없었다. 세종이 그들을 희생양으로 삼았기에 섭능천의 사건은 영원히 황당하고 허탄한 수수께끼가 되었다. 그리하여 섭능천의 무고가 실패를 했어도 그들은 유언비어를 지어내어서 양명을 중상하려던 목적은 이미 달성하였다. 실제로 양명의 입조와 입각을 저지하려는 공작을 배후에서 벌여서 세종이 양명을 무고하여 "첩음은 과장과 거짓에 가까우니 신의를 잃어버렸고, 은혜와 위엄이 뒤집혀서 대체를 잃어버린 듯하다."고 호들갑을 떤 것과 긴밀히(緊鑼密鼓) 결합하였던 것이다.

남녕에 있던 양명은 곤경에 빠졌다. 경도는 이미 흉험한 시비의 장소가 되었고, 세종은 그가 조정에 들어와서 입각하는 것을 허용하지 않았다. 조정에서는 새 순무를 파견하여서 양광의 임무를 인수인계하도록 하지 않았고,

---

119 『명사』 권197 「황관전黃綰傳」.

죽을 운명에 처한 그로 하여금 양광에서 다시 3년 동안 순무를 맡아 '임무를 오랫동안 책임지도록' 하였다. 돌아가게 해달라는 상소는 큰 바다에 돌을 던진 격이었고 조정에서는 그가 병으로 돌아가 쉬도록 인준하지 않았다.

병이 중한 양명은 「걸은잠용회적취의양병소乞恩暫容回籍就醫養病疏」를 올렸다. 세종은 다음과 같이 이도 저도 아닌 애매한 회답을 하였다. "경은 재주와 명망이 평소 뚜렷하니 공의가 매우 믿고 복종한다. 근래 또 장향瘴鄉 깊숙이 침투하여서 극악한 도적을 소탕하여 평정하고 지방을 안정시켰으니 바야흐로 두터이 신뢰하고 맡긴다. 질병은 마땅히 임무를 수행해가면서 치료를 해야 한다. 사직은 윤허하지 않는다."[120] 양명은 또 각로 적란翟鑾(1477~1546)에게 차자를 올려서 다시 간절히 돌아가 정양하게 해달라고 하였는데 적란은 회신하지 않았다. 양명은 황관에게 투서하여서 서울에서 자기를 위해, 돌아가 쉬면서 병을 정양하는 일을 주선하여서 하루빨리 이루어지도록 해달라고 간청하고, 동시에 스스로는 조명을 기다리지 않고 돌아가 쉬면서 병을 정양하겠다는 결연한 태도를 드러냈다.

> 사은·전주의 근심은 다행히 이미 평정되었고, 그 사이에 오랫동안 광서 여러 도적의 뿌리와 온상, 그리고 소굴(淵藪)이 된 네댓 곳의 큰 성채(大寨)도 이미 계책을 써서 소탕하여 평정하였습니다. 오늘날 오랫동안 곤경을 겪고 원통함이 쌓인 백성으로 말하더라도 역시 태평 무사하다고 하겠습니다. 병든 몸이 기침의 질환(咳患)이 날로 심해져서 평소 무더위를 매우 두려워했는데 지금 또 혹독하게 더운 고을에 깊이 들어와서 온몸에 종독腫毒이 퍼지니 아침저녁으로 몸을 움직일 수도 없습니다. 만약 순무관이 다시 열흘

120 『명세종실록』 권92.

에서 한 달 사이에 이르지 않는다면 역시 다만 돌아가서 쉬는 일을 도모해야 하는데도 남·감 사이에서 대죄할 (처분을 기다릴) 뿐입니다. 성천자가 위에 계시고 현능한 공경이 조정에 있으니 이른바 명군과 현상이 만난 것으로서 천재일우의 시기입니다. 비루한 사람이 대대로 나라의 은혜를 입고 대신의 끝자락에 있으면서 본래 세상을 잊음에 과감하지는 않았으나 평소 절개를 숭상하고 이름을 알리는 일은 기뻐하지 않았으니 어찌 차마 대뜸 돌아간다는 말을 하겠습니까? 스스로 병세를 헤아려보니 고향으로 돌아가 단골 의사(舊醫)에게 보이지 않으면 틀림없이 하루하루 심해지고 다시 치료하기 어려워질 터이라 부득불 그리했을 뿐입니다. 듣건대 정암靜庵(호세녕)·동라東羅(장총張璁)·서초西樵(방헌부)·견산見山(계악)·올애兀崖(곽도) 등 여러 공이 바야흐로 서울에서 엄혹한 서금書禁을 당하였다 하므로 감히 알려드리지 못하였습니다. 여러 공은 이미 당사자들이니 모름지기 오랫동안 진정을 유지해야 합니다. 지금 하루아침에 이름과 지위가 모두 지극한데 이는 본래 여러 공이 얻은 것이 아니라 바로 성천자의 덕을 높이고 현자를 임용하며 개혁과 선치를 하시고 비상한 거조를 하신 일로서 여러 공이 담당함에 참으로 부끄럽지 않습니다. 다만 귀하되 교만하기를 기약하지 않고, 차더라도 넘치기를 기약하지 않아야 합니다. 현자는 평소 충실하게 기르니 어찌 남의 말을 기다리겠습니까? 모름지기 아침저녁으로 더욱 경계하고 조심하며 겸허하게 스스로 거할 뿐입니다. 그 은혜에 감동하고 덕을 보답하는 방법은 반드시 속효를 보고 가까운 공을 구하는 데 힘쓰지 말 것이니, 요컨대 성실한 마음과 참된 뜻으로 장구히 도모하면 거의 성천자의 오늘날의 거조를 저버리지 않고, 여러 공의 오늘날의 출행을 저버리지 않을 것입니다.[121]

---

121 『왕양명전집』 권21 「여황종현與黃宗賢」 서4.

양명의 이 편지는 한편으로는 스스로 (후임) 순무의 도임을 기다리지 않고 남·감에 나아가 대명할 결심을 드러내 밝히고, 또 한편으로는 서울에 있는 제공과 대신들을 완곡하게 비평한 것이다. 다만 애석한 점은 그들이 양명의 마지막 충고를 한 사람도 듣고 따르지 않았다는 사실이다.

양명은 남녕에서 명을 기다렸으나 세종이 무함하여 덧씌운 그의 죄명에 꼼짝달싹할 수 없었으며, 사은·전주를 평정하고 단등협·팔채를 평정한 큰 공을 빼앗겼다. 세종과 계악에게 부화뇌동하는 유언비어와 양명을 중상모략하는 소리가 일어나는 가운데 다만 원임 대학사 장면이 휘황찬란한 축하의 글을 보내와서 양명이 광서에서 반란을 평정한 큰 공을 매우 높이 인정하고 세종과 반대되는 곡조를 노래하였다.

총제 군무 신건백 남경 병부상서 겸 도찰원 좌도어사 양명 왕 공이 도적을 평정한 일을 축하하는 글

賀總制軍務新建伯南京兵部尚書兼都察院左都御史陽明王公平寇序

황상께서 크게 역복歷服하신 처음에 우리 두 광(二廣)의 진신搢紳 선비로서 조정에 벼슬한 자가 공동으로 말하고 공동으로 논의하기를, 두 광에서 도적의 난이 잇따라 근 수년 동안 더욱 심하였는데, 기이하고 특별하며 탁월하고 위대하며 무리에 섞이지 않는 인재로서(奇特瓌偉不群之才) 충성을 다하여 나라를 몸으로 삼고 눈앞의 안전을 구차하게 일삼지 않은 자(忠誠體國而不苟目前之安者)를 얻어서 구하지 않으면 아무도 구제할 수 없다고 하였다. 신건백 남경 병부상서라면 양주楊州 ○○○이라 하여 연명으로 소를 갖추어서 집안에 있는 공을 (파견해달라고) 간절히 빌었다. 장차 소가 올라옴에 내각 전부銓部의 여러 집정 대신들에게 고하였더니 모두 말하기를, 공은 효심이 지극한 사람으로서 2, 3년 전에 공의 태모부인太母夫人이 돌아가시자 공은 잇달아 글을 올려 돌아가서 장례를 마치게 해달라고 하였는데, 지금 공의 부친 태재太宰 실암實庵(왕화) 선생은 연수年垂가 팔질八袠로서 병으로 집 안에 누워계셔서 공이 반걸음(跬步)도 슬하에서 벗어나려 하지 않고 있으니, 돌아보건대 기꺼이 수천 리 멀리 떨어진 두 광으로 임하려고 하겠는가? 차라리 공이 정양을 마치고 다시 일어나기를 기다려도 늦지 않다고 하였다. 소는 마침내 올리지 못하였다. 몇 달 사이에 선생은 관사館舍를 버렸다(타계하였다). 공이 상을 벗은 뒤로 우리 두 광에 도적의 난이 잇따라 일어나서 전날보다 더욱 심하였다. 공의 기용을 청하는 안팎 신공臣工의 소가 조정에 꼬리를 물고 이어졌고, 황상은 숙여서 여러 사람의 의견에 따라 공을 겸 도찰원 좌도어사로 명하고 양광·강서·호광 등처의 군무를 총제하게 하고 잠시 순무를 겸하게 하여서 사은·전주에서 일어난 도적의 난을 평정하게 하였다. 재삼 칙지가 내려왔는데 간곡하고 정중하였다. 공이 사직했으나 명을 받지 못하여서 일정을 단축하여 서쪽으로 나아갔는데 절월節鉞이 창오蒼梧에 주둔하였다. 며칠 되지 않아 몸소 고옹古邕에 이르러서 사은·전주의 변경에 임하였다. 용병冗兵 수천 인을 해산하고 각자 본토로 돌아가게 하여서 쓸데없는 비용과 쓸데없는 식량을 아낀 것이 대략 1만이나 되었다. 또 부문서원敷文書院을 창건하여서 날마다 제생과 함께 의리를 강하여 밝히고 한가하여 용무用武에 일삼지 않음을 보였다. 서원의 이름인 '부문敷文'은 순임금의 조정(虞廷)에서 문덕文德을 크게 펼치고 방패로 춤을 추어서 묘가 오게 했다는 뜻을 취한 것이니 사람들이 모두 공의 뜻이 있는 곳을 알았다. 얼마 안 되어 양부兩府의 백성이 서로 이끌고 와서 귀순하니 공이 이에 친히 그 땅에 나아가서 편안히 어루만지고 거두어 안정시키고 그들을 위해 관속官屬(관청의 부속 건물)을 고쳐서 짓고 공서公署를 옮겨서 설치하니 백성이 농사일로 돌아가고 시장으로 달려가는 자들이 늘어났고 양부는 점차 평화로워졌다. 또 양강兩江에 있는 동적은 험한 지형을 믿고서 불시에 출몰하여 공공연히 약탈을 일삼았는데 아무도 어찌할 수 없었다. 이에 참의 왕필동汪必東, 첨사 오吳○○·왕정필王廷弼, 호광 첨사 왕진汪溱, 참장 장경張經에게 격문을 보내서 영순永順 ○○○ 6000인을 거느리고 단등협의 선대·화상花相·고도古陶·용미龍尾 등 여러 소동巢峒으로 나아가 임하게 하였다. 얼마 뒤 수백 급級을 참수하였다. 이어서 포정 임부, 부사 옹소翁素(1511, 진사), 부총병 장우에게 격문을 보내서 사은·전주 두 부의 병사 8000인을 거느리고 팔채에 임하게 하였다. 얼마 뒤 수백 급을 참수하고 양강이 점차 평정되었다. 양부에 있는 도적은 위무할 만하였기에 위무하였고, 양강에 있는 도적은 공격할 만하였기에 공격하였다. 혹은 팽팽하게 하고 혹은 느슨하게 하니 이전의 상도常道에 얽매이지 않고 오직 재앙을 그치게 해서 생령을 편안하게 하는 일을 위주로 하였다. 공과 같은 사람은 이른바 기이하고 특별하며 탁월하고 위대하여 출중한(不群) 인재가 아닌가? …… 내가 예전에 내각에서 재직하였는데(待罪) 일찍이 제로諸老를 따라 강서에서 거둔 공의 훈열勛烈을 크게 써서 금궤金匱에 간직하였다. 지금은 비록 늙고 병들었지만 돌아보건대 우리 양광(二廣)에서 세운 공의 훈열을 진신 선비와 함께 길에서 노래하여 찬송할 수 없겠는가![122]

장면은 양명이 "기이하고 특별하며 탁월하고 위대하여 출중한 인재로서

122 『상고집湘皐集』 권18 「하총제군무신건백남경병부상서겸도찰원좌도어사양명왕공평구서賀總制軍務新建伯南京兵部尙書兼都察院左都御史陽明王公平寇序」.

충성을 다하여 나라를 몸으로 삼고 눈앞의 안전을 구차하게 일삼지 않는" 사람으로 높이 평가하여서 곤경에 빠진 양명으로 하여금 더할 수 없는 흔쾌함과 위안을 느끼고서 비방이 절로 그칠 때까지 변론을 하지 않게끔 하였다. 양명은 난리 평정의 공과와 시비를 자질구레하게 따져서 스스로 변론하는 데 뜻을 두지 않았으며, 또 명을 기다리는 한 달 반의 고통스러운 시간이 지나도록 여전히 조정에서 소식을 받을 수 없었기에 초연히 먼 길을 떠나 숲으로 돌아가서 학문을 강하고 도를 넓히기로 굳게 마음을 먹었다.

그는 다시 황관에게 편지를 써서 다음과 같이 허심탄회하게 말하였다.

> (교대할) 순무관을 아직 오래도록 추천받지 못하였습니다만 저(僕)는 외직을 싫어하고 내직을 희망하는 자가 아니기에 하루빨리 향리로 돌아가고 싶을 뿐입니다. 병세가 날로 심해져서 돌아가지 못한다면 마음먹은 일(*강학론도를 가리킨다)을 평생 마치지 못할 듯한데(一生未了心事) 석룡石龍(황관)이 나에게 냉담할 수 있습니까? 몸이 있은 뒤라야 도를 넓힐 수 있거늘 가죽이 없는데 털이 어디에 붙어 있겠습니까? 제공께 감히 선뜻 이 뜻을 받들어 아뢰지 못하고 있지만 서초西樵라면 마땅히 이를 밝히 알 터인데 어찌 또한 서로 더불어서 여러 가지 방법으로 이루어주지 않습니까?[123]

몸을 보존해야 비로소 도를 넓힐 수 있기에 그는 앉아서 죽음을 기다릴 수 없었다. 8월 27일, 양명은 남녕에서 길을 떠나 광주廣州로 나아갔다. 곤경에서 빠져나와 스스로 신생의 길을 밟아나갔던 것이다.

123 『왕양명전집』 권21 「여황종현」 서5.

마지막 도를 넓히는 '유촉遺囑':
'왕문팔구교'를 토론하고 강구하다

양명은 광서에서 반란을 평정하는 긴장된 상황 속에서 여전히 줄곧 학문을 강하고 도를 넓히기(弘道)를 잊지 않았다. 절중浙中, 강우江右와 양광兩廣의 학자들과 함께 양지심학을 강론하고 연구, 토론에 더욱 전념하여서 그의 인생 역정의 마지막 양지심학 탐색의 섬광과 발자취를 남겼다. 당시 어떤 사람이 양명을 칭송하여서 말하기를 "옛날 세상에 유명한 사람은 혹은 문장으로 혹은 정사로 혹은 기절氣節로 혹은 훈열勳烈로 하였는데 공은 모두 겸하였으나 홀로 강학의 한 가지 절을 제외하면 바로 완전한 사람이다."라고 하였다. 양명이 도리어 회답하기를 "아무개는 강학 한 가지 절에 종사한다면 네 가지를 다 제외해도 역시 완전한 사람이다."[124]라고 하였다.

양명이 황관에게 보낸 편지에서 말한 "마음먹은 일을 평생 마치지 못할 듯한데"라고 한 말은 바로 양지심학을 강론하고 연구 및 토론하는 일을 가리키며, 특히 '왕문팔구교'의 강론과 연구, 토론을 가리킨다. 그는 '천천의 깨달음(天泉之悟)' 뒤에 왕기와 전덕홍 등 절중의 학자들에게 말하기를 "내가 이

124 『추수익집』 권2 「양명선생문록서陽明先生文錄序」.

뜻을 쌓은 지 이미 오래인데 가벼이 말하지 않고 제군이 스스로 깨닫기를 기다렸다. 이제 여중汝中이 끄집어냈으니 역시 천기를 발설해야 할 때이다. 내가 비록 산을 나가지만 덕홍, 여중과 사방 동지가 서로 동중洞中(양명동)을 지키면서 이 건의 일을 끝까지 궁구하라."[125]라고 하였는데, 이는 바로 절중의 학자가 양명동에서 그의 '왕문팔구교' 심학을 탐구 토론하고 끝까지 궁구하기를 바란 것이다.

나중에 양명은 남창에 도착하여서 강서의 학자들에게 말하기를 "제군은 다만 양식을 싸들고 절중(浙)으로 가서 그들과 함께 모여 스스로 터득해야 한다. 내가 돌아오기를 기다려도 늦지 않다."[126]라고 하였는데, 역시 강서의 학자들이 소흥으로 가서 절중의 학자들과 함께 그의 '왕문팔구교' 심학을 탐구 토론하고 깊이 궁구하기를 바란 것이다. 양명 스스로도 반란을 평정하고 돌아온 뒤 제자들과 함께 '왕문팔구교'설을 탐구 토론하고 강구할 준비를 하였는데, 이는 바로 그가 황관에게 말한 '마음먹은 일을 평생 마치지 못할 듯하다(一生未了心事).'라고 한 것이다. 이러한 말이 그의 마지막 도를 넓히는 '유촉遺囑'이 되리라고는 생각지도 못하였다. 절중과 강서의 문인 제자들도 확실히 그의 '유촉'에 비추어서 '왕문팔구교'의 종지를 토론하고 깊이 궁구하였으며, 저마다 이해에 근거하여서 다른 측면에서 '왕문팔구교'의 사상을 전석하고 발전시켜서 각자 다른 본체공부론의 심학체계를 건립하였다.

사람의 근기에 따라 가르침을 베푸는 '왕문팔구교'에 궁극적으로 깊이 들어가기 위해 양명 스스로 가장 먼저 '왕문팔구교'의 탐구 토론과 강론을 시작하였다. 길안을 지나갈 때 그는 한편으로 나천역螺川驛에서 강서 학자 300여

125 『왕기집』 권20 「서산전군행장」.

126 『왕기집』 권20 「서산전군행장」.

명과 함께 모여서 '양지'의 가르침을 크게 내걸었고, 다른 한편으로는 태화泰和의 나흠순에게 편지를 써서 '양지'의 학문을 토론하였다. 이 편지는 비록 분실되었지만 나중에 나흠순이 답서에서 양명의 편지 가운데 적지 않은 내용을 인용하였다.

"사물(物)이란 뜻(意)의 작용이다. 격格이란 바르게 함이니 바르지 않은 것을 바르게 하여서 바름으로 돌아가게 하는 것이다.", "사물을 바로잡음(格物)이란 마음의 사물(物, 작용)을 바로잡는 것이며, 뜻의 사물을 바로잡는 것이며, 앎의 사물을 바로잡는 것이다. 마음을 바로잡는 것(正心)은 사물(작용)의 마음을 바로잡는 것이며, 뜻을 성실하게 하는 것은 사물의 뜻을 성실하게 하는 것이며, 앎을 지극히 하는 것은 사물의 앎을 지극히 하는 것이다.", "뜻을 부모 섬김에 두면 곧 부모 섬김이 한 사물이다. 뜻을 임금 섬김에 두면 곧 임금 섬김이 한 사물이다.", "내 마음의 양지는 곧 이른바 천리이다. 내 마음의 양지의 천리를 사사물물에 끝까지 이르게 하면 사사물물이 모두 그 이치를 얻는다. 내 마음의 양지를 끝까지 이루는 것은 앎을 끝까지 이루는 것이다. 사사물물이 저마다 그 이치를 얻는 것이 격물이다.", "이 마음의 천리를 정밀하게 살펴서 본연의 양지를 끝까지 이르게 한다. 바로 오직 양지를 끝까지 이르게 하여서 이 마음의 천리를 정밀하게 살핀다."[127] 양명이 '왕문팔구교'의 사상을 토론했음을 알 수 있다.

그에게서 심학은 근본적으로는 '마음(心)'을 잃어버린 사람으로 하여금 어떻게 '마음'을 회복할 것인가 하는 사상체계에 지나지 않으며, 구체적으로는 치량지 공부를 통해 심체로 복귀하는 사상체계이다. 그러나 사람의 '앎'은 근기가 다르고(*곧 사람의 '마음'을 잃어버린 정도가 같지 않음을 가리킨다) 마음을

---

127 나흠순, 「우여왕양명서又與王陽明書(무자동戊子冬)」, 『곤지기』 「부록」에 보인다.

'잃어버린(迷)' 정도에 차이가 있기 때문에 반드시 사람에 따라 가르침을 베풀어서 '돈교'나 '점교'의 수행을 통해 각각 심체로 복귀하고 양지를 다시 밝혀서 범인에서 성인으로 들어가게 하는 것이다. 이 때문에 마찬가지로 심학 본체공부론 수행의 가르침에서 사유교四有敎는 중등 근기 이하의 사람을 위해 베푼 가르침인데, 공부로부터 착수하니 '치량지'의 공부 수행을 중시하며, 곧 '치량지'에서 착수하여 공부를 하여서 심체를 깨달아 터득하게 하는 가르침이다. 사무교四無敎는 상등 근기의 사람을 위해 베푼 가르침인데, 본체에서 착수하니 '심체체인(體認心體)'의 본체 수행을 중시하며, 곧 '심체체인'에서 착수하여 공부를 하여서 심체로 복귀하게 하는 가르침이다.

양명이 말한 "이 마음의 천리를 정밀하게 살펴서 본연의 양지를 끝까지 이루는" 것은 바로 치량지 공부에서 착수하는 사유교를 가리킨다. 양명이 말한 "이 마음의 천리를 정밀하게 살펴서 본연의 양지를 끝까지 이룬다."는 말은 바로 심체체인에서 착수하는 사무교를 가리킨다. '심체체인'의 본체론과 '치량지'의 공부론은 '왕문팔구교' 심학의 가장 근본적인 두 가지의 내재적 정신을 구성하며, 범인에서 성인으로 들어가는 근본적인 양대 법문이다. 양명은 결코 자기의 '왕문팔구교'를 현묘하고 공허한 '비결秘訣'로 여겨서 '심전心傳'으로 삼지는 않았다. 광서에서 그는 '치량지'의 공부론과 '천리체인(體認天理)'의 본체론이라는 두 가지 측면에서 선비와 배우는 사람들과 함께 '왕문팔구교'에 대한 진실하고 진실한(實實在在) 토론과 강구를 전개하였던 것이다.

양명은 조경肇慶에 도착하자마자 바로 전덕홍과 왕기에게 편지를 써서 그들이 '왕문팔구교'를 강구하는 정황을 다음과 같이 묻고 언급하였다.

> 소홍서원의 동지는 근래 의향이 어떠합니까? 덕홍과 여중이 이미 그 책임을 맡았으니 마땅히 떨쳐 일으키고 끌어당겨서 흥기한 바가 있어야 합니

다. 회강會講의 약속은 다만 폐기할 수 없으며 그 사이에 가령 한두 가지 해이해진 사람이 있다 하더라도 역시 이로 인해 부축하고 붙들어서 마침내 넘어지지 않게 하십시오. 여요에서는 또 응원應元과 여러 벗이 고무하여서 일으키고 있으니, 생각건대 더욱 날마다 다르고 달마다 같지 않을 것입니다. 노부는 비록 산림에서 나왔지만 늘 이로써 스스로 위안을 삼습니다. 제현은 모두 하루에 천 리를 가는 재능을 지녔으니 어찌 나(區區)의 경책을 기다리겠습니까? 애오라지 이로써 채찍의 그림자(鞭影)를 보일 뿐입니다.[128]

여기에서 이미 전덕홍과 왕기 등 절중의 학자들이 서로 모여서 토론한 '왕문팔구교'의 구경究竟의 정형을 드러냈다.

양명은 오주梧州에 도착하자마자 바로 오산서원梧山書院의 낙성을 보았다. 그는 직접 오산서원으로 가서 개강을 하고 '성의'와 '지행합일'을 크게 밝혀서 다음과 같이 말하였다. "성의는 성문의 제1의인데 지금은 도리어 제2의로 전락하였고, 지행합일의 설은 널리 배우고 많이 기억함에 마치 달갑지 않음이 있는 듯하여서 배우는 사람이 의심합니다."[129]

좌중에 있던 황방黃芳(1476~1544)이 양명의 '성의가 성문의 제1의'라 한 설을 다음과 같이 해설하였다.

앎으로써 행함을 이룹게 하고 행함으로써 앎을 실천하는 것은 학자가 늘 말하는 것으로서 거짓말이 아니다. 선생의 설은 빗장(扃鑰)을 열어서 전하여 내려오는 폐단을 구제하고 근본을 탐구한 이론이다. 저 배움이란 덕으

---

128 『왕양명전집』 권6 「여전덕홍왕여중與錢德洪王汝中」.

129 『월서문재粵西文載』 권29 「오산서원기梧山書院記」.

로 나아가고 업을 닦는 것(進德修業)이 아닌가? 「건乾」의 9·3에 '덕으로 나아감(進德)'을 '충신忠信', '거업居業'이라 하고, "말을 닦아서 성실함을 세운다(修辭立誠)."라고 하였으니 이는 본래 행동을 주로 말한 것이다. "이를 곳을 알아서 거기에 이른다(知至至之)."라고 한 말은 그 기미를 결단함을 말한 것이다. 그러므로 "더불어서 기미를 말할 수 있다(可與言幾)."라고 하였다. "그침을 알아서 거기에 그친다(知終終之)."라고 한 말은 그 지킴을 견고히 하는 것이다. 그러므로 말하기를 "의를 보존할 수 있다(可與存義)."라고 하였다.[130] 그러나 모두 충신을 주로 한 것이다. 배움은 모여서 묻고 논변을 하는 것이니 정자程子도 덕으로 나아가는 일로 여겼다. 행함과 앎을 합한 것이 아니면 어떻게 하는 것인가? 성문聖門의 네 가지 가르침(四敎)은 문文의 배움을 주로 하였으나 만일 충신이 아니면 치달리고 넘쳐흘러서 유익한 바가 없다. 『중용』은 앎을 달덕達德으로 삼고 성실함으로 그것을 행하는데, ○ 밝은 가르침(明訓)이 있다. 그러므로 군자의 배움은 넓지 않은 적이 없었고, 그 넓음은 바로 인륜과 일상생활의 실용에 있으며, 더욱 정밀하게 택하고 견고하게 지키는(精擇固守) 공부를 이루는 것이다. 대체로 성실함을 보존하는 것(存誠)은 대본大本이 서는 까닭이며, 의를 정밀하게 하는 것(精義)은 달도達道가 행해지는 까닭이다. 이를 따라서 나아가니 무릇 그런 뒤에야 배운 것이 안정된 근본이 있고, 날로 아름답고 크고 성스럽고 신묘한(美大聖神) 영역에 오른다. 만약 후세의 이른바 학문과 같이 그 본래의 진실을 잊어버리고 잡다한 감정으로 앎을 넓히는 데만 힘쓰면 자유子游와 자하子夏가 되기를 바라기에 족하지 않을 뿐만이 아니다. 그러나 문예文藝에 깊이 빠져서 (도를) 밝히는 바가 없으면 그 가는 것이 본래 군자가 반드시

130 『주역』 「건乾·문언文言」.

알 필요는 없는 것이며 다만 교만하고 인색한 사사로움을 이루며 들뜨고 허탄한 습성을 기르는 것일 뿐이니 장차 성취하는 바가 무엇이겠는가? 그러므로 성실함을 말하면 앎은 그 가운데 있으나, 앎을 말하면 성실함은 오히려 (앎과 사이가) 벌어짐이 있다. (그렇게 되면) 덕을 잠음에 전일하지 않으니 배움은 장차 어디에 쓰겠는가? 이것이 군자가 근본을 빠뜨리게 되는 까닭이다. 이로써 내(愚)가 선생께 질정하니 선생이 옳다고 하셨다.[131]

양명은 '성의'와 '치지'의 통일에서 '성의가 성문의 제1의'임을 논하여서 "성실함을 말하면 앎은 그 가운데 있다."고 하였는데, 이는 그가 나흠순에게 쓴 편지에서 "뜻을 성실하게 함은 그 사물의 뜻을 성실하게 하는 것이고, 앎을 끝까지 이루는 것은 그 사물의 앎을 끝까지 이루는 것"이라고 한 말과 일치한다. 이른바 성의란 바로 마음속의 대본과 달도의 본체를 체인하는 것이니 이로 인하여 성의는 바로 '심체를 체인하는' 것이다. 이른바 치지는 바로 지행합일의 공부이니 "이를 곳을 알아서 거기에 이르는" 것이다. 이로 인해 치지는 바로 양지를 끝까지 이루는 것이다. 양명은 바로 '심체체인'으로부터 하는 본체론과 '치량지'로부터 하는 공부론을 통일하여서 '왕문팔구교'의 본체공부론 체계를 밝히 서술하였던 것이다.

얼마 뒤 양명은 남녕으로 부임하는 길에 또 왕정헌에게 편지 한 통을 써서 주었는데 '치량지'를 강조하여서 다음과 같이 말한다.

덕홍과 여중 및 여러 정직하고(直) 진실하고(諒) 고명한 사람들이 기꺼이 너를 덕과 의로써 면려하고 과실過失을 규간規諫하니 너는 마땅히 때때로 친

131 황방黃芳, 「오산서원기梧山書院記」, 『가정광서통지嘉靖廣西通志』 권26에 보인다.

하게 나아가야 한다. 네가 만약 물고기가 물에 있는 듯이 하여서 잠시라도 떠나지 않는다면 남에게 미치지 못함을 근심할 것이 없다. 내 평생의 강학은 다만 '치량지致良知' 석 자이다. 인仁은 인심人心이니 양지의 성실하고 사랑하고 측은히 여기고 슬퍼하는 곳이 바로 인이다. 성실하고 사랑하고 측은히 여기고 슬퍼하는 마음이 없다면 역시 지극히 할 수 있는 양지가 없을 것이다. 너는 여기에서 마땅히 더욱 맹렬히 성찰하고 …… 덕홍과 여중의 무리와는 모름지기 때때로 친하고 가까이하여서 가르침을 청하고 더 가르쳐주기를 구해야 한다.[132]

양명은 사무교를 상등 근기의 사람을 위해 베푼 것으로 여겼으나 다만 세상의 생지안행生知安行의 '상등 근기의 사람'은 너무 적으며 절대다수의 사람은 응당 사유교를 수행하여서 '치량지'의 공부에서 착수하고 엽등躐等해서는 안 된다고 인식하였다. 이는 그가 왕기·전덕홍 무리의 제자와 학인에게 제시한 요구인데, 아들 왕정헌도 예외는 아니었다. 그리하여 그는 왕정헌에게 '치량지'의 공부를 더욱 강조하였고, 이는 역시 왕기와 전덕홍의 일반 제자들에게도 전한 말이었다. 그가 왕정헌을 전덕홍과 왕기에게 부탁하고 편지에서 '치량지'의 공부를 강조한 것은 전덕홍과 왕기에게도 일종의 경계와 계발이 되었다.

그러므로 그는 남녕에 도착한 뒤 바로 왕기와 전덕홍에게 편지를 써서 재차 그들이 소흥에서 모여 '왕문팔구교'를 강론하고 탐구 토론하는 정황을 다음과 같이 묻고 언급하였다.

---

132 왕수인, 「기정헌남寄正憲男」 서5. 고린사顧麟士, 『과운루속서화기過雲樓續書畫記』 권2 「기정헌남수묵이권寄正憲男手墨二卷」.

근래 동지들이 만나서 담론하는 일은 어떠합니까? 법당法堂 앞은 지금 풀이 한 길이나 우거지지 않았습니까? 와룡臥龍의 모임을 생각하니 비록 크게 이익을 거두지는 못했지만 마침내 황폐하게 떨어지지는 않았으니 또한 희양餼羊(답습해온 옛 규범, 관례)을 보존하는 것이 혹 나중에 (곡삭告朔의 예가) 흥기하게 될지 알 수 없는 일입니다. 여요에서 응원과 여러 벗을 얻었으니 서로 더불어 유익함이 작지 않습니다. 지금 어떤 사람이 스스로 와서 용산에서 강을 하여 지금까지 폐지하지 않고 있다 하니 몹시 기쁩니다. 편지가 도착하면 바라건대 소식을 전해서 더욱 면려하십시오.[133]

사실 이렇게 멀리 떨어진 두 지역이 서로 방문하고 왕래하는 것은 바로 양명이 소홍의 학자들을 독촉하고 추동하고 지도하여서 '왕문팔구교'를 강구하고 탐구 토론하게 하는 방식의 하나였다.

남녕에서 양명은 학교교육의 진흥을 통해 큰 힘으로 자기의 양지심학을 넓히고 널리 퍼뜨렸다. 부문서원은 그가 학생의 제생과 함께 양지심학을 강론하는 명교名教의 낙토가 되었고, 양광의 선비와 배우는 사람들이 찾아와서 배움을 묻도록 이끌었다. 그는 부문서원을 위해 '欲求明峻德욕구명준덕, 惟在致良知유재치량지(큰 덕을 밝히기를 추구하려면 오직 치량지에 있다)'라는 대련을 써서 '왕문팔구교'의 본체공부론 사상체계를 고도로 개괄하였다.

계본은 「건부문서원수덕식병기建敷文書院修德息兵記」에서 상세하고 치밀하게 양명의 '왕문팔구교'의 본체공부론 사상체계를 밝히 서술하여서 "천하의 도는 양지가 그것을 다한다."고 인식하고, 양명을 칭송하여서 "오직 양지

133 왕수인, 「여덕홍여중서與德洪汝中書」; 『장도각서화록壯陶閣書畫錄』 권10 「명왕양명수찰책明王陽明手札冊」.

의 학문을 더욱 일상생활 사이에서 이루게 하였으니 미세한 곡절이라도 혹 빠뜨림이 없는가 하였다. 그러므로 달리 구함을 일삼지 않고서도 학문은 이미 성인의 영역에 들어갔다."[134]라고 하였다.

양명이 남창에 있을 때 강서의 학생들에게 먼저 '왕문팔구교'의 사상을 주창하였고, 아울러 그들에게 양식을 준비하여 소흥으로 가서 절중의 선비들과 함께 '왕문팔구교'를 토론하고 강구하도록 요구했기 때문에 강서의 이들 학생이 가장 먼저 와서 양명에게 '왕문팔구교'의 설을 물었다. 이에 앞서 가정 7년(1528) 정월에 강서 영풍永豐의 섭표聶豹가 복건에 순안으로 차임되어서 임천의 진구천과 함께 한번 만났는데, 진구천은 그에게 남창에서 들은 '왕문팔구교'의 설을 전해주었다. 이에 섭표는 곧 복건에서 양명에게 편지를 보내 양지심학을 물었다. 섭표의 편지는 실제로 '왕문팔구교'에 대해 의문을 품고 양지심학의 네 가지 중요한 문제를 질의하고 의문을 제기하였다.

첫째, 양지(*知)와 효제의 의념(*意)의 관계에 대한 질문이다. 섭표는 인식하기를, 양명이 '천하의 물에 빠진 자를 건져내어서' 천하의 인심을 구속하기 위해 양지의 학을 내걸어서 "배움은 양지를 근본으로 하고 양지를 배움으로 삼으면 내 도는 충족하다."라고 하였다고 한다. 다만 사람의 자질과 근기가 다르기 때문에 치량지 공부의 착수도 다르며, '다만 치지의 공부는 가만히 생각건대 착수하는 들머리가 역시 자연히 다르니 마땅히 자질에 근사한 것을 따라서 힘을 다해야 한다.' 양지는 옳음을 알고 그름을 알며, 선을 알고 악을 알지만, 세상 사람들이 왕왕 효제를 모르고 선악을 변별하지 못하여서 "한 의념이 하늘이 아니고, 한 일이 이치가 아니고, 한 물건이 잃은 바임을 알지 못하면 모두 효가 아니며 양지의 공용功用이 이에서 알아지는 것이다." 여기에

134 『월서문재粵西文載』 권51 「건부문서원수덕식병기建敷文書院修德息兵記」.

는 어떻게 부모를 섬기고 효도하며 공경을 하는 가운데 양지의 학을 추구하는가 하는 문제가 있다.

둘째, 깨달음과 성실함의 관계에 대한 질문이다. 섭표는 양지심학을 양지 본체를 회복하는 학문이며, 본체의 앎은 바로 일종의 선각先覺이라고 인식하였다. '본체의 앎은 실제로 알고 실제로 보는 것이며, 늘 깨닫고 늘 비추는(照) 것이다. 그러나 그 깨닫고 알 수 있는 근거는 하나같이 오직 이치의 유무有無를 모으는 것을 깨달음으로 삼는 것일 뿐이다.' 이로 인해 깨달음은 또 모름지기 성실함을 주로 삼으며, 성실하지 않으면 밝지 않으니 '성실하면 주위로 두루 행하고 구부러지게 제방을 쌓아도(旁行曲防) 모두 양지의 작용이다.' '성실함과 불성실함의 사이는 억측과 선각이 나뉘는 기원이다.' 다만 예컨대 반드시 억측을 경계하고자 하여 공허하게 깨달음을 지키고서 한결같이 앉아서 선각이 도래하기만을 기다리면 '아마도 깨달음이라 할 수 없을' 것이다.

셋째, 이치와 일, 체와 용의 관계에 대한 질문이다. 섭표는 이치와 일이 합일하며, 이치 바깥에 일이 없고 일 바깥에 이치가 없다고 여겨서 '이치와 일을 갈라서 둘로 삼는 것은 반드시 일이 아니라'고 하였다. 그는 일컫기를, 스스로 "저 생지生知, 학지學知, 곤지困知의 가르침을 듣고 나서 100년 동안의 지루하고 자잘하게 부서진 설이 이에 이르러서 비로소 확 풀리듯이 석연해지고 편안히 순해졌다."라고 하였다. 이로 말미암아 그는 심心·성性·천天·명命의 체가 하나이고, 진盡(盡心)·지知(知性)·존存(存心)·양養(養性)·수신修身의 공부가 하나이며, 체와 용이 합일하며, '이치를 궁구하고 본성을 다하여서 명에 이르는 것이 하나'임을 인식하였다.

넷째, 존덕성尊德性과 도문학道問學의 관계에 대한 질문이다. 섭표는 덕성을 높이고 학문의 길을 가는 것을 '만고 성학聖學의 근원'으로 인식하였다. 덕성은 곧 양지(*본체)이며, 학문의 길을 가는 것은 치지의 공부(*공부)로서 존덕성과 도문학은 통일된 것이며, '덕성을 벗어나서 묻고 배우는 길을 가는 것은 반드시 배움이 아니다. 묻고 배움을 벗어나서 덕성을 높이는 것은 무엇을 높이는 것인가?' 존덕성과 도문학의 관계는 바로 본체와 공부의 관계이다. "광대廣大하며, 정미精微하며, 고명高明하며, 중용이며, 까닭(*故)이며, 새로움(新)이며, 두터움(厚)이며, 예가 모두 나의 덕성이다. 끝까지 이루고(致), 다하고(盡), 지극하고(極), 길을 가고(道), 옛것을 익혀서 새것을 알고(溫而知也), 돈독하게 하여서 높이는(敦而崇也) 것은 묻고 배움의 길을 가는 공부이다."[135]

양명은 배움을 논한 섭표의 이 편지를 받은 뒤 매우 흥분하여서 그의 관점이 '초월하여 매진(超越邁往)' 하였으며 그의 '왕문팔구교'의 학문에 대해 '이미 그 큰 것을 터득한 자'로서 "근래 해내 동지로서 이런 경지에 이른 자는 아직 많이 보지 못하였다."라고 하며 인정하였다. 7월, 양명도 학문을 논한 긴 답서 한 통을 섭표에게 보내며 네 가지 측면에서 더욱 상세하고 치밀하게 '왕문팔구교' 사상을 논술하였다.[136]

첫째, 집의集義와 치량지의 관계에서 양명은 근래 배우는 사람들이 오로지 '잊지 말고 조장하지 말라(勿忘勿助)'고 한 공부를 하고 종일 허공에서 '잊지 말고 조장하지 말라'고 한 잘못된 방법을 사수한다고 비판하며, 응당 맨 먼저 '반드시 일삼음이 있음(必有事焉)'에서 공부를 해야 하며 그 공부는 '반드시 일삼음이 있음'에서 실천(用)하고 '잊지 말고 조장하지 말라'는 공부는 다만 '그 사이로 이끌어서 경각하게 하는 것일 뿐'이라고 여겼다.

반드시 일삼음이 있음은 바로 사상마련事上磨煉이며 만약 '반드시 일삼음이 있음'에서 갈고닦는(磨煉) 공부를 하지 않으면 '잊지 말고 조장하지 말라'

---

135 『섭표집聶豹集』 권8 「계양명선생啓陽明先生」.

136 『왕양명전집』 권2 「전습록」 중 「답섭문위答聶文蔚」 서2.

는 공부는 '다만 공적함에 빠지고 공허함을 지키며, 배워도 어리석은 멍청이(癡騃漢)가 되어서 일에 직면하자마자 곧바로 이끌리고 막히고 어지러워져서 다시 경륜하고 재제宰制하지 못한다.' 이른바 '반드시 일삼음이 있음'은 바로 집의集義를 가리키며 집의도 바로 치량지이니 '반드시 일삼음이 있음은 바로 집의이며 집의는 다만 치량지'이다.

양명은 집의와 치량지가 같은 일이라고 인식하였는데, 다른 점은 '집의를 말하면 한때 두뇌를 보지 못하며, 치량지를 말하면 곧바로 실지에 나아가서 작용을 한다'는 것이다. 『대학』의 격치성정格致誠正에서 보면 치량지는 격물·성의·정심을 관통한다. 그리하여 그는 "나(區區)는 오로지 치량지를 말하는데 때에 따라 일에 나아가서 그 양지를 그대로 이루는 것이 바로 격물입니다. 착실하게 치량지하는 것이 바로 성의입니다. 착실하게 그 양지를 끝까지 이루어서 털끝만큼도 의도하고(意) 기필하고(必) 고집하고(固) 자아를 가짐(我)이 없는 것이 곧 정심입니다. …… 그러므로 격치성정을 말하면 반드시 다시 잊거나 조장함(忘助)을 말할 것이 없습니다."라고 하였다. 이로 인하여 이른바 집의는 응당 마음에서 집의를 해야 하며 반드시 일삼음이 있음에서 용공을 하여야 비로소 양지를 다시 밝게 하고 심체가 영명각지靈明覺知하게 된다. "만약 시시각각 마음에 나아가 집의를 하면 양지의 체가 통연히 명백하여서 저절로 시시비비가 털끝만큼도 벗어나지 못한다."

천지간의 심·성·이理·양지는 다만 한 가지 일이며, 이로 말미암아 양명은 치량지와 집의를 둘로 나누고, 치량지와 물망물조를 둘로 나누는 방법을 비판하면서 다음과 같이 인식하였다. "근래에 집의 공부는 반드시 모름지기 치량지를 겸하여서 보탠 뒤 갖추는 것이라고 하는 사람이 있는데 이는 집의의 공부가 투철하지 못한 것입니다. 집의의 공부가 아직 투철하지 못하면 치량지에 얽매이기에 족할 뿐입니다. 치량지의 공부는 반드시 모름지기 물망물조를 겸하여서 보탠 뒤에야 밝아진다고 하는 사람이 있는데, 이는 치량지의 공부가 아직 투철하지 못한 것입니다. 치량지의 공부가 아직 투철하지 못하면 물망물조에 얽매이기에 족할 뿐입니다." 이는 양명의 '왕문팔구교' 중에서 공부론에 대한 경전적 해설이다.

둘째, 치량지와 심체체인의 관계에서 양명은 심체체인과 치량지가 통일된 것이며, 양지는 체(*심체), 치량지는 용(*工夫發用)이며, 체와 용은 하나의 근원이며, 본체와 공부는 합일하는 것이라고 인식하였다. 그러므로 그는 말하기를 "대체로 양지는 다만 하나의 천리이며 저절로 밝은 지각이 발현하는 곳이다. 다만 진실하고 성실하고 측은하고 슬퍼하는(眞誠惻怛) 것이 바로 그 본체이다."라고 하였다.

이로 인해 그는 '심일분수'에서 심체체인과 치량지의 관계를 정확하고 투철하게 다음과 같이 논술하였다.

> 양지는 다만 하나일 뿐인데 발현하여서 유행하는 곳에 따라 그 자리에 구족具足하며 다시 구할 것이 없고 모름지기 빌릴(假借) 필요가 없습니다. 그러나 발현하여서 유행하는 곳에는 도리어 본래 가볍고 무겁고 두텁고 엷은 차이가 있어서 털끝만큼이라도 보태거나 덜어낼 수 없으니 이른바 천연으로 본래 지니고 있는 중심(天然自有之中)입니다. 비록 가볍고 무겁고 두텁고 엷은 차이가 있어서 털끝만큼이라도 보태거나 덜어낼 수 없다고 하더라도 원래는 다만 하나일 뿐입니다. 비록 다만 하나라고 하더라도 그 사이의 가볍고 무겁고 두텁고 엷은 차이는 털끝만큼이라도 보태거나 덜어낼 수 없으며, 만약 보태거나 덜어낼 수 있고 모름지기 빌려야 한다면 그것은 이미 진실하고 성실하고 측은하고 슬퍼하는 본체가 아닙니다. 이것이 바로 양지의 오묘한 작용이 방소와 형체가 없고(無方體) 다함과 끝이 없어서(無窮

盡) 큰 것을 말하면 천하가 싣지 못하고(語大天下莫能載), 작은 것을 말하면 천하가 깨뜨리지 못하는(語小天下莫能破) 까닭입니다.[137]

양지의 심체를 체인하면 커도 바깥이 없고 작아도 안이 없으며, 심·이理·물·우주가 합일하니 이로 말미암아 치량지는 저절로 도가 아님이 없다. 그리하여 그는 다음과 같이 말한다.

맹씨孟氏(맹자)가 '요순의 도는 효제孝弟일 뿐'이라 한 것은 바로 사람의 양지가 발현하여서 가장 진실하고 절실하며 돈독하고 두터우며 가리워서 어두움을 용납하지 않는 곳에 나아가 사람을 성찰하게 하여서 사람으로 하여금 임금을 섬기고 벗을 대하고 백성을 사랑하고 만물을 아끼는 것(仁民愛物)과 무릇 움직이고 고요하고 말을 하고 침묵하는(動靜語默) 사이에 모두 다만 그 일념으로 부모를 섬기고 형을 순종하고 진실하고 성실하고 측은히 여기고 슬퍼하는 양지를 끝까지 이루면 곧 저절로 도 아님이 없습니다.[138]

이는 양명의 '왕문팔구교' 중에서 '심체체인'을 치량지로 하는 본체론에 대한 경전적 해설이다.

셋째, 진심·지성·지천의 관계에서 양명은 사람이 품수한 근기로 인해 가르침을 베푸는 데서부터 마음을 다하고 하늘을 알며(盡心知天)', '마음을 보존하고 하늘을 섬기며(存心事天)', '몸을 닦아서 기다리는(修身以俟)' 세 단계 수행修行의 가르침을 제시하였는데, 실제로 이는 그가 '왕문팔구교'에서 제시한

137 『왕양명전집』 권2 「전습록」 중 「답섭문위」 서2.

138 『왕양명전집』 권2 「전습록」 중 「답섭문위」 서2.

'사유교'와 '사무교'를 가리킨다.

양명은 상세하고 세밀하게 천석하여서 다음과 같이 말한다.

> 나(區區)는 일찍이 나면서부터 알고(生知), 배워서 알고(學知), 애를 써서 안다(困知)는 설을 말하였는데(*곧 그의 사람에 따라 가르침을 베푸는 것과 사유교·사무교의 설을 가리킨다), 자못 이미 명백하여서 의심할 만한 점이 없습니다. 무릇 마음을 다하고 본성을 알고 하늘을 아는 사람은 마음을 보존하고 본성을 기르고 하늘을 섬긴다고 말할 필요가 없으며, 요절과 장수에 의혹하지 않고(殀壽不貳) 몸을 닦아서 (명을) 기다린다고(修身以俟) 말할 필요 없이 마음을 보존하고 본성을 기르는 것과 몸을 닦아서 기다리는 공부가 이미 그 속에 있습니다. 마음을 보존하고(存心) 본성을 기르고(養性) 하늘을 섬기는(事天) 사람은 비록 마음을 다하고 하늘을 아는 지위에까지 아직 도달하지 못했다 하더라도 이미 그 속에서 마음을 다하고 하늘을 앎에 이르는 공부를 하는 것이며, 다시 요절과 장수에 의혹하지 않고 몸을 닦아서 (명을) 기다리는 공부를 말할 필요 없이 요절과 장수에 의혹하지 않고 몸을 닦아서 (명을) 기다리는 공부가 이미 그 속에 있습니다. 길을 가는 것에 비유하면, 마음을 다하고 본성을 아는 것은 젊고 건장한 사람이 이미 수천 리 사이를 빨리 달려서 오갈 수 있는 것과 같습니다. 마음을 보존하고 하늘을 섬긴다는 것은 어린아이에게 뜰 앞의 계단 아래에서 걷고 달리는 것을 익히게 하는 것과 같습니다. 요절과 장수에 의혹하지 않고 몸을 닦아서 (명을) 기다리는 것은 강보襁褓에 쌓인 아이에게 이제 막 담을 붙잡고 벽에 기댄 채 일어서고 걸음을 떼는 것을 차츰차츰 배우게 하는 것과 같습니다. 이미 수천 리 사이를 빨리 달려서 오갈 수 있는 사람은 다시 뜰 앞 계단 아래에서 걷고 달리는 것을 배우지 않더라도 뜰 앞의 계단 아래에서 걷

고 달리는 것을 저절로 하지 못함이 없습니다. 이미 뜰 앞의 계단 아래에서 걷고 달릴 수 있으면 다시 담을 붙잡고 벽에 기댄 채 일어서고 걸음을 떼는 것을 배우지 않더라도 일어서고 걸음을 옮기는 것을 저절로 하지 못함이 없습니다. 그러나 일어서고 걸음을 옮기는 것을 배우는 일은 바로 뜰 앞의 계단 아래에서 걷고 달리는 것을 배우는 시작이며, 뜰 앞의 계단 아래에서 걷고 달리는 것을 배우는 일은 바로 수천 리를 빨리 달려서 오갈 수 있는 것을 배우는 기초이나 본래 두 가지 일이 있는 것은 아닙니다. 다만 그 공부가 쉽고 어려운 점에서는 서로의 차이가 매우 현격합니다. 마음과 본성과 하늘은 하나입니다. 그러므로 (이를) 알고 공을 이루는 데 이르러서는 같습니다. 그러나 삼자의 인품과 역량에는 자연히 단계가 있기에 엽등을 해서는 할 수 없습니다. …… 우리 무리의 공부는 도리어 모름지기 마음을 오롯하게 하고 뜻을 다하여서 요절과 장수에 의혹하지 않고 몸을 닦아서 (명을) 기다리는 데 나아가 힘써야 하니 다만 이것이 바로 마음을 다하고 하늘을 아는 공부의 시작입니다(吾儕用工, 却須專心致志在壽殀不貳, 修身以俟上做, 只此便是做盡心知天工夫之始). 예컨대 일어서고 걸음을 떼는 것을 배우는 것이 곧 천 리를 빨리 달리는 것을 배우는 시작입니다. 바야흐로 우리는 일어서고 걸음을 뗄 수 없을까 스스로 염려하고 있는데 어찌 갑자기 천 리를 빨리 달리지 못할까 염려하겠으며 또한 하물며 천 리를 빨리 달리는 자를 위해 그가 혹시 일어서고 걸음을 떼는 법을 익히는 일을 잊어버렸을까 염려하겠습니까![139]

139 『전습록』 권중 「답섭문위」 서2.

양명이 주장한 '진심지천盡心知天', '존심사천存心事天', '수신이사修身以俟' 세 등급의 인품은 그가 '왕문팔구교'에서 세운 '생지안행生知安行', '학지리행學知利行', '곤지면행困知勉行' 및 '상등 근기의 사람', '중등 근기의 사람', '하등 근기의 사람' 등 세 등급의 인품과 완전히 일치한다. 그는 세 등급의 수행은 엽등을 할 수 없음을 강조하여서 "우리 무리의 공부는 도리어 모름지기 마음을 오롯하게 하고 뜻을 다하여서 요절과 장수에 의혹하지 않고 몸을 닦아서 (명을) 기다리는 데 나아가 힘써야 하니 다만 이것이 바로 마음을 다하고 하늘을 아는 공부의 시작입니다."라고 하였다. 이는 바로 '치량지'의 공부로부터 착수하여 '사유교'를 닦아서 한 기틀을 향상시키는 '진심지천'의 '사무교'를 닦는 기초를 세울 것을 강조한 것이다. 이는 양명의 '왕문팔구교'에서 '사람에 따라 가르침을 베푸는(因人設敎)' 사상에 대한 경전적 해설이다.

넷째, 존덕성과 도문학의 관계에서 양명은 섭표의 관점에 완전히 동의하여서 덕성은 곧 심의 본체이고 도문학은 곧 치량지의 공부이며, 존덕성은 심체를 체인하는 것이고 도문학은 치량지를 하려는 것이며, 존덕성과 도문학은 통일된 것으로 인식하였다. 이는 바로 '왕문팔구교'의 본체공부론 심학체계로서 '지극히 마땅히 하나로 귀결하고 다시 의심할 바 없는(至當歸一, 更無可疑)' 것이었다.

생지안행 → 진심지천(*盡心) → 상등 근기의 사람 → 사무교 수행(*본체에서 착수)

학지리행 → 존심사천(*養性) ┐
　　　　　　　　　　　　　　├ 중등 근기 이하의 사람 → 사유교 수행(*공부에서 착수)
곤지면행 → 수신이사(*修身) ┘

양명의 이 「답섭문위答聶文蔚」는 세상을 떠나기 전에 학문을 논한 가장 긴 편지이며, 양명이 '천천의 깨달음'에서 제창한 '왕문팔구교'에 대한 가장 상세하고 치밀한 보충 천석이다. 이로 인해 이 「답섭문위」는 양명이 '왕문팔구교'(*사무교와 사유교)의 본체공부론 심학체계에 대한 쉽고 간단하고 넓고 큰 최후의 개괄이자 총결이라 할 수 있으며, '왕문팔구교'의 '천천의 깨달음'을 열어 밝혀서 명료하게 이해하기 위한 가장 좋은 열쇠를 제공하였다. 그가 말한 "우리 무리의 공부는 도리어 모름지기 마음을 오롯하게 하고 뜻을 다하여서 요절과 장수에 의혹하지 않고 몸을 닦아서 (명을) 기다리는 데 나아가 힘써야 하는" 것이라 한 말은 선비와 배우는 사람들에게 '왕문팔구교'를 수행하는 방법에 관하여 실천궁행의 방향을 명확하게 지시한 것이다. 분명히 양명이 쓴 이 「답섭문위」는 강서와 절중의 배우는 사람들이 그의 '왕문팔구교'를 토론하고 강구하는 것을 지도하는 데 이용하려는 의도를 가지고 있었다. 그리하여 그는 이 「답섭문위」를 진구천·추수익·구양덕 등에게도 보내서 그들과 함께 토론을 전개하였다.

양명은 진구천과 함께 '왕문팔구교' 가운데 '치량지'의 공부에서 착수하는 문제를 중점적으로 토론하였다. 그는 진구천에게 다음과 같은 편지를 보냈다.

> 강서의 모임(*남창의 모임을 가리킨다)이 너무 서둘러 끝나서 오히려 배를 같이 타고 열흘 동안 차분하게 담론을 한번 할 생각이었는데 뜻하지 않게 성성省城에 들어간 뒤 인사가 분주하고 복잡하였습니다. 배에 올랐을 때 유준惟濬(진구천)은 이미 떠났고 …… 근래 섭문위의 편지를 받으니 이미 장漳에 들어갔음을 알았습니다. 환난과 곤고의 나머지 마음을 격동하고 성품을 단련해서 잘하지 못하는 것을 잘하도록 도와주려는 것이니 마땅히 반드시 날로 진보하는 바가 있을 것입니다. 복으로써 기르는 것(養之以福)은 바로 이때이니 공허하게 지나쳐버릴 수 없습니다. 성현이 학문을 논함은 쓸 수 있는 공부 아님이 없으나 다만 '치량지' 석 자는 더욱 간이하고 명백

하며 실로 착수처이니 더욱 지나쳐서 잃어버릴 수 없습니다. 근자에 동지들 중에서도 이미 치량지의 설이 있음을 모르는 이가 없으나 능히 이에서 실제로 공부를 하는 자는 너무나 적습니다(絶少). 모두 양지를 보고서 터득함이 진실하지 못하고 또 '치' 자를 너무 쉽게 보는 것인데, 이로써 대부분 힘을 쏟을 곳을 얻지 못하는 것입니다. 다만 비록 왕년의 지리한 설에 견주어 조금 두서가 있으나 오십보백보일 뿐입니다. 그 가운데에서 기꺼이 마음을 정밀하게 하고(精心) 몸으로 탐구하는 자가 있으나 자기도 모르게 또 지난날의 격식(窠臼)으로 다시 돌아가서 도리어 글의 뜻에 얽매이고 붙잡혀서 공부가 쇄탈하고 정일精一하지 않은데, 이는 군자의 도가 드문 까닭입니다. 모름지기 이 일은 반드시 사우와 때때로 서로 강습하고 갈고닦아서 저절로 의사가 날로 새로워져야 …… 문위의 편지에서 논한 바는 아득히 멀리 진보하였는데 참으로 하루에 천 리를 가는 기세이니 기쁘고 기쁩니다! 자못 물은 바가 있으니 병중에 간단히 써서 대략 답합니다(病中草草答大略). 때를 보아 취하여서 본다면 발전하는 바가 있을 것입니다.[140]

"병중에 간단히 써서 대략 답합니다."라는 말은 「답섭문위」 편지를 가리킨다. 양명은 선비 학자들의 현담玄談과 실천하지 않는 보편적인 현허玄虛의 병폐를 겨냥하여서 편지에서 중점적으로 '치량지'의 실제 착수의 공부를 논하여서 그들이 치량지에서 '실제로 공부하기(實用功)'를 바랐는데, 이는 바로 그들이 '치량지'의 공부에서 착수하여 사유교를 수행하기를 바란 것이다. 이는 그가 「답섭문위」에서 말한 "우리 무리의 공부는 도리어 모름지기 마음을 오롯하게 하고 뜻을 다하여서 요절과 장수에 의혹하지 않고 몸을 닦아서 (명

---

140 『왕양명전집』 권6 「여진유준與陳惟濬」.

을) 기다리는 데 나아가 힘써야 한다."라고 한 말과 같은 뜻이다. 모두 그들에게 훈계하여서 그가 말한 '사무교'와 '사유교'의 수행에 대해 절대로 고상한 것을 좋아하고 원대한 곳으로 치달리며 단계를 뛰어넘고 엽등하며 현허한 설을 담론하지 말고, 응당 '치량지'의 공부에 발을 딛고 실지에서 착실하게 실천하고(用功) 궁행천리躬行踐履를 해야 한다고 한 것이다.

양지심학의 본체공부론 체계에서 볼 때 '사무교'는 주로 심학의 형상 본체론의 현학玄學 정신을 체현한 것이며, '사유교'는 주로 심학의 천행踐行 공부론의 실학實學 정신을 체현한 것이다. 이로 인해 양명은 양지에서 실제로 선을 행하고 악을 제거하는 공부를 하며, 관념적인 태허(玄想太虛)의 본체에 매달리듯이(懸空) 해서는 안 됨을 강조하여서 '양지에서 실제 선을 행하고 악을 제거하는 공부를 하지 않고 다만 허공 중에서 본체를 생각하고 일체의 행위가 모두 착실하지 않게 해서는' 안 된다고 하였다. 응당 근기로부터 착수하는 '사유교'에 위로 한 단계(一機)를 올라가는 '사무교'를 결합하고, 각각 한쪽으로 치우쳐서 집착해서는 안 된다 하여서 "그러나 이 가운데 집착해서는 안 된다. 만약 사무의 견해에 집착하면 뭇사람의 뜻과 통달할 수 없으므로 하릴없이 상등 근기의 사람을 접할 뿐 중등 근기 이하의 사람은 접하여서 전수할 길이 없다. 만약 사유의 견해에 집착하여서 뜻에 선이 있고 악이 있음을 인정하면 하릴없이 중등 근기의 사람을 접할 뿐 상등 근기의 사람은 역시 접하여서 전수할 길이 없다"[141]라고 하였다.

양명은 이미 그의 문인 제자와 선비 학자들이 저마다 한쪽의 견해에 집착하여서 각자의 측면에서 '사무교'와 '사유교'를 이해하고 받아들여서 왕학이 분화할 위험을 초래하리라 예감하였다. 그리하여 그의 「답섭문위」와 「여진유

---

141 『왕기집』 권1 「천천증도기」.

준」의 두 편지는 모두 때맞춰 강서와 절중의 선비와 배우는 사람들을 인도하여서 '왕문팔구교'를 강구하고 수행하게 한다는 중요한 의의를 가지고 있다. 실제로 강서와 절중의 선비와 배우는 사람들도 「답섭문위」와 「여진유준」 두 편지에 근거하여 '왕문팔구교'를 장기적으로 연구 및 토론하고 강론을 전개하였으며, '사무교'와 '사유교'의 서로 다른 이해에 기초하여 저마다 서로 다른 양지설의 체계를 제시하여서 직접적으로 왕학과 왕문 후학의 학파 분화를 초래하였다.

맨 먼저 진구천은 양명이 말하는 물物·지知·의意·심心·신身을 하나의 일로, 격格·치致·성誠·정正·수修를 하나의 공부로 하는 사상을 정확하게 파악하여서 "근래 학자들이 심·의·지·물은 한 물건(一件)이고 격·치·성·정은 하나의 공부(一功)임을 알지 못하고서 마음으로 사물에 대응하는데 곧 마음과 사물을 둘로 나누는 것이다. 마음은 뜻의 체이며, 뜻은 마음의 움직임이다. 앎은 뜻의 신령한 깨달음(靈)이고, 사물은 뜻의 알맹이 내용(實)이다. 앎과 뜻은 마음인데 사물이 앎이 됨을 알지 못하면 치지의 공부는 곧 낙착할 곳이 없다."[142]라고 인식하였다.

이로 인해 진구천은 적감설寂感說을 제시하여서 다음과 같이 인식하였다.

> 적연한 것은 곧 미발의 중이며, 곧 양지이며, 곧 지선이다. 선유가 말한 '미발未發' 두 글자는 다소 따져서 분석을 해도 명백하지 않으니 …… 오직 주자周子(주돈이)가 심체를 훤히 보아서 곧바로 말하기를 "중中은 화和이다. 중절中節은 천하의 달도이다."라고 하였다.[143]

---

142 『명유학안』 권19 「낭중진명수선생구천郎中陳明水先生九川」.

143 『명유학안』 권19 「낭중진명수선생구천」.

> 마음은 한정된 체가 없으며 감응은 머무는 기틀이 없으니 무릇 생각을 기울이고 힘을 붙일 수 있는 것은 모두 감응이라고 한다. …… 그러므로 감응 전에 적연함을 구하려 하는 것은 뱀을 그리면서 발을 덧붙인 것(畵蛇添足)이라 하고, 감응 가운데에서 적연함을 구하려 하는 것은 나귀를 타고 나귀를 찾는 것(騎驢覓驢)이라고 한다.[144]

적연과 감응은 합일한 것이니 적연은 감응 가운데 있고 곧 감응의 본체이며, 감응은 적연 가운데 있고 곧 적연의 묘용이다. 체용일원, 적감일체寂感一體, 본체공부일관本體工夫一貫, 이는 양명의 '왕문팔구교' 본체공부론 사상체계에 대한 진구천의 또 다른 일종의 언어적 표현이다. 이는 그가 강서와 절중의 학자들과 함께 '왕문팔구교'를 토론하고 강구하는 가운데 터득한 새로운 인식이다.

진구천은 나중에 끊임없이 '왕문팔구교' 사상의 인식을 심화하는 가운데 세 차례 변화한 역정을 다음과 같이 담론하였다.

> 선사의 치지의 가르침을 따른 이후부터 중간에 모두 세 차례 의견을 제시하여서 세 차례 공부를 바꾸었는데 종지를 얻지 못하였습니다. 비로소 염려念慮 상에서 선을 기르고 악을 소멸하여(*뜻에 선악이 있음을 가리킨다) 사물에서 구함의 중요함을 보였습니다. 이렇게 오랫동안 하니 저절로 지류에까지 소통하여서 물을 대는 것 같았고 선과 악이 돌고 돌았습니다(輪回). 다시 선이 없고 악이 없다고 한 곳에서 본심을 인식하여(*마음은 선악이 없음을 가리킨다) 염려에 떨어지지 않으면 곧 본체를 깨닫는 것이라고 여겼

---

144 『명유학안』 권19 「낭중진명수선생구천」.

습니다. 이미 다시 공연히 보고 깨달음(見悟)에만 의지하여서 찌꺼기를 남기지 않고 다시 중간에서 항상 넓히고 밝게 하는 공功(*치량지를 가리킨다)을 지극히 하여 선악이 모두 화하여서 털끝만큼도 보내고 맞이하며 의도하고 기필하는(將迎意必) 가림이 없게 되자 마치 전체를 본 것 같아서 훤하여 조짐에 앞서(幾先) 미리 밝아지고 온갖 사려가 모두 이로부터 나왔습니다. 곧 뜻은 성실하지 않음이 없고 발하면 적중하지 않음이 없는 것입니다. 이는 비로소 무선무악의 실제 공부(*뜻은 선악이 없음을 가리킨다)입니다. 대본에서 앎을 지극히 하면 바로 기미를 아는(知幾) 배움이니 스스로 말하기를, 이는 성문의 네 가지를 끊어버리는(絶四) 올바른 맥락(正派)으로서 응당 선사의 치지의 종지를 깨달아 들어간 것이라고 하였습니다. 나중에 월越에 이르러 바로 용계龍溪(왕기)에게서 바로잡은 뒤 비로소 깨달아 알고서 모양을 이룸(見悟成象)을 느낀 뒤 멍하니 스스로를 잃어버린 듯하였습니다. 돌아가 추구하고서 필경 오류(差謬)를 알았습니다. 성의를 효험으로 간주하는 것은 도리어 격물과 양 절로 나누는 것인데, 돌이켜서 만약 그 뜻을 성실하게 하려면 먼저 그 마음을 바로잡는다 하는 것은 스승의 가르침, 성인의 경전(聖經)과 모순되고 어지럽힌 것이며, 응수하고 이해하여 아는(知解) 양자가 취합하지(湊泊) 못한 것이었습니다. 비로소 스스로 마음이 부끄럽고 등에 땀이 나서 평소 일종의 정밀하게 생각하고 오묘하게 이해하는 견해를 쓸어버리고 홀로 기미를 아는 곳에서 엄격하고 삼가고 계속 밝히니 공부가 비로소 착실하게 감응하는 곳을 얻었습니다(*적감설寂感說을 가리킨다). 만약 참된 기미(眞幾)를 얻으면 곧 개과천선하고 모두 정밀하고 미세함으로 들어가서 바야흐로 양지가 사물을 몸으로 하여 남김이 없음을 알 수 있습니다. 격물은 치지의 실상이며 일상생활에서 모두 이 본체가 충실하게 관통하여서 사이에 장애가 없습니다. 치致 글자의 공부는 다하여도 다함이 없으니 곧 선이 없고 악이 없음은 공허하지 않고 개과천선은 공허하지 않습니다. 비로소 '치지' 두 자를 믿고 곧 이에 나아가 근본을 세우고 이에 나아가 작용을 통달하며 이에 나아가 내처럼 흐르고 이에 나아가 돈독하게 변화하고 이에 나아가 일을 성취하며 이에 나아가 신神에 들어가니 다시 본말本末, 정조精粗, 내외, 선후의 사이가 없었습니다. 「고본서」로 입증하면 구절구절이 딱 들어맞아서 지금 이후로도 거의 (가르침을) 배반하지 않을 수 있습니다.[145]

진구천은 '왕문팔구교' 사상을 반복하여 깊이 강론하고 탐구 토론을 거친 뒤 또 양명이 그에게 말한 '치량지' 공부로 돌아와서 '사유교'의 '치량지' 공부로부터 착수하여 수행해야 한다고 인식하였다.

진구천과 함께 적감寂感 논변을 진행한 섭표는 '귀적歸寂'의 길로 나아갔다. 그는 "양지의 허虛는 바로 하늘의 태허이다", "양지는 미발의 중이며 확연대공의 본체이다"라는 양명의 말과 '사무교'에서 말하는 "심체는 선이 없고 악이 없으며, 뜻은 선이 없고 악이 없으며, 앎 역시 선이 없고 악이 없으며, 사물 역시 선이 없고 악이 없다."는 가르침을 간직하고 주정귀적主靜歸寂설을 제시하였다. 양지의 심체는 곧 선이 없고 악이 없으며, 옳음이 없고 그름이 없는(無是無非) 허적한 본체이니, 복심체復心體는 곧 복귀적체復歸寂體 – 귀적歸寂이라고 인식하였다.

섭표가 보기에 심체는 적연부동하며 '양지는 본래 적연하여서 사물에 감응한 뒤 앎이 있다.' 하였는데, 이로 인해 "배우는 사람이 도를 구함은 안의 적연한 것에 주로 하여서 추구하여 그로 하여금 적연하되 늘 안정되게(學者

145 『명수진선생문집明水陳先生文集』 권1 「답섭쌍강答聶雙江」.

求道, 自其主乎內之寂然者求之, 使之寂而常定)"[146] 하는 것이라 하였다. 이러한 귀적설歸寂說은 그가 진구천·왕기 등과 '왕문팔구교'를 토론하는 가운데 형성된 것으로서 그의 기세가 굉원한 「답대백상答戴伯常」(*「유거술답幽居述答」), 「답왕룡계答王龍溪」 등 여러 글에서 실제로 모두 '사무교'와 '사유교'를 심화하여 토론하고 탐구한 중요한 사상적 문제이다.

황종희는 섭표가 주정귀적설을 형성하는 과정을 다음과 같이 논술하였다.

> 선생의 학문은 옥중에서 한가하게 오래 극히 정적한 가운데 홀연 이 마음의 진실한 체가 광명하고 맑게 투철하여서(瑩澈) 만물이 모두 갖춰져 있음을 본 것이다. 이에 기뻐하며 말하기를 "이는 미발의 중이니 이를 지켜서 잃지 않으면 천하의 이치가 모두 여기에서 나온다."라고 하였다. 출옥하자 찾아와 배우는 사람들과 함께 정좌법을 세워서 그로 하여금 적연함에 돌아가 감응에 통하게 하고 본체를 잡아서 작용에 응하게 하였다. 이때 동문으로서 양지의 학문을 하는 자가 미발은 곧 이발 가운데 있는데 대체로 발하였으나 아직 발하지 않은 것이므로 미발의 공부는 바로 발에서 작용하며 선천의 공부는 바로 후천에서 작용한다고 인식하였다. …… 왕룡계(왕기)·황락촌黃洛村(황홍강黃弘綱)·진명수陳明水(진구천)·추동곽鄒東廓(추수익)·유량봉劉兩峰(유문민劉文敏)이 저마다 논란의 발단이 되었는데 선생이 하나하나 개진하였다. 오직 나념암羅念庵(나홍선羅洪先)과 서로 깊이 마음이 맞았다. 그가 말하기를 "쌍강雙江(섭표)이 말하는 바는 참으로 벽력霹靂과 같은 수단이니, 허다한 영웅이 감추고 속였으나 그에 의해 한마디로 밝혀진 것이다. 마치 넓고 탁 트인 큰길과 같아서 다시 의심할 수 없었다."라고 하였

146 『명유학안』 권17 「정양섭쌍강선생표貞襄聶雙江先生豹」.

다. 양봉(유문민)이 만년에야 비로소 믿었다. …… 저 심체는 유행하여서 쉬지 않으며, 고요하되 움직이며 움직이되 고요하다. 미발은 고요함이며, 이발은 움직임이다. 발에서 용공을 하니 본래 움직임을 따르며, 미발의 용공은 역시 고요함을 따르는데 모두 한쪽으로 치우침에 빠진다. 그런데 『중용』이 대본을 미발에 귀속시킨 까닭은 대체로 심체가 곧 하늘의 체(天體)이기 때문이다.[147]

양명의 심체체인은 마음을 영명각지靈明覺知의 지선의 본체로 간주하고 미발의 중에서 대본과 달도를 체인하는 것이며, 치량지를 통해 심체에 복귀하는 것이다. 섭표의 주정귀적主靜歸寂은 마음을 선이 없고 악이 없으며, 옳음이 없고 그름이 없는 허적한 본체로 간주하여서 주정을 통해 적체寂體로 복귀하는 것이다. 이는 양명의 '왕문팔구교' 사상에 대한 오해이다. 그의 귀적설은 진구천의 감통설과 구별이 된다. 진구천의 적감설은 적감합일寂感合一이므로 적은 본체이며, 감은 묘용임을 인식한 것이다. 섭표의 귀적설은 도리어 적체와 감용感用의 관계를 분리하고 주정법主靜法을 세워서 귀적한 것이며 치량지의 공부를 강하지 않은 것이다. 그의 귀적설은 유적무감有寂無感, 유체무용有體無用, 유내무외有內無外, 유본체무공부有本體無工夫(*치량지)이다. 그리하여 나홍선은 섭표가 '주정귀적'을 논함에 치중하고 '감통응물感通應物'을 소홀히 했다고 지적하고서 "감感을 끊어버린 적寂은 적이되 참된 적(眞寂)이 아니다. …… 적을 떠난 감은 감이되 올바른 감(正感)이 아니다."[148]라고 인식하였다.

---

147 『명유학안』 권17 「정양섭쌍강선생표」.

148 『나홍선집羅洪先集』 권3 「갑인하유기甲寅夏游記」.

대체로 강서 학자들은 '왕문팔구교'를 강론하고 탐구함에 대부분 본체에 대해 말하기를 좋아하고 공부를 가벼이 여기는 병폐가 있었다. 마음·뜻·앎·사물에 얽매여서 형이상학적 현허한 사상의 논쟁을 전개하였으며, 궁행천리에서 치량지의 착실한 공부를 내다버렸는데, 바로 나홍선이 다음과 같이 말한 바와 같다. "종일 본체에 대해 말하고 공부는 말하지 않았으며, 공부에 대한 말을 꺼내자마자 곧 외도外道라고 지적하였다. 이러한 점은 아마도 양명 선생이 다시 살아나도 당연히 눈살을 찌푸릴 것이다."[149]

그들의 주요한 대표로는 섭표 이외에도 양봉兩峰 유문민, 사천師泉 유방채劉邦采, 낙촌洛村 황홍강, 선산善山 하정인何廷仁 등이다. 유방채는 '사무교'에서 마음을 추구하여 현허로 심체를 말하였으므로 나홍선이 "사천은 평소 현허를 지녔다."라고 하였다. 섭표도 말하기를 "사천은 기력이 크고 논설에서 변론을 잘하였고, 문을 열어젖힌 기세가 대단하여서 사방에 앉은 사람이 모두 굴복하였으며, 사람들은 모두 자리를 피하고 아주 멀찍이 양보했으며(讓舍) 아무도 감히 예봉을 건드리지 못하였다."[150]라고 하였다.

유방채는 "마음은 본체로서는 허하며 그 작용으로서는 실하다. …… 허하여서 천하의 뜻에 통하고 실하여서 천하의 임무를 성취한다. 허와 실이 서로 생하면 덕이 외롭지 않다. 이런 까닭으로 자아가 없어서 그 체를 보고 마음이 만물에 널리 통하여서 무심하다. 항상 무욕하여서 그 작용을 보고 정情이 만사를 따르되 무정하다."[151]라고 인식하였다. 그리하여 그는 성명쌍수性命雙修를 주장하고 마음·뜻·앎·사물에 대해 새로운 해설을 하여서 "마음이 몸체

149 『나홍선집』 권6 「기왕룡계寄王龍溪(丙辰)」.

150 『강서통지』 권79 「인물·길안부吉安府」.

151 유방채劉邦采, 「역온易蘊」, 『명유학안』 권19 「동지유사천선생방채同知劉師泉先生邦采」.

가 없는 마음(無體之心)을 잃어버리지 않으면 마음이 바르다. 뜻이 욕망이 없는 뜻(無欲之意)을 잃어버리지 않으면 뜻이 성실하다. 사물이 머물지 않는 사물(無住之物)을 잃어버리지 않으면 사물이 이른다. 앎이 움직임이 없는 앎(無動之知)을 잃어버리지 않으면 앎이 지극해진다. 신身·심心·의意·지知·물物은 공부에서 사용하는 조리이다. 격格·치致·성誠·정正·수修는 조리에서 사용하는 공부이다."[152]라고 인식하였다. 이로 말미암아 그는 양명의 '사무교'와 '사유교'를 합하여 하나로 만들어서 이해하기를 '마음은 선이 있고 악이 없으며, 뜻은 선이 있고 악이 없으며, 앎은 선이 있고 악이 없으며, 사물은 선이 있고 악이 없다.' 하였다. 이는 추수익이 '사무교'의 앞 구절을 고쳐서 '지극히 선하고 악이 없는 것은 마음'이라고 한 것과 한 가지이다.

황종희는 유방채의 '왕문팔구교'에 대한 인식을 다음과 같이 논술하였다.

> 선생이 말한 마음·뜻·앎·사물을 '사유', '사무'의 설과 비교하면 가장 타당하다(諦當). 말하기를 "감感이 있고 동動이 없으며 감이 없고 정靜이 없음은 마음이다. 항상 감하여서 통하고 항상 응하여서 따르는 것은 뜻이다. 늘 가고 오며 늘 화化하여서 생기는 것은 사물이다. 항상 안정되어 밝으며 항상 움직여서 비추는 것은 앎이다. 견문의 앎은 찌꺼기(糟粕)이다. 형상을 갖춘(象着) 사물은 엉긴 거품(凝漚)이다. 염려의 뜻은 녹아서 떠다니는 얼음(流澌)이다. 움직이고 고요한 마음은 떠도는 먼지이다. 마음이 몸체가 없는 마음을 잃어버리지 않으면 마음이 바르다. 뜻이 욕망이 없는 뜻을 잃어버리지 않으면 뜻이 성실하다. 사물이 머물지 않는 사물을 잃어버리지 않으면 사물이 이른다. 앎이 움직임이 없는 앎을 잃어버리지 않으면 앎이 지극해진

152 『명유학안』 권19 「동지유사천선생방채」.

다.”라고 하였다. 저 마음은 몸체가 없으며 뜻은 욕망이 없으며 앎은 움직임이 없으며 사물은 머묾이 없으면 모두 선이 있고 악이 없는 것이다. 유념대劉念臺(유종주劉宗周) 선생이 용계의 ‘사무’에서 한 글자를 바꾸어서 “마음은 선이 있고 악이 없는 마음이며, 뜻도 선이 있고 악이 없는 뜻이며, 앎도 선이 있고 악이 없는 앎이며, 사물도 선이 있고 악이 없는 사물이다.”라고 하였는데 어찌 그리 서로 부합하는가![153]

유방채와 유사하게 황홍강은 ‘사무교’와 ‘사유교’에 대해 비평하는 태도를 취하였는데, ‘사무교’와 ‘사유교’는 모두 양명의 정본의 설이 아니라고 인식하였다. ‘의념意念이 선한 것이 양지’라는 논법을 비평하여서 의념은 곧 성실함이며 의념은 양지 아님이 없으니, 그러므로 뜻에 선악이 있거나 뜻의 발동에 선악이 있다고 하는 것은 불가능하다고 인식하였다. 뜻은 이와 같으며 마음·앎·사물도 모두 이와 같다. 그리하여 그는 ‘사유교’의 ‘뜻에 선악이 있다’고 한 것과 ‘사무교’의 ‘뜻에 선악이 없다’고 한 논법을 부정하여서 오히려 내 마음에서 구하기를 주장하여 “내 마음의 지극한 덕, 내 마음의 지극한 도, 내 마음의 사사로움이 없음, 내 마음의 함이 없음 …… 진실로 옛것을 희망하는 데 뜻을 둔 자는 도리어 내 마음에서 구하니 장차 어디를 가도 옛것이 아님이 없다.”[154]라고 하였다.

황종희는 황홍강의 이 사상을 다음과 같이 논술하였다.

양명의 양지는 원래 주자周子(주돈이)의 성일무위誠一無僞의 본체이다. 그러

153 『명유학안』 권19 「동지유사천선생방채」.

154 『명유학안』 권19 「주사황락촌선생홍강主事黃洛村先生弘綱」.

나 학자들과 말을 하는 것은 대부분 발용發用에 있었다. 요컨대 사람이 옳음을 알고 그름을 아는 곳에서부터 길을 돌리게 하는 것인데 이는 방편의 법문法門이다. 그리고 문하에 들어와서 그 설을 이어받은 자는 마침내 의념意念의 선함을 양지로 삼았다. 선생이 말하기를 "의념의 선함은 양지이며 끝내 천연의 저절로 있는 양良이 아니다. 앎은 뜻이 있는 앎이며, 깨달음은 뜻이 있는 깨달음이다. 태胎와 골骨이 깨끗하지 않으면 끝내 범체凡體를 이룬다. 이에 양명의, 선이 있고 악이 있는 뜻과 선을 알고 악을 아는 앎(의설)은 모두 정본이 아님을 알 수 있다. 뜻은 이미 선이 있고 악이 있으니 부득이 선악을 따른다(逐). 다만 의념이 일어나고 의념이 소멸하는 데서 공부할 줄 알면 온 세상(一世)이 본체를 덮을 수 없다."라고 하였다. 사구교의 법은 선생이 사용하지 않은 바이다.[155]

황홍강은 돌이켜 내 마음에서 구함으로부터 최종으로는 진구천의 적감설로 나아갔다. 그는 섭표의 귀적설을 다음과 같이 비평하였다.

적寂과 감感은 한 가지 사례(一例)로 볼 수 없으니 그 본체를 얻는 자가 있고 그 본체를 잃어버리는 자가 있다. 그 본체의 적연함을 얻은 것으로 말하자면 비록 보존함이 오래되고 함양함이 극히 깊어도 깊고 은미한 정(淵微之精)은 없었던 적이 없다(未嘗無也). 그 본체의 감응으로 말하자면 비록 어지러이(紛然) 이르고 넘치게(沓然) 다가오되 응용의 묘함은 있었던 적이 없다(未嘗有也). 있었던 적이 없으면 감응함에 적연이 그 가운데 있고, 없었던 적이 없으면 적연함에 감응이 그 가운데 있다. 보이지 않고 들리지 않

155 『명유학안』 권19 「주사황락촌선생홍강」.

음은 체體이고, 경계하고 삼가며 무서워하고 두려워하는 것은 그 공功이니, 모두 적연과 감응을 합하여 말한 것이다.[156]

황종희는 그의 적감설을 섭표의 귀적설과 비교 분석하여서 다음과 같이 말하였다.

생각건대 쌍강(섭표)의 적연함은 바로 선생의 이른바 본체이다. 주정主靜이 동정動靜의 정靜이 아님을 알면 귀적歸寂은 적감寂感의 적寂이 아니다. 그러나 그 사이에 바로 저절로 설이 있으니 종래 유자儒者(주희)의 미발을 성, 이발을 정으로 한 것으로 하면 실은 성정 두 글자는 분석을 용납할 곳이 없다. 성의 정에 대한 관계는 이의 기에 대한 관계와 같으니 정이 아니면 또한 어디에서 성을 보겠는가? 그러므로 희로애락喜怒哀樂은 정이고, 중화中和는 성이다. 미발에서 희로애락을 말하면 이는 명백하게 미발에 정이 있음을 말한 것이니 어찌 성과 정을 나누어서 쪼갤 수 있겠는가? 그런즉 성을 구하는 자는 반드시 미발에서 구하니 이는 귀적의 종지가 서는 바이다. 한때 동문이 쌍강과 변론한 것은 모두 이발에서 미발을 보는 것이니 역시 여전히 이발에서 정을 쪼개고 미발에서 성을 쪼갠 것인데, 정과 성은 귀일하여 같은 것이 될 수 없다.[157]

황홍강과 달리 하정인은 '왕문팔구교'에서 도리어 '사무교'를 부정하고 '사유교'를 긍정하였다. 그는 '양지'에 대해 평이하고 실용적인 해설을 하여

156 『명유학안』 권19 「주사황락촌선생홍강」.

157 『명유학안』 권19 「주사황락촌선생홍강」.

서 "과오를 알면 곧 양지이다. 과오를 고치면 곧 본체이다.", "양지는 사람에게서 쉽게 깨달을 수 있는 것이며 성실함은 지나치게 추구함(過求)에 있지 않다."라고 인식하였다. 그리하여 그는 치량지의 천행踐行 공부를 더욱 강조하여서 "군자도 오직 그 양지를 이루는 것일 뿐이다."라고 하였다.

그는 심 본체와 치량지의 체용 관계를 인식하여서 만물일체의 관점에서 치량지의 공부를 다음과 같이 논술한다.

> 천지만물은 원래 나와 동일한 몸이다. 나와 천지만물이 동일한 몸임을 알면 인정人情과 물리物理가 모두 양지의 작용임을 안다. 그러므로 인정과 물리를 제거하면 양지는 끝까지 이룰 수 있는 곳이 없다. 인정과 물리를 아는 것은 비록 항상 감응하나 요컨대 감하여 순응하는 것은 모두 반응의 자취이며 실은 감하되 감응이 없는 것이다. 양지와 무욕은 비록 늘 적연하다고 하지만 요컨대 원래 소리와 냄새가 없는 것으로서 항상 신묘하게 반응하되 방향이 없으니 실은 적연하되 적연이 없는 것이다. 이는 치지가 격물에 있는 까닭이며 격물이 바로 실제로 그 양지를 끝까지 이루는 소이所以이다.[158]

하정인의 치량지설은 실제로는 선을 행하고 악을 제거하는 '치량지'의 공부에서 착수하는 '사유교'를 긍정한 것이다. 그는 이러한 치량지설을 지니고 남도로 나아가 선비와 배우는 사람들과 양명의 '왕문팔구교'를 논변하였다. 당시 남도의 선비들은 모두 보편적으로 양명의 '사무교'를 취하여서 확정하고 '사유교'를 폄하하여서 공부는 다만 응당 '마음'에서 작용하며 한번 '뜻

---

158 『명유학안』 권19 「선산어록善山語錄」.

(意)'에 미치면 곧 제2의로 전락하므로 "선을 행하고 악을 제거하는 공부는 사문의 가장 뛰어난 가르침이 아니다."라고 인식하였다.

하정인은 다음과 같이 반박하였다.

> 스승이 선이 없고 악이 없음을 일컬은 것은 마음의 감응이 자취가 없음을 가리킨다. 지나가고 머물지 않는 것이 천연의 지극한 선의 체이다. 마음의 감응을 뜻이라 하니 선이 있고 악이 있으며, 사물을 대하여 화하지 않으며, 있음에서 드러난다. 그러므로 뜻의 움직임이라고 일컫는 것이다. 만약 마음을 없다 하고 뜻을 있다 하면, 이는 마음과 뜻을 나누어서 둘로 보는 것이며 작용에서 벗어나 본체를 구하는 것이니 안과 밖을 합한 도가 아니다.[159]

이에 그는 특별히 「격물설格物說」을 지어서 '왕문팔구교'에 대한 인식을 발휘하여 주장하기를 "선을 행하고 악을 제거하는 것은 실지에서 작용하는 것이니, 이를 일러 치량지라 한다."[160]라고 하였다.

황종희는 선을 행하고 악을 제거하는 하정인의 이러한 치량지의 설을 다음과 같이 평론하였다.

> 선생의 말을 상세히 다루었는데 대체로 '사무'를 비난하고 '사유'를 펼쳤다. 선이 없고 악이 없음을 말하면 이는 감응에 형적이 없는 것이니 곧 마음의 체는 선이 없고 악이 없는 것이 아님이 분명하다. 있음에 드러남을

---

159 『명유학안』 권19 「주사하선산선생정인主事何善山先生廷仁」.

160 『명유학안』 권19 「주사하선산선생정인」.

말하면 뜻의 움직임이니 선이 있고 악이 있음은 뜻의 병폐이다. 만약 마음이 이미 선이 없고 악이 없으면 이 뜻·앎·사물의 선악은 어디에서 나온 것인가? 서로 관통하지 않는다. 뜻은 이미 선악에 섞여 있으니 비록 극력 선을 행하고 악을 제거하더라도 원두源頭는 끝내 분명하지 않다. 그러므로 용계(왕기)는 '사무'의 설을 우세하게 여겼다. 마음·뜻·앎·사물은 모두 감응이 없으며 다만 마음에서 공부를 하면 일체가 갖춰지니 선을 행하고 악을 제거함은 일삼을 바가 없다. 불가佛家에서 선 자리가 성인의 자리(立蹟聖位)라고 한 것이 바로 이것이다. 선생의 말에 따르면 마음이 이미 지극히 선하면 뜻은 본래 맑아서 움직임이 없다. 뜻의 영험함은 곧 앎이며, 뜻의 비추임은 곧 사물이며, 선을 행하고 악을 제거하는 것은 본래 뜻에서 공부하는 것이다. 그런즉 양명의 '사유'가 어찌 하등 근기의 사람을 위해 가르침을 말한 것이겠는가![161]

이로 말미암아 강서 학자들 사이에는 '왕문팔구교'(*사무교와 사유교)를 토론하고 강구하면서 비교적 커다란 분기가 존재하였는데 대부분 하나로 치우친 설을 고집하였음을 알 수 있다. 이는 바로 절중 학자들이 전개한 '왕문팔구교' 토론과 강구에 내재하는 병통이다. 강서 학자들이 전개한 '왕문팔구교' 토론과 강구는 절중 학자들이 전개한 '왕문팔구교' 토론 및 강구와 서로 호응하고 통하였다. 그들은 서로 왕래하며 모여서 논변하였는데 토론과 쟁변의 문제도 대부분 서로 통하고 관련되어 있어서 절중의 학자들도 마찬가지로 보편적으로 고상한 것을 좋아하고 현묘함으로 치달려서 저마다 한쪽으로 치우친 편견에 집착하는 병폐가 있었다.

---

161 『명유학안』 권19 「주사하선산선생정인」.

절중의 학자들 중에는 왕기王畿와 전덕홍이 대표적이다. 양명이 그들에게 모여서 '왕문팔구교'를 강구하라는 '유촉'을 완수하기 위해 절중의 학자들과 강서의 학자들은 늘 크고 작은 규모의 강학회를 거행하였다. 왕기는 가정 8년(1529)에 도하에서 한 차례 모임을 갖자고 하면서 다음과 같이 제안하였다. "기축년(1529)에 (*왕기王璣가) 진사에 합격하였다. 이때 도하의 동지가 양지의 학문을 크게 창도하였는데 중리中離 설(설상겸) 군, 남야南野 구양(구양덕) 군 및 동년 염암念庵 나羅(나홍선) 군, 송계松溪 정程 군, 쌍화雙華 가柯 군 및 진陳 군 등이 아침저녁으로 모여서 스승의 취지를 강구하여 밝혔다."[162] "스승의 취지를 강구하여서 밝혔다"라고 한 말은 바로 '왕문팔구교'의 종지를 탐구하여 밝히고 강구한 일을 가리킨다.

왕기는 또 가정 11년(1532) 경사에서 한 차례 모임을 한 내용을 다음과 같이 언급하였다.

> 임진년(1532), 내가 서산 전(전덕홍) 군과 정시廷試에 나아갔는데 제군이 서로 함께하며 더욱 친밀해졌다. 또한 무리가 이른 것이 60~70인이었다. 매번 모임마다 수레와 말이 길을 막아 지나갈 수 없을 정도였다. 이에 지역을 나누어서 네 차례 모임을 하였는데 강우의 동지가 가장 많았다. 나는 매번의 모임에 참여하지 않은 적이 없었다. 무리는 내가 사문 만년의 종설宗說(*생각건대, '사무교'와 '사유교'를 가리킨다)을 얻었음을 믿지 못하겠다면서 모두 의문을 가졌으나 결국은 나에게 (판단의) 중점을 돌렸고 마치 (나의 설로) 절중折中하는 것 같았다. 옛 모임대로 한림翰林, 과도科道, 부속部屬의

162 『왕기집』 권20 「중헌대부도찰원우첨도어사재암왕공묘표中憲大夫都察院右僉都御史在庵王公墓表」.

관자官資를 순서로 삼았는데 내가 청하기를 "모임은 학문을 밝히려는 것인데 관자는 동지에게 행할 바가 아니니 나이순으로 함이 마땅하지 않은가?" 하였다. 군(*왕기王畿)이 나서서 말하기를 그러하다고 하여서 이를 지금까지 규례로 삼아 지킨다. 무리 가운데 치량지와 천리체인의 동이를 문제로 내세운 사람이 있었는데 군이 말하기를 "마음은 하나이다. 자연스러운 명각明覺으로 말하면 양지라고 한다. 천연의 조리로 말하면 천리라고 한다. 천리를 인식하면 곧 양지이고, 양지를 얻음에 이르면 곧 천리이니 하나이다."라고 하였다. 내가 말하기를 "이는 옳기는 하다. 끝까지 이룸(致)과 체인은 종당에는 변별이 있다. 체인이라 하면 상량商量함에 관련된다. 지극해지면 간이직절하며 다시 숨긴 곳이 없다. 털끝만 한 사이라도 묵묵히 앎에서 보존해야지 뜻으로 풀어서 헤아리면 안 된다."라고 하였다.[163]

'사문 만년의 종설'이란 양명이 만년에 세운 '사무교'와 '사유교'를 가리킨다. 왕기는 또 특별히 가정 12년 산동에 제남濟南과 강서 남창의 모임을 다음과 같이 언급하였다.

계사년(1533), (*왕기王畿가) 산동 안찰사첨사에 보임되어서 무정武定 등의 병비兵備를 맡았다. 정무를 보는 여가에 제생에게 나아가 학문을 논하였다. 제로齊魯의 선비들이 성대하게 몰려들었는데(彬彬向風) 한때 동료 관원인 연봉蓮峯 섭葉 군, 석운石雲 심沈 군, 준엄遵嚴 왕 군 같은 사람이 때로 서로 종요宗要를 토론하였고 정치를 배움으로 삼았다. 이어서 강서 포정사 참의布政使參議로 옮겨서 번얼藩臬(포정사와 안찰사)과 함께 인사仁祠(사찰)에

163 『왕기집』 권20 「중헌대부도찰원우첨도어사재암왕공묘표」.

서 회동하였다. 지금 소사少師인 존재存齋 서徐 공과 같은 사람이 때로 학문을 독려하고 더욱 두텁고 깊게 교제하였다. 성하省下의 수주水洲 위魏(위량필) 군, 요호瑤湖 왕 군, 노강魯江 구裘 군 등이 함께 회중에 있었고, 동곽 추(추수익) 군, 사천 유(유방채) 군, 염암 나(나홍선) 군 등이 오가며 한곳에 모였다. 건주(虔)·길주(吉)·요주(饒)·신주(信) 사이에서 수많은 선비가 구름처럼 모여들어서 사문의 학문이 더욱 발명한 바가 있는 듯하였다.[164]

이들 절중의 선비들과 강서의 선비들이 도처에서 거행한 크고 작은 강학회는 모두 '왕문팔구교'의 종지를 둘러싸고 강론과 탐구를 전개한 모임으로서 우레같이 맹렬하고 바람처럼 휘몰아친 '왕학' 금고의 가정嘉靖 '학금' 아래에서 '왕학'을 꿋꿋하게 전파하고 발전시켰으며, 정주 관학에 반항하는 기이한 광경을 형성하였다. 그들은 '왕문팔구교' 중에서 본체와 공부의 중요한 문제에 초점을 맞추어서 논변을 전개하였는데, 저마다 천석하고 서로 발명하여서 왕문 후학 학파의 진전과 분화를 잉태하고 양육하였다.

절중과 강서 학자들의 '왕문팔구교' 종지에 대한 토론과 강구의 정황에 대해 왕기는 최초로 가정 36년(1557)에 쓴 「저양회어滁陽會語」에서 총결하였다. 그는 먼저 양명의 학술 사상이 평생 동안 다섯 차례 발전한 변화를 논술하여서 "선사의 학문은 무릇 세 차례 변하였다. 처음에는 깨달음에 들어가고 다시 변하여서 터득한 바가 있었고 비로소 승화하여 순수해졌다."라고 인정하였다. 그 가운데 양명 사상의 최후 변화를 다음과 같이 설명하였다. "만년에 조예가 더욱 융석融釋해져서 하나에서 나아가 만이 되고(卽一爲萬), 만에서 나아가 하나가 되며(卽萬爲一), 하나도 없고 만도 없으며, 하나도 역시 잊어

164 『왕기집』 권20 「중헌대부도찰원우첨도어사재암왕공묘표」.

버렸다(一亦忘矣).”라고 하였다. 이것이 바로 ‘심일분수心一分殊’에서 ‘왕문팔구교’의 본체공부론 체계를 논술한 것이다. 이른바 ‘하나에서 나아가 만이 됨’은 바로 본체(*心一)에서 착수하여 공부(*用萬)에 이르는 ‘사무교’이다. 이른바 ‘만에서 나아가 하나가 됨’은 바로 공부(*用萬)에서 착수하여 본체(*心一)에 이르는 ‘사유교’이다.

이로써 그는 절중과 강서의 학자들이 ‘왕문팔구교’를 토론하고 강구한 각 학자(各家)의 설을 네 학파로 나누어서 다음과 같이 총결하였다.

> 대개 철인哲人의 시대가 이미 멀어지자 대의大義가 점차 어그러지고 미언微言이 날로 막혔으며 우리가 보고 듣는 데서 얻는 것은 저마다 성품에 가까운 것을 배움으로 삼음을 면하지 못하였다. 또 선사께서 허다하게 용광로에 녹이고 불리며 녹로에 돌려서 빚고 거푸집에 넣어서 주조하여 하나로 귀결시킨 것이 없어졌다. 비록 양지의 종지에서 감히 벗어나지는 않았으나 의의擬議하고 추측하여서 헤아리고 하나로 뒤섞고 보태어서 어지러이 다른 학설이 됨을 면하지 못하였다. 어떤 사람이 말하기를 “양지는 허공에 떨어졌으니 반드시 견문으로 보조하여서 계발해야 한다. 양지가 반드시 천리를 사용한다면 공허한 앎이 아니다.”라고 하였는데 이는 답습한 설이다. 어떤 사람이 말하기를 “양지는 배우지 않아도 아는 것이니 모름지기 다시 양지를 쓰지 않아도 양지는 당장 원만하게 성취되어서 병통이 없다. 모름지기 다시 욕망을 녹여 없애는 공부를 쓰지 않는다.”라고 하였는데 이는 엽등(凌躐)의 이론이다. 어떤 사람이 말하기를 “양지는 허적虛寂을 주로 하며 명각明覺을 연경緣境으로 삼는다.”라고 하였는데 이는 용에 스스로 막힌 것이다. 어떤 사람이 말하기를 “양지는 명각을 주로 하며 허적을 침공沈空으로 삼는다.”라고 하였는데 이는 저절로 체에 빠진 것이다. 대체로 양

지는 원래 무에서 유를 낳으며 앎이 없되 알지 않음이 없으며, 치량지 공부는 원래 깨닫지 못한 사람을 위해 베푼 것이며 욕망이 있는 자를 위해 베푼 것이다. 허적은 원래 양지의 체이며 명각은 원래 양지의 용이다. 체와 용은 근원이 하나이며 원래 앞과 뒤의 나뉨이 없다. 배우는 사람이 근본을 따르지 않고 그 근원을 더듬지 않으면서, 오로지 의견과 언설에 편승하여 다만 어지러움을 더할 뿐이다. 가장 근사한 자는 양지가 본래 쉽고 간단함을 알지 못하고 한갓 가르친 바의 자취에 빠져 있어서 깨달은 바의 진리를 탐구하지 못하고 떠들썩하게 지적하여서 선禪이라고 한다. 같고 다름의 털끝만 한 사이에 저절로 참된 혈맥의 길이 있으니 밝은 사람은 마땅히 스스로 터득해야지 입과 혀로 다툴 수 있는 것이 아니다.[165]

"치량지 공부는 원래 깨닫지 못한 사람을 위해 베푼 것이며 욕망이 있는 자를 위해 베푼 것이다."라고 한 것은 바로 중등 근기 이하의 사람을 위해 베푼 '사유교'를 가리킨다. "양지는 원래 무에서 유를 낳으며 앎이 없되 알지 못함이 없으며"라고 한 것은 바로 상등 근기의 사람을 위해 베푼 '사무교'이다. "허적은 원래 양지의 체이며 명각은 원래 양지의 용이다. 체와 용은 근원이 하나"라고 한 것은 바로 "하나에서 나아가 만이 되고, 만에서 나아가 하나가 되는" '왕문팔구교'를 가리킨다. 왕기는 양명의 '왕문팔구교'에서 각 파의 양지설을 평술하였음을 알 수 있다.

나중에 왕기는 가정 41년(1562)에 지은 「무주의현대회어撫州擬峴臺會語」에서 더욱 상세히 강서와 절중의 학자들이 '왕문팔구교'의 종지를 토론하고 강구하는 가운데 일어난 사상의 엇갈림과 분화를 담론한 뒤 각 학자의 설을 여

165 『왕기집』 권2 「저양회어滁陽會語」.

섯 학파로 나누어서 다음과 같이 말하였다.

> 선사께서 먼저 양지의 가르침을 주창하여 천하를 깨우치니 학자들이 쏠리듯이 마루로 삼아서 이 도가 세상에 크게 밝아질 듯하였다. 무릇 동문 가운데 견문이 미쳐서 얻은 자는 비록 양지의 종설宗說을 감히 어기지 못하였으나 각자 성품에 가까운 것을 의의擬議하고 하나로 뒤섞어서 어지러이 다른 학설을 이룸을 면하지 못하였다. 어떤 사람은 양지가 깨달아 비추는 것이 아니므로 모름지기 귀적歸寂에 근본을 두어야 비로소 터득하되 마치 거울이 사물을 비추는 것과 같으며, 밝은 본체는 적연하여서 고운 것과 추한 것이 저절로 변별되니 비춤에 막히면 밝음이 도리어 어두워진다고 하였다. 어떤 사람은 양지가 성견成見이 없어서 수증修證에 의해 비로소 완전해지니 마치 금광에 있는 금에 불을 붙여서 단련하지 않으면 금을 얻어 완성하지 못하는 것과 같다고 하였다. 어떤 사람은 양지는 이발已發로부터 가르침을 세운 것으로서 미발未發의 무지無知의 본지가 아니라고 하였다. 어떤 사람은 양지는 본래 무욕하며 곧은 마음으로 움직이니 도 아님이 없고 다시 욕망을 녹여 없애는 공부를 더할 필요가 없다고 하였다. 어떤 사람은 배움에 주재가 있으며 유행이 있으니 주재는 본성을 세우는 까닭이고 유행은 명을 세우는 까닭인데 양지로 체와 용을 나눈다고 하였다. 어떤 사람은 배움은 순서에 따름을 귀하게 여기는데 구함에는 본말이 있으나 터득함에는 안과 밖이 없으니 치지致知로 시작과 마침을 구별한다고 하였다. 이는 모두 학문의 동이를 논한 견해로서 차이는 털끝만 하지만 그 오류는 천 리가 되니 변별하지 않을 수 없다. 적寂은 마음의 본체이며 비춤을 작용으로 삼는다. 앎을 비우고 비춤을 버리면 이는 작용을 어그러뜨리는 것이다. 우물에 빠지려는 아기를 보고서는 측은히 여기며, 꾸짖고 발

로 차며 주는 밥을 보고서는 부끄러워하고 미워하는 것은 인의仁義의 마음이 본래 완전히 구비된 것이 감촉하여서 신묘하게 반응한 것이니 배우지 않아도 할 수 있다. 만약 양지가 닦음으로 말미암아 완전해진다면 그 체를 어지럽히는 것이다. 양지는 본래 미발의 중이니 앎이 없되 알지 않음이 없으며, 만약 양지 앞에 다시 발하기를 구한다면 곧 공허함에 빠진 견해가 될 것이다. 옛사람이 가르침을 세움은 원래 욕망이 있는 자를 위해 베푼 것으로서 욕망을 녹여 없애는 것은 바로 다시 무욕의 본체로 돌아가는 방법이니 여기에 더할 바가 없다. 주재는 곧 유행의 체이며 유행은 곧 주재의 용이니 체와 용은 근원이 하나이어서 나눌 수 없으며 나누면 분리될(離) 것이다. 구하는 바는 터득하는 원인(因)이며 터득하는 바는 구하는 증거(證)이니 처음과 끝이 하나로 꿰이고 구별될 수 없다. 구별되면 갈라질(支) 것이다. 우리가 양지의 가르침을 가슴에 새겨서 다행히 서로 묵묵히 입증하여 배우는 사람의 의혹을 풀어주고 종지를 잃어버리지 않기 위해 힘써 추구하면 대체로 잘 배운 것이 되리라.[166]

왕기는 여기에서 여섯 학파(六家)의 설(귀적설歸寂說·수증설修證說·이발설已發說·무욕설無欲說·주재류행설主宰流行說·치지설致知說)을 제기하였다. 만일 왕기의 '주심主心'설(*心一分殊, 心體體認)과 전덕홍의 '주사主事'설(*事上磨煉, 致良知工夫)을 더하면 모두 여덟 학파가 된다. 왕기는 각 학자의 설을 종합하고 스스로도 '왕문팔구교'의 입장에서 여섯 학파의 설의 동이와 득실을 평론하였던 것이다.

이른바 "옛사람이 가르침을 세움은 원래 욕망이 있는 자를 위해 베푼 것

---

166 『왕기집』 권1 「무주의현대회어撫州擬峴臺會語」.

으로서 욕망을 녹여 없애는 것은 바로 다시 무욕의 본체로 돌아가는 방법"이라 한 것은 바로 '사유교'를 가리킨다. 또한 "주재는 곧 유행의 체이며 유행은 곧 주재의 용이니 체와 용은 근원이 하나이어서 나눌 수 없으며 나누면 분리될 것이다. 구하는 바는 터득하는 원인이며 터득하는 바는 구하는 증거이니 처음과 끝이 하나로 꿰이고 구별될 수 없다. 구별되면 갈라질 것"이라 함은 바로 '사무교'와 '사유교', 즉 양명의 체용일원體用一源, 본체공부일관本體工夫一貫, 일즉위만一卽爲萬, 만즉위일萬卽爲一의 '왕문팔구교'를 가리킨다.

강서와 절중의 학자들과 '왕문팔구교' 종지를 강론하고 탐구하는 전체 과정에서 왕기는 모두 양명의 '사무교'와 '사유교'를 굳게 지켜서 한편으로는 사람의 근기를 근거로 가르침을 베풀어서 단계를 뛰어넘고 엽등할 수 없음을 강조하였고, 또 한편으로는 '사무교'와 '사유교'를 통일하여서 사유와 사무를 함께 수행하고 어느 한쪽도 폐기할 수 없다고 강조하였다. 그는 명확하게 다음과 같이 말하였다.

> 선사께서 본체 공부를 제시한 뒤 사람들이 모두 본체를 담론하고 공부를 말할 수 있었는데 사실 본체 공부는 모름지기 변별이 있다. 성인의 분수에서 말하면 다만 이 앎이 바로 본체이며 공부이니 바로 그대로 이루는 것(致)이다. 배우는 사람의 분수에서 말하면 모름지기 치지의 공부를 하여서 그 본체를 회복하되 널리 배우고(博學), 따져서 묻고(審問), 신중하게 생각하고(愼思), 명료하게 변별하고(明辨), 독실하게 행하는(篤行) 다섯 가지 가운데 하나라도 폐기하면 그대로 이루는 것이 아니다. 세상의 의론하는 자는 치량지를 허공에 떨어진 것으로 여기는데 그 또한 생각하지 못했을 뿐이다.[167]

---

167 왕기, 『용계회어龍溪會語』 권1 「충원회기冲元會記」. 『왕기집』 부록 2에 보인다.

이른바 '성인의 분수에서 말함'이란 바로 상등 근기의 사람을 위해 베푼 '사무교'를 가리킨다. 또한 '배우는 사람의 분수에서 말함'이란 바로 중등 근기 이하의 사람을 위해 베푼 '사유교'를 가리킨다. 이른바 "세상의 의론하는 자는 치량지를 허공에 떨어진 것으로 여기는데 그 또한 생각하지 못했을 뿐이다."라고 한 것은 바로 치량지 공부에서 착수하는 '사유교'의 사람을 경시하는 점을 비평한 것인데, 이는 그가 말한 "오늘 모인 여러 벗들과 함께 마땅히 실제로 양지를 이루기를 …… 실제로 그 양지를 이루지 못하고 한갓 헛된 견해를 서로 높이고 거짓 행위로 서로 꾸미면 협지挾持하는 바, 이해하는 바가 무슨 일인가?"[168]라고 한 것과 일치하는데 모두 공부에서 착수하는 '사유교'의 중요성을 긍정하였다.

왕기는 '사무교'를 '돈교頓教'로 간주하고 '사유교'를 '점교漸教'로 간주하여서 돈수와 점수의 상호 수행을 강조하며 다음과 같이 말한다.

> 어떤 사람이 또 옛 현인의 돈점頓漸의 설을 물어서 …… 내가 말하기를, 돈점의 구별은 역시 개략적으로 말한 것일 뿐 …… 이치는 돈오頓悟를 타고 일은 점수漸修에 속한다. 깨달음으로써 수행을 열고 수행으로써 깨달음을 입증한다. 근기에는 날카로움과 둔함이 있으니, 그러므로 법에 돈과 점이 있다. 요컨대 돈도 점에 의해 들어가니 이른바 상지上智도 중·하를 겸하여서 수행한다고 한 것이다. 참된 수행을 하는 사람이라야 참된 깨달음이 있으니 용공이 치밀하지 않으면서 갑자기 돈오를 말하는 자는 모두 감정의 인식에 빠져서 참된 수행이 아니다.[169]

---

168 왕기, 「용계왕기회적기龍溪王畿會籍記」, 『왕기집』 부록 3에 보인다.

169 『왕기집』 권17 「점암설漸庵說」.

그가 '사무교'와 '사유교'의 겸수兼修와 병용竝用을 더욱 강조하였음을 알 수 있다.

이 사상은 나중에 그가 「치지의변致知議辨」에서 총결하였는데, 그는 '사무교'와 '사유교'를 종합하여서 사무와 사유의 겸수를 다음과 같이 천석하였다.

> 대체로 학자의 근기가 같지 않음으로 인하여 공부를 함에 난이가 있는 것이다. 마음의 체(心體)에서 근기를 세우는 자가 있고, 뜻의 뿌리(意根)에서 근기를 세우는 자가 있다. 마음의 체에서 근기를 세우면 마음은 곧 지극히 선하고 악이 없는 마음이며, 뜻은 곧 지극히 선하고 악이 없는 뜻으로서 곧 지극히 선하고 악이 없는 앎에 이르고 지극히 선하고 악이 없는 사물을 바로잡는다(格). 뜻의 뿌리에서 근기를 세우면 뜻은 선이 있고 악이 있는 뜻이며, 앎은 곧 선이 있고 악이 있는 앎이며, 사물은 곧 선이 있고 악이 있는 사물이며, 마음 또한 선하지 않은 것이 섞이지 않을 수 없다. 그러므로 모름지기 그 마음의 바르지 않음을 바로잡아서(格) 바름으로 돌아가게 해야 하니 비록 공부를 함에 쉽고 어려운 차이가 있으나 요컨대 지극한 선의 본체를 회복하면 하나일 뿐이다.[170]

왕기가 결코 '사무'만 논하고 '사유'는 논하지 않은 사람이 아니었음을 알 수 있다. 그는 양명의 '왕문팔구교'에 가장 충실한 제자였다. 강서와 절중의 여타 학자들과 견주어서 필경 또렷하게 '왕문팔구교' 가운데 양명의 치량지와 복심체의 본체공부론 심학체계를 말하였다. 그러므로 그의 이러한 말은 강서와 절중의 학자들이 양명의 유촉에 따라 '왕문팔구교'의 종지를 토론 강

---

170 왕기, 「치지의변致知疑辨」, 『왕기집』 부록 3 「치지의변일문致知疑辨佚文」.

구한 것을 역사적으로 총결한 것이라 할 수 있다.

왕기와 서로 대립한 서산 전덕홍은 강서와 절중의 학자들과 '왕문팔구교'를 토론 강구하면서 도리어 처음부터 끝까지 양명의 '왕문사구교'의 종지를 굳게 지키고 '왕문팔구교', 곧 '사무교'와 '사유교'를 인정하지 않았다. 전덕홍은 「여장부봉與張浮峰」에서 솔직하게 말하였다.

> 용계(왕기)의 학문은 날로 평이하고 실해서 매번 헐뜯고 기림이 떠들썩하고 번잡한 가운데 더욱 떨쳐서 드날림을 보았습니다. 저(弟)는 지난번 의견이 달라서 비록 노사老師의 유명遺命을 받아 서로 유익함을 취하였으나 끝내 들어간 곳이 다른 길이어서 혼연히 접하여 하나가 됨을 볼 수 없었습니다. 돌아와 누차 많은 일을 겪고서 저(不肖)는 비로소 본심을 순수하게 믿었으며, 용계는 일에서 기꺼이 갈고닦아서(磨滌) 이로부터 바로 (가르침의 종지에) 상당하여서 두면頭面을 드러내지 않고 도를 자임할 수 있었습니다. 헐뜯고 기리는 말이 역시 이로부터 들어왔습니다.[171]

여기서 "노사의 유명을 받아서"라고 한 말은 양명의 유명을 받들어 강서와 절중의 학자들이 '왕문팔구교'의 종지를 함께 토론하고 강구하는 일을 전개하라는 부촉을 받은 사실을 가리킨다. "서로 유익함을 취하였으나"라고 한 것은 양명이 말한 "두 사람(二君)이 서로 (상대방의 견해를) 취하여 사용한다면 중등 근기 이상이나 이하의 사람들을 모두 도에 이끌어 들일 수 있다." 하고 "두 사람의 견해는 마침 서로 취할 만하고 서로 병폐가 되지 않는다. 여중은 모름지기 덕홍의 공부를 사용해야 하고, 덕홍은 모름지기 여중의 본체를 투

---

171 『명유학안』 권11 「원외전서산선생덕홍員外錢緖山先生德洪·논학서論學書」.

철하게 해야 한다. 두 사람이 서로 취하여서 보탬이 되게 하면 내 학문은 다시 여념이 없을 것이다."라고 한 말을 가리킨다. 이는 분명히 그들 두 사람으로 하여금 서로 그의 '사무교'와 '사유교'에서 취하게 한 것이다. '사무교'는 본체에서 착수하고, '사유교'는 공부에서 착수하는 것이다.

왕기는 나중에 양명의 '왕문팔구교'를 준행하여서 사유와 사무의 쌍수를 주장하고 '사무교'와 '사유교'를 통일하여 '공부를 사용함(用工夫)'과 '본체에 투철함(透本體)'을 '서로 취하여서 유익함'을 이루었다. 그러나 전덕홍은 양명의 '서로 취하여 보탬을 삼으라'고 한 스승의 가르침을 준행하지 않고 처음부터 끝까지 다만 '왕문사구교'에서 맴돌았으며, 끝내 '주사主事'설(*공부론)로 나아갔다.

나홍선은 전덕홍이 강서와 절중의 학자들과 '왕문팔구교'의 사상 변화를 토론하고 강구한 내용을 다음과 같이 논술하였다.

> 서산의 학문은 자주 변하였다. 처음에는 선을 행하고 악을 제거하는 데서 본 것이 있어 이것을 치량지로 여겼다. 이윽고 말하기를 "양지란 선이 없고 악이 없는 것인데 내가 어찌 붙잡아서 (선과 악이) 있는 것으로 삼아 그것을 행하겠으며 또 제거하겠는가?"라고 하였다. 또 이윽고 말하기를 "나는 그것을 말하는 사람이 뒤섞은 것을 미워한다. 선이 없고 악이 없는 것은 견해이며 양지가 아니다. 나는 오직 내가 아는 바로서 선하다고 여기는 것에 나아가 행하고 악이라고 여기는 바를 제거하니 이는 내가 할 수 있는 것이다. 여기에서 나오지 않는 것은 내가 할 수 있는 바가 아니다."라고 하였다. 또 말하기를 "접때 내 말은 두 가지이며 하나가 아니었다. 선생께서 일찍이 말씀하시기를 '지극한 선은 마음의 본체이며 움직인 뒤에 선하지 않음이 있다.'라고 하셨다. 나는 선하지 않음이 없음을 기필할 수 없다. 나

는 움직임이 없을 뿐이다. 저들이 뜻은 움직임이라고 한 것은 이를 일러서 움직임이라고 하는 것이 아니다. 내가 말한 바 움직임이란 움직임에서 움직이는 것이다. 나는 오직 움직임이 없으니 나에게 있는 것은 언제나 하나이다."라고 하였다.[172]

전덕홍 사상의 세 차례 변화는 '왕문사구교'의 네 마디 가르침인 선악의 유무 문제를 둘러싸고 생성하여 전개된 것으로서 변화하면 할수록 모두 '왕문사구교'에 대한 인식의 시야와 범주에서 벗어나지 못하였고, 공부론을 중시하고 본체론을 경시하여서 '치지격물의 공부는 다만 모름지기 일에서 인식해야(識取) 본심이 이에 드러난다.'라고 인식하였다. 그리하여 황종희는 왕기와 전덕홍의 사상적 동이를 비교하여서 다음과 같이 말하였다. "용계의 견해는 변화하여 머물지 않는 체를 깨달음에 있었으니 선생은 다만 사물에서 실심으로 갈고닦았다(龍溪從見在悟其變動不居之體, 先生只於事物上實心磨煉)."

전덕홍은 양명이 그들에게 토론하고 강구하라고 한 적지 않은, 중요한 양지 심학사상에 대해 회피하고 담론하지 않았으며 혹은 잘못된 독해를 하였다. 예컨대 전덕홍은 양명이 사람의 앎의 근기를 세 등급으로 나눈 것과 사람의 근기에 따라 가르침을 베푼 사상에 대해 입을 닫고 말을 하지 않았다. 또한 양명의 심체체인, 심체복귀의 사상 역시 언급하지 않았다. 양명의 마음·뜻·앎·사물 자체에서 선이 없고 악이 없음을 말한 것과 마음·뜻·앎·사물의 발용에서 선이 있고 악이 있음을 말한 사상에 대해 전덕홍은 두 가지를 혼동하였고 잘못된 해석을 하였다.

그는 다음과 같이 말한다.

---

172 『명유학안』 권11 「원외전서산선생덕홍」.

마음의 본체는 순수하고 잡스럽지 않으니 지선이다. 양지란 지선이 드러나 살필 수 있는 것이니 양지가 곧 지선이다. 마음은 체가 없으니 앎을 체로 삼으며 앎이 없으면 마음이 없다. 앎은 체가 없으며 감응의 시비를 체로 삼으니 시비가 없으면 앎이 없다. 뜻이라 하는 것은 감응에서 말하는 것이다. 사물이라 하는 것은 감응의 사태에서 말하는 것이니 앎은 사물의 시비를 주재하는 법칙이다. 뜻에 동정이 있으나 이는 앎의 체가 뜻의 동정에 따라 명암明暗이 있는 것이 아니다. 사물은 오고 감이 있으나 이는 앎의 체가 사물의 오고 감에 따라 있고 없는 것이 아니다.[173]

이러한 마음·뜻·앎·사물에 대한 인식은 가령 '왕문사구교'에서 보더라도 역시 양명의 사상과 부합하지 않는다.

의심의 여지 없이 왕기는 양명이 세상을 떠난 뒤 강서와 절중의 학자들이 '왕문팔구교'(*사무교와 사유교)를 토론 강구하는 '강학 운동'의 영도적 인물이었다. 나중에 황종희는 왕기의 '왕문팔구교'의 전석에 대한 시비득실을 다음과 같이 총결하고 평가하였다.

선생의 이론은 대체로 '사무四無'에 귀결한다. 정심을 선천의 학으로 삼고 성의를 후천의 학으로 삼았다. 마음에서 근기를 세우면 무선무악의 마음이 곧 무선무악의 뜻이니 이는 선천이 후천을 통솔하는 것이다. 뜻에서 근기를 세우면 선과 악 양단의 선택을 면하지 못하며 마음 역시 잡스러움이 없을 수 없으니 이는 후천이 선천을 회복한 것이다. 이는 선생이 학문을 논한 큰 절목節目인데 해내海內에 전하여서 학자들이 의심하지 않을 수 없는

---

173 『명유학안』 권11 「원외전서산선생덕홍·회어會語」.

것이었다. '사유四有'를 논하자면 선은 오직 마음의 고유한 바이므로 뜻·앎·사물의 선은 중中에서 발한 것이며 악은 바깥에서 온 것이다. 만약 심체에 이미 선과 악이 없다면 뜻·앎·사물의 악은 본래 망령된 것이며 선도 망령된 것이다. 공부가 이미 망령되면 어떻게 본체로 복귀하고 돌이킨다고 할 수 있겠는가? 이 말은 양명의 평소 말씀에서 고찰하고 본 바가 없으니 선생의 혼자 말일 뿐이다. 그러나 선생은 다른 날 「답오오재答吳悟齋」에서 이르기를 "지극히 선하고 악이 없는 것은 마음의 체이며, 선이 있고 악이 있는 것은 뜻의 움직임이며, 선을 알고 악을 아는 것은 양지이며, 선을 행하고 악을 제거하는 것은 격물이다."라고 하였다. 이는 그 설이 이미 하나로 귀결하지 못한 것이다. '사무'를 논하자면 『대학』의 정심 공부는 성의에서 착수하니 지금의 마음에서 근기를 세운다고 하는 것은 뜻에 일삼음이 없는 것이다. 그러나 뜻에서 근기를 세우는 것은 중등과 하등의 사람을 위해 베푼 것이니 『대학』에 이 두 가지 양태의 공부가 있는 것인가? 아니면 다만 중등과 하등의 사람을 위해 가르침을 세운 것인가? 선생이 이르기를 "양지는 원래 없음에서 있음을 낳으니 곧 미발未發의 중이다. 이 앎의 앞에는 다시 미발이 없으니 곧 중절의 화和이다. 이 앎의 뒤에는 다시 이발已發이 없으니 스스로 수렴할 수 있으며 모름지기 다시 수렴을 주로 할 필요가 없다. 스스로 발산할 수 있으니 모름지기 다시 발산을 기약할 필요가 없으며, 당장에 현성現成하며 공부와 수정修整을 기다려서 터득하는 것이 아니다. 치량지는 원래 깨닫지 못한 사람을 위해 베푼 것이니 진실로 양지를 터득했을 때 홀로 가고 홀로 옴에 구슬이 쟁반에서 구르는 것 같아서 구관拘管을 기다리지 않아도 저절로 법칙을 지나치지 않는다."라고 하였다. 독실하게 믿고 삼가 지켜서 일체의 이름을 뽐내고 행실을 꾸미는 일은 모두 손을 대서 하는 일이라 …… 저 양지는 이미 지각이 유행한 것이

> 며 방향과 장소에 떨어지지 않고 준칙으로 삼을 수 없으니 공부를 하나라도 드러내면 장애가 있고 허무한 체를 면하지 못한다. 이는 선禪에 가까워지지 않을 수 없다. 유행은 곧 주재이니 깎아지른 낭떠러지에서 손을 놓으면 망망하여서 손을 잡을 곳이 없는 것과 같으며 마음(의식)과 호흡이 서로 의지함(心息相依)을 권법權法으로 삼으니 이는 노자에 가까워지지 않을 수 없다. 비록 이르기를 참된 성품(眞性)이 유행하며 스스로 하늘의 법칙을 본다고 하더라도 유자의 법도(矩矱)에서 출입이 있음을 면하지 못한다. 그러나 선생은 양명의 마지막 가르침(末命)을 직접 받았으니 그 은미한 말이 곳곳에 들어 있다. 상산象山(육구연)의 뒤에 자호慈湖(양간楊簡, 1141~1226)가 없을 수 없으며, 문성文成(왕수인)의 뒤에 용계(왕기)가 없을 수 없다. 학술 성쇠의 원인을 살펴보면 자호는 상산의 물결을 터뜨렸고, 선생은 강을 소통하고 근원을 이끌었으니 문성의 학문에서 본래 발명한 바가 많다.[174]

양명은 마음·뜻·앎·사물의 선악 문제 및 치량지의 공부를 통한 심체 복귀의 사상에 대해 매우 많은 논술을 하였는데, 이는 결코 "양명의 평소 말씀에서 고찰하고 본 바가 없었으니 선생의 혼자 말일 뿐"이 아닌 것이다. 또 왕기가 「답오오재」에서 인용한 '왕문사구교'의 네 마디 가르침에 관하여 왕기는 「치지의변」에서 이미 수정을 하였다. 또한 왕기는 '사유교'에서 이 네 마디 가르침을 인용하였는데 결코 오류가 없었다. 종합적으로 볼 때 황종희는 양명의 '왕문팔구교' 본체공부론 심학체계에 대한 왕기의 천석과 발명의 공을 인정하였던 것이다. 따라서 황종희의 이러한 말은 강서와 절중의 학자들이 양명의 '왕문팔구교'를 토론하고 강구한 것에 대한 역사적 총결이라고 할

---

174 『명유학안』 권12 「낭중왕룡계선생기郎中王龍溪先生畿」.

수 있다.

강서와 절중의 학자들이 양명의 '왕문팔구교'(*사무교와 사유교)에 대해 광범위하고 오랫동안 전개한 토론과 강구는 실제로 왕학을 공동으로 제창하고 전파한 광대한 강학 운동의 새로운 모습이다. 그들은 비록 인식상에서 완전한 일치에 도달하지는 못했지만 양지 왕학의 인식을 심화하였고 양명이 세상을 떠난 뒤 왕학 발전의 추세와 방향을 규정하였다. 이는 왕학의 융합을 촉성하였고, 직접 왕문 후학 또는 만명晩明 사조의 다원적인 학파 분화와 사상의 발전을 추동하였다. 이러한 의미에서 강서와 절중의 학자들은 양명의 '유촉'을 완성하였던 것이다.

18장

범인에서 성인으로(由凡成聖): 심학대사의 자아 초월(超升)

'이 마음 환하게 밝다(此心光明)': 마음을 회복하여 성인이 되는(復心成聖) 환하게 밝은 길

양명은 8월 27일 병을 안고 남녕南寧을 떠나 동쪽 광성廣城으로 나아갈 계획을 세웠는데 본래 광성에 도착해서 다시 조명을 기다릴 생각이었다. 그러나 이 길이 다시는 돌아오지 못할 죽음에 이르는 길임은 전혀 알지 못하였다.

양명은 길을 가는 내내 마음이 처량하고 비분한 감정에 휩싸여서 스스로 실패한 '마복파馬伏波'에 지나지 않는다는 깊은 감상에 젖었다. 횡주橫州를 지나갈 때 그는 특별히 오만탄烏蠻灘으로 가서 복파묘伏波廟를 참배하고 시를 지어서 40년 동안의 비참한 운명을 애도하며 아울러 자기가 15세 때 지은, 꿈에서 복파의 사당을 참배한 감응시感應詩와 함께 복파묘 벽에 제하였다.[1]

복파 사당을 참배하다, 두 수 謁伏波廟二首

사십 년 전 꿈속에서 시를 읊었는데 四十年前夢裏詩

이번 행정은 하늘이 정한 것, 어찌 사람이 한 일이랴! 此行天定豈人爲

---

1 『왕양명전집』 권20 「알복파묘이수謁伏波廟二首」, 「몽중절구夢中絶句」.

정벌은 감히 풍운의 진법에 의지하고　　征徂敢倚風雲陣
지나가는 곳 모름지기 단비 같은 군사여야 하네　　所過須同時雨師
기쁘게도 먼 곳 사람의 바람을 알지만　　尚喜遠人知向望
부끄럽게도 백성의 고통을 고칠 재주 없네　　却慚無術救瘡痍
종래의 승리는 조정으로 돌리고　　從來勝算歸廊廟
무력으로 사방 오랑캐 평정한다는 말이 부끄럽네　　恥說兵戈定四夷

누선에 징과 북 울리며 오만에서 묵고　　樓船金鼓宿烏蠻
물고기 떼같이 많은 배를 저어와 밤에 여울에 오르네　　魚麗群舟夜上灘
달은 깃발에 감돌고 수많은 높은 산 고요한데　　月繞旌旗千嶂靜
방울과 딱따기 소리 전해지니 구계는 차네　　風傳鈴柝九溪寒
변방 오랑캐는 선포에 복종하지 않고　　荒夷未必先聲服
죽임을 일삼지 않는 신령한 무공은 원래 어렵네　　神武原來不殺難
순임금 조정의 새 기상을 보니　　想見虞廷新氣象
계단의 방패와 깃에 오색구름 상서롭네　　良階干羽五雲端

꿈속의 절구　　夢中絶句

이는 내가 15세 때 꿈속에서 지은 시이다. 지금 복파사에 참배하니 완연히 꿈속과 같았다. 이번 길은 거의 우연이 아니니, 이로써 여기에 그 일을 기록한다.

此予十五歲時夢中所作. 今拜伏波祠下, 宛如夢中. 玆行殆有不偶然者, 因識其事於此.

갑옷을 말아 돌아오다 복파 사당에 들르니　　卷甲歸來馬伏波
어린 나이엔 병법을 익혔으나 지금 살쩍이 희끗해졌네　　早年兵法鬢毛皤
구름에 싸인 구리 기둥에 벼락이 쳐서 부러졌는데　　雲埋銅柱雷轟折
여섯 자 제시는 아직 닳지 않았네　　六字題詩尙不磨

이는 양명 스스로 전쟁터와 벼슬길에서 보낸 40년 동안의 생애를 애도한 글이다.

9월 7일 양명은 광성에 도착하여서 즉시 집안에 보내는 편지 한 통을 써서 왕정헌에게 전하였는데, 얼마간 낙관을 품고서 다음과 같이 말하였다.

> 8월 27일 남녕에서 길을 떠나 9월 초 이미 광성에 도착하였다. 병세가 지금은 점차 평복되고 있으나 다만 해수咳嗽가 아직 몸에서 떠나지 않고 있다. (내가 상주한) 「양병본養病本」은 북상한 지 이미 두 달 남짓이니 머지않아 마땅히 (비답을) 받아볼 것이다. 곧 고개(大庾嶺)를 넘어서 동쪽으로 내려가면 집에 도착할 날을 차츰 헤아릴 수 있을 것이다. 편지가 이르거든 조모께 아뢰어서 알려드려라. 지금 들으니 네가 여러 숙부와 여러 형을 따라 함께 항성杭城에서 시험에 나아갔다고 한다. 과제科第의 일을 내 어찌 너에게 함부로 기필하겠느냐만 네가 뜻을 세움에 진보가 있다면 역시 충분히 기뻐할 만하다. 네 숙부와 네 형은 금년에 운수(利鈍)가 어떠하냐? 생각건대, 열흘이나 한 달 사이에 (과거시험) 결과(報)를 들을 수 있다면 그때 나도 배를 출발할 수 있을 것이다. 산음山陰의 임林 장교掌敎가 돌아가는 편에, 어지러운 가운데 서둘러 써서 너에게 알린다.[2]

---

2 『왕양명전집』 권26 「우기왕정헌남又寄王正憲男」 서2.

양명은 멀리 폐색된 변방 지역에 있었고 조정의 음신音訊과 (관련) 소식은 지지부진하였다. 「양병소養病疏」를 올린 뒤 남녕에서 광성에 이르는 두 달 동안 조정의 흉험한 국면에 대해서는 털끝만큼도 알지 못하였다. 그리하여 그는 머지않아 돌아가 병을 요양하며 휴식하라고 윤허하는 조정의 명이 내려오면 즉시 광성에서 소흥으로 돌아갈 수 있을 것이라고 낙관적으로 믿고 있었다.

실제로 그가 7월 10일에 「팔채단등협첩음소八寨斷藤峽捷音疏」와 12일에 「처치팔채단등협이도영안소處置八寨斷藤峽以圖永安疏」를 올린 뒤 조정에서는 그에 대한 가죄加罪와 박해의 수준이 빠르게 심화하였다. 세종은 양명이 단등협과 팔채를 평정한 공을 전혀 인정하지 않았고, '첩음은 과장과 거짓'이며 '은혜와 위엄을 뒤바꾼' 것이라고 배척하였다. 계악은 양명의 「걸양병소乞養病疏」를 (보고하지 않고) 은닉해두고 있다가 기미를 틈타 냉전冷箭을 쏘아서 상처를 입히고, 나아가 양명에게 세 가지 죄상을 더하였다.

첫째, "수인은 명을 받고 사은·전주를 위무하고 토벌하면서 명을 받지도 않고 팔채를 정벌하였다."라고 지적하였다. 이는 바로 조정에서 양명에게 사은·전주의 반란을 평정하라고 명했는데 그가 또 단등협과 팔채의 반란을 토벌하여서 멸한 것은 망령되이 월권을 하여 권력을 천단함으로써 일을 망친 것이다.

둘째, 양명이 "성을 축조하고 읍을 세우는 사업은 인신人臣이 전담할 수 있는 일이 아니다."라며 공격하였다. 양명이 사사로이 현치縣治를 고쳐 세우고, 토관을 증설하고 산채를 옮기고, 진을 축조한 사업은 모두 신하로서 권력을 전횡하고 망령되이 한 일이며, 세종과 조정을 완전히 무시한 처사이다.

셋째, 양명이 장총에게 금은 100만 냥의 뇌물을 주고 양광의 직임을 편취하였다고 무함하였다. 심지어 그들은 양명이 신호의 반란을 평정한 묵은 장부(老賬)를 조작해서(翻出) 말하기를 그가 당년에 신호와 미리 밀모를 한 뒤 나중에 또 '금은을 가득 싣고 돌아갔다'는 등의 말을 하였다.

조정에서는 이미 양명을 질책하고 공격하여서 헐뜯는 소리로 가득하였고, 광성에 있는 양명은 액운이 닥쳐오고 있다는 사실을 아직은 알지 못하고 있었다. 9월 8일, 조정에서 파견한 행인行人 풍은馮恩이 칙서와 상을 가지고 광성에 도착하였다. 양명은 「장려상재사은소奬勵賞齎謝恩疏」를 올렸다. 사실 이때 상으로 내린 것은 다만 양명이 사은·전주의 반란을 평정한 공로를 포장하는 상이었고 칙서에서는 결코 단등협·팔채의 난을 평정한 양명의 공로는 언급하지 않았다. 양명은 칙서와 상에서 세종의 음험하고 사나운(陰鷙) '황제의 뜻(帝意)'과 조정의 험악한 동향을 간파할 수 있었다. 이는 돌아가 병을 요양하고 쉬려는 결심을 더욱 확고히 굳히게 하였다.

광성에서 병을 안고 반달 동안 명을 기다린 뒤 양명은 왕정헌에게 다음과 같은 편지를 보내서 마음속의 우려를 털어놓고 훈계하였다.

> 내가 광성에 도착한 지 반달이 넘었는데 해수와 설사로 인해 어쩔 수 없이 열흘 정도 더 쉬면서 「양병소」에 대한 명을 기다린 뒤 즉시 배를 타고 돌아갈 것이다. 집안일은 말할 겨를이 없으나 다만 집안사람에게 경계하고 신칙해서 크고 작은 일을 모두 겸손하고 근실하며 조심해서 처리하기를 바란다. 근래 여요의 여덟째 아우(八弟) 등의 일은 어떠한지 모르겠다. 서울에서 상주를 하는(進本) 자가 있는데 그들의 의론이 아주 널리 퍼져서(議論甚傳播) 한갓 참소하는 도적의 입을 즐겁게 할 뿐이다. 시절이 어떠하기에 이와 같을 수 있단 말이냐! 형제와 자질子姪 중에 기꺼이 서로 처지를 살펴주려(體息) 하지 않는 이가 있는데, 이는 이른바 창을 잡고 거꾸로 방으로 들어와서(操戈入室) 원수를 돕고 도적을 위하는 것이라 할 수 있으니 참으로 한탄하고 통탄스럽다! 겸하여 사謝 이부姨夫가 돌아가는 길에 서둘러

써서 평안을 알린다. 편지가 이르거든 즉시 할머니(老奶奶)와 네 숙부 항렬(叔輩)에 아뢰어서 알려드려라. 전덕홍과 왕여중 및 서원의 여러 동지들에게도 모두 알려주고, 덕홍과 여중은 모름지기 서둘러 서울로 가야 하니 마땅히 너무 늦지 않도록 지체하지 말게 하여라.[3]

편지에서 말한 "서울에서 상주를 하는 자가 있는데", "한갓 참소하는 도적의 입을 즐겁게" 한다는 내용은 응당 섭능천이 무고한 사건을 왕수공王守恭 등이 서울에 나아가 상소하여 항변함으로써 도하를 떠들썩하게 하고 "의론이 널리 퍼진" 사실을 가리킨다. '참소하는 도적'은 섭능천과 계악의 무리를 가리킨다. 양명은 본래 입조할 생각이 없었으며 전원으로 돌아가 거주할 뜻을 이미 결정했기 때문에 스스로 변론할 마음이 없었고, 도리어 아들에게 "시절이 어떠하기에 이와 같을 수 있단 말이냐!" 하고 비평하였다. 그는 다만 광성에서 명을 기다리면서 조정의 국면을 조용히 관찰하였고, 섭능천의 무함은 결국 공격하지 않아도 저절로 무너졌다.

9월 30일, 많은 병으로 외감에 취약한(善感) 양명은 광성廣城에서 생애 마지막의 처량한 생일을 맞이하였다. 연천燕泉 하맹춘何孟春(1474~1536)이 심부름꾼을 시켜서 축하의 예물을 보내고 아울러 양명에게 자기 문집에 실을 서문을 부탁하였다. 양명은 하맹춘에게 쓴 회신에서 여전히 낙관적으로 자신 있게 다음과 같이 말하였다.

군사의 일로 번잡한 가운데 오랫동안 인사(裁候)를 못 드렸는데도 자주 심부름꾼을 보내 안부를 물어오시고, 겸하여 아름다운 예물과 함께 귀한 문

3 『왕양명전집』 권26 「우기왕정헌남」 서3.

집까지 보내주시니 부끄러우나 그 부끄러움을 어찌 말로 할 수 있겠습니까! 저(僕)는 넉 달 남짓 와병하며 해수와 설사가 날로 심하여서 골골대고, 침상에 누워서 귀는 먹고 눈은 아득하여 보고 듣는 것이 모두 막혔습니다. 귀한 문집(珍集)을 반포하심을 보니 분에 넘친 진귀한 보물(嘉逾拱璧)을 얻었는데 정한 빛이 투사하고 있지만 아직 감히 대뜸 그 사이를 한번 훑어보지는 못하였습니다. 병으로 상소를 올려서 윤허를 얻기를 기다리고 있으니 남은 목숨을 전야에서 보내다가 다행히 평복되고 정신이 조금 완전해지면 그 뒤 감히 현포玄圃에 발을 들이고 천하의 지극한 보배를 모두 관찰하여서 평생을 쾌하게 되면 그때 마땅히 별도로 청함을 들어드리겠습니다.[4]

광성에서 병으로 고통을 겪으면서도 양명이 가장 관심을 기울인 일은 선비와 배우는 사람들과 강학론도를 하는 것이었으니, 병상에서도 여전히 남을 가르치는 일을 게을리하지 않았다. 담약수가 "멀리서 풍모와 취지를 들으니 수석穗石(광동 광주)에서 개강하였는데, 다만 치량지라야 성인의 영역에 들어간다 하셨으며 천리체인은 의가 엄습한 것이라 하고, 잊지 말고 돕지 말라 한 것은 학문이 아니라 하였습니다."[5]라고 한 말은 바로 양명이 광성에서 강학한 일을 가리킨다.

행인 풍은이 와서 양명에게 양지의 학문을 묻고 두 사람은 마음을 기울여서 도를 논하였다. 양명은 흔연히 풍은을 거두어서 제자로 삼았고, 양지를 읊은 칠언절구 시 네 수를 베껴서 증정한 뒤 홍분하여서 사람들에게 말하였다.

---

4 『양명선생문록』 권4 「기하연천서寄何燕泉書」.

5 『천옹대전집』 권57 「전왕양명선생문奠王陽明先生文」. 遙聞風旨, 開講穗石, 但致良知, 可造聖域. 體認天理, 乃謂義襲, 勿忘勿助, 言非學的.

"임무는 무겁고 갈 길은 멀다 하였는데 그것이 풍생馮生에게 있다!"[6] 나중에 풍은은 과연 강직하고 꼿꼿한 '사철어사四鐵御史(입과 무릎과 쓸개와 뼈대가 쇠와 같은 어사)'가 되었다.

광동의 제자 진명덕陳明德·계본·설간·황좌黃佐(1490~1566)·성자학成子學(1504~?)·진전陳琠·곽임霍任·방숭龐嵩(1510~1587)·기칙祁敕(1481~1533) 등이 모두 어지러이 광성으로 와서 양명에게 배움을 물었다. 기칙은 양명과 '궁신지화窮神知化'의 대지를 담론하였는데 양명이 깊이 수긍하였으며 광동의 학자에게 말하기를 "기 정랑은 함양한 것이 깊은 자이다."[7]라고 하였다. 황좌는 계본·설간과 함께 광성으로 왔는데 이때 양명의 병은 이미 매우 깊었다. 양명은 여전히 흥미진진하게 도를 즐기고 황좌와 함께 명덕과 양지의 문제를 강론하였으며, 나중에 그에게 편지를 보내서 더 깊이 배움을 논하였다.

황좌는 자기가 이때 광성에서 양명과 만나 강학한 일을 다음과 같이 언급하였다.

> 내가 그 얼굴빛이 검고 파리한(黧悴) 것을 보고 가끔 생강과 꿀을 삼켜서 가래를 삭히라고 권하였더니 공이 그럴듯하게 여겼다. 계季(계본)·설薛(설간) 두 선생이 나를 이끌어 가서 수업을 하였는데 …… 나는 산중에 숨어 살았는데(荒遯) 공이 (광주로) 가신 뒤 나에게 간찰로 답하여 말씀하시기를 "명덕은 다만 양지이며, 이른바 등燈은 불(火)일 뿐입니다. 우리 형은 반드시 스스로 밝히 알 것입니다."라고 하셨다. 나는 처음부터 끝까지 공과 벗하였고 선을 좇음이 이와 같았으니 어찌 (나) 스스로를 옳다 하겠는가! 공

6 『엄주사부고弇州四部稿』 권76 「풍정위경조부자충효전馮廷尉京兆父子忠孝傳」.

7 황좌黃佐, 「요주부지부기공칙묘지饒州府知府祁公敕墓誌」.

이 대유령을 넘은 뒤 졸하였다. 두 간찰은 지금 서백舒柏이 『양명광록陽明廣錄』에 집어넣었다(刻).[8]

이때 그의 운남雲南의 제자 주극명朱克明(주광제朱光霽)과 하덕윤夏德潤도 편지를 보내 배움을 물었는데, 양명은 편지를 써서 다음과 같이 회답하였다.

> 사인舍人 왕훈王勳 편에 수찰手札을 보내주셨는데 총총한 가운데 답을 올릴 겨를이 없어서 부끄럽습니다. 지금 차자次子가 이미 지휘사를 이어받았는데 갑자기 두드러지게 두각頭角을 나타내고(崢然) 있으나 극명과 덕윤은 초야에서 엄체됨을 면하지 못하니, 이는 본래 고인高人이나 걸사傑士는 족히 논할 것이 없고 세상사의 뒤집힘이 대략 이와 같아 역시 한번 웃을 뿐입니다. 아들이 돌아감을 알리니 이로 인해 대충 문안을 드리며 일일이 문안하지는 못합니다.
>
> 수인이 덕윤 하 선생과 극명 주 선생 두 어른(契家)께 머리를 조아립니다. 무릇 서로 아는 곳에는 다만 뜻을 전해주시기를 바랍니다.[9]

이 편지에서도 양명이 조정에서 흑백을 뒤바꾸고 좋고 나쁨을 분간하지 않음에 대한 풍자를 표현하였다.

양명은 강서와 절중의 학자들이 함께 모여서 '왕문팔구교'의 종지를 토론하고 강구한 일에 더욱 관심을 기울였다. 6월 무렵 양명은 계모 조씨趙氏의 60세 생신(壽誕)을 맞아서 사람을 청하여 「운산하축도雲山遐祝圖」를 그리게 하

---

8 『용언庸言』 권9.

9 섭원봉葉元封, 『호해각장첩湖海閣藏帖』 권2 「여덕윤급극명서與德潤及克明書」.

고 멀리 남녕에서 축하하였다. 동시에 각지의 문인 제자들을 소홍으로 청하여 축수를 기원하는 모임을 갖게 하였는데, 이는 실로 한차례 대규모의 강학회였으며 양명이 맨 처음 강서와 절중의 선비들 모임에서 '왕문팔구교'의 종지를 토론 강구하려는 마음속 염원을 실현한 것이다.

추수익은 「서운산하축도敍雲山遐祝圖」에서 이 대규모의 강학 모임을 다음과 같이 묘사하였다.

> 말하였다. "…… 진사 전관錢寬은 읍邑 사람인데 같은 읍 선비 100여 명과 함께 축수하였으니 덕이 가까이에 미친 것이다. 진사 왕기王畿는 군郡 사람인데 같은 군의 선비 및 각지의 군자 100여 명과 함께 축수하였으니 덕이 멀리까지 미친 것이다. 인정에 점을 쳐보면 천심을 헤아릴 수 있다. 예순(耆)에서 여든, 아흔(耄)에서 백세(期頤)가 되어 앞날(兆)을 마음껏 누리실 것이다." 말하였다. "선생의 학문은 천지만물을 체로 삼는 것이니 어찌 축수가 집안에만 그치겠는가?" 말하였다. "인한 사람이 천하에서 장수와 부귀와 아들을 많이 낳기를 바라지 않은 이가 없으나 그러나 형세상 곧바로 이룰 수는 없다. 사랑을 세움은 부모로부터 시작하며, 공경을 세움은 어른으로부터 시작한다. 양지와 양능은 인의仁義의 실상이다. 천하에 이르러서도 어느 것이 양지가 아니겠는가? 사람마다 자기 부모를 친하고(親其親) 자기 어른을 공경하고(長其長) 경건과 사랑을 합하여서 천도를 따르는(大順) 것이 선생의 뜻이다."[10]

이러한 모임의 문인 제자 가운데서 선산 하정인은 강서 왕문 학자의 대

---

10 『추수익집』 권4 「서운산하축도敍雲山遐祝圖」.

표이다. 그는 먼저 남창에서 양명이 발표한 '왕문팔구교'의 종지를 직접 들었고, 또한 양명에게서 강서의 학자들에게 양식을 준비하여 절중으로 가서 양지심학을 강구하라는 부촉을 직접 들었으며, 양명으로부터 매우 중하게 기대를 받은 강서의 왕문 제자가 되었다. 10월에 양명은 소흥으로 돌아갈 때 특별히 하정인에게 편지를 써서, 강서의 문인 학생들이 강서에서 자기가 돌아오기를 기다릴 필요 없고 일찌감치 그들을 데리고 소흥으로 가서 절중의 학자들과 함께 서로 모여서 양지심학을 강구하여 그가 말했던 "내가 돌아오기를 기다려"서 '궁극으로 이 일을 탐구하는' 숙원을 실현시키라고 하였다.

편지에서 다음과 같이 말한다.

> 내(區區) 병세가 날로 악화하여서 광성에 이르고부터는 설사까지 더하여 밤낮으로 서너 차례 일어나고 증상이 멈추지 않는데 지금은 마침내 두 발로 앉거나 설 수도 없습니다. 마땅히 조금 안정되면 영(대유령)을 넘어서 동쪽으로 갈 것입니다. 여러 벗이 모두 기다릴 필요는 없습니다. 과연 산음山陰의 홍취가 있다면 모름지기 일찍이 전당강에서 키(舵)를 틀어 덕홍과 여중의 무리와 한번 모인다면 피차 응당 반드시 유익할 것입니다. 나의 「양병본」은 이미 3월에 보냈는데 열흘 뒤에는 반드시 전지를 얻을 터이니 역시 마침내 배를 띄워 동으로 갈 것입니다. 가령 전야로 돌아가려는 소원을 이루지 못하더라도 반드시 양명으로 돌아가서 여러 벗과 한번 만나고 이별한다면 이후의 모임을 다시 기약할 수 있을 것입니다. 부디 다시 지체하고 의심하지 말며 한갓 세월을 그르치지(耽誤) 마십시오. 줄곧 배를 따라 가는데 가는 길의 관리가 보내고 맞이하며 청하고 배알함에 결코 잠깐 동안이라도 겨를을 얻을 수 없으니 마땅히 이 뜻을 잘 살피십시오. 편지가 도착하면 즉시 출발하십시오. 덕홍과 여중의 무리도 서두르도록 재촉하여서 북

상을 도모하십시오. 베개에 엎드려서 간단히 씁니다.[11]

나중에 하정인은 확실히 '왕문팔구교'를 토론하고 강구하는 강서와 절중의 학자들의 강학 활동에서 활약한 인물이 되었다. 그러나 양명이 강서와 절중의 학자들과 함께 모여서 '왕문팔구교'를 강구하려는 마음속 염원은 뜻밖에도 영원히 물거품이 되었다.

양명은 광성에서 윤10월까지 고통스럽게 조명이 내리기를 기다렸는데, 병석에서 머리를 들고 간절히 바랐지만 조정의 명은 한번 가버린 황학처럼 아득했으며(杳如黃鶴) 도리어 증성甑城 충효사忠孝祠 건축의 낙성 소식만 전해졌다.

원래 양명의 선조 왕강王綱은 홍무洪武(1368~1398) 초년에 광동 참의를 역임하였고 조주潮州로 가서 난을 평정하였다. 그러나 증성을 지날 때 해적에게 살해당하였다. 아들 왕언달王彦達은 적의 소굴로 들어가 울면서 꾸짖으며 죽음을 무릅쓴 끝에 마침내 양가죽으로 부친의 시신을 싸서 돌아와 장사지냈다. 증성 땅은 일찍이 왕강 부자를 위해 사당을 세워서 제사를 지낸 곳인데 세월이 오래되어서 훼손되었다.

가정 7년(1528) 여름에 증성의 지현 주도란朱道瀾(1523, 진사)이 증성의 현 남쪽 상강相江에 왕강 부자의 충효사를 중수하기로 결정하였다. 양명은 이때 아직 남녕에 머물고 있었는데 즉시 다음과 같은 「비증성현개립충효사신批增城縣改立忠孝祠申」을 발표하였다.

증성현의 공문(申稱)을 근거하니 "살펴보니 광동 참의 왕강은 자가 성상性常

11 『왕양명전집』 권6 「답하정인答何廷仁」.

입니다. 홍무 연간에 조주 일대의 해적을 평정하였는데 부자가 정충貞忠과 대효大孝를 보였으니 응당 제사를 받들기에 합당하므로 성 남문 밖 천비묘天妃廟를 개축하여서 충효사를 세워야 합니다."라고 하였다. 주장奏章을 보니 충효를 널리 드러내어서 높이고 풍성風聲을 세워서 인민의 습속을 홍기하려고 하니 이는 위정의 가장 급선무이다. 그런데 해당 현의 지현 주도란이 능히 해당 학교 제생들의 청에 따라 폐기되고 추락한 기풍을 떨쳐서 일으키려고 하였다. 이와 같으니 평소 직업을 닦고 지향이 바름을 주장을 통해 알 수 있다.[12]

충효사는 6월에 조성을 시작하여 윤10월에 완공되었다. 마침 사묘祠廟의 겨울철 증제(冬烝)를 만나 양명은 증성의 충효사로 가서 치제를 올리기로 결정하고, 가는 길에 담약수의 감천甘泉 옛집을 예방하여서 두 사람이 평생 전개한 교류와 강학론도를 총결하기로 하였다. 양명은 병석에서 죽을힘을 다해 일어나 증성으로 가서 충효사 치제에 참가하고 침통한 제문 한 편을 지었다.

아! 우리 선조는 고황高皇(태조)의 치세에 충절을 바쳐서 비로소 이 땅에서 제사를 받으셨는데 세월이 오래되어 (사당이) 무너지고 황폐해졌습니다. 유사가 신경을 쓰지 않은 것이 아니라면 실로 우리 가문의 자손들 형세가 쇠미하여서 영령의 현양顯揚을 이어가지 못한 것입니다. 무릇 어둡고 길을 잃고 어리석어서 방치한 지 80~90년이라, 생각만 해도 마음이 아프고 측은한데 한갓 자손으로서 마음만 지니고 있을 뿐입니다. 삼가 생각건대 선조께서 자취를 감추고 오랫동안 숨었으나(晦迹長遁) 저는 내몰려서 벼슬을

12 『왕양명전집』 권18 「비증성현개립충효사신批增城縣改立忠孝祠申」.

함에 충성을 다하기 위해 힘썼는데 어찌 신몰身沒의 제사가 있다 합니까! 아비는 충성에 죽고 아들은 효도에 쓰러지니 저마다 그 마음을 편안히 하였으며, 시퍼런 칼날을 아랑곳하지 않았으니 또한 제사의 영광이 있음을 안 것입니까? 돌아보건대 (영령께서) 충효를 드러내어 떨치고 실로 풍성을 세움에 대해 참으로 유사有司가 나라의 전례를 닦아 거행하여서 왕의 교화의 성대한 아름다움을 펼쳐서 흐르게 하였으니 우리 조상의 공렬은 이로써 다시 빛나고, 사람의 마음이 사라지지 않았음을 보니 우리 자손들도 이를 바탕으로 슬프고 억울함을 펼 수 있게 되었습니다. 길이 무궁한 아름다움이 있습니다. 이에 이 사당이 낙성됨에 말손末孫 수인(某)이 마침 제사에 참여할 수 있었으니 이 일은 우연이 아닙니다. 우리 조상의 도는 대개 이로부터 창대해지는 것입니까? 수인은 상의 명을 받아 이 지방을 안무하러 왔습니다. 위로는 임금과 나라에 보답하지 못하고 아래로는 살아 있는 백성들에게 도움이 되지 못하나 반열에 따라 실적을 살핌에 실로 많은 부끄러움을 품고 있습니다. 마음에 감히 스스로 최선을 다하지 않을 수 없는 것은 역시 우리 조상에게 욕됨이 없기를 구하는 것일 뿐입니다. 공무를 처리하고 남은 여가에 (선조의 공덕을) 잊지 않음을 아뢥니다.

5세조 비호어은秘湖漁隱 선생 언달彦達 부군을 배향합니다.

흠향하소서(尙饗)![13]

또 충효사 벽에 크게 시 한 수를 썼다.[14]

---

13 『왕양명전집』 권25 「제육세조광동참의성상부군문祭六世祖廣東參議性常府君文」.

14 왕수인, 「알증강조사謁增江祖祠」. 『가정증성현지嘉靖增城縣志』 권8과 『옹정광동통지雍正廣東通志』 권60에 보인다.

증강사를 참배하고 벽에 쓰다 謁增江祠壁

바닷가 외로운 충성은 세월 따라 깊어지고 海上孤忠歲月深
옛터는 황폐해져 아득히 찾을 길 없네 舊壝荒落杳難尋
풍성 다시 세움에 어진 현령을 만나고 風聲再樹逢賢令
사당 모습 새로워져 옛 마음을 보네 廟貌重新見古心
향불은 천년 이어졌는데 지나다 참배하여 안타깝고 香火千年傷旅寄
두 곳에서 제사를 올리니 상성과 삼성을 탄식하네 烝嘗兩地嘆商參
사당의 이웃 어르신을 보니 모두 어진 사람들과 마을이라 鄰祠父老皆仁里
이로부터 증성은 고향의 숲이로세 從此增城是故林

양명은 선조인 왕강 부자의 충효와 절의를 칭송하여서 왕씨 가족 천년에 전승한 도의와 풍범風範의 전통으로 여기었다. 이는 사실 옛일에 비유하여 현실을 말한 것인데, 그 뜻은 스스로 양광에서 난을 평정한 충효와 절의의 행위를 나타내고 세종과 조정의 계악 무리가 꾸민 무함과 중상中傷에 반격하는 데 있었다. 그리하여 그는 특별히 제학부사 소명봉蕭鳴鳳에게 편지 한 통을 써서 왕강 부자의 충효와 쾌거를 상세히 소개하고 그에게 충효사 기문을 써서 왕씨 가족의 세대가 서로 이어간 충효의 기절을 천석해달라고 청하였다.

편지에서 다음과 같이 말한다.

> 나의 조상 왕강께서는 홍무 초년에 광동 참의를 지내시고 조주의 반란을 평정하러 가셨다가 증강增江에서 해적을 만나 마침내 해를 당하셨습니다. 그 아들이 (아비의) 위난에 나아가서 돌아가셨습니다. 예전에 응당 사당이 있었으나 생각함에 이미 오래전에 훼손되었고 다시 건축해야 하였습니다.

그러나 고을의 어른(耆)에게 부탁하니 모두 땅이 없었습니다. 이에 지현 주도란에게 편지를 보내 곧바로 천비묘天妃廟 터에 영건營建하여서 왕강 및 아들 언달에게 제사를 지냈습니다. 일이 준공되고 제(守仁)가 가서 참례하였습니다. 제사를 마치고 여러 날 머물렀는데 차마 떠날 수가 없어서 제생을 불러모아 강론하기를 그치지 않았습니다. 말하기를 "우리 조상이 이곳에 깃들어 계시고 또 감천은 평생 의리로 맺은 형제(交義兄弟)이니 내가 증성을 봄에 고향이다."라고 하였습니다. 이에 시를 지어서 사당 벽에 제하였습니다.[15]

소명봉은 양명의 뜻을 마음으로 깨닫고 정신으로 이해하여서 「충효사기忠孝祠記」 한 편을 지어서 왕강 부자의 충효 사적을 조사하여 서술한 뒤 특별히 양명의 학문과 사공事功과 기절을 다음과 같이 밝혔다.

…… 가정 무자년(1528)에 증성 지현 주도란이 비로소 성남城南에 사당을 세우고 아울러 전지 39무畝를 마련하여서 해마다 제사에 충당하였다. 마침 공의 6세손 신건백 병부상서 양명 선생이 남방 여러 성의 군무를 총독하여 옹邕(남녕)과 계桂(계림)를 평정하고 부절을 광동으로 돌려서 사당 아래에서 제사를 진설하였다. 선생은 평소 정학을 창도하여 밝히고 옛 성인을 계승하고 미래의 학문을 여는 것을 자기 임무로 삼았으며, 공훈의 위업이 마침내 천하에 가득 찼다. 그러므로 다시 하늘이 내린 편의로 공의 사당의 풍모를 펼칠 수 있었으니 충효의 전승이 본래 비롯되는 바가 있음을 믿을

15 왕수인, 「여제학부사소명봉與提學副使蕭鳴鳳」. 황좌, 『광서통지廣西通志』 권42 「예문藝文」에 보인다.

수 있다. 이에 만백성이 감탄하고 감흥을 일으키니 공의 영상英爽이 곧바로 눈앞에서 날아오르는 듯하다.[16]

왕강 부자의 충효의 장거는 증성에서 일어났으며, 증성은 또 충효사를 수복하여 건축했으므로 양명은 증성도 자기 '고향'으로 생각하고 증성의 담약수를 '평생 의리로 맺은 형제'로 여겼던 것이다. 그는 충효사에 제전祭奠을 올린 뒤 바로 감천도甘泉都 사패촌沙貝村으로 가서 담약수의 옛집을 예방하였다. 담약수의 옛집은 증성 남문 밖 감천도에 있었는데 그곳에는 감천甘泉과 감천동甘泉洞이 있어서 담약수는 자기 호를 감천으로 삼았다.

양명은 감천가를 배회하며 돌아갈 생각을 잊은 채 떠도는 상념이 끊임없이 일어서 시 두 수로 감회를 읊어서 감천의 옛집 벽에 크게 썼다.[17]

감천의 집에 제하다 題甘泉居

듣기에 감천의 집이	我聞甘泉居
국파 기슭에 가까이 있다 하네	近連菊坡麓
십 년 동안 꿈속에서도 생각했는데	十年勞夢思
지금 오니 마음과 눈이 상쾌하네	今來快心目
배회하며 집을 옮겨오려 하니	徘徊欲移家
산 남쪽은 집을 들여놓을 만하네	山南尙堪屋
목마르면 감천의 샘물 마시고	渴飮甘泉泉

16 소명봉, 「충효사기忠孝祠記」. 『가경증성현지嘉慶增城縣志』 권17에 보인다.

17 『왕양명전집』 권20 「제감천거題甘泉居」, 「서천옹벽書泉翁壁」.

주리면 국파의 국화를 먹네 飢餐菊坡菊
흘러가는 나부산 구름을 보니 行看羅浮雲
이 마음 애오라지 충족하네 此心聊復足

천옹의 벽에 쓰다 書泉翁壁

우리 할아버지 나랏일로 돌아가시고 我祖死國事
조상 사당이 증성에 있네 肇禋在增城
허물어진 사당을 다행히 수복하고 荒祠幸新復
마침 처음 증제를 받드네 適來奉初烝
역시 형제간에 우애도 있으니 亦有兄弟好
한번 찾아볼 생각이었네 念言思一尋
푸르고 푸른 갈대의 빛깔 蒼蒼蒹葭色
완연히 큰 바다처럼 사당을 둘렀네 宛隔環瀛深
문에 들어가 집안의 도서를 뒤적이며 入門散圖史
무릎을 껴안고 읊조렸던 옛 생각을 하네 想見抱膝吟
어진 사내 어버이를 공경하고 賢郎敬父執
어린 종은 부모를 생각하네 僮僕意相親
병든 몸 묵을 겨를 없어 病軀不遑宿
시를 남겨 은근히 위로하네 留詩慰殷勤
외롭고 쓸쓸한 천백 년 세월 落落千百載
인생에 어찌 지음이 없으랴! 人生豈知音
도가 통달하면 자취가 드러나니 道通著形迹
초심을 저버리지 말기를 기약하네 期無負初心

이는 양명의 마지막 시 두 수이다. 그는 평생 동안 "외롭고 쓸쓸한 천백 년 세월, 인생에 어찌 지음이 없으랴!"라고 비탄하였다. 생각하고 생각하여서 잊지 못하는 것은 역시 학문을 강하고 도를 논하며 성학을 창도하여서 밝히는 일이었다. 그는 여전히 기대와 희망을 품고서 담약수와 함께 계속 성학을 창도하고 대도로 나아가 "도가 통달하면 자취가 드러나니, 초심을 저버리지 말기를 기약"하였다. 이는 바로 양명이 죽음에 이르러서도 바꾸지 않을 자아 생명의 궁극적인 추구였다.

증성에서 광성으로 돌아온 뒤 양명의 병세는 더욱 악화하여 병석에 누워서 일어나지 못하였다. 그가 광성에서 고통스럽게 조정의 명을 기다린 지 이미 석 달이 되었는데 조정의 명을 끝내 받지 못하였다. 광성에서 병든 몸으로 명을 기다리는 석 달 동안 조정에서는 그에 대한 무함과 중상이 또 정도를 넘어섰고, 세종과 계악의 무리는 남녕을 떠나 광성으로 가서 명을 기다리는 양명에게 또 '멋대로 직역을 이탈하고(擅離職役)', '명을 기다리지 않고 바로 돌아갔다(不候命卽歸)'는 죄목 하나를 덧씌웠다. 양명은 재앙을 이미 피할 수 없다는 것을 알지 못하였다.

조정의 흉흉한 의논 속에서 윤10월 21일 마침내 예부상서 방헌부와 첨사詹事 곽도가 비분강개하며 「논신건백무초지방공차소論新建伯撫剿地方功次疏」를 올려서 양명이 사은·전주를 평정하고 단등협·팔채를 평정한 큰 공적을 변론하여서 밝히고, 양명을 위해 전력으로 비방을 막아내고 원통함을 풀 수 있게 하려고 양명의 공적을 포상하여서 충근忠勤을 장려하기를 청하였다.

주소에서 다음과 같이 통렬하게 진술하였다.

가만히 보건대 신건백 남경 병부상서 겸 도찰원 좌도어사 왕수인은 명을 받들어 양광을 순무하였는데 전주田州·사은思恩을 이미 위무하여서 안정시키고, 이어서 다시 팔채 및 단등협 등의 도적을 평정하였습니다. 신 등은 모두 광동 사람으로서 도적들과 이웃한 지역에 있어 근심이 되는 각 도적의 실제 형적을 다들 알고 있습니다. 일찍이 가만히 이를 갈고 이마를 찌푸리며 탄식하여서 말하기를 "양광의 양민은 어찌 이리도 불행하기에 악한 변방과 이웃해 살게 되어서 처자가 어느 날이나 평안할까?"라고 하였습니다. 또 일찍이 가만히 헤아려서 말하기를 "양광이 어느 날에나 훌륭한 관원을 얻어서 각 도적을 무찔러 평정하고 양민으로 하여금 저마다 자기 생업에 안주하게 하고, 완악한 백성으로서 아직 환란에 깊이 빠지지 않은 자가 마음을 바로잡고 교화로 향하겠는가?"라고 하였습니다. 이에 지금 성명께서 특별히 왕수인을 기용하여서 전주·사은 지방을 위무하고 토벌하게 하시니 신 등은 가만히 모의하여 말하기를 "양광이 이로써 편안함에 이를 수 있는 기회이다. 성천자의 사람을 알아보는 은택이다!"라고 하였습니다. 이 전역戰役에서 신 등이 왕수인을 위해 계책을 말하기를, 전임 순무가 세 성의 병사 몇만, (정확한 액수는) 알 수 없지만 오주梧州 세 부에 여러 해 비축한 군향과 비용 몇만, 또 광동 포정사의 지거支去 고은庫銀 몇만과 얼마인지 알 수 없으나 쌀의 지거 몇만, 얼마인지 알 수 없으나 살사殺死, 역사疫死, 낭병狼兵, 향병鄕兵, 민장民壯, 타수打手 몇만을 조발하여서 전주가 겨우 50일 안정을 찾았을 뿐입니다. 이로부터 사은이 반역하였고 조암弔巖의 적이 나와서 조경부肇慶府를 에워싸고 수천 가호를 죽였는데 이 도적은 동시에 함께 나타났으니 대체로 전주·사은과 함께 동서로 서로 상응하고 호응한 것입니다. 왕수인 같은 사람은 대패하고 극도로 피폐한 뒤에 등장하여서 성명의 특별한 발탁의 은혜를 입고 비록 네 성의 병력을 합하고 다시 지고은支庫銀 100여만, 지미支米 수백만을 사용했지만 전주를 토벌하여서 평정하고 수만 인에게 공을 미쳤으니 역시 또한 천하의 큰 공적이라 하겠습니다. 그러나 수인은 병사 한 사람 부리지 않고 양식 한 말도 허비하지 않고 다만 폐하의 성덕聖德을 선양하여서 마침내 사은과 전주 두 부의 완악한 백성이 머리를 조아리고 와서 복종하게 하였으니, 성인의 교화를 받들어 드날려서 먼 곳의 사람을 오게 한 일은 비록 순이 유묘를 이르게 한 것이라도 어찌 이에서 지나치겠습니까! 이로써 신 등은 왕수인이 오로지 천위天威를 엄숙하게 했을 뿐만 아니라 실로 성덕을 크게 펼친 것이라고 탄복합니다.

팔채와 단등협의 도적은 전주나 사은과는 비교할 수 없습니다. 천하의 열두 성省은 모두 평야가 많은데 오직 광서만 만산이 빽빽한 가운데 그 토양은 험하고 그 물살은 빠르며 산은 높아서 온갖 원숭이(猿猴)와 나는 새도 넘을 수 없습니다. 그러므로 속담에 이르기를 '광서는 인민이 셋이면 도적은 일곱(廣西民三而賊七)'이라고 하였습니다. 산이 높고 땅이 험악하여 습성이 흉하고 사나우며 비록 양민이 있어도 역시 변화하여 도적이 됩니다. 팔채의 도적은 홍무 연간(1368~1398)에 평정하지 못한 적이 있었습니다. 단등협은 성화 8년(1472)에 도어사 한옹韓雍이 겨우 토벌하여서 평정한 뒤 지금 50여 년이 되었는데 남은 재앙(孽)이 다시 치성하고 있습니다. 그러므로 광서의 도적 소굴 가운데 유주柳州·경원慶遠·울림鬱林·부강府江의 여러 도적이 비록 때로 나와서 겁탈하고 약탈하였으나 역시 관병을 여러 차례 청하여서 정벌하였습니다. 팔채의 도적들에 대해 국초國初부터 지금까지 가벼이 정벌과 토벌을 논의하지 못한 것은 대체로 산수가 험악하고 병사를 진군시킬 길이 없으며, 정보가 조금이라도 돌면 도적이 이미 알아채서 한 사람이 험한 곳을 막을 경우에 병사 만 명이 대적하지 못합니다. 그러므로 160년 동안 감히 팔채의 도적을 정벌하지 못했던 것입니다. 도적도 험한 지형을 믿고 함부로 악행을 저질렀는데, 때로 나와서 성보城堡를 공격하여서 에워싸고 죽이고 약탈한 양민이 1만을 헤아립니다. 그뿐만 아니라 사방의 만민이 죄를 범하고 법망을 벗어나 달아나서 팔채에 가담하여도 유사가 감히 추격하여서 붙잡지 못합니다. 인근의 유적流賊이 관병의 추격과 살육을 피하여 팔채에 가담하여도 관병은 감히 어느 누구도 어찌하지(誰何) 못합니다. 이는 실로 팔채가 사방 도적(寇賊)의 소굴(淵藪)이기 때문입니다. 또한 단등협은 팔채의 우익입니다. 광서에 팔채의 여러 도적이 흩어져 있는 것은 마치 사람에게 심복의 질병이 있는 것과 같습니다. 팔채가 평정되지 않으면 양광은 베개를 편안히 벨 기약이 없습니다. 지금 왕수인이 드러나지 않은 정황을 관찰하고 무방비 상태의 적을 엄습하여서 일거에 평정함으로써 백수십 년 승냥이와 범의 굴혈을 마치 먼지를 털어내듯이 깨끗이 쓸어서 평정하였으니 성인聖人(황제)의 신령한 무용과 죽이지 않는 위엄을 우러러 빌리지 않았다면 어찌 이에 이르렀겠습니까! ……

어떤 사람(或者)은 의논하기를 왕수인이 "명을 받들고 전주·사은을 토벌하고 위무하게 되었는데, 전주를 토벌하지 못하면 그만둘 것이지 끝내 팔채를 토벌하는 것이 옳은 일인가?"라고 하였습니다. 신은 곧 다음과 같이 말하였습니다. "예전에 오吳나라와 초楚나라가 반역하여서 양梁나라를 공격하였는데 경제景帝(B.C.157~B.C.141)가 주아부周亞夫(?~B.C.143)에게 조칙을 내려서 양나라를 구원하게 하였더니 아부가 조칙을 받들지 않고 오나라와 초나라의 양도糧道를 끊어서 마침내 오나라와 초나라를 격파하고 7국을 평정하여서 한의 사직을 안정시켰다. 저 조칙을 받들지 않음은 큰 죄이나 경제가 아부를 죄주지 않은 것은 무엇 때문인가? 전傳에 이르기를 '궁궐(闑) 안의 일은 과인이 다스리고, 궁궐 밖의 일은 장군이 다스리라.' 하였다. 또 이르기를 '대부가 강토에 나가서 국가를 편안하게 하고 사직을 이롭게 할 수 있다면 전권을 행사할 수 있다. 이것이 옛날의 도이다.'라고 하였다. 이런 까닭에 주아부는 오나라와 초나라를 제압하는 관건은 그 먹을거리를 공급하는 길을 끊는 데 있지 직접 양나라를 구원하는 데 있지 않았음을 알았던 것이다. 이런 까닭에 비록 (전략 수정을 위해서는) 조명이 있어야 함을 알았으나 오히려 받지 않았던 것이다. 오직 명군이라야 공으로 여기며 만약 썩은 유생이라면 죄로 여길 것이다. 지금 왕수인은 전주·사은을 덕으로 품을 수 있음을 알았기에 마침내 항복을 약속받고 안정시켰던 것이다. 팔채의 여러 도적이 160년 동안 복종하지(易服) 않았음을 알았기에 마침내 시세를 따르고 의리를 의지하여서(因時仗義) 토벌하여 평정한 것이다. 인의仁義를 실천한 것이 천덕天德에 도달하였다. 비록 조명은 없었으나 먼저 발동하고 뒤에 보고할 수도 있거늘 하물며 편의에 따라 이바지하는 취지가 있는 것임이랴?"

어떤 사람은 또 말하기를 "성읍을 세우고 조성하는 것은 중대한 일이다. 돈과 식량을 구획하여 처리하는 일은 호부戶部의 직분인데 먼저 상주하여서 알리지 않고 대뜸 공사를 일으키면 되겠는가?" 하였습니다. 신은 곧 다음과 같이 말하였습니다. "옛날 제왕이 천 리 안은 스스로 다스리고, 천 리 밖은 후侯·백伯에게 맡겼을 뿐이다. 이는 요·순·탕왕·무왕과 같은 성인의 지혜로 (채택한 제도인데) 도리어 후세가 이만 못하다 하겠는가? 무릇 강역이 넓음을 고려하면 지력智力이 미치지 못하니, 한 사람의 이목의 힘을 이용하여서 일에 무익한 것과 천하의 현재賢才가 천하의 일을 다스려서 편안하고 공이 있는 것 가운데 어느 것이 더 나은가? 이런 까닭으로 제왕의 직분은 인재를 알아보는(知人) 것일 뿐이니, 이미 그 사람의 현명함을 깨닫고 그에게 위임했다면 일의 거조擧措를 한결같이 맡겨서 성공을 책임지게 할 뿐이다. 만약 공효功效를 믿지 않으면 죄를 다스리면 된다. 지금 이미 임명하고서 다시 견제한다면 호걸이라도 어디에 수족을 두겠는가? 이런 까닭으로 왕수인이 팔채를 평정하면서 도적의 우두머리(渠魁)만 죽였을 뿐 본래 죄를 짓고 도망한(逋逃) 자는 죽음에 이르게 하지 않았다. 이 시기時機를 활용하여 성읍을 세우고 조성하여서 마침내 죄를 짓고 도망한 도적을 불러들여 생업에 복귀하게 하면 여러 해 결집한 도적들이 모두 교화하여서 양민이 될 수 있다. 이 기회를 놓치고 병사들을 흩어서 돌아가게 한 뒤 다시 상주하여 전지를 얻어서 판축版築을 일으킨다면 도적이 점차 돌아오고 또 사람들이 점점 모여들어서 험한 지형에 산채를 엮어서 점거하여 우리 군사에 항거할 경우 비록 성을 쌓으려고 해도 불가능할 것이다. 옛날 범중엄范仲淹(989~1052)이 서쪽 변방을 지키며 머물 때 대순성大順城을 축조하여서 적과 싸우고자 하는 생각으로 먼저 판축을 갖춘 뒤 변방을 순시하여 급속히 공사를 시작함으로써 한 달 만에 성을 완성하였다. 서하西夏에서 깨닫고 항쟁을 하였으나 이미 미치지 못하였다. 그때 범중엄이 만약 주보奏報를 기다렸다면 어찌 일에 실패하지 않았겠는가! 왕수인이 성읍을 세우고 조성한 역사는 대체로 계획이 무르익었던 것이며, 전량錢糧과 부역夫役은 본래 호부에 비용을 청하여 충족한 뒤 처리하는 것이 아니다. 남쪽을 돌아보시는 성명聖明의 근심을 나누어 진(一肩) 것은 현자라 할 만한데 공으로 삼지 않고 도리어 과로 여긴다면 옳겠는가?"

이에 앞서 정덕 14년(1519) 신호宸濠가 강서에서 모반을 일으키고 양사兩司가 머리를 수그려 도적(신호)을 좇았는데 오직 왕수인이 어사 오희유伍希儒 및 사원謝源과 함께 (국가에) 충성을 바칠 것을 맹세하였습니다. 불행히도 간신 장충張忠과 허태許泰 등이 왕수인의 공을 가로채서 자기 공으로 삼으려고 사람들에게 (유언비어를) 퍼뜨려서 말하기를 "왕수인은 처음에는 도적과 함께 모의하였다."라고 하였으나 공론을 덮지 못하였고, 이에 또 말하기를 "신호가 금과 비단을 왕수인·오희유·사원에게 주어서 수레에 가득 싣고 돌아갔다."라고 하였습니다. 당시 대학사 양정화楊廷和, 상서 교우喬宇도 왕수인의 공을 시기하여서 끝내 더불어 변론하여 밝히지 않고 오희유와 사원을 축출하여 사적仕籍에서 제명하였습니다. 왕수인의 변론하지 않은 비방은 지금까지 씻지 못하여서 말도 못하는 원통함이라 할 수 있습니다. 나라에서 공을 평가함에는 두 가지 방법이 있습니다. 나라를 세우는 데 공을 바친(開國效功) 신하가 있고, 국란을 평정하고 위기에서 구해내는(定亂拯危) 신하가 있습니다. 개국에 함께한 신하는 성공하면 제후가 되고 실패하면 포로가 되니, (개국에 함께한 신하의 공적은) 비록 헤아리지 않아도 됩니다. 오직 재앙과 변고가 갑자기 일어나면 사직의 안위가 단번(一發)에 흔들리니 충성을 바치고 국란을 평정하는 신하는 잊을 수 없습니다. 무엇 때문입니까? (그 신하는) 사직을 지키기 때문입니다. 옛날 왕수인이 신호를 사로잡은 것은 난리를 평정하고 위기에서 구한 공이라 할 수 있는데, 간사한 사람이 오히려 혹 시기하여서 단점을 헐뜯었습니다. 이와 같다면 나중에 사변이 일어날 경우 누가 기꺼이 충성을 바치겠습니까? 심합니다, 소인이 공을 시기함이 나라를 충분히 그르칠 수 있음이여! 신 등은 이로써 탄식하여 말하기를 "왕수인이 강서에서 세운 공을 밝히지 않으면 여충勵忠의 신하를 권할 수 없으며, 강서에서 세운 공을 밝히지 않으면 또한 책훈策勛의 신하를 권할 수 없다. 이는 모두 천하의 큰 근심이다"라고 하였습니다.[18]

소에서 말한 '어떤 사람'은 바로 계악의 무리를 가리킨다. 긴 글로 쓴 방

18 『위애문집渭厓文集』 권2 「지방소地方疏」. 이 상소는 곽도의 『위애문집』에 실려 있는데, 전에는 곽도가 올린 것으로 여겨졌다. 그러나 『명세종실록』에 따르면 '예부상서 방헌부, 첨사 곽도의 말'이라고 하였으니 이 소는 방헌부와 곽도가 함께 올린 것으로 상정한다.

헌부와 곽도의 항변은 천균千鈞의 힘이 있었으며, 이치가 있고 근거가 있어서 반박할 수 없었다. 그러나 세종과 계악의 무리는 이미 무쇠 같은 마음으로 양명이 반란을 평정한 큰 공적을 인정하지 않았고 양명이 입조를 하지 못하게 하였으며, 그에게 변방 지역의 직분을 사수하게 하였고 큰 병으로 헐떡헐떡 숨을 몰아쉬는 그가 병을 요양하기 위해 돌아가 쉬게 해달라는 청을 냉혹하게 윤허하지 않았다. 또 결국에는 그에게 '병을 구실로 사직을 구한다(假病求去)'는 죄명 하나를 덧씌웠다.

간사한 세종은 방헌부와 곽도의 주소에 비답하기를 "말한 바에 이미 처분하라는 전지가 있었다. 성읍을 닦아서 세운 것은 근심을 방비하는 사의事宜이니 수인으로 하여금 관원과 함께 모획하여서 편의대로 한번 수고하여 영원히 편안하게 함으로써 뒷날의 어려움을 끼치지 말도록 힘쓰라."[19] 하였다. 이른바 성읍을 닦아서 세우는 사의에 동의한 것은 허황한 초식이었다. 끝내 근본적으로 양명의 조치措置에 따라 성읍을 닦아 세운 일은 없었던 것이다. '말한 바에 이미 처분의 전지가 있었다'는 말은 조신을 속이는 허황한 말이었다. 세종은 일찌감치 암암리에 양명이 '중요한 진을 멋대로 이탈하고(擅離重鎭)', '직역을 멋대로 이탈하고(擅離職役)', '고의로 근거 없는 말을 꾸며서 사직을 구하고(故設漫辭求去)', '명을 기다리지 않고 즉시 돌아갔다(不候命卽歸)'는 큰 죄목을 정하여서 처분하려고 하였던 것이다.[20] 방헌부와 곽도가 상주한 항론은 결과적으로 실패하고 말았다. 이것이 바로 양명이 광성에서 석 달 동안

---

19 『명세종실록』 권46.

20 풍은은 9월 8일에 광성에 이르렀고 9월 중순에 서울로 돌아가 복명하였으며, 양명은 9월 20일에 「장려상재사은소奬勵賞齎謝恩疏」를 올렸다. 그러므로 세종과 조신은 적어도 10월에 이미 양명이 남녕을 떠나 광성에 이르렀음을 알고 있었다.

명을 기다리다 끝내 조명을 받지 못한 진정한 원인이다.

방헌부와 곽도가 양명을 위해 상소하여서 비방을 변론하고 무함을 씻으려고 했을 때 광성에 있던 양명은 이미 병세가 침중하여서 숨을 헐떡헐떡 쉬고 있었다. 그는 광성에서 석 달 동안 병마에 시달리면서 명을 기다리느라 집으로 돌아가 치료할 절호의 기회를 놓쳐버렸고, 스스로도 살날이 얼마 남지 않았음을 직감하였다. 다시 광성에서 명을 기다리는 것이 이미 아무런 의미가 없었으므로 넋이라도 고향에 돌아가고자 하는 신념이 그를 지탱하고 있었다.

윤10월 30일 황좌黃佐가 그에게 북행을 권하자 양명은 마침내 그의 권고를 받아들였다. 11월 1일 양명은 「걸해골소乞骸骨疏」를 올리고 귀향하여서 의사에게 진찰을 받은 뒤 병을 치료하겠다고 청하고, 아울러 운양鄖陽 순무 임부林富(1502, 진사)를 자기 후임으로 천거하였다. 바로 이날 양명은 광성을 떠나 북쪽으로 향하였다. 가는 길에 병의 증세가 매우 위독해졌다. 21일에 황량한 대유령을 넘어서 강서의 경계에 들어서자 양명의 병세는 이미 더욱 깊어졌다. 다만 정신과 의지만 변함없이 매우 또렷하여서 강서 포정사 왕대용王大用(1479~1533)에게 말하기를 "너는 공명孔明(제갈량)이 강유姜維에게 부탁한 까닭을 아느냐?" 하였다. 왕대용은 문득 밝히 깨닫고 즉시 병사를 영솔하여서 장차 귀천歸天하려는 당대의 '공명'이 월越로 돌아가는 길을 옹위하였으며, 아울러 은밀히 사람을 보내 관재棺材를 준비하여서 수레에 싣고 뒤따르게 하였다.

25일, 남안南安에 도착하자 문인인 남안의 추관推官 주적周積이 찾아뵈었다. 양명은 있는 힘을 다해 억지로 일어나 앉았는데 해수가 멎지를 않았다. 천천히 주적에게 묻기를 "근래 학문의 진보가 어떠한가?" 하였다. 주적이 학정學政의 정황을 보고한 뒤 병세에 대해 조심스럽게 물었더니 양명이 답하기를 "병세는 위급하고 아직 죽지 않은 것은 원기元氣뿐이다."라고 하였다. 주적이 즉시 의생醫生을 청하여서 진찰하고 약을 먹였다.

28일, 남안의 청룡포靑龍鋪에 도착하였을 때 날이 저물어서 정박하였다. 양명은 시자侍者에게 어디냐고 물었다. 시자는 "청룡포입니다."라고 대답하였다. 양명은 비룡승천飛龍昇天의 예감이 들었다. 29일 이른 새벽에 그는 동복을 불러서 유서 검토를 시작하고 행협行篋을 깨끗이 정리하게 하였는데, 수행하는 하인이 몰래 지니고 온, 공적으로 지급할 응분의 상공은賞功銀의 선여羨餘 532냥을 발견하였다. 양명은 공은을 사사로이 받아쓰고 공과 사를 구분하지 못한다는 혐의를 받고 싶지 않아서 즉시 수행하는 통판 용광龍光의 의자義子인 첨귀添貴에게 명하여서 은량을 오주로 돌려보내게 하였다.

전덕홍은 「재사왕성재서再謝汪誠齋書」에서 감탄을 금치 못하며 이 사건의 전후 경위를 다음과 같이 말하였다.

> 그 사이에 부사父師(양명)의 양광兩廣의 사의事宜를 막사幕士에게 물으셨는데, 자못 그 개략을 다 말씀드릴 수 있습니다. 승리를 알리고 개선하던 날 예에 따라 태평연연太平筵宴 및 경하의 진송賑送 의전이 있었는데 수부水夫의 문자門子에게 제공한 기구 가운데 인정으로 물리치지 못한 것과 의례히 물리칠 필요가 없는 것을 거두어서 간직한 상공의 이른바 선여를 공상公賞의 비용으로 삼았습니다. 공을 이룬 뒤 장차 돌아감에 상공의 정수正數를 총계하였더니 공탕公帑으로 지급한 것은 1만여 냥에 지나지 않았고 모두 오주에서 발급한 것이었습니다. 정수 외에 이 선여는 이어서 명하여 아울러 오주에 발급하였습니다. 또 길을 가는 내내 명을 기다렸는데, (명이 내려오는데) 여러 날 지체할지도 몰라서 오히려 불시의 수요에 대비하여 종자가 잠시 지니고 길을 가면서 상황에 따라 견발遣發하기를 대비하였습니다. 뜻

밖에도 남안에 아직 이르지 못하여서 이 흉변을 당하였습니다. 병혁病革의 새벽에 친히 복례僕隷에게 명하여서 글을 남기고 행협行篋을 정리하게 하였으며, 상공관賞功官에게 명하여서 그간의 노고를 위로하게 하고 공(왕굉汪鋐, 1466~1536)에게 선여를 귀속하게 하였는데, 이는 실로 부사의 마지막 유촉(治命)입니다. 당사자는 그 (선여를 간직하고 있었던) 상황을 숨기고 선생께 알리지 않았으나, 선생은 죽음을 슬퍼하는 감정의 절실함과 남은 고아를 안타깝게 여기는 돈독함과 관리의 청을 생각하여 합당한 의론에 따라서 이르기를 "대신이 나라의 일(王事)로 이리저리 돌아다니다가 몸이 변방에서 죽게 되었으니 아픔에 남은 슬픔이 있으나 예는 마땅히 후하게 보답해야 한다. 하물며 물건이 선여에서 나온 것을 받아서 의를 해쳐서는 안 된다."라고 하였습니다. 그러므로 곧바로 일을 과단성 있게 처리하여서 사사로움을 일삼는다는 의심을 받지 않았으니 그 은혜가 두텁다 하겠습니다. 다만 제자가 (선여를 돌려줄 것 없이 그대로 쓰라고 하여) 받아들인 나머지 아직 황공하고 미혹함을 면하지 못합니다. 무릇 부사께서 이미 명을 내리셨기에 전날 돌려주는 것이 옳다면 오늘 받는 것은 그른 것입니다. 진실로 의를 헤아리지 않고 사사로이 받는다면 아마도 죽은 이의 정을 떨치는 것이니 끝내 지하에서 사뢸 길이 없습니다. 또한 자식이 어버이를 섬김에 평소 한마디라도 감히 어기고 넘길 수 없습니다. 하물며 군려軍旅의 일(군령)과 역책易簀의 말씀(유언)이니 생각건대 차마 어기고 잊어버리고 사사로이 받을 수 있겠습니까? 주시는 것은 대인의 주심이며 취함이 없는 것은 부사의 마음입니다. 취하면 아마도 죽은 이의 명을 어기는 것이며 중생자重生者의 죄이며, 또한 자식의 충심에서 우러나온 정에 이로써 꾸지람을 피할 수 없기에 삼가 수장手狀을 써서 선생이 널리 펴지게 해주시기를 기다립니다. 아울러 원컨대 은 532냥은 수주隨州 참판 용광의 원래 의남義男 첨귀에게 부탁하여서 대하臺下에 다시 보내드리니 엎드려 바라건대 공탕과 함께 징험하여서 존몰存沒의 마음이 천지 귀신에게 질정하게 하십시오.[21]

양명의 일생은 후회가 없었으니 광명으로 왔다가 광명으로 가며 얽매어 걸리는 바가 없었다. 바탕이 본래 깨끗하게 왔다가 깨끗하게 돌아가니 내 마음은 맑고 깨끗하며, 가고 머묾에 자취가 없었던 것이다. 정오 무렵 병세가 위급해지자 양명은 홀연 의관을 정제하고 동자에게 의지하여 일어나 앉아서 시자에게 묻기를 "남강南康까지 얼마나 남았느냐?" 하였다. 시자가 대답하기를 "3우郵가 남았습니다."라고 하였다. 양명이 탄식하며 말하기를 "아마도 미치지 못할 것이다."라고 하였다. 시자가 말하기를 "왕 방백方伯(왕대용)이 수목壽木을 준비하여서 따르게 했는데 감히 아뢰지 못하였습니다."라고 하였다. 양명이 눈을 크게 뜨고 말하기를 "그가 이렇게 했는가!" 하였다. 가동이 다가와서 무슨 부촉이 있는지 물었더니 양명이 말하기를 "달리 생각할 바 없으나 평생의 학문을 이제야 몇 푼 보았는데, 우리 무리(吾黨)와 함께 성취하지 못할 것이 한이 될 뿐이다!"라고 하였다. 또 말하기를 "전주의 일은 내 본심이 아니었으니 후세에 누가 나를 용서하랴?" 하였다. 양명은 또 주적을 불러서 침상가로 오게 한 뒤 한참 말이 없더니 홀연 눈을 크게 뜨고 말하기를 "나는 간다(吾去矣)!"라고 하였다. 주적이 눈물을 주르륵 흘리며 묻기를 "무슨 유언입니까?" 하였다. 양명이 평정平靜하게 대답하기를 "이 마음이 환하게 밝으니 다시 무슨 말을 하랴(此心光明, 亦復何言)?" 하는 말을 마치고 천천히 세상을 떠났다.

왕양명은 천하에 도를 전한 심학대사로서 '이 마음 환하게 밝다'는 신념

21 전덕홍, 「재사왕성재서再謝汪誠齋書」. 『왕양명전집』 권38 「세덕기世德紀」에 보인다.

을 품고서 이 떠들썩한 인간세상을 떠났으며, 인심을 구속하고 범인에서 성인으로 이르는 광명의 길을 완주하였다. 그가 말한 '환하고 밝은 이 마음'은 바로 양지의 광명한 마음을 가리킨다. 양명은 일찍이 소년 시절에 지은 향시 시권 중에서 '심체광명心體光明'을 말한 뒤 죽음에 이르러서 모든 사람이 마음에 양지가 있음을 굳게 믿었다. 양지의 마음은 본연으로 광명하며, 영각靈覺하여서 꺼지지 않는 밝은 등불과 같으니 바로 그가 임종하기 전에 황좌에게 말한 "명덕은 다만 양지이며, 이른바 등燈은 불(火)일 뿐"이라고 한 것과 같았다. 세간의 침륜하고 소외된 인심은 다만 치량지의 도덕실천(道德踐履)의 공부를 통해 비로소 심체로 복귀하고, 양지를 다시 밝히고 밝은 등을 거듭 밝힐 수 있다. 바로 그가 세상을 떠나기 전에 섭표聶豹에게 말한 "양지의 발현과 유행은 광명하여서 원만하게 빛나며 다시 거리끼고 막히고 차단되어 격리된 곳이 없으니 이것이 대지大知라고 일컫는 까닭"[22]이라 한 것이다. 이는 바로 양명의 심학이 세상 사람들에게 지적하여서 밝힌, 범인에서 성인으로, 심체로 복귀하는 한 줄기 광명의 길이었다. 그가 몸소 힘써 행하고 평생 동안 밟아나갔으며 임종 전에 스스로 "이 마음 환하게 밝다."고 일컬은 것은 그 스스로 이미 범인에서 성인으로 궁극적인 경계의 초극(超昇)을 실현하여서 심체를 다시 밝히고 범인에서 성인이 되었음을 선언한 것이나 다름없다. 그는 결코 죽지 않았으니, 성인을 이룬 그의 '환하게 밝은 마음'은 영원히 인간세상을 비추고 있다.

22 『왕양명전집』 권2 「답섭문위」 2.

끝나지 않은 결말:
가정嘉靖 '학금學禁' 아래 죽지 않은 참된 넋(眞魂)

냉혹한 세종과 계악의 무리는 죽음에 이른 양명을 놓아주지 않았다. 그들은 듣는 사람을 깜짝 놀라게 하는 '학금'의 원통한 사건을 조작하였다. 양명이 청룡포에서 이미 병으로 사망했을 때 그들은 도리어 죽은 양명에 대해 새로운 한차례(輪)의 더욱 잔혹하고 무정한 박해를 가하기 시작하였다. 12월 27일, 세종은 기군欺君의 죄로 양명의 제자 육징陸澄을 광동 고주부高州府 통판으로 폄적하였는데, 이는 세종이 펼친 새로운 '학금'으로서 양명을 박해하고 왕학을 금고禁錮하는 신호탄이었다. 표면적으로는 육징을 징계한 것이지만 실제 창끝은 양명을 겨냥한 것이었다.

육징은 이에 앞서 6월에 상소하여 스스로 이전 대례의에서 취한 잘못을 뉘우치고 대례의 반대파에서 대례의파로 전향하였다. 계악은 기대 이상으로 크게 기뻐하면서 즉시 다음과 같이 상주하였다. "육징은 사특함을 닦은 사실을 숨기지 않았고 군주를 섬김에 속이지 않았으니 마땅히 스스로 새로워짐을 들어주어야 합니다. 이어서 각사各司에 행하여 육징과 같은 사람은 모두 스스로 핍박과 협박, 연루되어서 처분을 받은 연유를 진술하게 하여서 듣고 헤아린 뒤 정리하고 이전처럼 녹용錄用하소서."[23]

육징은 기복起復하여 예부의제사주사禮部儀制司主事가 되었다. 그러나 12월에 『명륜대전明倫大全』이 완성되자 세종은 앞부분에 육징이 이전에 대례의에 반대하여 올린 주소가 실려 있는 것을 보고 크게 노하여서 말하기를 "늘 이치에 패역한 이론을 만들어내서 어리석고 몽매한 사람을 미혹하고 유인하며 비위를 맞춰서 아첨하였다. 또 죄를 뉘우치는 듯이 가장하여서 패악하고 간교한 말로 예사禮司를 욕되게 하였다. 마땅히 먼 지방으로 내쳐라."[24]라고 하였다. 육징은 '임금을 속인 죄(欺君之罪)'로 광동 고주로 폄적되었는데, 조정에서는 광동에 있는 양명의 추문을 들추어내려는 의도가 있었으니(*이때 세종은 아직 양명이 이미 세상을 떠난 사실을 모르고 있었다) '임금을 속인 죄' 역시 양명에게 뒤집어씌운 것이다.

가정 8년(1529) 정월 8일에 양명의 「걸해골소」가 겨우 경사에 전해졌고 양명이 이미 병으로 죽은 사실을 알지 못하였던 세종은 뜻밖에도 흑백을 분간하지 않고 양명을 '제멋대로(專擅)' 했다고 지적하고, '임금을 속인 죄'로 양명을 징치하여서 이부에 유시하기를 "수인은 나라의 중요한 명을 받고서 고의로 헛소리를 늘어놓으며 떠나기를 구하였다. 결정(進止)을 기다리지 않았으니 대신이 임금을 섬기는 도가 아니다. 경 등은 말하지 않으니 아마도 사람들이 모두 잘못을 본받아 나랏일을 그르칠까 염려된다. 속히 장문狀文을 갖추어서 보고하라."[25]라고 하였다. 이른바 '고의로 헛소리를 늘어놓으며 떠나기를 구하였다'고 한 말은 양명이 병에 걸렸다는 핑계로 떠나기를 구했다고

23 『명세종실록』 권89.

24 『명세종실록』 권96.

25 『명세종실록』 권97.

무함한 말인데, 세종은 독단으로 날조하여서 가정 시기 최대 사건인 양명의 원안冤案과 '학금'의 당고를 시작하였던 것이다.

정월 10일경 전후로 양명이 병으로 세상을 떠났다는 소식이 경사에 전해졌다. 계악은 문득 자기가 입각할 절호의 기회가 마침내 찾아왔다고 여기고서 한시도 지체할 수 없다는 듯이 앞장서서 양명을 무함함으로써 양명의 원안을 날조한 원흉을 떠맡았다. 황관은 계악의 교활하고 거짓된 낯짝을 폭로하여서 다음과 같이 말하였다.

> 부고가 이르자 계악 공은 공의 「걸양병소」를 인하여 공을 탄핵하고 논박하기 위해 해당 관사(該司)에 명하여서 숨기고 올리지 못하게 하였다. 그런 뒤 직역을 멋대로 이탈하고 광서의 사은·전주·팔채 등의 일을 처리함에 은혜와 위엄을 뒤바꾸었다고 탄핵하였으며, 또 헐뜯기를, 신호를 생포하면서 군공을 참람하게 차지했으며 많은 관원을 회의에 참여하라고 청하여서 …… 이듬해 봄에 상이 장차 교외로 나가려는데 계 공이 은밀히 게첩揭帖을 갖추어서 이러저러하게 아뢰었다. 상이 마침내 많은 관원의 회의를 윤허하여서 공의 세습 공작 작위와 아울러 조정에서 늘 행하는 휼전과 증시를 박탈하여서 지금까지 사람들이 한으로 여긴다.[26]

세종의 남교南郊(의 대제)는 정월 13일이었고, 계악이 세종에게 은밀히 게첩을 올려서 양명을 무함하고 탄핵한 일은 대략 11일과 12일에 있었으니 양명의 원안을 날조함에 중요한 작용을 하였다. 나중에 담약수도 계악이 양명의 원안을 날조한 원흉으로서 맡은 역할을 다음과 같이 폭로하였다.

---

26 『왕양명전집』 권38 「양명선생행장」.

(*양명은) 일이 심각해지자 돌아가기를 청하고 병의 위급함을 알렸다. 답을 기다리지 않고 바로 길을 떠난 뒤 가면서 명령을 기다렸다. 남안 도차途次에서 졸하였는데 미처 명을 받지 못하였다. 역시 운명이다. 강서의 보신輔臣(*계악을 가리킨다)이 첩을 올려 공을 헐뜯어서 상이 휼전을 고쳤으니, 사람이 많으면 하늘을 이기는 법이라 이 또한 운명이다. 백 년 뒤에는 하늘의 섭리(天定)가 장차 사람을 이길 수 없을까? 감천자(담약수)가 처음 부름을 받아 예부에 들어가서 보신을 대면하고 따져서 말하기를 "바깥사람들이 모두 양명의 일은 바로 공의 소행이라고 합니다."라고 하였다. 보신이 묵묵히 있었으나 노하여서 위해를 가하지는 않았으니 그나마 군자의 도량이 있는 셈이다.[27]

이부에서 양명이 이미 병으로 죽었음을 알게 된 뒤 2월 2일에 상주하여서 말하기를 "고 신건백 왕수인은 병이 위독하여서 이임하였으며 길을 가다 남안에서 죽었는데 바야흐로 곤경이 극에 달했을 때 주청을 할 겨를도 없었으니 사정을 본디 알 수 있습니다. 원컨대 너그럽게 용서하소서."라고 하였다. 세종은 오히려 "수인은 멋대로 중요한 직임을 이탈했으니 대신이 임금을 섬기는 도가 아니다. 하물며 그 학술과 사공에 다수 의논할 만한 것이 있음에랴! 경 등은 여전히 관원을 모아서 시비를 상세히 가리고 봉배封拜의 마땅함 여부를 아뢰되 고식으로 비호하지 말라." 하고 정신에게 의논하여서 의견을 모으라고 하명하였다.[28]

세종이 구언하는 조서를 내린 기회를 틈타 급사중 주연周延이 상주하여서

27 『왕양명전집』 권38 「양명선생묘지명」.

28 『명세종실록』 권98.

양명을 위해 변무辨誣하였고, 양명이 강서와 광서에서 평정한 공을 명확하게 변론하여서 양명의 학술이 순수하고 바르니 의논하여서 의견을 모을 필요가 없다고 여기고 다음과 같이 말하였다.

> 수인은 역적 유근劉瑾이 난을 꾸며냈을 때 정직한 절조를 바로 세웠고, 선제께서 남순하시던 날 의로운 군대를 모았으며 또한 동남에서 창도하여서 사방이 (그의) 의를 사모하였습니다. 민·광에 군기를 세워서(建牙) 팔채가 평안해졌습니다. 지금 폐하께서 한 가지 허물로 평생의 공적을 인정하지 않으려고 하시니 국체를 보존하고 공론을 밝히는 까닭이 아닙니다.[29]

세종은 크게 노하여서 "조정은 이로써 공과 죄가 연계한 바로 삼았다. 그러므로 의견을 모으라고 명한 것이다. 주연은 당에 들러붙어서 경솔하게 날뛰었으니 외직에 보임하라."[30] 하였다. 주연은 태창주太倉州 판관으로 폄적되어서 떠나갔다.

양일청楊一淸은 「논언관주연주대論言官周延奏對」에서 세종이 완고하게 양명의 원안을 날조한 진정한 동기와 내막을 다음과 같이 밝혔다.

> 전날 급사중 주연의 소본을 발하發下하였습니다. 신 등이 전지에 견주어 역시 죄책을 가중하려고 하였습니다. 다만 조정에서 바야흐로 구언求言하는 조서를 내렸으니 언관이 충성을 바치는 길을 연 것입니다. 그러므로 절책切責을 가하기를 그친 것은 성명께서 너그럽게 받아들이고 세세하게 따

29 『명세종실록』 권98.

30 『황명숙황외사皇明肅皇外史』 권9.

지지 않게(從寬不求) 하고자 한 것입니다. 어제 어비御批를 받드니 "이부에 명하여서 품급에 따라 외임에 내보내라."고 하였습니다. 신 등 세 사람은 서로 돌아보고 해괴하여서 경악하였습니다. 집주執奏하려고 하였으나 다시 생각건대, 왕수인의 일은 황상께서 이미 이부에 의견을 모으라고 명하셨는데, (이에 관해서는) 자연스레 지극히 공정하고 지극히 합당한 이론이 있습니다. 주연은 감히 대뜸 멋대로 논하여서 날뛰고 망령되고 경솔하였으니 참으로 노할 만합니다. 명목으로는 충성을 바친다고 하나 실은 은혜를 구하고 명예를 취하려는 의도가 있었으니 외직에 보임한 것은 이미 너그러운 쪽으로 결정한 것이어서 족히 장래를 징계할 것이라 삼가 이미 표진票進을 공경히 따랐습니다. 그러나 신 등의 마음은 실로 편안하지 않음이 있습니다. 무릇 황상께서 재이로 인해 수양하고 성찰하여 허물을 끌어서 스스로에게 (원인을) 귀착하며 또한 과科(급사중)·도道(도찰원)를 책유責諭하여서 말을 하게 명령하였습니다. 지금 만약 이 한 가지 일로 주연을 출조黜調한다면 아마도 이로 인해 두려워하여 서로 경계하며 말을 꺼릴까 걱정스럽습니다. 비록 충성스러운 말과 바른 의론이 있다 하더라도 누가 다시 기꺼이 조정을 위해 말을 하겠습니까? 주연 한 사람은 참으로 족히 아까울 것이 없으나, 성명께서 간언을 따르는 아량에 관련(干)이 없지 않고 구언의 전지에 조금 위배됨이 없지 않습니다. 비록 성유聖諭를 받들더라도 언론을 허용하지 않음을 꺼리게 된다면 소신小臣은 바야흐로 죄를 두려워하기에도 겨를이 없을 터인데 감히 누가 경솔하게 우레 같은(雷霆) 위엄을 범하겠습니까? 또한 예로부터 귀에 순한(巽耳) 말은 따르기 쉽고, 귀에 거슬리는(逆耳) 말은 받아들이기 어려워하였습니다. 귀에 거슬려서 받아들이기 어려운 말이지만 이를 굽혀서 용납하면 바로 성대한 덕이라 합니다. 성명을 이미 내렸으니 바로 고치는 것은 마땅하지 않다고 말씀하지 마소서. 예로부터 성제명왕聖帝明王은 신하가 (군주에게) 허물이 있어서 죄를 책망하면 돌이켜서 느껴 깨닫는 바가 있어서 거두어 회복하게 하는 것이 많았으며, 책사冊史(작책내사作冊內史)는 그것을 기록하여서 미담으로 삼았습니다. 황상께서는 근년에 급사중 위도衛道(1514, 진사), 어사 위유본魏有本(1483~1552)에게 출조의 전지를 내리셨다가 다시 잔류하여 등용하셨기에 안팎의 신공臣工이 말을 전하여서 지금까지 이어지고 있습니다. 지금 용서하지 않는 명은 합당하나 신 등은 전과 같은 뜻으로 공론의 한 말씀을 올리며, 엎드려 바라건대 관대하게 사면을 해주시어 주연을 가중처벌하고 벌봉罰俸하되 타지로 전임시키는(外調) 명은 거두어주소서. 대저 처음에 급사중이 나대고 망령되게 진언하였다가 축출되고, 이어서 보신이 구원을 논하여서 잔류하게 하면 죄를 벌하고 과오를 용서하는 도가 양자 모두 온전해지고 어그러지지 않으며 인이 지극하고 의가 다하는 것입니다. 신이 황상의 고굉심려股肱心膂의 부탁을 받았으니 어찌 감히 오로지 공손하게 따르기만 하고 바로잡는 아무런 말도 하지 않겠습니까? 그러므로 감히 먼저 밀소密疏로 상께 아룁니다. 엎드려 유시諭示를 기다리니 판단하여서 결정하소서(進止). 상이 답하기를 "경 등은 짐이 주연을 부당하게 책조責調하고 스스로 구언한다는 뜻을 어겼다고 여긴다. 경 등은 연을 위한 것이 아니라 역시 수인을 위한 것일 뿐이다! 앞서 호명선胡明善의 천거를 허락하였는데, 짐은 백성을 이롭게 하고 다스림에 유익한 말을 구하였지 다스림을 훼손하고 백성을 무너뜨리는 말은 구하지 않았다. 주연이 수인의 학이 바르다고 한 말은 바로 짐의 무지를 기롱한 말이다. 이는 수인의 행동과 소용所用을 따르고 인심의 학문을 크게 무너뜨리는 것인데 이는 옳은가, 옳지 않은가? 예컨대 언관이 충성스러운 말과 곧은 말을 했는데 자기 스스로 말한 것이라면 옳지 않을 것이 없다. 만일 사사로움을 품고 곧음을 팔아서 스스로 편안하지 않음을 느끼는 것은 조정이 간언을 막고 말을 책해서 틀어막았기 때문이 아니라 지적할 만한 것이 없기 때문이다. 경 등이 아뢴 바는 짐이 힘써 서술하여서 답하려고 하였으나 그렇게 하지 못하였다. 경 등은 이미 아뢴 것을 감히 표지票旨하지 않는다고 하지 말고 마땅히 의표擬票하여 시행하여서 거의 경 등의 충성이 너희 어린 군주 때문에 없어지지 않게 하라." 하였습니다.[31]

원래 세종이 신호의 반란뿐 아니라 사은·전주·단등협·팔채를 평정한 양명의 큰 공적을 죽어도 인정하지 않고 온갖 계책을 꾸며서 죄를 더하고 양명을 징치하여 원옥冤獄을 불려서 담금질하고 날조(制造)하여서 이른바 '첩음이 과장되고 거짓되며', '은혜와 위엄이 뒤바뀌고', '고의로 근거 없는 말을 꾸며서 퇴거를 구하고', '직역을 멋대로 이탈하고', '명을 기다리지 않고 즉시 돌아갔다'는 등의 말을 한 까닭은 모두 표면적으로는 있지도 않은 죄명을 덮어씌운 것에 지나지 않았다. 근본적인 원인은 그가 양명의 양지심학을 '양명의 행동과 소용은 크게 인심을 무너뜨리는 학문'이며 절대적으로 금절을 가해야 할 '사설邪說'로 인정한 것에 있었다. 이는 참으로 민심을 금고禁錮하고, 문화를 억압하여서 무너뜨리고, 사대부를 살육하는 가장 무섭고 어리석은 독재군주의 제왕적 심리 상태이다. 양명의 원안을 날조한 것은 세종이 더욱 큰 규모로 '학금'과 '당고'를 꾸미기 위한 큰길을 열어놓았다.

이에 2월 7일 세종은 계악을 불러서 양명의 학술과 사공을 논핵한 '으뜸가는 공(首功)'으로 무영전武英殿 대학사에 제배하여 입각시켰다. 각로를 향한 계악의 꿈은 현실로 이루어졌다. 그는 양명의 '사설'을 금절하는 세종의 성지를 정신들의 의견 결집에 집어넣었다. 2월 8일 이부(*계악은 이부상서이다)에

---

31 『양일청집』 권3 「각유록閣論錄·논언관주연주대論言官周延奏對」.

서는 세종에게 정신廷臣들의 결집된 의견을 다음과 같이 보고하였다.

> 수인의 일은 옛사람을 스승으로 삼지 않고 말이 스승에 맞지 않으며 이상한 학설을 세워서 이름을 삼으려고 하였으니 주희의 격물치지 이론이 아닙니다. 중론이 인정하지 않음을 알고서 『주자만년정론』이라는 책을 지어서 문도들에게 호소하여 서로 부르고 화답하였습니다. (그들 가운데) 재질이 뛰어난 자는 뜻대로 함을 즐겨서 혹 청담으로 흐르기도 하였고, 용렬하고 비루한 자는 헛된 명성을 빌려서 마침내 함부로 멋대로 함에 과감하였습니다. 전하고 익히는 것이 갈수록 어긋나서 어그러짐과 오류가 날로 심해졌습니다. 문인들은 그를 위해 비방을 막고 변호하여서 때려도 죽지 않고 강에 던져도 죽지 않는다는 말을 만들어내기까지 하여서 위로 임금의 들으심(天聽)을 모독하였는데 대부분 기탄함이 없었습니다. 산중의 도적을 토벌하고 역적 신호를 사로잡아서 제거한 것은 일에 근거하여 공을 논하자면 참으로 기록할 만합니다. 이로써 폐하가 등극하신 초에 마땅히 백작에 제배되었으니 비록 양정화가 미리 자기를 위해 사사로이 기반을 다지기 위한 데서 나온 것이지만, 역시 황방黃榜으로 제후에 봉하고 백작을 제배하는 영이 있게 된 까닭입니다. 저 공과 과오는 서로 감출 수 없으니 지금 봉작을 삭탈함은 피하여서 국가의 큰 신용을 빛나게 하시고 사설은 금하여서 천하의 인심을 바르게 하소서.[32]

세종은 즉시 살기등등하게 천하에 '학금'의 조령을 반포하여서 왕학을 금절하였다. 그는 조신朝臣을 향해 다음과 같이 말하였다.

32 『명세종실록』 권98.

수인은 말을 함부로 하고 제멋대로이며(放言自肆) 선유를 헐뜯고 훼방하였으며, 문도를 불러모아 함께 소리 높여 부화뇌동하여서 거짓을 말하고 감정에 내맡겨서 사람의 마음 씀씀이(心術)를 무너뜨렸다. 근년에 선비가 사설을 전하여 익히며 모두 그것을 창도하였다. 신호의 변란에서는 오문정에게 격문을 보내 병사를 일으켜서 의를 의지하여 적을 토벌하고 원악을 사로잡았으니 공적은 본래 기록할 만하다. 그러나 병무에 절제가 없었고 주첩奏捷은 과장되었으며, 근일에는 산채의 오랑캐를 엄습하여서 은혜와 위엄을 뒤바꾸었다. 봉작한 것은 마땅히 추탈하지 않으나 다만 선조先朝의 신령信令에 관계된 것이라 우선 그대로 종신하게 한다. 그가 죽은 뒤의 휼전은 모두 발급을 비준하지 않는다. 도찰원은 그대로 천하에 방으로 효유하고 감히 사설을 뒤따라 익히지 않게 하며, 성인을 비판하는 데 과감한 자는 중하게 다스리고 너그럽게 하지 말라![33]

이는 가정 원년(1522)에 반포한 '학금' 이래 두 번째 일어난, 위세가 더욱 거센 '학금'이었다. 양일청은 「논방헌부대임이부하여주대論方獻夫代任吏部何如奏對」에서 이때 반포한 '학금'의 내막을 다음과 같이 털어놓았다.

오늘 아침 성유聖諭를 받으니 이르시기를 "오늘 짐이 작년에 경의 상주로 계악(鄂)이 같이 일하게 할 만하다 하였는데 짐이 이미 조근朝覲에서 허락하여서 일을 매듭지었다. 이부의 중임은 모름지기 하나같이 감당할 만한 자를 기용해야 하는데 헌부獻夫(방헌부)는 어떠한가? 또 왕수인은 유학자의 호칭을 훔쳤으나 실로 반듯하고 바른 학문은 없다. 강서의 일에서는 매

---

33 『명세종실록』 권98.

우 불충하였으며 성패(勝負)를 관찰하여서 향배를 삼은 것이다. 그는 우리 황형皇兄의 친정親征을 보고 신호가 반드시 사로잡힐 것을 알았으므로 이에 문정과 함께 거사하였으니 실로 문정이 공의 으뜸에 해당하며 다만 수인은 그때 관직이 위에 있었을 뿐이다! 또한 예컨대 신호를 남직례 지방에서 사로잡은 것은 도리어 원래 (관할) 지방에서 벗어나 사람을 죽인 것인데 지금에 이르러서 그 누가 함부로 방자했음을 모르는가! 전날 양광의 대처를 보건대 그가 오랑캐 도적의 견고한 방어에 도리어 굽혀서 초무를 한 것이니 우리의 위엄과 무용을 손상함이 심하다! 팔채에서는 함부로 살육을 하였다. 이로써 보건대 (그는) 형세가 견고하게 대비한 경우에는 죄의 수범首犯과 종범從犯, 가벼움과 무거움을 묻지 않고 하나같이 위무하였고, 그렇지 않으면 기세를 타고 살육하여서 스스로 기이한 공적이라 하였다. 이는 인심에 어긋나지 않은가! 하물며 선학禪學을 높여서 일삼고 귀신과 이단을 좋아하고 숭상하였으니 더욱 성문의 선비가 아니다. 이는 물어야 하는가, 묻지 말아야 하는가? 경 등은 어찌하여 비호하는 데 견결한가! 다만 은밀히 말할 수 있으니 근래 밀유密諭를 공박한 것 때문에 그르게 여겨서 꺼리지 말라. 이대로 준행하라."라고 하였습니다. 신이 엎드려서 성상의 뜻을 받드니 헌부에 대해 물으셨는데 그가 가장 합당합니다. 외부의 의론은 이 임무에 걸맞은 자는 헌부가 아니면 승훈承勛(이승훈)이라 합니다. 헌부는 배움이 바르고 화평하며 거짓이 없고, 승훈은 재주가 뛰어나며 엄격하여서 용술用術이 있습니다. 본병本兵에는 승훈을 기용함이 가장 합당한데 일찍이 섬서陝西 및 요동遼東의 직임을 거쳤고 변방의 임무에 환하게 밝습니다. 단영團營을 다스리는(督) 자를 임용함에 신중하게 선택하지 않으면 안 되니 병부상서가 겸하게 해서는 마땅하지 않고 그대로 대신臺臣을 기용하는 것이 좋습니다. 신 등은 작년에 주소에서 절실하게 말씀드렸습니다. 엎드려

유시를 받드니 왕수인의 일을 언급하셨습니다. 그가 말을 함부로 하고 제멋대로 하며 선유를 헐뜯고 훼방하며 문생을 불러모아서 전하고 익히며 학술에 부화뇌동한 것은 미워할 만합니다. 또한 병무에 절제가 없고 주첩이 과장되었으며 산채의 오랑캐를 엄습하여서 은혜와 위엄을 뒤바꾸었다고 몇 마디 말씀으로 다 하셨습니다. 공과 죄는 서로 덮을 수 없습니다. 공의 (평가가) 의심스러울 경우에는 중한 쪽으로 평가함은 모두 이부 회본會本의 말입니다. 작위를 삭탈하지 않고 본신本身을 마치는 데 그치게 하려는 것도 역시 해부該府 관원의 회의에서 처리한 바이니 신 등은 감히 가중하지 못합니다. 그러나 그의 사설邪說을 방으로 내걸어서 금약禁約하려고 하는 것은 그 죄상이 본래 이미 천하에 밝히 드러났기 때문입니다. 왕여매王汝梅(1517, 진사) 등이 논한 바와 같이 전날 기색을 살폈다고 한 한 가지 설과 같습니다. 옛날에 군주와 신하는 도유밀물都兪密勿하였습니다. 『주서周書』에 이르기를 "너에게 좋은 꾀와 좋은 슬기가 있거든 들어와 안에서 너희 임금에게 고하고 너는 밖에서 이를 순종하라(爾有嘉謀嘉猷, 入告爾后於內, 爾乃順之於外)." 하였고, 이르기를 "이 꾀와 이 슬기는 오직 우리 임금의 덕이라(斯謀斯猷, 惟我后之德)." 하였습니다. 대신의 마음 씀은 본래 마땅히 이와 같아야 합니다. 만약 반드시 밖으로 표현하려고 한다면 이는 자기를 떨쳐서 명성을 구하려는 것에 지나지 않습니다. 이는 대체를 알지 못하는 사람의 말이니 원컨대 황상께서는 듣지 마시고 강구하지 않으신다면 구언의 취지에 위배되지 않고 성덕이 더욱 빛날 것입니다. 오직 성명께서 살피소서. (이런 내용으로) 삼가 주소를 갖추어서 아뢰었습니다. 상이 답하시기를 "어제 경의 주소를 보니 짐이 다 아는 바이다. 왕여매는 근래 부화뇌동하였으니 언관의 도가 아니다. 재앙으로 인하여 마땅히 크고 작은 비부比附를 금해야 하니 강구하지 않을 수 없다. 짐이 비록 말을 위배하는 실수가 있다 하더라도 무지하여서 어리석고 어두운 것을 속이고 덮어서는 안 된다. 반드시 설파해야 한다. 헌부는 문과에 선발되어서 관직을 역임했으니 마땅히 전조銓曹에 보임해야 한다. 지금 보좌(佐者)에게 명하여 서인署印(대리)하게 하고 회시會試가 끝나기를 기다려서 등용하라. 경은 이부에 말을 전해야 한다. 예부는 또 누가 임무를 대신할 만한지 모르겠다. 수인의 봉작은 당연히 혁파해야 하나 다만 우리 황형의 황방黃榜의 유시가 있었으니 선조의 신뢰에 연계되므로 지금은 우선 존치하고 신후身後의 휼전은 모두 혁파하는 것이 옳다. ……"라고 하셨습니다.[34]

세종은 완전히 새빨간 거짓말을 하였다. 양명의 원옥은 바로 세종의 거짓말 속에서 정련되어 이루어진 것이며 왕학 금고라는 '학금'의 그물도 세종의 거짓말 속에서 전국에 펼쳐졌던 것이다.

세종이 독단(一手)으로 양명의 원옥과 '학금'의 큰 그물을 흠정하였을 때 양명의 영구는 아직 소홍 백부伯府의 중당中堂에 놓여 있었고, 각지의 제자와 문인, 선비와 학자, 동료와 동도同道들이 끊임없이 찾아와서 곡을 하고 제를 올렸으며 결코 황상 세종의 떠들썩한 '학금'에 놀라서 물러나지는 않았다.

3월 29일, 감천 담약수는 「전왕양명선생문奠王陽明先生文」을 지어서 '학금'의 펼쳐진 그물 아래 모든 사대부들의 똑같은 마음속 소리를 나타냈다. 담약수는 제문에서 양명이 평생 동안 학술 교류를 한 내용과 학술의 동이를 총결하고 양명의 양지심학 및 일생의 업적을 인정하였다. 그는 곡을 하며 다음과 같이 말하였다.[35]

---

34 『양일청집』 권6 「밀유록密諭錄·논방헌부대임이부하여주대論方獻夫代任吏部何如奏對」.

35 『천옹대전집泉翁大全集』 권57 「전왕양명선생문奠王陽明先生文」.

아! 지난 옛날	嗟惟往昔
세성이 병인에 있던 해(1506)	歲在丙寅
형과 해후해서	與兄邂逅
뜻이 맞고 정신이 교류하여	會意交神
함께 대도를 달려가자고	同驅大道
종신을 기약했습니다	期以終身
혼연일체는	渾然一體
정자가 '인을 앎'이라 한 것이니	程稱識仁
나는 이를 숭앙했고	我則是崇
형도 옳다 하였습니다	兄亦謂然
이윽고 떠나셔서	旣以言去
용장의 두메로 가시니	龍場之濱
나는 「구장」을 증정하여	我贈九章
내 은근한 정을 드렸습니다	致我殷勤
장안에서 함께 모이니	聚首長安
임신년(1512) 봄이었는데	壬申之春
형은 이조에 복귀하고	兄復吏曹
나와 이웃하여 살았습니다	於吾卜鄰
공무에서 물러나 함께 식사하고	自公退食坐膳
서로 심신을 보존하고 길렀으며	相以存養心神
다른 이론을 분석했습니다	剖析異義
나는 성학을 말하여	我云聖學
'천리체인'이라 하였으며	體認天理
천리는 무엇인가 하는 물음에	天理問何

확연한 것일 뿐이라 하였습니다	曰廓然爾
형은 이때 마음으로 깨닫고	兄時心領
옳지 않다고 하지 않았으며	不曰非是
성인의 가지와 잎이	言聖枝葉
노담과 석씨라 하였습니다	老聃釋氏
나는 말하기를 가지가 같으면	予曰同枝
반드시 뿌리가 하나이며	必一根柢
뿌리를 같이하여 가지를 얻었으니	同根得枝
이윤과 백이와 유하혜라 하였습니다	伊尹夷惠
우리 공자에게 부처는	佛於我孔
뿌리와 그루터기가 모두 둘입니다	根株咸二
안남에 사신으로	奉使安南
나는 떠나가고 형은 머물렀습니다	我行兄止
형은 태복으로 전임하여	兄遷太僕
나는 남쪽에 그대는 북쪽에 있었습니다	我南子北
저양에서 한번 만나	一晤滁陽
이 이치를 궁극까지 탐구하였는데	斯理究極
형은 석가와 노담을 말하되	兄言迦聃
도덕이 높고 넓으니	道德高博
어찌 성인과 다르겠으며	焉與聖異
그대의 말은 그릇이 없는가 하였습니다	子言莫錯
내가 말하기를 높고 넓다 함은	我謂高廣
성인의 범위이며	在聖範圍
부처는 나(我)가 없고	佛無我有

중용은 정미하니	中庸精微
체는 같아도 뿌리가 다르며	同體異根
크고 작고 공변되고 사사로움이 다르니	大小公私
이륜의 일어나고 사라짐이	斁敘彝倫
하나는 중화요 하나는 이적이라 하였습니다	一夏一夷
한밤중에 잠자리에 들었다	夜分就寢
새벽에 일어나니 형이 웃으며	晨興兄嘻
밤의 담론에서 그대가 옳다 하였고	夜談子是
나도 (내 주장을) 한번 의심하였습니다	吾亦一疑
남북으로 서로 헤어짐에	分手南北
나는 경기로 돌아왔습니다	我還京圻
모친의 대고를 당해서	遭母大故
영구를 모시고 남으로 돌아오는데	扶柩南歸
금릉에서 마중하여 조문하니	迓弔金陵
나는 슬프고 형은 비통하였습니다	我戚兄悲
영남을 넘어서	及逾嶺南
형은 감의 군사를 지휘하였습니다	兄撫贛師
나는 병으로 초려에 있었는데	我病草廬
방 선생이 와서	方子來同
형의 말을 전하기를	謂兄有言
배움은 끝내 공허해졌으니	學竟是空
같음을 추구하고 다름을 강론함에	求同講異
책임이 지금 공에게 있다 하였습니다	責在今公
내가 말하기를 어찌 감히	予曰豈敢

어리석은 충정을 다하지 못하랴!	不盡愚衷
공허하여 실하지 않음이 없으니	莫空匪實
천리는 유행한다고 하였습니다	天理流行
형은 옳다 하지 않고	兄不謂然
신선과 부처에 견주어서 따짐에	校勘仙佛
천리 두 글자는	天理二字
어찌 여기에서 나온 것인가 하였습니다	豈由此出
나는 말하기를 배우는 사람은	予謂學者
기술을 가리는 것보다 먼저 할 것이 없으니	莫先擇術
무엇을 먹으면 살고 무엇을 먹으면 죽을지	孰生孰殺
모름지기 먹을거리를 가려야 한다고 하였습니다	須辯食物
나는 서초에 거하고	我居西樵
격물치지를 변론하고 분석했는데	格致辯析
형은 나에게 답하지 않았고	兄不我答
마침내 침묵을 지켰습니다	遂爾成默
임오년(1522) 늦봄에	壬午暮春
나는 형의 슬픔을 조문하였는데	予弔兄戚
말하기를 양지를 끝까지 이룸에	云致良知
어찌 옛 전적을 필요로 하겠는가 하였습니다	奚必故籍
내 말과 같으면	如我之言
잡다한 노비의 일을 할 뿐이었습니다	可行廝役
을유년(1525) 병술년(1526)에 남옹에서	乙丙南雍
나에게 편지를 보내	遺我書尺
말하기를 나의 가르침과 규범은	謂我訓規

실로 성인의 준칙이라 하였습니다	實爲聖則
형은 양광을 위무하고	兄撫兩廣
나는 세 차례 글을 썼는데	我書三役
형은 아득하여서	兄則杳然
한 차례도 글로 답하지 않았습니다	不還一黙
병에 걸린 형편을 알고서	及得病狀
나는 의혹이 이에 풀렸습니다	我疑乃釋
멀리서 풍문과 취지를 들으니	遙聞風旨
광주廣州에서 강의를 열었는데	開講穗石
다만 양지를 끝까지 이루어야	但致良知
성역에 나아갈 수 있으니	可造聖域
천리체인은	體認天理
바로 의가 엄습한 것이며	乃謂義襲
잊지도 말고 돕지도 말라는 것은	勿忘勿助
배움이 아니라 하였다 합니다	言非學的
같고 다름을 분리하고 합하며	離合異同
옛날과 오늘의 정을 품었으나	撫懷今昔
안타까운 한숨이 길어지고	切嗟長矣
이승과 저승으로 영영 갈라졌습니다	幽明永隔
아!	於乎
높은 곳을 깔보고 허공을 밟는 용기	凌高厲空之勇
강하게 서고 싸워서 이기는 영웅	彊立力勝之雄
무용은 안정되고 학문은 다 모은 재능이	武定文戢之才
위대한 조화와 더불어 공적해졌습니다	與大化者同寂矣

나는 어찌할 바를 모르는데 짝이 없으며	使吾倀倀而無侶
말을 하려고 해도 묵묵하니	欲語而默默
대도를 우러러보고 굽어봄에	俯仰大道
누구와 함께 나아가겠습니까?	疇與其適

세종과 계악의 무리가 날조한 양명의 원안과 '학금'의 법망은 사대부의 저지를 받았으며, 원안과 학금에 참예한 양일청·장총·계악 사이에서도 모순과 내부투쟁이 일어났다. 7월 2일 양명의 제자 병과급사중兵科給事中 손응규孫應奎(?~1570)가 상소하여서 장총과 계악을 주론奏論하였는데 곧바로 장총을 지적하여서 "학문이 넓으나 성품이 편벽되다(學博性偏)" 하고, 계악에 대해서는 "지나치게 오만하고 맡은 책임을 크게 저버렸다(桀驁, 大負委任)"고 몰아붙여서 장총과 계악이 질병을 핑계로 회피하게 하였다. 이어서 공과급사중工科給事中 육찬陸粲(1494~1551)이 또 8월 13일에 다시 장총과 계악을 탄핵하여서 그들을 "위를 속이고 사사로움을 행하며 권력을 전횡하고 뇌물을 받으며 위엄과 복을 멋대로 지어내고 은혜와 원수에 대해 (그대로) 보복하였습니다. 장총은 매우 강퍅하고 자기 마음대로 사람을 부리며 집요하게 사사로움을 일삼았으나 그 수법이 오히려 엉성하였습니다. 계악은 겉으로는 너그럽고 우활하나 속은 실로 혹독하며 시기하고 잔인한 독毒으로 작은 범죄도 반드시 죽이고야 맙니다."[36]라고 하였다.

세종은 압박을 받고 아픔을 참고 할애割愛를 하여서 장총을 억지로 집에 돌려보내 잘못을 성찰하여서 고치게 했으며, 계악에게는 상서로서 치사하게 하였다. 그러나 9월 1일 세종은 또 너무나 절박하게 장총과 계악을 불러들였

36 『국각國榷』 권54.

다. 장총을 직각에, 계악을 이부상서, 무영전 대학사에 복귀시키고, 양일청을 법사法司에 내려서 엄격하게 처리하게 하였다. 양명과 계악을 모두 자기 '사우師友'라고 스스로 인정한 첨사 황관黃綰은 줄곧 양명을 위해 원통함을 변론하고 평번平反할 시기를 엿보고 있다가 양일청·장총·계악이 잇달아 세력을 잃고 불화한 것을 간파하고서 조정의 위기 국면이 겹겹이 쌓여서 양명의 원통함을 풀어주고 평번할 기회가 찾아왔다고 여겼다. 그는 즉시 「명시비정상벌소明是非定賞罰疏」를 올려서 양명의 학술과 사공事功을 힘써 변론하였고, 양명의 원옥을 평번하고, 양명의 휼전과 증시贈諡를 청하고 아울러 '학금'을 해제하도록 청하였다. 황관의 주소는 실제로 세종과 계악의 무리가 시행한 학금과 황당한 말을 겨냥하여서 양명 일생의 학술과 사공을 상세히 변론한 것이다.

그는 양명에게는 사공에서 남들보다 뛰어난 탁월한 4대 업적이 있다고 인정하면서 다음과 같이 말하였다.

> 신이 수인을 깊이 아는 까닭은 그의 공과 그의 학문 때문입니다. 그러나 공이 높아서 시기를 받고 옛것을 배움을 남들이 알지 못하였으니 이는 수인이 세상에 용납되지 않는 까닭입니다. 수인의 공은 크게 네 가지입니다.
>
> 그 하나, 신호가 감히 불궤不軌하여 모략을 운용하고 사려를 쌓은 것이 하루 이틀이 아니었습니다. 안에서는 내신 예컨대 위빈魏彬 등, 필행蹕幸에는 예컨대 전녕錢寧과 강빈江彬 등, 문신으로는 예컨대 육완陸完 등이 모두 중한 뇌물을 받고 내응을 허락하였습니다. 밖으로는 내신 예컨대 필진畢眞과 유랑劉郞 등이 모두 깊은 의탁을 받고 외응을 허락하였습니다. 그러므로 당시 조정의 신료가 왕왕 신호에 의해 동요되어서 그가 잔포殘暴하다고 소송하는 자가 없었습니다. 가령 그가 뜻을 이루었다면 천하의 창생이 어

찌 어육魚肉이 되지 않았겠습니까? 충신과 의사가 어찌 멸족을 당하지 않았겠습니까? 종실과 친우가 지금까지 초류噍類를 보호할 수 있었겠습니까? 또한 신호는 폐부肺腑의 친척으로서 위세와 지략이 드러나고 극악한 도적을 모아들이고 정예를 훈련시키고 풍부한 뇌물로 원조를 늘려서 그 모략을 행하였으니, 비유하자면 독사와 맹수 같아서 누가 제어하여 다스릴 수 있었겠습니까? 수인이 충성과 의로써 자인하고(自許) 군사의 지모를 평소 익히고 몸을 던져서 사변의 충격을 바로잡았고, 시기에 앞서 예방하여 편의로 일을 처리할 수 있도록 청하였고, 임기응변하여 격문을 보내 장구한 계책을 세워서 정벌하였는데, 만약 그가 그렇게 하지 않았다면 반드시 번개같이 신속해도 귀를 막을 겨를이 없고, 맨손으로는 뭇사람을 거느리지 못하여서 강서의 들판에 붙은 불을 끌 수 없었을 것입니다. 지금 도리어 모두 오문정의 공이라 하여 수인은 나란히 하지 못합니다. 이는 바로 지휘한 사람을 가벼이 여기고 주구走狗의 역을 중히 여긴 것이니 천하에 어찌 병사가 교전함에 주책을 운용하지 않고 맨손으로 쳐서 도적을 사로잡을 수 있겠습니까?

그 둘, 대모大冒·다료茶寮·이두浰頭·통강桶岡의 여러 산채는 형세가 형荊·광廣과 이어지고 땅은 강江·민閩에 접하며 여러 해 쌓여서 적의 소굴(淵藪)이 되었고, 발호하여서 겁탈하고 죽이니(劫劉) 출몰이 여상하지 않았습니다. 그때 유사 모두가 속수무책으로 험한 것을 바라보고 한탄하였는데 다시 한 해가 지나고 시일을 흘려보내면 여러 경내는 아마도 조정의 소유가 아니 될 터였습니다. 수인이 처음 감주에 진을 치고 차례로 토벌하여서 소탕하자 지금은 안정되었다고 합니다.

그 셋, 전주와 사은이 파탄 난 지(衅成) 여러 해가 되었는데 폐하께서 비록 절실하게 깊이 우려하더라도 병사를 쉬게 할 수 없는 일이어서 부득이

한 까닭에 수인을 일으켜서 가서 위무하게 하였습니다. 수인은 병兵의 기틀로써 안정시키고 성실한 믿음으로 감화하여서 마침내 노소盧蘇와 왕수王受의 무리가 성을 비우고 나와서 머리를 숙여(崩角) 투항하게 하였습니다. 그들이 감격하여 기뻐하면서 울고 장형을 받아들이니 마침내 한 지방의 어려움이 평정되었습니다.

그 넷, 팔채가 양광의 배 속에 든 질병이 된 지 여러 해인데 영해嶺海의 사변이 모두 이로 말미암습니다. 그 사이에 수자리를 지키는 관군은 본래 도적을 방비하는 이들인데 오랜 시간이 지나면 변하여서 적당賊黨이 되어버리고 해가 됨이 도리어 더욱 심합니다. 수인이 영순永順의 토관土官 명보明輔 등의 낭병狼兵 및 노소와 왕수의 항복한 졸개를 빌려서 힘을 합하여 습격하고 기회를 보아 토벌하니 마침내 양광의 무궁한 거대한 해가 제거되었습니다. 실로 병법에서 말하는 편의의 타산이 주효한 것입니다. 저 병兵이란 흉기凶器이며 전쟁이란 위험한 일인데 수인이 나선 정벌 전쟁은 전후로 무려 수십 차례였습니다. 그러나 혹 험한 곳에 들어가고 혹 놀란 파도를 능멸하고 혹 무더위를 덮어쓰고 혹 장연瘴煙을 접하고 화살과 돌을 무릅쓰고 헤아릴 수 없는 위험을 밟으며 몸을 던지고 집안을 잊어버리며 나랏일(王事)에 부지런하였는데 끝내 치달리던 곳에서 사나운 독으로 죽었으니 참으로 부지런히 수고를 다하고 몸과 마음을 다 바친 자입니다. 그 공을 끝내 없앨 수 있겠습니까?[37]

황관은 학술에서 양명의 학문에 3대 요지가 있다고 인정하였는데, 모두 공자·맹자와 같은 옛 성현의 사상과 부합한다면서 다음과 같이 말하였다.

---

37 『구암선생문선久庵先生文選』 권15 「명시비정상벌소明是非定賞罰疏」.

수인의 학문은 요지가 셋입니다.

그 하나, '치량지致良知'를 말하니 실로 선성과 선현의 말씀에 근본을 둔 것입니다. 맹가孟軻(맹자)가 이르기를 사람이 사려하지 않아도 아는 것을 양지라 하고 또 측은·수오·공경·시비의 사단四端을 사람의 고유한 것이라 하였습니다. 대체로 발동에 근거하여서 말하면 정情이라 하고, 지각으로 말하면 양지라 하니 이른바 "맹가가 성선을 말하였다(孟軻道性善)."라고 한 것이 이것입니다. 또한 공자는 일찍이 '유물유칙有物有則'의 시를 읽고서 도를 안 것이라고 칭찬하였습니다. 양지는 사물의 법칙을 말합니다. 그 '치致'라 한 것은 무엇입니까? 사람이 반드시 이에 힘을 써서 습기習氣의 사사로움을 제거하고 천리의 진실함을 온전하게 하려는 것일 뿐이니 이른바 '넓혀서 채우는(擴而充之)' 것이 이것입니다.

그 둘, '친민親民'을 말하니 역시 선성과 선현의 말씀에 근본을 두었습니다. 『대학』 구본에서는 "백성을 친하게 대함에 있다(在親民)." 하였고, 「요전堯典」에서는 "능히 큰 덕을 밝혀서 아홉 겨레를 친하게 하고 백성을 고루 밝혀서 만방을 합하여 고르게 하니, 여민이 아! 이에 변하여서 화목하였다(克明峻德, 以親九族, 平章百姓, 協和萬邦, 黎民於變時雍)." 하였고, 맹가는 "군자는 친족을 친하게 대하고 백성을 인하게 대하며 백성을 인하게 대하되 사물을 아낀다(君子親親而仁民, 仁民而愛物)."라고 하였습니다. 이는 수인이 근거하여 옛 '친민'으로 복귀한 것이며 근래의 잘못된 '신민新民'이 아닙니다. 무릇 천지가 군주를 세우고 성왕이 다스림을 행하는 것은 모두 살고자 하는 인정을 따르고, 친함과 사랑함을 끝까지 펴서 (인민을) 모아들이는 것으로 합니다. 그러므로 전리田里와 택거宅居를 만들어서 그것으로 기름을 삼고 예악형정禮樂刑政으로 다스림을 삼아서 지극히 성실한 도를 다하여서 살고자 하는 마음을 따르는 것일 뿐이니, 이것이 이른바 왕도입니다. 이를 버리고 다스림을 말한다면 패공伯功의 술법이고 왕정의 순수함이 아닙니다.

그 셋, '지행합일知行合一'을 말한 것이니 역시 선성과 선현의 말씀에 근본을 두었습니다. 안연顔淵이 인을 묻자 공자가 말하기를 "극기가 인(克己爲仁)"이라 하였고, 안연이 그 항목을 묻자 답하기를 "예가 아니면 보지도 듣지도 말하지도 행동하지도 말라(非禮勿視·聽·言·動)."라고 하였습니다. 안연의 질문은 학문이며 공자가 가르친 것도 학문이니, 다르지 않습니다. 예가 아님을 깨닫는 것은 앎이며, 예가 아닌 것을 하지 않는 것이 행함입니다. 이와 같을 뿐입니다. 대체로 옛사람의 학문을 함은 실질에 힘썼으니 앎의 소재가 곧 행함의 소재입니다. 그러므로 극기를 알면 예로 돌아갈 것이므로 일찍이 앎과 행함을 둘로 나누지 않았습니다. 다른 날 공자가 또 스스로의 배움에 대해 말하기를 "나는 열다섯에 학문에 뜻을 두었다(吾十有五而志于學)." 하고 "일흔에는 마음이 하고자 하는 대로 해도 법도에 어긋나지 않았다(七十從心所欲不踰矩)."라고 함에 이르기까지 앎과 행함을 역시 둘로 나누지 않았습니다. 수인(의 학문)은 여기에서 발전하여 사람으로 하여금 말과 행실을 서로 돌아보게 하고 후세의 실수처럼 공허한 말을 일삼지 않게 하려고 한 것 아님이 없습니다.[38]

황관은 양명을 무함한 계악의 거짓말을 비평하고 세종이 양명의 원안을 평번하고 '학금'을 해제하기를 바라면서 다음과 같이 말하였다.

대체로 유학은 경세를 근본으로 하며, 삼대의 학문은 인륜을 밝힘을 근본으로 합니다. 수인은 세상 선비의 기풍이 퇴락하고 무너짐을 보고서 위로

38 『구암선생문선』 권15 「명시비정상벌소」.

군주와 어버이를 섬기고 아래로 부부로 처신하며 벗들과 어른 및 어린이 사이에 이르기까지 모두 성실한 마음에 의거하지 않아서 도를 잃어버렸다는 사실을 알았습니다. 그러므로 이것을 일깨워주어서(提撕) 사람으로 하여금 근본으로 돌아가고 몸으로 살피며 공부(用功)에 절실하게 했을 뿐입니다. 이는 폐하의 '경건하고 한결같음(敬一)'의 취지, 「오잠五箴」의 저술과 같으니 위대한 효의 정성과 지극한 인의 실상에 있어서 실로 두 갈래(二致)가 아닙니다. …… 그런즉 수인의 견해 역시 망령된 것이 아님을 알 수 있으니 끝내 그 학문을 폐기할 수 있겠습니까? 그러나 계악은 수인을 받아들이지 않아서 마침내 폐하께서 알지 못하게 하였습니다. …… 엎드려 바라건대 폐하께서는 계악을 보는 (눈으로) 수인을 보시고, 계악을 변백한 (마음으로) 수인을 변백하소서. 해당 부에 조칙을 내려서 조사한 뒤 휼전을 주고 증시하여서 세습을 그대로 허락하고, 아울러 학금을 해제하여서 폐하의 공평하고 밝은 정치를 밝히신다면 천하에 심히 다행이겠습니다![39]

황관은 양명의 사공과 학술을 대대적으로 말하였는데 모두 폭군 세종의 가장 음험한 독재의 심리를 자극하고 아프게 건드렸다. 유아독존의 세종은 정치적으로 주씨 명의 황통을 계승하고 '행동과 행위가 천지를 뒤흔든(動作掀天地)' '중흥의 군주'가 되는 꿈을 꾸었을 뿐만 아니라 사상적으로는 정주程朱의 도통을 계승하고 천하의 학술을 이끄는 '영주英主'가 되는 환상을 품었다. 그가 「경일잠敬一箴」과 「오잠」을 지어서 천하에 반포한 것은 바로 정주 이학을 이용하여서 천하 사람의 두뇌를 옥죄려고 '학금'의 수요를 밀접하게 배합한 것이었다. 사공과 학술의 위망이 날로 함께 높아진 양명은 세종으로서는 중흥

---

39 『구암선생문선』 권15 「명시비정상벌소」.

의 군주, 도통을 이은 황제가 되는 데 최대의 장애가 되었다. 그가 양명의 원안과 왕학 금고를 날조한 것은 필연적인 선택이었다. 황관이 끈질기게 양명의 양지심학을 세종의 '경일敬一' 사상과 같다고 한 것은 마침 세종의 심중에 자리하고 있는 가장 커다란 '황제의 병'을 건드려서 터뜨렸다. 그리하여 세종은 황관의 상주에 털끝만큼도 관심을 두지 않았다. 11월, 세종은 계악을 불러들여서 재상에 복귀시켰고, 황관은 도리어 계악 당파의 잇따른 탄핵을 받았다.

가정 시대에 유일하게 한 차례 주청하여서 양명의 원안을 평번하고 '학금'을 개방시키려 한 노력은 실패하였으나, 다만 공도는 사람의 마음에 자재自在하였으며 역사의 발전은 어둡고 어리석은 폭군의 독재 의지로 이루어지는 것은 아니기에 왕학도 결코 '학금'이 금고하고 압살할 수 있는 것이 아니었다. 11월 11일, 사방에서 수천 선비 학생이 어지러이 소홍으로 달려와 양명의 장례식에 참여하여서 양명을 소홍 성남 고촌高村의 홍계洪溪에 하관하여서 매장하였다.

황관이 장례식에 참여한 선비와 학생들을 대표하여 침통한 제문 한 편을 지어서 '학금'에 억눌린 천만 선비와 배우는 사람들의 심중의 소리를 끌어냈다.

> 도를 잃은 지 이미 오래인지라 성인은 멀고 말씀은 은미하였는데 천년 뒤에 일어나 비로소 혼미함을 여셨습니다. 양지를 가리켜서 착수할 방향이라 하고, 친민을 힘쓸 장소라고 하였으며 앎과 행함을 합하여서 덕으로 나아가는 실상이라고 하였습니다. 학문은 양지가 아니면 배운 바가 모두 속된 학문이 되니 성학은 이로 말미암아 밝아지지 않습니다. 도는 친민이 아니면 모두 패공이니 왕도는 이 때문에 어두워집니다. 앎과 행함을 합하지 않으면 아는 바는 모두 허망하고 실로 덕은 저절로 진보할 수 없습니다. 이는 바로 선생이 매우 깊이 연구하여서 터득한 오묘한 이치이며, 과거(의 성

> 인)를 계승하고 미래(의 학문)를 열어준 큰 공입니다. 학자가 소문을 듣고 바야흐로 취하여 꿈속에서 헤매던 사람이 깨어난 것과 같았으나 세상의 어리석고 어두운 사람들은 도리어 이단으로 여기고 그르다고 보았으니 명군과 양상이 만나기 어려움을 뜻있는 선비가 길이 탄식합니다. 선생의 도 역시 마침내 시대에 크게 쓰이지 못하고 백성에게 크게 입히지 못하였으니 결국 이에 이르렀도다! 관綰 등은 혹은 대문과 담장 안에서 가장 오래 옷깃을 당기고 배알하였으며 혹은 이 사람에게 사숙私淑하여서 이미 깊어졌는데, 이에 어둠의 세상에 집을 얻었다는(宅幽) 말을 듣고 저마다 관수官守를 묶었습니다. 소복을 하고 백마를 타시니(素衣白馬) 밤새워 강론하지 못했음을 부끄러워하며, 옷을 바꾸고 관을 찢으시니(易服毁冠) 반드시 시장의 가게(市肆)에서도 슬픔을 참지 못함을 알겠습니다. 난정蘭亭을 바라보며 생각을 일으키셨음을 어찌 하루라도 감히 잊겠습니까? 야계耶溪를 거슬러 올라가 뜻에 힘쓰나 오직 세상을 떠나신 후일 뿐입니다! 아, 슬프도다![40]

사실 이때의 장례 모임은 한차례의 대규모 강학회였다. 모임은 왕간王艮이 주재하여서 수천 문인과 동지가 양명서원에 모여서 연합 강학을 하고 앞으로 시기를 정하여 함께 모여서 강론하기로 맹약하였는데, 절중과 강서의

---

40 『황관집』 권29 「제양명선생묘문祭陽明先生墓文」. 道喪旣久, 聖遠言微, 千載有作, 聿開其迷. 脂良知爲下手之方, 卽親民爲用力之地, 合知行爲進德之實. 夫學非良知, 則所學皆俗學, 而聖學由不明. 道非親民, 則所道皆覇功, 而王道爲之晦. 知行不合, 則所知皆虛妄, 而實德無自進. 此乃先生極深研幾之妙得, 繼往開來之峻功. 學者獲聞, 方醉夢之得醒, 而世之懵昧, 反以爲異而見非, 以致明良難遇, 志士永歎, 而先生之道亦遂不獲大用於時, 大被於民, 而竟至於斯也矣! 綰等或摳趨於門墻之最久, 或私淑於諸人之已深, 玆聞宅幽, 各羈官守. 素衣白馬, 尙愧乙夜之不能, 易服毁冠, 必知市肆之弗忍. 望蘭亭以興思, 豈一日之敢忘. 溯耶溪而勖志, 惟歿世而後已! 於乎悲夫!

선비와 배우는 사람들이 모여서 양지심학을 강구하기를 바란 양명의 유지를 실현하였던 것이다. 스승의 상에 달려온 설간薛侃은 항성杭城 천진산天眞山에 정사를 건립하여서 매년 스승 양명의 혼을 모셔서 제사하는 데 대비하기로 결정하였다. 문인 동지의 모임은 강학을 하면서 그 달을 마무리하였다.

전덕홍은 천진정사의 건립에 대해 다음과 같이 언급하였다.

> 가정 9년(1530) 경인 5월에 문인 설간이 천진산에 정사를 건립하고 선생을 제사하였다. 천진은 항주성 남쪽으로 10리 떨어져 있다. 산에는 기암과 오랜 동굴이 많고 아래로는 팔괘전八卦田이 내려다보이고 왼쪽으로는 서호西湖, 앞은 서해胥海에 임해 있다. 스승이 옛날 월越에서 강학을 하실 때 일찍이 호수와 바다가 만나 눈앞에 항상 호탕浩蕩한 기상을 볼 수 있는 곳에 땅을 택하고 집을 축조하여 거주하면서 장차 그곳에서 평생 늙을 생각을 하셨다. 사은·전주의 정벌에 나섰을 때 전덕홍과 왕기가 스승을 따라 강을 건너서 우연히 이 산에 오르니 뜻에 딱 들어맞는 것 같았다. …… 설간은 스승의 상에 달려와서 장례를 마친 뒤 동문이 모이고 흩어짐에 기약이 없음을 근심하였다. 스승의 유지를 기억하고 마침내 산기슭에 사당을 축조하였다. 동문 동운董澐·유후劉侯·손응규孫應奎·정상녕程尙寧·범인년范引年·시봉柴鳳 등이 그 일을 감독하였고, 추수익·방헌부·구양덕 등이 앞뒤로 서로 역할을 하였다. 재무齋廡는 부엌과 욕실이 구비되어서 제생 100여 명이 거처할 수 있다. 매년 제사 기간은 봄가을 두 중월仲月의 정일丁日로 하며, 각지의 동지가 기일에 예의禮儀를 갖추어서 종경鐘磬을 내걸고 시를 노래하고 유식侑食을 한다. 제사를 마치면 강학회로 그 달을 마친다.[41]

41 『왕양명전집』 권36 「연보」 부록 1.

양명서원과 천진정사는 사방 각지의 선비 학인들이 찾아와서 경배하고 모여서 강학회를 열며 양명의 양지심학을 강구하고 함께 창도하는 '성지'가 되었다.

장례 이후 문인 제자들은 또 양명의 집안일에 협조하여서 타당하고 마땅하게 처리하였다. 황종명黃宗明은 집안의 일을 처리한 책자를 다섯 부로 정하고 다음과 같이 설명하였다.

> 선사 양명 선생 부인은 제씨諸氏인데 소생이 없어서 선생이 종질 정헌을 후계로 삼았다. 가정 병술년(1526) 계실 장씨가 아들 정총正聰을 낳았다. 1년이 되기도 전에 갑자기 양광의 명을 받아 크고 작은 집안일을 상세하고 분명하게 처리하고 사람에게 관리를 부탁하셨다. 돌아가신 지 약 1년 만에 집안의 여러 동복이 준수하지 않으니 뒷날 능히 지켜서 후회함이 없을 수 있겠는가? 종명 등은 선생의 장례를 마치고 돌아와서 태부인 및 친소 종족과 자제, 각지의 문인들이 모두 있는 자리에서 선생이 남기신 일체의 집안일을 태부인과 여러 사람에게 하나하나 청하여서 좋은 쪽으로 헤아려 처리하고, 구획을 나누어서 집안을 편안하게 하고 시초를 바로잡으며(閑家正始), 두점을 미연에 방지하는 근거로 삼는다. 똑같이 베껴서 책자 다섯 부를 만들어서 안찰사첨사 왕(왕기), 소홍부 지부 홍(전덕홍)에게 부탁하여 검기鈐記를 날인하였다. 한 부는 부府에 보관하고, 한 부는 태부인이 보관하며, 정헌과 정총이 저마다 한 부를 보관하고, 동지가 한 부를 보관하여서 영구히 간직하게 한다.
>
> 선생의 공은 사직에 있으며 은택은 생민에게 베풀었으며 도는 우주에 있으니 사람이 우러러보는 바이다. 남은 고아와 과부(嫠室)는 아는 이나 모르는 이나 (그들을) 애통해하지 않음이 없었으니 하물며 골육의 친척과 문

생의 고구故舊로서 차마 버리고 저버리겠는가! 무릇 우리 같은 일을 하는 사람은 앞으로 처분한 뒤 이의가 있으면 사람이 더불어서 바로잡고 혹시라도 가벼이 용서하지 말라![42]

설간은 동문이 해마다 고아를 위무하기 위한 제단題單을 정하고 다음과 같이 설명하였다.

선사 양명 선생의 할아버지가 같은 형제는 다섯 사람이다. 백부의 아들은 수의守義·수지守智, 숙부의 아들은 수례守禮·수신守信·수공守恭이다. 아버지가 같은 형제는 네 사람이다. 맏이가 선사이며, 다음은 수검守儉·수문守文·수장守章이다. 선사는 마흔이 넘었으나 사자嗣子가 없어서 수신의 5남 정헌을 후사로 택하고 어루만져 길러서 혼인을 시켰다. 가정 병술년에 아들 정총을 낳았다. 이듬해 명을 받들고 광으로 가서 몸소 장향瘴鄕에 들어가 반란을 토벌하여서 평정하고 끝내 기이한 질병에 걸려서 강서 남안에서 졸하셨다. 모든 집안일은 미리 처리하셨다. 집안사람들은 정총의 나이가 어리다고 속여서 준수하지 않았다. 우리 무리가 천 리에서 찾아와서 모여 장례를 마치고 선사가 평생 동안 임금을 걱정하고 나라를 몸으로 삼고 부지런히 남과 더불어 선을 행하려는 마음을 아프게 생각하니 오늘의 일은 마땅히 고아를 보호하고 과부를 편안히 하는 것이 먼저 할 일이며 구구한 전업田業은 중한 바가 아니다. 만약 후세 사람들이 체득하지 못하고 작은 이익을 보아 큰 것을 잃어버리면 스승의 뜻(先志)을 받듦이 결코 아니다. 이에 태부인 및 종족, 동문, 척리戚里에 아뢰어서 첨사 왕극장汪克章, 태수 주

42 황종명, 「처분가무제책處分家務題冊」. 『왕양명전집』 권39 「세덕기」에 보인다.

연朱兗이 정과 예를 참작하고 율령을 참조하여서 남은 고아를 불쌍히 여겨 근본을 크게 하고, 안팎을 엄격하게 하여서 혐의를 변별하고, 음식(饔食)을 나누어서 미연에 방지하며, 일체의 소유를 회중이 분석하여서 합의한 의견을 갖추었다. 앞으로 혹시 다시 은전과 승습이 내린다면 역시 성법成法이 있을 것이다. 정총은 나이가 어리니 친인親人을 세워서 가사를 관리하되 해마다 돌아가면서 동지 두 사람을 정하여 함께 도우며, 여러 숙질은 참여하여 간섭하지 못한다. 형이 된 자는 집안을 총괄하고 아우를 사랑함을 마음으로 삼기에 힘써서 (부모의) 은혜로 길러주고 부탁하신 중대함에 부응한다. 아우가 된 자는 가문을 잇고(嗣宗) 형을 사랑함을 마음으로 삼기에 힘써서 (부모의) 뜻을 계승하고 일을 발전시키는 아름다움을 다한다. 방계 친척이 된 자는 역시 공변된 마음으로 고아와 과부를 부지하여 세워서 가문을 빛내기를 원한다. 이렇게 하면 하늘에 계신 선사의 영이 조금이나마 위안을 얻을 터이다. 혹시 소홀함이 있으면 이를 가지고 관원에게 자문하라. 해마다 돌아가며 모이는 벗은 역시 각지의 동문에게 알려서 함께 전달하라. 이승(明)에는 헌전憲典이 있고 저승(幽)에는 스승의 영혼이 계시니 혹여라도 차질이 없기를 바란다. 조의條宜로 삼은 것은 뒤에 갖추어둔다.[43]

이 강개한 비가의 대규모 장례식과 강학회는 세종이 펼친 허장성세의 '학금'이 에워싼 캄캄한 흙비(陰霾) 속을 뚫고 나온 한 줄기 희망의 밝은 빛이었다. 양명의 문인 제자들은 이 장례를 양지심학을 크게 천양하는 강학회로 거행하였고, 심학이 혼미한 세상을 열고 과거를 계승하고 미래를 여는 성학임을 선포한 뒤 "학문은 양지가 아니면 배운 바가 모두 속된 학문이 되니 성학

---

43 『설간집』 권9 「동문윤년무고제단同門輪年撫孤題單」.

은 이로 말미암아 밝아지지 않습니다. 도는 친민이 아니면 모두 패공이니 왕도는 이 때문에 어두워집니다. 앎과 행함이 합하지 않으면 아는 바는 모두 허망하고 실로 덕은 저절로 진보할 수 없습니다."[44]라고 하면서 반항의 함성을 높였고, 공연히 양명 심학을 '사설'로 규정한 세종 황제와는 반대의 곡조를 노래하였다.

양명 심학의 참된 정신은 결코 죽지 않았으며, 양명서원과 천진정사는 숲 속에 의구히 우뚝 서 있었고, 그의 '환하게 밝은 마음(光明之心)'은 인간세상을 길이 비추었다. 장례와 강학회 이후에 양명의 문인 제자와 선비 학자들은 스승의 학설을 굳게 지키면서 양지심학을 전파하는 중임을 담당하였다. 38년 동안 이어진 가정 '학금'이라는 고난의 역정 가운데에서 그들은 모두 어지러이 달리고 목소리를 높이며 사방 각지에서 크고 작은 양지심학의 강학회를 거행하고, 사방 각처에 양지심학을 강론하는 서원, 정사, 양명사陽明祠를 건립하고, 끊임없이 양명의 『전습록』, 『양명선생문록』, 『양명선생별록陽明先生別錄』, 『양명선생문록속편陽明先生文錄續編』, 『양명광록陽明廣錄』, 『양명선생문선陽明先生文選』, 『양명시록陽明詩錄』 등을 판각하였다. 「양명선생연보」를 편집, 간행하고 『왕문성공전서王文成公全書』를 출판하기에 이르러서는 가정 '학금' 아래 양명 심학이 일시에 더욱 크게 전파하고 발전하는 기이한 광경이 나타났다.

사실상 세종이 꾸민 양명의 원안과 심학 금고는 인심을 얻지 못함으로써 민간과 사대부 사이에서 '학금'을 추진할 방법이 없었다. 세종 스스로는 '대례의'의 허망한 승리를 쟁취한 뒤 날로 침륜하고 어둡고 어리석어졌으며 이

44 『황관집』 권29 「제양명선생묘문」. "學非良知, 則所學皆俗學, 而聖學由不明. 道非親民, 則所道皆覇功, 而王道爲之晦. 知行不合, 則所知皆虛妄, 而實德無自進."

는 약으로도 구제할 수 없었다. 그는 조정에 나와서 정사를 돌보지 않았고, 도교의 연단 장생불사의 미혹과 광신에 빠져들어서 이른바 '학금'은 세종에 대한 최대의 풍자로 변하여서 일찌감치 아무도 믿는 사람이 없었다.

가정 21년(1542), 전횡을 일삼던 세종은 '임인궁변壬寅宮變'을 겪은 뒤 두려운 나머지 정신과 의지가 이미 정상이 아니었다. 가정 29년(1550), 이부주사 사제史際(1495~1571)는 율양溧陽에 가의서원嘉義書院을 세우고 각지의 선비 동지 100여 명을 초청하여서 강학회를 열었다. 전덕홍은 강학회에서 「천성편天成篇」을 발표하여 양지심학을 크게 천양하였다. 이 대단한 문장은 세종 '학금'의 몰락을 선고한 변론이나 다름없었다.

가정 43년(1564), 강서 순안어사 성수절成守節(1553, 진사)은 남창에 있는 왕양명의 앙지사仰止祠를 중수하였으며(*원래 서계徐階가 건립하였다), 대학사 이춘방李春芳(1510~1584)은 「중수양명왕선생사기重修陽明王先生祠記」를 지어서 소사少師 서계(1503~1583)를 대신하여 양명의 양지심학을 다음과 같이 크게 천양하였다.

> 저 치지의 학문은 공문孔門에서 나왔고, 또한 맹자의 양지설은 밝혀내지 않은 것을 밝힌 것이다. 양명 선생은 이를 결합하여서 말하기를, '치량지'라 하였으니 선을 좋아하고 악을 미워하는 성실한 뜻이며, 그 극도로 미루어가면 집안과 나라와 천하는 앉아서도 다스릴 수 있을 것이다. 공(*서계)은 선생의 학문을 독실하게 믿고서 날마다 몸과 마음에 체득하고 정사에 시행하였는데, 집정을 하던 초에는 사사로운 공궤供饋를 펴고 탐묵貪墨을 막고 선을 좋아하고 악을 미워함을 보이니 사해가 그 기풍에 쏠렸다. 몇 년이 지나지 않아 인심과 이치吏治가 흡연翕然히 크게 변하였으니 이에 어찌 다른 술수가 있었겠는가? 바로 선을 좋아하고 악을 미워하는 뜻이 마음

에서 성실했기 때문이다. 그러므로 배움은 밝지 않을까 근심하지 아니하고 성실하지 않음을 근심할 뿐이다. 선을 알고 악을 아는 것은 양지가 모두 갖추어 있다. 비유하자면 밝은 해가 하늘에 떠오르면 미세하다고 해서 비추지 않음이 없는 것과 같으니 좋아하고 미워함, 상과 벌, 나아가고 물러남에 아주 조금이라도 차질이 없이 저마다 하늘의 법칙(天則)에 합당하다. 그 법칙에 따라 응하면 평평탕탕平平蕩蕩하여서 좋아하지 않고 미워하지 않아도 천하가 평화로워질 것이다. 그러므로 성실하여서 스스로 흡족하면 남이 좋아하는 것을 좋아하고 남이 미워하는 것을 미워하여서 인이 될 것이며, 성실하지 않아서 스스로 속이면 남이 미워하는 것을 좋아하고 남이 좋아하는 것을 미워하여서 불인이 될 것이다. 진실로 불인하면 마음에서 생겨서 일을 해치고 정치를 좀먹고 백성을 손상함이 이루 말할 수 없을 것이다. …… 제생이 능히 마음으로 의를 생각하고 몸에서 체득하면 양명 선생의 학문에 가까울 것이다.[45]

그리고 태사 서계도 「양명선생화상기陽明先生畫像記」 한 편을 지어서 양명의 사공을 다음과 같이 크게 변론하였다.

선생이 정덕 연간(1506~1521)에 도어사로 남·감을 순무하고 병사 1백을 독려하여 신호宸濠의 대란을 평정한 뒤 남경 병부상서에 제수되고 신건백에 봉해졌다. 그 뒤 학문을 논하였는데 세상에서 꺼리는 바가 되어서 마침내 관작을 삭탈당하였다. 내가 길안과 감주에서 부로에게 물었더니 답하기를, 신호가 반란을 일으키기 전에 선생이 명을 받들어서 복주福州를 안무하고

45 『왕양명전집』 권39 「세덕기」 부록에 보인다.

그 어버이에게 귀성하기를 청하였는데 홀로 작은 배를 타고 남창으로 내려갔다고 하였다. 풍성에 이르러서 변고를 듣고 걸어서 다시 막부로 돌아와 적을 토벌할 계책을 세웠다. 길안 태수 송월松月 오伍(오문정) 공의 의론이 적절하였다. 또한 고을(郡)에 쌓인 곡식이 있어서 무사를 양성할 만하였기에 이어서 길안에 체류하였다. 군의 병사를 징발하여서 신호와 호수에서 전투를 벌여 패퇴시키고 사로잡았으니 그 일은 모두 해와 달 아래에서 사실을 따질 수 있다. 꺼리는 자는 이르기를, 선생이 처음 신호와의 약속에 나아갔다가 나중에 두 마음(兩端)을 품고 달아나서 돌아왔으며, 오 공의 강압에 의해 (나아갔으며) 신호가 안경安慶을 공격하여서 이기지 못하고 (의기가) 저상한 틈을 타서 요행히 공을 이루었다고 한다. 저 사람의 감정이란 만약 약속을 했으면 실패의 징후가 보이지 않을 때에는 필시 달아나지 않는다. 공격과 토벌의 일이란 승리하면 제후가 되고, 실패하면 멸족을 당하니 진실로 두 마음을 품었다면 비록 강압을 하더라도 반드시 그를 붙잡아 두지 못할 것이다. 무황제(무종)께서 임어하심에 정치가 폐행嬖倖으로 말미암으니 신호가 그들 모두와 더불어서 결탁하고 심지어 내응을 허락하기도 하였다. 바야흐로 굴기함에 천하가 모두 감히 (그가) 곧 망하리라 생각지 못하였다. 선생이 병사를 이끌고 서쪽으로 가서 길안의 공서公署에 가족을 머물게 하고 섶을 모아 주변을 둘러쳤다. 지키는 자에게 경계하여서 말하기를 "병이 패하면 곧 불을 놓아서 도적에게 욕을 보지 않게 하라." 하였다. 아! 이는 그 공功이 요행히 성공한 것인가! 그 마음이 어찌 해처럼 밝지 않은 것인가! 시기하는 자는 그 공이 족하다고 인정하지 않고 또 그 마음씀을 들어서 무함한다. 심하다! 남이 선을 성취하는 것을 소인은 즐거워하지 않음이. 예로부터 군자는 소인의 무함을 많이 받았는데 요컨대 끝내는 반드시 저절로 밝혀졌으니 …… 신호의 난은 손孫 공과 허許 공이 먼저 (대항하여 싸우다) 죽고 선생이 그 뒤에 평정한 것이니 그 자취는 다르지만 명교에 공을 세움은 같다. 강서의 회성會城에서 손·허가 모두 사당의 제사를 받으나 선생은 사당이 없다. 내가 학교를 감독한 지 2년 만에 비로소 선생을 사포射圃에서 제사하였다. 얼마 뒤 소환을 받아 상像을 그려서 돌아갔다. …… 지금 보건대 모습은 결코 무용이 없어 보이나 홀로 무공으로 (명성을) 떨쳤으니 이로써 유자儒者의 쓰임(用)을 볼 수 있을 것이다.[46]

태사 서계와 대학사 이춘방의 문장은 이미 양명의 원안을 평번하고 '학금'을 해제시키기 위한 의도가 있었다. 그들은 가정 '학금' 아래 사대부들의 보편적 심리 상태를 대표하여서 감히 공개적으로 세종이 날조한 양명의 원안과 왕학 금고에 대한 비판(微詞)을 크게 발표하였으며, 또한 세종의 '학금'은 일찌감치 유명무실했으며 명목은 있어도 실상은 없어서 천하의 선비들이 양명의 원안을 평번하고 왕학 금고의 해제를 부르짖는 목소리를 막을 수 없음을 표명한다. 가정 '학금' 아래 소멸한 것은 양명의 심학이 아니라 세종의 독재적 제왕의 마음이었다.

가정 45년(1566) 12월 어리석고 완고한 세종은 결국 단약을 남용하다가 급사하였다. 그는 유조遺詔에서 어쩔 수 없이 선포하기를 "즉위한 뒤로 지금까지 말로 죄를 얻은 모든 신하 중 살아 있는 자는 소용召用하고 죽은 자는 휼록恤錄하며 옥에 연루된 자는 즉시 석방한 뒤 다시 복직시키라." 하였다. 38년이나 늦게 도착한 양명 원안의 평번은 혼미하고 광기 어린 시대의 결말, 다시 말해서 양지심학이 부흥하는 시대가 시작되었음을 선포하였다.

---

46 『왕양명전집』 권39 「세덕기」 부록에 보인다.

저자 후기

참고 서목

왕양명 연보

해제

역자 후기

찾아보기

저자 후기

내가 마음속으로 왕양명을 연구해야겠다는 생각을 한 것은 1960년대 난징대학에서 공부를 하던 대학생 시절이다. 그때는 왕양명이 가장 반동적인 유심唯心의 철학자가 되어서 냉궁冷宮에 처박힌 시기였다. 한번은 내가 부자묘夫子廟를 관람하다가 뜻하지 않게 1위안 5자오(1元 5角)를 주고 민국판 『양명전서陽明全書』를 구입하게 되었는데 이때부터 이 책은 내가 남북으로 떠돌던 시기에 늘 동반하였고, 10년간 사회의 최하층에서 유리방황하던 나날을 함께 보냈다. 나는 마음속으로 왕양명을 위해 사상적 전기를 써야겠다고 생각했는데, 이때는 1970년대 푸단대학復旦大學 대학원에서 연구하던 시절이다. 나는 농촌 민협중학교民協中學校 서장書匠의 작은 세계에서 빠져나와 다시 대학으로 돌아가 연구를 하면서, 맨 처음으로 주둥룬朱東潤 선생이 1949년에 『왕양명대전王陽明大傳』을 지었는데 나중에 소실되고 전해지지 않아서 사람들이 손목을 불끈 움켜쥐고(扼腕) 애통해한다는 말을 들었다. 그 뒤 무지한 나는 제힘을 헤아리지 않고 거연히 왕양명을 위해 대전기(大傳)를 쓸 생각을 품었다. 나의 지도교수 장톈수蔣天樞 선생은 천인커陳寅恪 대사大師가 가장 중한 그릇으로 여기는 제자이다. 나는 그때 다행히 가장 먼저 천인커 대사의

저자 수징난

『유여시별전柳如是別傳』을 읽고서 양명을 위한 대전기를 쓰겠다는 생각을 더욱 강하게 다졌다. 나중에 나는 먼저 주자학 연구로 전향하여서 『주자대전朱子大傳』(2015년 한국에서 『주자평전』으로 번역되어 출간되었다)을 썼는데, 사실 이것은 『양명대전陽明大傳』(이 책 『양명평전』을 가리킨다)을 쓰기 위한 준비 단계였다. 왕양명의 이름을 바로잡기(正名) 위해 진실하고 믿을 만한 『양명대전』을 쓰겠다는 생각은 줄곧 머리에서 떠나지 않았다. 하늘의 인연이 교묘하게 모여들어서 나중에 저장대학浙江大學에서 일하게 되었는데 나에게는 근거리에서 양명이라는 인물을 연구하고 『양명대전』을 쓸 기회와 조건을 제공하였던 것이다. 이로부터 묵묵히 20년 동안 밭을 갈아서 이 『양명대전』을 마침내 완성하였다. 머릿속에서 평생 떨쳐내려야 떨쳐낼 수 없었던 무거운 정신적 짐을 내려놓은 셈이다.

근대 이래 왕양명 연구는 긍정과 부정, 찬양과 폄하의 반복을 거듭하며 시대적 변천을 겪었기에 끝내 버젓한 양명의 전기를 써낼 수 없었다. 서거한 뒤의 시대를 총결하면 도리어 수많은 난해한 수수께끼와 오류의 설과 공백이 현대인에게 도전을 걸고 있다. 나의 왕양명 연구는 그의 사상과 주희의 사상을 긴밀하게 비교, 대조한 뒤의 시야에서 전개한 것이다. 나는 양명의 심학과 주희의 이학(*성학性學)을 '사람' 자체의 존재에 관한 문제를 해결하는 인문학(*인본학人本學)이라고 인식하였다.

사람은 '다자인(dasein, 현존재)'으로서 두 가지의 근본적인 문제를 가지고 있다. 바로 '인성人性'의 문제와 '인심人心'의 문제이다. 유가의 사상은 본래 사람의 '마음(心)'과 '본성(性)'에 관한 문제를 고민하는 심성론 도덕철학 체계이다. 주희의 '성즉리性卽理'와 '복성復性'의 성학이 사람의 '본성'에 관한 문제 해결에 주로 뜻을 둔 사상체계라고 한다면, 양명의 '심즉리心卽理'와 '복심復心'의 심학은 사람의 '마음'에 관한 문제를 해결하는 사상체계이다. 이 두 사람은 인류의 진보와 진화를 위해 '복성'과 '복심'이라는 인본의 양면적 기치를 내걸었다. 두 사람의 사상은 사실 유가의 심성론 도덕철학 체계 내부에서 상호 보완하면서 발전하는 관계를 구성하였다. 나는 이러한 인식에서 출발하여 양명의 심학을 치량지, 복심체의 심본 철학체계로 규정하였다.

나는 사상가로서 왕양명의 위대한 점은 바로 그가 사상에서 전통적인 유가 사대부의 좁디좁은 우군憂君·우국憂國·우민憂民의 사상 경계를 초월하여 우인憂人·우심憂心·우도憂道의 궁극적 인문의 관심으로 승화하였다고 인식한다. 사람의 마음은 본래 선하다, 사람의 마음은 선을 향한다, 사람의 마음은 선으로 귀결한다, 사람들은 치량지의 공부를 통해 지극한 선의 심본체로 복귀한다. 이는 바로 양명의 양지심학 사상체계에 대한 근본적 인문 정신의 소재이다. 나는 바로 이 사상을 중심으로 『양명대전』을 썼다.

양지심학의 우인·우심·우도의 인문 정신과 정회를 충분히 현창하기 위해 나는 『양명대전』을 쓰면서 문화심리 상태(文化心態)라는 연구 방법을 그대로 채택하여서 양명의 심리 상태의 세계를 힘껏 전개하였다. 『주자대전』을 쓸 때 제기한 문화환원법文化還元法이라는 심리 상태 연구를 나는 다음과 같이 언급하였다. "이는 두 가지 다른 사유로 나아가는 연구 방법이다. '고전'의 연구 방법은 사람의 살아 있는 문화개성, 문화심리를 '여과'하여 일반적인 철학 원리, 인생 신조와 정치 원칙으로 삼는데 이는 구체로 말미암아 상승하는 논리적 추상이다. 내 연구 방법은 이와는 상반된다. 한 시대의 철학 의식, 인생 신조와 정치 추구를 현실 사람의 살아 있는 문화개성, 문화심리 상태로 환원하는 것인데 이는 추상에서 상승하여 역사적 구체가 되는 것이니, 곧 살아 있는 문화환원법이라 일컬을 수 있다."

왜냐하면 저마다 하나의 '다자인' 개체인 사람은 모두 복잡한 존재의 자아이며 당장 현실에서 생존하는 개개의 인간은 '일체 사회관계의 총화'이기 때문에 문화환원의 심리 상태 연구는 역사적인 인물을 생생하게 살아 있는, 피가 흐르고 살이 있고 생명이 있고 의식을 지닌 '다자인'의 자아로 환원하는 것이지 그를 추상적으로 아무 철학의 원리와 사상 신조의 공동空洞의 상징적 부호를 형성하려는 것이 아니다. 사상가의 전기적 저작은 응당 영혼을 해부하는 메스를 들고서 해부할 사람의 심층 심리를 깊이 파고들어야 한다. 양명의 전기를 저술하는 일은 바로 양명의 복잡한 영혼, 복잡한 개성, 복잡한 심리 상태, 복잡한 사상을 기록하는 것으로서, 간단히 그를 생명이 없는 사상 신조의 완전하고 아름다운 상징으로 삼아 주관적인 논리적 추론과 전석을 진행하는 것이 아니다. 이를 위해서는 일종의 광대한 탁 트인 문화적 시야와 견실한 역사적 서사의 능력이 필요한데 내가 감당할 수 있는 것이 아니다.

『양명대전』을 쓰는 과정에서 나 스스로 부족함을 보완하고 사유 노선을 개척하기 위해 한편으로는 천인커 대사의 『유여시별전』을 꼼꼼하게 읽었으며, 또 한편으로 서양의 대가가 쓴 사상가의 전기들, 이를테면 레이 몽크(Ray Monk)의 『비트겐슈타인』과 『러셀』, 만프레트 퀸(Manfred Kühn)의 『칸트』, 리처드 엘만(Richard Elmann)의 『오스카 와일드』, 메레즈콥스키 드미트리 세르게예비치(Мережковский Дмитрий Сергеевич)의 『톨스토이와 도스토옙스키』, 존 리처드슨(John Richardson)의 『피카소』 등을 선별하여서 탐독하였다. 심지어 미하일 알렉산드로비치 숄로호프(Михаи́л Алекса́ндрович Шо́лохов)의 『고요한 돈강』과 로맹 롤랑(Romain Rolland)의 『장 크리스토프』를 다시 읽고 그들이 그리고리와 크리스토프의 영혼과 형상을 빚어낸 역사적 서사 능력을 학습하였다.

나는 이러한 섬세하고 매끄럽게 미세한 곳까지 영혼을 깊이 해부하는 전기체 저작이야말로 진정한 의미에서 생동하는 문화심리 상태의 연구 저작임을 느꼈다. 이는 내가 중국의 전통적인, 즉 간단하고 공허하여서 서사의 진위를 변별할 수 없는 전기 저술의 모델에서 벗어나 '심리 상태의 세계'라는 서사의 수준에서 피가 흐르고 살이 있으며 파들파들 살아 있는 진실한 왕양명을 그리는 데 도움을 주었다.

역사적인 한 인물에 대한 연구는 모두 일종의 문화적 전석詮釋으로서 역사를 자기 시대의 '감수 영역(receptive field)'에서 이해하고 전석하는 일이다. 그러나 이러한 전석은 당연히 마음에 따라 하고 싶은 대로 하는 해석이 아니며, 더욱이 뜻대로 자기의 주관적 인식과 편견을 역사적 인물의 머리에 덮어씌우는 천석闡釋이 아니다. 역사의 전석은 믿을 만한 역사 자료와 역사 사실에 의거하여서 사람의 '편견', '선입견(前見)', '전시야前視野(field of front vision)'와 우발적인 사건과 같은 간섭 요소를 온통 괄호를 쳐서 묶어내고 사실 그 자체와 마주하는 것이다. 이러한 전석이라야 끊임없이 역사 자체에 다가갈 수 있다. 비록 이러한 전석의 과정이 무한히 끊임없는 역사의 진실을 향해 바싹 접근해가는 인식의 과정이라 하더라도 어느 누구도 자기 스스로 역사의 종국적 전석에 도달하였다거나 소실된 역사 자체에 대해 표준적이고 보편적인 영구불변의 정견을 제시했다고 말할 수 있는 권리는 없다.

왕양명이라는 인물과 그의 사상은 500년 동안 전석되어왔으나 이는 사실 후세 사람이 끊임없이 앞사람을 초월하는 인식의 과정이었다. 나는 양명을 위한 대전기(大傳)를 썼지만 이는 다만 일종의 '전석'이었을 뿐이다. 구실求實·구진求眞·구시求是를 힘써 추구하기 위해 나는 10여 년 동안 역사 자료를 발굴 수집하고, 문헌 사실을 꼼꼼하게 분석하고 고증하는 작업에 힘을 쏟았다. 감히 나의 자자구구 이해와 고증이 모두 옳다고 확신할 수는 없으나 다만 자신할 수 있는 점은 내가 왕양명이라는 인물과 사상에 대해 자아류의 새로운 전석을 하였는데 낡고 썩어빠진 옛 설에 얽매이지 않고 사실을 그대로 썼으며, 이러한 전통적인 관성적 사유의 편집偏執에서 벗어나서 어쩌면 지금 당장 우리에게 500년 동안 양명학 연구의 역정을 반성하는 데 도움이 되고 유익함이 있을 것이라는 사실이다.

중국 고대의 수많은 사상가 중에서 왕양명은 사람들에게 가장 많은 오해와 곡해를 받은 사상가라고 할 수 있다. 500년 동안 각 시대의 사람들은 그를 각양각색으로 포장하였다. 철학의 무대에서 '변검變臉의 대가'와 마찬가지로 가장 위대한 '성현이며 완전한 사람(聖賢完人)'과 가장 반동적인 '유심 철학가' 사이를 오가며 교차하여서 출몰하는 변검이 되었다. 그는 한 차례 또 한 차례 '유가의 신기한 성인', '봉건시대 제일가는 완전한 사람', '천고의 한 사람 성인', '예의염치禮義廉恥의 대사'로 떠받들렸고, 또 한 차례 한 차례 '철저한 유심 철학가', '반동의 극단에 이른 사상가', '농민 기의起義를 진압한 망나니(劊子手)'로 폄하되었다. 때로는 구천九天에 떠받들렸다가 때로는 성단聖壇

에서 굴러떨어졌다.

한 사상가를 이처럼 좌로 우로, 삶으로 죽음으로 몰아가는 악성의 철학적 순환논증에 대해 우리는 매우 자세히 사색할 만한 가치가 있다. 이 같은 기이하고 특별한 철학의 형태는, 생각건대 시대의 원인 외에 주로 우리들 스스로가 문제를 보는 사유 방식이 병폐를 일으킨 것이 아닐까? 반성해야 할 점은 예로부터 그러한 우리의 이것 아니면 저것, 저것 아니면 이것, 좋은 것은 전부 좋고 나쁜 것은 전부 나쁘다는 형이상학적 절대 경직의 편집적 사유 방식이 아닌가? 좋은 것은 전적으로 좋지만 나쁜 것도 좋은 것이라 할 수 있다. 또한 나쁜 것은 전적으로 나쁘지만 좋은 것도 나쁜 것이라 할 수 있다. 이른바 진짜가 가짜로 바뀔 때 그 가짜는 진짜가 되며, 가짜가 진짜로 될 때 그 진짜 역시 가짜가 된다.

내가 생각하기에 만약 우리 스스로 세계를 관찰하는 사유 방식과 인식 방법 상에서 '변증적'으로 자아 혁명을 하지 않으면 아마도 왕양명에 대한 인식은 좌로 우로, 삶으로 죽음으로 몰아가는 악순환의 철학 논증이 다시 더욱 악순환을 반복할 것이다. 나는 왕양명을 연구할 때 때때로 스스로 경계하고 근심하여서 일체의 자료에 기대어 말을 하고 일체의 사실에 근거하여서 논리를 세움으로써 악성의 철학적 순환논증의 '윤회'에 떨어지지 않도록 방지하였다.

현재 양명학은 이미 전통문화 연구의 초점이 되었고 모든 사람의 시선을 끌었다. 상황이 크게 좋아졌으므로 나도 흔연하게 고무됨을 느낀다. 왕양명은 공정한 평가를 얻게 되었고 그의 양지심학도 매우 깊이 천석되었다. 그러나 부인할 수 없는 사실은 이 왕양명 연구의 뜨거운 조류 속에서 왕양명의 신화화와 양명학 범속화의 싹이 출현했다는 점이다. 나는 왕양명의 신화화와 양명학의 범속화라는 양극단의 경향이 이전의 좌로 우로, 삶으로 죽음으로 몰아가는 악성의 철학적 순환논증의 복사판(翻版)이며, 새로운 악성의 철학적 순환의 윤회를 이끌어낼 잠재적 위험을 내포하고 있기에 반드시 모름지기 이러한 두 가지 경향을 바로잡아야 비로소 양명학 연구가 건강하게 발전하고 양명학이 세계를 향해 나아갈 수 있다고 생각한다. 나는 『왕양명연보장편』과 『양명대전』에서 이미 이러한 두 가지 불량한 경향을 비평하였다.

양명에 대한 대전기의 저술은 학계 동인同仁의 도움과 지지를 받았다. 이 책의 기획은 2017년 국가사회기금의 중점 항목이 되었고, 연구비를 지원받아서 매우 빠르고 순조롭게 2018년에 완성되었기에 진심으로 감사드린다. 푸단대학 출판사의 편집장 왕웨이둥王衛東 선생은 처음부터 끝까지 이 책의 출판에 직접 책임을 지고 세심하게 계획을 세우며 진행하고 관심과 지지를 아끼지 않았다. 또한 편집 작업을 담당한 관춘차오關春巧는 아주 작은 부분까지도 정성을 다하여 매우 열심히 진지하고 성실하게 교정을 보아서 적지 않은 오류를 찾아냄으로써 완성도 높은 책을 출판할 수 있도록 도움을 주었다. 그들에게 진심으로 성심에서 우러난 사의를 바친다.

2018년 8월 15일

단양丹陽 수징난束景南 

저장대학浙江大學 송학연구센터宋學硏究中心에서 탈고

참고서목參考書目

『가경광서통지嘉慶廣西通志』

『가경산음현지嘉慶山陰縣志』

『가경서안현지嘉慶西安縣志』

『가경증성현지嘉慶增城縣志』

『가경침현지嘉慶郴縣志』

『가정광서통지嘉靖廣西通志』

『가정귀주통지嘉靖貴州通志』

『가정남녕부지嘉靖南寧府志』

『가정산동통지嘉靖山東通志』

『가정영파부지嘉靖寧波府志』

『가정인화현지嘉靖仁和縣志』

『가정정주부지嘉靖汀州府志』

『가정증성현지嘉靖甑城縣志』

『가정호광도경지서嘉靖湖廣圖經志書』

『가흥부도기嘉興府圖記』

『감석록贛石錄』

『감천선생속편대전甘川先生續編大全』

『강서통지江西通志』

『강희몽화부지康熙蒙化府志』

『강희소산현지康熙蕭山縣志』

『강희신풍현지康熙信豐縣志』

『강희요주부지康熙饒州府志』

『강희우도현지康熙雩都縣志』

『개정주초改亭奏草』 方鳳

『거이집居夷集』

『건륭귀주통지乾隆貴州通志』

『건륭귀지현지乾隆貴池縣志』

『건륭소흥부지乾隆紹興府志』

『건륭신주부지乾隆辰州府志』

『건륭역성현지乾隆歷城縣志』

『건륭용남현지乾隆龍南縣志』

『건륭장사부지乾隆長沙府志』

『건륭지주부지乾隆池州府志』

『건륭태평부지乾隆太平府志』

『건륭해녕주지乾隆海寧州志』

『건륭흥국현지乾隆興國縣志』

『검산당집鈐山堂集』

『견소속집見素續集』

『견소집見素集』
『경구삼산지京口三山志』
『경야선생문집徑野先生文集』
『경천대선생문집耿天臺先生文集』
『계주시집桂洲詩集』
『계산승어稽山承語』
『계암노인만필戒庵老人漫筆』
『계팽산선생문집季彭山先生文集』
『고금기문류기古今奇聞類記』
『고암모선생문집古庵毛先生文集』
『고원산인일록古源山人日錄』
『고파이찬高坡異纂』
『고화옥집顧華玉集·빙기집憑幾集』
『곤지기困知記』
『고원산인일록古源山人日錄』
『공동집空同集』
『공동집空峒集』
『과운루속서화기過雲樓續書畫記』
『관학편關學編』
『광서강서통지光緒江西通志』
『광서개주지光緒開州志』
『광서길수현지光緒吉水縣志』
『광서길안부지光緒吉安府志』
『광서봉양부지光緒鳳陽府志』
『광서상우현지光緒上虞縣志』
『광서선거집光緒仙居集』
『광서선거현지光緒仙居縣志』
『광서선거후지光緒仙居後志』
『광서순천부지光緒順天府志』
『광서통지廣西通志』
『광서여요현지光緒餘姚縣志』
『광서여현지光緒蠡縣志』
『광서은현지光緒鄞縣志』
『광서청양현지光緒青陽縣志』
『광서통지廣西通志』
『교정존고矯亭存稿』
『구심록求心錄』 董澐
『구암선생문선久庵先生文選』 권15 「명시비정상벌소明是非定賞罰疏」
『구양덕집歐陽德集』
『구화산록九華散錄』(『구화기승九華紀勝』)
『구화산지九華山志』
『국각國榷』
『국사유의國史唯疑』
『국조헌징록國朝獻徵錄』
『귀양명승고적부분貴陽名勝古迹部分』
『귀전고歸田稿』
『규봉집圭峯集』
『균계집筠溪集』
『근산문집堇山文集』
『금언류편今言類編』
『기원패사磯園稗史』
『기재여선생문집期齋呂先生文集』
『나홍선집羅洪先集』
『낙월만필駱越漫筆』
『남경태복시지南京太僕寺志』
『남저회경편南滁會景編』
『남옹지南廱志』
『남호시화南濠詩話』
『내대집內臺集』

『논대록論對錄』
『능계선생집凌溪先生集』
『당어석집唐漁石集』
『대비산방집大泌山房集』
『대유학수大儒學粹』
『대학고본大學古本』
『대학고본방석大學古本傍釋』
『대학혹문大學或問』
『도공담찬都公談纂』
『도광영도직례주지道光寧都直隸州志』
『도화원지략桃花源志略』
『독례통고讀禮通考』
『동계별고東溪別稿』
『동계선생문집東溪先生文集』
『동당집東塘集』
『동산황씨종보洞山黃氏宗譜』
『동암선생시집東巖先生詩集』
『동야지東野志』
『동운집董澐集』
『동주초고東洲初稿』
『동중봉선생문선董中峯先生文選』
『동천유문간공집東川劉文簡公集』
『동치감현지同治贛縣志』
『동치안복현지同治安福縣志』
『동치안인현지同治安仁縣志』
『동치익양현지同治弋陽縣志』
『동치중수부주지同治重修涪州志』
『동치협강현지同治峽江縣志』
『동한양벽리후집董漢陽碧里後集』
『동호집주소東湖集奏疏』
『동치감주부지同治贛州府志』
『동치익양현지同治弋陽縣志』
『만력가흥부지萬曆嘉興府志』
『만력난계현지萬曆蘭溪縣志』
『만력소흥부지萬曆紹興府志』
『만력수수현지萬曆秀水縣志』
『만력야획편萬曆野獲編』
『만력용유현지萬曆龍遊縣志』
『만력항주부지萬曆杭州府志』
『매국전집梅國前集』
『면재선생유고勉齋先生遺稿』
『명도편明道編』
『명무종실록明武宗實錄』
『명사明史』
『명사기사본말明史紀事本末』
『명산장名山藏』
『명세종실록明世宗實錄』
『명수진선생문집明水陳先生文集』
『명신언행록明臣言行錄』
『명유언행록明儒言行錄』
『명유왕동애선생유집明儒王東厓先生遺集』
『명유학안明儒學案』
『명통감明通鑒』
『명하적성선생문집明夏赤城先生文集』
『명효종실록明孝宗實錄』
『모산전지茅山全志』
『몽화부주씨가보蒙化府朱氏家譜』
『몽화지고蒙化志稿』
『무림범지武林梵志』
『묵당집默堂集』

『문견만록聞見漫錄』
『문양공주의文襄公奏議』
『민국구화산지民國九華山志』
『민국주질현지民國盩厔縣志』
『민서閩書』
『박취재고博趣齋稿』
『반강조선생문집半江趙先生文集』
『방간숙문집方簡肅文集』
『백록동비각마애선집白鹿洞書院碑刻摩崖選集』
『백락원유고白洛原遺稿』
『백사자고시교해白沙子古詩教解』
『백성연수百城煙水』
『백소재류집白蘇齋類集』
『변화천집邊華泉集』
『보전집甫田集』
『보진재비첩집석寶晉齋碑帖集釋』
『보한재국조서법寶翰齋國朝書法』
『분류두공부집分類杜工部集』
『비굉집費宏集』
『비선육대가론批選六大家論』
『비종석선생문집費鍾石先生文集』
『사고전서四庫全書』
『사고전서총목四庫全書總目』
『사관寺觀』
『사기史記』
『산동갑자향시록山東甲子鄉試錄』
『삼희당법첩三希堂法帖』
『상고집湘皐集』
『상관재우상편湘管齋寓賞編』
『상산선생문집象山先生文集』
『상서尙書』
『상해도서관장명청명가수고上海圖書館藏明清名家手稿』
『서영書影』
『서원문견록西園聞見錄』
『서촌시집西村詩集』
『서초유고西樵遺稿』
『석거보급삼편石渠寶笈三編』
『석고지石鼓志』
『석두록石頭錄』
『석노산집釋魯山集』(『성명백가시盛明百家詩』)
『석설강집釋雪江集』(『성명백가시盛明百家詩』)
『석종산지石鐘山志』
『석종시고石淙詩稿』
『석창역대시선石倉歷代詩選』
『설간집薛侃集』
『설리회편說理會編』
『섭표집聶豹集』
『성리표제종요性理標題綜要』
『성수사지聖水寺志』
『성암만고省庵漫稿』
『성종집요聖宗集要』
『성학종전聖學宗傳』
『성화십일년진사등과록成化十一年進士登科錄』
『성화십칠년진사등과록成化十七年進士登科錄』
『성론性論』
『성종집요聖宗集要』
『성학심법聖學心法』
『세경당집世經堂集』
『소곡집少谷集』

『소문장공연보邵文莊公年譜』
『소반강시邵半江詩』
『소산류고小山類稿』
『소씨문견후록邵氏聞見後錄』
『속전습록續傳習錄』
『손빈병법孫臏兵法』
『손효자문집孫孝子文集』
『송원학안宋元學案』
『송창몽어松窗夢語』
『수심문집水心文集』
『순치감주부지順治贛州府志』
『시경詩經』
『시허문집柴墟文集』
『식고당서화회고式古堂書畫滙考』
『신수지나성별전지新修支那省別全志』
『신간양명선생문록新刊陽明先生文錄』
『신간양명선생문록속편新刊陽明先生文錄續編』
『신간회헌임선생류찬고금명가사강의변新刊晦軒林先生類纂古今名家史綱疑辨』
『신건후문성왕선생세가新建侯文成王先生世家』
『신축소하기辛丑消夏記』
『신편역대방촉新編歷代芳躅』
『쌍강문집雙江文集』
『쌍계집雙溪集』
『애일음려서화별록愛日吟廬書畫別錄』
『양리관과안속록穰梨館過眼續錄』
『양명산인부해전陽明山人浮海傳』
『양명선생문록陽明先生文錄』
『양명선생문록속편陽明先生文錄續編』
『양명선생유언록陽明先生遺言錄』
『양명선생요록陽明先生要錄』
『양명시록陽明詩錄』
『양명학보陽明学報』
『양문각공문집楊文恪公文集』
『양문충삼록楊文忠三錄』
『양원집楊園集』
『양일청집楊一清集』
『양절명현록兩浙名賢錄』
『어비역대통감집람御批歷代通鑑輯覽』
『어초문대漁樵問對』
『억견회고臆見滙考』
『엄산당별집弇山堂別集』
『엄주사부고弇州四部稿』
『엄주속고弇州續稿』
『여산지廬山志』
『연도유람지燕都遊覽志』
『연서鉛書』
『연성동씨족보連城童氏族譜』
『연춘각장延春閣藏』
『연평답문延平答問』
『열조시집列朝詩集』
『염요기문炎徼紀聞』
『영암지략靈巖志略』
『예기禮記』
『예소야선생전집倪小野先生全集』
『예원철영藝苑擷英』
『오문숙적고吳文肅摘稿』
『오봉류고鼇峰類稿』
『오봉문집鰲峰文集』
『오산왕선생집梧山王先生集』

『옥광검기집玉光劍氣集』
『옥홍감진속첩玉虹鑒眞續帖』
『옥화자유예집玉華子遊藝集』
『옹정광동통지雍正廣東通志』
『옹정광서통지雍正廣西通志』
『왕간잡저王艮雜著』
『왕기집王畿集』
『왕룡계전집王龍溪全集』
『왕문성공전서王文成公全書』
『왕문성공진적王文成公眞迹』
『왕심재선생연보王心齋先生年譜』
『왕심재선생연보王心齋先生年譜』
『왕심재선생유집王心齋先生遺集』
『왕심재전집王心齋全集』
『왕양명법서집王陽明法書集』
『왕양명선생도보王陽明先生圖譜』
『왕양명선생소상부척독王陽明先生小像附尺牘』
『왕양명선생약야계묵묘王陽明先生若耶溪帖墨妙』
『왕양명연보장편王陽明年譜長編』
『왕양명일문집고편년王陽明佚文輯考編年』
『왕인봉선생문집汪仁峰先生文集』
『왕인봉선생외집汪仁峰先生外集』
『요강일시姚江逸詩』
『요강잡찬姚江雜纂』
『요강제씨종보姚江諸氏宗譜』
『요산당외기堯山堂外記』
『요평현지饒平縣志』
『요허선생문집了虛先生文集』
『용당소품湧幢小品』
『용언庸言』
『용재수필容齋隨筆·속필續筆』
『용천집蓉川集』
『우산서원지虞山書院志』
『우서천선생의학소기尤西川先生擬學小記』
『웅봉집熊峰集』
『원명서한元明書翰』
『원산문선元山文選』
『월서문재粵西文載』
『위애문집渭厓文集』
『유기집劉基集』
『유청일찰留青日札』
『유충선공연보劉忠宣公年譜』
『육문유공행원집陸文裕公行遠集』
『이담류증耳談類增』
『이연평집李延平集』
『이의산시집李義山詩集』
『이천격양집伊川擊壤集』
『인교징서鄰交徵書』
『인산집仁山集』
『임인소하록壬寅消夏錄』
『자허문집紫墟文集』
『잠계전집潛溪前集』
『잠재문집潛齋文集』
『잠약수연보湛若水年譜』0
『장남호선생시집張南湖先生詩集』
『장도각서화록壯陶閣書畫錄』
『장도림선생도강일록蔣道林先生桃岡日錄』
『장도림선생문수蔣道林先生文粹』
『장문정공우옥루집張文定公紆玉樓集』
『장문정공환벽당집張文定公環碧堂集』

『장자莊子』
『장총집張璁集』
『저시허집儲柴墟集』
『적공집迪功集』
『전고기문典故紀聞』
『전당시全唐詩』
『전습록傳習錄』
『전습록란외서傳習錄欄外書』
『전습록주소傳習錄注疏』
『절옥헌장송원명청법첩묵적截玉軒藏宋元明淸法帖墨迹』
『정덕가흥지보正德嘉興志補』
『정덕대명부지正德大名府志』
『정덕신성현지正德新城縣志』
『정덕운남지正德雲南志』
『정암존고整菴存稿』
『정허재석음록靜虛齋惜陰錄』
『제경경물략帝京景物略』
『제산동암지齊山東巖志』
『제유학안諸儒學案』
『조서산인소집鳥鼠山人小集·가정집嘉靖集』
『존재와 시간(Sein und Zeit)』
『종오도인시고從吾道人詩稿』
『종오도인어록從吾道人語錄』
『종오도인어록일성록從吾道人語錄日省錄』
『좨주금계진선생집祭酒琴溪陳先生集』
『주공숙공집周恭肅公集』
『주문공문집朱文公文集』
『주병기전집朱秉器全集』
『주역周易』
『주자만년정론朱子晩年定論』
『주자실기朱子實紀』
『주해도편籌海圖編』
『죽간집竹澗集』
『중국고대서화도목中國古代書畫圖目』
『중국서법대성中國書法大成』
『중화문물집췌中華文物集萃·청완아집수장전淸翫雅集收藏展』(Ⅱ)
『증성사제담씨족보增城沙堤湛氏族譜』
『지나묵적대성支那墨迹大成』
『지죄록知罪錄』
『진계본병부주晉溪本兵敷奏』
『진서陳書』
『진택기문震澤紀聞』
『진헌장집陳獻章集』
『집재선생문집執齋先生文集』
『천계감주부지天啓贛州府志』
『천계해염현도경天啓海鹽縣圖經』
『천옹대전집泉翁大全集』
『천일각장명대과거록선간天一閣藏明代科擧錄選刊』
『천향루장첩天香樓藏帖』
『청호선생문집青湖先生文集』
『추수익집鄒守益集』
『추취소선생문집鄒聚所先生文集』
『춘추곡량전주소春秋穀梁傳注疏』
『태산석각기泰山石刻記』
『태상소경위수주선생문집太常少卿魏水洲先生文集』
『태평삼서太平三書』
『편차진백사선생연보編次陳白沙先生年譜』
『평구록平寇錄』

『풍산어록楓山語錄』
『풍세류편風世類編』
『하동암선생문집夏東巖先生文集』
『하동암선생시집夏東巖先生詩集』
『하연천시집何燕泉詩集』
『학림만록學林漫錄』
『한벽록寒碧錄』
『헌장류편憲章類編』
『현천집峴泉集』
『호광통지湖廣通志』
『호단민주의胡端敏奏議』
『호북초당장첩湖北草堂藏帖』
『호해각장첩湖海閣藏帖』
『홍치십이년진사등과록弘治十二年進士登科錄』
『홍치십이년회시록弘治十二年會試錄』
『홍치십칠년산동향시록』
『황관집黃綰集』
『황극경세皇極經世』
『황극경세관물외편연의皇極經世觀物外篇衍義』
『황명대유양명선생출신정란록皇明大儒陽明先生出身靖亂錄』
『황명문징皇明文徵』
『황명삼유언행요록皇明三儒言行要錄』
『황명숙황외사皇明肅皇外史』
『황명영화류편皇明泳化類編』
『회계문도록會稽問道錄』
『회록당집懷麓堂集』
『횡산유집橫山遺集』
『횡산집橫山集』
『후감록後鑒錄』
『후한서後漢書』
『흠정사서문欽定四書文』

왕양명 연보

1472년 | 성화 8년

- **9월 30일** 여요餘姚 막씨루莫氏樓에서 태어났다. 이름을 운雲이라 지었다. 막씨루는 나중에 서운루瑞雲樓로 이름이 바뀌었다.
- 할아버지 왕륜王倫은 평생 출사를 하지 않고 자제사로 초빙되었다. 집안에서 제지를 가르치고 모친을 봉양하였다. 시사詩社를 결성하여 시를 읊고 고(琴)를 타며 일생을 보냈다.
- 아버지 왕화王華는 고을의 전희총錢希寵을 스승으로 삼아 배우고, 용천산龍泉山 절에서 독서를 하였고 여요 현학의 제생이 되었다.
- 양명은 서운루에서 어머니 정씨鄭氏의 보살핌을 받으며 자랐다. 1475년, 왕화는 절강浙江 포정사 영량寧良의 초빙을 받아 자제사가 되어서 3년 동안 영량의 아들 영굉寧竑을 가르쳤다.

1476년 | 성화 12년
5세

- 양명은 비로소 말을 하기 시작하였다. 할아버지가 이름을 운雲에서 수인守仁으로 고쳤다.

1477년 | 성화 13년
6세

- 왕화가 돌아와서 절강 향시에 응시하였으나 낙방하였다. 양명은 숙부 왕덕성王德聲과 함께 왕화에게 가정교육을 받았다. 이후 왕화를 따라다니며 가르침을 받았다.

- 서운루에서 할아버지로부터 『예기禮記』 「곡례曲禮」를 전수받았는데, 한 번 보고 곧 암송하였다. 왕화를 따라 해염海鹽으로 가서 자성사資聖寺에 머물렀는데 시를 지어 읊었다. 이때부터 부처와 노자를 좋아하여서 30여 년 동안 두 사상에 심취하였다.

1479년 | 성화 15년
8세

- 서운루에서 할아버지에게 교육을 받았다. 이해 왕화가 절강 향시에서 2등으로 합격하였다.

1480년 | 성화 16년
9세

- **3월** 왕화가 서울에서 시행되는 회시에 참가하여 정시에서 장원하였다.
- 왕화가 한림원 수찬에 제수되었다.

1481년 | 성화 17년
10세

- 할아버지와 함께 서울로 올라가다가 금산金山을 지나면서 진강鎭江의 수령을 만난 뒤 「금산」, 「폐월산방蔽月山房」이라는 시를 지었다.
- 서울에서 장안서가에 거주하면서 임협을 좋아하고 말달리기, 활쏘기를 익히고 갖가지 노름을 구경하는 등 청소년의 방달한 혈기를 발산하였다.
- 불교와 도교에 지적, 정신적 관심을 기울이고, 점복에 호기심을 가졌다.

1482년 | 성화 18년
11세

- 왕화가 숙사塾師를 청하여 양명을 본격적으로 교육하였다.
- 백사白沙 진헌장陳獻章이 부름을 받고 서울에 들어와서 장안서가 대흥륭사大興隆寺에 거주하면서 임준林俊, 왕화와 이웃이 되었다.
- 진헌장이 대흥륭사에서 임준과 학문을 강론하였는데, 양명도 늘 대흥륭사를 드나들며 이들의 강학을 참관하고 견문을 넓혔다.
- 제양諸讓이 순천부順天府 향시의 주고관이 되었는데 왕화를 만나러 왔다가 양명을 사위로 삼겠다는 약속을 하였다.

1483년 | 성화 19년
12세

1484년 | 성화 20년
13세

• **2월** 왕화가 정시廷試의 미봉관彌封官이 되었을 때 양명이 왕화를 모시고 고관이 되어서 시권 평점에 의견을 제시하였다.
• 진헌장의 제자 장후張詡가 진사에 합격하고 왕화, 양명과 교제를 맺었다.
• 모친 정씨가 세상을 떠나자 제양이 조문하는 편지를 보냈다.

1486년 | 성화 22년
15세

• 15세가 된 양명은 숙관에서 교육을 받으며 거용관居庸關을 몰래 빠져나가 사방을 경략하려는 웅지를 품었으며 한 달 남짓 뒤에 돌아왔다.
• 후한의 장군 마원馬援의 사당에 참배하는 꿈을 꾸고서 시부를 지었다.
• 경기京畿 지역에서 석영石英·왕용王勇의 반란이 일어나자 여러 차례 재상에게 글을 올려서 토벌을 청하려고 하였으나 왕화가 힘써 저지하였다.
• 송유 격물格物의 학을 배우고 주희朱熹의 글을 두루 읽으며 천하 사물의 이치를 탐구하였다.
• 뜰 앞에 서 있는 대나무 속의 이치를 탐구하기 위해 노심초사하다 병이 들었다. 결국 스스로 성현이 될 분수가 없다고 낙심한 뒤 문장을 익히고 과거를 준비하는 공부에 힘썼다.

1487년 | 성화 23년
16세

• **2월** 왕화가 회시會試의 동고관同考官으로 충원되었다.
• **8월** 헌종憲宗이 졸하고 효종孝宗이 즉위하였다.
• 양명은 숙관의 학업을 마치고 여요로 돌아갔다.

1488년 | 홍치 원년
17세

• 왕화가 『헌종실록』 편수에 참여하였다.
• 양명은 강서 참의 제양의 딸 제씨와 홍도洪都에서 혼례를 올렸다. 혼례 당일 철주궁鐵柱宮으로 달아나서 도사와 양생 수련의 도를 담론하다가 다음 날 돌아왔다.
• 제양의 관서에서 글씨 쓰기를 익혀서 서법이 크게 진보하였다.

● 부인 제씨와 여요로 돌아왔는데, 도중에 광신廣信을 지나면서 일재一齋 누량婁諒을 예방하고 송유 격물의 학에 대해 가르침을 받고 마음으로 깊이 터득하였다.

● **12월** 할아버지 왕륜이 졸하였다.

1489년 | 홍치 2년
18세

● 왕륜의 장례를 마치고 숙항들과 함께 왕화로부터 가정교육을 받았다. 경전의 의리를 분석하고 경서와 역사서를 부지런히 읽었다.

● 석촌石村 오백통吳伯通이 절강 제학부사提學副使로 부임하여서 그의 문하생이 되었다.

1490년 | 홍치 3년
19세

● **8월** 항주杭州의 향시에 참가하여 제6명에 합격하였다.

1492년 | 홍치 5년
21세

● 회시를 보기 위해 서울로 올라갔으나 남궁南宮 시험에서 낙방하였다.

● 여요로 돌아갔다가 9월에 복을 벗고 우춘방우유덕右春坊右諭德에 보임되고 경연관에 충원된 왕화를 따라 서울로 올라갔다.

● 태학에 들어가서 정문해程文楷 등과 교유하며 과거 공부에 몰두하였다.

1493년 | 홍치 6년
22세

● 제양이 졸하여서 제문을 지어서 치전하였다.

● 고평高平의 현령 양자기楊子器가 『고평현지高平縣志』를 완성하고 서문을 부탁하여서 「고평현지서高平縣志序」를 지었다.

1495년 | 홍치 8년
24세

● 회시에서 낙방하였다.

● 외직으로 나가거나 퇴직하는 이방보李邦輔·낙롱駱瓏·누성婁性·퉁진佟珍

1496년 | 홍치 9년
25세

·여헌呂獻 등을 위해 서문과 시를 지어서 전송하였다.

- **9월** 여요로 돌아왔다.
- 제녕濟寧을 지나가다 태백루太白樓에 올라 「태백루부太白樓賦」를 지었다.
- 남도를 지나면서 조천궁朝天宮의 전진교全眞教 도사 윤 진인尹眞人에게 도를 배우고 진공련형법眞空鍊形法을 수련하였으며, 구결口訣의 시를 지어서 진공련형법의 비결을 발휘하였다.
- 여요로 돌아와서 비도산 왕씨 고택에 거주하며, 용천사龍泉寺에서 시사를 결성하고 위한魏瀚 등 문인들과 시를 주고받았다.

1497년 | 홍치 10년
26세

- 가을에 여요에서 소흥紹興의 광상방光相坊으로 이주하고, 스스로 호를 양명산인陽明山人이라 하였다.
- 회계산會稽山을 유람하고 양명동陽明洞을 발견하고서 자주 드나들었다.
- 군사에 관심을 기울여서 병법을 익히고 병가의 여러 서적을 깊이 탐구하였다.

1498년 | 홍치 11년
27세

- 진망산秦望山·운문산雲門山·아미산峨嵋山을 두루 유람한 뒤 시를 읊고 절벽에 새겼다.
- 남도에서 윤 진인을 만나 양생 수련을 담론한 뒤 마침내 세상을 버리고 입산할 뜻을 품었다.
- 남도에서 돌아와 송유의 서적을 읽고 소득이 없어서 성현이 될 수 있는 분수가 없음을 느끼고 더욱 실망하였다.
- 겨울에 서울로 올라가서 이듬해 회시를 준비하였다.

1499년 | 홍치 12년
28세

- **2월** 회시에 합격하여 진사 출신이 되었다.
- 관정공부觀政工部로 벼슬길의 첫걸음을 내딛었다.

• 나흠순羅欽順 형제와 교제를 시작하였다.

• **5월** 잠岑 태부인의 80수와 양명의 진사 합격을 축하하는 잔치를 벌였다.

• 경사에서 옛 시문과 사장을 배우고, 이동양李東陽·이몽양李夢陽·하경명何景明 등과 교제하면서 '상국유上國遊'를 시작하였다.

• 형부원외랑 황숙黃肅이 광서의 안찰첨사로 나가게 되자 서문을 지어서 전송하였다.

• 격문을 받들고 변방의 정황을 탐색하고 돌아와 「진언변무소陳言邊務疏」를 올려서 변방을 안정시키는 여덟 가지 계책을 건의하였다.

• **7월** 말에서 떨어져 부상을 입었을 때 이동양 등이 찾아와서 병문안을 하였는데 「타마행墮馬行」을 지어서 화답하였다.

• **8월** 준현濬縣으로 파견되어서 대비산大伾山 서쪽 기슭의 위녕백威寧伯 왕월王越의 분묘 조성을 감독하였다.

• 후손이 왕월의 패검을 증정하였다.

• 「유대비산부遊大伾山賦」, 「유대비산시遊大伾山詩」를 지었다.

• 「무경칠서평武經七書評」을 지었다.

1500년 | 홍치 13년
29세

• 백사 진헌장이 졸하였다.

• 형부운남청리사주사刑部雲南淸吏司主事에 제수되었다.

• 형부의 동료 진봉오陳鳳梧 등과 학문을 강론하고 글을 토론하는 '서한림西翰林'의 문사 단체를 결성하였다.

• **10월** 제뢰청提牢廳을 중수하고 제뢰청 주사를 맡은 뒤 「제뢰청벽제명기提牢廳壁題名記」를 지었다.

• 사옥사司獄司를 중수하고 「중수제뢰청사옥사기重修提牢廳司獄司記」를 지었다.

• 호부낭중 소보邵寶가 강서 안찰사부사에 부임하자 「시우부時雨賦」를 지어서 전송하였다.

• 형부에서 내량산來兩山의 설경雪景 그림을 본 뒤 「내우(량)산설도부來雨

山雪圖賦」를 지었다.

1501년 | 홍치 14년
30세

- 호부원외랑 진금秦金의 부탁으로 무석無錫 숭안사崇安寺의 승려 정각淨覺의 시집 『성천권시性天卷詩』의 서문을 지었다.
- 오백통에게 편지를 보내 제자의 우의를 거듭 표하였다.
- 저권儲巏이 태복시소경에 임명되어서 서울로 들어왔다. 그와 교제를 맺고 학문을 강론하였다.
- **8월** 명을 받들고 직례直隸, 회안淮安 등지에서 죄수를 심리하였다.
- **9월** 남하하여 봉양부鳳陽府에 이르러서 「등초루登譙樓」 시를 지었다. 이후 지주부池州府에 이르러서 죄수를 심리하고 구화산九華山을 유람한 뒤 「구화산부九華山賦」와 구화산 질경을 소재로 한 일련의 시를 지었다.
- 장생암長生庵의 실암화상實庵和尙을 방문하고 상찬像贊을 지었다.
- 도사 채봉두蔡蓬頭를 방문하여 선도를 담론하고 시를 주고받았다.

1502년 | 홍치 15년
31세

- 서울로 가는 길에 귀지현貴池縣을 지나면서 제산齊山을 유람하고 「유제산부遊齊山賦」를 지었다. 청양현靑陽縣·무호蕪湖·청풍루淸風樓·당도현當塗縣을 지나면서 일련의 시문을 지었다.
- 진강부鎭江府에 도착하여 단양丹陽의 운곡雲谷 탕례경湯禮敬을 방문하고 그와 함께 도교의 승지 모산茅山을 유람한 뒤 시문을 지었다. 탕례경의 전시책문에 발문을 지었다.
- **3월** 양주揚州에 이르러서 병으로 석 달을 체류한 뒤 5월에 상경하여서 복명하였다.
- 왕화가 서길사庶吉士의 교습을 맡았고 『대명회전大明會典』 찬수에 참여하였다.
- 양명은 상경한 뒤 날마다 글을 쓰고 경전과 역사서를 연구하다 과로로 병이 들었다.

• **8월** 「걸양병소乞養病疏」를 올리고 소흥으로 돌아갔다. 돌아가는 길에 윤주潤州·소주蘇州·가흥嘉興·해녕海寧을 지나면서 명승을 유람한 뒤 일련의 시편을 짓고 승려들과 시를 주고받았다.

• **9월** 소흥으로 돌아와 양명동에 방을 꾸미고 짓고 도인술을 행하며 정좌를 익히고 도교의 경전을 깊이 탐구하였다.

• 도교에 심취한 회계의 선비 왕문원王文轅·허장許璋 등과 선도를 강론하고 정좌를 익히며 수련하였다.

• **10월** 절강 안찰첨사 진보陳輔가 파직되어 돌아가자 「양절관풍시서兩浙觀風詩序」를 지어서 전송하였다. 절강의 참정 나감羅鑒의 청으로 그의 조부 나리소羅履素(나무羅懋)의 시집에 서문을 지었다.

• **12월** 양명동에서 수련하며 부모와 혈친의 정을 사색하고 왕문원과 시를 주고받았다. 석로산釋魯山이 양명동을 방문하여서 양명의 서사書舍를 소재로 시를 지었다.

1503년 | 홍치 16년
32세

• 불경을 열심히 탐구하고 불교 '종성種性'의 설을 깨달았다. 도교의 수련은 정신을 농락하는 것이라면서 그 수련을 물리치고, 다만 질병 치료를 구실로 전당錢塘으로 옮겨서 선을 익히며 정양하였다.

• 산음山陰의 본각사本覺寺와 우두산牛頭山을 지나면서 시를 지었다.

• **3월** 전당에 도착하여 남병산南屛山 정자사淨慈寺에 묵으면서 불경을 탐구하고 선을 익히며 정양하였다. 서호西湖를 유람하고 남병사南屛寺와 호포사虎跑寺를 오가며 선사를 방문하여 도를 묻고 불교의 종성설로 폐관 참선하는 승려를 깨우쳤다.

• 항주에서 내단內丹 도인수련導引修煉을 행하면서 수련을 주제로 시를 지었다.

• 서호에 연꽃이 피자 서호를 유람하고 영은사靈隱寺를 찾아서 시를 지었다.

• 항주에 계수나무 꽃이 피어서 유람을 하고 사찰을 방문하여 선을 물었다.

• **8월** 요허了虛 오근吾謹이 찾아와서 그와 더불어 심성의 학문을 탐구하고

유교와 불교의 차이를 논변하였다.

- 동계東溪 서패徐霈, 적성赤城 하후夏鍭, 자운慈雲, 포정사布政使 필형畢亨 등과 교류하며 학문을 논하고 시를 주고받았다.
- **9월** 소흥으로 돌아오면서 소산蕭山의 여러 사찰을 유람하고 시를 지었다.
- 소흥으로 돌아와 집에서 정양하였다.
- 소흥의 수령 퉁진이 예비창預備倉을 새로 건축하여서 「신건예비창기新建預備倉記」를 지었다.
- 소흥에 가뭄이 들어서 비를 기구하는 글을 지었다.
- 반강半江 조관趙寬의 소개로 왕화가 서애徐愛를 사위로 삼았다.
- 다시 출사를 결심하고 「사호론四皓論」을 지어서 시기를 가늠하였다.

1504년 | 홍치 17년
33세

- **윤4월** 왕화가 '부정한 뇌물을 받았다(暮夜受金)'는 명목으로 감찰어사 요당饒榶 등의 탄핵을 받아 치사를 청하였으나 효종이 윤허하지 않았다.
- **5월** 산동 향시의 주고主考를 위한 정문程文의 범본을 작성하였다.
- **6월** 향시의 주고를 위해 산동으로 떠났다. 가흥嘉興에서 도목都穆을 만나 시를 주고받았으며, 팽성彭城에서 소식蘇軾의 감흥을 이어받아 「황루야도부黃樓夜濤賦」를 지어서 달관한 사람에게서 나오는 원대한 관조의 감회를 표현하였다.
- **7월** 제남에 도착한 뒤 8월에 제학부사 진호陳鎬와 함께 표돌천趵突泉을 유람하고 시를 주고받았다.
- 산동 향시의 주고를 맡아서 거인 75명을 뽑아 등록하고(錄取) 목공휘穆孔暉를 제1명으로 뽑았다. 『홍치십칠년산동향시록弘治十七年山東鄕試錄』을 편집하여 완성하고 서문을 지었다.
- **9월** 곡부曲阜 공자의 궐리闕里, 공자와 주공周公의 사당에 참배하고 태산을 유람한 뒤 시문을 짓고 제남부로 돌아와서 귀경하였다.
- 병부무선청리사주사兵部武選淸吏司主事에 제수되었다.
- 진봉오陳鳳梧가 호광湖廣 안찰사 제학첨사에 전임되어서 전송한 뒤 편지

로 군현郡縣의 교육에 관해 토론하였다.

● **12월** 양명이 병을 핑계로 산동 향시의 주고를 맡았다고 남경 어사 왕번王蕃이 탄핵하였다.

1505년 | 홍치 18년
34세

● **정월** 용예龍霓가 절강 안찰첨사로 전임하게 되어서 이몽양·하경명何景明 등 22명이 문회를 결성하여 시를 짓고 오위吳偉가 그림을 그리고 나기羅玘가 서문을 지은 뒤 문집을 꾸며서 증정하였다.

● 용예의 부친 용선龍瑄의 『홍니집鴻泥集』에 서문을 지었다.

● **2월** 호부주사 이몽양이 상소하여 수녕후壽寧侯 장학령張鶴齡을 탄핵하였는 데 남몰래 도왔다.

● **3월** 정시에 진사 303명을 뽑아서 등록하였다.

● 엄숭嚴嵩·담약수湛若水·예종정倪宗正·목공휘·육심陸深·장방기張邦奇 등이 한림서길사가 되었으며, 이로부터 문인이 나아오기 시작하였다.

● **4월** 서울에서 회시에 응시했다가 낙제한 제칭諸偁이 돌아간다고 하자, 시를 지어 전송하면서 자기가 신선에 빠졌던 일을 뉘우쳤다.

● **5월** 효종이 졸하고 무종武宗이 즉위하였다.

● **6월** 양자기楊子器의 모친 장씨張氏를 축수하는 서문을 지었다.

● 왕화가 문형을 맡아서 논의를 초래했다(典文招議)는 탄핵을 받고 치사를 청했으나 허락을 받지 못하였다.

● **10월** 도목과 함께 학문을 강론하고 정호程顥·이통李侗의 성리설을 좌우명으로 삼았는데, 이는 사장의 학문에서 심성의 학문으로 전향하는 표지가 되었다. 이통의 '묵좌징심默坐澄心, 체인천리體認天理'를 자기 성현의 학문에 요지로 삼고 담약수와 함께 심성의 학문을 닦기로 하였는데, 모두 진헌장陳獻章을 근본으로 하였다.

● 나교羅僑와 장후張詡가 『백사선생전집白沙先生全集』을 편집하여 출판하였는데, 이를 꼼꼼히 읽고 높이 평가하였다.

1506년 | 정덕 원년
35세

● 담약수와 성학을 함께 제창하고 아침저녁으로 학문을 강론하였다.

● **8월** 순천부 통판 왕순汪循이 개혁을 건의하여 상소하였다가 환관 유근劉瑾의 비위를 거슬러서 파직당하고 휴녕休寧으로 돌아갈 때, 글을 써서 증정하였다.

● 유건劉健과 사천謝遷이 유근을 비롯한 팔호八虎를 탄핵하려다 파직되고, 대선戴銑·목상牧相 등 30인이 그들을 변호했다가 감옥에 갇혔다. 이에 항의하고 구원하려는 소를 올려서 금의옥에 갇혔다. 옥중에서 처지에 비감하여 시문을 지었다.

● 옥사가 결정됨에 따라 오문午門에서 정장廷杖 30의 형벌을 받은 뒤 귀주貴州 용장龍場의 역승으로 폄적되었다.

1507년 | 정덕 2년
36세

● **정월** 산서山西 포정사경력布政司經歷으로 폄적된 이몽양과 함께 적지謫地로 길을 떠났다. 육심·저권儲巏·담약수 등 교류하는 문인과 학자들이 시부를 지어서 전송하였다.

● **3월** 전당錢塘에 도착하여서 남병南屛에 은거하여 정양을 하고 시를 읊었다. 서애가 부친의 명으로 찾아와서 정식으로 제자의 예를 갖추었다.

● 유근이 유건·사천·이몽양·왕수인 등 53인을 간당奸黨으로 규정하여서 공표하였다.

● **4월**에 정자시靜慈寺, **6월**에 승과사에서 정양하며 서애와 함께 시문을 지었다.

● **7월** 채종연蔡宗兗·주절朱節 등이 전당의 향시에 참가하러 왔다가 찾아와서 배움을 묻고 제자의 예를 갖추었다.

● **8월** 강에 투신한 것으로 꾸며서 부춘강富春江을 따라 남하하여 광신廣信·건양建陽을 거쳐서 무이산武夷山으로 들어가 구곡九曲을 유람하고 무이정사武夷精舍를 참배한 뒤 천유관天遊觀 도사를 방문하였다.

● **9월** 상요上饒·옥산玉山·서안西安·용유龍遊·난계蘭溪·무호蕪湖를 거쳐서 남도南都로 돌아왔다.

● **10월** 남경 병부상서에서 파직된 왕화와 함께 소흥으로 돌아왔다.

● **12월** 「전횡론田橫論」을 지어서 삶과 죽음의 위기에 처하여 지혜와 용기로 결단할 포부를 논하고, 적지謫地로 나아갈 결심을 굳혔다.

1508년 | 정덕 3년
37세

● **정월** 초하루 용장역으로 나아가는 길에 올랐는데 예종정이 시를 지어서 전송하였다. 지나는 길에 명승고적을 찾고 현자의 유적에 참배하였으며, 만나는 학자 및 문인들과 시문을 주고받고, 동정호洞庭湖를 지나면서 굴원屈原을 추모하는 「조굴평부弔屈平賦」를 지었다.

● **3월 상순** 용장역에 도착하였다.

● 거처가 없어서 초막을 짓고 거주하였다. 동봉東峰에서 동동東洞을 찾아내서 양명소동천陽明小洞天이라 이름을 고치고, 이곳으로 이주하여 거주하였다. 산기슭에 굴을 파고 완역와玩易窩를 꾸민 뒤 『주역』을 읽고 「완역와기玩易窩記」를 지었다.

● 양식이 떨어지자 농사를 배워서 몸소 남쪽 이랑에서 밭을 갈았다.

● **4월** 용강서원龍岡書院을 새로 지었다. 제생들이 모여들어서 수학하였다.

● 하루헌何陋軒·군자정君子亭·빈양당賓陽堂을 세우고 각각의 기문을 지었다. 용강서원에 서원西園을 짓고 기거하는 처소로 삼았다.

● 서원의 교조를 정하여서 제생들에게 선포하고 「용장생문답龍場生問答」을 지어서 뜻을 밝혔다.

● 제학부사 모과毛科가 문명서원文明書院에 초빙하여 강학을 부탁했으나, 시를 써서 완곡하게 거절하였다.

● 선위사宣慰使 안귀영安貴榮이 영박산靈博山 아래에 있는 상사象祠 건물을 신축하고 기문을 부탁하여서 「상사기象祠記」를 지었다.

● 모과가 원속정遠俗亭을 짓고 기문을 부탁하여서 「원속정기遠俗亭記」를 지었다.

● 안귀영이 역참을 줄이는 일에 대해 문의하여서 조정의 제도를 고치지 말고 참정의 직책을 사양하라고 권유하였다.

• **7월** 아가阿賈와 아찰阿札이 송연宋然을 상대로 반란을 일으켜서 안귀영에게 편지를 보내 빨리 군사를 내어서 반란을 평정하라고 권유하였다.

• 사주思州의 수령이 용장역으로 사람을 보내 양명을 능욕하였다. 모과가 편지를 보내서 양명에게 사죄하라고 통지하였으나, 답을 보내 변론하였다.

• 사무로 귀양에 가서 순무 왕질王質, 총병 시찬施瓚, 포정사참의 호홍胡洪 등을 만나 시문을 짓고 남제운사南霽雲祠를 참배하였다.

• **8월** 순안巡按 왕제王濟가 간행한 『문장궤범文章軌範』에 서문을 지었다.

• **9월** 귀양에서 용장으로 돌아왔다.

• 총병 시찬施瓚이 보내온 「칠십이후도七十二候圖」에 서문을 지었다.

• **12월** '원년춘왕정월元年春王正月'을 논하는 글을 지었는데, 이는 '용장의 깨달음(龍場之悟)'에 관한 기록의 시초이다.

• 「사궁현절의론士窮見節義論」을 지어서 이민족 시역에 거처하는 곤궁한 심경을 밝혔다.

1509년 | 정덕 4년
38세

• **4월** 안찰사부사 모과가 치사하고 동강서원桐江書院으로 돌아가자 서문을 지어서 송별하였다.

• **7월** 주기朱璣가 귀주 안찰사부사로 부임하여서 아들 주광필朱光弼·주광제朱光霽 형제를 양명에게 보내 수학하게 하였다.

• **8월** 석서席書가 귀주의 제학부사로 부임하여서 양명을 귀양에 있는 문명서원의 교육을 주관하게 하였다.

• **9월** 석서가 문명서원에서 학문을 강론할 때, 서로 주륙동이朱陸同異를 변별하고, 석로釋老 두 학문을 비판하며, 주자와 육상산의 학문적 차이를 밝혀서 『대학』 '격물치지格物致知'의 취지를 깨닫고서 '지행합일知行合一'의 가르침을 세웠다. 이것이 '용장오도龍場悟道'인데 양명이 평생 동안 이룬 '심학'의 대지가 이로 말미암아서 확립된다.

• **윤9월** 여릉廬陵 지현으로 승진하였다.

• **10월** 『오경억설五經臆說』 서문을 지었다.

● **12월** 귀양을 떠나 여릉 지현으로 부임하였는데, 석서가 서문을 지어서 송별하였다.

1510년 | 정덕 5년
39세

● **정월** 신주辰州를 지나갈 때 용흥사龍興寺에서 신주의 제생들과 함께 정좌하고 강학을 하였으며, 성체性體를 깨달아 얻는 공부에 대해 논하였다.

● **2월** 상덕常德에 이르러 무릉武陵 조음각潮音閣에 머물면서 20여 일 동안 강학하였다. 장신蔣信·기원형冀元亨·유관시劉觀時·왕문명王文鳴·호산胡珊 등 무릉의 선비들이 찾아와서 수학하였다. 그 사이사이에 담약수湛若水를 그리워하는 시를 지었다.

● **3월** 강서의 경내에 들어와 평향萍鄉을 지나면서 무운관武雲觀에 묵으며 염계사濂溪祠를 참배하였다.

● 태화泰和를 지나면서 나흠순羅欽順을 만났다.

● 18일에 여릉에 도임하였다.

● 「고유여릉부로자제서告諭廬陵父老子弟書」를 반포하여 송사를 정돈하고 기강을 밝게 하고 인민에게 쟁송을 그치게 하고 봄 농사에 힘쓰라고 권유하였다. 역질이 유행하여서 다시 「고유여릉부로자제서」를 반포하여 인민에게 효도와 우애를 권유하고 의생을 고을에 파견하고 세금을 감면하여서 인민의 곤경을 해결해주었다.

● **4월** 「고유여릉부로자제서」를 반포하여서 관문關文을 증빙으로 삼아 은량을 징수하고 보갑법保甲法을 추진하였다. 이를 통해 도적을 방비하고 흩어진 인민을 모아들이며 때에 맞게 전량錢糧을 운송하였다.

● 진수부鎭守府에서 절은折銀의 납부를 독촉하자 공이公移를 올려서 견면蠲免을 청하였다.

● **6월** 가뭄이 오래 지속되면서 화재가 유행하여 다시 「고유여릉부로자제서」를 반포하여 방화防火 장비를 더욱 정비하고 화항火巷을 넓히고 군사와 인민의 분쟁을 금하였다.

● 현서縣署가 퇴락하여서 새로 수리하고 계석戒石을 세워서 의의를 기록하

였다.

● **8월** 유근이 복주되었다.

● **9월** 치사한 왕화가 원래의 남경 이부상서에 복귀하였다.

● **10월** 여릉에서 7개월간 행정을 성취하고 입근入覲하여 술직述職하였다. 「고유여릉부로자제서」를 반포하여서 이별하였다.

● 경사로 돌아와서 대흥륭사에 거주하였다. 담약수와 석룡石龍 황관黃綰이 찾아와서 학문을 강론하고 세 사람이 평생 학문을 함께하기로 맹서하였다.

● 남경 형부사천청리사주사南京刑部四川淸吏司主事로 승진하였다.

● **11월** 남경에 부임하였다. 저권이 편지를 보내 전량을 내어서 재해를 구제하는 일을 논하였다.

● **12월** 양일청楊一淸의 천거를 받아 이부험봉청리사주사吏部驗封淸吏司主事로 승진하였다.

1511년 | 정덕 6년
40세

● 가흥嘉興·진강鎭江을 거쳐서 2월 중순에 경사에 도착하고 장안회창長安灰廠에서 담약수와 이웃하여 거주하였다. 이때부터 황관과 함께 세 사람이 모여서 강학을 하고 성학聖學을 갈고닦았다.

● 한림편수 동기董玘와 이웃하여 거주하였으며, 같이 학문을 강론하였다. 회시의 동고시관同考試官에 함께 선발되었다.

● 추수익鄒守益·모헌毛憲·만조萬潮·응량應良·양곡梁穀 등을 친히 녹명하였다.

● 목공휘가 예부 회시의 동고시관이 된 뒤 찾아와서 배움을 물었다.

● 동료 방헌부方獻夫가 찾아와서 수학하고 제자의 예로 섬겼다.

● 서수성徐守誠과 편지로 학문을 논하였는데, 서수성이 마침내 경사로 와서 수학하였다.

● 응량이 진사에 합격하고 황관과 함께 찾아와서 실천의 공부, 유학과 불교의 차이를 논하였는데, 양명이 답서를 보냈다.

● 황관의 천거로 고응상顧應祥이 찾아와서 수학하였다.

• 서수성이 서울에 들어와서 주자와 육상산의 학문을 논하면서 주륙동이를 논변하였는데, 답서를 보내 상세히 논하였다.

• **3월** 양곡이 진사에 합격한 뒤 찾아와서 배움을 물었다. 그를 위해 「양중용묵재설梁仲用默齋說」을 지었다.

• 왕도王道가 진사에 합격한 뒤 찾아와서 배움을 묻고 함께 맹자의 학설을 토론하였으나 나중에 강론이 합치하지 않았다. 석담石潭 왕준汪俊이 자주 찾아와서 학문을 논하고 편지로 토론하였으나 합치하지 못하였다.

• **5월** 상보사승尙寶司丞 허고許誥가 찾아와서 배움을 논하였으나 합치하지 못하였다.

• 호곡虎谷 왕운봉王雲鳳이 편지로 학문을 논하여서 답서를 보냈다.

• **8월** 담약수가 소산蕭山 상호湘湖에 거처를 정하고 편지를 보내, 양명동과 나란히 이웃하여 거처하면서 함께 모여서 강학하고 성학으로 나아갈 생각을 하였다.

• **9월** 방헌부가 병으로 서초西樵로 돌아가게 되자 서문을 써서 증여하고 시를 지어서 전송하였다.

• 감찰어사 문삼文森과 교제를 하며 「백만육장白灣六章」을 지어서 칭송하였다.

• 담약수가 명을 받들어 안남安南에 사신으로 가게 되어서 서문을 써서 증여하고 송별하였다.

• **10월** 양일청의 천거로 문선청리사원외랑文選淸吏司員外郎에 승진하였다.

• 수찬 여남呂柟이 이따금 찾아와서 배움을 묻고 『논어』를 강론하였는데 합치하지 못하였다.

1512년 | 정덕 7년
41세

• **정월** 서애가 서울로 찾아와서 황관·고응상과 함께 향산香山을 유람하고 시를 주고받았다.

• **2월** 담약수가 서울을 떠나 안남으로 갔는데 시를 써서 송별하였다. 담약수에게 편지로 천리체인과 함양의 공부를 논하였다.

● **3월** 왕도가 응천부 교수로 전임되어서 서문을 지어서 송별하고 교육 방법에 대해 논하였다. 왕도와 이별한 뒤 편지를 주고받으며 배움과 정치에 대해 논하였으나 합치하지 못하였다.

● 이부고공청리사낭중吏部考功清吏司郎中으로 승진하자 이로부터 날마다 각지에서 많은 선비들이 찾아와서 배움을 묻고 수업하였다.

● 휘주徽州 지부知府 웅세방熊世芳이 자양서원紫陽書院을 새로 수리하고 세운 뒤 사람을 보내 『자양서원집紫陽書院集』의 서문을 청하여 「자양서원집서」를 지었다.

● **5월** 담약수에게 편지를 보내서 학문 강론의 정황과 조정에서 처한 상황의 곤란함을 알렸다.

● 직책을 다하지 못함을 자책하는 소를 올려서 성왕의 정치를 밝히라고 하였으나 답을 받지 못하였다.

● **6월** 서애가 기주祁州의 지주 임기가 만료되어서 서울로 돌아와 배움을 논하며 수업하였다. 서애를 따라 부친 서새徐璽, 기주의 부봉傅鳳이 서울로 찾아와서 배움을 묻고 수학하였다.

● **9월** 황관이 병으로 사직하고 천태天台로 돌아가자, 서문을 지어서 증정하고 시를 지어서 송별하였다.

● **10월** 남경 호부좌시랑 저권이 편지를 보내 배움을 논하였다.

● 하남 참정 하맹춘何孟春이 편지로 제례를 물어서 답서를 보냈다.

● 황관이 천태로 돌아가는 도중에 편지를 보내 배움을 물었다.

● **11월** 서애가 남경 병부원외랑으로 승진하고 『전습록傳習錄』을 편집하였다. 양명이 왕화에게 편지를 보내 이를 알리고 『전습록』을 보냈다.

● **12월** 남경 태복시소경太僕寺少卿으로 승진하였다. 12월 중순에 서애와 함께 배를 타고 귀성하여 소흥으로 돌아왔다.

1513년 | 정덕 8년
42세

● 팽성·남도·단양·비릉毗陵·소주를 경유하여 소흥으로 돌아왔는데, 호백충胡伯忠·저권·목공휘·탕례경湯禮敬·정선부鄭善夫·왕응봉 등과 만나서 배

움을 논하였다.

● **2월** 소흥에 도착하여 양명동에서 거주하였다.

● **3월** 무석 현령 고문치高文豸가 동림서원東林書院을 수복하고 기문을 청하여서 「동림서원기東林書院記」를 지었다.

● **5월** 일본의 정사 요암了庵 퇴운계오堆雲桂悟를 방문하고 서문을 지어서 그의 귀국을 송별해주었다.

● 서애와 함께 용천산에서 노닐고 청풍정清風亭에서 피서하였으며 제자들과 함께 천태·안탕雁蕩의 유람을 시작하였다.

● **6월** 제자들과 함께 상우上虞에서 사영四明으로 들어가 백수포白水瀑·용계龍溪·장석산杖錫山·설두사雪竇寺·천장암千丈巖·대부大埠 등을 유람한 뒤 영파寧波에서 배를 사서 여요로 돌아왔다.

● **7월** 여요로 돌아와서 영락사永樂寺에 거주하였는데 제자들이 다시 모여들었다.

● **8월** 황관이 심부름꾼을 보내서 안부를 물어 답서를 보냈다.

● 주절이 채종연의 편지를 보내왔는데 답서를 보내 남궁 시험에 응시하라고 권하였다.

● 황종명이 찾아와서 배움을 물었다. 이별에 임하여 글을 써서 증정하였다.

● **10월** 저주滁州에 부임하여서 마정馬政을 감독하였다.

● 제생들이 찾아와서 수학하였다. 웅창熊彰·목공휘·구천서寇天敍·대덕유戴德孺·황관·응량 등과 학문을 논하였다.

● **11월** 왕여성汪汝成·고유현顧惟賢 등 여러 제자들이 찾아와서 배움을 물었다. 늘 용담龍潭에서 정좌하며 학문을 강론하였다.

1514년 | 정덕 9년
43세

● **정월** 큰 눈이 내려서 가뭄이 해소되었다.

● 태복시소경 문상과 용담·낭야琅琊·풍산豐山에 올라서 망제를 지냈다. 문인 주절·채종연·유관시·덕관德觀·정걸鄭傑·왕가수王嘉秀·소기蕭琦 등이 차례로 돌아갔고 그들에게 시를 지어서 증정하고 송별하였다. 이후

곽경郭慶·오량길吳良吉이 저주로 와서 수학하였다.

● **2월** 담약수가 안남에 사신으로 갔다가 돌아오면서 저양을 경유하였는데, 찾아와서 유학과 불교의 도를 논하였다.

● **3월** 문삼이 판각한 『문산별집文山別集』에 서문을 지었고, 탕례경의 축수를 위해 「수탕운곡서壽湯雲谷序」를 지었다.

● 응천부 부학의 교수 왕도에게 편지를 보내 주자와 육상산의 학문을 논변하였는데 합치하지 못하였다.

● 『유해시遊海詩』 한 권을 편집하여서 문인 손윤휘孫允輝에게 주었다.

● **4월** 남경 홍려시경鴻臚寺卿으로 승진하였다.

● **5월** 남도에서 문인과 학생들이 모여들어서 밤낮으로 쉬지 않고 강학을 하였다.

● 담약수와 많은 편지를 주고받았다.

● 동기董玘가 편지를 보내와서 학문을 강론하였다.

● 설간薛侃이 남궁 시험에 낙방하고 남옹에 유학하며 스승으로 섬겼다.

● 계본季本이 남옹으로 와서 유학하고 『유해시』를 얻었으며 홍려의 숙사에서 수학하였다.

● 육징·왕격王激·허상경許相卿·장총張璁·하오何鰲·설선薛瑄·주지朱篪 등이 과거시험에 낙방하고 찾아와서 수학하였다. 이 밖에도 황종명·임달林達이 진사에 합격하고 남도의 임직을 얻은 뒤 찾아와서 수학하였다. 백열白說·백의白誼 형제가 찾아와서 수학하였다. 마명형馬明衡이 정선부의 천거로 남도에 와서 수학하였다.

● 남경 태상소경 나흠순이 자주 찾아와서 학문을 논하였는데 합치하지 못하였다.

● 왕가수가 다시 남도에 와서 수학하고 가르침을 더 청하여서 「서왕가수청익권書王嘉秀請益卷」을 지어주고, 아울러 시를 주고받았다.

● 장후가 남경 통정사좌참의通政司左參議가 되어서 남도에 찾아와서 양명을 만나고 이별한 뒤 시를 보내왔다.

● 고률顧瑮이 진사에 합격한 뒤 남경 공부주사에 제수되어서 형 고린顧璘

의 소개로 문하에 와서 수학하였다.

● **7월** 정일초鄭一初가 항주에서 졸하여 「제정조삭문祭鄭朝朔文」 지어서 전을 올렸다.

● 아우 왕수문王守文이 와서 수학하였는데, 그를 위해 「시제입지설示弟立志說」을 지어주었다.

● 저양滁陽의 유소劉韶가 찾아와서 수학하였는데, 그를 위해 「약재설約齋說」을 지어주었다.

● 방붕方鵬이 복을 벗고 남경 형부주사로 승진하자 「교정설矯亭說」을 지어서 증여하였다.

● 황관이 자소산紫霄山에 초막과 정자를 짓고 양명에게 편지와 시를 지어서 보내주었다.

● **11월** 마일룡馬一龍이 경사에서 율양溧陽으로 돌아가면서 남도를 경유하며 명함(刺)을 올리고 와서 수학하였다.

● **12월** 육합현六合縣 유학을 중수하여 완성하였기에 「중수육합현유학기重修六合縣儒學記」를 지었다.

1515년 | 정덕 10년
44세

● **2월** 담약수가 모친상을 당하여서 영구를 모시고 남경에 이르렀는데 양명이 용강관龍江關에서 맞이하여 조문하고 '격물'을 논변하였다. 『대학고본』 및 격물설에 관한 글을 증정하고 『맹자』 「진심盡心」을 논하였다. 이때 마침 진구천陳九川이 찾아와서 배움을 물었는데 역시 용강관에서 만났다.

● 오사장烏思藏의 사자 작길아사아綽吉我些兒가 자기 무리를 정사와 부사로 삼아달라 청하고, 오사장으로 돌아가면서 대승법왕大乘法王의 예로 공물을 들이면서 국사에 봉하고 광다廣荼를 설치하게 해달라고 청하였다. 양명이 소를 올려서 부당함에 대해 논하였는데 남경 이과급사중 반당潘棠이 다시 항변을 하여서 파직되었다. 양명이 시를 지어서 무릉(신주)으로 돌아가는 그를 송별하였다.

● **3월** 백기白圻가 우부도어사로 승진하고 아들 백열의 자를 청하여서 「백

열자정부설白說字貞夫說」을 지었다.

● 왕도가 이부험봉으로 승진하고 서울로 와서 위교魏校·소예邵銳와 함께 주자학을 강론하면서 양명의 제자와 함께 주륙 논전을 전개하였다. 양명이 편지로 논변하고 비평하였으나 끝내 합치하지 못했기 때문에 마침내 『주자만년정론朱子晚年定論』을 지어서 논전을 종결하였다.

● 담약수가 증성增城으로 돌아가면서 도중에 편지를 보내 학문을 논하고 아울러 모친의 묘비명을 지어달라고 청하여서 묘비명을 지었다.

● **4월** 조정에서 양경 관료의 실적을 심사하였는데, 스스로 탄핵하고 휴직을 청하는 소를 올렸으나 윤허받지 못하였다.

● 어사 양전楊瑛이 양명을 남경 국자좨주에 천거하였으나 답을 받지 못하였다.

● 양전의 아들 양사원楊思元이 찾아와서 수학하고 양전의 『정훈록庭訓錄』에 서문을 청하여서 「정훈록서庭訓錄序」를 지었다.

● **5월** 신양辰陽의 유관시가 다시 찾아와서 배움을 물었는데, 그를 위해 「견재설見齋說」을 지었다.

● 귀성하는 주적周積·정류鄭騮·곽경을 위해 서문을 지어서 송별하였다.

● **6월** 예부시랑으로 승진한 석보石瑤를 위해 「유월오장六月五章」을 지었다.

● 귀성하는 아우 왕수문과 주영周瑩·임원서林元敍를 위해 서문을 지어서 송별하였다.

● **7월** 방헌부에게 편지를 보내 불교와 노자의 학문에 대해 토론하였다. 담약수가 편지를 보내와서 '부처와 노자를 의심하지 않으며(不疑佛老)', '(의식이 닿는) 밑바닥까지 공함(到底是空)'이라는 설을 질의하였다.

● 시어(감찰어사) 양전이 고향으로 돌아가자, 그를 위해 「근재설謹齋說」을 지었다.

● 서천택徐天澤이 찾아와서 배움을 묻고 돌아갈 때 「야기설夜氣說」을 지어서 증정하였다.

● **8월** 병을 요양하기 위해 돌아가기를 청하는 소를 올렸으나 윤허받지 못하였다.

• 진금秦金이 이동양의 「황학루黃鶴樓」 시에 차운하여 지은 시를 보내와서 답시를 지어 보냈다.

• **9월** 병을 요양하기 위해 세 번째로 휴직을 청하는 소를 올렸으나 답을 얻지 못하였다. **29일**, 왕화의 70수를 축하하였다. **30일**, 왕수신王守信의 다섯째 아들 왕정헌王正憲을 후사로 삼았다.

• **11월 초하루** 『주자만년정론』을 완성하고 「주자만년정론서」를 확정하였다. **9일(동지)**, 조관趙寬의 아들 조희趙禧와 사위 심지유沈知柔가 오강吳江으로부터 와서 조관의 문집에 서문을 청하여 「반강조선생문집서半江趙先生文集敍」를 지었다. **26일**, 조정에서 태감 유윤劉允에게 명하여 오사장에 공물을 보내고 활불을 모셔오게 하였다. 「간영불소諫迎佛疏」를 모방하여 올리려다 그만두었다.

1516년 | 정덕 11년
45세

• **정월** 왕상화汪尙和가 휴녕으로 돌아가서 왕순汪循을 만난 뒤 다시 왕순의 편지를 들고 남도로 와서 인봉정사仁峰精舍의 기문을 청하였기에 답서를 보냈다.

• **3월** 의재毅齋 유건劉乾의 세 아들을 위해 「유씨삼자자설劉氏三子字說」을 지었다.

• **5월** 맹원孟源이 수학을 마치고 저양으로 돌아갈 때 그의 글 두루마리에 증정하는 글을 써주고, 아울러 저양의 제생들에게 글과 시를 써서 물음에 답하고 배움을 논하였다.

• **6월** 육징이 편지로 『대학중용주大學中庸註』에 관해 물음을 청하여서 회답의 편지를 보냈다.

• **7월** 아우들에게 뜻을 세우고 부지런히 배우기를 권면하는 편지를 보냈다.

• **8월 19일** 병부상서 왕경王瓊의 천거를 받아 도찰원 좌첨도어사로 승진하고 남南(남안)·감贛(감주)·정汀(정주)·장漳(장주) 등 처의 순무를 맡았다.

• 허완許完이 윤주潤州에서 찾아와 사우정四友亭의 기문을 청하기에 장무章懋의 「사우정기四友亭記」의 발문을 지어서 증정하였다.

• 아우 왕수문에게 편지를 보내 성학에 뜻을 세우라고 면려하였다.

• **9월 14일** 도찰원 좌첨도어사로 승진시키는 이부의 자문이 남경에 이르렀는데, 새 직임을 사면하고 옛 직책으로 치사를 청하는 소를 올렸다.

• 남도의 동료들이 청량산淸凉山과 차산정借山亭, 교우喬宇의 저택에서 줄곧 전송하고 용강관에까지 이르러서 시를 주고받았다.

• 황관이 양명과 왕화의 생일을 축하하는 선물을 보내서 답서로 사례하고, 배움은 모름지기 근원을 터득해야 한다는 내용을 논하였다.

• **9월 30일** 용강의 배에서 생일을 맞이하였다.

• **10월** 소흥으로 돌아갔다. **24일**, 조정에서 강서의 순무 직책에 부임하라고 독촉하였다.

• **11월 14일** 병부에서 자문을 내려서 다시 부임을 독촉하였다. 서애와 종세부鍾世符 등의 제자들과 영강루映江樓에서 전별한 뒤 병을 무릅쓰고 부임하는 길에 올라 항주에서 다시 명을 기다렸다. 서애와 종세부는 귀안歸安(호주)으로 가서 삽霅에 땅을 사고 양명이 돌아오기를 기다리기로 하였다.

• **12월 2일** 이부에서 부임을 독촉하는 자문을 재차 내려서 마침내 3일 항주에서 출발하였다. 옥산을 지나갈 때 설준薛俊·하준夏浚이 찾아와서 제자의 예를 갖추었다. 요주饒州를 지날 때 여우余祐가 찾아와서 배움을 묻고 성론性論을 토론하였는데 합치하지 못하였다. 이별한 뒤 답서를 보냈다.

1517년 | 정덕 12년
46세

• **정월 초** 남창南昌에 도착하여 영왕寧王 주신호朱宸濠와 상견하였다. **13일**, 만안萬安을 지나면서 유민을 안무하고, **16일** 감주에 도착하여서 건虔에 순무부巡撫府를 개설한 뒤 지방 각 성의 병비兵備를 정돈 및 신칙하고 민병을 선발하고 십가패十家牌 법을 세우고 장주漳州 민란을 처리하기 시작하였다.

• **2월** 서애에게 편지를 보내서 전란과 가정사에 관해 이야기하였다. 담약수에게 편지를 보내서 남·감의 전란에 대해 알리고, 유학과 불교의 도를 논하였다. **19일**, 장주 민란을 평정하기 위해 진격하였다. 병사를 영솔하여

서 장정長汀·상항上杭에 주둔하고 직접 전투를 독려하였다.

● **3월** 정주汀州 행대行臺에 묵으면서 시를 지어 감회를 읊었다.

● 채종연·허상경·계본·설간·육징이 모두 진사에 합격하여서 편지를 보내 축하하였다.

● **4월 初** 상항(정주) 행대에서 기우제를 지내고 「기우사祈雨辭」와 「기우이수祈雨二首」 시를 지었다. **13일**, 상항에서 회군하는 중에 비가 내려서 「희우삼수喜雨三首」를 지었다. **17일**, 정주에 도착하였다. 서애가 편지로 삽상에 밭을 사서 경작할 계획을 알려와서 시를 지어서 답하였다. 회옹사晦翁祠를 참배하고 도찰원 행대의 벽에 글을 썼다. 시우당時雨堂을 위해 「시우당기時雨堂記」를 짓고 시우당 벽에 시를 제하였다. **29일**, 서금瑞金에 도착하여 동산사東山寺에서 비가 오기를 빌었다. **30일**, 서금에서 왕정사王正思 등에게 편지를 보내 뜻을 세워서 배우라고 면려하였다.

● **5월 2일** 회창會昌에 이르러 뇌공사賴公祠에 가서 비가 오기를 빌었다. **5일**, 우도雩都에 이르자 비가 내려서 글을 짓고 사람을 파견하여서 뇌신賴神에게 감사제를 지냈다. **8일**, 감주로 돌아와서 「민광첩음소閩廣捷音疏」, 「신명상벌이려인심소申明賞罰以勵人心疏」를 올렸다. 병부상서 왕경에게 차자를 보내서 장주의 반란을 평정한 정황을 보고하고 권상勸賞을 더해주기를 청하였다. **17일**, 서애가 졸하였다. 제문을 지어서 곡을 하고 전을 올렸다.

● 견소見素 임준林俊이 편지를 보내고 아들 임적林適을 보내 수학하게 하였다.

● 군사의 편제와 유사시의 동원, 도적을 다스리는 계책, 민란 진압에 참여한 군사의 공적, 취약한 지역의 행정기구 설치와 운용 등에 관한 일련의 조치를 청하는 보고를 올리고 시행하였다.

● 화가 곽후郭詡가 감주로 와서 막하에 투신하였다.

● **6월 15일** 「소통염법소疏通鹽法疏」를 올려서 염세의 회복을 청하고 왕경에게 차자를 보내 다시 간청하였다.

● **7월 5일** 호광의 순무 진금이 세 성으로 강서를 협공하여서 토벌하는 방략을 제출하였다. 이에 「의협초병량소議夾剿兵糧疏」, 「남감금참공차소南贛

擒斬功次疏」를 올렸다. **16일**, 조정에서 남·감·정·장 등 처 군무의 제독으로 고쳐서 제수하고 기패旗牌를 발급하여 편의에 따라 일을 처리하게 하였다.

● **8월** 대유大庾, 상유上猶의 유민이 남강南康과 남안南安에 쳐들어와서 격퇴하였다.

● **9월** 담약수에게 편지를 보내 격물의 설을 논하고 형악衡嶽을 유람하자고 한 이전 약속을 거듭 일깨웠다. 담약수가 답서를 보내 일을 잘 마치고 돌아오라고 권유하였다. **15일**, 세 성을 협공하여 토벌하는 방략이 정해져서 「의협초방략소議夾剿方略疏」를 올렸다. 횡수橫水를 공격하기 전에 먼저 삼리三浰를 위무하고 효유하는 글을 발표하였다. **25일**, 남·감의 상세商稅를 조정하기 위해 「의남감상세소議南贛商稅疏」를 올렸다.

● 낙촌洛村 황홍강黃弘綱이 찾아와서 수학하였다.

● **10월 초** 담약수가 편지를 보내 서초에 거주한다고 알려왔다. **7일**, 군사를 출동시켜서 횡수와 좌계左溪를 공격하였는데, 병사를 직접 거느리고 남강으로 진격하여 지평至坪에 주둔하였다. **12일**, 횡수와 좌계를 무너뜨렸다. 횡수에서 양기楊驥에게 "산속의 도적은 무너뜨리기 쉬우나 마음속의 도적은 무너뜨리기 어렵다(破山中賊易, 破心中賊難)."라는 편지를 보냈다. **28일**, 통강桶岡을 공격하였다.

● **11월 13일** 통강을 격파하고 다료茶寮를 평정하였다. **14일**, 통강에서 형세를 살피고 험애를 거점으로 토성을 신축하였다.

● **12월 9일** 다료애를 설치하고 평다료비平茶寮碑를 세운 뒤 군사를 돌려서 감으로 돌아왔다. 남강현에서 양명의 생사生祠를 세우고 유절劉節이 기문을 지었다. 설간 형제와 조카 설종개薛宗鎧가 감주로 와서 수학하였다. 담약수가 연하산거煙霞山居를 낙성하고 편지를 보내서 빨리 결단하여 은퇴하라고 권유하였다. **26일**, 병부의 행문으로 양명에게 앞으로 정벌과 토벌에는 반드시 강서 진순관과 회동한 뒤 연합하여 인마人馬를 조발하고 의논하여서 행동하라고 하였다.

● **윤12월 2일** 「횡수통강첩음소橫水桶岡捷音疏」를 올려서 공적에 따른 상을 주청하였다. **5일**, 「입숭의현치소立崇義縣治疏」를 올려서 숭의현 설치, 이두

浰頭 관할, 다료애의 상보上堡·연창鉛廠·장룡長龍 세 곳에 순검사巡檢司 설치를 건의하였다.

● 방헌부와 편지를 주고받으며 배움을 논하였다.

1518년 | 정덕 13년
47세

● 삼리로 출정하였다. 병사를 직접 거느리고 용남龍南으로 진군하여서 곧바로 하리下浰를 치고 삼리에서 군사를 결집하였다. 용남현에 이르러서 설간과 양기에게 편지를 보내 설간에게 집안의 일을 부탁하고, 아들 정헌의 교육을 감독하게 하였다.

● **정월 7일** 삼리를 격파하였다. **8일**, 구련산九連山으로 진군하여 3월 3일에 구련산을 평정하였다. **22일**, 이두에서 고응상에게 편지를 보내 독서와 강학 및 삼리 격파 후의 처리에 대한 대책을 논하였다.

● **2월 25일** 「이치역전소移置驛傳疏」를 올려서 봉산성峰山城 안의 소계역小溪驛 이설을 청하였다.

● **3월 8일** 군사를 돌려 회군하였다. 「평리기平浰記」를 지어서 옥석암玉石巖 위에 새겼다. 용남에서 개선하여 사당에 포로를 헌납하고 용남 묘학廟學을 중건하라고 명하였다. **15일**, 감주로 돌아와 하원河源의 잔당을 소탕할 논의를 하고, 아울러 고응상에게 편지를 보내 정벌에 관한 일을 논하였다.

● **4월 10일** 부친에게 편지를 보내 남정南征의 정황을 알렸다. **20일**, 「이두첩음소浰頭捷音疏」를 올려서 공적에 따른 포상을 청하였다. **28일**, 「비감주부진제정批贛州府賑濟呈」과 「비감주부진제석성현신批贛州府賑濟石城縣申」을 올려서 전후 이재민을 구제하였다.

● 사방 각지에서 감주로 학생들이 몰려와서 배움을 묻고 모여서 강론을 하며 흩어지지 않았다.

● **5월 1일** 「첨설화평현치소添設和平縣治疏」를 올려서 화평현 건설을 청하였다. **15일**, 전란 후 오랫동안 내린 비로 수재를 당하여 부와 현의 성이 무너졌다. 「비영북도수축성원批嶺北道修築城垣」을 올렸다.

● 제독도찰원提督都察院을 새로 열고 사포射圃와 관덕정觀德亭을 세웠다.

「관덕정기觀德亭記」를 지어서 그 뜻을 밝혔다.

● **6월 15일** 「삼성협초첩음소三省夾剿捷音疏」를 올려서 공적에 따른 포상을 청하였다. 우도에서 『주자만년정론』을 간행하였는데, 원경린袁慶麟이 발문을 지었다. **18일**, 도찰원 우부도어사로 승진하였다. 자식 하나를 음직으로 금의위세습백호錦衣衛世襲百戶로 삼았다. 상소하여서 사면을 청하고 아울러 병부상서 왕경에게 차자를 올렸으나 윤허받지 못하였다.

● **7월 9일** 『대학고본방석大學古本傍釋』의 서문을 확정하고 건虔(감주)에서 간행하였다. 『중용고본中庸古本』을 정하고 「수도설修道說」을 지어서 그 뜻을 발휘하였는데, 이는 대체로 『중용고본』을 위해 지은 서문이다.

● 길안吉安에서 문승상사文丞相祠를 수축하여 「중수문산사기重修文山祠記」를 지었다. 『주자만년정론』을 연산鉛山의 비굉費宏에게 보냈는데, 비굉이 답서를 보냈다.

● **8월** 설간이 건에서 『전습록』 세 권을 간행하였다.

● 『전습록』과 『대학고본방석』을 적성赤城의 하후夏鍭에게 보냈는데, 하후가 답서를 보냈다.

● 설간·양기·구양덕歐陽德·왕학익王學益이 돌아가고 기원형이 와서 왕정헌의 스승이 되었다.

● 왕학익이 안복安福 몽강산蒙岡山으로 돌아가자 그를 위해 「몽강서옥명蒙岡書屋銘」을 지어서 증별하였다.

● 양기가 요평饒平으로 돌아갈 때 그에게 부탁하여서 편지와 『전습록』, 『주자만년정론』을 서초에 있는 담약수에게 보냈다.

● 「시헌아示憲兒」를 지어서 아들 왕정헌을 훈계하였다.

● **9월** 염계서원을 중수하여 각지의 학자들을 받아들였다.

● 『대학고본』과 『중용고본』, 염계(주돈이)의 「태극도설太極圖說」, 『통서通書』의 '성가학호聖可學乎' 장을 큰 글씨로 써서 울고산鬱孤山 바위에 새기고 발문을 지었다.

● **10월** 「재의숭의현치소再議崇義縣治疏」와 「재의평화현치소再議平和縣治疏」를 올리고 「재청소통염법소再請疏通鹽法疏」를 올려서 광염廣鹽을 다시

복구할 것을 건의하였다.

● 조모 잠岑 태부인이 졸하였다.

● **11월 27일** 「우례적관패優禮謫官牌」를 발표하고 왕사王思, 이중李中 등을 불러서 군사 논의에 참여하게 하였다.

● **12월** 신호가 현자를 예우하고 학문을 추구한다는 명목으로 초빙서를 보내서 강학을 청하자, 제자 기원형을 남창으로 보내 학문을 논하게 하였다.

● 마침내 신호의 반란 도모 정황을 탐지하여 감주로 돌아와서 보고하였다.

● 복건福建 안찰첨사 주기옹周期雍이 공무로 감주에 왔다가 마침내 신호의 반란을 방비할 모책을 정하였다.

1519년 | 정덕 14년
48세

● **정월 14일** 「걸방귀전리소乞放歸田里疏」를 올려서 병의 치료를 위해 사직을 청하고, 아울러 병부상서 왕경과 어사 주절에게도 차자를 올렸으나 윤허받지 못하였다.

● 인봉仁峰 왕순이 정동程曈의 『한벽록閑辟錄』을 변론하였기에 「한벽변閑辟辯」을 지어서 보내주었다. 답서를 쓰고 아울러 『주자만년정론』을 증정하였다.

● 길수吉水의 주여방周汝方이 감으로 와서 배움을 물었다. 그 뒤로 많은 학생이 감으로 와서 강학을 하며 흩어지지 않았다.

● **2월** 왕순이 편지를 보내 주륙 학문의 동이에 관한 논변을 다시 전개하고 '주자만년정론'설을 비평하였다. 신호의 군사軍師 유양정劉養正이 남창에서 감주로 와서 자기 어머니를 위해 묘지명을 지어달라는 명목으로 암암리에 결탁을 청하였으나 합치하지 않아 돌아갔다. 곽후에게 부첩符牒을 발부해주고 신호의 재앙을 피하여 멀리 다른 곳으로 떠나라고 명하였다. **13일**, 조정에서 복건의 반란군을 처리하라고 명하였다. 「고유부로자제告諭父老子弟」를 반포하여 향약을 시행하게 하였다.

● **3월 3일** 조정에서 강서 숭의현 및 장룡, 연창에 순검사 설치, 상유현 과보過步 순검사를 상보上保로 이전하는 사안을 비준하였다. **16일**, 사귀헌思

歸軒을 완공하고 「사귀헌부思歸軒賦」를 지어서 고향으로 돌아가려는 마음을 표현하였다. **20일**, 조신이 무종의 남순을 권간하다가 금의옥에 갇히고, 진구천·하량승·만조 등이 장척을 당하고 꿇어앉는 벌을 받은 뒤 파직되고 외방으로 폄적을 당하였다.

● **4월** 안복의 추수익이 감으로 찾아와서 배움을 묻고 제자의 예를 갖추었다. 양명이 비로소 '양지良知'의 설을 발표하고 '양지'의 비의를 신묘하게 깨우쳤다.

● **5월** 양기가 다시 감으로 와서 수학하였다. **17일**, 강서 순무우부도어사 손수孫燧, 순안어사 임조林潮, 진수태감 필진畢眞이 신호의 효행을 정표해야 한다는 표를 올렸다. **24일**, 어사 소준蕭準이 신호의 불궤不軌를 상주하여서 태감 뇌의賴義 등을 파견하여 신호를 훈계하고 깨우치게 하려 했지만, 뇌의가 가는 중에 신호가 이미 반역을 일으켰다.

● **6월 9일** 칙명을 받들고 복건 반란군을 진압하기 위해 길을 나섰다. **13일**, 신호의 생일에 지방의 관원들이 앞다투어 찾아가서 축하하였다. **14일**, 신호가 반란을 일으켰다. **15일**, 행진하여 풍성현 황토뇌黃土腦에 이르렀을 때 신호의 반역 소식을 듣고 마침내 길안으로 돌아가서 의병을 일으켰다. 신호의 병사가 구강과 남강을 공략하였다. **16일**, 남강이 함락되고, **17일** 구강이 함락되었다. **18일**, 길안부에 이르러 반간계反間計를 써서 신호가 의혹을 품게 함으로써 출병을 저지하였다. 길안에서 근왕병을 모았다. 길안의 지부 오문정伍文定 등을 독려하여 병사와 군량 조달을 감독하고 의용義勇을 호소하였다. 전 우부도어사 왕무중王懋中 등과 계책을 모의하기로 약속하였다. 패를 발행하여 감주부에 병사를 모아서 대응하기로 하였다. **19일·21일**, 「비보영왕모반소飛報寧王謀反疏」를 두 차례 올렸다. **21일**, 「걸편도성장소乞便道省葬疏」를 올리고, 아울러 조정의 당도에게 차자를 올렸으나 윤허를 받지 못하였고, 오히려 "도적이 평정된 뒤 말하라(賊平來說)."는 전지가 내려왔다. 복건 포정사와 남경 각 아문에 행문을 보내서 근왕하게 하였다. 양광 총제도어사 양단楊旦에게 자문을 보내서 함께 국난을 극복하자고 청하였다. **22일**, 조승방趙承芳과 계효季斅가 신호의 위조 격문을 가지고

왔는데, 마침내 두 사람을 체포하여서 감금하였다. 추수익이 다시 길안으로 와서 양명을 따라 창의하여 병사를 일으켰다. **26일**, 감주·남안 등 12개 부 및 봉신奉新 등의 현에 행문을 보내서 병사를 모집하여 대응하게 하였다. **27일**, 신호의 병사가 안경安慶을 포위하였다. 견소 임준이 주석을 녹여서 불랑기佛郎機 총통을 만들고 그의 노복으로 하여금 그것을 가지고서 더위를 무릅쓰고 샛길을 밤낮으로 걸어가 양명에게 전하게 하였다. 아호鵝湖에 있던 비굉費宏과 비채費寀가 사람을 샛길로 보내서 편지로 계책을 건의하였다. 매화동梅花峒 등 향鄕의 의용병義勇兵을 조발하고, 길수현 각 호의 의병을 모으고, 용천 등 현의 군병을 조발하여 풍성과 내응하게 하고, 복건의 군마를 조발하여 수전에 대비하게 하였다.

● **7월 1일** 신호가 병사를 통솔하고 남창을 출발하여 안경으로 쳐들어갔다. **2일**, 병사를 조발하여 모으고, 부친 왕화에게 편지를 보내 상황을 알렸다. **5일**, 「주문신호위조격방소奏聞宸濠僞造檄榜疏」를 올리고, 「유용관원소留用官員疏」를 올려서 양광의 청군어사淸軍御史 사원謝源, 쇄권어사刷卷御史 오희유伍希儒의 유임을 청하였다. 도어사 안이수顔頤壽에게 자문을 보내 병사를 조발하여 토벌하게 하였다. **8일**, 병사를 출동시키기 전날 각 부·현에 행문을 보내서 좌이관佐貳官에게 방어를 맡기고 향사부鄕士夫와 함께 성지城池를 지키도록 청하였다. **13일**, 길안으로 출발하였다. **15일**, 각 갈래의 병마를 임강臨江 장수진樟樹鎭에 결집시켰다. 신호가 안경을 공략하였으나 실패하고 군사를 돌려서 남창을 구원하였다. **18일**, 풍성에 이르러서 병사를 나누어 초병을 배치하였다. **21일**, 남창으로 출병한 뒤 길을 나누어서 함께 진격하여 신호의 선발 적병을 격퇴하였다. **23일**, 신호의 선봉 부대가 초사樵舍에 도착하고 뒤이어서 1천여 척의 전선이 도착하자, 각 갈래의 병사를 독려하여 야밤을 틈타 진격하였다. **24일**, 황가도黃家渡에서 전투를 벌이고 구강과 남강에 병사를 파견하여서 공격하였다. **25일**, 팔자뇌八字腦에서 전투를 벌였다. **26일**, 초사를 공격하여 신호를 사로잡았다. **27일**, 초사를 무너뜨리고 오성吳城을 격파함으로써 신호의 반란을 평정하였다. **30일**, 「금획신호첩음소擒獲宸濠捷音疏」를 올려서 논공행상을 청하고, 「한재소

旱災疏」를 올려서 재해 진휼을 청하였다. 어사 주절에게 편지를 보내 휴직과 귀성에 도움을 간청하였다.

● **8월 3일** 임준이 보낸 불랑기 총포가 도착하여서 시를 지어 송축하였다. 추수익·황관·당룡唐龍·비굉 등이 화운和韻하였다. 주기옹이 복건의 관군을 조발한 일을 포상하고 주원周鵷과 주진周震에게 사례하였다. 기원형도 이날 남창에 이르렀다. 비굉·비채·하량승이 반란 평정의 공을 축하하는 글을 보내왔다. 진구천이 남창으로 와서 배움을 물었다. 다시 '양지'의 학문을 크게 밝히고 「논양지심학문論良知心學文」을 지어서 밝혔다. **17일**, 친정을 중지하라는 소를 올리고 신호 및 그와 결탁한 범인들을 직접 압송하여서 경도로 나아가겠다고 청하였다. 「주유조근관소奏留朝覲官疏」를 올려서 조근관을 머물게 하여 방어하도록 청하였다. 「주문회왕조군향소奏聞淮王助軍餉疏」를 올려서 군향을 원조한 회왕을 포상하도록 청하였다. **22일**, 무종이 남정하여 경사를 출발하였다. **25일**, 올라가는 길에 돌아가서 조모의 장례를 살피게(省葬) 해달라고 청하는 소를 올리고, 아울러 왕경과 주절에게 차자를 올렸으나 윤허받지 못하였다. 또 「휼중형이실군오소恤重刑以實軍伍疏」·「처치관원서인소處置官員署印疏」·「처치종역관원소處置從逆官員疏」·「처치부현종역관원소處置府縣從逆官員疏」를 올려서 반란을 평정한 뒤의 일처리를 건의하였다.

● **9월 7일** 무종이 남정을 하여 임청에 이르렀으나 행군하지 않고 갑자기 북쪽으로 돌아갔다. 하량승이 양명과 이별하고 남성南城으로 돌아간 뒤 편지를 보내 포로 헌상의 일을 논하였다. **11일**, 무주撫州 지부 진괴陳槐와 함께 포로를 바치기 위해 남창을 출발하였다. 안인安仁을 지나다가 계악桂蕚·계화桂華 형제와 함께 격물치지를 토론하였으나 합치하지 못하였다. **25일**, 광신廣信에 도착하였는데 장충張忠이 파견한 사람이 신호와 죄수들을 데려가려고 하였으나 내주지 않았다. 비굉이 죄수들을 내주라고 권하였으나 허락하지 않았다. **26일**, 밤새 옥산과 초평역草萍驛을 지나갔다. 이때 「헌부게첩獻俘揭帖」을 올려서 사정의 전말을 해명하였다.

● **10월 초** 전당(항주)에 도착했는데 장영張永이 죄수들을 넘겨받으려고 왔

다. **9일**, 신호와 죄수들을 장영에게 인계한 뒤 상주하여서 항주에 머물며 병을 요양하게 해달라고 청하였다. 서호西湖 정자사淨慈寺에서 요양하며 시를 지어서 소회를 읊고, 문을 닫고 명을 기다렸다. 제생과 함께 다시 '양지'의 가르침을 폈다. **중순**, 어가를 맞이하기 위해 항주를 출발하여 행재소인 남도로 나아갔다. 소주蘇州에 이르러서 도목都穆을 방문하고, 무석無錫에 이르러서는 보암補庵 화운華雲의 산장을 방문하여 화운이 소장한 당인唐寅의 그림에 제자題字하고 그의 〈산정일장도山靜日長圖〉에 「제당자외산정일장도옥로문題唐子畏山靜日長圖玉露文」을 지었다. 진강 금산사金山寺에 묵으면서 감회를 시로 읊었다. 양일청의 대은원待隱園을 방문하여서 시를 주고받았다.

- **11월 상순** 강빈江彬이 파견한 중귀中貴가 진강에 이르러서 행재소에 나아가 무종을 알현하고자 하는 것을 저지하여 마침내 호구를 거쳐서 남창으로 돌아갔다. 호구를 지나면서 석종산石鐘山에 올라 소보邵寶의 「석종산石鐘山」 시에 차운하였다. **중순**, 남창으로 돌아왔다. 장충張忠과 허태許泰가 경변군을 이끌고 먼저 도착하여 병사들을 풀어서 소요를 일으켰다. 양명이 「고유군민告諭軍民」을 반포하여 경변군을 잘 대접하도록 백성을 설득하였다. **22일**, 동지에 「제유방문濟幽榜文」을 반포하여서 성의 전체 거민에게 죽은 이를 위로하는 제전祭奠을 거행하게 하였다.
- 장충·허태와 교장教場에서 활쏘기 시합을 하였는데, 양명이 세 발을 쏘아 세 발 모두 적중하자 그들이 크게 두려워하면서 마침내 병사를 거두어 회군하였다.
- 이달에 『주자만년정론』을 논하는 손감孫堪의 편지가 도착했는데 대체로 주륙동이 논전을 겨냥하였다.
- **12월 11일** 강서 도사 지휘 마기馬驥에게 명하여 성성省城의 간악을 방제하게 명하였으며, 강서 안찰사에게 행문을 보내서 공과公科를 근거로 백성의 재물을 토색하지 못하도록 금하였다. **26일**, 무종이 남경에 이르렀는데 강빈·장충·허태가 왕수인이 반드시 모반할 것이라고 참소하여서 마침내 직접 만나기로 조서를 내리고 포로를 헌상하라고 명하였다. 명을 받은 즉

시 출발하였다.

1520년 | 정덕 15년
49세

● **정월 초하루** 사신이 이르러서 마침내 '포로 헌상'을 위해 남창을 출발하여 다시 남도로 나아갔다. **8일**, 무호蕪湖에 도착하였으나 강빈과 장충이 무호에서 길을 막아선 탓에 나아갈 수 없게 되자 구화산으로 숨어들어가 반달을 보냈다. **23일**, 무종이 금의위를 구화산으로 파견하여 양명의 동정을 정탐하였는데 반란의 정황을 찾지 못하자 다시 남도로 소환하였다. **26일**, 무종의 전지를 받고 마침내 남경 상신하上新河에 이르렀다. 그러나 강빈과 장충이 또다시 무종을 알현하지 못하게 저지하여서 강서로 돌아갔다.

● **2월 1일** 남창으로 돌아왔다. **6일**, 신호를 차꼬에 채우고 남도에 이르러서 강에 정박하였다. 태숙 왕극창王克彰에게 편지를 보내 포로 헌상을 위한 남도 행정을 알리고, 아울러 집안일의 처리를 간구하였다. 방헌부가 편지를 보내 공적을 이루었으면 물러나라 권유하고, 아울러 『대학원大學原』을 보내와서 토론하였다. 답서를 보내 그 설을 비평하였다. 동향東鄕·안인·여간현餘干縣에 십가패법을 시행하여서 현의 도시 경계를 조정하였는데, 계악·계화 형제가 편지를 보내 항의하여서 도시의 지적도를 바로잡았다. 무종이 장영과 장충 등에게 명하여 신호를 심문하였는데 신호가 도리어 양명을 무함하였다. 감찰어사 장륜章綸, 예과급사중 축속祝續 역시 양명과 신호가 내통했다고 무함하는 상주를 올려서 양명의 처지가 매우 위태로워졌다. **18일**, 기공紀功 병과급사중 제지란齊之鸞이 상소하여서 구원하였다. 나흠순에게 편지를 보내고 아울러 『대학고본방석』과 『주자만년정론』을 증정하였다.

● **3월** 포로 헌상을 위해 남도로 나아가면서 다시 구화산과 제산齊山을 유람한 뒤 여러 편의 시를 지어서 읊고 돌에 새겼다. 세제를 면제해주어 백성의 곤궁을 급히 구제해달라고 청하는 소를 올리고, 아울러 감찰어사 주절에게 간청하는 차자를 올렸다.

● **4월** 담약수가 발리총髮履冢으로 피하였다는 말을 듣고 편지를 보내 위

로하였다. 담약수가 답서를 보내고 다시 학문을 함에 '지리支離한' 병폐를 논하였다. 남경 호부낭중 동한東漢이 남창으로 와서 전량錢糧을 조사하고 양명에게 학문을 물었다. **25일**, 순안어사 당룡, 주절과 함께 상소하여 영번寧藩(영왕 신호)의 자산을 매각한 관은官銀을 계산하여서 처리한 뒤 인민의 조세를 대신하여 상납하게 하라고 상소하였다.

● **5월** 홍국興國 수령 호동고胡東皐가 간행한 오유청吳幼清의 『예기찬언禮記纂言』에 서문을 지었다. **15일**, 강서에 수재가 나자 자책하는 소를 올리고, 다시 「계처지방소計處地方疏」를 올려서 신호 무리의 전지와 부동산을 처리하는 전체적인 일을 청하였다.

● **6월 상순** 감주로 내려가서 지방을 순무하고 신호의 반란을 진압한 뒤의 사후 처리를 하였다. **18일**, 유사에게 명하여 유양정의 모친을 매장하고 제문을 지어서 제사를 지내주었다. **20일**, 태화에 이르렀는데 나흠순이 학문을 논하는 편지를 보내서 이에 상세히 논변하는 답서를 보냈다. **하순**, 감주에 도착하여서 사졸을 조열操閱하고 전법을 교련하였다. 진구천이 다시 건(감주)으로 와서 배움을 물었다. 그와 '치량지' 학문을 논하였다. 시를 지어서 스스로 '치량지'의 깨달음을 읊었다. 감주에서 사학社學을 크게 진흥하고 「교약敎約」과 「훈몽대의訓蒙大意」를 지어서 사학에 반포하여 시행하게 하였다. 홍국현의 풍속을 교화하여서 바로잡고, 서원을 복구하고 사학을 세우도록 공문을 내려보냈다. 교약을 추진하여서 친히 관할 현에 나아가 사학을 감독하고 예악과 가시歌詩를 교습하였다. 강빈이 사람을 파견하여서 동정을 정탐하였는데, 이에 「추추음啾啾吟」을 지어서 풍자하였다.

● **7월** 추수익·하량승·이정승李呈祥·왕앙王仰·왕조王釗·왕시가王時柯·동구董歐·황직黃直이 함께 감주로 와서 배움을 물었다. **17일**, 거듭 강서첩음소와 공적을 세운 이들의 명단을 기록한 책자(공차책功次冊)를 올렸다. 또한 어사 사원謝源에게 차자를 보내 안찰사가 꾸민 공차책을 비평하였다.

● 이달에 황관이 편지를 보내서 공을 이루었으니 몸을 온전히 하여 물러나라고 권유하였다.

● **8월** 육부에 기원형의 무고하고 억울한 사정을 통렬히 진술하였다.

• **윤8월** 무종이 북쪽으로 돌아간 뒤, 비굉에게 편지를 보내서 그로 하여금 서문을 지어서 조정으로 돌아가는 장영에게 보내게 하였다. 진구천이 임천으로 돌아가서 다시 '양지'의 가르침을 펼치고자 하므로 '양지' 시를 지어서 증별하였다.

• **9월 4일** 군사작전으로 사용한 전량錢糧의 초과분을 면제해달라고 청하는 소를 올렸다.

• 올애兀厓 곽도霍韜가 남창을 지나면서 『대학』을 논하고 '양지'의 학문을 논변하였는데 서로 합치하지 못하였다.

• 남창으로 찾아와서 배움을 묻는 강서의 선비들이 날로 늘어났는데 함께 모여서 학문을 논변하고 강론을 하며 흩어지지 않았다.

• **10월** 제학첨사提學僉事 소예邵銳가 주자학을 고수하며 양명과 학문을 논하였으나 합치하지 못하였으며 휴직을 청하고 떠났다.

• 추수익에게 편지를 보내 홍도洪都(남창)의 강학이 건중만 못함을 개탄하였다.

• 태주泰州의 왕은王銀이 찾아와서 시 두 편을 폐백으로 삼아 그와 '양지'의 가르침을 논하고 마침내 제자의 예를 갖추었다. 양명은 그의 이름을 왕간王艮으로 바꾸고 자를 '여지汝止'로 지어주었다.

• **11월 6일** 문인 장오산張鰲山이 신호와 내통하고 뇌물을 받았다는 죄로 금의옥에 갇히고 관직을 박탈당하였다. 추수익·왕사와 함께 작상爵賞을 사양하고 구원을 논하였으나 답을 얻지 못하였다.

• 이달에 왕간이 다시 예장豫章으로 와서 배움을 물었다.

• **11월 25일** 조정에서 비로소 강서의 주첩을 심사하여 신호의 죄를 심리하였다.

• 병부시랑 왕헌이 신호의 반란을 평정하는 데 공을 세운 사람을 승진시키라고 청하였으나 답을 얻지 못하였다.

• **12월 5일** 무종이 경사로 돌아가면서 통주通州에 이르러 신호를 사사賜死하였다. **15일**, 안인·여간·동향·숭의현에 십가패법을 시행하였다.

• 이해에 양명이 '양지'의 가르침을 크게 펼쳤는데 문인 황직黃直이 많은

기록을 남겼다. '양지'를 마음의 본체로 삼고 '치량지'를 세워서 '심학'의 요결로 삼았는데, 치량지의 공부를 통해 마음의 본체를 회복하는 것이다.

1521년 | 정덕 16년
50세

● 정초에 쉰 살의 감회를 느껴 귀향하려는 뜻을 품은 시 「귀회歸懷」를 읊었다.

● 어사 사원에게 편지를 보내 빨리 귀성할 수 있게 도와주고 기원형의 원통함을 풀어달라고 간청하였다.

● 추수익에게 편지를 보내 '치량지'의 학문을 논하였다. 무주부 금계현金溪縣에 행문行文을 보내 육상산(육구연)의 자손을 크게 포상하게 하고, 숭인현의 관리에게 공문을 보내 강재康齋 오여필吳與弼의 향사鄕祠에 제사를 올리게 하였다.

● **2월** 석서가 『명원록鳴冤錄』과 「도산서원기道山書院記」를 보내와서 육상산의 학문이 받는 억울한 평가를 변론하여서 밝히고 『주자만년정론』의 설을 크게 펼쳤다. 이에 답서를 보내 칭찬하였다.

● 양란이 편지로 묘지명을 지어달라고 청하였는데, 답서에서 치량지의 학문을 논하였다.

● 순안어사 당룡의 천거로 채종연이 남강부 교수로 부임하고 겸하여 백록동白鹿洞을 주관하였다.

● 남강부에 격문을 보내 학궁을 수리하게 하고 백금白金을 보내 공서公署를 짓게 하였다.

● **3월 14일** 무종이 표방에서 갑자기 붕하였다. **18일**, 강빈이 체포되어서 하옥되었다.

● 이달에 남창의 전위前衛와 우위右衛를 아울러서 남창위南昌衛로 합치라고 청하는 소를 올렸다.

● **4월 22일** 세종이 즉위하고 천하에 대사령을 내렸다. **24일**, 제지란이 「청리형옥소清理刑獄疏」를 올려서 마침내 기원형의 억울함이 밝혀져서 석방되었다. **25일**, 감주에서 이룬 왕수인의 공적을 기록하고 음자蔭子 왕정헌을

금의 부천호錦衣副千戶로 삼았다. **26일·28일**, 제지란이 두 차례 소를 올려서 신호의 반란을 평정하는 데 공을 세운 사람들의 공적을 심사하여 포상하는 일을 청하였다.

● **5월 2일** 왕수인을 소환하여 입조하게 하고 서분舒芬·하량승 등을 복관하였다. **4일**, 기원형이 졸하였다. 호광의 포정사와 안찰사에게 공문을 보내 기원형의 가속을 넉넉히 구휼하게 청하고, 아울러 왕방상·육징 등에게 편지를 보내 기원형의 장사를 치르게 하였다. **15일**, 안의현 양정현楊正賢의 반당을 평정하고, 소를 올려서 공적을 기록하고 포상하기를 청하였다.

● 진세걸陳世傑이 담약수의 『고대학측古大學測』과 『중용측中庸測』을 전해주어서 양명이 답서를 보내 격물의 설을 논변하였다.

● 순안어사 당룡이 남창 지부 오가총吳嘉聰에게 격문을 보내 『남창부지南昌府志』를 찬수하게 하고 백록동에 실무 부서를 열게 하였다. 이에 하량승·서분·추수익 등을 백록동서원으로 초청하여서 함께 완성하게 하였다. 백록동에 문인들을 불러모아서 강학하고 많은 시를 지어서 주고받으며 읊었다.

● 이달에 「대학고본서」를 수정하여 백록동서원에 석각하고, 중간본 『대학고본방석』을 수정하였다.

● **6월 16일** 역마를 갈아타고 서울로 오라는 세종의 조칙을 받들었다.

● 복건 제학부사 호탁胡鐸에게 편지를 보내면서 새로 간행한 『대학고본방석』과 『주자만년정론』을 증정하였다.

● 육징이 편지를 보내 장생의 설을 논하였고, 이에 답서를 보냈다.

● 하상박夏尙樸에게 편지를 보내 심학의 요체를 논하였다.

● 고응상顧應祥이 '경계警戒'의 말씀을 구하여서 글을 쓴 두루마리로 증별하였다.

● **6월 20일** 소환에 응하여 길을 나서서 북상하여 서울로 나아갔다. 당룡과 엄숭嚴嵩이 시문을 지어서 전송하였다.

● **7월 1일** 무주를 지나면서 중간본 『상산문집象山文集』의 서문을 지어서 '심학'의 비의를 크게 밝혔다. **하순**, 전당에 이르렀는데 보신輔臣 양정화楊廷和가 입조를 저지하였다. **28일**, 남경 병부상서로 승진하였다.

• 이달에 담약수가 편지를 보내 격물설을 상세히 변론하였다.

• **8월 상순** 남경 병부상서로 임명하는 칙문勅文이 전당에 이르렀다. 마침내 소를 올려서 임지로 나아가는 길에 성장省葬을 하게 해달라고 청하였다. **17일**, 조정에서 귀성을 윤허하였다. **하순**, 소흥으로 돌아왔다. 육징이 편지를 보내 양지의 설을 물어서 답서로 '양지'의 학문을 상세히 논하여 크게 밝혔다.

• **9월 상순** 왕기王畿가 위량필의 추천으로 찾아와서 수학하였다. **중순**, 여요로 돌아가서 조상의 묘에 성묘하고 서운루를 예방하고 날마다 종족, 친우들과 연회를 열었다. 소야小野 예종정倪宗正이 거처하는 청휘루淸暉樓를 예방하고 시를 읊었다. 예종정의 시를 선별하여서 『돌올고突兀稿』를 편집하고 평점을 매겼다. 여요의 선비 74인이 와서 수학하였다. 마침내 용천산龍泉山의 중천각中天閣에서 강학을 하였다. **하순**, 여요에서 소흥으로 돌아왔다.

• **10월** 여요의 아우들에게 편지를 보내 소흥의 집안일을 부탁하였다.

• 설간이 전형銓衡에 나아가면서 소흥을 경유하여 찾아와서 여러 달 배움을 물은 뒤 돌아갔다.

• 소흥에 와서 수학하는 절중의 선비들이 점차 늘어났다.

• **11월 9일** 신호의 반란을 평정한 공을 인정하여 왕수인을 신건백新建伯 봉천익위추성선력수정문신奉天翊衛推誠宣力守正文臣에 봉하고 광록대부 주국柱國으로 특진시켜서 남경 병부상서를 겸하게 하였다.

• **12월 19일** 신건백에 봉하는 성지를 받들었다. 조정에서 파견한 행인行人이 백금과 문기文綺를 가져와서 위로하고 양과 술(羊酒)을 대접하였다. 담약수가 편지를 보내 치하하고, 아울러 구방심求放心의 설을 논하였다.

1522년 | 가정 원년
51세

• **정월 10일** 봉작을 사양하는 소를 올리고 은상을 널리 베풀라는 청을 하였다. 아울러 재보 대신에게 차자를 보냈으나 답을 받지 못하였다.

• **2월 12일** 부친 해일옹海日翁 왕화가 졸하였다. 김극후·위량기·왕기가 장례식에서 접대를 맡았다.

• 왕화와 조부 왕륜, 증조부 왕걸王傑이 신건백에 봉해졌다.

• 임준·사천·방봉·석서·허상경이 직간접으로 조문을 하였다.

• 집상 동안에 먼 곳의 동지들이 날마다 이르렀는데, 배움을 묻는 사람이 날로 늘어나자 벽에 게첩揭帖을 걸었다. 이 무렵 대례의大禮議 논의가 일어났는데 곽도와 석서가 「대례소大禮疏」를 써서 먼저 보여주고 의견을 청하였다. 양명이 처음 대례의에 찬동하는 뜻을 보였다.

• **3월** 담약수가 방헌부·왕사王思와 함께 강을 건너와서 왕화의 상에 조문하였다. 황관과 웅량이 기용되어서 경사로 나아가면서 소흥을 경유하여 찾아와서 조문을 하였다.

• 황관이 정식으로 폐백을 갖추어 올리고 문인이 되었다.

• 황종명이 월로 와서 배움을 물었다.

• 왕간이 월로 와서 배움을 묻고, 서원을 지어서 사방 학자를 접대하는 일을 도왔다. 또한 「추선부鰍鱔賦」를 지어서 양명을 이별하고 포륜거蒲輪車를 만들어 타고 북상하여서 서울로 들어갔다.

• 주충周衝이 문인 미자영米子榮을 보내 편지로 양지심학을 물었는데, 답서를 보내서 상세히 논하였다.

• **5월** 주충이 복건 소무邵武의 교수로 고쳐서 제수되었는데 부임하는 길에 소흥을 지나면서 찾아와 배움을 묻고 역학易學에 대해 토론하였다.

• **6월 4일** 소를 올려서 선조의 덕을 표창해달라고 청하고 부친 왕화의 휼전卹典과 사시賜諡를 청하였으나, 예부상서 모징毛澄이 왕화가 당년에 과장科場에서 부정을 저질렀음을 지적하면서 윤허하지 않았다.

• 병부상서 팽택彭澤에게 차자를 보내서 왕화를 위해 무함을 변론해달라고 간청하였다.

• 전덕홍錢德洪이 항주 향시에 참가하였다가 이별하면서 가르침을 청하였다.

• **8월** 왕간이 초요거招搖車 몰고 북상할 때 가는 길 내내 연도에서 사람을 모아 강학을 하고 경사에 이르러서는 한 달 동안 강론을 하여 도하를 떠들썩하게 하였다. 양명이 그에게 편지를 보내서 속히 소흥으로 돌아오라고 하였다.

● 강서 부사 고응상이 강서 향시의 책문策問 시권을 보내왔는데, 그 답서에서 '치지'의 설을 논하였다.

● **9월 2일** 강서 감찰어사 정계충程啓充, 이과급사중 모옥毛玉이 재보의 뜻을 받들어 왕수인이 악당이며 학술이 바르지 않다고 논핵하였다. 호과급사중 왕응진汪應軫, 형부주사 육징이 소를 올려서 변호하였다. 어사 상신向信이 왕응진과 육징이 당을 이루어서 기망을 한다고 다시 탄핵하였다. 과도관도 번갈아 장계를 올려서 왕수인의 관작을 박탈하라고 청하였는데 상이 모두 불문에 부쳤다. 육징이 상소하여서 여섯 가지 내용으로 변론하고 정계충과 모옥에게 반박하였다. 육징에게 편지를 보내 '변론하지 않음으로써 비방을 그치게 한다(無辯止謗)'고 말하며 다시 지행합일의 학문을 논하였다.

● **10월 10일** 감찰어사 장월張鉞이 전 형부상서 장자린張子麟을 신호와 교통하였다고 탄핵하였는데 양명이 「변주견간정대법이청조렬소辨奏遣奸正大法以清朝列疏」를 올려서 변론하였지만 장자린은 결국 한주閑住에 처해졌다. **23일**, 예과급사중 장교章僑, 어사 양세표梁世驃가 글을 올려서 '이학異學'을 공격하고 '도를 배반하고 경을 벗어난 서적(叛道不經之書)'을 금하라고 하였는데, 이는 양명과 왕간을 겨냥한 것이다. 이로써 '학금學禁'이 일어났다. **30일**, 다시 소를 올려서 봉작을 사양하였다.

● **11월 7일** 급사중 왕응진에게 편지를 보내, 치사하고 백작을 사양하며 겸손히 물러날 마음을 표명하였다.

● **12월** 여요의 서산徐珊, 영해寧海의 석간石簡이 각각 남궁 춘시에 참가하기 위해 소흥을 경유하여 찾아와서 양지의 학문을 논하였다.

● 세모의 추운 밤, 당시 칠률七律 두 수를 베껴 써서 우분憂憤을 토해냈다.

1523년 | 가정 2년
52세

● **정월** 왕간이 소흥으로 와서 가르침을 받았다. 양명은 '광자흉차狂者胸次'를 논하였다. 왕간은 곧바로 수레를 돌려 또 북상하였는데 가는 길 내내 곳곳에서 강학을 하며 도하에 진입하여 조정을 놀라 들썩이게 하였고 '학

금'의 금기를 건드렸다.

• 추수익·황종명·마명형이 모두 복직하고 북상하여 서울로 들어가면서 소홍을 경유하며 찾아와서 배움을 물었다.

• 설간이 정양하기 위해 돌아가면서 소홍을 경유하여 찾아와서 배움을 물었는데, 회계산에 거처하면서 양명과 여러 차례 편지를 주고받으며 배움을 논하였다.

• 오악산인五嶽山人 황성증黃省曾이 소홍에 와서 배움을 묻고 폐백을 갖추어서 제자가 되었다. 이후 『회계문도록會稽問道錄』을 기록하였다. 황강黃岡 곽경郭慶과 오량길이 소홍에 와서 배움을 물었다.

• **2월** 추수익으로 하여금 도하의 황관에게 편지를 전해주게 하였는데, 그 편지에 강학하면서 당시의 금기를 건드리지 말도록 논하였다. 방헌부가 천거를 받아 이부고공사원외랑吏部考功司員外郎에 제수되어 입도하였을 때, 양명이 편지를 보내 학문을 논하면서 방헌부와 담약수가 '문의에 견제당한(牽制於文義)' 점을 비평하였다.

• **3월** 회시에서 출제한 책문의 주제가 심학이었는데 이는 은근히 양명을 물리치려는 의도였으나, 그럼에도 불구하고 양명의 많은 제자가 합격하여서 진사가 되었다.

• 서산徐珊이 남궁 춘시에서 출제된 책문에 양명학을 헐뜯는 의도가 있음을 간파하고서 대책을 제출하지 않고 나왔다. 그가 월로 돌아와 양명을 찾아오자 「서서여패권書徐汝佩卷」을 지어서 칭찬하였다. 서산이 이에 양명의 『거이집居夷集』을 편집, 간행하였다.

• 전덕홍·왕기·유순부兪純夫(유문덕)가 남궁 춘시에서 낙방하고 소홍으로 돌아와서 수학하였다.

• 주정립朱廷立이 남궁 춘시에서 진사로 합격하여 제기諸暨의 수령에 제수되고 소홍을 경유하면서 찾아와 배움을 물었다.

• 비방하는 여론이 날로 치성하다는 소식을 소명봉蕭鳴鳳이 편지로 알려주어서 답서를 보냈다.

• **4월** 곽도가 「대례소大禮疏」를 올렸다가 저지를 당하여 병을 구실로 사직

하고 돌아갈 때 무성을 지나면서 양명의 학술을 극론하였는데, 양명에게 편지를 보내서 학술의 동이를 변론하였다.

● 이 무렵 회안淮安과 양주揚州에 대기근이 일어나서 왕간이 경사에서 태주로 돌아와 곡식을 빌려 진제를 베풀었다.

● **5월** 설종개가 귀계貴溪 지현에 제수되어서 소흥을 경유할 때 찾아와서 배움을 물었다. 그와 이별한 뒤 양명이 편지를 보내 양지의 학문을 논하였다.

● **6월** 설간이 서울로 돌아간 뒤 편지를 보내서 배움을 논하였다. 양명이 답서와 함께 새로 개정한 「고본대학서」를 보냈다.

● 설간과 황종명에게 다시 편지를 보내, 문인들에게 조정에서 근신하고 정중하기를 면려하였다.

● **7월** 고응상이 임기가 만료되어 서울로 갔는데 「대례론大禮論」을 휴대하고 소흥을 지나갔다. 양명이 답서를 보냈는데 이는 그의 대례설이다.

● **10월** 구양덕歐陽德이 육안六安의 지주에 제수되었는데 서찰을 주고받으며 배움을 논하였다.

● 황관에게 편지를 보내 '저찰著察' 공부를 논하였는데 황관이 답서를 보냈다. **20일**, 황관이 식구를 데리고 월을 지나면서 양명을 방문하여 소흥에서 한 달 남짓 가르침을 받았다.

● **11월** 형부상서 임준이 치사하고 돌아가면서 전당을 지나갈 때 양명이 제자 장원충張元沖과 함께 소산蕭山으로 마중을 나갔다. 배 안에서 장원충과 함께 유학과 불교, 노자 학문의 동이를 논하였다.

● 편수 황좌가 책봉冊封의 명을 받들고 남하하여서 항성杭城을 지나갈 때 소흥으로 찾아와서 배움을 물었다. 이때 사방 각지에서부터 소흥에 찾아와서 수학하는 학생이 날로 늘어나 건물 50칸을 짓고 수많은 학생을 맞이하였는데, 이는 백부伯府의 새 저택이다. 학생들은 양명의 거처를 둘러싸고 거주하면서 둘러앉아 강의를 듣고 밤이 새도록 노래를 하였다.

● **12월 3일** 근산菫山 이당李堂이 문집의 서문을 지어달라고 청하여서 완곡히 거절하는 답서를 보냈다.

● 서백舒柏이 「사설詐說」을 보내 가르침을 구하면서 '경외쇄락敬畏灑落'을

물어오므로 답서를 보냈다.

- 유후劉侯가 편지로 '입산양정入山養靜'을 물어와서 답서를 보냈다.
- **12월 28일** 소곡少谷 정선부가 졸하여서 노영路迎에게 편지를 보내 깊이 애도하고 아울러 더욱 분발하여서 갈고닦으라고 권면하였다.

1524년 | 가정 3년
53세

- **정월** 심재心齋 왕간이 회계로 와서 배움을 묻고 서원을 건축하여 각지의 학자들을 거주할 수 있게 청하였다. 이에 지대사至大寺에 누옥樓屋과 재사齋舍를 지었는데 이것이 양명서원陽明書院이다(앞에 신건백사新建伯祠가 있다). 태주 지부 왕신王臣에게 편지를 보내 왕간이 구황을 한 일로 일어난 사건에 대해 해명하기를 간청하였다. **21일**, 남경 형부주사 계악이 「정대례소正大禮疏」를 올려서 대례의 분쟁이 다시 흉흉하게 일어났다.
- **2월** 소흥 군수 남대길이 양명을 좌주로 섬기고 스스로 문생이라 일컬으면서 폐백을 갖추어 가르침을 받았다. 그 후 계산서원을 수복하고 양명을 초빙하여서 강의를 주관하게 하였는데, 여덟 고을의 선비가 어지러이 찾아와서 배우고 문인이 날마다 나아왔다. 예부원외랑 진구천, 신주의 양월산楊月山, 남호의 장연張綖이 소흥으로 찾아와서 배움을 물었다. **11일**, 양정화가 대례의에서 뜻을 거슬러 치사하였다. 사원과 오희유가 북상하여 서울로 들어가서 비방을 변론하려고 하였으나 양명이 편지로 만류하였다. **30일**, 소성태후昭聖太后의 생신에 조하朝賀를 면제하라는 조서가 내려와서 어사 마명형과 주제朱淛가 상소를 올려서 간했다가 진무사鎭撫司에 하옥되었다. 이에 어사 계본季本이 장소章疏를 올려서 구원하다가 게양의 주부로 좌천되고, 호부원외랑 임응총林應聰은 서문현徐聞縣 승으로 폄적되었다.
- 계본이 산음으로 돌아가던 중 양명을 찾아왔는데 양명이 임응총의 기절을 크게 칭찬하였다.
- **3월 11일** 진택震澤 왕오王鏊가 졸하였다. 양명이 「태부왕문각공전太傅王文恪公傳」을 쓸 때 특히 「성선대性善對」를 기록하였다. **21일**, 황관이 편지로 조정에서 일어난 대례의의 상황을 알려왔지만, 답을 하지 않았다.

● 해녕海寧의 동운董澐이 회계로 유람을 왔는데 지팡이에 「표립시瓢笠詩」 두루마리를 꿰어 메고 찾아와서 폐백을 올리고 제자가 되었다.

● 제기의 수령 주정립이 석 달 만에 행정에서 성과를 거두고 그 뒤 한 해가 지나서 백성이 교화되었다. 회계로 여러 차례 찾아와서 배움을 묻고 정치를 물었기에, 글 두루마리를 써서 증정하였다.

● **4월** 복을 벗었다. **16일**, 도어사 오정거吳廷擧가 양명을 천거하여서 대례의에 끌어들이려고 하였으나 세종이 윤허하지 않았다.

● 어사 석금石金이 상소하여서 양명을 천거하였으나 윤허받지 못하였다.

● 황관이 세 차례 「대례소」를 올리고(2월 12일, 28일, 3월 29일) 나중에 양명에게 보내 보여주었는데 양명이 수긍하였다.

● **4월 26일** 추수익이 상소하여 홍헌제興獻帝를 고考로 칭하고 사당에 들이려는 논의를 파하라고 청하였다가 조옥에 갇히고 광덕주廣德州 판관으로 좌천되었다. 남쪽으로 향하다가 소흥에 와서 양명에게 한 달 동안 가르침을 받았다. 양명이 '여보적자如保赤子'의 가르침을 주고 아울러 『맹자』의 '거천하지광거居天下之廣居'를 써서 좌우명으로 삼도록 증정하였다.

● 이달에 여요 지현의 구양호丘養浩가 서산이 편집, 교정한 『거이집』을 간행하였다.

● **5월** 황성증과 학문을 논하는 서신을 여러 차례 주고받았으며, 그가 「격물설」과 「수도주修道註」를 보내주어서 답서를 보냈다. 또 양명이 이전에 지은 「고본대학서」와 「수도설」에 대해 토론하고 아울러 새로 정한 「고본대학서」를 황성증에게 보냈다.

● **6월 1일** 황성증이 소흥으로 찾아와서 배움을 물었는데 그를 위해 「자득재설自得齋說」을 지어서 증정하였다.

● 주충이 「향현유작선생제전기鄉賢游酢先生祭田記」를 보내와서 답서를 보내고 아울러 새로 속간한 『전습록』을 증정하였다.

● 장총과 계악이 조칙을 받고 한림원학사로 나아갔는데 대례의가 격화하였다.

● 동운이 다시 회계로 와서 정식으로 절을 하고 제자가 되었다. 동운은 소

홍에서 날마다 가르침을 받고 성찰하며 기록하여 자성록自省錄을 만들었는데 양명이 하나하나 비평하였다. 추후 동운은 이를 모아서 『일성록日省錄』을 편집하였다.

● **7월 15일** 정신 200여 명이 좌순문左順門 앞에서 무릎을 꿇고 절을 하며 통곡하다가 금의위에 체포되어서 고문을 받았다.

● 임응총이 서문徐聞으로 폄적되어 가던 중에 전당을 경유하면서 편지로 알리고 아울러 남대길에게 부탁하여 『몽사기유시권夢槎奇遊詩卷』을 양명에게 보냈다. 이에 시권에 제사題詞(「제몽사기유시권題夢槎奇遊詩卷」)를 써서 임응총을 칭송하였다.

● **8월 1일** 급사중 진광陳洸이 작질을 회복하고 예의소를 올려 비굉 등을 공격하면서 '사당邪黨'으로 지목하였다. **4일**, 황관이 대례의에 관해 올린 주소를 모아서 편집하여 『지죄록知罪錄』 세 권을 만들어서 간행하고 나중에 양명에게 보냈다.

● 중추에 천천교天泉橋에서 문인들과 함께 연회를 열었는데 벽하지碧霞池에 자리를 잡고 시를 읊으며 다시 광자의 기상을 논하였다.

● 전덕홍이 두 아우를 이끌고 성 남쪽에서 글을 읽었으며, 그의 부친 심어옹心漁翁 전몽錢蒙 역시 찾아와서 배움을 물었다. 양명이 전몽을 위해 「심어가心漁歌」를 지어서 증정하였다.

● **9월 5일** 조정에서 대례를 흠정하고 천하에 조서를 반포하였다. 가을밤, 어지러이 예악을 논쟁하는 나랏일에 감회가 일어나 시를 지어서 탄식하였다. **20일**, 어사 왕목王木이 소를 올려서 양명을 천거하였고, 어사 반장潘壯 역시 양명을 천거하였으나 세종은 윤허하지 않았다.

● **10월** 문인 남대길이 소흥에서 『전습록』을 새로 간행하였다.

● **11월** 하남 순무 우부도어사 왕신王藎이 섬서 순무에 제수되고 편지를 보내와 배움을 물었다. 양명이 나중에 답서를 보내면서 새로 간행한 『전습록』 2책도 보내주었다.

● 황성증이 오吳로 돌아간 뒤 편지를 보내와서 양지심학의 가르침을 사색하고 배움을 물었다. 양명이 답서로 상세히 논하였다.

● 종제宗弟 왕방상王邦相에게 편지를 보내 겨레붙이의 아우와 조카들의 혼인에 관한 일을 부탁하였다.

● **12월** 이부에서 왕수인을 제독삼변군무提督三邊軍務에 천거하였으나 세종이 임용하지 않았다.

1525년 | 가정 4년
54세

● **정월** 여요의 외가 조카 정관현鄭官賢에게 편지를 보내 정씨 재산과 가사 처리를 상의하였다.

● 부인 제씨諸氏가 졸하여서 4월에 서산徐山 정鄭 태부인의 묘지에 부장祔葬하였다.

● 황관이 「대례소」를 보낸 뒤 마명형도 남경에서 찾아와 만났다.

● 양명이 황종명에게 편지를 보내 남경의 제공諸公과 함께 예를 논의하고 학문을 강론하라고 권면하였다.

● 남대길이 방문하여서 정치를 묻고 터득하였다. 그가 행정을 베푸는 공당을 친민당親民堂이라 이름을 짓자 양명이 그를 위해 당기堂記를 지었다.

● 위량정·위량기·황홍강·하진何秦·왕신 등이 찾아와서 배움을 논하였다.

● 남봉길이 찾아와 박문약례博文約禮의 설을 물어서 「박약설博約說」을 지어서 증정하였다.

● 연성連城의 노유老儒 동세견童世堅이 자기가 쓴 『팔책八策』을 가지고 소흥으로 천릿길을 달려와서 배움을 물었다. 양명은 석 달 동안 강론한 뒤 그에게 『팔책』을 태워버리라 권하고 '양지良知' 시를 지어서 증정하였다. 그가 돌아간 뒤 다시 편지를 보내서 『팔책』의 그름에 대해 논하였다.

● **2월 2일** 예부상서 석서가 상주하여서 왕수인을 천거하고 입각하게 하였으나 세종이 윤허하지 않았다.

● 추수익이 광덕에서 유학에 존경각尊經閣을 건립하고 편지로 범문정사范文正祠의 편액을 청하여서 답서를 보내고 담약수의 '수처체인천리隨處體認天理'설을 비평하였다.

● **4월 3일** 여요의 정관현에게 다시 편지를 보내 정씨 집안일을 상의하였다.

• 남대길이 존경각을 낙성하자 그에게 「계산서원존경각기稽山書院尊經閣記」를 지어서 경학이 곧 심학임을 논하였는데, 이 기문을 담약수에게도 보내주었다.

• 산음의 지현 오영吳瀛이 현학을 중수하여 낙성하자, 기문을 짓고 성학이 곧 심학임을 논하였다.

• **5월** 왕정사가 소흥에 와서 배움을 물었다.

• 왕정헌을 위해 부채에 글을 써서 주고, 자식과 조카들에게 겸손하고 공손하며 오만하지 말라고 권면하였다.

• 황관과 응량이 남도로 돌아가면서 소흥을 경유하여 다시 찾아와서 배움을 논하였다.

• **7월 7일** 황관이 「논성학구양보소論聖學求良輔疏」를 올렸는데 그 참된 의도는 양명을 천기하여서 입각시키고 성사를 높게 하려는 데 있었다. **22일**, 남경 공부상서 오정거가 양명을 잠시 남경 도독부의 일을 관장하도록 다시 천거하였으나 세종은 기용하지 않았다.

• **8월** 감찰어사 반방潘仿이 절강 공원貢院을 중수하고서 기문을 청하였다.

• 감찰어사 반방, 제학첨사 만조萬潮가 만송서원萬松書院을 중수하고서 기문을 청하였다.

• 삼구三衢의 왕기王璣가 향시에 낙방하고 만송서원으로 와서 배우고 강을 건너 소흥으로 와서 배움을 물었다.

• **8월 23일** 동운과 왕기王畿, 여러 문인들과 함께 가을 나들이를 하여 우혈禹穴을 탐방하고 향로봉과 천주봉天柱峰을 오르고 주화령朱華嶺을 지나서 광효사廣孝寺에서 노닐고 운문雲門·약야若耶·감호鑑湖·섬계剡溪 사이를 거닐면서 곳곳에서 강학을 하고 시를 지어서 소회를 읊었다.

• 근재近齋 주득지朱得之가 정강靖江으로부터 소흥에 와서 배움을 물었는데 양명이 문인과 함께 치량지 심학의 종지를 상세히 제시하였다.

• **9월** 동운이 해염海鹽으로 돌아갈 때 시를 지어서 송별하고 아울러 「종오도인기從吾道人記」를 지어서 증정하였다.

• 동교거사東橋居士 고린이 편지를 보내 양명의 치량지 심학을 질의하였는

데, 답서로 상세히 변론하였다.

• 여요로 돌아와서 죽산竹山 혈호穴湖의 조상 묘에 성묘하고 이직옹易直翁 왕곤王袞 부부를 죽산에 합장하였다.

• 여요의 제생이 용천사 중천각에서 강학회를 열었는데 매달 초하루와 초여드레, 보름과 스무사흗날에 정기적으로 모이기로 하였다. 중천각 벽에 제생을 면려하는 글을 썼다.

• **9월 25일** 치사 형부상서 임준이 상소하여서 양명을 천거하였으나 세종이 거절하였다.

• 송면宋冕이 섬서 포정사로 부임하면서 편지로 초서 서법의 작품을 청하기에 초서로 「차장체인연구운次張體仁聯句韻(장체인의 연구 운을 따다)」을 써서 보내주고 아울러 새로 간행한 『전습록』 등의 책도 보내주었다.

• 하순에 여요에서 돌아왔다. 추수익이 편지와 함께 보낸 담약수의 「광덕주유학신건존경각기廣德州儒學新建尊經閣記」를 받고 답서로 담약수의 설을 비평하였다.

• **10월 16일** 다시 여요의 정관현에게 편지를 보내서 왕씨의 손질孫侄을 정씨 손녀와 혼인시키는 일을 상의하였다.

• 종제宗弟 왕방상에게 편지를 보내 여요의 집안일을 처리하게 하고 조상의 묘가 훼손된 사건을 해결하도록 하였다.

• 경사에 지진이 나자 소를 올려서 양일청을 천거하고 수보 비굉을 파직하라고 하였으나, 답을 얻지 못하였다.

• **11월** 양일청을 직내각直內閣으로 소환하였다.

• 이부에서 팽택·등장鄧璋과 함께 양명을 섬서삼변군무의 제독에 추천하고, 예부상서 석서가 양명을 삼변제독으로 삼으려고 하였으나 세종이 모두 기용하지 않았다.

• **12월 17일** 『대례집의大禮集議』가 완성되었다. 석서가 소를 올려서 양명의 문인 진광을 구원하였다. **18일**, 왕방상에게 편지를 보내 집안사람인 손질孫侄의 혼인에 관한 일을 처리하게 하였다.

• 남대길이 소흥 수령의 임기가 만료되어서 입근하자 양명이 서문을 지어

서 송별하였다.

• **윤12월** 『대례집의』가 완성된 뒤 첨사부詹事府 소첨사少詹事로 승진한 방헌부가 소를 올려서 양명의 입각을 천거하였으나 답을 얻지 못하였다.

• 이해에 '구성사기가법九聲四氣歌法'을 살펴서 정하고 서원 제생들의 시가 교육에 사용하였다.

1526년 | 가정 5년
55세

• **정월** 큰 배를 구입하여서 왕기와 전덕홍 등 여러 제자를 태우고 서울로 북상하여 회시에 참가하게 하였다. 왕신에게 편지를 보내 왕간이 구황을 하러 가는 일에 얽힌 문제를 잘 처리해달라고 간청하였다.

• **2월** 문인 주득지·양문징과 함께 양지심학을 강론하고 '왕문사구교王門四句教'를 처음 내걸었다.

• **3월** 자성사 승려 법취法聚가 동운을 따라와서 게를 올리고 배알한 뒤 도와 선을 담론하였는데 양명이 시로 답하였다.

• 남대길이 파직되어 위남渭南으로 돌아가는 중에 편지를 보내와서 답서를 보내 그의 기절과 대의를 칭찬하고 '관학關學'의 사람으로 인정하였다.

• 봄에 큰물이 났는데 남대길이 하천을 준설하여서 효과를 거두고 백성이 수재에서 벗어났다. 양명이 「준하기濬河記」를 지어서 칭송하고 남대길을 위해 비방을 변론하였다.

• **4월 1일** 동운이 옛날 시집 『호해집湖海集』을 보여주어서 서문을 지었다.

• 전덕홍과 왕기가 성시省試에 합격한 뒤 모두 정시에는 참가하지 않고 황홍강·장원충과 함께 배를 타고 월로 돌아오자, 두 사람에게 제생을 나누어서 가르치게 하였다.

• 구양덕이 편지를 보내와서 배움을 논하였는데 양명이 답서를 보내 섭표聶豹가 양지의 설을 독실하게 믿음을 칭찬하였다. 구양덕이 양지의 학문을 묻는 편지를 보내와서 이에 대해 상세히 논하는 답서를 보냈다.

• **5월 18일** 양일청이 이부상서, 무영전武英殿 대학사에 복직하여 직각을 맡은 뒤 양명에게 차자를 보내서 정사를 묻자, 답서에서 권력을 전담하는

문제와 '상권相權'의 적용 문제에 대해 논하였는데 이는 황제와 재상의 금기를 각각 저촉하였다.

● 날마다 문인 및 제생들과 강학을 하고 시를 읊었으며 '양지'를 주제로 한 시를 많이 읊어서 '마음의 본체'를 곧바로 지적하였다.

● **7월** 추수익이 복초서원復初書院을 건립하고 『유속례요諭俗禮要』를 지어 보내오면서 서원의 스승을 선택하는 문제를 청하였는데, 답서에서 사당의 위차位次와 부제祔祭의 제도를 상세히 알렸다.

● 장총張璁이 병부우시랑으로 승진한 뒤 바로 「논변무소論邊務疏」를 올려서 양명을 서북 총제에 천거하였다.

● **8월** 추수익이 「광덕주신수복초서원기廣德州新修復初書院記」와 『논어강장論語講章』을 보내와서 답서를 보내고, 아울러 황홍강을 파견하여서 교육을 돕게 하였다.

● **10월** 이부상서 양일청, 시감찰어사試監察御史 웅작熊爵이 양명을 병부상서에 천거하였으나, 기용하지 않았다.

● 황홍강이 광덕에서 돌아와 추수익이 이룬 행정과 교육의 성과를 상세히 알려주어서 추수익에게 편지를 보내 칭찬하였다.

● **12월 11일** 조정에서 장총과 계악에게 『대례전서大禮全書』를 다시 정리하게 하였는데 이때 석서가 상주하여 양명을 서울로 불러서 대례 논의에 자문하도록 천거하였으나, 기용하지 않았다. **12일**, 계실 장씨가 아들 정총(왕정억)을 낳았다. 고을의 선달이 시를 지어 축하해주어서 화답시를 지어서 답하였다.

● 고암古庵 모헌이 편지를 보내 배움을 물어와서 답서를 보내 '치량지'와 담약수의 '수처체인천리'의 차이를 논하였다.

1527년 | 가정 6년
56세

● **정월 22일** 세종이 조칙을 내려서 관각을 열어 『대례전서』를 찬수하게 하였는데 황관과 황종명 등이 찬수관이 되어서 조칙에 응하여 상경하였다. 황관이 편지로 출처를 물어서 답서를 보냈는데 '의리에 사양할 수 없고',

'만약 찬수가 모두 그른 것이 아니라면 북쪽으로 나아가는 것도 불가하지 않다'라고 하였다.

- **3월** 소명을 받고 북상하여 서울로 나아가 직접 고권誥券을 수령하려고 하였으나 저지당하여서 가지 못하였다. 구양덕에게 편지를 보내 이를 알렸다.
- 문인들과 양지심학을 강론하고 '왕문사구교'를 수정, 전석하였다.
- **4월** 추수익이 편지로 문록文錄 간행을 청하여서 근래 원고를 선별하여 편집하게 하고, 전덕홍에게 명하여서 편차를 덧붙이고 추수익을 통해 광덕에서 간행하였다.
- 부채에 시를 써서 정헌에게 주고 다시 '근본지엽根本枝葉'의 가르침을 전하였다.
- 감찰어사 정락시鄭洛書가 소를 올려서 양명을 천거하고, 양명을 위해 분연히 힘써서 변호하였다.
- **5월** 추수익이 남경 주객낭중으로 승진하여 소흥을 경유하면서 양명을 찾아와 『대학문』을 저록하여 글을 완성하고 간행할 일을 상의하였다. **11일**, 광서 잠맹岑猛의 잔당 노소盧蘇와 왕수王受가 다시 반란을 일으켜서 급히 양명을 좌도어사를 겸하게 하고 양광·강서·호광의 군무를 총제하여 사은思恩과 전주田州를 정벌하게 하였다. 이는 대체로 병부우시랑 장총의 천거에 의한 것이다. 세종이 양일청을 소환하여 '왕수인의 사람됨'을 묻자 양일청이 양명을 장래에 병부상서로 삼으라고 청하였다.
- **6월 1일** 순안어사 석금이 제독양광군무도어사 요막姚鏌을 탄핵하여 파직시켰다. 정신廷臣들이 모여서 왕수인을 후임으로 추천하였다. **6일**, 병부의 특차관이 임명 문서를 가지고 소흥에 왔다. 양명이 소를 올려서 사양하였으나, 윤허하지 않았다. **7일**, 남경 공부원외랑 황관이 광록시경으로 승진하여서 서울로 향하다가 소흥에 들러 양명을 찾아가서 『명륜대전明倫大典』의 수찬에 관한 일을 물었다. 이별한 뒤 양명이 여러 차례 황관에게 편지를 보냈다. **17일**, 예부시랑 계악이 상소하여 옛 신하인 왕경과 왕수인을 기용하라고 청하였다. **19일**, 왕수인에게 명하여서 편의에 따라 일을 처리

하고, 완급을 살펴서 병사를 조발하게 하였다.

• 병부주사 곽도와 소첨사 방헌부가 『명륜대전』을 수찬하는 일로 부름을 받고 서울에 갔는데 양명이 그들에게 편지를 보내서 자기의 사면을 위해 중간에서 중재해줄 것을 청하였다.

• **7월 10일** 사면을 윤허하지 않고 속히 양광으로 부임하라는 명이 내려왔다. **18일**, 조정에서 다시 관리를 보내서 빨리 역마를 갈아타고 양광으로 부임하라고 재촉하였다.

• **8월** 장총과 양일청에게 다시 차자를 보내서 사면을 간청하였다. **19일**, 황관이 「명군공이려충근소明軍功以勵忠勤疏」를 올려서 신호의 반란을 평정한 왕양명 등의 공을 밝혀 변론하고 양명을 입각시켜서 정치를 돕게 하라고 천거하였으나 세종은 따르지 않았는데, 이는 장총·계악·양일청이 뒤에서 남몰래 저지했기 때문이다. **20일**, 조정에서 다시 양명에게 수신守臣과 회동하고 병사를 통솔하여 정벌, 위무하라고 재촉하였다. 처제 제경諸經이 찾아와서 그를 위해 「위선최락문爲善最樂文」을 지었다. 양광으로 부임하면서 특별히 「객좌사축客坐私祝」을 짓고 자제 및 찾아와서 배우는 선비들에게 훈계하였다. 『대학문』을 저록하여 서책이 완성되자 처음으로 문인과 제자들에게 정식으로 전수하였다. 『대학문』은 '왕문사구교'에 대한 경전의 천석이다. 이 저록이 완성되어서 양명은 자기 '왕문사구교' 심학을 총결하였다. **31일**, 당부唐府의 기선紀善 주충이 모친이 연로하여서 의흥으로 귀성하는 중에 글을 가지고 소흥을 경유하면서 찾아와 배움을 물었다. 이에 비평하면서 상세히 답하였다. 집안일과 윤자胤子 왕정총을 위정표魏廷豹에게 부탁하고, 계자繼子 왕정헌을 전덕홍과 왕기에게 부탁하였다.

• **9월 8일** 양광으로 부임하는 길에 오르면서 시를 지어서 제생과 이별하였다. 이날 밤, 전덕홍과 왕기가 천천교에서 양명을 모셨는데 양명이 '왕문팔구교王門八句教'(사유교四有教와 사무교四無教)를 발휘하고 옛 설인 '왕문사구교'를 폐기하였다. 본체공부를 강론하며, 도를 입증하고 마음을 인증하였는데(證道印心), 이를 가리켜서 '천천증도天泉證道'라고 한다. 이는 실로 양명이 불교를 모방하여서 자기 심학에 대해 내린 '판교判教'이며, 자기가 평

생 동안 몰두한 심학에 대한 마지막 총결이다. 전덕홍과 양기가 배웅을 하여 부양富陽에 이르렀을 때 다시 '사무교'와 '사유교'를 주창하였다. **22일**, 엄탄嚴灘의 조대釣臺를 지나면서 시를 지어서 정자의 벽에 새겼다. 전덕홍과 왕기가 엄탄까지 따라갔는데 양명이 '유심은 무심이며 실상은 환상(有心無心, 實相幻想)'이라는 설을 발표하고, 다시 '왕문팔구교'의 '나의 종지(吾宗)'를 내걸었다. **23일**, 배가 엄탄에 머무를 때 아들 왕정헌에게 편지를 보내 집안일을 훈계하였다. 삼구(서안)에 이르렀을 때 왕기와 난혜欒惠 등 수십 명이 강호江滸에서 맞이하여서 시를 지어 증별하고 아울러 전덕홍과 왕기에게도 보내주었다. 이때 전덕홍과 왕기가 천진산에 서원 건립을 제안하였는데 양명이 시를 지어서 칭찬하였다. **29일**, 이부좌시랑 방헌부가 주청하여서 왕수인에게 사은·전주의 일을 전담하게 하고, 진수태감 정윤鄭潤을 소환하게 하였다. 곽도가 편지를 보내 학문과 정사를 논하면서 방헌부가 양명을 천거하여 조정에 입각시켜서 정치를 돕게 하려고 한다고 알렸다.

- **10월** 남창 남포역南浦驛에 도착했을 때 추수익·구양덕·진구천 등 300여 인의 문인과 제자들이 몰려와서 가르침을 청하여 다시 '왕문팔구교'를 크게 밝혔다. 남창성에 들어가서 문묘를 참배하고 명륜당에서 문인과 제생들에게 『대학』의 사상을 강론하였다.
- 길안에 이르렀을 때 팽잠·구양유 등 300여 인의 사우와 제생들이 나천역螺川驛에 모여서 '양지'의 가르침을 크게 내걸었다. 태화를 지나면서 나흠순에게 편지를 보내 강학의 모임을 약속하였다. 나중에 나흠순이 답서를 보냈으나 늦게 도착하였다. 감주에 이르러서 「호병진지사의湖兵進止事宜」를 반포하고 양광에 인부와 말을 징발하여 제공하게 하였다.
- **11월 4일** 대유령을 지나고 신성에 묵으면서 감회를 시로 읊었다. 매령梅嶺을 지나고 삼수三水에서 아들 왕정헌에게 편지를 썼다. **18일**, 조경肇慶에서 전덕홍과 왕기에게 편지를 보냈다. **20일**, 오주梧州에 도착하였다. **21일**, 오주에 제독부를 설치하고 군정의 사무를 처리하였다. 오산서원梧山書院이 낙성되자 직접 가서 개강을 하고 많은 선비를 격려하였다.
- **12월 1일** 「부임사은수진부견소赴任謝恩遂陳膚見疏」를 올려서 양광 용병

의 대계를 진술하고, 노소와 왕수를 초무하고 사은과 전주에 그대로 토관을 설치하라고 힘써 주장하였다. 또한 동시에 조정에서 그를 천거한 방헌부 등에게도 차자를 보내서 관심과 지시를 간절히 바라면서 조정에 천거한 일은 책망하였다. **2일**, 양일청과 계악이 양명을 천거하여서 순무를 겸임하게 하였으나, 소를 올려서 사양하고 대신 오문정伍文定·양재梁材·왕횡汪鋐 등을 천거하였다. **5일**, 평남平南에 도착한 뒤 아들 왕정헌에게 편지를 보냈다. 도어사 요막과 교대하고 군무에 관한 행문을 반포하였다. **22일**, 평남에서 석금·임부林富 등 여러 장관將官을 소집하여서 사은·전주를 정벌할 방략을 논의하였는데, 정벌에는 열 가지 근심, 초무에는 열 가지 장점이 있음을 들어서 최종적으로 초무의 구체적인 방략을 결정하였다. 제독 단영團營 장영張永이 세상을 떠나 병부에서 왕수인을 제독 단영 군무에 추천하였으나 세종이 윤허하지 않았다. **26일**, 남녕에 도착하여서 초무의 일처리를 하였는데, 이에 따라 수비를 위해 소집하였던 병사를 해산하였다.

● 계악이 양명에게 공문을 보내서 안남 내란의 정황을 정탐하여 다시 보고하게 하였으나 양명이 정탐하지 않았다.

1528년 | 가정 7년
57세

● **정월 2일** 「사순무겸임거능자대소辭巡撫兼任擧能自代疏」를 올렸으나 세종은 윤허하지 않았다. **7일**, 노소와 왕수가 수하의 두목 황부黃富를 보내서 투항하여 귀순할 뜻을 알려왔다. **27일**, 노소와 왕수가 각각 수만 군중을 거느리고 스스로 포박하여서 투항했다.

● **2월 8일** 항복한 반군을 저마다 생업에 복귀하게 함으로써 사은·전주가 평정되었다. **13일**, 「주보전주사은평복소奏報田州思恩平復疏」를 올렸다. 조정에서 행인을 파견하여서 상을 내렸다. **15일**, 「지방긴급용인소地方緊急用人疏」를 올려서 임부를 천거하였다. **18일**, 「지방급결관원소地方急缺官員疏」를 올려서 임부·장우張祐·심희의沈希儀를 천거하였다.

● 사은·전주를 평정한 뒤 사후 대책을 처리하고, 삼사 등의 관원과 함께 토관과 유관 설치에 대해 논의하였다.

● 우참정 종방鍾芳이 글을 올려서 토관을 나누어 설치할 것을 강력히 주장하였다.

● 호광의 영순永順, 보정保靖 두 선위사 토관의 소두목(目兵)에게 상을 주었다.

● 섭표가 복건의 순안에 차임되어서 민閩으로 들어간 뒤 편지를 보내와서 양지심학에 대해 물었다.

● **3월** 「전주입비田州立碑」를 세워서 사은·전주의 반란을 평정한 공적을 기록하고 전주를 진정시켰다. **23일**, 팔채八寨와 단등협斷藤峽을 토벌하기 위해 진격을 명하였다.

● **4월 2일** 단등협과 팔채를 토벌하기 위해 병사를 출동시켜서 진격하였다. **6일**, 「처치평복지방이도구안소處置平復地方以圖久安疏」를 올려서 토주土州의 관을 설치하되 잠방상岑邦相을 전주의, 잠방좌岑邦佐를 무정武靖의 지주로 삼고, 토관 순검을 분설하고, 전주를 진녕부로 개명하며, 전수에 학교를 일으켜서 부근의 부와 주, 현의 학교의 교관 중에서 1원을 선발하여 전주의 교육을 영솔하게 할 것을 청하였다. **15일**, 「정초임악요적소征剿稔惡瑤賊疏」를 올렸다.

● 광서 제학도提學道에 행문을 보내서 사은과 전주에 학교를 일으키라고 하였다.

● 남녕의 부학과 현학 및 서원에서 직접 강학을 하고 양지의 가르침을 펴서 제생을 인도하였다.

● 문인 계본이 게양에서 향약을 추진하고 양명에게 알려와서, 조주부潮州府 통판 장계방張繼芳에게 공문을 보내 각 현에 향약을 추진하고 시행하도록 감독하는 일을 맡겼다.

● **5월 1일** 계본이 「전주사실기田州事實記」를 지어서 조정이 잠맹 부자를 토벌하여 죽이고 양명이 노소와 왕수를 초무한 일의 시비와 득실을 상세히 논하여서 양명을 위해 항변하였다. **25일**, 「거능무치소擧能撫治疏」를 올려서 왕대용王大用과 주기옹周期雍을 천거하였다.

● 단등협과 팔채의 잔당을 토벌하고 잇달아 고봉古蓬·주안周安·황전黃田 등 여러 산채를 격파하였다. 마침내 「수유유적綏柔流賊」의 행문을 반포하

여서 요민을 위무하였다.

● 호병湖兵이 먼저 회군하여서 남녕으로 돌아갔는데 시를 지어서 전송하고 팽세린彭世麟 삼대의 충효를 칭찬하였다.

● 설간이 원래의 직책으로 기용되어서 서울로 나아가면서 양명의 편지를 받은 뒤 답서로 조정의 일과 천하의 일을 논하였다.

● **6월 4일** 어사 호명선胡明善이 양명을 천거하여 입각시켜서 정사를 돕게 하라고 상주하였으나 세종이 윤허하지 않았다. **10일**, 철갱鐵坑·녹모綠茅 등의 산채를 격파하고 추격하여서 횡수강에 이른 뒤 회군을 명하였다. **15일**, 어사 마진馬津이 다시 양명의 입각을 천거하였으나 세종의 혹독한 질책을 받았는데, 계악이 저지했기 때문이다. 이날 제자 육징이 상소하여서 의례에서 잘못된 견해를 지지한 일을 스스로 뉘우친 뒤 예부의제사주사禮部儀制司主事에 기복되었다가 곧 폄적되어서 광동 고주부高州府 통판이 되었다. 「제영순보정토병문祭永順寶靖土兵文」을 짓고 남녕 지부 장산경蔣山卿에게 위임하여서 남녕부 성황신에게 제사를 지내게 하였다. **16일**, 계모 조씨의 60세 생신을 맞아서 사람을 청하여 「운산하축도雲山遐祝圖」를 그리게 하고 멀리 남녕에서 축하하였다.

● 학교를 일으키고 현학을 위해 스승을 초빙하였는데, 합포현 주부 진후陳逅를 청하여 영산靈山 현학에서 가르침을 베풀게 하였다.

● 부문서원傅文書院을 건립하고 게양 주부 계본을 청하여서 교육하게 하고, 양명 스스로도 친히 서원으로 가서 강학을 하였다.

● **7월 10일** 「팔채단등협첩음소八寨斷藤峽捷音疏」를 올려서 널리 상을 베풀기를 청하였다. 세종이 주첩을 '과장과 거짓(誇詐)'되며, "은혜와 위엄을 뒤바꾸었다"라고 평가하였다. 황관에게 편지를 보내 자기를 위해 서울에서 귀휴를 주선해달라고 청하였다. **19일**, 「사명잠방상소查明岑邦相疏」를 올려서 잠방상에게 일을 처리하게 하라고 청하였다.

● 계악이 금의위 지휘첨사 섭능천聶能遷을 교사하여 양명이 금은 100만 냥을 써서 황관에게 부탁하여 장총에게 뇌물을 바치고 양광의 직임을 얻었다고 무함하였다. 황관이 글을 올려 무함을 변론하여서 섭능천이 수자

리로 폄적되었다.

- 황관에게 다시 편지를 보내 귀휴를 알선하여서 성사시켜달라고 곡진히 간청하였다.
- 섭표에게 학문을 논하는 긴 답서를 보내고 아울러 진구천·추수익·구양덕에게도 나누어 보냈다. 또한 동시에 진구천에게 양지의 학문을 논하는 편지도 보냈다.
- **8월** 보전莆田 진대장陳大章이 찾아와서 배움을 물었고, 그를 즉시 초빙하여 남녕 부학의 스승으로 삼고 자리를 마련하여서 예를 강하게 하였다.
- 전주全州의 대학사 장면蔣冕이 편지를 보내 지방에서 일어난 민란의 정황을 보고하고 토벌을 청하였으나, 응답하지 않았다.
- 단등협과 팔채를 평정한 뒤 지방 치안의 사후 대책을 전력으로 처리하였으나 대부분 실행되지 못하였다.
- **8월 27일** 남녕에서 출발하여 동쪽 광성廣城으로 나아가 명을 기다리려고 하였다. 횡주橫州를 지나면서 복파묘伏波廟에 참배하고 시를 지어서 감회를 읊었다. 아울러 15세 때 복파묘를 참배하는 꿈을 꾸고 지은 시를 기록하여 그에 관한 일을 나타냈다.
- **9월 7일** 광주(광성)에 도착하여서 아들 왕정헌에게 편지를 보냈다. **8일**, 행인 풍은馮恩이 칙서와 상을 가지고 광주부로 와서 폐백을 드리고 제자가 되었다. **20일**, 「장려상재사은소奬勵賞齎謝恩疏」를 올렸다. 장면이 글을 보내 사은과 전주의 반란을 평정한 공적을 축하하였다.
- **윤10월** 증성甑城에 충효사忠孝祠가 낙성되자 증성으로 가서 사당에 참배하고 제사를 올렸으며, 사당의 벽에 시를 제하고 왕강王綱의 비석으로 전해오는 비석을 다시 새겨서 세웠다. 충효사 기문을 써달라는 양명의 부탁에 따라 광동 제학부사 소명봉이 「충효사기忠孝祠記」를 지었다. 담약수의 감천 옛집을 예방하여 시를 지어서 옛집 벽에 제하였다. **21일**, 방헌부와 곽도가 연명으로 「논신건백무초지방공차소論新建伯撫剿地方功次疏」를 올려서 양명이 강서에서 신호의 반란을 평정한 공과 광서에서 사은과 전주를 평정하고, 단등협과 팔채를 평정한 공적을 변론하여서 밝히고, 양명을 위

해 비방을 변론하고 원통함을 풀어주기 위해 양명의 공적을 포상을 하여서 충근忠勤을 장려하기를 청하였으나 세종이 윤허하지 않았다. **30일**, 황좌가 양명에게 북행을 권유하여서 받아들였다.

● **11월 1일** 병세가 심해져서 귀향하여 병을 치료할 수 있게 청하는 소를 올리고 임부林富를 후임으로 천거하였다. 이날 마침내 광주를 떠나 북상하였다. **21일**, 대유령을 넘었다. **25일**, 남안南安에 도착하였다. **28일**, 남안의 청룡포青龍鋪에 도착하여서 밤을 보냈다. **29일**, 오시午時에 남안 청룡포에서 졸하였다.

● **12월 4일** 남안에서 상여가 출발하였다. **20일**, 상여를 운구하여서 남창에 도착하였다.

1529년 | 가정 8년

● **정월 초1일** 상여가 남창을 출발하였다.

● **2월 4일** 월성에 이르러서 명당明堂에 전奠을 차렸다. **8일**, 귀향을 청하는 양명의 소(「걸해골소乞骸骨疏」)가 도착하였는데 세종이 배척하여 '고의로 과장된 말을 꾸며서 사직을 구한다(故設漫辭求去)'고 하였다. 계악이 세종의 의도를 간파하고서 양명이 멋대로 직책을 떠났으며 사은·전주·팔채의 평정에서 은혜와 위엄을 뒤바꾸었다고 상주하여서 탄핵하였다.

● **2월 2일** 세종이 관료들에게 양명의 공과 죄의 시비를 의논하라고 명하였다. 급사중 주연周延이 강서와 광서를 평정한 양명의 공을 변론하고, 양명의 학술이 순수하고 바르다고 상주하였다가 태창주太倉州 판관으로 폄적되었다. **7일**, 계악이 왕수인의 학술과 사공을 논핵한 '으뜸가는 공(首功)'으로 무영전 대학사, 직각에 제배되었다. **8일**, 이부에서 왕수인의 공과 죄를 의논한 뒤 양명의 '사설邪說'을 금하라고 하였다. 세종이 양명의 학문을 '인심을 크게 무너뜨리는(大壞人心)' 사설로 규정하고 천하에 '학금'의 조명을 내려서 양명의 학문을 금절하였으며, 그의 사후 휼전을 박탈하였다.

● **3월 29일** 담약수가 「전왕양명선생문奠王陽明先生文」을 지어서 양명에게 올리고 평생 동안 양명과 학술 교류한 내용과 학술의 동이를 총결하였다.

● **6월** 담약수가 예부우시랑으로 승진하여 서울에 들어가서 계악을 만나 양명의 원안冤案을 날조한 일이 그의 소행인지를 묻자 계악이 묵묵부답하였다.

● **7월 2일** 병과급사중 손응규孫應奎가 상소하여서 양일청·장총·계악을 논핵하였다.

● **8월 13일** 공과급사중 육찬陸粲이 다시 그들을 탄핵하였다. 장총에게는 귀가하여 성찰하라는 조치가 내려지고, 계악에게는 상서로서 치사하게 하였다.

● **9월 1일** 곽도가 상주하여 장총과 계악을 위해 변호하여서 장총이 다시 부름을 받고 직각이 되었다. **16일**, 계악은 소보 겸 태자태부, 이부상서 무영전 대학사에 복직되었다. 첨사 황관이 「명시비정상벌소明是非定賞罰疏」를 올려서 양명의 학술과 시공을 변론하고 양명에게 휼선을 지급하고 시호를 내리고 그것의 세습을 그대로 허락하며 아울러 '학금' 해제를 청하였으나 답을 얻지 못하였다.

● **10월 14일** 임부가 상주하여서 사은부 유관을 혁파하고 주로 강등하였다.

● **11월 8일** 계악이 재상으로 복귀하였다. **11일**, 소흥 고촌高村 홍계洪溪에 장례지냈는데 장례식에 참석한 사람이 수천 인이었다.

● 왕간이 주재하여 양명서원에서 문인과 동지들이 연합 강학을 하고, 앞으로 시기를 정하여 모여서 강론하기로 맹약하였다.

● 설간이 천진산에 정사를 건립하여서 해마다 양명의 제사를 지내고, 문인과 동지들의 모임은 강학을 하며 그달을 마쳤다.

● 문인과 제자들이 협력하여서 양명의 집안일을 처리하고, 황종명이 집안일의 분담을 정하여서 책자로 만들고, 설간은 동문이 해마다 돌아가면서 고아를 돌보기로 조례를 정하였다.

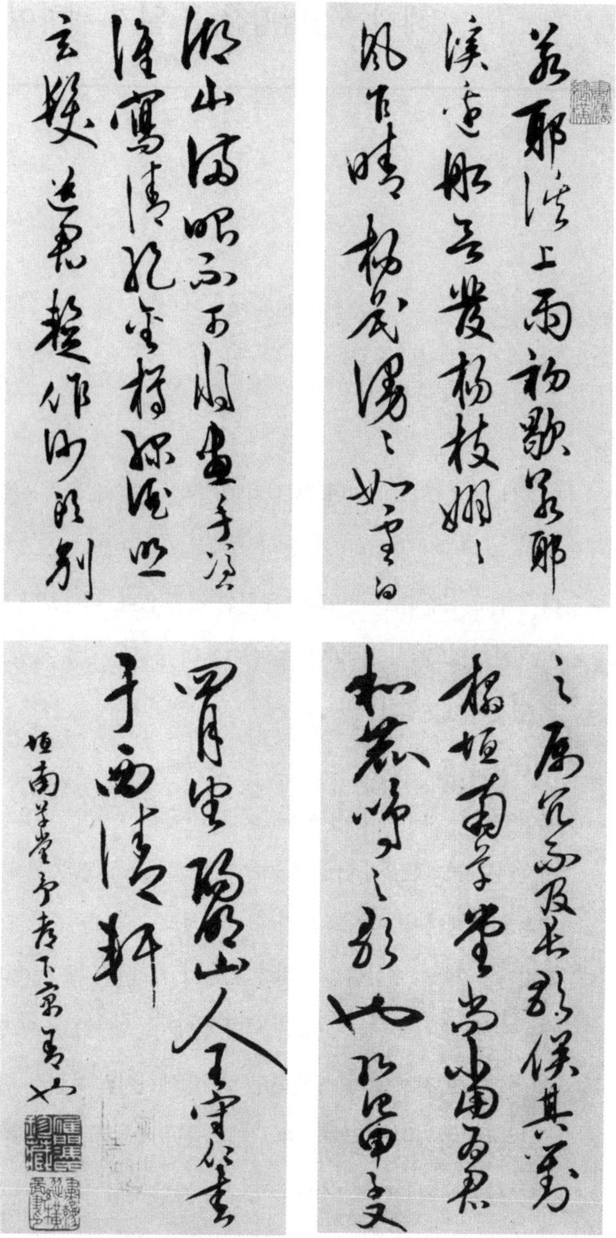

왕양명 초서, 「약야계송우시若耶溪送友詩(약야계에서 벗을 보내는 시)」 중 일부.

해제: 『양명평전』을 읽기 위하여

영혼의 눈이 인간의 내면에서보다 더 많은 광휘와 암흑을 발견할 수 있는 곳은 그 어디에도 없다. 그 눈이 응시하는 그 어느 것도 인간의 내면보다 더 두렵고 복잡하고 신비하고 무한한 것은 없다. 바다보다 더 숭고한 광경이 있으니 그것은 하늘이다. 하늘보다 더 숭고한 광경이 있으니 그것은 바로 인간의 내면이다.

……

의식이란 환상과 욕망과 유혹이 뒤엉킨 혼돈, 꿈들이 타오르는 아궁이, 수치스러워하는 관념이 은신한 동굴이다. 그것은 궤변의 판데모니움, 그것은 격정의 전쟁터이다. 어느 순간에, 숙고하고 있는 한 인간의 창백한 얼굴을 뚫고 들어가서 그 이면을 들여다보고, 그 속의 영혼을 들여다보고, 그 속의 어둠을 들여다보라. 그 고요한 외양 밑에서는 호메로스의 일리아스에서처럼 거인들이 전쟁을 하고, 밀턴의 실락원에서처럼 용들과 휘드라들이 난투를 벌이고 유령이 드글거리며, 단테의 신곡에서처럼 환영이 소용돌이친다. 모든 사람이 자기 안에 지니고서 자기 뇌리의 의지와 자기 삶의 행적을 절망적으로 재어보는 이 무한은 얼마나 음침한가!

……

그는 누가 자기를 보고 있을지도 모른다는 생각이 들었다.

누가? 어떤 사람이?

아! 그가 쫓아내려고 한 그것은 이미 속에 들어와 있었다. 그가 피하고자 했던 그 눈길은 그를 지켜보았다. 그것은 그의 양심이었다.

그의 양심, 그것은 곧 하느님이었다.

—빅토르 위고, 『레 미제라블』 1부 「팡띠느」.

앉아요, 제시카! 보아요, 저 하늘의 장막이
빛나는 금빛 성반聖盤처럼 총총히 상감되어 있는 걸
그대에게 보이는 별은 아무리 작은 것이라도
운행 중에 천사처럼 노래하지 않는 게 없소
별들은 맑은 눈망울 케루빔(지혜의 천사)들을 향해 조용히 합창한다오
그런 화음이 불멸의 영혼 안에도 있다오!
하지만 이 썩어버릴 진창 같은 거죽이 두텁게
덮고 있는 동안에는 우리는 그 화음을 들을 수 없다오.

—윌리엄 셰익스피어, 『베니스의 상인』 5막 1장.

1

철학과 학부 2학년 1학기, 서양 고대철학사를 배울 때 어디서 읽었는지는 모르지만 여러 철학자를 대충 거칠게 '따뜻한 철학자와 차가운 철학자'로 분

류한 글을 읽은 적이 있다. 이런 형식적, 기계적, 도식적 구분은 당연히 동서양 고금의 철학자를 제대로 분류하는 틀일 수 없을 뿐만 아니라 자칫하면 잘못된 선입견이나 편견, 왜곡된 이미지를 형성할 수도 있다. 그럼에도, 말장난이나 재미삼아 하는 듯한 이러한 분류는 틀린 것이니 반드시 폐기되어야 할 거짓 주장이라고 정색을 하고 달려들 필요는 없다. 사람은 언제나 진지하고 정확하고 논리적인 말이나 생각만 하면서 살지는 않는다. 이 같은 분류 방식이 전혀 쓸모없고 오히려 정확한 인식을 방해하는 거짓 주장이라는 데 동의하기는 하는데, 대체 왜 이런 분류가 생겨났을까! 사람들은 어렵거나 까다롭거나 이해하기 어려운 사안을 접하면 가능한 한 단순한 방식으로 분류하고 나누고 무리를 지어서 생각하기 마련이다. 사람은 대상세계를 파악할 때 이미지로 받아들이는 경향이 있기 때문이다. 약간만 날카로운 눈으로 들여다보면 철학사 서술 방식에도 이런 이분법적 분류의 그림자가 어른거린다. 동아시아 철학과 사상에서도 흔히 안과 밖이라는 기준으로 철학과 사상을 나누는 전통이 아주 오래되었다. 의義의 근거를 마음의 내면에서 찾는가, 아니면 객관적 외부 세계에서 (인간관계 속에서) 찾는가에 관한 논쟁은 맹자와 고자의 논쟁적 학설로서 제기된 이래 동아시아 고대철학의 중심 문제 가운데 하나가 되었다.

송대宋代에 발흥한 신유학은 도교와 불교의 형이상학과 교리, 수행의 체계에서 많은 틀을 빌려와서 공맹으로부터 전승되어온 유학에 형이상학적 토대를 갖추고 인간과 세계와 우주의 존재 구조, 인간의 존재론적 위상, 인간 본성의 도덕적 본질을 탐구하고 인간을 우주의 시공간에서 주체로 자리매김하였다. 사대부 지식인의 원대한 주체의식은 시공간의 무한 확장인 우주에서 당당하게 자기 자리를 주장하였다. 이리하여 신유학의 인간은 현실세계의 일원이면서 동시에 형이상학 세계의 시민이 된 것이다. 신유학 지식인의 주체의식은 곧 도덕의 주체, 인간 본성의 도덕성에서 그 근거를 찾는다. 인간이 도덕의 기준을 세울 수 있는 가능 근거는 객관적 세계의 질서와 그 이면에 있다고 여겨지는 이법, 법칙(또는 신)에 두거나 주관 내면의 마음에 둘 수 있다. 이 두 가지 도덕 근거에 관한 입론은 유학사에서도 내내 길항을 벌이면서 저마다 도덕적 주체로서 인간의 우주론적 위상을 세우는 존재론의 기반을 마련하였다.

어느 학문 사상이든 당대의 문제의식이 발흥의 토대가 된다. '성인 되기'가 학문의 진정한 목표라고 생각했다는 양명의 어린 시절 일화는 양명의 문제의식이 어디에 있었는지를 아주 상징적으로 보여준다. 양명은 '참인간'으로서 인격 완성이라는 공맹의 유학과 더 나아가 '성인 되기'라는 주렴계周濂溪(주돈이) 이후 신유학의 본질적 탐구의 정신을 충실하게 계승하여서 학문의 체계를 완성하였다. 양명이 그렇게 기를 쓰고 비판했던 주자학도 원래 그 학문 정신은 인격 완성과 도덕적 인간의 추구를 본질로 삼았다. 우주로부터 인간과 모든 사물에 이르기까지 일관된 논리로 존재론적 체계를 세우고 인간을 도덕적 주체로 선언하며, 그 도덕적 본질을 우주와 인간에게 하나로 부여된 이理, 곧 성性에서 확인하는 것을 골자로 한다. 그리하여 주자학이 송대 신유학을 집대성하여 학문체계를 정립하였을 때 동아시아 학문 세계는 인간의 도덕적 성취를 위한 새로운 가능성을 열어주었다. 그러나 주자학은 원대元代 이래 관학이 되면서 진리를 추구하고 권력을 비판하는 학문의 참다운 정신을 잃어버리고서 국가권력의 정당성을 입증하는 논리로 전락하였으며, 지식인 세계에서는 권력에 참여하는 출세의 수단으로 변질되면서 도덕적 인격 완성이라는 본래의 학문 정신은 구두선이 되고 말았다.

양명은 바로 속학이 되어버린 성인의 가르침, 성인의 학문을 재건하여서 성인 되기라는 유학의 본래 정신을 회복하고 학문을 통해 인간을 성인이 되게끔 하는 진정한 학문을 구축하려고 하였다. 동서양을 막론하고 철학과 학술 사상의 주요 흐름을 이루어낸 철학자, 사상가들은 기존 학문의 체계가 세계의 존재와 우주의 질서, 인간의 행위를 설명하는 데 한계에 봉착했을 때 새로운 논리를 개발하고 학문의 체계를 정립하여서 학문의 본질을 구제하였다. 인간은 나면서부터 알고자 하는 본성이 있다. 인간은 자기를 둘러싼 세계를 어떻게든 해명하고 설명하려고 한다. 이러한 본성적 욕망은 학문의 토대가 된다. 아무리 완벽하게 보이는 학문체계라도 인지가 발달하면서 기존의 학문체계는 허점을 드러내게 마련이다.

양명은 바로 당대까지 완벽한 학문으로 여겨졌던 주자학이 학문의 근본정신을 잃어버리고 주자학이 관학화하면서 공자와 맹자가 추구했던 바, 그리고 송대 유학자들이 각성했던 바 도덕적 존재로서 인격 완성의 학문 정신은 오히려 주자학으로 인해 왜곡되었다고 판단하였다. 그리하여 주렴계를 비롯한 북송 유학이 정이천程伊川(정이)-주자의 학문으로 주류를 형성하면서 소외된 정명도程明道(정호)-육상산陸象山(육구연)의 학문, 육상산의 학문을 받아들였다고 여겨지는 백사白沙 진헌장陳獻章의 학문을 바탕으로 하여 유학이 본래 추구하던 인간 성취의 목표, 유학의 본연을 회복하려고 하였던 것이다.

양명은 인간의 도덕 근거를 마음의 주체성에서 찾았다. 참마음(道心)의 존재, 참마음의 이해는 중국 인문 문화의 전통 속에서는 거의 합의된 바이다. 그러나 우리는 어떻게 참마음을 알아차리고(또는 참마음을 자각하고), 어떻게 참마음을 현재화할 수 있는가? 도덕을 본질로 하는 참마음을 확인하는 방법은—물론 모든 철학적 진리 탐구의 방법론이 그러하듯이—하나는 독서, 논리적 추론 및 이지적 탐구이고, 다른 하나는 정좌, 내면의 본래적 자아(본성) 응시를 들 수 있다. 이 두 가지 방법론은 거의 모든 도덕철학의 탐구에서 길항을 벌이고 이론투쟁을 하는 과정에서 저마다 자기 방법론을 강화하였다.

송·명 신유학은 인간의 도덕 주체성을 탐구하는 방법에서 인간 본연의 궁극적 존재로서 마음의 본래적 존재 방식을 언어로 표현할 수 없고 오로지 자각하고 직각하는 방법으로서만 알 수 있다는 이론과 언어로 표현할 수 있거나 적어도 언어로 표현할 수 있어야 한다는 이론으로 크게 나뉜다. 물론 양자 모두 정좌와 독서 어느 한쪽만 집착하거나 다른 방법을 일체 배제하는 것은 아니다.

2

양명학은 어떤 학문인가? 양명학은 송대의 학문을 주도한 신유학이 원을 거쳐 명대에 들어와서 그 학문적 정신을 새롭게 회복한 유학의 한 갈래라 할 수 있다. 송-명의 유학을 이학理學과 심학心學이라는 두 갈래의 대립으로 파악하는 설도 있고 심지어 세 갈래로 파악하는 설도 있지만, 성인 되기를 추구하는 것이 유학의 진정한 이념이라고 인정한다면 크게 보아서는 도덕적 주체성의 심화라는 한 갈래의 흐름으로 파악하는 것도 일리가 있다. 우선 신유학 운동의 한 흐름으로서 양명학이 어떤 성향의 학문인지, 주자학(또는 정주 이학)과 견주어서 그 특성을 개략적으로 정리해보기로 하자.

정이천-주자로 이어지는 주자학은 주관을 떠나 순수하게 객관적인 진리가 있다고 인정한다. 여기에 도달하기 위해서는 반드시 격물궁리를 해야 한다. 다만 격물궁리의 방법론은 그 자체 목표가 아니다. 격물궁리의 방법은 외부의 세계는 물론 자아 또한 대상으로 삼고서 끊임없이 이루어지는 지적 탐구의 활동이다. 그런데 이러한 방법으로 존재와 당위를 일관하는 이치를 어떻게 도출해낼 수 있는가! 양명은 '마음이 이치(진리)를 깨닫고 마음이 이치를 구현하는 주체라면 왜 마음과 이치 사이에 격절이 일어나는가' 하면서 마음과 이치 사이의 괴리, 격절에 번민을 느꼈다. 양명학은 흔히 신유학에서도 심학으로 일컬어진다.

심학은 이학과 함께 배움을 통해 성인 되기를 추구한 신유학의 한 갈래이다. 앞에서도 말했듯이 인간이 도덕을 구현하는 방법은 인간과 모든 존재를 포괄하고 초월하여서 보편적으로 존재하는 이치(理)를 따르거나, 아니면 인간의 내면에 선천적으로 주어진, 본능적으로 좋은 것(善)을 지향하는 마음(心)을 그대로 따르는 것이다. 전자의 방법론을 따르는 정이천-주자의 신유학을 이학, 후자의 방법론을 따르는 육상산-왕양명의 신유학을 심학이라고 흔히 말한다. 그런 점에서 우선 왕양명 심학의 주요 원류인 육상산의 학설을 살펴볼 필요가 있다.

육상산의 학설은 심즉리心卽理를 핵심 골자로 한다. 육상산이 심즉리를 내세운 까닭은 도덕적 존재라는 층위에서 인간의 도덕성은 인식의 문제가 아니라 행위의 문제라고 여겼기 때문이다. 행위는 마음의 외적 실현이다. 그런 한에서 도덕적인 행위란 마음의 도덕성이 바깥으로 드러난 것이다. 도덕적 행위는 도덕의 표준, 도덕성이 외부에 있어서 내 마음의 지향이 그것을 향하거나, 또는 행위를 그 표준에 맞춰나감으로써 이루어지는 것이 아니라 내 (도덕적인) 순수한 마음이 사태에 따라 즉각적으로 발현한 것이다. 이와 같은 육상산의 사상은 하늘의 이치와 인간의 마음을 하나로 보는 중국의 전통적 사유 방식을 계승한 것이다.

주자학의 근본 방법론인 격물궁리(또는 격물치지)는 진리를 객관화하고 외화外化하는 것으로 인정하기 때문에 중국의 전통적 사유 방식에서 볼 때는 상당히 낯선 방법이라고 할 수 있다. 중국 사유의 특색은 분석적, 사변적 방식보다는 직관적, 직각적 방법을 더 선호한다고 할 수 있는데, 육상산이 지리

支離하다고 비판한 대로 주자의 격물치지는 매우 사변적이고 분석적이었던 것이다. 양명은 육상산의 사상에서 더 나아가 주자의 격물치지를 버리고 마음의 도덕적 자각 능력을 긍정하여서 심학을 완성하였다. 이학이 이성의 지각 능력을 강조한 데 비해 심학은 마음의 도덕적 자각 능력을 근본으로 삼는다. 양명은 성인의 학문을 심학이라고 규정하여서 옛 성인이 서로 전수한 도리가 곧 마음을 한결같이 지키라는 가르침이며 이 가르침이 공자와 맹자를 거쳐서 주렴계, 정명도 등으로 이어졌다고 한다. 그 이후 육상산이 이 학문의 요지를 전수했는데 육상산의 학문은 간단하고 쉬우며 단순 명쾌하여서 맹자의 학문을 이었다고 하였다.

양명학이 일어나게 된 사상적 배경을 간단히 살펴보면 다음과 같다. 주자가 죽기 직전에 주자의 학문은 거짓 학문(僞學)으로 몰려서 금지되었고 그의 학문을 따르던 사람들도 벼슬에 임용되지 못했다. 그러나 주자가 죽은 지 2년 후인 1202년에 금지령이 해제되어서 주자학이 복권되었다. 한족 송을 대체하고 들어선 몽골족 원이 중국 세계를 지배하면서 1313년에 과거제도도 다시 실시하였는데, 주자의 『사서집주』를 과거시험의 주요 과목으로 채택함에 따라 주자학은 관학이 되었다. 그러나 관학이 된 주자학은 현실과 마주하여 필수로 지녀야 할 긴장과 비판적 시각을 잃어버리고 학문적으로 경색된 모습을 보이게 된다.

한편 명대에 들어와서 학문의 흐름은 크게 이학에서 심학으로 전환된다. 명대 초기에는 원대의 관학적 주자학을 계승, 답습하여서 선대 유학자들의 전통을 고수하고 법도를 중시하고 학문의 실천에 힘썼다. 주자의 학문은 이미 이론적으로 완벽하기 때문에 주자의 이론을 따르기만 하면 된다고 생각했던 명대 초기의 유학자들은 실천 중심적이면서도 교조주의적인 모습을 보이게 된다. 그런 가운데도 진헌장, 담약수湛若水 같은 사람이 나타나서 심학의 길을 열었다. 이들은 모두 본성을 강조한 이전의 주자학자들과 달리 마음의 역할을 강조하였다. 진헌장은 육상산의 학문을 받아들여서 묵좌징심默坐澄心과 체인천리體認天理를 강조하였다. 그는 정좌를 통해 마음이 바깥 사물에 이끌리지 않는 자유를 얻어서 마음과 이치가 하나가 된다고 함으로써 마음과 이치를 나누어 보던 주자학과 다른 생각을 제시하였다. 진헌장의 제자인 담약수도 모든 이치가 마음에 들어옴으로써 깨닫게 되는 것이고, 어떠한 깨달음도 마음을 벗어나 있는 것이 아니라고 하였다.

사회 경제적인 측면에서도 양명학이 일어날 조건이 성숙하였다. 명은 1400년대 중반에 여러 차례 변란을 겪으면서 점차 쇠퇴기로 접어든다. 황실과 환관, 훈척들의 토지 겸병이 가속화하고 지방을 나누어 맡은 번왕藩王들의 반란은 혼란을 더욱 부채질했다. 황실과 기득권층의 타락은 농민들의 세금 부담을 가중시켜서 농민 봉기가 전국적으로 확산하였다. 농민봉기군의 일파가 내건 "다시 혼돈의 하늘을 열자(重開混沌之天)"는 구호는 질서 정연한 하늘의 이치를 내세워서 지배와 통치의 이데올로기로 삼은 주자학에 대한 도전인 셈이었다. 그러나 주자학은 사회적 위기를 해결할 수 없었다. 여러 차례 소수민족과 농민 봉기를 진압했던 양명은 주자학에서 말하는 천리가 현실의 인간 주체와 분리되는 한에서는 (주자학이) 현실을 주도하는 학문으로서 자기 역할을 할 수 없다는 사실을 깨달았다.

한편으로 명대 중기 이후 남쪽 해안을 중심으로 상품경제가 발달하고 자본주의적 생산의 싹이 보이기도 했다. 전문적인 수공업 도시가 생겨나고 임금노동자도 나타나면서 자본주의적 경영 방식도 시도되었다. 상당히 제한된 지역에서 나타나는 일이기는 하지만 부를 축적한 신흥 상공인들이 신체적으로 자유를 누리고 개인의 요구를 주장하고 관철하려고 하였다. 이런 움직임은 예의와 법도를 통해 개인을 억압하던 관학적 주자학의 전통과 모순을 일으키게 되었다. 전통 도덕으로 개인의 의지를 배척해서는 안 된다는 반성과 함께 개인의 특성과 의지를 존중하는 분위기가 형성되어갔다. 양명의 학문은 바로 이런 사상적, 사회 경제적 배경을 바탕으로 나왔다.

앞에서도 언급했듯이 원대에 관학이 된 주자학은 어쩌면 지나치게 엄밀하고 완성된 체계를 갖고 있었기에 명대에 접어들어서는 더 이상 학문으로서 새롭게 발전하지 못하고 있었다. 양명도 처음에는 주자의 격물치지를 받아들여서 실천을 하다가 그 방법의 효용성에 의심을 갖게 된다. 양명의 유명한 격죽格竹 일화는 설령 해프닝에 지나지 않는다 하더라도 그가 분명 외부 사물의 탐구를 통해서는 내면의 도덕성을 확인할 수 없다고 자각했음을 반증한다. 양명은 격물치지의 방법에 문제가 있음을 깨닫고서 주자의 성즉리性卽理 이론을 벗어난다. 곧 주자의 성즉리설에 의하면 이理는 개인의 내적인 이치(본성)인 동시에 외적인 여러 사물의 이치(본성)이기도 하므로 사물을 끝까지 탐구하여서 앎을 이루기(格物致知) 위해서는 단순히 내적 이치만 탐구해서는 안 되고 외적 이치도 함께 탐구해야 한다. 그런데 양명은 실험적인 검증을 통해 격물치지가 실제로 매우 어렵다는 사실을 확인하고서 마침내 간단하고 쉬우며 직관적인 방법을 받아들인다. 그래서 양명은 도를 간직한 마음이 본래 마음의 모습이며 그 본체는 하늘의 이치(天理)이고 천리는 어디에서나 동일한 것이므로 외적으로 사물의 이치를 탐구할 필요 없이 바로 본래 마음을 밝혀내면 된다고 하였다.

마음이 곧 천리라고 할 수 있는 까닭은 마음이 선천적으로 양지良知를 가지고 있기 때문이다. 양지란 『맹자』에서 제시된 개념으로서 도덕을 직관적으로 인식하는 선천적인 지각 능력이다. 맹자는 '배우지 않고도 저절로 도덕을 알고 실천할 수 있는 능력을 양지, 양능良能'이라고 하였다. 이 양지와 양능은 마음에 선천적으로 주어진 것이다. 그러니 양지를 강조하는 양명의 학문은 가까이로는 육상산의 심즉리를 받아들이고 멀리로는 맹자의 사상을 계승한 것이라 할 수 있다.

양명이 주자의 격물설을 비판하는 요지는 다음과 같다. ① 세상의 모든 사물을 다 격물할 수는 없으며, 나무 한 그루, 풀 한 포기에도 이치가 있다고 하는데 도대체 어떻게 이 많은 사물의 이치를 다 궁구할 수 있겠는가? 그리고 이를 깨달았다 하더라도 이 물리적 지식으로 어떻게 자기의 뜻을 성실하게(誠意) 할 수 있겠는가? ②주자의 해석에 따른다면 마음과 이치, 마음과 사물은 저마다 개별적으로 존재하거나 작용하며 서로 관계가 없는 것이 되어버린다. 그러나 이치는 내 마음 안에 있는 것이다. ③주자의 격물설은 외부의 이치에 대한 지식으로써 내부의 본성을 보충하는 것이 되는데 외부의 이치를 더해야 제 구실을 할 수 있다면 이런 본성은 도덕적 주체가 될 수 없다.

주자의 격물에 대한 이런 비판이 타당한가는 별도로 하더라도 양명의 학문적 관심은 인격의 완성, 도덕의 완성을 인간 내면의 자각적 능력에서 찾았다는 데 의미가 있다. 양명은 격물을 새롭게 해석한다. 격물치지는 외부의 대상사물을 탐구하여서 이치를 깨닫는 것이 아니라 곧 심즉리를 깨닫는 것이라 한다. 주자는 격을 '이른다(至)'고 해석했는데 양명은 '바로잡는다(正)'로 해석했다. '이른다'는 말은 문자의 원초적 의미에서 공간의 이동을 내함하고 있다. 사물의 이치에 '이른다'고 하면 객관적 사물이 존재하고 나의 인식주관이 그 사물(의 이치)에 접촉하는 것을 말한다. 그러나 '바로잡는다'는 말은 나의 인식주관이 사태, 사물에 대해 원래 순수하고 올바른 마음을 회복하는 것이다. 그리하여 양명은 물物을 맞닥뜨린 사태(事)이며 뜻(意)이 지향한 곳이라 하였다. 우리가 무엇인가를 의식할 때 뜻은 그 무엇을 향하여서 그 무엇 안에 있다. 그러므로 격물이란 뜻이 지향한 사태, 사물에 대해 올바른 마음을 바로잡는 것이다. 양명은 뜻이 존재하는 곳에서 바르지 못한 것을 제거하고 본래의 바른 것을 완전하게 하면 언제 어느 곳에나 천리가 존재한다고 하였다.

양명은 『전습록』에서 "마음이 곧 이치이니 세상에는 마음 바깥에 일이 없으며, 마음 바깥에 이치가 있을 수 없다."고 하였다. 또 "사물의 이치는 마음 바깥에 있는 것이 아니므로 마음 바깥에서 사물의 이치를 구하려고 한다면 사물의 이치란 없다."고 하였다. 이런 말은 주자학에서 말하는 객관적 이치를 인간 주체와 하나로 융합하는 것이다.

이런 양명의 사상을 잘 말해주는 예가 있다. 양명이 친구와 유람할 때 한 친구가 바위 위의 꽃나무를 가리키면서 물었다. "천하에 마음 바깥에 사물이 없다면, 예를 들어 이 꽃나무는 깊은산속에서 저절로 피고 지니 내 마음과 무슨 상관이 있습니까?" 그러자 양명은 이렇게 대답했다. "네가 이 꽃을 보지 못했을 때 이 꽃과 네 마음은 함께 적막한 데로 돌아간다. 네가 이 꽃을 보았을 때 이 꽃의 색깔이 일시에 명백해지니 바로 이 꽃이 네 마음 바깥에 있지 않음을 알 수 있다."

여기서 양명이 꽃의 소재가 마음 바깥에 있지 않다고 한 것은 꽃의 물리적 존재와 존재 방식을 말하는 것이 아니다. 물론 대상세계는 상식적이거나 소박한 실재론의 관점에서 볼 때에는 당연히 나의 의식(마음)과 아무런 관련이 없이 존재한다. 그러나 우리가 어떤 대상세계의 사물을 마주할 때 그 대상사물은 나의 의식과 완전히 독립한 채 전혀 별개의 것으로 존재할 수 없다. 내가 대상세계를 감각하거나 의식하는 순간 그 대상세계의 모든 사물은 내 의식과 모종의 관계를 맺음으로써 나와 직접적 관계로서 존재한다.[1] 내가

---

1 김춘수의 시 「꽃」에서도 그 형이상학적 관점이 어떠하든 간에 우리는 주관과 객관 사이의 관계 맺는 방식에 관한 심즉리의 구조를 엿볼 수 있다.

내가 그의 이름을 불러주기 전에는

절벽의 꽃을 보는 순간 그 꽃을 의식하고서 반드시 즉각적으로 좋아하거나 싫어하거나, 꽃에 관한 과거의 기억을 떠올리거나 꽃을 매개로 하여 어떤 자유 변양의 연상작용을 일으키거나 하는 것이다. 이런 경우에라야 그 꽃은 나에게 꽃으로서 존재하는 것이다. 그리하여 꽃은 내 마음속에 있는 것이다.[2]

치지致知는 앎, 곧 지식을 새롭게 닦는 것이 아니라 치량지致良知, 곧 선천적으로 누구나 갖추고 있는 양지를 실현하는 것이다. 양명에게 앎이란 외적 사물에 대한 지식을 얻는 것이 아니라 양지를 이루어내는 것을 가리킨다. 양지는 맹자가 말한 "배우지 않아도 알 수 있고, 힘쓰지 않아도 할 수 있다."라고 한 양지와 양능이다. 양지와 양능은 인간만이 가지고 있는 인식과 실천의

그는 다만
하나의 몸짓에 지나지 않았다

내가 그의 이름을 불러주었을 때
그는 나에게로 와서
꽃이 되었다

내가 그의 이름을 불러준 것처럼
나의 이 빛깔과 향기에 알맞는
누가 나의 이름을 불러다오
그에게로 가서 나도
그의 꽃이 되고 싶다

우리들은 모두
무엇이 되고 싶다
너는 나에게 나는 너에게
잊혀지지 않는 하나의 눈짓이 되고 싶다

2 『대학』에도 다음과 같은 교설이 있다. "마음이 거기에 있지 않으면 보아도 보이지 않고, 들어도 들리지 않고, 먹어도 그 맛을 모른다(心不在焉, 視而不見, 聽而不聞, 食而不知其味也)."

역량이 아니라 만물이 나의 대자對自로서 존재하는 근거이기도 하다. 따라서 내 마음과 내 마음 바깥에 있는 (것처럼 보이는) 만물 사이에는 조금의 틈도 없다. 그런 점에서 만물이 모두 내 마음 속에 들어 있다. 이것이 곧 만물일체이다. 이와 같은 마음의 본체인 천리를 언제 어디서나 어떤 상황에서나 실현하는 것이 곧 치지이다. 마음속에 들어 있는 천리가 부모에게 펼쳐지면 효가 되고 임금에게 펼쳐지면 충이 된다. 이런 마음은 모든 사람에게 공통적인 보편성을 가지면서 동시에 구체적으로 각 개인의 마음속에 들어 있다. 이런 생각은 마음을 인심과 도심으로 나누고서 도심을 간직하고 인심을 극복하려고 한 주자학과 달리 마음을 인심과 도심으로 나누지 않고 마음의 본체 하나로서 간주한다. 이로써 인간을 과거의 경전이나 전통의 속박에서 해방하고 성현의 권위에서 해방하여서 인간 주체를 신뢰하는 방향으로 나아간다.

양명의 치량지는 결국 인식론이 아니라 도덕 실천의 방법론으로서 의미를 가지고 있다. 곧 우리의 양지는 '저절로' 좋은(선한) 것을 좋아하고 나쁜(악한) 것을 싫어할 줄 알기 때문에 우리 뜻이 가 있는 곳인 일(事)에서 양지를 그대로 이루어내는 것이 치량지이며, 이런 것을 양명은 격물치지라고 한다. 이 논리의 연장에서 양명은 지행합일을 주장한다. 양지는 지知이고 양지를 그대로 이루어내는 것(致良知)은 행行이다. 그런 점에서 지행합일이란 우리가 흔히 지행합일이라는 말을 쓰는 방식대로 서로 별개로 있는 앎과 행위를 (의지와 노력에 의해) 하나로 합하는 것이 아니라 앎이 곧 행함이며 행함이 곧 앎인 것이다. 앎과 행함은 원래부터 하나로 합해 있는 것이다.

양명은 천리를 인륜 도덕의 본원으로 생각하기에 사물의 객관적 이치를 천리로 여기지는 않는다. 따라서 물物은 인간사를 가리키는 것이 된다. 그러니 격물이란 인간사의 모든 사태에 따라 마음의 본래 자리를 회복한다는 의미이다. 좀 더 부연하자면 양명은 객관적 사태에 대한 인식의 단계를 생략하고 곧바로 인간의 뜻이 지향한 곳인 구체적 사태에서 양지를 적용하여 일을 처리하는 행위만 강조한다. 양명은 '앎이란 행함의 시작이며 행함이란 앎의 완성'이라 하여서 앎이 행함을 통해 드러나야 진정한 앎이며 행함 속에서 앎이 이루어져야 한다고 했다. 그런데 이 말은 앎과 행함이 시차를 두고 일어난다는 뜻이 아니다. 부모를 마주했을 때 효도의 마음이, 나라를 생각할 때 충성의 마음이 일어나는 것이 곧 행함인 것이다. 왜냐하면 뜻이 지향한다는 것은 곧 뜻이 행해진다는 것과 같기 때문이다. 부모를 보면 효도하려는 뜻이 일어나는데 효도하려는 뜻이 일어난다는 것이 곧 앎이 행함으로써 드러난 것이다. 따라서 행위와 인식은 결코 둘로 구별되는 것이 아니다. 치량지란 결국 인간의 본래적인 도덕적 자각이 그대로 이루어진 상태이다. 양명은 양지를 체득하는 것은 말로 설명할 수 없고 스스로 체인하는 것이라고 함으로써 뒷날 방법상의 문제를 놓고 학파가 갈라지게 된다. 다만 체인하는 과정은 구체적 사례에서 이루어진다고 함으로써 현실에서 구체적 일을 통해 실천하라는 사상마련事上磨鍊을 강조한다.

3

『양명평전』이 기존의 연구서나 전기와 달리 특별히 언급할 만한 점은 양명이 심학을 깨닫는 지적 각성의 과정과 여러 갈래의 원류를 꼼꼼히 추적하여서 밝혀냈다는 점이다. 양명의 제자 황관은 양명의 사상을 치량지, 친민, 지행합일로 요약한다. 황관黃綰은 양명과 아주 가깝게 지내면서 강학에 참여하였으며 양명의 학문 형성에 중요한 역할을 했고 핵심 제자군에 속하기 때문에 양명의 학설과 사상을 아주 잘 이해하고 있었으니 양명의 사상을 잘 요약했다고 할 수 있다. 그런데 이 세 핵심 사상은 양명 스스로도 누차 성문聖門의 정법안장正法眼藏이라고 밝혔듯이 치량지를 고갱이로 삼는다.

양명 심학은 흔히 육상산의 학설을 토대로 발전한 것이라고 설명하지만, 단순히 가끔 육왕학陸王學이라고 일컫듯이 육상산-왕양명의 계통으로 단정할 일은 아니다. 사실 양명의 학문은 맹자 이후 중국 유학의 도도한 심학 전통을 계승하고 여러 갈래의 심학적 성취를 종합하였다. 우선 유학에서는 공자, 맹자의 도덕적 본성에 관한 이론과 함께 주렴계-정명도-양시楊時-나종언羅從彦-이통李侗-진백사의 심학 전통과 육상산의 심즉리, 그리고 소옹의 역학 심법에서도 깊은 영향을 받았다. 또한 어렸을 때부터 도교 수련에 관심을 기울여서 정좌와 도교 수련을 익혔고, 도교 인사들과 교류하였으며, 『성명규지性命圭旨』에서 역시 마음의 순수함에 관한 설을 받아들였다. 그뿐만 아니라 신유학자들 누구에게나 익숙했던 참선과 선불교의 종지에서도 많은 힌트를 얻었다.

양명이 선불교에 친근감을 느꼈다는 점은 그의 호교론적 태도에서도 찾아볼 수 있다. 주자학은 벽이단론闢異端論을 중요한 이데올로기로 삼아 정통과 이단을 엄격하게 가른다. 사실 주희 스스로도 초년에는 선에 심취했었지만 유학으로 돌아온 뒤에는 철저하게 선의 요소를 배격하였다. 그의 논적 육상산의 심즉리 방법론에 대해서도 선의 요소가 있다는 논지로 비판을 한다. 심지어 그의 사상 심층에는 선불교에서 차용한 논리와 방법론, 세계관이 어느 정도 작용하고 있었음에도 말이다. 물론 주자가 철저하게 벽이단, 정통주의를 표방한 데는 국토의 절반을 야만의 이민족에게 넘겨주고 강남으로 망명하여서 겨우 명맥을 유지하는 남송 왕조와 한족의 현실을 반영한 바, 화이華夷를 엄격하게 구분하는 그의 역사의식과 이理를 중심으로 한 형이상학적 세계관이 중심 역할을 하였다. 그러나 양명은 유불도 삼교동근동원을 공공연히 표방할 정도로 벽이단의 관념이 철저하지 않았고, 오로지 진리 탐구에 도움이 된다면 어떤 사상과 방법론이든 그리 개의치 않았던 것으로 보인다. 인민의 실제 삶을 향상하고 사회공동체의 도덕을 신장하는 데 힘쓰되 귀신의 영역에 관해서는 인민의 신앙 습속이나 문화 전통으로서 존중은 하되 일정한 거리를 두라는(敬而遠之) 공자의 가르침대로 선불교의 장점을 인정하고 배울 것은 배우되 굳이 선불교에 몸담을 필요는 없다는, 열려 있으면서도 명료한 자기 관점을 견지한다. 양명도 성인 되기를 추구하는 과정에 선과 유학 사이에서 심각한 마음의 갈등을 겪었다. 그러다 굳이 자연적이고 선천적인 정감인 염친念親의 의식은 본성의 씨앗(種性)처럼 타고난 것인데 염친과 종성의 자발성을 인위적인 방법으로 부정하고 억지로 단절함으로써 마음의 본연을 찾으려 하는 것은 성인이 되는 올바른 방법이 아니라는 깨달음을 얻었다. 이러한 염친과 종성으로 참선하는 승려를 자각하게 하여서 굳이 출가를 하지 않고서도, 본래의 순수한 의식을 부정하지 않고서도 궁극의 깨달음을 얻을 수 있음을 설득한 예화는 양명이 심학을 깨달아가는 과정이나 그의 심학이 지향하는 구경究竟의 세계에 관해 매우 시사하는 바가 크다.

도교 수련과 연단도 양명의 심학 형성에 심대한 영향을 끼쳤다. 양명은 어린 시절에 북경 장안가에서 도사류의 인물과 인상적인 만남을 가졌고, 결혼 첫날에도 잠적하여서 철주궁 도사와 밤새 도교 연단을 토론하였다는 유명한 일화가 있다. 양명은 생애의 여러 고비에서 겪은 위기를 도교의 양생 수련을 통해 극복하였고 윤 진인尹眞人, 채봉두蔡蓬頭 등 도사나 진인들과 만나서 진공련형의 구체적인 도교 양생 수련을 심화하였다. 『성명규지』에는 양명진인陽明眞人이 진공련형의 수련에서 득도한 경지를 표현한 수련의 방법이나 경지가 수록되어 있는데, 이 책 『양명평전』에서는 이 양명진인을 왕양명으로 비정하고 있다. 사실 양명의 「구결口訣」 시와 『성명규지』의 득도시는 표현에 약간의 다른 점은 있어도 같은 작품으로 여겨진다. 아무튼 양명은 진공련형의 도교 수련을 통해 획득한 수정궁水晶宮이라는 이미지로써 득도하여 순수해진 마음의 경지와 본래 모습, 마음 본체에 관한 심학적 상相을 그려낼 수 있었다.

양명이 심학을 형성하는 과정에서 유학의 유산으로 특별히 주목할 만한 요소는 소강절邵康節(소옹)의 역학易學이다. 양명은 공자, 맹자 이후 주렴계로부터 정명도, 양시와 이통 및 육상산을 거쳐서 진백사로 이어지는 심학의 정맥을 이어서 유학의 심학을 완성했다고 일컬어지지만, 이러한 완성 과정에서 지금까지 그 영향력이 과소평가되었거나 잊힌 한 갈래가 바로 소옹의 역학이라는 점에 주목할 필요가 있다. 양명은 이통과 진백사의 묵좌징심과 체인천리에서 많은 힌트를 얻고서 심학으로 회심하는 계기를 마련했지만 사색의 깊이를 더해가는 과정에서 결국 체인천리는 주자의 외적 격물궁리에서 크게 벗어나지 않는다는 사실을 깨달은 뒤 내면에 바탕을 두는 묵좌징심을 받아들여서 심학의 심법을 형성한다. 묵좌징심을 종지로 삼았다 하더라도 체인천리를 포기하지 않는 이상 백사는 여전히 진리의 외적 요소를 긍정하고 관조와 진리를 이원화한다는 혐의를 벗어날 수 없다.

또 한편으로 양명이 심학을 형성하는 과정에서 결코 빠뜨려서는 안 되는 요소가 그의 실존적 삶의 체험이다. 양명은 귀주 용장역에 역승으로 좌천되어서 이민족 사이에 섞여 살면서 삶의 질곡을 생생하게 맛본 뒤 정신적으로 달관의 경지를 얻기 위해 고향의 양명동을 연상시키는 작은 동천을 마련하여서 정좌를 하고 마음을 수련하였다. 그러다 홀연 망아忘我의 경지에 도달하여서 자기 몸뚱이를 완전히 망각한다. 양명은 스스로 이 체험을 불교에서 말하는 견성見性과 같은 것이라 한다. 이런 체험은 양명의 심즉리가 어떤 성질의 것인지 파악하는 데 하나의 실마리가 된다. 이런 마음의 순수함, 본연의 마음, 마음의 본체를 체험한 일이, 스스로도 밝히기를 몸뚱이가 수정궁과 같았다고 했듯이 일종의 선이나 도교적 체험에 가깝다고 한다면, 양명은 소강절 선천역학의 심법을 통해 관물觀物의 경지를 터득하여서 심학의 돈오頓悟를 이루었던 것이다.

소강절의 관물은 주자학의 격물格物과 확실히 다르다. 관물은 마음으로 마음을, 몸으로 몸을, 사물로 사물을 보는 방법으로서 대상과 나 사이의 인식론적, 존재론적 거리를 소거消去하고 분별을 넘어서 마음과 이치가 하나가 되는 경지이다. 그러나 격물은 사물 하나를 인식의 대상으로 삼아서 사색하고 논리적으로 분석하여서 그 안에 내재한 이치를 발견하여 보편적 이치를 확인하는 학문 방법론으로서 지각과 인식의 특성을 상당히 지니고 있다. 물론 주자는 격물보전格物補傳에서 천하의 사물을 격물하여 궁극적 이치를 파악해나가되 이런 공부를 오래 쌓으면 하루아침에 활연관통하여서 모든 개별적 사물의 이치와 보편적 이치가 하나로 일관하는 궁극의 경지를 체인할 수 있다고 하였다. 그러나 격물은 어디까지나 나와 사물이 격절되어 있음을 면할 수 없다. 이에 반해 관물은 대상과 나의 간극이 없이 대상과 내가 하나가 되는 경지이다. 양명은 바로 이러한 소강절 선천역학의 심법에서 많은 계발을 받아 심학 본체의 공부론을 정립하였던 것이다. 결국 주자가 오랜 격물치지를 통해, 양적 축적을 통해 질적 비약을 이루어서 체득하는 경지, 곧 결과로 여겨지는 것이 양명에게서는 출발점이면서 동시에 귀결점이 된다고 하겠다.

양명 철학의 핵심은 스스로도 여러 차례 밝혔듯이 역시 치량지致良知이다. 치량지를 제대로 이해하면 양명의 심학을 다 이해했다고 해도 지나친 말이 아니다. 치량지는 『대학』의 치지致知와 『맹자』의 양지良知를 결합하여서 형성한 양명학의 핵심 개념인데, 앎의 본질을 양지라는 선천적인 도덕 인지 능력으로 규정하고 이 양지를 이루는 것을 말한다. 그러므로 치량지라는 말을 글자 그대로 옮기자면 선천적인 도덕적 인지능력을 곧바로 상황에 따라 드러낸다는 뜻으로서 도덕적 앎을 그대로 이루어내는 것을 말한다. 이는 진백사의 처한 상황에 따라 천리를 체인하는 것과는 다르다. 진백사의 천리체인의 논리는 처한 상황에서 그 상황에 들어 있는 천리를 나의 인식 능력을 발휘하여서 체인하는 것으로서 곧 외재적인 이치를 내가 체인해나가는 것이다. 그러나 치량지는 나에게 선천적으로 있는 양지를 상황에 따라 발휘하는 것이다. 양지는 내 안에 들어 있으며 나는 상황에 따라 나의 양지로써 옳고 그름, 좋고 나쁨을 직각적으로 판단한다.

양지는 내 마음속에서 늘 생생하게 활발발하게 작용하면서 상황에 즉각 반응하여 올바른 앎을 이루어낸다. 그런데 현실에서 인간은 늘 욕망의 격동에 휘둘려서 악을 지향한다. 본체의 마음과 욕망에 휘둘리는 인심은 같은 마음으로 여겨지지만 실은 인심은 본래의 마음이 아니다. 현실의 인간은 마음의 본체와 인심을 혼동하여서 개인의 욕망에서 분출하는 인심을 본체의 마음으로 착각한다. 양명 역시 심 본체와 인심의 괴리를 인정하고 있다. 그리하여 양명은 양지를 지닌 마음만을 참마음으로 인정한다. 치량지는 바로 참마음을 회복하고 참마음으로 상황에 대응하는 것으로서 양지를 그대로 이루어내는 것이다. 이런 점에서 양명은 대상세계마저도 마음의 영역으로 이끌어들인다. 대상세계는 객관적 물리의 세계가 아니라 양지가 작용하는, 양지를 경험하는 현실이다.

양명학이 주자학과 갈라지는 또 한 지점은 역시 『대학』의 삼강령 가운데 중간의 관절에 해당하는 강령인 친민親民이다. 정자–주자의 이학에서는 원본인 『예기』 「대학」 편의 친민을 신민新民으로 해석하여서 명덕明德을 자각하여 밝힌 선각자가 인민을 각성시켜서 함께 착한 공동체로 나아가는 구조로써 『대학』의 이념을 이해하였다. 그러나 양명은 원본 그대로 친민으로 해석하는

데, 친민은 인민을 동등하게 대한다는 의미이다. 당연히 양명이 오늘날과 같은 인권과 평등 의식을 가졌다고 할 수는 없지만 적어도 인민을 계몽의 대상으로, 가르쳐야 할 대상으로 보지는 않았다는 것이다. 모든 사람은 누구나 양지를 지니고 태어났다는 점에서 본질적으로는 동등하며 누구나 양지를 충실히 발휘하면 성인이 될 수 있다. 그런 점에서 친민이란 모든 사람을 후천적으로 획득한 신분이나 물질이나 자질에 관계없이 양지를 지닌, 성인이 될 수 있는 주체로 인정한다는 뜻이다.

주자의 이학은 객관적 이치를 추구하는 학문이고 양명의 심학은 매우 주관적이고 관념적인 것이라고 섣불리 오인할 수 있지만, 양명의 심학은 실은 매우 생생한 삶의 체험에서 나왔다. 주자는 강단과 정사精舍에서 깊이 사색하고 고전 텍스트를 꼼꼼히 주해하고, 제자나 학자들과 강학을 하면서 논리적이고 사변적이고 체계적으로 학문을 정립하였으나, 양명은 일찍부터 관료로 출사하여서 부조리하고 모순된 관료세계에서 부침을 겪고 이상과 현실의 극심한 괴리를 몸소 겪고, 화살이 빗발치듯 날고 포탄이 산천을 터뜨리는 전쟁의 소용돌이에서 생사의 고비를 넘나들고, 권력의 냉혹하고 부도덕함을 피터지게 체험하는 과정에서 심학을 체오體悟하였던 것이다.

주자는 객가客家 출신으로서 남의 집 더부살이를 하는 신세의 하급관료 신분으로 보잘것없는 관직과 우호적인 벗들 사이를 전전하는 부친의 신산한 삶을 따라서 겪고, 부친의 이른 별세로 홀로 남은 모친을 부양해야 했으며, 부친의 친구로부터 후견을 받고 성장하면서 가문을 일으켜야 한다는 부친의 처절한 희망을 십자가로 지고서 남송의 망명 정권 아래 강렬한 한족의 역사 의식을 바탕으로 학문을 일구어갔다. 양명은 절강 여요의 명문에서 태어났고 재상에 오른 부친의 후광으로 일찍부터 행정 관료로 출사한 권력의 세계에서 부침하면서 삶의 고비를 여러 차례 겪었으며, 심지어 기사회생을 한 경험, 야만의 이민족 사이에서 생활하면서 인간의 생물학적 보편성에 대한 자각, 유학자 지식인으로서는 아주 특이하게도 수차례 군사상의 행동을 주도했던 이력을 밟았다. 특히 그는 여러 차례 농민 봉기와 이민족의 반란과 국가적 내란을 진압하는 전쟁에 임하여 총사령관으로서 진두지휘하여 국가를 안정시켰다. 이런 독특한 삶의 이력이 그의 심학을 형성하는 데 결정적인 역할을 하였다. 주자도 만년의 이력에서는 역사 현실의 시련을 여러 차례 겪기도 하였지만, 양명은 주자가 겪은 학문적, 사상적 금고의 수준을 넘어서 실제로 부패한 권력의 물리적 폭력을 몸소 겪고 생사의 고비를 여러 차례 넘었기에 모든 인간은 보편적으로 '성인'의 바탕을 갖추고 있다는 그의 깨달음은 관념적으로 공허한 울림이 아니라 실존적 체험의 웅변이었고, 그는 성인 되기라는 신유학의 학문 이념을 몸으로 승화하였던 것이다.

양명은 학자이면서 장수였고, 행정가이면서 사상가였다. 중국에서는 주도적 이데올로기에 따라 그에 대한 평가가 극과 극을 달리기도 하였지만, 그럼에도 불구하고 중국 역사의 제일인자라는 평은 전혀 손색이 없다고 여겨진다. 사실 어느 한 측면에서 역사에 뚜렷한 업적을 남긴 사람은 많지만 학문과 이론의 분야에서도, 행정과 국가 수호의 측면에서도 남이 쉽게 따를 수 없는 탁월한 공훈을 남기고 평생 이론과 실천을 완전하게 조화시킨 사례는 드물다. 양명의 전기를 읽어보면 한 시대의 자식으로 태어나서 자기에게 주어진 삶을 한 점 아쉬움도 없이 살아간 삶의 전형을 보는 듯하다. "하늘이 장차 이 사람에게 큰 임무를 내리려고 할 때에는 반드시 먼저 그의 마음과 의지를 괴롭게 하고 그의 힘줄과 뼈를 수고롭게 하고 그의 몸과 살갗을 주리게 하고 그의 몸을 궁핍하게 하여서 그가 무슨 일을 하건 어지럽히는데, 이것은 마음을 격동시키고 성질을 인내하게 하여서 그가 하지 못했던 일을 할 수 있는 능력을 증익하게 하려는 것이다."라고 한 맹자의 말에 가장 걸맞은 삶을 양명은 일생 살아냈다.

4

양명의 심즉리와 치량지를 연상하게 하는 몇몇 이야기. 초등학교 6학년 때쯤인가, 『새소년』 잡지 부록으로 고 길창덕 화백의 『선달이 여행기』라는 만화가 연재되었다. 선달이라는 어린이가 서울에서 출발하여 전국을 돌아다니면서 방방곡곡의 역사와 문화를 답사하는, 일종의 소년 소녀 학습만화인 셈이다. 지금도 생생하게 기억나는 부분은 선달이가 서울에서 가장 가까운 남한산성에 찾아가서 남한산성과 병자호란에 관해 알아보는 내용이다. 인조의 조정은 후금의 군사에 포위되어서 오랫동안 농성전을 전개하다가 힘에 부쳐서 결국은 화친을 청하기로 결정한다. 그리하여 최명길이 청에 화친을 청하는 국서를 써서 교정을 보고 있었다. 이 국서를 읽어본 김상헌이 부들부들 떨면서 격분하여 화친을 청하는 국서를 갈가리 찢어버린다. 이때 최명길이 조용히 찢어진 종이를 모아 붙이면서 이렇게 말한다. "국서를 찢어버리는 사람도 없어서는 안 되고, 국서를 붙이는 사람도 없어서는 안 되는 법이외다."

어린 시절이라 이 말의 역사적 의미나 수사적 미학, 사상적 맥락을 이해할 수는 없었지만 최명길의 말과 행위가 강렬한 인상을 남겼다. 내 어린 시절의 생활세계는 정통 도학의 주자학적 사유가 지배하던 관성이 남아 있던 문화의 공간이었으니 당연히 의리를 숭상하고 보편적 가치를 목숨보다 높이는 김상헌의 의기와 기개가 당당하다는 느낌을 저절로 체감하였음에도 최명길의 행위에 무언가 깊은 의미가 있다고 생각했던 것이다. 나중에 대학에 들어와서 철학을 공부하면서 최명길이 조선시대 대표적인 양명학자였다는 사실을 알게 되었다.

고대 이스라엘 왕 다윗은 히타이트 출신의 충직한 장수 우리아의 아내 밧세바를 빼앗았다. 그러고는 전령을 보내서 우리아를 최전선에 내보내 적의 손에 죽게 만들었다. 그 뒤 선지자 나탄이 다윗에게 찾아와서 이런 이야기를 비유로 들려주었다. 어느 성읍에 한 부자와 가난한 사람이 살았다. 부자에게는 양과 소가 매우 많았고 가난한 사람에게는 오직 그가 사서 기르는 새끼 암양 한 마리만 있었다. 가난한 사람은 이 새끼 양을 애지중지 딸처럼 길렀다. 어느 날 나그네가 부잣집에 찾아왔다. 부자는 수많은 자기 양과 소는 그대로 둔 채 가난한 사람의 한 마리밖에 없는 새끼 양을 빼앗아 잡아서 손님을 대접하였다. 이 이야기를 들은 다윗은 격노하여서 하느님께 맹세코 이런 짓을 저지른 자는 처형해야 하며 빼앗은 새끼 양을 대신하여 네 배로 갚아주어야 한다는 판결을 내려야 한다고 하였다. 그러자 선지자 나탄이 다윗을 지적하면서 말하였다. "왕이 바로 그 사람입니다." 이에 다윗은 자기 죄를 처절하게 뉘우치고 "…… 오! 하느님. 내 속에 순수한 양심을 지어내시고 내 속에 견고한 영혼을 새롭게 하소서!……"[3] 하는 통회의 시를 지었다. 다윗은 욕망이라는 가끔씩 찾아오는 손님을 접대하려고 비열하고 패덕한 죄를 지었다. 그러나 선지자 나탄이 죄를 지적하자 양심의 가책을 느끼고 곧바로 죄를 인정하고 아프게 뉘우쳤던 것이다.

소크라테스는 아테네 법정에서 반국가적 행위를 일삼았다는 죄목으로 기소되어서 자기변호를 하였다. 그 과정에서 자기는 일생 동안 양심에 거리낀 행위를 한 적이 없었으며 그럼에도 행여 양심에 반하는, 아니면 자기로서는 양심에 거리낀다는 판단을 내리기 애매한 행위를 하려고 할 때 내면에서 경

3 『구약성서』 「시편」 51편 10절.

고하는 다이모니온(daimonion, 영적인 신호, 영의 목소리)의 소리를 여러 차례 들었다고 한다.

칸트는 자기의 도덕철학을 다음과 같은 내용으로 마무리하였다. "내가 자주 그리고 오래 생각할수록 늘 더욱 새롭고 더욱 강렬하게 내 마음을 경탄과 경외감으로 채우는 두 가지가 있다. 내 머리 위의 별이 빛나는 하늘과 내 마음속의 도덕률이다. 나는 이 두 가지를 암흑에 휩싸인 것으로나 혹은 내 시야를 벗어난 지나친 열광 속에 있는 것으로 여겨서 찾지도 추측하지도 않는다. 나는 그것들을 내 앞에서 보고 내 존재의 의식과 직접 결합한다. …… 후자(도덕률)는 눈에 보이지 않는 자아, 곧 나의 인격성으로부터 출발하여 나를 한 세계에 나타내 보이는데 이 세계는 참으로 무한하여 단지 오성만이 알아볼 수 있다. 그리고 이 세계(볼 수 있는 저 모든 세계를 통하여, 그리고 그와 함께)와 나는 전혀 우연적으로 결합한 것이 아니라 보편적이고 필연적으로 결합한 것임을 안다."[4]

지금 돌이켜보면 나도 어린 시절 다이모니온의 경고나 도덕률의 조명은 고사하고 양지의 발현을 억누르고 인욕을 따랐던 부끄러운 과거사가 주마등처럼 떠오른다. 이 일을 선택하면 먼 훗날 그때를 돌이켜볼 때 반드시 부끄러워할 것이라고, 죄책감을 느낄 것이라고, 분명히 알았으면서도 명예와 이익의 욕망에 굴복하여서 선택을 했던 몇 가지 일들. 양심은 그 일을 하지 말라고, 그렇게 하지 말라고 일러주었으나 인욕을 발본색원하지 못하고 인욕으로 양심을 가리고, 양심을 억누르고 나의 실존적 선택을 운운하며 합리화하여서 부끄러운 선택을 하였다. 그때의 선택은 지금도 나를 부끄럽게 한다. 우

4 임마누엘 칸트 지음, 최재희 옮김, 『실천이성비판』, 박영사, 1981, 177쪽을 바탕으로 다듬었다.

리는 누구나 이런 경험을 가지고 있고 또 이런 일들로 지금도 가끔씩 죄책감이나 부끄러움을 느낄 것이다. 어느 누가 '이 마음 환하게 밝다!' 하고 당당히 말할 수 있으랴! 그럼에도 우리는 누구나 성인이다. 성인으로서 양지를 지니고 있고 양지를 발휘하기만 하면, 양지를 그대로 이루기만 하면, 바로 그 자리에서 성인이 되는 것이다.

5

이 책의 저자 수징난束景南 교수는 강소성江蘇省 단양丹陽 사람이다. 1968년 난징대학南京大學 역사학과를 졸업하고, 양저우揚州 사범대학에서 강의를 하였다. 1978년에 푸단대학復旦大學 중문과에 들어가서 중국 고대문학을 연구하였다. 이 시기에는 문학 창작에도 관심을 기울여서 많은 문학작품을 발표하였다. 1981년 석사학위를 취득한 뒤 쑤저우대학蘇州大學 중문과에서 강의를 하였다. 1992년에 교수로 승진하여 고대문학연구소 주임, 중화문화연구소 소장을 역임하였다. 1995년부터 저장대학浙江大學으로 옮겨서 저장대학 고적연구소, 중외문화교류센터, 송학연구센터에서 교수, 박사지도교수를 역임하였다.

학문 연구의 범위가 매우 넓어서 대학원 연구 시절부터 문학, 역사, 철학의 여러 분야에 걸쳐서 연구를 하였다. 장자, 맹자, 양웅揚雄, 양천楊泉, 사마상여司馬相如 등을 주제로 한 수많은 논문을 발표하였고, 1982년 이후 송명의 이학, 경학, 역학易學, 불교와 도교 문화 연구로 전향하여서 주렴계의 태극도, 노자 및 태극도와 보어(N. H. D. Bohr)의 역학力學, 석도石濤의 회화미학, 방언학 등에 관한 100여 편의 논문을 발표하였다. 또한 주자와 왕양명을 중심 연구 주제로 삼아서 일문집, 연보, 전기가 삼위일체를 이룬 전인미답의 방대한 저작물을 남겼다.

수징난 교수가 이처럼 광범위한 주제를 다루고 깊이 천착하여서 놀라운 연구 성과를 남긴 데에는 그의 학문 방법에 미친 절동사학浙東史學의 영향을 짐작해볼 수 있겠다. 절동은 절강浙江, 곧 전당강錢塘江 동쪽의 지역을 가리킨다. 이 지역은 송대에 금화金華의 여조겸呂祖謙, 영강永康의 진량陳亮, 영가永嘉의 진부량陳傅良 등 주자학에 견주어 성세를 이루지는 못했지만, 매우 실용적이고 현실적이고 공리적 학풍을 일으켜서 특색 있는 학문 경향을 이루었으며 명·청대에까지 영향을 미쳤다. 절동의 학문은 특히 왕양명의 등장으로 명·청대 유학사에서 단연 학술 사상의 중심이 되었으며, 이후 '양명학'의 구조 속에 지역의 학술과 문화를 귀결시키려는 경향을 보이고 있다. 곧 왕양명 -유종주劉宗周(유즙산劉蕺山)-황종희黃宗羲-만사동萬斯同-전조망全祖望으로 이어지는 양명학적 계보를 정당화하는 기획인 것이다. 이들은 지역적으로 절동의 소흥紹興, 여요餘姚, 영파寧波 등 지연으로 얽혀 있으며 학문적으로는 양명학의 영향을 이어받았다. 더구나 명·청의 고증, 실증의 학풍까지 더하여서 특히 역사학 분야에서 빛나는 성과를 남겼기에 흔히 절동사학이라고 특칭하여서 일컫기도 한다.

수징난 교수는 강소성 단양 출신이지만 저장대학으로 옮겨오면서 본격적으로 학술 연구 활동을 하여서 눈부신 업적을 쌓았다. 스스로 술회하듯이 그의 학문 연구의 궁극 목표는 왕양명이라는 역사 인물을 당대의 문화적 총아로서 정확하게 재구성하는 것이었는데 이런 연구의 동인이나 방법론을 제공한 것은 바로 절동 학문의 학술 풍토라고 할 수 있다. 그의 학문 사승 관계는 구체적으로는 왕궈웨이王國維, 천인커陳寅恪-장톈수蔣天樞-수징난으로 이어지는데, 왕궈웨이나 천인커는 절동학파의 학맥과 어떤 사승 관계를 갖는지 뚜렷하지는 않지만 지연과 학연으로 연결되어 있어서 어려서부터 절동의 학풍을 체득했을 것으로 보인다. 왜냐하면 수징난 교수의 수학 이력과 학술 연구와 강학을 하는 과정에서 적용한 실증적, 고증적, 박학적樸學的 경향에는 장톈수를 통해 배운 학문방법론과 절동사학의 특성이 잘 드러나 있기 때문이다.

역사에 빛나는 위대한 업적을 남긴 위인들뿐만 아니라 괄목할 만한 흔적을 남긴 사람들에게는 대체로 신화적이고 설화적인 일화가 따라다닌다. 수징난 교수에게도 절로 머리를 수그리게 되는 일화가 여럿 있다. 하루에 네 시간씩 매일 자택과 도서관을 걸어서 오가며 자료를 찾고 연구를 했다는 이야기, 단칸방에 어린 따님이 놀 곳을 마련해주려고 서서 글을 썼다는 이야기, 대학도서관에서 사고전서를 다 독파했다는 이야기 등등. 이런 실화 또는 설화는 그가 얼마나 꼼꼼하고 철저하게 문헌 자료를 조사하고 실증에 힘썼는지를 하나의 이미지로 생생하게 보여준다.

수징난 교수는 2024년 5월 22일에 역책易簀하셨다. 한국어 번역판 『양명평전』의 출간을 눈앞에 두고서. 유족과 제자들의 전언에 의하면 일생 천착해 온 학문의 성과를 정리하여 원고를 다듬는 중에 기력이 쇠하여서 병원에 입원하셨다가 원기를 회복하지 못하고 유명幽明을 달리하셨다고 한다.

역자 후기

이제 또 책 한 권을 세상에 내놓는다. 10대 어린 시절에 평생 학문의 길을 걸어가리라 다짐하고서 50여 년간 늘 책을 읽고 허접하나마 글을 써왔다. 책상 앞에 앉아서 책을 읽고 글을 쓰는 일상이 늘 그러한 나의 과거 모습이었고, 현재 모습이고, 앞으로 남은 삶의 모습일 터이다. 2015년에 『주자평전』(원제 『朱子大傳』)을 번역하여서 출간하고 9년 만에 자매편으로 『양명평전』(원제 『陽明大傳』)을 번역하여서 출간하게 되었다. 공자 이후 동아시아 유교문화의 산맥은 주자와 왕양명이라는 두 좌의 고봉을 이루어냈다. 중국 항저우杭州 저장대학浙江大學의 수징난束景南 교수는 홍진의 썩은 명리名利는 아랑곳하지 않고 오로지 학자로서 양심良心의 빛을 따라 두 봉우리를 등정하였다. 나는 아직 배우는 사람으로서 양심의 호소에 응답하여서 두 책을 번역하였다.

학문의 길을 걷는 사람을 학자라고 부를 수 있으리라! 동아시아 세계에서 학자의 길, 학문 수행의 정식程式은 공자가 명실상부하게 보여주었다. 그리하여 2500여 년 동아시아 학자들은 공자가 걸어간 대로 부지런히 배우고 가르침을 베풀었다. 학자의 길은 배우고 가르치는 과정이다. 이 길은 외롭고 험난하다. 그러나 학문을 다른 그 무엇을 위한 수단이 아니라 그 자체 목적으로 생각하는 사람은 이 외롭고 험난한 길을 외롭다고도, 험난하다고도 생각하지 않는다. 왜냐하면 하나라도 더 알려고 분憤을 내다보면 먹는 것도 잊어버리고, 때로는 먹었는지 안 먹었는지조차 잊어버리기도 하기 때문이다. 달걀을 삶는다는 것이 연구에 열중한 나머지 시계를 넣어서 삶았다는 뉴턴(1643~1727)의 일화가 전혀 우스개나 과장이 아니다. 학문에 몰두하는 사람이라면 라면을 끓이려고 물을 올려놓았다가 냄비를 태워먹은 경험이 없는 사람은 없으리라! 또, 하나를 깨우치면 즐거워서 일상의 근심 걱정일랑은 잊어버리고, 아예 근심 걱정 그 자체가 의식에 들어오지 않기도 한다. 공자가 이 길을 걸어갔고, 그 이후 학자들은 모두 공자를 본받아 기꺼이 이런 길을 걷고 이런 삶을 살았다.

그러나 학문의 길에 들어선 나는 싫증을 내지 않고 먹는 것도, 근심 걱정도 잊어버리고 배움을 즐겼다고 말할 수는 있지만, 가르침을 게을리하지 않았다는 공자의 말씀에는 부끄러운 바가 많다. 학자의 길도 제대로 걷지 못한 반쪽이인 주제에 스승의 길은 말해 무엇하랴! 스승은 도를 전하고(傳道), 생업의 자질資質을 갖추게 해주고(授業), 의혹을 풀어주는(解惑) 선각이다. 유학을 예로 들자면 공자가 집대성하여 문하의 제자에게 전해준 이후 2500년을 면면히 이어져서 내 스승에게까지 이어졌고, 또 그 스승의 문하에서 나에게까지 흘러온 이 도를 실추시키지 않고 문호를 열어서 다시 전수하여 끊어지지 않게 하는 일, 글을 읽고 문장을 짓는 능력을 갖추어서 사회에 진출하여 관리가 되거나 교육에 종사하여 이로써 생업의 바탕을 삼게 해주는 일, 의문이 생겨서 질문을 하면 답을 알려주거나 아니면 스스로 답을 알아가게끔 도와주는 일이 스승의 역할이다.

나는 학문의 길을 걸어왔지만 이런 스승 노릇은 어느 하나도 온전히 하지 못하였다. 문호를 열어서 나에게까지 이어져온 도맥을 직접 전해주지도 못하고, 학업을 전수하여 재능을 길러서 사회에 진출시키지도 못하고, 나에게 물으러 오는 사람도 없으니 스승의 길은 나의 길이 아니다. 그러나 어디 꼭 문호를 열어서 문도를 모아 가르치는 것만이 가르침이겠는가! 문하에 들어가 스승의 경해謦咳를 직접 접하고 훈화를 받는 것이 참된 가르침을 받는 가장 좋은 길이겠지만, 예로부터 남에게 전해 들은 한 마디 말뿐만 아니라 어쩌다 나에게까지 전해진 손때 묻은 책 한 권으로도 평생의 가르침을 얻을 수 있는 것이다. 맹자는 공자를 사숙私淑했다고 하였거니와 사숙 또한 가르침을 주고받는 방법이다. 내가 배우고 가르치는 일을 숙명의 굴레로 삼는 학자의 이름에 부끄럽지 않다고 할 수 있다면 그나마 저술과 번역으로 책을 몇 권 세상에 내놓은 것이라 하겠다. 내가 배운 학문으로 남을 가르치는 방법은 오로지 책일 뿐이다.

이 『양명평전』은 내가 지금껏 걸어온 학문의 길에서 또다시 안간힘을 써서 더위잡고 오른 또 한 줄기 험산 준령이다. 어릴 적 동네에 돌아다니던, 앞뒤 표지가 떨어져나갔고 처음 이야기의 시작도 마지막 결말도 알 수 없는 소설책 나부랭이, 흥미진진한 부분이 뜯겨나간 야담이나 민담을 모은 책, 어른들이 읽던 육전소설과 어린이용 딱지본 다이제스트 동화책, 집집마다 뒷간에 두고 밑씻개로 쓰던 낡은 교과서들—그런 교과서의 뒷장에는 맞잡고 악수하는 두 손의 그림과 함께 '우리의 맹서'가 붙어 있기도 했으며, 책값이 '환' 단위로 씌어 있는 책들도 있었는데—을 읽으면서 이 책들을 통해 배운 지식에 새로운 지식을 더하며 공부를 하고, 대학에 들어가서 본격적으로 학문을 탐구한 50여 년 한길의 학문 인생을 이 책으로 한 획을 긋는다. 학위를 얻은 뒤에 나의 학문을 일구려고 하다가 생계에 발목이 잡혀서 이른바 교양서라는 허울을 쓴, 연구서도 아니고 대중서도 아닌 어중간한 책을 몇 종 내고, 외국어 공부의 일환으로 시작했다가 뜻하지 않게 분야를 넓혀간 번역서 몇 종을 내면서 무늬만 학자의 길을 걸어왔던 것이다. 그러니 정확하게 말하면 나는 학자가 아니다. 저술가 또는 번역가인 셈이다. 실제로 최근 모 대학 연구원에서 명함을 만들기 전까지 나는 고전저술가나 심지어 한학자로 소개되기도 하였으나 동양철학을 전공한 학자로는 불려본 적이 별로 없었다. 컴퓨터에서 내 이름을 검색해보면 가장 유명한 사람이 축구선수, 야구선수와 초밥 요리사이다.

나이가 들어가니까 입만 열면 자꾸만 '나, 이렇게 열심히 살았어요!' '나, 공부를 하느라 이렇게 힘들었어요!' 하며 푸념을 하고 하소연을 하는 듯하여서 스스로도 민망하기까지 하다. 그러나 이제는 나도 유학이라는 웅대한 산맥의 가장 높은 두 봉우리를 남의 안내를 받아 오르고 나니 학자라는 이름을 갖고 싶다는 소망도 학문의 성취라는 야망도 다 가뭇없이 스러져버렸다. 이제는 그저 내 책상에서 나와 마주한 책을 읽고 그런 가운데 배우고 깨우친 깨달음과 일상에 부대끼면서 느낀 삶의 이치를 안으로 응축하여서 지혜를 온축해갈 일이다.

이 책을 집필하신 저자의 작업을 여러 차례 곁눈으로 슬쩍 들여다보고서 더욱더 학문의 길은 오로지 진리 탐구의 고독한 길임을 다시 한번 뼈저리게 느꼈다. 수징난 교수께서는 한자로 각각 100만 자가 훌쩍 넘는, 주자와 양명의 양대 『연보장편』과 『평전』의 원고를 본문과 주석에 서체와 글자 크기를 달리하면서 원고지에 한 글자 한 글자씩 또박또박 써넣으셨다. 컴퓨터 앞에 앉아서 자판에 손가락을 날리면서 글을 쓰는 요즘, 한 글자 한 글자를 써나가시는 모습을 보니 정말 '작가는 피를 찍어서 글을 쓴다' 한 옛말이 헛말이 아니었다!

이제 『양명평전』을 번역하게 된 내력을 간략히 소개해드린다. 2015년에 『주자평전』을 출간한 뒤 교수님이 계시는 항저우로 가서 교수님을 만나 뵙고 평전 번역의 답례로 과분한 대접을 받았으며, 또 후속 작업을 참관하였다. 교수님은 당시 양명학 연구에 몰두해 계셨다. 당초 『주자평전』 번역을 하기 위해 계약을 하고 중국 항저우에 가서 현지에 체류하는 후배 동학同學의 안내로 교수님을 만나 뵈었을 때 교수께서는 이미 양명학 연구에 천착을 하고 있다고 밝히셨다. 동학이 교수님께 주자학 연구로 전인미답의 성취를 하셨으면서 어쩌면 학문적으로 대립되기도 하는 양명학에 관심을 두고 계시는 까닭은 무엇인가 하고 여쭈었다. 교수께서는 학문 이력의 초기부터 원래 양명학에 관심을 지니고 있었다고 하셨다.

내가 귀국한 뒤로도 수징난 교수께서는 틈틈이 양명학 연구의 성과를 편지로 알려주시거나 출간한 저술로 보여주셨다. 그러다 마침내 2018년 『양명평전』을 완성하였다고, 언제 한번 항저우를 다녀가라고 청하셨다. 서둘러 항저우에 가서 교수님을 찾아뵈니 아직 출간하기도 전인 원고를 제본한 두툼한 복사본을 내주셨다. 교수께서는 하루라도 빨리 한국어로 번역하여 출간하기를 원한다고 하셨다. 그리하여 몇 학자가 팀을 이루어서 번역을 하면 어떠한가 하고 물어보셨다. 그런데 내가 경험한 번역 작업에 따르면 두 사람이 동일한 텍스트를 나누어서 번역하는 경우에는 그런대로 소통이 이루어져서 번역의 품질에 큰 문제가 없지만 세 사람 이상으로 늘어나면 번역의 품질은 차치하고 용어의 통일, 문체의 통일, 출전과 주석의 취사 문제 등에 오히려 더 많은 시간이 걸렸다. 대부분 대작의 경우 처음에는 몇 사람이 팀을 이루어서 번역을 시도한다. 그러나 경험이 쌓인 번역자라면 혼자 작업하는 것을 선호하는 편이다. 순수 한문 고전 텍스트의 경우에는 흔히 다수의 학자가 팀을 이루어서 번역을 하기는 한다. 그러나 내막을 들여다보면 참여자의 수준이

제각기 다른 터라 고른 번역의 품질을 기대하기가 어렵다. 그래도 순수한 한문 텍스트의 경우에는 한문 원문을 우리말로 옮기면 되지만 현대 중국학자가 쓴 텍스트의 경우에는 한문 원문의 번역에 더하여서 중국학자가 해석한 중국어 텍스트를 아울러 번역해야 하는데, 이는 한문 원문 텍스트만 번역하는 것보다 일이 더 늘어난다. 고전 한문은 물론 현대 중국어에도 익숙해야 하고 한문과 우리말, 중국어와 우리말의 관계를 탐색해야 하기 때문이다.

그리하여 나는 교수님께 열 일 제쳐두고 오로지 이 일에만 몰두하여서 하루라도 빨리 번역을 하여서 오래 기다리시지 않게 하겠노라고 호언장담하였다. 귀국하여 조금 마음을 추스른 다음 2018년 동짓날부터 본격적으로 번역을 시작하여서 3년 반 만인 2022년 상반기에 일단 번역을 완성하여서 탈고하고 출판사에 넘겼다. 2022년은 왕양명 탄신 550주년이라 중국에서는 양명학과 왕양명에 관한 대대적인 국제학술대회를 개최한다고 하였다. 교수님께서는 한국어 번역서가 출간되면 국제양명학대회에 소개하고 싶다고 하셨다. 그러나 이제 갓 번역을 마친 원고의 편집과 제책 기간은 『주자평전』에 견주어서 1년 이상 더 걸릴 터라 확답을 드리지 못하였다. 지금 생각하면 나의 무능과 과욕이 교수님께 씻을 수 없는 누를 끼쳤다.

여기서 수징난 교수님이 저술한 『주자평전』과 『양명평전』이 여타 전기 저작물과 차별을 보이는 미덕을 한 마디 덧붙이고자 한다. 우선 우리나라에는 두 사람의 전기적 생애에 관한 본국 학자의 저술이 많지 않다. 생애를 더듬은 텍스트가 더러 나오고 있기는 하지만 중등학교 학생들이나 일반 시민의 교양을 위한 전기물이나 각 사상가의 사상을 서술하기 위한 일환으로 연구 서적의 뒷부분에 부기附記한 것이라서 세계사적 한 인물이 살아간 삶의 궤적을 상세히 밝힌 것이 아니다. 문화사에 커다란 영향을 미친 학자나 사상가의 학문, 사상을 이해하려면 관념적 사상의 세계를 더듬기 전에 당사자의 생활세계와 그 인물이 구체적으로 살아간 시공간을 속속들이 들여다보아야 한다. 수징난 교수님은 주희와 왕수인의 학문 사상을 연구하는 것보다 이들의 생애를 입체적으로 밝혀서 학문과 사상이 배태되고 생성하여서 성장해간 과정을 추적하였다.

교수님은 주자와 양명 모두 그들의 방대한 전기를 저술하기 전에 기초 토대를 단단히 다지는 작업을 먼저 하셨다. 지금까지 전해지는 문집을 꼼꼼히 고증하고 직간접적으로 교류를 한 학자들의 글이나 지방지의 기록까지 뒤져서 문집에 수록되지 않은 일문逸文을 샅샅이 다 찾아내서 충실한 『일문집佚文集』을 편집하고, 또 역사기록까지 모두 망라하면서 문집과 『일문집』을 토대로 아주 방대하고 정교한 『연보장편年譜長編』을 작성하여서 주자와 양명의 생애사를 시간의 축을 따라 꼼꼼하게 배치하고 생활세계를 핍진하게 그려내었다. 수징난 교수님은 이런 두 가지 선행 작업을 바탕으로 삼아서 주자와 양명의 입체적이고 생생한 대전기를 빚어냈던 것이다.

『주자평전』이 나올 때까지도 명색이 주자학의 나라 조선을 이은 대한민국 학계에 주희의 일생을 충실하게 다룬 명실상부한 전기가 없었다. 일본인 학자가 쓴 간략한 『인간 주자』가 거의 유일한 전기물이었다. 왕수인은 전체 유학사는 물론 신유학의 역사에서도 주희와 함께 양대 산맥을 이루는, 신유학의 흐름이 주체성의 내면을 향한 지향이라고 해석할 경우 그 정점을 이룬 학자이자 사상가이다. 주희의 전기도 없는데 왕수인의 전기를 어찌 바라랴! 중국은 물론 일본에서도 왕수인에 대한 관심이 지대하고 연구서와 전기적 저작이 많이 나와 있지만, 우리나라 동양철학계에서는 조선 주자학의 관성이 아직도 얼마간 남아 있어서 양명학 연구의 토양이 상대적으로 두텁지 않으며 왕수인 개인의 생애와 양명학에 관한 관심도 그리 깊지 않다. 이런 열악한 상황에서도 소장학자들의 연구가 쌓이면서 차츰 양명학이 주자학에 필적할 만한 학문세계를 구축해가고는 있지만 아직은 더 저변이 넓어져야 하고 연구의 연륜과 탐구의 깊이가 쌓여가야 한다. 그러기 위해서는 먼저 인간 왕수인에 관해 더 자세히 알아야 한다. 이런 점에서 수징난 교수님의 전기 자매편은 이제 우리나라 동아시아 유학 사상의 양대 산맥을 실지로 답파하기 위한 지남指南의 역할을 할 것이다.

번역을 할 때마다 번역어 선택은 늘 고심을 하게 된다. 특히 글자마다 의미의 폭과 깊이가 심대한 한자漢字는 글자 하나가 구의 특성을 가질 수도 있고 품사의 전용이 용이하며 관용적인 표현과 문화사적 해석의 여지가 깊고 넓기 때문에 번역에 신경을 써야 할 부분이 많다. 더욱이 어휘가 문장에서 차지하는 위치에 따라 성분이 정해지는 고립어의 언어적 특성을 갖는 문언 한문에서 구어체 말법으로 발전한 중국어를 우리말로 옮길 때에는 인도유럽어 언어의 책을 번역할 때보다 훨씬 더 고려해야 할 사항이 많다. 그뿐만 아니라 한국어는 역사언어학적 지평에서 문언 한문과 밀접한 관련을 맺으며 서로 얽혀서 발전하였기 때문에 한문이나 중국어를 텍스트로 하여 번역할 때에는 한문투의 문체와 순한국어의 문체를 명료하게 구획하기 어렵다. 깔끔하게 의미 전달에만 치중하면 뜻을 파악하기는 쉽지만 원어가 갖는 뉘앙스나 그 언어만이 지닌 언어세계의 아우라를 느낄 수 없다. 그렇다고 글자 그대로 축자 번역을 하게 되면 원문의 내용은 거의 정확하게 추적할 수 있지만 우리말로 읽기에는 영 어색하기도 하고 입안이 빽빽해지고 껄끄럽다. 현대 중국의 고전철학 연구서를 보면 원문을 그대로 전재하고서 해설이나 해석을 하는 방식으로 서술되어 있다. 나도 엉거주춤하게 원문의 인용은 의고체나 고어투의 문장으로, 현대의 해설은 현대 한국어의 문맥과 맥락에 맞게 다듬었다. 나로서는 부득이한 타협책이었다.

게다가 저자의 원문은 만연체, 화려체의 문장으로서 단락과 구절마다 현하懸河의 변辯을 도도하게 펼쳐서 마침표를 찾을 수 없을 정도로 긴 문체가 끝도 없이 이어진다. 전고典故를 자유자재로 갖다 쓰고 주장을 현란하게 펼쳐서 문체에 익숙하지 않으면 맥락을 따라가기도 버겁다. 그러나 독특한 문체가 어느 정도 눈에 익으면 대상 인물에 대한 애착이 구절마다 글자마다 오롯이 드러난다. 그리하여 번역을 할 때에도 가능한 한 저자의 호흡을 따라가면서 저자의 이야기를 한자리에서 듣는 듯이 문체를 이어나갔다. 요즘에는 글을 쓸 때에는 단문으로 끊는 것이 미덕인 시대이지만 글은 전적으로 의사소통의 실용적 목적에만 예속되지 않는, 글 나름의 개성이 있어야 하고 또 저자만의 특유한 문체가 있기 마련이다. 이른바 가독성이라는 굴레에 사로잡혀서 의사 전달로 기능을 제한하다 보니 우리가 일상에서 접하는 실용성의 글은 말할 것도 없고 저자만의 향취가 풍겨야 할 문학적 글조차도 단편적인 선언의 글처럼 되고 말았다. 두 평전의 번역서는 읽기에 결코 친절한 책이 아니다. 쉽게 읽을 책은 쉽게, 어렵게 읽어야 할 책은 어렵게 읽어야만 한다. 하물며 당대의 현실에서 가장 치열하게 산 두 위인의 생생한, 피가 뛰는 삶을 고스란히 그려놓은 전기임에랴!

이 왕양명의 평전은 비록 번역서이기는 하지만 내 학문 이력의 분수령이다. 나는 학문에 부름을 받아 나선 몸이라고 자부하는 바이다. 앞으로도 남은 생 동안 계속 이름 없이 빛도 없이 학문의 길을 갈 것이다. 그런 점에서 맨 처음 한글을 가르쳐주신 몽학蒙學 선생인 '아재'로부터 학문의 길에 들어선 나를 이끌어주어 세상에 나올 수 있게 해주신 스승들을 기억하며 그분들의 노고를 기리고 그분들의 가르침이 오늘의 나를 이루었노라고 알려드리고 싶다.

봉성국민학교 1학년 3반 전인재 선생님, 2학년 3반 김규자 선생님, 3학년 1반 유규태 선생님, 4학년 1반 오영하 선생님, 5학년 2반 김점한 선생님, 6학년 3반 임세빈 선생님.

봉화중학교 1학년 4반 김신운 선생님(수학), 2학년 1반 조성기 선생님(미술), 3학년 2반 손태영 선생님(국어).

대구 영신고등학교 1학년 8반 김은홍 선생님(생물), 봉화고등학교 1학년 1반 권영교 선생님(지리), 2학년 3반 강성백 선생님(국어), 3학년 4반 이선군 선생님(영어).

숭실대학교 철학과 안병욱 교수님, 최명관 교수님, 조요한 교수님, 이삼열 교수님, 김기순 교수님, 곽신환 교수님.

그리고 초등학교 시절, 지나가시면서 한두 마디 훈화와 격려로 평생의 교훈을 주신 선생님들, 과외의 특별활동으로 독서를 지도해주신 이유순 선생님, 이재홍 선생님, 이정화 선생님과 중등·고등교육 과정에서 개별 학과목을 가르쳐주신 선생님들과 특히 여러 해 한문을 가르쳐주신 권세기 선생님, 대학과 대학원의 수학 시기에 강의와 세미나로 학문을 탐구하는 방법과 학문의 시야를 틔워주신 강사와 교수님들 한 분 한 분의 웃음과 말씨와 몸짓을 기억하면서 나의 몸을 낳고 길러주신 이는 부모님이고 나의 정신을 낳고 길러주신 이는 여러 선생님들임을 다시 뼈에 사무치게 깨닫는다. 이들 선생님, 교수님들 가운데 여러 분이 이미 유명幽明을 달리하셨다. 살아계시는 분들은 나의 성취를 흐뭇해하고 대견해하실까! 돌아가신 분들은 저세상에서 나로 조금이나마 위안을 삼으실까!

내가 읽은 모든 책과 글들은 또 다른 나의 스승이었다. 나에게는 어떤 책, 어떤 글이든 허접하거나 쓸모없는 것은 없었다. 벽에 벽지로 바른 신문지의 기사, 길에 나뒹구는 인쇄된 종잇조각도 모두 나에게 무언가는 가르침을 남겼다. 어떤 문장은 정문頂門의 일침一針으로 깨달음을 주기도 하였고, 어떤 내용은 너른 세상에 관한 정보를 제공하기도 하였고, 또 어떤 글들은 반면교사가 되기도 하여서 간간이 강의나 대화에서 예화로 들먹이기도 하였다. 내 독서 이력의 유년기에, 책이 귀했던 시절에 전집도 몇 질 갖추고 꽤 많은 장서를 보유하고서 내가 책을 빌리러 갈 때마다 한 번도 성가시게 여기지 않고 서슴없이 책을 빌려주신, 집안 형님뻘인 고 김운락 선생님과 아들 김붕천 선생께 감사의 마음을 드린다. 어릴 적, 아끼는 책을 기꺼이 빌려주었던 친구 손형순, 박종만 군에게도 고마운 마음을 전한다.

이 책을 번역하고 수정과 교정을 하고 편집하여서 출판하는 과정에 기여하신 여러분의 고마움도 기억하고자 한다. 우선 평전 자매편을 모두 기획하고 꼼꼼하게 편집하여서 책으로 만들어주신 역사비평사 조원식, 조수정 선생님과 정순구 사장님 및 여러 선생님들, 또한 이 책의 교정을 맡아서 여러 가지 부족한 점을 다듬어주고 심지어 가르쳐주기까지 하신 박민애 선생님, 초고 상태에서 원고를 꼼꼼히 읽고 고쳐주신 부산대학교 한문학과 김승룡 교수님과 문하의 김남희, 박지예, 배태수, 쑨핑孫萍, 이단李丹, 장서희, 조용호, 양팡楊芳, 류재민 선생님, 참고문헌 입력 등 후속 작업에 도움을 주신 유지원 씨, 원고를 수정하고 입력하는 과정에서 자질구레한 심부름을 조금도 힘들어하지 않고 즐거이 들어준 양현주 씨, 중국 측 자료를 구하는 데 도움을 주신 친야웨이秦亞偉 선생, 몇몇 어려운 부분을 밝혀주신 전남대 철학과 김경호, 이향준 교수, 숭실대 철학과 선병삼 교수, 저자를 초빙하여 학회를 꾸려주신 부산대학교 한문학과, 전남대학교 철학과 양순자 교수와 학과 관계자 여러

분, 한국양명학회 김세정 교수와 여러 학회 교수님, 연구원 선생님들께 깊은 감사의 마음을 드린다. 어려운 문구와 복잡한 문장, 은미하게 숨어 있는 전고를 앞에 두고 어둠 속에 암중모색하던 나에게 해박한 지식과 심오한 통찰로 빛을 밝혀주신 일우一愚 이충구 선생님, 기암畸庵 이관성 선생님, 고향 선배 벽오헌碧梧軒 최병준 형께 감사의 절을 올린다. 처음 『양명평전』과 인연을 맺도록 다리를 놓아준 후배 김국영 군과 고향 친구 김종철 군, 교수님 양위께서 내한하셨을 때 접대를 해드린 회계사 정원주 선생, 연구실을 늘 깔끔하게 해주시는 조복덕 선생님, 비공식적이기는 하지만 여러 학기 강의 자리를 마련하여 호구지책을 열어주신 숭실대학교 한국기독교문화연구원 장경남, 윤정란, 오지석 교수와 번거로운 행정 일을 도와준 안혜수 선생 및 강의에 함께 해주신 여러 선생님들, 희랍 고전에 관해 귀중한 정보를 전해준 김유석 박사와 숭실대학교 대학원 철학과 박사과정 윤대열 선생, 서양 고전 문헌에 관한 타산지석他山之石의 가르침을 주신 안재원 교수와 엄국화 선생께도, 그리고 커피를 볶는 과정에서 실수를 가장하여(?) 볶은 원두를 여러 번 나눠주신 갈매나무 박비오 전 신부님께도 충심으로 고마운 마음을 드린다. 내가 마음으로 힘들어할 때 마음의 위로를 해준 고향 친구 김관진, 민경배 군에게도 인사를 전한다. 뜻있는 일에는 모든 것이 합력하여 선을 이룬다.

작년 여름 이맘 때, 90년 가까운 세월을 한평생 신산한 삶을 사시다 영면에 드신 장모님 권옥분 여사의 명복을 빌고, 아울러 이 어지러운 글로 6년 남짓 걸린 공부를 마치는 감회를 갈음한다.

내가 광주에 내려와서 정착하고 지금까지 거주하는 동안 공부 모임을 빙자하여, 또는 사업 자문을 구실로 내가 거절할 수 없는 명분을 내세워서 많은 힘이 되어주신 하나치과 조부덕 원장, 대중병원 마취과 양수정 원장, 오영미 신경과 오영미 원장과 고향 친구 대원플러스건설 최삼섭 회장에게 이 지면을 빌려서 특별히 감사의 인사를 올린다. 이들의 도움이 아니었으면 이 책이 나올 수 있었을까?

2024년 4월 26일

광주 무등산 아래에서

역자 김태완 쓰다

【덧붙여서】

이 『양명평전』을 번역하고 출간을 준비하는 동안 내가 가장 우려했던 일이 실제로 일어나고 말았다. 항저우에서 뵐 때마다 노 교수님께서 근력이 축나셔서 노심초사하며 한시라도 빨리 작품을 안겨드려야겠다고 서둘렀는데 출간을 목전에 두고 지난 5월 22일 교수께서 급히 유명幽明을 달리하셨다. 태산이 무너지고 들보가 꺾이고 철인이 돌아가셨다! 지금 와서 더욱 뼈저리게 뉘우친다. 내가 내 능력을 과신하여서, 아니면 알량한 공명심에 과욕을 부렸던 것인가! 한국어판 『주자평전』을 보시고 그렇게 기꺼워하시던 생전의 교수님 모습이 눈에 선한데 태산 같은 죄를 어찌 다 사뢰랴! 慟哭, 慟哭!

찾아보기

● 인명 가운데 성姓 없이 자字나 호號로 표기한 경우가 많은 경우에는 본이름 외에 따로 항목으로 두고 이름을 괄호 안에 병기했다. 예 감천(담약수) / 백사(진헌장) / 상산(육구연) / 염계(주돈이)
● 개념어는 풀어 쓴 경우에도 해당 항목의 쪽수에 포함했다.
예 체용일원體用一源(체와 용이 하나, 본체와 작용은 근원이 하나, 본체와 작용은 근원이 하나) / 현미무간顯微無間(현상과 본질에 간격이 없음)

가

마

바

사

아

자

차

타

파

하

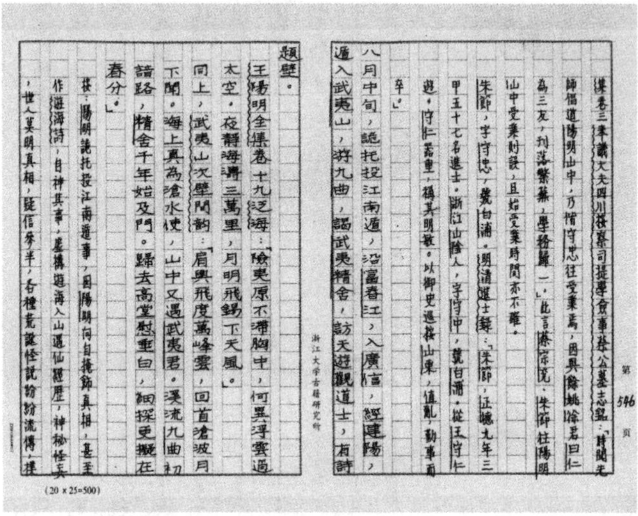
集卷三[illegible]議大夫四川按察司提學僉事許公墓志銘：「時聞先
師倡道陽明山中，乃偕守忠往受業焉，因與餘姚徐君曰仁
為三友，剝落繁蕪，學務歸一」。此言蔡宗兗、朱節往陽明
山中受業時誤，且始受業時間亦不確。
朱節，字守忠，號白浦。明清進士錄：「朱節，正德九年三
甲五十七名進士。浙江山陰人，字守中，號白浦。從王守仁
遊。守仁器重，稱其明敏。以御史巡按山東，值亂，勤事而
卒」。
八月中旬，詭托投江南遁，沿富春江，入廣信，經建陽，
遁入武夷山，游九曲，謁武夷精舍，訪天遊觀道士，有詩
第 546 頁
浙江大學古籍研究所
題壁。
王陽明全集卷十九泛海：「險夷原不滯胸中，何異浮雲過
太空。夜靜海濤三萬里，月明飛錫下天風。」
同上，武夷山次壁間韻：「肩輿飛度萬峰雲，回首滄波月
下聞。海上真為滄水使，山中又遇武夷君。溪流九曲初
諳路，精舍千年始及門。歸去高堂慰垂白，細探更擬在
春分。」
按：陽明詭托投江南遁事，因陽明向自掩飾真相，甚至
作遊海詩，自神其事，甚構遊海入山遇仙經歷，神秘怪異
，世人莫明真相，疑信參半，各種荒誕怪說紛紛流傳，撲
(20×25=500)

저자 수징난의 육필 원고

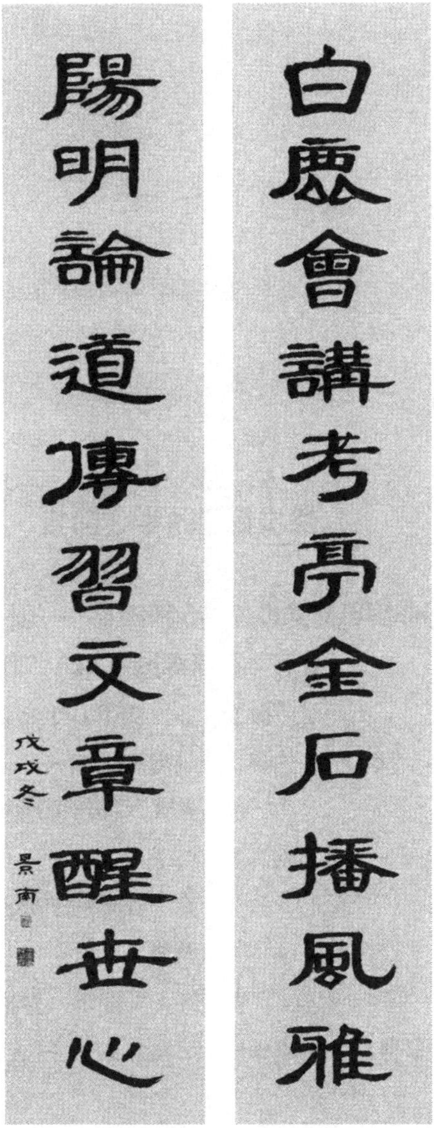
白鹿會講考亭金石播風雅
陽明論道傳習文章醒世心
戊戌冬
景南

저자 수징난이 『양명대전』(『양명평전』)을 탈고한 뒤 쓴 글씨